Bracher/Funke/Jacobsen (Hrsg.)
Deutschland 1933–1945

Bonner Schriften zur Politik und Zeitgeschichte

Herausgeber: Karl Dietrich Bracher und Hans-Adolf Jacobsen
Redaktionsleitung: Manfred Funke
Seminar für Politische Wissenschaft an der Universität Bonn

Band 23

Karl Dietrich Bracher/Manfred Funke
Hans-Adolf Jacobsen (Hrsg.)

Deutschland 1933–1945

Neue Studien zur
nationalsozialistischen Herrschaft

Droste Verlag

CIP-Kurztitelaufnahme der Deutschen Bibliothek
Deutschland 1933–1945 : neue Studien zum NS-
Herrschaftssystem / Karl-Dietrich Bracher ... (Hrsg.). –
Düsseldorf : Droste, 1992
(Bonner Schriften zur Politik und Zeitgeschichte ; Bd. 23)
ISBN 3-7700-0993-2
NE: Bracher, Karl Dietrich [Hrsg.]; GT

Buchhandelsausgabe:
© 1992 Droste Verlag GmbH, Düsseldorf
Umschlagentwurf: Helmut Schwanen
Satzherstellung: Froitzheim, Bonn
Druck: Graphischer Großbetrieb Pößneck GmbH
Ein Mohndruck-Betrieb
ISBN 3-7700-0993-2

Inhalt

Zweite Abteilung
NS-Herrschaft im Zweiten Weltkrieg

Dritte Abteilung
Das Dritte Reich im Spiegel der Forschung:
Positionen und Perspektiven

Zur Einführung

Aus ihrer jahrelangen Komplizenschaft mit Hitler vermochten sich die Deutschen bis zum Schluß nicht aus eigener Kraft zu befreien. Das Ende kam von außen. Entsprechend verbanden sich mit der äußeren Zerstörung des Reiches vielfach innerste Verzweiflung, aber auch Scham und Trotz angesichts der aufgedeckten Irrwege, Verblendungen und Verbrechen. So konnte der 8.Mai 1945 keine Stunde Null sein, sondern nur eine Zeitgrenze, über die eine schwere Last mit in eine neue Zukunft genommen werden mußte. Die Geschichte des Dritten Reiches gehört zur Vorgeschichte der zweiten deutschen Republik.

Die erste Republik hatte Hitler usurpiert, indem er geschickt alle gesellschaftlichen Kräfte mit Beschwörungen und Verheißungen köderte. Dem Bürgertum und den alten Eliten versprach der Führer der NSDAP die Wiedergeburt der alten Reichsideen. Mit Inszenierungen nationaler Versöhnung (»Volksdeutschland gegen Parteideutschland«), mit Prophezeiungen des deutschen Wiederaufstiegs aus materieller und geistiger Verelendung lähmte Hitler das Mißtrauen der Demokraten und vieler Sozialisten. Dem Messianismus patriotischer Appelle, dem Feuerwerk der Propaganda, den Verlockungen durch Verführung und Gewalt erlagen am Ende Skepsis und Kritik im deutschen Volk. Die Kette unerwarteter außenpolitischer Erfolge sowie die innenpolitische Aufbauleistung erstickten jeden lauten Protest gegen Terror und Parteiherrschaft. Punktuelle Begeisterung, vorbehaltreiches Mitmachen, ein zunehmend fiebriger, permanenter Ausnahmezustand fügten sich zu einer Lebenssphäre, in welcher die Reste des kaiserlichen Deutschlands vernichtet, die demokratischen Elemente und liberalen Tugenden der Weimarer Republik brutal unterdrückt wurden. »Nicht Hitlers Aufstieg zur Macht«, urteilt Fritz Stern über diesen Deformations- und Auflösungsprozeß alter Strukturen, »sondern sein Ende markieren den wirklichen Bruch in der deutschen Geschichte. Der Weg in die Diktatur, der so tief in der deutschen Geschichte eingebettet war, endete 1945, weil so vieles jener Vergangenheit tot war, begraben unter dem Schutt des Dritten Reiches.«

Aber aus diesem Schutt mußten sich in der Härte der Nachkriegszeit die Davongekommenen Reste fürs Überleben zusammensuchen. Altes wurde mit Neuem vermauert, ohne auf Dauer einzuwerden hinter der Fassade des neuen schönen Scheins. Eichmann- und Auschwitz-Prozesse, literarische Entschlüsselungen von Borchardt, Böll oder Koeppen, der Holocaust-Film, die Barbie-Affäre oder der Historiker-Streit schärften immer wieder neu die Geschichte als Waffe gegen die lauten und leisen Ansprüche auf Verschweigen, Vergessen, Vergeben. Aber diese Vergangenheit vergeht nicht, bleibt aktuelles Erfahrungszentrum für uns und die Welt.

So ist nicht nur für sie sondern auch für uns das Maß verwunderlich, in dem wir als einstiger Unruhestifter im Herzen Europas nunmehr innerhalb der westlichen Allianz eingefriedet sind. Die Zähmung der Deutschen von der »Machtbesessenheit zur Machtvergessenheit« (Hans-Peter Schwarz) gelang mehr als nur oberflächlich. Die leidenschaftlichen Diskussionen um die Frage einer deutschen Beteiligung an Frieden schaffenden Aktionen der Vereinten Nationen offenbaren, in welch heikler Weise wir noch tief in den Schatten des Zweiten Weltkrieges gebannt sind.

Zudem sind wir der fern geglaubten NS-Epoche wieder unmittelbar nähergerückt durch eine Art zweiter Nachkriegszeit, welche sich mit der Herstellung der deutschen Einheit verbindet. Auch die DDR war ein »Kind des Kalten Krieges« (Alfred Grosser). Sie denunzierte Westdeutschland als Erbwalter des Faschismus und bürdete zugleich der eigenen Bevölkerung die Lebensbedingungen sozialistischer Herrschaft für Jahrzehnte auf. Die Aufarbeitung der zweiten deutschen Diktatur bedarf sowohl der einfühlenden Sensibilität gegenüber den Menschen, die sie erlebt und durchlitten haben, wie der entschiedenen Klarheit in der Analyse diktatorischer Herrschaftsverhältnisse. Diese Aufgabe ist ohne Einbringung der totalitären Erfahrungen und Parallelen aus der Zeit von 1933 bis 1945 nur schwer zu leisten; dies bei durchaus strikter Betonung der höchst unterschiedlichen finalen Sinngebung beider Regime. Erst mit dem Zweiplusvier-Vertrag vom 12.September 1990 ging die Verantwortung der Alliierten für »Deutschland als Ganzes« an uns Deutsche über. Zu diesem Ganzen gehört das Dritte Reich als geschichtliche und lebendige Erinnerung, die in uns eingelagert bleibt.

Sie soll nicht künftige Generationen auf ewig unter das Joch der Vergangenheit zwingen, sondern ihnen aus der historischen Anschauung der politischen Pathologien deutscher Diktatur die Kostbarkeit der Freiheit, den Verteidigungswert eines demokratischen Rechtsstaates immer wieder – und dies ganz unmittelbar – bewußt machen. Zwar erscheint heute vor dem Hintergrund der großen Passionen und globalen Herausforderungen Deutschland den machtpolitisch »stillgestellten Völkern« (Jacob Burckhardt) zurechenbar. Aber im Geschichtsprozeß ist solche Ruhe allzusehr durchsetzt mit tückischen Abgründen, in die uns infolge fahrlässigen Geschichtsverlusts neue politische Theologien ebenso hinabziehen könnten wie der Despotismus der Gruppeninteressen gegenüber dem demokratischen Gesamtwohl.

Zwischen den beiden Polen der vernunftfeindlichen Staatsromantik hier und des bestechlichen Egoismus dort konnte der Totalitarismus seine Netze legen und Deutschland verstricken. Es geriet in tiefste Krisen und deren Deutungen haben uns wachsamer gemacht, ohne letzte Sicherheit vor und für uns erlangen zu können. Doch Krisen sind auch Chancen und sie wachsen in dem Maße, in welchem wir Kenntnis über die Geschichte als Baugrund der Gegenwart gewinnen. Nur so kann Zeitgeschichte Entscheidungshilfe sein und nicht nur »reflektierendes Geschwätz« (Jacob Burckhardt).

Mehr als nur letzteres zu bieten, versuchten bereits zwei Editionen zur Weimarer Republik und zum Dritten Reich, welche die Herausgeber in den achtziger Jahren vorgelegt haben. Das rege Interesse an diesen von der Bundeszentrale für politische Bildung Bonn und vom Droste Verlag Düsseldorf betreuten Bänden führte zu zahlreichen Nachdrucken. Die inzwischen erzielte Erweiterung und Vertiefung des Forschungsertrages legte eine vollständige Neuausgabe in Originalbeiträgen nahe. Gleichwohl erzwang die gewaltige Stoffmenge eine Konzentration auf thematische Schwerpunkte, auf die gebotene Zulieferung von Informationen für die geschichtlich interessierte Öffentlichkeit sowie für den historisch-politischen Unterricht.

Die Herausgeber waren bemüht, die Tradition gesicherter Erkenntnisse mit neuen Einsichten und Frageansätzen zu verbinden. Eine stärkere Aufnahme jüngerer Wissenschaftler unter die Autoren war somit nur natürlich. Wie die Herausgeber selbst, so mag auch mancher Leser das Fehlen von Autoren aus dem Bereich der ehemaligen DDR bedauern. Indessen erschien der Zeitraum seit dem Umbruch zu knapp, als daß sich dort schon jüngere Wissenschaftler vom aufgezwungenen ideologischen Ballast hin zu eigenständiger Forschungsarbeit und entsprechenden Publikationen hätten profilieren können.

Dem Leser sei abschließend empfohlen, diesen Band mit der Edition »Nationalsozialistische Diktatur 1933–1945« gemeinsam zu benutzen. Dies ermöglicht thematische Ergänzungen ebenso wie eine Überprüfung der Linien, der Wege und Ergebnisse der Forschung bis in die unmittelbare Gegenwart.

Bonn, im Sommer 1992

Karl Dietrich Bracher   Manfred Funke   Hans-Adolf Jacobsen

Erste Abteilung

Vom Beginn der Diktatur bis zur Entfesselung des Krieges

ALBRECHT TYRELL

Auf dem Weg zur Diktatur:
Deutschland 1930 bis 1934

Wenn die Nationalsozialisten den 30. Januar 1933 als den Tag ihrer »Machtergreifung« feierten, lag darin eine doppelte Verkürzung. Die Kanzlerschaft hatte Hitler nicht ergriffen oder erobert; sie war ihm ausgeliefert worden, ohne daß das bis in die letzten Tage hinein unabwendbar gewesen wäre. Ein umfassender Machteroberungsprozeß begann erst jetzt; er dauerte rund 18 Monate. Vorgeschichte und Auswirkungen dieses ominösen Tages bis hin zur Stabilisierung der nationalsozialistischen Herrschaft sollen im folgenden in der gebotenen Kürze skizziert werden.

I.

Die innere Einigung (namentlich auch durch die Ausschaltung des Marxismus und aller Kräfte, die das demokratische System verteidigten) und die psychische, physische und materielle Wehrhaftmachung des gesamten deutschen Volkes zu dem Zweck, einen autoritär geführten großdeutschen Machtstaat zu errichten, der in der Lage sein würde, entsprechend dem rassischen Elitecharakter der Deutschen eine hegemoniale Führungsrolle in Europa zu übernehmen – das war der Kern des politischen Programms, für das Adolf Hitler und seine Nationalsozialistische Deutsche Arbeiterpartei – sie war 1920 durch Umbenennung aus der 1919 gegründeten Deutschen Arbeiterpartei hervorgegangen – trommelten. Zehn Jahre lang blieb die Resonanz mager. Zur Massenpartei und zu einem Faktor von Gewicht in der deutschen Politik wurde die Partei erst durch das Ineinandergreifen von Faktoren, auf deren Entstehung die Nationalsozialisten selbst keinen Einfluß hatten: Realistische Aussichten darauf, den Pferch des radikalen Außenseiters verlassen zu können, wuchsen erst mit dem offenen Beginn der Weltwirtschaftskrise seit 1929[1].

Deren rasch spürbare Auswirkungen unterspülten den ohnehin schon brüchigen Konsens der demokratischen Parteien und der gesellschaftlichen Kräfte. Unter dem Druck ihrer Klientelen aus Gewerkschaften und Unternehmerverbänden waren die Flügelparteien der seit 1928 regierenden Großen Koalition, SPD und DVP, nicht

---

1 Zur Entwicklung der NSDAP s. Wolfgang Horn, Führerideologie und Parteiorganisation in der NSDAP (1919–1933), Düsseldorf 1972; Peter Manstein, Die Mitglieder und Wähler der NSDAP (1919–1933), Frankfurt am Main u. a. 1990[3]; Gerhard Schulz, Aufstieg des Nationalsozialismus. Krise und Revolution in Deutschland, Frankfurt am Main u. a. 1975; Albrecht Tyrell, Führer befiehl . . . Selbstzeugnisse aus der »Kampfzeit« der NSDAP, Bindlach 1991[2].

mehr zu Kompromissen bereit, die den Sturz der Regierung Müller im März 1930 hätten verhindern können. Ihre Haltung bedeutete die Selbstausschaltung der Träger der parlamentarischen Regierungsform und erleichterte den Übergang zum autoritären Präsidialsystem, das ebenfalls in der Weimarer Verfassung angelegt war[2].

Der ursprünglich als Vorkehrung für Krisenfälle gedachte Dualismus der Verfassung stellte dem Parlament einen Reichspräsidenten mit starken Rechten gegenüber. War der Reichstag handlungsunfähig, konnte der Präsident aufgrund des »Diktaturartikels« 48 der Verfassung Notverordnungen erlassen. Ihre Aufhebung durch den Widerspruch des Reichstags konnte er auch mit dessen Auflösung beantworten, und mit Hilfe seines Rechts, Kanzler und Minister ohne Mitwirkung des Reichstags zu ernennen oder zu entlassen, vermochte das Staatsoberhaupt de facto sogar weitgehend ohne parlamentarische Kontrolle zu regieren. Der erste Reichspräsident, Friedrich Ebert, hatte diese Rechte in den kritischen Anfangsjahren der Republik tatsächlich mehrfach zum Schutz der demokratischen Ordnung eingesetzt. Die Existenz dieser Rechte erlaubte es aber auch, daß die Parteien sich der parlamentarischen Verantwortung entzogen, und sie gab gleichzeitig Kräften, die vom parlamentarischen Regierungssystem wegstrebten, eine legale Handhabe – wenn die Parteien ihnen den Weg freigaben.

Genau das geschah jetzt. Paul von Hindenburg, der über 80 Jahre alte Generalfeldmarschall des Weltkriegs, wünschte längst eine autoritäre »Regierung über den Parteien« – insbesondere ohne die Sozialdemokratie –, und einflußreiche, von niemandem kontrollierte Berater (namentlich auch aus der Reichswehrführung) bestärkten ihn darin. Unter dem neuen Kanzler Heinrich Brüning, der zwar das Zentrum hinter sich hatte, aber angesichts der Funktionsschwäche des Reichstags auch selbst nicht mehr parlamentarisch regieren wollte, wurde der Reichstag auf eine bloße Tolerierungsrolle beschränkt. Mit der unzeitigen Auflösung des erst zwei Jahre zuvor gewählten Reichstags führte Brüning kurz nach seinem Regierungsantritt den Machtverlust der Demokratie um einen Schritt weiter. Nach der Septemberwahl von 1930, aus der die NSDAP mit 18,3 Prozent der Stimmen (Mai 1928: 2,6 Prozent) als zweitstärkste Partei hervorging, war keine demokratische Mehrheitsbildung mehr möglich. Und als Brüning – wiederum unter der Einwirkung unverantwortlicher Ratgeber des Reichspräsidenten, darunter verstärkt auch Vertreter des ostelbischen Großgrundbesitzes – im Mai 1932 Hindenburgs Vertrauen verlor, wurden unter dem folgenden Kanzler Franz von Papen die Abkehr vom Parlamentarismus und die autoritär-restaurative Neuordnung von Staat und Wirtschaft vollends zum Regierungsprogramm.

Wie das eben genannte Wahlergebnis schon zeigt, hatte sich die Parteienlandschaft dramatisch zugunsten der NSDAP gewandelt. Jetzt bewährten sich die wenig spektakulären Ergebnisse des innerparteilichen Stabilisierungsprozesses in den Jahren des Wartens. Als die Wirtschafts- und Staatskrise sich auszuwirken begann, war die NSDAP in der Lage, große Teile des vorhandenen antidemokratisch-nationalisti-

---

2 Als Überblicksdarstellungen zum Scheitern der Weimarer Republik s. Karl Dietrich Bracher, Die Auflösung der Weimarer Republik, Düsseldorf 1984[5]; Martin Broszat, Die Machtergreifung. Der Aufstieg der NSDAP und die Zerstörung der Weimarer Republik, München 1987[2]; Eberhard Kolb, Die Weimarer Republik, München–Wien 1984; Hans Mommsen, Die verspielte Freiheit. Der Weg der Republik von Weimar in den Untergang 1918 bis 1933, Berlin 1989; Hagen Schulze, Weimar. Deutschland 1917–1933, Berlin 1982.

schen Potentials und darüber hinaus immer mehr enttäuschte frühere Wähler gemäßigter Parteien für sich zu gewinnen. Daneben mobilisierte sie in starkem Maße Neu- und bisherige Nichtwähler. Trotz starker Fluktuation der Mitgliederschaft gelang es ihr auch, einen erheblichen Teil der Anhänger dauerhaft an sich zu binden.

Die antidemokratische Stoßkraft, die sich in der NSDAP zusammenballte, erreichte ihre entscheidende Wirkung freilich erst in halboffener oder indirekter Zusammenarbeit mit einflußreichen Kräften innerhalb des etablierten Machtgefüges der Republik. Schon beim Zusammengehen mit der DNVP und dem Stahlhelm[3] gegen den Young-Plan 1929 hatte sich gezeigt, worin Hitlers Trumpf vor allem bestand: Die antiparlamentarischen Kräfte, die der DNVP-Vorsitzende Alfred Hugenberg repräsentierte, brauchten eine Massenbasis, weil eine autoritäre Regierung auf Dauer nicht ohne Rückhalt in der Bevölkerung bestehen konnte. Diese Stütze schien Hitler bieten und sogar noch erweitern zu können. Bei aller Skepsis gegenüber Stil und Ton des Nationalsozialismus galt Hitler unter den veränderten Umständen des Jahres 1930 auch in anderen Lagern durchaus als bündnisfähig. Selbst Brüning und das Zentrum bemühten sich um Tolerierung der Regierung durch die NSDAP in der Hoffnung, deren Radikalismus durch Einbeziehung in die politische Verantwortung abschleifen zu können.

Auf solche Angebote einzugehen war für Hitler nicht zwingend, solange die nationalsozialistischen Stimmenzahlen in die Höhe schnellten und Aussicht bestand, die Demokratie »totwählen« zu können[4]. 1932 stieß die NSDAP jedoch deutlich sichtbar an Grenzen ihres Wählerpotentials und ihrer Aussichten, allein an die Macht zu gelangen. Um einen entscheidenden Machthebel wie das Reichskanzleramt in die Hand zu bekommen, brauchte Hitler Protektion; mit eigenen Kräften vermochte er die Hürde nicht zu überwinden. Den Weg zum Reichspräsidenten, der unter den gegebenen Umständen die Schlüsselposition innehatte, ebneten ihm aus eigennützigen Gründen die konservativ-autoritären Kräfte um Brünings Nachfolger Franz von Papen und Kurt von Schleicher. Sie wollten sich die NSDAP als Werkzeug bei der Bekämpfung von Linksparteien und Gewerkschaften und bei der Überwindung des Parlamentarismus zunutze machen und hofften, ihre autoritären, unternehmerfreundlichen Neuordnungsvorstellungen auf diese Weise plebiszitär legitimieren zu können, ohne Hitler die Macht überlassen zu müssen. Auch die in der NSDAP und vor allem in der SA lebendigen sozialrevolutionären Tendenzen glaubten sie zähmen zu können. Unter den Fürsprechern für eine Regierung Hitler beim Reichspräsidenten spielte das krisenbedrohte ostelbische Großagrariertum eine bedeutende Rolle. Die Vertreter des Großunternehmertums standen insgesamt überwiegend von Papen näher und arrangierten sich erst nach Hitlers Ernennung zum Kanzler – dann aber rasch – mit der NSDAP. Zwar flossen ihr auch vorher Gelder aus Industrie- und

---

3 Zum Verhalten der Deutschnationalen Volkspartei und der anderen Parteien in den letzten Jahren der Weimarer Republik s. Erich Matthias/Rudolf Morsey (Hrsg.), Das Ende der Parteien 1933, Düsseldorf 1960; zur politischen Rolle des Stahlhelm s. Volker R. Berghahn, Der Stahlhelm, Bund der Frontsoldaten 1918–1935, Düsseldorf 1966.
4 Zu den Überlegungen, die in den Jahren 1930 bis 1932 innerhalb der Führung der NSDAP über die möglichen Wege zur politischen Macht angestellt wurden, s. Albrecht Tyrell, Der Aufstieg der NSDAP zur Macht, in: Karl Dietrich Bracher/Manfred Funke/Hans-Adolf Jacobsen (Hrsg.), Die Weimarer Republik 1918–1933. Politik, Wirtschaft, Gesellschaft (Schriftenreihe der Bundeszentrale für politische Bildung, Bd. 251), Bonn 1987, S. 477 ff.

Bankkreisen zu, doch kann von einer Abhängigkeit der NSDAP von der Großwirtschaft nicht die Rede sein[5]. Deren Anteil am Scheitern der Republik lag weit mehr darin, daß sie durch ihr gesamtes Verhalten den Abbau der Demokratie gefördert hat.

Gegenüber Zähmungsversuchen blieb Hitlers Mißtrauen wach. Seine Furcht vor Abhängigkeit bewog ihn nach der Niederlage bei der Reichspräsidentenwahl im April 1932, sich auf die Übernahme des Kanzleramts zu versteifen. Nachdem Hindenburg seine Berufung im August brüsk abgelehnt hatte, hielt Hitler an dieser Forderung selbst um den Preis fest, damit das bisherige Fundament seiner starken Position innerhalb und außerhalb der Partei zu gefährden; den unaufhaltsam erscheinenden Erfolg.

Bei Mitgliedern und Wählern, die von den Nationalsozialisten konstruktive Maßnahmen gegen die Not der Bevölkerung erhofften, machten sich Enttäuschung und Verbitterung über Hitlers Starrsinn breit. In der SA, in der sich die Vorstellungen von »Machtergreifung« 1931/32 zunehmend zu der Hoffnung auf freie Bahn gegenüber den politischen Feinden und auf Beute und Belohnung für den geleisteten Einsatz verdichteten, gärte es. Bei den Reichstagsneuwahlen im November 1932 verlor die NSDAP drei Monate nach dem Triumph vom 31. Juli (37,3 Prozent) zwei Millionen Wähler (33,1 Prozent). Reichsorganisationsleiter Gregor Strasser, der zweitwichtigste Mann in der Partei, und andere Funktionäre waren angesichts dieser Entwicklung zum Eintritt in eine von Schleicher geführte Regierung bereit, wobei sie auf die Durchschlagskraft der nationalsozialistischen Dynamik gegenüber den Koalitionspartnern vertrauten. Doch vermochten sie sich nicht durchzusetzen. Mit seinem Rücktritt von allen Parteiämtern erhöhte Strasser unbeabsichtigt noch die Verwirrung, die die NSDAP ergriffen hatte[6]. Hitler befand sich in einer Sackgasse.

In dieser kritischen Situation brachte ihn um die Jahreswende 1932/33 die intrigenhafte Initiative Papens wieder ins Spiel, der sich durch Schleicher ausgebootet fühlte, seit Hindenburg diesem Anfang Dezember die Kanzlerschaft übertragen hatte. Gestützt auf Absprachen mit Hugenberg und den Stahlhelm-Führern und gefördert durch Fürsprecher in der Umgebung des Reichspräsidenten vermochte Papen Hindenburg dazu zu bewegen, Hitler zum Kanzler und ihn selbst zum Vizekanzler einer »Regierung der nationalen Konzentration« zu ernennen. Wie die Förderer Hitlers glaubten, waren die drei Nationalsozialisten darin durch acht deutschnationale oder parteilose konservativ-nationale Minister, von denen einige schon dem Kabinett Papen angehört hatten, zuverlässig »eingerahmt«.

In der Unterschätzung Hitlers und der skrupellosen Dynamik des Nationalsozialismus tritt schließlich auch das Element der persönlichen Verantwortlichkeit der handelnden Personen klar zutage, das neben den Geburtsfehlern, den Schwächen der Verfassungsstruktur und den außenpolitischen, wirtschaftlichen und psychologischen Belastungen der Weimarer Republik die Weichenstellung auf den 30. Januar 1933 hin wesentlich beeinflußte und in der Endphase entschied.

---

5 S. dazu Henry Ashby Turner, Die Großunternehmer und der Aufstieg Hitlers, Berlin 1985.
6 Zur Krise in der NSDAP s. Udo Kissenkoetter, Gregor Strasser und die NSDAP, Stuttgart 1978; Axel Schildt, Militärdiktatur mit Massenbasis? Die Querfrontkonzeption der Reichswehrführung um General von Schleicher am Ende der Weimarer Republik, Frankfurt am Main – New York 1981.

II.

Das Datum des 30. Januar 1933 eignet sich zwar als Symbol der »Machtergreifung« durch die Nationalsozialisten, doch steht es, wie eingangs gesagt, erst für den Beginn des Prozesses der umfassenden Machteroberung[7]. Vergegenwärtigen wir uns die Ausgangslage, aus der sich das nationalsozialistische Herrschaftssystem entwickelte: Die NSDAP stellte den Reichskanzler, den Reichsinnenminister Wilhelm Frick und mit dem Reichsminister ohne Geschäftsbereich Hermann Göring zugleich den geschäftsführenden Innenminister in Preußen, dem bei weitem bedeutendsten der Länder, das zwei Drittel des Reichsterritoriums umfaßte. Außerdem führte sie die Regierungen in einigen kleineren Ländern an. In der Reichsregierung waren die Nationalsozialisten eindeutig in der Minderheit, und im Reichstag, der die Aufhebung jeder präsidialen Notverordnung verlangen konnte, verfügten die Regierungsparteien NSDAP (33,1 Prozent) und DNVP (8,9 Prozent) nach den letzten Reichstagswahlen vom November 1932 nicht einmal zusammen über eine Mehrheit. Allerdings waren die hochgespannten Erwartungen in NSDAP und SA seit Jahren auf eine solche Situation konzentriert. Demgegenüber gab es eine Anzahl von eigenständigen Machtfaktoren, die dem Nationalsozialismus ablehnend oder abwartend gegenüberstanden oder mit denen es, selbst wenn sie die neue Regierung unterstützten oder ihr mit Interesse entgegensahen, in Zukunft durchaus zu Zielkonflikten kommen konnte.

Aus der Sicht der nationalsozialistischen Führung mußten deshalb *vier Aufgaben gleichzeitig* in Angriff genommen werden: Die Nationalsozialisten mußten die errungene Machtposition unumkehrbar absichern durch die Ausschaltung aller direkten Gegner und die Beseitigung oder Lähmung aller Organisationen und Institutionen, von denen ihnen Gefahr drohen konnte. Hand in Hand damit mußten sie ihre Macht gegenüber den Koalitionspartnern erweitern, indem sie entweder die staatlichen und gesellschaftlichen Schlüsselfunktionen der vertriebenen Gegner mit zuverlässigem eigenem Personal besetzten oder neue, ihren Zwecken angemessene Institutionen schufen. Besonders kompliziert stellte sich das Verhältnis zu zwei Machtträgern dar, die durch ihr Verhalten die Berufung Hitlers ins Kanzleramt begünstigt und teils sogar vorbereitet hatten, damit aber eigene Interessen verbanden: Großwirtschaft und Reichswehr. Ihr Verhalten konnten die Nationalsozialisten noch nicht direkt beeinflussen. Andererseits kam ihnen in Hitlers politischen Plänen große instrumentale Bedeutung zu. Aus beiden Gründen mußten die Nationalsozialisten bestrebt sein, sie durch Arrangements auf der Grundlage der partiell identischen Interessen zur Zusammenarbeit zu veranlassen. Für die weitere Entwicklung des Verhältnisses hing Entscheidendes davon ab, ob Wirtschaft und Militär über die Koalitionspartner Hitlers oder direkt Anspruch auf Mitbestimmung über die politischen Ziele des Regimes erheben würden oder ob es dem Nationalsozialismus durch eine generell wirtschafts-

---

7 Als Überblicksdarstellungen s. Martin Broszat/Norbert Frei (Hrsg.), Das Dritte Reich im Überblick. Chronik, Ereignisse, Zusammenhänge, München–Zürich 1989[2]; Norbert Frei, Der Führerstaat. Nationalsozialistische Herrschaft 1933 bis 1945, München 1987; Klaus Hildebrand, Das Dritte Reich, München–Wien 1987[3]; Gotthard Jasper, Die gescheiterte Zähmung. Wege zur Machtergreifung Hitlers 1930–1934, Frankfurt am Main 1986; Hans-Ulrich Thamer, Verführung und Gewalt. Deutschland 1933–1945, Berlin 1986; s. auch Akten der Reichskanzlei, Regierung Hitler 1933–1938. Die Regierung Hitler, Teil I: 1933/34, bearb. von Karl-Heinz Minuth, Boppard 1983.

und wehrfreundliche Politik gelingen würde, ein Paktieren gegen ihn zu verhindern und ihre Interessen auf den wirtschaftlichen bzw. militärischen Teilbereich zu beschränken. Die Chancen für ihre Zurückdrängung aus der Politik würden in dem Maße wachsen, in dem das Regime Erfolge aufzuweisen hatte und in dem diese Erfolge von der Bevölkerung den Nationalsozialisten zugerechnet würden. Deshalb bestand die vierte wichtige Aufgabe, vor der sie standen, darin, einen politisch-psychologischen Klimawechsel herbeizuführen. Gegen die bisher vorherrschende Hoffnungslosigkeit mußten sie durch tatsächliche Fortschritte und durch den Eindruck von Aktivität und Zielstrebigkeit den Optimismus einer von den Nationalsozialisten bewirkten »nationalen Erhebung« verbreiten. Dafür geeignete Methoden, Massenpropaganda und Gewaltanwendung gegen politische und weltanschauliche Gegner, hatte die NSDAP in den vorangegangenen Jahren zu beherrschen gelernt.

Nicht immer systematisch, dafür aber mit skrupelloser Entschlossenheit gingen die Nationalsozialisten die genannten Aufgaben an. Sehr schnell zeigte sich, daß sie ihren Koalitionspartnern insbesondere dadurch überlegen waren, daß sich ihr Machtanspruch prinzipiell auf alle Bereiche von Staat und Gesellschaft erstreckte und daß sie zur Durchsetzung dieses »totalen« Anspruchs in Partei und SA[8] über Instrumente verfügten, die nicht nur die Forderungen und Maßnahmen des Kanzlers und Parteiführers durch Druck von unten unterstützen konnten, sondern die im Zuge der Machtübernahme auch eine starke und expansive Eigendynamik entfalteten.

Schon vor seiner Vereidigung überspielte Hitler – wie in den folgenden Monaten immer wieder – die beiden vermeintlich stärksten Kräfte des Kabinetts, Vizekanzler von Papen und den »Wirtschaftsdiktator«, Wirtschafts- und Landwirtschaftsminister Hugenberg, zum ersten Mal: als er ihnen die Zustimmung zu einer Auflösung des Reichstags und zu Neuwahlen abrang, wovon nur die Nationalsozialisten profitieren konnten. Bis zum 5. März herrschte also Wahlkampf, in dem die Regierungsparteien von erheblichen Teilen der Großwirtschaft, denen vorher – abgesehen von einem bereits 1932 aktiven Hitler-Flügel – mehrheitlich eine Regierung Papen lieber gewesen wäre als die Hitlers, mit hohen finanziellen Zuwendungen unterstützt wurden[9].

Der nationalsozialistische Propaganda- und Straßenterror-Apparat unterlag nun praktisch keinen Beschränkungen mehr, während ihre Gegner mit Hilfe neuer Notverordnungen auch auf amtlichem Wege gezielt behindert wurden – vor allem die Veranstaltungen und die Presse der Linksparteien. Die Koalitionspartner hatten den Nationalsozialisten mit dem preußischen Innenministerium die Herrschaft über den größten Polizeiapparat im Reich ausgeliefert. Zusätzlich stellte Göring noch im Februar 50 000 Hilfspolizisten ein, die zum größten Teil aus den Reihen von SA und SS (Schutzstaffel) kamen. Daneben gingen SA und Partei auf lokaler Ebene selbständig gegen ihnen mißliebige Politiker und Parteifunktionäre vor. Mehrere Zehntausend von ihnen wurden im Verlauf des ersten halben Jahres in Konzentrationslager gesperrt, die der Polizei, der SA oder der SS (seit Herbst 1933 nur noch der politischen Polizei, das hieß faktisch der SS) unterstanden. In ihnen sollten die politischen Gegner des

---

8 Zur Rolle der Sturmabteilungen 1933/34 s. Peter Longerich, Die braunen Bataillone. Geschichte der SA, München 1989, S. 165 ff.
9 S. dazu auch die Übersicht bei Hans-Erich Volkmann, Wirtschaft im Dritten Reich, Bd. 1: 1933–1939, München 1980, S. 42 ff.; ferner Reinhard Neebe, Großindustrie, Staat und NSDAP 1930–1933, Göttingen 1981.

Nationalsozialismus »umerzogen« werden; tatsächlich wurden sie dort willkürlich mißhandelt, und ihre Arbeitskraft wurde rigoros ausgebeutet, ohne daß es eine gerichtliche Berufungsmöglichkeit gegeben hätte[10].

Noch vor den Wahlen konnte Hitler mit der Notverordnung des Reichspräsidenten »zum Schutz von Volk und Staat« vom 28. Februar 1933 die vielleicht wichtigste, jedenfalls aber charakteristischste Grundlage der nationalsozialistischen Herrschaft legen. Ob die Nationalsozialisten das Reichstagsgebäude am Abend des 27. Februar selbst in Flammen setzten oder ob – wofür das meiste spricht – der Alleintäter Marinus van der Lubbe ihnen mit seiner Protestaktion unabsichtlich in die Hände spielte, ist weniger bedeutsam als die Tatsache, daß und wie die neuen Machthaber dieses vorgebliche Fanal zum kommunistischen Aufstand für sich ausnutzten. Mit der sogenannten Reichstagsbrandverordnung setzte die Regierung die politischen Grundrechte der Weimarer Verfassung »bis auf weiteres« – de facto aber für immer – außer Kraft[11]. Der auf scheinbar legalem Wege eingeführte Ausnahmezustand, der für später jede Möglichkeit zu willkürlicher Anwendung offenließ, wurde in der Öffentlichkeit um so eher hingenommen, als sich seine Auswirkungen zunächst vor allem gegen die weithin als revolutionäre Gefahr betrachteten Kommunisten richteten, deren Partei zerschlagen wurde und deren Funktionäre zu Tausenden verhaftet wurden oder untertauchen und fliehen mußten.

Trotz der massiven Beeinflussung erfüllte das Ergebnis der nur noch halbwegs freien Wahl Hitlers Erwartungen nicht, da die NSDAP (43,9 Prozent) nur zusammen mit ihren Koalitionspartnern von der »Kampffront Schwarz-Weiß-Rot«[12] (acht Prozent) eine knappe Mehrheit im Reichstag erzielte. Hitler strebte deshalb umgehend die völlige Ausschaltung des Parlaments an. Er wollte zugleich von der Notverordnungsgewalt des Reichspräsidenten unabhängig werden, auf die die Regierung ihre Maßnahmen bisher hatte stützen müssen. Mit einer Mischung aus Druck und – wohlweislich nicht schriftlich abgesicherten – Versprechungen und wirkungsvoll unterstützt durch die geschickt inszenierte symbolische Versöhnung der »Bewegung des neuen Deutschlands« mit dem alten Preußen (das Foto des Händedrucks, den Hitler und Hindenburg am 21. März anläßlich des Staatsakts zur Reichstageröffnung in der Potsdamer Garnisonkirche tauschten, ging durch alle Zeitungen), gelang es Hitler drei Tage später, im Reichstag eine Zweidrittelmehrheit für ein verfassungsänderndes Ermächtigungsgesetz herzustellen. In diesem euphemistisch »Gesetz zur Behebung der Not von Volk und Reich« genannten Gesetz räumte das Parlament – ohne Teilnahme der zwangsweise ferngehaltenen KPD (12,3 Prozent) und allein gegen die Stimmen der SPD (18,3 Prozent) – der Regierung für vier Jahre das Recht ein, Gesetze zu erlassen, ohne daß Reichstag und Reichsrat daran mitwirkten[13].

Die Konzentration der Macht auf die Exekutive und die Aufhebung der Gewaltenteilung entsprachen grundsätzlich auch den Vorstellungen von Hitlers Koalitions-

---

10 Falk Pingel, Häftlinge unter SS-Herrschaft. Widerstand, Selbstbehauptung und Vernichtung im Konzentrationslager, Hamburg 1978.

11 Gesetze des NS-Staates, zusammengestellt von Uwe Brodersen, Bad Homburg v. d. H. u. a. 1968, S. 69.

12 Schwarz-Weiß-Rot waren die Farben des Deutschen Reichs bis 1918 gewesen.

13 Rudolf Morsey (Hrsg.), Das »Ermächtigungsgesetz« vom 24. März 1933, Düsseldorf 1992. Die Geltungsdauer wurde 1937 und 1939 vom nationalsozialistischen Reichstag, 1943 von Hitler selbst pro forma verlängert.

partnern. Dagegen gab für die Zustimmung der katholischen Zentrumspartei (11,2 Prozent) als der wichtigsten der bürgerlichen Mittelparteien die mit Resignation vermischte Hoffnung den Ausschlag, auf diese Weise Hitler von einer völligen Willkürherrschaft abhalten und im Interesse ihrer Mitglieder und der »katholischen Sache« gewisse Einflußmöglichkeiten wahren zu können. Diese Hoffnung trog. Auch andere Loyalitätsbekundungen halfen nicht – die Mitte- und Rechtsparteien hatten sich mit ihrer Zustimmung zum Ermächtigungsgesetz selbst die Existenzgrundlage entzogen. Am 22. Juni wurde die SPD verboten, in den beiden folgenden Wochen lösten sich die übrigen Parteien selbst auf. Der Stahlhelm wurde der SA unterstellt. Zugleich mit dem Ende seiner DNVP gab Hugenberg am 27. Juni seine Regierungsämter auf; sie wurden von zwei Nationalsozialisten übernommen. Am 14. Juli wurde Deutschland durch das »Gesetz gegen die Neubildung von Parteien«, das nur noch die NSDAP zuließ, auch formal zu einem Einparteienstaat[14].

Durch die Reichstagsbrandverordnung und das Ermächtigungsgesetz verschafften sich die Nationalsozialisten die Möglichkeit, die verfassungsmäßige Ordnung des Weimarer Staates überall dort zu durchbrechen, wo ihnen das zweckmäßig erschien. Der 1938 aus Berlin in die USA emigrierte Rechtsanwalt und spätere Politikwissenschaftler Ernst Fraenkel hat das nationalsozialistische Herrschaftssystem auf der Grundlage seiner eigenen Beobachtungen deshalb treffend als einen »Doppelstaat« gedeutet, der das Nebeneinander eines »Normenstaates«, der die vorhandenen oder von ihm geschaffenen Gesetze in der Regel respektierte, und eines »Maßnahmestaates« kennzeichnete, der die gleichen Gesetze bei Bedarf mißachtete[15]. Damit war die Rechtsstaatlichkeit grundsätzlich nicht mehr gewährleistet: Der »Maßnahmestaat« drängte sie immer weiter zurück. Das generelle Fortbestehen des rechtlichen Normengerüsts – auch die Weimarer Reichsverfassung von 1919 wurde nie förmlich außer Kraft gesetzt – erwies sich aber über die Phase der Machtergreifung hinaus als psychologisch ebenso vorteilhaft für die äußerliche Beruhigung des täglichen Lebens wie die Scheinlegalität der »nationalen Revolution« überhaupt, die den demokratischen Rechtsstaat mit formal verfassungsgemäß erscheinenden Mitteln liquidierte.

Nationalsozialistische Eingriffe in Verwaltung und Justiz erfolgten in erster Linie in Bereichen, in denen Gegner des Regimes oder Personen zu bekämpfen waren, die sich den Ansprüchen des Nationalsozialismus auf Erfassung und Unterordnung widersetzten. So wurden vor allem das öffentliche Recht und die politische Strafjustiz durch Sonderanordnungen und durch Sondergerichte dem normalen Rechtsgang immer stärker entzogen. Im April 1934 wurde anstelle des Reichsgerichts als oberste Instanz in politischen Strafsachen der Volksgerichtshof eingesetzt, dessen Mitglieder Hitler ernannte. Als ein »politisches Werkzeug, das in einer justizförmigen Prozedur politische Funktionen ausübte«, fällte es bis 1945 insgesamt rund 5 000 Todesurteile[16].

Zu einem besonders wichtigen Instrument der außernormativen Führergewalt begann sich außerdem die SS zu entwickeln, die zunächst eine Art auf Hitler persönlich

---

14 Gesetze (Anm. 11), S. 74f.
15 Ernst Fraenkel, Der Doppelstaat, Frankfurt am Main – Köln 1974, S. 13.
16 Wolfgang Wagner, Der Volksgerichtshof im nationalsozialistischen Staat, Stuttgart 1974, S. 861f.; s. auch Lothar Gruchmann, Justiz im Dritten Reich 1933–1940. Anpassung und Unterwerfung in der Ära Gürtner, München – Wien 1990².

verpflichtete Parteipolizei gewesen war. Der Diplom-Landwirt Heinrich Himmler, seit 1929 ihr Reichsführer, vereinigte binnen eines Jahres die Befehlsbefugnis über die politische Polizei der einzelnen Länder in seiner Hand. Zusammen mit dem Chef seines SS-Sicherheitsdienstes (SD), dem ehemaligen Oberleutnant zur See Reinhard Heydrich, leitete er seit April 1934 vom Amt der Preußischen Geheimen Staatspolizei (Gestapo) aus die schrittweise Zentralisierung der politischen Polizei und zugleich ihre Herauslösung aus der staatlichen Verfügungsgewalt ein[17].

Unter den Methoden, deren sich die Nationalsozialisten bei der Beseitigung der pluralistischen Demokratie bedienten, spielte die »Gleichschaltung« eine besondere Rolle. Nationalsozialisten besetzten unter Anwendung oder Androhung von Zwang führende Funktionen in öffentlichen Ämtern und in wichtigen Institutionen und Verbänden und entmachteten sie dadurch politisch, während die Mitglieder in Einheitsorganisationen zusammengefaßt wurden.

Unter dem Vorwand einer Vereinheitlichung des Reiches wurden im März/April 1933 die Länder gleichgeschaltet. Durch gleichzeitigen Druck von oben – aus Berlin – und von der Straße durch SA und NSDAP wurde die Einsetzung nationalsozialistischer Regierungen erzwungen. In Preußen übernahm Göring am 11. April das Ministerpräsidentenamt von von Papen. In den nichtpreußischen Ländern entstand mit den Reichsstatthaltern, die Hitler mit einer Ausnahme aus den Reihen der Gauleiter der NSDAP nahm, eine zusätzliche Überwachungsinstanz, die weder einen festumrissenen Zuständigkeitsbereich erhielt, noch eindeutig in die Verwaltungshierarchie eingebunden wurde. Im Januar 1934 gingen auch die Hoheitsrechte der Länder auf das Reich über; die Landtage wurden aufgehoben. Die faktische Zentralisierung wurde in der Folgezeit jedoch nicht durch die angekündigte Reichsreform abschließend geordnet. Die Länder bestanden formal weiter, und auch der Dualismus zwischen den Ministerpräsidenten und den Reichsstatthaltern, der die Verwaltungsarbeit in vielfältiger Weise erschwerte, wurde nie beseitigt[18].

Die öffentliche Verwaltung auf Gemeinde-, Länder- und Reichsebene war seit Februar 1933 nationalsozialistischem Druck ausgesetzt und reagierte darauf mit erwartungsvoller Mitarbeit oder gefügiger Anpassung. Die erste Phase willkürlicher Säuberungen von politisch mißliebigem Personal wurde im April durch das »Gesetz zur Wiederherstellung des Berufsbeamtentums« – auch das eine irreführende Verbrämung des eigentlichen Zwecks – abgelöst, das die Entlassung aller im Sinne der neuen Machthaber national unzuverlässigen und aller jüdischen Beamten sowie aller sogenannten Parteibuchbeamten erlaubte und auf Einschüchterung und Disziplinierung zielte[19].

Wie im politischen Raum die Zerschlagung der KPD und die Ausschaltung des Einflusses der SPD, so war im Bereich von Wirtschaft und Gesellschaft die Beseitigung der drei großen Richtungsgewerkschaften mit ihrer noch immer nach Millionen zählenden Mitgliederschaft ein Schritt, für den die Nationalsozialisten bei großen Tei-

17 Hans Buchheim, SS und Polizei im NS-Staat, Bonn 1964, S. 33 ff.; 41; Shlomo Aronson, Reinhard Heydrich und die Frühgeschichte von Gestapo und SD, Stuttgart 1971.
18 Peter Diehl-Thiele, Partei und Staat im Dritten Reich, München 1969, S. 37 ff.
19 Hans Mommsen, Beamtentum im Dritten Reich, Stuttgart 1966; Jane Caplan, Civil Service Support für National Socialism. An Evaluation, in: Gerhard Hirschfeld/Lothar Kettenacker (Hrsg.), Der »Führerstaat«: Mythos und Realität. Studien zur Struktur und Politik des Dritten Reiches, Stuttgart 1981, S. 167 ff.

len des Bürgertums und insbesondere im Unternehmertum und in der Reichswehrführung mit Beifall rechnen konnten. Für die Nationalsozialisten hatten diese Maßnahmen jedoch noch einen weiteren Zweck: Sie wollten damit Machtpositionen des politischen Gegners zerstören, aber gleichzeitig auch das Arbeitskräftepotential für die eigenen Zwecke verfügbar machen und nach Möglichkeit sogar innerlich gewinnen. Die Doppelstrategie von Sympathiewerbung, die mit nationaler Versöhnung und sozialer Harmonie lockte, und Gewaltanwendung war deshalb mehr als nur ein taktischer Kniff. Am 10. April erklärte die Reichsregierung den 1. Mai, den traditionellen Demonstrationstag der Arbeiterbewegung, zum bezahlten »Feiertag der nationalen Arbeit«. Gemeinsamen Massenveranstaltungen an diesem Tag konnten sich die Gewerkschaften um so weniger widersetzen, als ihre durch die lange Krise ohnehin demoralisierte Anhängerschaft längst von den Wellen der Furcht, des Opportunismus und des nationalen Stimmungsumschwungs unterhöhlt worden war. Ohne Gegenwehr konnten SA- und NSDAP-Funktionäre am 2. Mai in einer nur mit Kräften der Partei durchgeführten Aktion die Gewerkschaftsbüros besetzen[20].

Arbeitsverhältnisse und Betriebswesen wurden anschließend autoritär geordnet. Die Gewerkschaftsmitglieder wurden in die neugegründete Deutsche Arbeitsfront (DAF) überführt, einen der NSDAP angeschlossenen, rechtlich selbständigen Verband. In dieser Einheitsorganisation, die das beträchtliche Vermögen der Gewerkschaften übernahm, waren 1938 bei formell freiwilliger Mitgliedschaft 20 Millionen Arbeiter, Angestellte und Unternehmer zusammengefaßt. Die DAF widmete sich in der Hauptsache der weltanschaulich-politischen Schulung und, zur Steigerung der Arbeitsfähigkeit, der sozialen Betreuung ihrer Mitglieder. Verbesserte soziale Leistungen und Einrichtungen wie die auf Massenfreizeitgestaltung und -reisen spezialisierte »NS-Gemeinschaft Kraft durch Freude« wurden in weiten Kreisen aber durchaus auch als sozialer Fortschritt und als Förderung des Volksgemeinschaftsgedankens begrüßt.

Die innere Ordnung der Betriebe verband die autoritäre Führung durch den »Führer des Betriebes« mit einer im wesentlichen von Partei- und Staatsseite kontrollierten, nicht durch Vertreter der Belegschaft ausgeübten Wahrnehmung der Belange der Arbeiter und Angestellten. Die Beseitigung der Gewerkschaften und Betriebsräte machte jedoch auch den Unternehmer nicht wieder zum unumschränkten Herrn im Hause. Über Tariffragen bestimmten die im Mai 1933 eingesetzten Treuhänder der Arbeit. Diese Mittler zwischen Arbeitgebern und Arbeitnehmern waren Beamte, die dem Reichsarbeitsministerium unterstanden und an Weisungen der Regierung gebunden waren. Die Einkommenspolitik im nationalsozialistischen Deutschland war freilich ausgesprochen besitz- und unternehmerfreundlich. Die Stundenlöhne der Arbeiter wurden trotz steigender Lebenshaltungskosten auf dem Krisenniveau von 1932 eingefroren, um zugunsten der Rüstung die Nachfrage nach Konsumgütern zu dämpfen.

Die Instrumentalisierung des Großunternehmertums vollzog sich anders als die des Arbeitskräftepotentials weitgehend in kooperativer Form, weil seine Interessen und die des Regimes – Ausschaltung von politisch-sozialen Störfaktoren und Produktionsausweitung, die insbesondere durch eine enorme Steigerung des Anteils der Rü-

---

20 Dazu und zum folgenden s. Tim W. Mason, Arbeiterklasse und Volksgemeinschaft. Dokumente und Materialien zur deutschen Arbeiterpolitik 1936–1939, Opladen 1975.

stung an den Staatsausgaben erreicht wurde[21] – überwiegend parallel liefen. Die mittelständisch-antikapitalistischen Wünsche großer Teile der sozialen Basis der NSDAP fanden, der Propaganda und sozialen Trostpflastern zum Trotz, nur in relativ geringem Maße Berücksichtigung, weil die Aufrüstung den finanziellen Spielraum des Staates gegenüber den Forderungen von Handwerk und Einzelhandel stark verkleinerte[22]. Dagegen behielt die Industrie, in der neben der Schwerindustrie die Großchemie eine rüstungsbedingt besondere Bedeutung einnahm, in den Jahren 1933 bis 1936 gegenüber Einflußnahmeversuchen seitens der NSDAP eine relativ große Autonomie. Sie beschränkte sich allerdings schon in dieser Phase auf die Privatwirtschaft und die staatliche Wirtschaftspolitik. Bestimmenden Einfluß auf die Außen- und Kriegsvorbereitungspolitik Hitlers übte das Großunternehmertum dagegen nicht aus.

In der Landwirtschaft wurden 1933 die vorhandenen Verbände und Institutionen einschließlich der Be- und Verarbeiter von Agrarprodukten und des Landhandels unter nationalsozialistischer Führung unter Kontrolle gebracht[23]. Der Reichsnährstand unter dem Reichsbauernführer und Landwirtschaftsminister Richard Walther Darré umfaßte in der zweiten Hälfte der dreißiger Jahre fast 17 Millionen Mitglieder. Das Regime erwartete von ihm mit einigem Erfolg eine möglichst hohe Selbstversorgung mit Nahrungsmitteln. Dafür erfüllte es den von der ökonomischen Krise bereits Jahre vor 1933 besonders betroffenen Bauern lang angestrebte Ziele wie stabile Preise und Besitzverhältnisse.

Die Gleichschaltung erfaßte auch die Berufsverbände, die Jugendorganisationen – am 1. Dezember 1936 wurde die Hitlerjugend (HJ) durch Gesetz mit der Erziehung der gesamten deutschen Jugend außerhalb von Elternhaus und Schule beauftragt[24] –, das Bildungswesen, den Kultursektor und natürlich die Medien. Schon am 13. März 1933 wurde der Reichspropagandaleiter der NSDAP zum »Reichsminister für Volksaufklärung und Propaganda« berufen. Joseph Goebbels widmete sich mit Elan dem Ausbau seines Instrumentariums »für alle Aufgaben der geistigen Einwirkung auf die Nation, der Werbung für Staat, Kultur und Wirtschaft«, der Auslandspropaganda und der Herrschaft über das deutsche Kulturleben[25]. Lenkung und Überwachung der Presse waren seit dem Sommer 1933 gesichert und wurden in der Folgezeit durch Personalaustausch und durch wirtschaftlichen Druck vervollkommnet. In dem noch jungen Rundfunk erkannte Goebbels ein besonders wichtiges Be-

---

21 1933 betrugen die Rüstungsausgaben des Reiches 0,7 Milliarden Reichsmark (RM), die sonstigen Ausgaben 5,6 Milliarden RM. 1934 war das Verhältnis 3,3 zu 5,9; 1936 bereits 9,0 zu 7,9 (Karl Dietrich Erdmann, Die Zeit der Weltkriege, Stuttgart 1976, S. 404); s. auch Hans-Erich Volkmann, Die NS-Wirtschaft in Vorbereitung des Krieges, in: Wilhelm Deist/ Manfred Messerschmidt/Hans-Erich Volkmann/Wolfram Wette, Ursachen und Voraussetzungen der deutschen Kriegspolitik (Das Deutsche Reich und der Zweite Weltkrieg, Bd. 1), Stuttgart 1979, S. 239 ff.
22 Adelheid von Saldern, Mittelstand im »Dritten Reich«. Handwerker – Einzelhändler – Bauern, Frankfurt am Main – New York 1979.
23 Horst Gies, Die Rolle des Reichsnährstandes im nationalsozialistischen Herrschaftssystem, in: G. Hirschfeld/L. Kettenacker (Anm. 19), S. 270 ff.; H.-E. Volkmann (Anm. 21), S. 213 ff.; A. v. Saldern (Anm. 22), S. 67 ff., 113 ff.
24 Gesetze (Anm. 11), S. 81 f.
25 Verordnung über die Aufgaben des Reichsministeriums für Volksaufklärung und Propaganda vom 30. Juni 1933 (ebd., S. 159 ff.).

einflussungsmittel, dem er durch die Produktion billiger Geräte, der »Volksempfänger«, und durch Gemeinschaftsempfang in Betrieben usw. Massenwirkung verschaffte[26].

Es gelang der nationalsozialistischen Propaganda in beträchtlichem Maße, der – dafür freilich überwiegend durchaus empfänglichen – Bevölkerung und auch dem Ausland eine tatsächlich keineswegs immer vorhandene Einheitlichkeit und Zielstrebigkeit der Maßnahmen des neuen Regimes zu suggerieren und Optimismus zu verbreiten. Dazu trug der wirtschaftliche Aufschwung das seine bei, der durch die positive Entwicklung der Weltwirtschaft und die Arbeitsbeschaffung durch öffentliche Arbeiten und dann auch durch die Aufrüstung erheblich gefördert wurde.

Mittels der durch Goebbels errichteten und beaufsichtigten Reichskulturkammer ließ sich das deutsche Kulturleben nach den willkürlichen Maßstäben eines »gesunden Volksempfindens«, vielfach plattem antimodernem Massengeschmack, von allen unerwünschten Personen »säubern«. Die Zugehörigkeitspflicht bedeutete für »Kulturschaffende«, denen die Mitgliedschaft verweigert wurde – dazu zählten insbesondere Juden –, Berufsverbot und in vielen Fällen den Zwang zur Emigration.

Im Erziehungs- und Bildungswesen und gegenüber den Kirchen führte der Totalitätsanspruch des Nationalsozialismus jeweils zu spezifischen Problemen. Im Mittelpunkt der »Weltanschauung« und des Menschenbildes des Nationalsozialismus standen Volk und Rasse. Daß diese Begriffe nicht eindeutig definiert und definierbar waren, hatte zunächst ihre Werbewirksamkeit verstärkt, auf die es in der »Kampfzeit« vor allem angekommen war. Sie enthielten jedoch nur vage Kriterien für die seit der Machtübernahme möglichen konkreten Schritte zu einer Neugestaltung von Staat und Gesellschaft. Die Maßnahmen, die ergriffen wurden, hatten dementsprechend meist ein negatives Vorzeichen. Die Zurückdrängung der rund 500 000 Juden (weniger als ein Prozent der Reichsbevölkerung) aus dem öffentlichen Leben durch Entrechtung und willkürliche Übergriffe von Partei und SA setzte 1933 sogleich ein[27]. Auch die Zwangssterilisierung »zur Verhütung erbkranken Nachwuchses« wurde gesetzlich eingeführt[28].

Die relative Offenheit des Nationalsozialismus ermöglichte es, daraus unterschiedliche programmatische Forderungen für einzelne Sektoren von Politik und Gesellschaft abzuleiten. Die innerparteiliche Konkurrenzsituation, die sich daraus in einer Reihe von Fällen ergab, wurde nun durch die besonderen Umstände des Machtergreifungsprozesses noch beträchtlich verschärft. Die Verdrängung der Gegner und die Sicherung der Macht, bei der die Nationalsozialisten ja keineswegs immer eng koordiniert vorgingen, führten dazu, daß verschiedene Parteiinstanzen sich eigene Machtpositionen schufen und entweder aufgrund vorher schon erhobener Forderungen oder im Ausgreifen auf neue Tätigkeitsfelder darangingen, auf ihrem Gebiet die

---

26 Ansgar Diller, Rundfunkpolitik im Dritten Reich, München 1980.
27 Uwe Dietrich Adam, Judenpolitik im Dritten Reich, Düsseldorf 1972, S. 46 ff.; Helmut Genschel, Die Verdrängung der Juden aus der Wirtschaft im Dritten Reich, Göttingen 1966; Avraham Barkai, Vom Boykott zur »Entjudung«. Der wirtschaftliche Existenzkampf der Juden im Dritten Reich 1933–1943, Frankfurt am Main 1988.
28 Gesetze (Anm. 11), S. 116 ff.; Kurt Nowak, »Euthanasie« und Sterilisierung im »Dritten Reich«. Die Konfrontation der evangelischen und der katholischen Kirche mit dem Gesetz zur Verhütung erbkranken Nachwuchses und der »Euthanasie«-Aktion, Göttingen 1980², S. 64 ff.

nationalsozialistische Weltanschauung, wie sie sie verstanden, in die Wirklichkeit umzusetzen[29].

Daran, daß die Nationalsozialisten im Namen von Volkstum und Rasse – »Recht ist, was dem Volke nützt« – Anspruch auf den ganzen Menschen erhoben, ließen sie bei aller Vagheit der Ideologie im einzelnen keinen Zweifel. Daher waren Konflikte mit den christlichen Kirchen, die Gottes Autorität nicht staatlichen Geboten unterordnen durften, letztlich unvermeidbar. Den Nationalsozialisten konnte freilich an einem sofortigen Bruch nicht gelegen sein, schon weil es galt, Spannungen mit der großen kirchlichen Anhängerschaft zu vermeiden. Hitlers Bemühungen, auch die Kirchen für seine Zwecke einzuspannen, stießen 1933/34 bei Kirchenführungen und Kirchenvolk auf eine beträchtliche Bereitschaft zur Kooperation[30]. Im Klima des nationalen Aufschwungs verkündete der neue Staat mit Ordnung, sozialem Ausgleich und dem Kampf gegen Marxismus und Liberalismus, Materialismus und Sittenverfall Parolen, die christlichen Leitvorstellungen entsprachen. Der Wirkungsraum, den er der katholischen Kirche im Reichskonkordat mit dem Vatikan im Juli 1933 zusicherte, wurde jedoch sehr bald durch gezielte antikirchliche Maßnahmen eingeengt, mit denen Partei und Staat die Kirche aus dem öffentlichen Leben und besonders aus den Schulen und der Jugendarbeit zurückdrängen wollten.

Die in Organisation und Lehre weniger geschlossenen evangelischen Kirchen waren anfangs auch von sich aus an der Schaffung einer einheitlichen Reichskirche interessiert. Widerstand erhob sich freilich, als von staatlicher Seite die nationalsozialistisch ausgerichteten »Deutschen Christen«, die die »Entjudung« von Kirche und Lehre betrieben, massiv unterstützt wurden. Wie innerhalb der katholischen Kirche erwuchsen auch bei der Minderheit der »Bekennenden Kirche« seit 1934 die Bemühungen, sich gegen eine Gleichschaltung und eine Einengung der kirchlichen Tätigkeitsbereiche zu behaupten, vor allem aus der Einsicht in die Unvereinbarkeit der religiösen Grundwahrheiten des Christentums mit der nationalsozialistischen Weltanschauung. Proteste gegen die offenkundigen Verbrechen und – später – gegen die Massenmorde des Regimes wurden nur vereinzelt erhoben.

Machtsicherung und -ausbau der NSDAP vollzogen sich nicht einfach als Übernahme von Führungsämtern in Politik und Verwaltung wie bei einem herkömmlichen Regierungswechsel, sondern vielfach in Form unkoordinierten und willkürlichen Eindringens, wobei die Nationalsozialisten ihren Zugriff aus den genannten Gründen auch auf die Verbände und Organisationen außerhalb der staatlichen Sphäre ausdehnten. Vor allem auf den unteren Ebenen standen hinter diesen Vorgängen nicht nur politische Motive, sondern auch die Ansprüche der nationalsozialistischen »Alten Kämpfer« auf Lohn für ihren Einsatz und auf Beteiligung an der Herrschaft. So kam es im Kommunalbereich zu einer Ämterpatronage großen Ausmaßes. Dabei fanden sich oft genug verschiedene Gliederungen und Funktionsträger der NSDAP untereinander in Konflikte verwickelt. Durch die willkürlichen Ein- und Übergriffe wurde

---

29 Zu den Auswirkungen, die der innerparteiliche Konkurrenzkampf im Bildungswesen hatte, s. beispielsweise Horst Scholtz, Nationalsozialistische Ausleseschulen. Internatsschulen als Herrschaftsmittel des Führerstaates, Göttingen 1973; Manfred Heinemann (Hrsg.), Erziehung und Schulung im Dritten Reich, 2 Teile, Stuttgart 1980.

30 Klaus Scholder, Die Kirchen und das Dritte Reich, Bd. 1: Vorgeschichte und Zeit der Illusionen 1918–1934. Bd. 2: Das Jahr der Ernüchterung 1934, Frankfurt am Main u. a. 1977, 1985.

zwar die Bürokratie als ein bis dahin relativ geschlossener und einflußreicher Herrschaftsträger politisch entmachtet, zugleich aber auch die Funktionsfähigkeit der Verwaltung beeinträchtigt, auf deren Weiterarbeit die Nationalsozialisten aus Mangel an qualifiziertem Personal und an konkreten Sachprogrammen angewiesen waren. Auch mit Rücksicht auf Wirtschaft und Reichswehr wurde im Sommer 1933 eine Eindämmung der Eigendynamik von Partei und SA zunehmend dringlicher.

Nach der Auflösung der Parteien erklärte deshalb Hitler am 6. Juli 1933 die »nationalsozialistische Revolution« für beendet[31]. Zu diesem Zeitpunkt waren aber die Ansprüche von Partei und SA noch keineswegs befriedigt. Es kam hinzu, daß ihre bisherigen Hauptaufgaben, kämpferische Propaganda und die Eroberung der Straße, jetzt an Bedeutung verloren. Die NSDAP wurde durch das »Gesetz zur Sicherung der Einheit von Partei und Staat« vom 1. Dezember 1933 zu einer Körperschaft des öffentlichen Rechts; sie wurde – als »Trägerin des deutschen Staatsgedankens und mit dem Staate unlöslich verbunden« – gegenüber dem Staatsapparat zwar optisch aufgewertet[32], doch entsprach dem keine eindeutige Institutionalisierung ihrer Rolle. Die auf Hitler zurückgehende Parole »Die Partei befiehlt dem Staat«[33] klang zwar eindeutig, konnte in der Praxis aber überwiegend nur auf indirektem Wege realisiert werden, nachdem die NSDAP nicht in der Lage gewesen war, die bestehenden bürokratischen Apparate sofort zu übernehmen oder wenigstens weitgehend zu infiltrieren. Außerdem teilten die meisten Nationalsozialisten, die seit 1933 öffentliche Ämter übernahmen, das Interesse an einem geregelten Verwaltungsablauf, so daß es auf allen Ebenen – von der Ministerialbürokratie bis hinab zu den Gemeinden – zwischen den Parteiinstanzen mit ihren zahlreichen Sonderwünschen und den Behörden immer neue Konflikte gab[34].

Als Massenorganisation verlor die NSDAP an Gewicht[35]. Der 1933 einsetzende Differenzierungsprozeß innerhalb der Partei, deren Organisationsteile bis dahin durch den gemeinsamen Kampf um die Macht zusammengehalten worden waren, kostete sie wichtige Funktionen und brachte ihr Konkurrenz aus den eigenen Reihen ein. Die zentrale Leitung der Propaganda nahm der Reichspropagandaleiter der NSDAP, Goebbels, mit in sein Ministerium. Die DAF aufgrund ihrer materiellen Unabhängigkeit von der Partei (und auch, weil ihr Führer, Robert Ley, in seiner anderen Funktion als Reichsorganisationsleiter der NSDAP die Hitler unmittelbar unterstehenden Gauleiter der Partei nicht unter seine Kontrolle bekam) und die SS verselbständigten sich weitgehend und zogen in wachsendem Maße Aufgaben im Bereich der Schulung bzw. der Kontrolle der Bevölkerung an sich. Auch bei der Heranbildung des Führungsnachwuchses war die Parteiorganisation nur eine unter mehreren rivalisierenden Instanzen. Als Haupttätigkeitsgebiete blieben der NSDAP die propagandistische Indoktrination und die politisch-ideologische Kontrolle der Bevölkerung im kommunalen und privaten Bereich auf Kreis- und Ortsgruppenebene und

31 Max Domarus, Hitler. Reden und Proklamationen 1932–1945, Bd. 1, München 1966, S. 286 f.
32 Gesetze (Anm. 11), S. 78 f.
33 S. dazu P. Diehl-Thiele (Anm. 18), S. 18 ff.
34 Horst Matzerath, Nationalsozialismus und kommunale Selbstverwaltung, Stuttgart 1970.
35 S. dazu Jeremy Noakes, The Nazi Party and the Third Reich: The Myth and Reality of the One Party State, in: Jeremy Noakes (Ed.), Government, Party, and People in Nazi Germany, Exeter 1981[2], S. 11 ff.

durch ihr Block- und Zellensystem sowie durch die ihr angeschlossenen berufsständischen Organisationen, ferner die Schulung ihrer Mitglieder und soziale Betreuungsaufgaben.

Einzelne Funktionsträger besaßen gleichwohl erheblichen Einfluß. Auf die Reichspolitik konnte die Partei durch Rudolf Heß einwirken, Hitlers früheren Sekretär, den er im April 1933 zu seinem Stellvertreter in Parteiangelegenheiten ernannt hatte. Heß, der selbst wenig Durchsetzungsvermögen, aber in Martin Bormann einen machtbewußten Stabsleiter besaß, nahm seit Juni an Kabinettssitzungen teil und wurde am 1. Dezember 1933 Reichsminister. Er mußte seit 1934 von allen Ministerien in den Gesetzgebungs- und Verordnungsprozeß eingeschaltet werden und wurde auch obligatorisch an der Ernennung und Beförderung der höheren Beamten beteiligt.

Die SA fand keine neue Rolle. Im Kampf mit staatlichen Stellen und Konkurrenten aus der Partei um günstige Ausgangspositionen blieb sie überwiegend erfolglos. Ihre Aktivitäten erwiesen sich zudem 1933/34 in zweifacher Hinsicht zunehmend als Störfaktor. Zum einen fühlten sich die SA-Leute, unter denen zahlreiche Arbeitslose waren, materiell nur ganz unzureichend für ihre Opfer im Kampf um die Macht belohnt und verlangten deshalb unüberhörbar grollend nach einer »zweiten Revolution« zur Befriedigung ihrer sozialen Ansprüche. Zum anderen bedeuteten die Vorstellungen über die künftige Rolle der SA, die vor allem ihr Stabschef, Hauptmann a. D. Ernst Röhm, entwickelte, eine Herausforderung der Reichswehr. Röhm wollte SA und Reichswehr zu einem »Volksheer« zusammenfassen, in dem die SA kraft ihrer zahlenmäßigen Überlegenheit bald die bestimmende Kraft gewesen wäre.

Solche Gedanken, so vage sie im einzelnen noch waren, mußten die Reichswehr alarmieren, die aufgrund der Bestimmungen des Versailler Vertrages noch immer auf eine Stärke von 100 000 Mann beschränkt war. Die Forderungen, die die SA erhob, liefen aber auch Hitlers Absichten entgegen. Die Schaffung der militärisch hochwertigen Angriffswaffe, die er brauchte, konnte unter den gegebenen Umständen nur durch den Ausbau der intakten Kader der Reichswehr gelingen, nicht durch die zeitraubende Umformung der Straßenkampftruppe der Partei[36]. Hitler hatte sich seit seinem Amtsantritt gezielt darum bemüht, die Reichswehr während des innenpolitischen Stabilisierungsprozesses, bei dem sie ihm gemeinsam mit der Großwirtschaft erhebliche Schwierigkeiten hätte bereiten können, zumindest zum Stillhalten zu veranlassen und sie für die Zukunft auf seine Seite zu ziehen. Wie im Fall der Wirtschaft kam ihm auch hier zugute, daß seine Interessen fürs erste mit denen der Reichswehrführung übereinstimmten: Revision der politischen und militärischen Beschränkungen durch den Versailler Vertrag, Erlangung der militärischen Gleichberechtigung und Aufrüstung nach außen, Stärkung des Wehrwillens im Innern waren Aufgaben, die aus der Sicht beider Seiten zu lösen waren – ungeachtet der möglicherweise unterschiedlichen Vorstellungen über den Gebrauch, der später von dem militärischen Instrument gemacht werden konnte. Schon im Dezember 1933 wurde die Erweiterung der Reichswehr auf eine Friedensstärke von 300 000 Mann festgelegt.

Versuche, eine Einigung zwischen SA und Reichswehr herbeizuführen, blieben ohne Ergebnis. So nahm Hitler schließlich am 30. Juni 1934 angebliche Putschpläne Röhms zum Vorwand, um ihn und einen Teil der SA-Führung durch die SS – mit

---

36 Klaus-Jürgen Müller, Das Heer und Hitler. Armee und nationalsozialistisches Regime 1933–1940, Stuttgart 1969, S. 89 ff.

Hilfestellung und Waffen der Reichswehr – ermorden zu lassen. Während die SA fortan eine politisch bedeutungslose Massenorganisation blieb, die sich vor allem der vor- und nachmilitärischen Wehrerziehung widmete[37], belohnte Hitler die SS damit, daß er ihre bisherige Unterordnung unter die SA aufhob und sie unmittelbar sich selbst unterstellte.

Daß sich die Reichswehr damals als alleiniger »Waffenträger der Nation« behauptete, machte sie freilich nicht unabhängiger vom Regime. Im Gegenteil: Die Verwicklung in die Mordaktion bedeutete eine moralische Korrumpierung durch das Regime – und unmittelbar nach dem Tode Hindenburgs, am 2. August 1934, vereinigte Hitler die Ämter von Reichskanzler und Reichspräsident auf sich und ließ noch am gleichen Tag die Reichswehr auf unbedingten Gehorsam gegenüber seiner Person einschwören. In der Folgezeit verminderte die Konzentration der Wehrmacht, wie die Streitkräfte seit 1935 amtlich hießen, auf die rasch wachsenden militärischen Aufgaben nicht nur die vor 1933 so starke politische Aktivität ihrer Führung, sondern auch ihr Gewicht als eigenständiger innenpolitischer Faktor[38]. Im Februar 1938 konnte sich Hitler, ohne besonderen Widerstand überwinden zu müssen, über gewisse Vorbehalte in der Heeresführung gegen Methoden und Fernziel seiner Außenpolitik hinwegsetzen. Darin, daß er selbst den Oberbefehl über die Wehrmacht übernahm, kam auch äußerlich zum Ausdruck, daß sie dem Regime nunmehr uneingeschränkt als Werkzeug zur Verfügung stand.

III.

In der Entwicklung seit 1933 zeigte sich, daß vor allem zwischen den wichtigsten, zunächst selbständigen Machtträgern – Hitler und seine Partei, Großwirtschaft und Reichswehr, aber auch ein rasch in Abhängigkeit gebrachter Machtfaktor wie die bürokratischen Apparate – eine für eine enge Kooperation ausreichende Identität der Interessen bestand, ohne daß Wirtschaft und Militär Hitlers Fernziel, das Europa beherrschende Reich auf rassisch bestimmter Grundlage, unbedingt teilten. Die weitgehende Befriedigung ihrer jeweiligen Einzelinteressen bedeutete indes zugleich eine verstärkte Einbindung in das Gesamtsystem, in dem sich die Macht Hitlers und der Nationalsozialisten durch die Eroberung politischer und gesellschaftlicher Machtpositionen, durch Gleichschaltungsmaßnahmen, Propaganda und Terror immer stärker festigte. Ihre Einbuße an politischer Macht gegenüber der nationalsozialistischen Führung erlaubte schließlich in der zweiten Hälfte der dreißiger Jahre auch die Gleichschaltung von Wirtschaft und Wehrmacht und ihre Unterordnung unter den von Hitler verkörperten Primat der Politik. Aus ihr gab es um so weniger ein Zurück, als beide innerhalb ihres jeweiligen Interessenbereiches weiterhin vom NS-Regime profitierten.

Bis zum Tode Hindenburgs war der komplexe Vorgang, der als Machtergreifung bezeichnet wird, weder systematisch verlaufen, noch war er vollendet. Das vorläufige Resultat, das sich aus der Kooperation von nationalkonservativen Gegnern der De-

---

37 P. Longerich (Anm. 8), S. 220 ff.
38 Als Überblick s. Wilhelm Deist, Die Aufrüstung der Wehrmacht, in: W. Deist/M. Messerschmidt/H.-E. Volkmann/W. Wette (Anm. 21), S. 400 ff.

mokratie und Nationalsozialisten ergeben hatte, legte aber in doppelter Weise den Grund für die weitere Entwicklung des nationalsozialistischen Herrschaftssystems. Mit dem 2. August 1934 war der Nationalsozialismus in der Person des »Führers und Reichskanzlers« Hitler grundsätzlich – unbeschadet von ihm geduldeter oder in Kauf genommener begrenzt eigenständiger Entwicklungen im Rahmen des Systems – als der maßgebliche politische Wille in Deutschland etabliert. In der Praxis bedeutete das, daß – ähnlich wie vor 1933 in der NSDAP – Hitler auf allen Gebieten Autorität zuteilen und legitimieren konnte, auf denen er das für zweckmäßig hielt. Kontrollmöglichkeiten und Gewaltenteilung waren beseitigt; unwidersprochen, ja sogar noch gerechtfertigt durch beflissene Staatsrechtslehrer, konnte sich Hitler im Hinblick auf die Mordaktion des 30. Juni 1934 vor dem zum Akklamationsorgan entarteten Reichstag als »des deutschen Volkes oberster Gerichtsherr« bezeichnen[39]. Bei der Benutzung des politischen, bürokratischen, militärischen und wirtschaftlichen Instrumentariums war Hitler nicht an rechtliche Normen gebunden. Entscheidungen konnten sich in Form von Gesetzen und Verordnungen niederschlagen, aber auch in persönlichen Aufträgen, im »Führerbefehl«.

Demgegenüber konstituierte die Machtergreifungsphase auf den Ebenen unterhalb Hitlers keine eindeutige Ordnung und keine systematische Aufgabenverteilung zwischen den staatlichen Instanzen und den verschiedenen Funktionsträgern der NSDAP. Ein vielschichtiges Zuständigkeitsgemisch blieb bestehen und entwickelte sich weiter[40]. Persönliche Beziehungen, insbesondere der Zugang zu Hitler, konnten unter diesen Umständen viel wichtiger sein als sachliche Kompetenz. Diese Beobachtung steht in einem deutlichen Widerspruch zu der »monolithischen Einheit« des politischen Willens, die das Regime gegen die vorher angeblich herrschende Zersplitterung durch Demokratie, Parlamentarismus und den Pluralismus politischer und gesellschaftlicher Gruppen verwirklicht zu haben behauptete. Hellsichtigen Zeitgenossen blieb das schon damals nicht verborgen.

Der zwischen den beiden genannten Strukturmerkmalen bestehende Gegensatz blieb der grundlegende Charakterzug des nationalsozialistischen Herrschaftssystems. Insofern gelangte das »Dritte Reich« bis 1945 nicht über den Zustand eines vorläufigen Produkts des Machtergreifungsprozesses hinaus.

---

39 M. Domarus (Anm. 31), Bd. 1, S. 421 (13. Juli 1934).
40 S. zum Beispiel Reinhard Bollmus, Das Amt Rosenberg und seine Gegner. Zum Machtkampf im nationalsozialistischen Herrschaftssystem, Stuttgart 1970; Hans Mommsen, Hitlers Stellung im nationalsozialistischen Herrschaftssystem, in: G. Hirschfeld/L. Kettenacker (Anm. 19), besonders S. 57 ff.; Jeremy Noakes, Oberbürgermeister und Gauleiter. City Government Between Party and State, in: G. Hirschfeld/L. Kettenacker (Anm. 19), S. 194 ff.; s. auch Manfred Funke, Starker oder schwacher Diktator? Hitlers Herrschaft und die Deutschen, Düsseldorf 1989.

MICHAEL RUCK

Führerabsolutismus
und polykratisches Herrschaftsgefüge –
Verfassungsstrukturen des NS-Staates

I.

»Das Amt des Reichspräsidenten wird mit dem des Reichskanzlers vereinigt. Infolge-
dessen gehen die bisherigen Befugnisse des Reichspräsidenten auf den *Führer* und
Reichskanzler Adolf Hitler über.«[1] Lapidar und scheinbar rechtskonform wurde der
Übergang zum nationalsozialistischen »Führer«-Staat am 1. August 1934 durch ein
Gesetz der Reichsregierung vollzogen. Nachdem die Nachricht vom erwarteten Tod
Hindenburgs eingetroffen war, stellte Hitler tags darauf per Dekret die »verfassungs-
rechtlich gültige« Vereinigung der Ämter des Reichskanzlers und des Reichspräsidenten in seiner Person fest. Und er verbot zugleich »für alle Zukunft«, diese Amtsbe-
zeichnung weiter zu verwenden[2]. Lediglich die Fortexistenz der aller erwähnenswer-
ten Funktionen entkleideten Präsidialkanzlei dokumentierte bis 1945 diesen Usurpa-
tionsakt.

Sodann ordnete der nunmehrige »Führer des Deutschen Reiches und Volkes«[3] an,
seine faktische Selbsternennung zum lebenslangen Diktator durch eine »freie Volksabstimmung« sanktionieren zu lassen. Bei dieser Inszenierung plebiszitärer Akklamation ging es allein darum, die bereits vollzogene Übertragung der staatlichen Souveränität auf eine einzige Person zu befestigen, indem Hitlers Alleinherrschaft eine
außerkonstitutionelle Legitimität verliehen wurde[4]. Immerhin weigerten sich am
19. August 1934 noch mehr als fünf Millionen »Volksgenossen«, ihre politische Ent-

---

1 § 1 Gesetz über das Staatsoberhaupt des Deutschen Reiches vom 1. August 1934 (RGBl. I,
  S. 747); faks. abgedr. in: Martin Hirsch/Diemut Majer/Jürgen Meinck (Hrsg.), Recht, Verwaltung und Justiz im Nationalsozialismus. Ausgewählte Schriften, Gesetze und Gerichtsentscheidungen von 1933 bis 1945, Köln 1984, S. 142.
2 Erlaß des Reichskanzlers zum Vollzug des Gesetzes über das Staatsoberhaupt des Deutschen
  Reichs vom 1. August 1934 vom 2. August 1934 (RGBl. I, S. 751); faks. abgedr. in: M.
  Hirsch u. a. (Anm. 1), S. 142f.
3 Gesetz über die Vereidigung der Beamten und der Soldaten der Wehrmacht vom 20. August
  1934 (RGBl. I, S. 785); faks. abgedr. in: M. Hirsch u. a. (Anm. 1), S. 143. Wortlaut der
  Eidesformeln s. auch Franz Neumann, Behemoth. Struktur und Praxis des Nationalsozialismus 1933–1944, hrsg. und mit einem Nachwort »Franz Neumanns Behemoth und die heutige
  Faschismusdiskussion« von Gert Schäfer, Frankfurt am Main 1984 (u. ö.) (amerikan. Origi-
  nalausgaben 1942 u. 1944), S. 116.
4 Dieter Rebentisch, Verfassungswandel und Verwaltungsstaat vor und nach der nationalsozialistischen Machtergreifung, in: Jürgen Heideking/Gerhard Hufnagel/Franz Knipping

mündigung wunschgemäß zu beglaubigen, und knapp zwei Millionen wagten gar, den Abstimmungslokalen fernzubleiben[5]. Der Repressions- und Propagandaapparat des Dritten Reiches, aber auch die anfänglichen Erfolge des NS-Regimes auf wirtschafts- und außenpolitischem Gebiet sorgten künftig dafür, daß die Fiktion vollkommener Identität zwischen der deutschen »Volksgemeinschaft« und ihrem Führer nicht noch einmal getrübt wurde.

Durch den »verfassungsrechtlichen Salto mortale«[6] vom August 1934 wurde die Gewaltenteilung, das konstitutive Element des modernen Verfassungsstaates schlechthin, endgültig aus den Angeln gehoben. Der Diktator war nun alleiniger Chef der Exekutive und Oberbefehlshaber der Wehrmacht. Mit dem aus der NS-Bewegung der »Kampfzeit« entlehnten Schwur, ihm »treu und gehorsam zu sein«[7], gab seine Ministerriege bald darauf auch formell den Charakter eines Kollegialorgans zugunsten des Führerprinzips preis – die aufgrund des Ermächtigungsgesetzes erlassenen Regierungsgesetze waren fortan »Gesetze des Führers«[8]. Das galt auch für etwaige Gesetzgebungsakte des am 12. November 1933 bestellten Reichstages – unterstanden doch dessen Mitglieder als Delegierte der Staatspartei auf einer Einheits-»Liste des Führers« in besonderem Maße dessen absoluter Befehlsgewalt: »Wir alle billigen immer das, was der Führer tut«, rief ihm sein Paladin Hermann Göring als Präsident dieser Marionettenversammlung am 13. Juli 1934 zu, nachdem Hitler wortreich das Massaker vom Monatsbeginn als präventive »Staatsnotwehr« verteidigt hatte[9].

Bei dieser Gelegenheit mußte auch die Judikative das Feld als dritte Gewalt im Staat räumen: »In dieser Stunde war ich verantwortlich für das Schicksal der deut-

---

(Hrsg.), Wege in die Zeitgeschichte. Festschrift zum 65. Geburtstag von Gerhard Schulz, Berlin – New York 1989, S. 123–150, hier S. 139.

5 Bei einer Wahlbeteiligung von 95,7 Prozent gab es 0,87 Millionen (2,9 Prozent) ungültige und 4,3 Millionen (10,1 Prozent) Nein-Stimmen, 1,98 Millionen Wahlberechtigte blieben der Abstimmung fern. In verschiedenen Großstädten und einigen katholisch geprägten Regionen fielen die Ergebnisse deutlich schlechter aus; Übersicht s. Manfred Overesch/Friedrich W. Saal, Chronik deutscher Zeitgeschichte. Politik, Wirtschaft, Kultur (Droste Geschichtskalendarium), Bd. 2/I, Düsseldorf 1982, S. 156; dazu und zum nationalsozialistischen »System plebiszitärer Akklamation« allgemein s. Karl Dietrich Bracher, Stufen der Machtergreifung, in: ders./Gerhard Schulz/Wolfgang Sauer, Die nationalsozialistische Machtergreifung. Studien zur Errichtung des totalitären Herrschaftssystems in Deutschland 1933/34, Köln – Opladen 1960², S. 31–368, hier S. 348–368; vgl. Hans-Ulrich Thamer, Verführung und Gewalt. Deutschland 1933–1945, Berlin 1986, S. 338.

6 Karl Dietrich Bracher, Die deutsche Diktatur. Entstehung, Struktur, Folgen des Nationalsozialismus, Frankfurt am Main u. a. 1976⁵, S. 265.

7 Gesetz über den Eid der Reichsminister und der Mitglieder der Landesregierungen vom 16. Oktober 1934 (RGBl. I, S. 973); wortgleich übernommen in § 157 des Deutschen Beamtengesetzes vom 27. Januar 1937 (RGBl. I, S. 41); vgl. Hans Buchheim, Die staatsrechtliche Bedeutung des Eides auf Hitler als Führer der nationalsozialistischen Bewegung, in: Gutachten des Instituts für Zeitgeschichte, Bd. 1, München 1958, S. 328–330; zur Übernahme der Eidesformel aus der NS-Bewegung s. Manfred Funke, Starker oder schwacher Diktator? Hitlers Herrschaft und die Deutschen, Düsseldorf 1989, S. 41 f.

8 F. Neumann (Anm. 3), S. 115. Gesetz zur Behebung der Not von Volk und Reich vom 24. März 1933 (RGBl. I, S. 141), faks. abgedr. in: M. Hirsch u. a. (Anm. 1), S. 92 f.; ferner abgedr. in: Ernst Rudolf Huber (Hrsg.), Dokumente zur deutschen Verfassungsgeschichte, Bd. 3, Stuttgart u. a. 1966, S. 602 f.; vgl. Anm. 16.

9 Zit. nach K. D. Bracher (Anm. 6), S. 264; vgl. Peter Hubert, Uniformierter Reichstag. Die Geschichte der Pseudo-Volksvertretung 1933–1945, Düsseldorf 1992.

33

schen Nation und damit des deutschen Volkes oberster Gerichtsherr«, rechtfertigte Hitler die von ihm geleitete Mordaktion[10]. Worauf Carl Schmitt in seinem Traktat »Der Führer schützt das Recht« alsbald das Leitmotiv jenes vielstimmigen Chores juristischer Panegyriker vorstellte, der fortan in immer neuen Variationen das hohe Lied des absoluten Führertums Adolf Hitlers intonierte: »Der Führer schützt das Recht vor dem schlimmsten Mißbrauch, wenn er im Augenblick der Gefahr kraft seines Führertums als oberster Gerichtsherr unmittelbar Recht schafft. . . . In Wahrheit war die Tat des Führers echte Gerichtsbarkeit. Sie untersteht nicht der Justiz, sondern war selbst höchste Justiz.« Und Ernst Rudolf Huber sekundierte mit einer kategorischen Absage an den »Pluralismus politischer Machtträger« und die »Gewaltenteilung des bürgerlichen Rechtsstaats«, die von der »politischen Totalität des Nationalsozialismus« habe »beseitigt werden« müssen[11].

Der »Grund dieser bedauerlichen Erscheinung(en)« ist nun »vor allem darin« erblickt worden, »daß der Nationalsozialismus dank einer eigenartigen Schwäche der Weimarer Reichsverfassung ›legal‹ zur Macht kommen konnte, so daß es nicht einmal seines Rückgriffs auf den Grundsatz bedurfte, daß eine erfolgreiche Revolution sich selbst rechtfertigt«[12]. Solche Urteile kolportieren allerdings nur eine Lebenslüge der deutschen Justiz; ignorieren sie doch die hinlänglich belegte Tatsache, daß die Verfassung von 1919 selbst nach rechtspositivistischen Maßstäben de facto durch eine quasi-revolutionäre Kette von Verfassungsbrüchen außer Kraft gesetzt wurde. In der Tat ist die Weimarer Reichsverfassung während des »Dritten Reiches« niemals durch einen

---

10 Zit. nach Walter Tormin, 1933–1934: Die Machtergreifung, in: Eberhard Aleff (Hrsg.), Das Dritte Reich, Hannover 1986²³, S. 9–60, hier S. 57.

11 Carl Schmitt, Der Führer schützt das Recht. Zur Reichstagsrede Adolf Hitlers vom 13. Juli 1934, in: Deutsche Juristenzeitung, 34 (1934), Sp. 945–950, hier Sp. 946 f. (1. August 1934); Auszug abgedr. in: Walther Hofer (Hrsg.), Der Nationalsozialismus. Dokumente 1933–1945, 669.–686. Tsd., Frankfurt am Main 1975, S. 105 f.; Ernst R. Huber, Die Einheit der Staatsgewalt, in: Deutsche Juristenzeitung, a. a. O., Sp. 950–960, hier Sp. 950; vgl. ders., Verfassungsrecht des Großdeutschen Reiches, Hamburg 1939². Zur ideologischen Selbstgleichschaltung der überwiegenden Mehrheit der deutschen Staatsrechtler s. etwa Jürgen Meinck, Weimarer Staatsrechtslehre und Nationalsozialismus. Eine Studie zum Problem der Kontinuität im staatsrechtlichen Denken in Deutschland 1928–1936, Frankfurt am Main-New York 1978; Gerhard Dannemann, Legale Revolution, Nationale Revolution. Die Staatsrechtslehre zum Umbruch von 1933, in: Ernst-Wolfgang Bockenförde (Hrsg.), Staatsrecht und Staatsrechtslehre im Dritten Reich, Heidelberg 1985, S. 3–22; Alisa Schaefer, Führergewalt statt Gewaltenteilung, in: ebenda, S. 89–105; Dieter Grimm, Die »Neue Rechtswissenschaft«. Über Funktion und Formen nationalsozialistischer Jurisprudenz, in: Peter Lundgreen (Hrsg.), Wissenschaft im Dritten Reich, Frankfurt am Main 1985, S. 31–54; Eberhard Laux, Führung und Verwaltung in der Rechtslehre des Nationalsozialismus, in: Dieter Rebentisch/Karl Teppe (Hrsg.), Verwaltung contra Menschenführung im Staat Hitlers. Studien zum politisch-administrativen System, Göttingen 1986, S. 33–64; Diemut Majer, Grundlagen des nationalsozialistischen Rechtssystems. Führerprinzip – Sonderrecht – Einheitspartei, Stuttgart u. a. 1987, bes. S. 77–95. Textauszüge s. M. Hirsch u. a. (Anm. 1), passim. Die Rolle Carl Schmitts wird in der Literatur seit langem eingehend diskutiert; s. zuletzt Gerhard Hufnagel, Von der Verführbarkeit des Denkens: Carl Schmitt und der Faschismus, in: Rainer Geißler/Wolfgang Popp (Hrsg.), Wissenschaft und Nationalsozialismus, Essen 1988, S. 245–274; Bernd Rüthers, Carl Schmitt im Dritten Reich. Wissenschaft als Zeitgeist-Verstärkung? München 1989.

12 Rudolf Echterhölter, Das öffentliche Recht im nationalsozialistischen Staat (Die deutsche Justiz und der Nationalsozialismus, Bd. 2), Stuttgart 1970, S. 326.

34

förmlichen Akt aufgehoben worden. Gleichwohl stützte sich die nationalsozialistische Herrschaft keineswegs darauf – und sei es nach der Manier der präsidentiellen Notverordnungsregime, die das Verfassungswerk bereits nach Kräften gebeugt, aber nicht vollends gebrochen hatten[13].

Seit der Reichstagsbrandverordnung vom 28. Februar 1933[14] vollzog sich der Aufbau des – zumindest tendenziell – totalitären Führerstaates im Zeichen des permanenten Ausnahmezustandes[15], und das Ermächtigungsgesetz vom 24. März 1933 stellte in formeller und materieller Hinsicht ebenso einen klaren Verfassungsbruch dar[16] wie die sogenannte »Gleichschaltung« der Länder im Frühjahr 1933. Weitere folgten in den nächsten Monaten – bis hin zu dem Umstand, daß Hitler das Reichspräsidentenamt unter eklatanter Mißachtung der einschlägigen Verfassungsbestimmungen (Artikel 41 bis 43 der Weimarer Reichsverfassung) und auch des noch Ende 1932 von seiner eigenen Partei initiierten Nachfolgegesetzes[17] an sich riß.

De facto ist die Weimarer Reichsverfassung 1933/34 aufgehoben worden. Darüber vermögen auch die 1937 und 1939 vom Reichstag beschlossenen Verlängerungen des Ermächtigungsgesetzes nicht hinwegzutäuschen. Diese Spektakel – sie wurden bezeichnenderweise jeweils am 30. Januar inszeniert[18] – waren nicht mehr als eine

---

13   Dazu nach wie vor grundlegend Karl Dietrich Bracher, Die Auflösung der Weimarer Republik. Eine Studie zum Problem des Machtverfalls in der Demokratie, Villingen 1971[5] (Neudr. Königstein/Ts.-Düsseldorf 1978); vgl. Heinrich Oberreuther, Die Norm als Ausnahme. Zum Verfall des Weimarer Verfassungssystems, in: Rudolf Lill/Heinrich Oberreuther (Hrsg.), Machtverfall und Machtergreifung. Aufstieg und Herrschaft des Nationalsozialismus, München 1983, S. 39–61.

14   Verordnung des Reichspräsidenten zum Schutz von Volk und Staat vom 28. Februar 1933 (RGBl. I, S. 83); faks. abgedr. in: M. Hirsch u. a. (Anm. 1), S. 89f.; ferner abgedr. in: E. R. Huber (Anm. 8), S. 604.

15   Ernst Fraenkel, Der Doppelstaat. Recht und Justiz im Nationalsozialismus, Frankfurt am Main 1984[2] (amerikan. Originalausgabe 1941), S. 26, hat schon 1940 ebenso knapp wie zutreffend festgestellt: »Die Verfassung des Dritten Reiches ist der Belagerungszustand. Seine Verfassungsurkunde ist die Notverordnung zum Schutz von Volk und Staat vom 28. Februar 1933.« Zur »tendenziell« totalitären Qualität der NS-Herrschaft s. Hans Buchheim, Die Lebensbedingungen unter totalitärer Herrschaft, in: Karl Forster (Hrsg.), Möglichkeiten und Grenzen für die Bewältigung historischer und politischer Schuld in Strafprozessen, Würzburg 1962, S. 87–106, hier S. 91; vgl. ebenso Karl Dietrich Bracher, Referat, in: Totalitarismus und Faschismus. Eine wissenschaftliche und politische Begriffskontroverse. Kolloquium im Institut für Zeitgeschichte am 24. November 1978, München-Wien 1980, S. 10–17, hier S. 13; vgl. ferner R. Echterhölter (Anm. 12), S. 15, der den monokratischen Totalitätsanspruch als »Leitbild« der NS-Herrschaft bezeichnet.

16   D. Majer (Anm. 11), S. 70–73; vgl. K. D. Bracher (Anm. 5), S. 167f.; vgl. ferner dazu Hans Schneider, Das Ermächtigungsgesetz. Bericht über das Zustandekommen und die Anwendung des Gesetzes (1953), in: Gotthard Jasper (Hrsg.), Von Weimar zu Hitler, Köln-Berlin 1968, S. 405–42; Rudolf Morsey (Hrsg.), Das »Ermächtigungsgesetz« vom 24. März 1933. Quellen zur Geschichte und Interpretation des Gesetzes zur Behebung der Not von Volk und Reich, Düsseldorf 1992.

17   Gesetz über Änderung der Reichsverfassung (Vertretung des Reichspräsidenten im Fall seiner Verhinderung) vom 17. Dezember 1932 (RGBl. I, S. 547); vgl. M. Funke (Anm. 7), S. 47.

18   RGBl. 1937 I, S. 105; ebenda 1939 I, S. 95. Durch Gesetz vom 20. Mai 1943 (ebenda I, S. 295) wurde das Ermächtigungsgesetz ohne formelle Einschaltung des Reichstages ein drittes Mal verlängert.

rechtsunerhebliche Groteske und eine Verhöhnung des einstmals erbittert bekämpften, dann konsequent zerschlagenen Verfassungsstaates. Der existierte auch nach der herrschenden Lehre der NS-Staatsrechtler nicht mehr. Selbst ein besonders vehementer Apologet des »legalen« Staatsstreichs wie Carl Schmitt hatte vor 1933 einräumen müssen, daß Änderungen der Verfassung gemäß Artikel 76 nicht an deren Grundsubstanz – etwa der Staatsform und bestimmten Grundrechten – rühren durften[19]. Auch eine verfassungsändernde Reichstagsmehrheit hätte die Reichsregierung zudem am 30. Januar 1934 nicht ermächtigen dürfen, ihrerseits »neues Verfassungsrecht (zu) setzen«[20].

II.

Nun mag es für den Staatsrechtler durchaus von Interesse sein, der Frage nachzuspüren, ob die Konstitution von Weimar trotz alledem formal in Kraft geblieben ist – womöglich in der Form eines »Restbestandes«, wie es gelegentlich von zeitgenössischen Technokraten aus pragmatischen Erwägungen postuliert wurde[21]. Zentrale Bedeutung indes wird diesem Problem nur beimessen können, wer von einem institutionell verengten Verfassungsbegriff ausgeht. Für die historisch-politische Einordnung des nationalsozialistischen Staates ist jedoch nicht die formale, sondern seine materielle Verfaßtheit das ausschlaggebende Kriterium. Denn das bekannte Diktum Ferdinand Lassalles, daß »zu unterscheiden ist zwischen der wirklichen und der nur geschriebenen Verfassung oder dem Blatt Papier« und daß »die wirkliche Verfassung eines Landes immer nur in den realen, tatsächlichen Machtverhältnissen besteht«[22], trifft auch und gerade auf den »Staat Hitlers« zu.

Aus dieser Perspektive hat sich der Blick über verfassungsrechtliche Kodifikationen und die Rechtfertigungsschriften anpassungsbereiter Juristen hinaus in erster Linie auf die Verfassungs*wirklichkeit* des »Dritten Reiches« zu richten. Dieser Weg ist schon frühzeitig beschritten worden. Während Deutschlands Armeen sich anschickten, die Rassen- und Lebensraum- oder gar Weltherrschaftsphantastereien ihres Führers zu exekutieren, formulierten zwei emigrierte Sozialwissenschaftler aus einer Beschreibung der Rechtspraxis und der sozialen wie politischen Kräfteverteilung heraus begriffliche Vorgaben, die noch heute für die Analyse jenes »Machtgebildes«[23] von Nutzen sind, das auf so monströse Weise geschichtsmächtig geworden ist.

---

19 Vgl. D. Majer (Anm. 11), S. 71f.
20 Gesetz über den Neuaufbau des Reichs vom 30. Januar 1934 (RGBl. I, S. 75; faks. abgedr. in: M. Hirsch u. a. (Anm. 1), S. 132.
21 Gerhard Schulz, Permanente Gleichschaltung des öffentlichen Lebens und Entstehung des nationalsozialistischen Führerstaates in Deutschland, in: ders. (Hrsg.), Die große Krise der dreißiger Jahre. Vom Niedergang der Weltwirtschaft zum Zweiten Weltkrieg, Göttingen 1985, S. 72–100, hier S. 92.
22 Ferdinand Lassalle, Was nun? Zweiter Vortrag über Verfassungswesen (19. November 1862), in: ders., Reden und Schriften, hrsg. von Friedrich Jenaczek, München 1970, S. 87–117, hier S. 87.
23 Dieter Rebentisch, Führerstaat und Verwaltung im Zweiten Weltkrieg. Verfassungsentwicklung und Verwaltungspolitik 1939–1945, Stuttgart 1989, S. 14, schlägt aus guten Gründen vor, anstelle des Begriffes »Herrschafts*system*« des NS-Staates von »Herrschaftsgefüge« oder »Machtgebilde« zu sprechen.

Ernst Fraenkel, bis 1938 Rechtsanwalt in Berlin, hatte die Herrschaftswirklichkeit des Nationalsozialismus als »Doppelstaat« kennengelernt. In jenem »politischen Sektor«, der für den Auf- und Ausbau einer Diktatur mit totalitärem Anspruch von vitalem Interesse sei, existiere »weder ein objektives noch ein subjektives Recht«: Hier »fehlen die Normen und herrschen die Maßnahmen«. Doch besäßen vor allem auf dem Feld des Zivilrechts auch weiterhin mancherlei »Normen des überkommenen und neugeschaffenen Rechts« ihre regelnde Kraft – allerdings nur solange und insoweit, wie dies politisch opportun und praktisch von Nutzen erscheine. Das Definitionsmonopol liege beim Zentrum der nationalsozialistischen Diktatur, welches von seiner extralegal begründeten Kompetenzkompetenz souverän, gleichsam den Maximen eines totalitären Subsidiaritätsprinzips folgend Gebrauch zu machen pflege.

Ein vergleichsweise hohes Maß an Zurückhaltung konstatierte Fraenkel vornehmlich für den Bereich der Wirtschaft. Doch widerstand er der Versuchung, diese Beobachtung im Sinne jener Agententheorien auszudeuten, mit denen sich kommunistische und linkssozialistische Dogmatiker den Blick auf die Realitäten im »faschistischen« Deutschland zu verstellen pflegten[24]. Der Sozialdemokrat Fraenkel sah diese Wirklichkeit unzweideutig dominiert vom Primat der Politik. Zwar räume das NS-Regime den Privatunternehmern unter denjenigen »Kräften des Volkes«, die ihre »aufbauenden« Aktivitäten weiter in der Sphäre des bürgerlichen Rechts entfalten durften, einen prominenten Platz ein; doch die autonome Entscheidungsgewalt darüber, wer in den Genuß dieses Privilegs komme, liege einzig und allein bei den nationalsozialistischen Machthabern. Vor dem Schicksal, von den Instanzen des »Maßnahmestaates« malträtiert zu werden, war mithin grundsätzlich niemand gefeit. Denn »im Hintergrund des Normenstaates lauert ständig ein Vorbehalt: die Erwägung der politischen Zweckmäßigkeit. Dieser politische Vorbehalt gilt für das gesamte deutsche Recht.«[25]

Diese Einschätzung teilte Franz Neumann, bis 1933 ebenfalls Rechtsanwalt und Gewerkschaftssyndikus in Berlin. Ausdrücklich gegen Fraenkels Bild eines »Doppelstaates« gewandt, bestritt er allerdings 1942 kategorisch, daß es in Deutschland noch so etwas wie »ein Reich von Recht und Gesetz« gäbe, ja er sprach dem nationalsozialistischen Herrschaftsgefüge rundheraus die konstitutive Eigenschaft eines modernen Staates ab: die »Einheit der von ihm ausgeübten politischen Gewalt«. Vielmehr sei in Deutschland als Ergebnis des fortwährenden destruktiven »Dualismus« von staatlichen Institutionen und bürokratisierter Partei »Behemoth«, der »Unstaat«, aus der Mythologie in die Wirklichkeit getreten: »ein Chaos, eine Herrschaft der Gesetzlosigkeit und Anarchie.« Anstelle einer institutionellen Bündelung der politischen Willensbildungs- und Entscheidungsprozesse, wie sie den Verfassungsstaat kennzeichnet, sah Neumann im Nationalsozialismus die personale Integration archaischer Ausprägung auferstanden. Die deutsche Gesellschaft sei »in vier festgefügten, zentralisierten Gruppen organisiert, von denen jede nach dem Führerprinzip operiert und ihre eigene legislative, administrative und judikative Gewalt besitzt«: NS-Bewegung, hohe

---

24 Vgl. dazu Wolfgang Wippermann, Zur Analyse des Faschismus. Die sozialistischen und kommunistischen Faschismustheorien 1921–1945, Frankfurt am Main u. a. 1981; Helga Grebing/Klaus Kinner (Hrsg.), Arbeiterbewegung und Faschismus. Faschismus-Interpretationen in der europäischen Arbeiterbewegung, Essen 1990.
25 E. Fraenkel (Anm. 15), S. 26 f., 94–96.

Bürokratie, Wehrmacht, Monopolwirtschaft. Die »Chefs« dieser vier »totalitären Organisationen« einigten sich bei Bedarf im Wege des Kompromisses auf die zur Wahrung ihrer gemeinsamen Interessen gegenüber den »unterdrückten Massen« erforderliche Politik. Diese Maßnahmen würden alsdann nicht etwa kodifiziert und von staatlichen Institutionen durchgeführt, sondern direkt durch ihre eigenen Herrschaftsapparate exekutiert.

Hitler sei zwar vordergründig souverän, so Neumann weiter, tatsächlich treffe der Diktator jedoch »lediglich die wichtigsten Entscheidungen selber«, und auch in diesen Fällen führe er lediglich die vorab erzielten »Kompromisse« aus. Der exaltierte »Führer- und Gemeinschaftskult« des Dritten Reiches diene in erster Linie dem Zweck, diesen Sachverhalt zu vernebeln, weil es außer dem charismatischen Führer keine Instanz gebe, welche die Machtkämpfe der vier Herrschaftszentren zu koordinieren und ihre Kompromisse zu repräsentieren vermöge. Eben deshalb werde der deutsche »Behemoth« schließlich von *innen* besiegt werden. Denn die zentralen Elemente der nationalsozialistischen Herrschaftsideologie verlören an Integrationskraft und würden zusehends als das entlarvt, was sie von Beginn an gewesen seien: »Quatsch«[26].

Diese Prognose war vom Wunschdenken des sozialdemokratischen Emigranten diktiert. Der Stimmungslage in Deutschland entsprach sie nicht, wie beispielsweise durch die Forschungen zum »Hitler-Mythos«[27] und zur Haltung der Arbeiterschaft im »Dritten Reich«[28] hinreichend belegt worden ist. Auch sonst haben Neumann und Fraenkel in mancherlei Hinsicht geirrt. Gleichwohl beweist sich das analytische Potential ihrer grundlegenden Aussagen nicht zuletzt auch darin, daß die wesentlichen Interpretationslinien der Nachkriegszeit – läßt man einmal die Faschismustheorien marxistisch-leninistischer Provenienz und die entsprechenden Bemühungen westlicher »Ableitungsmarxisten« beiseite[29] – durchweg darauf zurückgegriffen haben. Allerdings ist dies in durchaus unterschiedlicher Weise geschehen.

---

26 F. Neumann (Anm. 3), S. 16, 116, 541–545, 554; zum Dualismus Partei – Staat s. ebd., S. 21 f., 90–113, bes. S. 102 f., 110 f.

27 Ian Kershaw, Der Hitler-Mythos. Volksmeinung und Propaganda im Dritten Reich, Stuttgart 1980; ders., The Führer Image and Political Integration: The Popular Conception of Hitler in Bavaria during the Third Reich, in: Gerhard Hirschfeld/Lothar Kettenacker (Hrsg.), Der »Führerstaat«: Mythos und Realität. Studien zur Struktur und Politik des Dritten Reiches, Stuttgart 1981, S. 98–132; ders., Hitlers Popularität. Mythos und Realität im Dritten Reich, in: Hans Mommsen/Susanne Willems (Hrsg.), Herrschaftsalltag im Dritten Reich. Studien und Texte, Düsseldorf 1988, S. 24–96.

28 Eberhard Heuel, Der umworbene Stand. Die ideologische Integration der Arbeiter im Nationalsozialismus 1933–1935, Frankfurt am Main – New York 1989; Wolfgang Zollitsch, Arbeiter zwischen Weltwirtschaftskrise und Nationalsozialismus. Ein Beitrag zur Sozialgeschichte der Jahre 1928 bis 1936, Göttingen 1990; Michael Ruck, Vom Demonstrations- und Festtag der Arbeiterbewegung zum Nationalen Feiertag des deutschen Volkes. Der 1. Mai im Dritten Reich und die Arbeiter, in: Inge Marßolek (Hrsg.), 100 Jahre Zukunft. Zur Geschichte des 1. Mai, Frankfurt am Main – Wien 1990, S. 171–188, 386–388; vgl. zum Diskussionsstand Ulrich Herbert, Arbeiterschaft im »Dritten Reich«. Zwischenbilanz und offene Fragen, in: Geschichte und Gesellschaft, 15 (1989), S. 320–360.

29 Vgl. dazu Hans-Ulrich Thamer, Nationalsozialismus – Faschismus (Nationalsozialismus im Unterricht, Studieneinheit 12), hrsg. vom Deutschen Institut für Fernstudien an der Universität Tübingen, Tübingen 1983 (als Typoskript gedr.); Wolfgang Wippermann, Faschismustheorien. Zum Stand der gegenwärtigen Diskussion, Darmstadt 1989[5]; Heinrich A. Winkler, Die »neue Linke« und der Faschismus. Zur Kritik neomarxistischer Theorien über

Die klassische Totalitarismustheorie der fünfziger Jahre sah die totalitäre Diktatur idealtypisch durch die Existenz einer konkurrenzlosen, von einer eschatologischen Ideologie mit Absolutheitsanspruch geleiteten Massenpartei charakterisiert, welche die Verfügungsgewalt über den gesamten Staatsapparat, insbesondere die bewaffnete Macht, wie auch über die Massenmedien erobert, eine allgegenwärtige, terroristische Geheimpolizei errichtet und sich darüber hinaus ein wirkungsvolles Instrumentarium zur zentralen Lenkung der Wirtschaft geschaffen habe[30].

Dieses – wohlgemerkt: idealtypische – Bild einer monolithischen Gewaltherrschaft über eine atomisierte, bis in die letzten Winkel kontrollierte, indoktrinierte und im Bedarfsfall terrorisierte Gesellschaft wurde bereits bei den Hauptprotagonisten der Totalitarismustheorie durch Hinweise auf die Existenz »von der höchsten Führung weitgehend unabhängige(r) Machtzentren« aufgelockert[31]. Und die empirisch ausgerichteten Zeithistoriker unter ihnen fügten alsbald weitere Differenzierungen hinzu: »Der Antagonismus der Machtfunktionen ist einzig in der *omnipotenten Schlüsselstellung* des Führers aufgehoben«, konnte Karl Dietrich Bracher bereits 1956 feststellen. »Gerade darin, nicht im Funktionieren des Staates per se, liegt die tiefste Absicht der keineswegs perfekten Gleichschaltung. Denn die Schlüsselstellung des Diktators ist gerade in den unübersichtlichen *Neben- und Gegeneinander der Machtgruppen und persönlichen Bindungen* begründet.«[32] Und Gerhard Schulz prägte schon 1961 den Begriff der »totalitären Polykratie«[33]. Auch er erblickte in der »›Polykratie‹ straff zentralisierter Ressorts« und »konkurrierende(r) Zentralismen« mit der Tendenz zur vertikalen Versäulung wie in der »Unfähigkeit« des nationalsozialistischen »Staates, sich einen verfassungsmäßigen Zustand zu geben« einerseits und in dem »unaufhörlichen Ausbau der Machtstellung des ›Führers‹« andererseits komplementäre Elemente jener spezifischen Herrschaftsform, die sich im »Staat Hitlers« herausgebildet habe. Erst durch die fortschreitende Zersetzung der traditionellen Regierungsinstitutionen seien jene Freiräume geschaffen worden, in

den Nationalsozialismus, in: ders., Revolution, Staat, Faschismus, Göttingen 1978, S. 65–117, 137–159.

30 Carl J. Friedrich (unter Mitarb. von Zbigniew K. Brzezinski), Totalitäre Diktatur, Stuttgart 1957 (engl. New York 1956; Cambridge/Mass. 1965²); vgl. Hannah Arendt, Elemente und Ursprünge totalitärer Herrschaft, Frankfurt am Main 1955 (u.ö.). Zur Entwicklung der Totalitarismustheorie s. Bruno Seidel/Siegfried Jenkner (Hrsg.), Wege der Totalitarismus-Forschung, Darmstadt 1974³; Walter Schlangen, Die Totalitarismus-Theorie. Entwicklung und Probleme, Stuttgart u.a. 1976; Manfred Funke (Hrsg.), Totalitarismus. Ein Studien-Reader zur Herrschaftsanalyse moderner Diktaturen, Düsseldorf 1978; Totalitarismus und Faschismus (Anm. 15).

31 C.J. Friedrich (Anm. 30), S. 57; vgl. Karl W. Deutsch, Risse im Monolith. Möglichkeiten und Arten der Desintegration in totalitären Systemen (1954), in: B. Seidel/S. Jenkner (Anm. 30), S. 197–227.

32 Karl Dietrich Bracher, Stufen totalitärer Gleichschaltung: Die Befestigung der nationalsozialistischen Herrschaft 1933/34, in: Vierteljahrshefte für Zeitgeschichte, 4 (1956), S. 30–42, hier S. 42 (Hervorhebungen von mir); abgedr. in: Wolfgang Michalka (Hrsg.), Die nationalsozialistische Machtergreifung, Paderborn u.a. 1984, S. 13–28.

33 Gerhard Schulz, Der Begriff des Totalitarismus und der Nationalsozialismus, in: Soziale Welt, 12 (1961), S. 112–128, hier S. 120; abgedr. in: B. Seidel/S. Jenkner (Anm. 30), S. 438–465; ders., Das Zeitalter der Gesellschaft. Aufsätze zur politischen Sozialgeschichte der Neuzeit, München 1969, S. 356–371.

denen sich dann »die überwölbende absolute Autorität« Hitlers voll habe entfalten können[34].

»Autoritäre Anarchie«[35], »planvolles Kompetenzchaos«[36], »neuer Pluralismus« und »totalitäres Dominiensystem«[37], »Polyzentrismus«[38], »Machtpluralismus«, »Führungs-Chaos« und »Ämter-Darwinismus«[39], »geplante Strukturlosigkeit«[40], »institutionelles Gestrüpp« und »organisatorischer Dschungel«[41], »institutionelle Anarchie«[42], »gelenkte Polykratie«[43], »organisiertes Chaos«[44] – in immer neuen Variationen durchzieht das Paradigma einer mehrpoligen NS-Herrschaft die Nachkriegsliteratur. Knüpfte die klassische Totalitarismustheorie an das von Fraenkel gezeichnete Bild *eines* omnipotenten, souverän über die jeweiligen Grenzen des Maßnahmenstaates entscheidenden Herrschaftszentrums an, so finden sich im Topos der Polykratie Elemente jener Überlegungen wieder, die bereits Neumann – wie übrigens auch prominente Repräsentanten des Regimes selbst – im Sommer 1944 eine »mehr oder minder organisierte(n) Anarchie« heraufziehen sehen ließen[45]. Allerdings sind teilweise diametrale Akzente gesetzt worden, was deren Ursprung und was das (des-)organisierende Prinzip im allgemeinen wie die Rolle des Diktators im besonderen anbelangt.

Gelegentliche Versuche, den Nationalsozialismus an der Macht als neofeudale Herrschaftsordnung zu beschreiben, sind nur auf geringe Resonanz gestoßen[46].

---

34 Gerhard Schulz, Die Anfänge des totalitären Maßnahmenstaates, in: K. D. Bracher u. a. (Anm. 5), S. 371–682, hier S. 599f., 611; ders., Permanente Gleichschaltung (Anm. 21), S. 93.

35 Walter Petwaidic, Die Autoritäre Anarchie. Streiflichter des deutschen Zusammenbruchs, Hamburg 1946.

36 Helmut Heiber, Der Generalplan Ost (Dokumentation), in: Vierteljahrshefte für Zeitgeschichte, 6 (1958), S. 281–325, hier S. 284.

37 Wolfgang Sauer, Die Mobilmachung der Gewalt, in: K. D. Bracher u. a. (Anm. 5), S. 685–966, hier S. 907f.; vgl. ebenda, S. 924f.

38 David Schoenbaum, Die braune Revolution, Köln – Berlin 1968, S. 248.

39 Reinhard Bollmus, Das Amt Rosenberg und seine Gegner. Studien zum Machtkampf im nationalsozialistischen Herrschaftssystem, Stuttgart 1970, S. 10, 236, 245.

40 Dietrich Kirschenmann, »Gesetz« im Staatsrecht und in der Staatsrechtslehre des NS, Berlin 1970, S. 133.

41 Martin Broszat, Der Staat Hitlers, Grundlegung und Entwicklung seiner inneren Verfassung, München 1969 (u. ö.), S. 438f.

42 Hans Mommsen, Nationalsozialismus, in: Claus D. Kernig (Hrsg.) Sowjetsystem und demokratische Gesellschaft. Eine vergleichende Enzyklopädie, Bd. 4, Freiburg u. a. 1971, Sp. 695–713, hier Sp. 713.

43 Jost Dülffer, Rezension von M. Funke (Anm. 7), in: Die Zeit, Nr. 35 vom 24. August 1990, S. 41.

44 D. Rebentisch (Anm. 23), S. 533.

45 F. Neumann (Anm. 3), S. 21 (Vorwort zur 2. Aufl. vom 1. August 1944); vgl. D. Rebentisch (Anm. 23), S. 15, 533.

46 Robert Koehl, Feudal Aspects of National Socialism, in: American Political Science Review, 65 (1960), S. 921–933; Lothar Kettenacker, Sozialpsychologische Aspekte der Führer-Herrschaft, in: G. Hirschfeld/L. Kettenacker (Anm. 27), S. 98–132, hier S. 127–130; dazu verhalten zustimmend Klaus Hildebrand, Nationalsozialismus ohne Hitler? Das Dritte Reich als Forschungsgegenstand der Geschichtswissenschaft, in: Geschichte in Wissenschaft und Unterricht, 31 (1980), S. 289–304, hier S. 295f.; skeptisch hingegen schon C. J. Friedrich (Anm. 30), S. 57.

Zwar hatte schon Neumann auf das dominierende Element der personalen Integration des Dritten Reiches verwiesen; der Begriff »Feudalismus« indes verbindet sich allzu sehr mit einem Grad an Wechselseitigkeit und Stabilität der Herrschaftsbeziehungen vorindustrieller Gesellschaften, der dem deutschen Führerstaat des 20. Jahrhunderts augenscheinlich abging. Eine lange Zeit beherrschende Rolle haben hingegen Interpretationsansätze gespielt, welche die Dichotomie von Monopolpartei und traditionellem Staatsapparat in den Mittelpunkt rückten[47]. Wiederum hatte bereits Neumann das Stichwort »Dualismus von Staat und Partei« geliefert, in seiner Analyse des NS-»Unstaates« allerdings selbst schon das Gewicht mehr auf dessen *polykratische* Struktur gelegt. Gegen diesen Ansatz ist denn auch mit bedenkenswerten Argumenten eingewandt worden, er reduziere zum einen die Komplexität des Analysegegenstandes über Gebühr[48] und vernachlässige zum anderen den Umstand, daß Staatsapparat und Bürokratie erstens strukturell und vor allem personell vielfach miteinander verschränkt waren, zweitens die Partei ihrerseits zusehends den Charakter eines bürokratischen Apparates annahm und drittens die Fronten im permanenten »Kampf um innenpolitischen Lebensraum«[49] nicht selten quer zu jener imaginären Trennlinie verliefen, die das Modell dualer Herrschaft suggeriert[50].

Ob Dualismus oder Polykratie – beiden Ansätzen gemeinsam ist die Annahme, daß es sich bei dem NS-Staat um ein mehr oder minder heterogenes Machtkonglomerat handelte. Bleibt die Frage nach dessen Urheberschaft. Die nun ist kontrovers beantwortet worden. Auf der einen Seite steht die Auffassung, Hitler selbst sei es gewesen, der von Beginn an gezielt die Zersplitterung des Herrschaftsgefüges betrieben habe, um seine eigene Schlüsselposition im Schnittpunkt der Antagonismen zu konsolidieren und auszubauen. Dabei sei er zwar nicht unbedingt einem vorab fixierten Konzept gefolgt, sondern im Rahmen der von ihm seit jeher gepflegten »permanenten Improvisation« vorgegangen, wohl aber habe er sich von einer »prinzipiellen Divide-et-impera-Taktik« leiten lassen[51]. Dem zugrunde liegt die Annahme, der »Führer« als intentional handelnder Monokrat habe das politische Geschehen in Deutschland in allen entscheidenden Fragen der Außen- *und* der Innenpolitik nach Belieben dirigiert: »Hitler blieb bis zum Schluß der alleinige Herr und Meister der Bewegung«, die mit ihm stand und fiel[52].

---

47 So etwa Peter Diehl-Thiele, Partei und Staat im Dritten Reich. Untersuchungen zum Verhältnis von NSDAP und allgemeiner innerer Staatsverwaltung 1933–1945, München 1969; Jochen Klenner, Verhältnis von Partei und Staat 1933–1945. Dargestellt am Beispiel Bayerns, München 1974; vgl. K.D. Bracher (Anm. 5), S. 218f.

48 Hans Mommsen, Beamtentum im Dritten Reich. Mit ausgewählten Quellen zur nationalsozialistischen Beamtenpolitik, Stuttgart 1966, S. 98; ders. (Anm. 42), Sp. 701.

49 W. Sauer (Anm. 37), S. 925.

50 Vgl. etwa Helmut Heiber, Hitler, die Partei und die Institutionen des Führerstaates, in: Martin Broszat/Norbert Frei (Hrsg.), Ploetz. Das Dritte Reich. Ursprünge, Ereignisse, Wirkungen, Freiburg – Würzburg 1983, S. 147–157, hier S. 150; Jane Caplan, Government without Administration. State and Civil Service in Weimar and Nazi Germany, Oxford 1988, S. 325.

51 P. Diehl-Thiele (Anm. 47), S. IX; vgl. ebenda, S. 17f. u. passim; vgl. schon Hans Buchheim, Totalitäre Herrschaft. Wesen und Merkmale, München 1964³, S. 133f.

52 Hugh R. Trevor-Roper, Hitlers letzte Tage, Frankfurt am Main u.a. 1965³, S. 70 (engl. zuerst London 1947); ebenso Norman Rich, Hitler's War Aims, Bd. 1, London – New York 1973, S. 11; vgl. diese Position besonders nachdrücklich unterstützend Andreas Hillgruber,

Dieser These ist dezidiert widersprochen worden – von einigen Autoren vornehmlich mit Blick auf die Innenpolitik[53], von anderen generell. Die polykratischen Machtstrukturen des Dritten Reiches, so hat etwa Reinhard Bollmus festgestellt, seien »wohl in erster Linie eine Folge des wild wuchernden Erobererrechts im Führer-Staat« gewesen, welches der von »vulgär-darwinistischen Anschauungen« geleitete Diktator »vermutlich unreflektiert« auf die »Praxis des Staatslebens« transponiert habe[54]. Wird Hitler hier zumindest syntaktisch noch die Rolle eines Handlungssubjekts zugebilligt, so hat ihn vor allem Hans Mommsen vollends auf das Format eines »schwachen Diktators«[55] zurückgestutzt: entscheidungsunwillig und beeinflußbar, mit seinem erratischen Regierungsstil, nicht durch planvolles Handeln mitverantwortlich für die fortschreitende Erosion der institutionellen Grundlagen geregelter Herrschaftsausübung im Zuge eines von ihm nicht kontrollierbaren Konkurrenzkampfes alter und neuer, staatlicher wie halbstaatlicher und nationalsozialistischer Herrschaftszentren – darüber hinaus von realpolitischer Bedeutung allenfalls als Propagandafigur und »ideeller Integrationspunkt der widerstreitenden Kräfte des Regimes«[56]. Ganz in diesem Sinne hat Martin Broszat Hitler als Medium kollektiver Neurosen der modernisierungsgeschüttelten deutschen Gesellschaft im allgemeinen und ihrer von einer ambivalenten »sozialen Veränderungsdynamik« beseelten Mittelschichten im besonderen porträtiert: »die unerläßliche Integrationsfigur und Drehscheibe des Geschehens, aber nicht Agens im Sinne gesellschaftlich unmotivierter, rein persönlicher Willkür«; und zugleich Repräsentant der »inneren Logik und radikalen Konsequenz eines Systems«, dessen entfesselte Dynamik in einen selbstzerstörerischen Weltanschauungskrieg und den millionenfachen Massenmord münden »mußte«[57].

Tendenzen, Ergebnisse und Perspektiven der gegenwärtigen Hitler-Forschung, in: Historische Zeitschrift, 226 (1978), S. 600–621, bes. S. 616f., 620f.; Klaus Hildebrand, Nationalsozialismus oder Hitlerismus?, in: Michael Bosch (Hrsg.), Persönlichkeit und Struktur in der Geschichte. Historische Bestandsaufnahme und didaktische Implikationen, Düsseldorf 1977, S. 55–61, ders., Monokratie oder Polykratie? Hitlers Herrschaft und das Dritte Reich, in: G. Hirschfeld/L. Kettenacker (Anm. 27), S. 73–97; ders., Das Dritte Reich, München 1987³ (unveränd. Neudr. 1991), S. 178–185; vgl. Manfred Rauh, Anti-Modernismus im nationalsozialistischen Staat, in: Historisches Jahrbuch, 107 (1987), S. 94–121.

53 So etwa Wolfgang J. Mommsen, Das nationalsozialistische Herrschaftssystem, in: Jahrbuch der Universität Düsseldorf 1970/71, Düsseldorf 1972, S. 417–430, hier S. 426.

54 R. Bollmus (Anm. 39), 245.

55 H. Mommsen (Anm. 48), S. 98, Anm. 26; ebenso ders. (Anm. 42), Sp. 702. Auch ansonsten lassen sich Hans Mommsens einschlägige Beiträge in allen wichtigen Punkten auf Erkenntnisse zurückführen, die er bereits 1966 in seiner grundlegenden Studie zur nationalsozialistischen Beamtenpolitik formuliert hat; vgl. etwa neben den im folgenden zitierten Titeln: Ausnahmezustand als Herrschaftstechnik des NS-Regimes, in: Manfred Funke (Hrsg.), Hitler, Deutschland und die Mächte. Materialien zur Außenpolitik des Dritten Reiches, Düsseldorf 1976, S. 30–45; Der Nationalsozialismus und die Auflösung des normativen Staatsgefüges, in: Wolfang Luthard/Alfons Söllner (Hrsg.), Verfassungsstaat, Souveränität, Pluralismus. Otto Kirchheimer zum Gedächtnis, Opladen 1989, S. 67–75.

56 Hans Mommsen, Nationalsozialismus oder Hitlerismus?, in: M. Bosch (Anm. 52), S. 62–71, hier S. 68; vgl. ders., Hitlers Stellung im nationalsozialistischen Herrschaftssystem, in: G. Hirschfeld/L. Kettenacker (Anm. 27), S. 43–72; vgl. die eingängig betitelte, jedoch empirisch unbefriedigende Studie von Edward N. Peterson, The Limits of Hitler's Power, Princeton/N. J. 1969.

57 Martin Broszat, Soziale Motivation und Führer-Bindung des Nationalsozialismus, in: Vierteljahrshefte für Zeitgeschichte, 18 (1970), S. 392–409, hier S. 393, 405, 409; abgdr. in:

Hitler »fungierte gleichsam als Exponent eines auf breiteren gesellschaftlichen und politischen Faktoren beruhenden destruktiven Prozesses«, so hat Mommsen seine vielfach wiederholte Generalthese zusammengefaßt, »der zwar vorübergehend von spektakulären äußeren Erfolgen begleitet war, den Keim des Scheiterns jedoch von Anfang an in sich trug«. Das Erkenntnisinteresse habe sich mithin zuvörderst nicht auf das vermeintliche Programm und die angebliche »Führungsbegabung« des »monomanischen« Diktators, sondern »auf die allgemeinen gesellschaftlichen Bedingungen zu richten, die es ihm »erst ermöglicht hatten, sich als ›Führer der Nation‹ zu installieren und sich der Botmäßigkeit der nationalsozialistischen wie nichtnationalsozialistischen Funktionsträger zu versichern«[58]. Hinsichtlich der Herrschaftsstruktur des Dritten Reiches wie der Funktion Hitlers handelt es sich bei dieser Argumentation unübersehbar um eine – allerdings zumeist unausgesprochene[59] – Reminiszenz an Neumanns Gedankengänge. Ihren Vertretern kommt das Verdienst zu, den Blick für die sozialen Voraussetzungen der NS-Diktatur gegenüber bisweilen allzu personalistischen Interpretationen[60] geschärft zu haben; der zentralen Rolle des Diktators im »Führerstaat« indes werden sie offensichtlich nicht hinreichend gerecht.

Bei der Auseinandersetzung zwischen »Traditionalisten« und »Revisionisten«, »Programmologen« und »Strukturalisten«, »Intentionalisten« und »Funktionalisten«[61], die in den siebziger und vor allem den frühen achtziger Jahren viel Aufmerksamkeit auf sich gezogen hat[62], ist es nicht ohne ermüdende Redundanzen, polemische Überspitzungen und persönliche Invektiven abgegangen; sie hat aber auf der anderen Seite auch manch weiterführenden Anstoß gegeben – zu vertiefenden Forschungen, aber auch dazu, die mittlerweile in kaum noch überschaubarer Fülle vorliegenden empirischen Einzelbefunde unter der übergreifenden Fragestellung neu zu sichten, welches denn nun die zentralen Strukturmerkmale des Dritten Reiches und die elementaren Antriebskräfte seiner Politik gewesen sind.

Wolfgang Michalka (Hrsg.), Nationalsozialistische Außenpolitik, Darmstadt 1978, S. 92–116.

58 Hans Mommsen, Adolf Hitler als »Führer« der Nation (Nationalsozialismus im Unterricht, Studieneinheit 11), hrsg. vom Deutschen Institut für Fernstudien an der Universität Tübingen, Tübingen 1984 (als Typoskript gedr.), S. 122–124.

59 Ausdrücklich auf Franz Neumanns von ihm so genannte »Pakttheorie« – bezogen auf ein vierpoliges »Elitekartell« – beruft sich hingegen Peter Hüttenberger, Nationalsozialistische Polykratie, in: Geschichte und Gesellschaft, 2 (1976), S. 417–442, hier S. 417, Anm. 3.

60 In jüngerer Zeit vor allem der im außerwissenschaftlichen Bereich sehr einflußreiche, bereits im Jahr seiner Erstpublikation in 12. Auflage verbreitete Essay von Sebastian Haffner, Anmerkungen zu Hitler, Sonderausgabe Frankfurt am Main 1992 (zuerst München 1978 u. ö.); vgl. ferner die in Anm. 64 genannten Studien von Eberhard Jäckel und Rainer Zitelmann.

61 Tim Mason, Intention and Explanation: A Current Controversy about the Interpretation of Nation Socialism, in: G. Hirschfeld/L. Kettenacker (Anm. 27), S. 23–41. Enrico Syring, Intentionalisten und Strukturalisten. Von einem noch immer ausstehenden Dialog, in: Uwe Backes/Eckhard Jesse/Rainer Zitelmann (Hrsg.), Die Schatten der Vergangenheit. Impulse zur Historisierung des Nationalsozialismus, Berlin 1990, S. 169–194.

62 Die dabei ausgetauschten Argumente werden im Lichte der neueren Forschungsergebnisse ebenso eingehend wie abgewogen diskutiert von Ian Kershaw, Der NS-Staat. Geschichtsinterpretationen und Kontroversen im Überblick, Reinbek 1988, und von M. Funke (Anm. 7).

Wie so häufig liegt die Wahrheit offenbar zwischen den Extremen. »Zwar ist weder eine planmäßige, rational kalkulierende Vorausberechnung des verfassungspolitischen Handelns noch eine systematisch konzipierte Schrittfolge der verschiedenen Maßnahmen zu konstatieren«, hat Dieter Rebentisch den Ertrag seiner umfangreichen Quellenstudien auf den Punkt gebracht, »wohl aber eine ideologisch motivierte Zielstrebigkeit zur Vermehrung und Vollendung der Führerherrschaft und eine generelle, von radikalisierenden Schüben zeitweise verschärfte Tendenz zur Durchsetzung und Verwirklichung weltanschaulicher Programmpunkte des Nationalsozialismus. Dadurch erscheint der Prozeß der innerstaatlichen Strukturveränderungen wie eine zeitlich gestreckte Fortsetzung der Gleichschaltungsaktionen in der Machtergreifungsphase.«[63] Und was die praktische Politik anbelangt, so konnte inzwischen hinreichend belegt werden, in welch bemerkenswertem Umfang der »Führer« die ihm unumschränkt zu Gebote stehenden Interventionsmöglichkeiten höchstpersönlich dazu genutzt hat, die Dynamik des Geschehens im Sinne seiner Idiosynkrasien zu forcieren[64]. Als vorläufiges Fazit wird man daher festhalten dürfen, was Rebentisch ebenso überzeugend wie materialreich belegt hat: daß Hitler bis in die letzte Phase des militärischen Zusammenbruchs und der Auflösung seines Regimes seine Stellung als »der zentrale Bezugspunkt des gesamten Herrschaftsgefüges« hat wahren können – keineswegs nur als »Mythos«, sondern als »Führer« mit prinzipiell unbestrittener und praktisch ungebrochener Entscheidungsgewalt[65]. Hans-Ulrich Thamer scheint mithin schon 1986 einen neuen Konsens vorweggenommen zu haben: »Das Dritte Reich besaß eine starke monokratische Spitze und gleichzeitig polykratische Machtstrukturen. Das eine bedingte das andere.«[66]

III.

Auf der Suche nach den konstitutiven Strukturmerkmalen der Realverfassung des nationalsozialistischen Führerstaates fällt der Blick immer wieder auf eine hervorste-

---

63 D. Rebentisch (Anm. 23), S. 535; zustimmend zitiert von D. Hildebrand (Anm. 52), S. 183.
64 Für die Verwendung von ausländischen Zivilarbeitern, Kriegsgefangenen, KZ-Häftlingen und Juden für den Arbeitseinsatz belegt dies eindrucksvoll Ulrich Herbert, Arbeit und Vernichtung. Ökonomisches Interesse und Primat der »Weltanschauung« im Nationalsozialismus, in: Dan Diner (Hrsg.), Ist der Nationalsozialismus Geschichte? Zu Historisierung und Historikerstreit, Frankfurt am Main 1987, S. 198–236, bes. S. 233 ff.; eine Fülle weiterer Beispiele führen I. Kershaw (Anm. 62), und M. Funke (Anm. 7) an. Zur Ideenwelt Hitlers s. eingehend Eberhard Jäckel, Hitlers Weltanschauung. Entwurf einer Herrschaft, Stuttgart 1981²; ders., Hitlers Herrschaft. Vollzug einer Weltanschauung, Stuttgart 1986; ferner Rainer Zitelmann, Hitler. Selbstverständnis eines Revolutionärs, Stuttgart 1990³; ders., Adolf Hitler. Eine politische Biographie, Göttingen – Zürich 1989. Die Rationalisierungsversuche dieses Autors bieten m. E. keinen Anlaß, die von M. Broszat (Anm. 57), R. Bollmus (Anm. 39), S. 245, und anderen vertretene Qualifizierung der sogenannten »Weltanschauung« Hitlers zu revidieren; wie deren innere Konsistenz anbelangt; eine andere Frage ist, ob die Politik ihrer Umsetzung nicht stärker unter Gesichtspunkten der Wertrationalität (im Sinne Max Webers) betrachtet werden sollte.
65 D. Rebentisch (Anm. 23), S. 533f.; vgl. ebenda, S. 7f.; vgl. G. Schulz (Anm. 21), S. 95.
66 H.-U. Thamer (Anm. 5), S. 340; so auch Volker Ullrich, Rezension von M. Funke (Anm. 7), in: Frankfurter Rundschau vom 28. April 1990, Beilage ZB 4.

chende Eigenschaft: die enorme Dynamik ihres Wandels. Ob dieser Zustand andauernder Veränderung als »Stabilisierung durch Bewegung«[67] oder als »kumulative Radikalisierung« mit selbstzerstörerischer Tendenz[68] interpretiert werden sollte, mag hier dahingestellt bleiben – manches deutet darauf hin, daß diese beiden scheinbar widersprüchlichen Qualifizierungen *zusammen* Ansätze einer Antwort auf die entscheidende Frage liefern, warum jenes überaus heterogene Machtgebilde »Drittes Reich« seinen verheerenden Amoklauf bis zur totalen militärischen Niederwerfung durchhalten konnte, ohne zuvor an seinen inneren Widersprüchen zerbrochen zu sein. An dieser Stelle sollen in knappen Strichen jene Phasen skizziert werden, in denen sich der Wandel des politisch-administrativen »Systems« vollzogen hat.

Dieser »niemals abgeschlossene Prozeß fortgesetzter innerer und auch äußerer Umwandlungen des Diktaturstaates«[69] ist – simultan und mannigfach miteinander verbunden – auf verschiedenen Ebenen abgelaufen. Zu unterscheiden sind dabei erstens die Stellung des »Führers« als der ideologischen *und* machtpolitischen Bezugsgröße des NS-Staates schlechthin, zweitens die überkommenen Institutionen des pluralistischen Verfassungs- und Verwaltungsstaates, drittens die Neuen Institutionen des nationalsozialistischen Führerstaates und viertens schließlich der Komplex des SS-Staates. Zeitlich folgte auf die Machteroberung 1933/34 und die Etablierung der Führerherrschaft nur eine kurze Phase der Machtkonsolidierung; sie wurde bereits 1936 und 1938/39 durch zwei Radikalisierungsschübe beendet. Diese standen in ursächlichem Zusam-

---

67 W. Sauer (Anm. 37), S. 689.
68 Hans Mommsen, Der Nationalsozialismus. Kumulative Radikalisierung und Selbstzerstörung des Regimes, in: Meyers Enzyklopädisches Lexikon, Bd. 16, Mannheim u. a. 1976[9], S. 785–790; vgl. ebenso M. Broszat (Anm. 57), S. 598.
69 G. Schulz (Anm. 21), S. 74 (dort im Genitiv); vgl. besonders prägnant auch ebenda, S. 93 f. Es ist im gegebenen Rahmen nicht möglich, den institutionellen Aufbau des nationalsozialistischen Führerstaates im einzelnen zu analysieren; darüber geben auf breitester Quellengrundlage erschöpfend Auskunft J. Caplan (Anm. 50) und vor allem D. Rebentisch (Anm. 23); vgl. ders. (Anm. 4). Einen systematischen Überblick vermitteln die Beiträge in Kurt A. Jeserich/Hans Pohl/Georg-Christoph von Unruh (Hrsg.), Deutsche Verwaltungsgeschichte, Bd. 4: Das Reich als Republik und in der Zeit des Nationalsozialismus, Stuttgart 1985, Teil II, S. 651 ff., insbesondere Dieter Rebentisch, Innere Verwaltung, S. 732–774. Unverzichtbar sind ferner die breitangelegte Studie von M. Broszat (Anm. 41) und – für die dreißiger Jahre – die klassische Trilogie von K. D. Bracher u. a. (Anm. 5). Instruktive Kurzüberblicke liefern u. a. D. Schoenbaum (Anm. 38), S. 242–288; H. Heiber (Anm. 50); Karl Dietrich Bracher, Grundlagen des nationalsozialistischen Herrschaftssystems, in: K. A. Jeserich u. a., a. a. O., S. 653–663; Rudolf Morsey, Die verfassungspolitische Entwicklung, in: ebenda, S. 696–706; Martin Vogt (unter Mitarbeit von Birgit Schulze), Innere Struktur des NS-Herrschaftssystems (Nationalsozialismus im Unterricht, Studieneinheit 11), hrsg. vom Deutschen Institut für Fernstudien an der Universität Tübingen, Tübingen 1986 (als Typoskript gedr.); Wolfgang Benz, Partei und Staat. Mechanismen nationalsozialistischer Herrschaft, in: ders., Herrschaft und Gesellschaft im nationalsozialistischen Staat. Studien zur Struktur- und Mentalitätsgeschichte, Frankfurt am Main 1990, S. 29–46; ders., Expansion und Konkurrenz. Zum Verhältnis von Regierungsapparat und NSDAP, in: ebenda, S. 47–62. Norbert Frei, Der Führerstaat. Nationalsozialistische Herrschaft 1933 bis 1945, München 1989[2], geht auf die institutionelle Entwicklung seines Erkenntnisobjektes nur beiläufig ein. Einen umfassenden Überblick über die historiographische Auseinandersetzung mit dem »Führer« vermittelt Gerhard Schreiber, Hitler. Interpretationen 1923–1983. Ergebnisse, Methoden und Probleme der Forschung, Darmstadt 1988[2] (ergänzt durch eine annotierte Bibliographie für die Jahre 1984 bis 1987).

menhang mit der Expansionspolitik und den Kriegsvorbereitungen des NS-Regimes und waren charakterisiert durch die rasch fortschreitende Marginalisierung der traditionellen zugunsten neuer Institutionen des Führerstaates einerseits und die Fundamentierung des SS-Staates andererseits. Während der Jahre militärischer Erfolge wurden diese Tendenzen stark forciert, Hitlers Stellung als unumschränkter Führer noch weiter herausgehoben. Im Zeichen des totalen Krieges endlich gewann der SS-Staat seit dem Frühjahr 1943 beschleunigt an Boden. In der Phase beginnender Auflösung der NS-Herrschaft wurden jedoch auch Himmler die Grenzen seines Vordringes aufgezeigt, und Hitlers Monokratie erfuhr ihre letzte Aufgipfelung in der Konzentration aller wichtigen Regierungsfunktionen auf den Leiter der Parteikanzlei, seinen Intimus Martin Bormann.

Mit der Selbsternennung Hitlers zum »Führer und Reichskanzler des Deutschen Volkes« und deren pseudo-plebiszitärer Sanktionierung war im August 1934 der entscheidende Schritt von der »kommissarischen« zur »souveränen Diktatur«[70] getan; doch der Weg aus dem »verfassungsrechtlichen Niemandsland«[71] der Machtergreifung führte nicht etwa auf den festen Boden einer autoritär-rechtsstaatlichen Ordnung zurück, wie sie von manchen Protagonisten der »nationalen Revolution« im konservativ-reaktionären Lager ursprünglich anvisiert und von Politikern wie Innenminister Wilhelm Frick, Justizminister Franz Gürtner oder »Reichsrechtsführer« Hans Frank im Verein mit Spitzenbeamten und Juristen betrieben wurde[72]. Bezeichnenderweise wurde die Diskussion um eine umfassende »Reichsreform« und eine Kodifizierung der neu geschaffenen Verfassungswirklichkeit im Frühjahr 1935 von Hitler persönlich beendet[73]. Bereits nach der Weimarer Verfassungsdoktrin gehörte die Proklamation des zivilen Ausnahmezustands zur Prärogative des Staatsoberhauptes, und Hitler dachte mitnichten daran, seinen Status als unumschränkter Herr des permanenten Belagerungszustands durch konstitutionelle Normen eingrenzen zu lassen. Außerdem ist nicht auszuschließen, daß er bereits frühzeitig darauf aus war, die verfassungsmäßige Situation möglichst offen zu gestalten, um seinen Gestaltungsspielraum für die Zeit der territorialen Expansion zu vergrößern[74].

Dafür spricht auch die zügige Demontage der traditionellen Institutionen im Laufe der dreißiger Jahre. Die Parteien[75] und Verbände der Weimarer Zeit waren schon bis

---

70 E. Fraenkel (Anm. 15), S. 27, unter Rückgriff auf eine Begriffsbildung Carl Schmitts von 1921.
71 D. Schoenbaum (Anm. 38), S. 242; vgl. ebd., S. 249f.
72 Günter Neliba, Wilhelm Frick. Der Legalist des Unrechtsstaates. Eine politische Biographie, Paderborn 1992; Lothar Gruchmann, Justiz im Dritten Reich 1933–1940. Anpassung und Unterwerfung in der Ära Gürtner, München 1990², S. 67–69; Michael Sunnus, Der NS-Rechtswahrerbund (1928–1945). Zur Geschichte der nationalsozialistischen Juristenorganisation, Frankfurt am Main u. a. 1990, bes. S. 168–173.
73 J. Caplan (Anm. 50), S. 149–158, hier S. 157f.; vgl. D. Rebentisch (Anm. 23), S. 537. Zum Versanden der – auf Planspiele der zwanziger und frühen dreißiger Jahre zurückgehenden – Reichsreformbestrebungen vgl. eingehend Walter Baum, Die »Reichsreform« im Dritten Reich, in: Vierteljahrshefte für Zeitgeschichte, 3 (1955), S. 36–56; G. Schulz (Anm. 34), S. 579–626; M. Broszat (Anm. 41), S. 151–161.
74 So M. Funke (Anm. 7), S. 82–86; vgl. D. Rebentisch (Anm. 23), S. 11.
75 Dazu weiterhin grundlegend Erich Matthias/Rudolf Morsey (Hrsg.), Das Ende der Parteien. Darstellungen und Dokumente, Düsseldorf 1960 (Nachdr. Königstein/Ts.-Düsseldorf 1979).

zum Frühjahr 1934 zerschlagen, »gleichgeschaltet« und in der Monopolpartei angeschlossene oder angegliederte Organisationen überführt worden. Einzig die Interessenvertretungen der Wirtschaft vermochten hinter der Fassade organisatorischer Gleichschaltung ein gewisses Maß an Eigenständigkeit zu bewahren, und mit der Zerschlagung der gewerkschaftlichen und politischen Arbeiterbewegung wurden sie überdies von ihrem sozialen Widerpart befreit[76]. Der Deutschen Arbeitsfront gelang es nicht, diese Rolle zu übernehmen, obwohl sich ihr Führer, NSDAP-Reichsorganisationsleiter Robert Ley, hartnäckig darum bemühte, seiner Mammutorganisation substantiellen Einfluß in den Betrieben und Unternehmen zu verschaffen[77]. Ebenso vergeblich blieb das Streben von Richard Walther Darré, dem Chef des SS-Rasse- und Siedlungs(haupt)amtes, seinem Reichsnährstand als Einheitsorganisation der Landwirtschaft zumindest den Anstrich einer eigenständigen Interessenvertretung zu geben[78].

Parallel zur Ausschaltung der intermediären Korporationen war die Judikative durch politische Säuberungen im Gefolge des sogenannten Berufsbeamtengesetzes und ein Personalrevirement auf den Spitzenpositionen, vor allem aber durch eine Welle individueller und kollektiver Anpassung einstweilen als eigenständige Kraft ausgeschaltet worden. Unterstrichen wurde dies durch die Unterbindung der strafrechtlichen Verfolgung von SA-Verbrechen 1933/34 wie durch die Legalisierung der Mordaktion vom 30. Juni bis 2. Juli 1934. Wiederholte strukturelle Eingriffe zielten darauf ab, diesen Zustand dauerhaft zu befestigen: der Aufbau von Sondergerichten im Frühjahr, die Gründung der Akademie für deutsches Recht im Herbst 1933, die Schaffung des Volksgerichtshofes als oberste Instanz der politischen Justiz im April 1934 und schließlich die Zentralisierung des gesamten Justizwesens ein Jahr darauf[79].

---

76 Ingeborg Esenwein-Rothe, Die Wirtschaftsverbände von 1933 bis 1945, Berlin 1965; Werner Sörgel, Metallindustrie und Nationalsozialismus. Eine Untersuchung über Struktur und Funktion industrieller Organisationen in Deutschland 1929 bis 1939, Frankfurt am Main 1965; Peter Hüttenberger, Interessenvertretung und Lobbyismus im Dritten Reich, in: G. Hirschfeld/L. Kettenacker (Anm. 27), S. 429–457, hier S. 444–454; Hans-Peter Ullmann, Interessenverbände in Deutschland, Frankfurt am Main 1988, S. 183–227. Zum gewaltsamen Ende der Arbeiterbewegung s. Heinrich A. Winkler, Der Weg in die Katastrophe. Arbeiter und Arbeiterbewegung in der Weimarer Republik 1930 bis 1933, Bonn 1990², S. 907–949.

77 Gunther Mai, »Warum steht der deutsche Arbeiter zu Adolf Hitler?« Zur Rolle der Deutschen Arbeitsfront im Herrschaftssystem des Dritten Reiches, in: Geschichte und Gesellschaft, 12 (1986), S. 212–234; Tilla Siegel, Rationalisierung statt Klassenkampf. Zur Rolle der Deutschen Arbeitsfront in der nationalsozialistischen Ordnung der Arbeit, in: H. Mommsen/S. Willems (Anm. 27), S. 97–224; dies., Leistung und Lohn in der nationalsozialistischen »Ordnung der Arbeit«, Opladen 1989, S. 62–124; Ronald Smelser, Robert Ley. Hitlers Mann an der »Arbeitsfront«. Eine Biographie, Paderborn 1989; E. Heuel (Anm. 28), S. 188–466.

78 John E. Farquharson, The Plough and the Swastika. The NSDAP and Agriculture in Germany, 1928–1945, London – Beverly Hills 1976; Horst Gies, Die Rolle des Reichsnährstandes im nationalsozialistischen Herrschaftssystem, in: G. Hirschfeld/L. Kettenacker (Anm. 27), S. 270–304.

79 Zum Gesamtkomplex s. umfassend L. Gruchmann (Anm. 72); einen Überblick über die mittlerweile breite Literatur vermittelt Ulf Ehrlich, Recht – Nationalsozialismus. Eine Bibliographie nebst erschließenden Registern, Pfaffenweiler 1990; zur Akademie s. Dennis L. Anderson, The Academy for German Law, 1933–1944, London 1987. Das Gesetz zur Wiederherstellung des Berufsbeamtentums vom 7. April 1933 ist faks. abgedr. in: M. Hirsch u. a. (Anm. 1), S. 299 f.

Die Legislative war ebenfalls schon in der Machtergreifungsphase durch die Übertragung der Gesetzgebungsbefugnisse auf die Reichsregierung, die Wahl eines Einheitsreichstages, die Neubesetzung und faktische Auflösung der Landtage sowie die Aufhebung des Reichsrates im Februar 1934 ausgeschaltet worden. Mit dem Wegfall der parlamentarischen Kontrollinstanzen hing das unabhängige Finanzprüfungsrecht des Reichsrechnungshofes gleichsam in der Luft; im Dezember 1933 wurde es auch formell aufgehoben und der Rechnungshof anschließend zu einer »Führerbehörde« umdefiniert[80].

Der Exekutive erging es nicht besser. Das ihr mit dem Ermächtigungsgesetz übertragene Gesetzgebungsrecht stärkte nicht die Reichsregierung als Ganzes, wie sich nur allzubald herausstellte. Das darin dem Reichskanzler zugesprochene Recht, Gesetze anstelle des Staatsoberhauptes auszufertigen, die Einführung des Umlaufverfahrens für Gesetzentwürfe im Sommer 1933 und die wachsende Bereitschaft der Reichsminister, sich in politischen Grundsatzfragen dem Willen Hitlers zu unterwerfen, hatten das Kabinett als Kollegialorgan »mit politischer Entscheidungsgewalt« bis Mitte 1934 bereits weitgehend ausgeschaltet. Mit der Vereidigung der Minister auf den »Führer und Reichskanzler« im Herbst 1934 und der Einschränkung ihrer Gegenzeichnungsbefugnis im März 1935 wurde es dann endgültig zu einem »Führerrat« herabgedrückt, der zusehends in »eine Polykratie vertikal nebeneinander stehender Fachressorts zerfiel, die der Führergewalt einzeln unterstanden«. Zwar hielt der offizielle Sprachgebrauch aus propagandistischen Gründen die Fiktion einer einheitlichen Reichsregierung aufrecht, tatsächlich jedoch trat dieses Gremium immer seltener zusammen[81]. Bezeichnenderweise diente die letzte Sitzung des Kabinetts am 5. Februar 1938 als bloße Kulisse für die Entmachtung des Militärs, das unter den traditionellen Institutionen noch am ehesten eine Position relativer Autonomie hatte bewahren können, bis der Führer die Inszenierung der »Blomberg-Fritsch-Krise« dazu nutzte, das 1933/34 geschlossene Bündnis einseitig aufzukündigen[82].

So wie die Reichsregierung als kollegiales Entscheidungsorgan an Bedeutung verlor, gewann die Reichskanzlei als Koordinierungsstelle der bald nur noch im Umlauf-

---

80 Friedrich Klein, Die Finanzkontrolle im nationalsozialistischen Staat, in: Eckart Schiffer/ Helmut Karehnke (Hrsg.), Verfassung, Verwaltung, Finanzkontrolle. Festschrift für Hans Schäfer zum 65. Geburtstag, Köln u. a. 1975, S. 209–232.

81 Lothar Gruchmann, Die »Reichsregierung« im Führerstaat. Stellung und Funktion des Kabinetts im nationalsozialistischen Herrschaftssystem, in: Günther Doeker/Winfried Steffani (Hrsg.), Klassenjustiz und Pluralismus. Festschrift für Ernst Fraenkel zum 75. Geburtstag am 26. Dezember 1973, Hamburg 1973, S. 187–223, hier S. 191–193.

82 Zur politischen Bewertung des »Wehrmacht-Hitler-Paktes von 1933/34 s. K. D. Bracher (Anm. 6), S. 258–267. Zur Rolle der Wehrmacht allgemein s. Manfred Messerschmidt, Die Wehrmacht im NS-Staat. Zeit der Indoktrination, Heidelberg – Hamburg 1969; Michael Salewski, Die bewaffnete Macht im Dritten Reich 1933–1939, in: Wehrmacht und Nationalsozialismus 1933–1939 (Deutsche Militärgeschichte 1648–1939, Bd. 6), hrsg. vom Militärgeschichtlichen Forschungsamt, Herrsching 1983², S. 3–287; Klaus-Jürgen Müller, Armee und Drittes Reich 1933–1939. Darstellung und Dokumentation, Paderborn 1989; vgl. Friedrich Gerstenberger, »Heeres-Elite« und nationalsozialistische Herrschaft, in: Heide Gerstenberger/Dorothea Schmidt (Hrsg.), Normalität oder Normalisierung? Geschichtswerkstätten und Faschismusanalyse, Münster 1987, S. 97–114; Jost Dülffer, Vom Bündnispartner zum Erfüllungsgehilfen im totalen Krieg. Militär und Gesellschaft in Deutschland 1933–1945, in: Wolfgang Michalka (Hrsg.), Der Zweite Weltkrieg. Analysen, Grundzüge, Forschungsbilanz, München-Zürich 1989, S. 286–300; Manfred Funke, Hitler und die Wehrmacht. Eine Profilskizze ihrer Beziehungen in: ebenda, S. 301–313.

verfahren abgewickelten Gesetzgebungstätigkeit politisches Gewicht. Deren Chef, Staatssekretär Hans Heinrich Lammers, wuchs rasch in eine einflußreiche Schlüsselstellung im unmittelbaren Umfeld des Diktators hinein. Als einer der ganz wenigen Karrierebeamten, die Hitlers Vertrauen genossen, wurde er zum Reichsminister ernannt und verfügte seit Mitte 1936 de facto über ein »letztinstanzliches Prüfungs- und Vortragsrecht« in allen Gesetzgebungsangelegenheiten[83]. Auf der anderen Seite vergrößerte sich aber auch der Gestaltungsspielraum der Einzelressorts. Denn die zunehmende Beschränkung auf Rahmengesetze gab ihnen die Möglichkeit, über eigene Verordnungen und Erlasse weitgehend autonom Recht zu setzen, sofern keine politischen Grundsatzfragen berührt wurden. Allerdings verstärkte der – von Hitler ausdrücklich gewünschte – Verzicht auf präzise Gesetzesregelungen auf diese Weise nicht nur den Ressortpartikularismus, er hatte auch eine Inflation von Generalklauseln und unbestimmten Rechtsbegriffen zur Folge, die zusammen mit der Praxis ihrer »unbegrenzten Auslegung«[84] das überkommene Normengefüge unterhöhlte.

Mit Lammers Aufstieg wurden auch den Ambitionen von Reichsinnenminister Frick frühzeitig Grenzen gesetzt[85]. Der hatte gehofft, seine Behörde zum dominierenden Beamten- und Verfassungsministerium mit reichsweiter Kontrolle über die Verwaltungen der mittleren und unteren Instanz ausbauen zu können. Doch dieses Vorhaben scheiterte bald an Vorbehalten Hitlers, Widerständen anderer Ressortchefs und nicht zuletzt auch an dem Umstand, daß es dem Innenminister nicht gelang, die seit 1935 formal seiner Dienstaufsicht unterstellten Reichsstatthalter und preußischen Oberpräsidenten zu mediatisieren. Die nämlich waren als Gauleiter der NSDAP direkt dem Führer unterstellt und damit für Frick praktisch unangreifbar[86]. Hinzu kam, daß sich 1934/35 die Staatspartei in Gestalt des Stellvertreters des Führers Rudolf Heß weitreichende Mitwirkungs- und Kontrollrechte auf dem Gebiet der Gesetzgebung und der Personalpolitik im öffentlichen Dienst zu sichern vermochte[87].

Wie in der Justiz hatte die politische Säuberung von 1933 auch in der Staatsverwaltung insgesamt nur recht wenige Opfer gefordert, als Instrument der Einschüchterung hingegen war sie ein Erfolg. Zu einem personellen »Kontinuitätsbruch« innerhalb der Bürokratie hat die nationalsozialistische Machtergreifung überwiegend nicht geführt[88].

---

83 Dieter Rebentisch, Hitlers Reichskanzlei zwischen Politik und Verwaltung, in: ders./K. Teppe (Anm. 11), S. 65–99, hier S. 85; ders. (Anm. 23), S. 46–67.

84 Bernd Rüthers, Die unbegrenzte Auslegung. Zum Wandel der Privatrechtsordnung unter dem Nationalsozialismus, Heidelberg 1988³.

85 D. Rebentisch (Anm. 23), S. 91–116; G. Neliba (Anm. 72).

86 Peter Hüttenberger, Die Gauleiter. Studie zum Wandel des Machtgefüges in der NSDAP, Stuttgart 1969; Hans-Jürgen Sengotta, Der Reichsstatthalter in Lippe 1933–1939. Reichsrechtliche Bestimmungen und politische Praxis, Detmold 1976.

87 J. Caplan (Anm. 50), S. 160–164; D. Rebentisch (Anm. 23), S. 68–91.

88 J. Caplan (Anm. 50), S. 138–149. Das von D. Rebentisch (Anm. 23), S. 545 f., und ders. (Anm. 4), S. 141 f., angeführte Beispiel der preußischen Landratsverwaltung ist nicht repräsentativ, und selbst dort lassen sich erhebliche regionale Differenzierungen nachweisen; s. dazu Michael Ruck: Administrative Eliten zwischen Demokratie und Diktatur. Beamtenkarrieren in Baden und Württemberg von den zwanziger bis in die fünfziger Jahre, in: Cornelia Rauh-Kühne/Michael Ruck (Hrsg.), Regionale Eliten zwischen Diktatur und Demokratie. NS-Herrschaft und Neubeginn in Südwestdeutschland, München 1992; vgl. allgemein Klaus von der Groeben, Landkreis und Verbandstätigkeit im nationalsozialistischen Staat von 1933–1945, in: ders./Hans-Jürgen von der Heide, Geschichte

Mitte der dreißiger Jahre jedoch stieg der Druck auf die Beamtenschaft unverkennbar an. Denn auch das Deutsche Beamtengesetz von 1937 bot nicht den erhofften Rückhalt gegen massive Einflußnahmen der Partei, obwohl es dem Reichsinnenministerium oftmals gelang, den Interventionen aus München mehr oder minder erfolgreich die Spitze zu nehmen[89]. Auf der kommunalen Ebene verlagerten sich in dieser Phase die Gewichte ebenfalls weiter zugunsten der NSDAP. Zwar trug die Deutsche Gemeinde-ordnung von 1935 bei formaler Aufrechterhaltung der kommunalen Selbstverwaltung einen ausgesprochen etatistischen Grundzug, sie konnte jedoch nicht verhindern, daß die lokalen und regionalen NS-Repräsentanten in der täglichen Verwaltungspraxis zusehends an Einfluß auf die Gemeindeverwaltungen gewannen – eine Bastion des traditionellen Verfassungs- und Verwaltungsstaates mehr, die im Zuge anhaltender Rivalitäten zwischen staatlichen Behörden und Parteiinstanzen bereits frühzeitig jenem Prozeß »parasitärer Zersetzung« anheimfiel, welcher die flächendeckende Durch-setzung des totalitären Führerstaates begleitete und ermöglichte[90].

Seine eigentliche Schubkraft indes erhielt dieser Prozeß durch das Auftreten einer wachsenden Zahl von Sonderapparaten in der Grauzone zwischen Partei und Staat. Deren Leiter, die typischerweise eine Reihe von Partei- und administrativen Positio-nen in Personalunion bekleideten, konnten sich bei ihrem Vordringen auf unmittelbare Ermächtigungen Hitlers berufen. Viele waren ihm unmittelbar unterstellt und traten damit in gleichberechtigte Konkurrenz zu den herkömmlichen Ressorts, ohne daß diese Kompetenzbereiche klar gegeneinander abgegrenzt worden wären. Auch die Weimarer Republik hatte in ihren Anfangsjahren wie in der Endphase eine Unzahl von Kommissaren hervorgebracht. Bei den Neuen Institutionen des Führerstaates han-delte es sich jedoch nicht primär um solche herkömmlichen Instrumente des Krisenma-nagements, sondern um originäre Kreationen Hitlers, die seinem aus der »Kampfzeit« übernommenen, extrem personalisierten Führungsstil[91] wie seiner generellen Aver-sion gegen formalisierte Verwaltungsabläufe entsprachen.

Den Anfang machten im März/September 1933 das Reichspropagandaministerium und die Reichskulturkammer, in Personalunion geleitet von Hitlers Propagandachef,

des Deutschen Landkreistages (Der Kreis. Ein Handbuch, Bd. 5), Köln – Berlin 1981, S. 157–212.

89 Zum Gesamtkomplex s. J. Caplan (Anm. 50), S. 159–206f.; zur Genese des Deutschen Beamtengesetzes (Anm. 7) s. eingehend H. Mommsen (Anm. 48).

90 Horst Matzerath, Nationalsozialismus und kommunale Selbstverwaltung, Stuttgart u. a. 1970, S. 433–436, hier S. 436, unter Rückgriff auf eine Begriffsbildung von H. Mommsen (Anm. 48), S. 18. Zur Entwicklung in den besonders betroffenen Großstädten s. Dieter Rebentisch, Die politische Stellung der Oberbürgermeister im Dritten Reich, in: Klaus Schwabe (Hrsg.), Oberbürgermeister, Boppard 1981, S. 125–155; Horst Matzerath, Ober-bürgermeister im Dritten Reich. Auswertung einer quantitativen Analyse, in: ebenda, S. 157–199; ders., Oberbürgermeister im Dritten Reich, in: G. Hirschfeld/L. Kettenacker (Anm. 27), S. 228–254; Jeremy Noakes, Oberbürgermeister und Gauleiter. City Govern-ment between Party and State, in: ebenda, S. 194–227; als gelungenes Beispiel für eine umfassende Fallstudie s. Roland Müller, Stuttgart zur Zeit des Nationalsozialismus, Stutt-gart 1988.

91 Vgl. Dietrich Orlow, The History of the Nazi Party, Bd. 1: 1919–1933, Bd. 2: 1933–1945, Pittsburgh 1969–1973, hier Bd. 1, S. 81 ff., und Bd. 2, S. 7–13.

dem Berliner Gauleiter Joseph Goebbels[92]. Wie Görings Reichsluftfahrtministerium, das im April 1933 ebenfalls aus einem Kommissariat hervorgegangen war[93], hatte Goebbels Propagandaapparat mit einer Behörde im traditionellen Sinne kaum mehr als den Namen gemeinsam. Schon im Juni verlor das Reichsverkehrsministerium weitere wichtige Kompetenzen an den Generalinspekteur für das deutsche Straßenwesen. Mit diesem neugeschaffenen Amt, das bald zu einer führerunmittelbaren Obersten Reichsbehörde aufgewertet wurde, betraute Hitler Fritz Todt, einen langjährigen Vertrauten, der auch in der NSDAP-Parteileitung hohe Posten bekleidete. Es folgte im April 1934 der Beauftragte der Reichsregierung für Abrüstungsfragen – besser bekannt als »Dienststelle Ribbentrop«, deren Leiter sich je länger desto deutlicher auf Kosten des Auswärtigen Amtes als Hitlers Schattenaußenminister zu profilieren vermochte, bevor er im Zuge des Revirements vom 4. Februar 1938 den bisherigen Ressortchef Konstantin von Neurath ablöste[94]. Im Juni 1935 dann gelang es Hans Kerrl, seiner neuerrichteten Reichsstelle für Raumordnung den begehrten Rang einer Obersten Reichsbehörde zu sichern, während sich Konstantin Hierl mit dem Reichsarbeitsdienst nicht gänzlich vom Arbeitsministerium zu lösen vermochte. Im Oktober 1936 schließlich brachte Baldur von Schirach den Diktator dazu, die Hitlerjugend ungeachtet starker Widerstände anderer Ratgeber als einzige NS-Gliederung zu einer führerunmittelbaren Staatsorganisation mit Zwangsmitgliedschaft zu erheben[95]. Im Bewußtsein dieser herausgehobenen Stellung begann sich die HJ alsbald erbitterte Fehden mit dem im Mai 1934 aus der Taufe gehobenen Reichsministerium für Wissenschaft, Erziehung und Volksbildung des Braunschweiger Gauleiters Bernhard Rust zu liefern.

Im selben Monat wurde Josef Wagner, Gauleiter von Westfalen-Süd und Schlesien, zum Reichskommissar für die Preisbildung ernannt. Dabei handelte es sich ebenso um

---

92 Ernest K. Bramstedt, Goebbels und die nationalsozialistische Propaganda 1925–1945, Frankfurt am Main 1971; Willi A. Boelcke, Volksaufklärung und Propaganda, in: K.A. Jeserich u.a. (Anm. 69), S. 949–958; Dorothee Klinsiek, Herrschafts- und Manipulationstechniken des Nationalsozialismus (Nationalsozialismus im Unterricht, Studieneinheit 7), hrsg. vom Deutschen Institut für Fernstudien an der Universität Tübingen, Tübingen 1983 (als Typoskript gedr.); Volker Dahm, Anfänge und Ideologie der Reichskulturkammer. Die »Berufsgemeinschaft« als Instrument kulturpolitischer Steuerung und sozialer Reglementierung, in: Vierteljahrshefte für Zeitgeschichte, 34 (1986), S. 53–84. Zur Person s. zuletzt umfassend Ralf G. Reuth, Goebbels, München 1990; vgl. Helmut Heiber, Joseph Goebbels, München 1988[3].

93 Alfred Kube, Pour le mérite und Hakenkreuz. Hermann Göring im Dritten Reich, München 1986, S. 50f.

94 Wolfgang Michalka, Rippentrop und die deutsche Weltpolitik 1933–1940. Außenpolitische Konzeptionen und Entscheidungsprozesse im Dritten Reich, München 1980; ders., »Vom Motor zum Getriebe«. Das Auswärtige Amt und die Degradierung einer traditionsreichen Behörde 1933 bis 1945, in: ders. (Anm. 82), S. 249–259; John L. Heinemann, Hitler's First Foreign Minister. Constantin von Neurath, Diplomat and Statesman, Berkeley/Cal. 1979; Hans-Jürgen Döscher, Das Auswärtige Amt im Dritten Reich. Diplomatie im Schatten der »Endlösung«, Berlin 1987.

95 Hans-Christian Brandenburg, Die Geschichte der HJ. Wege und Irrwege einer Generation, Köln 1982[2]; Werner Klose, Generation im Gleichschritt. Die Hitler-Jugend, Oldenburg 1982[2]; Michael Wortmann, Baldur von Schirach. Hitlers Jugendführer, Köln 1982; Arno Klönne, Jugend im Dritten Reich. Die Hitler-Jugend und ihre Gegner. Dokumente und Analysen, München 1990[2].

eine politische Geste zur vorbeugenden Beruhigung der Bevölkerung, auf die im Zeichen der Rüstungskonjunktur neue Belastungen zukamen, wie Jahre später bei Ernennung eines Reichskommissars für den sozialen Wohnungsbau vor dem Hintergrund erster Kriegszerstörungen[96]. Weit bedeutsamer war die wenige Tage zuvor erfolgte Berufung Görings zum Beauftragten für den Vierjahresplan. Hiermit sicherte sich der Luftfahrtminister, seit Juli 1934 unter anderem auch Reichsforstmeister im Range einer Obersten Reichsbehörde, die Position eines »Superministers mit Verordnungsrecht«[97]. Diese Ernennung markiert zugleich den Übergang zur »zweiten Stufe des Arrangements mit der Großindustrie«, deren einschlägige Branchen den forcierten Kurs der wirtschaftlichen Kriegsvorbereitung bereitwillig mittrugen. Für deren Vertrauensmann im Kabinett, Reichswirtschaftsminister und Reichsbankpräsident Schacht, bedeutete Görings Berufung allerdings einen Affront. War er doch erst im Mai 1935 zum Generalbevollmächtigten für die Kriegswirtschaft ernannt worden. Diese kaum verhüllte Absage an den von Hjalmar Schacht und starken Kräften innerhalb der Wirtschaft vertretenen Kurs einer moderaten Aufrüstung belegt nur einmal mehr die These, das Interessenbündnis bestimmter Teile der Großindustrie mit dem nationalsozialistischen Regime habe – wie auch im Falle der Reichswehr – keineswegs auf dem Grundsatz der Gleichberechtigung oder gar der Dominanz der alten Eliten beruht[98].

Die Zeit von Mitte 1934 bis 1937/38 ist als Phase »relativer Stabilisierung« jenes »Verfassungszustandes« charakterisiert worden, der nach Abschluß der eigentlichen Machtergreifung erreicht worden sei. Erst 1938 seien die »Schleusen der nur aufgestauten Dynamik« wieder geöffnet worden, und ein »Stoß neuer Veränderungen« habe das »Macht- und Organisationsgefüge des NS-Regimes« erfaßt[99]. Ein zwar einprägsames, aber doch wohl zu einseitig auf die traditionellen Institutionen gemünztes Bild. Denn nicht nur auf dem Feld der Neuen Institutionen herrschte andauernde Bewegung, auch der SS-Staat begann in dieser Phase deutlich Konturen anzunehmen. 1933/34 hatten Heinrich Himmler und Reinhard Heydrich von Bayern aus die politische Polizei aller Länder unter ihre Kontrolle gebracht und zugleich ihrem Sicherheitsdienst (SD) ein Monopol innerhalb der NS-Bewegung gesichert. Und nach dem Gewaltcoup vom 30. Juni 1934 war die SS von Hitler mit dem Status einer selbständigen Parteigliederung belohnt worden. Im Laufe der folgenden beiden Jahre reorganisierte und verbreiterte Himmler seine Hausmacht im Zeichen einer forcierten Selbststilisierung als Elite des Führerstaates. Mitte Juni 1936 schließlich nahm er mit seiner Ernennung zum – nur

---

96 Hans Dichgans, Zur Geschichte des Reichskommissars für die Preisbildung, Düsseldorf 1976; Marie-Luise Recker, Der Reichskommissar für den sozialen Wohnungsbau. Zu Aufbau, Stellung und Arbeitsweise einer führerunmittelbaren Sonderbehörde, in: D. Rebentisch/K. Teppe (Anm. 11), S. 333–350.

97 R. Morsey (Anm. 69), S. 701; vgl. Dietmar Petzina, Autarkiepolitik im Dritten Reich. Der nationalsozialistische Vierjahresplan, Stuttgart 1968; Stefan Martens, Hermann Göring, »Erster Paladin des Führers« und »Zweiter Mann im Reich«, Paderborn 1985; A. Kube (Anm. 93), S. 151–201.

98 Jost Dülffer, Nationalsozialismus und traditionelle Machteliten (Nationalsozialismus im Unterricht, Studieneinheit 2), hrsg. vom Deutschen Institut für Fernstudien an der Universität Tübingen, Tübingen 1984 (als Typoskript gedr.), S. 73–97, hier S. 83; vgl. Arthur Schweitzer, Big Business in the Third Reich, Bloomington/Ind. – London 1964.

99 M. Broszat (Anm. 41), S. 326f.

noch formal dem Reichsinnenminister unterstellten – »Reichsführer SS und Chef der Deutschen Polizei« eine entscheidende Hürde auf dem Weg zur Formierung einer »führerunmittelbaren, außernormativen Sonderexekutive«, dem Ursprung des »SS-Staates«[100]. Mit der polizeilichen »Schutzhaft« und den von ihnen kontrollierten Konzentrationslagern standen der SS und dem SD wirkungsvolle Instrumente zur Drangsalierung vermeintlicher und tatsächlicher Gegner des Regimes zur Gebote, die keinerlei gerichtlicher Überprüfung unterworfen waren. Und organisatorisch wurden sie in der Folgezeit zielstrebig zur Basis weiterer Expansion auf Kosten der staatlichen Institutionen, zunehmend aber auch anderer Teile der NS-Bewegung ausgebaut. Die Ernennung Himmlers vom Juni 1936 ist daher zutreffend als »ein Hinweis darauf« gewertet worden, daß sich schon »zu diesem Zeitpunkt das Regime weiter radikalisierte«[101].

Die Jahre 1938/39 standen bereits ganz im Zeichen der territorialen Expansion und der unmittelbaren Kriegsvorbereitungen. Der im Januar 1937 an Speer ergangene Führerauftrag, als Generalbauinspektor für die Reichshauptstadt mit weitreichendsten Sondervollmachten die Kapitale des künftigen Großdeutschen Reiches im Sinne Hitlers angemessen auszugestalten, kam in dieser Hinsicht eher symbolische Bedeutung zu[102]. Sehr konkret hingegen deutete die dem neuen Generalbevollmächtigten für die Bauwirtschaft Todt im September/Dezember 1938 erteilte Weisung, den Westwall binnen kürzester Frist fertigzustellen, auf den baldigen Beginn des Krieges hin[103]. Und in den durch kalte Annexion gewonnenen Territorien wurde in größerem Stil fortge-

---

100 H.-U. Thamer (Anm. 5), S. 371. Der letztere, von Eugen Kogon, Der SS-Staat. Das System der deutschen Konzentrationslager, München 1981[10] (zuerst 1946), geprägte Begriff wird hier nicht, wie dies gelegentlich geschieht, als Bezeichnung für den NS-Staat als Ganzes, sondern jenes Bereiches des Herrschaftsgefüges verwendet, der von der SS zusehends autonom »verwaltet« würde.

101 H.-U. Thamer (Anm. 5), S. 373. Zur Entwicklung der SS s. Heinz Höhne, Der Orden unter dem Totenkopf. Die Geschichte der SS, München 1981[3]; Hans Buchheim, Die SS. Das Herrschaftsinstrument. Befehl und Gehorsam (Anatomie des SS-Staates, Bd. 1), München 1982[3]; Robert L. Koehl, The Black Corps: The Structure and Power Struggles of the Nazi SS, Madison/Wisc. 1983; Ruth Bettina Birn, Die Höheren SS- und Polizeiführer. Himmlers Vertreter im Reich und in den besetzten Gebieten, Düsseldorf 1986; dies., Himmlers Statthalter. Die Höheren SS- und Polizeiführer als nationalsozialistische Führungselite, in: W. Michalka (Anm. 82), S. 275–285; Herbert F. Ziegler, Nazi Germany's New Aristocracy. The SS Leadership 1925–1939, Princeton/N. J. 1989. Zum Komplex SD/Gestapo s. Johannes Tuchel/Reinhold Schattenfroh, Zentrale des Terrors. Prinz-Albrecht-Str. 8: Hauptquartier der Gestapo, Berlin 1987; Gerhard Werle, Justiz-Strafrecht und polizeiliche Verbrechensbekämpfung im Dritten Reich, Berlin – New York 1989; Jochen von Lang. Die Gestapo. Instrument des Terrors, Hamburg 1990; Shlomo Aronson, Beginnings of the Gestapo System. The Bavarian Model in 1933, Jerusalem 1969; Friedrich Wilhelm, Die württembergische Polizei im Dritten Reich, phil. Diss. Stuttgart 1989; Robert Gellately, The Gestapo and German Society. Enforcing Racial Policy 1933–1945, Oxford u. a. 1990 (Unterfranken); Johannes Tuchel, Konzentrationslager. Organisationsgeschichte der »Inspektion der Konzentrationslager« 1934 bis 1938, Boppard 1991.

102 Lars Olof Larsson, Die Neugestaltung der Reichshauptstadt. Albert Speers Generalbebauungsplan für Berlin, Stockholm 1978; Hans J. Reichard/Wolfgang Schäche, Von Berlin nach Germania. Über die Zerstörung der Reichshauptstadt durch Albert Speers Neugestaltungsplanungen, Berlin 1984[2]; Stephen D. Helmer, Hitler's Berlin. The Speer Plans for Reshaping the Central City, Ann Arbor 1985.

103 Franz W. Seidler, Fritz Todt. Baumeister des Dritten Reiches, München – Berlin 1986; ders., Die Organisation Todt. Bauen für Staat und Wehrmacht 1938–1945, Bonn 1987.

setzt, was sich bereits im März 1936 mit der Ernennung von Gauleiter Josef Bürckel zum Reichskommissar für das Saargebiet angedeutet hatte: Österreich und das Sudetenland erhielten im April 1939 den Status von Reichsgauen, nachdem die annektierten Teile der Tschechoslowakei kurz zuvor einem sogenannten Reichsprotektor unterstellt worden waren[104].

Die neu zu erobernden Gebiete waren von vornherein zum Experimentierfeld der Verfassung des künftigen Großreiches ausersehen. Darüber vermochte auch die im September 1938 erfolgte Berufung von Reichsinnenminister Frick zum Generalbevollmächtigten für die Reichsverwaltung nicht dauerhaft hinwegzutäuschen[105]. Außerhalb des »Altreichs«, daran konnte schon bald kein Zweifel mehr bestehen, war Hitler nicht gewillt, auch nur die geringsten Rücksichten auf die alten Apparate mehr zu nehmen. Dies sollte sich zu Beginn des Krieges und während der Phase der territorialen Expansion bestätigen. Im Innern wurden noch vorhandene Restbestände der alten Institutionen wie etwa die Verwaltungsgerichtsbarkeit[106] beiseite geschoben. Doch auch der neu installierte Ministerrat für die Reichsverteidigung konnte kaum politisch wirksam werden – nicht zuletzt, weil Todt als Generalinspekteur für Sonderaufgaben des Vierjahresplanes, ab März 1940 als Reichsminister für Bewaffnung und Munition sowie ab April/Juli 1941 auch noch als Generalinspektor für Wasser und Energie gegenüber dem Ministerratsvorsitzenden Göring rapide an Boden gewann. Auf der mittleren Ebene erhielten die am 1. September 1939 zu Reichsverteidigungskommissaren ernannten Gauleiter der NSDAP ein deutlich höheres Gewicht[107], zumal einige von ihnen sich als Chefs der Zivilverwaltung oder Reichskommissare in den eroberten Gebieten eine zusätzliche Hausmacht zu sichern vermochten[108].

Im übrigen standen die ersten Kriegsjahre ganz im Zeichen des Diktators, dessen diplomatische Erfolge der dreißiger Jahre sich auf den Schlachtfeldern bruchlos fortzusetzen schienen. Angesichts dessen resignierten die noch widerstrebenden Kräfte in der Wehrmacht, und als der Blitzsieg über die Sowjetunion ausblieb, übernahm Hitler im Dezember 1941 auch das persönliche Kommando über Armee und Heeresleitung. Am 26. April 1942 erreichte der Führerabsolutismus dann seinen spektakulären Höhepunkt: »Der Führer muß... – ohne an bestehende Rechtsvorschriften gebunden zu sein – in seiner Eigenschaft als *Führer der Nation*, als *Oberster Befehlshaber der Wehrmacht*, als *Regierungschef und oberster Inhaber der vollziehenden Gewalt*, als *oberster*

---

104 D. Rebentisch (Anm. 23), S. 163–206.
105 D. Rebentisch (Anm. 23), S. 143–162.
106 Wolfgang Kohl, Das Reichsverwaltungsgericht. Ein Beitrag zur Entwicklung der Verwaltungsgerichtsbarkeit in Deutschland, Tübingen 1991, S. 399–507.
107 D. Rebentisch (Anm. 23), 132–143; vgl. Karl Teppe, Der Reichsverteidigungskommissar. Organisation und Praxis in Westfalen, in: D. Rebentisch/K. Teppe (Anm. 11), S. 278–301.
108 D. Rebentisch (Anm. 23), S. 203–215, 293–331; Diemut Majer, »Fremdvölkische« im Dritten Reich. Ein Beitrag zur nationalsozialistischen Rechtsetzung und Rechtspraxis in Verwaltung und Justiz unter besonderer Berücksichtigung der eingegliederten Ostgebiete und des Generalgouvernements, Boppard 1981; dies., Führerunmittelbare Sondergewalten in den besetzten Ostgebieten. Entstehung und Wirksamkeit, in: D. Rebentisch/K. Teppe (Anm. 11), S. 374–395; Lothar Kettenacker, Die Chefs der Zivilverwaltung im Zweiten Weltkrieg, in: ebenda, S. 396–417; Karl Teppe, Die NSDAP und die Ministerialbürokratie. Zum Machtkampf zwischen dem Reichsministerium des Innern und der NSDAP um die Entscheidungsgewalt in den annektierten Gebieten am Beispiel der Kontroverse um die Einsetzung der Gauräte 1940/41, in: Der Staat, 15 (1976), S. 367–380.

Gerichtsherr und als *Führer der Partei* jederzeit in der Lage sein, nötigenfalls jeden Deutschen ... mit allen geeignet erscheinenden Mitteln zur Erfüllung seiner Pflichten anzuhalten und ... ohne Rücksicht auf sogenannte wohlerworbene Rechte mit der ihm gebührenden Sühne zu belegen, ihn im besonderen ohne Einleitung vorgeschriebener Verfahren aus dem Amte, aus seinem Rang und seiner Stellung zu entfernen.« Mit dieser Proklamation des Großdeutschen Reichstages[109] wurden auch die letzten Versatzstücke jener Fassade der Rechtsstaatlichkeit niedergerissen, die sich der monokratische Maßnahmenstaat bislang noch geleistet hatte. Ohnehin regiert Hitler fast nur noch über – häufig nur mündlich erteilte – Weisungen, die sogenannten »Führerbefehle«. Und schon im Januar hatte er die bisher von Innenminister Frick geleitete Reichsverwaltung der Reichskanzlei übertragen – zunächst eine Stärkung für Reichsminister Lammers, zugleich aber auch eine Einbruchstelle für persönliche Interventionen des Diktators in die laufenden Verwaltungsgeschäfte. Die Demontage dessen, was von verwaltungsstaatlichen Strukturen noch vorhanden war, hatte im Frühjahr 1942 ein fortgeschrittenes Stadium erreicht.

Unterdessen banden Todt und – seit Februar 1942 – sein Nachfolger Albert Speer die Wirtschaft verstärkt in die Kriegsanstrengungen ein. Während die nicht kriegswichtigen Branchen rücksichtslos zur Ader gelassen wurden, wurden der Rüstungsindustrie nicht nur bevorzugt menschliche und materielle Ressourcen zugeteilt, sie gewann darüber hinaus bedeutende Handlungsspielräume zurück. Dies allerdings nur im Rahmen der politisch definierten Produktionsziele, die seit April 1942 von der »Zentralen Planung« unter Speers Leitung vorgegeben wurden. Und auch die Arbeitskräfteplanung lag seit März 1942 in den Händen eines Sonderbeauftragten Hitlers, Gauleiter Fritz Sauckel aus Thüringen. Der instrumentelle Charakter der industriellen Selbstverwaltung blieb mithin jederzeit gewahrt, auch der Großwirtschaft wurde im totalitären Führerstaat kein Bereich autonomer Interessenwahrung zugestanden[110].

Dafür sorgte nicht zuletzt Himmler. Während Speer sich Anfang 1942 anschickte, als Vertrauter Hitlers zum Wirtschaftsdiktator aufzusteigen, faßte die SS ihre weitgespannten unternehmerischen Aktivitäten im Wirtschaftshauptamt zusammen, baute ihren politischen Einfluß im Reichswirtschaftsministerium zielstrebig aus und knüpfte eigene Kontakte zur Großindustrie[111]. Zwar hielt sich das absolute Volumen der SS-Wirtschaftsaktivitäten einstweilen noch in engen Grenzen, doch dokumentierten sie ebenso den eigenständigen Totalitätsanspruch des SS-Staates wie der seit Ende 1939 forcierte Aufbau der Waffen-SS als militärisches Gegengewicht zur politisch ohnehin schon paralysierten Wehrmacht[112]. Ihr Schwerpunkt lag in den besetzten Ostgebieten, wo Himmler seit Oktober 1939 als Reichskommissar für die Festigung des deutschen

---

109   Abgedr. in: M. Hirsch u. a. (Anm. 1), S. 187 (Hervorhebungen von mir).
110   Gregor Janssen, Das Ministerium Speer. Deutschlands Rüstung im Krieg, Berlin u. a. 1968; Ludolf Herbst, Der Totale Krieg und die Ordnung der Wirtschaft. Die Kriegswirtschaft im Spannungsfeld von Politik, Ideologie und Propaganda 1938–1945, Stuttgart 1982; Dietrich Eichholtz, Geschichte der deutschen Kriegswirtschaft 1939–1945, 2 Bde., Berlin (DDR) 1984³–1985²; ders., Die Vorgeschichte des »Generalbevollmächtigten für den Arbeitseinsatz« (mit Dokumenten), in: Jahrbuch für Geschichte, 9 (1973), S. 339–383; vgl. D. Rebentisch (Anm. 23), S. 354–362.
111   Enno Georg, Die wirtschaftlichen Unternehmungen der SS, Stuttgart 1963.
112   Bernd Wegner, Hitlers Politische Soldaten: Die Waffen-SS 1933–1945. Leitbild, Struktur und Funktion einer nationalsozialistischen Elite, Paderborn 1988³.

Volkstums den Rassenkrieg organisierte[113]. Dort sollte unverkennbar die Plattform geschaffen werden, von welcher aus der Reichsführer SS eines Tages den Kampf um die Nachfolge des Führers für sich zu entscheiden gedachte.

Diesem Ziel schien Himmler im Sommer 1944 ein bedeutendes Stück näher gekommen zu sein. Am 25. August 1943 löste er Reichsinnenminister Frick ab, im Februar 1944 übernahm sein Auslands-SD die Kontrolle über die Abwehr der Wehrmacht, und unmittelbar nach dem gescheiterten Attentat vom 20. Juli übertrug Hitler ihm auch noch den Oberbefehl über das Ersatzheer und die Leitung der Heeresrüstung. Der Punkt schien nicht mehr weit, an dem der SS-Staat zur hegemonialen Macht des Dritten Reiches würde. Doch nun stieß auch der Reichsführer SS an jene Grenzen, welche der polykratische Führerstaat einzelnen Herrschaftsträgern setzte. Zum einen gelang es Goebbels nur wenige Tage später, sich von Hitler zum Reichsbevollmächtigten für den totalen Kriegseinsatz ernennen zu lassen[114], und auf der anderen Seite war ihm ein mächtiger Konkurrent aus den Reihen der NSDAP erwachsen.

Parallel zur Verankerung des »Führermythos« im Bewußtsein der deutschen Bevölkerung hatte die Politische Organisation der Partei seit den dreißiger Jahren rapide an öffentlichem Renommee verloren, und gerade auch im Vergleich zur SS büßte sie in dieser Zeit merklich an realpolitischem Einfluß ein. Letzteres begann sich zu ändern, als Hitler nach dem Englandflug seines Stellvertreters im Mai 1941 die Führung der Partei wieder direkt übernahm. Philipp Bouhler vermochte die Kanzlei des Führers der NSDAP nicht aus ihrem langjährigen Schattendasein herauszuführen[115]. Statt dessen nutzte Bormann, bisher Heß' rechte Hand, die Gunst der Stunde. Als Leiter der Parteikanzlei mit allen Befugnissen des bisherigen Stellvertreters des Führers gelang es ihm, dem Chef der Reichskanzlei bei Hitler Zug um Zug den Rang abzulaufen. Parallel dazu begann auch der Stern des Wirtschaftsdiktators Speer wieder zu sinken. Je tiefer sich Hitler während der beiden letzten Kriegsjahre in seinem Hauptquartier vergrub, desto souveräner vermochte Bormann das zentrale Instrument politischen Einflusses im absoluten Führerstaat zu handhaben: die Kontrolle über den »Zugang zum Machthaber«[116]. Am 29. September 1944 wurde Reichsminister Lammers, einziger noch verbliebener Spitzenrepräsentant der staatlichen Bürokratie im Umkreis des Führers, letztmals von Hitler zum Vortrag empfangen. Diese Audienz bildete den symbolischen Abschluß eines Prozesses der Transformation des überkommenen Verfassungs- und Verwaltungsstaates in eine absolute Führerdiktatur. Er fiel zeitlich zusammen mit der Phase beginnender Agonie des Dritten Reiches.

---

113 Robert L. Koehl, RKFDV: German Resettlement and Population Policy 1939–1945. A History of the Reich Commission for the Strengthening of Germandom, Cambridge/Mass. 1957; Helmut Krausnick/Hans-Heinrich Wilhelm, Die Gruppe des Weltanschauungskrieges. Die Einsatzgruppen der Sicherheitspolizei und des SD 1938–1942, Stuttgart 1981; Rolf-Dieter Müller, Hitlers Ostkrieg und die deutsche Siedlungspolitik. Die Zusammenarbeit von Wehrmacht, Wirtschaft und SS, Frankfurt am Main 1991.

114 D. Rebentisch (Anm. 23), S. 512–523.

115 Jeremy Noakes, Philipp Bouhler und die Kanzlei des Führers der NSDAP: Beispiel einer Sonderverwaltung im Dritten Reich, in: D. Rebentisch/K. Teppe (Anm. 11), S. 208–236.

116 So die Formulierung Carl Schmitts von 1947; s. L. Gruchmann (Anm. 81), S. 210 und 222; zum Aufstieg des Leiters der Parteikanzlei s. Jochen von Lang (unter Mitarbeit von Claus Sibyll), Der Sekretär. Martin Bormann: Der Mann, der Hitler beherrschte, Frankfurt am Main 1980².

RALPH ANGERMUND

»Recht ist, was dem Volke nutzt.«

Zum Niedergang von Recht und Justiz im Dritten Reich

Zu den schweren Hypotheken, die das Dritte Reich hinterließ, gehörten nicht allein unsägliches menschliches Leid, eine zerstörte politische Kultur und in Trümmern liegende Städte. Zu seinen Hinterlassenschaften zählten vielmehr auch ein allen rechtsstaatlichen Grundsätzen entkleidetes Recht und eine Justiz, die in vielfachen Formen zur Unterdrückung von Mitgliedern des Widerstands, von Andersdenkenden und Unzufriedenen sowie zur »Ausmerze« von »Fremdvölkischen«, »rassisch Minderwertigen« und »Asozialen« beigetragen hatte. Schon ein Blick in die Gesetze und Verordnungen, die nach 1933 Eingang in das Reichsgesetzblatt fanden, oder die Statistiken, in denen das Reichsjustizministerium allein bis Ende 1944 rund 16 500 Todesurteile[1] vermerkte, läßt erahnen, wie eng die Justiz mit dem NS-Herrschaftsapparat verwoben war und in welchem Ausmaß auch von ihr Verbrechen gegen die Menschlichkeit begangen wurden.

I. Die Zerstörung des Rechtsstaates

Die Instrumentalisierung von Recht und Justiz zum Zwecke politischer Verfolgung war in Deutschland – insbesondere nach der »Sozialistenverfolgung« im Kaiserreich – beileibe keine neue Erfahrung[2], als das »Kabinett der nationalen Konzentration« aus Nationalsozialisten und Rechtskonservativen unter der Führung Hitlers am 30. Januar 1933 die Regierungsgewalt übernahm. Aber auch vor diesem Hintergrund verblüfft die Zielstrebigkeit, mit der die neuen Machthaber Gesetze und Gerichte dazu einsetzten,

---

1 W. Wagner, Der Volksgerichtshof im nationalsozialistischen Staat, Stuttgart 1974, S. 800. In dieser Zahl nicht enthalten ist die nicht unbeträchtliche Zahl von Todesurteilen, die dem Reichsjustizministerium aufgrund der Kriegswirren nicht bekannt wurden (siehe dazu den Bericht des Reichsamts für Statistik, in: BA (Bundesarchiv Koblenz) R 22/1160), sowie die Todesurteile, die seit Ende 1944 u. a. von den im Februar 1945 errichteten Standgerichten gefällt wurden, die auf Freispruch, Überweisung an ein ordentliches Gericht oder auf Todesstrafe entscheiden konnten.
2 Siehe D. Blasius, Geschichte der politischen Kriminalität in Deutschland (1800–1980). Eine Studie zu Justiz und Staatsverbrechen, Frankfurt am Main 1983; O. Kirchheimer, Politische Justiz. Verwendung juristischer Verfahrensmöglichkeiten zu politischen Zwecken, Frankfurt am Main 1985.

ihre Herrschaft zu sichern. Unter dem Vorwand, einem kommunistischen Umsturzversuch entgegentreten zu müssen, wurden schon am 28. Februar 1933 mit Hilfe von Artikel 48 der Weimarer Reichsverfassung[3] u. a. das Recht auf freie Meinungsäußerung und die Vereins- und Versammlungsfreiheit durch eine einfache Verordnung beseitigt[4]. Dem folgten im Verlaufe des Jahres 1933 weitere Verordnungen und Gesetze, die – so die offizielle Darstellung – die »Regierung der nationalen Erhebung« vor »politischen Gewalttaten« oder »heimtückischen Angriffen« schützen sollten[5] und die Strafen gegen Hoch- und Landesverräter, also gegen alle, die vermeintlich oder tatsächlich auf den Sturz des Nationalsozialismus hinarbeiteten, drastisch verschärften[6].

Um eine den Interessen des Regimes entsprechende Anwendung des politischen Strafrechts zu gewährleisten, wurden besondere Gerichte geschaffen, vor denen die Angeklagten kaum Chancen auf einen fairen Prozeß hatten. Die Senate des Volksgerichtshofs, der 1934 gegründet wurde und der in erster und letzter Instanz für Hochverratssachen zuständig war, waren zum Beispiel mit ausgesucht linientreuen Richtern und politisch besonders zuverlässigen Laien aus den Reihen der NSDAP und ihrer Organisationen besetzt. Außerdem wurden die Sondergerichte wiederbelebt, die schon während der wilden Straßenkämpfe in der Spätphase der Weimarer Republik gegen die »politische Kriminalität« eingesetzt worden waren[7]. Gegen die Urteile der Sondergerichte, die bis 1938/39 im wesentlichen »heimtückische« und »zersetzende« Äußerungen über das NS-Regime aburteilten, gab es keine Rechtsmittel. Das Verfahren war ganz auf einen »blitzartigen« Strafprozeß zugeschnitten, was u. a. bedeutete, daß das Gericht darauf verzichten konnte, die vom Angeklagten angeführten Beweise zur Kenntnis zu nehmen, wenn ihm dessen Schuld offensichtlich schien.

Die neuen Machthaber bedienten sich des Rechts und der Justiz indes nicht allein zur Herrschaftssicherung und zur Ausschaltung ihrer Gegner. Ihnen ging es vielmehr auch um die Reinigung der »Volksgemeinschaft« von rassischen und sozialen »Volksschädlingen«. So waren nach dem »Gesetz zur Wiederherstellung des Berufsbeamtentums« vom 7. April 1933[8] bezeichnenderweise nicht nur diejenigen Beamten zu entlassen, die Mitglieder der republikanischen Parteien gewesen waren. Vielmehr sollten auch alle »Nichtarier« – also alle Juden ausgenommen diejenigen, die im Weltkrieg an der Front gestanden oder dort enge Verwandte verloren hatten – aus dem öffentlichen Dienst ausscheiden. Damit hatte die nationalsozialistische Forderung, daß die »Rasse« die Rechtsstellung des einzelnen bestimmen und der »Fremdrassige« aus der »Volksge-

---

3 Danach war der Reichspräsident ermächtigt, wichtige politische Grundrechte außer Kraft zu setzen, wenn dies der Schutz von »Sicherheit und Ordnung« erforderte.
4 Verordnung zum Schutz von Volk und Staat vom 28. Februar 1933, in: RGBl. 1933/I, S. 83.
5 Verordnung des Reichspräsidenten zur Abwehr heimtückischer Angriffe gegen die Regierung der nationalen Erhebung vom 21. März 1933, in: RGBl. 1933/I, S. 135: Gesetz zur Abwehr politischer Gewalttaten vom 4. April 1933, in: ebd., S. 162.
6 Siehe Gesetz zur Änderung strafrechtlicher Bestimmungen vom 26. Mai 1933 und Gesetz gegen gefährliche Gewohnheitsverbrecher vom 24. November 1933, in: RGBl. 1933/I, S. 295ff. bzw. S. 995ff.
7 Zur Stellung der Justiz im nationalsozialistischen Verfolgungsapparat siehe u. a.: E. Kolb, Die Maschinerie des Terrors, in: K. D. Bracher/M. Funke/H.-A. Jacobsen (Hrsg.), Nationalsozialistische Diktatur 1933–1945. Eine Bilanz (Schriftenreihe der Bundeszentrale für politische Bildung, Bd. 192) – Bonn 1986[5], S. 270–284.
8 Gesetz zur Wiederherstellung des Berufsbeamtentums vom 7. April 1933, in: RGBl. 1933/I, S. 175.

meinschaft« ausgeschlossen sein sollte, erstmals Eingang in das Reichsgesetzblatt gefunden.

Ebenfalls zum angeblichen Schutz und zur »Reinerhaltung« der »Volksgemeinschaft« wurden die Strafen gegen »gefährliche Gewohnheitsverbrecher« drastisch verschärft[9] und die »Unfruchtbarmachung« von »Erbkranken« verfügt[10]. Gegen »Berufskriminelle« – unter diese Kategorie fielen Schwerverbrecher ebenso wie Landstreicher und Bettler – konnten die Gerichte seit November 1933 neben der Haftstrafe verschiedene »Maßnahmen« verhängen. Möglich u. a. waren die »Sicherungsverwahrung«[11], die Einweisung in ein Arbeitshaus sowie die »Entmannung«[12], die in der Folgezeit insbesondere gegen Homosexuelle angeordnet wurde. »Erbkranke«, d. h. u. a. angeblich Schwachsinnige, Schwermißgebildete und Alkoholiker, konnten nach dem »Gesetz zur Verhütung erbkranken Nachwuchses« vom 14. Juli 1933 auf Auftrag eines beamteten Arztes bzw. einer Straf- oder Krankenanstalt auf Beschluß eines Erbgesundheitsgerichts sterilisiert werden[13].

Diese Veränderungen von Recht und Justiz gingen einher mit der Erweiterung der Kompetenzen der Staatsanwaltschaft und mit der schrittweisen Aushöhlung der Rechte des Angeklagten[14]. Der Grundsatz des Verbots von rückwirkenden Strafen wurde ebenso aus dem Weg geräumt wie das rechtsstaatliche Gebot, daß ein Angeklagter nur einmal wegen desselben Delikts verurteilt werden darf. Zudem machte sich die Abkehr vom »liberalistischen Rechtsstaat« in einer zunehmenden »Verwässerung« der Tatbestände und der Strafrahmen und damit in einem wachsenden Verlust an Bestimmtheit und Eindeutigkeit des Strafgesetzes bemerkbar. Nach dem »Gesetz zur Änderung des Strafgesetzbuchs« vom 28. Juni 1935 war es sogar möglich, auch eine Tat, die an sich nicht strafbar war, abzuurteilen, wenn dies das »gesunde Volksempfinden« verlangte. Das Strafmaß sollte dann in Anlehnung an dasjenige Gesetz gefunden werden, dessen »Grundgedanke« am besten zutraf[15].

Aus derartigen Bestimmungen spricht zum einen eine prinzipielle Feindschaft gegenüber den Prinzipien des Rechtsstaates. Zum anderen sind sie in ihrer Unschärfe aber auch in Indiz dafür, welche Probleme die Umformung des »liberalistischen« Rechtssystems für die nationalsozialistischen Rechtspolitiker aufwarf. Präzise Pläne zu der Frage, wie das hochkomplexe Gebäude des Rechts umgebaut und welche konkrete

---

9   Siehe Gesetz zur Änderung strafrechtlicher Bestimmungen vom 26. Mai 1933 und Gesetz gegen gefährliche Gewohnheitsverbrecher vom 24. November 1933, in: RGBl. 1933/I, S. 295 ff. bzw. S. 995 ff.
10   Gesetz zur Verhütung erbkranken Nachwuchses vom 14. Juli 1933, in: RGBl. 1933/I, S. 529 ff. Siehe den Beitrag von H.-W. Schmuhl in diesem Band.
11   Der Verurteilte blieb nach der Haftstrafe noch mindestens drei Jahre im Justizgewahrsam. Entlassungen aus der Sicherungsverwahrung konnten jederzeit widerrufen werden.
12   Wurde bis 1940 in mindestens 2 000 Fällen angeordnet. Siehe Führerinformation vom 1. Januar 1941, in: BA R 43 II/1559 a.
13   Die Tätigkeit der Erbgesundheitsgerichte ist noch weitgehend unerforscht. Auf Beschluß dieser Gerichte, die aus einem Richter und zwei Ärzten bestanden, wurden – zufolge Schätzungen – mindestens 200 000 Menschen sterilisiert.
14   Siehe dazu u. a. H. Rüping, Staatsanwaltschaft und Provinzialjustizverwaltung im Dritten Reich. Aus den Akten der Staatsanwaltschaft bei dem Oberlandesgericht Celle als höhere Reichsjustizbehörde, Baden-Baden 1990.
15   In der Praxis spielte dieses Gesetz (RGBl. I, 1935, S. 839) angesichts der wachsenden Zahl von NS-Gesetzen allerdings kaum eine Rolle.

Gestalt ihm letztlich verliehen werden sollte, hatten die wenigen Rechtsexperten der NSDAP vor der »Machtergreifung« nicht entwickelt[16]. Bezeichnenderweise vermochte Reichsjuristenführer Hans Frank den Kommissionen, die 1933 im Preußischen Justizministerium, an den Universitäten oder im Bund Nationalsozialistischer Deutscher Juristen den »Kampf für Deutsches Recht«[17] aufnahmen, zwar für das nationalsozialistische »Rechtsdenken« bezeichnende, aber letztlich doch nur allgemeine Richtlinien wie »Recht ist, was dem Volke nutzt« oder »Gemeinnutz geht vor Eigennutz« mit auf den Weg zu geben. Insbesondere in den frühen dreißiger Jahren entwickelten sich denn auch zum Teil recht heftige Kontroversen über die Inhalte des nationalsozialistischen Rechts, die ihm gemäßen juristischen Methoden und die Definition zentraler Rechtsbegriffe. Auch ob das Parteiprogramm der NSDAP als Rechtsquelle anerkannt werden sollte, war überaus umstritten[18].

Hitler, der »oberste Gerichtsherr« des Reiches, trug nicht dazu bei, die Situation zu klären. Vielmehr unterzeichnete er den Entwurf, den das Reichsjustizministerium 1936 für ein neues Strafgesetzbuch vorlegte, nicht[19], obwohl dieser voll und ganz den Grundsätzen des nationalsozialistischen Rechtsverständnisses entsprach und die Maxime, daß das Strafrecht »Sühne für Unrecht« sein und dem Schutz von »Volk«, »Rasse und Erbgut«, »Zucht und Ordnung« dienen sollte, ebenso berücksichtigte wie die Forderung, daß »Gemeinnutz« vor »Eigennutz« zu gehen habe, also die Interessen der »Volksgemeinschaft« den Rechten des Individuums überzuordnen seien[20]. Hitler sah in den Vorschlägen offenbar weniger die Chance, nationalsozialistisches Recht zu etablieren und die zahlreichen aktuellen rechtlichen Streitfragen zu klären, als vielmehr die Gefahr, in ein gesetzliches Regelwerk eingebunden und damit in seiner uneingeschränkten Herrschaftsgewalt begrenzt zu werden.

Die rechtliche Lage war in den ersten Jahren nach der »Machtergreifung« selbst für den Juristen einigermaßen verwirrend. Den Weimarer Rechtsstaat hatte das NS-Regime beseitigt; es hatte die Grundrechte außer Kraft gesetzt, seine »rassepolitischen« Grundsätze zumindest in Ansätzen gesetzlich verankert, einem »autoritären« Rechtsverständnis entsprechende Strafgesetze erlassen und der Verfolgung von Andersdenkenden dienende Gerichte geschaffen. Dennoch war der größte Teil des Rechtsgebäudes, insbesondere das Bürgerliche Recht, unverändert geblieben, weshalb denn auch die tägliche Arbeit an den Gerichten in den dreißiger Jahren im wesentlichen zumeist wie gewohnt weiterlief[21]. Die »Normalität« des richterlichen Berufsalltags war aber trügerisch, da sich die Grundlagen des Rechts grundsätzlich geändert hatten und die

---

16 »Theoriediskussionen« hatte Hitler noch in einer Denkschrift vom 20. Dezember 1932 untersagt. Siehe BA NS 26/1375.
17 H. E. Knöpfel, Drei Jahre Kampf für Deutsches Recht, Berlin 1936.
18 Siehe v. a. B. Rüthers, Entartetes Recht. Rechtslehren und Kronjuristen im Dritten Reich, München 1988, S. 26 ff.
19 Siehe L. Gruchmann, Justiz im Dritten Reich. Anpassung und Unterwerfung in der Ära Gürtner, München 1988, insb. S. 753 ff. und S. 980 ff.
20 Siehe F. Gürtner/R. Freisler (Hrsg.), Das neue Strafrecht. Grundsätzliche Gedanken zum Geleit, Berlin 1936².
21 Zum Anteil von politischen bzw. »rassepolitischen« Fällen an der Rechtsprechung siehe für die Zeit ab 1938 BA R 22/1160 (Entwicklung der Kriminalität von Kriegsbeginn bis Mitte 1943); B. Blau, Die Kriminalität in Deutschland während des Zweiten Weltkriegs, in: Zeitschrift für die gesamte Staatsrechtswissenschaft, 64 (1952), S. 31–81.

althergebrachten Gesetze und die neuen nationalsozialistischen Rechts- und Programmsätze oft unvermittelt bzw. im offenem Widerspruch nebeneinander standen. Insbesondere in den Fällen, in denen Juden, Kommunisten und andere vom NS-Regime Verfolgte vor Gericht standen, hatten sich die Richter mit den Widersprüchen zwischen den politischen und ideologischen Forderungen des Nationalsozialismus und der bestehenden Gesetzeslage auseinanderzusetzen[22]. Möglicherweise hätten sie in dieser Situation den Verfolgten zumindest einen gewissen Schutz gewähren können, wenn sie sich Zurückhaltung auferlegt und auf eine Klärung der rechtlichen Unklarheiten durch den Gesetzgeber gewartet hätten. Die Gerichte beschritten jedoch zumeist einen anderen Weg, der – auch wenn NSDAP und Gestapo die Justiz regelmäßig als »verbürgerlicht« und »reaktionär« kritisierten – keinerlei Distanz, sondern vielmehr eine oft uneingeschränkte Zustimmung zur NS-Politik erkennen läßt.

II. Die Rechtsprechung gegen »Staatsfeinde«

In den Hochverratsverfahren zum Beispiel, die in den dreißiger Jahren vor dem Volksgerichtshof und den Oberlandesgerichten oft in Form von Massenprozessen mit Dutzenden von Angeklagten aus den Reihen von KPD und SPD stattfanden[23], erkannte man nicht nur auf in der Regel harte, verschiedentlich bis zum Todesurteil gehende Strafen[24]. Vielmehr war man zudem insbesondere bei kommunistischen Angeklagten bemüht, die ohnehin schon verschärften Bestimmungen zum Hochverrat möglichst weit zu dehnen, um die angeblich drohende »Bolschewismusgefahr« möglichst mit der Wurzel auszurotten.

Als Vorbereitung zum Hochverrat, d. h. zum gewaltsamen Umsturz der Staatsordnung, bewerteten der Volksgerichtshof und verschiedene Oberlandesgerichte bereits das Hören von Radio Moskau, die Weitergabe antinationalsozialistischer Schriften, die Unterstützung von Gefangenen, die wegen Hochverrats verurteilt waren, Auslandsreisen zu Schulungskursen der KPD oder auch die »Bestärkung der eigenen kommunistischen Gesinnung« durch das Anfertigen von Notizen antinationalsozialistischen Inhalts[25].

---

22 Grundsätzlich zum Nebeneinander von »Maßnahmenstaat« und »Normenstaat« im Nationalsozialismus siehe E. Fraenkel, Der Doppelstaat, Frankfurt–Köln 1974 (= The Dual State, 1940). Siehe u. a. auch W. Hempfer, Die nationalsozialistische Staatsauffassung in der Rechtsprechung des Preußischen Oberverwaltungsgerichts, Berlin 1974, S. 70 ff.

23 Die Gesamtzahl der seit 1933 durchgeführten Hochverratsverfahren ist anhand der zeitgenössischen Statistiken nur unvollständig zu bestimmen. 1933 wurden 1698, 1937 – auf dem Höhepunkt der Welle der Hochverratsprozesse – 5 225 Personen wegen Hochverrats abgeurteilt. Siehe BA R 22/1160. Nach Angaben aus dem sozialdemokratischen Widerstand betrug die Gesamtzahl der wegen politischer Delikte einsitzenden Häftlinge im April 1939 ca. 122 000.

24 Siehe u. a. W. Wagner (Anm. 1); Widerstand und Verfolgung in Köln 1933–1945. Katalog zur Ausstellung, Köln 1974, S. 379; H.-E. Niermann, Strafjustiz und Nationalsozialismus im OLG-Bezirk Hamm 1933–1945, in: Ortstermin Hamm. Zur Justiz im Dritten Reich. Katalog zur Ausstellung des Stadtarchivs, o. O. o. J. (1991), S. 17–45.

25 Siehe u. a. G. Werle, Justiz-Strafrecht und polizeiliche Verbrechensbekämpfung im Dritten Reich, Berlin – New York 1989, S. 112 ff., Zitat ebd., S. 115.

Darüber hinaus war man bereit, der Staatspolizei bei ihren Aktionen gegen »Staats-feinde« große Freiheiten zuzubilligen. In den frühen dreißiger Jahren versuchte die Justiz zwar verschiedentlich einzugreifen, wenn Mitglieder der Staatspolizei ihre Ge-fangenen allzu brutal mißhandelt hatten[26]. Auch waren etliche Gerichte nicht bereit, Geständnisse zu akzeptieren, die man allzu offensichtlich aus Angeklagten herausge-prügelt hatte. Dessen ungeachtet war man aber allgemein der Auffassung, daß die Befugnisse, die der Staatspolizei mit der Verordnung »zum Schutz von Volk und Staat« vom 28. Februar 1933 zur »Abwehr staatsgefährdender Gewaltakte« an die Hand gege-ben worden waren, weit zu fassen und staatspolizeiliche Aktionen – anders als Maß-nahmen der Ordnungspolizei – von den Verwaltungsgerichten nicht auf ihre Rechtmä-ßigkeit zu überprüfen waren. So vertrat das Landgericht Berlin am 1. November 1933 den Standpunkt, daß selbst Maßnahmen der Staatspolizei gegen angeblich staatsfeind-liche katholische Geistliche durch die Verordnung legitimiert seien, da »alle gegen den Bestand des Staates gerichteten Angriffe als kommunistische im weitesten Sinne« zu verstehen seien[27]. In verschiedenen verwaltungsgerichtlichen Verfahren wurde der Staatspolizei sogar bestätigt, daß es ein »Unding« sei, »daß sich die Gerichte auch nur irgendwie auf das Gebiet der Staatspolizei begeben und (...) behördliche Maßnahmen staatspolizeilicher Art durchkreuzen oder aufheben«, da »der staatspolizeiliche Ver-waltungsakt seine Begründung und Rechtfertigung in den Lebensnotwendigkeiten des Staates« finde[28]. Mit solchen Urteilen verzichteten die Gerichte noch vor der Verkün-dung des sogenannten Gestapo-Gesetzes vom 10. Februar 1936[29], mit dem staatspoli-zeiliche Aktionen definitiv der gerichtlichen Nachprüfung entzogen wurden, auf die Möglichkeit, den der Willkür der Staatspolizei ausgesetzten Personen Rechtsschutz zu gewähren.

Die Bereitschaft, rechtswidrige polizeiliche Aktionen bzw. rechtlich fragwürdige Verordnungen zu akzeptieren und die gesetzlichen Bestimmungen zum Hochverrat und zur »Heimtücke« weit auszulegen, zeigten die Oberlandesgerichte und die Sonder-gerichte nicht allein gegenüber Mitgliedern und Sympathisanten von KPD und SPD, sondern gegenüber allen Gruppen, die als »kommunistisch unterwandert« galten. Zur »fünften Kolonne« des »Boleschwismus« zählte man insbesondere auch die Religions-gemeinschaft der Zeugen Jehovas, die schon in der Weimarer Republik wegen ihres strikten Internationalismus und ihrer antimilitaristischen Einstellung von der nationa-len Rechten diffamiert worden war. Die »ernsten Bibelforscher« wurden 1933 von den Innenministern der Länder als staatsfeindliche Organisation verboten[30], obwohl dies der – de jure nicht aufgehobenen – Weimarer Reichsverfassung widersprach, die das Recht auf religiöse Vereinigungsfreiheit garantierte. Zudem wurden bei der Verkün-dung der Verbote einige formale Vorschriften mißachtet.

Dennoch zeigten nur wenige Gerichte, vor denen sich Zeugen Jehovas wegen des Abhaltens von Bibelstunden und Ähnlichem zu verantworten hatten, Bedenken gegen die Bibelforscherverbote. Besonders pauschal argumentierte das Sondergericht Weimar

---

26 L. Gruchmann (Anm. 19), S. 320 ff., S. 632 ff.
27 W. Spohr, Das Recht der Schutzhaft, Berlin 1937, S. 69 ff.
28 Zit. nach: Deutsche Justiz, (1935), S. 187 f.
29 Gesetz über die Geheime Staatspolizei, in: Preußische Gesetzessammlung 1936, S. 21 f.
30 Siehe R. Angermund, Deutsche Richterschaft 1919–1945. Krisenerfahrung, Illusion, politi-sche Rechtsprechung, Frankfurt am Main 1990, S. 151 ff.

am 27. August 1935 in einem Verfahren gegen ein Ehepaar, das wegen des Abhaltens von Bibelstunden angeklagt worden war. Es erklärte sämtliche verfassungsrechtlichen Einwände mit der Begründung für unerheblich, daß durch die Verordnung zum Schutz von Volk und Staat ohnehin schon wesentliche Grundrechte außer Kraft gesetzt worden seien. Deshalb könnten »natürlich auch viel weniger wichtige Grundrechte« wie das Recht auf religiöse Vereinigungsfreiheit fortfallen. Das Ehepaar erhielt Strafen von zwei bzw. anderthalb Jahren Gefängnis, die Teilnehmer an den in ihrer Wohnung abgehaltenen Bibelstunden zwischen drei und sechs Monaten Haft[31]. Verglichen mit den Strafen, die z. B. in den Oberlandesgerichtsbezirken Königsberg oder Darmstadt üblich waren, waren diese Urteile sogar noch relativ milde. Dort wurde in den dreißiger Jahren gegen leitende Mitglieder der »Bibelforscher« regelmäßig die Höchststrafe von fünf Jahren Gefängnis verhängt, eine Strafpraxis, die Reichsjustizminister Franz Gürtner im gesamten Reich durchzusetzen versuchte, da die Gestapo, ungeachtet des kruden Umgangs der Sondergerichte mit dem Grundrecht auf religiöse Vereinigungsfreiheit, des öfteren Urteile gegen Bibelforscher als zu milde kritisiert hatte[32].

Noch stärker im Mittelpunkt der Kritik der Gestapo standen die Urteile gegen katholische Geistliche. Insbesondere Mitte der dreißiger Jahre hatte sich eine Vielzahl von Priestern und Ordensangehörigen vor den Sondergerichten zu verantworten, weil sie in ihren Predigten deutliche Kritik am NS-Regime geübt oder sich der nationalsozialistischen Indoktrinierung der Jugend entgegengestellt hatten. Der Gestapo mißfiel vor allem, daß gerade in katholisch geprägten Regionen etliche Sondergerichte die Strafgesetze gegen Geistliche auffallend moderat auslegten und sich zudem – anders als bei Kommunisten und den Zeugen Jehovas – bei der Beurteilung der Beweislage peinlich genau an die Vorschriften des Strafprozeßrechts hielten[33]. Vom Sondergericht München wurde zum Beispiel 1938 von 77 der »Heimtücke« angeklagten Geistlichen nur einer verurteilt[34]. Die Richter des Sondergerichts Köln verfuhren ähnlich. Sie stellten zwischen 1936 und 1938 die Verfahren gegen Geistliche fast durchweg wegen Geringfügigkeit ein, darunter auch das gegen den Priester F., der die NSDAP in aller Offentlichkeit als »braunes Ungeziefer« tituliert hatte[35].

Es wäre also falsch, sich ein allzu simples Bild von der politischen Rechtsprechung der dreißiger Jahre zu machen. Opfer der politischen Justiz waren offensichtlich vor allem Kommunisten und »Marxisten« und damit – den spärlichen Angaben zur Person zufolge, die die Gerichtsakten enthalten – Mitglieder der Unter- bzw. der unteren Mittelschicht[36]. In bezug auf andere Gruppen wie die katholischen Geistlichen oder

---

31 Hauptstaatsarchiv Düsseldorf RW 18/7.
32 Siehe u. a. das Protokoll der Besprechung der OLG-Präsidenten am 18. Juni 1937 in: BA R 22/4277.
33 Siehe R. Angermund (Anm. 30), S. 145 ff.; zur Rechtsprechung gegen katholische Geistliche siehe v. a. A. Blumberg-Ebel, Sondergerichtsbarkeit und »politischer Katholizismus« im Dritten Reich, Mainz 1990.
34 P. Hüttenberger, Heimtückefälle vor dem Sondergericht München 1933–1939, in: M. Broszat/u. a. (Hrsg.), Bayern in der NS-Zeit. Herrschaft und Gesellschaft im Konflikt, München-Wien 1981, S. 435–526.
35 Beschluß des Sondergerichts Köln vom 19. Mai 1936, in: Hauptstaatsarchiv Düsseldorf Kalkum Rep. 112/17146.
36 R. Angermund (Anm. 30), S. 156 f., und demnächst die eingehende Studie von H.-E. Niemann zu Hochverratsprozessen vor dem Oberlandesgericht Hamm.

Angehörige der oberen Mittelschicht zeigt sich jedoch häufig ein anderes Bild, was sich wohl vor allem aus der sozialen Verbundenheit der zumeist aus einem konservativ-bürgerlichen Milieu stammenden Richter mit diesen Angeklagtengruppen erklärt.

Ungeachtet aller Facetten und Unterschiede ist die politische Rechtsprechung nach 1933 durch eine immer weitergehende Aushöhlung der Rechte derjenigen Gruppen gekennzeichnet, die das NS-Regime verfolgte und verfemte. Dies gilt – neben den kommunistischen und sozialdemokratischen »Hochverrätern« und den ihnen sozial verwandten Zeugen Jehovas – insbesondere für die Juden, die mit dem Berufsbeamtengesetz vom 7. April 1933 mit zu den ersten Leidtragenden der »rasse- und lebensgesetzlichen« Umgestaltung des Rechts geworden waren.

III. Die Ausprägung des »Rasserechts«

Aufgrund der Differenzen, die zwischen den Staats- und Parteistellen des Dritten Reiches über die Vorgehensweise in der »Judenpolitik« bestanden[37], wurde die Rechtsstellung der Juden nach 1933 nicht durch ein umfassendes Gesetz, sondern nach und nach durch zahlreiche Einzelregelungen bestimmt. Die Frage, welche politischen Rechte den Juden zukommen sollten, wurde zum Beispiel erst mit dem Reichsbürgergesetz vom 15. September 1935 – einem der sogenannten Nürnberger Gesetze – beantwortet, das im Vorfeld des Nürnberger Parteitages von leitenden Ministerialbeamten in größter Eile entworfen wurde. Ebenfalls auf dem Nürnberger Parteitag wurde das »Gesetz zum Schutz des deutschen Blutes und der deutschen Ehre« verkündet, das u. a. den vorehelichen Geschlechtsverkehr zwischen »Ariern« und Juden unter Strafe stellte. Darüber, wer als Jude anzusehen war, sagten allerdings weder das Reichsbürgergesetz noch das »Blutschutzgesetz« etwas aus. Dieses Problem wurde erst – nachdem rund zwei Monate lang ein Rechtsvakuum geherrscht hatte – am 14. November 1935 durch die erste Verordnung zum Reichsbürgergesetz geklärt[38]. Ihr zufolge galt als Jude, wer von mindestens drei jüdischen Großeltern abstammte[39].

Diese Gesetzgebungspraxis legte die Lösung vieler wichtiger Fragen des »Rasserechts« in die Hände der Gerichte. Sie hatten bereits 1933 u. a. darüber zu entscheiden, ob Juden aufgrund ihrer »rassischen Eigenschaften« der Arbeitsplatz oder die Wohnung gekündigt oder ob mit ihnen geschlossene Verträge mit Berufung auf dieselben Gründe gelöst werden durften. Die radikalen Protagonisten einer »rassen- und lebensgesetzlichen« Umgestaltung des Rechts im Bund Nationalsozialistischer Deutscher Juristen, im Reichsinnen- und im Reichsjustizministerium forderten die Richter auf, in diesen Fällen so zu entscheiden, als ob sie selbst der Gesetzgeber wären, und gegebenenfalls auch gegen den Wortlaut der bestehenden Gesetze dem »Rassegedanken« zum Durchbruch zu verhelfen[40]. Das Reichsgericht und der Staatssekretär im Reichsju-

---

37 Siehe U. D. Adam, Judenpolitik im Dritten Reich, Düsseldorf 1979.
38 Ebd., S. 125.
39 Die Großeltern galten ihrerseits als jüdisch, wenn sie der jüdischen Religionsgemeinschaft angehört hatten – womit eine Grundkategorie des »Rasserechts« durch einen Rückgriff auf die Glaubenszugehörigkeit definiert wurde.
40 So u. a. Wöhrmann, Die Auflösung der Ehe zwischen Juden und Ariern, in: Juristische Wochenschrift, (1933), S. 2041; Meinhof, Rasse und Recht, in: ebd., (1935), S. 3072–3080;

stizministerium Roland Freisler, der spätere berüchtigte Präsident des Volksgerichtshofes, verlangten hingegen – ganz im Sinne des nationalsozialistischen »Führerprinzips« – Zurückhaltung, da es den Gerichten nicht zustehe, dem Gesetzgeber vorzugreifen[41]. Trotz dieser Mahnungen zur Gesetzestreue überbot sich die Rechtsprechung aber nach anfänglichem Zögern geradezu in der »rassegesetzlichen« Um- und Neudeutung der gesetzlichen Bestimmungen. Gelegentlich schien man dabei sogar den Gesetzgeber selbst an »rassepolitischem« Eifer übertreffen zu wollen[42]. Für die Ausformung des »Rasserechts« und damit für den »bürgerlichen Tod« der deutschen Juden trugen die Gerichte maßgebliche Verantwortung.

Noch vor den Nürnberger Gesetzen vertrat zum Beispiel das Oberlandesgericht Karlsruhe 1934 die Auffassung, daß Ehen zwischen Juden und Ariern »nicht nur nicht wünschenswert, sondern verderblich und unnatürlich und widernatürlich« seien und deshalb auch entgegen den bestehenden gesetzlichen Bestimmungen und gegen den Willen des jüdischen Ehepartners getrennt werden müßten. Es gab der Klage eines Arztes und ehemaligen Geistlichen statt, der die Anfechtung seiner mit einer Jüdin geschlossenen Ehe mit der Begründung verlangte, daß ihm vor der »Machtergreifung« die Tragweite der »Rassenunterschiede« nicht bewußt gewesen sei[43]. Ende August 1935, also ebenfalls noch vor der Verkündung der Nürnberger Gesetze, entschied das Landgericht Königsberg, daß ein Standesbeamter berechtigt sei, eine Eheschließung zwischen »einer Deutschen und einem Juden« zu verweigern. Da eine solche Ehe ganz offensichtlich gegen den Grundsatz der »Reinerhaltung der Rasse« verstoße, lehnte es das Gericht ausdrücklich ab, sich überhaupt mit den einschlägigen gesetzlichen Bestimmungen zu befassen und »in eine Prüfung dieser vom Gesetz aufgestellten Ehehindernisse einzutreten«[44]. Das Arbeitsgericht in Frankfurt am Main wies im März 1935 die Klage eines »nichtarischen Angestellten« ab, dem gekündigt worden war, weil seine Firma für ihr Ladenlokal mit dem Schild »Deutsches Geschäft« werben wollte[45]. In »arischen« Geschäften – so die Quintessenz dieses Urteils – hatten jüdische Arbeitnehmer nichts zu suchen.

Aber nicht nur das Recht auf Arbeit, sondern auch das Recht auf Wohnung wurde Juden von den Gerichten bestritten. In einem Urteil vom 7. November 1938 erklärte das Landgericht Berlin, daß Juden, die in einer »arischen Hausgemeinschaft« lebten, jederzeit aus »rassischen« Gründen gekündigt werden könne. Sich gegen solche Kündigungen mit Hilfe des Mieterschutzgesetzes zu wehren stehe Juden nicht zu. Daß diese Entscheidung weder durch die Gesetze noch durch entsprechende Regierungsmaßnahmen gedeckt war, irritierte das Gericht wenig. Wenn man lediglich den bestehenden antijüdischen Anordnungen der Regierung Folge leistete, dürfte »eine Auslegung der

Ruttke, Erb- und Rassenpflege in Gesetzgebung und Rechtsprechung, in: ebd., S. 1369–1376.
41 Siehe Urteil des Reichsgerichts vom 12. Juli 1934, in: Juristische Wochenschrift, (1934), S. 2613 ff.; R. Freisler, Recht, Richter und Gesetz, in: Deutsche Justiz, (1933), S. 694 f.
42 Siehe B. Rüthers, Die unbegrenzte Auslegung. Zum Wandel der Privatrechtsordnung im Nationalsozialismus, Frankfurt am Main 1973.
43 Urteil des Oberlandesgerichts Karlsruhe vom 2. März 1934, in: Juristische Wochenschrift, (1934), S. 1371.
44 Deutsche Justiz, (1935), S. 1387.
45 E. Noam/W.-A. Kropat (Hrsg.), Juden vor Gericht 1933–1945. Dokumente aus hessischen Justizakten mit einem Vorwort von J. Strelitz, Wiesbaden 1975, S. 88–90.

Gesetze zuungunsten der Juden nicht stattfinden« und sie würden »hierdurch besonders geschützt sein«. Es liege »auf der Hand, daß das nicht Sinn der Sache« sei[46].

Ähnliche Überlegungen leiteten offensichtlich auch die Rechtsprechung mancher
Gerichte in »Rassenschande«-Verfahren, also in den Strafprozessen, die wegen eines
Verstoßes gegen das Verbot des vorehelichen Geschlechtsverkehrs zwischen »Ariern«
und Juden angestrengt wurden. Abgesehen davon, daß man den Geltungsbereich des
»Blutschutzgesetzes« ausdehnte und auch im Ausland begangene »Rassenschande«
bestrafte, entwickelte man eine äußerst weitgehende Interpretation des Begriffs »Geschlechtsverkehr«, mit deren Hilfe quasi jede Form der »gemischtrassigen« Liebesbe-
ziehung im Keim erstickt werden konnte. Während die Gerichte offenbar zumeist
anfangs noch peinlich-penibel prüften[47], ob es tatsächlich zu einer »geschlechtlichen
Vereinigung« gekommen war, meinte der Große Senat des Reichsgerichts, daß man
auf derart akribische Untersuchungen verzichten könne. In einem Beschluß vom
9. Dezember 1936 vertrat er die Auffassung, daß der »Geschlechtsverkehr« im Sinne
des Blutschutzgesetzes nicht nur den »Beischlaf«, sondern »jede unzüchtige Hand-
lung«, also zum Beispiel Küsse und Berührungen, umfasse. Nach einer Entscheidung
des II. Strafsenats des Reichsgerichts vom 2. Februar 1939 war dann noch nicht einmal
körperlicher Kontakt vonnöten, um den Tatbestand der »Rassenschande« zu vollenden. Der II. Strafsenat bestätigte damit ein Urteil des Landgerichts Berlin, das einen
»arischen« Mann bestraft hatte, weil er sich in Gegenwart seiner jüdischen Freundin
selbst befriedigt hatte[48].

IV. Der Maßnahmenstaat

Die individuellen Freiheitsrechte und das Recht auf Schutz vor willkürlicher Verfolgung aus politischer und »rassischer« Verfolgung wurden nach dem 30. Januar
1933 indes nicht allein durch die nationalsozialistische Gesetzgebung und durch
eine Rechtsprechung untergraben, die die Diskriminierung von Juden, Kommunisten und anderen »underdogs« auch contra legem vorantrieb. Der Verfall von
Recht und Justiz vollzog sich vielmehr auch maßgeblich durch die Expansion dessen, was Ernst Fraenkel 1940 in einer der ersten Beschreibungen der rechtlichen
Struktur des NS-Regimes den »Maßnahmenstaat« genannt hat[49]. Gemeint sind damit die nur an ihre eigenen Regeln und Satzungen gebundenen »politischen Instanzen«[50] des NS-Regimes und insbesondere die Staatspolizei, deren Apparat nach
1933 stetig ausgebaut und unter der Führung des Reichsführers der SS Heinrich
Himmler in den dreißiger Jahren zusehends mit der SS sowie mit der Kriminal-
und der Ordnungspolizei verschmolzen wurde[51].

---

46 BA R 22/1921.
47 Siehe R. Angermund (Anm. 30), S. 125 ff.
48 Justiz und Nationalsozialismus. Katalog zur Ausstellung des Bundesministers der Justiz,
   Köln 1989, S. 119 f.
49 E. Fraenkel (Anm. 22), S. 88.
50 Ebd.
51 Siehe dazu u. a. H. Buchheim. Die SS – das Herrschaftsinstrument, in: ders./M. Broszat
   u. a., Anatomie des SS-Staates, Bd. 1, München 1979², S. 15–214.

Mit Hilfe von KZ-Haft, Folter und Mord betrieb der Polizeiapparat nicht nur »politische Gegnerbekämpfung«, sondern auch »vorbeugende Verbrechensbekämpfung« – zunächst nur in relativ bescheidenem Umfang, aber schon bald in Form großangelegter Aktionen, in deren Verlauf sich die Zahl der »Asozialen« und »Gewohnheitsverbrecher« in den KZs von 2484 Ende 1937 auf 12921 Ende 1938 erhöhte[52]. Durch die nationalsozialistische Gesetzgebung zusehends von rechtlichen Fesseln befreit und personell immer mehr gestärkt[53], ging die Staatspolizei bereits Mitte der dreißiger Jahre dazu über, die Justiz systematisch zu überwachen. Seit Ende April 1935 erstellten die Staatspolizeileitstellen auf Befehl des Chefs des Geheimen Staatspolizeihauptamtes Reinhard Heydrich Listen der Urteile, die eine »ungenügende« Arbeit der Justiz gegen »Staatsfeinde« erkennen ließen. Dabei sollte insbesondere vermerkt werden, ob die bemängelten Urteile »ihre Ursache in einer negativen Einstellung des Richters oder des Staatsanwaltes zum nat. soz. Staat« hätten[54]. Oftmals wurden dann die Entscheidungen der Justiz »korrigiert«, indem man die betreffenden »Staatsfeinde« nach der Justizhaft in ein KZ verschleppte oder sogar noch im Gerichtssaal verhaftete. Insbesondere Kommunisten wurden der Justiz in etlichen Fällen nur zur gerichtlichen Aburteilung überstellt, um sofort nach dem Urteilsspruch wieder in ein KZ verbracht zu werden[55].

Zwischen Staatspolizei und Justiz kam es angesichts dieser Praktiken zu heftigen Kontroversen um Zuständigkeiten und Rechtsfragen[56]. Auch in der Einschätzung der Gefährlichkeit von »Staatsfeinden« wie den katholischen Geistlichen oder den Zeugen Jehovas bestanden oft erhebliche Meinungsverschiedenheiten[57]. Im »Staatsinteresse« und in der Überzeugung, daß sich – zumindest vorübergehend – das Recht den Notwendigkeiten der »Bolschewismusbekämpfung« unterzuordnen habe, fand man sich jedoch auf seiten der Justiz immer wieder dazu bereit, der Staatspolizei entgegenzukommen. Da das »dringende Staatsinteresse« an der »Bekämpfung« von Hoch- und Landesverrätern »nicht überall eine verständnisvolle Würdigung und Beachtung« gefunden habe, verpflichtete Reichsjustizminister Gürtner zum Beispiel am 5. Januar 1935 die Richter dazu, die Staatspolizei unverzüglich zu benachrichtigen, wenn sie wegen Mangels an Beweisen keinen Haftbefehl gegen einen vermeintlichen »Staatsfeind« ausstellen bzw. den Haftbefehl gegen ihn aufheben wollten. Auf diese Weise sollte der Staatspolizei Gelegenheit gegeben werden, »selbst Verwahrungsmaßnah-

---

52 K.-L. Terhorst, Polizeiliche planmäßige Überwachung und polizeiliche Vorbeugungshaft im Dritten Reich, Heidelberg 1985, S. 153.
53 Siehe hierzu v. a. G. Werle (Anm. 25).
54 Schreiben des Chefs der Sicherheitspolizei vom 26. April 1935, in: Hauptstaatsarchiv Düsseldorf RW 18/37.
55 Mit weiteren Nachweisen hierzu siehe R. Angermund (Anm. 30), S. 158 ff.
56 Siehe u. a. die Auseinandersetzungen um Erschießungen in den KZs und um die Zulassung von Rechtsanwälten für KZ-Häftlinge. Siehe u. a. die Notizen in Gürtners Diensttagbuch zu Erschießungen von KZ-Häftlingen »auf der Flucht« im Sommer 1935 und zwischen August und Dezember 1937, in: BA R 22/1059 und 734. Dazu umfassend L. Gruchmann (Anm. 19), S. 703 ff.
57 Siehe u. a. die schweren Konflikte zwischen Gestapo und Justiz im Rahmen der Koblenzer Sittlichkeitsprozesse. Siehe H.-G. Hockerts, Die Sittlichkeitsprozesse gegen katholische Ordensangehörige und Priester 1936/37. Eine Studie zur nationalsozialistischen Herrschaftstechnik und zum Kirchenkampf, München 1971.

men zu treffen«[58]. Den gleichen Zweck verfolgte eine Verfügung vom 18. Januar 1937, mit der die Generalstaatsanwälte verpflichtet wurden, die Haftentlassung von Hoch- und Landesverrätern der Staatspolizei einen Monat vor dem Haftende anzuzeigen[59]. Nach anfänglichem Widerstand erklärte sich der Reichsjustizminister 1936 auch damit einverstanden, auf die Strafverfolgung von Beamten der Staatspolizei zu verzichten, die vermeintliche Hoch- und Landesverräter in »verschärften Vernehmungen« durch Schläge, Schlafentzug, sogenannte Ermüdungsübungen u. ä. folterten. Die Staatspolizei revanchierte sich für diese Zusage mit dem Versprechen, in Zukunft bei »verschärften Vernehmungen« einen geprüften »Einheitsstock« zu verwenden und nach zehn Stockhieben den Häftling von einem Arzt untersuchen zu lassen[60].

Der »Normenstaat« (Fraenkel) der Justiz wirkte durch solche Vereinbarungen maßgeblich an der Aushöhlung seiner Gesetze und Kompetenzen mit und trug so dazu bei, daß sich die Grenzen zum »Maßnahmenstaat« zunehmend verwischten. Er nahm mehr und mehr die Züge einer Bürokratie an, die die neuen »lebens- und rassengesetzlichen« Vorstellungen in das Rechts- und das Alltagsleben umsetzte und zugleich dem Regime als Instrument der Herrschaftssicherung und der Realisierung ihrer Herrschaftsziele diente[61].

V. Rechtsprechung im Krieg – die »Umwertung der Werte«

Mit Beginn des Krieges gegen Polen im September 1939 sollten sich die oben skizzierten Entwicklungen beschleunigen und verschärfen. Am 24. Oktober 1939 befahl Reichsjustizminister Gürtner die Vorsitzenden der Sondergerichte zu einer Besprechung nach Berlin, auf der ihnen die Grundsätze einer »kriegsgerechten« Rechtsprechung erläutert werden sollten[62]. Gürtner und Staatssekretär Freisler klärten die Spitzen der Sondergerichte darüber auf, daß es nun das oberste Ziel der Rechtspflege sein müsse, einen Zusammenbruch der »inneren Front« zu verhindern. Um dies zu erreichen – so Freisler –, müsse man die »Friedensmaßstäbe« fallenlassen und bei der Anwendung des Strafrechts eine »Umwertung der Werte« vollziehen. Zur Aufrechterhaltung der Disziplin in der Bevölkerung sei mit größter Härte vorzugehen. Wer zum Beispiel die Verdunkelung zu einer Straftat nutze, solle damit zu rechnen haben, daß er »höchstwahrscheinlich . . . seinen Kopf verliert«. Die persönlichen und sozialen Hintergründe der Straftat sollten bei der Urteilsfindung nicht mehr berücksichtigt werden. Wesentlich sei allein eine hohe Abschreckungswirkung. »Nichtbesserungsfähige« soll-

---

58 BA R 22/1075. Zur Anwendung dieser Weisung auf Bibelforscher siehe Hauptstaatsarchiv Düsseldorf RW 18/2, Bl. 210, 218.
59 Siehe die geheimen »Richtlinien für die Nachüberwachung« des Chefs der Sicherheitspolizei vom 17. Februar 1938, in: Hauptstaatsarchiv Düsseldorf RW 36/36, sowie zu dieser Weisung vorauseilenden Praxis verschiedener Generalstaatsanwälte die Berichte der Gestapo über »Sonderabmachungen« vom 24. November 1936 und einen Vermerk des Reichsjustizministeriums vom 2. März 1937, in: BA R 22/1143.
60 Siehe dazu mit weiteren Nachweisen R. Angermund (Anm. 30), S. 169f.
61 So auch W. Naucke, siehe G. Werle (Anm. 25), S. 36ff.
62 BA R 22/4158. Die folgenden Zitate und Ausführungen ebd.

ten »ausgemerzt« werden. Darüber hinaus forderten Gürtner und Freisler eine »blitzartige« Aburteilung von Straftätern, weshalb denn auch die Hauptlast der Kriegsrechtsprechung den Sondergerichten mit ihrem besonders kurzen, weil rechtsmittellosen Verfahren zufallen sollte[63]. Sie sollten die »Panzertruppe« (Freisler) der Rechtspflege bilden.

Um die Justiz kriegstauglich zu machen, wurden zum Teil bereits im Vorfeld der Besprechung vom 24. Oktober 1939 eine Reihe von Verordnungen verkündet, die zum einen neue Straftatbestände einführten bzw. die bestehenden Strafen verschärften und zum anderen die Zuständigkeiten und die Entscheidungsbefugnisse der Sondergerichte und der Staatsanwaltschaften weiter ausbauten. Am 21. November 1938 erging die Verordnung zur Erweiterung der Zuständigkeit der Sondergerichte, die die Staatsanwaltschaft ermächtigte, nicht nur wie bisher Heimtückefälle u. ä., sondern nun auch nichtpolitische Straftaten vor den Sondergerichten anzuklagen, wenn eine rasche Aburteilung im öffentlichen Interesse zu liegen schien[64]. Weitere Verordnungen vom 1. September 1939 und vom 21. Februar 1940 bestätigten dann noch einmal die Befugnis der Staatsanwaltschaft, im Prinzip jedes Delikt vor einem Sondergericht anzuklagen[65].

Ohnehin fiel die Aburteilung der Tatbestände, die durch die Kriegsgesetze geschaffen worden waren, in der Regel in die Zuständigkeit der Sondergerichte. Sie entschieden zum Beispiel über Verstöße gegen die sogenannte Volksschädlingsverordnung[66], die u. a. »Plünderungen« und die Ausnutzung der »Kriegsumstände« zu Straftaten betraf, sowie über Diebstähle aus Metallsammlungen[67], über Verstöße gegen die Kriegswirtschaftsverordnung (Horten von Lebensmitteln, Schwarzschlachtung u. ä.)[68], über »Rundfunkverbrechen« (Hören »feindlicher Sender«)[69] und über »Verstöße gegen die Verordnung zur Ergänzung der Strafvorschriften zum Schutze der Wehrkraft des Deutschen Volkes«[70], die u. a. den Umgang mit Kriegsgefangenen mit Gefängnis oder Zuchthaus bedrohte. Aufgrund dieser Verordnungen und anderer kriegsbedingter »Vereinfachungsmaßnahmen« – auf dem Höhepunkt wurden kleinere Gerichtsbezirke und ganze Gerichtszweige stillgelegt, um Personal für die Wehrmacht zu gewinnen – sollte sich die Hauptlast der Rechtspflege nach 1939 immer mehr auf die

---

63 Allerdings konnten seit dem 1. September 1939 auch in anderen Strafverfahren die Rechte der Verteidigung vom Gericht drastisch beschnitten werden.

64 RGBl. 1938/I, S. 1632. Der Verordnung ging eine scharfe Kritik Hitlers an den unzureichenden Leistungen von Polizei und Justiz bei der Verbrechensbekämpfung voraus. Hierzu sowie zu der sehr gelassenen Reaktion Heydrichs und der äußerst beflissenen Gürtners siehe den Schriftwechsel in: BA R 43 II/1553 a.

65 Verordnung über Maßnahmen auf dem Gebiet der Gerichtsverfassung und der Rechtspflege bzw. Verordnung über die Zuständigkeit der Strafgerichte, die Sondergerichte und sonstige strafrechtliche Vorschriften, in: RGBl. 1939/I, S. 1658 ff. bzw. RGBl. 1940/I, S. 405 ff.

66 Verordnung gegen Volksschädlinge vom 5. September 1939, in: RGBl. 1939/I, S. 1679.

67 Verordnung zum Schutz der Metallsammlung des Deutschen Volkes vom 29. März 1940, in: RGBl. 1940/I, S. 565.

68 Kriegswirtschaftsverordnung vom 4. September 1939, in: RGBl. 1939/I, S. 1609.

69 Verordnung über außerordentliche Rundfunkmaßnahmen vom 1. September 1939, in: ebd., S. 1683.

70 Vom 25. November 1939, in: ebd., S. 2319.

Sondergerichte verlagern. In Hamburg zum Beispiel erledigten sie 1943 rund 73 Prozent aller Strafrechtsfälle[71].

Mit diesen Entwicklungen hatte sich der »Normenstaat« um ein weiteres entscheidendes Stück dem »Maßnahmenstaat« angenähert. Zum einen spielte sich nun der größte Teil der Strafrechtspflege in einer Verfahrensform ab, die die Rechte des Angeklagten faktisch auf Null reduzierte. Zum anderen brachte die Kriegsgesetzgebung einen weiteren Verlust an rechtlicher Bestimmtheit mit sich, denn sowohl die Straftatbestände als auch die Strafmaße der neuen Gesetze waren zumeist außerordentlich unscharf gefaßt. So war zum Beispiel in der Volksschädlingsverordnung keineswegs eindeutig geklärt, was unter »Plündern« – einem mit den alliierten Bombenangriffen immer bedeutsamer werdenden Delikt – zu verstehen war und nach welchem Paragraphen es bestraft werden sollte. In Frage kamen sowohl Paragraph 1 (»Plünderung in freigemachten Gebieten«) als auch die Paragraphen 2 (»Verbrechen bei Fliegergefahr«) und 4 (»Ausnutzung der Kriegsumstände«). Während Paragraph 1 zwingend die Todesstrafe vorschrieb, konnte das Gericht nach den Paragraphen 2 und 4 zwischen einer Zuchthausstrafe von bis zu 15 Jahren, lebenslangem Zuchthaus oder der Todesstrafe wählen. Die Einschätzung, die das Gericht vom »Tätertyp« bzw. von der »Gefährlichkeit« des Angeklagten gewann, erhielt angesichts solcher Wahlmöglichkeiten eine zentrale, tatsächlich ›lebenswichtige‹ Bedeutung[72].

Ähnlich wie in der politischen Rechtsprechung bis zum Beginn des Zweiten Weltkriegs gab es offenbar auch in der Rechtsprechung danach sowohl in der Gesetzesauslegung und als auch in der Anwendung der Strafmaße zum Teil beträchtliche Unterschiede zwischen einzelnen Regionen bzw. Gerichten. Ungeachtet dessen ist sie vor allem durch den Willen gekennzeichnet, die neuen strafrechtlichen Instrumente unnachsichtig zum Schutz der »inneren Front« einsetzen. Angesichts der Tatsache, daß durch die Kriegsgesetzgebung die Zahl der Tatbestände, die mit dem Tode bestraft werden konnten, bis 1943 auf 46 erhöht wurde[73], sollte diese Tendenz zur Härte insbesondere nach dem Beginn der massiven alliierten Bomberangriffe, die tatsächlich eine »innere Front« schufen, dramatische Konsequenzen haben. 1937 hatte man 86 Todesurteile gezählt[74]. 1941 waren es bereits 1 292, 1942 3 660 und 1943 5 336[75]. In welchen Fällen und auf welche Weise Todesurteile verhängt wurden, sei anhand von einigen Beispielen verdeutlicht.

---

71 H. Weinkauff, Die deutsche Justiz und der Nationalsozialismus. Ein Überblick, Stuttgart 1968, S. 245. Siehe u. a. auch den Bericht des SD über die Entwicklung der Sondergerichtsbarkeit vom 20. Mai 1943, in: H. Boberach (Hrsg.), Meldungen aus dem Reich. Die geheimen Lageberichte der SS 1938–1945, Bd. 13, Herrsching 1984, S. 5268 ff.

72 Ausführlich zu den Kriegsgesetzen und zum »Täterstrafrecht« G. Werle (Anm. 25), S. 202 ff.

73 Gegenüber dreien im Jahre 1933.

74 Auf dem Gebiet des alten Reichsgebiets. Siehe Reichsamt für Statistik. Die Entwicklung der Kriminalität, in BA R 22/1160.

75 Auf dem Gebiet des Großdeutschen Reiches. Siehe »Die Strafrechtspflege im fünften Kriegsjahr« (1944), in: BA R 22/4692. Dort auch eine Aufschlüsselung der Todesurteile des Jahres 1943 auf die verschiedenen Straftatbestände. Siehe auch R. Angermund, Richterschaft (Anm. 30), S. 211 Anm. 46.

Am 26. Juni 1943 stand die Kriegerwitwe K., Angestellte eines Rüstungsbetriebes, vor dem Volksgerichtshof[76], die einem Kollegen folgenden Witz erzählt hatte: Hitler habe Göring auf der Spitze des Funkturms gefragt, welche Freude er den Berlinern machen könne. Göring habe geantwortet, er brauche doch nur in die Tiefe zu springen. Darüber hinaus wurde Frau K. zur Last gelegt, enge Kontakte zu tschechischen Arbeitern gepflegt und ihnen die deutsche Niederlage prophezeit zu haben. Der Volksgerichtshof sah in dem Witz »die ganze Gemeinheit einer infamen reichs- und volksfeindlichen Agitation«, die in den Schmutz ziehe, »was uns heilig ist, unseren Führer«. Die Äußerungen gegenüber den tschechischen Arbeitern seien »einer der schlimmsten Fälle der Zersetzung unserer Wehrkraft«. »Unser Recht setzt auf so etwas mit Recht allein die Todesstrafe ... 1918 darf sich nicht wiederholen!«[77]

Am 23. Oktober 1943 verurteilte das Sondergericht Wuppertal den Invaliden T. zum Tode, weil er unter Ausnutzung der Kriegsumstände u. a. verschiedene Wäschestücke und ein Silberbesteck »geplündert« hatte[78]. Der mehrfach vorbestrafte Bauarbeiter N. hatte ca. 70 Fahrräder gestohlen und veräußert[79]. Der Transportarbeiter H. hatte Kleiderkarten beiseite geschafft und Rundfunkgeräte zu überhöhten Preisen verkauft. Beide wurden vom Sondergericht Köln wegen Diebstahls und Betrugs zum Tode verurteilt – N. am 31. August 1942, H. am 22. Mai 1943. Der Litauer Rentner P. hatte drei Blechnäpfe, sogenannte Henkelmänner (Gesamtwert: drei Reichsmark), an sich genommen, die aus einem von Bomben zerstörten Laden auf die Straße gerollt waren. Da die öffentliche Sicherheit gerade nach schweren Bombenangriffen auch durch geringfügige Diebstähle »auf das Schwerste« gefährdet werden könne, erkannte das Sondergericht Essen am 8. März 1943 auf die Todesstrafe[80].

Kaum wertvoller waren die Gegenstände, wegen derer sich der junge Pole Stanislaus K. wenige Wochen später ebenfalls vor dem Sondergericht Essen zu verantworten hatte. Man warf ihm vor, bei Aufräumungsarbeiten nach einem Bombenangriff einen Damenpullover und einen Schal gestohlen zu haben. Wegen »besonders niedriger und verwerflicher Gesinnung« und schwerer »Schädigung der Belange des deutschen Volkes durch einen Angehörigen des ihm feindlichen Volkstums« wurde K. am 22. April 1943 ebenfalls mit dem Tode bestraft[81].

Dem polnischen Arbeiter Josef G. wurde ein Brief zum Verhängnis, in dem er unvorsichtigerweise einen deutschfeindlichen Witz erzählt hatte: Einem »großen Adolf« habe von einem blanken Hinterteil geträumt. Ein »Fachmann« aus dem Osten habe die Erscheinung als die künftige »Landkarte« gedeutet: Die eine Seite sei Frankreich, die andere England, dazwischen der Kanal und die »leere Stelle« Deutschland. Das Sondergericht Oldenburg befand am 12. Mai 1942, daß dieser Witz eine todeswür-

76 Der Volksgerichtshof fällte zwischen 1937 und 1945 5 243 Todesurteile. Siehe B. Jahntz/
    V. Kähne, Der Volksgerichtshof, Darstellung der Ermittlungen der Staatsanwaltschaft bei
    dem Landgericht Berlin gegen ehemalige Richter und Staatsanwälte am Volksgerichtshof,
    Berlin 1986, S. 214 (Anlage 12).
77 Zit. nach H. Hillermeier (Hrsg.), »Im Namen des Deutschen Volkes«. Todesurteile des
    Volksgerichtshofes, Darmstadt-Neuwied 1982², S. 63f.
78 Hauptstaatsarchiv Düsseldorf NW 174/81.
79 Ebd. NW 174/135.
80 BA R 22/4471.
81 Hauptstaatsarchiv Düsseldorf NW 174/165.

dige »Bekundung deutschfeindlicher Gesinnung durch gehässige und hetzerische Betätigung« sei[82].

Stanislaus K. und Josef G. wurden nach der Verordnung vom 4. Dezember 1941 »über die Strafrechtspflege gegen Polen und Juden in den eingegliederten Ostgebieten«[83] abgeurteilt, die von den Sondergerichten auch gegenüber Polen angewandt wurde, die als Zwangsarbeiter im Gebiet des sogenannten Altreiches lebten. Danach konnten Polen wegen deutschfeindlicher Äußerungen, wegen Ungehorsams oder wegen Aktionen, die dem Deutschen Reich schadeten, zum Tode oder – in minderschweren Fällen – zu drei bis fünf Jahren Straflager verurteilt werden.

VI. Die SS-Justiz

Polnische Staatsangehörige hatten bei Verstößen gegen die öffentliche Ordnung nicht nur mit einem Verfahren nach der Polenstrafrechtsverordnung zu rechnen. Sie wurden vielmehr in der Regel auch Opfer der Staatspolizei, die seit Kriegsbeginn Verfahren gegen »politisch gefährliche Elemente« und gegen »Fremdvölkische« mit besonderer Aufmerksamkeit verfolgte und ihr zu milde erscheinende Urteile umgehend »korrigierte«[84]. Etliche Staatspolizeileitstellen hielten es – noch bevor eine entsprechende Anweisung des Reichssicherheitshauptamtes erging – generell nicht für nötig, »Fremdvölkische« der Justiz zu überstellen. Sie erledigten derartige Fälle auf der Stelle durch Exekutionen oder inszenierte Hinrichtungen, an denen die Kameraden der Opfer zur Belehrung und Abschreckung teilzunehmen hatten. In ähnlicher Weise ging die Polizei gegen »Plünderer«, »Schwerverbrecher«, »Asoziale«, »Arbeitsbummelanten«, Wehrdienstverweigerer, »hetzerische Pfaffen«, Kommunisten und andere vor. Auch sie wurden in einer ungezählten Anzahl von Fällen kurzerhand liquidiert oder verschwanden in den KZs[85]. Allein im Oktober 1941 meldete die Gestapo 15 160 Verhaftungen[86].

Die Oberlandesgerichtspräsidenten und die Generalstaatsanwälte protestierten wiederholt beim Reichsjustizministerium gegen die Übergriffe der Staatspolizei. Ihre Sorge galt allerdings weniger dem Schicksal der Opfer als vor allem der Mißachtung der Kompetenzen der Justiz und der schweren Schädigung ihres öffentlichen Ansehens, die daraus resultiere[87]. Im Justizministerium verfügte man jedoch weder über die rechtlichen noch über die politischen Mittel, um Abhilfe zu schaffen. Eine verwaltungsgerichtliche Kontrolle von Maßnahmen der Staatspolizei gab es seit 1936 nicht mehr, die

---

82 J. Luge, Die Rechtsstaatlichkeit der Strafverfahren im Oldenburger Land 1932–1945. Diss. jur. Hannover 1991, S. 357 ff.
83 RGBl. 1940/I, S. 759 ff.
84 Siehe dazu die Lageberichte der Oberlandesgerichtspräsidenten (BA R 22 mit unterschiedlichen Signaturen), in denen sich insbesondere nach 1939 die Meldungen über Übergriffe der Staatspolizei häufen.
85 Zumeist geschah dies nach der Entscheidung des Reichssicherheitshauptamtes auf »Sonderbehandlung«. In den letzten Kriegsmonaten wurden die Staatspolizeistellen jedoch mit Rücksicht »auf die gegenwärtige Lage« ermächtigt, selbst über die erforderlichen Maßnahmen zu entscheiden.
86 H. Buchheim (Anm. 51), S. 94 f.
87 R. Angermund (Anm. 30), S. 179 ff.

polizeilichen Aktionen gegen Polen schienen durch einen Geheimerlaß Hermann Görings vom 8. März 1940 gedeckt[88], und die Aussichten, sich dem Reichssicherheitshauptamt, das allein in seiner Abteilung für »Gegnerbekämpfung« über mehr als
20 000 Mitarbeiter verfügte[89], erfolgreich entgegenzustemmen, waren äußerst gering.

Für Otto-Georg Thierack, der Mitte 1942 die Führung des Reichsjustizministeriums
übernahm, waren allerdings weniger diese Gründe als der Glauben an die Richtigkeit
der nationalsozialistischen Rassenpolitik dafür entscheidend, nicht die Konfrontation
zum Reichssicherheitshauptamt, sondern die enge Kooperation mit ihm zu suchen.
Thierack kam mit dem Reichssicherheitshauptamt nicht nur wie seine Vorgänger Gürtner und Schlegelberger darüber überein, Urteile zu überprüfen und gegebenenfalls zu
verschärfen, die der Staatspolizei nicht genehm waren. Da die Justiz ohnehin nur »in
kleinem Umfang dazu beitragen« könne, »Asoziale« und Juden, Zigeuner, Russen und
andere »Fremdvölkische« »auszurotten«[90], bot er vielmehr Himmler auch an, die Ge-
richtshoheit über diese Gruppen offiziell SS und Polizei zu übergeben und ihnen die
entsprechenden Justizgefangenen »zur Vernichtung durch Arbeit« zu überstellen[91].

Die hierfür notwendigen Maßnahmen leitete Thierack umgehend ein. Am 1. November 1942 begannen Beamte des Reichsjustizministeriums in den Haftanstalten
»asoziale Elemente«, d. h. deutsche Strafgefangene, die sich in Sicherungsverwahrung
befanden oder höhere Zuchthausstrafen verbüßten, zu selektieren. Bis zum 30. April
1943 wurden rund 14 700 Personen der SS übergeben. Wenig später, am 30. Juni 1943 –
Meinungsverschiedenheiten zwischen dem Reichssicherheitshauptamt, dem Ost-
ministerium und anderen Dienststellen hatten eine gewisse Verzögerung mit sich gebracht –, konnte das Reichssicherheitshauptamt bekanntgeben, daß alle Straftaten von
Polen und Russen ausschließlich von der Staatspolizei zu ahnden seien. Gerichtliche
Verfahren sollten nur noch dann durchgeführt werden, wenn die Polizei dies wünsche
und von seiten der Justiz garantiert sei, daß der Prozeß mit einem Todesurteil ende[92].
Der »Normenstaat« hatte sich damit endgültig zum Erfüllungsgehilfen des »Maßnahmenstaates« degradiert.

VII. Die Suche nach den Ursachen

Über die Frage, warum Recht und Justiz zu blutigen Instrumenten des NS-Herrschaftssystems pervertierten, gibt es eine Diskussion, deren Wurzeln bis in die Frühgeschichte
der Bundesrepublik zurückreichen und die insofern ihrerseits bereits ein Stück deut-

88 Dazu und zu weiteren Erlassen zur polizeilichen »Sonderbehandlung« G. Werle (Anm. 25),
    S. 603 ff. bzw. 587 ff.
89 P. Leßmann, Die preußische Schutzpolizei in der Weimarer Republik, Düsseldorf 1989,
    S. 401.
90 Brief Thieracks an Martin Bormann vom 13. Oktober 1942, hier zit. nach G. Reitlinger, Die
    Endlösung, Berlin 1979, S. 177.
91 Siehe die Notizen Thieracks über seine Besprechung mit Himmler u. a. am 18. September
    1942, in: BA R 22/4062.
92 Schreiben des Reichssicherheitshauptamtes vom 30. Juni 1943, in: Beweisdokumente für
    die Spruchgerichte in der britischen Zone, hrsg. von der Dienststelle des Generalinspek-
    teurs in der britischen Zone für die Spruchgerichte, Hamburg 1947, G. J. Nr. 171, S. 344.

scher Justizgeschichte ist. Nach dem Zusammenbruch des Dritten Reiches setzten die westlichen Alliierten zwar die NS-Gesetze außer Kraft[93], scheiterten aber an der Aufgabe des personellen Neuaufbaus der Justiz. Da die Kriminalitätsrate in den Nachkriegsjahren eminent hoch lag und man vom Berufsrichtertum nicht Abschied nehmen wollte, kehrte das alte Justizpersonal bis auf wenige Ausnahmen an die Gerichte zurück. Politisch Schwerbelastete besetzten in etlichen Fällen sogar wieder Spitzenpositionen[94]. Ob man diese Justiz für demokratiefähig hielt, hing entscheidend davon ab, wie man ihre Rolle im NS-Regime einschätzte und erklärte.

Die Mehrheit im Parlamentarischen Rat sah im Unterschied zu SPD und KPD keinen Grund, an den Richtern und Staatsanwälten zu zweifeln. Ähnlich wie die Vertreter der richterlichen Standesorganisationen sah sie in der rechtsfeindlichen NS-Ideologie und der nationalsozialistischen Führungsspitze die Verantwortlichen für den Niedergang des Rechts nach 1933[95]. Erste wissenschaftliche Untersuchungen schienen diese Beurteilung zu bestätigen. Sie zeichneten das Bild einer »leidenden Justiz« und schilderten, wie die Gerichte vom NS-Regime entmachtet und von NSDAP, SS und Reichsjustizministerium gelenkt worden waren. Da die deutsche Richterschaft in der Tradition des Rechtspositivismus erzogen worden sei, habe sie nie gelernt, ein Gesetz kritisch auf seinen Rechtsgehalt zu prüfen. Die Justiz sei gegenüber den nationalsozialistischen Unrechtsgesetzen ohnehin »wehrlos« gewesen[96].

Heute gelten solche Erklärungsversuche in der Forschung – zu Recht – zumeist als apologetisch. Rechtspositivistisch waren z.B. weder die Rechtsprechung gegen die Juden, die sich gegen den Wortlaut des Gesetzes entwickelte, noch die richterlichen Verlautbarungen in den juristischen Zeitschriften der Weimarer Republik, in denen angesichts des »Parteiengezänks« in den Parlamenten zur »Selbsthilfe gegen den Gesetzgeber von heute«[97] aufgerufen oder eine »autoritäre« Gesetzgebung verlangt wurde. Auch die »Lenkung« erklärt die Entwicklung der Rechtsprechung nach 1933 nur bedingt. Zwar ist unbestritten, daß die Gerichte im Dritten Reich ständigen, zum Teil gravierenden Beeinflussungsversuchen von seiten des Justizministeriums und der NSDAP ausgesetzt und deshalb im heutigen Sinne keinesfalls unabhängig waren, aber die »Steuerung« der Rechtsprechung funktionierte keineswegs perfekt und warf insbesondere bei Massendelikten größte organisatorische Probleme auf[98]. Zudem drängten das Justizministerium und die NSDAP durchaus nicht immer auf eine Verschärfung der Rechtsprechung. 1943 zum Beispiel forderte das Ministerium die Gerichte auf, die Todesstrafe weniger übereilt und hart anzuwenden. Anlaß für diese »Urteilsschelte« war u.a. die Entscheidung eines Sondergerichts, einen 83jährigen, der eine lederne

---

93   Einige nach 1933 eingeführte, aber offenbar nicht als NS-spezifisch eingestufte Bestimmungen wie die Sicherungsverwahrung und die verschärften Vorschriften zum Hochverrat blieben allerdings – vorerst unverändert – bestehen.

94   So u.a. F. Maßfeller, »Rassereferent« im Reichsjustizministerium und Leiter der Abteilung für Familienrecht im Bundesjustizministerium.

95   Siehe H. Wrobel, Verurteilt zur Demokratie. Justiz und Justizpolitik in Deutschland 1945–1949, Heidelberg 1989, insb. S. 283ff.

96   So u.a. H. Weinkauff (Anm. 71).

97   So der Titel eines anonymen Artikels in: Deutsche Richterzeitung, (1924), Sp. 74ff.

98   Zu den in der Forschung nicht offengelegten (system)theoretischen Implikationen der Begriffe »Lenkung« und »Steuerung« siehe A. Görlitz/R. Voigt, Rechtspolitologie. Eine Einführung, Opladen 1985, S. 27ff.

Pferdeleine »geplündert« hatte, zum Tode zu verurteilen[99]. Insbesondere solche Urteile machen offenkundig, daß der Niedergang des Rechts im Dritten Reich seine Ursache gerade auch in der Justiz selbst und im Versagen einer Rechtskultur hatte, der die Grund- und Menschenrechte fremd geblieben waren und die im Sozialen wie im Politischen von eindeutigen Feindbildern bestimmt war.

99   R. Angermund (Anm. 30), S. 245.

WOLFGANG PETTER

SA und SS als Instrumente nationalsozialistischer Herrschaft

Das erste Instrument, mit dem der Nationalsozialismus Herrschaft errang und verteidigte, nämlich über öffentliche Veranstaltungen und die Straße, war die als NSDAP-
Kampforganisation dienende »Sturmabteilung« (SA)[1]. Ihr brutales Vorgehen – »brutal« im Sinne von entschlossen handelnd, ohne sich selbst zu schonen und ohne Milde,
war eine Kernvokabel des NS-Stils – trug in den Jahren 1929 bis 1933 entscheidend
zum Gewinn und zur Festigung der Macht bei. Entstanden in den Saalschlachten des
Jahres 1921, bewies sich die SA in den Großstädten und Industriegebieten, in denen
es eine starke und aktive politische Gegnerschaft gab[2], als offensive Schlägertruppe,
die sich über die politische Kriminalität, vom Totschlag vor der »Machtergreifung«
bis zu Folter und Mord danach, oft mit der Halb- und Unterwelt verzahnte[3]. Für die
bürgerlichen Ordnungsdienste, die den friedlichen Ablauf von Versammlungen sicherten, zeigten die stereotyp als Rabauken bekannten SA-Männer nur Verachtung.
Bei ihren Propagandamärschen schlugen sie auch unbeteiligte Menschen zusammen,
denen sie einfach fehlenden »Respekt« unterstellten[4].

Zudem war die SA einer jener Wehrverbände, die unter den speziellen Verhältnissen der kraftlosen und mit der Niederlage von 1918 belasteten Republik wie Pilze
hervorwucherten[5]. Nach den Intentionen ihres Mentors und späteren Chefs, des bis
1923 als aktiver Offizier dienenden Hauptmanns, Ernst Röhm, sollte Agitation gegen
»Weimar« die Hauptaufgabe der SA sein. Allerdings unterschied sie sich hierin
grundsätzlich vom Modellverband, dem »Stahlhelm«[6], der sich in der Nachfolge der
alten Armee zuerst durch vorbildliche Haltung als Erzieher des deutschen Volkes
zum soldatischen Geist und sodann als Hilfs- und Reserveorganisation der Versailler
115 000-Mann-Reichswehr verstand. Grundsätzlich war der »Stahlhelm«, der 1934
der SA unterstellt wurde, entsprechend seinem Beinamen ein »Bund der Frontsolda-

---

1 Vgl. Peter Longerich, Die braunen Bataillone. Geschichte der SA, München 1989; Heinrich
   Brennecke, Hitler und die SA, München 1962.
2 Vgl. Eve Rosenhaft, Beating the Fascists? The German Communists and Political Violence,
   London 1983.
3 Vgl. Richard Bessel, Political Violence and the Rise of Nazism. The Stormtroopers in
   Eastern Germany, 1924–1934, New Haven 1984.
4 Vgl. P. Longerich (Anm. 1), S. 228.
5 Vgl. Horst G. W. Nusser, Konservative Wehrverbände in Bayern, Preußen und Österreich
   1918–1933, München 1973.
6 Vgl. Volker R. Berghahn, Der Stahlhelm. Bund der Frontsoldaten 1918–1935, Düsseldorf
   1966.

ten« (1925: 400000 Mitglieder), der gerade noch mit einer dürftigen Jugendorganisation für den frontbereiten Nachwuchs ausgestattet war, während die SA Wehrdienst und Fronterlebnis für eine Aufnahme in ihre Reihen nicht voraussetzte. Auch der »Stahlhelm« wollte »Weimar« und »Versailles« überwinden, erkannte aber stets aus Überzeugung die Autorität der der Republik gegenüber loyalen Reichswehr an und verblieb politisch auf der Ebene der rechtsbürgerlichen Deutschnationalen Volkspartei mit dem Wunsch nach einem autoritären und »nationalen«, aber keineswegs diktatorischen oder totalitären Staat. In politisch weniger umkämpften Regionen konnte die SA, abgesehen von ihrer Hitler-Bindung, weitgehende Identitäten mit dieser Haltung des »Stahlhelm« aufweisen und durch analogen »Dienst« bis hin zum militärgemäß organisierten Kirchgang die Honorigkeit eines Wehrverbands demonstrieren[7]. Nach der Ermordung Röhms und seiner Gefolgschaft 1934 wurde die SA ganz allgemein in diese »vaterländische« Richtung gelenkt, ohne daß sich freilich das rohe Gewaltpotential alter Art verflüchtigt hätte, wie eine nicht abreißende Kette von Eruptionen bis hin zur »Reichskristallnacht« 1939 zeigt.

Die dritte Funktion der SA war die eines Freikorps, die in den ersten unruhigen Nachkriegsjahren oft mit Armeestärke entstanden waren[8]. Ihr Operationsfeld war der offene und verdeckte Bürgerkrieg, in Oberschlesien gegen die Polen, ansonsten gegen Bolschewisten und Kommunisten. Hier repräsentierten sie im Dienst und Sold des Staates die legale bewaffnete Macht, solange die reguläre Truppe, aus der sich über das handverlesene Garde-Kavallerie-Schützenkorps erst allmählich die Reichswehr herauskristallisierte[9], im großen und ganzen als »unzuverlässig« im nationalen Sinne galt. Nicht nur, daß zahlreiche entlassene Freikorpsleute in die SA strömten und ihr kämpferische Substanz verliehen[10], auch erfolgten Schulung, Ausbildung und Führung, zeitweise regelrecht durch alte Freikorpsoffiziere, die Kapitänleutnant Hermann Ehrhardt von der Nachfolgeorganisation seiner nach dem Kapp-Putsch aufgelösten Marinebrigade zukommandierte. Ein wichtiges Element war das verbündete und schließlich in der SA aufgehende Freikorps »Oberland«, das sich im Kampf gegen die Räterepublik hervorgetan hatte. Tatsächlich sollte die SA den Höhepunkt ihrer Wirksamkeit quasi als profaniertes Freikorps erleben, nämlich 1933 als »Hilfspolizei« im Sinn, Sold und Dienst des nunmehr nationalsozialistisch geführten Staates, aber zugleich unabhängig von Einzelanweisungen.

In ihrer Grundorientierung am Kampf nach innen und schließlich auch nach außen führte die SA die Methode der ersten, außerparlamentarischen DAP/NSDAP von 1919 bis 1923 fort[11], von der die Partei selbst seit ihrer Eingliederung in das legale Parteienspektrum mit der Reichstagswahl vom Mai 1924 und Hitlers »Legalitätseid« von 1930 nur vordergründig abgegangen war. Zunächst mußte Hitler die SA nach

---

7 Vgl. P. Longerich (Anm. 1), S. 98f.
8 Vgl. Hagen Schulze, Freikorps und Republik 1918–1920, Boppard 1969.
9 Vgl. Edgar Graf von Matuschka, Organisation des Reichsheeres, in: Militärgeschichtliches Forschungsamt (Hrsg.), Deutsche Militärgeschichte in sechs Bänden 1648–1939, Bd. 3/Abschn. VI, Herrsching 1983.
10 Vgl. Mathilde Jamin, Zwischen den Klassen. Zur Sozialstruktur der SA-Führerschaft, Wuppertal 1984.
11 Vgl. Werner Maser, Der Sturm auf die Republik. Frühgeschichte der NSDAP, Stuttgart 1973; Kurtz Pätzold/Manfred Weißbäcker, Geschichte der NSDAP 1920–1945, Köln 1981; Peter Orlow, The History of the Nazi Party, 2 Bde., Pittsburgh 1969/1973.

seiner Entlassung aus der Landsberger Haft dem Einfluß Röhms entziehen, der sie nach dem Putsch in München (8./9. November 1923) als politischen Kern seiner Sammelorganisation kleiner Wehrverbände und Bürgerwehren, des rein paramilitärischen »Frontbanns«, fortführte[12]. Hitler benötigte die SA jedoch als Gliederung der Partei für die gewalttätige Komponente seiner Verbundtaktik eines Marsches »durch die Institutionen« und »auf Rom«. Daß er darin Mussolini nacheiferte, entsprach seiner eigentlichen, durch den Putschismus nur vorübergehend überlagerten Wunschvorstellung. Der Frontbannzeit verdankte die SA die Stilkomponente politischer Werbung in Form militärisch disziplinierter und uniformierter Aufmärsche, wobei sie durch die Einkleidung in die Restbestände der legendären deutsch-ostafrikanischen Schutztruppe auffiel. Zusammenstöße und Auseinandersetzungen gingen derart zurück, daß Hitler als Kampfinstrument zur freien eigenen Verfügung 1925 eine Gruppe als SS (»Schutzstaffel«) ausgliederte.

Erst nachdem Hitler Ende 1926 Röhm durch den ehemaligen Berufs- und Freikorpsoffizier Franz Pfeffer von Salomon ersetzt hatte, konnte er die Richtlinien verbindlich machen, die er im SA-Kapitel des Anfang 1927 erschienenen zweiten Teils von »Mein Kampf« formuliert hatte: Die SA sollte »hunderttausend und aberhunderttausend fanatische Kämpfer unserer Weltanschauung umfassen«, die in Großaufmärschen die Bewegung darstellten und die Konkurrenten vertrieben; sie hatte mehr als symbolisch »dem Marxismus beizubringen, daß der künftige Herr der Straße der Nationalsozialismus ist, genauso, wie er einst Herr des Staates sein wird.«[13] Wie die SA-Männer die »Größe eines weltanschaulichen Vernichtungskriegs gegen den Marximus und seine Gebilde« inszenierten[14], sollte allerdings jeweils von den örtlichen Verhältnissen abhängig gemacht werden, denn die viel Organisation und Grundsätzliches fabrizierende zentrale Oberste SA-Führung besaß wenig konkrete Einflußmöglichkeiten. In der Regel wurden die Aktivitäten und Einsätze zwischen den Ortsverbänden der NSDAP und den »Stürmen« der SA abgesprochen, sofern letztere nicht unabhängig agierten.

Mit der Übernahme der Gauleitung Berlin durch Joseph Goebbels setzte 1927 die Angriffsphase ein. Die Stuhlbein- und Bierglasschlacht in den »roten« Weddinger Pharussälen, die in der späteren NS-Kampfepik verklärt und im Bild des ruhmreichen »unbekannten SA-Mannes« überhöht wurde, war der Ausgangspunkt zahlloser ähnlicher Provokationen im ganzen Reich. Hauptgegner waren der kommunistische »Rote Frontkämferbund«[15] mit über 100 000 und die »Schutzformationen« der vereinigten Weimarer Koalitionsparteien mit 400 000 Mann. In allen drei Kampforganisationen gehörten übrigens nur bestenfalls die Hälfte der Männer zugleich der sie jeweils tragenden Partei an. Aufmärsche sympathisierender Verbände wie des »Stahlhelm« mit rechter und des »Reichsbanners Schwarz-Rot-Gold«[16] (drei Millionen Mitglieder) mit republikanischer Gesinnung flankierten den Saal- und Straßenkampf der Aggressiven. Im krisengeschüttelten ländlichen Bereich Nord- und Mitteldeutschlands blieb

12 Vgl. Andreas Werner, SA und NSDAP. SA: »Wehrverband«, »Parteitruppe« oder »Revolutionsarmee«?, Erlangen 1964, S. 202 ff.
13 Vgl. Adolf Hitler, Mein Kampf, München 1942$^{711-715}$, S. 608.
14 Vgl. P. Longerich (Anm. 1), S. 55.
15 Vgl. Hermann Dünow, Der Rote Frontkämpferbund, Berlin 1958.
16 Vgl. Karl Rohe, Das Reichsbanner Schwarz-Rot-Gold, Düsseldorf 1966.

die SA konkurrenzlos und verhalf der NSDAP hier mit zu ihren ersten spektakulären Wahlerfolgen, die wiederum die Kampfformationen zur weiteren Verrohung der politischen Auseinandersetzung anstachelten. Anhand der von der parteieigenen SA-Versicherung abgewickelten »Dienstverwundungen« läßt sich die wachsende Härte demonstrieren[17]: 1927 waren es 110 Fälle, 1928 360, 1929 881, 1930 2 506, 1931 6 307, 1932 14 005 (94 SA-Männer kamen von 1923 bis 1932 ums Leben).

Gleichzeitig nahmen Disziplin und Zweckbewußtsein in gewissen »Stürmen« ab, die sich besonders spektakulärer Einsätze rühmten, was die Beziehungen zur auftraggebenden und nutznießenden Parteispitze zunehmend belastete. Zur Niederschlagung der Berliner SA-Meuterei unter Walter Stennes im August 1930 mußte Goebbels blamablerweise die verachtete Polizei bemühen[18]. Ähnliche Vorgänge in der Provinz folgten. Zur besseren Kontrolle der inzwischen 90 000 Mann starken SA entzog Hitler ihr die SS, die zur Parteipolizei umgegliedert wurde. Zugleich berief er den auf einschlägige Kreise charismatisch wirkenden Röhm als »Chef des Stabes der SA« zurück aus Bolivien, wohin er 1928 als Militärberater gegangen war.

Röhm »zähmte« die wild aktionistische SA in dem Sinn, daß er neue Meutereien, wie die zweite Stennes-Revolte im April 1931[19], regelrecht niederschlagen und andere unkontrollierte Aktivitäten, wie die von Pogrom und Mord begleiteten in Ostpreußen und Schlesien[20], isolieren konnte. Im praktischen Verhalten der SA gegenüber politischen Gegnern, Juden und Unparteiischen, das im viehischen Polenmord von Potempa gipfelte[21], änderte sich bei aller äußerlichen Wahrung des militärischen Dienstbetriebs jedoch nichts. Weisungsgemäß schürten die SA-Männer die Bürgerkriegsstimmung auf der konventionellen Ebene mit Flugblättern, Plakatkleben, Parolenpinseln und Aufmärschen, auf der aggressiven Ebene mit dem Herunterreißen fremder Plakate und schwarz-rot-goldener Flaggen sowie dem vielfach an Nötigung grenzenden Spendensammeln, auf der mehr oder minder politkriminellen Ebene mit brutalen Aktivitäten (z. B. dem Sprengen von Versammlungen, provokativer Belästigung, Prügel) bis hin zu Totschlag und Terrormaßnahmen gegen Republikaner, Kommunisten und Juden. Das eingedrillte operative Verfahren, das die SA von anderen Demonstranten abhob, war der übergangslose Ausbruch aus der disziplinierten Marschformation in hemmungslose Gewaltaktionen, wie es beim Altonaer Blutsonntag (17. Juli 1932) mit 18 Toten (hinzu kamen vier wegen Gegenwehr später im Dritten Reich Hingerichtete) besonders drastisch zum Ausdruck kam.

Um die Jahreswende 1931/32 machten bei der SA 260 000, 1932/33 427 000 Mann mit[22]. Die Zeitumstände spielten ihre Rolle, wie die Arbeitslosenquote von 60 bis 80 Prozent bei den zu drei Vierteln unter 30 Jahre alten, zu ungefähr je einem Drittel aus Arbeiterschaft (d. i. nur die Hälfte der allgemeinen Bevölkerungsquote), Handwerk

---

17 Vgl. P. Longerich (Anm. 1), S. 122; Thor Groote, Kam'raden, die Rotfront und Reaktion erschossen..., Berlin 1934.
18 Vgl. P. Longerich (Anm. 1), S. 102 ff.
19 Vgl. P. Longerich (Anm. 1), S. 111.
20 Vgl. P. Longerich (Anm. 1), S. 156.
21 Vgl. Paul Kluke, Der Fall Potempa, in: Vierteljahrshefte für Zeitgeschichte, 5 (1957), S. 279–297; Richard Bessel, The Potempa Murder, in: Central European History, 10 (1977), S. 241–254.
22 Vgl. P. Longerich (Anm. 1), S. 159

und Mittelstand kommenden Mitglieder zeigt[23]. Der SA-Dienst, der an sich eine ne-benberufliche Vereinstätigkeit war, entwickelte sich in vielen Fällen zu einem Berufs-ersatz und produzierte eine eigene Subkultur mit besonderen Werten und Bräuchen. Im Verhältnis NSDAP-SA wurde bewußt, z. T. mit großem Engagement, das Ver-hältnis Heimat-Front kopiert, und durch intensive »Betreuung«, die zum Sozialideal wurde[24], entwickelte sich eine alternative Gemeinschaft, die Hunderttausende an sich zog und auf den Endzweck, Kampf und Krieg, vorbereitete. Dennoch erreichte die Fluktuation in den Stürmen durchweg 20 bis 25 Prozent, wobei der Austausch mit den Kommunisten, anders als die Legende es will, nur ein bis zwei Prozent ausmachte[25]. So ist zu konstatieren, daß ab Herbst 1932 angesichts der Stagnation, die in der Partei die Strasserkrise[26] und in der SA die Stegmann-Revolte auslöste, 20 000 Mitglieder absprangen und teilweise von der NS-Partei abgelöste Kampfgemeinschaften wie die Freikorps »Franken«, »Ruhr« oder »Oberrhein« gründeten[27]. Eine reichsweite Meu-terei der SA, die sich durch den »Legalitätskurs« der NSDAP-Führung betrogen fühlte, schien nicht unmöglich.

Um so eruptiver und hemmungsloser brach die Gewalttätigkeit nach dem 30. Ja-nuar 1933 los[28]. Die erste der beiden Terrorphasen war die des Wahlkampfes, in dem die SA zwar noch nicht »die große Abrechnung« vollziehen, aber im Zusammenwir-ken mit den Behörden und der Polizei, die bisher eher zwischen den Fronten gestan-den hatten, die aktionistische Gewalt eskalieren konnte. Den Wahlkampf der Mitte und der Linken brachte sie als »Frechheit«, die »nicht mehr geduldet werden konnte«, fast vollständig zum Erliegen[29]. Und »der Tag der Vergeltung und der Sühne für alle Eure Not und Verfolgung«[30], den Röhm in sichere Aussicht stellte, wurde mit einem umfangreichen Revirement in der preußischen Polizei, in die zahl-reiche SA-Führer einrückten, und einem Aufgebot aus SA und SS als »Hilfspolizei« (22. Februar 1933) vorbereitet.

Die zweite und schlimmste Terrorphase setzte nach der Reichstagswahl vom 5. März 1933 ein. Jetzt erfolgte sukzessive, gestützt auf die Reichstagsbrandverord-nung »zum Schutz von Volk und Staat«, die politische »Machtergreifung« durch Aus-schalten erst der aktiven Gegner, dann der eigentlich tolerierenden, aber noch eigen-ständigen Kräfte und schließlich der Verbündeten, die dem Nationalsozialismus zur Macht verholfen hatten. Gerade letztere hatten geglaubt, sich Hitlers und seiner zwar von der politischen Konjunktur 1929 bis 1932 hochgetragenen, aber trotz ihres – über-dies bereits abfallenden – Massenanhangs nicht in den staatstragenden und gesell-schaftsformenden Kräften verwurzelten NSDAP als Steigbügelhalter bedienen zu

---

23 Vgl. Conan Fisher, Stormtroopers. A Social, Economic and Ideological Analysis, 1929–1935, London 1983; Michael H. Kater, Ansätze zu einer Soziologie der SA bis zur Röhm-Krise, in: Ulrich Engelhardt u. a. (Hrsg.), Soziale Bewegung und politische Verfas-sung, Stuttgart 1976.
24 Vgl. Roland Smelser, Robert Ley, Paderborn 1989, S. 104f.
25 Vgl. P. Longerich (Anm. 1), S. 193.
26 Vgl. Patrick Moreau, Nationalsozialismus von links, Stuttgart 1984; Udo Kissenkoetter, Gregor Straßer und die NSDAP, Stuttgart 1978.
27 Vgl. P. Longerich (Anm. 1), S. 163f.
28 Vgl. Heinz Brüdigam, Das Jahr 1933. Terrorismus an der Macht, Frankfurt am Main 1978.
29 Vgl. P. Longerich (Anm. 1), S. 166.
30 Vgl. P. Longerich (Anm. 1), S. 167.

können. Daß das Gegenteil eintrat, konnte Hitler der Skrupellosigkeit und Energie der SA gutschreiben, die jenen, die im engeren und weiteren Sinn Partner waren, die Basis in ihrer Anhängerschaft wegsaugte und deren Organisationen zerschlug. Monatelang stand Deutschland unter dem Eindruck von wilden »Hausdurchsuchungen« nicht einmal als Hilfspolizei ausgewiesener SA, die plünderte, prügelte oder verhaftete, zumeist unter stillschweigender Duldung durch die Polizeiorgane. Hauptangriffsziel bildete die halbe Million Juden, denen SA-Wachen vielfach die Ausübung der Geschäfts- und Berufstätigkeit zu verwehren suchten. Belästigungen und Anmaßungen, hemmungsloses Saufen und Grölen, Machtprotzerei in allen Varianten gehörten zum öffentlichen Auftreten der SA-Männer, die, vielfach fanatisiert, entwurzelt, meist durch Arbeitslosigkeit frustriert, nun enthemmt als neue Machthaber auftraten[31].

Gemeinster Terror fand nach der Besetzung von Rathäusern, Partei-, Gewerkschafts- und Verbandsbüros, Verlagen, Geschäftsstellen und Sozialeinrichtungen hinter den Mauern von improvisierten SA-Gefängnissen und rasch errichteten Konzentrationslagern statt[32]. Auch Partei und Polizei schlugen zu. Allein in Berlin wurden über 100 SA-Heime und -Lokale, Hallen, Schuppen, Fabriken und leerstehende oder »eroberte« Gebäude zum »Abrechnen« benutzt. In jeder größeren Stadt soll es Stätten dieser Art gegeben haben[33]. An die 100 000 Verhaftete, auch Frauen, hatten menschenunwürdige Gemeinheiten, Quälereien und Folter zu ertragen oder wurden unter Mißhandlungen bis zum Umfallen »militärisch gedrillt« oder härtesten »Arbeitseinsätzen« unterworfen. 500 bis 600 Verschleppte wurden ermordet[34]. Bestrafungsaktionen fliegender Kommandos auf dem flachen Land und die Rachezüge durch bestimmte Stadtviertel, Kampfformen früher Zeit, erreichten ihre Höhepunkte mit der Razzia im Berliner Scheunenviertel[35], dem Ballungsgebiet der Ostjuden, und in der »Köpenicker Blutwoche« von Ende Juni mit 91 Ermordeten und 500 unvorstellbar Gefolterten[36]. Erst im Spätsommer ebbte der Terror ab. Göring verkündete eine Amnestie für alle im Zusammenhang der »Machtergreifung« begangenen Straftaten, die vor der offiziellen Beendigung der »nationalsozialistischen Revolution« am 6. Juli 1933 durch Hitler lagen, und errichtete eine Zentralstaatsanwaltschaft für Ermittlungen in weiteren Fällen ungelenkten Terrors über dieses Datum hinaus. Am 2. August 1933 wurde die SA von ihrer hilfspolizeilichen Aufgabe entbunden.

Von der Mitte 1934 als der Phase des Röhm-Putsches zu sprechen, ist, obwohl die noch so insistierenden Untersuchungen der Gestapo keinen Beleg für einen realen Staatsstreichversuch erbringen konnten, nicht ganz unberechtigt. Zweifellos wollte Röhm die SA zur dominierenden und gestaltenden Kraft in Staat und Gesellschaft in

---

31 Vgl. P. Longerich (Anm. 1), S. 177.
32 Vgl. P. Longerich (Anm. 1), S. 174f.
33 Vgl. Karl Ibach, Kemna. Wuppertaler Lager der SA 1933, Wuppertal 1981².
34 Röhm hatte am 31. Juli 1933 angeordnet, es sollten »als Sühne für den Mord an einem SA-Mann durch den zuständigen SA-Führer bis zu zwölf Angehörige der feindlichen Organisation, von der der Mord vorbereitet wurde, gerichtet werden« (Text in: Bundesarchiv Koblenz, Sammlung Schumacher 403). Hier kündigt sich die extreme Praxis der Geiselnahme von SS und Wehrmacht im Krieg an.
35 Vgl. Hans-Norbert Burkert u. a., »Machtergreifung« Berlin 1933, Berlin 1982, S. 64.
36 Vgl. Kurt Werner/Karl-Heinz Biernat, Die Köpenicker Blutwoche Juni 1933, Berlin 1958.

der Weise machen, in welcher es später Himmler gelang, das Reich in den SS-Staat zu transformieren. Diese Transformation war keineswegs systemwidrig, aber 1933/34 war die Situation noch offen, und niemand, einschließlich Röhm selbst, wußte so recht, wohin die permanente Forderung der SA nach einer »Zweiten Revolution« letztlich führen sollte. Nach den Erfahrungen der zweiten Terrorphase löste die wüste SA-Rhetorik angesichts des Anschwellens dieser Parteigliederung auf 4,5 Millionen Mann Bedenken und Sorgen aus, obgleich von der Fusion mit »Stahlhelm« und »Kyffhäuserbund« (1,5 Millionen Mitglieder) ein mäßigender Einfluß erhofft wurde. Substantielle Ziele Röhms, die er als Reichsminister mit der Aufgabe zur Herstellung der »Einheit von Partei und Staat« verfolgte, blieben ebenso profilschwach und verschwommen wie die jener SA-Männer, die sich in Verwaltung, Wirtschaft und Universitäten hineindrängten. Konnte diese Entwicklung der NS-Kampftruppe die Qualität eines quasi perennierend kriegswirtschaftlichen Steuerungsmechanismus verleihen oder einfach auf die parasitäre Alimentierung eines im gleichgeschalteten NS-Reich eigentlich überflüssigen Massenverbandes von Arbeitslosen und Nostalgikern hinauslaufen?

Zunächst gewann die SA mit dem Anspruch, neben Reichswehr und Polizei »der dritte bewaffnete Machtfaktor des neuen Staates mit besonderen Aufgaben« zu sein, wie Röhm im Juni 1933 in den parteiamtlichen »Nationalsozialistischen Monatsheften« behauptete, die eilfertige Anerkennung der Reichsregierung insofern, als sie die seit der »Machtergreifung« gewährten Zuschüsse des Innenministeriums etatisierte. Vergeblich forderte die SA aber die staatliche Besoldung von 74 000 Führern und Unterführern, die die Organisation aus »Offizieren« und »Wehrpflichtigen« über den Stand einer Parteigliederung weit hinausgehoben hätten.

Dabei tendierte die SA deutlich in Richtung Selbstzweck[37], aber durchaus mit diktatorialen Ambitionen, wie etwa die ganovenartige Erhebung eines Schutzgeldes, der »Adolf Hitler-Spende der deutschen Wirtschaft«, verdeutlichte[38]. Während Propaganda und Terror immer mehr an den Staat übergingen, orientierte Röhm die SA zusehends stärker an der Wehrverbandkonzeption, die ihm persönlich im Gegensatz zu zahlreichen anderen SA-Führern und zur Reichswehr besonders am Herzen lag[39]. Bis zur Herausbildung einer klaren politischen Funktionsbestimmung militarisierte Röhm unterdessen die SA durch Organisationsverfeinerungen und Hierarchisierung, Ausbau und Hinzufügen der Dienstgattungen Motor-, Marine-, Flieger-SA und durch die Aufstellung bewaffneter Präsenzverbände, der sogenannten »Stabswachen«. Bis zur Entwaffnung im Sommer 1934 brachte Röhm 177 000 Karabiner und 1 900 Maschinengewehre zusammen[40]. Neben der Konkurrenz zur Reichswehr schuf Röhm auch eine solche zur Partei, indem er die SA durch großzügige Handhabung der Eintrittsbedingungen in seine Organisation zum Massenorgan der NSDAP machte, die ihrerseits selbst eine Mitgliedersperre verhängt hatte. In Ansätzen für eine eigenständige Bildungs- und Außenpolitik begann sich der Wehrgedanke nach innen und außen eigendynamisch zu konturieren[41].

---

37 Vgl. Martin Broszat, Der Staat Hitlers, München 1974[4], S. 255–273.
38 Vgl. P. Longerich (Anm. 1), S. 187.
39 Vgl. P. Longerich (Anm. 1), S. 186 f.
40 Vgl. P. Longerich (Anm. 1), S. 205.
41 Vgl. P. Longerich (Anm. 1), S. 187.

Das Ende des Aufbaus und der Verselbständigung der SA, ohne verbindliche Perspektive, aber mit umfassendem Anspruch, kam sehr plötzlich[42]. Bis Mitte Juni 1934 waren noch verschiedene Konstellationen der Träger von Machtansprüchen auf die einzelnen Sektoren der Staatsgewalt möglich. Als sich aber mit der Marburger Rede des Vizekanzlers Franz von Papen am 17. Juni auch die Konservativen vom möglichen »SA-Staat« abzukoppeln begannen[43], wurde die Hitler-Koalition der führenden Kräfte in Verwaltung, Partei, Reichswehr, SS und Polizei – deren Monopole durch die SA bedroht wurden – unter Handlungsdruck gesetzt. Hitler entschloß sich zur Liquidation mutmaßlicher Gegner und künftiger Konkurrenten. Vom Morgen des 30. Juni 1934 an, während des SA-Urlaubs, ermordete eine Gruppe aus Sonderbeauftragten, SS und Polizei, welche die Reichswehr bewaffnete und absicherte, nach vorbereiteten Proskriptionslisten 150 bis 200 aktive, ehemalige, potentielle und vermeintliche »Feinde«, darunter 50 einschlägig profilierte höhere SA-Führer einschließlich Röhms. Unter breiter Zustimmung der aufatmenden Öffentlichkeit wurde die Aktion vier Tage später als Maßnahme berechtigter Staatsnotwehr nachlegalisiert.

Die Wiederausgliederung großer Teile von nicht ursprünglich nationalsozialistischem Charakter reduzierte die SA einerseits auf ihre alten braunen Stürme, andererseits verblieben ihr parallel dazu die feldgrauen Stürme der jüngeren »Stahlhelm«-Jahrgänge, die zum Teil nur äußerlich »umgefärbt« wurden, so daß vor allem die jetzt strikt umgesetzte Forderung nach gleichzeitiger Parteimitgliedschaft die SA von 2,9 Millionen nach der Katastrophe innerhalb von sechs Jahren auf weniger als ein Drittel schrumpfen ließ. 90 Prozent von ihnen waren schließlich Parteigenossen oder -anwärter. Dennoch brauchte es erhebliche Zeit, bis sich die Teilidentitäten aus germing nationalsozialistischer und soldatischer Orientierung zu einem neuen SA-Wesen verschmolzen hatten. Nach Erreichen dieser Stufe dürfte die SA um 1939 wohl wirklich als das »politisch harmloseste Unternehmen der Partei« bekannt gewesen sein, wie Hitlers Heeresadjutant überliefert. Doch blieben noch jahrelang provozierendes Auftreten, Anrempeleien und Prügeleien typisch für Großteile der SA. Allerdings stand die SA jetzt unter Kontrolle, namentlich der nun vollständig unabhängigen SS, da die SA ihre für den Ordnungsdienst zuständige »Feldpolizei« an die Schutzpolizei und die eigene, der Wehrmachtgerichtsbarkeit vergleichbare Gerichtsbarkeit an die ordentliche Justiz hatte abgeben müssen. Die SA-Konzentrationslager gingen an die SS. Um deren quasi parteipolizeilichen Zugriff abzufangen, bemühte sich die SA eifrig um eine eigene Strafpraxis, in der sich 1934 bis 1939 allein 1 900 Führer – also gut ein Siebtel – vor allem wegen laxen Eigentumsverständnisses und wegen Gewalttätigkeit verfingen[44]. Die Fallstatistik zeigt in ihrer Spitzenverteilung, daß es sich hier nicht um einen Ausfluß der Röhm-Säuberung handelte, sondern um die Bekämpfung einer Erscheinung an sich, die vehement aus dem Ruder zu laufen drohte: 1934 wurden 269 Delikte geahndet, 1935 933, 1936 noch 405.

---

42 Vgl. Heinrich Brennecke, Die Reichswehr und der »Röhm-Putsch«, München 1964; Max Gallo, Der schwarze Freitag der SA. Die Vernichtung des revolutionären Flügels der NSDAP durch Hitlers SS im Juni 1934, München 1972; Heinz Höhne, Mordsache Röhm. Hitlers Durchbruch zur Alleinherrschaft 1933–34, Reinbek 1984.
43 Vgl. Karl M. Graß, Edgar Jung, Papenkreis und Röhmkrise 1933/34, Heidelberg 1966.
44 Vgl. P. Longerich (Anm. 1), S. 222.

Was in der Strafpraxis nicht zum Ausdruck kommt, ist der tägliche gemeine Kleinkrieg der SA gegen die Juden, der nur im Olympiajahr 1936 vorübergehend eingestellt wurde. Seit Frühjahr 1938 verschärften sich im Zuge der »Arisierung« der Wirtschaft, bei der die SA erneut als Druckmittel zum Einsatz kam, die herkömmlichen Erpressungs- und Boykottmaßnahmen um offene Ausschreitungen und um Brandanschläge auf jüdische Einrichtungen und Synagogen.

Obwohl das Ausmaß der SA-Gewalttätigkeiten an sich qualitativ und quantitativ nicht mehr mit dem der »Kampfzeit« und »Machtergreifung« vergleichbar war, blieb es nicht nur bis zum Krieg spürbar, sondern erlebte noch eine Aufgipfelung zum Terror, als sich mit dem »Anschluß« Österreichs eine zweite »Machtergreifung« ergab. Die österreichischen Juden waren billige Opfer von Attacken, Prügel, Wohnungs- und Geschäftsplünderung sowie Brandstiftung. Als im November 1938 die deutsche Presse gemäß Goebbels' Anweisungen das Attentat Grynszpans auf den Pariser Botschaftsangehörigen vom Rath dahingehend kommentierte, »daß es die schwersten Folgen für die Juden haben muß«, kam es auch im Altreich zu den entsprechenden Reaktionen. Bei Bekanntwerden des Todes Ernst vom Raths ließ Hitler durch Goebbels melden, daß den laufenden »Vergeltungsmaßnahmen« nichts in den Weg gelegt werden solle, woraufhin die NSDAP-Gedenkveranstaltungen zum 9. November, dem Hofbräu- und Feldherrnhallen-Putschtag, in einen reichsweiten Pogrom umschlugen. Zerstörung, Plünderung, Brandschatzung und Mord liefen ohne Detailanweisungen in nahezu einheitlicher Manier ab. Das Erschreckende an der »Reichskristallnacht«[45] war das Ausmaß und die erneute Nachlegalisierung des Terrors, u.a. seiner offiziell 91 Morde, mit Ausnahme der »Rassenschande«-Fälle. Freilich führten die verursachten wirtschaftlichen Schäden dazu, daß die SS nunmehr der SA Daumenschrauben anlegte, was zum Rückgang der Mitglieder auf 0,9 Millionen und zur endgültigen Umwandlung in eine vormilitärische Ausbildungsorganisation führte.

Die Wehrverbandfunktion war nach dem »Röhm-Putsch« mit der Schwerpunktverlagerung des Dienstes auf Aufmärsche und Spendensammeln, vor allem aber auf die Vermittlung des SA-Sport- bzw. Wehrabzeichens (1939) in den Vordergrund getreten[46]. Die Gewaltneigung sublimierte sich zu einer kriegsaffirmativen Wirkung, da der begrenzte SA-Dienst zwecks Erwerbs des Abzeichens einen eindrucksvollen Nachweis der Systemkonformität ohne aktives politisches Engagement lieferte: 1,5 Millionen junger Männer nutzten diese Möglichkeit unter Inkaufnahme der Indoktrination bis Kriegsausbruch, weitere 1,5 Millionen vom Kriegsdienst Zurückgestellte danach in den SA-Wehrmannschaften. Aus der Stamm-SA rückten 60 Prozent der Mannschaften und 80 Prozent der Führer zur Wehrmacht ein. Die übrigen erledigten dienstlich Hilfsaufgaben für Wehrmacht, Luftabwehr, Polizei, Zoll und Grenzschutz oder gingen als »Stadt- und Landwacht« mit den Angehörigen anderer Organisationen Streife. 80000 standen in Stürmen zur besonderen Verwendung den Gauleitern als Polizeiverstärkungen gegen Unruhen und mögliche Aufstände von Fremdarbeitern zur Verfügung. Eigene Feldverbände analog zur Waffen-SS bildete die SA

45 Vgl. Hermann Graml, Reichskristallnacht. Antisemitismus und Judenverfolgung im Dritten Reich, München 1988.
46 Vgl. Hans Snyckers, SA-Wehrmannschaften – Wehrbereites Volk, München 1940.

nicht, beteiligte sich am Ende nur noch an der Bildung des Volkssturms 1944/45 als dürftige Personalreserve[47].

Als eigentliches Terrorinstrument war schon 1933 an die Stelle der SA eine aus ihr herausgewachsene Untergliederung getreten, die SS[48]. Entstanden war sie als Leibwache Hitlers und als zu seiner direkten Verfügung stehende Garde, die sich in ihrer Symbolik allmählich an die Totenkopf-Husaren der alten Armee anlehnte. Mit dem Dienstantritt von Heinrich Himmler am 6. Januar 1929 als Reichsführer SS von 280 Männern begann die Umwandlung in einen hochdisziplinierten Eliteorden, an dessen Mitglieder besondere rassische, weltanschauliche und kämpferische Anforderungen gestellt wurden[49]. Während der Stennes-Revolten bewährte sich die SS als absolut zuverlässige Parteipolizei, und dieses Erlebnis ließ sie in Aufgabe und Anspruch der eigentlichen und wahren Ordnungsmacht von Partei, Staat und Volk hineinwachsen. Für die Ordnung im Sinn von Sicherheit ließ Himmler nach Generalstabsmuster durch Reinhard Heydrich den Ic-Dienst, für die Ordnung im Sinn von Umgestaltung das Rasse- und Siedlungs(haupt)amt durch Walter Darré aufbauen. In der rassischen Umgestaltung sah der Orden, auch der später in die Waffen-SS mutierte Teil, seine eigentliche Aufgabe, in die sich seine Dienststellen und Abteilungen drängten, wie das nach Kriegsbeginn für Schulung und »germanische« Arbeit zuständige SS-Hauptamt und die Dienststelle »Reichskommissar für die Festigung des deutschen Volkstums« mit all ihren Apparaten und nachgeordneten Behörden. Ziel der SS war die Herstellung der nordischen Rassendominanz im deutschen Volk mitsamt den ihr zugeschriebenen Eigentümlichkeiten der äußeren Härte bei tiefer Innerlichkeit, der heldischen Selbstverleugnung, des Sinns für das Wahre, Schöne, Gute und jener »Rassenseele«, deren Pflege Himmler in der »Stiftung Ahnenerbe« konzentrierte[50]. Durch Gutachten und Maßnahmen ebnete diese Richtung der SS, namentlich während des Krieges, den Weg des Grauens. Denn ein weiterer Zweig befaßte sich damit, »Personen, die sich infolge physischer oder moralischer Entartung außerhalb der Volksgemeinschaft gestellt haben« – was letztlich rassisch definiert wurde, so daß man Juden schließlich pauschal darunter zählen durfte –, zu beseitigen. Bis zur »Machtergreifung« hatte Himmler 52 000 Männer gesammelt, die sich über die grobe Herrschaftsausübung hinaus diesem tieferen Zweck verschworen.

In den ersten Jahren nach 1933 widmete sich die SS der Ausmerzungsideologie nur mäßig. Bei der konkurrierenden SA stand im Vordergrund das reine Wachstum der Organisation, allerdings mit besonderen elitären Auflagen[51]. Himmler kam es auf die Verflechtung seiner SS mit der gesellschaftlichen Elite an, deren Angehörige, sofern

---

47 Vgl. Hans Kissel, Der Deutsche Volkssturm 1944/45. Eine territoriale Miliz im Rahmen der Landesverteidigung, Berlin 1962; Klaus Mammach, Der Volkssturm. Das letzte Aufgebot 1944/45, Köln 1981; Franz W. Seidler, Deutscher Volkssturm, München 1989.

48 Vgl. Michael H. Kater, Zum gegenseitigen Verhältnis von SA und SS in der Sozialgeschichte des Nationalsozialismus von 1925 bis 1939, in: Vierteljahresschrift für Sozial- und Wirtschaftsgeschichte, 62 (1975), S. 339–379; Robert Ley (Hrsg.), Organisationsbuch der NSDAP, München 1943[7].

49 Vgl. Heinz Höhne, Der Orden unter dem Totenkopf, München 1984; Hans Buchheim, Anatomie des SS-Staates, Bd. 1, München 1979[2].

50 Vgl. Michael H. Kater, Das »Ahnenerbe« der SS 1935–1945. Ein Beitrag zur Kulturpolitik des Dritten Reiches, Stuttgart 1974.

51 Vgl. H. Höhne (Anm. 49), S. 125 ff.

kein deutlicher rassischer oder politischer »Defekt« vorlag, schnell aufgenommen wurden. Für das »Fußvolk« galten strengere Maßstäbe. Namentlich über die Verleihung von SS-Ehrenführer-Würden dehnte Himmler geschickt Reputation und Einfluß aus und machte den Orden in den höheren Kreisen, den Vernichtungsgedanken noch verschleiernd, rasch gesellschaftsfähig. Wie der Systemzwang sich letztlich ausgestaltete, verdeutlicht sich an den wegen ihres Elitecharakters pauschal übernommenen Reitervereinen, aus denen dann im Krieg die in der Partisanenhelfer- und Judenjagd besonders ausgewiesene Waffen-SS-Kavallerie hervorgehen sollte. Schon Ende 1933 war ein Mitgliederstand von 209 000 SS-Männern und 167 000 Förderern erreicht. Bei diesem Zustrom – im Folgejahr verdoppelte sich allein der Förderkreis – konnte Himmler, zumal nach der »Leistung« bei der Röhm-Affäre, das Image des, im Unterschied zu den sich herausbildenden Sonderformationen, »Allgemeine SS« genannten Ordensteils durch Aussieben von 60 000 Mitgliedern in zwei Jahren nur verbessern. Zur Ausrichtung des SS-Weltbildes erschien seit März 1935 die aggressive, von Gunter d'Alquen geschickt redigierte SS-Wochenzeitschrift »Das Schwarze Korps«, die die dienstliche Schulung am praktischen Beispiel ideologisch ergänzte[52].

Den Ansatz zum inneren und äußeren nationalsozialistischen Staatsschutzkorps mit vordringlich rassischem und weltanschaulichem Bezug, zu dem sich der Komplex SS schließlich entwickelte, schuf Himmler mit dem Ic-Dienst (die militärischen Ic-Abteilungen waren neben der verdeckten Feindaufklärung auch für die nichtsoldatische Feindvernichtung zuständig)[53]. Als »Sicherheitsdienst des Reichsführers-SS« wurde er unter dem Kürzel SD bald zum Synonym für den Terrror der SS, der den der SA weit in den Schatten stellte. Ursprüngliche Aufgabe des SD waren die Aufspürung, Beobachtung und Registrierung gegnerischer Personen und Aktionen inner- und außerhalb der NS-Bewegung, die er besonders auf dem trüben Gebiet des Spitzel- und Zuträgertums sehr zufriedenstellend erledigte. Bald ging sein Chef Reinhard Heydrich einen Schritt weiter. Er reagierte nicht mehr erst auf Vorkommnisse, sondern ließ den bald reichsweit vertikal und horizontal aufgebauten SD quasi vorweg angreifend nach möglichen Gefahrenquellen suchen. Mit der gewünschten Ausweitung des Beobachtungsgebietes auf die ganze Nation war der SD freilich überfordert. Nicht annähernd konnte er das Ziel, durch umfassende Buchführung praktisch jederzeit über jeden Bewohner Deutschlands sicherheitspolizeilich Bescheid zu wissen, verwirklichen. Der SD ging deshalb zur allgemeineren Beobachtung der »gegnerischen Lebensgebiete« auf teilweise intellektuell anspruchsvolle Art und Weise über und erarbeitete die Feindkategorien. Mit den kategorisierten Individuen befaßte sich dann die bald mit dem SD eng verbundene Sicherheitspolizei. Zur wichtigsten Tätigkeit des SD entwickelte sich unter Leitung von Otto Ohlendorf die Beobachtung und Einschätzung der Stimmungslage in Deutschland, die »Meldungen aus dem Reich« für die Partei- und Staatsspitzen, für die ein zuletzt 30 000 Köpfe zählendes Informantenheer die Details lieferte[54]. Aus der Sammlung weltanschaulicher Nachrichten im

---

52 Vgl. Helmut Heiber/Hildegard von Kotze (Hrsg.), Facsimile Querschnitt durch Das Schwarze Korps, Bern – München o. J.
53 Vgl. Günther Deschner, Reinhard Heydrich. Statthalter der totalen Macht, Esslingen 1977; Alwin Ramme, Der Sicherheitsdienst der SS, Berlin 1970.
54 Vgl. Heinz Boberach (Hrsg.), Meldungen aus dem Reich. Die geheimen Lageberichte des Sicherheitsdienstes der SS 1938–1945, 17 Bde, Herrsching 1984.

Ausland, die sich für die umfassende Kategorisierungsarbeit als unumgänglich erwies, gingen dann schließlich die Zuständigkeiten hervor, die den SD zur Sabotageorganisation, vor allem aber seit 1941 zum organisatorischen Träger der Judenvernichtung jenseits der Reichsgrenzen machte. Denn der SD diente Himmler grundsätzlich als das Exekutionsinstrument des außernormativen »Führerwillens«, also der Anweisungen oder Zielsetzungen Hitlers, die nicht durch Recht, Gesetz oder allgemeine Moralvorstellungen gedeckt waren. Nach ihrer Überführung in die SS und Zuweisung zum SD konnten so die eigentlich dem Normenstaat zugeordneten Beamten der Geheimen Staats- und Kriminalpolizei dem Verbrechen dienstbar gemacht werden. Ihre Tätigkeit in den mörderischen Einsatzgruppen, die vom Anschluß Österreichs an bis zum Überfall auf die Sowjetunion der vormarschierenden Wehrmacht unmittelbar folgten, geschah in SD-Uniform[55], die zum Gehorsam gegenüber sogenannten weltanschaulichen, d.h. rechts- und sittenwidrigen Befehlen verpflichtete.

Dieser Zugriff auf die Sicherheitspolizei gelang der SS nicht sofort. Als politischpolizeiliche Nachrichtenzentrale der Weimarer Republik, die eine neue obrigkeitsstaatliche Geheimpolizei ostentativ ablehnte, fungierte die Abteilung IA des Berliner Polizeipräsidiums. Der »Sündenfall« Weimars ergab sich aus den dem Versailler Vertrag zuwiderlaufenden geheimen Rüstungsaktivitäten, zu deren Abschirmung die besagte Abteilung IA die sorgfältig getarnte »Zentrale Staatspolizei« unterhielt[56]. Von hier nahm unter Oberleitung Görings das am 26. April 1933 errichtete preußische Geheime Staatspolizeiamt (Gestapa) seinen Ausgang. Nach seiner Herauslösung aus dem Innenministerium und seiner Unterstellung unter den Ministerpräsidenten besaßen dessen Weisungen ab März des Folgejahres für die Stapo-Stellen in den Bezirken Vorrang vor denen der Regierungspräsidenten und direkte Exekutivgewalt.

Inzwischen hatte sich Himmler systematisch an die Gestapo herangearbeitet. Während der Gleichschaltung des widerspenstigen Bayerns als dortiger Politischer Polizeikommissar mit dem Auftrag versehen, dafür zu sorgen, »daß die Reichsregierung der nationalen Erhebung unter der Führung Adolf Hitlers auch in Bayern treue Gefolgschaft findet«[57], gelang ihm während des Winters 1933/34 die Übernahme dieser Aufgabe in fast allen übrigen deutschen Mittel- und Kleinstaaten. Wohl zwecks Koordination der Maßnahmen gegen den »Röhm-Putsch« erlangte der »getreue Heinrich« am 20. April 1934, zunächst noch Göring als dem Hauptakteur in dieser Sache verantwortlich, die Befehlsbefugnis über die Gestapo[58] und setzte umgehend Heydrich als Leiter des bald für ganz Deutschland zuständig werdenden Gestapa in der Berliner Prinz-Albrecht-Straße ein.

Die preußische Landespolizei befand sich unter Kurt Daluege praktisch bereits in SS-Händen. Womit sich der Reichsführer SS schließlich für diese umkämpften Vollmachten profiliert hatte, war die umsichtige und energische, im Gegensatz zum SA-Terror als »sauber« geltende Ausschaltung der politischen Gegner mittels der von Heydrich geleiteten bayerischen Kriminalpolizei und des von Theodor Eicke organisierten Konzentrationslagers Dachau, das bald verbindlichen Vorbildcharakter für das ganze Reich gewann. Bei der Beseitigung von Röhm und Genossen sowie Groß-

55 Vgl. Heinz Artzt, Mörder in Uniform, München 1979.
56 Vgl. H. Buchheim (Anm. 49), S. 34f.
57 Vgl. H. Buchheim (Anm. 49), S. 38.
58 Vgl. Jacques Delarue, Geschichte der Gestapo, Düsseldorf 1964.

teilen der konservativen Opposition erfüllte die neue SS/Polizeiführung und -organisation alle Erwartungen an Härte, Zuverlässigkeit und Bedenkenlosigkeit.

Bis Kriegsausbruch hat die SS/Polizei 225 000 Opfer vor Gericht gebracht. Sie führte den politischen Kampf vor allem mit der Institution der Konzentrationslager[59], in die sie – auf außernormativen Weg – Verdächtige nach eigenem Ermessen ohne richterliche Vor- oder Nachprüfung einweisen konnte. In die Konzentrationslager schickten aber auch die Kripo bzw. die Gestapo ihre Gefangenen zur Vorbeuge- oder zur Schutzhaft, wobei die Gestapo zugleich die politische Abteilung im Vollzug besetzte. Die Verflechtung der beiden Polizeisparten mit dem SD wurde zudem zum Reservoir der SS für das KZ-Personal in Stärke von jeweils 100 bis 200 und für die bewaffneten Außensicherungen von 1 000 bis 1 500 Mann[60], bekannt als »Totenkopf-Verbände«[61], welche vom Reich besoldet wurden.

Die Emsland-Lager unterstanden der Kombination aus preußischer Justiz und SA (in blauer Uniform)[62]. Für die Gefangenen brachte das keinen Unterschied: Die Disziplin des KZ-Personals war und blieb schlecht und von niederen Instinkten geprägt, so sehr der Reichsführer SS auch für »Härte – aber Gerechtigkeit« zu sorgen vermeinte, wenn er im Krieg sogar Todesurteile wegen Korruption und Sadismus verhängen ließ. In der perfid organisierten »Häftlingsselbstverwaltung« spielten sich unter Verbrechern und Korrumpierten die härtesten Kämpfe um Privilegien oder ums bloße Überleben ab, zumeist auf Kosten der erbarmungswürdigen Normalhäftlinge[63]. Nachdem Hitler persönlich immer wieder Verfahren niedergeschlagen hatte, gewöhnte sich die Justiz daran, über die Todesfälle hinwegzusehen. Als mit Kriegsbeginn auf dem außernormativen Weg auch regulär exekutiert wurde, hörte auch die formale Kontrollaufsicht auf. Um 1935 entwickelte die SS/Polizei eine Art Routine zur gleichmäßigen KZ-Einweisung in der Größenordnung von etwa 1 000 bis 1 500 Menschen monatlich. Dies geschah nicht, weil die Verhafteten tatsächlich eine Sicherheitsgefährdung darstellten, sondern weil dies zur permanenten Strategie der nationalsozialistischen Herrschaftsausübung gehörte und seinen Zweck nicht verfehlt hat. Die Haftprüfung erfolgte im allgemeinen vierteljährlich durch die politische Abteilung im KZ mit dem Zweck, einen gleichmäßigen Häftlingsgesamtbestand von 20 000 bis 25 000 zu halten.

Am 17. Juni 1936 schloß die Ernennung Himmlers zum »Reichsführer SS und Chef der deutschen Polizei im Reichsministerium des Inneren« die Entwicklung zur Zentralisierung der Polizei und ihrer Verklammerung mit der SS ab. Die letzten Reste der Polizeiverwaltung durch die Länder verschwanden. Die Polizei wurde in zwei Zweige gegliedert:

– die *Ordnungspolizei* (Orpo) unter Daluege, bestehend aus der Schutzpolizei der Städte und der Gendarmerie auf dem Land in Polizeiuniform, sowie den rein administrativen wie Bau- oder Gesundheitspolizeien;

---

59 Vgl. Martin Broszat, Nationalsozialistische Konzentrationslager 1933–1945, in: Hans Buchheim u. a., Anatomie des SS-Staates, Bd. 2, München 1979².

60 Vgl. M. Broszat, S. 65 f.

61 Vgl. H. Höhne (Anm. 49), S. 422 ff., 430.

62 Vgl. Erich Kosthorst/Bernd Walter, Konzentrationslager und Strafgefangenenlager im Dritten Reich. Beispiel Emsland, 3 Bde., Düsseldorf 1983.

63 Vgl. Eugen Kogon, Der SS-Staat. Das System der deutschen Konzentrationslager, München 1974.

- die *Sicherheitspolizei* (Sipo) unter Heydrich, dem »Chef Sipo und SD«, mit der Gestapo (einschließlich Grenzpolizei) unter Heinrich Müller und der Kripo unter Arthur Nebe, die gegebenenfalls SD-Uniformen anlegten.

Himmlers Funktionsbezeichnung »im Reichsministerium des Innern« bedeutete keineswegs, daß er dem Innenminister unterstanden hätte, sondern daß ihm entsprechend der Devise Heydrichs, 90 Prozent der Verwaltungsangelegenheiten würden die Polizei wegen ihres umfassenden Auftrages zumindestens berühren[64], gewisse Rechte und Pflichten des Reichsministers selbst zustanden. Nach nationalsozialistischer Auffassung nahm die Polizei, wie Himmler 1937 in der Frick-Festschrift schrieb, nicht nur die klassische Aufgabe wahr, die bestehende Ordnung vor Schaden zu schützen, sondern sie beanspruchte eine aktive Mitwirkung bei der Gestaltung der Ordnung mit ihren Mitteln[65], um etwa für die rassenpolitischen Ziele die entsprechenden Voraussetzungen zu gewährleisten. Dafür wollte und muße sie, von der Routineebene abgesehen, frei von allen rechtlichen Zwängen sein. Die Umrisse des SS-Staates zeichneten sich ab. Den normativ handelnden Staatsorganen blieb die Verwaltung, die die Partei unter Heß als Stellvertreter des Führers eigentlich nur personalpolitisch kontrollierte, bis sie dann im Zuge von Bormanns Machtzuwachs[66] die Verantwortung für die Überprüfung aller Verwaltungsmaßnahmen auf Kriegswichtigkeit und Wehrförderung gewann. Beide, SS/Polizei wie NSDAP, stützten sich dabei nicht auf konkrete konstitutionelle Grundsätze, sondern auf den verwaschenen Generalauftrag Hitlers, das nationalsozialistische »Reich« aufzubauen, das sich von der herkömmlichen Definition der Staatlichkeit entfernte[67].

SS und NSDAP empfanden deshalb z.B. die im administrativen Interesse getroffene inhaltliche Fixierung des »Juden« in den Nürnberger Gesetzen als eine lästige Festlegung, der man sich nach Möglichkeit entzog, was im Ausland generell geschah[68]. Die SS/Polizei stellte nicht etwa nur fest, wer ein justiziabler Gegner war, den sie verhaftete und aburteilen ließ, sondern sie schuf sich zudem Zugriffsobjekte aus eigener Willkür. Hatte man sich einmal vom Prinzip der Abwehr oder der Sühne tatsächlicher Angriffe auf Idee und Herrschaft des Nationalsozialismus gelöst und sich einer präventiven Verhütung potentieller Anschläge zugewandt, dann waren faktisch alle Grenzen gefallen. So konnte man, wie es geschehen ist, sogar die Vermutung einer inkriminierbaren Rassenzugehörigkeit – bei den Zigeunern etwa[69] – zur Polizeiangelegenheit machen. Mit dem Verdacht tatsächlicher potentieller oder nur fiktiver Gegnerschaft oder unterstellter Loyalitätsmängel konnte die Polizei im NS-SS-Staat ihre »Pflicht« zum Eingreifen beliebig rechtfertigen[70]. Dies wucherte auf-

---

64 Vgl. H. Buchheim (Anm. 49), S. 52.
65 Vgl. H. Buchheim (Anm. 49), S. 83f.
66 Vgl. Jochen von Lang, Der Sekretär. Martin Bormann, Stuttgart 1977; Dieter Rebentisch, Führerstaat und Verwaltung im Zweiten Weltkrieg. Verfassungsentwicklung und Verwaltungspolitik 1939–1945, Stuttgart 1989.
67 Vgl. Wilhelm Stuckart u.a., Der Staatsaufbau des Deutschen Reiches in systematischer Darstellung, Leipzig 1943; Dieter Rebentisch/Karl Teppe (Hrsg.), Verwaltung contra Menschenführung im Staat Hitlers, Göttingen 1986.
68 Vgl. H. Buchheim (Anm. 49), S. 88, Anm. 72.
69 Vgl. Joachim S. Hohmann, Geschichte der Zigeunerverfolgung in Deutschland, Frankfurt 1981.
70 Vgl. H. Buchheim (Anm. 49), S. 97.

grund ideologischer und praktischer Vorgaben zu einer Art vorbeugender Gefahren- und Verbrechensbekämpfung aus, welche selbst verbrecherisch war.

Bei der ideologischen Vorgabe spielte die vom SD gepflegte »Spiritualisierung der Gegnerschaft« (Hans Buchheim)[71] eine besondere Rolle: »Wir müssen erkennen, daß diese Gegner nicht lediglich durch äußere Übernahme des Staatsapparates zu erledigen sind«, schrieb der »Oberverdachtschöpfer« Heydrich 1935 in »Wandlungen unseres Kampfes«, »denn sie sitzen mit ihren Querverbindungen in allen Zweigen unseres Volkslebens und des Staatsgefüges. Wir müssen ruhig feststellen, daß bis in die letzten Tage hinein der Gegner auf dem besten Weg war, den deutschen Menschen charakterlich und geistig systematisch auszuhöhlen, ihn zu vergiften und ihm lediglich das nordische Gesicht zu lassen.«[72] Daraus ergab sich für den SD die Aufgabe, die Grundzüge und Quellen der »Charakter- und Geistesvergiftung« zu erfassen und darzustellen, und als Auftrag der Gestapo und Kripo, die Urheber zu identifizieren und sie sodann durch die SS in den Konzentrationslagern oder hinter der Front in Feindesland zu vernichten. Menschenverachtend war das, denn es ging nicht nur um Gefahrenabwehr, sondern um gesinnungspolizeiliche Aktionen gegenüber Menschen, für die es kein Mitgefühl gab[73], zu denen faktisch überhaupt keine menschlichen Beziehungen bestanden. Das brutale Vorgehen gegen sie war durch die Verdachtsmomente nicht gerechtfertigt.

Praktische Vorgaben stellten sich seit Ende 1937 ein, als die SS infolge ihrer Beteiligung an der nationalsozialistischen Imponierarchitektur in Ziegelei-Werke und Granitsteinbruch-Unternehmen einstieg[74]. In mehreren Großrazzien griff die SS gesellschaftliche Außenseiter – »Arbeitsscheue, Asoziale, Psychopathen« und Zigeuner – als Saboteure an der von Hitler verlangten wirtschaftlichen Kriegsbereitschaft auf und brachte sie in die zu diesem Zweck neu errichteten Lager Flossenbürg[75], Mauthausen und Buchenwald. Im Verlauf des Krieges löste Mord die Schwerstarbeit als Mittel der Vernichtung ab.

Im amtlichen deutschen Herrschaftsbereich gab es folgende Hauptlager[76]:

Lager	Bestandsdauer	Arbeits-Außenlager
Dachau	1933–45	169
Sachsenhausen	1936–45	61
Buchenwald	1937–45	134
Flossenbürg	1938–45	92
Mauthausen	1938–45	56
Neuengamme	1938/40–45	73
Ravensbrück (Frauenlager)	1939–45	42
Stutthof (Danzig)	1939–45	107

71 Vgl. H. Buchheim (Anm. 49), S. 98.
72 Vgl. H. Buchheim (Anm. 49), S. 98 f.
73 Vgl. H. Buchheim (Anm. 49), S. 99.
74 Vgl. H. Buchheim (Anm. 49), S. 76 ff.
75 Vgl. Toni Siegert, Das Konzentrationslager Flossenbürg. Ein Lager für sogenannte Asoziale und Kriminelle, in: Martin Broszat u. a. (Hrsg.), Bayern in der NS-Zeit, Bd. 2, München 1979.
76 Vgl. Martin Broszat/Norbert Frei (Hrsg.), Ploetz. Das Dritte Reich, Freiburg 1983, S. 118 f.

Lager	Bestandsdauer	Arbeits-Außenlager
Auschwitz I	1940–45	38
Groß-Rosen	1940/41–45	99
Natzweiler – Struthof	1941–45	49
Lublin-Majdanek	1941	10
Auschwitz II (Birkenau)	1941	–
Auschwitz III (Monowitz)	1942	–
Herzogenbusch-Vught	1943	13
Riga (Letland)	1943	17
Bergen-Belsen	1943–45	–
Dora-Mittelbau	1943–45	29
Warschau	1943	–
Kauen (Litauen)	1943	8
Vaivara (Estland)	1943	10
Klooga (Estland)	1943	3
Krakau-Plaszow	1944	–

Selbst mit diesen ca. 1000 dem SS-Wirtschaftsverwaltungs-Hauptamt unter Oswald Pohl zugeordneten Konzentrations- und Arbeitslagern, in denen 1945 noch über 700 000 Gefangene (nach einem »Verschleiß« von 500 000) vegetierten, darunter nur ein Bruchteil Deutsche, ist nicht das ganze System erfaßt; es gab noch mehr und andersartige Stätten in Deutschland, dazu vergleichbare im besetzten Gebiet, und schließlich die Vernichtungslager, in denen Millionen umgekommen sind[77].

Der Krieg verschärfte den Terror durch die Kriegssonderstrafrechtsverordnung vom 17. August 1939, die den dehnbaren Tatbestand der »Wehrkraftzersetzung« schuf und deren Verhütung sich in die Aufbauprinzipien des nationalsozialistischen Reiches einreihte. Der normative Rahmen war so weit gespannt, daß die zuständigen Sondergerichte (1942 waren es 74) im Wettlauf zwischen Justiz und SS/Polizei hinsichtlich deutscher Staatsangehöriger einen deutlichen Vorsprung gewannen. Ab 1944 verfügten sie sogar unbegrenzt über das Mittel der Todesstrafe, wenn nach Meinung der Wehrmacht »der regelmäßige Strafrahmen nach gesundem Volksempfinden zur Sühne nicht mehr ausreicht«. Heydrich paßte am 17. September 1939 Sipo und SD durch organisatorisch engere Verflechtung und Zusammenlegung in ein Reichssicherheitshauptamt (RSHA) der Kriegssituation an. Die damit institutionalisierte Willkür gipfelte in einer »Gesamtlösung der Judenfrage«[78], die Göring in seiner Eigenschaft als Vorsitzender des Reichsverteidigungsrats am 31. Juli 1941 als Kriegsführungsmaßnahme anordnete. Über die normfreie SD-Institution konnte Heydrich diese von ihm bestellte Weisung in den Massenmord umsetzen. Über die ordentliche Polizeiapparatur bediente er sich dabei der staatlichen Exekutive. Auf ähnlichem Weg war

---

77 Vgl. Andrzej J. Kaminski, Konzentrationslager 1896 bis heute, Stuttgart 1982; Martin Gilbert, Endlösung. Die Vertreibung und Vernichtung der Juden. Ein Atlas, Reinbek 1982.
78 Vgl. Wolfgang Benz (Hrsg.), Dimension des Völkermords. Die Zahl der jüdischen Opfer des Nationalsozialismus, München 1991; Raul Hilberg, Die Vernichtung der europäischen Juden, 3 Bde., Frankfurt am Main 1990; Eberhard Jäckel/Jürgen Rohwer (Hrsg.), Der Mord an den Juden im Zweiten Weltkrieg, Stuttgart 1985.

1940/41 schon die organisierte Ermordung von 70 000 arbeitsunfähigen Geisteskranken erfolgt (»Euthanasie«)[79], die der von Hitler damit beauftragte Parteimann Bouhler zwar mittels der Geheimorganisation T 4 durchführte, deren organisatorisches Umfeld aber, z. B. die Aussonderung und der Abtransport, zum Verantwortungsbereich der Reichsverteidigungskommissare und ihrer Behörden gehörte. Zudem hatte Himmler für den »Kriegsschauplatz Innerdeutschland«, für den sich der Reichsführer SS besonders verantwortlich fühlte[80], bereits 1937 mit den »Höheren SS- und Polizeiführern« Koordinationsstellen geschaffen, die den »Schnittpunkt von Bewegung und Reich« vergrößerten. In den besetzten Gebieten gewannen diese Männer teilweise absolute Vollmachten, die sie in vielen Regionen zum eigentlichen Herrscher im Zeichen des Primats der »Sicherheit« vor dem der Kollaboration machten[81]. Wie viele Menschen diesen Systemzwang einer irrationalen Besatzungspolitik mit dem Leben bezahlen mußten, läßt sich nicht einmal schätzen.

Gleichzeitig mit der Errichtung des RSHA versuchte Heydrich Kompetenzen zu gewinnen, wie er sie später als stellvertretender Protektor von Böhmen-Mähren (September 1941 – Juni 1942) tatsächlich besitzen und gestalterisch so geschickt nutzen sollte, daß Exilregierung und Widerstand ihren Einfluß unter den Tschechen dramatisch schwinden sahen[82]. Zwecks Herstellung der Allmacht im Reich schuf er den »Volksmeldedienst«, den er kurz vor Kriegsausbruch im mit 4,9 Millionen Exemplaren verbreiteten »Nationalsozialistischen Schulungsbrief« vorstellte. Es handelte sich dabei um ein für alle Erwachsenen obligatorisches Spitzelsystem, mittels dessen, wie er schrieb, »zwischen allen Volksgenossen klare Verhältnisse geschaffen werden, in denen keine zersetzenden Zweideutigkeiten mehr möglich sind.« Nichtmeldung war strafbar, doch besaß die Sipo freie Hand bei der Behandlung der Fälle. Einen Tag nach der Errichtung des RSHA legte Heydrich dem gesetzgebenden Ministerrat für die Reichsverteidigung einen entsprechenden Entwurf vor[83]. Danach waren nicht nur die in der Heimtücke- und der Kriegssonderstrafrechtsverordnung umschriebenen Tatbestände anzuzeigen, sondern alle Sachverhalte, »die nach gesundem Volksempfinden geeignet sind, die Geschlossenheit und den Kampfwillen des deutschen Volkes zu zersetzen«. Alle Bereiche hätten danach der Beurteilung durch die Sipo offen gelegen, nichts wäre der Steuerung der SS entgangen, in der man bereits Vollmachten gegen »offenen oder verdeckten Widerstand gegen die Kriegsdienstpflicht des Kapitals«, also Sozialisierungsbefugnisse diskutierte. Der Ministerrat wagte es nicht, den Entwurf regelrecht abzulehnen, sondern verschleppte ihn unter Hauptverantwortung der Wehrmacht mit vordergründigen Argumenten bis zur endgültigen Aussetzung Ende 1943.

---

79 Vgl. Ernst Klee, »Euthanasie« im NS-Staat, Frankfurt am Main 1985; Wolfgang Petter, Zur nationalsozialistischen »Euthanasie«: Ansatz und Entgrenzung, in: Wolfgang Michalka (Hrsg.), Der Zweite Weltkrieg, München 1991².

80 Vgl. Internationaler Militärgerichtshof (Hrsg.), Der Prozeß gegen die Hauptkriegsverbrecher vor dem Internationalen Militärgerichtshof Nürnberg, 14. November 1945 – 1. Oktober 1946, Bd. 29, Nürnberg 1948, S. 2.

81 Vgl. Ruth Bettina Birn, Die Höheren SS- und Polizeiführer, Düsseldorf 1986.

82 Vgl. Detlef Brandes, Die Tschechen unter deutschem Protektorat, Bd. 1, München 1969; Callum MacDonald, Heydrich. Anatomie eines Attentats, München 1990.

83 Vgl. Bundesarchiv Koblenz, R 43 II/1264 a.

Himmler nahm das hin. Er strebte die Kontrolle der vollziehenden Gewalt letztlich mit der Weiterentwicklung der SS zum ineinander verflochtenen inneren und äußeren Staatsschutzkorps des nationalsozialistischen Europa an[84]. Im Prinzip wurde die innere Komponente von der Polizei vertreten, doch stellte sie im Krieg auch Verbände zur Partisanenbekämpfung und Judenverfolgung auf sowie reguläre Feldtruppen. Umgekehrt beschränkte sich die Waffen-SS nicht auf Fronteinsätze, sondern konzentrierte sogar die Mehrheit ihrer Großverbände hinter den Kampflinien zwecks Ergänzung oder Ersatz der Polizeitruppen. Ebenso gehörte ihr das KZ-Personal an. Den Pogrom zur Berliner Judendeportation 1943 besorgte z. B. die »Leibstandarte Adolf Hitler«[85]. Ferner zählten zur Waffen-SS die »Junkerschulen«, in der die Führungskader aller SS-Sparten, auch jener für die Kontaktbereiche zur Verwaltung, Wirtschaft und Gesellschaft, zur Allgemeinen SS herangebildet wurden. Die Einsatzgruppen, die 1941/42 die Erschießung oder mobile Vergasung von fast einer Million sowjetischer Juden durchführten, waren aus allen Gliederungen von SD, Waffen-SS und Polizei gemischt[86].

Die Waffen-SS[87] hatte zwei Wurzeln: erstens die als Elitekonkurrenz zur Wehrmacht seit 1935 aufgestellten SS-Verfügungstruppen und zweitens die Totenkopf-Verbände, die 1939 ins Feld gingen. Aus der Allgemeinen SS bezog die Waffen-SS nur 52 000 Mann, 118 000 dienten in der Wehrmacht als Klammer der SS zu ihr; die übrigen übernahmen als sogenannte Polizeiverstärkungen vor allem den KZ-Wachdienst. Die drei besonders gut ausgestatteten und draufgängerischen, später berühmt-berüchtigten Divisionen »Reich«, »Totenkopf« und »Leibstandarte« entstammten den Kampfverbänden. Alle militärische Bravour der SS-Divisionen konnte jedoch nicht die bereits im Polenfeldzug begangenen Verbrechen überdecken. Noch aus der Endphase des Krieges sind genügend Massaker wie Oradour oder Malmedy bekannt. Hitler kam nicht umhin, die SS aus der allgemeinen Gerichtsbarkeit herauszulösen und ihr eigene Rechtsinstanzen zuzuweisen. Für den Krieg gegen die Sowjetunion befreite Hitler die SS sogar vom Verfolgungsgebot bei geheimen Verbrechen gegen die Zivilbevölkerung (»Gerichtsbarkeitserlaß Barbarossa«)[88]. Die SS-Division »Wiking« (auf welche zusammen mit den vorgenannten drei von insgesamt 38 Divisionen 55 Prozent der hohen Tapferkeitsauszeichnungen aller Verbände der Waffen-SS entfielen) repräsentierte eine weitere Besonderheit. Dieser Verband bestand aus nord- und nordwesteuropäischen, sogenannten »germanischen« Freiwilligen. Die Waffen-SS sollte nach Himmlers Vorstellung schließlich eine zwar deutsch dominierte, aber übernationale, nur rassisch und weltanschaulich homogene, innere und äußere Streitmacht oberhalb der Wehrmacht und der Armeen der vom Nationalsozialismus beherrschten Staaten Europas werden. Im Ansatz dazu umfaßte die Waffen-SS 1944 400 000 Reichs- und 310 000 Volksdeutsche (nichtdeutsche Staatsangehörige), 50 000 andere »Germanen« und 150 000 sonstige. Tatsächlich wurden die meisten Brigaden und Divisionen, vor allem die nicht-

---

84 Vgl. Bernd Wegner, Hitlers politische Soldaten. Die Waffen-SS 1933–1945, Paderborn 1990².

85 Vgl. H. G. Adler, Der verwaltete Mensch, Tübingen 1974, S. 340.

86 Vgl. Helmut Krausnick/Hans-Heinrich Wilhelm, Die Truppe des Weltanschauungskriegs, Stuttgart 1981.

87 Vgl. George H. Stein, Geschichte der Waffen-SS, Düsseldorf 1967.

88 Jürgen Förster, Das Unternehmen »Barbarossa« als Eroberungs- und Vernichtungskrieg, in: Militärgeschichtliches Forschungsamt (Hrsg.), Das Deutsche Reich und der Zweite Weltkrieg, Bd. 4, Stuttgart 1983, S. 413–450.

deutschen, gegen Partisanen und Oppositionelle in den deutsch okkupierten und innenpolitisch zerklüfteten Ländern eingesetzt. Auf diesem Gebiet übertraf die nichtdeutsche Komponente auch bei der Polizei die deutsche bei weitem[89]:

Ostland:	deutsche Orpo	4 500	einheimische Schuma*	56 000
Rußland-Süd:	deutsche Schupo	4 228	ukrainische Schupo	15 665
Rußland-Süd:	deutsche Gendarmerie	5 966	ukrainische Gendarmerie	55 094
Rußland-Süd:			ukrainische Schuma*	35 000

*Schuma = Schutzmannschaft

Im Zeichen des totalen Krieges, den Goebbels nach den Niederlagen von El-Alamein und Stalingrad im Berliner Sportpalast ausrief, um das Schicksal doch noch zu wenden, richtete die NSDAP alle Lebensbereiche des deutschen Volkes auf den Krieg aus. Damit war ein konkretes Ziel vorgegeben, das jedem, auch dem kleinsten Amtsinhaber und Funktionsträger einleuchtete und ihn radikalisierte. Als Himmler am 24. August 1943 das Reichsinnenministerium übernahm, konnte er dank des eingespielten Terrorapparates und der Bereitschaft weiter Kreise zur Denunziation tatsächlich den SS-Staat über Deutschland und die eroberten Gebiete errichten, den er durch die Versäulung der vollziehenden Gewalt mit der SS sorgfältig vorbereitet hatte. Für alle exekutiv tätigen Instanzen in Staat und Wehrmacht wurden die gnadenlosen Maßstäbe der SS verbindlich. Disziplin wurde unter dem Schlagwort »Endsieg« zum Selbstzweck. Die von Gerichten, Sonder- und Standgerichten erlassenen Todesurteile wurden gegen 20 000 bis 30 000 Deutsche zumeist aus Gründen der »Wehrkraftzersetzung«[90] vollstreckt (gegenüber 50 im Ersten Weltkrieg)[91]. Hinzu kamen die ungezählten Morde in den KZ. Sie wurden zum bedrückenden Wesensmerkmal der nationalsozialistischen Herrschaft. Das war der Triumph des SS-Geistes, der verlangte, daß, wenn Helden fielen, die Nichthelden kein Recht auf Dasein mehr besaßen. In diesem Geist bestätigte Admiral Dönitz, Oberbefehlshaber der Kriegsmarine und nicht von ungefähr zwei Jahre später letztes Staatsoberhaupt des Dritten Reiches, am 3. April 1943 ein Todesurteil, gegen das mit Hinweis auf die Entnervung des Täters durch Bronchialasthma die Begnadigung eingereicht worden war: »Die psychosomatische Veranlagung bietet keinen Milderungs-, sondern nur einen Strafverschärfungsgrund . . . Die Ausmerzung dieses Übeltäters ist zur Verhütung einer schädlichen Gegenauslese dringend geboten.«[92] Will man solchem Handeln im Nationalsozialismus nicht bloße Perversion unterstellen, sondern eine damals offensichtlich gültige Überzeugungsgewißheit, dann hat historische Analyse bei deren Wurzeln einzusetzen.

89 Statistik des Oberkommandos der Wehrmacht vom 2. 8. 1943, zit. in: H. Höhne (Anm. 49), S. 435 f.
90 R. B. Birn (Anm. 81), S. 225.
91 Manfred Messerschmidt/Fritz Wüllner, Die Wehrmachtjustiz im Dienste des Nationalsozialismus, Baden-Baden 1987, S. 63–89.
92 Manfred Messerschmidt, Deutsche Militärgerichtsbarkeit im Zweiten Weltkrieg, in: Hans Vogel u. a. (Hrsg.), Die Freiheit des Anderen, Baden-Baden 1981, S. 112.

WILLI A. BOELCKE

Die Finanzpolitik des Dritten Reiches

Eine Darstellung in Grundzügen

I. Ziele der nationalsozialistischen Finanzpolitik

Die Finanz- und Geldpolitik sowie die gesamte Wirtschaftspolitik waren im nationalsozialistischen Führerstaat nicht von den politischen Zielsetzungen des Machthabers
zu trennen und ihnen untergeordnet. In der Weltanschauung Hitlers stellten der Staat
und seine Institutionen nur Mittel zum Zweck der hegemonialen, rassistischen Expansion dar, wie sie Hitler in den beiden Bänden seines Buches »Mein Kampf« wiederholt unmißverständlich umschrieben hatte. Demnach bildeten für ihn die Hauptin-
halte der Finanz- und Wirtschaftspolitik rein opportunistisch zu bestimmende Funktionen dieses Zweckes unter Einschluß der Aufgabe, die Handlungsfreiheit des Staates zu gewährleisten[1]. In der Finanzpolitik des nationalsozialistischen Führerstaats
gab es keine planmäßigen, rational kalkulierenden Vorausberechnungen, wohl aber
ließ sich auch hier »eine ideologisch motivierte Zielstrebigkeit zur Vermehrung und
Vollendung der Führerherrschaft und eine generelle, von radikalisierenden Schüben
zeitweise verschärfte Tendenz zur Durchsetzung und Verwirklichung weltanschaulicher Programmpunkte des Nationalsozialismus« erkennen[2].

1933/34 nahm Hitler wichtige finanzpolitische Weichenstellungen noch im Rahmen der Kabinettsitzungen vor. Schon wenige Tage nach seiner Machtübernahme,
am 8. Februar 1933, gab Hitler im Reichskabinett der Wehrmachtfinanzierung den
Vorrang vor zivilen Projekten[3] und erklärte, daß alle öffentlichen Maßnahmen zur
Arbeitsbeschaffung grundsätzlich der »Wehrhaftmachung« zu dienen hätten. Trotz
dieser Grundsatzverfügung behielt bis 1934 die Finanzierung der Arbeitsbeschaffungsprogramme das Übergewicht; allerdings verlagerte sich ihr Schwerpunkt zunehmend auf solche Projekte, denen mittel- oder unmittelbar eine wehr- (damals noch
verteidigungs-)politische Bedeutung zukam.

Sieht man von dem erklärten Primat der »Wehrhaftmachung« bzw. ab 1936 der
Erreichung der »Kriegsfähigkeit« des Deutschen Reiches ab, so hielt sich Hitler mit
finanzpolitischen Zielkonkretisierungen gewöhnlich zurück[4]. Später, am 22. April

---

1 Eberhard Jäckel, Hitlers Weltanschauung. Entwurf einer Herrschaft, Stuttgart 1981, S. 89 f.
2 Dieter Rebentisch, Führerstaat und Verwaltung im Zweiten Weltkrieg. Verfassungsentwicklung und Verwaltungspolitik 1939–1945, Stuttgart 1989, S. 535.
3 Willi A. Boelcke, Die Kosten von Hitlers Krieg. Kriegsfinanzierung und finanzielles Kriegserbe in Deutschland 1933–1948, Paderborn 1985, S. 18.
4 Lutz Graf Schwerin von Krosigk, Staatsbankrott. Finanzpolitik des Deutschen Reiches 1920/
   1945, Göttingen u. a. 1974, S. 189 f.

1942, anläßlich einer Tischrunde im Führerhauptquartier, kommentierte er sein taktisches Vorgehen bei der Aufrüstungsfinanzierung:»Wo es sich bei den Finanzsachverständigen ja doch letzten Endes um Spitzbuben handele, habe ja nicht die geringste Veranlassung bestanden, in den Angaben ihnen gegenüber restlos aufrichtig zu sein. Im Gegenteil hätte man ihnen die Beschaffung weiterer Milliarden nur erleichtert, wenn man sie jeweils lediglich um Teilbeträge angegangen hätte. Denn sie hätten sich dann vor sich selbst und – für den Fall, daß es schiefgegangen wäre – vor der Öffentlichkeit damit herausreden können, daß sie belogen worden seien.«[5] An einer Offenlegung der Finanzpolitik, ihrer Maßnahmen und einer Diskussion ihrer Grundsätze war Hitler von Anbeginn an nicht gelegen. Auf seine Anordnung hin wurden »von 1935 an die Haushaltsziffern nur gesetzlich festgelegt und den Ressorts mitgeteilt, aber nicht veröffentlicht«[6]. Auch die sukzessive Aushöhlung der Haushalts- und Finanzkontrolle durch Reichsfinanzhof und Reichsrechnungshof war selbstverständliche Konsequenz. Der Rechnungshof hatte allein einer rein wirtschaftlichen Kontrolle, allerdings »erfüllt vom Geiste des Führers«, zu dienen[7].

Der nach dem Führerprinzip einheitlich organisierte autoritäre Verwaltungsstaat duldete auch keine untergeordneten finanzpolitischen Freiräume oder Entscheidungsbefugnisse und setzte rigoros den Primat des Zentraletats, des Reichshaushalts, durch. Dem Prozeß der Zusammenballung von immer größerer Macht in den Händen Hitlers entsprach eine fortschreitende Konzentration und Zentralisation der öffentlichen Finanzmittel unter die Verfügungsgewalt des Reiches. Das Reich beanspruchte, den Finanzausgleich zwischen Reich und Ländern einseitig zu seinen Gunsten festzulegen, Steuermehreinnahmen voll für das Reich abzuschöpfen, bis hin zur Abschaffung der eigenen Ländersteuern, zur zentralen Regelung auch des kommunalen Finanzausgleichs und zur Beseitigung der Selbständigkeit der Gebietskörperschaften im Verlaufe des Zweiten Weltkrieges[8]. Zutreffend sprach Fritz Neumark in diesem Zusammenhang von einem »nationalistischen Etatismus«[9].

II. Die Vorkriegszeit – Vorstufen zur Kriegswirtschaft

Die Vorkriegszeit war etwa seit Hitlers Machtübernahme geprägt von der Vorfinanzierung des Krieges und damit zugleich vom schrittweisen Umbau der deutschen Wirtschaft zur Kriegswirtschaft. Das geschah in drei Etappen oder Phasen,

5 Henry Picker, Hitlers Tischgespräche im Führerhauptquartier 1941–42, Bonn 1951, S. 144.
6 Vgl. L. Graf Schwerin von Krosigk (Anm. 4), S. 188.
7 Hugo Müller, Die staatsrechtliche und staatspolitische Stellung des Rechnungshofes im Dritten Reich, in: Finanzarchiv, N. F. Bd. 7 (1939/40), S. 205.
8 Übersicht darüber bei Rolf Caesar/Karl-Heinrich Hansmeyer, Haushalts- und Finanzwesen, in: Kurt G. A. Jeserich/Hans Pohl/Georg-Christoph von Unruh (Hrsg.), Deutsche Verwaltungsgeschichte, Bd. IV: Das Reich als Republik und in der Zeit des Nationalsozialismus, Stuttgart 1985, S. 834 u. 838.
9 Fritz Neumark, Neue Ideologien der Wirtschaftspolitik, in: Hans Helsen (Hrsg.), Wiener Staats- und Rechtswissenschaftliche Studien, Bd. XXV, Leipzig – Wien 1936, S. 3.

die – eng miteinander verzahnt – teils hintereinandergeschaltet waren, teils parallel verliefen, teils sich auch überlagerten. Wenn man die Periodisierung zum Beispiel anhand der öffentlichen Investitionen und Ausgaben vornimmt, dann haben wir als ersten Abschnitt die Phase der »Arbeitsbeschaffung« zu unterscheiden, die bereits 1932 mit den in der Weimarer Republik eingeleiteten Arbeitsbeschaffungsprogrammen begann und bis gegen Ende des Etatjahres 1934/35 reichte[10]. Daran schloß Ende 1934 die Phase der militärischen Wiederaufrüstung, die »Durchführung der Wehrhaftmachung«[11] an, die in der militärischen und finanzpolitischen Planung durch den Aufbau eines Verteidigungsheeres gekennzeichnet war. Dieser Zeitabschnitt endete wegen des forcierten Aufrüstungstempos in der Devisen- und Rohstoffversorgungskrise vom Sommer 1936[12]. Unter dem Eindruck dieser Krise und um Hitlers Forderung zu erfüllen, Armee und Wirtschaft in vier Jahren »einsatz-« und »kriegsfähig« zu machen, lief Ende 1936 der Vierjahresplan als dritte Etappe der Umformung zur Kriegswirtschaft an. Parallel geschaltet war die Umstellung der militärischen Planung vom Verteidigungs- auf das Offensivheer. Es war dies die Vorbereitungsphase zur wirtschaftlichen und militärischen Mobilisierung für den Kriegseinsatz[13], die in den Staatsausgaben ihren entsprechenden Niederschlag fand.

Betrachtet man den sich Zug um Zug verstärkenden Wirtschaftsdirigismus, lassen sich ebenfalls drei Phasen unterscheiden – dann allerdings begann die Periode der finanz- und währungspolitischen Eingriffe bereits während der großen Weltwirtschaftskrise mit den Notverordnungen über die Devisenbewirtschaftung und den Goldverkehr vom Sommer 1931. Sie führten zunächst zu einer Abspaltung der Binnenwertgestaltung der Reichsmark von der Außenwertregulierung im intervalutarischen Verkehr, ermöglichten zugleich die Trennung des Binnenmarktes von den Außenmärkten und erleichterten die Herstellung der binnenwirtschaftlichen »Konjunkturautonomie«[14].

Die Vermehrung von Staatsinvestition und -verbrauch erzwang Ende 1936 eine zweite, neue Phase der Finanzpolitik und der staatlichen Wirtschaftslenkung, da alte Hebel und Schleusen nicht mehr wirkten und die erstrebte Produktionssteigerung bei gleichzeitigem Primat des Rüstungsbedarfs und nunmehr begrenzten bzw. ausgelasteten Ressourcen Spannungen im Wirtschaftsgetriebe verursachte. Die gewachsene Kaufkraft der Bevölkerung stieß auf sich ausweitende Ansprüche des Staates an die Wirtschaft und mußte, da der Primat der militärischen Mobilisierung eine Drosselung der Staatsaufträge nicht zuließ, zugunsten des »aufgehenden Sauerteigs« der Rüstungskonjunktur zurückgedrängt werden.

1938/39, gegen Ende der zweiten ordnungspolitischen Umschichtungsphase, herrschte neben sehr hohem Beschäftigungsstand eine so gute Konjunktur, daß sie mehr und mehr Engpässe verursachte, die zentrale Lenkung weiter verstärkte und dem unternehmerischen Handeln eigentlich nur noch drei »Freiräume« beließ: in der Organisation des Unternehmens, bei der Bildung stiller Reserven und der Auswahl

---

10 Einschlägige Literatur vgl. W. A. Boelcke (Anm. 3), S. 67.
11 Otto Veit, Grundriß der Währungspolitik, Frankfurt am Main 1969[3], S. 586.
12 Dietmar Petzina, Autarkiepolitik im Dritten Reich. Der nationalsozialistische Vierjahresplan, Stuttgart 1968, S. 45–47; Willi A. Boelcke, Die deutsche Wirtschaft 1930–1945. Interna des Reichswirtschaftsministeriums, Düsseldorf 1983, S. 168–170.
13 Vgl. D. Petzina (Anm. 12), S. 51–57.
14 Vgl. W. A. Boelcke (Anm. 3), S. 10.

der Besoldung der Unternehmensführung[15]. In alle anderen Bereiche griff der Staat ein.

1. Finanzierungsmittel

Die seit 1933 beschrittenen neuen Wege einer einheitlichen Wirtschafts-, Finanz- und Währungspolitik gingen weit über das hinaus, was in der Weimarer Republik von sachkundiger Seite empfohlen wurde. Im gleichen Maße, wie sich die Wirtschaftspolitik des NS-Staates des Mittels der öffentlichen Aufträge sowie der staatlichen Subventionierung der Wirtschaft bediente und der Staat seine Rüstungsausgaben sprunghaft erhöhte, um die »Staatskonjunktur« anzufachen und die Wirtschaft bis zur Höchstleistung der Kriegsvorbereitung zu treiben, stellte die Staatsführung nicht nur die Wirtschafts- und Finanzpolitik in den Dienst ihrer rüstungspolitischen Zielsetzung, sondern ordnete ihr auch die Geldverfassung und die Notenbank unter. Aufgrund des Primats der Staatspolitik wurden – wie einst in den Zeiten des Merkantilismus – die Währung und die Geldverfassung dem Instrumentarium der Finanz-, Wirtschafts- und Rüstungspolitik eingegliedert, um sich mit den erforderlichen Zahlungsmitteln ausstatten zu können und über jede Möglichkeit ihrer fiskalischen Ausbeutung zu verfügen.

Das NS-Regime »befreite« die Reichsbank – laut Reichsbankgesetz von 1924 »eine von der Reichsregierung unabhängige Bank« – von den, wie es damals hieß, »liberalen und kapitalistischen Schlacken« der Unabhängigkeit, um sie staatlichem Totalitätsanspruch zu unterwerfen. Das Bankgesetz vom 27. Oktober 1933[16] machte in diese Richtung den ersten Schritt, indem es zugleich die Basis der Notendeckung durch Hereinnahme von Pfandbriefen sowie Schuldverschreibungen des Reiches, der Länder und Kommunen verbreiterte.

Die vieldiskutierte »Vorfinanzierung« von Reichsausgaben in großem Stil geschah durch Sonder- oder Blockwechsel, beginnend mit den sogenannten Arbeitsbeschaffungswechseln, die entsprechend den Bestimmungen des bis 1937 geltenden Bankgesetzes nicht das Reich formell zum Wechselschuldner machten. Die mit öffentlichen Aufträgen versehenen Unternehmer zogen Arbeitsbeschaffungswechsel auf die als Träger der Arbeitsbeschaffungsfinanzierung fungierenden fünf Kreditinstitute, die Akzeptanten, unter denen die »Öffa« (Deutsche Gesellschaft für öffentliche Arbeiten AG) die wichtigste Rolle spielte[17]. Soweit zur Wechseleinlösung Haushaltmittel des Reiches erforderlich waren, hinterlegte das Reich bei der Reichsbank Deckungssteuergutscheine und Arbeitsschatzanweisungen als Sicherheit, Ende des Fiskaljahres 1933 im Höchstbetrag von 1 542 Millionen Reichsmark (RM), der aber nicht mit dem Gesamtumfang der ausgegebenen Arbeitsbeschaffungswechsel identisch war. Er belief sich Anfang 1935 auf rund 2,85 Milliarden RM[18]. Der gesamte Finanzaufwand für die in den Jahren 1933/34 und 1934/35

---

15 Instruktiv Josef Winschuh, Gerüstete Wirtschaft, Berlin 1936, S. 6.
16 RGBl. II, 1933, S. 827.
17 Vgl. W. A. Boelcke (Anm. 3), S. 22.
18 Hierzu Bundesarchiv Koblenz (BA Koblenz), R 2/5157.

durchgeführten verschiedenen Arbeitsbeschaffungsprogramme erreichte ein Volumen von 6,2 Milliarden RM[19].

Erst im Verlauf des Jahres 1934 bestimmte der von Hitler postulierte Primat der unmittelbaren Rüstungsfinanzierung die fiskalische Ausgabenpolitik, machte sich die im ordentlichen Reichsetat vorgesehene reichliche Verdoppelung der Wehrmachtsausgaben gegenüber 1933 geltend[20]. Durch die außerordentliche Finanzierung der einmaligen Ausgaben für die Aufrüstung über die seit 1934 gezogenen sogenannten Mefo-Wechsel erfuhr der Wehraufbau eine zusätzliche Steigerung. Die Mefo-Wechsel, die auf denselben Überlegungen beruhten wie die Arbeitsbeschaffungswechsel von 1932/33 (ihnen in ihrer finanztechnischen Konstruktion auch ähnelten), gingen insbesondere auf Reichsbankpräsident Hjalmar Schacht zurück[21]. Mit diesen Wechseln (benannt waren sie nach der zu diesem Zweck auf Veranlassung der Reichsregierung von vier großen Rüstungsfirmen – Siemens, Krupp, Gutehoffnungshütte und Rheinstahl – 1933 gegründeten »Metallurgischen Forschungsgesellschaft mbH« [Kapital: eine Million RM]) wollte Schacht kurzfristige Bankgelder der Privatwirtschaft zur Finanzierung der Rüstungsaufträge in großem Maßstab mobilisieren. Die Rüstungslieferanten stellten für Aufträge des Reiches gegen ihre Forderungen Wechsel auf die Mefo aus. Wie sich ihre Begebung auf die einzelnen Fiskaljahre verteilte, ist Tabelle 1 zu entnehmen.

Eine termingerechte Einlösung der Mefo-Wechsel erfolgte nicht. Im Juli 1939 befanden sich bei der Reichsbank »noch Mefo-Wechsel in Höhe von 11,676 Milliarden RM«; 1945 gehörten über 8,1 Milliarden RM Mefo-Wechsel zur Schuldenmasse des Reiches[22]. Reichsbankpräsident Schacht erreichte zwar, daß Ende des Haushaltsjahres 1937 die Ausgabe der Mefo-Wechsel eingestellt wurde, war aber außerstande, die von ihm in Gang gebrachte Kreditfinanzierung der Rüstung wieder abzubremsen. Im Haushaltsjahr 1938 wurde die geheime Rüstungsfinanzierung auf lombardfähige »Lieferschatzanweisungen« umgestellt[23]. Wiederum erhielt der Rüstungslieferant kein

Tabelle 1: Mefo-Wechsel

Fiskaljahr	1934	1935	1936	1937 (bis Ende März 1938)
Milliarden RM	2,145	2,715	4,452	2,688
Insgesamt	2,145	4,860	9,312	12,000 Milliarden RM

Quelle: René Erbe, Die nationalsozialistische Wirtschaftspolitik 1933–1939 im Lichte der modernen Theorie, Zürich 1948, S. 46.

19 Willi Albers, Finanzpolitik in der Depression und in der Vollbeschäftigung, in: Deutsche Bundesbank (Hrsg.), Währung und Wirtschaft in Deutschland 1876–1975, Frankfurt am Main 1976², S. 350.
20 Vgl. Tabelle 3.
21 Hjalmar Schacht, 76 Jahre meines Lebens, Bad Wörishofen 1953, S. 400–402; Ursula Albert, Die deutsche Wiederaufrüstung der dreißiger Jahre als Teil der staatlichen Arbeitsbeschaffung und ihre Finanzierung durch das System der Mefo-Wechsel, Diss. Nürnberg 1956.
22 BA Koblenz, R 2/21 781; Wilhelm Dieben, Die innere Reichsschuld seit 1933, in: Finanzarchiv, N. F. Bd. 11 (1949), S. 657.
23 Vgl. O. Veit (Anm. 11), S. 593.

Bargeld, und die Bezahlung wurde in der Hoffnung auf »bessere Zeiten« für die Staatskasse und in der Absicht, den Geldumlauf nicht sogleich erhöhen zu müssen, hinausgezögert. Das vierte neugeschaffene Sonderfinanzierungsinstrument, die »Lieferschätze« – ausgegeben im Betrag von 6,5 Milliarden RM – besaß eine Laufzeit von sechs Monaten (verzinst mit drei Prozent pro Jahr) und konnte bei der Reichsbank nur beliehen werden.

Eine Episode in der Finanzierung der Rüstungsexpansion bildete ebenfalls der Rückgriff auf Steuergutscheine, deren Ausgabe bereits von der Regierung Papen 1932 praktiziert worden war. Um im Frühjahr 1939 die Bezahlung von Rüstungsaufträgen zu überbrücken, wurden erneut an private Empfänger Steuergutscheine ausgegeben[24], die einen Verzicht des Fiskus auf künftige Steuereingänge bedeuteten und die Reichsbank nicht belasteten. Die Steuergutscheine NF I und II, im Gesamtbetrag von 4,831 Milliarden RM ausgegeben, waren ein recht problematisches Papier, weil sie größere Kreditkapazitäten bei der Industrie voraussetzten. Ab November 1939 wurde ihre Ausgabe eingestellt.

Erst 1935 wurden Reichsanleihen (Laufzeit 28 Jahre) im Betrag von 1 926 Millionen RM bei Sparkassen, Versicherungen und bei den Zentralinstituten der Spar- und Girokassen untergebracht und am offenen Markt als Konsolidierungsanleihe für 500 Millionen RM Reichsschatzanweisungen (Laufzeit siebeneinhalb Jahre) zur öffentlichen Zeichnung aufgelegt. Beide Wertpapiere wurden mit viereinhalb Prozent verzinst. Als Kreditinstrument für die Rüstungsfinanzierung fielen die verzinslichen Schatzanweisungen zwischen 1936 und 1939 fast völlig aus[25]. Anders verhielt es sich mit den Reichsanleihen, weil sich der Staat aus Scheu vor einer »finanziellen Volksabstimmung« durch eine neue Begebungstechnik den Zugriff auf das gebildete Geldkapital unmittelbar an den Geld- und Kapitalsammelstellen (Banken usw.) verschaffte. Die gesetzliche Grundlage dafür schuf die erste Verordnung zur Durchführung und Ergänzung des Reichsgesetzes über das Kreditwesen vom 9. Februar 1935, wonach Liquiditätsreserven bis zur Hälfte aus Wertpapieren bestehen konnten. Anweisungen des Reichsarbeitsministers an die sozialen Versicherungsträger, des Reichswirtschaftsministers an die Girozentralen, der Reichsgruppe »Versicherungen« an die Privatversicherungen sicherten seitdem die Anlage verfügbarer Einlagen in Schuldverschreibungen des Reiches. Schatzanweisungen wurden hauptsächlich bei Banken abgesetzt, längerfristige Anleihen in »rollendem Verkauf«, ohne vorherige Festlegung des Emissionsvolumens, durch Vereinbarungen mit den betreffenden Spitzenorganisationen bei Sparkassen und Versicherungen untergebracht[26].

Das seit 1935 praktizierte »geräuschlose Abschöpfungsverfahren« von Geldkapital, auf dem auch die spätere Kriegsfinanzierungstechnik basierte, machte die Besitzer von Spar- und Giroeinlagen sowie von Versicherungsgeldern zu mittelbaren Gläubigern des Reiches (dieser Rolle waren sie sich aber wohl häufig nicht bewußt). Ohne Zweifel war der Fiskus dadurch imstande, weit mehr Staatsschuld auf dem Geld- und Kapitalmarkt unterzubringen als bei freiem Verkauf von Reichspapieren an das Pu-

---

24 Vgl. W. A. Boelcke (Anm. 3), S. 21.
25 Vgl. W. A. Boelcke (Anm. 3), S. 25.
26 Lutz Graf Schwerin von Krosigk, Wie wurde der Zweite Weltkrieg finanziert?, in: Bilanz des Zweiten Weltkriegs, Oldenburg u. a. 1953, S. 325; Fritz Federau, Der Zweite Weltkrieg: Seine Finanzierung in Deutschland, Tübingen 1962, S. 20–21.

blikum, bei dem die Banken nur eine Vermittlerfunktion ausgeübt hätten. 1938 wurde die aufgenommene Reichsschuld zu 81,9 Prozent aus Anstalts- und 18,1 Prozent aus Publikumsbesitz kreditiert. Freilich stieß auch diese Begebungstechnik auf Grenzen. Per Saldo stand dafür bis zum 31. August 1939 ein effektiver Einnahmenüberschuß aus dem Wertpapierverkauf in Höhe von 15 782,9 Millionen RM zur Verfügung[27].

Um klaffende Finanzierungslücken zu schließen, trat schließlich (was Schacht wohl von Anfang an auch befürchtet hatte) an die Stelle der Notendeckung durch Devisen und Gold, die kaum noch vorhanden und seit Einführung der Devisenzwangswirtschaft zur Sicherung des Binnenwertes der Währung auch nicht mehr erforderlich waren, und statt privater Handelswechsel der als deckungsfähig anerkannte »Staatswechsel«. Er bildete das finanzielle Geheimnis der Aufrüstung, blähte seit 1938 sprunghaft den Wechselbestand der Reichsbank auf[28] und erzwang eine beträchtliche Ausweitung der aktiven Geldmenge. Reichsbankpräsident und Reichsbankdirektorium versuchten vergebens, die Notbremse zu ziehen. Bedeutete schon das Reichsbankgesetz vom Februar 1937 den »Fortfall der Unabhängigkeit der Reichsbank von der Reichsregierung« und »die unmittelbare Unterstellung des Reichsbankdirektoriums unter den Führer« (Schacht), so beseitigte das Reichsbankgesetz vom 15. Juni 1939[29], mögliche Einflußnahmen der Notenbank auf die volkswirtschaftliche Geldversorgung ausschaltend, alle Hemmnisse eines reibungslosen technischen Zusammenwirkens zwischen Rüstungsfinanzierung und Notenbank. Das Ausmaß der Geldschöpfung lag laut Bankgesetz von 1939 fortan im eigenverantwortlichen Ermessen Hitlers. Damit war definitiv der staatliche Kreditbedarf zum Richtmaß der Notenausgabe und Kreditschöpfung gemacht. In seiner Rede vor Leitern der Rüstungsindustrie Anfang Juli 1944 bemühte sich Hitler, angesichts des Fiaskos seiner Währungspolitik diese zu rechtfertigen: »Es gab liberale Wirtschaftspolitiker, vor allem aber Finanzleute, die mir sagten: ›Sie entfernen sich ja völlig von der soliden Deckung unserer Währung‹. Im Gegenteil, ich habe mich von einer unsoliden, theoretischen Deckung der Währung entfernt, um zu einer soliden Fundierung der Währung zu kommen, nämlich zu einer Fundierung der Währung durch tatsächliche Werte, durch die Produktion.«[30] Produziert wurden seit 1936 vor allem mehr Waffen und sonstige Rüstungsgüter[31], die – sofern nicht exportiert – vom Standpunkt der volkswirtschaftlichen Reproduktion her gesehen reinen Verlust bedeuten.

2. Das Finanzierungsvolumen und seine Deckungsquellen

Bis zum Ende des Zweiten Weltkriegs galt zumindest in Hitlers Machtbereich als verbürgt, daß Deutschlands Aufrüstung von 1933 bis 1939 die enorme Summe von über 90 Milliarden RM verschlungen habe. Hitler selber hatte diese Zahl in seiner

---

27 Vgl. W. A. Boelcke (Anm. 3), S. 25.
28 Näheres unten S. 104 f.
29 RGBl I 1939, S. 1015 ff.
30 »Es spricht der Führer«. Sieben exemplarische Hitler-Reden. Hrsg. und erläutert von Hildegard von Kotze und Helmut Krausnick unter Mitwirkung von F. A. Krummacher, Gütersloh 1966, S. 344.
31 Näheres unten S. 102 f.

Reichstagsrede vom 1. September 1939 trotz der sonst in Rüstungsfragen geübten strengen Geheimhaltung unter die Leute gebracht: »Über sechs Jahre habe ich nun am Aufbau der deutschen Wehrmacht gearbeitet. In dieser Zeit sind über 90 Milliarden für den Aufbau unserer Wehrmacht aufgewendet worden. Sie ist heute die am besten ausgerüstete der Welt und steht weit über jedem Vergleich mit der des Jahres 1914.«[32]. Nach den Rechnungsunterlagen des Reichsfinanzministeriums wurden als »Ausgaben für die Aufrüstung« bis Ende August 1939 rund 62 Milliarden RM ausgewiesen[33]. Die von Hitler genannten 90 Milliarden waren jedoch nicht völlig aus der Luft gegriffen, wenn man darunter die seit 1933 aufgewendeten Gesamtkosten der Militarisierung und Mobilisierung von Wirtschaft und Gesellschaft für den Kriegseinsatz begreift.

Insgesamt war die Haushaltsentwicklung während der ersten sechs Jahre der NS-Herrschaft durch eine immense Ausgabenexplosion gekennzeichnet (vgl. Tabelle 2), wobei innerhalb der Gesamtsteigerung (1938 = 392 Prozent gegenüber 1933[34]) der Sauerteig der aufgehenden Rüstung die Haupttreibmasse darstellte. Die Wehrmachtausgaben expandierten von 1933 bis 1938 um das 23fache. Darüber hinaus waren an der Ausgabeninflation vor allem die für die innere Stabilität des totalitären Herrschaftssystems und für seine Wirtschaftsexperimente verantwortlichen Ressorts beteiligt. Der Verschärfung der Polizei- und Justizherrschaft diente die enorme Erhöhung der Etats des Innen- und des Justizministeriums. Je mehr die Marktwirtschaft eliminiert wurde, die Autarkiebestrebungen zunahmen und je mehr die Wirtschaft der Subventionierung und Kreditierung bedurfte, um so stärker wucherten die staatlichen Wirtschaftsbürokratien.

Gewaltherrschaft verlangt vom Steuerzahler einen höheren finanziellen Tribut als Demokratie. Nicht zuletzt fanden der »Führerkult«, der Cäsarismus Hitlers und seine Bauleidenschaft im Reichsetat ihren entsprechenden Niederschlag. Der totalitäre

Tabelle 2: Die Reichsressorts mit der größten Steigerung
ihres Ausgabenvolumens zwischen 1934 und 1938
Ausgabensteigerung (1934 = 100 Prozent)

Ressort	1938/Prozent
Reichspräsident, Führer und Reichskanzler	1 822,2
Reichsjustizminister	4 042,2
Reichsminister für Ernährung und Landwirtschaft	459,9
Reichswirtschaftsministerium	391,6
Reichsminister des Innern	2 751,2
Wehrmacht	420,9

Quelle: Statistisches Handbuch von Deutschland 1928–1944, München 1949, S. 555; eigene Berechnungen.

32 Max Domarus, Hitler. Reden und Proklamationen. 1932–1945, Bd. 2, Würzburg 1963, S. 13–15.
33 BA Koblenz, R 2/21 779, unten Tabelle 3.
34 Veröffentlichung des Reichshaushalts, in: Statistisches Handbuch von Deutschland 1928–1944, München 1949, S. 555.

Tabelle 3: Istausgaben für die Wehrmacht 1933 bis 1939 in Milliarden RM

	1933	1934	1935	1936	1937	1938	1939	Total (31.8.)
Heer und Kriegsmarine (einschließlich Oberkommando der Wehrmacht)	–	1,310	1,736	3,596	5,015	11,221	7,987	
Reichsluftfahrt-ministerium	–	0,642	1,036	2,225	3,258	6,026	3,941	
Insgesamt	–	1,952	2,772	5,821	8,273	17,247	11,928	
Mefo-Wechsel	–	2,145	2,715	4,452	2,688	–	–	
Insgesamt	1,9*	4,097	5,487	10,273	10,961	17,247	11,928	61,893

* Einschließlich Geheime Etats.
Quelle: Bundesarchiv Koblenz, R2/21781.

Staat schuf sich eine militärisch, polizeilich und bürokratisch gesicherte Herrschafts-apparatur und entrückte die ständig anschwellende Kostenlawine zur Finanzierung seines Machtwillens der plebiszitären Legitimation. Der steile Anstieg der Ausgaben-kurve des Deutschen Reiches zwischen 1933 und 1939 resultierte in allererster Linie aus der sprunghaften Expansion der Militärkosten. Von den Gesamtausgaben des Reiches (einschließlich Mefo-Wechseln) in Höhe von 119,4 Milliarden RM entfielen 51,9 Prozent auf die Wehrmacht. In dem teils sprunghaften Zuwachs der Militäraus-gaben zwischen 1933 und 1939 spiegelte sich der stufenweise Aufbau der Wehrmacht wider (vgl. Tabelle 3). Zu Beginn des Etatjahres handelte das Reichswehrministerium mit der Reichsbankleitung und dem Reichsfinanzminister eine Globalsumme aus, die dann der Wehrmacht zugewiesen wurde – in dieser Hinsicht eine Traumkonstellation für Militärs[35]. Der Reichsfinanzminister wurde zum willfährigen Zahlmeister.

Mit Ausnahme der Steuersenkungen von 790 Millionen RM während der Arbeits-beschaffungsperiode 1933/34, die die effektive Nachfrage stimulieren sollten[36], be-hielt die nationalsozialistische Fiskalpolitik im wesentlichen die zu Zeiten der Brü-ningschen Deflationspolitik eingeführten Steuererhöhungen bei. Sie halfen zwar nicht, die Deflation zu überwinden, sorgten aber in der Vollbeschäftigungsphase seit Mitte der dreißiger Jahre für eine beträchtliche Zunahme des Steueraufkommens, das sogar rascher als das Volkseinkommen anstieg (1938 = 21,6 Prozent des Volksein-kommens). Die in den Jahren 1933 bis 1938 erzielten Mehreinnahmen aus Steuern (einschließlich Zöllen und Abgaben) betrugen gegenüber 1932 insgesamt rd. 25 Mil-liarden RM und reichten trotzdem bis zum Fiskaljahr 1935 nicht aus, um allein den im Reichshaushalt eingestellten, ebenfalls erhöhten Finanzbedarf der zivilen Ressorts zu bestreiten. Nach Abzug der Ausgaben (ohne Autobahnfinanzierung), die sich von

---

35 Ludwig Erhard, Kriegsfinanzierung und Schuldenkonsolidierung. Faksimiledruck der Denkschrift von 1943/44, Frankfurt am Main u. a. 1977, S. XXVIII.

36 Vgl. W. Albers (Anm. 19), S. 353–355. Aufgelistet sind die wichtigsten Steuererleichterun-gen von 1933/34 bei R. Caesar/K.-H. Hansmeyer (Anm. 8), S. 850.

1933 bis 1938 annähernd verdoppelten, ergab sich ein Einnahmeüberschuß aus dem Steueraufkommen des gleichen Zeitraums von rund 6,3 Milliarden RM. So stiegen die Steuereinnahmen zwar mit dem rapiden wirtschaftlichen Aufschwung, absolut gesehen, stark an, doch verringerte sich ihr Beitrag zur Deckung der Staatsausgaben drastisch[37]. Bis auf die Ausdehnung des Kreises der Körperschaftspflichtigen und die Erhöhung der Körperschaftssteuer seit 1937 sowie die eingeführte sog. Wehrsteuer für nicht Militärdienst leistende Männer unter 25 Jahre wurde aus der Furcht, Leistungsanreize zu dämpfen, kein nennenswerter Versuch unternommen, die Steuereinnahmen so zu steigern, daß sie mit dem stärkeren Wachstum der Staatsausgaben mithalten konnten[38].

Ab 1938 sollte die Rüstungsfinanzierung »ganz auf ordentliche Einnahmen für die laufenden und auf Anleihen für die außerordentlichen Rüstungsausgaben« umgestellt werden[39]. Die Finanzpolitik sah sich dazu außerstande. Das hektische Experimentieren mit wechselnden Finanzierungsverfahren ging weiter. Von April 1938 bis April 1939 dauerte die Phase der sogenannten »Finanzierungswende«, während der zur Kreditausweitung statt Sonderwechseln kurzfristige Reichspapiere mit Schatzanweisungscharakter ausgegeben wurden. Die hohen finanziellen Anforderungen für die Rüstung drohten im Frühjahr 1939 eine Finanzkrise heraufzubeschwören und führten zu einer neuerlichen Änderung der Finanzierungstechnik. Der neue Reichsbankpräsident Walther Funk verkündete den »Neuen Finanzplan«, mit dem man sich von der Begrenzung der Kreditversorgung durch den gegebenen Umfang der Geldkapitalbildung unabhängig machen wollte.

Die Deckung des gesamten Ausgaben-Ist des Reichshaushaltes von 1933 bis zum Kriegsausbruch 1939 erfolgte zu 56,3 Prozent, d.h. im Umfang von 67,3 Milliarden RM durch Einnahmen aus Steuern, Zöllen und sonstigen Abgaben[40]. Etwa um 13,8 Milliarden RM erhöhte sich die ordentliche Deckungsmasse durch »sonstige Einnahmen« des Reiches, insbesondere durch Abführungen von Reichsbahn, Reichspost und Reichsbank[41]. Damit klaffte insgesamt eine Finanzierungslücke von etwa 32 Prozent (von rund 119,4 Milliarden RM). Um sie zu schließen, erhöhte sich die Reichsschuld von Januar 1933 bis August 1939 um 36,7 Milliarden RM[42] (Tabelle 4). Die Wertpapierneuverschuldung des Reiches steigerte sich von 1933 bis April 1939 – bis auf etwa eine Milliarde RM bei den Kapitalsammelstellen untergebracht – auf insgesamt 14,6 Milliarden RM[43], so daß es dringend einer entsprechend stärkeren Ausweitung der kurzfristigen, nicht fundierten Reichsschuld bedurfte. Sprunghafter als die Wertpapierverschuldung stieg 1938/39 der Einsatz kurzfristiger Finanzierungsmittel (Wechsel), insgesamt zwischen 1933 und Kriegsausbruch 1939 in einer Größenord-

37 Vgl. R. Caesar/K.-H. Hansmeyer (Anm. 8), S. 851 f.
38 Vgl. René Erbe, Die nationalsozialistische Wirtschaftspolitik 1933–1939 im Licht der modernen Theorie, Zürich 1958, S. 33–34.
39 Vgl. L. Graf Schwerin von Krosigk (Anm. 26), S. 89.
40 Die Isteinnahmen des Reiches an Zöllen, Steuern und Abgaben, in: Handbuch (Anm. 34), S. 556–558, sind um die jährlichen Überweisungen an Länder und Gemeinden zu reduzieren.
41 Vgl. Handbuch (Anm. 34), S. 555.
42 Schuldenstand 1933 bis 1939 ist nicht identisch mit Defizitdeckung 1933 bis 1939, vgl. W. A. Boelcke (Anm. 3), S. 74, Anm. 95.
43 Vgl. W. A. Boelcke (Anm. 3), S. 31.

nung von rd. 22,5 Milliarden RM. Unmittelbar auf die Entwicklung des Zahlungsmittelumlaufs wirkte der Wechselbestand der Reichsbank. Die kräftige Expansion der kurzfristigen Reichsschuld in den Jahren 1938 (vgl. Tabelle 4) und 1939 führte zu einer schlagartigen Erhöhung der Umlaufmittel (Steigerung 1938 gegenüber 1937: 2,9 Milliarden RM; 1939, bis Ende August: 2,7 Milliarden RM, vgl. Tabelle 5). Wenn man die durch die Eingliederung Österreichs und des Sudetenlandes bedingte Zunahme, beziffert auf 1,1 Milliarden RM[44], von der Gesamtvermehrung des Jahres 1938 absetzt, bliebe ein durch Deficit spending verursachter Anstieg von 1,8 Milliarden RM. Die massive Erhöhung der Stückgeldmenge im Jahr 1939 trat unmittelbar vor Kriegsausbruch ein. Seit 1938 überstieg die Schuldenzunahme den jährlichen Zuwachs an realem Volkseinkommen, erzwang privaten Konsumverzicht, schloß eine Tilgung aus dem verfügbaren ordentlichen Steueraufkommen aus und veränderte das Verhältnis zwischen Staatsschuld und Volkseinkommen zu Lasten eines produktiven Mitteleinsatzes.

Tabelle 4: Neuverschuldung des Reiches im Inland 1933 bis 1939
(in Milliarden RM, jeweils Monatsende)

	Januar 1933	März 1936	März 1938	August 1939	Zugang seit 1933
Mittel- und langfristige Schuld	2,6	6,0	11,9	20,6	18,0
Kurzfristige Schuld	1,4	8,4	14,3	23,9	22,5*
Insgesamt	4,0	14,4	26,2	44,5	40,5

* Ohne Steuergutscheine.

Quelle: Eigenberechnung nach den Ausweisen der Reichsschuldenverwaltung. Darin auch Abbau der Altverschuldung von vor 1924 in Neuverschuldung.

Tabelle 5: Zahlungsmittelumlauf 1928 bis 1939
(in Millionen RM)

	1933	1936	1938	1939 (1. September)
Reichsbanknoten	3 633	4 980	8 223	10 900
Sonstige Banknoten und Scheidemünzen	2 082	1 984	2 181	2 200
Insgesamt	5 715	6 964	10 404	13 100
Volkseinkommen (Milliarden RM)	44,0	63,6	87,0	100,0

Quelle: Statistisches Handbuch von Deutschland 1928–1944, München 1949, S. 505.

---

44 Wirtschaft und Statistik, (1939), S. 79.

III. Kriegsfinanzierung 1939 bis 1945

In Kriegen pflegten im allgemeinen nicht mehr die Einnahmen des Staates seine Ausgaben zu limitieren, sondern wurden umgekehrt die Einnahmen den jeweiligen und ständig steigenden Ausgaben angepaßt. Kriegsfinanzierung stellte Debt-Management fast in »Reinkultur« dar. Das galt wegen der entsprechenden Weichenstellungen in den Vorkriegsjahren insbesondere für die Kriegsfinanzpolitik des NS-Staates.

1. Finanzierungsvolumen

Nach der kassenmäßigen Ausgabenrechnung des Deutschen Reiches belief sich der Aufwand der Kriegsjahre auf rund 614 Milliarden RM. Die Ausgaben für die Wehrmacht und die Zivilressorts erreichten im ersten Kriegsjahr, vom Reichsfinanzminister vor dem Kriege auf rund 50 Milliarden RM veranschlagt, fast 90 Milliarden RM (vgl. Tabelle 6) und überstiegen damit die des letzten Friedensjahres um mehr als das Doppelte. Die Ausgabenprogression vollzog sich von Jahr zu Jahr in Gestalt einer arithmetischen Reihe. Die jährlichen Steigerungsquoten der Staatsausgaben, die sich oft sogar von Monat zu Monat erhöhten, spiegelten nicht mehr Konjunkturverläufe, reale Volkseinkommensveränderungen oder soziale Prioritäten wider. Ihren Hintergrund bildete vielmehr das Netzwerk der geplanten und befohlenen Maximierung des militärischen Nutzens entsprechend der Beurteilung des Kriegs- und Kampfverlaufs seitens der Staatsführung sowie der dafür vorhandenen güterwirtschaftlichen Deckungsmöglichkeiten. Noch stärker als das Volumen der Wehrmachtausgaben stiegen die fälligen Schuldrückzahlungen, die bezeichnenderweise seit dem dritten Kriegsjahr den Löwenanteil der Kriegsausgaben des Deutschen Reiches ausmachten. Dem Anstieg der haushaltsmäßigen Wehrmachtsausgaben vom ersten bis zum fünften Kriegsjahr um 161 Prozent entsprach ein Zuwachs der Schuldrückzahlungen von 782 Prozent. So gesehen stellte sich deutsche Kriegsfinanzierung in der Hauptsache als die Umsetzung von gewaltigen Schuldenbergen dar. Beträchtlich erhöht hatten sich auch die Zivilausgaben, doch ihr Anteil an den Gesamtausgaben ging stark zurück.

2. Steuerfinanzierung

Im Unterschied zur Mehrzahl der anderen kriegführenden Mächte des Zweiten Weltkriegs zeigte sich der deutsche Fiskus beim Anziehen der Steuerschraube recht zurückhaltend. Seit Kriegsausbruch 1939 scheute sich die Staatsführung aus Rücksicht auf die Kriegsmoral, auf die bei »Stimmung« zu haltende Bevölkerung, den Steuerdruck kräftig zu erhöhen. Sie stoppte Steuerpläne und erklärte statt dessen zur fiskalischen Marschroute, die Kriegslasten auf die eroberten und zu erobernden Länder abzuwälzen[45]. Die aufgrund der Kriegswirtschaftsverordnung vom 4. September 1939[46] seit 1. Januar 1940 erhobenen Kriegszuschläge (50 Prozent zur Lohn- bzw.

---

45 Vgl. Internationales Militärtribunal Nürnberg (Hauptkriegsverbrecherprozeß, Blaue Serie), Bd. XIV, S. 402.
46 RGBl. I, 1939, S. 1609.

Tabelle 6: Kassenmäßige Nettoausgaben des Deutschen Reiches 1939 bis 1945[47] (in Milliarden RM)

	Wehrmacht-ausgaben	Ausgaben der Zivilressorts	Schuldrück-zahlungen	Gesamt-ausgaben
Erstes Kriegsjahr (1. September 1939 bis 31. August 1940)	38,04	19,59	31,95	89,58
Zweites Kriegsjahr (1. September 1940 bis 31. August 1941)	55,89	25,58	66,60	148,07
Drittes Kriegsjahr (1. September 1941 bis 31. August 1942)	72,31	30,05	116,42	218,78
Viertes Kriegsjahr (1. September 1942 bis 31. August 1943)	86,19	39,66	182,45	308,30
Fünftes Kriegsjahr (1. September 1943 bis 31. August 1944)	99,44	49,95	281,64	431,03
Sechstes Kriegsjahr (1. September 1944 bis Kriegsende)	62,13[1]	35,56	177,57	275,26[2]
Insgesamt (in Mrd. RM)	414,00[3]	200,39	856,63[4]	1 470,92
Insgesamt (in %)	28,1	13,5	58,3	100,0

1 Offenbar letzte Abrechnung der Reichshauptkasse (bis 28. Februar 1945), vgl. L. Graf Schwerin von Krosigk (Anm. 26), S. 322.
2 Vorsichtige Schätzung des Mindest-Ist aufgrund der Erfahrungswerte der Vormonate unter Berücksichtigung der eingesetzten Gebietsverluste und des Anstiegs der Reichsschuld bis Ende April 1945.
3 Dazu kommen die Wehrmachtsausgaben, die kassenmäßig nicht vom Deutschen Reich abgedeckt wurden. Vgl. unten S. 114.
4 Ganz überwiegend Einlösung von Wechseln und Wertpapieren. Für die Verzinsung von Schulden wurden in den Haushaltsausgaben des Reichs 1939/40 bis 1944/45 Beträge von insgesamt 31,9 Mrd. RM und für die Tilgung von insgesamt 11,6 Mrd. RM.
Quelle: Bundesarchiv Koblenz, R2/21781.

Einkommensteuer, 20 Prozent auf Bier und Tabakwaren) lagen insgesamt erheblich unter ursprünglich gehegten Zielvorstellungen. Durch die Verordnung über die Lenkung von Kaufkraft vom 30. Oktober 1941 wurden die Steuern auf Genußmittel erneut erhöht (Tabakwaren, Branntwein, Schaumwein)[48]. Mit Ausnahme der Einkommensteuer warfen die erhobenen Reichssteuern bis 1941 bzw. 1942 ihr höchstes Auf-

47 Vgl. dazu W.A. Boelcke (Anm.3), S.98 u. 148. Abweichend zu den Summen der Haushaltsrechnungsjahre (April–März), in: Handbuch (Anm.34), S.555.
48 Vgl. F. Federau (Anm.26), S.24–26.

Tabelle 7: Steuern und Ausgaben des Reiches 1938 bis 1943
(in Milliarden RM)

Jahr	Steuer-aufkommen	Reichs-ausgaben	davon: Wehrmacht-ausgaben	Volks-einkommen	Steuer-quote	Staats-quote	Militär-quote
1938	14,87	31,42	17,24	87,0	17,0	36,1	19,8
1939/40	21,9	52,1	32,3	100,0	21,9	52,1	32,2
1942/43	34,0	128,6	96,9	125,0	27,2	102,9	77,5

Quelle: 1938 nach Statistik des Reichsfinanzministeriums, Bundesarchiv Koblenz, R2/217 78; 1939/40 und 1942/43 in: Statistisches Handbuch von Deutschland 1928–1944, München 1949, S. 555 und 558; abgerundet; eigene Berechnungen.

kommen ab und deckten die Gesamtausgaben zu 33 Prozent (1939 zu 42 Prozent). Von da ab sank das Steueraufkommen[49]. Es vergrößerte sich wohl in der Hauptsache seit 1938 durch die Gebietsausdehnung des Reiches. Reichssteuern wurden auch im Protektorat Böhmen und Mähren erhoben. Seit 1943 vereinnahmte das Reich auch die Gewerbesteuer der Gemeinden. Die Gewinnabführungsverordnung von 1942 erhöhte den Kriegszuschlag auf die Körperschaftssteuer und schöpfte erhöhte Gewinne ab. Außerdem schlug 1942 die einmalige Abgeltung der Gebäudeentschuldungssteuer zu Buche. Gekürzt wurden Reichsüberweisungen an Länder und Gemeinden. Bemühungen des Reichsfinanzministers um weitere Steuererhöhungen widersprach 1940 Goebbels. Ein zweiter Anlauf 1941 scheiterte an Hitler[50]. Sogar die katstrophale finanzpolitische Entwicklung des Jahres 1944 verhalf neuerlichen Initiativen des Reichsfinanzministers nicht zum Erfolg[51]. Erst unmittelbar vor der militärischen Katastrophe im März 1945 einigten sich die Minister rasch über den Entwurf einer Kriegsabgabenverordnung. Hitler setzte seine Paraphe darunter und behielt sich die Inkraftsetzung für die Zeit nach dem Kriege vor[52].

Die ordentlichen Einnahmen des Deutschen Reiches vom 1. September 1939 bis 8. Mai 1945 in Höhe von 276 Milliarden RM (davon 185 Milliarden RM Steuern und Zölle) reichten gut aus, um die ebenfalls gestiegenen Ausgaben der zivilen Ressorts (200 Milliarden) zu decken (Überschuß 76 Milliarden), bestritten dagegen nur einen Bruchteil der Wehrmachtbudgets (vgl. Tabelle 6). Einsparungen in zivilen Bereichen wurden bei Kriegsausbruch anvisiert, kamen auch während des Krieges immer wieder zur Sprache, ließen sich aber im Strudel erhöhter finanzieller Anforderungen für Familienunterhaltszahlungen, zur Entschädigung von Kriegsopfern und zur Regelung von Kriegsschäden, für die Industriefinanzierung und für Evakuierungen nicht realisieren.

---

49 Vgl. L. Graf Schwerin von Krosigk (Anm. 26), S. 324.
50 Vgl. L. Graf Schwerin von Krosigk (Anm. 4), S. 299.
51 Ebenda, S. 300–303.
52 Vgl. F. Federau (Anm. 26), S. 27 f.

Tabelle 8: Deckung der kassenmäßigen Nettoausgaben
des Deutschen Reiches 1939 bis 1945
(in Milliarden RM)

	Gesamt-ausgaben	Ordentliche Einnahmen	Prozent	Kredit-mittel
Erstes Kriegsjahr (1. September 1939 bis 31. August 1940)	89,58	27,04	30,2	62,54
Zweites Kriegsjahr (1. September 1940 bis 31. August 1941)	148,07	39,53	26,7	108,54
Drittes Kriegsjahr (1. September 1941 bis 31. August 1942)	218,78	47,29	21,6	171,49
Viertes Kriegsjahr (1. September 1942 bis 31. August 1943)	308,30	65,21	21,1	243,09
Fünftes Kriegsjahr (1. September 1943 bis 31. August 1944)	431,03	65,95	15,3	365,08
Sechstes Kriegsjahr (1. September 1944 bis Kriegsende)	275,26	30,83	11,2	244,43
Insgesamt (in Mrd. RM)	1 470,92	275,85	18,7	1 195,17

Quelle: Bundesarchiv Koblenz, R 2/21781.

3. Staatsverschuldung

In der Hauptsache, d.h. zu 55,1 Prozent wurde der Krieg auf deutscher Seite durch Staatsverschuldung finanziert[53] (vgl. Tabelle 8), wurden von den 614,4 Milliarden RM

---

53 Laut Kassenrechnung aufgenommene Kredite: 1 195,17
    Kreditrückzahlung: 856,63

    ∕. Kreditsaldo: <u>338,54</u>
    + nicht abgerechnete Kreditkassenscheine: 3,–
    + Reichsschuld am 1. September 1939:   33,–

    <u>374,54</u>

Durch die Reichshauptkasse geflossene Reichsschuld
bis 21. April 1945:   374,91 Mrd. RM
Deckung von Clearingdefizit durch Reichsschatzanweisungen
bis 21. April 1945:   <u>12,98 Mrd. RM</u>
   <u>387,89 Mrd. RM</u>

Die Reichsschuldenverwaltung verbuchte bis 21. April 1945 eine Reichsschuld von 387,89 Milliarden RM. Vgl. W. Dieben (Anm. 22), S. 656. Nicht enthalten sind Steuergutscheine, Mefo-Wechsel u. a.

Tabelle 9: »Gesamtbilanz«

	Mrd. RM	Prozent
Wehrmachtausgaben	414,00	67,4
Ausgaben ziviler Ressorts	200,39	32,6
Insgesamt	614,39	100
Ordentliche Einnahmen	275,85	44,9
./. Kreditmittel	338,54	55,1

Quelle: Eigene Berechnungen.

Tabelle 10: Entwicklung der Reichsschuld 1938 bis 1945
(in Mrd. RM)

	Fundierte Schuld	davon in ausländischer Währung	Schwebende Schuld	Prozent	Insgesamt
31. Dezember 1938	22,23	1,29	5,01	18,3	27,24
31. Dezember 1939	26,96	1,27	14,13	34,4	41,10
31. Dezember 1940	43,04	1,25	32,79	43,3	75,84
31. Dezember 1941	64,23	1,23	60,63	48,6	124,87
31. Dezember 1942	87,62	1,22	95,97	52,3	183,59
31. Dezember 1943	110,30	1,20	143,20	56,4	253,50
31. Dezember 1944	131,80	1,20	216,30	62,1	348,10
21. April 1945	141,30	1,20	246,60	63,6	387,90
Weitere verbriefte Reichsschuld					63,8

Quelle: Willi A. Boelcke, Die Kosten von Hitlers Krieg. Kriegsfinanzierung und finanzielles Kriegserbe in Deutschland 1933–1948, Paderborn 1985, S. 149 (hier Quellen, Verweise und kritische Anmerkungen).

kassenmäßig erfaßten Staatsausgaben 338,5 Milliarden auf dem Kreditwege gedeckt. Die beurkundete Verschuldung des Reiches (Inlandsschuld) betrug am 1. September 1939 33 Milliarden RM und steigerte sich sodann in steilem, zuweilen nur kurzfristig im Tempo abgebremsten Hochlauf bis Kriegsende 1945 auf die enorme Summe von rund 390 Milliarden RM (vgl. Tabelle 10). Durch den Verzicht auf eine systematische Konsolidierung der kurzfristigen (schwebenden) Schuld in langfristigen Anleihen erreichten schon im Frühjahr 1942 die kurzfristigen Schulden das Übergewicht in der Schuldenstruktur.

Abzulesen an der Belastungszunahme der Reichsbank[54], brach schon im Sommer 1944 im Zuge der militärischen Katastrophen die bisher praktizierte Finanzpolitik

---

54 Vgl. W. A. Boelcke (Anm. 3), S. 106.

zusammen. Der Deckungsanteil der ordentlichen Einnahmen an den Gesamtausgaben sank unter 20 Prozent, im Dezember 1944 sogar unter zehn Prozent[55]. Eine starke Zunahme der Geldabhebungen bei Banken und Sparkassen, größere Bargeldansprüche der Wirtschaft, steigende private Geldhortungen und die dadurch bedingte Liquiditätsvorsorge der Banken erschwerten die Konsolidierung kurzfristiger Schulden, auch die Unterbringung der unverzinslichen Reichspapiere am »Markt«, so daß der Saldo von Einlösung und Absatz schließlich mehr und mehr negativ ausfiel und die Reichsbank in steigendem Maße zur Diskontierung von Reichswechseln gezwungen war. Die Kriegsfinanzpolitik befand sich im Stadium der Paralyse; nur noch die Notenpresse half über die Monate bis zum Zusammenbruch hinweg. Bei Kriegsende bestand die beurkundete Schuld des Reiches zu fast 64 Prozent aus kurzfristigen Schuldtiteln und nur zu rund 36 Prozent aus langfristigen Anleihen.

Als Reservoir jeder staatlichen Kreditfinanzierung diente das in der Kreditwirtschaft überwiegend durch erzwungenen Kaufkraft- und Investitionsrückstau bzw. durch Liquidierungsvorgänge angesammelte Geldkapital. Unter Geldkapitalbildung wird die Zunahme an investierbaren Geldtiteln der verschiedenen Art (Noten, Guthaben, Wertpapiere und dergleichen) innerhalb der Gesamtwirtschaft in einer bestimmten Periode verstanden. In der Geldkapitalbildung kam der von Jahr zu Jahr in der Kriegswirtschaft gewachsene »Kaufkraftüberhang« zum Ausdruck, den abzuschöpfen das Zentralproblem der Finanzpolitik war. Nach Günter Keiser u. a. zeigte die teilweise geschätzte binnenwirtschaftliche Geldkapitalbildung (nicht zu verwechseln mit Geldvermögensbildung) etwa die in Tabelle 11 dargestellte tendenzielle Entwicklung.

Tabelle 11: Geldkapitalzuwachs

Jahr	1939	1940	1941	1942	1943	1944	1945 (bis Kriegsende)
Geldkapitalzuwachs in Mrd. RM	19	28,5	40,15	51,55	65	80	40

Quelle: Günter Keiser, Geldkapitalbildung und Kreditvolumen, in: Bankwirtschaft, 1944, S. 442 f.; eigene Berechnungen.

Hauptkreditgeber des Reiches bzw. reine Konsolidierungsinstitute waren im Inland die deutschen Sparkassen mit ihren rapide gestiegenen Spareinlagen. Zwangssparen diente als Mittel der Kriegsfinanzierung. Ende 1944 erreichten die gesamten deutschen Spareinlagen die Höhe von 123,6 Milliarden RM, von denen etwa 85 Milliarden, verteilt auf etwa 60 Millionen Sparbücher, die Sparkassen verwalteten (Gesamteinlagen über 100 Millionen RM)[56]. Der zweitgrößte Sparbetrag, 21,7 Milliarden RM, sammelte sich bei den Kreditgenossenschaften, den Volksbanken und Raiffeisenbanken (Gesamteinlagen 38 Milliarden RM). Dann folgten die Großbanken und

---

55 Nach BA Koblenz, R 2/217 81.
56 Mitteilungen des Rheinischen Sparkassen- und Giroverbandes 8. Februar 1945. Deutsche Bundesbank (Anm. 19), S. 18.

Tabelle 12: Verteilung der Reichsschuld im Inland

	Milliarden RM	Prozent
1 Sparkassen	85,6	30,3
2 Postsparkasse und Postscheckamt	10,0	3,5
3 Kreditbanken	51,8	18,2
4 Kreditgenossenschaften	19,1	6,7
5 Versicherungen	25,0	8,8
6 Reichsbank und Golddiskontbank	45,0	15,9
7 Publikum, Unternehmungen	47,1	16,6
Insgesamt	283,6	100,0

Quelle: Bundesarchiv Koblenz, R3/1003.

sonstige Kreditbanken mit 9,3 Milliarden Spareinlagen und schließlich das jüngste deutsche Sparinstitut, die wegen des dichten, über das ganze Reichsgebiet sich erstreckenden Postämternetzes an Bedeutung rasch gewachsene Postsparkasse mit 7,6 Milliarden Spareinlagen. Über die Unterbringung der Reichsschuld nach dem Stand vom 30. September 1944 gab eine amtliche Denkschrift vom 27. Februar 1945 zuverlässigen Aufschluß (vgl. Tabelle 12).

Sparer und sonstige Konteninhaber waren »geräuschlos« enteignet worden, ohne darüber befragt worden zu sein. Unwillen über diese im Hitlerreich geübte »unsichtbare« Methode der Kriegsfinanzierung, bekanntlich schon vor dem Kriege erprobt, brachte Ludwig Erhard bereits 1944 schriftlich zum Ausdruck[57]. Hitler hatte die öffentliche Begebung von Anleihen untersagt, »da die Finanzlage des Reichs nicht öffentlich diskutiert werden sollte; er lehnte eine ›finanzielle Volksabstimmung‹ ab«[58]. Bei keinem anderen Staat trat diese unsichtbare Kriegsfinanzierungstechnik, die souverän Milliardensummen handhabte, so stark in den Vordergrund wie im Hitlerreich. Eine das Inland perfekt abschirmende Außenhandels- und Devisenzwangswirtschaft ließ eine binnenwirtschaftliche »Kreditautonomie« des Reiches entstehen.

Seit 1944 wollte der Kreislauf der geräuschlosen Kriegsfinanzierungstechnik mit dem Vertrauensschwund in die Mark und die Versorgungswirtschaft nicht mehr reibungslos funktionieren. Die Reichsbank, Liquiditätshilfe für Reich und Banken und Intermediär für Staatspapiere, bekam diese Veränderungen am Geld- und Kapitalmarkt durch dessen erschlaffende Aufnahmefähigkeit für Reichspapiere sogleich zu spüren. Monetarisierung von Kriegskosten, wie bereits im Winter 1939/40 und während der fehlgeschlagenen Sommeroffensive 1943 geschehen, wurde zur Ultima ratio. Nach einer Aufstellung des Reichsfinanzministeriums vom 8. Februar 1945 belief sich in diesen letzten Kriegsmonaten der Anteil der Kriegsfinanzierung mit der Notenpresse auf 36 Prozent und der der Kreditverschuldung nur auf 23 Prozent[59]. Bis Kriegsende stieg der Wechselbestand der Reichsbank auf über 80 Milliarden RM, der

---

57 Vgl. L. Erhard (Anm. 35), S. 13.
58 Vgl. L. Graf Schwerin von Krosigk (Anm. 4), S. 230.
59 Ludolf Herbst, Der Totale Krieg und die Ordnung der Wirtschaft. Die Kriegswirtschaft im Spannungsfeld von Politik, Ideologie und Propaganda 1939–1945, Stuttgart 1982, S. 415.

Geldumlauf erreichte über 70 Milliarden RM[60] (vgl. Tabelle 13). Rein rechnerisch kam 1932 auf jeden Kopf der Bevölkerung ein Geldumlauf von 85,85 RM und im April 1945 von 811,65 RM.

In der außergewöhnlichen Erhöhung des Geldumlaufs gegen Kriegsende drückten sich ebenso das kriegsbedingte Mißverhältnis von Geldkapitalbildung und Konsumgüterangebot wie der Verfall des öffentlichen Kredits und das Versagen der staatlichen Kaufkraftabschöpfungstechniken aus. Das Vabanquespiel der Hitlerschen Eroberungspolitik[61] spiegelte sich eigentlich von Anbeginn an in der deutschen Kriegsfinanzpolitik wider. Die Reichsmark war bei Kriegsende – nach obendrein nur kurzer Lebensdauer von kaum 22 Jahren – restlos zerrüttet.

Tabelle 13: Deutscher Geldumlauf 1939 bis 1945

	Reichsbanknoten Mrd. RM	Zunahme jährlich in Milliarden RM	Zunahme in Prozent
30. Juni 1939	8,7	–	–
1. September 1939	10,9	–	= 100
1. September 1942	21,8	5,3	200
31. Dezember 1944	50,1	11,6	459
30. April 1945	70,3	20,2	644

Quelle: H. Schulze, Der deutsche Geldumlauf, in: Statistische Praxis, 1 (1946); vgl. W. A. Boelcke (Anm. 3), S. 107.

4. *Kriegsbeiträge besetzter und verbündeter Länder*

Die Erhebung von Kriegskontributionen unter den verschiedensten Bezeichnungen begann 1939 im Reichsprotektorat Böhmen und Mähren (Tschechei) und im besetzten Polen und setzte sich bis Kriegsende fort, wobei sich der Druck der Abgabenlast in den eroberten Gebieten von Jahr zu Jahr verschärfte. Sobald die deutschen Truppen in ein fremdes Land einmarschierten, zahlten sie, von September 1939 bis Ende 1944, wenn sie etwas kauften, mit den im Troß mitgeführten »Reichskreditkassenscheinen«, mit Requisitionsgeld[62].

Die Finanzierung der Besatzungskosten mit Kreditkassenscheinen bedeutete einen Vorgriff auf die zu ihrer Deckung bestimmten Staatseinnahmen durch einen Kredit aus dem Emissionsrecht des besetzten Landes. Damit ersparte sich die Besatzungsmacht »die mit der Ausschreibung von Steuern, Kontributionen u. ä. Deckungs-

---

60 H. Schultze, Der deutsche Geldumlauf, in: Statistische Praxis, 1 (1946); vgl. W. A. Boelcke (Anm. 3), S. 107.
61 Vgl. H. Picker (Anm. 5), S. 237.
62 Vgl. L. Graf Schwerin von Krosigk (Anm. 26), S. 320–321; Max Kretzschmann, Die Reichskreditkassen, in: Deutsche Geldpolitik, Berlin 1941, S. 113–139; ders., Reichskreditkassenschein nach vier Kriegsjahren, in: Europa-Kabel, 1944, Nr. 137.

mitteln verbundene Arbeit und Schwierigkeiten der Erhebung«[63]. Im November 1943 war das Höchstvolumen von 3 352 Millionen RM Kreditkassenscheinen im Umlauf[64]. Ende Dezember 1944 verloren sie endgültig ihre Funktion[65]. Bis ins fünfte Kriegsjahr stiegen die Einnahmen aus Besatzungskosten stetig[66]. In einem Schreiben vom 13. Juli 1944 stellte Reichswirtschaftsminister Funk fest, daß die Leistungen der besetzten Gebiete für die deutsche Wehrmacht und Kriegswirtschaft »bis zum Ende des Jahres 1943 in Geldwert etwa 66 Milliarden RM betragen haben« und von den »verbündeten Ländern« Leistungen von »insgesamt nur etwa sechs Millionen« aufgebracht worden seien[67]. Die Zahlenangaben bezogen sich sowohl auf die Einkünfte an Besatzungskosten als auch auf den Stand der deutschen Clearingverschuldung im Rahmen des bilateralen Wirtschaftsverkehrs. Infolge des langsamen Austrocknens des deutschen Exportstromes außerstande, die Clearingsalden gegenüber den Partnerländern auszugleichen, wuchs fast von Monat zu Monat die Clearingschuld und wurde für die deutsche Kriegsfinanzierung als ein wichtiges Instrument zur geld- und güterwirtschaftlichen Kreditschöpfung im Ausland benutzt[68]. Unter Einschluß der in Geldforderungen (Schatzanweisungen) und in Warenschecks für Nachkriegslieferungen umgewandelten Clearingforderungen belief sich die Clearingverschuldung gegen Kriegsende auf 30,7 Milliarden RM, der Gesamtfinanzierungsertrag aus Besatzungskosten, Besatzungskostenkrediten und Kriegsbeiträgen besetzter und verbündeter Länder auf rund 88 Milliarden RM[69], so daß sich der zumeist erzwungene Auslandsbeitrag zur deutschen Kriegsfinanzierung auf insgesamt 119 Milliarden RM summierte. Ende 1944 belief sich die ausgewiesene Clearingschuld auf 20,1 Milliarden RM[70], von denen 74 Prozent auf die besetzten Gebiete[71], 22 Prozent auf verbündete Staaten und vier Prozent auf Neutrale entfielen. Frankreich war vor Belgien bedeutendster Clearinggläubiger des Reiches.

Gleichgültig ob sich die deutsche Finanz- und Wirtschaftspolitik über die Clearingverschuldung, über Finanzanleihen, Aufträge für eine ferne Zukunft, ausgegebene Reichskreditkassenscheine oder über Kontributionen und regelmäßige Besatzungskostenforderungen Außenwirtschaftsbeiträge zur Kriegsfinanzierung beschaffte, in jedem Falle bedurfte es dabei des Mittels des gewöhnlich unter den Zwängen der militärischen Gewalt von den zuständigen Notenbanken abgesicherten Kredits[72]. In

---

63 Helmut Kasten, Die Neuordnung der Währung in den besetzten Gebieten und die Tätigkeit der Reichskreditkassen während des Krieges 1939/40, Berlin 1941, S. 58.
64 Vgl. W. Dieben (Anm. 22), S. 657.
65 Jos. Trier, Neue Zahlungsregelung für die Wehrmacht in außerdeutschen Ländern, in: Bankwirtschaft, (1944), S. 439.
66 Einnahmen aus Besatzungskosten in fünf Kriegsjahren insgesamt 59,95 Milliarden RM, nach BA Koblenz, Rep 306/309 51 u. a.
67 BA Koblenz, R 7 IX, Nr. 2.
68 Artur W. Just, Kriegsfinanzierung und Außenhandel, in: Donaueuropa, 2 (1942), S. 746–753; BA Koblenz, R 7 VI, Nr. 116,2; vgl. W. A. Boelcke (Anm. 12), S. 260–271 u. 292–295.
69 Nicht enthalten sind das Beutegut und der finanzielle Gewinn, der aus der Beschäftigung und Unterbezahlung ausländischer Zwangsarbeiter erzielt wurde. Ausführliche tabellarische Aufschlüsselung der Beträge bei W. A. Boelcke (Anm. 3), S. 110–111.
70 Tabellarische Übersichten bei W. A. Boelcke (Anm. 3), S. 111–112.
71 Vgl. A. W. Just (Anm. 68), S. 753.
72 BA Koblenz, R 7 IX, Nr. 2.

allen mit dem deutschen Machtbereich irgendwie verbundenen Ländern wirkten diese Kredite aber als Treibsatz der unaufhaltsamen Kriegsinflation. Das krasseste Beispiel des gespenstischen Spiels einer galoppierenden Hyperinflation, verursacht durch überspannte Besatzungskostenforderungen, erlebte das besetzte, verarmte Griechenland[73].

5. »Goldpolitik«

Gold, vielgeschmäht und oft als Zahlungsmittel und Währungsmetall totgesagt – auch von Hitler –, nahm für die deutsche Führung seit 1938 kriegswirtschaftliche Dimensionen an, wuchs in die Funktion eines hilfreichen »Kriegsschatzes«, notwendig als intervalutarisches Zahlungsmittel oder besser als allseits verwendbares Tauschgut, um dafür sogleich Rohstoffvorräte für den Kriegsfall auffüllen und möglicherweise im Kriege für dringende, auf anderem Wege nicht erhältliche Beschaffungen und Dienstleistungen einsetzen zu können[74]. Bereits 1938 übernahm Deutschland den Gold- und Devisenbestand Österreichs. 1940 wurden die in Prag verbliebenen Goldvorräte der Nationalbank der ČSR in »Gewahrsam der Reichsbank« genommen.

Der Ausbruch des Zweiten Weltkriegs schien Hitler die Chance für okkupatorischen Golderwerb zu eröffnen. An der Beschaffung von Gold beteiligten sich neben und mit der Reichsbank ebenso die Diplomaten des Reichsaußenministers Joachim von Ribbentrop, die Wirtschaftsressorts, Wehrmacht- und nicht zuletzt SS-Dienststellen. Doch bereits Polen entzog rechtzeitig seine Gold- und Devisenbestände dem Zugriff Hitlers. Vor ihm auf der Flucht befanden sich auch die Goldschätze der Niederlande, Belgiens, Frankreichs, Jugoslawiens und Griechenlands. Die Vichyregierung wurde unter Druck gesetzt, um evakuiertes belgisches Gold auszuliefern. Es stellte die größte Goldreserve der Reichsbank dar[75]. Während des Krieges erbeutete das NS-Regime Gold im Werte von etwa 622 Millionen Vorkriegsdollar von den Zentralbanken eroberter Länder. Bis auf einen geringen Restbestand büßte auch die italienische Notenbank ihr Gold zur Bezahlung kriegs- und lebensnotwendiger Importe und durch Raub ein[76].

Auch der Einsatz bzw. die Verwendung von Gold deutscherseits entsprach auf weiten Strecken nicht der nationalökonomischen Rationalität. Gold erhielt Bulgarien, um seine Stellung auf dem Balkan aufzuwerten. Gold aus Berlin ertrotzten sich Hitlers Satelliten, Rumänien, Ungarn, die Slowakei, angeblich zur Stützung ihrer Währung und namentlich zum Ausgleich oder teilweisen Abbau der hohen deutschen Clearingverschuldung, ohne daß sich die tatsächliche Güterdecke dieser Länder dadurch dehnte. Gold war im Wolframgeschäft mit Portugal und Spanien unentbehrlich. Gold wurde in großem Umfang in die Schweiz transferiert[77], die als »Golddrehscheibe« fungierte. Schweizer Franken wurden im internationalen U-Boot-Krieg be-

---

73 Näheres vgl. W. A. Boelcke (Anm. 3), S. 112 f.
74 Ebenda, S. 259.
75 Arthur L. Smith, Jr., Hitler's Gold. The Story of the Nazi War Loot, Oxford u. a. 1989, S. 24–39.
76 Vgl. W. A. Boelcke (Anm. 3), S. 118.
77 Werner Rings, Raubgold aus Deutschland. Die »Golddrehscheibe« Schweiz im Zweiten Weltkrieg, Zürich 1985.

nötigt, zum Ankauf von schwedischen Eisenerzen und türkischem Chrom. Gold im Wert von ungefähr 1,6 Milliarden Schweizer Franken transferierte die Reichsbank in die Schweiz, nach der offiziellen Schweizer Statistik 1 716 Tonnen.

Nach dem Kriege fielen den Alliierten außer ungemünztem Gold ungefähr 330 Millionen Dollar von der Reichsbank verstecktes Münzgeld in die Hände. Bis 1948 regelte eine Tripartite Commission die Rückerstattung des Raubgoldes an die ursprünglichen Eigentümer, kommunistisch gewordene Staaten dabei ausgenommen. 1976 erhielt Polen zwei Tonnen Münzgold, die einst der Freien Stadt Danzig gehört hatten. Beispielhaft belegt die Geschichte des NS-Goldraubes das Bestreben der deutschen Kriegsfinanzpolitik, nicht nur deutsche, sondern möglichst viele fremde Ressourcen für den Krieg zu mobilisieren[78].

IV. Geldprobleme bei Kriegsende

Die Bewältigung des Geldüberhangs[79], den die Kriegsfinanzpolitik hinterlassen hatte, wurde zum großen Problem der Nachkriegszeit. Der Zweite Weltkrieg endete für Deutschland mit der nach Japan absolut höchsten Staatsverschuldung (In- und Auslandsschuld), gemessen am Volkseinkommen von 1944. Aus einem geschätzten Volkseinkommen von nur noch 25 Milliarden RM (1945/46) ließ sie sich weder tilgen noch verzinsen. Doch die Reichsschuld war wegen der Mängel und Unzulänglichkeiten des nationalsozialistischen Kriegsfinanzierungssystems, das den kriegswirtschaftlich bedingten Geldüberhang nicht oder nur in geringerem Umfang beseitigte, großenteils liquide und lastete mit einem Geldüberhang von über 300 Milliarden RM (Spar- und Giralgeldeinlagen usw.) über der Nachkriegswirtschaft.

Fast alle Staaten standen am Ende des Zweiten Weltkrieges vor ähnlichen oder gleichen Problemen[80], vor einem Zuviel an Geld und einem Zuwenig an Waren, vor einem hohen Schuldenberg und leeren Staatskassen, vor der Beseitigung des Geldüberhangs und der Sanierung der Staatsfinanzen. Das Zuviel an Geld drückte sich sowohl im Giralgeldvolumen als auch im Notenumlauf aus. Anfang 1948 belief sich der deutsche Geldumlauf im damaligen »Potsdam-Deutschland« auf rund 65 Milliarden RM[81]. Preissteigerungen als Mittel der Geldneuordnung waren nur möglich in einigen westeuropäischen bzw. neutralen Ländern mit relativ kleinem Geldüberhang und verhältnismäßig intakt gebliebenem Produktionsapparat. Das besetzte Deutschland zählte mit den ost- und südosteuropäischen Staaten zu den Ländern mit großer Geldfülle und ungenügender Produktionskapazität.

Die notwendige, von den Amerikanern geplante und durch Oktroi der drei westlichen Besatzungsmächte durchgesetzte Währungsreform in den Westzonen nahm am 18. Juni 1948 ihren Anfang. Mit Einführung der neuen »Deutschen Mark« wurde ein harter Währungsschnitt vorgenommen. Das ausgezahlte sogenannte »Kopfgeld« von

---

78 Vgl. W. A. Boelcke (Anm. 3), S. 143f.
79 Jens Jessen, Währungspolitik und Preispolitik, in: Deutsche Geldpolitik, Berlin 1941, S. 291.
80 Zur Inflation international vergleichend: A. J. Brown, The Great Inflation 1939–1951, London u. a. 1955.
81 Vgl. W. A. Boelcke (Anm. 3), S. 168f.

60 DM ausgenommen, wurden Altgeld und Bankguthaben im Verhältnis von 100 Reichsmark zu 6,50 DM umgetauscht. Eine Reichsschuld von rund 400 Milliarden RM verschwand mit einem Federstrich – vorerst! Statt 37 Milliarden RM aus dem Verkehr gezogenen Reichsmarkscheinen gelangten in den Westzonen neue Banknoten im Nennwert von 5,7 Milliarden DM in Umlauf. Noch Ende Juni wurde mit der Währungsreform in der Sowjetzone auch das Schicksal der Reichsmark im östlichen Deutschland besiegelt. So endete 1948 im geteilten Deutschland zumindest die 15jährige, seit 1933 im »Dritten Reich« durch Rüstung und Krieg erzeugte Inflation.

ALBRECHT RITSCHL

Wirtschaftspolitik im Dritten Reich –
Ein Überblick

I. Einführung

Von der Wirtschaftspolitik des Dritten Reiches sind im kollektiven Gedächtnis im
wesentlichen ihre spektakulären Seiten haften geblieben, der Bau der Autobahnen,
der Abbau der Massenarbeitslosigkeit, das Versprechen von Massenwohlstand, der
Volkswagen und dergleichen mehr. Diese Aspekte wurden in der Forschung höchst
unterschiedlich beurteilt. In Frage stand hierbei vor allem, welches Gewicht solche
»zivilen« Projekte bei der Wiedergewinnung der Vollbeschäftigung gegenüber den
Ausgaben für die Aufrüstung hatten. Die folgenden Erörterungen berühren diesen
Themenkreis nur am Rande[1]. Im Vordergrund der Betrachtungen stehen vielmehr
jene zahlreichen Maßnahmen der Wirtschaftspolitik, mit denen das Marktgeschehen
im Dritten Reich geordnet und gelenkt werden sollte – also jener Bereich, den man
aus heutiger Sicht als Ordnungspolitik bezeichnen würde. Das eigenartige Geflecht
von staatlichen Eingriffen in die Wirtschaft im Nationalsozialismus ist zu allen Zeiten
für den Betrachter verwirrend gewesen. Dies hat zahlreiche Deutungsversuche unterschiedlichster Natur hervorgebracht, deren gemeinsamer Nenner allenfalls darin bestand, dem Wirtschaftssystem des Nationalsozialismus unlösbare innere Widersprüche zuzuschreiben. Je nach Wahl aus dem Angebot der verschiedenen Interpretationen könnte man also ganz verschiedene Wirtschaftsgeschichten des Dritten Reiches
schreiben. Auf diese verwickelte Thematik kann hier nur verwiesen werden[2].

II. Die Frühphase (1933/34)

Als Hitler an die Macht kam, wurde zunächst kein einziges der Ministerien, die mit
Wirtschaftspolitik befaßt waren, mit einem Nationalsozialisten besetzt. Die Minister
für Finanzen und Arbeit des vorangegangenen Kabinetts, Lutz Graf Schwerin von
Krosigk und Franz Seldte, blieben in ihren Ämtern, ebenso der für Handelspolitik
mit zuständige Außenminister, Konstantin Freiherr von Neurath. Doppelminister im
Reichsministerium für Ernährung und Landwirtschaft sowie im Reichswirtschaftsmi-

---

1 Vgl. dazu den Beitrag von Willi A. Boelcke in diesem Band.
2 Dazu im Überblick Avraham Barkai, Das Wirtschaftssystem des Nationalsozialismus. Der
 historische und ideologische Hintergrund 1933–1936, Frankfurt am Main 1988[2].

118

nisterium wurde Alfred Hugenberg, Führer der Deutschnationalen Volkspartei und einflußreicher Pressemagnat. Dennoch bedeuteten bereits die ersten Monate des Kabinetts Hitler eine Zeit wesentlicher Weichenstellungen für die Wirtschaftspolitik des Dritten Reichs.

Im Gefolge der schon vor der Weltwirtschaftskrise einsetzenden internationalen Agrarkrise waren die landwirtschaftlichen Erzeugerpreise ins Bodenlose gesunken. Deutschlands Importe bestanden vornehmlich aus Rohstoffen und Nahrungsmitteln, während sich der Großteil der Ausfuhren aus Industrieerzeugnissen zusammensetzte. Dementsprechend groß war das Interesse der deutschen Landwirtschaft an hohen Schutzzöllen, während umgekehrt die Exportindustrie die Chancen ihrer Wiederbelebung in der Aufrechterhaltung freier Märkte sah. Gegen den Widerstand der Industrie, die Gegenmaßnahmen der ausländischen Handelspartner fürchtete, wurden schon in den ersten Wochen des neuen Regimes weitreichende Schritte zur Ausschaltung der Marktkräfte im landwirtschaftlichen Sektor unternommen, darunter die Anhebung einer Reihe von Importzöllen, Schutzmaßnahmen gegen Zwangsversteigerungen überschuldeter Höfe, die Einrichtung einer Reichsstelle für Getreide zur Kontrolle des Getreidemarktes mit Hilfe von Stützungskäufen sowie eine Zwangsherabsetzung von Zinsen auf Agrarkredite. Diese Maßnahmen stellten massive Eingriffe in den Marktmechanismus dar, wurden aber von allen Beteiligten als unzureichend empfunden. Hugenberg wurde von den Aktivisten des agrarpolitischen Apparats der NSDAP um Walther Darré, die sich bei der Machtübernahme um die Früchte ihrer jahrelangen Propagandaarbeit gebracht sahen, unter Druck gesetzt, noch radikaleren Maßnahmen zuzustimmen.

Inwieweit diesen Machtkämpfen größere inhaltliche Differenzen zugrunde lagen oder ob es sich eher um ein Kesseltreiben im Kampf um Einflußpositionen handelte, muß hier offenbleiben. Hugenbergs Position war verspielt, als er auf der Londoner Weltwirtschaftskonferenz im Juni 1933 ein Memorandum zur deutschen Außenwirtschaft vorlegte, das zum einen die Bilateralisierung des Handels vorsah, zum anderen neue Kolonien oder Siedlungsraum im Osten für Deutschland forderte. Es waren nicht inhaltliche Differenzen, sondern offenbar taktische Erwägungen in Reaktion auf die Empörung des Auslands, die die deutsche Delegation veranlaßten, sich von Hugenberg zu distanzieren. Am 29. Juni 1933 suchte Hugenberg um seine Entlassung nach. Sein Nachfolger als Ernährungsminister wurde Darré; im Wirtschaftsministerium folgte der vormalige Vorstand des Münchener Allianz-Versicherungskonzerns, Kurt Schmitt[3].

Die Reaktion des Auslands auf die mit der Machtergreifung einhergehende erste Terrorwelle, im besonderen auf die systematischen Übergriffe gegen die jüdische Bevölkerung, führte bereits in den ersten Wochen des neuen Regimes zum Abzug von Krediten und in der Folge zu massiven Devisenverlusten bei der durch die Weltwirtschaftskrise erheblich angeschlagenen Reichsbank. Deutschland hatte im kurzlebigen Aufschwung nach dem Ende der Hyperinflation 1923 eine ungeheure Last an Aus-

3 Vgl. Gustavo Corni, Hitler and the Peasants. Agrarian Policy in the Third Reich, 1930–1939, New York 1990 u. a., Ch. 3; Sören Dengg, Deutschlands Austritt aus dem Völkerbund und Schachts »Neuer Plan«. Zum Verhältnis von Außen- und Außenwirtschaftspolitik in der Übergangsphase von der Weimarer Republik zum Dritten Reich 1929–1934, Frankfurt am Main u. a. 1986, S. 252 ff.

landsschulden aufgetürmt, von denen nur der kleinere Teil zur Bezahlung der Reparationen diente. Die hierdurch verursachte Schuldenkrise hat wesentlich zur Schwere der wirtschaftlichen Depression in Deutschland nach 1930 beigetragen[4]. Schon nach der Bankenkrise des Sommers 1931 hatte die Reichsbank nur unter Mißachtung der Golddeckungsvorschriften die Zahlungsfähigkeit des Bankensystems wiederherstellen können; zum Zweck einer weiteren Verhinderung von Kapitalabflüssen wurde eine Devisenbewirtschaftung eingeführt. Mit der neuerlichen Kapitalflucht vom Frühjahr 1933 war der Kollaps der Reichsbank nurmehr eine Frage der Zeit. Pläne für eine sogenannte Transfersperre, d. h. die Einzahlung von Zinsen für langfristige deutsche Auslandsschulden auf Reichsmarksperrkonten und die Verweigerung des Umtauschs in Devisen, wurden bereits im April 1933 diskutiert; nach dem absehbaren Scheitern der Weltwirtschaftskonferenz traten sie am 1. Juli 1933 in Kraft. Schon bald erwies sich diese Maßnahme als unzureichend. Mit dem Wiederanstieg der deutschen Importnachfrage, weiterer Kapitalflucht sowie den Auswirkungen der Dollarabwertung von 1934 auf die Wettbewerbsfähigkeit deutscher Exportwaren setzten sich die Abflüsse von Reserven fort, so daß ein immer dichteres Netz von Beschränkungen, Kontrollinstanzen und Verboten aufgebaut wurde, um die verbliebenen Löcher des Kapitalabflusses zu stopfen. Diese Maßnahmen fanden ihren Abschluß in Hjalmar Schachts »Neuem Plan« von 1934 und seiner kommissarischen Übernahme des Wirtschaftsministeriums nach dem Rücktritt des glücklos agierenden Schmitt. Auf der Grundlage eines auf drei Monate befristeten Ermächtigungsgesetzes[5] ergingen drei Verordnungen, durch die der gesamte Warenhandel und seine Preisbildung der Regelung durch das Reichswirtschaftsministerium unterworfen wurden, um das Auftreten von Devisenlücken zu verhindern und die Richtung des Warenhandels nach Gutdünken umlenken zu können. Inhalt dieser Maßnahmen waren die möglichst vollständige Erfassung und bargeldlose Lenkung des Außenwirtschaftsverkehrs mit zweiseitigen Verrechnungsabkommen, die Mengen- und Preiskontrolle über die Einfuhr sowie die als Zusatzausfuhrverfahren bekanntgewordene Subventionierung von Exporteuren mit Hilfe einer Ausfuhrumlage auf Importe der Industrie.

Schachts Neuer Plan hat in der Literatur eine prominente Rolle gespielt; er gilt vielerorts als Wendepunkt zu einer straffen zentralen Lenkung der deutschen Außenwirtschaft im Rahmen der Aufrüstung und wirtschaftlichen Kriegsvorbereitung. Tatsächlich war jedoch keines seiner Elemente im eigentlichen Sinne neu. Wesentliche Grundgedanken waren bereits in Hugenbergs Vorschlägen aus dem Frühjahr 1933 enthalten; Clearingabkommen, zwischenstaatliche Verrechnungsvereinbarungen, allerdings zunächst noch ohne Mengenkontrolle, gab es schon vor Hitlers Machtantritt, und die Ausfuhrförderung nahm mit dem Neuen Plan lediglich eine neue Finanzierungsform an[6]. Die zunehmend lückenlose Bewirtschaftung der deutschen Ein- und

4 Zur neueren Diskussion vgl. Knut Borchardt, A Decade of Debate About Bruening's Economic Policy, in: Juergen Freiherr von Kruedener (Hrsg.), Economic Crisis and Political Collapse, The Weimar Republic 1924–1933, New York u. a. 1990, S. 99–151.
5 Gesetz über wirtschaftliche Maßnahmen vom 3. Juli 1934. Zum vorstehenden vgl. etwa S. Dengg (Anm. 3), S. 334 ff.
6 Zu Hugenberg vgl. Akten der Reichskanzlei (AdR), Regierung Hitler 1933–1938, Teil I: 1933/34, Boppard 1983, Dok. 105, 24. April 1933. Unter dem System der Transfersperre seit Juli 1933 war die Ausfuhrförderung durch Inzahlungnahme von Auslandsschulden erfolgt. Auslandsgläubiger konnten ihre Forderungen zum (stark herabgedrückten) Tageskurs für

Ausfuhren folgte zwingender ökonomischer Logik; jede noch verbleibende Lücke bot ein Schlupfloch für Ausweichreaktionen des Marktes[7]. Im Sommer 1933 hatte sich das Kabinett gegen radikale Vorschläge Hugenbergs noch gesträubt, sein undiplomatisches Vorgehen auf der Weltwirtschaftskonferenz hatte seinen Rücktritt mitverursacht. Ein Jahr später waren diese Vorstellungen Realität.

Die Frühphase der Wirtschaftspolitik im Dritten Reich ist verschiedentlich mit dem vergeblichen Versuch eines ständestaatlichen Aufbaus in Verbindung gebracht worden[8]. Im Ständestaat sollten die Verteilungskonflikte zwischen Kapital und Arbeit, Industrie und Landwirtschaft, Handel und Handwerk durch den Aufbau von Selbstverwaltungsorganisationen der verschiedenen Berufsstände gelöst sein, die ähnlich den Zünften und Gilden des Mittelalters durch Reglementierungen eine statische Marktordnung herbeiführen würden.

In der Tat vermittelt die Wirtschaftsordnungspolitik des Nationalsozialismus in ihrer Frühphase den Eindruck des Experimentierens mit derartigen Organisationsformen. Im Frühjahr 1933 wurden aus dem Arbeitsministerium und durch Franz von Papen Vorschläge zur berufsständischen Neuordnung gemacht. Ein interministerieller Ausschuß für berufsständische Fragen beriet mehrmals im Sommer 1933; auf der ersten Sitzung wurde das seinerzeit einflußreiche ständestaatliche Gesellschaftsmodell des Wiener Soziologen Othmar Spann referiert[9]. Im Herbst 1933 erging das »Gesetz über den vorläufigen Aufbau des deutschen Handwerks«, im Frühjahr 1934 das »Gesetz zur Vorbereitung des organischen Aufbaues der deutschen Wirtschaft«. Beide Gesetze waren Rahmenbestimmungen, die durch Erlasse und Verordnungen erst ausgeführt werden mußten. Auf dem gewerblichen Sektor wurden zunächst zwölf Hauptgruppen gebildet, denen ein »Führer der Wirtschaft« voranstehen sollte. Mit einer Verordnung Schachts im November 1934 wurde dieses System jedoch wieder umgewandelt, an seine Stelle traten Reichsgruppen, die fachlich in Haupt- bzw. Wirtschaftsgruppen untergliedert waren, welche regional als Mitglieder den Industrie- und Handelskammern angehörten. Diese wurden zusammengefaßt in der Reichswirtschaftskammer. Im Handwerk wurde im Sommer 1934 die Pflichtmitgliedschaft in der Innung eingeführt, der fachübergreifend die Kreishandwerkerschaften gegenüberstanden. Beide waren der Kontrolle durch die Handwerkskammern unterstellt.

Abgesehen von der äußeren Form hat dieser Aufbau mit dem ständestaatlichen Ideal jedoch wenig gemein. Anstelle einer Selbstverwaltung mit Vollmachten zur Marktgestaltung waren hier lediglich Aufsichtsinstanzen geschaffen worden, die entgegen dem ständestaatlichen Ideal straff nach dem Führerprinzip gegliedert waren. Die Arbeit des Ausschusses für den berufsständischen Aufbau wurde von Hitler noch im Sommer 1933 gestoppt; im September 1933 machte Wirtschaftsminister Schmitt

---

den Kauf deutscher Exportwaren verwenden. Zum Verfahren vgl. Gerhard Kroll, Von der Weltwirtschaftskrise zur Staatskonjunktur, Berlin 1958, S. 489–91. Schacht bezifferte den Rückkauf deutscher Schulden auf diesem Wege auf 1 Milliarde Reichsmark. In Verhandlungen versuchten die Gläubiger regelmäßig, eine andere Form der Exportförderung zu erreichen, vgl. AdR, Dok. Nr. 337 u. 338 vom 28. bzw. 30. April 1934; Dok. Nr. 359 vom 7. Juni 1934. Das im Neuen Plan beschlossene Zusatzausfuhrverfahren stellt insofern einen Erfolg der Auslandsgläubiger dar.

7 Im einzelnen G. Kroll (Anm. 6), S. 477ff.
8 Dazu umfassend A. Barkai (Anm. 2), Kap. 3.
9 AdR, Dok. 129, 16. Mai 1933.

vor Industrievertretern deutlich, daß der Ständestaat von der Tagesordnung abgesetzt war[10].

Bei der Suche nach den Gründen wird man nach den Lenkungsinteressen des NS-Systems fragen müssen[11]. Am Tag nach dem neugeschaffenen Maifeiertag 1933 waren die Gewerkschaftshäuser gestürmt und ihr Vermögen beschlagnahmt worden, an ihre Stelle trat als Einheitsorganisation, in der sowohl Arbeiter als auch Unternehmer Mitglied werden sollten, die Deutsche Arbeitsfront (DAF) unter Führung von Robert Ley. Zur Festsetzung von Löhnen und Tarifbestimmungen auf Bezirksebene wurden sogenannte Treuhänder der Arbeit bestellt. Ihrer ursprünglichen Bestimmung zufolge sollten sie nur bis zur Schaffung einer berufsständischen Ordnung amtieren, tatsächlich aber verewigte sich das Provisorium. Nicht umsonst war es Ley, der im Frühjahr 1934 in öffentlichen Ansprachen Spann als Verbrecher beschimpfte und seine Lehre für mit dem Nationalsozialismus unvereinbar erklärte[12]. Mit Hilfe der Institution der Treuhänder der Arbeit und vager Versprechungen einer korporativen Ordnung war es im Sommer 1933 gelungen, ohne Widerstand die Zerschlagung der alten Gewerkschaftsstrukturen vollenden zu können. Der rasche Ausbau der Deutschen Arbeitsfront zu einer allumfassenden Organisation nach dem Führerprinzip und die Aufhebung des Betriebsverfassungsgesetzes der Weimarer Republik durch das »Gesetz zur Ordnung der nationalen Arbeit« vom 10. Januar 1934 schlossen die Gleichschaltung der Sozialpolitik fürs erste ab, ohne daß ein Machtkompromiß eingegangen werden mußte.

Eigentliche wirtschaftliche Lenkungsfunktionen im Bereich der gewerblichen Wirtschaft sind keiner dieser nur scheinbar korporativen Organisationen gegeben worden. Preiskontrollen waren durch Notverordnung vom 8. Dezember 1931 bereits eingeführt, der damals eingesetzte Preiskommissar hatte weitreichende Vollmachten. Im Juli 1933 waren seine Zuständigkeiten auf die Ministerien für Wirtschaft und Ernährung übertragen worden; im November 1934 wurde dies rückgängig gemacht und der frühere Amtsinhaber Carl Friedrich Goerdeler befristet bis zum 1. Juli 1935 wiedereingesetzt. Die Preiskontrolle führte in der Praxis zu einer Unzahl an Detailvorschriften, von denen die Preisauszeichnungspflicht und das Rabattgesetz bleibende Wirkung erlangt haben[13].

Wesentlichstes Lenkungselement war – wie übrigens schon in der Weimarer Zeit – die Kartellpolitik. Im Sommer 1933 wurden Möglichkeiten zur Errichtung von Zwangskartellen geschaffen und die Handhaben zur Zwangsauflösung bestehender Kartelle verstärkt. Damit war es möglich, nur durch Drohung auf die Produktions- und Preispolitik bestehender Kartelle einzuwirken.

Der einzige Sektor der Volkswirtschaft, in dem einer Körperschaft sowohl berufsständische Hoheitsfunktionen als auch die Lenkung des Marktes übertragen wurden,

---

10 AdR, Nr. 213, 20. September 1933.
11 Albrecht Ritschl, Zum Verhältnis von Markt und Staat in Hitlers Weltbild, in: Uwe Backes/Eckhard Jesse/Rainer Zitelmann (Hrsg.), Die Schatten der Vergangenheit. Impulse zur Historisierung des Nationalsozialismus, Berlin u.a. 1990, S. 243–264, bes. S. 252f.
12 Dies geht aus einer Beschwerde Fritz Thyssens vom 12. April 1934 an Hitler über Behinderungen der Arbeit des Instituts für Ständewesen hervor, AdR, Nr. 366. Dort auch ein Vermerk Lammers' über Hitlers ablehnende Reaktion
13 Zu den Vorschriften im einzelnen vgl. den nützlichen, jedoch selektiven Überblick bei Rolf Puppo, Die wirtschaftsrechtliche Gesetzgebung des Dritten Reiches, Konstanz 1988.

ist die Landwirtschaft. Bereits eine Woche nach Hugenbergs Rücktritt, am 7. Juli 1933, wurde das »Gesetz zur Errichtung des Reichsnährstandes« (RNS) verabschiedet. Als vom Reichsernährungsministerium formell unabhängige Körperschaft war der Reichsnährstand sowohl Berufsorganisation für die Landwirtschaft und die ihr zuzurechnenden Bereiche des Handels sowie der Lebensmittelindustrie als auch zugleich Marktlenkungsorgan, das Produktionsmengen und -preise zwingend festsetzen konnte. Über die Reichsstellen, deren Aufgabe in der Kontrolle des Außenhandels mit Agrarerzeugnissen lag, ragten die Interessen der RNS zugleich in die Devisenbewirtschaftung des Reichswirtschaftsministeriums hinein. Gerade die Tatsache, daß der RNS zielstrebig nach streng hierarchischem Führerprinzip aufgebaut wurde, zeigt deutlich, daß die Partei mit Korporatismus und Ständestaat nichts im Sinn hatte. Ein wesentlicher Grund, warum gerade in der Landwirtschaft das später so bestimmende nationalsozialistische Prinzip der Durchdringung aller Gesellschafts- und Lebensbereiche von oben nach unten so früh hervortritt, liegt vermutlich darin, daß die nationalsozialistische Machtübernahme in allen Institutionen und Verbänden des Agrarsektors bereits vor 1933 stattgefunden hatte. Rivalisierende Machtzentren gab es hier nicht mehr, taktische Zwischenlösungen und Machtkompromisse waren darum unnötig[14].

Entgegen manchen Spekulationen hat es daher den Anschein, als ob die Frühphase der nationalsozialistischen Wirtschaftspolitik in den Jahren 1933 und 1934 weniger ein Experimentieren mit verschiedenen Wirtschaftsformen darstellt als vielmehr eine erste Orientierungsphase auf dem Weg zur vollständigen Machtergreifung. Es ist nicht ohne Ironie, daß die einzige ernsthaft zu bekämpfende Opposition gegen diese von oben nach unten gerichtete Durchdringungspolitik aus der Partei selbst kam, nämlich von jenen Anführern der SA und ihrer Massenbasis, denen es mit der Schaffung eines nationalen Sozialismus ernst zu sein schien[15].

III. Eine Ära Schacht? Machtkämpfe 1934 bis 1937

Mit der vorläufigen Machtkonsolidierung im Jahr 1934 werden die Umrisse einer vereinheitlichten Wirtschaftspolitik deutlicher. Auf dem Gebiet der Außenwirtschaft wurde in rascher Folge das Gefüge zweiseitiger Handels- und Verrechnungsabkommen ausgebaut; entsprechend verbesserte sich die Kontrolle über Aufkommen und Verwendung von Devisen. Hiermit verbindet sich eine räumliche Umlagerung des deutschen Außenhandels; besonders die Beziehungen zu den Staaten Südosteuropas wurden systematisch ausgebaut. Schon unter Brüning hatte es Überlegungen zu einer solchen selektiven Bevorzugung im Außenhandel gegeben; die Abhängigkeit von den westlichen Gläubigerländern und der Krach um die deutsch-österreichischen Zollunionspläne vereitelten diese Ansätze.

Diese Bestrebungen zur Schaffung einer kontinentalen Großraumwirtschaft unter deutscher Führung waren bereits in der Weimarer Republik Gegenstand einer ausgie-

---

14 G. Corni (Anm. 3), Kap. 2, 4, 5.
15 Patrick Moreau, Nationalsozialismus von links. Die »Kampfgemeinschaft Revolutionärer Nationalsozialisten« und die »Schwarze Front« Otto Straßers 1930–1935, Stuttgart 1984.

bigen Publizistik gewesen[16]. Hatte das Kabinett 1933 auf Hugenbergs Vorpreschen noch ablehnend reagiert, so brachte der – wenngleich unsichere – Erfolg der mit dem Schachtschen Neuen Plan erneuerten Transfersperre veränderte Umstände. Durch die kostspieligen Bemühungen um den raschen Aufbau einer Ersatzstoffproduktion auf den Gebieten der Benzin- und Kautschuksynthese und der Kunstfaserproduktion verminderte sich nicht allein die Importabhängigkeit bei kriegswichtigen Rohstoffen, sondern auch die außenwirtschaftliche Verflechtung mit Deutschlands wichtigsten Gläubigerstaaten. Neben ihrer offensichtlichen kriegswirtschaftlichen Bedeutung bewirkten diese Maßnahmen auf mittlere Sicht eine Minderung der Abhängigkeit vom Außenhandel mit dem angelsächsischen Raum – in der Tat läßt sich die Schrumpfung der deutschen Importe bis 1939 praktisch vollständig durch die Austrocknung des Handels mit den USA und den Staaten des britischen Empires erklären[17].

Mit dem Neuen Plan einerseits, der in der Zuteilung von Devisen sowie der Preisbewirtschaftung von Rohstoffen nichts mehr dem Zufall überließ, und dem Ausbau des Reichsnährstandes andererseits, durch den die Marktkräfte in der Landwirtschaft so gut wie ausgeschaltet waren, politisierten sich jedoch Verteilungskonflikte, die zuvor anonym über die Preissignale am Markt gelöst wurden. In der Devisenkrise des Sommers 1934 war es noch gelungen, Importe für die Landwirtschaft zugunsten von Rohstoffeinfuhren für die Industrie zu drosseln. Hervorragende Ernten während der Weltwirtschaftskrise – mitverursacht durch den verzweifelten Versuch der Landwirte, durch vermehrte Produktion dem Preisverfall wenigstens zum Teil auszuweichen – und reiche Vorräte hatten diese Entscheidung leichtgemacht. Im Folgejahr 1935 stellte sich die Frage schärferer Rationierung von Devisen erneut. Diesmal jedoch mochten Darré und seine Gefolgsleute nicht mehr nachgeben und beharrten auf vergrößerten Devisenzuteilungen[18].

Zur Lösung des Konflikts wurde Hermann Göring als Mittler bestellt und übernahm zunächst von Schacht die Zuständigkeit für die Devisenbewirtschaftung. Dafür mag eine Reihe weiterer Gründe eine Rolle gespielt haben. Hierzu gehört, daß Schacht nach seinem Einlenken gegenüber Darré nunmehr konsequent folgerte, bei dieser Setzung der Prioritäten müsse eben das Rüstungstempo vermindert werden, um den Devisenbedarf der Industrie in Bahnen zu lenken[19].

Damit ist spätestens im Frühjahr 1936 die Ausgangslage für jene Kräfteverschiebungen bereitet, die Hitler mit seiner Denkschrift zum Vierjahresplan einleitete. Offenbar während Hitlers Sommerurlaub auf dem Obersalzberg im August 1936 abge-

---

16 Die Kontinuität jener Autarkieplanungen ist besonders von Eckart Teichert, Autarkie und Großraumwirtschaft in Deutschland 1930–1939. Außenwirtschaftspolitische Konzeptionen zwischen Wirtschaftskrise und Zweitem Weltkrieg, München 1984, hervorgehoben worden.

17 Zur Autarkiepolitik vgl. aus der älteren Literatur besonders Dietmar Petzina, Autarkiepolitik im Dritten Reich, Stuttgart 1968. Zur Südosteuropaorientierung im Überblick E. Teichert (Anm. 16), Kap. 2. Details liefert William Grenzebach, Germany's Informal Empire in East Central Europe, Stuttgart 1988. Zur Abschnürung vom angelsächsischen Raum Albrecht Ritschl, Devisenbewirtschaftung und Bilateralismus in Zahlen. Eine Auswertung der bilateralen Devisenbilanzen Deutschlands aus den Jahren 1938–1940, erscheint demnächst in: E. Schremmer (Hrsg.), Geld und Währung in der Neuzeit vom 16. Jahrhundert bis zur Gegenwart (Arbeitstitel).

18 Vgl. etwa G. Corni (Anm. 3), S. 161.

19 Vgl. dazu D. Petzina (Anm. 17), Kap. II.

faßt, erhebt diese Denkschrift zunächst schwere Vorwürfe wegen des zu langsamen Vorgehens bei der Autarkisierung. Die Devisenschwierigkeiten werden als Folge von Versäumnissen beim Vorantreiben der Ersatzstoffproduktionen und der Erzgewinnung dargestellt; das Wirtschaftsministerium wird als der wesentliche Bremser benannt. Diesem Standpunkt Hitlers ist die Geschichtswissenschaft oftmals gefolgt, so daß Schacht – aus heutiger Sicht in zu günstigem Licht – als Gegner der Importsubstitutionspolitik erscheint. Verfolgt man diese Sichtweise weiter, so bilden Hitlers Denkschrift und die anschließende Ausrufung des Vierjahresplans auf dem Parteitag im September 1936 in der Tat eine wesentliche Zäsur in der Wirtschaftspolitik des Dritten Reiches[20].

Hierbei ist jedoch Vorsicht geboten. Im Jahr 1934 wurde die Braunkohlenwirtschaft in einem Zwangskartell zur Vorbereitung der Benzinsynthese zusammengefaßt, treibende Kraft war Schacht. Das Hydrierwerk Leuna der IG Farben, des damals marktbeherrschenden Syndikats der Großchemie, nahm 1936 die Produktion auf. Die Erschließung der Erzvorkommen von Salzgitter war vorbereitet, wobei wieder auf das Modell eines Zwangskartells zurückgegriffen werden sollte. Schacht selbst hat in seinen Memoiren darauf hingewiesen, daß inhaltlich der Vierjahresplan lediglich die Fortsetzung und Vergrößerung seiner eigenen Planungen dargestellt habe[21].

Dasselbe Argument spricht auch gegen die besonders in der marxistischen Forschung populäre These, der Vierjahresplan sei in Wirklichkeit ein Plan der IG Farben gewesen. Zwar waren in der Tat die Basisinnovationen der großtechnischen Kohlehydrierung bei der IG unternommen worden. Und nach Hitlers Machtantritt ermöglichte ein Einfuhrzoll für Benzin die Fertigstellung der Anlage, die mit dem Verfall der Rohstoffpreise während der Weltwirtschaftskrise zu einer hoffnungslosen Fehlinvestition geworden wäre. Bezeichnenderweise hat sich aber die IG beim weiteren Ausbau der Benzinsynthese nur wenig engagiert[22].

Im Bereich der Zellstoffproduktion hatte die Weigerung der IG, den staatlichen Expansionsplänen nachzukommen, zur Errichtung von staatlich geförderter Produktion in Konkurrenz zur IG geführt. Und bei der Erzeugung von Synthesekautschuk (Buna) fand sich die IG unter starkem politischen Druck, ihr nach eigener Meinung

---

20 Dies ist die bei D. Petzina (Anm. 17) im Anschluß an Arthur Schweitzer, Big Business in the Third Reich, Bloomington 1964, S. 538 f., herausgebildete traditionelle Sichtweise. Zur Kritik vgl. Gerhard Mollin, Montankonzerne und »Drittes Reich«. Der Gegensatz zwischen Monopolindustrie und Befehlswirtschaft in der deutschen Rüstung und Expansion 1936–1944, Göttingen 1988, S. 17 f., Gottfried Plumpe, Die I. G. Farbenindustrie AG. Wirtschaft, Technik und Politik 1940–1945, S. 708 f.
21 Zu Schachts Rolle bei der Kartellierung der Benzingewinnung vgl. Wolfgang Birkenfeld, Der synthetische Treibstoff 1933–1945, Göttingen 1964, S. 73 ff. Schachts Selbstzeugnis zur Autarkiepolitik in Hjalmar Schacht, 76 Jahre meines Lebens, Bad Wörishofen 1953, S. 465. Im Vergleich zu dem Zeitraum von 1927 bis 1929 führten die Vierjahresplaninvestitionen zu keiner Steigerung der gesamtwirtschaftlichen Investitionsquote. Vgl. Albrecht Ritschl, Die NS-Wirtschaftsideologie – Modernisierungsprogramm oder reaktionäre Utopie?, in: Rainer Zitelmann/Michael Prinz (Hrsg.), Nationalsozialismus und Modernisierung, Darmstadt 1991, S. 48–70, bes. S. 51 ff.
22 Zu den Motiven etwa Peter Hayes, Industry and Ideology. IG Farben in the Nazi Era, Cambridge u. a. 1987, S. 134 f. Tatsächlich hat der Vierjahresplan weder den Anteil der Chemieindustrie noch den der IG Farben an industrieller Kapazität und Produktion über den langfristigen Trend hinaus erhöht. Vgl. D. Petzina (Anm. 17), S. 183; P. Hayes, S. 182.

noch unausgereiftes Verfahren großtechnisch einzusetzen. Hitlers Denkschrift zum Vierjahresplan kritisiert diese Vorbehalte direkt und ergeht sich in kaum verhüllten Drohungen gegen Wirtschaftsführer, die sich seinen Plänen widersetzen würden[23].

Mit der Verkündung des Vierjahresplans wurde von Göring eine eigene Administration geschaffen, deren Kompetenzen zu denen des Schachtschen Wirtschaftsministeriums in Konkurrenz standen. Gleichzeitig entwickelte Göring Aktivitäten auf dem Gebiet der Eisenerzgewinnung und -verhüttung. Die Bergrechte für die Erzvorkommen im späteren Salzgitter, die bei den Vereinigten Stahlwerken sowie einigen kleineren Eigentümergruppen lagen, wurden trotz ihres erneuten Kooperationsangebots enteignet und den neugegründeten Hermann-Göring-Werken übertragen, die sich bald zum größten Unternehmen im deutschen Machtbereich entwickeln sollten.

Die enorme Expansion dieses Konzerns kann mit dem Autarkisierungsziel kaum erklärt werden, denn die neugegründeten Werke unternahmen alles, um ihrer etablierten Konkurrenz den weiteren Ausbau ihrer Kapazitäten unmöglich zu machen – bis hin zu dem merkwürdigen Umstand, daß die Vereinigten Stahlwerke ihre Investitionen am Vorabend des Krieges hauptsächlich in Hydrierwerke lenkten, nachdem sie Investitionsgüterzuteilungen für den Ausbau der Stahlproduktion nicht mehr erhielten. Schon ein Jahr nach dem Beginn der Arbeiten für Salzgitter wurde mit dem Anschluß Österreichs und der Gewinnung der dortigen Erzvorkommen der Abbau von Eisenerz in Salzgitter unwirtschaftlich[24].

Görings Behörde hatte bald mehrere hundert Mitarbeiter. Schacht erreichte nach einer Reihe erfolgloser Versuche der Einigung mit Göring sein Ausscheiden aus dem Reichswirtschaftsministerium, behielt aber den Posten des Reichsbankpräsidenten zunächst noch bei. Schachts Verbleib in dieser Position bis zu seiner Entlassung am Jahresbeginn 1939 stellt nurmehr ein Nachspiel zu seiner Einwirkung auf die Wirtschaftspolitik des Dritten Reiches dar. Im Jahr 1936 mußte ein allgemeiner Preisstopp erlassen werden. Obwohl der Beschäftigungsgrad nunmehr auf den Stand von 1928 gestiegen war und weiter zunahm, gab es keine Anzeichen für ein nunmehr gebotenes konjunkturelles Bremsen. Der sprunghafte Anstieg der Staatsverschuldung im Jahr 1938 brachte den Übergang zur eigentlichen Inflation, überdeckt durch den Preisstopp und die entlastenden Wirkungen des österreichischen Anschlusses auf die überhitzte Binnenkonjunktur sowie den Devisenbestand. Ein Memorandum der Reichsbank vom Januar 1939, das diese Mißstände in scharfer Form ansprach, führte zuletzt zu Schachts Entlassung auch aus seinem Amt[25].

Bei der Frage nach dem Einflußverlust Schachts wird man wiederum mehr nach machtpolitischen als inhaltlichen Gründen zu fragen haben. Die oftmals geäußerte und von Schacht selbst genährte Spekulation, seine Finanzkünste bei Arbeitsbeschaffung und Aufrüstung seien ausschlaggebend für seine zunächst starke Machtstellung im Dritten Reich gewesen, ist unbelegt und womöglich nur Legende. Alle

---

23 P. Hayes (Anm. 22) S. 143ff., S. 164f.; Wilhelm Treue, Hitlers Denkschrift zum Vierjahresplan, in: Vierteljahrshefte für Zeitgeschichte, 3 (1955), S. 184–210.
24 Vgl. G. Mollin (Anm. 20), S. 102ff.
25 Vgl. Schachts Selbstzeugnis in: H. Schacht (Anm. 21), Kap. 49, Kap. 51. Vgl. dazu etwa Willi A. Boelcke, Die Kosten von Hitlers Krieg, Paderborn 1985, sowie den Beitrag von Willi A. Boelcke in diesem Band (Anm. 1).

wesentlichen Elemente seiner Geldpolitik waren vor seinem Amtsantritt bereits bekannt und wurden in Regierungskreisen diskutiert[26].

Unentbehrlich war Schacht in der Tat, solange seine Reputation bei den Auslandsgläubigern zur Stabilisierung der Währungs- und Außenwirtschaftspolitik benötigt wurde. Diese Aufgabe war mit der erfolgreichen Etablierung des Systems zweiseitiger Handels- und Verrechnungsabkommen im Jahr 1935 erfüllt, und ab dieser Zeit kündigten sich kommende Machtverschiebungen an.

Nicht viel besser als Schacht ging es im übrigen seinem Widersacher im Konflikt um die Devisenzuteilungen für die Landwirtschaft, Walther Darré. Im Jahr 1935 wurde deutlich, daß seine Politik die erhoffte Produktionssteigerung der Landwirtschaft durchaus nicht im erwünschten Maß brachte. Auch in anderen Bereichen erwies sich die stark ideologische Ausrichtung seiner Politik als effizienzmindernd. Zu den Maßnahmen Darrés hatte das Reichserbhofgesetz gehört. In Abwandlung eines kurz zuvor erlassenen preußischen Gesetzes schuf es in Gestalt des Erbhofs eine neue Rechtsform landwirtschaftlicher Betriebe, die nach dem Anerbenrecht ungeteilt weitervererbt werden sollten. Der offensichtliche Konstruktionsfehler war – neben den haarsträubenden rassischen Auswahlkriterien für zukünftige Erbhofbauern – das Verbot des Hypothekarkredits. Damit war es nicht mehr möglich, Kreditgebern Sicherheiten auf das Grundvermögen des Hofes zu geben, mit der Folge des weitgehenden Verlusts von Kreditmöglichkeiten für Erbbauern. Darré wurde ab 1935 innerhalb seines Ministeriums kaltgestellt und schließlich im Jahr 1942 von seinem Staatssekretär Herbert Backe beerbt[27].

IV. Die Ära Schacht 1934 bis 1937: langfristige Wirkungen

Schachts tagespolitische Einflußnahme war, wie gezeigt wurde, von unsicherer und letztlich kurzlebiger Wirkung. Von um so größerer Bedeutung sind die nachwirkenden Effekte jener Aktivitäten der Ära Schacht, die nicht direkt tagespolitischen Machtkämpfen geschuldet sind.

Unmittelbar nach seiner Rückkehr ins Präsidium der Reichsbank 1933 hatte Schacht eine Bankenenquete einberufen, einen Untersuchungsausschuß, der strukturelle Fehler und Schwächen des deutschen Bankwesens und ihre Folgen in der Bankenkrise von 1931 aufzeigen sollte. Die Enquete machte Vorschläge zur Neuregelung, die in das 1934 ergangene Kreditwesengesetz (KWG) eingingen. Ein solches

---

26 In Gutachten, die der bereits unter Brüning mit Konjunkturprogrammen hervorgetretene Referent im Reichswirtschaftsministerium, Wilhelm Lautenbach, während der Jahre 1932 bis 1934 anfertigte, werden ankurbelnde Maßnahmen in vielen Varianten diskutiert, wobei auch die Technik des späteren Mefo-Wechsel-Programms vorweggenommen ist. Vgl. Bundesarchiv Abteilungen Potsdam, 31.01. Nr. 9930–32. Vgl. dort u. a. eine scharf gehaltene Stellungnahme Lautenbachs zu einer Denkschrift der Reichsbank vom 30. Mai 1933 gegen konjunkturpolitische Kreditausweitungen, 9931/Bl. 91 ff., undatiert.

27 Eine konzise Darstellung der nationalsozialistischen Agrarpolitik steht noch aus. Zu den genannten Einzelaspekten G. Corni (Anm. 3), Kap. 7 u. 8, wo der Konflikt zwischen Backe und Darré allerdings undeutlich bleibt. Dazu genauer Anne Bramwell, Blood and Soil. Richard Walther Darré and Hitler's »Green Party«, Abbotsbrook 1985, S. 110 ff.

Bankengesetz hatte es bislang im Deutschen Reich nicht gegeben; die gesetzlichen Regelungen – im wesentlichen Bilanzierungsvorschriften – waren Teil des Handelsgesetzbuches. Das KWG faßte zum einen diese Vorschriften neu, zum anderen aber wurde eine zentrale Bankenaufsicht geschaffen, der weitgehende Eingriffsrechte zustanden[28].

Gleichsam analog zur Neuregelung des Bankenrechts ist die Vorbereitung des Aktiengesetzes, denn auch das Aktienrecht war Teil des Handelsgesetzbuches gewesen, und nach der Erfahrung der Weltwirtschaftskrise empfand man auch hier die Kontroll- und Bilanzierungsvorschriften als unzureichend. Für den Nationalsozialismus war die Aktiengesellschaft ein ideologisch heikles Thema, denn das Parteiprogramm der 25 Punkte von 1920 hatte die Verstaatlichung von Trusts gefordert.

Wie das Aktienwesen neu zu organisieren sei, war durchaus kontrovers. Radikale Nationalsozialisten forderten die Abschaffung dieser Rechtsform schlechthin und die Rückverwandlung der bestehenden Aktiengesellschaften in Formen persönlicher Haftung der Anteilseigner[29]. Das zuletzt beschlossene Gesetz stellte insoweit einen Kompromiß dar, als die Umwandlung kleinerer Aktiengesellschaften Pflicht wurde[30]. In der inneren Organisation brachte das Gesetz eine deutliche Verstärkung der Rechte des Vorstands gegenüber dem Aufsichtsrat, innerhalb des Vorstands wiederum eine Konzentration der Befugnisse auf den Vorstandsvorsitzenden. Begründet wurden beide Maßnahmen mit der Notwendigkeit zur Durchsetzung des Führerprinzips auch im Wirtschaftsleben. Deutlich beschränkt wurden die Freiräume der Bilanzierung, was den schlechten Erfahrungen mit dem Aussagewert von Bilanzen in der Weltwirtschaftskrise geschuldet war.

Hervorzuheben unter einer Reihe weiterer Gesetzgebungsakte[31] ist das Energiewirtschaftsgesetz von 1935, das eine weitgehende Umformung des Elektrizitätsmarktes in Deutschland hervorrief. Zur Förderung eines einheitlichen Energieverbundes mit der Möglichkeit überregionaler Stromlieferung bei kriegsbedingtem Ausfall wurden kleine lokale Erzeuger und industrielle Eigenproduzenten zugunsten der großen Energieversorgungsunternehmen benachteiligt. Mit der Schaffung einheitlicher Versorgungsräume wurden regionale Monopole errichtet; dem stand ein (fast) allgemeiner Versorungszwang durch den Monopolisten gegenüber. Offenbar erhebliche Investitionen in den Bau von Überlandleitungen brachten innerhalb weniger Jahre vor dem Krieg den angestrebten Stromverbund zustande; zugleich – aus Rationalisierungsgründen erwünscht – bedeutete dies eine Zurückdrängung der kleineren Stromversorger[32].

Die Frage nach der langfristigen Wirkung dieser Gesetze mag auf zweierlei Weise gestellt werden. Zum einen wäre nach der Dauerhaftigkeit der Einzelbestimmungen in späteren Novellierungen zu fragen. Das kann hier nicht geleistet werden, wenngleich sich bei erstem Hinsehen der Eindruck weitgehender Kontinuität ergibt. Einige

---

28 Auch zu diesem Bereich fehlen Spezialuntersuchungen. Einen Überblick gibt A. Barkai (Anm. 2), Kap. 3b.

29 Zu den Verhandlungen vgl. Dennis Anderson, The Academy for German Law, 1933–1944, New York–London 1987, S. 300–312.

30 Allerdings kamen diese Bestimmungen, wegen des Krieges ausgesetzt, nie zur Ausführung.

31 Vgl. auch D. Anderson (Anm. 29), S. 313ff.

32 Zur Einordnung Helmut Gröner, Die Ordnung der deutschen Elektrizitätswirtschaft, Baden-Baden 1975, S. 319ff.

Aufmerksamkeit hat dies im Falle des Energiewirtschaftsgesetzes erfahren, das im Rahmen der Kontroversen um die Atomenergie kritisch beleuchtet worden ist[33].

Eine zweite Variante dieser Fragestellung würde untersuchen, nach welcher Systematik sich das im Nationalsozialismus neugestaltete Wirtschaftsrecht in dasjenige der späteren Bundesrepublik einfügt. Zu diesem Zweck wäre die gesetzliche Regelung der sogenannten Ausnahmebereiche des »Gesetzes gegen Wettbewerbsbeschränkungen« (GWB) von 1957 zu betrachten, also jener Wirtschaftszweige, die den allgemeinen wettbewerbsrechtlichen Bestimmungen nicht unterliegen. Bei dieser Übung würde man auf den Umstand stoßen, daß – mit der wichtigen Ausnahme des Tarifvertragsgesetzes, das die kollektiven Lohnverhandlungen regelt – ein wesentlicher Teil jener Bereiche eine erstmalige Lenkung im Nationalsozialismus erfahren hat und oftmals nach wie vor durch Gesetze geregelt wird, deren Substanz aus der Mitte der dreißiger Jahre stammt.

Warum es möglich war, innerhalb verhältnismäßig so kurzer Zeit eine solche Anzahl weittragender Gesetzesprojekte zu verwirklichen, deren Geltung auch nach dem Kriege nicht strittig wurde, muß hier unbeantwortet bleiben. Mit Sicherheit spielten die Lähmung des Weimarer Systems durch den wirtschaftspolitischen Richtungskampf und die ungelösten Verfassungskonflikte eine Rolle. Es bliebe aber auch zu untersuchen, ob sich nicht auf wirtschaftspolitischer Expertenebene im Dritten Reich ein neuer Grundkonsens bildete, der für die spätere Bundesrepublik bestimmend wurde[34].

V. Kapital und Arbeit im Dritten Reich

Aus der Zerschlagung der Gewerkschaften am Beginn des Dritten Reiches könnte man schließen, der Nationalsozialismus habe paradiesische Umstände für die Herrschaft des Kapitals geschaffen. In der Tat hat die marxistische Geschichtsauffassung gerade diesen Standpunkt eingenommen; zum Verhältnis von Großindustrie und Drittem Reich ist ein stattliches Schrifttum entstanden[35].

Eine fundierte Antwort auf die Frage nach den Nutznießern der nationalsozialistischen Arbeitseinsatzpolitik hängt von den angelegten Kriterien ab. Nimmt man die Disziplinierung der Arbeiterschaft zum Maßstab, so weisen die Abschaffung der Rechte des Betriebsrates im »Gesetz zur Ordnung der nationalen Arbeit« von 1934 und die – den Unternehmerrechten in diesem Gesetz übrigens widersprechende – Lohnfestsetzung durch die Treuhänder der Arbeit allerdings in die angedeutete Richtung. Ebenfalls im Jahr 1934 wurden auf Grundlage des Arbeitseinsatzgesetzes weitere Eingriffe in den Arbeitsmarkt möglich; die Freizügigkeit von Arbeitnehmern konnte beschränkt werden, Einstellungen und Kündigungen wurden genehmigungspflichtig. Beschäftigte unter 25 Jahren waren in der Regel zu entlassen und durch

---

33 Etwa Wolfgang Zangl, Deutschlands Strom, Frankfurt am Main 1989.
34 Hinweise darauf geben etwa die Untersuchungen von Ludolf Herbst, Der Totale Krieg und die Ordnung der Wirtschaft, Stuttgart 1982, S. 148 ff.
35 Statt vieler Belege Henry Turner, German Big Business and the Rise of Hitler, New York 1985, sowie das Einführungskapitel von G. Mollin (Anm. 20), S. 15–27.

ältere Arbeitnehmer zu ersetzen, soweit dem Entlassenen durch die Arbeitsverwaltung ein neuer Arbeitsplatz nachgewiesen werden konnte – und sei es im Arbeitsdienst. Im Jahr 1935 wurde das Arbeitsbuch eingeführt, das jeder Arbeitnehmer vorweisen können mußte und das bei jedem Stellenwechsel vom Arbeitgeber nachzutragen war; ebenfalls aus diesem Jahr stammt im übrigen das noch heute existierende Monopol der Arbeitsämter bei der Arbeitskräftevermittlung[36].

Die Ausübung von Zwang mußte jedoch nicht notwendig der Unternehmerseite zugute kommen. Mit dem Anleihestockgesetz von 1934 wurde für Unternehmen der Zugang zum Kapitalmarkt faktisch abgeblockt; zur Finanzierung von Investitionen mußte nunmehr die interne Kapitalbildung im Unternehmen ausreichen.

Die gesamtwirtschaftlichen Nettoeffekte dieser zahlreichen Eingriffe in die Allokation von Arbeit und Kapital sind nicht ohne weiteres auszumachen. Das Festhalten der Löhne auf dem niedrigen Stand, den Brünings Kostensenkungs- und Deflationspolitik herbeigeführt hatte, hat in den ersten Jahren ohne Zweifel zum raschen Aufschwung beigetragen. Mit der Annäherung an die Vollbeschäftigung versuchten besonders die Unternehmen der mit Rüstungsaufträgen gut versorgten Metall- und Elektroindustrie, durch Zahlung von Prämien knappe Fachkräfte anzuwerben und zu halten; der Arbeitsverwaltung ist es offenbar nur mühsam gelungen, einen allgemeinen Lohnauftrieb zu verhindern[37]. An dieser Stelle kreuzten sich die Interessen des Regimes, private Nachfrage durch Staatsnachfrage zu verdrängen und zu diesem Zweck die Massenkaufkraft niedrig zu halten, mit dem Phänomen der Lohndrift, in dem durch das Auseinanderdriften von Tarif- und Effektivlöhnen Arbeitskräfteknappheiten in bestimmten Sektoren und Berufsgruppen ausgeglichen werden.

Reichlichen Ersatz für eine rationale Lohnpolitik bot die Propagandaarbeit von Leys Deutscher Arbeitsfront. Binnen kurzer Zeit hatte sie sich zu einer Massenorganisation entwickelt, die faktisch sämtliche Arbeitnehmer erfaßte und in allen größeren Betrieben präsent war.

Die Aktivitäten und Ziele der DAF sind in den letzten Jahren Gegenstand intensiver Forschung gewesen. Mit Programmen wie den Freizeitgestaltungen durch ihre Organisation »Kraft durch Freude« (KdF) erlebte Deutschland gleichsam die Generalprobe für den Massentourismus der Nachkriegszeit. Beeinflußt von der englischen Diskussion um einen Wohlfahrtsstaat, wurden von DAF-Planern Modelle einer umfassenden Versorgung und Betreuung von der Wiege bis zur Bahre aufgestellt, die in der NS-Zeit allerdings in den Ansätzen steckenblieben – geschuldet wohl dem doch nur begrenzten Einfluß der DAF innerhalb des Systems. Zu denjenigen Projekten, die – teilweise wegen Hitlers persönlichen Interesses – in das Stadium konkreter Planungen eintraten und in den fünfziger Jahren Erfolge feierten, gehörten das Volkswagenwerk (»KdF-Wagen«) und der soziale Wohnungsbau (»Neue Heimat«)[38].

Im Bereich der Arbeitswelt versuchte die DAF, durch zwischenbetriebliche Leistungswettkämpfe sowohl die Produktivität als auch die Arbeitsbedingungen zu ver-

36 Vgl. zum vorstehenden R. Puppo (Anm. 13), S. 160 ff., Andreas Kranig, Lockung und Zwang. Zur Arbeitsverfassung im Dritten Reich, Stuttgart 1983, S. 38 ff.
37 Im einzelnen Rüdiger Hachtmann, Industriearbeit im Dritten Reich. Untersuchungen zu den Lohn- und Arbeitsbedingungen in Deutschland 1933–1945, Göttingen 1989, Kap. V.
38 Vgl. im Überblick Ronald Smelser, Die Sozialplanung der Deutschen Arbeitsfront, in: R. Zitelmann/M. Prinz (Anm. 21), S. 71–92.

bessern. Am letztlichen Erfolg dieser Versuche wird man zweifeln müssen, da der DAF trotz mancher Versuche der Zugang zu exekutiver Gewalt verwehrt blieb. Immerhin waren solche Aktivitäten aber ausreichend, um in der Unternehmerschaft beträchtlichen Unwillen hervorzurufen[39].

Man kann darüber spekulieren, welchen Effekt eine weniger restriktive Lohnpolitik ab 1936 gehabt hätte. Die Abwanderung von Arbeitskräften aus weniger florierenden Industrien und der Landwirtschaft wäre beschleunigt worden, und damit zugleich deren Mechanisierung. Es ist zu vermuten, daß der Nettoeffekt eines solchermaßen beschleunigten Strukturwandels auf die Produktivität und damit die Gesamtleistung der Industrie positiv gewesen wäre. Hohe und nicht künstlich eingefrorene Löhne wären das richtige Signal gewesen, um die zunehmende Knappheit an Arbeitskraft in einen Anreiz zur Rationalisierung umzusetzen. Allerdings hätte die damit geschaffene zusätzliche Kaufkraft weitgehend wieder abgeschöpft werden müssen, um sich nicht angesichts leerer Regale in steigenden Preisen für Konsumgüter zu entladen – falls man sich für einen Moment auf die rein technische Bewältigung des Problems einlassen will, wie eine maximale Steigerung der Rüstungsproduktion ohne Inflation zu erzielen ist.

Ohnehin wurde diese Kaufkraftabschöpfung in massivem Umfang betrieben – sie war eine Kehrseite der erwähnten Kapitalmarktregulierung. Den Banken blieb nach der gezielten Austrocknung des Unternehmenskredits wenig anderes übrig, als ihre liquiden Mittel dem Staat zur Finanzierung seiner Ausgaben zu leihen. In der exzessiven Anwendung des Mittels der Staatsverschuldung ab 1938 liegt der tiefere Grund für die Notwendigkeit der Währungsreform von 1948.

VI. Übergang in die Kriegswirtschaft

Für den Eintritt des Dritten Reiches in die Kriegswirtschaft lassen sich mehrere Zeitpunkte angeben, von denen kaum einer einen wirklich überzeugenden Einschnitt darstellt. Nach Schachts Ausscheiden aus dem Amt des Wirtschaftsministers wurde Anfang 1938 die frisch aufgebaute Vierjahresplanadministration kurzerhand umorganisiert und zum größten Teil in das Wirtschaftsministerium eingegliedert[40].

Doch kann auch in dieser Phase bis hin zum Winter 1941 von einer vollständigen Ausrichtung der Wirtschaft auf die Rüstung nicht gesprochen werden. Man hat die Überhitzung der Konjunktur in den Jahren 1937/38 mit den Erscheinungen steigender Löhne und Preise und eines leergefegten Arbeitsmarktes zuweilen als wirtschaftliche Krisensymptome des nationalsozialistischen Systems bezeichnet, die zuletzt den Zeitpunkt des Angriffskrieges diktiert hätten[41]. Wenn diese Hypothese richtig wäre, so müßte die Entlastung von den wirtschaftlichen Engpässen nach den Blitzkriegen zu einem sprunghaften Ansteigen der Rüstungsproduktion geführt haben. Dies war jedoch nicht der Fall. Im Gegenteil wurden im Sommer 1940 vorübergehend gestoppte friedenswirtschaftliche Investitionen wieder aufgenommen, die Herstellung von Konsumgütern stieg und die Rüstungsproduktion stagnierte.

---

39   Ronald Smelser, Robert Ley. Hitlers Mann an der »Arbeitsfront«, Paderborn 1989, Kap. 8.
40   Vgl. etwa G. Plumpe (Anm. 20), S. 723.
41   Hierzu und zum folgenden A. Ritschl (Anm. 21), S. 68ff.

Zu einem Teil läßt sich diese merkwürdige Trägheit mit Strukturwandlungen in der Außenwirtschaftspolitik erklären. Im Jahr 1938 war die Umorientierung des Außenhandels weg von den angelsächsischen Staaten und Frankreich weitgehend abgeschlossen. Mit dem deutsch-rumänischen Abkommen vom Frühjahr 1939 schien jene Durchdringung Südosteuropas erreicht, die das Ziel aller Großraumwirtschaftspolitik seit der Weimarer Zeit gewesen war.

Das Jahr 1940 brachte jedoch eine Wende. Im Zahlungsverkehr treten die südosteuropäischen Länder in den Hintergrund; bestimmend wird statt dessen der Bezug von Waren aus dem besetzten Frankreich und den später so genannten Beneluxländern. Dieser Umstand ist nicht ohne Ironie, verliert doch die propagandistisch überhöhte Mitteleuropaorientierung der deutschen Wirtschaft ihren Stellenwert nach gerade einem Jahr der Praxis. Wirkliche Bedeutung für die deutsche Kriegswirtschaft hatten die industriellen Produktionskapazitäten sowie der Kohle- und Erzbergbau Frankreichs, Belgiens und Luxemburgs, während demgegenüber die ost- und südosteuropäischen Vasallenstaaten deklassiert wurden[42].

Dieser enorme Zugewinn an industrieller Reservekapazität in Westeuropa mag in der Zeit zwischen dem Frankreich- und dem Rußlandfeldzug zu einem wenig vorausschauenden Wirtschaften beigetragen haben. Hinzu tritt aber ein ideologisches Moment: Mit den militärischen Erfolgen des Frühjahrs 1940 scheinen die wirtschaftlichen Ziele des eher traditionellen deutschen Hegemoniestrebens erreicht. Jene Neuordnung Europas in einer Großraumwirtschaft unter deutscher Herrschaft, von der die Autarkiestrategen träumten und die Hugenberg auf der Londoner Weltwirtschaftskonferenz gefordert hatte, schien nun Gestalt anzunehmen. Und mit einigem Eifer machten sich Planer und Industriekapitäne daran, ihre Position in diesem Wirtschaftsimperium auszubauen[43].

Hitler und seine engere Gefolgschaft hatten noch andere Pläne. Der Lebensraum für das deutsche Volk, von dem Hitler und seine Propaganda sprachen, lag nicht in Danzig und auch nicht in Westpreußen. Dem Mißverständnis, wonach Mitteleuropapropaganda und Großraumwirtschaft dasselbe seien wie die Lebensraumideologie des Nationalsozialismus, sind Zeitgenossen ebenso erlegen wie spätere Kritiker.

VII. Hitlers Ideologie

Lange Zeit hat die Forschung auf das Studium von Hitlers Ideen und Äußerungen vergleichsweise wenig Wert gelegt. Das mag mit seinem offensichtlichen tagespolitischen Opportunismus ebenso zusammenhängen wie mit dem Umstand, daß Hitlers Reden ihren oft unbeschreiblichen Erfolg weniger ihrem Inhalt zu verdanken hatten

---

42 Hierzu im Prinzip bereits Alan S. Milward, The New Order and the French Economy, Oxford 1970. Zahlennachweise bei A. Ritschl (Anm. 17).
43 Eine Gesamtdarstellung dieser Ausgreifungsprozesse fehlt. Zu Intentionen bei der Planung der IG Auschwitz vgl. K. H. Roth: IG Auschwitz, Normalität oder Anomalie eines kapitalistischen Entwicklungssprungs?, in: 1999. Zeitschrift für Wirtschafts- und Sozialgeschichte des 20. und 21. Jahrhunderts, (1989), S. 11–28.

als der gleichsam magnetischen, suggestiven Anziehungskraft von Hitlers Persönlichkeit[44].

Dennoch gibt es eine Ideologie Hitlers, die auf wenigen, klar erkennbaren Grundlagen fußt; in »Mein Kampf« wird sie in aller Offenheit ausgebreitet[45]. Zunächst besteht dieses Gedankengut aus der Übertragung der Darwinschen Selektionstheorie auf das Leben menschlicher Gesellschaften. Menschliches Handeln wird als weitgehend erbgutbedingt angesehen; die Triebe der Selbsterhaltung und Arterhaltung bestimmen die wirtschaftlichen Entscheidungen. Das wesentliche Element wird durch den Rassismus ins Spiel gebracht. Danach lassen sich auch die Völkerschaften weißer Hautfarbe in Rassen unterteilen, der »arischen« Rasse werden genetisch überlegene Eigenschaften zugeschrieben. Als Arier werden dabei im wesentlichen die Völker germanischer Sprache verstanden, der kulturelle Faktor der Sprachverwandtschaft demnach gegen ein biologistisches Prinzip der Rassenverwandtschaft ausgetauscht.

Ein weiteres Element ist das sogenannte Mißverhältnis von Volkszahl und Lebensraum. Unter der Annahme, daß der landwirtschaftliche Ernährungsspielraum eng begrenzt sei und nur wenig durch Produktivitätsfortschritte erweitert werden könne, führt die angenommene Tendenz der Bevölkerung, über alle Grenzen hinaus zu wachsen, zu einem Mißverhältnis von Bevölkerungsgröße und Nahrungsspielraum. Die Konkurrenz der Nationen wird damit zum gegenseitigen Vernichtungskampf um knappen Lebensraum – das Wort »Lebensraum« (Habitat) ist selbst ein Fachbegriff der Biologie. In diesem Kampf wirkt zudem das Darwinsche Gesetz von der Auslese der am besten angepaßten Exemplare einer Art.

Wirtschaftliche Konkurrenz nimmt in diesem biologistischen Weltbild zweierlei Formen an, die des Auslesekampfes zwischen Individuen und diejenige des Lebensraumkampfes der Rassen. Die Konkurrenz zwischen Individuen erscheint dabei wegen ihrer Auslesefunktion als nützlich, während andererseits die Sicherung des Überlebens der Rasse verlangt, daß individuelle Konkurrenz dort verhindert wird, wo die Erfordernisse des Lebensraumkampfes vorgehen. Das ist der Hintergrund des Schlagwortes, Gemeinnutz gehe vor Eigennutz. Die scheinbare Willkür des politischen Eingriffs in die Wirtschaftätigkeit hat demnach durchaus ihr System: Im Überlebenskampf der Volksgemeinschaft ist für starre Regeln wenig Platz; die Erfordernisse dieses Kampfes wechseln ständig, erlaubt ist, was wirkt. Nimmt man das Nahrungsdilemma für bare Münze, so erscheint der Vernichtungskrieg als moderne Variante des unausweichlichen Kampfes um den besten Futterplatz. Ethische Bedenken bestehen nicht, handelt es sich doch um ein Naturgesetz: So mußte der Erste Weltkrieg als die Folge des vergeblichen Versuchs erscheinen, dem übermächtigen England seinen Lebensraum in den Kolonien streitig zu machen. Der Drang nach Osten schien daher als logische Folgerung aus dem verlorenen Krieg, und Hitler beschreibt in »Mein Kampf« ausführlich, warum England einem deutschen Angriffskrieg gegen Rußland wohlwollend gegenüberstehen müsse[46].

Es ist verschiedentlich argumentiert worden, das Lebensraumkonzept gebe für wirtschaftspolitische Fragen nichts her, allenfalls sei es als rückwärtsgerichtete Agrar-

---

44 Überlegungen zu Hitlers Wirkung als Redner bei Joachim C. Fest, Hitler. Eine Biographie, Frankfurt am Main 1973, S. 448–463.
45 Eberhard Jäckel, Hitlers Weltanschauung, Stuttgart 1967, 1981².
46 Zum Vorstehenden im einzelnen A. Ritschl (Anm. 11), S. 256 ff.; (Anm. 21), S. 59 ff.

utopie zu verstehen; darüber hinaus habe Hitler zur Wirtschaftspolitik keinen eigenen Standpunkt bezogen. Neuere Arbeiten haben dies in Zweifel gezogen und konnten aus der Untersuchung von Hitlers Äußerungen eine Anzahl überraschender Erkenntnisse gewinnen[47]. Hiergegen ist eingewendet worden, selbst wenn Hitler eine Wirtschaftsideologie gehabt habe, sei dies angesichts der nationalsozialistischen Herrschaftsstrukturen unerheblich[48]. Gegeben den Umstand, daß Hitler seine Macht nach dem Prinzip des Divide et impera durch Zuweisung von Kompetenzen an konkurrierende Gewaltenträger und in rascher Folge wechselnde Sonderbeauftragte sicherte, scheint es danach wenig sinnvoll, nach wirtschaftspolitischen Festlegungen zu suchen, die über Rahmenvorgaben höchst allgemeinen Charakters hinausgehen.

Möglicherweise ist diese Suche jedoch unnötig. Das Lebensraumkonzept, eine um Darwins Selektionstheorie angereicherte Variante des Malthusschen Bevölkerungsgesetzes, ist selbst schon Wirtschaftsideologie. Der Wohlstand einer Nation kann nur erhöht werden auf Kosten einer anderen Nation; die gewaltsame Ausdehnung des Lebensraums erscheint als unabdingbar, soll sich das Volkswohl über die Hungergrenze erheben. Kriegspolitik und Wirtschaftspolitik verschwimmen ineinander, und Modernisierung nach innen ist nur möglich bei Expansion nach außen.

Und so erscheint auch die Vorstellung diskussionsbedürftig, die Wirtschafts- und Sozialpolitik des Nationalsozialismus habe lediglich als Mittel zum Zweck der Kriegsvorbereitung gedient und sei insofern nur als vorgetäuschte oder widerwillige Modernisierung zu verstehen. Ebensogut könnte man die umgekehrte Behauptung aufstellen und folgern, der Krieg sei hier Mittel zum wirtschaftlichen Zweck[49].

Möglicherweise liefert diese Doppeldeutigkeit nationalsozialistischer Ideologie eine Erklärung für jene merkwürdigen Trägheiten der Wirtschaftspolitik im Übergang zur Serie von Angriffskriegen 1939 und 1940. In einem Wirtschaftssystem, dessen Doktrin der chronische, gesetzmäßig wiederkehrende Mangel an Nahrung und Ressourcen ist, erscheint der Übergang zum Krieg nicht als einschneidendes Ereignis; Krieg ist in diesem Verständnis gleichsam eine Dauererscheinung des fortwährenden Lebensraumkampfes – und als solcher kein Grund, andere Prioritäten zu setzen.

Aus heutiger Sicht erscheint das Lebensraumkonzept mit seiner Fixierung auf Nahrungsmangel und Bodenerwerb, Rassewert und Selektion als ebenso merkwürdig wie zynisch – und so mag es auch den Zeitgenossen ergangen sein, die an Hitler glaubten, seine Botschaft aber nicht hörten. Und doch scheint die eigentümliche nationalsozialistische Dynamik ohne jene ökonomische Triebfeder nicht erklärbar zu sein. Wie alle echten Ideologien hat der Nationalsozialismus auf wenigen, ebenso einfachen wie falschen Dogmen aufgebaut – um dann unerbittlich deren Verwirklichung zu betreiben, bis zur letzten Konsequenz.

---

47 Mit reichen Belegen Rainer Zitelmann, Hitler als Revolutionär, Stuttgart 1990².
48 So besonders Hans Mommsen, Nationalsozialismus als vorgetäuschte Modernisierung, in: Walter Pehle (Hrsg.), Der historische Ort des Nationalsozialismus, Frankfurt am Main 1990, S. 31–46.
49 Zur These von der Modernisierung als Nebenprodukt der Kriegsvorbereitung besonders Henry Turner, Faschismus und Antimodernismus, in: ders., Faschismus und Kapitalismus in Deutschland, Göttingen 1972, D. 157–182. Wirtschaftspolitische Konflikte zwischen Modernisierung und Kriegsvorbereitung werden untersucht in A. Ritschl (Anm. 21), S. 52.

ANDREAS KRANIG

Arbeitnehmer, Arbeitsbeziehungen und Sozialpolitik unter dem Nationalsozialismus

I. Einführung

Dieser Beitrag gibt einen Überblick über die Entwicklung der Arbeitsbeziehungen unter dem Nationalsozialismus. Wegen der Vielschichtigkeit des Themas muß sich der Blick auf verschiedene Gesichtspunkte richten:
- auf die sozialpolitischen Probleme, mit denen das NS-Regime bei der Machtergreifung konfrontiert war und die sich im Laufe der zwölfjährigen Geschichte des Dritten Reiches ergaben;
- auf die sozialpolitischen Zielvorstellungen, die im Nationalsozialismus Gewicht hatten;
- auf die Machtfaktoren, die auf die Gestaltung der Arbeitsbeziehungen Einfluß nehmen konnten – von der NSDAP und ihren Gliederungen über die Regierung bis hin zu den Organisationen von Wirtschaft und Arbeit sowie zur unorganisierten Arbeitnehmerschaft;
- auf die tatsächlichen Entwicklungen, z. B. die Entwicklung der Löhne und Preise sowie die Arbeitsmarktentwicklung;
- auf die rechtlichen Änderungen, insbesondere im Arbeits- und Sozialrecht, und deren Auswirkungen auf die Gestaltung der Arbeitsbeziehungen.

Zahlreiche Aspekte der nationalsozialistischen Sozialpolitik und der Gestaltung der Arbeitsbeziehungen unter dem Nationalsozialismus sind mittlerweile untersucht und in Veröffentlichungen dargestellt worden. Dieser Beitrag strebt nicht die Vollständigkeit von Literaturnachweisen an, doch sollen Zusammenstellungen der aktuellen Literatur zu den wichtigsten Stichworten eine tiefergehende Auseinandersetzung ermöglichen[1].

---

1 Vgl. zum Gesamtthema insbesondere folgende Darstellungen (dort auch Nachweise der früheren Literatur): Franz Neumann, Behemoth. Struktur und Praxis des Nationalsozialismus 1933–1944 (deutsche Neuauflage), Köln–Frankfurt am Main 1977; Timothy W. Mason, Sozialpolitik im Dritten Reich, Opladen 1977; Carola Sachse/Tilla Siegel/Hasso Spode/Wolfgang Spohn, Angst, Belohnung, Zucht und Ordnung. Herrschaftsmechanismen im Nationalsozialismus. Mit einer Einleitung von Timothy W. Mason, Opladen 1982; Andreas Kranig, Lockung und Zwang. Zur Arbeitsverfassung im Dritten Reich, Stuttgart 1983; ders., Arbeitsrecht im NS-Staat, Köln 1984. Zur Diskussion des neueren Forschungsstandes vgl. insbesondere: Matthias Frese, Zugeständnisse und Zwangsmaßnahmen. Neuere Studien zur

II. Die sozialpolitischen Probleme im Zeitpunkt der Machtergreifung[2]

Am 30. Januar 1933 erhielt der Führer der NSDAP, Adolf Hitler, von Reichspräsident von Hindenburg den Auftrag zur Regierungsbildung. Zu diesem Zeitpunkt, im Winter 1932/33, hatten die Auswirkungen der Wirtschaftskrise, insbesondere die Massenarbeitslosigkeit, ihren Höhepunkt erreicht. Die erst etwa fünf Jahre zuvor gegründete Reichsanstalt für Arbeitsvermittlung und Arbeitslosenversicherung konnte – trotz mehrfacher Steigerung der Beitragssätze seit 1930 – nur noch einen Bruchteil der Arbeitslosen unterstützen. Weit mehr Arbeitslose waren auf die kargen, von einer Bedürftigkeitsprüfung abhängigen Leistungen der Krisenunterstützung und der Sozialfürsorge angewiesen; etwa eine Million Arbeitslose erhielt gar keine staatlichen Zuwendungen und lebte von Unterhaltsleistungen der Verwandten, von Bettelei oder Straftaten. Vor allem brachte die Massenarbeitslosigkeit erheblichen politischen Zündstoff mit sich. »Die Arbeitslosen von der Straße zu holen« war bis zur nationalsozialistischen Machtergreifung nicht gelungen; die Versuche der Regierungen von Papen und von Schleicher aus dem Jahre 1932, die in diese Richtung zielten – die ersten Arbeitsbeschaffungsprogramme und die Gründung eines freiwilligen Arbeitsdienstes für junge Arbeitslose –, hatten bis zum Winter 1932/33 noch keine nachhaltigen Erfolge erzielt.

Daneben hatten sich aber auch im Gefolge der Wirtschaftskrise die Gewichte in den kollektiven und individuellen Arbeitsbeziehungen verschoben – und zwar zugunsten der Arbeitgeberseite. In einer Situation, in der fast jeder Arbeitnehmer um seinen Arbeitsplatz bangen mußte, taugte der Streik nicht mehr dazu, die Interessen der Arbeitnehmerschaft offensiv zu verfolgen; dementsprechend hatte die Gewerkschaftsbewegung viel an Durchsetzungskraft, Glaubwürdigkeit und auch an Anhängerschaft verloren.

Zudem war die politische und gewerkschaftliche Interessenvertretung der Arbeitnehmerschaft dadurch geschwächt, daß sie in verschiedene Fraktionen (Sozialdemokraten, sozialistische Gruppierungen, Kommunisten) zersplittert war. Diese behinderten und bekämpften sich gegenseitig und waren nicht in der Lage, sich auf ein tragfähiges gemeinsames Konzept zur Bewältigung der Krise und zur Abwehr der nationalsozialistischen Gefahr zu einigen. Die von der Wirtschaftskrise ausgehenden Zwänge und die Schwäche der Gewerkschaftsbewegung bewirkten, daß die Arbeitgeberseite auf breiter Front Lohnsenkungen durchsetzen konnte.

Auf der betrieblichen und individuellen Ebene der Arbeitsbeziehungen lähmte die von der Wirtschaftskrise ausgehende Furcht und Verunsicherung die Durchsetzungs-

---

nationalsozialistischen Sozial- und Arbeitspolitik, in: Neue Politische Literatur, (1987), S. 53–74; Ulrich Herbert, Arbeiterschaft im »Dritten Reich«. Zwischenbilanz und offene Fragen, in: Geschichte und Gesellschaft, (1989), S. 320–360. Zur lange Zeit vernachlässigten Sozialpolitik während des Zweiten Weltkriegs: Marie-Luise Recker, Nationalsozialistische Sozialpolitik im Zweiten Weltkrieg, München 1985.

2 Vgl. T. W. Mason (Anm. 1) und F. Neumann (Anm. 1). Grundlegend außerdem: Karl Dietrich Bracher/Wolfgang Sauer/Gerhard Schulz, Die nationalsozialistische Machtergreifung. Studien zur Errichtung des totalitären Herrschaftssystems in Deutschland 1933/34, Frankfurt am Main u. a. 1974; Martin Broszat, Der Staat Hitlers. Grundlegung und Entwicklung seiner inneren Verfassung, München 1969.

kraft und Konfliktbereitschaft der Arbeitnehmerschaft ebenfalls, so daß auch auf diesen Ebenen die Arbeitgeberseite ein Übergewicht erhielt.

Ein weiteres gravierendes Problem bestand darin, daß infolge der Wirtschaftskrise Steuer- und Beitragsaufkommen gesunken und dadurch die Haushaltslage des Reiches, der Länder und Kommunen sowie der Sozialversicherungsträger mehr als angespannt war. Die Finanzierung von Maßnahmen zur Bewältigung der Krise, insbesondere zur Behebung der Massenarbeitslosigkeit, erwies sich daher als äußerst schwierig.

III. Sozialpolitische Zielvorstellungen im Nationalsozialismus[3]

Es ist nicht leicht, die uneinheitlichen und schillernden sozialpolitischen Zielvorstellungen auf einen Nenner zu bringen, die zum Zeitpunkt der Machtergreifung und in der weiteren Entwicklung des »Dritten Reichs« in der NSDAP und im Herrschaftsapparat des NS-Regimes vertreten wurden. In der nationalsozialistischen Bewegung – insbesondere in der Nationalsozialistischen Betriebszellen-Organisation (NSBO) und in Röhms SA – gab es durchaus Strömungen, die materielle Arbeitnehmerinteressen gegenüber der Arbeitgeberseite durchzusetzen versuchten. Typisch für diese Strömungen ist die »Doppelverdienerkampagne« des Jahres 1933: Durch Druck von der Straße wurden Arbeitgeber veranlaßt, Doppelverdiener (d. h. insbesondere in einem Beschäftigungsverhältnis stehende Frauen, deren Ehemann ebenfalls eine Beschäftigung hatte) zu entlassen und an ihrer Stelle Arbeitslose, insbesondere »alte Kämpfer« der NS-Bewegung und Familienväter, einzustellen. An der Doppelverdienerkampagne zeigt sich, daß es sich um eine mit reaktionärem Gedankengut vermischte (gegen Frauenarbeit gerichtete), am Freund-Feind-Denken und an einer gewissen Beutementalität orientierte Interessenvertretung handelte. Derartige reaktionäre Elemente tauchten auch in der anfänglichen Gesetzgebung zur Arbeitsbeschaffung und zum Arbeitseinsatz auf, z. B. in der Regelung über Ehestandsdarlehen, die in einem Beschäftigungsverhältnis stehende Frauen veranlassen sollten, eine Familie zu gründen und sich dem Haushalt und der Kindererziehung zuzuwenden, oder in frühen Arbeitseinsatzregelungen, die der Landflucht entgegenwirken sollten und die im Zusammenhang mit der nationalsozialistischen Blut-und-Boden-Ideologie gesehen werden können; die Verherrlichung der deutschen Mutter und des deutschen Bauern durch den Nationalsozialismus fanden in derartigen Regelungen einen – wenn auch nur relativ kurzlebigen – Ausdruck. Dahinter stand das rassistisch begründete Streben nach einer Erhöhung der Geburtenrate bzw. das Streben nach landwirtschaftlicher Autarkie. Diese Zielvorstellungen verbanden sich in den ersten Jahren des Dritten Reiches mit der Idee eines ständischen Gesellschafts- und Staatsaufbaus.

---

3 Grundlegend T. W. Mason (Anm. 1) und F. Neumann (Anm. 1). Vgl. weiterhin: Henry Ashby Turner, Die Großunternehmer und der Aufstieg Hitlers, Berlin 1985; Jouko Jokisalo, »... Den Arbeiter für die NSDAP zu gewinnen«. Zur Ideologie und Massenbasis des deutschen Faschismus 1933–1939, Oulu 1988; Martin H. Geyer, Soziale Sicherheit und wirtschaftlicher Fortschritt. Überlegungen zum Verhältnis von Arbeitsideologie und Sozialpolitik im »Dritten Reich« in: Geschichte und Gesellschaft, (1989), S. 382/406; Eberhard Heuel, Der umworbene Stand. Die ideologische Integration der Arbeiter im Nationalsozialismus 1933–1935, Frankfurt am Main 1989.

Derartige Zielvorstellungen erwiesen sich jedoch schon nach kurzer Zeit für die Führungsspitze des NS-Regimes eher als hinderlich. Ihr ging es programmatisch weniger um eigentlich sozialpolitische Zielvorstellungen, vielmehr wurde die Sozialpolitik den zentralen politischen Zielen des NS-Regimes untergeordnet. Beherrschend war im Inneren die Formierung der Bevölkerung im Freund-Feind-Denken, die Ausgrenzung und Eliminierung der politischen Gegner des Nationalsozialismus (insbesondere die politischen und gewerkschaftlichen Organisationen der Arbeitnehmerschaft) und der jüdischen und sonstigen rassistisch verfolgten Bevölkerungsgruppen. Was die Beziehungen nach außen betraf, war das Hauptziel die Revision der Folgen des Ersten Weltkrieges und die Expansion des Deutschen Reiches. Arbeit und Wirtschaft mußten auf diese Ziele ausgerichtet werden, wenn das NS-Regime sie erreichen wollte.

Ein weiteres Element verband sich mit den zuvor genannten: Der Weg des NS-Regimes war, gerade auch im sozialpolitischen Bereich, von einer Folge von Rechtsbrüchen und Gewalttaten begleitet – von der Zerschlagung der Gewerkschaften über die Ausschaltung der nationalsozialistischen »Linken« um Ernst Röhm im Jahre 1934 bis hin zur Zwangsverschleppung und Ausbeutung der »fremdvölkischen« Arbeitskräfte während des Zweiten Weltkriegs und der »Vernichtung durch Arbeit« in den Konzentrationslagern. Hierin kam der absolute, diktatorische Wille der Machthaber zur Sicherung und Erhaltung ihrer Macht und zur rücksichtslosen Verwirklichung ihrer nur gewaltsam erreichbaren Ziele zum Ausdruck.

Schon vor der Machtergreifung nahm die Führungsspitze der NSDAP um Adolf Hitler die Unterstützung von seiten großer Teile der deutschen Wirtschaft in Anspruch, und nach der Machtergreifung war den Nationalsozialisten klar, daß die Erreichung ihrer eigenen Ziele – vor allem Aufrüstung und Vorbereitung des Krieges – nur im Zusammenspiel mit der Unternehmerschaft möglich war und daß eine eigenständige unabhängige Interessenvertretung der Arbeitnehmer zu Reibungsverlusten bei der Verfolgung dieser Ziele hätte führen müssen. Der Fortbestand der bisherigen Arbeitnehmerorganisationen hätte eine dauernde latente Gefährdung des NS-Regimes bedeutet; allzu weitgehende Veränderungen der Grundstrukturen von Arbeit und Wirtschaft hätten ebenfalls zu Problemen und Verzögerungen bei der Verwirklichung der übergeordneten nationalsozialistischen Ziele geführt. Hieran – und weniger an eigenständigen sozialpolitischen Zielvorstellungen – orientierte sich das NS-Regime bei seinen sozialpolitischen Entscheidungen.

Dabei ist nicht zu verkennen, daß das NS-Regime mehrfach gewisse sozialpolitische Verbesserungen einführte bzw. der Arbeitnehmerschaft gewisse Zugeständnisse machte. Doch ob das NS-Regime am 1. Mai 1933 den »Tag der nationalen Arbeit« ausrief und propagandistisch ausschlachtete, ob im Jahre 1938 auf Drängen der Deutschen Arbeitsfront weitere bezahlte Feiertage eingeführt wurden oder ob im Spätherbst 1939 die anfänglichen einschneidenden Regelungen des Kriegsarbeitsrechts zum Teil wieder zurückgenommen wurden oder im Jahre 1942 der Mutterschutz durch das Mutterschutzgesetz verbessert wurde, nie waren eigenständige sozialpolitische Zielvorstellungen allein maßgeblich. Im Vordergrund standen vielmehr die Absicherung der diktatorischen Macht, die propagandistische Anbindung der Arbeitnehmerschaft an das NS-Regime oder das Lavieren zwischen der Notwendigkeit, die Produktionsziele der Rüstungs- und Kriegswirtschaft zu erreichen und andererseits die Arbeitnehmerschaft nicht durch allzu überzogene Anforderungen zu demoralisieren und damit nur die hochgestreckten Produktionsziele zu verfehlen!

Ideologisch wurden die sozialpolitischen Zielvorstellungen des Nationalsozialismus mit Schlagworten wie »völkische Gemeinschaft«, »lebensgesetzliche Ordnung des deutschen Volkes« oder »deutscher Sozialismus« überhöht; damit setzte sich der Nationalsozialismus sowohl vom Kapitalismus als auch vor allem vom Sozialismus ab und faßte das deutsche Volk über die im Arbeitsleben angelegten Interessengegensätze hinweg zu einer Einheit zusammen, die sich im Kampf mit den inneren und äußeren Feinden zu bewähren hatte. Die liberalen und kollektiven Aspekte der Arbeitsverfassung der Weimarer Zeit wurden als »individualistische und gruppenmäßige Zersetzungen« abgetan, denen gegenüber die nationalsozialistische »völkische Verfassung« die Wirksamkeit und Schlagkraft der politischen Gewalt erhöhen und die »Einheit und Ganzheit des Volkes« herstellen sollte. »Gemeinschaft« im nationalsozialistischen Sinne meinte nichts anderes, als die Menschen auf die Ziele des Nationalsozialismus einzuschwören und sie zu diesem Zweck der totalitären Kontrolle von Staat, Partei und ihren Helfershelfern bis tief hinein in die privatesten Belange zu unterwerfen.

IV. Zerschlagung der Gewerkschaften – Aufbau der Deutschen Arbeitsfront[4]

Für die Sicherung der diktatorischen Macht des NS-Regimes war von ebenso zentraler Bedeutung wie für die Ausgestaltung der Arbeitsbeziehungen in der weiteren Entwicklung des Dritten Reiches, daß es den Nationalsozialisten in den ersten vier Monaten nach der Machtergreifung gelang, die politischen und gewerkschaftlichen Organisationen der Arbeitnehmerschaft zu zerschlagen. Die Ausschaltung der SPD und der KPD beraubte die Arbeitnehmerschaft ihres politischen Einflusses auf die Gesetzgebung, der sich im Verlauf der Weimarer Zeit – was die SPD betrifft – durchaus als wirksam erwiesen hatte, wenn man z.B. das Betriebsrätegesetz von 1920 oder das »Gesetz über Arbeitsvermittlung und Arbeitslosenversicherung« von 1927 denkt.

---

4 Vgl. die in Anm. 2 Zitierten sowie grundlegend: Hans-Gerd Schumann, Nationalsozialismus und Gewerkschaftsbewegung. Die Vernichtung der deutschen Gewerkschaften und der Aufbau der »Deutschen Arbeitsfront«, Hannover–Frankfurt am Main 1958; Hans J. Reichardt, Die Deutsche Arbeitsfront, Diss. phil. FU Berlin 1956; sowie neuerdings: Bernd Martin, Die deutschen Gewerkschaften und die nationalsozialistische Machtübernahme. Von der Anpassungspolitik während der Präsidialkabinette zur Selbstausschaltung im totalitären Staat, in: Geschichte in Wissenschaft und Unterricht, (1985), S. 605–631; Gunther Mai, »Warum steht der deutsche Arbeiter zu Hitler?« Zur Rolle der deutschen Arbeitsfront im Herrschaftssystem des Dritten Reiches, in: Geschichte und Gesellschaft, (1986), S. 212–234; Jürgen W. Falter, Warum die deutschen Arbeiter während des »Dritten Reiches« zu Hitler standen. Einige Anmerkungen zu Gunther Mais Beitrag über die Unterstützung des nationalsozialistischen Herrschaftssystems durch Arbeiter, in: Geschichte und Gesellschaft, (1987), S. 217–231; Volker Kratzenberg, Arbeiter auf dem Weg zu Hitler? Die nationalsozialistische Betriebszellen-Organisation. Ihre Entstehung, ihre Programmatik, ihr Scheitern 1927–1934, Frankfurt am Main 1987; Heinrich August Winkler, Der Weg in die Katastrophe. Arbeiter und Arbeiterbewegung in der Weimarer Republik 1930–1933, Berlin 1987; Ronald Smelser, Hitlers Mann an der »Arbeitsfront«: Robert Ley, Paderborn 1989.

Durch den schon bald nach der nationalsozialistischen Machtergreifung einsetzenden Straßenterror der SA-Trupps gegen die Gewerkschaften und die eigenmächtige Absetzung der gewerkschaftlichen Betriebsratsmitglieder wurde die Interessenvertretung der Arbeitnehmerschaft auf der überbetrieblichen und auf der betrieblichen Ebene binnen weniger Wochen immer mehr erschwert und schließlich unmöglich gemacht. Um nicht von den »wilden« Aktivitäten der eigenen Anhängerschaft überrollt zu werden, sanktionierte die NS-Führung Anfang April 1933 die Ersetzung der gewählten Betriebsräte durch NS-Anhänger und inszenierte am Tag nach den Propagandaveranstaltungen zum »Tag der nationalen Arbeit« (1. Mai 1933) die Besetzung der Gewerkschaftshäuser und die Übernahme aller Gewerkschaftseinrichtungen. Im gleichen Zeitraum wurde auch der öffentliche Dienst von den – im wesentlichen der Arbeiterbewegung angehörenden – NS-Gegnern »gesäubert«.

Für die Gestaltung der Arbeitsbeziehungen unter dem Nationalsozialismus hatte die Gleichschaltung in der ersten Jahreshälfte 1933 zur Folge, daß arbeitsrechtliche und sozialrechtliche Regelungen nicht mehr im Wege des parlamentarischen Kompromisses unter Berücksichtigung der Interessen der Arbeitnehmerschaft ausgehandelt wurden, daß auch bei der Festlegung der Löhne und der sonstigen Arbeitsbedingungen kein Aushandeln zwischen Gewerkschaften und Arbeitgeberverbänden mehr stattfand und demzufolge zu diesem Zweck auch keine Arbeitskämpfe mehr durchgeführt werden durften und daß schließlich auch auf der betrieblichen Ebene eine wirksame Interessenvertretung der Arbeitnehmerschaft fehlte. Für all diese zentralen Bereiche der Arbeitsbeziehungen mußte das NS-Regime jedoch das durch die Ausschaltung der Gewerkschaften entstandene Vakuum so schnell wie möglich füllen. Auch für die übrigen bisher von den Gewerkschaften getragenen Aktivitäten mußten, soweit sie auch unter nationalsozialistischen Vorzeichen notwendig erschienen, Ersatzlösungen gefunden werden; hier ging es z. B. um die Rechtsberatung der Gewerkschaftsmitglieder in arbeitsrechtlichen Streitigkeiten oder um die Unterstützung arbeitsloser Gewerkschaftsmitglieder aus den Gewerkschaftsvermögen.

Bis zum 2. Mai 1933 – dem Tag, an dem die Gewerkschaften endgültig ausgeschaltet wurden – schien die Entwicklung in Richtung einer nationalsozialistischen Einheitsgewerkschaft zu gehen; denn die lokalen Gewerkschaftsorganisationen, die an vielen Orten von Trupps der SA und der NSBO okkupiert worden waren, arbeiteten weithin unter der Kontrolle der Okkupanten weiter; die Führung des Allgemeinen Deutschen Gewerkschaftsbundes (ADGB) versuchte, durch immer weitergehende Zugeständnisse an die Nationalsozialisten und durch den Verzicht auf gewalttätige Auseinandersetzungen eine – wenn auch unter nationalsozialistischen Vorzeichen stehende, aber zur Vertretung der Arbeitnehmerinteressen fähige – gewerkschaftliche Organisation der Arbeitnehmer ins Dritte Reich hinüberzuretten. Doch mußte der NS-Führungsspitze um Hitler eine solche Entwicklung unerwünscht sein, wenn sie ihre auf Wirtschaftsbelebung, Aufrüstung und Revision der Folgen des Ersten Weltkrieges gerichteten Hauptziele möglichst reibungslos erreichen wollte. Denn jede auch nur halbwegs selbständige Interessenvertretung der Arbeitnehmer würde immer wieder diese Ziele in Frage stellen, den Arbeitsfrieden stören und letzten Endes Widerstandsherde gegen das NS-Regime entwickeln.

Die im Mai 1933 von Hitler getroffenen Entscheidungen liefen darauf hinaus, der Arbeitnehmerschaft jede eigenständige Wahrnehmung ihrer Interessen unmöglich zu machen und die bisherigen Aufgaben der Gewerkschaften auf Einrichtungen zu verteilen, die engstens an die NS-Führungsspitze angebunden waren. Diese Entscheidungen erwiesen sich als Grundentscheidungen für die gesamte Dauer des Dritten Reiches.

Am 10. Mai 1933 wurde mit großem propagandistischem Aufwand die Gründung der Deutschen Arbeitsfront (DAF) verkündet, die zunächst die Gewerkschaftsmitglieder und das Vermögen der liquidierten Gewerkschaften auffangen sollte.

Am 19. Mai 1933 schuf das NS-Regime durch das »Gesetz über die Treuhänder der Arbeit« neue sozialpolitische Verwaltungsbehörden. Sie unterstanden dem Reichsarbeitsminister Seldte. Ihnen wurde das wichtigste bisherige Aufgabengebiet der Gewerkschaften und Arbeitgeberverbände übertragen: Anstelle der Tarifvertragsparteien legten sie nunmehr die tariflichen Arbeitsbedingungen, insbesondere die Löhne, in Tarifordnungen fest (vgl. Abschnitt V dieses Beitrages).

Zum Führer der DAF ernannte Hitler den Stabsleiter der politischen Organisation der NSDAP, Robert Ley. Darin kam die enge Anbindung der DAF an die NSDAP und an Hitler zum Ausdruck. Die Organisation der Arbeitnehmerschaft wurde also im wesentlichen als politisch-propagandistische Aufgabe gesehen, die nicht der Durchsetzung sozialpolitischer Ziele, sondern vielmehr dem Zweck dienen sollte, dem NS-Regime die Loyalität der Arbeitnehmer zu sichern bzw. zumindest die Arbeitnehmerschaft so im Sinne des NS-Regimes unter Kontrolle zu halten, daß es von dieser Seite keine Gefahr zu befürchten hatte.

In der DAF waren zunächst die Arbeitnehmer organisiert, die in den früheren Gewerkschaften und in der NSBO gewesen waren. Anfänglich war die DAF denn auch in Mitgliedsverbänden organisiert, die den früheren Einzelgewerkschaften entsprachen. Doch schon Anfang 1934 nahm Ley ihnen die verbliebene Eigenständigkeit und formte die DAF im Sinne eines straffen Zentralismus um. Die Arbeitnehmer sollten in der DAF möglichst umfassend erfaßt werden, und dies gelang auch im Laufe der Zeit fast vollständig. Darüber hinaus aber wurde die DAF zu einem wirtschaftsfriedlichen Harmonieverband weiterentwickelt, in den auch die Selbständigen und die Arbeitgeber eingegliedert wurden. Als Organisation aller »schaffenden Deutschen der Stirn und der Faust« sollte die DAF die von den Nationalsozialisten propagierte »Bildung einer wirklichen Volks- und Leistungsgemeinschaft aller Deutschen« voranbringen (so § 2 der Verordnung Hitlers über »Wesen und Ziel der Deutschen Arbeitsfront« vom 24. Oktober 1934). In allen Organen und Gliederungen der DAF hatten Unternehmer und Arbeitnehmer (in der nationalsozialistischen Diktion: Betriebsführer und Gefolgschaftsmitglieder) paritätisch vertreten zu sein (so die Leipziger Vereinbarung vom 21. März 1935, die zwischen Ley, dem Wirtschaftsminister Hjalmar Schacht und dem Arbeitsminister Franz Seldte geschlossen wurde). Besonders deutlich wird die der DAF zugedachte Rolle an den Regelungen des »Gesetzes zur Ordnung der nationalen Arbeit« (Arbeitsordnungsgesetz) vom 20. Januar 1934, das der DAF die Aufgabe zuwies, die – früher von den Gewerkschaften und den Arbeitgeberverbänden gestellten – Beisitzer bei den Arbeitsgerichten zu benennen und die Mitglieder der DAF in arbeitsgerichtlichen Verfahren zu vertreten. Maßgeblich für die Benennung der Beisitzer bei den Arbeitsgerichten (und anderer Funktionsträger) war nun vor allem die politische Linientreue. Daß die DAF Rechtsberatungsstellen für Arbeitnehmer wie für Arbeitgeber unter einem Dach betrieb, sollte eine frühzeitige Bereinigung von Konflikten im Arbeitsleben begünstigen; Hitler hatte der DAF ausdrücklich in der Verordnung vom 24. Oktober 1934 die Aufgabe gestellt, »zwischen den berechtigten Interessen der Beteiligten denjenigen Ausgleich zu finden, der den nationalsozialistischen Grundsätzen entspricht«; dadurch sollte explizit die Zahl der Streitfälle reduziert werden, die vor die Gerichte oder staatlichen Behörden zur Streitentscheidung gelangen konnten. Der Arbeitsfrieden im Interesse einer ungestörten Wirtschaftsbelebung und Aufrüstung war das Ziel, und dementsprechend wurden die frühere gewerkschaftliche Rechtsberatung und Interessenvertretung vor Gericht fast in ihr Gegenteil verkehrt. Das Bestreben, arbeitsrechtliche Streitigkeiten zu vermeiden oder durch frühzeitige Intervention zu verhindern, war einer der Gründe dafür, daß der Geschäftsanfall bei den Arbeitsgerichten seit 1933 Jahr um Jahr erheblich zurückging.

Hatte die DAF anfangs einige gewerkschaftliche Aufgaben (neben der Rechtsberatung und der Benennung der Beisitzer bei den Arbeitsgerichten auch die Zahlung von Unterstützungen an Arbeitslose) – zum Teil mit erheblichen Veränderungen – weitergeführt, so verschoben sich die Aufgaben der Organisation im Verlauf der Entwicklung erheblich. Beispielsweise organisierte die DAF seit 1934 jährlich die Reichsberufswettkämpfe. Lehrlinge und Jungarbeitnehmer maßen sich hierbei in den Disziplinen Berufspraxis, Berufstheorie, Weltanschauung und Hauswirtschaft (letzteres für die weibliche Jugend). Die Reichsberufswettkämpfe dienten einerseits der Erziehung zur Leistungsbereitschaft im nationalsozialistischen Sinne, zum anderen auch der propagandistischen Aufwertung der Arbeit im öffentlichen Bewußtsein. Die DAF strebte so auf längere Sicht umfassendere Kompetenzen auf dem Gebiet der Berufserziehung an, um die weltanschauliche Erziehung und die berufliche Ausbildung möglichst eng zu verknüpfen. Mit einem hierauf zielenden Gesetzentwurf aus dem Jahre 1938 scheiterte die DAF jedoch, so daß es in diesem Bereich bei der Aufgabenverteilung zwischen staatlicher Verwaltung (insbesondere Prüfungswesen) und der DAF (erzieherisch/propagandistische Beeinflussung) blieb.

Vom nationalsozialistischen Gemeinschaftsgedanken waren die Bemühungen der DAF um die betriebliche Sozialpolitik geprägt. Den Arbeitgebern wurde die Schaffung sozialer Einrichtungen im Betrieb und zum Teil auch die Gewährung zusätzlicher betrieblicher Leistungen abverlangt. Ähnlich wie die Arbeitnehmer in den Reichsberufswettkämpfen sollten sich auch die Betriebe in Wettkämpfen miteinander messen, um die Auszeichnung als »nationalsozialistischer Musterbetrieb« zu erhalten. In Sozialbilanzen sollten die Unternehmen zusätzlich Rechenschaft über die Errungenschaften auf dem Gebiet der betrieblichen Sozialpolitik geben. Zuständig für diese Aktivitäten war das DAF-Amt »Schönheit der Arbeit«. Der Name steht sowohl für die propagandistische Aufwertung der abhängigen Arbeit durch die Nationalsozialisten als auch für ihren Versuch, die Loyalität der Arbeitnehmer durch relativ geringfügige Zugeständnisse zu sichern.

Zur wohl bedeutendsten Einrichtung der DAF entwickelte sich die NS-Gemeinschaft »Kraft durch Freude«. Sie hatte die Aufgabe der umfassenden Freizeitgestaltung für die Arbeitnehmer, insbesondere wurden Ferienreisen veranstaltet und zu diesem Zweck Passagierschiffe und Feriensiedlungen gebaut. Auch bei diesen Aktivitäten mischten sich verschiedene Zwecke. Einerseits dienten sie der Erholung der Arbeitnehmer und damit der Stärkung ihrer Leistungsfähigkeit, andererseits ermöglichte die Erfassung der Arbeitnehmer die politisch-erzieherische Beeinflussung auch im Freizeitbereich, und schließlich wurde auch auf diese Weise die propagandistische Aufwertung der Arbeit betrieben.

Der Charakter und die Rechtsstellung der DAF blieben während der gesamten zwölf Jahre ihres Bestehens etwas undurchsichtig und schillernd. Die Verordnung Hitlers vom 24. Oktober 1934 und die sog. Leipziger Vereinbarung vom 21. März 1935 (vgl. oben) ließen insofern viel Interpretationsspielraum. So kam es im Laufe der Entwicklung immer wieder zu einem Tauziehen um Kompetenzen, insbesondere zwischen der DAF und dem Reichsarbeitsministerium unter Seldte. Das Ringen Leys um mehr Einfluß für die DAF im nationalsozialistischen Herrschaftsgefüge war in den ersten Kriegsjahren von Teilerfolgen zu Lasten des Reichsarbeitsministeriums gekrönt. Die bis dahin vorherrschenden politisch-propagandistisch-erzieherischen Aufgaben der DAF wandelten sich zu Quasi-Verwaltungsaufgaben. So wurde die DAF nun zuständig für die Freizeitbetreuung der Frontsoldaten, für die Errichtung und Betreuung der Lager für die ausländischen (»fremdvölkischen«) Arbeitskräfte sowie für die soziale Betreuung der Frauen, die zum Kriegseinsatz herangezogen wur-den. Zudem ernannte Hitler den Führer der DAF, Ley, 1940 zum Reichskommissar für den sozialen Wohnungsbau; Ende 1942 löste Hitler sogar diesen wichtigen sozial-politischen Aufgabenbereich des Wohnungsbaus ganz aus dem Reichsarbeitsministe-rium heraus und machte Ley zum »Reichswohnungskommissar«. Ebenfalls im Jahre 1940 beauftragte Hitler Ley, Pläne für eine umfassende Reform des Rechts der sozia-len Sicherheit, insbesondere der Altersversorgung, auszuarbeiten. Auch dies stellte einen empfindlichen Eingriff in den Zuständigkeitsbereich des Reichsarbeitsministe-riums dar. Die Kriegsereignisse machten jedoch eine weitere Befassung der NS-Füh-rungsspitze mit den von Ley ausgearbeiteten Vorschlägen unmöglich, so daß letzten Endes der Einfluß der DAF auf die sozialpolitische Gesetzgebung während des Drit-ten Reiches doch insgesamt relativ gering blieb.

Faßt man zusammen, so dürfte die wichtigste Aufgabe der DAF darin bestanden haben, die früheren Gewerkschaften vergessen zu machen und den Arbeitnehmern mit allen Mitteln der Propaganda, Erziehung und gewissen sozialen Verbesserungen das Gefühl zu geben, in die neue Ordnung als gleichwertige Mitglieder integriert zu sein. Für die nationalsozialistische Herrschaftsordnung war kennzeichnend, daß sich dies mischte mit der brutalen Abschreckung und Ausgrenzung von Systemgegnern durch die Zerschlagung der Gewerkschaften und die Unterdrückung jeden Wider-standes aus den Kreisen der früheren Arbeiterbewegung oder spontaner Wider-standsäußerungen aus aktueller Unzufriedenheit mit den Arbeitsbedingungen.

V. Staatliche Festsetzung der Löhne und Arbeitsbedingungen[5]

Wie bereits erwähnt, trat die DAF nur teilweise das Erbe der liquidierten Gewerk-schaften an. Der DAF vorenthalten wurde vor allem der zentrale Bereich der Tarif-festsetzung, der bis dahin Gegenstand der zwischen den Gewerkschaften und den Arbeitgeberverbänden geschlossenen Tarifverträge war, deren Zustandekommen

---

5 Grundlegend T. W. Mason (Anm. 1). Tilla Siegel, Lohnpolitik im nationalsozialistischen Deutschland, in: Carola Sachse u. a. (Anm. 1), S. 54–139; Rüdiger Hachtmann, Industriear-beit im »Dritten Reich«. Untersuchungen zu den Lohn- und Arbeitsbedingungen in Deutsch-land 1933–1945, Göttingen 1989.

von Arbeitskämpfen (Streiks bzw. Aussperrungen) begleitet sein konnte. Mit der Zerschlagung der Gewerkschaften und der Gründung der DAF als Harmonieverband war es nicht mehr zulässig, Arbeitskämpfe um die Arbeitsbedingungen zu führen. Vielmehr wurde die Tariffestsetzung den durch Gesetz vom 19. Mai 1933 gegründeten und durch das Arbeitsordnungsgesetz vom 20. Januar 1934 bestätigten neuen Arbeitsbehörden, den Treuhändern der Arbeit, übertragen. Damit besaß die NS-Regierung weisungsabhängige Instrumente, mit denen sie ihre tarifpolitischen, insbesondere lohnpolitischen Vorstellungen relativ reibungslos umsetzen konnte. Die Devise der nationalsozialistischen Lohnpolitik läßt sich insgesamt auf einen einfachen Nenner bringen: Lohnsteigerungen waren unerwünscht und wurden deshalb so gering wie möglich gehalten. Auf der Basis des – in der Wirtschaftskrise abgesenkten und daher niedrigen – Lohnniveaus ließen sich die Wirtschaftsbelebung, die Bekämpfung der Massenarbeitslosigkeit und die bald einsetzende Aufrüstung leichter bewerkstelligen.

Flankiert wurde diese Lohnpolitik durch die Einführung einer staatlichen Preisüberwachung, die die Stabilität der Preise für Konsumgüter anstrebte. Der 1934 eingesetzte Reichskommissar für die Preisüberwachung verfügte Ende 1936 – im Zusammenhang mit dem ersten Vierjahresplan – einen allgemeinen Preisstopp. Die staatliche Lohn- und Preiskontrolle bezweckte, eine stabile wirtschaftliche Grundlage für die Wirtschaftsbelebung und Aufrüstung zu schaffen und inflationären Entwicklungen entgegenzuwirken, die sich mit der Rüstungskonjunktur fast zwangsläufig ergeben mußten.

Für die Arbeitnehmer bedeutete diese Politik, daß sie an den wirtschaftlichen Ergebnissen der Rüstungskonjunktur nur einen bescheidenen Anteil hatten. Dennoch ist nicht zu übersehen, daß sich die materielle Situation der Arbeitnehmer in den Jahren seit 1933 verbesserte. Zum Teil lag dies daran, daß Arbeitnehmer in den durch die Rüstungskonjunktur begünstigten Wirtschaftszweigen – an der staatlichen Lohnkontrolle vorbei – auf individueller oder betrieblicher Ebene Lohnerhöhungen durchsetzen konnten; entscheidender waren aber andere Gesichtspunkte: Mit Behebung der Massenarbeitslosigkeit gehörten jedem Arbeitnehmerhaushalt mindestens ein, häufig auch zwei Verdiener an. Die Wirtschaftsbelebung führte bald dazu, daß die in der Wirtschaftskrise erheblich abgesenkten Arbeitszeiten wieder ein hohes Niveau erreichten. Im wesentlichen wurde im Dritten Reich also dadurch mehr Arbeitsentgelt erzielt, daß mehr Arbeitnehmer beschäftigt waren und diese mehr Arbeit leisteten.

Die dadurch erzielten Lohnzuwächse wurden den Arbeitnehmern allerdings zu gewissen Teilen durch den Zugriff von Staat und Partei wieder genommen. Der Staat hielt beispielsweise trotz verbesserter Beschäftigungslage die Beiträge zur Arbeitslosenversicherung künstlich auf dem höchsten Stand der Wirtschaftskrise; zahlreiche von den Nationalsozialisten geschaffene Einrichtungen – von der DAF über die Winterhilfe bis zur NS-Volkswohlfahrt – forderten von den Arbeitnehmern Beiträge und Spenden, und zwar in der Regel, indem politischer und gesellschaftlicher Druck ausgeübt wurde, dem sich die Betroffenen kaum entziehen konnten.

An der weiteren Ausgestaltung der übrigen Arbeitsbedingungen, die üblicherweise tariflich festgesetzt werden, fällt insbesondere die der Arbeitszeit und des Urlaubs auf: An eine Arbeitszeitverkürzung, wie sie das Parteiprogramm der NSDAP noch gefordert hatte, war im Zeichen der nationalsozialistischen Aufrüstungspläne nicht mehr zu denken. Andererseits ging die Entwicklung dahin, ein Mindestmaß an

Erholungsurlaub zu gewährleisten; dies war auch Voraussetzung für die auf Urlaubs- und Freizeitgestaltung gerichteten Aktivitäten der oben erwähnten NS-Gemeinschaft »Kraft durch Freude«.

Die Regelungen des Arbeitsordnungsgesetzes von 1934 hatten neben den lohnpolitischen Befugnissen der Treuhänder der Arbeit den Arbeitgebern noch weitgehende Befugnisse zur betrieblichen und individuellen Lohngestaltung (insbesondere Zahlung übertariflicher Löhne) gelassen. Die Rollenverteilung zwischen Treuhändern der Arbeit und Arbeitgebern entsprach insofern noch derjenigen zwischen den Tarifvertragsparteien, die Mindestarbeitsbedingungen vereinbarten, und den Arbeitgebern, die von den Mindestarbeitsbedingungen zugunsten der Arbeitnehmer abweichen konnten.

In der Zeit der Massenarbeitslosigkeit ging von einer solchen Regelung auch keine Gefahr für die Absichten des NS-Regimes aus. Dies wandelte sich jedoch, sobald die Massenarbeitslosigkeit behoben war und – vor allem in den rüstungswirtschaftlichen Branchen – der Mangel an Arbeitskräften immer spürbarer wurde. Diese Entwicklung führte etwa seit 1936 dazu, daß Arbeitgeber die benötigten Arbeitskräfte durch das Angebot höherer Löhne (»Locklöhne«) anzuwerben, unter Umständen auch von anderen Arbeitgebern abzuwerben versuchten. Dies drohte – aus der Sicht des NS-Regimes – zu erheblichen Lohnsteigerungen zu führen und damit die Kosten der Aufrüstung in die Höhe zu treiben. Mit der »Verordnung über die Lohngestaltung« vom 25. Juni 1938 und mit der Kriegswirtschaftsverordnung vom 4. September 1939 wirkte das NS-Regime dieser Entwicklung entgegen. Die Treuhänder der Arbeit erhielten nunmehr die Aufgabe, dort, wo der Lohnauftrieb zu stark war, Höchstlöhne zu bestimmen und individuell vereinbarte überhöhte Arbeitsverdienste herabzusetzen.

Die Kriegswirtschaftsverordnung ging noch einen Schritt weiter und strich die Lohnzuschläge für Mehrarbeit, Sonntags-, Feiertags- und Nachtarbeit, wobei die Einsparungen nicht den Arbeitgebern verbleiben sollten, sondern an das Reich abzuführen waren, um aus kriegswirtschaftlichen Gründen Kaufkraft abzuschöpfen und einen Beitrag zur Kriegsfinanzierung zu leisten. Außerdem wurde zu Kriegsbeginn ein allgemeiner Lohnstopp verhängt.

Einige dieser einschneidenden Maßnahmen mußte das NS-Regime schon nach kurzer Kriegsdauer wieder zurücknehmen, da sie zu erheblicher Unzufriedenheit unter der Arbeitnehmerschaft geführt hatten und das NS-Regime hierdurch seine Kriegspläne mehr gefährdet sah als durch gewisse wirtschafts- und finanzpolitische Probleme, die von Lohnsteigerungen ausgingen. Ähnlich hatte die NS-Führung bereits im Jahre 1937 auf die Forderung nach Einführung zusätzlicher bezahlter Feiertage reagiert: Sie hatte zwischen den wirtschafts- und finanzpolitischen Erfordernissen der Aufrüstungs- und Kriegspolitik und der Notwendigkeit, die Arbeitnehmerschaft durch gewisse Zugeständnisse in die nationalsozialistische Ordnung einzubinden, hin- und herlaviert und schließlich eine Kompromißlösung gefunden.

VI. Die Entwicklung der Arbeitsmarktbeziehungen: Von der Massenarbeitslosigkeit über die Arbeitsbeschaffung zum Arbeitseinsatz[6]

Die NS-Regierung trat im Februar 1933 mit dem Ziel an, die drückende Massenarbeitslosigkeit innerhalb weniger Jahre zu beseitigen. Ein Erfolg der Nationalsozialisten gerade in diesem Punkt konnte entscheidend zur innenpolitischen Absicherung des Regimes und zu einer gewissen Einbindung der Arbeitnehmerschaft in die nationalsozialistische Ordnung beitragen. Das NS-Regime verbuchte schon um die Jahreswende 1933/34 einen erheblichen Rückgang der Arbeitslosenzahlen als Erfolg für sich, und in den Folgejahren ging die Arbeitslosigkeit kontinuierlich weiter zurück, bis in den letzten Vorkriegsjahren Vollbeschäftigung entstand und in den von der Rüstungswirtschaft begünstigten Wirtschaftszweigen schon vor dem Zweiten Weltkrieg und dann während des Krieges ganz allgemein in der gesamten Wirtschaft ein Mangel an Arbeitskräften herrschte. Bemerkenswert war vor allem auch, daß die Entwicklung auf dem deutschen Arbeitsmarkt weit günstiger verlief als in den anderen, ebenfalls von der Weltwirtschaftskrise betroffenen Industrienationen – Grund genug für die nationalsozialistische Propaganda, diese Erfolge für die nationalsozialistische Sozialpolitik zu reklamieren.

Eine genauere Betrachtung zeigt jedoch, daß die Wirtschaftsbelebung und die Behebung der Massenarbeitslosigkeit nur zum geringeren Teil den eigentlichen sozialpolitischen Maßnahmen der Arbeitsbeschaffung zu verdanken waren, zum weit größeren Teil jedoch den seit 1934 immens anwachsenden staatlichen Rüstungsausgaben und der dadurch angefachten Rüstungskonjunktur. Hinzu kommt, daß die Wirtschaftskrise im Zeitpunkt der nationalsozialistischen Machtergreifung ohnehin ihren Tiefpunkt erreicht hatte und eine – wenn auch weniger steile – wirtschaftliche Aufwärtsentwicklung zu erwarten war; auch die Arbeitsbeschaffungsmaßnahmen der Regierungen von Papen und von Schleicher aus dem Jahre 1932 begannen etwa zum Zeitpunkt der nationalsozialistischen Machtergreifung zu wirken und kamen den Nationalsozialisten zugute.

Diese Einschätzung wird dadurch bestätigt, daß die NS-Regierung bis zur Verabschiedung weiterer Arbeitsbeschaffungsmaßnahmen mehrere Monate nach der Machtergreifung verstreichen ließ; die beiden Gesetze zur Verminderung der Arbeitslosigkeit ergingen erst am 1. Juni bzw. 21. September 1933 und konnten sich – ebenso wie die Entscheidung für den arbeitsintensiven Bau der Autobahnen – frühestens gegen Ende des Jahres 1933 auswirken. Das NS-Regime setzte in den Jahren 1933/34 zur Bekämpfung der Arbeitslosigkeit ein Bündel von Maßnahmen ein. Zu nennen sind insbesondere:

– staatliche Investitionen bei Reichsbahn, Reichspost und beim Autobahnbau,
– Investitionsförderung durch Steuererleichterungen für die Landwirtschaft, den Wohnungsbau und die Automobilindustrie,

---

6   Vgl. Andreas Kranig, Nationalsozialistische Arbeitsmarkt- und Arbeitseinsatzpolitik, in: Hans-Peter Benöhr (Hrsg.), Arbeitsvermittlung und Arbeitslosenversorgung in der neueren deutschen Rechtsgeschichte, Tübingen 1991; Richard J. Overy, »Blitzkriegswirtschaft«? Finanzpolitik, Lebensstandard und Arbeitseinsatz in Deutschland 1939–1942, in: Vierteljahrshefte für Zeitgeschichte, (1988), S. 379–435.

- Schaffung und staatliche Finanzierung von zusätzlichen, meist schlecht bezahlten Beschäftigungsmöglichkeiten, für Jugendliche im zunächst noch freiwilligen Arbeitsdienst und beim Einsatz als Landhelfer, für sonstige Arbeitnehmer bei den meist von den Kommunen getragenen Notstandsarbeiten,
- vermehrte Durchführung beruflicher Fortbildungskurse für Arbeitslose,
- Vergabe von Ehestandsdarlehen an Arbeitnehmerinnen, die heirateten und ihren Arbeitsplatz durch ihren Wechsel zur Tätigkeit als Hausfrau und Mutter frei machten,
- Förderung der Einstellung von Haushaltsgehilfinnen durch Absenken der Aufwendungen für die soziale Absicherung der Haushaltsgehilfinnen.

Alle diese Maßnahmen trugen sicher zur direkten oder indirekten Schaffung von Arbeit oder wenigstens dazu bei, »die Arbeitslosen von der Straße zu holen« und damit den politischen Zündstoff der Arbeitslosigkeit zu entschärfen. Nicht zu verkennen sind aber auch bei diesen Arbeitsbeschaffungsmaßnahmen spezifisch nationalsozialistisch geprägte politische Implikationen; so wurden Frauen aus der Erwerbsarbeit hinausgedrängt und auf Tätigkeiten im Haushalt und bei der Kindererziehung verwiesen, und der Reichsarbeitsdienst wurde nicht nur zum Auffangen jugendlicher Arbeitsloser, sondern zur politisch-weltanschaulichen Erziehung im Geiste des Nationalsozialismus und zur Wehrertüchtigung benutzt.

Faßt man die Kosten sämtlicher Arbeitsbeschaffungsmaßnahmen einschließlich derjenigen zusammen, die schon von den Regierungen von Papen und von Schleicher in die Wege geleitet worden waren, so ergibt sich ein Gesamtbetrag von höchstens sechs Milliarden Reichsmark. Vergleicht man diese Summe mit den Rüstungsaufgaben der NS-Regierung, die von 720 Millionen Reichsmark 1933 auf 10,8 Milliarden Reichsmark bereits im Jahre 1937 anstiegen, so wird das Übergewicht der Rüstungsausgaben deutlich. Dies läßt darauf schließen, daß die Arbeitsbeschaffungsmaßnahmen zwar ihren Teil zur Behebung der Massenarbeitslosigkeit beigetragen haben, der entscheidende Grund für die schnelle und restlose Behebung der Arbeitslosigkeit aber in der Rüstungskonjunktur zu suchen ist. Dem entsprach, daß es in den rüstungswirtschaftlich bedeutsamen Gewerbezweigen, z. B. in der Bauwirtschaft und in der Metallindustrie, bereits seit 1936 zu einem Mangel an Arbeitskräften kam, während sich vor allem in der Konsumgüterindustrie die Arbeitsmarktlage wesentlich langsamer verbesserte.

Schon in den ersten Jahren der NS-Herrschaft gab es Wirtschaftsbereiche, in denen trotz der allgemein noch bestehenden Arbeitslosigkeit nur schwer Arbeitskräfte zu finden waren; hierbei handelte es sich vor allem um Beschäftigungen mit wenig attraktiven Arbeitsbedingungen, insbesondere in der Landwirtschaft. In den späteren Jahren mangelte es vor allem an Arbeitskräften in der Rüstungswirtschaft und bei der Ausführung einzelner Rüstungsprojekte wie z. B. des Baues des Westwalls an der Grenze zu Frankreich kurz vor Beginn des Zweiten Weltkrieges. Schon im Arbeitsordnungsgesetz vom 20. Januar 1934 hatte das NS-Regime die Arbeit in den Betrieben ausdrücklich auf das Gemeinwohl verpflichtet; bezogen auf den Arbeitsmarkt bedeutete dies, daß das NS-Regime beabsichtigte, die Verteilung der Arbeitskräfte nicht mehr allein der vertraglichen Vereinbarung von Arbeitnehmern und Arbeitgebern zu überlassen, sondern sie entsprechend den übergeordneten politischen Zielsetzungen zu beeinflussen oder gar zu bestimmen. Dies geschah anfangs punktuell; beispielsweise erhielt die Reichsanstalt für Arbeitsvermittlung und Arbeitslosenversicherung im Jahr 1934 die Befugnis, die Beschäftigung landwirtschaftlicher Arbeiter außerhalb der Landwirtschaft zu verhindern, jüngere Arbeitnehmer in die Landwirtschaft zu lenken und den Zuzug von Arbeitnehmern in Gebiete mit hoher Arbeitslosigkeit sowie in Städte mit Überseehäfen zu beschränken – letzteres, um einer Auswanderungswelle vorzubeugen. Damit war der Anfang gemacht zu einer immer umfassenderen Kontrolle und Reglementierung des Arbeitsmarktes durch das NS-Regime. Diese »planmäßige Lenkung der Arbeitskräfte entsprechend den jeweiligen staatspolitischen Notwendigkeiten« wurde als »Arbeitseinsatz« bezeichnet.

Die Voraussetzungen für den umfassenden Arbeitseinsatz schuf sich das NS-Regime mit der seit 1935 einsetzenden Erfassung aller Erwerbstätigen in den »Arbeitsbüchern«. Ende 1936 erließ die neu eingerichtete Vierjahresplanbehörde unter Görings Führung zahlreiche Anordnungen, um den Arbeitskräftebedarf der Rüstungsindustrie sicherzustellen. Zu diesem Zweck erhielten die Arbeitsämter insbesondere das Recht, den Abschluß unerwünschter Arbeitsverhältnisse zu unterbinden.

Mit der ersten und zweiten Dienstpflichtverordnung vom 22. Juni 1938 bzw. vom 13. Februar 1939 ging das NS-Regime noch einen Schritt weiter. Die Arbeitsämter waren nunmehr sogar berechtigt, Arbeitnehmer aus bestehenden Arbeitsverhältnissen herauszulösen und zu solchen Tätigkeiten zwangszuverpflichten, die aus Sicht des NS-Regimes vorrangig waren; hierzu zählten in der Phase vor dem Zweiten Weltkrieg Bauarbeiten an strategisch wichtigen Bauten wie dem Westwall und während des Zweiten Weltkrieges Arbeiten, die kriegswirtschaftliche Bedeutung hatten. Mit der Einführung des Arbeitseinsatzrechts beseitigten die Nationalsozialisten wichtige Arbeitnehmergrundrechte (Berufsfreiheit, Freizügigkeit). Hatte es zunächst den Anschein gehabt, daß die staatliche Beeinflussung des Arbeitsmarktes ein »Recht auf Arbeit« zugunsten der Arbeitnehmer verwirklichen würde, so offenbarte sich die Kehrseite der nationalsozialistischen Arbeitsmarktpolitik, der »Zwang zur Arbeit«, binnen weniger Jahre.

Die nationalsozialistische Arbeitseinsatzpolitik wirkte sich gravierend auf die Arbeitslosenversicherung aus, die erst 1927 durch das »Gesetz über Arbeitsvermittlung und Arbeitslosenversicherung« eingerichtet worden war. Die Leistungen der Versicherung waren bereits in den Jahren vor der nationalsozialistischen Machtergreifung abgesenkt, die Anspruchsvoraussetzungen waren verschärft und die Beiträge angehoben worden, um die Arbeitslosenversicherung während der Krisenjahre einigermaßen funktionsfähig zu halten. Trotz dieser Maßnahmen konnte auf dem Höhepunkt der Krise nur ein Bruchteil der Arbeitslosen Unterstützungsleistungen aus der Arbeitslosenversicherung in Anspruch nehmen. Obwohl die wirtschaftliche Entwicklung im Dritten Reich dem NS-Regime eine Rückkehr zu den Leistungs- und Beitragsregelungen der Zeit vor der Krise erlaubt hätte, wurden die Leistungen nur geringfügig erhöht, die Anspruchsvoraussetzungen jedoch noch weiter im Sinne einer Bedürftigkeitsprüfung verschärft und die hohen Beitragssätze trotz Vollbeschäftigung und Arbeitskräftemangel bis zum Ende des Zweiten Weltkrieges beibehalten. In den Vorkriegsjahren und erst recht während des Zweiten Weltkrieges wurden die Arbeitslosenversicherungsbeiträge ganz überwiegend nicht mehr für ihren ursprünglichen Zweck, sondern für den Arbeitseinsatz, den Autobahnbau, die finanzielle Entlastung der Rentenversicherung und nicht zuletzt direkt für den Staatshaushalt und damit für die Kriegsfinanzierung zweckentfremdet.

VII. Die innerbetriebliche Herrschaftsordnung[7]

Im Arbeitsordnungsgesetz vom 20. Januar 1934 wurde neben den bereits erwähnten Regelungen über die Tariffestsetzung durch die Treuhänder der Arbeit und über die Gemeinwohlorientierung der betrieblichen Arbeit vor allem das Betriebsverfassungsrecht neu geregelt. Das Betriebsrätegesetz von 1920, das den Belegschaften in größeren Betrieben Mitspracherechte gegenüber den Arbeitgebern in personellen und sozialen Angelegenheiten, insbesondere auch bei Kündigungen, eingeräumt hatte, wurde aufgehoben. Die Betriebsräte wurden durch die sog. Vertrauensräte ersetzt, die allerdings dem Arbeitgeber nicht als unabhängige betriebliche Interessenvertretung der Arbeitnehmer gegenübertraten und keine Mitbestimmungs-, sondern nur Beratungsrechte gegenüber dem Arbeitgeber hatten. Die Listen zu den Vertrauensratswahlen wurden im Zusammenspiel zwischen dem Arbeitgeber und dem Obmann der Nationalsozialistischen Betriebszellen-Organisation bzw. später der Deutschen Arbeitsfront aufgestellt. Andere als diese Einheitslisten waren nicht zugelassen. Unter diesen Umständen hatten die nur in den Jahren 1934 und 1935 durchgeführten Vertrauensratswahlen lediglich Akklamationscharakter. Allerdings gaben sie in den Anfangsjahren manchen Arbeitnehmern, die dem NS-Regime und seinen betrieblichen Repräsentanten ablehnend gegenüberstanden, die Möglichkeit, dies durch Nein-Stimmen bzw. Streichen einzelner Kandidaten von den Listen kundzutun. Streitfälle, die mit der Berufung der Vertrauensräte und ihrer Amtsführung zusammenhingen, hatten die Treuhänder der Arbeit im Sinne des NS-Regimes zu entscheiden.

In dieser Ausgestaltung der Betriebsverfassung kam deutlich zum Ausdruck, wer in den Betrieben das Sagen haben sollte: Entsprechend dem politischen Führerprinzip war der Arbeitgeber der »Betriebsführer«, der der als »Gefolgschaft« bezeichneten Belegschaft gegenüber umfassende Weisungsbefugnisse hatte, die durch Mitspracherechte der Arbeitnehmerschaft nicht mehr eingeschränkt waren. Durch die Bindung auch des Betriebsführers an das Gemeinwohl und durch die Kontrollbefugnisse der Treuhänder der Arbeit versuchte das NS-Regime der Arbeitnehmerschaft zwar zu suggerieren, daß ihre Abhängigkeit wegen der gemeinsam verfolgten übergeordneten Ziele gerechtfertigt sei und auch die Arbeitgeberseite in gleicher Weise in die Pflicht genommen werde. Zu derartigen eher propagandistischen Zwecken wurde auch eine neue Gerichtsbarkeit, die »soziale Ehrengerichtsbarkeit« gegründet, die

---

7 Vgl. A. Kranig (1983 und 1984, Anm. 1), Wolfgang Spohn, Betriebsgemeinschaft und innerbetriebliche Herrschaft, in: Carola Sachse u. a. (Anm. 1), S. 140–208; Klaus Wisotzky, Der Ruhrbergbau im Dritten Reich. Studien zur Sozialpolitik im Ruhrbergbau und zum sozialen Verhalten der Bergleute in den Jahren 1933–1939, Düsseldorf 1983; Andreas Kranig, Das Gesetz zur Ordnung der nationalen Arbeit. Grundgesetz der nationalsozialistischen Arbeitsverfassung?, in: Harald Steindl (Hrsg.), Wege zur Arbeitsrechtsgeschichte, Frankfurt am Main 1984, S. 441–500; Hisashi Yano, Hüttenarbeiter im Dritten Reich. Die Betriebsverhältnisse und soziale Lage bei der Gutehoffnungshütte ..., Wiesbaden – Stuttgart 1986; Marc Linder, The Supreme Labour Court in Nazi Germany. A Jurisprudential Analysis, Frankfurt am Main 1987; Günter Morsch, Streik im Dritten Reich, in: Vierteljahrshefte für Zeitgeschichte, (1988), S. 649–689; Thilo Ramm, Die »Regelung der Arbeit« (1942), das »Volksgesetzbuch« und der Arbeitsrechtsausschuß der Akademie für Deutsches Recht, in: Zeitschrift für Arbeitsrecht, (1990), S. 407–493; Martin Rüther, Die Vertrauensratswahlen von 1934 und 1935, in: Vierteljahrshefte für Zeitgeschichte, (1991), S. 221–264.

insbesondere Verstöße von Arbeitgebern gegen die »soziale Ehre« – so wurden krasse Formen der Ausbeutung bezeichnet – ahnden sollte (Untersuchungs- und Anklagebehörden waren die Treuhänder der Arbeit). Doch blieben Anklagen vor der sozialen Ehrengerichtsbarkeit ebenso wie direkte Eingriffe der Treuhänder der Arbeit gegenüber Arbeitgebern relativ selten, denn meist deckten sich die rüstungswirtschaftlichen Interessen des NS-Regimes eher mit den Interessen der Arbeitgeber als mit denjenigen der Arbeitnehmer. So dürften viele Arbeitnehmer ihre Situation als mehrfache Abhängigkeit – vom Arbeitgeber, von der Kontrolle der Deutschen Arbeitsfront und von den staatlichen Verwaltungsbehörden – empfunden haben als daß sie sich auf eine Begrenzung der Arbeitgebermacht durch Staat und Deutsche Arbeitsfront verlassen hätten. Auch eine Anrufung der Arbeitsgerichte scheint im Konfliktfalle den Arbeitnehmern wenig Aussicht auf Erfolg geboten zu haben; in dem durch die Nationalsozialisten geschaffenen Klima der Ächtung und Unterdrückung jeder eigenständigen Vertretung von Arbeitnehmerinteressen war es wenig ratsam, einen Streit vor dem Arbeitsgericht auszutragen; dies galt insbesondere für grundsätzlichere, politisch brisante Streitigkeiten. Dementsprechend nahm der Geschäftsanfall bei den Arbeitsgerichten während des Dritten Reiches von Jahr zu Jahr erheblich ab, so daß die erst 1926 als eigenständige Gerichtsbarkeit eingerichtete Arbeitsgerichtsbarkeit schnell an Bedeutung verlor und als Gestaltungsfaktor der Arbeitsbeziehungen nach kurzer Zeit allenfalls noch eine Nebenrolle spielte.

Mangels anderer Möglichkeiten zur Austragung von Konflikten im Arbeitsleben entwickelte sich, sobald die Behebung der Massenarbeitslosigkeit den Verlust eines Arbeitsplatzes nicht mehr als persönliche Katastrophe erscheinen ließ, eine größere Bereitschaft der Arbeitnehmer, die eigenen Interessen in einfacher, unorganisierter Form selbst geltend zu machen, u. a. durch Bummelei, Produzieren von Ausschuß oder gelegentlich auch mehr oder weniger organisierte Arbeitsniederlegungen. Diese Formen von Widersetzlichkeiten lassen sich unter dem umstrittenen Begriff der Resistenz zusammenfassen; sie dürften nur selten im direkten Zusammenhang mit den Widerstandsgruppen der früheren Arbeiterbewegung gestanden haben, denn diese wurden mit größter Härte von den Nationalsozialisten verfolgt und mußten sich daher aller Aktivitäten in der Öffentlichkeit enthalten. Auch läßt sich diese Resistenz wohl kaum als Arbeitskampf im herkömmlichen Sinne einordnen, da es hierfür am solidarischen Zusammenschluß der Arbeitnehmerschaft fehlte. Vielmehr handelte es sich in der Regel um spontane Äußerungen der Unzufriedenheit und Auflehnung gegen die vielfältigen Abhängigkeiten und die im ganzen gesehen kaum verbesserten Arbeitsbedingungen.

Derartige Unmutsäußerungen aus der Arbeitnehmerschaft wurden vom NS-Regime wachsam und genau beobachtet; aufgrund der Erfahrungen aus dem Ersten Weltkrieg befürchtete man auch im Zweiten Weltkrieg ein Abbröckeln der »inneren Front« aufgrund von Unzufriedenheit und Widersetzlichkeiten der Arbeitnehmerschaft. Dem begegnete das NS-Regime auf zweierlei Weise: Zum einen sollte die Arbeitnehmerschaft durch gewisse Zugeständnisse zufriedengestellt werden, die allerdings rüstungswirtschaftlich vertretbar bleiben mußten. Zum anderen wurden widerspenstige Arbeitnehmer mit den Mitteln der NS-Diktatur gemaßregelt; diese reichten von der zwangsweisen Dienstverpflichtung über die Einberufung zur Wehrmacht bis hin zur polizeilichen und strafgerichtlichen Verfolgung oder zur Einweisung in Arbeitserziehungs- und Konzentrationslager.

VIII. Der Einsatz der »fremdvölkischen« Arbeitskräfte während des Zweiten Weltkriegs[8]

Schon in den letzten beiden Jahren vor Beginn des Zweiten Weltkrieges hatte in der Rüstungswirtschaft ein Mangel an Arbeitskräften geherrscht, so daß die Arbeiten am Westwall nur durch Dienstverpflichtungen von Arbeitern sichergestellt werden konnten. Mit Beginn des Zweiten Weltkrieges verschärfte sich der Arbeitskräftemangel weiter, da durch die Einberufung zahlreicher männlicher Arbeitnehmer zum Kriegsdienst Arbeitsplätze frei wurden, die zur Aufrechterhaltung der Produktion, und zwar sowohl für die Versorgung der Bevölkerung im Deutschen Reich als auch für die Versorgung der Truppen und den Nachschub an Kriegsmaterial, wieder besetzt werden mußten. Mit einem Bündel von Maßnahmen versuchte das NS-Regime vor und nach Beginn des Zweiten Weltkrieges, die im Deutschen Reich vorhandenen Arbeitskräftereserven zu mobilisieren; hierzu gehörten die Rekrutierung von Arbeitnehmern unter den kleinen Gewerbetreibenden (z.B. Wandergewerbetreibende und bestimmte Handwerksberufe), die Abkürzung der Ausbildungszeiten, der Einsatz der Schuljugend als Erntehelfer auf dem Lande und die Verlängerung der Arbeitszeiten in den Betrieben. Die Mobilisierung von Frauen erwies sich als schwierig; grundsätzliche politische Bedenken spielten immer noch eine Rolle, doch dürfte entscheidender gewesen sein, daß die Nationalsozialisten selbst erst wenige Jahre zuvor den Ausstieg von Frauen aus dem Erwerbsleben und die Familiengründung propagiert und gefördert hatten. Ergebnis war der von den Nationalsozialisten gewünschte Geburtenzuwachs; dadurch waren die Frauen aber an Haus und Familie gebunden, die Aufnahme von Erwerbstätigkeit erschwert. Die Mobilisierungsmaßnahmen konnten insgesamt gesehen also den bestehenden Mangel nur zum Teil decken.

In dieser Situation entschied sich das NS-Regime, den Bedarf durch den Einsatz »fremdvölkischer« Arbeitskräfte, insbesondere aus den im Zweiten Weltkrieg besetzten Gebieten, zu decken. Auch Kriegsgefangene und die Gefangenen in den Konzentrationslagern wurden zur Zwangsarbeit herangezogen. Auf diese Weise wurden im Verlauf des Zweiten Weltkriegs mehr als zehn Millionen zusätzliche Arbeitskräfte eingesetzt; ohne ihren Einsatz wäre die Kriegswirtschaft und damit die Kriegsführung des NS-Regimes wohl weit früher an ihre Grenzen gestoßen.

Der ganz überwiegende Teil der »fremdvölkischen« Arbeitskräfte stammte aus den im Zweiten Weltkrieg besetzten Staaten, vor allem aus der Sowjetunion, aus Polen und aus Frankreich. Nach der Besetzung Polens versuchte das NS-Regime zunächst, dort Arbeitskräfte insbesondere für die Erntearbeiten im Deutschen Reich anzuwerben, mit großem Propagandaaufwand, weitgehenden Versprechungen und unter Ausnutzung der durch den Krieg entstandenen Arbeitslosigkeit und Not in Polen. Trotz dieser Situation waren weit weniger Polen freiwillig zum Arbeitseinsatz im Deutschen Reich bereit, als vom NS-Regime für erforderlich gehalten wurde. Deswe-

---

8 Vgl. Hans Pfahlmann, Fremdarbeiter und Kriegsgefangene in der deutschen Kriegswirtschaft 1939–1945, Darmstadt 1968; Eva Seeber, Zwangsarbeiter in der faschistischen Kriegswirtschaft, Berlin (Ost) 1964; Christian Streit, Keine Kameraden. Die Wehrmacht und die sowjetischen Kriegsgefangenen, Stuttgart 1978. Diemut Majer, »Fremdvölkische« im Dritten Reich, Boppard 1981; Ulrich Herbert, Fremdarbeiter. Politik und Praxis des »Ausländer-Einsatzes« in der Kriegswirtschaft des Dritten Reiches, Bonn 1985.

gen gingen die Deutschen Besatzungsdienststellen in Zusammenarbeit mit der Arbeitseinsatzverwaltung im Jahre 1940 immer mehr dazu über, die benötigten Arbeitskräfte durch Druck auf die Verwaltung der besetzten Länder und letzten Endes häufig auch durch blanke Gewalt zum Arbeitseinsatz im Deutschen Reich zu zwingen und dorthin zu deportieren. Dies galt insbesondere für die 1941 einsetzende Rekrutierung von Arbeitskräften in der Sowjetunion.

Die Arbeits- und Lebensbedingungen der »fremdvölkischen« Arbeitskräfte im Gebiet des Deutschen Reiches wurden vom NS-Regime je nach Herkunftsland unterschiedlich ausgestaltet. Arbeitsbedingungen, die mit denjenigen der deutschen Arbeitnehmer vergleichbar waren, wurden den Arbeitskräften gewährt, die auf freiwilliger Basis in den verbündeten oder neutralen Staaten aufgrund zwischenstaatlicher Vereinbarung angeworben worden waren, sowie den Arbeitskräften aus Staaten, deren Bevölkerung vom NS-Regime als »arisch« eingestuft wurde. So wurden die Belgier aus dem flämischen Landesteil besser behandelt als diejenigen aus dem wallonischen (französischsprachigen) Landesteil. Auf einer mittleren Stufe standen insbesondere die aus Frankreich stammenden Arbeitskräfte.

Der weitaus größte Teil der »fremdvölkischen« Arbeitskräfte stammte jedoch aus Polen und aus der Sowjetunion; diese wichtigste Gruppe wurde unter miserablen, meist völlig menschenunwürdigen Bedingungen im Deutschen Reich beschäftigt. Die hygienischen Bedingungen in den Wohnlagern sowie die karge Verpflegung und die harte Arbeit in den Rüstungsbetrieben oder in der Landwirtschaft führten häufig zu Entkräftung und Ausbruch von Krankheiten. Die Nationalsozialisten diskriminierten diese Volksgruppen aufgrund ihrer Rassenideologie; beispielsweise wurden die Polen gezwungen, ein »P« auf ihrer Kleidung zu tragen; persönliche Kontakte zur deutschen Bevölkerung wurden weitestgehend unterbunden.

Die Vorteile der »Betriebsgemeinschaft zwischen Betriebsführer und Gefolgschaft« blieben deutschen Arbeitnehmern vorbehalten, die »fremdvölkischen« Arbeitskräfte – vor allem die polnischen und sowjetischen – wurden als Menschen zweiter Klasse behandelt. Der sonst geltende Arbeitsschutz wurde für sie gelockert; sie waren ohne jede Möglichkeit des Rechtsschutzes gegenüber den Entscheidungen der Unternehmer und der Arbeitseinsatzverwaltung; ihre ohnehin kargen Löhne wurden durch Abgaben für die lagermäßige Unterbringung und die Verpflegung sowie durch Sondersteuern soweit gekürzt, daß kaum verfügbares Einkommen übrig blieb.

Eine große Zahl der »fremdvölkischen« Arbeitskräfte fand in dieser Zeit den Tod, sei es durch Unterernährung und Seuchen, sei es durch Erschießung auf der Flucht vor den unerträglichen Bedingungen, sei es durch strafgerichtliche Todesurteile auch wegen geringfügiger Vergehen. Erst in der Phase des »totalen Krieges« wandte das NS-Regime – nicht etwa aus humanitären, sondern aus kriegswirtschaftlichen Gründen – der Erhaltung von Leben und Arbeitskraft der »fremdvölkischen« Arbeitskräfte mehr Aufmerksamkeit zu. Dies belegt eine Äußerung Himmlers vom Oktober 1943, deren Kälte und Brutalität für die NS-Diktatur kennzeichnend ist: »Wir haben damals die Masse Mensch nicht so gewertet, wie wir sie heute als Rohstoff, als Arbeitskraft, werten, was letzten Endes, wenn ich an Generationen denke, nicht schade ist, was aber heute wegen des Verlustes der Arbeitskräfte bedauerlich ist.«[9]

---

9 Zit. n. H. Pfahlmann (Anm. 8), S. 229.

ULRICH VON HEHL

Die Kirchen in der NS-Diktatur

Zwischen Anpassung, Selbstbehauptung und Widerstand

I. Vorklärungen

Das Verhältnis der christlichen Kirchen zum Nationalsozialismus gehört zu den intensiv erforschten, doch bis heute kontrovers beurteilten Themen der Zeitgeschichte[1]. Häufig nur ausschnitthaft behandelt, etwa unter dem Aspekt des Widerstands, oder, umgekehrt, unter der vorwurfsvollen Fragestellung nach der Kooperation, ja Kollaboration der Kirchen mit dem NS-Regime, bewegen sich die Urteile auf einer breiten Skala zwischen apologetischen Rechtfertigungsversuchen und moralisierender Verdammung. Gerade ein jüngst erschienenes Pamphlet wie Ernst Klees »Die SA Jesu Christi« zeigt deutlich, wie stark die Bewertung durch unzulässige Verallgemeinerungen oder unhistorische Urteilskriterien bestimmt sein kann[2]. Von solchen einseitigen Historikern hat Thomas Nipperdey gemeint, sie wollten nicht mehr, wie ehedem, »bestimmte Züge der Vergangenheit preisen, um ihre Gegenwart zu rechtfertigen«, vielmehr verdammten sie »die Vergangenheit, indem sie Staatsanwalt und Richter zugleich sind«: eine von Selbstgerechtigkeit bestimmte Sichtweise, die in der Vergangenheit »nichts als Schuld und Versagen« erkenne und über dieser Verabsolutierung die eigene perspektivische Begrenztheit aus den Augen verliere[3].

Ist die Frage der Urteilskriterien ein generelles methodologisches, in der kirchlichen Zeitgeschichte freilich besonders brennendes Problem, weil die Standortgebundenheit des Betrachters kaum irgendwo anders so deutlich zum Tragen kommt, so ergeben sich weitere Schwierigkeiten aus der nur begrenzten Vergleichbarkeit der beiden christlichen Kirchen, die gleichwohl hier gemeinsam zu betrachten sind. Protestantismus und Katholizismus hatten mit ganz unterschiedlichen historischen Vorprägungen die nationalsozialistische Herausforderung zu bestehen, und da beide Kir-

---

1   Vgl. Ulrich von Hehl/Carsten Nicolaisen, Kirchenkampf, in: Staatslexikon, 7. Auflage, Bd. 3, Freiburg u. a. 1987, Sp. 429–435 (knappe Skizzierung der Verlaufs- und Forschungsgeschichte mit weiterführenden Literaturhinweisen); ferner Klaus Scholder, Kirchenkampf, Wiederabdruck in: ders., Die Kirchen zwischen Republik und Gewaltherrschaft. Gesammelte Aufsätze, hrsg. von Karl Otmar von Aretin und Gerhard Besier, Berlin 1988, S. 131–170.
2   Ernst Klee, »Die SA Jesu Christi«. Die Kirche(n) im Banne Hitlers, Frankfurt am Main 1989.
3   Thomas Nipperdey, Kann Geschichte objektiv sein? Wiederabdruck in ders., Nachdenken über die deutsche Geschichte. Essays, München 1986, S. 218–234, Zitate 222.

chen durch einen Graben tiefen wechselseitigen Mißtrauens voneinander getrennt waren, der erst nach dem Zusammenbruch allmählich in ökumenischem Geist überbrückt werden konnte, blieben gemeinsame Abwehrbemühungen die Ausnahme[4].

Auch die Begriffsgeschichte des Terminus ›Kirchenkampf‹ wirft Licht auf unterschiedliche Gegebenheiten. In seiner heute gebräuchlichen Form stammt er aus dem evangelischen Sprachgebrauch der Jahre 1933/34, wo er ursprünglich nur das »innerkirchliche Ringen um Wesen, Auftrag und Ordnung der Kirche« (Carsten Nicolaisen) bezeichnete, also im wesentlichen den Abwehrkampf der sich formierenden Bekennenden Kirche gegen den Alleinherrschaftsanspruch der ›Deutschen Christen‹ und ihrer nationalsozialistischen Helfer. Mit zunehmender weltanschaulicher Indoktrinierung erfuhr der Begriff dann eine Bedeutungsumwandlung als »Kampf der Kirche gegen die Ideologie oder die politische Praxis des Nationalsozialismus« (Carsten Nicolaisen).

Katholischerseits hingegen wird mit ›Kirchenkampf‹ ausschließlich der sich aus dem totalitären Verfügungsanspruch des NS-Regimes ergebende Kampf gegen die (katholische) Kirche und die ihr verbundenen Organisationen und Organe bezeichnet. Schon kirchliche Zeitgenossen sprachen von »Kampf« bzw. »Vernichtungskampf«; häufig findet sich auch das Empfinden, in einem neuen »Kulturkampf« zu stehen. In der Historiographie unserer Tage ist der Kirchenkampf eine »Epochenbezeichnung für die Geschichte beider Kirchen im Dritten Reich« (Klaus Scholder); er umfaßt also nicht allein deren Bekämpfung durch das Regime, sondern gleichermaßen die kirchliche Reaktion darauf.

Endlich bleibt noch zu klären, wer gemeint ist, wenn nach den Kirchen unter dem Nationalsozialismus gefragt wird. Sind es Pfarrer, Theologieprofessoren und Bischöfe, Kirchenbeamte oder Synodale, die schon von Amts wegen die Institution ›Kirche‹ verkörpern? Oder sind nicht gerade auch die einzelnen Christen miteinzubeziehen, die als einfache Kirchenmitglieder in unterschiedlicher Intensität das kirchliche Leben mitgestaltet haben? Der Profanhistoriker wird jedenfalls – unbeschadet des in den Konfessionskirchen jeweils vorherrschenden spezifischen Kirchenbegriffs und des den Kirchen zugemessenen Auftrags, von dessen Erfüllung oder Nichterfüllung das historische Urteil entscheidend bestimmt wird – die Kirchen als gesellschaftliche Großgruppen zu erfassen und dabei zu klären suchen, inwieweit das politischsoziale Handeln von Kirchenmitgliedern durch ihre konfessionelle Sozialisation (mit)bestimmt war.

---

4 Bezeichnenderweise fehlt eine synthetische Gesamtdarstellung beider Kirchen bis heute. Das zweibändige Werk des frühverstorbenen Klaus Scholder (Die Kirchen und das Dritte Reich, Bd. 1: Vorgeschichte und Zeit der Illusionen 1918–1934, Frankfurt am Main u. a. 1977; Bd. 2: Das Jahr der Ernüchterung 1934. Barmen und Rom, Berlin 1985) erfüllt diesen Anspruch bezüglich des katholischen Teils nur begrenzt. Die von seinen Schülern Gerhard Besier und Jörg Thierfelder geplanten Fortsetzungsbände sind noch nicht erschienen. Daher ist für den evangelischen Kirchenkampf nach wie vor zu verweisen auf Kurt Meiers dreibändige Gesamtdarstellung (Der evangelische Kirchenkampf, Halle-Göttingen 1976–1984). Mit durchweg kritisch-moralisierendem Unterton: Georg Denzler/Volker Fabricius, Die Kirchen im Dritten Reich. Christen und Nazis Hand in Hand?, Bd. 1: Darstellung, Bd. 2: Dokumente, Frankfurt am Main 1984. Für den katholischen Kirchenkampf vgl. Klaus Gotto/Konrad Repgen (Hrsg.), Die Katholiken und das Dritte Reich, Mainz 1990[3]. Eine ausführliche Gesamtdarstellung unter Einbeziehung auch der Weimarer Jahre ist demnächst von Heinz Hürten zu erwarten.

Nach der Religionsstatistik von 1933 gehörten die weitaus meisten Deutschen, insgesamt 95,2 Prozent, einer der beiden großen christlichen Kirchen an, nämlich 40,9 Millionen der evangelischen und 21,2 Millionen der katholischen; das entspricht einem prozentualen Anteil von 62,7 bzw. 32,5 Prozent[5]. Somit hätte, wer unter konfessionsspezifischem Aspekt nach dem Verhalten von Protestanten oder Katholiken fragt, nahezu die gesamte Reichsbevölkerung in den Blick zu nehmen. Das ist angesichts einer auch damals schon weitverbreiteten religiösen Gleichgültigkeit wenig sinnvoll. Christen sind ja nicht lediglich Mitglieder ihrer Kirchen, sondern zunächst und vor allem Staatsbürger eines politischen Gemeinwesens, das in der Regel die Geschicke des einzelnen weit stärker bestimmt. Daher waren auch die Christen im Deutschland der dreißiger Jahre unbeschadet ihrer kirchlichen Bindungen, ihrer unterschiedlichen landsmannschaftlichen Herkunft, sozialen Stellung, Bildung, weltanschaulichen Prägung oder politischen Ausrichtung von den allgemeinen nationalen Empfindungen ihrer Zeit getragen.

Wenn gleichwohl nach dem spezifischen Verhalten von Katholiken und Protestanten gefragt wird, liegt es nahe, vor allem diejenigen zu betrachten, deren Kirchlichkeit sich nicht in statistischer Mitgliedschaft erschöpfte, sondern die mehr oder weniger aktiv am Gemeindeleben teilnahmen und damit kirchlicher Beeinflussung zugänglich waren. Das waren im Durchschnitt der Jahre 1930 bis 1933, errechnet auf der Basis der Osterkommunionstatistik, etwa 62,4 Prozent der Katholiken[6]. Für die evangelische Kirche liegen ähnlich präzise Angaben nicht vor. Hier bietet allenfalls die Statistik der Abendmahlsbeteiligung einen Näherungswert. Mit einem Reichsdurchschnitt von 25,5 Prozent lag sie während der frühen dreißiger Jahre in den insgesamt 28 evangelischen Landeskirchen erheblich niedriger. Auch die zwischen 1920 und 1932 mehr als halbierten Konfirmandenzahlen deuten in diese Richtung, Zahlen, die trotz ihrer nur begrenzten Vergleichbarkeit zeigen, daß der Prozeß der ›Entkirchlichung‹ im Protestantismus früher und nachhaltiger eingesetzt hatte als in der katholischen Kirche[7].

II. Unterschiedliche Vorbelastungen in Kaiserreich und Republik

Weit stärker, als es heutigem Bewußtsein geläufig ist, hat der im 19. Jahrhundert wiederbelebte konfessionelle Gegensatz zwischen Protestantismus und Katholizismus die innere Entwicklung in Deutschland bestimmt[8].

Seit dem Ende des Alten Reiches und der nach 1815 schrittweise sich ausbildenden Vorherrschaft Preußens, unter dessen Führung schließlich die nationale Einigung gegen das katholische Österreich vollzogen wurde, war der deutsche Katholizismus auf den Rang eines politisch, gesellschaftlich und sozial gleichermaßen benachteilig-

---

5 Angaben nach Statistischem Jahrbuch für das Deutsche Reich, 53 (1934), S. 14.
6 Vgl. Kirchliches Handbuch für das katholische Deutschland, Bd. XVIII (1933/34), S. 104ff.
7 Angaben nach Hermann Sasse (Hrsg.), Kirchliches Jahrbuch für die evangelischen Landeskirchen Deutschlands, Jg. 61 (1934), S. 80f.
8 Vgl. zum Folgenden die einschlägigen Abschnitte bei Thomas Nipperdey, Deutsche Geschichte 1800–1866. Bürgerwelt und starker Staat, München 1987⁴; ders., Deutsche Geschichte 1866–1918, Bd. I: Arbeitswelt und Bürgergeist, München 1990.

ten Juniorpartners verwiesen, der lediglich noch ein knappes Drittel der Reichsbevölkerung umfaßte. Durch innerkirchliche Entwicklungen wurde seine Lage noch zusätzlich erschwert. Der 1870 vom Ersten Vatikanischen Konzil verkündete Unfehlbarkeitsanspruch des Papstes wirkte nicht allein im deutschen Katholizismus polarisierend, sondern stieß gerade in einer hochemotionalisierten liberalen und protestantischen Öffentlichkeit auf entschiedene Ablehnung. Vom herrschenden Zeitgeist als kulturell rückständig und fortschrittsfeindlich attackiert und als ›ultramontan‹ beargwöhnt, wurden kirchentreue Katholiken durch Bismarcks Kulturkampf (1871–1887) überdies mit dem Makel der ›Reichsfeindschaft‹ belegt und unter Ausnahmerecht gestellt. Trotz aller späteren Anpassungsbemühungen blieben Katholiken bis zum Ende des Kaiserreichs von der Teilhabe an der politischen Macht ausgeschlossen[9].

All dies hat das politisch-soziale Verhalten des deutschen Katholizismus auf Jahrzehnte hin tief und nachhaltig beeinflußt. Er reagierte auf die Herausforderung mit demonstrativem Zusammenschluß und einem Rückzug ins ›Getto‹. In der Folge bildete und verfestigte sich eine milieugestützte katholische Subgesellschaft. Das zeigte sich vor allem im Aufbau eines weit verzweigten, nahezu alle Lebensbereiche umfassenden Verbands- und Vereinswesens mit einer in die Millionen gehenden Mitgliederzahl. Auch nahmen Zahl und Auflagenhöhe katholischer Presseorgane schlagartig zu. Gewichtigster Ausdruck katholischen Selbstbehauptungswillens war indessen die 1870 gegründete Deutsche Zentrumspartei, die zum Inbegriff des ›politischen Katholizismus‹ wurde und als einzige der Reichstagsparteien über Wähler aus allen sozialen Schichten der (katholischen) Bevölkerung verfügte[10]. Mit nachlassender Spannung bei gleichzeitig wachsender wirtschaftlicher Interessendifferenzierung verlor sie seit 1877 zwar langsam, aber stetig an Wählerstimmen, doch konnte sie (zusammen mit ihrer 1918 abgespaltenen Schwesterorganisation Bayerische Volkspartei) noch im Jahr ihrer von Hitler erzwungenen Selbstauflösung (1933) gut drei Fünftel der kirchlich aktiven Katholiken an sich binden. In der Weimarer Republik lag ihr durchschnittlicher Wähleranteil bei 16,2 Prozent der abgegebenen Stimmen[11].

Erst der verlorene Erste Weltkrieg – in den übrigens Katholiken mit ähnlichem nationalen Überschwang gezogen waren wie ihre evangelischen Landsleute –, der von revolutionären Unruhen begleitete Zusammenbruch der alten Ordnung und die mühsam errichtete Demokratie von Weimar schufen für die volle staatsbürgerliche Gleichberechtigung des deutschen Katholizismus die äußeren Voraussetzungen. Dies trug dazu bei, daß nach mancherlei Querschüssen aus den eigenen Reihen eine Mehr-

---

9 An neueren Überblicksdarstellungen vgl. Anton Rauscher (Hrsg.), Der soziale und politische Katholizismus. Entwicklungslinien in Deutschland 1803–1963, München-Wien 1981/82; Heinz Hürten, Kurze Geschichte des deutschen Katholizismus 1800–1960, Mainz 1986; Klaus Schatz, Zwischen Säkularisation und Zweitem Vatikanum. Der Weg des deutschen Katholizismus im 19. und 20. Jahrhundert, Frankfurt am Main 1986.

10 Vgl. Ulrich von Hehl, Die Zentrumspartei – Ihr Weg vom »Reichsfeind« zur parlamentarischen Schlüsselstellung in Kaiserreich und Republik, in: Hermann W. von der Dunk/Horst Lademacher (Hrsg.), Auf dem Weg zum modernen Parteienstaat, Melsungen 1976, S. 97–120; mit vergleichendem Blick auf Frankreich und Italien ferner Karl-Egon Lönne, Politischer Katholizismus im 19. und 20. Jahrhundert, Frankfurt am Main 1986.

11 Vgl. auch Johannes Schauff, Das Wahlverhalten der deutschen Katholiken im Kaiserreich und in der Weimarer Republik. Untersuchungen aus dem Jahre 1928, hrsg. von Rudolf Morsey, Mainz 1975; Jürgen W. Falter u. a., Wahlen und Abstimmungen in der Weimarer Republik. Materialien zum Wahlverhalten 1919–1933, München 1986.

heit der Katholiken es vermochte, sich ohne Ressentiments auf den Boden der neu geschaffenen Tatsachen zu stellen. Katholische Politiker gehörten zu den ersten, die die Pflicht zur Übernahme politischer Verantwortung bejahten und die Chancen der neuen verfassungsrechtlichen Ordnung erkannten[12]. Zusammen mit Sozialdemokraten und Linksliberalen wurde die Zentrumspartei zu einer der Stützen der chronisch schwachen Weimarer Republik, war in fast allen der rasch wechselnden (Koalitions-)Regierungen vertreten und stellte insgesamt siebenmal den Reichskanzler. Zumindest partiell schien damit die alte Forderung »Heraus aus dem Getto!« verwirklicht zu sein.

Trotz wiederholter Anstrengungen gelang es aber nicht, die konfessionelle Zweiteilung der deutschen Gesellschaft politisch zu überwinden, das Zentrum in eine interkonfessionelle christliche Volkspartei umzuwandeln und ihm damit neue Wählerschichten zu erschließen. So sah die Partei sich auch weiterhin allein auf ihre angestammte, aber schrumpfende Klientel verwiesen. Der Zentrumsturm zeigte gegen Ende der Republik zunehmend Risse, und angesichts der allgemeinen Staatskrise wurde auch unter Katholiken der Ruf nach einer autoritären Lösung immer lauter, doch erwies sich der katholische Milieuverband gegenüber dem Werben der NSDAP als bemerkenswert resistent. Wie die moderne Wahlforschung für die (Reichstags)Wahlen der Jahre 1930 bis 1933 gezeigt hat, war die Konfession sogar von bestimmendem Einfluß auf das nationalsozialistische Wählerverhalten: 1932 kam nur jeder achte NSDAP-Wähler aus überwiegend katholischen, aber drei von vier NS-Wählern aus evangelischen Wahlkreisen. In nahezu allen katholischen Siedlungsgebieten schnitten die Nationalsozialisten weit unterdurchschnittlich ab, und erst bei den Märzwahlen 1933 deuteten sich regional gewisse Verschiebungen an. Hitlers Aufstieg vollzog sich also im wesentlichen gegen die Stimmen der bekenntnistreuen Katholiken, konnte durch sie aber auch nicht verhindert werden[13].

Im evangelischen Deutschland dagegen traf Hitlers Machtanspruch auf anders gelagerte Voraussetzungen[14]. Hier ist zunächst an den folgenreichen Umstand zu erinnern, daß der Protestantismus im Kaiserreich die dominierende Religion war und überdies auf eine 400jährige enge Bindung von Thron und Altar, von »kirchenfreundlicher Obrigkeit und obrigkeitsfreundlicher Kirche« zurückblicken konnte. Dies gilt namentlich für Preußen. Die bis zum Ende des Kaiserreichs gültige konfessionelle Rangordnung hat Kultusminister von Altenstein 1819 wie folgt umschrieben: »Der preußische Staat ist ein evangelischer Staat und hat über ein Drittel katholische Untertanen. Das Verhältnis ist schwierig. Es stellt sich richtig dar, wenn die Regierung für die evangelische Kirche sorgt mit Liebe, für die katholische Kirche sorgt nach

---

12 Vgl. Rudolf Morsey, Die Deutsche Zentrumspartei 1917–1923, Düsseldorf 1966; Ulrich von Hehl, Wilhelm Marx 1863–1946. Eine politische Biographie, Mainz 1987.
13 Zum Vorstehenden Rudolf Morsey, Der Untergang des politischen Katholizismus. Die Zentrumspartei zwischen christlichem Selbstverständnis und »Nationaler Erhebung« 1932/33, Stuttgart 1977; in Zusammenfassung und Ergänzung zahlreicher früherer Beiträge zum Wahlverhalten jetzt grundlegend Jürgen W. Falter, Hitlers Wähler, München 1991.
14 Zum allgemeinen Hintergrund Karl Kupisch, Die deutschen Landeskirchen im 19. und 20. Jahrhundert, Göttingen 1975²; ferner Manfred Richter (Hrsg.), Kirche in Preußen. Gestalten und Geschichte, Stuttgart u. a. 1983. Vgl. auch Klaus Scholder, Über die Schwierigkeit, die Geschichte der [evangelischen] Kirche im Dritten Reich zu verstehen, in: Eberhard Röhm/Jörg Thierfelder (Hrsg.), Evangelische Kirche zwischen Kreuz und Hakenkreuz. Bilder und Texte einer Ausstellung, Stuttgart 1981, S. 5–8.

Pflicht.«[15] Und so konnte noch Ende Oktober 1918 der Berliner Hof- und Domprediger Bruno Doehring äußern: »Das Königtum in Preußen ist uns Evangelischen tausendmal mehr als eine politische Frage, es ist uns Glaubensfrage«[16].

Die Vorherrschaft des Protestantismus resultierte indes nicht lediglich aus der traditionell engen Bindung an den Staat, sie ergab sich auch aus der zentralen Bedeutung, die die reformatorischen Kirchen oder näherhin die von ihnen ausgehenden vielfältigen Impulse für das politische, gesellschaftliche und kulturelle Leben Deutschlands besaßen. Weite Bereiche in Bildung, Wissenschaft, Kunst und Kultur waren in wenn auch aufgeklärt-säkularisierter Form protestantisch geprägt oder von Protestanten dominiert, Frucht gerade auch jenes intensiven Dialogs, den die protestantische Theologie mit der Gesellschaft führte. Im Bewußtsein vieler Zeitgenossen der letzten Jahrhundertwende schien eine direkte Linie von der Reformation über die Aufklärung zum liberalen Fortschrittsoptimismus der Gegenwart zu führen. Hierdurch begründete sich ein spezifisches Überlegenheitsgefühl gegenüber ›katholischer Inferiorität‹ und ›ultramontanem Obskurantismus‹, das gerade in den Auseinandersetzungen des Kulturkampfes seine scharfen Konturen erhalten hatte.

Auch in den meinungsführenden politischen Parteien des Kaiserreichs, ihren weltanschaulichen Grundlagen, ihrer praktischen Politik und in der konfessionellen Zusammensetzung ihrer Mandatsträger war eine protestantische Vorherrschaft überall spürbar, ohne daß damit doch, von Teilen der Konservativen abgesehen, eine spezifische Nähe zur Kirche verbunden gewesen wäre. Nirgendwo freilich war die Symbiose von Protestantismus und Politik enger als in der nationalen Frage[17]. Schon die frühe deutsche Nationalbewegung ist durch die Dominanz eines nationalprotestantischen Geschichtsbilds charakterisiert, das sich über den Vormärz und die Revolution von 1848 hinweg der kleindeutschen Einigungsbewegung mitteilte, wobei überkommene Kirchlichkeit sich rasch zu dogmatisch eher unbestimmter, aber jedenfalls antikatholischer Nationalreligion verflüchtigte. Deutschtum und Protestantismus, antirömischer Affekt und nationale Einigung unter preußischer Führung war der (national-)liberalen Publizistik des Kaiserreichs eine zu selbstverständliche Einheit, als daß sie näherer Begründung bedurft hätte. Der kleindeutsche Nationalstaat war in dieser Optik nur logische Folge des geschichtlichen Fortschritts. Und während sich die politischen Umwälzungen von 1866/71 im wesentlichen zu Lasten der Katholiken vollzogen, empfanden Protestanten die Reichsgründung als Zementierung der evangelischen Vormachtstellung, als »heiliges evangelisches Reich deutscher Nation« (Adolf Stoecker).

Um so mehr fühlte sich der deutsche Protestantismus durch die Revolution von 1918 getroffen, die das landesherrliche Kirchenregiment abrupt beendete und die Kirche unvorbereitet dem Kräftespiel einer pluralistischen, religiös indifferenten oder

---

15 Denkschrift Altensteins, April/Mai 1819. Druck: Ernst Müsebeck, Das Preußische Kultusministerium vor hundert Jahren, Stuttgart-Berlin 1918, S. 279–293, Zitat 281.
16 Hier zitiert nach Raymund Kottje/Bernd Moeller (Hrsg.), Ökumenische Kirchengeschichte, Bd. III: Neuzeit, Mainz-München 1989⁴, S. 248.
17 Vgl. hierzu demnächst Wolfgang Altgeld, Katholizismus, Protestantismus, Judentum. Zur Bedeutung religiös begründeter Gegensätze und nationalreligiöser Ideen in der Geschichte des deutschen Nationalismus, Mainz 1992; zum Folgenden auch Ulrich von Hehl, Zwei Kulturen – eine Nation? Die frühe burschenschaftliche Einheitsbewegung und das Wartburgfest, in: Historisches Jahrbuch, 111 (1991), S. 28–52.

gar antikirchlichen Öffentlichkeit unterwarf. Ohnehin stärker ›Theologen‹- als Volkskirche und ohne das stützende Korsett eines auch politisch aktivierbaren Milieuverbands, wie es dem Katholizismus eignete, mußten die Folgen gesellschaftlichen Einflußverlustes und nachlassender Kirchlichkeit doppelt spürbar werden. Der wachsende Einfluß der Linksparteien und des politischen Katholizismus, denen nun viele die Schuld an der Niederlage zuschrieben, wurde als Bedrohung empfunden. All dies bestärkte weite protestantische Kreise in demonstrativer Verweigerungshaltung und entschiedener Ablehnung der demokratischen Republik[18].

Politisch suchte eine Mehrheit der kirchlich gebundenen Protestanten Anschluß bei den Rechtsparteien, namentlich der DNVP, bis schließlich seit 1928/29 die NSDAP zunehmend an Attraktivität gewann. Wie stark der antikatholische Affekt nach wie vor mobilisiert und politisch instrumentalisiert werden konnte, wurde bei der Reichspräsidentenwahl 1925 deutlich, als der von der nationalistischen Rechten nominierte Generalfeldmarschall von Hindenburg mit den Stimmen der protestantischen Mehrheit gegen den Kandidaten des demokratischen ›Volksblocks‹, den Zentrumsvorsitzenden Wilhelm Marx, zum Nachfolger Friedrich Eberts gewählt wurde[19].

Erst Mitte der zwanziger Jahre fand die evangelische Theologie zu innerer Bejahung der neuen Lage und neuem kirchlichen Selbstbewußtsein[20]. Das Ende des Bündnisses von Thron und Altar wurde nun als ›Befreiung‹ empfunden (Otto Dibelius) und der Kirche ein dezidiert volkskirchlicher Auftrag zugewiesen. In der ›politischen Theologie‹ einer Gruppe lutherischer Professoren (Emanuel Hirsch, Paul Althaus) fand diese Hinwendung zu Volk, Volkstum und den nationalen Anliegen der Deutschen ihre besondere Ausdeutung, stieß indes auf den entschiedenen Widerspruch der dialektischen Theologie von Karl Barth, der die liberale und nationalprotestantische Theologie zu radikaler Neubesinnung auf das Evangelium aufrief, sich dabei jedoch der aktuellen kirchenpolitischen Diskussion auf eigentümliche Weise entzog.

Die radikale Gegenposition zu Barth vertraten die sogenannten Deutschen Christen, eine Gruppe nationalsozialistischer Protestanten um den Berliner Pfarrer Joachim Hossenfelder, die mit massiver Unterstützung der NSDAP erstmals bei den preußischen Kirchenwahlen im Herbst 1932 antraten und auf Anhieb ein Drittel der Sitze erobern konnten[21]. In weitgehender Übernahme völkischer Parolen forderten sie einen »artgemäßen Christus-Glauben, wie er deutschem Luthergeist und heldischer Frömmigkeit entspricht«, und verlangten, die Rassenreinheit auch zum Kriterium der Kirchenmitgliedschaft zu machen[22]. Die kleine und weithin einflußlose

18 Vgl. Jonathan R. C. Wright, »Über den Parteien«. Die politische Haltung der evangelischen Kirchenführer 1918–1933, Göttingen 1977; Kurt Nowak, Evangelische Kirche und Weimarer Republik. Zum politischen Weg des deutschen Protestantismus zwischen 1918 und 1932, Weimar-Göttingen 1981.
19 Hanns-Jochen Hauss, Die erste Volkswahl des deutschen Reichspräsidenten, Kallmünz/Opf. 1965; U. v. Hehl (Anm. 12), S. 335–351.
20 Zum Folgenden namentlich K. Scholder, Bd. I (Anm. 4), S. 46–64, 124–150 und 212–238.
21 Vgl. hierzu auch die ältere Arbeit von Kurt Meier, Die Deutschen Christen. Das Bild einer Bewegung im Kirchenkampf des Dritten Reiches, Halle–Göttingen 1964.
22 Richtlinien der Glaubensbewegung »Deutsche Christen«, 26. Mai 1932. Druck: Joachim Beckmann (Hrsg.), Kirchliches Jahrbuch für die Evangelische Kirche in Deutschland 1933–1944, Gütersloh 1976², S. 14f.

Gruppe der Religiösen Sozialisten erklärte dagegen kurz und bündig: »Christentum und Faschismus sind unvereinbar«[23].

Diese für den innerprotestantischen Meinungspluralismus kennzeichnenden Richtungsgegensätze erklären, warum die evangelische Kirche gegenüber den Werbefeldzügen der Nationalsozialisten nicht zu einheitlicher Haltung fand. Ohnedies fehlten hierzu auch alle organisatorischen Voraussetzungen, da die konfessionsverschiedenen (lutherisch, uniert, reformiert) 28 Landeskirchen seit 1922 lediglich lose im Deutschen Evangelischen Kirchenbund zusammengeschlossen, im übrigen jedoch eifersüchtig auf ihre Selbständigkeit bedacht waren. Doch ist andererseits auch nicht zu übersehen, daß gerade die traditionelle Identifizierung des Protestantismus mit der deutschen Nation ihn für die nationalen Parolen der NS-Propaganda empfänglich machte. Die Ergebnisse der Reichs- und Landtagswahlen seit dem Ende der zwanziger Jahre zeigen jedenfalls, daß die NS-Bewegung in evangelischen Bevölkerungskreisen ein überdurchschnittliches Echo fand und die Wahlen zwischen 1930 und 1933 vor allem unter konfessionellen Vorzeichen entschieden wurden[24].

III. Der nationalsozialistische Totalitätsanspruch

Zu Beginn der dreißiger Jahre präsentierte sich die NSDAP der durch die allgemeine Staats- und Wirtschaftskrise gleichermaßen verunsicherten Wählerschaft in einer gewissen Janusköpfigkeit[25]. Einerseits stand sie für eine lange Reihe politischer Morde, für abstoßende Krawallszenen, rüden Antisemitismus und beispiellose Verunglimpfungen des politischen Gegners, andererseits für die höchst populäre Forderung nach einer Revision des Versailler Vertrags, für die Überwindung lähmenden Parteienhaders und den wirtschaftlichen Wiederaufstieg des Reiches im Geist ›wahrer Volksgemeinschaft‹. Mit der effektvollen Inszenierung solcher Parolen gelang es der Parteiführung, zum Sprachrohr eines mehr dumpf erspürten als in seinen Ursachen analysierten weitverbreiteten Krisenbewußtseins zu werden.

Hitler hatte aus den völkisch-sektiererischen Anfängen der NSDAP und dem mißlungenen Novemberputsch von 1923 bekanntlich den Schluß gezogen, daß die politische Macht nur über die Mobilisierung von Wählermassen errungen werden könne. Diesem Ziel waren die Nationalsozialisten, bis 1928/29 nur eine unbedeutende Splitterpartei, mit der »Katastrophenwahl« vom 14. September 1930, bei der ihnen ein geradezu kometenhafter Aufstieg zur zweitstärksten Reichstagsfraktion gelang, ein

---

23 Hier zitiert nach Eberhard Röhm/Jörg Thierfelder, Die evangelische Kirche und die Machtergreifung, in: Wolfgang Michalka (Hrsg.), Die nationalsozialistische Machtergreifung, Paderborn u. a. 1984, S. 168–181, Zitat 171.

24 Vgl. die Wahlkarten bei Alfred Milatz, Wähler und Wahlen in der Weimarer Republik, Bonn 1965, sowie bei K. Gotto/K. Repgen (Anm. 4), jeweils Anhang.

25 Zum Folgenden Andreas Lindt, Das Zeitalter des Totalitarismus. Politische Heilslehren und ökumenischer Aufbruch, Stuttgart u. a. 1981. Vgl. auch Hans-Ulrich Thamer, Verführung und Gewalt, Berlin 1986; Karl Dietrich Bracher/Manfred Funke/Hans-Adolf Jacobsen (Hrsg.), Nationalsozialistische Diktatur 1933–1945. Eine Bilanz (Schriftenreihe der Bundeszentrale für politische Bildung, Bd. 192), Bonn 1987[6]; Klaus Hildebrand, Das Dritte Reich, München 1991[4].

gutes Stück nähergekommen. Attacken auf die Kirchen, die breite Wählerschichten nur hätten vor den Kopf stoßen können, verboten sich daher schon aus wahltaktischen Gründen. »Dem politischen Führer«, heißt es bezeichnenderweise in »Mein Kampf«, »haben religiöse Lehren und Einrichtungen seines Volkes immer unantastbar zu sein.«[26]

Wenn Hitler daher zu religiösen Sektierern in seiner Bewegung auf Distanz ging, konfessionelle Auseinandersetzungen in den eigenen Reihen zu vermeiden suchte und sich den Kirchen nachdrücklich als Bundesgenosse gegen den ›gottlosen Bolschewismus‹ empfahl, hatte er vor allem die weitere Verbreiterung seiner Wählerbasis im Blick. Nach den Septemberwahlen 1930 setzte ein regelrechter Werbefeldzug uniformierter NS-Anhänger um die Kirchen ein: Der Nationalsozialismus wurde gezeigt als kraftvolle politische Alternative, die »unsere Kultur wieder mit christlichem Geist zu erfüllen« versprach[27]. Dergleichen hob sich deutlich von der Agitation linker Freidenkerverbände ab und trug zu Hitlers politischem Triumph bei der Reichstagswahl vom 31. Juli 1932 bei, als die NSDAP zur stärksten parlamentarischen Kraft wurde und zusammen mit der KPD eine absolute Verweigerungsmehrheit besaß. Lediglich im katholischen Raum hatten die Warnungen der Bischöfe vor dem Nationalsozialismus ein Hindernis gebildet, weswegen Hitler diese Abwehrfront durch den Vorwurf aufzubrechen suchte, der politische Katholizismus mißbrauche die Religion zu parteipolitischen Zwecken[28].

Hitler setzte die so augenscheinlich erfolgreiche Taktik zunächst auch nach der ›Machtübernahme‹ fort. Unmittelbar nach seiner Ernennung zum Reichskanzler bezeichnete er es in einem Aufruf an das deutsche Volk als die feste Absicht der neuen Reichsregierung, »das Christentum als Basis unserer gesamten Moral ... in ihren festen Schutz (zu) nehmen«[29]. Der ›Tag von Potsdam‹, an dem symbolträchtig der Schulterschluß des ›alten‹ Preußen mit dem ›neuen‹ Deutschland vollzogen wurde, erhielt gleichfalls ein dezidiert christlich-nationales Gepräge[30], und endlich sicherte Hitler den Kirchen auch in seiner Regierungserklärung vom 23. März 1933 – die der Abstimmung über das Ermächtigungsgesetz unmittelbar vorausging – den Ausbau freundschaftlicher Beziehungen zu und versprach namentlich, ihnen in Schule und Erziehung »den ihnen zukommenden Einfluß ein-(zu)räumen«[31].

---

26 Adolf Hitler, Mein Kampf, München 1935, S. 127. Vgl. zum Folgenden auch A. Lindt (Anm. 25), S. 108–117; K. Scholder, Bd. I (Anm. 4), S. 93–123; Rudolf Lill, NS-Ideologie und katholische Kirche, in: K. Gotto/K. Repgen (Anm. 4), S. 135–150.
27 Dieser in Varianten die NS-Agitation der Jahre 1930–33 durchziehende Topos hier zitiert nach einer Wahlkampfrede Hitlers in Stuttgart, 16. Februar 1933. Auszugsweiser Druck: Carsten Nicolaisen (Bearb.), Dokumente zur Kirchenpolitik des Dritten Reiches, Bd. I: Das Jahr 1933, München 1971, S. 8ff., Zitat S. 9.
28 Wie Anm. 27. Druck der bischöflichen Warnungen vor dem Nationalsozialismus: Bernhard Stasiewski (Bearb.), Akten deutscher Bischöfe über die Lage der Kirche 1933–1945, Bd. I: 1933–1934, Mainz 1968, S. 800–811 und 814–843.
29 Auszugsweiser Druck: C. Nicolaisen, Bd. I (Anm. 27), S. 1f.
30 Vgl. die einschlägigen Texte und Reden bei C. Nicolaisen, Bd. I (Anm. 27), S. 21ff; Schulthess' Europäischer Geschichtskalender, 74 (1933), S. 60–66. Die Festpredigt in der Potsdamer Garnisonkirche bei Günther van Norden, Der deutsche Protestantismus im Jahr der nationalsozialistischen Machtergreifung, Gütersloh 1979, S. 52–55.
31 Die einschlägigen Passagen sind u. a. abgedruckt bei C. Nicolaisen, Bd. I (Anm. 27), S. 23f.

Hinter Hitlers wirkliche Absichten zu kommen war für die Zeitgenossen schwierig. Nach § 24 ihres Parteiprogramms von 1920 vertrat die NSDAP »als solche . . . den Standpunkt eines positiven Christentums, ohne sich konfessionell an ein bestimmtes Bekenntnis zu binden«, eine zwar interpretationsbedürftige, aber auch wieder nicht antikirchliche Formulierung, die allerdings durch den Zusatz hätte aufhorchen lassen können, daß Religionsfreiheit nur solchen Glaubensgemeinschaften gewährt werden sollte, die nicht den Bestand des Staates gefährdeten »oder gegen das Sittlichkeits- und Moralgefühl der germanischen Rasse« verstießen[32].

Heute ist klar, daß Hitlers christlich getönte deutschnationale Phraseologie lediglich ein Werben um Wählerstimmen, nicht etwa Hinnahme des konkurrierenden weltanschaulichen Gestaltungsanspruchs der Kirchen war. Denn die zentralen Ziele der nationalsozialistischen ›Heilslehre‹, der Kampf um die Vorherrschaft der ›arischen Herrenrasse‹, die als antibolschewistischer Kreuzzug ideologisch unterbaute Eroberung von ›Lebensraum‹ im Osten und die Vernichtung des Judentums, waren nach seiner Überzeugung nur mit dem ›neuen‹, im nationalsozialistischen Geist erzogenen Menschen zu erreichen, der frei sein mußte von der ›jüdischen Mitleidsmoral‹ des Christentums. Nachdem Hitler an die Macht gelangt war, war daher die systematische weltanschauliche Indoktrinierung der Bevölkerung und namentlich der Jugend für ihn oberstes Gebot[33].

Mit diesem politischen *und* ideologischen Totalitätsanspruch, der »alle Bereiche des menschlichen Denkens, Fühlens und Handelns« (Joseph Goebbels) zu umfassen beanspruchte, griff der Nationalsozialismus weit über die herkömmlichen Forderungen rechtsautoritärer Regime hinaus. Er beanspruchte eine Weltdeutungs- und Sinngebungskompetenz, die ihn zum Todfeind der an der biblischen Überlieferung orientierten Kirchen machen mußte. »Wir werden selbst eine Kirche werden«, notierte Goebbels als Quintessenz einer Geheimrede, die Hitler am 5. August 1933 auf dem Obersalzberg gehalten hatte, wobei zunächst offenblieb, ob dies auf dem Weg einer mehr oder weniger freiwilligen Einbindung der Kirchen, einer erzwungenen Unterwerfung oder radikaler Verfolgung und Zerschlagung geschehen sollte[34].

Gleichwohl lassen die Goebbelstagebücher erkennen, daß Hitler sich nicht eigentlich als »Religionsstifter« empfand und gegenüber entsprechenden Initiativen politischer Weggefährten stets skeptisch blieb. »Am besten«, meinte er 1939 zynisch, »erledigt man die Kirchen, wenn man sich selbst als positiven Christen ausgibt«, womit zugleich eine authentische Interpretation von Artikel 24 des Parteiprogramms gege-

32 Druck des Parteiprogramms: Wilhelm Mommsen (Hrsg.), Deutsche Parteiprogramme, München 1964[2], S. 547–550, Zitat 550.
33 Vgl. Eberhard Jäckel, Hitlers Weltanschauung. Entwurf einer Herrschaft, Stuttgart 1981; ders., Hitlers Herrschaft. Vollzug einer Weltanschauung, Stuttgart 1986. Zahlreiche einschlägige Äußerungen sind überliefert in: Adolf Hitler. Monologe im Führerhauptquartier 1941–1944. Die Aufzeichnungen Heinrich Heims, hrsg. von Werner Jochmann, Hamburg 1980, sowie in den Goebbelstagebüchern. Hierzu Hans Günter Hockerts, Die Goebbelstagebücher 1932–1941. Eine neue Hauptquelle zur Erforschung der nationalsozialistischen Kirchenpolitik, in: Politik und Konfession. Festschrift für Konrad Repgen zum 60. Geburtstag, Berlin 1983, S. 359–392.
34 H. G. Hockerts (Anm. 33), S. 364 mit Hinweis auf Leonore Siegele-Wenschkewitz, Nationalsozialismus und Kirchen. Religionspolitik von Partei und Staat bis 1935, Düsseldorf 1974, S. 127–131.

ben war. Schon zweieinhalb Jahre zuvor hatte Goebbels notiert: »Christentum heißt die Parole zur Vernichtung der Pfaffen«. Wie Hitler beurteilte auch er die ›Lösung der Kirchenfrage‹ vor allem unter machttaktischen Gesichtspunkten, war in der Wahl der Methoden flexibel und ließ lediglich an einem keinen Zweifel aufkommen: daß nämlich den Kirchen jeglicher Einfluß auf die Öffentlichkeit systematisch beschnitten werden sollte[35].

Entsprechend mehrgleisig verlief auch die nationalsozialistische Kirchenpolitik, sofern beim Neben- und Gegeneinander der vielen konkurrierenden Kräfte in Staat und Partei überhaupt von konsequenter Verfolgung einer klaren kirchenpolitischen Linie gesprochen werden kann. Neben Goebbels und seinem meinungslenkenden Imperium, neben Alfred Rosenbergs weltanschaulichen Feldzügen und der antichristlichen Propaganda zahlreicher NS-Organisationen, neben Kirchenfeinden wie dem eher im Verborgenen agierenden Leiter der Parteikanzlei Martin Bormann, neben politisierter Justiz und schikanöser Verwaltungspraxis staatlicher und parteiamtlicher Dienststellen war der Kirchenkampf vor allem eine Domäne von SS, SD und Gestapo.

Der Reichskirchenminister, dem die Koordinierung der einzelnen kirchenpolitischen Maßnahmen oblegen hätte, konnte bei dieser Konkurrenzsituation nur zerrieben werden[36]. Dies gilt namentlich seit der völligen Eroberung der Polizei durch Heinrich Himmler und Reinhard Heydrich; beide sahen in der (schrittweisen) Zurückdrängung und schließlichen Vernichtung der Kirchen eine zentrale, aber eben mit staatspolizeilichen Mitteln zu lösende Aufgabe[37]. Hingegen konzentrierte sich Bormann auf die radikale Trennung von Staat und Kirche, die er in den nicht durch staatskirchenrechtliche Vereinbarungen geschützten Landesteilen zu verwirklichen suchte.

So wurden beispielsweise in Österreich nach dem ›Anschluß‹ die Kirchen in vermögensrechtlicher Hinsicht dem Staat unterstellt[38]. Noch sehr viel weiter ging man im nationalsozialistischen Mustergau »Wartheland«, der nach dem Einfall in Polen aus der früheren preußischen Provinz Posen gebildet wurde. Hier exerzierte das Regime vor, wie es sich eine künftige kirchenpolitische Flurbereinigung auch im ›Altreich‹ vorstellte: Durch Verordnungen des Reichstatthalters Greiser wurden die Kirchen ihres öffentlich-rechtlichen Charakters beraubt, auf den Status privater Kultvereine herabgedrückt und völlig dem Willen der Machthaber ausgeliefert. Die meisten Kirchengebäude waren geschlossen, der Klerus vertrieben, inhaftiert, schikaniert, viele

---

35 Nachweise bei H. G. Hockerts (Anm. 33), S. 365.
36 Die Stellung des Reichskirchenministeriums im Gefüge der Herrschaftsstrukturen des Regimes bedürfte noch weiterer Erhellung. Vgl. aber John S. Conway, Die nationalsozialistische Kirchenpolitik 1933–1945. Ihre Ziele, Widersprüche und Fehlschläge, München 1969, S. 136–159 und passim. Kritisch hierzu Ludwig Volk, Hitlers Kirchenminister. Zum Versuch einer Gesamtdarstellung des Kirchenkampfes im NS-Staat, Wiederabdruck in: ders., Katholische Kirche und Nationalsozialismus. Ausgewählte Aufsätze, hrsg. von Dieter Albrecht, Mainz 1987, S. 348–353.
37 Grundlegend hierzu Heinz Boberach (Bearb.), Berichte des SD und der Gestapo über Kirchen und Kirchenvolk in Deutschland 1934–1944, Mainz 1971.
38 Vgl. etwa Maximilian Liebmann, Theodor Innitzer und der Anschluß. Österreichs Kirche 1938, Graz u. a. 1988; Erika Weinzierl, Prüfstand. Österreichs Katholiken und der Nationalsozialismus, Mödling 1988.

(polnische) Priester wurden ermordet[39]. In einem geheimen Rundschreiben an alle Gauleiter erklärte Bormann Anfang Juni 1941 Nationalsozialismus und Christentum für unvereinbar und stimmte seine Adressaten auf die »restlose« Beseitigung kirchlicher Einflußmöglichkeiten ein, die lediglich aus taktischen Gründen auf die Zeit nach dem »Endsieg« verschoben wurde[40]. Auch die SS bereitete sich darauf vor. »Die politische Kirche«, heißt es in einer Anweisung aus dem gleichen Jahr, »übernimmt heute die Rolle der Spartakisten und Marxisten von 1918. Für diese Haltung ist ihr einst die Rechnung zu präsentieren«[41].

IV. Nationale Aufbruchsstimmung im Protestantismus 1932/33

Was im Rückblick als zielbewußte, lediglich durch taktische Rücksichten verschleierte Vernichtungsstrategie erscheint, war für die Zeitgenossen in den Anfangsjahren des Dritten Reiches noch nicht von gleicher Eindeutigkeit. Vielmehr zeigen die Wahlerfolge der NSDAP seit 1929/30, daß Hitlers Werben seinen Eindruck auf den kirchentreuen Protestantismus nicht verfehlte; es schlug sich aber auch im Votum einer breiten, eher kirchendistanzierten (evangelischen) Wählerschaft nieder. Der positive Widerhall Hitlers wurde indes nicht allein durch die ohnehin vorhandene »nationale Grundtendenz des Protestantismus« (Klaus Scholder) begünstigt, sondern auch durch andere Umstände, nämlich erstens durch Auswirkungen jener volkskirchlichen Theologie, die seit Mitte der zwanziger Jahre Volk und Nation als besondere Größen kirchlicher Zuwendung entdeckt hatte, zweitens durch eine gerade unter jüngeren Theologen anzutreffende Eigentümlichkeit, politische Zeitströmungen biblisch-theologisch zu begleiten, und drittens durch einen im evangelischen Deutschland verbreiteten deutschnationalen Konfessionalismus, der sich mit der ›katholisch-sozialistischen‹ Weimarer Republik und dem gestiegenen Einfluß des Zentrums nie abgefunden hatte. Insofern sah Anfang Februar 1933 nicht nur der mecklenburgische Landesbischof Heinrich Rendtorff in der »Einigung zwischen Hindenburg, Hitler und Hugenberg« für »mindestens 80 Prozent der bewußten Protestanten eine klare Losung«[42].

Nach der Reichstagswahl vom 5. März 1933 überwogen daher in den evangelischen Landeskirchen die enthusiastischen Kommentare bei weitem die skeptischen Stimmen. Für die ›Kirchliche Rundschau für Rheinland und Westfalen‹ etwa ging ein »Frühlingserwachen ... durch unser Volk«, und ein Aufruf der evangelisch-lutheri-

---

39 Vgl. Bernhard Stasiewski, Die Kirchenpolitik der Nationalsozialisten im Warthegau, in: Vierteljahrshefte für Zeitgeschichte, 7 (1959), S. 46–74; Kazimierz Śmigiel, Die katholische Kirche im Reichsgau Wartheland 1939–1945, Dortmund 1984; Hilarius Breitinger, Als Deutschenseelsorger in Posen und im Warthegau 1934–1945. Erinnerungen, Mainz 1986².

40 Druck des Rundschreibens vom 9. Juni 1941: Friedrich Zipfel, Kirchenkampf in Deutschland 1933–1945. Religionsverfolgung und Selbstbehauptung der Kirchen in der nationalsozialistischen Zeit, Berlin 1965, S. 512–516.

41 Hier zitiert nach K. Scholder, Kirchenkampf (Anm. 1), S. 151.

42 E. Röhm/J. Thierfelder (Anm. 23), S. 172. Vgl. auch die Rede des Präsidenten des oldenburgischen Oberkirchenrats vom 28. März 1933. Druck: G. van Norden (Anm. 30), S. 62–67.

schen Landeskirche Bayerns versicherte am 13. April 1933: »Ein Staat, der wieder anfängt, nach Gottes Gebot zu regieren, darf in diesem Tun nicht nur des Beifalls, sondern auch der freudigen und tätigen Mitarbeit der Kirche sicher sein«. Und selbst ein so nüchterner Mensch wie der Generalsuperintendent der Kurmark Otto Dibelius, der im übrigen aller Willkür und rohen Gewalt eine klare Absage erteilte, gab sich in seiner Festpredigt am Tag von Potsdam überzeugt, daß ungeachtet aller irritierenden Begleitumstände der ›nationalen Revolution‹ die Mehrheit des deutschen Volkes zum ersten Mal seit den Augusttagen 1914 wieder »das Höchste« erlebe, »was eine Nation überhaupt erleben kann: einen Aufschwung des vaterländischen Gefühls, der alle mit sich fortriß«[43].

Neben solch weitverbreitetem allgemeinen Vertrauensvorschuß verfügte Hitler mit den nationalsozialistischen Deutschen Christen über eine innerprotestantische Hilfstruppe, die nach der politischen nunmehr auch die kirchliche Machtergreifung erstrebte. Wenngleich ihr Programm von bemerkenswerter theologischer Dürftigkeit war, trug ihre antisemitische Haltung doch dazu bei, daß das rüde Vorgehen der Nationalsozialisten gegen »Marxisten« und Juden im deutschen Protestantismus vor allem als ein Eindämmen angeblich »zersetzender« antichristlicher Einflüsse verstanden wurde, wie man sie namentlich liberal-freigeistigen oder politisch linksorientierten Juden und ihrer Präsenz in Wirtschaft, Presse, Kultur und Wissenschaft zuschrieb. Nur wenige wie der junge Berliner Theologe Dietrich Bonhoeffer erhoben damals warnend ihre Stimme[44].

Der Sympathiebonus, den die nationale Regierung bei den evangelischen Landeskirchenleitungen besaß, war aber keineswegs gleichbedeutend mit rückhaltloser Eingliederungsbereitschaft. Die Haltung der meisten Kirchenleitungen läßt sich vielmehr auf die Formel bringen: Mitarbeit ja, aber Kirche muß Kirche bleiben! Als daher die Deutschen Christen auf ihrer Reichstagung Anfang April 1933 die vorbehaltlose Gleichschaltung der 28 evangelischen Landeskirchen und ihre Vereinigung in einer Deutschen Evangelischen Reichskirche forderten, die den losen Zusammenschluß im Deutschen Evangelischen Kirchenbund ablösen sollte, stießen sie auf Widerspruch. Hitler ernannte daraufhin am 25. April den (deutschchristlichen) Wehrkreispfarrer Ludwig Müller zu seinem Bevollmächtigten, um Einfluß auf die weitere Entwicklung zu nehmen. In einzelnen Landeskirchen, vor allem auch in Preußen, kam es darüber hinaus zu massiven staatlichen Eingriffen und der Einsetzung eines Staatskommissars.

Die Landeskirchenleitungen suchten einer drohenden Gleichschaltung zuvorzukommen, indem sie ein Drei-Männer-Kollegium mit der Vorbereitung einer Verfassungsreform beauftragten und Ende Mai 1933 den Leiter der Betheler Anstalten, Pastor Fritz von Bodelschwingh, zum Reichsbischof nominierten. Bodelschwingh konnte sich indes nicht durchsetzen, zumal er ohne nachhaltige Unterstützung blieb. Er trat zurück, noch ehe am 11. Juli 1933 die Verfassung für eine einheitliche Deut-

---

43 Zitate ebenda S. 37, 59 und 52.
44 Vgl. ebenda S. 313–392. – Zu Bonhoeffer vgl. Eberhard Bethge, Dietrich Bonhoeffer. Theologe, Christ, Zeitgenosse, München 1970³, S. 321–326; Christoph Strohm, Theologische Ethik im Kampf gegen den Nationalsozialismus. Der Weg Dietrich Bonhoeffers mit den Juristen Hans von Dohnanyi und Gerhard Leibholz in den Widerstand, München 1989, S. 175–179; unergiebig Edwin H. Robertson, Dietrich Bonhoeffer. Leben und Verkündigung, Göttingen 1989.

sche Evangelische Reichskirche verabschiedet und mit Gesetz vom 14. Juli 1933 von Reichs wegen anerkannt wurde. Ein Triumph der Deutschen Christen schien vollends unabwendbar, nachdem sie bei den Kirchenwahlen vom 23. Juli 1933 dank massiver Unterstützung durch die Nationalsozialisten fast überall die Mehrheit erlangt hatten[45].

Am 27. September wurde Ludwig Müller von der Wittenberger Nationalsynode einstimmig zum Reichsbischof gewählt. Wichtige evangelische Organisationen ließen sich daraufhin gleichschalten; die evangelischen Jugendverbände traten Anfang Dezember 1933, freilich nicht ohne innere Kämpfe, geschlossen zur Hitler-Jugend über. In zahlreiche landeskirchliche Verfassungen wurde nun die staatliche Judengesetzgebung (Arierparagraph) eingeführt[46], und Mitte November verlangte der Gauobmann der Deutschen Christen von Groß-Berlin sogar, den Gottesdienst von allem »Undeutschen« und das evangelische Bekenntnis vom »Alten Testament mit seiner jüdischen Lehrmoral« und seinen »Viehhändler- und Zuhältergeschichten« zu befreien[47]. Der Triumph der Deutschen Christen, so konnte es scheinen, war vollkommen.

V. Scheidung der Geister 1933 bis 1939

Als die nationale Eingliederungsbereitschaft im Protestantismus und die Machteroberung der Deutschen Christen ihren äußeren Höhepunkt erreicht hatten, formierte sich gleichzeitig der innerkirchliche Widerstand. Er entzündete sich bezeichnenderweise an der Einführung des Arierparagraphen in das Kirchenrecht, durch den die »Bekenntnisfrage« aufgeworfen war. Dieser Widerspruch wurde von zwei Kräften getragen, erstens einem neuerwachten innerkirchlichen Selbstbewußtsein, das sich gegen die rechtlich-institutionelle Vereinnahmung der Kirchen durch das Regime wandte und namentlich von den sog. intakt gebliebenen Landeskirchen Bayerns, Hannovers und Württembergs gestützt wurde, und zweitens von einer Neubesinnung auf das evangelische Bekenntnis, die stark von Karl Barths dialektischer Theologie und seiner im Sommer 1933 erschienenen Schrift »Theologische Existenz heute!« geprägt war[48].

Martin Niemöller, Pfarrer in Berlin-Dahlem, der wie sein Bruder Wilhelm anfangs durchaus zu den begeisterten Parteigängern der ›nationalen Revolution‹ gehört hatte, doch seit den Kirchenwahlen im Juli des Politisierens in der Kirche gründlich überdrüssig war, griff Barths Anstöße auf und gründete zusammen mit Gesinnungsfreunden Ende September 1933 einen »Pfarrernotbund«, dessen Mitglieder sich zum unverkürzten Festhalten an der Heiligen Schrift und den reformatorischen Glaubensbekenntnissen verpflichteten[49]. Dieser Bund verstand sich nicht etwa als politische, antinationalsozialistische, sondern ausschließlich als eine gegen die Deutschen Christen

---

45 Breite Schilderung vorstehender Einzelzeiten u. a. bei K. Meier, Bd. I (Anm. 4), S. 77–145 und K. Scholder, Bd. I (Anm. 4), S. 355–481 und 525–626.
46 Beispiele bei G. van Norden, Der deutsche Protestantismus (Anm. 30), S. 357–360.
47 Zitiert bei Günther van Norden, Kirche in der Krise, Düsseldorf 1963, S. 130f.
48 München 1933. – Wichtige Dokumente zur Entstehung der Bekennenden Kirche bei G. van Norden, Der deutsche Protestantismus (Anm. 30), S. 235–312.
49 Text der Verpflichtungserklärung: J. Beckmann (Anm. 22), S. 35.

gerichtete innerkirchliche Oppositionsbewegung, aber indem er gerade den Arierparagraphen als konkrete Verletzung des evangelischen Bekenntnisses angriff und damit ein zentrales Postulat des Regimes in Frage stellte, erhielt er eben doch eine *politische* Note.

Bis Januar 1934 waren ca. 7000 Mitglieder, ein gutes Drittel aller amtierenden Geistlichen, dem Notbund beigetreten[50]. Gleichzeitig bildeten sich auch erste gegen den Machtanspruch der Deutschen Christen gerichtete freie Synoden. Sie beschickten Ende Mai 1934 gemeinsam die erste Reichsbekenntnissynode in Barmen, wo sie gegenüber dem Kirchenregiment von Reichsbischof Müller und den Deutschen Christen den Anspruch erhoben, die wahre Deutsche Evangelische Kirche zu repräsentieren. Im Barmer Bekenntnis vom 29. Mai 1934 mit seinen sechs Thesen und Verwerfungen gaben sie sich eine am Evangelium orientierte Bekenntnisschrift. Das war die Geburtsstunde der Evangelischen Bekennenden Kirche[51].

Unterdessen erwies Müller sich als außerstande, die faktische Kirchenspaltung zu überwinden. Vielmehr traten die Synodalen unter dem Eindruck der von ihm verhängten Zwangsmaßnahmen im Herbst 1934 in Berlin-Dahlem zur zweiten Reichsbekenntnissynode zusammen[52]. Nunmehr wurde auch offiziell den deutsch-christlichen Kirchenleitungen der Gehorsam aufgekündigt. Ende Oktober 1934 brach Müllers Kirchenregiment zusammen.

Auch Hitler war inzwischen der innerprotestantischen Streitigkeiten überdrüssig. Er hielt jedoch am Nahziel eines möglichst »friedlich-schiedlichen Arrangement(s) mit den Kirchen« fest, dessen Bedingungen er zu bestimmen gedachte, ohne dabei das weiterreichende Ziel ihrer völligen Unterwerfung unter den nationalsozialistischen Totalitätsanspruch aus dem Auge zu verlieren[53]. Zur Verstärkung staatlicher Einwirkungsmöglichkeiten betraute er am 16. Juli 1935 Hanns Kerrl mit dem neu geschaffenen Amt eines Reichskirchenministers.

Kerrl, der persönlich an eine Vereinbarkeit von Nationalsozialismus und Christentum glaubte, war zunächst guten Willens, den innerkirchlichen Streit durch gütliche Einigung beizulegen. Er brachte nach eingehender Fühlungnahme am 24. September 1935 ein »Gesetz zur Sicherung der Deutschen Evangelischen Kirche« auf den Weg und wirkte auf die Bildung eines Reichskirchen- sowie landeskirchlicher Ausschüsse hin, die das von den Deutschen Christen hinterlassene Chaos überwinden sollten.

Nach Anfangserfolgen scheiterte die Kirchenausschußpolitik jedoch an unaufhebbaren Widersprüchen zwischen dem Evangelium und der nationalsozialistischen Rassenideologie. In der Auseinandersetzung über die theologische Grundsatzfrage, ob mit staatlich verfügten Ausschüssen zusammengearbeitet werden solle, spaltete sich die Bekennende Kirche in eine »gemäßigte« Gruppe, die aus den drei intakt gebliebenen Landeskirchen und einigen lutherischen Bruderräten bestand (»Bruderräte« hießen die kraft kirchlichen Notrechts gegen die deutschchristlichen Kirchenleitungen

---

50   K. Scholder, Bd. II (Anm. 4), S. 37.
51   Vgl. Gerhard Niemöller, Die erste Bekenntnissynode der Deutschen Evangelischen Kirche zu Barmen, 2 Teile, Göttingen 1959; Gerhard Besier/Gerhard Ringshausen (Hrsg.), Bekenntnis, Widerstand, Martyrium. Von Barmen 1934 bis Plötzensee 1944, Göttingen 1986.
52   Vgl. Wilhelm Niemöller, Die Preußensynode zu Dahlem. Die zweite Bekenntnissynode der Evangelischen Kirche der altpreußischen Union. Geschichte – Dokumente – Berichte, Göttingen 1975.
53   Vgl. H. G. Hockerts, Goebbels-Tagebücher (Anm. 33), S. 367–375, Zitat 367.

gebildeten Zusammenschlüsse), und eine »radikale(re)« Gruppe, die aus vornehm-lich preußischen Bruderräten bestand. Letztere wählte am 12. März 1936 eine (zweite) »Vorläufige Kirchenleitung«, während erstere sich sechs Tage später im »Rat der Evangelisch-Lutherischen Kirche Deutschlands« zusammenschloß[54].

Da gleichzeitig Zahl und Einfluß radikaler Kirchengegner innerhalb der NSDAP zunahmen, scheiterten 1937/38 auch weitere Versuche, doch noch zu einer Einigung der zerstrittenen Parteien zu kommen. Offenkundig war Kerrl auf Erhaltung einer staatsloyalen protestantischen Kraft bedacht. »Kerrl will die Kirche konsolidieren, wir wollen sie liquidieren«, kommentierte Goebbels in seinem Tagebuch, mußte in-des hinnehmen, daß auch sein eigener Vorschlag, die streitenden Parteien durch Ge-währung freier Kirchenwahlen »sich in einem Parlament totlaufen« zu lassen, nicht realisiert wurde. Rigorose Maßnahmen hielt Goebbels aus taktischen Gründen noch für untunlich[55].

Gleichwohl nahm unterhalb der Schwelle offener Kirchenverfolgung die Bedrük-kung durch harte administrative Maßnahmen, darunter eine spektakuläre Verhaf-tungsaktion gegen 700 Pfarrer (1935), vor allem aber durch eine immer unverhohle-ner propagierte ideologische Kampagne zu. Die Ernennung Alfred Rosenbergs, eines erklärten Todfeindes des Christentums, zum obersten weltanschaulichen Erzieher der NSDAP (24. Januar 1934), zahllose antikirchliche Schulungsveranstaltungen für die Kader der Partei, eine offenkundige Förderung neuheidnischer völkisch-religiöser Bewegungen und Kampagnen zur »Entkonfessionalisierung des öffentlichen Lebens« und zum Kirchenaustritt waren Alarmsignale für beide Kirchen[56].

Durch tradierte Obrigkeitsfixierung wie den vorherrschenden Führermythos glei-chermaßen begünstigt, blieb freilich stets in eigentümlichem Zwielicht, inwieweit Hit-ler und die Regimeführung hinter den zahllosen Übergriffen ›untergeordneter Or-gane‹ standen[57]. Insofern haben auch die entschiedensten Anhänger der Bekennen-den Kirche an ihrer grundsätzlichen staatsbürgerlichen Loyalität zur Führung des Reiches nie einen Zweifel gelassen. Als *politische* Opponenten verstanden sie sich nicht, auch wenn der Ton der kirchlichen Einsprüche gegen die weltanschauliche Herausforderung seit 1936 entschiedener wurde. Das gilt namentlich für eine Denk-schrift der Vorläufigen Leitung der Deutschen Evangelischen Kirche an Hitler, in der die Verfasser unter dem 28. Mai 1936 den ideologischen Totalitätsanspruch der NSDAP ablehnten und zugleich vor den Folgen von Judenhaß und Gestapoterror warnten[58].

Zu öffentlichen Protesten der Kirchenleitungen gegen den reichsweiten Judenpo-grom vom 9./10. November 1938 kam es indessen nicht. Vielmehr herrschte betrete-nes Schweigen vor, in das der deutschchristliche Landesbischof von Thüringen, Mar-

---

54 Zum Vorstehenden K. Meier, Bd. II (Anm. 4), passim. Knappe Verlaufsskizze bei K. Scholder (Anm. 1), S. 140–143.
55 Wie Anm. 53, Zitate S. 373.
56 Vgl. Raimund Baumgärtner, Weltanschauungskampf im Dritten Reich. Die Auseinander-setzungen der Kirchen mit Alfred Rosenberg, Mainz 1977.
57 Allgemein hierzu Ian Kershaw, The »Hitler Myth«. Image and Reality in the Third Reich, Oxford 1987 [erweiterte Fassung der deutschen Erstausgabe: Der Hitler-Mythos, Stuttgart 1980].
58 Druck der Denkschrift: Kurt Dietrich Schmidt (Hrsg.), Dokumente des Kirchenkampfes II. Die Zeit des Reichskirchenausschusses 1935–1937. Erster Teil, Göttingen 1964, S. 695–719.

tin Sasse, einen schrillen Mißklang brachte, indem er die »Kristallnacht« als »gottgesegnete(n) Kampf des Führers zur völligen Befreiung unseres Volkes« pries und zugleich den »Weltkatholizismus« und den »Oxford-Weltprotestantismus« als »Judenschutzherren« attackierte[59].

Andererseits blieb schärfer blickenden Zeitgenossen nicht verborgen, daß der weltanschaulich begründete Widerspruch der Kirche einem Regime, das jede konkurrierende Norm- und Wertesetzung bekämpfte, wenn schon nicht der Intention, so doch der Wirkung nach als *politischer* Widerstand erscheinen mußte. Das wurde gerade im Februar 1938 beim Prozeß gegen Pfarrer Martin Niemöller deutlich, der im In- wie Ausland große Aufmerksamkeit fand. Wegen angeblicher Kanzelhetze und anderer regimekritischer Aktivitäten zu sieben Monaten Haft verurteilt, die durch die Untersuchungshaft als verbüßt galten, wurde er gleichwohl als »persönlicher Gefangener des Führers« in das KZ Sachsenhausen verbracht, wo er bis Kriegsende verblieb. Dies war ein öffentliches Signal für die Verschärfung des Kirchenkampfes[60].

VI. Die Suche nach einem Modus vivendi im Katholizismus 1933

Während die nationalsozialistische Machtübernahme zu erheblichen innerprotestantischen Orientierungsschwierigkeiten führte, verlief die Entwicklung im deutschen Katholizismus deutlich anders. Als Milieuverband wie durch die hierarchische Gliederung der Kirche geschlossener als der Protestantismus, gegenüber nationalen Verstiegenheiten stärker auf Nüchternheit bedacht und in den katholischen Parteien überdies ein Hauptziel nationalsozialistischer Attacken, war die Haltung der katholischen Kirche bis zur Märzwahl 1933 durch die bischöflichen Warnungen vor dem Nationalsozialismus bestimmt, aber auch durch die weithin geschlossene Abwehrfront katholischer Verbände, die in einem dramatischen »Mahnruf« vom 17. Februar 1933 vor dem »Bolschewismus ... unter nationalen Vorzeichen« gewarnt hatten[61]. Noch am 5. März 1933 stimmten ca. zwei Drittel der bekenntnistreuen Katholiken für Zentrum und Bayerische Volkspartei, und das restliche Drittel tendierte stärker zu den Linksparteien als zur NSDAP[62].

Durch die Machtübertragung an Hitler hatte sich für die Bischöfe aber eine veränderte Ausgangslage ergeben, indem nun aus einer weltanschaulich verurteilten politischen Bewegung der (legale) Inhaber der staatlichen Gewalt geworden war, dem man nach traditioneller Auffassung den staatsbürgerlichen Gehorsam schuldete. Hitlers Wahlsieg vom 5. März verschärfte dieses Dilemma noch; die katholischen Parteien wurden künftig zur Mehrheitsbildung nicht mehr benötigt. Als gewiefter Taktiker

59 Vgl. Jochen-Christoph Kaiser/Martin Greschat (Hrsg.), Der Holocaust und die Protestanten. Analysen einer Verstrickung, Frankfurt am Main 1988; Martin Sasse, Martin Luther über die Juden: Weg mit Ihnen!, Freiburg i. Br. 1938, S. 2.
60 Vgl. Jürgen Schmidt, Martin Niemöller im Kirchenkampf, Hamburg 1971, S. 433–477; James Bentley, Martin Niemöller. Eine Biographie, München 1985, S. 162–192.
61 Vgl. oben Anm. 28. Der hier angeführte ›Mahnruf‹ ebenda S. 3–6, Zitat 4.
62 Vgl. Konrad Repgen, Hitlers Machtergreifung und der deutsche Katholizismus. Versuch einer Bilanz, Wiederabdruck in: Dieter Albrecht (Hrsg.), Katholische Kirche im Dritten Reich. Eine Aufsatzsammlung, Mainz 1976, S. 1–34, hier 18f.

kam Hitler den christlichen Kirchen durch die erwähnten politischen Zusicherungen entgegen. Damit ermöglichte er dem politischen Katholizismus die (innerparteilich hart umstrittene) Zustimmung zum Ermächtigungsgesetz[63], die aufgrund der gegebenen Stimmenverhältnisse zwar nicht erforderlich, aus optischen Gründen dagegen Hitler desto willkommener war[64]. Hierdurch unter Zugzwang gesetzt, zogen die Bischöfe am 28. März 1933 ihre allgemeinen Verbote und Warnungen zurück, ohne damit allerdings ihre Verurteilung der nationalsozialistischen Weltanschauung aufzuheben[65]. In der vorherrschenden nationalen Aufbruchsstimmung konnte dieser Schritt aber kaum anders denn als »Quasi-Approbation« (Franziskus Stratmann) der nationalen Regierung verstanden werden, wenngleich ihm vor allem die pastorale Erwägung zugrundelag, den Katholiken die Entscheidung des Entweder-Oder zu ersparen und sie nicht abermals, wie im Kulturkampf, ins nationale Abseits zu manövrieren[66].

In der Tat war inzwischen unübersehbar, daß die höchst wirkungsvoll verbreiteten nationalen Einigungsparolen Hitlers auch im katholischen Deutschland ihren Eindruck nicht verfehlten. So mehrten sich schon bald nach dem Märzsieg die Stimmen, vor allem in studentischen und akademischen Kreisen sowie im katholischen Adel, die zu aktiver Mitgestaltung des neuen Deutschlands aufriefen. Auch einige fortschrittsbewegte Theologieprofessoren meldeten sich zu Wort, bemühten sich um Brückenschläge zwischen katholischer und nationalsozialistischer Weltanschauung, glaubten in der beiderseitigen Betonung der Autorität und im Kampf gegen den Bolschewismus ein Gemeinsames ausgemacht zu haben und blickten voll Optimismus in die Zukunft[67].

Hingegen wurden die katholischen Parteien, von den Nationalsozialisten als Relikte der »Systemzeit« diffamiert und hart bedrängt, von rasch wachsender Entmutigung erfaßt; sie lösten sich schließlich am 4. und 5. Juli 1933 als letzte der noch ver-

63 Grundlegend R. Morsey (Anm. 13). Zur durch Scholders Gesamtdarstellung (Bd. I, Anm. 4) neu entbrannten Diskussion über einen angeblichen Kausalzusammenhang von Zentrumsabstimmung und Konkordatsofferte vgl. Konrad Repgen, Über die Entstehung der Reichskonkordats-Offerte im Frühjahr 1933 und die Bedeutung des Reichskonkordats. Kritische Bemerkungen zu einem neuen Buch, in: Vierteljahrshefte für Zeitgeschichte, 26 (1978), S. 499–534; 27 (1979), S. 159ff.; Klaus Scholder, Altes und Neues zur Vorgeschichte des Reichskonkordats. Erwiderung auf Konrad Repgen, in: Vierteljahrshefte für Zeitgeschichte, 26 (1978), S. 535–570, Wiederabdruck in: ders. (Anm. 1), S. 171–203; Gerhard Schulz, Neue Kontroversen in der deutschen Zeitgeschichte: Kirchengeschichte, Parteien und Reichskonkordat, in: Der Staat, 22 (1983), S. 578–604.
64 Dies wird fälschlicherweise in der (älteren) Literatur vielfach anders dargestellt. Vgl. jetzt Hartmut Jäckel, Brauchte Hitler das Zentrum? Zur Abstimmung über das Ermächtigungsgesetz am 23. März 1933, in: Die Zeit, Nr. 12 vom 18. März 1983; Konrad Repgen, Ein KPD-Verbot im Jahre 1933?, Wiederabdruck in: ders., Von der Reformation zur Gegenwart. Beiträge zu Grundfragen der neuzeitlichen Geschichte, hrsg. von Klaus Gotto und Hans Günter Hockerts, Paderborn u. a. 1988, S. 214–235.
65 Synopse von Entwurf und veröffentlichtem Text bei B. Stasiewski, Bd. I (Anm. 28), S. 30ff.
66 Zu den häufig dargestellten Vorgängen vgl. Ludwig Volk, Die Fuldaer Bischofskonferenz von Hitlers Machtergreifung bis zur Enzyklika »Mit brennender Sorge«, Wiederabdruck in: ders., Katholische Kirche und Nationalsozialismus (Anm. 36), S. 11–33.
67 Vgl. hierzu Klaus Breuning, Die Vision des Reiches. Deutscher Katholizismus zwischen Demokratie und Diktatur (1929–1934), München 1969, sowie demnächst H. Hürten (Anm. 4).

bliebenen demokratischen Parteien selbst auf, um einem drohenden Verbot zuvorzukommen[68]. Auch die katholische Presse – 1932 gab es immerhin 434 katholische Tageszeitungen – und das mitgliederstarke katholische Verbandswesen drohten nun in den Sog von Umsturz und Gleichschaltung gezogen zu werden. Eine landesweite Gestapoaktion vom 1. Juli gegen führende Verbandszentralen war ein unüberhörbares Warnsignal[69].

Vorübergehend schien es allerdings, als würden die seit Mitte April 1933 geführten Verhandlungen über ein Konkordat zwischen dem Heiligen Stuhl und der Reichsregierung ein einvernehmliches Nebeneinander von Kirche und Staat ermöglichen können. Diesen Verhandlungen lag ein Angebot Hitlers zugrunde, der damit an die Lateranverträge Mussolinis von 1929 anknüpfte und vor allem zwei Ziele verfolgte: die Demontage der katholischen Parteien durch das Verbot der parteipolitischen Betätigung des Klerus und Prestigegewinn nach innen und außen durch die moralische Autorität des vatikanischen Vertragspartners[70].

Über die Opportunität eines Reichskonkordats waren die Meinungen sehr geteilt. Schließlich setzte sich kirchlicherseits die Auffassung durch, daß ein solch weitreichendes Angebot Hitlers schwerlich ausgeschlagen werden könne, ohne die Verantwortung für die Folgen der dann auch rechtlich ungeklärten Situation einseitig der Kirche anzulasten[71]. Ohnehin hatte das kirchliche Zugeständnis der Entpolitisierung des Klerus durch das unerwartet rasche Ende der Parteien seinen Charakter als Trumpfkarte verloren. Aber es blieb die Aussicht, daß ein in die feierliche Form, internationalen Vertragsrechts gekleidetes Konkordat bei eventuellen künftigen Konflikten eine Verteidigungslinie darstellen könnte. So kam es nach Überwindung mannigfacher Schwierigkeiten am 20. Juli 1933 zur Vertragsunterzeichnung. Das Konkordat sicherte der Kirche freie, ungehinderte Betätigung zu, garantierte den Erhalt, ja Ausbau des kirchlichen Einflusses im Erziehungswesen und gab eine Bestandsgarantie für die katholischen Verbände, allerdings nur, soweit sie sich rein religiös betätigten. Die Betätigungsfreiheit der übrigen Organisationen sollte späterer, vom Regime dann jedoch immer wieder verschleppter Regelung vorbehalten bleiben.

VII. Klärung der Fronten 1933 bis 1939

Bereits im Herbst 1933 zeigte sich, welch tiefe Gräben zwischen Vertragstext und Konkordatsvollzug klafften. Die nationalsozialistischen Organisationen, allen voran Hitler-Jugend und Deutsche Arbeitsfront, dachten gar nicht daran, sich durch katho-

---

68 Vgl. R. Morsey, Untergang (Anm. 13); Klaus Schönhoven, Zwischen Anpassung und Ausschaltung. Die Bayerische Volkspartei in der Endphase der Weimarer Republik 1932/33, in: Historische Zeitschrift, 224 (1977), S. 340–378.

69 Vgl. Kurt Koszyk, Deutsche Presse 1914–1945, Berlin 1972, S. 302. Weiterführende Hinweise bei Ulrich von Hehl, Das Kirchenvolk im Dritten Reich, in: K. Gotto/K. Repgen (Anm. 4), S. 93–118, hier 99 ff., mit Anm. 19.

70 Grundlegend Ludwig Volk, Das Reichskonkordat vom 20. Juli 1933. Von den Ansätzen in der Weimarer Republik bis zur Ratifizierung am 10. September 1933, Mainz 1972.

71 Vgl. Konrad Repgen, Die vatikanische Strategie beim Reichskonkordat 1933, Wiederabdruck in: ders., Von der Reformation zur Gegenwart (Anm. 64), S. 167–195.

lisch-kirchliche Aktivitäten in ihrem totalitären Erfassungsanspruch beeinträchtigen zu lassen. »Kirchen und Konfessionen haben nichts mit den praktischen Dingen des Lebens zu tun, sondern mit denen des Glaubens«, ließ sich der neu ernannte Reichskirchenminister Hanns Kerrl 1935 vernehmen und wies den Kirchen damit ein Reservat zu, das mit ihrem herkömmlichen Rollenverständnis unvereinbar war[72].

Eine Fülle schikanöser Maßnahmen von seiten staatlicher und parteiamtlicher Dienststellen richtete sich in den folgenden Jahren gegen das katholische Verbands- und Pressewesen, das sich im Unterschied zum Protestantismus der Gleichschaltung großenteils hatte entziehen können. Ungeachtet aller Bekundungen zu »nationalem Aufbauwillen« wurden gerade die großen Jugend- und Arbeitervereine mit ihren vielen hunderttausend Mitgliedern immer stärker bedrängt und seit 1935 schrittweise aufgelöst, wobei die Gestapo ihre Verbotsverfügungen bezeichnenderweise auf die Reichstagsbrandverordnung vom 28. Februar 1933 »zur Abwehr kommunistischer staatsgefährdender Gewaltakte« stützte[73].

Seit 1934/35 wurde diese administrative Unterdrückungspolitik durch die massive weltanschauliche Kampfansage der Partei überlagert, die, wie geschildert, auch die evangelische Kirche überzog, aber unbeschadet ihrer generell anti*christlichen* Tendenz doch eine besondere anti*katholische* Spitze hatte: »Ohne Juda, ohne Rom wird erbaut Alldeutschlands Dom« lautete das Motto, zu dem sich schon der junge Adolf Hitler bekannt hatte[74].

Eine dezidiert antikatholische Stoßrichtung hatten ferner die in den Jahren 1935 bis 1937 geführten Devisen- und Sittlichkeitsprozesse[75]. In der vom Propagandaministerium gelenkten Berichterstattung wurden Bischöfe, Klerus und Ordensleute als korrupt, geldgierig und moralisch beispiellos verkommen hingestellt, wobei es, einem Wort Goebbels' zufolge, weniger auf die Wirklichkeit als auf die Wirksamkeit ankam. Ständiger Druck, Schikanen, Pressalien und die öffentlichen Verleumdungskampagnen hatten die Situation dermaßen verschärft, daß ein kirchlicher Lagebericht Ende 1937 nüchtern festhielt: »Der christliche Teil des deutschen Volkes steht unter Ausnahmerecht.«[76]

Die beiden Jahre vor Kriegsbeginn waren weniger von spektakulären Maßnahmen als von lautlosen SS- und Gestapo-Aktionen geprägt. Zahlreiche katholische Geistliche wurden verhaftet, mit Predigtverboten belegt oder aus ihrem Wirkungskreis aus-

72 Zitiert nach: Dokumente der deutschen Politik, Bd. 3: Deutschlands Weg zur Freiheit, bearb. von Axel Friedrich, Berlin 1937, S. 277.
73 Vgl. Klaus Gotto, Die Wochenzeitung Junge Front/Michael, Mainz 1970; Barbara Schellenberger, Katholische Jugend und Drittes Reich, Mainz 1975; Evi Kleinöder, Verfolgung und Widerstand der Katholischen Jugendvereine. Eine Fallstudie über Eichstätt, in: Bayern in der NS-Zeit, Bd. II, hrsg. von Martin Broszat und Elke Fröhlich, München – Wien 1979, S. 175–236; Jürgen Aretz, Katholische Arbeiterbewegung und Nationalsozialismus, Mainz 1982²; Heinz-Albert Raem, Katholische Gesellenvereine und Deutsche Kolpingsfamilie in der Ära des Nationalsozialismus, Mainz 1982.
74 Zitiert bei R. Lill (Anm. 26), S. 137. Vgl. auch Anm. 56.
75 Vgl. Hans Günter Hockerts, Die Sittlichkeitsprozesse gegen katholische Ordensangehörige und Priester 1936/1937, Mainz 1971; Petra Rapp, Die Devisenprozesse gegen katholische Ordensangehörige und Geistliche im Dritten Reich, Phil. Diss. Bonn 1981.
76 Walter Adolph, Geheime Aufzeichnungen aus dem nationalsozialistischen Kirchenkampf 1935–1943, bearb. von Ulrich von Hehl, Mainz 1987⁴, S. 135 und 213.

gewiesen[77]. Der Einfluß, den beide Kirchen in wenn auch begrenzter Weise noch im Erziehungswesen ausüben konnten, wurde durch die Reduzierung bzw. Aufhebung des Religionsunterrichts, die Umwandlung der Bekenntnis- in sog. Deutsche Schulen und den Abbau der privaten höheren Schulen ausgeschaltet[78]. Seit 1938/39 waren die Kirchen ganz auf ihren innerkirchlichen Wirkungsraum zurückgedrängt; es herrschte Friedhofsruhe.

Die katholische Kirchenführung hat diese schrittweise Einengung und fortlaufende Diffamierung nicht widerspruchslos hingenommen, sondern unter ständiger Berufung auf das Reichskonkordat protestiert. Dabei bediente sie sich zumeist des klassischen Defensivmittels der schriftlichen Eingabe; sie beschritt also den gleichen Weg, den sie auch im Kulturkampf gegangen war. Neben dem Vatikan, dessen scharfe Protestnoten auf diplomatischem Weg übermittelt wurden, protestierten die deutschen Bischöfe bei den zuständigen staatlichen Stellen, während konkurrierende Parteiinstanzen meist ignoriert wurden[79]. Sprecher des Episkopats war der greise Breslauer Erzbischof Adolf Kardinal Bertram (1859–1945), der sich bei seiner Abwehrtaktik freilich von der Absicht leiten ließ, nichts seinerseits zu unternehmen, was dem Regime einen Vorwand zu noch härterem Vorgehen hätte liefern können.

Hirtenbriefe wie interne Eingaben blieben jedoch gleichermaßen erfolglos. Es wurde immer offensichtlicher, daß das Regime in einer Art Salamitaktik den Weg der vollendeten Tatsachen beschritt. In dieser Situation erbat der Episkopat im Spätsommer 1936 vom Heiligen Stuhl ein freimütiges Wort des öffentlichen Protestes. Welche innerkirchliche Lagebeurteilung diesem Schritt zugrunde lag, zeigt ein Memorandum, das im Januar 1937 im Vatikan überreicht wurde. »Der entscheidende Träger des politischen Willens im Dritten Reich«, heißt es darin, »ist nicht die Regierung, sondern die Partei.« Sie wolle »grundsätzlich und definitiv die Vernichtung des Christentums«. Daher verzichte das Regime auch nur »vorübergehend« und aus taktischen Gründen »auf die Anwendung aller Machtmittel des totalitären Staates«; es warte lediglich einen ihm günstigen Zeitpunkt ab[80].

---

77 Vgl. Ulrich von Hehl (Bearb.), Priester unter Hitlers Terror. Eine biographische und statistische Erhebung, Mainz 1985².

78 Vgl. Evi Kleinöder, Katholische Kirche und Nationalsozialismus im Kampf um die Schulen. Antikirchliche Maßnahmen und ihre Folgen, untersucht am Beispiel von Eichstätt, in: Sammelblatt des Historischen Vereins Eichstätt, 74 (1981), S. 7–199; Joachim Maier, Schulkampf in Baden 1933–1945, Mainz 1983; Veronika Albers, Katholische Privatschulen zur Zeit des Nationalsozialismus in der Rheinprovinz und in Westfalen, Münster 1986; Wilhelm Damberg, Der Kampf um die Schulen in Westfalen 1933–1945, Mainz 1987; Agnes Lange-Stuke, Die Schulpolitik im Dritten Reich. Die katholische Bekenntnisschule im Bistum Hildesheim von 1933 bis 1948, Hildesheim 1989.

79 Vgl. hierzu die grundlegenden Akteneditionen von Dieter Albrecht (Bearb.), Der Notenwechsel zwischen dem Heiligen Stuhl und der deutschen Reichsregierung, 3 Bde., Mainz 1965–1980; B. Stasiewski, Bischöfliche Akten (Anm. 28), Bde. II und III; Ludwig Volk, Bischöfliche Akten (wie Anm. 28), Bde. IV–VI, Mainz 1976–1985; ders., Akten Kardinal Michael von Faulhabers 1917–1945, 2 Bde., Mainz 1975–1978; Peter Löffler (Bearb.), Bischof Clemens August Graf von Galen. Akten, Briefe und Predigten 1933–1946, 2 Bde., Mainz 1988.

80 Memorandum Kardinal Schultes (16. Januar 1937). Druck: L. Volk, Bischöfliche Akten, Bd. IV (Anm. 79), S. 150–153, Zitate 150f.

Papst Pius XI. griff die ihm angetragene Anregung auf und protestierte in der Enzyklika »Mit brennender Sorge« vom 14. März 1937 auf ungewöhnlich scharfe Weise gegen die Kirchenpolitik des Regimes. »Der Anschauungsunterricht der vergangenen Jahre«, erfuhren alle Gläubigen in der Woche vor Ostern von der Kanzel, »enthüllt Machenschaften, die von Anfang an kein anderes Ziel kannten als den Vernichtungskampf«. Den zentralen Konfliktpunkt sah der Papst in der Ideologie der NSDAP: »Wer die Rasse oder das Volk oder den Staat oder die Staatsform ... vergöttert, der verkehrt und fälscht die gottgeschaffene ... Ordnung der Dinge.«[81] An seiner klaren Verurteilung der nationalsozialistischen Rassenlehre ließ der Papst auch später keinen Zweifel aufkommen, sondern forderte im April 1938 alle katholischen Universitäten bzw. theologischen Fakultäten auf, dem Antisemitismus in Wort und Schrift entgegenzutreten. Nicht zufällig wurden daher bei den Novemberpogromen auch die Palais der Kardinäle von München und Wien gestürmt. Zu öffentlicher Solidarisierung mit den verfolgten Juden und öffentlicher Verurteilung der Ausschreitungen durch die Bischöfe kam es gleichwohl nicht[82].

Durch die Enzyklika Pius' XI. konnten sich diejenigen Mitglieder des deutschen Episkopats bestätigt sehen, die von der Wirkungslosigkeit des bisherigen Eingabenkurses überzeugt waren und schärfere Abwehrmaßnahmen verlangten. Ihre Wortführer wurden die Bischöfe Konrad Graf von Preysing (Berlin) und Clemens August Graf von Galen (Münster). Sie vermochten es allerdings nicht, sich gegen den auf seinem defensiven Eingabenkurs beharrenden Breslauer Kardinal Bertram durchzusetzen. Immerhin stellte der gemeinsame Hirtenbrief vom 19. August 1938 öffentlich fest, der nationalsozialistische Kirchenkampf erstrebe die »Zerstörung der katholischen Kirche innerhalb unseres Volkes, ja selbst die Ausrottung des Christentums überhaupt«[83].

Da diese kirchenpolitischen Auseinandersetzungen den Gläubigen nicht bekannt wurden, reagierten große Teile des Kirchenvolks seit 1934 mit offenkundigem Unmut auf die als Schwäche ausgelegte öffentliche Zurückhaltung der Bischöfe[84]. Die seit 1934 sprunghaft steigende Beteiligung an kirchlichen Glaubenskundgebungen, die stark in die Öffentlichkeit wirkten, konnte nach den Recherchen der Staatspolizei nur als Ausdruck der Unzufriedenheit mit der schrittweisen Einengung des kirchlichen Wirkungsbereichs verstanden werden, ein Zeichen der Solidarisierung mit der angegriffenen Kirche, aber eben auch ein Zeichen des Vorbehalts gegen den bischöflichen Beschwichtigungskurs. Die aus verletztem Gerechtigkeitsgefühl wie aus sozialer Milieugebundenheit und konfessionellem Selbstbehauptungswillen zu erklärende Abwehrhaltung führte mancherorts, wie im Oldenburger Kreuzkampf (wie in anderen

---

81 Druck: D. Albrecht, Bd. I (Anm. 79), S. 402–443, Zitate 406 und 410. Vgl. auch Heinz-Albert Raem, Pius XI. und der Nationalsozialismus. Die Enzyklika »Mit brennender Sorge« vom 14. März 1937, Paderborn u. a. 1979.
82 Einzelheiten bei Konrad Repgen, Judenpogrom, Rassenideologie und katholische Kirche 1938, Köln 1988.
83 Druck: L. Volk, Bischöfliche Akten, Bd. IV (Anm. 79), Zitat 555–564, Zitat 555.
84 Zum Folgenden U. v. Hehl (Anm. 69), S. 99–108. Vgl. auch die musterhafte Regionalstudie von Werner K. Blessing, »Deutschland in Not, wir im Glauben ...«. Kirche und Kirchenvolk in einer katholischen Region 1933–1949, in: Martin Broszat/Klaus-Dietmar Henke/Hans Woller (Hrsg.), Von Stalingrad zur Währungsreform. Zur Sozialgeschichte des Umbruchs in Deutschland, München 1988, S. 3–111.

Orten stritt man um die Kreuze und Lutherbilder im Klassenzimmer, die zugunsten von Hitlerbildern abgehängt werden sollten)[85], zu eindrucksvollen Massenmobilisierungen und noch im Februar 1939, auf dem Höhepunkt von Hitlers Popularität, zur Ablehnung der nationalsozialistischen Schulpolitik durch 85 Prozent der erwachsenen westdeutschen Kirchenbesucher. Gerade Bischöfe wie der Münsteraner von Galen, die schon früh für klare und direkte Stellungnahmen bekannt waren, konnten besonderer Sympathie ihrer Diözesanen sicher sein.

Viele der weltanschaulichen Abwehrmaßnahmen sind auch der Eigeninitiative des Klerus zuzuschreiben, so gemeinsame Kanzelverlautbarungen oder die Broschürenaktion des Kölner Domvikars Teusch, dessen im Wettlauf mit der Gestapo vertriebene Flugschriften in vielen Millionen Exemplaren verbreitet waren. Auch die 1937 staatspolizeilich verbotenen ›Katechismuswahrheiten‹, eine antinationalsozialistische Glaubenslehre in Merksätzen, gehen auf Teusch zurück[86]. »Das Treiben des katholischen Klerus und dessen politischer Beauftragter«, kommentierte ein Karlsruher Gestapobericht solche Aktivitäten, sei in seiner Wirkung auf die Volksstimmung weit gefährlicher als die subversive Tätigkeit der KPD, die keine Massen mehr hinter sich bringen könne[87], eine Einschätzung, die die ideologische Fixierung der Überwachungsorgane ebenso erkennen läßt wie die Überschätzung des Katholizismus, der den Machthabern durch seine größere Geschlossenheit, seine stärkere Verankerung im Kirchenvolk und seine transnationale hierarchische Gliederung besonders verdächtig war.

VIII. Ökumene der Bedrängnis 1939 bis 1945

Seit 1938/39 weitestgehend auf den rein gottesdienstlichen Bereich zurückgedrängt und von einem stark ausgeweiteten Überwachungsapparat bespitzelt[88], sahen die Kirchen sich bei Kriegsbeginn gleichwohl in die ›nationale Pflicht‹ genommen. Daher fehlte es in beiden Kirchen – in wenn auch teilweise sehr unterschiedlicher Akzentuierung – nicht an öffentlichen Solidaritätsbekundungen, die man unbeschadet aller kirchenfeindlichen Maßnahmen dem Vaterland zu schulden glaubte[89]. Auch wurde

---

85 Hierzu Joachim Kuropka (Hrsg.), Zur Sache – Das Kreuz! Untersuchungen zur Geschichte des Konflikts um Kreuz und Lutherbild in den Schulen Oldenburgs. Zur Wirkungsgeschichte eines Massenprotests und zum Problem nationalsozialistischer Herrschaft in einer agrarisch-katholischen Region, Vechta 1987.

86 Ausführlich Ulrich von Hehl, Katholische Kirche und Nationalsozialismus im Erzbistum Köln, Mainz 1977, passim.

87 Bericht vom 14. April 1934. Druck: Jörg Schadt (Bearb.), Verfolgung und Widerstand unter dem Nationalsozialismus in Baden. Die Lageberichte der Gestapo und des Generalstaatsanwalts Karlsruhe 1933–1940, Stuttgart u. a. 1976, S. 86–96, Zitat 87.

88 Instruktiver Überblick bei Heinz Boberach, Propaganda – Überwachung – Unterdrückung. Die Instrumente des NS-Staates im Kampf gegen die Kirche, in: Gotthard Fuchs (Hrsg.), Glaube als Widerstandskraft, Frankfurt 1986, S. 45–69.

89 Vgl. einstweilen Heinrich Missalla, Für Volk und Vaterland. Kirchliche Kriegshilfe im Zweiten Weltkrieg, Königstein/Ts. 1978; Günter Brakelmann (Hrsg.), Kirche im Krieg. Der deutsche Protestantismus am Beginn des Zweiten Weltkriegs, München 1980[2]. – Eine historisch befriedigende Untersuchung des Themas Kirchen und Zweiter Weltkrieg ist ein Desideratum.

die staatsbürgerliche Loyalität, die man der in Hitler verkörperten Staatsführung entgegenbrachte, bis zuletzt nicht bestritten. Äußerungen nationalen Überschwangs, wie sie für den Ersten Weltkrieg kennzeichnend waren, blieben indes die Ausnahme; sie fanden sich vor allem bei deutsch-christlichen Kirchenleitungen. Die heute vielfach aufgeworfene Frage nach dem »gerechten Krieg« stellte sich den Zeitgenossen nicht. Es gab daher in beiden Kirchen nur wenige Kriegsdienstverweigerer.

Nachdem zunächst manches auf eine kirchenpolitische Beruhigung hingedeutet hatte, erfolgten doch schon bald weitere gravierende Eingriffe in das kirchliche Leben, die meist unter Berufung auf »kriegsbedingte Notwendigkeiten« ergingen und daher kaum anfechtbar waren[90]. Wenn der Eindruck nicht täuscht, betrafen sie vor allem die katholische Kirche, die – namentlich in den (süd-)westdeutschen Gebieten – durch das Verbot, nach nächtlichem Fliegeralarm vor 10 Uhr morgens Gottesdienste abzuhalten, und die Aufhebung kirchlicher Feiertage besonders tangiert wurde. Reichsweite Auswirkungen hatte das Verbot aller Kirchenblätter 1941. In das gleiche Jahr fiel auch ein großangelegter Raubzug von Partei und Gestapo gegen 123 Klöster und kirchliche Anstalten.

Öffentlichen Protesten hiergegen waren allerdings enge Grenzen gesetzt. Schon wenige Tage nach Kriegsbeginn hatte ein staatspolizeilicher Erlaß lapidar gefordert: »Jeder Versuch, die Geschlossenheit und den Kampfwillen des deutschen Volkes zu zersetzen, ist rücksichtslos zu unterdrücken«, und der Reichsführer SS Heinrich Himmler ergänzte dies kurz nach dem Überfall auf die Sowjetunion durch die Verfügung, »sämtliche hetzerische Pfaffen ... sowie Kommunisten und ähnliches Gesindel grundsätzlich auf längere Zeit einem Konzentrationslager (zuzuführen)«[91].

So überrascht nicht, daß die Kurve der KZ-Einweisungen seit Kriegsbeginn steil nach oben weist. Insgesamt wurden während des Krieges 447 deutsche Geistliche ins KZ Dachau eingeliefert, von denen 411 (92 Prozent) katholisch, 36 (= acht Prozent) evangelisch waren[92]. KZ-Einweisungen, Ermordungen und Hinrichtungen bilden freilich nur die Spitze eines Eisbergs. Die weitaus meisten Disziplinierungsmaßnahmen des Regimes – Verhöre, Schikanen, Predigtverbote, Geld- oder Haftstrafen, Ausweisungen – lagen unterhalb dieser Verfolgungsschwelle. Von solchen Maßnahmen waren nach neuesten Erhebungen nahezu 50 Prozent des katholischen (Welt-)Klerus betroffen[93]; Vergleichszahlen für die evangelische Kirche liegen nicht vor. Auch hier zeigt sich, daß nach einem vorläufigen Höhepunkt im Jahre 1937 die Masse der Vorfälle in die Kriegsjahre fällt. Daß nunmehr selbst harmlose regimekritische

---

90 Zum Folgenden K. Meier, Bd. III (Anm. 4), S. 101–180; Ludwig Volk, Die Fuldaer Bischofskonferenz von der Enzyklika »Mit brennender Sorge« bis zum Ende der NS-Herrschaft; ders., Episkopat und Kirchenkampf im Zweiten Weltkrieg. I: Lebensvernichtung und Klostersturm 1939–1941, II: Judenverfolgung und Zusammenbruch des NS-Staats, Wiederabdruck in: ders., Katholische Kirche und Nationalsozialismus (Anm. 36), S. 56–82, 83–97 und 98–113.

91 Zitiert nach Marlis G. Steinert, Hitlers Krieg und die Deutschen. Stimmung und Haltung der deutschen Bevölkerung im Zweiten Weltkrieg, Düsseldorf-Wien 1970, S. 95; Klaus Fettweis, Zwischen Herr und Herrlichkeit. Zur Mentalitätsfrage im Dritten Reich an Beispielen aus der Rheinprovinz, Aachen 1989, S. 128 mit Anm. 232.

92 Wie Anm. 77, hier S. IL f. und LXIV mit Anm. 116.

93 Belege demnächst in der 3., neubearbeiteten Auflage der in Anm. 77 angeführten Dokumentation.

Äußerungen zu härtesten Repressalien führen konnten, belegt die ideologisch gesteigerte Verfolgungshysterie der Überwachungsorgane[94].

Während die Kirchen den tyrannischen Alleinherrschaftsanspruch des Regimes immer drückender zu spüren bekamen und durch stets neue Drangsalierungen an ihre faktische Ohnmacht erinnert wurden, zeichnete sich gleichzeitig eine neue und ungleich gravierendere Herausforderung ab, nämlich die Eskalation der Verbrechen, wie sie 1939/40 mit der unter dem Tarnnamen »Euthanasie« vorangetriebenen Ermordung von ca. 70 000 geistig oder psychisch Kranken ihren Ausgang nahm[95], in der Verfolgung der Zigeuner, sonstiger Randgruppen und politischer Gegner, in der vielfach unmenschlichen Behandlung der Fremdarbeiter und Kriegsgefangenen weitere Opfer fand und schließlich in der Deportation und Vernichtung der Juden gipfelte.

Dies hatte bereits 1940 im katholischen Episkopat zu ernsten Auseinandersetzungen darüber geführt, ob, wie Bischof von Galen 1941 schrieb, »die Fortführung des uns aufgezwungenen Abwehrkampfes in der bisherigen, fast ganz passiven Weise noch (zu) verantworten« sei. Wie Galen selbst diese Frage beantwortete, zeigen insbesondere seine drei berühmten Protestpredigten von Juli/August 1941 gegen Klostersturm, Euthanasiemorde und Gestapoterror, die, als Flugblätter von alliierter Seite über Deutschland abgeworfen, aber auch in zahllosen Abschriften verbreitet, weit über die katholische Kirche hinaus ihre Wirkung zeigten[96]. Er konnte hierfür auch auf Informationen durch einen leitenden Psychiater der Bodelschwinghschen Anstalten in Bethel zurückgreifen, durch dessen Bericht sich die umlaufenden Gerüchte über die Vernichtung »lebensunwerten Lebens« zur Gewißheit verdichtet hatten. Wie Galen protestierten auch andere katholische und protestantische Kirchenführer; auf evangelischer Seite wurde der württembergische Landesbischof Theophil Wurm zum Wortführer[97].

Im November 1941 kam ein Gremium katholischer Bischöfe und Ordensleute nach intensiver Beratung zu dem Schluß, daß nunmehr die Zeit für ein gemeinsames, von apostolischem Freimut getragenes Hirtenwort gekommen sei, das die »öffentliche Verletzung von göttlichem und natürlichem Recht« ebenso öffentlich verurteilen sollte. »Auch der nichtchristliche Teil in Deutschland, der unter der Last der Rechtlosigkeit und seiner eigenen Ohnmacht gegenüber Unrecht und Gewalt leidet«, heißt es zur Begründung, »erwartet Hilfe und Verteidigung der allgemein menschlichen

---

94 Ein besonders krasser Fall ist dokumentiert bei Erich Riebartsch, Als die braune Diktatur »Recht« sprach – Prozesse gegen Diözesanpriester, in: Hermann Engfer (Hrsg.), Das Bistum Hildesheim 1933–1945. Eine Dokumentation, Hildesheim 1971, S. 530–572, hier 558–572.

95 Vgl. zuletzt L. Volk, Lebensvernichtung und Klostersturm (Anm. 90); Kurt Nowak, Sterilisation und »Euthanasie« im Dritten Reich. Tatsachen und Deutungen, in: Geschichte in Wissenschaft und Unterricht, 39 (1988), S. 327–341; Burkhard van Schewick, Katholische Kirche und nationalsozialistische Rassenpolitik, in: K. Gotto/K. Repgen (Anm. 4), S. 151–171, jeweils mit weiteren Literaturhinweisen.

96 P. Löffler, Bd. II (Anm. 79), S. 837f, Zitat 838; die Protestpredigten ebenda S. 843–851, 855–863 und 874–883. Zur Reaktion der Machthaber vgl. auch H. G. Hockerts (Anm. 33), S. 387–390.

97 Vgl. L. Volk, Lebensvernichtung und Klostersturm (Anm. 90); Kurt Nowak, »Euthanasie« und Sterilisierung im »Dritten Reich«. Die Konfrontation der evangelischen und katholischen Kirche mit dem »Gesetz zur Verhütung erbkranken Nachwuchses« und der »Euthanasie«-Aktion, Göttingen 1978.

Rechte durch den deutschen Episkopat«. Im übrigen dürfe nicht die Frage von Erfolg oder Mißerfolg von Bedeutung sein, sondern nur die Frage:»Was ist im gegenwärtigen Augenblick unsere Pflicht? Was verlangt das Gewissen? Was erwartet Gott, das gläubige deutsche Volk von seinen Bischöfen?«[98]

Auch in der evangelischen Bekennenden Kirche wurde diese Frage gestellt, und so kam der Vorschlag auf, mit einer (ersten) gemeinsamen Aktion beider Kirchen bei Hitler vorstellig zu werden. Aus einem bereits vorliegenden Hirtenbriefentwurf wurde eine gemeinsame Denkschrift an Hitler gefertigt, die im Dezember 1941 der Reichskanzlei zugestellt wurde, dort freilich das Schicksal aller Eingaben teilte, nämlich nicht beachtet zu werden[99].

Die gleichzeitig einsetzenden Deportationen der Juden hatten unterdessen auch Kardinal Michael von Faulhaber in München alarmiert. Vergeblich verlangte er vom Vorsitzenden der Fuldaer Bischofskonferenzen einen Protest des Gesamtepiskopats, »damit wenigstens die härtesten Härten, die einmal auf unser Volk zurückfallen, vermieden werden«[100]. Immerhin entschloß sich die Mehrheit der Bischöfe angesichts der chronischen Überbedenklichkeit des Breslauer Kardinals, zumindest den Inhalt der Denkschrift den Gläubigen bekanntzumachen.

Als sog. »Menschenrechtshirtenbrief« wurde er im März 1942 in zahlreichen süd- und westdeutschen Diözesen verlesen. »Jeder Mensch«, heißt es darin mit Blick auf die aktuellen Geschehnisse, »hat das natürliche Recht auf Leben und auf die zum Leben notwendigen Güter«, und die Bischöfe fügten hinzu: »Wir Bischöfe werden nicht unterlassen, gegen die Tötung Unschuldiger Verwahrung einzulegen. Niemand ist seines Lebens sicher, wenn nicht unangetastet dasteht: Du sollst nicht töten!«[101]

Noch mehrfach wurden – stets gegen das Veto Kardinal Bertrams aus Breslau – gemeinsame Hirtenbriefe verlesen, so im Dezember 1942 ein Kanzelwort über die Grundsätze des Rechts und als letzte gemeinsame Kundgebung am 12. September 1943 ein Hirtenwort über die Zehn Gebote als Lebensgesetz der Völker[102]. Darin heißt es: »Tötung ist in sich schlecht, auch wenn sie angeblich im Interesse des Gemeinwohls verübt würde: an schuld- und wehrlosen Geistesschwachen und -kranken, an unheilbar Siechen und tödlich Verletzten, an erblich Belasteten und lebensuntüchtigen Neugeborenen, an unschuldigen Geiseln und entwaffneten Kriegs- oder Strafgefangenen, an Menschen fremder Rassen und Abstammung. Auch die Obrigkeit kann und darf nur wirklich todeswürdige Verbrecher mit dem Tode bestrafen«.

Vier Wochen später erging ein ähnlicher Mahnruf der zwölften Bekenntnissynode der Evangelischen Kirche der Altpreußischen Union in Breslau, während Landesbischof Wurm in Stuttgart am 1. Oktober 1943 öffentlich feststellte: »(Unser Volk) hat große Schuld auf sich geladen durch die Art, wie der Kampf gegen Angehörige ande-

98 Druck der Begründung: L. Volk, Faulhaber-Akten, Bd. II (Anm. 79), S. 837 f., Zitate 838.
99 Vgl. Gerhard Schäfer (Hrsg.), Landesbischof D. Wurm und der nationalsozialistische Staat 1940–1945. Eine Dokumentation, Stuttgart 1968, S. 157 f. und 270 f.; L. Volk, Bischöfliche Akten, Bd. V (Anm. 79), S. 630 f, Anm. 4. Der Text der Denkschrift ebenda S. 651–658.
100 Faulhaber an Bertram, 13. November 1941. Druck: L. Volk, Faulhaber-Akten, Bd. II (Anm. 79), S. 824 f., Zitat 825.
101 Druck der beiden Hirtenbrieffassungen: L. Volk, Bischöfliche Akten, Bd. V (Anm. 79), S. 700–704 und 705–708, Zitate 707.
102 Druck: ebenda S. 959–964; L. Volk, Bischöfliche Akten, Bd. VI (Anm. 79), S. 197–205, das folgende Zitat 201.

rer Rassen und Völker vor dem Krieg und im Krieg geführt worden ist ... Können wir uns wundern, wenn wir das nun auch zu verspüren bekommen? Und wenn wir's nicht gebilligt haben, so haben wir doch oft geschwiegen, wo wir hätten reden sollen!«[103]

IX. Bilanz

Ein Bilanzierungsversuch kirchlichen Verhaltens im Dritten Reich wird im Wissen um die je besonderen Voraussetzungen, unter denen beide Kirchen die nationalsozialistische Herausforderung zu bestehen hatten, nur zu sehr allgemeinen Aussagen kommen können. Unbestreitbar dürfte sein, daß es der katholischen Kirche dank ihrer größeren Geschlossenheit besser gelang, den ihr verbliebenen Wirkungsraum von nationalsozialistischer Infiltration freizuhalten und die überlieferte Glaubens- und Sittenlehre »unter Erschwernissen aller Art« (Max Pribilla) unverkürzt zu bewahren. Dem stand auf evangelischer Seite die traditionell stärkere landeskirchlich-konfessionelle und theologische Zersplitterung des Protestantismus, seit 1933 dann namentlich die Bewegung der Deutschen Christen entgegen, welch letztere sich in ihrer theologischen und kirchlichen Praxis bedenklich weit mit den Machthabern einließen. Auch die Spaltung der Bekennenden Kirche aufgrund fortdauernder theologischer Differenzen, die sich teilweise erst während des Krieges überbrücken ließen, hat eine einheitliche Abwehrhaltung erschwert; die Meinungsgegensätze im katholischen Episkopat waren dagegen stärker von Gesichtspunkten der kirchenpolitischen Taktik bestimmt.

Freilich war beiden Kirchen gemeinsam, daß sie ihr Festhalten am Bekenntnis, ihren Widerspruch gegen die nationalsozialistische Weltanschauung nicht als *politischen* Widerstand und schon gar nicht als generelle Aufkündigung der staatsbürgerlichen Loyalität verstanden. Aktiver Kampf gegen das Unrechtssystem war nach herkömmlichem Kirchenverständnis nicht Aufgabe *der* Kirchen und konnte nach aller geschichtlichen Erfahrung auch nicht Aufgabe *der* Kirchenmitglieder sein, sondern blieb individueller Gewissensentscheidung vorbehalten. Dietrich Bonhoeffer und Alfred Delp, die hier stellvertretend für viele andere genannt seien, haben daher als Einzelchristen den Weg zum politischen Widerstand gefunden, nicht etwa als offizielle Vertreter ihrer Kirchen[104].

Vermochten die Kirchen es somit nicht, sich aus dem Dilemma von entschiedener Weltanschauungsopposition und gleichzeitiger Loyalität zu Führer und Reich zu lösen, so ist doch andererseits Klaus Scholder zuzustimmen, daß der »Nationalsozialismus als politische Religion von der Kirche aus nicht genauer zu treffen (war) als dort, wo man ihm im Namen Gottes den Totalitätsanspruch auf den ganzen Menschen bestritt«. Indem die Obrigkeit an die ihr durch göttliches und allgemeines Menschen-

---

103 Text der »Auslegung des fünften Gebotes« und des »Wort(s) ... an die Gemeinden zum Buß- und Bettag 1943«: J. Beckmann (Anm. 22), S. 383–388; das Mahnwort Wurms bei G. Schäfer (Anm. 99), S. 456–459, Zitat 458.
104 Zu Bonhoeffer vgl. Anm. 44; zu Delp Roman Bleistein, Alfred Delp. Geschichte eines Zeugen, Frankfurt am Main 1989.

recht gesetzten Grenzen erinnert wurde, war »der Kampf um die Freiheit und Reinheit der (christlichen) Verkündigung *zugleich* ein politischer Kampf gegen die tragenden Kräfte der nationalsozialistischen Herrschaft«[105]. So haben es auch die Machthaber gesehen und daher die Kirchen mit ihrem Haß verfolgt.

In der Tat lag die »eigentliche Bedeutung der Kirchen für die Opposition gegen den Nationalsozialismus ... in der von ihnen ausgehenden moralischen Bekräftigung als Bewahrer christlicher Ethik und bestimmter Freiräume innerhalb einer gleichgeschalteten Öffentlichkeit«[106]. Wie wir aus den Viten zahlreicher Opfer des 20. Juli 1944 wissen, hat dies seine Wirkung auf die zu aktivem Handeln bereiten Kreise des deutschen Widerstands nicht verfehlt. Daher konnte Hans Rothfels, der Nestor der deutschen Widerstandsforschung, der das Geschehen als Historiker und Jude aus dem Exil verfolgt hatte, 1948 fragen, »ob die Kirchen nicht dadurch, daß sie innerhalb ihres eigensten Bereiches sich zur Wehr setzten, die Kräfte des Widerstands mit einem härteren Kern und einer schärferen Schneide versahen, als irgendeine äußere Revolte es hätte tun können«[107].

Gleichwohl herrscht heute in weiten Teilen der kirchlichen Zeitgeschichtsforschung ein anderer Blickwinkel vor. Wer im Wissen um das ganze Ausmaß nationalsozialistischer Gewaltverbrechen und in der moralischen Selbstgewißheit des Nachgeborenen zurückblickt, den muten die Versuche der Kirchen, dem Unheil Einhalt zu gebieten, den muten ihre Proteste und Hilfsmaßnahmen allzu zaghaft und halbherzig an. Ein verbreiteter Vorwurf lautet, die Kirchen hätten – wenn zwar auch selbst in Bedrängnis geraten und im Falle des »Endsieges« der Rache der Machthaber ausgesetzt – sich doch zu sehr auf die Verteidigung der eigenen Institution beschränkt, zu stark in den Kategorien formaler Zuständigkeit gedacht und darüber das sie umgebende Leid nicht genügend wahrgenommen.

Ohne Zweifel ist hier eine Grundfrage kirchlichen Selbst- und Amtsverständnisses aufgeworfen, die noch keineswegs zureichend geklärt ist[108]. Ging die Pflicht zu lautem Protest allem anderen vor, so durfte man nicht auf die Opfer achten (womit im übrigen noch nichts darüber gesagt ist, ob und wie weit die Gläubigen einen solchen Konfrontationskurs mitgetragen hätten). Stand dagegen humanitäre Hilfe für die Verfolgten an erster Stelle, dann durften keine Repressalien provoziert werden, die diese Hilfe hätten erschweren können. Wurde schließlich die Sicherung der Seelsorge als wichtigste Aufgabe der Kirche betrachtet, und Kardinal Bertram war beispiels-

---

105 K. Scholder, Kirchenkampf (Anm. 1), S. 140.
106 Hartmut Mehringer/Werner Röder, Gegner, Widerstand, Emigration, in: Ploetz. Das Dritte Reich, hrsg. von Martin Broszat und Norbert Frei, Freiburg–Würzburg 1983, S. 173–184, Zitat 177.
107 Hans Rothfels, Die deutsche Opposition gegen Hitler. Eine Würdigung, Frankfurt am Main 1962, S. 48.
108 Zum Folgenden Heinz Hürten, Verfolgung, Widerstand und Zeugnis. Kirche und Nationalsozialismus. Fragen eines Historikers, Mainz 1987; ferner ders., Zehn Thesen eines profanen Historikers zur Diskussion um den Widerstand der Kirchen in der nationalsozialistischen Zeit in: Kirchliche Zeitgeschichte, 1 (1988), S. 116f.; Günther van Norden, Sieben Thesen eines profanen Historikers zur Diskussion um den Widerstand der Kirchen in der nationalsozialistischen Zeit. Eine Ergänzung zu Heinz Hürten, in: Kirchliche Zeitgeschichte, 2 (1989), S. 291ff.

weise dieser Meinung[109], dann, allerdings, war selbst um den Preis eines Verlusts an öffentlicher Glaubwürdigkeit tunlichst Zurückhaltung geboten.

Wie die geschilderten Auseinandersetzungen zeigen, wurde um diese Probleme schon unter den Zeitgenossen gerungen, ohne daß man in den beiden Kirchen zu einheitlicher und allgemein verbindlicher Antwort gefunden hätte. Eine Zeit solch beispielloser Herausforderung wie das Dritte Reich war wohl »nicht die Stunde der Gremien, sondern des auf sich selbst gestellten Einzelnen« (Ludwig Volk). Insofern hatte nach dem Zusammenbruch auch jeder einzelne Christ sein Gewissen daraufhin zu befragen, welche (persönliche) Schuld er in diesen zwölf Jahren auf sich geladen hatte.

An eindringlichen Aufrufen hierzu hat es in beiden Kirchen nicht gefehlt. Im ersten Nachkriegshirtenbrief der katholischen Bischöfe vom 23. August 1945 war daher die Anerkennung der Glaubenstreue des Kirchenvolks mit dem Schuldbekenntnis verbunden:»Furchtbares ist schon vor dem Kriege in Deutschland und während des Krieges durch Deutsche in den besetzten Ländern geschehen. Wir beklagen es zutiefst: Viele Deutsche, auch aus unseren Reihen, haben sich von den falschen Lehren des Nationalsozialismus betören lassen, sind bei den Verbrechen gegen menschliche Freiheit und menschliche Würde gleichgültig geblieben; viele leisteten durch ihre Haltung den Verbrechen Vorschub, viele sind selber Verbrecher geworden. Schwere Verantwortung trifft jene, die auf Grund ihrer Stellung wissen konnten, was bei uns vorging, die durch ihren Einfluß solche Verbrechen hätten hindern können und es nicht getan haben, ja diese Verbrechen ermöglicht und sich dadurch mit den Verbrechern solidarisch erklärt haben«[110]. Und zwei Monate später, am 18. Oktober 1945, bekannte der Rat der Evangelischen Kirche in Deutschland in seiner alsbald lebhaft umstrittenen Stuttgarter Erklärung:»Durch uns ist unendliches Leid über viele Völker und Länder gebracht worden. Was wir unseren Gemeinden oft bezeugt haben, das sprechen wir jetzt im Namen der ganzen Kirche aus: Wohl haben wir lange Jahre hindurch im Namen Jesu Christi gegen den Geist gekämpft, der im nationalsozialistischen Gewaltregiment seinen furchtbaren Ausdruck gefunden hat; aber wir klagen uns an, daß wir nicht mutiger bekannt, nicht treuer gebetet, nicht fröhlicher geglaubt und nicht brennender geliebt haben«[111].

---

109 Hierzu jetzt Antonia Leugers, Adolf Kardinal Bertram als Vorsitzender der Bischofskonferenz während der Kriegsjahre (1939–1945), in: Archiv für schlesische Kirchengeschichte, 47/48 (1990), S. 7–35.

110 Druck: L. Volk, Bischöfliche Akten, Bd. VI (Anm. 79), S. 688–694, Zitat 689 f. Vgl. auch Vera Bücker, Die Schulddiskussion im deutschen Katholizismus nach 1945, Bochum 1989.

111 Hier zitiert nach Gerhard Besier/Gerhard Sauter, Wie Christen ihre Schuld bekennen. Die Stuttgarter Erklärung 1945, Göttingen 1985, S. 62. Vgl. auch Martin Greschat (Hrsg.), Die Schuld der Kirche. Dokumente und Reflexionen zur Stuttgarter Schulderklärung vom 18./19. Oktober 1945, München 1982.

HANS-WALTER SCHMUHL

Rassismus unter den Bedingungen charismatischer Herrschaft

Zum Übergang von der Verfolgung zur Vernichtung gesellschaftlicher Minderheiten im Dritten Reich

Die neuere Zeitgeschichtsforschung hat gezeigt, wie eng die verschiedenen Stränge der nationalsozialistischen Genozidpolitik miteinander verflochten waren. So richtete sich die Politik der gewaltsamen Geburtenverhütung (Sterilisation, Kastration, Abtreibung, Eheverbot) nicht nur gegen psychisch Kranke und geistig Behinderte, sondern auch gegen Körperbehinderte, Alkoholsüchtige, Hilfsschüler, Wohlfahrtsempfänger, Fürsorgezöglinge, Strafgefangene, Prostituierte, Homosexuelle, Schwarze, Juden, Sinti und Roma, slawische Fremdarbeiterinnen u.a.[1] Die »Euthanasie«-Aktion bezog – neben deutschen, jüdischen, polnischen und russischen Psychiatriepatienten – jüdische und »asoziale« KZ-Häftlinge, Bewohner von Arbeits- und Bewahrungshäusern, Fürsorgeeinrichtungen und Altersheimen, körperlich und psychisch kranke Fremdarbeiter mit ein[2]. Den Massenmorden der Einsatzgruppen in den besetzten Gebieten Polens und der Sowjetunion fielen gleichermaßen Partisanen, Kommunisten, Juden, Sinti und Roma, »Asoziale« und psychisch Kranke zum Opfer. In den Gaskammern der Vernichtungslager, die zum Signum des fabrikmäßigen Massenmordes an den europäischen Juden geworden sind, fand auch ein großer Teil der deutschen und europäischen Sinti und Roma den Tod. Die farbige Kennzeichnung der Häftlingskategorien in den Konzentrationslagern war der wohl sichtbarste Ausdruck für das Ineinandergreifen der verschiedenen Verfolgungsmaßnahmen. In der Verfolgung und Vernichtung der Juden, der Sinti und Roma, der psychisch Kranken und geistig Behinderten, der »Gemeinschaftsfremden« und »Fremdvölkischen« gab

---

1 Gisela Bock, Zwangssterilisation im Nationalsozialismus. Studien zur Rassenpolitik und Frauenpolitik, Opladen 1986, bes. S. 306f., 353–368, 452–456.

2 Hans-Walter Schmuhl, Rassenhygiene, Nationalsozialismus, Euthanasie. Von der Verhütung zur Vernichtung »lebensunwerten Lebens«, 1890–1945, Göttingen 1992², bes. S. 215–19, 224–29, 237–60. Zu den Zusammenhängen zwischen »Euthanasie« und »Holocaust« vgl. auch Henry Friedlander, Jüdische Anstaltspatienten im NS-Deutschland, in: Götz Aly (Hrsg.), Aktion T4, 1939–1945. Die »Euthanasie«-Zentrale in der Tiergartenstraße 4, Berlin 1987, S. 34–44; Lutz Raphael, Euthanasie und Judenvernichtung, in: Euthanasie in Hadamar. Die nationalsozialistische Vernichtungspolitik in hessischen Anstalten, Kassel 1991, S. 79–89; Walter Grode, Die »Sonderbehandlung 14f13« in den Konzentrationslagern des Dritten Reiches. Ein Beitrag zur Dynamik faschistischer Vernichtungspolitik, Frankfurt am Main 1987.

es so starke Berührungspunkte und Verbindungslinien, daß es durchaus gerechtfertigt erscheint, sie als einen Gesamtkomplex zu betrachten[3].

Es stellt sich nun die Frage, ob die enge Verzahnung in der Praxis lediglich auf äußere Umstände zurückzuführen ist oder der inneren Logik der nationalsozialistischen Genozidpolitik entspricht. Um diese Frage beantworten zu können, ist es notwendig, in die Tiefenschichten des Massenmordes vorzustoßen. Betrachtet man die Begründungszusammenhänge, die der Vernichtung zugrunde lagen, zeigt sich, daß zu Objekten der Genozidpolitik solche (und *nur* solche) gesellschaftlichen Minderheiten wurden, die mit dem Stigma der *Rasse* behaftet waren. Der Vernichtungswille richtete sich gegen Juden und Slawen, Sinti und Roma, psychisch Kranke, geistig Behinderte und »Gemeinschaftsfremde«, weil sie als *rassische Gruppen* angesehen wurden, die – da man glaubte, ihre Andersartigkeit sei im Erbgut festgelegt – als nicht resozialisierbar galten. Der Sonderfall der Homosexuellen erlaubt in gewisser Weise die Gegenprobe: Da im Dritten Reich Unsicherheit bestand, ob und inwieweit Homosexualität durch Erbanlagen oder Umwelteinflüsse bedingt war, steigerten sich die Ausgrenzungs- und Verfolgungsmaßnahmen – obwohl zwischen 5 000 und 15 000 Homosexuelle in den Konzentrationslagern interniert wurden – letztlich doch nicht zur systematischen Ausrottung[4].

Das ideologische Substrat der nationalsozialistischen Genozidpolitik, so lautet daher meine erste Grundthese, ist der moderne Rassismus. Die verschiedenen Spielarten des Rassismus hatten sich seit dem Ausgang des 19. Jahrhunderts herausgebildet. Das rassistische Paradigma »war also nichts spezifisch Nationalsozialistisches«[5], sondern »bereits zu Anfang der Weimarer Republik weit verbreitetes Gemeingut vor allem der akademischen Mittelschichten«, besonders in den Humanwissenschaften und den auf sie aufbauenden Professionen. Die Nationalsozialisten übernahmen es als fertig ausgebildetes Ideologem. »Das Neue am Nationalsozialismus war ... das Drängen auf Lösung«[6]. Die braunen Machthaber beseitigten die Widerstände, die in der Weimarer Republik eine Umsetzung des rassistischen Paradigmas in praktische Politik verhindert hatten, und ebneten den Funktionseliten, die sich auf das »Social engineering« auf der Grundlage der rassistischen Gesellschaftsbiologie verlegt hatten, den Weg. »Im staatgewordenen Rassismus der Nationalsozialisten« wurden »die inhumanen Entwicklungspotentiale der Wissenschaften vom Menschen und der ihnen zugeordneten Professionen«[7] freigesetzt. Der Nationalsozialismus leitete einen »deut-

---

3 Der Vernichtungskrieg gegen die slawischen Völker und die Besatzungspolitik in Polen und in der Sowjetunion werden im folgenden ausgeklammert, da sie in gewisser Weise eine Sonderstellung einnehmen: Sie verbanden die Ausrottung der gesellschaftlichen Führungsschicht und der Bevölkerungsgruppen, die nicht als Arbeitssklaven ausgebeutet werden konnten, mit einem Ethnozid, der auf die Schaffung eines Helotenvolkes abzielte.

4 Burkhard Jellonek, Homosexuelle unter dem Hakenkreuz. Die Verfolgung von Homosexuellen im Dritten Reich, Paderborn 1990, bes. S. 31–36, 126 f., 327 f.

5 Ulrich Herbert, Traditionen des Rassismus, in: Lutz Niethammer u. a., Bürgerliche Gesellschaft in Deutschland, Frankfurt am Main 1990, S. 484.

6 Ulrich Herbert, Rassismus und rationales Kalkül. Zum Stellenwert utilitaristisch verbrämter Legitimationsstrategien in der nationalsozialistischen »Weltanschauung«, in: Wolfgang Schneider (Hrsg.), »Vernichtungspolitik«. Eine Debatte über den Zusammenhang von Sozialpolitik und Genozid im nationalsozialistischen Deutschland, Hamburg 1991, S. 29.

7 Detlev J. K. Peukert, Die Genesis der »Endlösung« aus dem Geist der Wissenschaft, in: ders., Max Webers Diagnose der Moderne, Göttingen 1989, S. 111, 104.

schen Sonderweg« im Umgang mit gesellschaftlichen Randgruppen ein. Der Rassismus war ein internationales Phänomen, aber nur im Dritten Reich wurde er in den Rang einer Staatsdoktrin erhoben. Damit begab sich das nationalsozialistische Regime auf eine schiefe Ebene, auf der es kein Halten mehr gab: In einem Prozeß kumulativer Radikalisierung schlug die Verfolgung in die Vernichtung um.

Dieser Radikalisierungsprozeß muß, so lautet meine zweite Grundthese, auf spezifische Strukturelemente des Nationalsozialismus zurückgeführt werden. Um diese zu erfassen, bietet es sich an, zwei theoretische Konzepte miteinander zu verknüpfen. Es handelt sich zum einen um den von Max Weber entworfenen Idealtyp der charismatischen Herrschaft, der sich hervorragend dazu eignet, den auf der Bewährung im Außeralltäglichen beruhenden Legitimitätsanspruch, das Führer-Gefolgschaft-Prinzip und die auf blinden Aktionismus hinauslaufende Herrschaftstechnik des nationalsozialistischen Regimes zu beschreiben. Zum anderen werden strukturalistische Interpretationsmodelle aufgegriffen, die den polykratischen Herrschaftsaufbau des Dritten Reiches betonen, insbesondere die von Ernst Fraenkel aufgestellte These vom Nebeneinander eines Normen- und eines Maßnahmenstaates im Gehäuse des nationalsozialistischen »Doppelstaates«, aber auch Franz Neumanns Charakteristik des Dritten Reiches als eines rechtlosen »Unstaates«, der sich auf einen Herrschaftskompromiß zwischen Partei, Armee, Bürokratie und Wirtschaft stützte[8].

Im folgenden soll das hier nur grob skizzierte Interpretationsmodell weiter ausgeführt werden. Dazu wird in einem ersten Schritt das rassistische Paradigma, das zum ideologischen Substrat der nationalsozialistischen Genozidpolitik wurde, in seine Strukturelemente zerlegt und in einen weiteren ideologiegeschichtlichen Rahmen eingeordnet. In einem zweiten Schritt wird sodann der Nationalsozialismus als eine Form charismatischer Herrschaft beschrieben, wobei die besondere Bedeutung des rassistischen Paradigmas als des zentralen Bausteins in der Legitimationsbasis des Nationalsozialismus herausgestellt werden soll. In einem dritten Schritt schließlich wird aufgezeigt, wie die polykratische Struktur des Herrschaftsgefüges im Dritten Reich die praktische Umsetzung des rassistischen Paradigmas beschleunigt vorantrieb.

I. Was ist Rassismus?

Rassismus ist mehr als nur ein dumpf empfundenes Vorurteil, aber er baut auf einen Sockel von tief im Unterbewußtsein verankerten Vorurteilen auf. Kulturhochmut und Fremdenfurcht sind so alt wie die Menschheit. Ethnozentrismus und Xenophobie

---

8 Vgl. Max Weber, Die Typen der Herrschaft, in: ders., Wirtschaft und Gesellschaft, Bd. I, Tübingen 1980, S. 122–76; ders.; Soziologie der Herrschaft, in: ebenda, Bd. II, S. 541–806, bes. S. 654–81; ders., Die drei reinen Typen der legitimen Herrschaft, in: ders., Gesammelte Aufsätze zur Wissenschaftslehre, Tübingen 1982, S. 582–613; Ernst Fraenkel, Der Doppelstaat. Recht und Justiz im »Dritten Reich«, Frankfurt am Main 1974/1984; Franz Neumann, Behemoth. Struktur und Praxis des Nationalsozialismus 1933–1944, Köln 1977/Frankfurt am Main 1984. Sowohl Fraenkel als auch Neumann nehmen auf Webers Idealtyp der charismatischen Herrschaft Bezug (Fraenkel, S. 225, 231 f., 239; Neumann, S. 116 f.) Vgl. Peter Hüttenberger, Nationalsozialistische Polykratie, in: Geschichte und Gesellschaft, 2 (1976), S. 417–42.

können geradezu als anthropologische Konstanten gelten, die – auch wenn Grad und Form der Fremdenfeindlichkeit von gesellschaftlichen Rahmenbedingungen abhängen – in allen Epochen der Weltgeschichte und in allen Kulturkreisen auftreten. Für die Herausbildung des Rassismus stellen Ethnozentrismus und Xenophobie jedoch nur eine *notwendige,* nicht aber eine *hinreichende* Bedingung dar[9]. Über diese Vorformen hinausgehend, ist der Rassismus ein umfassendes Denksystem, ein »in sich geschlossenes Weltbild, das mit dem Anspruch auftritt, die Entwicklungen, Widersprüche und Probleme der Welt insgesamt schlüssig zu erklären – und zwar . . . auf . . . naturwissenschaftlicher Basis«[10]. Obwohl auf irrationalen Prämissen fußend, bildet der Rassismus also eine rational durchgebildete Argumentationsstruktur. Hier wird bereits deutlich, daß er – im Gegensatz zu den universalhistorischen Kategorien des Ethnozentrismus und der Xenophobie – ein epochengebundenes Phänomen ist, eng verknüpft mit den säkularen Basisprozessen des okzidentalen Kulturkreises: Rassische Stereotypen sind »nur im Abendland in den Rang von mit einer wissenschaftlichen Aura umgebenen Dogmen erhoben worden«[11].

Im Übergang vom Protorassismus zum Rassismus lassen sich zwei Stufen unterscheiden. Als Zäsur zur Abgrenzung der weiteren Vorgeschichte bietet sich das Epochenjahr 1492 an, in das gleich drei für die zukünftige Entwicklung des Rassismus bedeutsame Ereignisse fielen: der Abschluß der Reconquista, die Vertreibung der Juden aus Spanien und die Entdeckung der Neuen Welt[12]. Wichtige Impulse gingen von der überseeischen Expansion der europäischen Staaten seit der Wende vom 15. zum 16. Jahrhundert aus; der Protorassismus entwickelte sich als Erklärungs- und Rechtfertigungsideologie des Kolonialismus in dem mentalen Vakuum, das mit dem Verblassen des christlichen Weltbildes im Zuge der Säkularisierung entstand. Die engere Vorgeschichte des Rassismus setzte jedoch erst in der »Sattelzeit« (Reinhart Koselleck) des ausgehenden 18. und beginnenden 19. Jahrhunderts ein, als die wissenschaftliche Grundlegung des rassischen Ressentiments erfolgte. Der Rassismus wurde auf der »Schattenseite der Aufklärung«[13] geboren – er ist mithin *eine* Möglichkeit der Moderne.

Die entscheidende Zäsur, die den Durchbruch des modernen Rassismus markierte, fiel in das letzte Drittel des 19. Jahrhunderts. In diesem Zeitraum kam es sowohl zu einem Umschlag des gesellschaftlichen Großklimas von der durch die Industrielle Revolution ausgelösten Fortschrittseuphorie in den Kulturpessimismus des Fin de siècle als auch zu einem tiefgreifenden Umbruch in der Biologie, der wichtigsten Referenzwissenschaft des Rassismus. Dabei spielten die Durchsetzung der darwinistischen Evolutions- und Selektionstheorie und die Anfänge der modernen Genetik, insbesondere der Durchbruch harter Vererbungstheorien, eine besondere Rolle.

---

9 Imanuel Geiss, Geschichte des Rassismus, Frankfurt am Main 1988, S. 28 f., 31 ff.; Léon Poliakov/Christian Delacampagne/Patrick Girard, Über den Rassismus. Sechzehn Kapitel zur Anatomie, Geschichte und Deutung des Rassenwahns, Frankfurt am Main u. a. 1984, S. 37 ff.

10 U. Herbert (Anm. 6), S. 28.

11 L. Poliakov u. a. (Anm. 9), S. 45.

12 Dies im Anschluß an I. Geiss (Anm. 9), S. 48, der das Jahr 1492 allerdings zur Abgrenzung »der weiteren und engeren Vorgeschichte« des Rassismus benutzt.

13 George L. Mosse, Die Geschichte des Rassismus in Europa, Frankfurt am Main 1990, S. 9.

Ulrich Herbert hat den Rassismus treffend als »Biologisierung des Gesellschaftlichen«[14] bezeichnet. Biologistisches Gedankengut zieht sich wie ein roter Faden durch die Strukturelemente des Rassismus: Rassismus gründet sich auf zumeist explizit formulierte Rassentheorien, die die Menschheit anhand unveränderlicher (oder doch nur in längeren Zeiträumen veränderbarer) physischer Merkmale in Gruppen einteilen. Da diese Rassentheorien stets nur einen winzigen Bruchteil aller physischen Merkmale und Merkmalskombinationen berücksichtigen, erfolgt die Klassifizierung mehr oder weniger oberflächlich. Den willkürlich voneinander abgegrenzten Rassen ordnet der Rassismus dann, von den physischen Merkmalen auf intellektuelle, psychische und moralische Eigenschaften schließend, komplexe Rassencharaktere zu. Diese Extrapolation von physischen auf psychische Merkmale hebt den Rassismus von den bloß klassifizierenden Rassentheorien ab. Léon Poliakov geht so weit, sie zum eigentlichen Definitionskriterium des Rassismus zu erklären: »Der Rassismus ist in Wirklichkeit diejenige Haltung, die die intellektuellen oder moralischen Merkmale einer gegebenen Menschengruppe als direkte Folge ihrer physischen oder biologischen Merkmale ansieht.« Der Rassismus bildet mithin Gruppen und belegt sie mit Gruppenstereotypen – »es ist also der Rassist, der die Rasse im soziologischen Sinn des Worts begründet«[15]. Streng genommen sind Rassen nichts weiter als zu wissenschaftlicher Begrifflichkeit geronnene Vorurteile. Es verwundert daher nicht, daß der Rassismus den Begriff der Rasse niemals wertfrei verwendet, er stellt vielmehr Hierarchien auf, in denen rassische Gruppen als »höherwertig« oder »minderwertig« in einer Stufenfolge angeordnet werden.

Vor der biologischen Revolution im letzten Drittel des 19. Jahrhunderts gingen die Rassentheorien von *äußerlich sichtbaren* Merkmalen aus, z. B. Hautfarbe, Körperbau, Schädelform, Gesichtsprofilwinkel, Augenfarbe, Nasenform, Beschaffenheit der Haare usw. Mit den Anfängen der modernen Genetik lösten sich die Rassentheorien jedoch zunehmend vom äußeren Erscheinungsbild. Einerseits setzte sich die Unterscheidung von *Genotypus* und *Phänotypus* durch, das äußere Erscheinungsbild des Menschen wurde fortan als Ergebnis des Zusammenwirkens von Erbanlagen *und* Umwelteinflüssen verstanden. Andererseits wurde mit der Durchsetzung harter Vererbungstheorien das Lamarcksche Theorem der Vererbung erworbener Eigenschaften verworfen – durch Umwelteinflüsse bedingte Merkmale schienen als Rassenkriterien untauglich. Daher wandten sich die Rassentheorien den Erbanlagen zu. Als Rassenkriterien galten fortan die ererbten und vererblichen Eigenschaften. Indem sich der Rassenbegriff vom äußeren Erscheinungsbild löste, verlor er auf der einen Seite an Anschaulichkeit – ursprünglich war er eine »visuelle Ideologie, und darin lag eine seiner größten Stärken«[16]. Auf der anderen Seite erfuhr er durch die genetische Grundlegung eine erhebliche Ausweitung, bezog er sich doch nunmehr sowohl auf erblich bedingte Unterschiede zwischen den Großgruppen der Menschheit (anthropologischer Rassenbegriff) als auch auf genetische Anomalien innerhalb dieser Großgruppen (populationsgenetischer Rassenbegriff). Daher konnte er jetzt auch auf eth-

---

14   U. Herbert (Anm. 5), S. 474; ders. (Anm. 6), S. 28.
15   L. Poliakov u. a. (Anm. 9), S. 27, 26. Zu einer Soziologie der Rasse, die auf dieser Einsicht aufbaut, vgl. Hans-Walter Schmuhl, Max Weber und das Rassenproblem, in: Manfred Hettling/Claudia Huerkamp/Paul Nolte/Hans-Walter Schmuhl (Hrsg.), Was ist Gesellschaftsgeschichte? Positionen, Themen, Analysen, München 1991, S. 331–42.
16   G. L. Mosse (Anm. 13), S. 9.

nische, nationale, religiöse und soziale Gruppen innerhalb der »weißen Rasse« angewandt werden, die sich von ihrem äußeren Erscheinungsbild her nicht (oder nicht
eindeutig) von ihrer gesellschaftlichen Umgebung unterschieden. Mit der Auffäche-
rung des Rassenbegriffs kam es zu einer Aufspaltung in einen »anthropologischen«
und einen »hygienischen« Rassismus. In Deutschland richtete sich der anthropologische Rassismus gegen die farbige Bevölkerung in den Kolonien, gegen farbige Minderheiten im eigenen Land (z. B. Sinti und Roma oder »Rheinlandbastarde«), gegen
ethnische Minderheiten (z. B. Polen in Ostelbien oder im Ruhrgebiet), aber auch
gegen die Juden, die nicht mehr als religiöse, ethnische oder soziale, sondern als
rassische Gruppe angesehen wurden. Der moderne Antisemitismus hebt sich von traditionellen Formen der Judenfeindschaft gerade dadurch ab, daß er sich auf das rassistische Paradigma stützt. Der hygienische Rassismus wandte sich vor allem gegen
psychisch Kranke und geistig Behinderte, die als erbkrank eingestuft wurden, und
gegen gesellschaftliche Randgruppen wie Landstreicher, Bettler, Gewohnheitsverbrecher, Alkoholsüchtige, Prostituierte usw., deren normbrechendes Verhalten auf
genetische Anomalien zurückgeführt wurde. Die Bemühungen der physischen Anthropologie und der Erbpsychiatrie, körperliche Stigmata ausfindig zu machen, die
auf die Zugehörigkeit zur »jüdischen Rasse«, auf anlagebedingte »Asozialität« oder
erbliche Krankheiten hindeuteten, erklären sich einerseits aus den unzulänglichen
Möglichkeiten der Genanalyse, andererseits kann man sie aber auch als Versuch ansehen, das rassistische Paradigma wieder anschaulicher zu machen.

Für die Angehörigen ethnischer, nationaler, religiöser und sozialer Gruppen, die
unter das rassistische Paradigma fielen, wurden die Gruppengrenzen zunehmend un-
durchlässig. Die Mechanismen der Assimilierung und Emanzipation griffen nicht
mehr. Solange etwa die Juden primär als religiöse Gruppe galten, war für sie die
Taufe das »Entréebillet zur europäischen Kultur« (Heinrich Heine), in dem Maße
jedoch, wie sie als rassische Gruppe betrachtet und behandelt wurden, grenzte man
auch die getauften Juden wieder aus. Solange die nichtseßhafte Lebensweise der Sinti
und Roma auf Traditionen zurückgeführt wurde, schien eine soziale Integration
durch Ansiedlung aussichtsreich; ging man aber davon aus, daß die Sinti und Roma
einem angeborenen »Wandertrieb« folgten, mußten alle Versuche der Seßhaftma-
chung aussichtslos erscheinen. Solange normbrechendes Verhalten mit Fehlentwick-
lung in der Sozialisation in Verbindung gebracht wurde, glaubte man, es mit pädagogischen Mitteln ändern zu können. Setzte man dagegen die erbliche Bedingtheit der
»Gemeinschaftsunfähigkeit« voraus, mußte man die Jugendfürsorge für sinnlos halten. Solange seelisches Leiden auf Einflüsse der natürlichen und gesellschaftlichen
Umgebung zurückgeführt wurde, schien Heilung möglich, nicht aber, wenn psychische Krankheit als Ausdruck eines genetischen Defekts galt.

Der Rassismus trat mit dem Anspruch auf, soziale Strukturen, Prozesse und Konflikte aus biologischen Konstellationen heraus erklären zu können. Bis in das letzte
Drittel des 19. Jahrhunderts hinein war der Rassismus eine *Legitimations*ideologie,
die vor allem das Machtgefälle zwischen den euramerikanischen Staaten und ihren
überseeischen Kolonien, vereinzelt auch den gesellschaftlichen Status quo in den In-
dustrieländern erklärte und rechtfertigte, indem er die ungleiche Verteilung der Le-
benschancen auf Rassenunterschiede zurückführte. Mit den sozialen, wirtschaftlichen, politischen und kulturellen Umwälzungen seit der Mitte des 19. Jahrhunderts
entwickelte sich der Rassismus – zumindest in Teilbereichen – zu einer *Oppositions-*

ideologie, in der sich das Unbehagen an dem säkularen Modernisierungsprozeß, der Industriellen Revolution, dem demographischen Übergang, der Herausbildung marktbedingter Klassen, des modernen Interventionsstaates, der Verstädterung, der gesteigerten Mobilität, der Technisierung des Alltags usw. gegen Außenseiter wandte. Während »traditionelle Sinnstiftungen und rituelle Formungen des Alltagslebens . . . keine Antworten mehr auf die neuen Fragen«[17] gaben, bot der Rassismus ein neuartiges Deutungsmuster von scheinbar großer Erklärungskraft.

Die Vor- und Frühformen des Rassismus gingen davon aus, daß sich die gesellschaftliche Entwicklung nach ehernen Naturgesetzen vollzieht, ohne daß ein Eingriff möglich oder nötig wäre – sie unterstellten einen stetigen Fortschritt (wie etwa der frühe Sozialdarwinismus) oder einen unaufhaltsamen Verfall (wie der Gobinismus). Im Lichte der darwinistischen Biologie schien diese Position gegen Ende des 19. Jahrhunderts nicht mehr haltbar. Soziale und biologische Prozesse, so die neue Sichtweise, könnten durchaus gegenläufig sein – es komme darauf an, soziale Strukturen und Prozesse so zu gestalten, daß sie im Einklang mit den in der Gesellschaft wirksamen Naturgesetzen stehen, um den Evolutionsprozeß in Gang zu halten. Von ausschlaggebender Bedeutung ist in diesem Zusammenhang, daß mit der Durchsetzung der harten Vererbungslehren das sozialdarwinistische Selektionstheorem in den Mittelpunkt des rassistischen Paradigmas rückte. Unter dem Gesichtspunkt der sozialen Selektion erschien der Zivilisationsprozeß – auch die Fortschritte der Medizin, die bahnbrechenden Erfolge der Hygiene oder die Einführung der Sozialversicherung – als eine »Kette von Phyrrussiegen«[18]. Das psychiatrische Degenerationstheorem aufgreifend, entwickelte der Rassismus die apokalyptische Vision einer biologischen Katastrophe, wobei durch die These von der höheren Fruchtbarkeit erblich belasteter und rassisch minderwertiger Menschen eine Art Naherwartung geweckt wurde. Neben das apokalyptische Element trat ein eschatologisches. Vor dem Hintergrund der darwinistischen Evolutionstheorie schien ein Progressus ad infinitum möglich – der »Aufartung« und »Aufnordung« der Bevölkerung schienen letztlich keine Grenzen gesetzt. Diese Dialektik von Degenerationsangst und Züchtungsutopie verlieh dem Rassismus eine starke Dynamik, erzeugte Handlungsdruck. Der Rassismus drängte daher auf Verwirklichung; als angewandte Wissenschaft forderte er rassenhygienische und -anthropologische Maßnahmen (Sterilisation, Asylierung, Eheverbot, Einwanderungsbeschränkungen, Rassentrennung usw.).

Die Radikalität dieser praktischen Konzepte ist im Denkansatz des Rassismus bereits angelegt. Der Rassismus verneint die Einheit der Menschheit. Die fremde Rasse wird gleichsam zur eigenen Spezies erklärt. Nachdem sich die These von der Polygenie als nicht tragfähig erwiesen hatte, war es der Darwinismus, der die Grenze zwischen dem Regnum humanum und dem Regnum animale fließend werden ließ. Die farbigen Menschenrassen, die untersten Schichten der Gesellschaft, die psychisch Kranken und geistig Behinderten, so ein gängiger Topos des Rassismus, stünden auf einer Entwicklungsstufe zwischen Mensch und Tier. Damit wurde – auf der theoretischen Ebene – ein Prozeß der Dehumanisierung in Gang gesetzt. Ein weiteres Strukturmerkmal des Rassismus weist in dieselbe Richtung. Da für den Rassismus nicht die

---

17 D.J.K. Peukert (Anm 7), S. 108.
18 Hans-Günter Zmarzlik, Der Sozialdarwinismus in Deutschland als geschichtliches Problem, in: Vierteljahrshefte für Zeitgeschichte, 11 (1963), S. 254.

Individuen die Subjekte der Geschichte sind, sondern Rassen, tendiert er – zumeist auf der Basis organischer Sozialtheorien – zu einer Verabsolutierung überindividueller Sozialstrukturen (Rasse, Volk, Staat). Nach Detlev Peukert besteht »der gemeinsame Nenner des Rassismus« gerade darin, »daß die Beurteilung und Behandlung von Menschen nach deren ›Wert‹ differenziert wird, dessen Kriterien aus einem normativen und affirmativen Leitbild des ›Volkskörpers‹ als Kollektivsubjekt abgeleitet werden«[19]. Der Rassismus stellt daher jedes Naturrecht des Menschen auf Leben und körperliche Unversehrtheit radikal in Frage – dabei steht die Vernichtung als Ultima ratio stets im Hintergrund. Schließlich sei darauf hingewiesen, daß »Rasseneinheit« und »Erbgesundheit« dynamische Begriffe sind, die – im Sinne der Selbststeuerung des Evolutionsprozesses – immer enger gefaßt werden konnten, so daß immer breitere Gesellschaftsschichten unter das rassistische Verdikt fielen. Die Diskriminierung fraß sich – bei gleichzeitig zunehmender Aggressivität – von den Rändern der Gesellschaft in ihr Zentrum hinein.

Aufgrund seiner wissenschaftlichen Verankerung war der Rassismus eine Elitenideologie. Seine wichtigsten Trägergruppen waren – neben den Praktikern in der Gesundheits- und Sozialpolitik – Wissenschaftler: Biologen, Genetiker, Anthropologen, Kriminologen, Hygieniker, Psychiater, Psychologen, Pädagogen, Demographen usw. Aus diesen Gruppen rekrutierte sich nach 1933 der harte Kern der Expertenstäbe, die für die wissenschaftliche Grundlegung der nationalsozialistischen Genozidpolitik sorgten und ihre Leitlinien entwarfen, z. B. der Sachverständigenbeirat für Bevölkerungs- und Rassenpolitik oder der Reichsausschuß zur wissenschaftlichen Erfassung erb- und anlagebedingter schwerer Leiden im Bereich der Sterilisation und »Euthanasie«, die Forschungsabteilung Judenfrage des Reichsinstituts für Geschichte des neuen Deutschland oder das Institut zur Erforschung der Judenfrage, das in der »Asozialen«-Forschung tätige Institut für Erb- und Rassenpflege unter Heinrich Wilhelm Kranz und Siegfried Koller oder die in der »Zigeuner«-Forschung führende Rassenhygienische Forschungsstelle unter Robert Ritter u. v. a.[20].

II. Rassismus und charismatische Herrschaft

Seinem Legitimitätsanspruch nach kann der Nationalsozialismus dem Weberschen Idealtyp der charismatischen Herrschaft zugeordnet werden. Grundvoraussetzung für die Aufrichtung einer charismatischen Herrschaft ist ein außeralltäglicher Notstand. »Die Schöpfung einer charismatischen Herrschaft ... ist stets das Kind ungewöhnlicher äußerer, speziell politischer oder ökonomischer, oder innerer seelischer, namentlich religiöser Situationen, oder beider zusammen, und entsteht aus der einer Menschengruppe gemeinsamen, aus dem Außerordentlichen geborenen Erregung«[21].

19 D. J.K. Peukert (Anm. 7), S. 105.
20 Dazu allgemein: Benno Müller-Hill, Tödliche Wissenschaft. Die Aussonderung von Juden, Zigeunern und Geisteskranken 1933-1945, Reinbek 1984. Zu Kranz und Koller zuletzt: Klaus Scherer, »Asozial« im Dritten Reich. Die vergessenen Verfolgten, Münster 1990, bes. S. 57–67. Zu Ritter: Michael Zimmermann, Verfolgt, vertrieben, vernichtet. Die nationalsozialistische Vernichtungspolitik gegen Sinti und Roma, Essen 1989, bes. S. 25–39.
21 M. Weber, Wirtschaft und Gesellschaft (Anm. 8), Bd. II, S. 661.

Das gilt auch für den Nationalsozialismus. Sein Aufstieg hing eng mit der Zusammenballung ökonomischer, sozialer und politischer Krisenphänomene in der Zwischenkriegszeit zusammen. Im Bewußtsein breiter Bevölkerungsschichten verdichteten sich die Erfahrungen wirtschaftlicher Depression, sozialer Dichotomisierung und politischer Desintegration zu einer latenten Krisenmentalität, die in dem irrationalen Glauben an das Charisma Hitlers ein Ventil fand.

Als Gegenleistung für die gläubige Hingabe seiner Anhänger versprach der Nationalsozialismus einen Ausweg aus der sozioökonomischen, -politischen und -kulturellen Krise: im wirtschaftlichen Bereich die Beendigung der Weltwirtschaftskrise und die Beseitigung der Massenarbeitslosigkeit, auf dem sozialen Sektor die Überwindung der gesellschaftlichen Gegensätze durch die Schaffung einer schichten- und klassenübergreifenden »Volksgemeinschaft«, in der Innenpolitik die Zerschlagung des demokratisch-parlamentarischen Parteienstaates der Weimarer Republik, in der Außenpolitik die Revision des Versailler Vertrages, den Wiederaufstieg des Deutschen Reichs zur Großmacht und die Eroberung von »Lebensraum«, in der kulturellen Sphäre die Verdrängung der linken, demokratischen, pazifistischen und avantgardistischen Kunst und Literatur usw. Angesichts dieser weitgespannten Zielsetzungen richteten sich vielfältige, in sich durchaus widersprüchliche Erwartungen an die Integrationsfigur des charismatischen Führers. Durch die Mobilisierung der im Erwartungsstau weiter Bevölkerungskreise gebundenen Energien setzte sich der Nationalsozialismus selbst unter Erfolgsdruck.

Aus einem tieferen Grund war das nationalsozialistische Regime geradezu zum Erfolg verdammt. Denn charismatische Herrschaft ist spezifisch labil in dem Sinn, daß sie, weil sie auf der Bewährung im Außergewöhnlichen gründet, den ihr zugrundeliegenden Ausnahmezustand unbedingt beenden muß. Gelingt es ihr aber, den Alltagszustand wiederherzustellen, entzieht sie sich selbst die Legitimationsbasis. »Flutet die Bewegung, welche eine charismatisch geleitete Gruppe aus dem Umlauf des Alltags heraushob, in die Bahnen des Alltags zurück, so wird zum mindesten die reine Herrschaft des Charisma regelmäßig gebrochen, ins ›Institutionelle‹ transponiert und umgebogen, und dann entweder geradezu mechanisiert oder unvermerkt durch ganz andere Strukturprinzipien zurückgedrängt oder mit ihnen in den mannigfachsten Formen verschmolzen und verquickt«[22]. In reiner Form existiert charismatische Herrschaft also nur in statu nascendi. Sobald sich der Alltagszustand wieder einstellt, beginnt der Prozeß der »Veralltäglichung des Charismas«, der – über eine Reihe von Zwischenstufen – zur allmählichen Umwandlung der charismatischen in eine traditionale oder rationale Herrschaft oder aber zu einer Mischform aus den verschiedenen Herrschaftstypen führt.

Der Nationalsozialismus setzte sich zum Ziel, diesen Prozeß der Veralltäglichung aufzuhalten und »der charismatischen Herrschaft in ihrer reinen Form Dauer zu verleihen«. Zu diesem Zweck mußte der Ausnahmezustand – zumindest in Teilbereichen der Gesellschaft – ständig erneuert, mußten die Endziele der charismatischen Herrschaft auf so hohem Abstraktionsniveau angesiedelt werden, daß sie in der politischen Praxis nie eingeholt werden konnten. Indem die verwirklichten (Teil-)Lösungen stets auf neue Nahziele verwiesen, konnte der Ausnahmezustand in Permanenz aufrechterhalten werden, ohne daß die charismatische Herrschaft in eine Legitima-

---

22 Ebenda.

tionskrise geriet. Diese Herrschaftstechnik führte zu einer außerordentlichen Dynamisierung der nationalsozialistischen Politik. »Eine Stabilisierug der nationalsozialistischen Herrschaft im konventionellen Sinne war damit unmöglich. Sie konnte nur durch ständige Bewegung und Aktion, durch unentwegte Inangriffnahme neuer spektakulärer Aufgaben und die Um- und Ablenkung der Aufmerksamkeit der Massen auf diese gesichert werden.«[23] Dies war möglich 1. durch die propagandistische Simulation von Problemstellungen und -lösungen (was stets die Gefahr einer Legitimationskrise in sich barg), 2. durch Ableitung von Konfliktpotential nach außen und 3. durch die Diskriminierung gesellschaftlicher Minderheiten.

Um den Zusammenhang zwischen der Verhängung des Ausnahmezustands und der Entrechtung gesellschaftlicher Randgruppen zu verdeutlichen, sei an dieser Stelle der von Carl Schmitt geprägte Begriff der »innerstaatlichen Feinderklärung« erläutert. Schon in seiner »Politischen Theologie« hatte Schmitt erklärt, daß im Ausnahmezustand der Staat Vorrang vor dem Recht habe[24]. Im Falle eines übergesetzlichen Notstandes, führte Schmitt den Gedanken im Zusammenhang mit seiner Definition des Politischen als einer Freund-Feind-Beziehung weiter, falle dem Staat insbesondere die Aufgabe zu, den »inneren Feind« zu bestimmen. »In allen Staaten gibt es deshalb in irgendeiner Form das, was das Staatsrecht der griechischen Republiken als Πολέμιος-Erklärung, das römische Staatsrecht als *hostis*-Erklärung kannte, schärfere oder mildere, ipso facto eintretende oder auf Grund von Sondergesetzen justizförmig wirksame, offene oder in generellen Umschreibungen versteckte Arten der Ächtung, des Bannes, der Proskription, Friedloslegung, *hors-la-loi*-Setzung, mit einem Wort, der innerstaatlichen *Feinderklärung*.« Diese »innerstaatliche Feinderklärung« soll dazu dienen, »innerhalb des Staates und seines Territoriums eine vollständige Befriedung herbeizuführen, ›Ruhe, Sicherheit und Ordnung‹ herzustellen und dadurch die *normale* Situation zu schaffen, welche die Voraussetzung dafür ist, daß Rechtsnormen überhaupt gelten können, weil jede Norm eine normale Situation voraussetzt und keine Norm für eine ihr gegenüber völlig abnorme Situation Geltung haben kann.«[25] Was in jeder anderen Herrschaftsform nur eine vorübergehende Notstandsmaßnahme sein kann, wird unter einem charismatischen Regime zur Dauereinrichtung. Ein konstitutives Element der nationalsozialistischen Herrschaftstechnik bestand darin, immer neue Menschengruppen zu »inneren Feinden« zu erklären, was zur fortschreitenden Verfolgung und Vernichtung randständiger Minderheiten führte. Das bot nicht nur die Möglichkeit, den übergesetzlichen Notstand weiter forzuschreiben. Auch für die Binnenhomogenität und Außenabgrenzung der nationalsozialistischen »Gefolgschaft« waren die sich stetig erneuernden Feindbilder von ausschlaggebender Bedeutung. Dabei war es unerheblich, ob ein Feind in der Realität existierte oder »ein Produkt der propagandistisch aufgeputschten Massenhysterie«[26] war.

Daß die »innere Feinderklärung« zu einem zentralen Moment der nationalsozialistischen (Innen-)Politik avancierte, erklärt sich nicht zuletzt auch aus dem Herrschaftskompromiß, auf dem die »Machtergreifung« beruhte. In der »Kampfzeit« hatten sich die Nationalsozialisten zum Ziel gesetzt, im Fall einer »Machtergreifung«

---

23 Wolfgang Sauer, Die Mobilmachung der Gewalt, Köln 1960, S. 17, 15.
24 Carl Schmitt, Politische Theologie, München 1922, S. 13.
25 Carl Schmitt, Der Begriff des Politischen, München – Leipzig 1932, S. 34.
26 E. Fraenkel (Anm. 8), S. 231.

Staat und Gesellschaft nach dem Vorbild der von ihnen in Gang gesetzten Massenbewegung umzugestalten. Die »braune Revolution« blieb jedoch 1933/34 auf halbem Wege stecken. Die »Machtergreifung« war nur möglich durch die Amalgamierung konservativer und totalitärer Kräfte im neu etablierten Machtkartell aus Partei, Bürokratie, Wehrmacht und Wirtschaft[27]. Dieser Herrschaftskompromiß wirkte sich wie ein Filter aus. Die Balance konservativer und totalitärer Kräfte in der Konsolidierungsphase des nationalsozialistischen Regimes lenkte die politischen Energien des Nationalsozialismus auf Politikfelder, die von den konservativen Partnern geräumt wurden. Dazu gehörte auch die Bekämpfung randständiger Minderheiten. Dies hatte zur Folge, daß die ohnehin vagen Neuordnungsvorstellungen des Nationalsozialismus nur in Ansätzen verwirklicht wurden, während die – auch im Sinne reaktionärer Ordnungspolitik akzeptable – restriktive Politik gegen ausgegrenzte Randgruppen zielstrebig in die Praxis umgesetzt wurde. Indem allein die negativen Ideologieelemente realisiert wurden, war die Bewegung, die für die charismatische Herrschaft unerläßlich war, waren die Teilerfolge und Scheinlösungen, die zur ständigen Rechtfertigung der unter Erfolgszwang stehenden charismatischen Führerschaft notwendig waren und immer nur Vorstufen zu neuen Lösungen sein konnten, nur noch denkbar in einer steten Verschärfung des Kampfes gegen ausgegrenzte Marginalgruppen. »In der Diskriminierung konnte es jedoch keinen unendlichen Progressus geben. Infolgedessen mußte hier die ›Bewegung‹ schließlich in der ›Endlösung‹ enden.«[28]

Das rassistische Paradigma brachte alle Voraussetzungen mit, um der aus dem inneren Bewegungsgesetz des nationalsozialistischen Regimes resultierenden Genozidpolitik Ziel und Richtung zu geben. Damit ist nicht gesagt, daß sich der Nationalsozialismus die Inhalte seiner Ideologie in macchiavellistischer Manier zurechtgelegt hätte. Gemeint sind vielmehr ideologische Affinitäten, die das Einfließen rassistischen Gedankenguts in die nationalsozialistische Ideologie erleichterten. Denn die zentralen Strukturelemente des Rassismus waren geeignet, den Legitimitätsbedarf eines charismatischen Herrschaftssystems zu decken:

a) Der Rassismus stellte ein biologisches Degenerationstheorem bereit, welches besagte, daß »rassisch hochstehende« und »erbgesunde« Menschen sich erheblich langsamer fortpflanzen als »rassisch tiefstehende« und »erbkranke«, so daß es, wenn nicht energisch gegengesteuert würde, binnen weniger Generationen zu einem Versiegen der »wertvollen Erbströme« käme. Auf diese Weise stützte das rassistische Paradigma das weitverbreitete Bewußtsein eines gesellschaftlichen Ausnahmezustandes, das einen fruchtbaren Nährboden für charismatische Herrschaftsansprüche abgab, gleichsam naturwissenschaftlich ab. Das Theorem vom permanenten Mutationsdruck unterstrich die Notwendigkeit entschlossenen Handelns und erzeugte auf diese Weise die zum Erhalt einer charismatischen Herrschaft notwendige Bewegung.

b) Gleichzeitig ging das rassistische Paradigma von der Annahme aus, daß in der menschlichen Entwicklung ein unendlicher Fortschritt, also die Züchtung eines

---

27 Vgl. Hans Mommsen, Zur Verschränkung traditioneller und faschistischer Führungseliten in Deutschland beim Übergang von der Bewegungs- zur Systemphase, in: Wolfgang Schieder (Hrsg.), Faschismus als soziale Bewegung, Hamburg 1976, S. 157–81.
28 Martin Broszat, Soziale Motivation und Führer-Bindung des Nationalsozialismus, in: Vierteljahrshefte für Zeitgeschichte, 18 (1970), S. 405. Vgl. ders., Der Staat Hitlers. Grundlegung und Entwicklung seiner inneren Verfassung, München 1978[7], S. 423f., 434f.

»Übermenschen«, möglich sei, und entwarf damit eine biologische Utopie, die zum Zielpunkt charismatischer Herrschaft gemacht werden konnte. Das hohe Abstraktionsniveau der Leitmotive dieser Utopie trug zur Perpetuierung des charismatischen Legitimitätsanspruchs bei.

c) Das rassistische Paradigma faßte »Rassenreinheit« und »Erbgesundheit« als dynamische Begriffe auf, was die Ausgrenzung immer breiterer Schichten der Bevölkerung nach sich zog. Es bot daher dem Nationalsozialismus die Handhabe, die Verfolgungsmaßnahmen nach und nach auszuweiten.

d) Indem das rassistische Paradigma eine scharfe gesellschaftliche »Auslese« und »Ausmerze« zur unabdingbaren Voraussetzung für den Fortschritt des humanen Evolutionsprozesses erklärte, rechtfertigte es potentiell und prinzipiell auch die Anwendung von Zwang. Damit legitimierte es die dem nationalsozialistischen Herrschaftssystem immanente Tendenz zur Eskalation der Gewalt gegen gesellschaftliche Außenseiter.

e) Da das rassistische Paradigma – in Affinität zu dem in der nationalsozialistischen Ideologie zentralen Begriff der »Volksgemeinschaft« – auf einer biologischen Sozialtheorie gründete, machte es das Recht des einzelnen Menschen auf Leben und körperliche Unversehrtheit von seinem »Lebenswert« für den »Volkskörper« abhängig. Auf diese Weise konnte die Erb- und Rassenpflege in die nationalsozialistische Volksgemeinschaftsideologie eingebunden werden.

f) Unter Rückgriff auf die darwinistische Evolutionstheorie erklärte das rassistische Paradigma die Grenzen zwischen Mensch und Tier für fließend. Der degenerierte Mensch, so behaupteten die Rassenhygieniker, könne auf die Stufe des Tieres zurücksinken, fremde Rassen, so die Rassenanthropologen, hätten den Sprung zur Menschwerdung noch nicht vollzogen. Damit gaben sie dem nationalsozialistischen Begriff des »Untermenschen« den Schein der Wissenschaftlichkeit.

g) Da für den Rassismus nicht Klassen, Stände oder Schichten, sondern nur Rassen, Völker und Staaten Subjekte der Geschichte waren, stand er in scharfem Gegensatz zu allen marxistischen Denkansätzen und fügte sich auch von daher nahtlos in die nationalsozialistische Ideologie ein.

h) Der Rassismus schien dem Nationalsozialismus, der ein merkwürdig ambivalentes Verhältnis zur Moderne hatte, eine moderne, rationale und wissenschaftliche Grundlage zu geben.

Es war daher kein Zufall, daß das rassistische Paradigma schon frühzeitig zum festen Bestandteil der nationalsozialistischen Ideologie wurde. Die wissenschaftliche Gemeinschaft der Rassenhygieniker und -anthropologen, die ihre radikalsten Forderungen angesichts des politischen Klimas der Weimarer Republik notgedrungen hatte zurückstellen müssen, setzte deshalb ihre Hoffnungen in den Nationalsozialismus. Zu Recht: Die nationalsozialistischen Kader, die ab 1933 in die staatliche und parteiamtliche Führung einrückten, überboten sich gegenseitig, die Planspiele der Expertenstäbe in die Praxis umzusetzen. Diese Konkurrenz stellt ein weiteres dynamisierendes Element in der nationalsozialistischen Genozidpolitik dar.

III. Rassismus und Polykratie

Das nationalsozialistische Regime wies – im Gegensatz zu dem in der Propaganda entworfenen Bild einer unumschränkten Führerdiktatur – eine polykratische Herrschaftsstruktur auf. Es war kein monolithischer Block, keine straffe Hierarchie mit klaren Über- und Unterordnungsverhältnissen zwischen Befehlshabern und -empfängern, in der die Machtströme ungehindert von oben nach unten flossen, sondern ein komplexes und kompliziertes Herrschaftsgefüge mit einem Neben- und Gegeneinander relativ autonomer, konkurrierender Machtapparate, die einander zu verdrängen oder zu durchdringen versuchten.

Im zeitlichen Längsschnitt zeigt sich eine fortschreitende Auflösung rationaler Herrschaftsstrukturen. Schon in der Konsolidierungsphase des nationalsozialistischen Regimes waren führerunmittelbare Befehlswege, Sonderbevollmächtigungen und außerordentliche Exekutivgewalten entstanden. Nach der Zäsur der Jahre 1937/38 ging mit zunehmender Loslösung des Führerwillens von Staat und Regierung die Planrationalität des politischen Entscheidungsprozesses vollends verloren. Neben den staatlichen Behörden wucherten – oft als Überreste zeitlich beschränkter Vollmachten – führerunmittelbare Apparate. Das führte zu einer beschleunigten Zergliederung des Regimes in immer neue Machtzentren mit einander überschneidenden Aufgabengebieten und Zuständigkeitsbereichen, die sich verselbständigten und benachbarte Kompetenz- und Funktionskomplexe an sich zogen[29].

Der einzige ruhende Pol im Herrschaftsaufbau des Dritten Reiches war die Integrationsfigur des charismatischen Führers. Die Ausnahmestellung Hitlers beruhte auf seiner Kompetenzkompetenz. In den Konflikten zwischen den konkurrierenden Machtapparaten kam ihm insofern eine Schlüsselposition zu, als er regelmäßig angerufen wurde, um im unübersehbaren Wirrwarr der Vollmachten und Zuständigkeiten die Kompetenzen abzugrenzen und neu zu ordnen. Gerade die labile Balance zwischen den antagonistischen Machtpotentialen sicherte Hitler eine relativ stabile Position im vielgliedrigen und -schichtigen Herrschaftsgefüge des Dritten Reiches[30].

Auf den ersten Blick scheint die polykratische Herrschaftsstruktur nicht zur charismatischen Herrschaftsform des Nationalsozialismus zu passen. Charismatischer Legitimitätsanspruch und polykratische Herrschaftsstruktur schließen einander jedoch nicht aus, vielmehr tendiert charismatische Herrschaft zur Destabilisierung rationaler Formen der Herrschaftsausübung, mithin auch bürokratischer Strukturen, denn »die bürokratische Herrschaft ist spezifisch rational im Sinn der Bindung an diskursiv analysierbare Regeln, die charismatische spezifisch irrational im Sinn der Regelfremdheit«[31]. Unter dem nationalsozialistischen Regime wurden die bürokratischen Strukturen staatlicher Herrschaft und Verwaltung allmählich durch charismatische Machtapparate überformt.

Ernst Fraenkel hat diese duale Struktur als einen Doppelstaat beschrieben, der von dem Ineinandergreifen von Normen- und Maßnahmenstaat gekennzeichnet ist.

---

29   Vgl. M. Broszat, Staat (Anm. 28), S. 432 f., 438 ff.
30   In diesem Sinne schon Karl Dietrich Bracher, Stufen totalitärer Gleichschaltung: Die Befestigung nationalsozialistischer Herrschaft 1933/34, in: Vierteljahrshefte für Zeitgeschichte, 4 (1956), S. 40.
31   M. Weber, Wirtschaft und Gesellschaft (Anm. 8), Bd. I, S. 141.

Der Normenstaat – verstanden als »das Regierungssystem, das mit weitgehenden Herrschaftsbefugnissen zwecks Aufrechterhaltung der Rechtsordnung ausgestattet ist, wie sie in Gesetzen, Gerichtsentscheidungen und Verwaltungsakten ... zum Ausdruck gelangen« – wurde von innen her durch den Maßnahmenstaat – verstanden als »das Herrschaftssystem der unbeschränkten Willkür und Gewalt, das durch keinerlei rechtliche Garantien eingeschränkt ist«[32] – ausgehöhlt, ein Vorgang, der wiederum für die charismatische Herrschaftsform typisch ist, denn »die genuin charismatische Herrschaft kennt ... keine abstrakten Rechtssätze und Reglements und keine ›formale‹ Rechtsfindung«[33].

Die Durchdringung des Normen- durch den Maßnahmenstaat führte zu einem halbierten Rechtsstaat (und da der Rechtsstaat unteilbar ist, bedeutete das seine Zerstörung). Zwar verblieben weite Gebiete des Rechts und der Verwaltung im Kompetenzbereich des Normenstaates, die »politische« Sphäre jedoch wurde dem Maßnahmenstaat unterstellt, wobei – im Gegensatz zur Gewaltenteilung im Rechtsstaat – »›das Politische‹ nicht einen abgegrenzten Sektor der Staatstätigkeit darstellt, sondern zum mindesten potentiell das gesamte öffentliche und private Leben umfaßt, d. h. aber eine uneingeschränkte Kompetenz für sich in Anspruch nimmt.« Mit anderen Worten: Der Maßnahmenstaat konnte seinen Zuständigkeitsbereich unter der Maxime: »Politisch ist, was die politischen Instanzen für politisch erklären« beliebig ausweiten. Daraus folgt, »daß die Kompetenzvermutung beim Normenstaat liegt, während die Kompetenzkompetenz beim Maßnahmenstaat liegt«[34]. Die Selbstbeschränkung des Maßnahmenstaates ist nach Fraenkel geradezu ein Wesensmerkmal des Doppelstaates (weshalb das nationalsozialistische Regime – nach der Terminologie Carl Schmitts – als ein *qualitativ* totaler Staat bezeichnet werden kann[35]), ändert aber nichts am Primat des Maßnahmenstaates, denn: »Souverän ist, wer über den Ausnahmezustand entscheidet.«[36] Durch die allmähliche Ausweitung des Maßnahmenstaates entstand ein »partielles Rechtsvakuum«[37], in der sich die nationalsozialistische Genozidpolitik entfalten konnte.

Ein Deutungsrahmen, der die polykratische Struktur des Dritten Reiches in die Analyse der nationalsozialistischen Genozidpolitik gegen Juden, Sinti und Roma, psychisch kranke, geistig behinderte und sozial deviante Menschen einbezieht, stellt seine Brauchbarkeit unter Beweis, wenn es darum geht, einige auffällige Besonderheiten in einen Erklärungszusammenhang einzuordnen.

a) Der Radikalisierungsprozeß rassistischer Politik vollzog sich stufenförmig, wobei der Übergang von einer Ebene zur anderen dadurch bedingt wurde, daß entweder ein Machtzentrum einem anderen die Gewaltherrschaft über die als »rassenfremd« oder »erbkrank« ausgegrenzten Randgruppen streitig machte oder aber in Aufgabengebiete und Zuständigkeitsbereiche eindrang, die bis dahin von keinem anderen Herrschaftsträger besetzt worden waren, um durch den Vorstoß in ein Machtvakuum die eigene Einflußzone auszudehnen.

---

32 E. Fraenkel (Anm. 8), S. 21.
33 M. Weber, Wirtschaft und Gesellschaft (Anm. 8), Bd. II, S. 657.
34 E. Fraenkel (Anm. 8), S. 98, 72, 88.
35 Carl Schmitt, Weiterentwicklung des totalen Staates in Deutschland, in: ders., Verfassungsrechtliche Aufsätze aus den Jahren 1924–1954, Berlin 1958, S. 359–66.
36 C. Schmitt (Anm. 24), S. 1.
37 E. Fraenkel (Anm. 8), S. 86.

So erklären sich etwa die Phasen und Formen der nationalsozialistischen Judenpolitik. Der auf den deutschen und europäischen Juden lastende Verfolgungsdruck wurde schubweise gesteigert, wobei die Zäsuren in die Jahre 1933 (Beginn der gegen die jüdische Bevölkerungsgruppe gerichteten Wirtschaftspolitik mit dem »Aprilboykott« und der rechtlichen Diskriminierung mit dem »Gesetz zur Wiederherstellung des Berufsbeamtentums«), 1935 (Nürnberger Gesetze), 1938 (Verschärfung der »Arisierungs«-Politik, Novemberpogrom, Beginn der massenhaften Internierung in Konzentrationslagern und der gezielten Austreibung), 1939/40 (Beginn des unsystematischen Massenmordes, der Deportationen, der Ghettoisierung, Ventilierung des Plans zur Schaffung eines jüdischen Reservats in Ostpolen und des Madagaskarprojekts) und 1941 (Übergang zum systematischen Massenmord durch die Einsatzgruppen und in den Vernichtungslagern) fielen. Dieser stufenförmige Aufbau beruhte nicht auf einem im voraus festgelegten »Fahrplan«. Die Judenpolitik hatte vielmehr ein sprunghaftes Gepräge, das darauf zurückzuführen ist, daß bis 1941 eine Vielzahl von Herrschaftsträgern miteinander konkurrierte – Parteidienststellen (z. B. Stab des Stellvertreters des Führers, Hauptamt für Volksgesundheit, Rassenpolitisches Amt, Hauptamt für Kommunalpolitik, Auslandsorganisation usw.), SS, SD und Gestapo, die zuständigen Reichsministerien (Innen-, Justiz-, Erziehungs-, Wirtschafts- und Propagandaministerium, Auswärtiges Amt) – mit je unterschiedlichen, teilweise sogar gegenläufigen Strategien (pogromartiger Terror, rechtliche Diskriminierung, soziale Stigmatisierung, wirtschaftliche Ausschaltung, erzwungene Auswanderung usw.). Dabei wurden Radikalisierungsschübe in der Regel durch Kompetenzkonflikte ausgelöst – man denke etwas an die Rolle von Joseph Goebbels, Hermann Göring und Reinhard Heydrich vor und nach dem Novemberpogrom[38].

Auch in der Politik gegen Sinti und Roma lassen sich mehrere Radikalisierungsschübe deutlich unterscheiden, wobei die Jahre 1935 (Anwendung des »Blutschutz«- und des »Ehegesundheitsgesetzes« auf Sinti und Roma), 1938 (massenhafte Einweisung in die Konzentrationslager), 1939 (»Festschreibung«), 1941 (Beginn des Massenmordes an den ost- und südosteuropäischen Roma), 1942/43 (Deportation der deutschen Sinti und Roma nach Auschwitz) und 1944 (Liquidierung des »Zigeunerlagers« in Auschwitz) die Wendepunkte markieren. Kompetenzkonflikte konnten sich in diesem Bereich der Genozidpolitik nicht in voller Schärfe entfalten, da es Himmler bis 1938 gelungen war, die »Zigeunerpolitik« im Reichskriminalpolizeiamt zu zentralisieren, doch lassen sich auch Einflüsse der Partei- und der Reichskanzlei, des Finanz-, Arbeits- und Propagandaministeriums, des Hauptamtes für Volkswohlfahrt u. a. nachweisen. Solche Versuche der Einflußnahme konnten – wie etwa im Vorfeld des Auschwitzerlasses – den Verfolgungsdruck gegen Sinti und Roma steigern[39].

Bei den »Asozialen« wurde die Schraube ebenfalls nach und nach angezogen. Neue Abschnitte begannen 1933 (Einbeziehung »Asozialer« in die Sterilisationsgesetzgebung, Einführung der »Sicherungsverwahrung«), 1937/38 (Beginn der massenhaften Internierung in den Konzentrationslagern), 1940 (Einbeziehung in das »Euthanasie«-Programm, Ausweitung der Abtreibung auf »Asoziale«), 1942 (Auslieferung

---

38 Vgl. noch immer: Karl A. Schleunes, The Twisted Road to Auschwitz. Nazi Policy towards German Jews 1933–1939, London 1972; Uwe Dietrich Adam, Judenpolitik im Dritten Reich, Düsseldorf 1979².

39 M. Zimmermann (Anm. 20), bes. S. 61–65.

»asozialer« Strafgefangener an die SS zur »Vernichtung durch Arbeit«, allmähliche Verschärfung des Verfolgungsdrucks auf dem Erlaßwege im Zusammenhang mit den Beratungen über ein »Gemeinschaftsfremdengesetz«). Während die Kompetenzkonflikte zwischen der SS und dem Justizministerium den Gang der Dinge hier eher verzögert zu haben scheinen, ging von dem Vorstoß der »Euthanasie«-Administration auf dieses Politikfeld zweifellos ein Radikalisierungseffekt aus[40].

Auch in der Erbgesundheitspolitik des nationalsozialistischen Regimes ist eine Stufenfolge deutlich erkennbar, wobei die Jahre 1933 (Beginn der Zwangssterilisationen nach dem »Gesetz zur Verhütung erbkranken Nachwuchses«), 1935 (Einführung der Abtreibung aus eugenischer Indikation und des Eheverbots für »erblich Belastete« in die antinatalistische Politik), 1939 (»Kindereuthanasie«) und 1940 (Beginn der Massenvergasungen im Rahmen der »Aktion T4«) die Etappen markieren. Diese Radikalisierungsschübe wurden regelmäßig von Kompetenzkonflikten zwischen der Medizinalverwaltung des Reichsinnenministeriums, der parteiamtlichen Gesundheitsführung, der Kanzlei des Führers u. a. ausgelöst[41].

b) Bei der Ausweitung ihres Machtbereichs bedienten sich die verschiedenen Herrschaftsträger häufig des Mittels der Sonderbevollmächtigung und des Führerbefehls. Die Initiative ging selten von Hitler selber aus. Er wurde aber in konkreten Konfliktlagen angerufen, um Kompetenzstreitigkeiten zu entscheiden. In der Regel gab er dann den Protagonisten der jeweils radikaleren Linie sein Plazet. Am deutlichsten ausgeprägt findet sich dieses Handlungsmuster in der Erbgesundheitspolitik – den Führerermächtigungen zur Freigabe der Abtreibung aus eugenischer Indikation (1935), zur »Kindereuthanasie« (1939) und zur »Erwachseneneuthanasie« (1940) lagen jeweils heftige Kompetenzkonflikte zwischen staatlichen und führerunmittelbaren Behörden zugrunde. Ähnlich gestaltete sich die Rolle Hitlers in der Judenpolitik, wo er selten nach außen hin – wie etwa im Falle der Nürnberger Gesetze – die Initiative ergriff, letztlich aber (auch bei der »Endlösung der Judenfrage«) die unumschränkte Entscheidungsgewalt besaß.

c) Ursprünglich im Zuständigkeitsbereich des Normenstaates angesiedelt, verlagerte sich die Erbgesundheitspolitik des nationalsozialistischen Regimes zusehends in die Sphäre des Maßnahmenstaates. Deshalb verloren die sich verschärfenden Ausgrenzungsmaßnahmen gegen die als »rassenfremd« oder »erbkrank« stigmatisierten Gruppen nach und nach ihre gesetzliche Grundlage und kehrten sich schließlich sogar gegen nationalsozialistisches Recht. Dies wird im Umschlag von der Sterilisationsgesetzgebung in das »Euthanasie«-Programm ebenso deutlich wie im Übergang der Judenpolitik zu »territorialen Lösungen«, in der gesetzwidrigen Auslieferung der »asozialen« Strafgefangenen und in der Deportation der Sinti und Roma nach Auschwitz. Hier wird deutlich, wie sich die genozidalen Tendenzen, die im Rassismus keimhaft angelegt sind, in den rechtlosen Hohlräumen des Dritten Reiches entfalteten.

---

40 Vgl. – neben K. Scherer (Anm. 20) – Detlev J. K. Peukert, Grenzen der Sozialdisziplinierung. Aufstieg und Krise der deutschen Jugendfürsorge 1878 bis 1932, Köln 1986, S. 274–91.
41 Vgl. H.-W. Schmuhl (Anm. 2), S. 154–68, 182, 190, 230 f.

RITA R. THALMANN

Zwischen Mutterkreuz und Rüstungsbetrieb: Zur Rolle der Frau im Dritten Reich

I. Die Ein- und Ausgrenzung der Frau

Obwohl der Muttertag erst 1935 zum nationalen Feiertag erklärt wurde und die Regierung erst drei Jahre später die Verleihung einer Medaille mit der Prägung »Das Kind adelt die Mutter« einführte, gehörten »Rassezüchtung« und die damit verbundene »Fruchtbarkeit des gesunden Weibes« – der soziokulturelle Begriff »Frau« war dem Autor von »Mein Kampf« offenbar unbekannt – zu den Grundpostulaten Hitlers und der NSDAP. Aus seinen programmatischen Schriften und Reden ging bereits eindeutig hervor, daß der völkische Staat ein reiner Männerstaat sein sollte, in dem sich die Frau darauf zu beschränken hatte, Gefährtin und Mutter zu sein. Kennzeichnend hierfür ist, daß sie im Parteiprogramm der NSDAP erst unter Punkt 21 erwähnt wird, und dann eben nur in ihrer Eigenschaft als Mutter: »Der Staat hat für die Hebung der Volksgesundheit zu sorgen durch den Schutz der Mutter und des Kindes.«

Schon in der ersten Generalversammlung 1921 hatte die NSDAP den Ausschluß der Frauen aus den führenden Parteigremien[1] und ihre Einweisung in den »Opferdienst« beschlossen. Die zu dieser Zeit noch spärlich vertretenen weiblichen Mitglieder willigten wohl oder übel in diese Zurückstellung ein. Hitler, dessen Frauenbild durch die katholisch-konservative Kultur seiner österreichischen Heimat und durch die männerbündische Lebenswelt der Kriegs- und Nachkriegsjahre geprägt war, schien diese Ein- und Ausgrenzung selbstverständlich. Deren Rechtfertigung überließ er Parteiideologen wie etwa Alfred Rosenberg, der, auf eine ansehnliche Reihe frauenfeindlicher Denker zurückgreifend, im »Mythus des 20. Jahrhunderts«[2] die Behauptung aufstellte, die Geschichte der Menschheit reduziere sich auf einen dauernden Kampf der schöpferisch aufbauenden Kräfte in der Welt der Väter gegen das orgiastisch-zerstörerische Chaos der finsteren Welt der Mütter. Allerdings, bemerkte Rosenberg, hatte das Institut der Ehe der Frau als Mutter eine neue und ehrenvolle Stellung eingeräumt.

Diese Einschränkung kam nicht von ungefähr. Denn im Gegensatz zum Kulturpessimismus eines Arthur Schopenhauer oder eines Otto Weininger, für die eine Rückgewinnung der Harmonie den Verzicht auf heterosexuelle Beziehungen voraussetzte, forderte das vom Nationalsozialismus angestrebte Ziel germanischer Macht

---

1 Georg Franz Willing, Die Hitlerbewegung, München – Hamburg – Berlin 1962, S. 80.
2 Alfred Rosenberg, Der Mythus des 20. Jahrhunderts, München 1930, insbesondere 3. Buch, Kap. II: Der Staat und die Geschlechter, S. 482–522.

und Weltherrschaft eine quantitative und qualitative Bevölkerungspolitik, weshalb die Frau, die Rosenberg als »pflanzenhaftes«, nur »auf das Subjektive gerichtetes Wesen« darstellte, als Mutter und »Hüterin der Rasse« unabkömmlich war. Selbst ein ausgesprochener Frauenhasser wie Rosenberg mußte zugeben, daß das Keuschheitsgelöbnis des Deutschen Ritterordens, der ihm unter vielen Aspekten als Vorbild des NS-Männerbundes vorschwebte, zu dessen Niedergang und schließlicher Niederwerfung durch die kinderreichen Slawen geführt hatte.

Nach der psychologischen Vorbereitung der Frauen auf ihre »natürliche Berufung«, die von der NS-Propaganda als Herstellung der durch die brutale Welt der Industrie und der Politik erniedrigten weiblichen Würde angepriesen wurde, folgte nach Hitlers Regierungsantritt eine wahre Mobilmachung für den »Mutterdienst«, die der Reichskanzler und Führer vor den Vertreterinnen der »NS-Frauenschaft« anläßlich des Nürnberger Parteitages 1934 folgendermaßen begründete: »Wenn früher die liberalen intellektualistischen Frauenbewegungen in ihrem Programm viele, viele Punkte hatten, die ihren Ausgang von dem sogenannten Geist nahmen, dann enthält das Programm unserer nationalsozialistischen Frauenbewegung eigentlich nur einen einzigen Punkt, und dieser Punkt heißt: das Kind, dieses kleine Wesen, das werden und gedeihen soll, für das der ganze Lebenskampf ja überhaupt allein einen Sinn hat.«[3]

Eine geburtenfördernde Politik besonders vor und nach den Kriegen ist ein allen Staaten gemeinsames Phänomen. Seit der zweiten Hälfte des 20. Jahrhunderts gehörten ferner sozialdarwinistische Begriffe wie »Lebenskampf« und »Ringen um die Erhaltung des Volkes« zum Gedankengut der industrialisierten Länder. Im Deutschland des zweiten Reichs, aber auch in der Weimarer Republik hatten Ärzte, Politiker und Publizisten zahlreiche Schriften zu dieser Thematik veröffentlicht[4]. Darin wurde die Mutterschaft als »Dienst an der Volksgemeinschaft« ausgelegt. Liebe, Empfängnis und Geburt galten als »heroische Höhepunkte« des weiblichen Lebens, die Verweigerung der Mutterschaft dagegen als »Fahnenflucht«. Der Anspruch auf Selbstbestimmung wurde als ungehöriger Egoismus, als Verkennung höherer, »heiliger« Werte angeprangert. Neben diesen auch in anderen Ländern geläufigen Ansichten konnte der Nationalsozialismus zusätzlich auf die Thesen der Rassenhygieniker, u.a. der von Alfred Ploetz gegründeten »Gesellschaft für Rassenhygiene«, zurückgreifen, die als einzige im »International Eugenics Movement« nicht nur die Notwendigkeit einer qualitativen Bevölkerungspolitik befürwortete, sondern sich für die Einführung rassenhygienischer Maßstäbe einsetzte.

Hitler selbst hatte bereits in »Mein Kampf« die »gesundheitliche Vergiftung des Volkskörpers«[5] als eines der Grundübel Deutschlands und die drastischen Mittel zu

---

3 Zitiert nach: Max Domarus, Hitler. Reden und Proklamationen 1932–1945, Bd. 1, Würzburg 1964, S. 451 f.
4 S. u.a. Alfred Ploetz, Die Tüchtigkeit unserer Rasse und der Schutz der Schwachen, Berlin 1895; Wilhelm Schallmayer, Vererbung und Auslese im Lebenslauf der Völker, in: Natur und Staat. Beiträge zur naturwissenschaftlichen Gesellschaftslehre. Eine Sammlung von Preisschriften, Jena 1903; Gustav Frenssen, Möwen und Mäuse – Grübeleien. Neue Folge 1920, Berlin 1928; Edgar Jung, Die Herrschaft der Minderwertigen. Ihr Zerfall und ihre Ablösung durch ein neues Reich, Berlin 1930; Ernst Bergmann, Erkenntnisgeist und Muttergeist, Breslau 1932; Hedwig Conrad-Martius, Utopien der Menschenzüchtung, München 1955.
5 Adolf Hitler, Mein Kampf, Bd. I, München 1925, S. 269–282.

dessen Beseitigung dargestellt. In einer Rede von 1929 betonte er, daß wenn die Geburtenzahl in Deutschland alljährlich eine Million erreichen würde, die gleichzeitige »Beseitigung« von 700 000 bis 800 000 schwächlichen Neugeborenen letzten Endes eine Vermehrung der nationalen Lebenskraft bedeuten würde. Etwas vorsichtiger bemerkte der »Völkische Beobachter« vom 26. November 1931, die Sonderaufgabe der Frau des Dritten Reiches als Hüterin germanischen Blutes sei es, darauf zu achten, daß dieses Blut rein und unverfälscht bleibe. Die ab Januar 1932 von Himmler in der SS eingeführte »Gattenwahl«, die eine vorhergehende Prüfung der »rassischen« Abstammung und eine ärztliche Begutachtung der Antragstellerin (laut Francis Galtons dreistufiger Wertskala: der Auslese gemäß, zureichend, unzureichend) vorsah, war wegweisend für die künftige Einstufung der weiblichen Bevölkerung in Anbetracht ihres genetisch-»rassischen« Wertes. Da aber diese Politik erst nach der »Machtübernahme« und dann nur stufenweise verwirklicht werden konnte, weil die Nationalsozialisten zur Konsolidierung des »völkischen Staates« den Imperativen der Konjunktur und dem noch stark von christlich-konservativen Wertvorstellungen geprägten Frauenbild eines beträchtlichen Teils der deutschen Bevölkerung Rechnung tragen mußten, wurde die Radikalität ihres Vorhabens in diesem Bereich genausowenig wahrgenommen wie in vielen anderen.

Festzuhalten bleibt in diesem Zusammenhang das Paradoxon, daß Millionen deutscher Frauen in den letzten freien Wahlen zwischen 1930 und 1932 für eine, gemessen am modernen Verständnis, extrem frauenfeindliche Partei wie die NSDAP stimmten[6]. Gewiß sollte dabei nicht vergessen werden, daß die Hälfte der ca. 17 Millionen Wähler von hitlerfeindlichen Parteien Frauen waren, daß also die von Hitler selbst lancierte und vielerseits bis heute unkritisch wiederholte Behauptung einer grenzenlosen Begeisterung der Frauen für seine Person und seine Bewegung reichlich übertrieben ist. Dennoch wirft diese Zustimmung bis jetzt noch ungenügend erörterte Fragen auf. Neben den von den Historikern erwähnten, auch für Männer gültigen Faktoren[7] haben bei den Frauen mindestens drei spezifische Aspekte[8] mitgespielt:

1. Die Nationalsozialisten waren geschickt im Aufgreifen konservativer und sozialdarwinistischer Thesen, die schon seit dem Ersten Weltkrieg durch den über eine halbe Million starken »Bund deutscher Frauenvereine« verbreitet wurden und einen beträchtlichen Teil der weiblichen Bevölkerung im Sinne einer Zurückstellung ihrer eigenen Anliegen hinter die Pflicht ihres spezifischen Beitrags zur Erhaltung der gefährdeten Volksgemeinschaft wie zum Rückzug in eine ihrer »Natur« entsprechende Lebenssphäre beeinflußte. Wobei zu bemerken ist, daß derartige Gedankengänge bis in die Reihen der KPD und der SPD Anklang fanden.

2. Die ideologischen, sozialen und politischen Gegensätze in der Gesellschaft, die sich seit der Zulassung der Frauen zu politischen Parteien im Kaiserreich vertieft hatten, führten zur Marginalisierung des fortschrittlichen Flügels der deutschen Frauenbewegung während und nach dem Ersten Weltkrieg und zur Isolierung der weib-

---

6 Eberhard Schanbacher, Parlamentarische Wahlen in der Weimarer Republik, Diss. Tübingen 1979.
7 Karl Dietrich Bracher, Die deutsche Diktatur, erw. Neuaufl., Frankfurt am Main 1979, Kap. IV, S. 185–250.
8 Rita R. Thalmann, Frausein im Dritten Reich, München – Wien 1984, S. 38–72.

lichen Elite, so daß die Mehrheit der Frauen angesichts der Krise orientierungslos sich selbst überlassen war und der Substanzverlust der noch einigermaßen eigenständigen Frauenorganisationen keine andere Möglichkeiten zuließ, als sich »gleichschalten« zu lassen oder sich selbst aufzulösen.

3. Die äußerst differenzierte, jeweils anlaßbedingte Behandlung und Ansprache der weiblichen Bevölkerung seitens der Nationalsozialisten verhinderte eine einheitliche Wahrnehmung ihrer spezifischen Instrumentalisierung und daher auch eine einheitliche Reaktion.

II. Volksdienst und Mutterpflicht

Da laut NS-Ideologie die Frau nur als willfähriges Instrument der männerbestimmten Staatsführung ihre soziale Anerkennung finden konnte, hing die Rolle, die man ihr zuwies, von den jeweiligen politischen Zwecksetzungen ab. Entsprechend erschien die erste Phase des Dritten Reiches von Anfang 1933 bis zum Herbst 1935, d.h. solange die Rückkehr zur Vollbeschäftigung der Männer politisches Primärziel war, als eine Art Kompromiß zwischen den Verfechtern einer systematischen Verdrängung der Frauen auf ihren »angestammten Platz« und jenen Technokraten, die die Entlassungen von Frauen billigten, soweit damit keine betrieblichen Einbußen verbunden waren. Eine Ausgliederung weiblicher Mitarbeiter verband sich mit der Strategie von Lockung und Zwang: Zum Primat von Ehe und Mutterschaft sollten z.B. Ehedarlehen, Einrichtungskredite, Steuerermäßigungen, Unterhalt und Schulgeldzulagen für Kinder oder der Ausbau sozialer Einrichtungen für Mutter und Kind verleiten. Dies zumal unter jenen Frauen, denen der Arbeitsplatz durch Krisendruck und schlechte Arbeitsbedingungen verleidet war und die lieber auf ihren beruflichen Einsatz verzichteten.

Keinen Burgfrieden gab es indessen – von äußerst seltenen Ausnahmen abgesehen – von Anfang bis zum Ende des Dritten Reiches bei der Ausschaltung sämtlicher Frauen aus leitenden Positionen des öffentlichen Lebens. Hier waren selbst die Proteste der Reichsfrauenführerin vergeblich. Diese Ausgrenzung hatte im übrigen schon in den Krisenjahren der Weimarer Republik mittels des Doppelverdienergesetzes begonnen. So befand sich im Dritten Reich selbst die Reichsfrauenführerin in einer nachgeordneten Position: Sie wurde vom Leiter der NS-Volkswohlfahrt beaufsichtigt, budgetmäßig hing sie mit ihrem Ressort vom Parteischatzmeister ab. Noch drei Jahre nach ihrer Ernennung mußte der Reichsleiter der NSDAP, Martin Bormann, in einem Rundschreiben darauf hinweisen, da »bei Veranstaltungen der NSDAP und ihrer Organisationen, an denen die Reichsfrauenführerin, Parteigenossin Scholtz-Klink, teilnimmt ..., immer wieder Unklarheiten und Zweifel über ihre rangmäßige Stellung entstehen, daß sie laut Anordnung des Führers im Rang eines Hauptamtleiters ... dementsprechend bei Einladungen wie die anderen Hauptamtleiter der Reichsleitung zu behandeln« sei[9].

Ein völliges Novum bedeutete die Einführung eines Numerus clausus an den Hochschulen des Reiches durch Gesetz vom 25. April und mit Verordnung vom

---

9 Rundschreiben vom 7. Oktober 1937, Document Center (Berlin), Akte Scholtz-Klink.

28. Dezember 1933. Er traf nicht nur jüdische Studenten und Studentinnen[10], sondern auch die »arischen« Abiturientinnen mit einer fächerspezifischen Quotierung von zehn Prozent der jährlich insgesamt zugelassenen 15 000 Neuimmatrikulationen. Diese Maßnahme war nicht vollends durchsetzbar. In den ersten vier Jahren der NS-Herrschaft gab es ca. 6 000 Studentinnen bei einer Geamtzahl von 52 000 Studierenden. 1938/39 betrug der weibliche Anteil laut Jahrbuch der NS-Frauenschaft 11,2 Prozent. Während des Krieges stieg er von ca. 30 Prozent bis auf fast 50 Prozent im Wintersemester 1943/44. Eine Ausnahme bildete die Pharmazie, wo der Frauenanteil um 10 Prozent stieg. Insgesamt war eine wachsende Zuwendung zu Fachbereichen wie Fremdsprachen, Journalismus und vor allem Sport zu beobachten. Diese Disziplinen zeigten sich infolge der bedeutenden Erweiterung des NS-Bildungsangebots sowie der Propagandawirkung besonders aufnahmefreudig.

Kennzeichnend für den männlichen Führungsanspruch blieb indes die 1934 erfolgte Entlassung von Pionierinnen der NS-Frauen- und Mädchenorganisationen wie Elsbeth Zander, Käthe Auerhahn und Lydia Gottschewski. Sie hatten es gewagt, Eigenständigkeiten zu beanspruchen und gegen die Entscheidung Hitlers zu protestieren[11], die Schirmherrschaft über den »Bund deutscher Mädel« (BDM) dem Führer der Hitlerjugend statt der NS-Frauenschaft zu übertragen.

Dennoch kann diese wirtschafts- und bevölkerungspolitische Rollenzuweisung nicht einfach auf das konservative Modell der drei »K« (Kinder, Küche, Kirche, wobei Kinder und Küche selbstverständlich vorgehen) reduziert werden. Zwar betonten Parteispitzen und NS-Propaganda immer wieder während der ersten Jahre der NS-Diktatur die familiäre Berufung der Frau nach dem Muster: »Die Frau in den Haushalt, der Mann an die Arbeitsstätte.« Doch beschrieb diese Maxime nur teilweise die Realität, weil die Machthaber aufgrund des Frauenüberschusses, des Bedarfs an weiblichen Arbeitskräften in untergeordneten Stellen und zwecks genereller politischer Erfassung der »Frauenwelt« das propagierte Ideal nicht sogleich verwirklichen konnten. Daher wurde die Mutterschaft nicht unmittelbar mit physischer Mutterschaft gleichgesetzt, sondern als wesentlicher Ausdruck des »spezifisch weiblichen Seins« zur seelischen Eigenschaft verklärt, die auch in der Ausübung eines dieser Wesensart entsprechenden »Volksdienstes« zur Geltung kommen konnte. Dieses Recht des »Dienendürfens« wurde nur von einer Minderheit als völlige Entrechtung empfunden. Bei den meisten Deutschen überwog in dieser ersten Phase entweder die Überzeugung, daß eine Umbruchsituation angesichts leidvoller Erfahrung letztlich wohl nur zum Besseren führen könne und auf dem Weg dorthin die Sanierungshärte gegenüber der politischen Gesamtlage in Kauf genommen werden müsse.

Die Tatsache, daß 1936 ca. 115 000 Eheschließungen mehr zu verzeichnen waren als 1933, eine Geburtensteigerung von 14,7 pro 1 000 Einwohner im Jahre 1933 auf 18,9 1936 und der Rückgang der weiblichen Erwerbstätigen von 37,1 auf 31,6 Prozent, stellten gleichwohl weder die Bevölkerungs- und »Rassen«politiker noch die Experten der Volkswirtschaft zufrieden. Die ersteren konstatierten nämlich, daß der spektakuläre Sprung der Eheschließungen von 1934 schon im darauffolgenden Jahr

---

10 Statistisches Handbuch von Deutschland [1933], S. 622; Richard Grünberger, Das zwölfjährige Reich, Wien 1971, S. 271.

11 Jill Stephenson, The Nazi Organisation of Women, London-New York 1981.

um ca. 90 000 zurückging und diese Tendenz bis 1938 anhielt. Ferner mußten sie feststellen, daß die Geburtensteigerung trotz Verbots von Verhütungsmitteln und trotz strengerer Verurteilung der seit 1871 strafbaren Abtreibung im Verhältnis zur Einwohnerzahl deutlich hinter der der Jahre 1920 bis 1925, erst recht hinter der der Jahre vor 1914 zurückblieb. Negativ wurde auch bewertet, daß die materielle staatliche Förderung vor allem von »genetisch weniger wertvollen« Bevölkerungskreisen in Anspruch genommen wurde. Gut 75 Prozent »arischer« Familien mit höherem Lebens- und Bildungsniveau lehnten das neue Familienmodell ab, wonach vier Kinder pro Ehe für das demographische Gleichgewicht des Staates, der die Fortpflanzung »Minderwertiger« unterbinden wollte, erforderlich seien.

Die Wirtschaftler ihrerseits beanstandeten die unsinnigen Entlassungen weiblicher Arbeitskräfte und betonten, wie zum Beispiel in der HJ-Zeitschrift »Junges Deutschland« von 1934, daß »bei allem Eintreten für den Haushalt als den gegebenen Schaffensraum des Weibes unsere Industrie ohne das junge Mädchen nicht auskommt«.

Der sich schon ab 1934 abzeichnende Arbeitskräftemangel in Landwirtschaft und Industrie konnte zu diesem Zeitpunkt noch durch die Einführung des »Landjahres«[12], zu dem jeder schulentlassene Jugendliche einberufen werden konnte, und durch das 1935 erlassene Reichsarbeitsdienstgesetz, das allerdings zunächst für die weibliche Jugend nicht obligatorisch war, noch einigermaßen behoben werden. Entsprechend stabilisierte sich die Anzahl der weiblichen Arbeitskräfte bei 11 500 000 nach 900 000 mit Kündigungsanreizen abgefederten Entlassungen. Diese relative Stabilität, und dies ist wahrscheinlich der bemerkenswerteste Aspekt der Frauenpolitik des Dritten Reiches, implizierte aber ein Absinken der beruflichen Qualifikationsanteile[13].

III. Die Wende im weiblichen Arbeitseinsatz und in der Förderung des völkischen Nachwuchses (1936–1939)

Die Wiedereinführung der allgemeinen Wehrpflicht im März 1935 und das Inkrafttreten des »Vierjahresplans« im Oktober 1936, der unter Görings Lenkung eine Art Militarisierung der Produktionsverhältnisse bedeutete, brachten eine Wende insbesondere für die jüngeren Frauen. Denn allein, um die eingezogenen Männer in Landwirtschaft und Industrie zu ersetzen, wurde die Wiedereinstellung von Frauen in den Betrieben unumgänglich. Dies sollte allerdings weder zu Lasten der Gebärfreudigkeit gehen noch Hitlers Versprechen zuwiderlaufen, die Frauen von der Doppelbelastung durch Beruf und Kindererziehung zu befreien. Deshalb zogen es die Machthaber zunächst vor, nur ledige Frauen einzustellen und verheiratete in Halbtagsstellen zu beschäftigen. Dagegen sollte die bis dahin wenig behelligte weibliche Jugend von nun an

---

12 Erwin Gentz (Hrsg.), Das Landjahr, Eberswald o. J. (1936).
13 Das Organ der weiblichen Sektion der Deutschen Arbeitsfront »Tagewerk und Feierabend der deutschen Frau« 1936, S. 16 und 23, gibt zu, daß selbst auf dem sozialen Gebiet, das als in ihren Kompetenzbereich gehörend betrachtet wird, nur vier Prozent der 415 000 Angestellten Frauen sind. Die über elf Millionen anderen weiblichen Erwerbstätigen verteilen sich folgendermaßen: 4 650 000 arbeiteten in der Landwirtschaft; davon waren 800 000 Saisonarbeiterinnen. 2 700 000 waren in Industrie und Handwerk tätig; 1 900 000 in Handel und Transport, 1 300 000 in Haushalten, 500 000 im öffentlichen Dienst.

straffer erfaßt werden. Dementsprechend ordnete Hitler im September 1936 die Umstrukturierung des seit Januar 1934 bestehenden »Deutschen Frauenarbeitsdienstes« in den »Reichsarbeitsdienst der weiblichen Jugend« an. Er wurde von hauptberuflichen Führerinnen geleitet und unterstand dem Staatssekretär Konstantin Hierl. Der Zugewinn an Arbeitskräften durch diese Organisation blieb aber gering: Im März 1938 zählte die Organisation erst 25 000 Mitglieder, zwei Jahre später nur den doppelten Umfang.

Viel bedeutsamer erscheint dagegen der Beschluß vom Dezember 1936, sämtliche gesunden »arischen« Mädchen von zehn bis 16 Jahren in den Bund Deutscher Mädel (BDM) zu integrieren. Denn während diese bis dahin nur 22 Prozent der Hitlerjugend ausmachten, waren es zwei Jahre später bereits 50 Prozent, und 88 Prozent dieser Altersklassen wurden im BDM erfaßt. Zusammen mit den 450 000 Mitgliedern der für die 17- bis 20jährigen zuständigen Organisation »Glaube und Schönheit« wurden auf diese Weise fast vier Millionen der jungen weiblichen Generation dem Einfluß der Familie und der älteren Frauengeneration zunehmend entfremdet. Ab 1937 wurde auch die Einberufung zum Landjahr verbindlich, so daß anderorts dienstverpflichtete Mägde und Hausgehilfinnen weitgehend ersetzt werden konnten.

Diese von den einst Betroffenen vielfach und bis heute auch von Historikern[14] als Emanzipation gewerteten Maßnahmen leiteten gewiß einen Modernisierungsprozeß ein; dies allerdings nur sehr bedingt, sollte doch damit eine effiziente Vorbereitung auf die Eroberung und Beherrschung künftigen »Lebensraums« verbunden sein. Ausgerichtet auf dieses Ziel, sollte der Frauentyp der »Arierin der Zukunft« aus den sechs Millionen Mitgliedern der NS-Frauenorganisation herausgebildet werden; zwar nicht so wie bei der männlichen Jugend, doch galt es auch hier, durch »eiserne Disziplin« die nach Ansicht der Machthaber typisch weiblichen Eigenschaften wie physische Ausdauer, gläubige Inbrunst und Opfergeist zu entwickeln.

Sichtbar wurde diese Programmatik insbesondere bei der Anwerbung und beim Aufbau der neuen Führerinnenelite. Diese beeindruckte die meisten Mädchen als neues Identifizierungsmodell und oft bis zur begeisterten Zustimmung. Das Gefühl, an einem großen Aufbauwerk teilzuhaben und über den engen Kreis von Familie und Schule hinaus wirken zu können, überwog die Härte der gestellten Anforderungen. Zu faszinierend waren Erlebnisse der Kameradschaft, die vielfältigen Veranstaltungen, das Entdecken neuer Horizonte und nicht zuletzt auch die Chancen für einen sozialen Aufstieg.

Auch in der Bevölkerungspolitik insgesamt zeichnete sich jetzt ein Richtungswechsel ab. Während die von konservativen Kreisen als Inkarnation des Lasters verdammte uneheliche Mutterschaft noch 1934 vom Organ der Deutschen Arbeitsfront[15] als eine für das seelische Gleichgewicht von Mutter und Kind schädliche Verirrung dargestellt worden war, empfahl ein Rundschreiben der Reichsjugendführung vom 28. Oktober 1935, die »im gleichen Ideal vereinten Jugendlichen« zu einer »biologischen Ehe« zu veranlassen. Eine den Zielen des Regimes angepaßte Umdeutung der in den dreißiger Jahren von der Frauenrechtlerin Helene Stöcker und dem »Bund für Mutter-

---

14 U.a. David Schoenbaum, Hitlers Social Revolution, New York 1966; und Jill Stephenson, Women in Nazi Society, London 1975.
15 In: Der Deutsche vom 14. August 1934.

schutz und Sexualreform« befürworteten freien Liebe wurde von BDM-Führerinnen gegenüber ihren Schützlingen folgendermaßen ausgelegt: »Ihr könnt nicht alle einen Mann kriegen, aber ihr könnt alle Mütter werden.« Da aber diese Anweisung und ihre ersten Folgen (im Herbst 1936 kamen etwa 1000 Mädchen schwanger vom Nürnberger Parteitag zurück) auf weitgehende Ablehnung in der Bevölkerung stießen, sah sich die Behörde zur Rechtfertigung genötigt: »Wir stehen nicht an zu erklären«, bemerkte der Jurist Schmidt-Klevenow, »daß ein erbgesundes, rassisch einwandfreies Mädchen, das aus einem bewußten Willen zum Kinde heraus ein Kind bekommt, ungleich wertvoller ist als eine Frau, die aus irgendwelchen Komplexen heraus sich weigert, den Zweck ihrer Ehe zu erfüllen.«[16] Dennoch wurde es für ratsam gehalten, von einer Novellierung des Unehelichenrechts einstweilen abzusehen und sich bis zu einem günstigeren Zeitpunkt darauf zu beschränken, ledigen Müttern oder denjenigen, die ein Kind adoptierten, dieselben Vorteile wie verheirateten Frauen zu gewähren. Trotz der überall durchgeführten Gleichschaltung schien die Bevölkerung für eine von Staats- und Parteiinstanzen gelenkte Fortpflanzung noch nicht reif zu sein. Daher konzentrierten sich die Bemühungen zur »rassischen Erneuerung« vorläufig auf zwei Aspekte: die Aufwertung der unehelichen Mutterschaft sowie die Favorisierung der gesunden kinderreichen Familie.

Wie schon bei der »Gattenwahl« kam auch hierbei der SS eine wegweisende Rolle zu. So sollte u. a. der von Heinrich Himmler im Dezember 1935 gegründete »Lebensborn«[17] in erster Linie die Betreuung der nach Einschätzung der Reichsärzteschaft wachsenden Anzahl lediger Mütter übernehmen. Um deren Diskriminierung ein Ende zu setzen, gaben das Justiz- und das Innenministerium im Mai 1937 eine Verordnung heraus, nach der es allen Frauen zustand, von den Behörden mit »Frau« bezeichnet zu werden, sofern sie ihren Familienstand bei offiziellen statistischen Umfragen wahrheitsgemäß angaben. Diese auf eine alte Forderung der Frauenbewegung zurückgreifende Maßnahme sollte zur Aufwertung der Frau bei unehelicher Mutterschaft beitragen.

All diese Maßnahmen zielten zwecks Vergrößerung der traditionellen Familie über die bisher betriebene Bevölkerungspolitik hinaus, die hauptsächlich auf den Ausgleich des Geburtendefizits und auf die Ausschaltung der Träger »genetischer Vergiftung« bedacht war. Sie sollten zur besseren Einstellung auf die Erfordernisse der angestrebten Expansionspolitik beitragen.

Zur Vorbereitung der öffentlichen Meinung auf den nötigen Umschwung sprach Hitler auf dem Nürnberger »Parteitag der Arbeit« (1937) auch von den elf Millionen Arbeiterinnen und denjenigen, die ihrem Beispiel folgen sollten, wenn sie die höhere Bestimmung der Mutterschaft nicht erfüllen könnten. Dabei verschwieg er genauso wie die Parteiorgane, die unaufhörlich die Rückkehr der Frau in den Haushalt gefordert hatten und nun mit demselben Eifer für deren Einschaltung in den Arbeitsprozeß

---

16 Schmidt-Klevenow, Das uneheliche Kind in der Volksgemeinschaft, in: Deutsches Recht, (1937) 7/8, S. 148–152, zitiert nach: Dorothee Klinksiek, Die Frau im NS-Staat (Schriftenreihe der Vierteljahrshefte für Zeitgeschichte), Stuttgart 1982, S. 95.
17 Marc Hillel/Clarissa Henry, Lebensborn e. V. Im Namen der Rasse, Wien – Hamburg, 1975. Laut Tätigkeitsbericht des Lebensborn für die Zeit vom 12. Dezember 1935 bis 1939, S. 12, Bundesarchiv Koblenz NS 20/30 Bd. 1, wurden während dieser Zeit insgesamt 1436 Mütter aufgenommen, davon 823 unverheiratete.

eintraten[18], daß die höhere Bestimmung der Mutterschaft künftig den »genetisch wertvollen« Frauen vorbehalten sein sollte. Den anderen, so sie Kinder hatten oder haben wollten, sollte durchaus die von der NS-Führung verurteilte Doppelbelastung zugemutet werden. Widersprach schon die uneheliche Mutterschaft dem ursprünglich von der Partei angepriesenen Ideal, so gedachten nun die Experten der SS, zur Förderung des völkischen Nachwuchses die Rolle »genetisch wertvoller« Frauen gewissermaßen auf das Austragen des Embryos zu beschränken. Ersichtlich wird diese Absicht aus einem Bericht des SS-Inspektors Wengemann vom 7. Februar 1938[19] an seine Vorgesetzten, der den kleinbürgerlichen Charakter des »Reichsbundes der Kinderreichen« und seinen Vorsitzenden Wilhelm Stüwe schärfstens kritisiert. Der seit den zwanziger Jahren bestehende Bund war erst ab 1933, nach dem Verbot aller Hilfsmittel zur Familienplanung, als Repräsentant der neuen Bevölkerungspolitik im In- und Ausland zur Geltung gekommen. Anläßlich des 1937 in Paris veranstalteten »Internationalen Kongresses zum Schutz des Kindes« hatte sein Vorsitzender die Leistungen des »neuen Deutschland« auf diesem Gebiet derart überzeugend geschildert, daß ihn die Delegierten mit der Organisation des nächsten Kongresses 1938 in Frankfurt am Main beauftragt hatten. Trotz dieser eindeutigen Anerkennung fanden es die anwesenden Experten der SS unannehmbar, daß Stüwe den diesbezüglichen Erfolg des Dritten Reiches lediglich mit den herkömmlichen Thesen der Eugenik begründet und die rassenhygienischen Maßstäbe, nach denen Untertützungen bewilligt oder verweigert wurden, völlig außer acht gelassen hatte. Laut SS-Inspektor Wengemann hätte sich der »Reichsbund der Kinderreichen« nur um den Nachwuchs aus »genetisch wertvollem Elternhaus« zu kümmern und müßte jenen mit »rassisch minderwertigem Blut« ebenso ausschließen wie die Kinder, die aus wirtschaftlichen, juristischen oder politischen Gründen als »asozial« eingestuft waren. Ferner sollten künftig von der Wiege an ausgesuchte Kinder in den neu eingerichteten Reichsmütterschulen nach dem Vorbild des »Lebensborn« betreut werden. Anschließend sollten Staats- und Parteistellen für ihre materielle und weltanschauliche Erziehung sorgen.

Zwei Monate nach diesem Bericht schlug Martin Bormann[20] vor, Wilhelm Stüwe durch eine zweiköpfige Leitung aus höheren SS-Offizieren zu ersetzen und die Oberaufsicht über den »Reichsbund der Kinderreichen«, die bis dahin in den Händen des Innenministeriums und des Rassen- und Siedlungshauptamtes (RuSHA) lag, Himmler in seiner Eigenschaft als Vorsitzendem des »Lebensborn« zu übertragen. Den aus fünf höheren SS-Offizieren gebildeten Verwaltungsrat sollte ein Expertenausschuß von fünf Vertretern verschiedener Parteiinstanzen ergänzen; darunter als einzige Frau Gertrud Scholtz-Klink. In Anbetracht der Krisenstimmung des Jahres 1938 und des ablehnenden Verhaltens der Bevölkerung gegenüber den Einrichtungen des »Lebensborn« wurde die geplante Neugestaltung des Reichsbundes einstweilen aufgeschoben. 1939 übernahm die SS den Bund; von nun an hieß er »Reichsbund deutsche Familie« mit der eindeutigen Nebenbezeichnung »Kampfbund für den Kinderreichtum der Erbtüchtigen«. Seine Auswahlrichtlinien entspra-

---

18 Vgl. Der Angriff vom 26. Januar und 26. Juni 1939, sowie Der Völkische Beobachter vom 22. Oktober 1938.
19 Institut für Zeitgeschichte, München (IfZG).
20 Brief vom 4. April 1938, IfZG, MA 306/2990.

chen den Kategorien: 1. wertvolles Erbgut; 2. biologisch zweifelhafter Wert; 3. wertloses Erbgut – mit dem Zusatz: »auszumerzen«.

Vorangegangen war dieser drastischen Verschärfung im Juli 1938 die Novellierung des Ehe- und Scheidungsgesetzes unter dem Vorwand einer nach der Annexion Österreichs notwendigen Gesetzesangleichung. Die Novelle enthielt zum einen den Hinweis auf die bestehende Gesetzgebung zum »Rassenschutz«, zum anderen schrieb sie die Ungültigkeitserklärung jeder außerhalb der Reichsgrenzen geschlossenen Ehe von Reichsbürgern und die Herabsetzung des Heiratsalters des Mädchens auf 16 Jahre fest – wahrscheinlich zur Förderung der unpopulären »biologischen Ehe«. Die Altersgrenze für den Mann blieb hingegen bei 21 Jahren, wobei die Erteilung einer Ausnahmegenehmigung für diejenigen 18jährigen möglich war, die den Pflichten eines Familienoberhauptes nachkommen konnten. Diese Diskriminierung im Heiratsalter, die die rangniedere Rolle der Frau deutlich zum Ausdruck brachte, war nicht die einzige gesetzliche Neuerung. Die für Frauen wohl schwerwiegendste enthielt das Scheidungsgesetz, das mit §§ 48 und 53 die Weigerung zur Fortpflanzung als Scheidungsgrund einführte sowie nach § 55 die Auflösung unfruchtbarer oder unfruchtbar gewordener Ehen zugunsten einer Wiederverheiratung zwischen fruchtbaren Ehepartnern vorsah, es sei denn, daß das Ehepaar bereits eine »erbgesunde« eheliche Nachkommenschaft vorweisen konnte (ersatzweise durch Adoption). Zwar stieg die Zahl der Scheidungen in den beiden Jahren nach der Gesetzesänderung nur um einige Tausend. Doch ist es gesamtgesellschaftlich bedeutsam, daß trotz der Einführung der Härteklausel es zu 80 Prozent der Nutznießer die Männer waren, die – häufig nach 20 Jahren Ehe – ein »neues« Leben anfingen (darunter Martin Bormann und Heinrich Himmler selbst). Hingegen blieb dies etwa drei Fünfteln der ca. 90 000 gegen ihren Willen geschiedenen Frauen mit über 45 Lebensjahren verwehrt. Da der Gesetzgeber zusätzlich vorsah, daß der vom geschiedenen Ehepartner zu zahlende Unterhalt im Hinblick auf neue familiäre Verpflichtungen neu zu berechnen bzw. sogar zu streichen sei, blieb den mittellos gewordenen Frauen kein anderer »Ausweg« als die schlecht bezahlte Arbeitsstelle.

Nach sechs Jahren nationalsozialistischer Herrschaft waren angesichts der bevölkerungs- und wirtschaftspolitischen Erfordernisse des bevorstehenden Expansionskrieges die versprochene Schaffung eines geordneten Familienlebens sowie der Schutz der Würde und Ehre der deutschen Frau – so sie nicht zu den Priviligierten des Regimes zählte – nur noch eine Propagandaformel.

IV. »Zuchtstute« oder »Arbeitspferd«: die ideologische Rationalisierung des Frauenbildes

Was auf die Frauen in den fast sechs Jahren bis zum Zusammenbruch des Dritten Reiches zukommen sollte, deuteten Äußerungen von Göring und Himmler im Jahre 1939 an: »Die weibliche Arbeitspflicht im Krieg«, unterstrich der Beauftragte des Führers für den Vierjahresplan am 23. Juni, »ist von entscheidender Bedeutung. Es ist notwendig, in ganz großem Maße die Ausbildung der Frauen in kriegswichtigen Arbeiten zum Ersatz und zur Ergänzung der männlichen Arbeitskräfte heranzuziehen.«[21] In einem Tagesbefehl Himmlers hieß es vier Monate später: »Über die Grenzen vielleicht sonst notwendiger bürgerlicher Gesetze und Gewohnheiten hinaus wird es auch außerhalb der Ehe für deutsche Frauen und Mädel guten Blutes eine hohe Aufgabe sein können, nicht aus Leichtsinn, sondern aus tiefstem sittlichen Ernst Mutter der Kinder ins Feld ziehender Soldaten zu werden, von denen das Schicksal allein weiß, ob sie heimkehren oder für Deutschland fallen. Jeder Krieg ist ein Aderlaß des besten Blutes. Hierbei ist der leider notwendige Tod der besten Männer nicht das Schlimmste. Viel schlimmer ist das Fehlen der während des Krieges von den Toten nicht gezeugten Kinder.«[22]

War es in der Vorkriegszeit einigermaßen gelungen, die Erfordernisse der Bevölkerungspolitik mit denen der Wirtschaft in Einklang zu bringen, so stellen diese Anforderungen die NS-Machthaber in Kriegszeiten vor ein Dilemma, das um so schwerer zu lösen schien, als die dringlichst gebrauchten Arbeiterinnen z. B. nicht einsehen wollten, warum sie Männerarbeit zu einem geringeren Lohn verrichten sollten. Hinzu kam, daß die elf Millionen Mütter von Kindern unter 14 Jahren mehrheitlich nur dann auf den ihnen laut Verordnung vom 7. September 1939 zustehenden Dispens von der Arbeitspflicht verzichten wollten, wenn materielle Not nichts anderes zuließ. Abschreckend wirkten dabei auf die meisten Frauen die schlechten Arbeitsbedingungen in den Ziegeleien, Keramik- und Rüstungsbetrieben – Betrieben, in denen sie vor allem eingesetzt wurden. Angesichts dieser Lage mehrten sich die Konflikte. Während es den Wirtschaftlern um die unbedingte Erhaltung der Produktivität ging, drangen Bevölkerungspolitiker und Ärzte auf den Schutz von Gesundheit und Fortpflanzungsfähigkeit[23]. Beides sah man durch die Nichteinhaltung der seit 1934 für Frauen auf acht Stunden festgelegten Höchstarbeitszeit bedroht. SS-Ärzte warnten vor »Abtreibungspsychosen« bei Arbeiterinnen und Bäuerinnen. Diese würden von der Arbeit aufgerieben, die sie auch während der Schwangerschaft verrichten müßten, da die Männer eingezogen wären. Da die Anzahl der offiziell als »Fehlgeburten« bezeichneten Abtreibungen trotz verschärfter Verurteilung durch die Gerichte jährlich fast 600 000 erreichte (d. h. praktisch ebenso hoch lag wie in der Weimarer Republik), veranlaßte Himmler den Ausbau des »Lebensborn«-Unternehmens. 1939 wurden fünf Entbindungsheime (von der Bevölkerung »Zuchtbordelle« genannt) in verschiedenen Gegenden des Reiches eingerichtet. Doch die Forcierung der Geburtenpolitik, die nicht nur den Führer des »schwarzen Ordens«, sondern auch Minister und Parteiführung erfaßte, konnte nicht darüber hinwegtäuschen, daß die finanzielle Unterstützung den ledigen Müttern ebenso spärlich gewährt wurde wie den jungen Ehepaaren, die man in den ersten Jahren nach der »Machtübernahme« zunächst umworben hatte, dann aber – wegen der vorrangigen Militäretats – nicht mehr mit Vorteilszuweisungen bedachte.

Ein bezeichnendes Beispiel vorherrschender Widersprüchlichkeit bot Rudolf Heß: Zu Weihnachten 1939 beschwor er im »Völkischen Beobachter« eine ledige Mutter, »das rassisch einwandfreie Kind« vom an die Front geschickten Mann zu behalten. Heß versicherte, es werde »für die Erhaltung dieses wertvollen nationa-

---

21 Nürnberger Dokumente, Bd. XXXIII, Doc. PS 3787.
22 Tagesbefehl an SS und Polizei vom 28. Oktober 1939.
23 Bericht vom 18. Dezember 1939, IfZG, MA 441/2-492.

len Gutes gesorgt«. Gleichzeitig forderte er im Rahmen einer Propagandakampagne dazu auf, daß die Frauen sich verstärkt an den Kriegsanstrengungen beteiligten.

Das Verhalten des Stellvertreters des Führers war kein Einzelfall. Die Minister der technischen Bereiche und die Wirtschaftsführer der Wehrmacht drängten auf die totale Mobilmachung der Frauen für die Rüstung. Zugleich war man nicht in der Lage, die schlechten Arbeitsbedindungen zu verbessern, die nach den Berichten der Sicherheitspolizei in den Betrieben Ärger schürten[24]. In Franken arbeiteten die Frauen in den Muna-Langlauf-Fabriken 13 Stunden täglich ohne Kantinenverpflegung. Die Werksleitung genehmigte zusätzlich Nachtschichten im Dreimonatsrhythmus. In Görlitz bekamen die Arbeiterinnen 40 bis 44 Pfennig Stundenlohn, während ihre männlichen Kollegen für die gleiche Arbeit 70 bis 74 erhielten. Andernorts wurden Lohnminderungen beklagt, die auf erzwungene Stellenwechsel zurückgingen (Verkäuferinnen z. B., die 70 Reichsmark verdienten, erhielten als Kabeldreherinnen nur noch 45, weil sie wegen ihrer Unerfahrenheit keine Leistungsprämien bekamen). Wieder andere schließlich verkürzten freiwillig ihre Arbeitszeit, um eine bestimmte Einkommensgrenze nicht zu überschreiten – dies hätte Nachteile für den Familienunterhalt bedeutet. Außerdem wollte man auch mehr Zeit für Haushalt und Familie haben. So fehlten in manchen Betrieben täglich ca. 20 Prozent der weiblichen Belegschaft. Die »normalerweise« 48 bis 54 Stunden betragende Arbeitszeit wurde infolgedessen auf 38 Stunden verkürzt. Die betroffenen Behörden schwankten zwischen repressiven Maßnahmen und der Einführung besserer Arbeitsbedingungen, um ein Absinken der Produktivität zu vermeiden.

Zu Beginn des Krieges hatte die Gestapo noch Anweisung erhalten, zwar »rücksichtlos«, aber auch mit »erzieherisch bestärkendem Bemühen« gegen jede Beeinträchtigung des »Kampfwillens des deutschen Volkes« vorzugehen, wenn das Vergehen auf materieller oder seelischer Not beruhte. Schon zwei Monate später empfahlen neue Richtlinien ein sofortiges Eingreifen für den Fall mangelnder Disziplin in den Betrieben. Dieser Befehl war gewiß dann nicht einfach anzuwenden, wenn es sich um Soldatenfrauen handelte. Daher ergingen im Januar 1940 neue Instruktionen, wonach eine Überstellung vor Gericht erst nach einer Verwarnung, dann – war diese ohne Erfolg – einer Geldbuße vorgenommen werden sollte. Diese Maßnahmen erwiesen sich aber als fruchtlos, denn die Verfahren dauerten lang, und die Gerichte hörten die Klagen der Familienmütter bereitwillig an. Die Wirtschaftsbehörden verlangten daraufhin ein energisches Eingreifen der Gestapo. Das Oberkommando der Wehrmacht empfahl hingegen in einem Rundschreiben vom 30. April, die berechtigten Forderungen der Arbeiterinnen zu erfüllen. Drei Tage zuvor hatte Goebbels sich zu der Weisung an die Presse veranlaßt gesehen, es dürfe über diese Probleme nicht berichtet werden, »um keine neue Unruhe in die Frauenwelt zu bringen«[25].

Hatten sie auch in Friedenszeiten in manchen Angelegenheiten (z. B. bei der Förderung des unehelichen Nachwuchses) eine gewisse Rücksicht auf die negative Reaktion der Bevölkerung genommen, so mußten die NS-Machthaber seit Kriegsbeginn gleichwohl insgesamt feststellen, daß die Ausnutzung und Diskriminierung der Frauen häufig Grund war für deren Rückzug ins Private bei wachsender Neigung zur

---

24 Sipo-Berichte Dezember 1939, IfZG, MA 441/1-0440.
25 Hierzu Ursula von Gersdorff, Frauen im Kriegsdienst, Stuttgart 1969; Timothy Mason, Arbeiterklasse und Volksgemeinschaft, Opladen 1975.

Kritik an den Verhältnissen, obwohl die NS-Führung den größten Teil der weiblichen Jugend für sich hatte gewinnen können. Nach der massiven Einberufung der Männer zum Wehrdienst entfiel nun aber die Hauptlast des Wirtschafts- und Alltagslebens auf die über 20jährigen, d. h. auf 75 Prozent der fast 41 Millionen im Deutschen Reich lebenden Frauen. Unter diesen Umständen konnte ihre Bedeutung für die Wirtschaft und die Expansionspolitik ebensowenig ignoriert werden wie die gefährlichen Folgen einer rücksichtslosen Auszehrung der weiblichen Arbeitskräfte für die Geschlossenheit der Volksgemeinschaft. »Bei der Heranziehung von Frauen«, schreibt Staatssekretär Stuckart am 9. Mai 1940, »muß aber besonders behutsam vorgegangen werden. Auf diesem Gebiet erfolgende Mißgriffe können sich sowohl auf die Stimmung der Heimat wie auf die Front auswirken.«[26] Zur Überbrückung des Arbeitskräftemangels schlug Stuckart vor, auf die Verfahrensweise der Vorkriegszeit zurückzugreifen, d. h. statt verheirateter Frauen mit Kindern intensiver unverheiratete Mädchen zwischen 17 und 25 in den Betrieben einzusetzen.

Die Veröffentlichung des Gesetzes und der Anwendungsbestimmungen, die einen »Kriegshilfsdienst« von sechs Monaten zusätzlich zum halbjährigen Landjahr für diejenigen vorschrieben, die noch nicht in einem kriegswichtigen Bereich arbeiteten, erfolgte allerdings erst ein Jahr später, am 29. Juli 1941. Ursache dieser Verzögerung waren die von vielen Seiten vorgetragenen Einwände gegen diesen Dienst und seine Modalitäten. Im Finanzministerium etwa unter dem christlich-konservativen Grafen Lutz Schwerin von Krosigk hielt man die Kosten im Vergleich zur effektiven Leistung für zu hoch. Auch wünschte man, daß die jungen Mädchen in der Nähe ihres Wohnorts beschäftigt würden, um abends heimkehren zu können. In Industrie und Handel erachteten die Arbeitgeber ein halbes Jahr Ausbildung als zu kurz und fanden daneben die Vergütung im Vergleich zu den normalen Löhnen zu hoch. Auch in kinderreichen Familien und in der Landwirtschaft sah man nicht ein, warum diese wenig qualifizierten Mädchen bei einer täglichen Höchstarbeitszeit von sechseinviertel Stunden besser bezahlt werden sollten als Angestellte, die elf bis 13 Stunden arbeiten mußten. Ferner war man wenig erbaut, wenn Mädchen ihre Stelle verließen, um sich zur »Führerin« bei der Deutschen Arbeitsfront ausbilden zu lassen. Da indessen die Parteiideologen an diesem Arbeitseinsatz als Teil der praktischen und weltanschaulichen Schulung der weiblichen Jugend festhielten, wurde der »Kriegsdienst« letzten Endes eingeführt und im Oktober 1942 sogar auf die annektierten Gebiete Elsaß-Lothringen und Luxemburg ausgedehnt, wenngleich ohne nennenswerte Auswirkungen auf die Kriegswirtschaft.

Zwischenzeitlich hatte Hitler selbst mehrmals an die nichtberufstätigen Frauen appelliert, sich den Millionen »Volksgenossinnen« anzuschließen, die bereits im Arbeitsprozeß stünden. Die angesprochenen Frauen reagierten – so es sich um Soldatenfrauen handelte – abweisend. Sie waren nicht geneigt, ihren Unterhaltszuschuß für eine mühsame, schlecht bezahlte Arbeit aufzugeben. Aus solchen Erwägungen verließ eine halbe Million erwerbstätiger Frauen zwischen Mai 1939 und Mai 1941 den Arbeitsplatz. Nach den großen militärischen Siegen 1939/1940 verbreitete sich bei vielen Frauen die Überzeugung, daß man auch ohne sie auskommen könne. Um ge-

---

26 Bundesarchiv Koblenz, R 18/426.

gen das »Sinken der Arbeitsfreudigkeit« – wie es der SD nannte[27] – anzugehen, wurde von der NS-Frauenschaft ein sog. »williger Teilzeitdienst« eingerichtet. Laut Gertrud Scholtz-Klink wurden allein bis Ende April 1941 von 3,5 Millionen Frauen 200 Millionen freiwillige Arbeitsstunden in der Landwirtschaft, der Haushaltshilfe, im Handel, beim Kinderhüten und für Wohltätigkeitsvereine abgeleistet. Hinzu kamen 150 000 Frauen, die 40 Millionen nicht bezahlte Stunden im öffentlichen Dienst gearbeitet hatten, und weitere anderthalb Millionen Parteigenossinnen versahen auf verschiedenen Ebenen der Parteiarbeit die ihnen übertragenen Aufgaben.

Auffallend bei dieser »freiwilligen« Arbeit ist, daß sie begrifflich im NS-Jargon »spezifisch weiblichen Seins« sowie des »Opferdienstes« verbleibt. Ein solcher Dienst schuf Entlastungen, änderte aber wenig an der tendenziellen Grundhaltung unter den Frauen zur Obstruktion und Verweigerung. Die Führung suchte diese Haltung aufzuweichen, indem sie im Juli 1941 die Abschaffung der Kürzung des Familienunterhaltes für alle Erwerbstätigen anordnete. Gleichzeitig wurde aber die Kontrolle der Bezugsberechtigten eingeführt, um die unzulässigerweise vom »Kriegsdienst« Dispensierten ausfindig zu machen. Bei den in drei Monaten überprüften 80 000 Fällen wurde bei 60 Prozent die unberechtigte Inanspruchnahme der Unterhaltsleistung aufgedeckt. Auch die Vorladung zum Arbeitsdienst wurde vielfach nicht befolgt. Nach Meinung der Frauen änderten finanzielle Zugeständnisse nichts am Vorrang der Familienpflichten. Ferner erbitterten schlechte Arbeitsbedingungen, aber vor allem soziale Privilegierungen der weiblichen Angehörigen von Parteibonzen. Man wollte sich nicht schinden, während die »Damen« Einkaufsbummel machten oder im Café saßen.

Hitler war sich der Lage durchaus bewußt. Nachdem er wiederholt ohne den gewünschten Erfolg die Frauen zum »Ehrendienst fürs Vaterland« aufgerufen hatte, entschloß er sich, für den Arbeitseinsatz auf sog. Fremdarbeiter und -arbeiterinnen zurückzugreifen[28]. Die Statistiken zeigen, daß dieser Richtungswechsel bereits 1940 vollzogen wurde. Danach gab es unter Einrechnung der Kriegsgefangenen im Mai 1940 1,2 Millionen Fremdarbeiter im Reich. Ein Jahr später waren es drei, 1942 bereits 4,2 und im Jahre 1944 dann 7,6 Millionen, davon fast 1,5 Millionen Frauen. Dieser massive Einsatz von Fremdarbeitern und -arbeiterinnen, die aus besetzten oder annektierten Ländern und aus den Konzentrationslagern zusammengezogen wurden, brachte Hitler einen doppelten Vorteil: Die Kosten waren geringer und erlaubten die Schonung der deutschen Frauen, deren Einsatzbereitschaft ohnehin zweifelhaft schien.

Unbezweifelbar gab es auch systemtreue, vorbildliche Arbeiterinnen. Sie wurden für ihre Opferbereitschaft mit Verdienstmedaillen ebenso belohnt wie kinderreiche Mütter mit dem Mutterkreuz. Doch waren damit jene, die keine »Arbeitspferde« sein wollten, ebensowenig zu beeindrucken wie all jene, die sich nicht als »Zuchtstuten« sahen. Solange es der Kriegsverlauf erlaubte, weigerte sich Hitler, gegen die Widerspenstigen einzuschreiten. Obwohl er stets die Geschlossenheit des Volkes rühmte,

27 Bericht des SD Würzburg vom 8. April 1941, zitiert nach: Ludwig Eiber, Frauen in der Kriegsindustrie, in: Martin Broszat u.a. (Hrsg.), Bayern in der NS-Zeit, Bd. 3, München 1981, S. 609.
28 Dietmar Petzina, Die Mobilisierung deutscher Arbeitskräfte vor und während des 2. Weltkrieges, in: Vierteljahreshefte für Zeitgeschichte, 18 (1970)4; Klaus Drobisch, Die Zwangsarbeit ausländischer Arbeitskräfte während des 2. Weltkriegs, in: Actes du Congrès des sciences historiques, Bd. 1, Moskau 1976, S. 228–248.

wußte er nur zu gut, daß der innere Zusammenbruch die deutsche Niederlage von 1918 besiegelt hatte und daß die Wogen der Volksstimmung, die ihn zur Macht getragen hatten, sich ins Gegenteil verkehren konnten.

Erst ab 1942, als das Kriegsglück sich zu wenden begann und die großen Schlachten an der Ostfront und in Afrika immer mehr Menschen und Material verschlangen, schien die totale Mobilmachung auch aller weiblichen Arbeitskräfte und deren rationelle Verwendung zur Steigerung der Produktions- wie der Geburtenrate unerläßlich. Während Göring im April 1942 mit den Worten »Zuchtstute oder Arbeitspferd« gegenüber dem im selben Jahr ernannten Generalbevollmächtigten für den Arbeitseinsatz Fritz Sauckel das Dilemma bei der offiziösen Rollenzuweisung der Frau eingestanden hatte, forderte nunmehr die SS-Führung, eine solche Bestimmung nach der »genetisch-rassischen« Bedeutung vorzunehmen. Doch der Widerspenstigen Zähmung, d. h. eine durchsetzbare Rollenfixierung von oben, gelang schlecht. Nicht ohne Schadenfreude schildert z. B. Gottlob Berger, der Leiter des SS-Hauptamtes, in einem langen Bericht vom 2. April an Heinrich Himmler, wie Rednerinnen der NS-Frauenschaft in Berliner Betrieben von den Arbeiterinnen ausgepfiffen wurden. Empört seien die auf ein halbes oder ganzes Jahr arbeitsverpflichteten Frauen, darunter Mütter von drei oder vier Kindern, denen man ihre zusätzlichen Lebensmittel gestrichen hatte, daß Frau Reichsmarschall Göring 70 bis 80 Generalsfrauen zum Kaffee eingeladen hatte, wobei sich der Tisch vor lauter guten Sachen gebogen hätte. Die Geschichte, die zu einem Wutausbruch Görings führte, hatte Sauckel in der hintersinnigen Absicht erzählt, den Reichsmarschall zwecks Beschwichtigung der aufbegehrenden Arbeiterinnen dazu zu bewegen, endlich den Kriegseinsatz der zwei Millionen »dispensierten« Frauen zu bewilligen. Göring widersetzte sich. Die hochwertigen Frauen – so Göring – hätten in erster Linie die Aufgabe, Kinder zu bekommen. Ein Grundsatz im übrigen, der auch bei der Reichsfrauenführung in jeder Form anerkannt werde. Es sei nur betrüblich, daß gerade die hochwertigen Frauen nicht gebärfreudig seien; gleichwohl dürften sie als Kulturträgerinnen nicht den dummen Reden und dem frechen Gespött der einfachen Frauen ausgesetzt werden[29].

Dies unterstrich einmal mehr die schwankenden Vorstellungen über die Frau als Rasse- bzw. als Wirtschaftsfaktor. Die Ansichten über die Bildung weiblicher Eliten klafften auseinander. Die Reichsfrauenführung selbst hatte sich, bei aller Willfährigkeit gegenüber Hitler, z. B. im Widerstand gegen das konservative Frauenideal Görings die Thesen intellektueller Sozialistinnen der ersten Stunde zu eigen gemacht. Danach sollte eine intellektuelle Elite aus beiden Geschlechtern zum Dienst am deutschen Staat herangebildet werden; allerdings in jeweils geeigneter Weise. Hochqualifizierte Frauen sollten nicht nur geschlechterspezifisch, sondern fähigkeitsmäßig eingesetzt werden. War diesen Vorstellungen auch kein durchschlagender Erfolg beschieden, so sah sich die Parteileitung immerhin seit 1936 genötigt, eine »Modernisierung« der weiblichen Führerschaft im Hinblick auf die Expansionspolitik des Reiches vorzunehmen. Die SS ging noch einen Schritt weiter, indem sie sich ab 1940 für die Ausbildung »hoher Frauen« in den Nationalpolitischen Erziehungsanstalten (Napola) einsetzte, die bis dahin, wie die Ordensburgen, der männlichen Elitebildung vorbehalten waren. Das von Obersturmführer August Heißmeyer, Napola-Inspektor und Gatte der Reichsfrauenführerin, auf den Weg gebrachte Vorhaben stieß

29   Helmut Heiber (Hrsg.), Reichsführer! Briefe an und von Himmler, Stuttgart 1968, S. 113.

auf die entschiedene Ablehnung des konservativen Finanzministers Schwerin von Krosigk. Seiner Ansicht nach würden dadurch Charakter und Ansehen der National-politischen Anstalten beeinträchtigt. Zwar hatte er die Umwandlung eines Internats bei Wien zu diesem Zweck bewilligt, aber nur unter der Bedingung, daß dies eine Ausnahme bleibe. 1942 begann dann ein regelrechter Streit mit der SS- und Partei-führung, als der Minister erfuhr, daß eine zweite Napola für Mädchen in der Sommer-residenz der von deutschen Truppen vertriebenen Großherzogin von Luxemburg eröffnet werden sollte. Da sich von Krosigk weigerte, das Budget zu genehmigen, solange das »Projekt Napola« nicht in eine Heimschule abgeändert würde, schwelte der Konflikt. Dies ging fast zwei Jahre lang, denn Heißmeyer bestand auf dem Grundprinzip der Selektion einer weiblichen Führungsspitze durch Höchstleistung. Wie bei der Auseinandersetzung über den Kriegsdienst der Mädchen blieb den Ideo-logen das letzte Wort.

Am 24. Juni 1943 teilte der Reichsleiter der NSDAP, Bormann, mit, daß der Füh-rer, überzeugt durch einen Vortrag Himmlers, der Einrichtung dreier Napolas für Mädchen zuzustimmen bitte. Dies kam einem Befehl gleich. Ob und wie diese Ein-richtungen funktionierten, ist bislang offenbar noch nicht untersucht worden. Jeden-falls bedeutete Hitlers Entscheidung zugunsten der SS eine erweiterte Zugriffsgewalt für die SS bei der Funktionsbestimmung der Frau im Dritten Reich. Wie in dieser Auseinandersetzung, so kam auch in vielen anderen keine einzige Frau selbst zu Wort. Der Streit spielte sich zwischen einer antimodern eingestellten Militärkaste und den Verfechtern einer nazistischen Instrumentalisierung der weiblichen Bevölkerung ab, wobei es den einen um Ansehen und Autorität des Staates, den anderen um die ideologischen Ziele des Regimes ging.

Der Primat der Ideologie behauptete sich auch in der seit Kriegsbeginn schwelen-den Kontroverse zwischen den Technokraten, die den totalen Einsatz der Frauen in der Kriegsindustrie forderten, und den Verfechtern der »Dispensierung«, die eine Schonung der deutschen Frau aus bevölkerungs- und innenpolitischen Erwägungen befürworteten. Nicht einmal Hitlers Günstling Albert Speer[30], dem seit 1942 als Mini-ster für Munition und Bewaffnung die Gesamtplanung der Kriegsproduktion oblag, konnte sich in dieser Frage durchsetzen. Speers Argument dem Dispensverfechter Sauckel gegenüber, deutsche Frauen würden bessere Arbeit leisten als Fremdarbei-ter, deren Qualifikation und Arbeitsmoral zweifelhaft sei, die kein Deutsch sprächen und Sicherheitsprobleme aufwürfen, widersprach Sauckel: Fabrikarbeit würde die deutsche Frau in ihrem körperlichen und psychischen Wohlergehen beeinträchtigen und womöglich ihre Fähigkeit zur Mutterschaft einschränken. Bormann teilte diese Auffassung Sauckels, und Hitler bestätigte sie. Der Vorrang der Ideologie be-hauptete sich auch in der ebenfalls seit Kriegsbeginn bestehenden Streitfrage über die Lohnangleichung für Frauen, die einberufene Facharbeiter ersetzten, aber selbst bei manchmal höherer Leistung stets schlechter bezahlt wurden. Schon am 15. Juni 1940 hatte Arbeitsminister Franz Seldte einen Expertenausschuß mit dem Auftrag einge-setzt, eine Liste der vorher nur von Männern verrichteten Arbeiten aufzustellen und Maßnahmen zur gleichen Entlohnung der derzeitig für diese Arbeiten eingesetzten Frauen vorzuschlagen. Die Kommission führte ihren Auftrag aus. Doch trotz zahlrei-cher Berichte von leitenden Stellen der Wirtschaft und Politik über die Unzufrieden-

---

30 Albert Speer, Erinnerungen, Frankfurt am Main 1969, S. 234f.

heit der Arbeiterinnen und die daraus folgende sinkende Produktivität wurden die Vorschläge der Kommission nicht umgesetzt.

Erst im letzten Kriegsjahr, als die militärische Lage zu akuten Arbeitskräfteproblemen führte, am 25. April 1944, kam es zu einem höchstrangigen Expertengespräch mit Hitler. In seinem Einführungsvortrag griff der Führer der Deutschen Arbeitsfront, Robert Ley, die Vorschläge der Kommission auf und empfahl für die Dauer des Krieges eine Lohnpolitik, welche die den Männern vorbehaltene Rolle des Familienoberhaupts außer acht lasse. Hitler erhob sofort Einspruch gegen diesen Vorschlag, der dem nationalsozialistischen Prinzip grundlegend widerspreche. Natürlich müsse man während des Krieges die Frauen zur Arbeit heranziehen, aber in Friedenszeiten gelte es, sie aus den Betrieben herauszunehmen, damit sie sich ganz der Familie widmen könnten. Dieses nationalsozialistische Prinzip sollte man daher auch im Krieg nur soweit als unbedingt nötig durchbrechen. Als einziges Zugeständnis wäre an eine Steuerermäßigung oder eine Erhöhung der Kinderzulagen zu denken, weil die Frau während der Abwesenheit des Mannes die Familie versorgen müsse[31]. Hitlers Beharren auf traditionellen Leitbildern zwang die Technokraten zur Fortführung halber Maßnahmen. So mußten nun alle noch nicht dienstverpflichteten Frauen täglich einen zwei- bis dreistündigen »Ehrendienst der deutschen Frau« ableisten. Dann wurde im Juli 1944 die Zwangserfassung der Arbeitskräfte auch auf Frauen von 45 bis 50 Jahren ausgedehnt; das Personal von Theatern und Restaurants, die man geschlossen hatte, wurde in die Kriegswirtschaft abkommandiert. Doch trotz dieser Aktivierung weiblicher Arbeitskräfte konnte der zwischen Dezember 1943 und September 1944 auftretende Mangel an Arbeitskräften für 700 000 unbesetzte Stellen in der Produktion nur teilweise abgedeckt werden, da im selben Zeitraum die Wirtschaftsleiter die Überstellung von zwei Millionen Beschäftigten aus der Industrie in die Wehrmacht ausgleichen mußten. Weil nur 100 000 weitere deutsche Frauen zum Arbeitseinsatz herangezogen werden konnten, blieb als Alternative nur die zusätzliche Einspannung von Fremdarbeitern und -arbeiterinnen.

In Anbetracht der Unzufriedenheit der dienstverpflichteten Frauen schloß sich auch die NSDAP deren Forderungen an. Danach sollten die Arbeitsämter ohne Ansehen der Person vorgehen. Die sogenannten »besseren Frauen«, die nach dem Gesetz in Arbeit stehen müßten, sollten nicht mehr durch ärztliche Zeugnisse und aufgrund von Beziehungen dispensiert werden können und hätten gefälligst auf ihre Hausgehilfinnen zu verzichten. »Leider«, bemerkt hierzu etwa die NSDAP-Kreisleitung Augsburg-Land, »ist auf vielen Gebieten absolute Einseitigkeit, insbesondere beim Arbeitseinsatz zu beobachten. Der Fraueneinsatz gilt allgemein als Fiasko, denn Beziehungen bedeuten hier alles.«[32] Manche Historiker sind der Meinung, der Nationalsozialismus habe im Falle der Frauenarbeit eine »Klassenpolitik« betrieben[33]. Andere behaupten, das Problem der Frauenarbeit habe sich erst ab Kriegsbeginn gestellt, und dabei mit Rücksicht auf die Bevölkerung die Schonung der Frau Vorrang vor den Notwendigkeiten einer totalen Mobilmachung behalten. Obwohl beide Aspekte gewiß arbeitspolitisch von Bedeutung waren, sollten die bevölkerungs- und

---

31 Bundesarchiv Koblenz, R 4311/452.
32 L. Eiber (Anm. 27), S. 623–33.
33 U. a. Timothy Mason, Zur Lage der Frauen in Deutschland, in: Gesellschaft. Beiträge zur Marxschen Theorie, Frankfurt am Main 1976, S. 118–193.

»rassen«politischen Einflüsse der NS-Ideologie auf die Frauenpolitik nicht unterschätzt werden.

Schon im Juli 1941 hatte in Hitlers und Himmlers Anwesenheit eine Besprechung über Rationalisierungsmöglichkeiten im Hinblick auf »Fortpflanzung der Erbtüchtigen« stattgefunden. Gegenstand der Beratung war das vom Staatssekretär für das Gesundheitswesen und Volkspflege Dr. Conti und seiner Mutter (als Vorsitzende des NS-Hebammenverbands) vorgelegte Projekt einer Gründung von »Heiratsinstituten« unter der Kontrolle der Partei. Himmler stimmte der Idee dieser Fortpflanzungsanstalten nach dem Vorbild des »Lebensborn« zu, lehnte aber jeden Versuch künstlicher Befruchtung – nach dem Vorbild der in den Vereinigten Staaten ausprobierten »Scheidepinseleien« – entschieden ab. Diese Praxis sei »unmoralisch« und »widernatürlich«, da »physische und psychische Eigenarten dabei nicht beachtet werden, Impotenz oder Sterilität, vielleicht sogar Entartung bei der Nachzucht« die Folgen sein könnten. Das Problem beschäftigte den ehemaligen Tierzüchter so sehr, daß er sich noch zwei Jahre später in einer Korrespondenz auf die Ethik und die Rechtsgrundsätze der Indogermanen zur Rechtfertigung seines Standpunktes berief[34]. Himmlers Ansicht nach konnte die Frage nur durch die Erweiterung des »Lebensborn« gelöst werden. In diesem Sinn vertraute er im Mai 1942 Obergruppenführer Pohl an, er habe bereits den Befehl zur Planung einer großen Zentrale gegeben »unter dem Gesichtswinkel der rund 400 000 heute wohl schon vorhandenen Frauen, die durch den Krieg und seine Gefallenen keine Männer bekommen könnten«[35].

Diese Institution, fügte er hinzu, müsse »entsprechend dem edlen Gedanken und der Ehre der nicht verheirateten Mutter anständig und repräsentativ sein«. Diese Verkehrung der vor und in den ersten Jahren nach der Machtübernahme versprochenen »Wiederherstellung der Ehre und Würde der deutschen Frau und Mutter« hatte bereits 1936 nach der Propagierung der »biologischen Ehe« und dann nach der neuen Ehe- und Scheidungsgesetzgebung im Jahr 1938 den Protest christlicher Kreise hervorgerufen, die einst in der völkischen Bewegung einen Verbündeten gegen den »sittlichen Verfall« während der Weimarer Republik gefunden zu haben glaubten. In einem Hirtenbrief zum Fest der Heiligen Familie verurteilten die Kardinäle und Bischöfe des Reiches, die 1933 gegen das Sterilisierungsgesetz und 1940 gegen die Tötung der »Erbkranken« Stellung genommen hatten, die Förderung außerehelicher Fortpflanzung. Während die Mißbilligung von protestantischer Seite diskreter blieb, erhob selbst eine Guida Diehl, die in den zwanziger Jahren im Kampf gegen die »jüdisch-bolschewistische Verderbtheit« keine Mühe gescheut hatte und 1932 von Hitler mit der Ausbildung der Frauen zur körperlichen und geistigen Mutterschaft beauftragt worden war, die Stimme gegen diese »tierische Volksvermehrung«. Schon im Januar 1940 hatte sie in einem Artikel ihres »Neulandblatt« zur Kampagne der SS für die »Kriegsmutterschaft« heftig dagegen protestiert, daß »Mädchen und Frauen wahllos als Zuchtstute dienen sollen«, und zugleich »das Fehlen von germanischem Ehrgefühl« und »christlichem Gewissen« in solchen Überlegungen beanstandet.

Es gehört zu den nicht geringsten Paradoxien des Dritten Reiches, daß die 1933 lediglich aus taktischen Gründen von Hitler proklamierte Wahrung des positiven

---

34 Brief Himmlers an Prof. Heinz Henseler vom 31. März 1943, IfZG, MA 550/3649–51.
35 M. Hillel/C. Henry (Anm. 17), S. 125.

Christentums nicht so vollständig beseitigt werden konnte, wie es die SS- und Parteiführung erstrebte. Selbst Himmler mußte zur Tarnung der radikalsten Maßnahmen
auf Begriffe der herkömmlichen Moral zurückgreifen. So sollten nicht nur die Fortpflanzungsanstalten den Schein der Wohlanständigkeit bewahren. Auch die Prostitu-
tion, die Hitler in »Mein Kampf« als eine der schlimmsten Verfallserscheinungen des
deutschen Volkes bezeichnet hatte, wurde nun als »Freiheit, bedingungslos zu lieben«
für den deutschen Mann deklariert, der als Soldat bereit sei, bedingungslos zu sterben[36]. Eine Freiheit, die allerdings für die Frau genauso wie für den nichtarischen
Mann stengstens eingeschränkt blieb. So befahl Himmler in einer Anweisung vom
27. Mai 1942 die Einrichtung von »anständigen Bordellen« in den eroberten Ostgebieten zum Zusammentreffen mit gesunden polnischen Mädchen (dies unter Ausschluß
der Gefahr, daß die Männer krank würden, Kinder zeugten oder eine Bindung zum
polnischen Volkstum eingingen). »Zur Verhütung der Rassenvergiftung« befahl er
auch die Einrichtung von Bordellen für die im Reichsgebiet anwesenden Fremdarbeiter[37]. Sechs Monate später, nach einer Inspektionsreise ins KZ Buchenwald, verlangte er zur Steigerung der Arbeitsleistung die Ausdehnung dieses Systems auf die in
Rüstungsbetrieben beschäftigten Häftlinge. Unzulässig blieb jegliche sexuelle Beziehung einer »Arierin« mit »Elementen minderwertiger Rassen«. Im ersten Halbjahr
1940 war das Nürnberger Gesetz »zum Schutz des deutschen Blutes und der deutschen Ehre« durch zwei Erlasse auf alle »fremdvölkischen Rassenschänder« ausgedehnt worden. Demnach konnte ein solcher zum Tode, eine »ehrenvergessene Deutsche« zur Einlieferung ins Konzentrationslager verurteilt werden. Ihre eigene Doktrin mißachtend, zögerten die Förderer des völkischen Nachwuchses jedoch nicht,
Mädchen, Frauen und Kinder aus den besetzten Ländern – auf Grundlage von Exper-
tengutachten – zu entführen und zur »Eindeutschung« in entsprechende Zentren oder
in deutsche Familien zu bringen. Während in Ghettos und Lagern Zeugungsverbot
herrschte, Frauen in den Ostgebieten zu Empfängnisverhütung, Abtreibung und Sterilisation angehalten wurden, beauftragte Himmler seine Amtsleiter, junge Polinnen
und Ukrainerinnen, die zu den »Wertungsgruppen I und II« gehörten, nach Deutschland zu bringen, wo sie als Hausgehilfinnen zu »gutrassigen Müttern« eingedeutscht
werden sollten[38]. Zur Jahreswende 1942/43 wurde zudem für Soldatenfrauen ein
»Fortpflanzungsurlaub«[39] eingeführt. Reise- und Aufenthaltskosten in einem »anständigen Hotel oder Waldgasthaus« sollten aus der Kasse des SS-Generalstabes bezahlt werden, da es nun galt, die letzte Reserve der verheirateten »Arierinnen« für
die »Geburtenschlacht« aufzubieten. In dieser letzten Phase des Krieges war die
hochgepriesene Mutterschaft nur noch ein Reproduktionsmittel verwendbaren Men-
schenmaterials – eine Auffassung, die Himmler und Bormann zufolge auch nach dem
Krieg fortgelten sollte.

Mutterkreuz und Rüstungsfabrik erscheinen im Rückblick als spezifische Bestim-
mungsmerkmale für die Rolle der Frau im Dritten Reich. Bei genauerer Betrachtung
der gesellschaftlichen Konfliktlagen und der Entwicklungsrichtungen moderner Indu-

---

36 Henry Picker, Hitlers Tischgespräche im Hauptquartier 1941–1942, Bonn 1951, S. 235.
37 Brief an Herbert Backe vom 30. Juli 1942, IfZG, MA 65/520, vgl. auch H. Heiber
    (Anm. 29), S. 135.
38 IfZG, MA 19/3893; vgl. auch H. Heiber (Anm. 29), S. 91.
39 IfZG, MA 71/8555–8557; vgl. auch H. Heiber (Anm. 29), S. 219.

striegesellschaften sind in den Familien Kindererziehung und Erwerbstätigkeit durchaus komplementäre Lebenssegmente des modernen Frauenlebens und damit eher zeittypisch denn unverwechselbares Kennzeichen der braunen Diktatur. Jedenfalls waren die Fortwirkung und Ausprägung bevölkerungspolitischer wie ökonomischer Leitbilder nicht eigentlich revolutionär. Das wirklich Singuläre indessen bestand in der normativen Fixierung auf den genetisch-rassischen Lebenswert.

ARNO KLÖNNE

Jugend im Dritten Reich

Nach dem Ende des Dritten Reiches ist über Jahre hin die politische Sozialisation der Jugend unter dem Nationalsozialismus nur in recht unzureichendem Ausmaß oder in fragwürdigen Blickverengungen und manchen Fehldeutungen zur Kenntnis genommen worden. Soweit es um außerfamiliale und außerschulische politische Sozialisation Jugendlicher im Dritten Reich geht, traten gleich nach 1945 einige Interpretationsmuster auf, die im öffentlichen Bewußtsein noch heute häufig anzutreffen sind: Da gab es einerseits die Legende, im Unterschied zu anderen vom Nationalsozialismus erfaßten Lebensbereichen oder anderen politischen Organisationen im Dritten Reich sei die vom NS-Staat betriebene verbandliche Erfassung der Jugend nach 1933, also die Hitler-Jugend (HJ), eine im Grunde unpolitische, sozusagen harmlose Angelegenheit gewesen; die deutsche Jugend sei zwischen 1933 und 1945 eben deshalb nahezu ausnahmslos dem Angebot der Staatsjugendorganisation bereitwillig gefolgt, und Protest- oder Widerstandsverhalten junger Leute sei damals kaum irgendwo zu verzeichnen gewesen. Die Geschichte der Studenten und Jugendlichen in der Widerstandsgruppe »Weiße Rose« erschien dieser Version als die absolute Ausnahme von der Regel einer Folgebereitschaft der jungen Generation, die im Dritten Reich einer »nationalen Jugendbewegung« gegolten habe. Andererseits kam eine Deutung der nationalsozialistischen Jugendsozialisation auf, die diese als reines Zwangsverhältnis beschrieb; es erschien demnach unnötig, möglichen »authentischen« Grundlagen des Organisationserfolges der Hitler-Jugend in der gesellschaftspolitischen Mentalität der damaligen Jugendgeneration oder möglichen Schnittmengen zwischen dem Weltbild oder den Verhaltensmustern der Jugendbewegung in Deutschland vor 1933 und der Weltanschauung oder sozialen Praxis der nationalsozialistischen Staatsjugend überhaupt nachzuforschen.

Eine spezifische Interpretation der HJ-Sozialisation und ihrer Hinterlassenschaft fand sich in der (west-)deutschen pädagogischen Publizistik der ersten Jahre nach 1945; dieser Deutung zufolge hatten der NS-Staat und seine Jugendorganisation eine an sich »idealistisch« gesonnene junge Generation zur Abkehr von den Denkweisen des deutschen bildungsbürgerlichen »Erbes« und damit zum »Materialismus« verführt. Die hier beklagte »Brutalisierung« jugendlicher Mentalität im Zeichen der Hitler-Jugend wurde als »Erkrankung« einer einst so gesunden deutschen Seele begriffen; der dem Dritten Reich und dem Krieg entronnenen Jugendgeneration wurde die Rückbesinnung auf das »deutsche Wesen« empfohlen. Eine derartige Diagnose mitsamt Therapievorschlag kam in den Nachkriegsjahren auch von Erziehungswissenschaftlern oder pädagogisch gesonnenen Literaten, die ihre eigene – durchaus »deutsch-idealistisch« motivierte – Zustimmung zur »nationalen Revolution« des Jahres 1933 aus der Erinnerung verloren hatten; zu analytischen Anstrengungen, die vielschichtige und widerspruchsvolle Realität der politischen Sozialisation der Jugend im Dritten Reich und deren Vorgeschichte zu erforschen, konnte diese Blickrichtung nicht anregen. Überdies trennte sie fälschlicherweise die Entwicklungslinien jugendverbandlicher Erziehung oder Betätigung im Dritten Reich von den Ideologien und Lebensformen der Jugendbewegung oder der Jugendorganisationen, wie sie bis 1933 in Deutschland sich entwickelt hatten.

Entgegen den hier kurz skizzierten Deutungen ist zunächst einmal festzustellen: Der rasche Aufstieg des Nationalsozialismus in den Jahren ab 1929 zu einer Massenbewegung und zur wählerstärksten Partei wie auch die ideologisch-politische Hegemonie, die die NSDAP im Zuge der »nationalen Revolution« 1933 gewann, waren nicht zuletzt der »jugendlichen« Attitüde des Nationalsozialismus und dessen erfolgreichen Bemühungen um Gefolgschaft in der nachwachsenden Generation zuzuschreiben; für die nationalsozialistische Durchdringung der deutschen Gesellschaft nach 1933 hatte die Hitler-Jugend große Bedeutung, und die Funktion der Sozialisation durch die Hitler-Jugend war alles andere als unpolitisch. Die Staatsjugend des Dritten Reiches knüpfte an längst vor 1933 bereitstehende Traditionen organisierten oder »bewegten« Jugendlebens an, mit vielen Bezügen zum deutschen bildungsbürgerlichen »Erbe«; in ihrer sozialisatorischen Praxis stützte sich die HJ nicht nur auf Repression und Zwang, sondern auch auf Attraktion und soziale Integration; dem weitreichenden Sozialisationserfolg der HJ stand aber durchaus ein erhebliches Potential »abweichenden« Jugendverhaltens im Dritten Reich gegenüber, und oppositionelle oder widerständige jugendliche Gruppen waren in dieser Zeit keine Randerscheinungen.

Wenn dies so war, und der inzwischen erreichte wissenschaftliche Erkenntnisstand läßt keine Zweifel daran, dann ist zu fragen, weshalb diese für die Zeitgeschichte wie für die Jugendgeschichte gleichermaßen wichtigen Verhältnisse und Vorgänge lange Zeit hindurch in der Forschung nur wenig Interesse und kaum eine der historischen Komplexität gerecht werdende Thematisierung gefunden haben. Gründe für dieses wissenschaftliche Defizit sind m. E. in wissenschaftsmethodischen Einseitigkeiten und auch in fragwürdigen Ausrichtungen des Erkenntnisinteresses zu finden. Dazu einige Hinweise: Die Geschichtswissenschaft in der Bundesrepublik hat bis in die siebziger Jahre hinein an der Erforschung der Bedingungen und Wirkungen von Jugendkulturen oder jugendlichen Gesellungen nur wenig Interesse gezeigt. Daß Generationenkonstellationen und -konflikte oder die gesellschaftspolitischen Inhalte jugendlicher sozialer Bewegungen und Organisationen historisch einflußreich sein können, wurde zwar mitunter bemerkt, schien aber in aller Regel näherer Untersuchung nicht wert. Die Pädagogikgeschichte konzentrierte sich auf die Beschreibung und Analyse des Erziehungswesens vornehmlich im Sinne staatlicher Schulpolitik und pädagogischer Theorie. Die am ehesten anregende Studie zur Zeitgeschichte der Jugend in der wissenschaftlichen Literatur der fünfziger Jahre kam von einem Soziologen; sie arbeitete übrigens heute noch bedenkenswerte Fragestellungen auch zur Sozialisation der Hitler-Jugend-Generation heraus[1].

Daß die Geschichtswissenschaft in der Bundesrepublik sich lange Zeit hindurch auch gegenüber politischen Inhalten der Geschichte der Jugend fast abstinent ver-

---

1 Helmut Schelsky, Die skeptische Generation. Eine Soziologie der deutschen Jugend, Düsseldorf 1957.

hielt, ist um so bemerkenswerter, als in der historischen Realität der deutschen Gesellschaft die politische Relevanz jugendlicher Bewegungen doch besonders deutlich hervorgetreten war.

Mit dem Aufkommen des Wandervogels und der Freideutschen Jugend waren Leitbilder einer »antibürgerlichen Bewegung bürgerlicher Jugend« zu wichtigen Komponenten des Gesellschaftsentwurfs bildungsbürgerlicher Schichten geworden, und die politische Mentalität der Jugendbewegung stand in engem Zusammenhang mit der ideologischen Wirksamkeit der »konservativen Revolution«, ihren Bünden, Publikationen und Kampagnen. In der Weimarer Republik waren die Kräfteverhältnisse zwischen den politischen Parteien und Verbänden auch durch die Konflikte von Generationen mitbestimmt; in der Endphase der Weimarer Demokratie spielte die Idee einer »Querfront der Jungen«, die herkömmliche Entgegensetzungen von politischen Konzepten und vorfindbaren Klassenkonflikten hinter sich lassen sollte, eine durchaus fragwürdige Rolle. Die »konservativ-revolutionäre« Imagination einer »nationalen Sendung der jungen Generation«, einer »völkischen Regeneration« durch die nachwachsende Generation, eines »verjüngten Staates«, enthielt politisch wirksame Sozialbiologismen, die den ideologischen Vorraum des Dritten Reiches mit ausgestalteten. Der Nationalsozialismus zog erheblichen Nutzen aus dem seit Ende der zwanziger Jahre sich immer mehr ausbreitenden Jugendmythos, auch aus der Formenwelt und Symbolik der Jugendbewegung, und die Hitler-Jugend hatte ihre Anziehungsfähigkeit vor allem in der Anknüpfung an einen jugendlichen Gruppenstil, den die Jugendbünde vor 1933 entwickelt hatten . . .

Frühe historisch-soziologische Arbeiten zur politischen Organisierung der Jugend im Dritten Reich und zum jugendlichen Oppositionspotential unter dem Nationalsozialismus blieben vereinzelt[2] und zogen zunächst keine weiteren Forschungen zu diesem Thema nach sich. Anzumerken ist hier, daß auch die »historisch-materialistische« Geschichtswissenschaft sich der Erforschung politischer Jugendsozialisation im Dritten Reich und deren Vorgeschichte durchweg fernhielt. Dies galt für die Historiographie in der DDR jedenfalls insoweit, als es nicht um Bezüge zur Programm- und Organisationsgeschichte der kommunistischen Jugendbewegung ging; als dann im Gefolge der linken Studentenbewegung in der Bundesrepublik am Rande des Wissenschaftsbetriebs »marxistische« Geschichtsschreibung sich einen Platz verschaffen konnte, war deren Blickrichtung zu sehr auf Entwicklung und Auswirkungen ökonomisch-politischer Machtstrukturen und auf die Geschichte der Arbeiterbewegung fixiert, als daß politische Jugendgeschichte vor und nach 1933 zum Thema hätte werden können.

Was die dominanten Linien der Geschichtsschreibung in der Bundesrepublik angeht, so ist inzwischen, seit den siebziger Jahren, zeitgeschichtliche Jugendforschung und darin eben auch Geschichte der »bewegten« Jugend in Deutschland vor 1933 und Geschichte der Jugend im Dritten Reich zu einem durchweg akzeptierten Themenge-

---

2   Die ersten Untersuchungen: Arno Klönne, Hitlerjugend. Die Jugend und ihre Organisation im Dritten Reich, Hannover–Frankfurt am Main 1956; derselbe, Gegen den Strom. Ein Bericht über die Jugendopposition im Dritten Reich, Hannover–Frankfurt am Main 1957. Es schlossen sich an: Werner Klose, Generation im Gleichschritt. Die Hitlerjugend, Oldenburg 1964 (Neuaufl. 1982); Hans-Christian Brandenburg, Die Geschichte der HJ, Köln 1968 (Neuaufl. 1982).

biet geworden. Der Wandel in der Wertschätzung dieses Themenbereiches hat eine Reihe von Gründen:

Die im Vergleich zu den fünfziger und sechziger Jahren weitaus intensiver gewordene geschichtswissenschaftliche Aufarbeitung der nationalsozialistischen Vergangenheit fragte nun stärker als zuvor auch nach den integrativen Momenten des Herrschaftssystems im Dritten Reich, zugleich nach den Mentalitäten und politisch-kulturellen Verhältnissen vor 1933, aus denen heraus der Nationalsozialismus seine Massenbasis gewann. Damit richtete sich das Forschungsinteresse aber auch auf den Zusammenhang von deutscher Jugendbewegung, »konservativer Revolution« und nationalsozialistischem Jugendmythos.

Die geschichtswissenschaftliche Hinwendung zu »Alltags-« und »Lebensweltaspekten« und zu sozialbiographischen Fragestellungen lenkte den Blick auf die Bedeutung von Sozialisationserfahrungen, Jugendkulturen und Generationenkonstellationen auch in der Zeitgeschichte; damit war die Erforschung der »Jugendmilieus« und jugendlichen Verhaltensorientierungen vor und unter dem Nationalsozialismus nahegelegt.

Im Zuge der Ausweitung von Studien über »nonkonformes Verhalten« im Dritten Reich, auch in der Folge geschichtswissenschaftlicher Erweiterungen des Begriffs »Widerstand« in Richtung auf »Resistenz«, wurden oppositionelle jugendliche Gruppierungen der Jahre 1933 bis 1945 zum Gegenstand der Forschung.

Als produktiv für die wissenschaftliche Erhellung der Bedingungen, Formen und Folgen politischer Jugendsozialisation zu Zeiten des Nationalsozialismus erwies sich ferner, daß überkommene Fachabgrenzungen sich relativierten und interdisziplinäre Kooperationen sich ausweiteten. Im Hinblick auf die Erforschung historischer Jugendkulturen gilt inzwischen die Frage, ob denn geschichtswissenschaftliche Studien sich soziologische oder erziehungswissenschaftliche Fragestellungen zunutze machen oder umgekehrt Soziologen und Erziehungswissenschaftler sich in Gefilde der Geschichtswissenschaft hineinwagen dürfen, als nicht mehr so brisant, was den Forschungsergebnissen offensichtlich nicht schlecht bekommt. Für den hier behandelten Themenbereich ist auf die quellensichernde und diskussionsanregende Bedeutung des Archivs der deutschen Jugendbewegung (Burg Ludwigstein) hinzuweisen; viele der neueren Studien über Jugend im Dritten Reich (und deren Vorgeschichte) sind im Zusammenhang mit diesem Archiv entstanden.

Im Resultat dieser neuen Forschungsinteressen liegen unterdessen Arbeiten über politisch wirksame »Mythen« der deutschen Jugendbünde im Vorfeld des Dritten Reiches, über die politische Sozialisation von Mädchen in der Hitler-Jugend, über das Verhältnis von Bündischer Jugend und Hitler-Jugend, über bündische Opposition und über die heimlichen »wilden« Jugendgruppen im Stile der »Edelweißpiraten« vor; wichtige Ergänzungen dazu bieten lebensgeschichtliche Studien zur »Hitler-Jugend-Generation«[3]. Die zeitgeschichtliche und sozialisationsgeschichtliche Jugend-

---

3 Um die m. E. wichtigsten Titel zu den genannten Themen zu nennen: Irmtraud Götz von Olenhusen, Jugendreich, Gottesreich, Deutsches Reich. Junge Generation, Religion und Politik 1928–1933, Köln 1987; Martin Klaus, Mädchenerziehung zur Zeit der faschistischen Herrschaft in Deutschland. Der Bund Deutscher Mädel, 2 Bde., Frankfurt am Main 1983; Dagmar Reese, Straff, aber nicht stramm – herb, aber nicht derb. Zur Vergesellschaftung von Mädchen durch den BDM, Weinheim 1989; Matthias von Hellfeld, Bündische Jugend und Hitler-Jugend. Zur Geschichte von Anpassung und Widerstand 1930–1939, Köln 1987;

forschung hat es im Hinblick auf Jugendorganisationen, jugendliche Gruppen und Jugendkulturen im Vorfeld und in der Herrschaftszeit des Nationalsozialismus gelernt, sich nicht mit der Analyse formalisierter Strukturen und offizieller Programmatik zu begnügen, sondern auch jugendliche Alltagsverhältnisse und Mentalitäten zu untersuchen, also nach der Vielschichtigkeit und Widersprüchlichkeit politischer Sozialisation zu fragen und dabei schicht-, geschlechts- und generationsspezifische Differenzen zu berücksichtigen. Dem in der »lebensweltlichen« oder lebensgeschichtlichen Blickrichtung liegenden Risiko, darüber nun die gesellschaftlichen Herrschaftsverhältnisse und deren ideologische Ausdrucksformen zu vernachlässigen, sind die meisten der Studien über Jugendgeschichte vor und in dem Nationalsozialismus erfreulicherweise entgangen.

Der Forschungsstand über Jugend unter dem Nationalsozialismus wird im folgenden skizziert.

I. Organisation der Jugend und Politik zu Zeiten der »nationalen Revolution«

Begreift man die Durchsetzung des Dritten Reiches als sozialen Prozeß, der sich nicht nur auf der Ebene der Haupt- und Staatsaktionen vollzog, so erweisen sich zwei Tatbestände als außerordentlich wichtig für den machtpolitischen Erfolg der NSDAP: Erstens die »Jugendlichkeit« der »nationalen Revolution« (»Nationalsozialismus ist organisierter Jugendwille« – so hieß damals eine zugkräftige NS-Parole); zweitens, im Zuge der Vollendung dieser »nationalen Revolution«, die Durchsetzung des Totalitätsanspruchs der Hitler-Jugend, die zur Staatsjugendorganisation wurde[4].

Die NSDAP hatte ihren Durchbruch in der deutschen Parteienlandschaft in den Jahren 1930 bis 1932 gerade auch der Mobilisierung von Jungwählern zu verdanken. Der Nationalsozialismus profitierte von dem Unbehagen an der Weimarer Demokratie, das sich speziell bei der nachwachsenden Generation vor 1933 immer mehr ausgebreitet hatte. Junge Menschen strömten in den Krisenjahren der Weimarer Republik der NSDAP bzw. der SA als Wähler oder als Mitglieder in großem Umfange zu, während die meisten anderen Parteien kaum noch Nachwuchs gewannen. Ausnahmen bildeten hierbei die KPD, die radikalere Schichten der jungen Arbeitergenera-

---

Detlev Peukert, Die Edelweißpiraten. Protestbewegungen junger Arbeiter im Dritten Reich, Köln 1980 (Neuaufl. 1988); Heinz Bude, Deutsche Karrieren. Lebenskonstruktionen sozialer Aufsteiger aus der Flakhelfer-Generation, Frankfurt am Main 1987; Gabriele Rosenthal, »... wenn alles in Scherben fällt ...« Von Leben und Sinnwelt der Kriegsgeneration, Opladen 1987.

4 Zum folgenden Näheres bei Arno Klönne, Jugend im Dritten Reich. Die Hitler-Jugend und ihre Gegner, Düsseldorf–Köln 1982 (Neuaufl. München 1990); als Quellensammlungen: Matthias von Hellfeld/Arno Klönne, Die betrogene Generation. Jugend in Deutschland unter dem Faschismus, Köln 1985 (Neuaufl. 1987); Karl Heinz Jahnke/Michael Buddrus, Deutsche Jugend 1933–1945, Hamburg 1989. Autobiographische Reflexionen: Wolfgang Klafki (Hrsg.), Verführung, Distanzierung, Ernüchterung, Weinheim 1988. Hingewiesen sei auch auf die antisemitische Verfolgung von Jugendlichen unter dem Nationalsozialismus, siehe Werner T. Angress, Generation zwischen Furcht und Hoffnung. Jüdische Jugend im Dritten Reich, Hamburg 1985.

tion für sich gewinnen konnte, und die Zentrumspartei, die ihre Position beim kirchlich-katholisch gebundenen Teil der Jugend wenigstens einigermaßen halten konnte.

Es versteht sich, daß die Attraktivität der NSDAP bei der nachwachsenden Generation nicht nur ideologisch bedingt war, sondern einen wesentlichen Grund auch in der sozialen und beruflichen Perspektivlosigkeit hatte, von der im Zusammenhang der Wirtschaftskrise gerade junge Leute betroffen waren.

Andererseits war es den Jugendorganisationen der NSDAP (HJ, NS-Schülerbund) bis zur Machtübernahme keineswegs gelungen, im spezifischen gesellschaftlichen Feld der Jugendarbeit, der Jugendverbände und Jugendbünde eine führende Rolle zu gewinnen. Bis 1932 befanden sich die NS-Jugendverbände im Bereich der organisierten Jugend im Status einer Minderheit. Selbst junge Leute, die politisch ihre Hoffnungen auf die NSDAP setzten, waren vielfach nicht bereit, dafür die Eigenständigkeit ihres jugendverbandlichen oder jugendbündischen Lebens aufzugeben und sich der Hitler-Jugend anzuvertrauen. Der Mitgliederstand der großen Jugendverbände gegen Ende der Weimarer Republik sah so aus:

Sportjugendverbände	ca. 2 000 000
Katholische Jugendverbände	ca. 1 000 000
Evangelische Jugendverbände	ca. 600 000
Gewerkschaftsjugend	ca. 400 000
Sozialistische Arbeiterjugend	ca. 90 000
Kommunistischer Jugendverband	ca. 55 000

Für die Organisationen der Bündischen Jugend im engeren Sinne kann insgesamt eine Mitgliederzahl von ca. 70 000 angenommen werden. Etwa ein Drittel der damaligen Jugendgeneration war in Jugendverbänden Mitglied, die dem Reichsausschuß Deutscher Jugend-Verbände angehörten; dabei hatten die männlichen Gruppen ein großes Übergewicht. Die Hitler-Jugend hatte demgegenüber Ende 1932 keinesfalls mehr als 100 000 Mitglieder; Ende 1934 aber war sie auf mehr als 3,5 Millionen Mitglieder angewachsen.

Dieser immense quantitative Aufschwung hatte politische und pädagogische Gründe. Zum einen verschaffte der NS-Staat der HJ eine Monopolstellung, im Wege der Auflösung, Gleichschaltung und des Verbots der anderen Jugendorganisationen (zeitweise noch ausgenommen die katholischen Jugendverbände). Der Druck auf Eltern, in der Schule und an der Arbeitsstelle trat hinzu. Zum anderen bemächtigte sich die Hitler-Jugend nun der Lebensformen, die – ausgehend von der Jugendbewegung – zu Zeiten der Weimarer Republik von den Jugendverbänden auf breiter Basis entwickelt und anziehend gemacht worden waren: die von Jugendlichen selbst geführte Jugendgruppe abseits der Erwachsenengesellschaft, Heimabend, Fahrt und Lager. Maßgeblich für die Affinität zum »Staat der nationalen Erhebung«, die 1933 bei weiten Teilen der organisierten Jugend gegeben war und die für die Vereinnahmung durch die HJ günstige Voraussetzungen bot, sind jene Antihaltungen gewesen, die sich in diesem Potential einer »bewegten« jungen Generation vor 1933 herausgebildet hatten und die zugleich tief in der Tradition des bürgerlich-nationalen Denkens in Deutschland verankert waren; die Ablehnung des »Parteienstaates«, die Verachtung liberaler und parlamentarischer Verhältnisse, die Scheu vor sozialen Konflikten, die Sehnsucht nach »Volksgemeinschaft«, der autoritäre Staatsgedanke, das Ressentiment gegenüber der »Novemberrepublik«, die als »national würdelos« hingestellt wurde. Das Jahr 1933 war in dieser Hinsicht kein »Bruch mit der deutschen Geschichte«; es knüpfte an politische Mentalitäten an, die schon vor der Machtübernahme auch bei erheblichen Teilen der Jugendgeneration die Gefühlswelt bestimmten. Nimmt man die jeweils durchschnittlichen Verhältnisse, so war zur Zeit der Machtübernahme des Nationalsozialismus eine unmittelbare politische Gegnerschaft zum neuen Regime nur bei den Verbänden der Arbeiterjugendbewegung ausgeprägt; bei den katholischen Jugendverbänden existierte so etwas wie weltanschauliche Distanzierung vom Nationalsozialismus. Auch bei den katholischen Jugendverbänden gab es aber weitverbreitete Zustimmung zu einem »starken nationalen Staat«, und bei den evangelischen Jugendorganisationen, der Bündischen Jugend und der Sport- bzw. Turnerjugend herrschte die Begeisterung über die »nationale Erhebung« vor.

Das Verhältnis der Bündischen Jugend (deren Formen und Ideenwelt in den dreißiger Jahren auch in den konfessionellen Jugendverbänden und in der Sportjugend weithin Einfluß gewonnen hatten) zum Nationalsozialismus war in der politischen Ideologie brückenbildend; es hatten sich gerade hier jugendliche Leitbilder entwickelt und verbreitet, die dem Nationalsozialismus entgegenkamen und die er weltanschaulich integrieren konnte: »Führer und Gefolgschaft«, »Nation und Sozialismus«, »Blut und Boden«, »soldatische Tugenden«, »Kampf gegen Versailles und gegen Weimar« – das waren ideologische Standards weiter Teile der bündischen oder bündisch beeinflußten Jugend. Von daher lag es nahe, daß junge Leute, die diesen Leitbildern anhingen, den Aufstieg des Nationalsozialismus weitgehend begrüßten.

Die Hitler-Jugend nutzte bei ihrem Ausbau nach 1933 eine Jugendmentalität, die nicht auf ihrem eigenen Boden, sondern auf dem der Jugendbewegung in all ihren Ausformungen gewachsen war. Ein vages Bedürfnis nach der »Einheit der Jugend«, nach einer Abkehr von der konventionellen Politik »der Alten«, nach der »Erneuerung von Volk und Nation«, die ein »verknöchertes, morsches System hinwegfegen« sollte, war in den Jahren vor 1933 bei »bewegten« jungen Leuten weit verbreitet. So konnte die HJ ein bereits erschlossenes Terrain besetzen und ausweiten – und sie mußte es, vom Herrschaftsanspruch des Dritten Reiches her betrachtet, besetzen, weil sich hier sonst andere Strömungen hätten entwickeln können. Insofern reagierten NS-Staat und NS-Reichsjugendführung, indem sie die HJ mit einem totalen Erfassungsanspruch im Feld der Organisation der Jugend ausstatteten, auf die »dynamische« Verfassung der Jugendgeneration, die sie vorfanden, und sie zogen für einige Jahre noch aus dieser Dynamik ihren Vorteil.

II. Entwicklung der HJ als Staatsjugendorganisation

Die HJ setzte den von ihr sofort bei der Machtübernahme der NSDAP erhobenen Totalitätsanspruch im außerschulischen Bereich[5] durch:

1. in der Ausschaltung und Gleichschaltung aller konkurrierenden jugenderzieherischen Institutionen oder Organisationen (ausgenommen die erst später endgültig verbotenen katholischen Jugendbünde);

---

5 Zur schulischen Sozialisation im Dritten Reich: Harald Scholtz, Erziehung und Unterricht unterm Hakenkreuz, Göttingen 1985; Ulrich Herrmann (Hrsg.), »Die Formung des Volksgenossen«. Der »Erziehungsstaat« des Dritten Reiches, Weinheim 1985.

2. in der Übernahme der Kontrolle möglichst vieler Funktionen und Bereiche der Jugendarbeit;
3. in dem Bestreben nach Erfassung möglichst vieler Jugendlicher der schon verfügbaren Jahrgänge und nach restloser Erfassung der jeweiligen Nachwuchsjahrgänge.

Für etliche Millionen Jungen und Mädchen in Deutschland zwischen 1933 und 1945 war die Hitler-Jugend neben Familie und Schule die entscheidende Sozialisationsinstanz; für den nationalsozialistischen Staat galt diese Jugendorganisation als »Garant der Zukunft«. Der Dienst in der HJ sollte die im Dritten Reich Aufwachsenden möglichst restlos an die Leitbilder des NS-Systems binden.

Die HJ nach 1933 war erfolgreich, soweit und solange sie jugendbewegte Lebensformen übernahm. Der freiwillige Zustrom, den die HJ zeitweise und teilweise durchaus hatte, der »Idealismus«, der zumindest in den ersten Jahren des NS-Staates ihr zugutekam, die Attraktivität, die das Angebot der HJ für Jugendliche in bestimmten Lebensverhältnissen auch später noch enthielt – all diese Erscheinungen sind plausibel erklärbar, wenn man bedenkt, daß mit der Hitler-Jugend weitverbreitete Erwartungen der Zeit vor und um 1933 sich zu erfüllen schienen: Jugendbewegtes Leben und Treiben wurde nun staatlich anerkannt und als Möglichkeit verfügbar auch für solche Gruppen oder Schichten von Jugendlichen, die in den Jugendbünden oder -verbänden vor 1933 sozusagen zu kurz gekommen waren, also etwa für Jungen und Mädchen in der Provinz und auf dem Lande und überhaupt für Mädchen, die in den Jugendorganisationen vor 1933 durchweg unterrepräsentiert waren[6].

Eine jugendspezifische Organisationschance schien mit der HJ nun für die Gesamtheit der nachwachsenden Generation gegeben; soziale Abstände, Stadt-Land-Unterschiede oder geschlechtsspezifische Differenzen im Hinblick auf jugendverbandliche Aktivität schienen beiseite geräumt. Vom Anschein her läßt sich demnach sagen, daß die Hitler-Jugend nach 1933 zunächst eine Ausbreitung »jugendbewegter Lebensformen« bedeutete. Allerdings war der Schein trügerisch. Die Verallgemeinerung der Jugendbewegung im NS-System war ihrem Wesen nach zugleich Verstaatlichung, und beides ließ sich auf Dauer nicht miteinander vereinbaren. Das charakteristische Moment des Entwicklungsprozesses der Jugendorganisation nach 1933 lag eben darin, daß diese immer enger in staatliche Zwecke eingebunden, immer mehr in bürokratische Formen hineingezwängt und nach militärischen Vorbildern ausgerichtet wurde.

Der Glanz jugendbewegten Lebens ging mehr und mehr verloren; am Ende dieser Entwicklung stand die »Jugenddienstpflicht«, die notfalls mit Polizeigewalt durchzusetzen war. Auch dann bestanden unter günstigen Bedingungen hier oder dort noch Nischen für jugendbündisches Leben in einzelnen Jungvolk- oder Jungmädeleinheiten; vom System und von der typischen Praxis der HJ her war jedoch der Anspruch auf »eigene Bestimmung« und »eigene Verantwortung« verdrängt. Zwar blieb in einem bis dahin nie gekannten Ausmaß »Jugend von Jugend geführt«, aber ein enges Netz von politischen Vorgaben und Dienstvorschriften entschied, wohin und wie zu führen war. Die Entwicklung der Hitler-Jugend hin zu Zwang und Drill war nicht etwa durch pädagogisches Ungeschick der HJ-Führung, also gewissermaßen zufällig,

---

6 Dazu Irmgard Klönne, »Ich spring in diesem Ringe«. Mädchen und Frauen in der deutschen Jugendbewegung, Pfaffenweiler 1990.

zustande gekommen. Verursacht hatte dies vielmehr ein inneres »Gesetz« des Dritten Reiches: Jegliche Jugendbewegung, und sei sie noch so nationalistisch oder völkisch gestimmt, enthielt Risiken für den Bestand des NS-Herrschaftssystems und war deshalb auszurotten.

Die HJ selbst pflegte ihren Organisationsübersichten folgendes Hitler-Wort voranzustellen: »Eine große Idee kann nur dann zum Ziele geführt werden, wenn eine festgefügte und straffe, mit konsequenter Härte durchgeführte Organisationsform der Weltanschauung die Gestalt gibt.« Dementsprechend war die Struktur der HJ unbeweglich und bis ins letzte reglementiert. Starr war schon die (ab Juli 1933 feststehende) Aufteilung in die verschiedenen Untergliederungen:

1. das »Deutsche Jungvolk« (DJ) in der HJ – es erfaßte die zehn- bis 14jährigen Jungen.
2. die eigentliche »Hitler-Jugend« – sie umfaßte die 14- bis 18jährigen Jungen.
3. die »Jungmädel« (JM) in der HJ – die zehn- bis 14jährigen Mädchen, deren Organisation der des DJ parallel lief.
4. den »Bund Deutscher Mädel« (BDM) in der HJ – die 14- bis 21jährigen Mädchen, die 18- bis 21jährigen darunter im BDM-Werk »Glaube und Schönheit«.

Starr war auch die strikte Trennung von Jungen- und Mädchengruppen. Wesentliches Strukturprinzip war ferner der ab 1936 perfekte, streng jahrgangsweise Aufbau, d. h. die zehnjährigen Jungen und Mädchen wurden bei der Aufnahme in DJ und JM in Einheiten zusammengefaßt, die den Schuljahrgängen entsprachen, und in dieser Zusammensetzung durch die verschiedenen Gliederungsstufen der HJ geführt.

Im Mittelpunkt der Jungenerziehung der HJ stand die »Wehrertüchtigung«[7], eingebunden in die Lehre von der Überlegenheit deutschen »Volkstums« und »nordischer Rasse«. Die Mädchenerziehung in der HJ war ausgerichtet auf eine – wiederum durch »Volkstum« und »Rasse« begründete – Rolle der Frau als »Gebärerin und Pflegerin«. Sportliche und berufsbildende Tätigkeiten der HJ, die großen Raum einnahmen, verbanden sich mit »weltanschaulicher Schulung«.

Die Ausschaltung aller anderen Jugendverbände zugunsten der HJ kam zu ihrem formellen Abschluß durch das »Gesetz über die Hitler-Jugend« vom 1. Dezember 1936. Nach diesem Gesetz war für die gesamte (»körperliche, geistige und sittliche«) Erziehung der Jugend in Deutschland außerhalb von Schule und Elternhaus allein die HJ zuständig; diese Erziehungskompetenz wurde dem Reichsjugendführer der NSDAP als dem Jugendführer des Deutschen Reiches übertragen, der die Stellung einer Obersten Reichsbehörde erhielt und dem »Führer« unmittelbar unterstellt wurde. Durch das Hitler-Jugend-Gesetz war nun auch rechtlich garantiert, daß außer Elternhaus und Schule allein die HJ »Erziehungsträger« war. Die endgültigen Schritte in der Entwicklung der Hitler-Jugend von der »nationalen Jugendbewegung« zum Staatsjugenddienst mit Jugenddienstpflicht bedeuteten die Durchführungsverordnungen zum »Gesetz über die Hitler-Jugend vom 1. Dezember 1936«, die am 25. März 1939 erlassen wurden.

Es ist bemerkenswert, daß die Jugenddienstpflicht bereits vor Kriegsbeginn geschaffen wurde und nicht, wie oft angenommen, eine Folge der Kriegserfordernisse war. Es kann kein Zweifel daran sein, daß der Endzustand einer »Jugenddienstpflicht« schon in den Maßnahmen der HJ-Führung ab 1933 angelegt war. Mit der

---

7 Siehe dazu Franz-Werner Kersting, Militär und Jugend im NS-Staat, Wiesbaden 1989.

Einführung der Jugenddienstpflicht waren alle Jugendlichen dem Erziehungsanspruch der HJ unterworfen. Ihr Konzept dafür umriß die HJ selbst folgendermaßen: »Mit 10 Jahren kommt der Jugendliche zu uns und verläßt die HJ mit 18 Jahren wieder. In dieser Zeitspanne erfaßt ihn ein Plan wohldurchdachter Schulung ... und Ertüchtigung, der bei seinem Eintritt in die HJ genauso festliegt, wie bei seinem Eintritt in die Schule der Lehrplan ... Der Plan darf nicht nur die bloße Organisation schaffen, sondern er muß auch den ganzen Dienst bis hinunter zu der kleinsten Einheit umschließen.«[8]

Die Jugenddienstpflicht wurde 1940 zum ersten Male praktisch wirksam; aufgrund der Jugenddienstverordnung von 1939 wurden im Frühjahr 1940 alle zehnjährigen Jungen und Mädchen pflichtweise zur HJ eingezogen.

Um die praktische Wirksamkeit der Jugenddienstpflicht nach innen hin zu garantieren, wurde die bisherige Disziplinarordnung der HJ in eine Dienststrafordnung umgewandelt, die ein Verfahren bei Nichterfüllung der Dienstpflicht vorsah und Verstöße gegen die HJ-Disziplin, »Gefährdung des öffentlichen Ansehens der HJ« und ähnliches mehr verfolgte.

III. Jugend im Krieg

Der Zweite Weltkrieg steigerte die Aktivitäten der HJ insofern, als es um Kriegshilfsdienste oder um kriegsbedingte Arbeitseinsätze ging, vom Luftschutz über die Erntearbeit bis zum »Ostdienst«. Für die männlichen Einheiten der HJ bekam die »Wehrertüchtigung« nun eine noch größere Bedeutung, etwa in den »Sondereinheiten« (Marine-HJ, Flieger-HJ, Motor-HJ, Nachrichten-HJ), bei denen Technikinteresse und vormilitärische Ausbildung sich verquickten, oder in besonderen »Wehrertüchtigungslagern«, bei denen Ausbilder der Wehrmacht und der Waffen-SS mitwirkten. Schließlich wurden noch nicht wehrpflichtige Jungen als Luftwaffen- oder Marinehelfer und junge Frauen als Wehrmachts- und Waffen-SS-Helferinnen eingesetzt. Die Waffen-SS stellte eine besondere Division vorwiegend aus jugendlichen Freiwilligen unter dem Namen »Division Hitler-Jugend« auf. Die HJ konnte im Krieg ihre Funktionen ausweiten, indem sie die Organisation der »Kinderlandverschickungslager« (KLV) übernahm, in denen aus luftkriegsgefährdeten Regionen evakuierte Schulklassen betreut wurden.

Mentalitätsgeschichtlich ergibt sich kein eindeutiges Bild der »Kriegsjugendgeneration«.

In welchem Umfange und in welcher Weise diejenigen Jugendlichen, die in den Jahren davor in der Hitler-Jugend erzogen worden waren, im Herbst 1939 »kriegsbegeistert« waren, ist umstritten. Das Zukunftsbild, das Hitler-Jugend und nationalsozialistische Propaganda bis zum Beginn des Krieges der nachwachsenden Generation vermittelt hatten, war in dieser Hinsicht nicht eindeutig. Einerseits waren »soldati-

---

8 »HJ-Führerdienst«, November-Ausgabe 1938. Die Reglementierung der Jugenddienste in der HJ ist im Detail nachlesbar in den Handbüchern »Pimpf im Dienst«, »Jungmädel im Dienst«, »HJ im Dienst« und »Mädel im Dienst«, ab 1934 herausgegeben in verschiedenen Neubearbeitungen von der Reichsjugendführung, Berlin.

sche Tugenden«, »militärische Einsatzbereitschaft« und – für die Mädchen – Normen künftiger »Soldatenmütter« anerzogen worden, andererseits war das Dritte Reich als »Friedensmacht« herausgestellt worden, als ein Staat, der jungen Menschen gerade wegen seiner »Wehrfähigkeit« auf Erfolg und Glück gerichtete Lebenserwartungen einlösen könne. Es spricht wenig für die Annahme, daß die große Mehrheit der jungen Generation in Deutschland 1939 sich in einer »Hochstimmung« in den Krieg hineinbegeben habe und daß diese jungen Leute damals typischerweise »todessüchtig« gewesen seien, ist eine literarische Fiktion. Die militärische Expansion hitlerdeutscher Macht zwischen 1939 und 1941, bei relativ geringen deutschen Verlusten, hat höchstwahrscheinlich bei der systemkonformen Majorität der jungen Menschen eine neue Stimmungslage herbeigeführt. Der nationalsozialistische Krieg schien sich nun recht vorteilhaft »auszuzahlen«, er schien für die »Volksgemeinschaft« wie für die einzelnen jungen Leute sozialen Aufstieg zu bedeuten.

Die Jahre 1939 bis 1941 boten auch dem weiblichen Teil der jungen Generation gewisse Aufstiegsmöglichkeiten, Chancen zum Einrücken in manche Positionen, die bis dahin Männern vorbehalten waren. Allerdings waren diese erweiterten Handlungsräume und Kompetenzen für junge Mädchen und Frauen nur als kriegsbedingte Ersatzlösungen legitimiert. Zu fragen ist, inwieweit dies bewußt wurde und Skepsis gegenüber dem »Potenzierungsangebot« der nationalsozialistischen Kriegsgesellschaft herstellte oder ob auch für manche jungen Frauen aus diesen Jahrgängen die erste Kriegsphase mentalitätsgeschichtlich den »Erfolg« Hitler-Deutschlands als persönlichen Gewinn erscheinen ließ. Soziale Schichtungen sind hierbei zu beachten; die Arbeit in der Rüstungsfabrik war sicherlich nicht so zur Identifikation mit dem System geeignet wie die Gelegenheit zum Einstieg in das Studium oder der Funktionsgewinn von Führerinnen in NS-Organisationen.

Für die nachrückenden Jahrgänge in der »Kriegsjugendgeneration« enthielt schon die Lage in den ersten Kriegsjahren einige anders gerichtete Erfahrungen. Der Dienst in der Hitler-Jugend verlor ab 1939, systembedingt und kriegsbedingt, mehr und mehr an jugendbündischer Attraktivität; Drill breitete sich in einer Lebensphase aus, die auf das Erschließen von alltäglichen Freiheitsräumen angewiesen und an »Jugendromantik« interessiert ist. Im Gegenzug gewannen spontane Gruppen von Jugendlichen abseits der Hitler-Jugend, »piratenhaft«-bündisch oder auch jugendkulturell-»anglophil« orientiert, an Boden. Solche Neigungen steigerten sich noch, als ab 1941/ 42 die Last des Krieges auch für die deutsche Gesellschaft drückender wurde und gerade Jugendliche ihrer Möglichkeiten beraubte, sich »auszuleben«. Im zumeist unbewußten Protest gegen die Disziplin- und Verzichtsforderungen des kriegerischen Nationalsozialismus bildeten sich bei Jugendlichen hedonistische Tendenzen heraus oder auch Bedürfnisse, der »Welt der Kaserne« durch den Rückzug ins Privatistische zu entkommen.

Der Nationalsozialismus ließ aus machtstrategischen Gründen auch und sogar zunehmend im Krieg in der Unterhaltungsindustrie Inhalten Raum, die durchaus nicht dem »völkischen Heroismus« entsprachen; diese unpolitische Seite der Medien schien ihm als Ablenkung von den Härten der Kriegszeit nützlich. Darin lag aber eine Eigendynamik, die sich nicht zuletzt in der Mentalität von Jugendlichen auswirkte; viele von ihnen fanden an »seichter« (stilistisch von der US-amerikanischen Entwicklung beeinflußter) filmischer, musikalischer und publizistischer »Zerstreuung« mehr Gefallen als der nationalsozialistischen Pädagogik lieb war. Solcherart Aufweichungen jener kriegerischen Normen, die das Dritte Reich der Jugendgeneration auferlegen wollte, vollzogen sich auch im Bereich der Geschlechterbeziehungen; vielen jungen Leuten schien mit Fortdauer des Krieges der »sexuelle Genuß« wichtiger als die »volkspolitische und volksbiologische Aufgabe« in der »Begegnung der Geschlechter«.

Im Schulwesen hatte das Dritte Reich, um die wirtschaftlich-technische Funktionsfähigkeit des eigenen – auch militärischen – Systems nicht zu gefährden, schon vor 1939 die wissenschaftliche Ausbildung im Verhältnis zur politischen Erziehung wieder stärker betont; der Krieg forcierte die Notwendigkeit, hier Qualifikationsverlusten vorzubeugen. Die Hitler-Jugend betonte im Krieg, um einer »drohenden Gefühlsleere« bei Jugendlichen entgegenzusteuern, wieder mehr die »musische« Seite nationalsozialistischer Pädagogik gegenüber der »Körpererziehung«. Auch diese Akzentverschiebungen waren, vom System her gedacht, machtstrategisch begründet, aber auch sie konnten sich in der Mentalität Jugendlicher verselbständigen. Es scheint so gewesen zu sein, daß manche jungen Leute, je länger der Krieg andauerte, sich wieder desto stärker bildungsbürgerlichen Werten, teils wissenschaftlicher, teils kultureller Art, zuwandten; diese schienen in Zeiten der gesellschaftlichen Zerrüttung vergleichsweise haltbar, nachdem die Attraktion einer »nationalen Revolution« dahingeschwunden war.

Rolf Schörken hat plausibel dargelegt, daß bei denjenigen Jugendlichen, die in den Schlußjahren des Zweiten Weltkrieges zum »Dienst an der Waffe« kamen (Flakhelfer etc.), auch die Faszination des nationalsozialistischen Militärsystems zum Teil nicht mehr wirksam war, zumal sie dieses in seinen »Erfolgsjahren« selbst nicht direkt miterlebt hatten[9].

All diese »abweichenden« Erscheinungen in der Gefühlswelt der »Kriegsjugendgeneration« bedeuteten nun nicht, daß damals eine breite systemoppositionelle Bewegung junger Menschen aufgekommen wäre, und sie änderten auch nichts daran, daß der Herrschafts- und Kriegsapparat Hitler-Deutschlands bis in das Frühjahr 1945 hinein funktionsfähig blieb. Zu erwähnen ist auch, daß eine Minderheit von Jugendlichen gegen Ende des Krieges durchaus bereit war, sich freiwillig in das »letzte Aufgebot« des Regimes einzureihen.

Aber für die Mehrheit der jungen Leute der Jahrgänge, die zwischen 1941 und 1945 in die Erwachsenenwelt hinüberwechselten, gilt wohl eher, daß dem Trend nach das nationalsozialistische, »heroische« Weltbild brüchig wurde, daß die in der Hitler-Jugend-Erziehung vermittelten Normen durch Alltagserfahrungen schrittweise entwertet wurden. Die nationalsozialistische Ideologie, daß der Einsatz im Krieg die »höchste Erfüllung« jugendlicher Lebensentwürfe sei, brach sich zumindest ab Ende 1941, als sich herausstellte, daß der Krieg gegen die Sowjetunion keinen »Blitzsieg« brachte, zunehmend an den Realitäten. Viele Anzeichen sprechen dafür, daß schon in den Jahren 1942 bis 1944 in der »Kriegsjugendgeneration« eine Mentalität sich ausbreitete, der das nationalsozialistische Projekt einer kriegerischen Neuordnung wenig glaubhaft erschien, die vielmehr das »Überleben« als zentralen Wert ansah. Überwiegend ging aus dieser Motivation nicht politischer Protest hervor, sondern der Versuch, »über die Runden zu kommen«, »in Deckung zu gehen«, die eigene Identi-

---

9 Rolf Schörken, Luftwaffenhelfer und Drittes Reich. Die Entstehung eines politischen Bewußtseins, Stuttgart 1985.

tät abseits der großen Politik zu finden. Freilich konnten auch solche Überlebensstrategien an eine bestimmte Komponente der nationalsozialistischen Jugenderziehung anknüpfen, nämlich an die sozialdarwinistische, die den »Überlebenskampf« als völkisches und rassisches Ideal verkündet hatte; dieser verlagerte sich nun in den individuellen Drang, »übrig zu bleiben«.

Bereits im Januar 1940 hatten die Teilnehmer einer internen Dienstbesprechung der Spitzen von Sicherheitspolizei und SD, Reichsjugendführung und anderen Staats- und Parteidienststellen eine vehement ansteigende »Jugendverwahrlosung« und »Jugendkriminalität« beklagt[10]. Die Folgen derselben seien so schwerwiegend, daß auch die »Wehrfähigkeit« tangiert werde; notwendig seien strafrechtlich-polizeiliche Gegenmaßnahmen und eine Stärkung der Funktionsfähigkeit der HJ. Am 9. März 1940 erließ der Reichsführer SS und Chef der Deutschen Polizei Heinrich Himmler in Vertretung des Reichsministers des Inneren eine »Polizeiverordnung zum Schutze der Jugend«, in der festgelegt war: Jugendliche unter 18 Jahren durften sich »während der Dunkelheit« nicht »auf öffentlichen Straßen und Plätzen oder an sonstigen öffentlichen Orten herumtreiben«; der Zugang zu öffentlichen Lokalen, Lichtspieltheatern u. a. war für Jugendliche ohne Begleitung von Erziehungsberechtigten nach 21 Uhr generell, für Jugendliche unter 16 Jahren der Lokalbesuch auch vor 21 Uhr verboten; Alkoholgenuß in Gaststätten wurde für Jugendliche eingeschränkt bzw. untersagt, ebenso für Jugendliche unter 18 Jahren der »Genuß von Tabakwaren in der Öffentlichkeit«.

Um bei der Sanktionierung von abweichendem Verhalten Jugendlicher rascher zugreifen zu können, wurde mit Verordnung des Ministerrats für die Reichsverteidigung vom 4. Oktober und 28. November 1940 ein neues Mittel eingeführt: der »Jugendarrest« (Arretierung von Jugendlichen durch jugendrichterliche oder polizeiliche Strafverfügung für höchstens einen Monat oder vier »Wochenendkarzer«). Am 24. November 1942 gab Himmler einen Runderlaß heraus, wonach auf Antrag der zuständigen HJ-Dienststellen die staatlichen Polizeibehörden zur »Erzwingung der Jugenddienstpflicht« eingesetzt werden sollten. Gegen die Erziehungsberechtigten sei gegebenenfalls Zwangsgeld oder ersatzweise Zwangshaft zu verhängen, gegen die Jugendlichen selbst müsse gegebenenfalls mit polizeilicher Vorführung zum Dienst, Zwangsgeld und Jugendarrest vorgegangen werden, in Fällen von »Unerziehbarkeit« auch durch Einweisung in die Fürsorgeerziehung.

Da es bei der Durchführung von Jugendarrest offenbar einige Schwierigkeiten gab, empfahl der Reichsführer SS und Chef der Deutschen Polizei mit einem Runderlaß vom 1. Juli 1943, bei »geringfügigen Verfehlungen Jugendlicher« Arbeitsauflagen (Arbeitsleistungen von Jugendlichen in der Freizeit) als »Zuchtmittel des Jugendrichter« anzuordnen.

Aus Unterlagen des Reichsministers der Justiz und des Statistischen Reichsamtes geht hervor, daß die erfaßte Jugendkriminalität in den Kriegsjahren ständig anstieg. Im Jahre 1941 wurden im Reichsgebiet 37 853, im Jahre 1942 gar 52 426 jugendliche Personen rechtskräftig verurteilt. Die Kriminalitätsquote bei Jugendlichen lag damit

---

10   Näheres dazu bei Arno Klönne, Einleitung (und Hrsg.), Jugendkriminalität und Jugendopposition im NS-Staat, Münster 1981 (mit dem Reprint der vom Jugendführer des Deutschen Reiches 1941 herausgegebenen internen Dienstschrift »Kriminalität und Gefährdung der Jugend«).

ganz erheblich über der aus den Jahren vor 1939 bzw. 1933. Dabei machten Zuwiderhandlungen von Jugendlichen gegen Rechtsvorschriften, die sich aus dem besonderen Charakter des politischen Systems oder der spezifischen Militarisierung der Lebens- und Arbeitsverhältnisse im Krieg ableiteten, einen erheblichen Anteil aus, so insbesondere Vergehen gegen Arbeitsdisziplinvorschriften und gegen Strafrechtsverordnungen »zum Schutze der Wehrkraft des deutschen Volkes«, hierbei wiederum speziell gegen das Verbot des Umgangs mit Kriegsgefangenen. Auch die »Polizeiverordnung zum Schutze der Jugend«, die die Jugendlichen »von der Straße bringen« und aus den Lokalen und Kinos verdrängen sollte, die aber gleichzeitig auch als vorbeugende Maßnahme gegen spontane Gruppenbildung unter Jugendlichen der städtischen und ländlichen Unterschichten eingesetzt war, erfüllte den ihr zugedachten Zweck nicht; sie rief eher zusätzliches Aufbegehren Jugendlicher hervor.

Bei allen Differenzierungen, die bei der Situationsbeschreibung der deutschen Jugendgeneration im Zweiten Weltkrieg zu machen sind, lassen sich einige durchgängige Kennzeichnungen treffen:

Jugendliche wurden damals erwachsen in einer Gesellschaft, der – vom staatlich sanktionierten Wertesystem bis zu weiten Teilen der Alltagsphilosophie – Kriegshandeln und Kriegsfähigkeiten als »kulturelle Selbstverständlichkeiten« galten.

Kinder, Jugendliche und Heranwachsende erlebten ihre menschliche Umwelt zu einem großen Teil in der Sozialform der militärischen oder quasimilitärischen »Einheit« oder des »Lagers« – von den Jungvolk- oder Jungmädel-»Einheiten« oder den KLV-Lagern bis zum Arbeitsdienst oder Militärdienst und schließlich zum Gefangenenlager.

Kindheit, Jugend und Adoleszenz vollzogen sich zu hohen Anteilen im Rahmen von Familien, die zeitweise oder dauernd »unvollständig« waren, vornehmlich durch die Abwesenheit oder den Tod von Vätern und Brüdern; in einigen Jahrgängen dieser Generation verschob sich massiv die Relation zwischen den beiden Geschlechtern.

Kriegsbedingt trat die Sozialisations- und Kontrollfunktion der Schule weiter zurück, nachdem schon vor 1939 die Schule einen Teil ihres Einflusses an die Hitler-Jugend hatte abtreten müssen.

Kindern, Jugendlichen und Heranwachsenden wurde in ungewöhnlichem Umfange Alltagsverantwortung, »Leistung« für die Gesellschaft im Krieg und zugleich für das private materielle Überleben abgefordert. Die Verhaltensorientierungen, die darin angelegt waren, enthielten Zwiespältigkeiten: Einerseits ging es um das individuelle »Sichdurchboxen«, auch auf Kosten der eigenen »Volksgenossen«; andererseits war alltägliche Kooperation oder Kollektivität vonnöten, um die »Zeiten durchzustehen«.

Erfahrung von Brutalität wurde zum Bestandteil kindlicher oder jugendlicher »Normalität«, sei es in der direkten Berührung mit dem Kriegsgeschehen oder mit der Flucht und Vertreibung, sei es in der Anschauung von Situationen, in denen sich Verfolgte, Gefangene, »Fremdarbeiter« und ähnliche Gruppen befanden. Das zuletzt Gesagte gilt weithin auch für die vom Luft- oder Landkrieg verschonten Regionen.

Kennzeichnend war schließlich, daß die historisch-politische Situation es Kindern, Jugendlichen und Heranwachsenden unmöglich machte, kritische Fragen, Eindrücke, Gefühle und Überlegungen in irgendeiner Form öffentlich zu machen. Der »Diskurs« war für die »Kriegsjugendgeneration« kein Element der Sozialisation, jedenfalls nicht, wenn er über Privatsphären hinaus wollte.

IV. Jugendliche Opposition

Der totalitäre Anspruch des NS-Staates auf Organisation des Jugendlebens ist schon zu Beginn des Dritten Reiches und im Laufe der Entwicklung desselben später erneut auf vielfältige Opposition bei Teilen der jungen Generation gestoßen. Der zunehmende Zwangscharakter der nationalsozialistischen Jugenderziehung und die immer stärkere Reglementierung jugendlichen Lebens durch die HJ und in der HJ waren auch Reaktionen auf oppositionelles Verhalten einzelner Jugendlicher und jugendlicher Gruppen.

Bei vielen jungen Leuten, die im Dritten Reich aufwuchsen, »mißlang« die NS- und HJ-Sozialisation. Das Spektrum »abweichenden Verhaltens« jugendlicher Gruppen im NS-Staat reicht von Fortsetzungen der verbotenen Arbeiterjugendverbände über resistente kirchliche Jugendkreise und illegale Fortführungen der bündischen Jugend bis hin zu »wilden« Gruppen (wie die Behörden sie nannten) vom Typ der Edelweißpiraten oder der Swing-Jugend. NS-Staat und Reichsjugendführung sahen in dieser jugendlichen Opposition eine Gefährdung des Systems – dies um so mehr, je weniger sich die anfängliche Attraktion des HJ-Dienstes als haltbar erwies[11].

Die erste Phase der Opposition Jugendlicher gegen das Hitler-System war geprägt durch den unmittelbar politischen Widerstand aus den Reihen der bereits vor 1933 in der Auseinandersetzung mit dem Nationalsozialismus engagierten Jugendorganisationen der Arbeiterbewegung, also des Kommunistischen Jugendverbandes (KJVD), der Sozialistischen Arbeiterjugend (SAJ), der »Naturfreunde«, des Jugendverbandes der Sozialistischen Arbeiterpartei SJVD (Sozialistischer Jugendverband Deutschlands) und anderer linker Zwischengruppen. Die Motivation dieser Jugendopposition gleich nach 1933 lag nicht so sehr im Konflikt mit der Jugenderziehung und Jugendorganisation des Nationalsozialismus (die Hitler-Jugend war zu dieser Zeit noch im Aufbau begriffen), sondern vielmehr im Abwehrkampf gegen die endgültige Durchsetzung der NS-Herrschaft. Die meisten jungen Kommunisten oder Sozialisten, die sich an diesem Widerstand beteiligten, hatten in den Jahren 1933/34 noch die Hoffnung, das neue Regime sei auf kurze Sicht durch die illegale Arbeiterbewegung machtpolitisch zu stürzen. Die Perspektive des Widerstandskampfes der Jungkommunisten und vieler junger Sozialisten lag zu dieser Zeit in dem Versuch, die verbotenen Organisationen als »Massenverbände« aufrechtzuerhalten, Agitationsmaterial zu streuen, Impulse für einen direkten »Machtkampf« zu geben[12]. Die politischen Erwartungen, die sich mit dieser Form jungen Widerstandes verbanden, waren illusionär, was sich um 1935 auch bei den Leitungen der Arbeiterparteien im Exil als Einsicht durchsetzte; die Opfer waren hoch. Angesichts der gnadenlosen Verfolgung solcher Aktivitäten durch den NS-Staat blutete gerade die junge kommunistische Opposition in diesen Jahren regelrecht aus.

Als die Arbeiterparteien in der Illegalität ihre Strategie auf die tatsächlichen Machtverhältnisse im Dritten Reich umzustellen begannen, das Bündnis mit ande-

---

11 Zum Spektrum jugendlicher Nonkonformität im Dritten Reich vgl. Wilfried Breyvogel (Hrsg.), Piraten, Swings und Junge Garde. Jugendwiderstand im Nationalsozialismus, Bonn 1991.

12 Vgl. Karl Heinz Jahnke, Jungkommunisten im Widerstandskampf gegen den Hitlerfaschismus, Berlin 1977. Umfassende Untersuchungen zur Opposition jugendlicher Kommunisten, Sozialisten und Sozialdemokraten gegen das NS-System liegen immer noch nicht vor.

ren Richtungen der Jugendverbände oder Jugendbewegung suchten und die Chancen einer zunächst vorpolitischen oppositionellen Strömung in der Jugend zur Kenntnis nahmen, waren ihre Verluste unter jungen Leuten schon so groß, daß sich nur noch selten personelle Anknüpfungspunkte für eine neue Art illegaler Jugendarbeit boten.

Ab 1934/35 waren die Versuche, kommunistische oder sozialistische Jugendgruppen in breitem Umfange illegal aufrechtzuerhalten, fast überall zerschlagen. Die Gründe dafür liegen in der schon angedeuteten illusionären Einschätzung der Entwicklung des NS-Regimes und der Intensität und Brutalität der Verfolgung, mit der die Staatsorgane gegen solche Gruppen vorgingen. Hinzu kam, daß der kommunistischen oder sozialistischen Jugendopposition jener halblegale oder legale Rückhalt fehlte, wie ihn die konfessionellen Jugendgruppen in den Kirchen hatten. Auch hatten die kommunistischen oder sozialistischen Jugendgruppen weitaus weniger als die illegalen bündischen oder späteren »wilden« Jugendkreise ein jugendspezifisches kulturelles Milieu anzubieten, durch das Nachwuchs sich hätte gewinnen lassen. Erfolgreicher waren in dieser Hinsicht parteilich nicht gebundene linke jugendliche »Sammelgruppen«, die auf eigene Faust örtlich versuchten, ihren Wander- und Fahrtenbetrieb aufrechtzuerhalten und unter dieser Tarnung sozialistische Ideen und Traditionen weiterzuführen.

Daß frühere Angehörige der KJVD, der SAJ, des SJVD und anderer Jugendorganisationen bei den Untergrundaktivitäten in der Erwachsenenillegalität, auch in den Kriegsjahren, vielfach die Aktiven stellten, steht auf einem anderen Blatt.

Die zahlenmäßig stärkste Richtung gruppierten »abweichenden Verhaltens« von Jugendlichen im NS-Staat, durch alle Phasen der Entwicklung des Dritten Reiches und seiner staatlichen Jugenderziehung hindurch, wurde durch die konfessionellen Jugendgruppen, vor allem durch die katholische Jugend repräsentiert. Die Konfliktpunkte und die Entstehungs- und Existenzbedingungen oppositionellen Verhaltens lagen hier freilich anders als bei der Jugendopposition aus der Arbeiterbewegung, wobei wiederum nach katholischer und evangelischer Jugendarbeit zu differenzieren ist.

In den evangelischen Jugendverbänden vor 1933 überwogen, soweit es politische Interessen oder Tendenzen gab, Sympathien für die Deutschnationalen oder für die NSDAP; schon von daher lag 1933 die Zustimmung zur »Nationalen Erhebung« nahe. Dies mußte allerdings nicht Selbstaufgabe der evangelischen Jugendorganisationen bedeuten. Das zeitweilige Übergewicht der regimetreuen »Deutschen Christen« in den Leitungsgremien der Evangelischen Kirchen und die Durchsetzung des von Hitler favorisierten Ludwig Müller als »Reichsbischof« führten im Dezember 1933 zu einem Abkommen zwischen der NS-Reichsjugendführung und der Evangelischen Reichskirchenleitung, wonach alle Mitglieder der evangelischen Jugendverbände unter 18 Jahren der HJ eingegliedert werden sollten. Mit dieser Vereinbarung, die gegen den Willen der Leitungen der evangelischen Jugendverbände zustande gekommen war, hatte der NS-Staat die evangelische Jugend schon früh auf den seelsorgerisch-kirchlichen Bereich zurückgedrängt[13].

---

13 Über die Geschichte evangelischer Jugend unter dem Nationalsozialismus berichten, allerdings zeitlich oder regional begrenzt: Manfred Priepke, Die evangelische Jugend im Dritten Reich 1933–1936, Hannover – Frankfurt am Main 1960; Heinrich Riedel, Kampf um die

Ein jugendbündisches Leben war auf evangelischer Seite infolgedessen ab 1934 kaum noch möglich – und wenn, dann nur in kleinen, illegalen Kreisen. Wo freilich die kirchlichen Institutionen gegenüber dem Staat ihre Selbständigkeit behaupteten und sich, im Zusammenhang mit der Bekennenden Kirche, vielfach zum weltanschaulichen Abstand vom Regime hin entwickelten, bildete sich eine neue, stark theologisch und gemeindlich geprägte Form kirchlich-evangelischer Jugendarbeit heraus, die auch als Lebenszusammenhang Jugendlicher gegenüber dem Nationalsozialismus resistent blieb und bis in die Kriegsjahre hinein viele Tausende von jungen evangelischen Christen umschloß. Die Zeitschrift »Junge Kirche« kann als Orientierungsorgan dieser Richtung angesehen werden.[13]

Auf seiten der katholischen Jugend war das Terrain für die Absichten des NS-Staates um einiges schwieriger. Zwar blieb man auch hier von der »nationalen Hochstimmung« des Jahres 1933 nicht unberührt und neigte vielfach autoritären Staatsvorstellungen zu. Bei einigen katholischen Bischöfen gab es 1933 Tendenzen, sich auf eine Eingliederung auch der katholischen Jugend in die HJ einzulassen, sofern diese dafür das Recht zur kirchlichen Betreuung ihrer katholischen Mitglieder garantiere. Aber die weltanschauliche Ablehnung des Nationalsozialismus, die – anders als bei der evangelischen Kirche – beim deutschen Katholizismus vor 1933 dominiert hatte, war nach der Machtergreifung nicht einfach verschwunden; es blieben starke Vorbehalte gegenüber dem neuen Staat. Die katholischen Jugendorganisationen nahmen allen Eingliederungsideen gegenüber eine so eindeutig ablehnende Haltung ein, daß sich rasch ein alltäglicher, emotionaler Gegensatz zwischen HJ und katholischen Jugendgruppen herausbildete[14].

Der Abschluß des Reichskonkordats zwischen der Hitler-Regierung und dem Vatikan im Sommer 1933 gab dann der katholischen Jugendverbandsarbeit zumindest zeitweise und teilweise einigen Schutz. So kam es, daß die katholischen Jugendorganisationen im Dritten Reich länger überleben konnten als alle anderen Jugendverbände, wenn auch durch Tätigkeitsbeschränkungen, Repressalien gegenüber Jugendlichen und Eltern, regionale Verbote und Eingriffe ihr Aktionsradius immer mehr eingeschränkt war, bis dann um 1937/38 auch diese Verbände endgültig aufgelöst und verboten wurden. Die Umstellung der katholischen Jugendarbeit von den Bünden und Verbänden auf die innerkirchliche Ebene, die Pfarrgemeindejugend, war schon vorher notgedrungen eingeleitet worden. Aber auch nach 1938 existierten im Raum kirchlicher Jugendseelsorge jugendbündische Lebensformen weiter; Wallfahrten, Prozessionen, Bekenntnistage und ähnliche Anlässe wurden zu öffentlichen Demonstrationen einer zumindest in den dominant katholischen Gebieten nach wie vor starken katholischen Jugendbewegung.

Jugend – Evangelische Jugendarbeit 1933 bis 1945, München 1976; Manfred Müller, Jugend in der Zerreißprobe, Stuttgart 1982; Johannes Jürgensen, Die bittere Lektion. Evangelische Jugendarbeit 1933, Stuttgart 1984.

14 Auch über die katholische Jugend unter dem Nationalsozialismus liegt noch keine umfassende Untersuchung vor. Einzelstudien oder Berichte, mit regionalen oder verbandlichen Eingrenzungen: Barbara Schellenberger, Katholische Jugend und Drittes Reich, Mainz 1975; Karl-Werner Goldhammer, Katholische Jugend Frankens im Dritten Reich, Frankfurt am Main 1987; Rolf Eilers (Hrsg.), Löscht den Geist nicht aus. Der Bund Neudeutschland im Dritten Reich, Mainz 1975. Kritisch zur ideologischen Entwicklung katholischer Jugend in der damaligen Zeit: Christel Beilmann, Eine katholische Jugend in Gottes und dem Dritten Reich, Wuppertal 1989.

Der katholischen Jugend war zugute gekommen, daß sie etliche Jahre halblegal verbandlich weitergeführt werden konnte. In dieser Zeit nahm sie eindeutiger als vor 1933 Elemente jugendbewegt-bündischen Milieus in sich auf, wovon auch die 1933 bis 1935 geradezu aufblühenden katholischen Jugendzeitschriften »Junge Front« (später »Michael«) und »Die Wacht« zeugen. In überwiegend katholischen Regionen konnte zu dieser Zeit die katholische Jugendbewegung fast überall ihre Positionen halten und zum Teil noch ausbauen. Das Ende 1936 verkündete »Gesetz über die Hitlerjugend« richtete sich nicht zuletzt gegen die katholischen Jugendorganisationen und ihre Anziehungsfähigkeit.

Die Unterdrückung der legalen Möglichkeiten der katholischen Jugendbewegung durch den NS-Staat um 1937/38 wurde vor allem auch damit begründet, daß katholische Jugendgruppen auf breiter Front »bündische Betätigung« fortsetzten. Generell bildete die »Bündische Jugend« in der Sicht der NS- und HJ-Führungen ein Zentrum jugendlicher Opposition. Dabei wurden unter diesem Sammelbegriff recht unterschiedliche Strömungen zusammengefaßt, deren Gemeinsamkeit in bestimmten Formen der selbstbestimmten jugendlichen Gruppe und in einem jugendlichen Milieu bestand, das an die Tradition der Jugendbewegung aus der Zeit vor 1933 anknüpfte[15].

Daß die Mehrheit der um 1933 existierenden Verbände und Gruppen der Bündischen Jugend dem Dritten Reich durchaus Sympathien entgegenbrachte, wurde schon erwähnt; allerdings ging man hier davon aus, daß innerhalb oder außerhalb der Hitler-Jugend jugendbewegtes Leben sich weiterhin werde frei entwickeln können. Exakt in diesem Punkt lag dann auch früher oder später der Anstoß zum Konflikt mit der HJ und dem Nationalsozialismus. Die enorme Aufwärtsentwicklung der HJ in den ersten Jahren nach der Machtergreifung wäre nicht ohne die Übernahme bündischer Formen des Jugendlebens und nicht ohne die Mitarbeit bündischer Führer denkbar gewesen. Andererseits lag es in der inneren Logik der NS-staatlichen Jugendorganisation, daß sie Zug um Zug Reglementierung an die Stelle von Jugendbewegung setzte und bündische Einflüsse in den eigenen Reihen auszuschalten bemüht sein mußte. Solcherart »Säuberung« wurde ab Herbst 1934 vor allem im »Jungvolk« der HJ betrieben, das weithin bündisch »unterwandert« war. Wenngleich hier (und auch bei den »Jungmädeln«) später Nischen bündischen Jugendlebens blieben, so war doch ab 1936 klargestellt, daß Hitler-Jugend und bündische Jugend vom System her sich nicht vereinbaren ließen.

Der Wandel der HJ zur »Staatsjugend« ließ aber die Motivation, neben der NS-Jugendorganisation bündisches Gruppenleben heimlich weiterzuführen, wieder stärker werden. Darauf reagierte die Reichsjugendführung mit noch massiverer Kriminalisierung »bündischer Umtriebe«. Die HJ-Publizistik war ab 1936 voll von Polemiken gegen »bündische Zersetzung«, und die verfolgerischen Aktivitäten des Staates gegen illegale bündische Gruppen wurden forciert.

Ein interner Lagebericht der Reichsjugendführung von Anfang 1941 mußte feststellen: »Das Problem der Bündischen Jugend ist scheinbar nur noch von historischer Bedeutung. Die Praxis der Überwachungsarbeit hat jedoch gezeigt, daß diese Frage auch heute noch von höchster Bedeutung ist ... Die Hitler-Jugend hat sofort, nachdem sie die von der Bündischen Jugend her drohende Gefahr erkannt hatte, alle Maßnahmen zu ihrer Bekämpfung getroffen. Zu diesen Maßnahmen gehören insbe-

---

15 Vgl. dazu M. von Hellfeld (Anm. 3) und A. Klönne (Anm. 4).

sondere: Vernichtung der Bünde, ihrer Organisation und ihres Schrifttums, Bekämpfung der Cliquen, Ausmerzung bündischer Führer aus der HJ . . ., Ausmerzung bündischer Ideen, Führungs-, Organisations- und Erziehungsgrundsätze aus der HJ, Aufklärung der HJ-Führer . . . Der Kampf gegen die Bündische Jugend ist auf größtes Unverständnis in der Öffentlichkeit gestoßen. Er ist noch nicht beendet, sondern muß vielmehr bis zur endgültigen Ausmerzung – insbesondere der Neubildungen von Cliquen – weitergeführt werden.«[16] An bündische Überlieferungen in gewissermaßen popularisierter Erscheinungsform knüpften auch die »wilden« Jugendgruppen vom Typ der »Meuten« oder der »Edelweißpiraten« an (von den NS-Organen »Cliquen« genannt). Den Höhepunkt ihrer Verbreitung fanden sie in den Kriegsjahren, bildeten sich aber oft bereits vor Kriegsbeginn heraus. Ihre regionalen Schwerpunkte hatten diese spontanen Gruppen dort, wo vor 1933 populäre jugendbewegte Bünde stark vertreten waren und der NS-Staat das überkommene Milieu der Arbeiterbewegung und eines volkstümlichen Katholizismus nicht völlig verdrängen konnte; am eindeutigsten kamen diese Merkmale im Rhein-Ruhr-Gebiet zusammen.

Den NS-Organen galten die »wilden bündischen Gruppen« gerade auch deshalb als gefährlich, weil sie sich ohne organisatorisches Gerüst, sozusagen per Ansteckung entwickelten und ausbreiteten. Hinzu kam, daß diese Gesellungen weitgehend jenes romantische Gruppen- und Fahrtenleben praktizierten, das die HJ selbst anfänglich der Jugend anzubieten schien, das ihr aber im Zuge ihrer quasimilitärischen Bürokratisierung abhanden gekommen war. Die »wilden« Gruppen waren eine jugendgemäße Reaktion auf die innere Entwicklung der HJ und ihres »Jugenddienstes«, der dem Bedürfnis nach jugendlicher Selbstbestimmung in Kleingruppen immer weniger Lebensraum beließ.

Der Nationalsozialismus, der als »jugendliche Bewegung« angetreten war, mußte, nachdem er sich herrschaftlich etabliert hatte, erleben, wie bei sensiblen Teilen der nachwachsenden Generation Bruchstellen der Integrationsfähigkeit des Regimes auftraten, an denen sich Bedürfnisse nach einer jugendbündischen Alternative zur Staatsjugendorganisation sammelten. Mit der Lebenswelt der Jugendbewegung bis 1933, mehrheitlich nicht mit ihren politischen Leitbildern, hatten sich Erfahrungen von Freiheit verbunden, die in das Dritte Reich hinein tradiert wurden; dort wirkten sie nun als Sprengkräfte. Die utopischen Momente, die in der deutschen Jugendbewegung vor 1933 lagen und die zeitweise dem Nationalsozialismus nützlich waren, kehrten sich nach 1933 bei nicht wenigen Jugendlichen gegen das gesellschaftliche Machtsystem, vor allem gegen das Sozialisationssystem der Staatsjugendorganisation. Unter der nationalsozialistischen Diktatur kam es in einigen Varianten zu einer letzten Ausformung der klassischen deutschen Jugendbewegung, zu einer jugendbündischen Gegenkultur.

Welches Ausmaß und welchen Grad an Öffentlichkeit die gruppierte Opposition Jugendlicher annahm, sei beispielhaft an den beiden folgenden Berichten aus NS-Sicht gezeigt. In einer internen Denkschrift der Reichsjugendführung vom September 1942 heißt es:»Seit dem Frühjahr 1942 wurde in allen Bannen des HJ-Gebiets Düsseldorf die Feststellung gemacht, daß sich Jugendliche beiderlei Geschlechts wieder in erhöhtem Maße zu Cliquen zusammenschließen, Fahrtenbetrieb machen, vielfach gegen die HJ offen Stellung nehmen . . . Ein Beobachtungsgroßeinsatz am 3. 5. 1942

---

16 »Kriminalität und Gefährdung der Jugend« (Anm. 10) S. 99 f.

hatte folgendes Ergebnis: In 8 Ausflugsorten des Gebietsbereichs wurden insgesamt 55 Gruppen in Stärke von durchschnittlich 7–15 Beteiligten festgestellt. Meist waren Jungen und Mädel gemischt. Fast alle Gruppen trugen nachgeahmte bündische Tracht, Klampfen und Balaleikas wurden mitgeführt. Bei den Kontrollen entwickelten sich teilweise Schlägereien ... Die Entwicklung ist in den letzten Monaten sprunghaft angestiegen. Zeltfahrten, die Jungen und Mädchen gemeinsam durchführen, sind beliebt. Die strafrechtlichen Verurteilungen wegen verbotener bündischer Betätigung haben sich in der letzten Zeit gehäuft ...«[17]

Anfang 1943 berichtete die für das Rhein-Ruhr-Gebiet zuständige Staatspolizeileitstelle, daß am 7. Dezember 1942 »schlagartig mit der Überholung der einzelnen Gruppen begonnen« worden sei: »Es wurden aufgelöst in: Düsseldorf 10 Gruppen mit insgesamt 282 Jugendlichen, Duisburg 10 Gruppen mit insgesamt 260 Jugendlichen, Essen 4 Gruppen mit insgesamt 124 Jugendlichen, Wuppertal 4 Gruppen mit insgesamt 72 Jugendlichen. In über 400 Vernehmungen wurden 320 Jugendliche über ihre Zugehörigkeit und Betätigung innerhalb der wilden Gruppen befragt ...« Die »Edelweißpiraten«, so klagte die Reichsjugendführung, zögen im Revier »in Trupps in Stärke bis zu 30 Mann singend und klampfespielend durch die Städte ...«[18]

Im Rheinland und in anderen, vom »bündischen Jugendbazillus befallenen« Regionen setzte die Gestapo im Laufe des Jahres 1943 viel Mühe daran, den »wilden Wandertrieb bündischer und konfessioneller Jugendgruppen« zu unterbinden; es wurden durch die HJ »Fahrtenerlaubnisscheine« ausgegeben, und die Gendarmerie mußte alle »wandernden, zeltenden oder sich in anderer Form zusammenfindenden Jugendlichen« kontrollieren. Die Gruppen vom Typ der »Edelweißpiraten« können gewiß nicht als Fortsetzungen der früheren Arbeiterjugendverbände angesehen werden; sicher ist aber, daß sie den Schwerpunkt ihrer Rekrutierung nicht in mittelständisch-bildungsbürgerlichen Schichten, sondern in den Arbeiterwohnquartieren hatte.

Die vom NS-Staat ebenso verfolgte »Swing«-Jugend hingegen hatte ihren Boden eher im großstädtischen Gewerbebürgertum, und sie orientierte sich nicht an Traditionen der Jugendbewegung, sondern an »westlichen« Mustern eines freien Jugendlebens. Am 8. Januar 1942 berichtete die Reichsjugendführung dem Reichsführer SS: »In Hamburg hat sich in den Oberschulen bzw. in der Jugend der Kaufmannschaft eine sogenannte Swing-Jugend gebildet, die zum Teil eine anglophile Haltung zeigt. Dieser Kreis umfaßt einige Hundert Jugendliche ... Da die Tätigkeit dieser Swing-Jugend in der Heimat eine Schädigung der deutschen Volkskraft bedeutet, halte ich die sofortige Unterbringung dieser Menschen in ein Arbeitslager für angebracht ...«

Der Reichsführer SS wiederum empfahl in einem Brief vom 26. Januar 1942 an Reinhard Heydrich ein noch schärferes Zugreifen: »Meines Erachtens muß jetzt das ganze Übel radikal ausgerottet werden. Ich bin dagegen, daß wir hier nur halbe Maßnahmen treffen. Alle Rädelsführer ... sind in ein Konzentrationslager einzuweisen. Dort muß die Jugend zunächst einmal Prügel bekommen und dann in schärfster Form exerziert und zur Arbeit angehalten werden. Irgendein Arbeitslager oder Jugendlager halte ich bei diesen Burschen und diesen nichtsnutzigen Mädchen für verfehlt ...«

Jugendkreise, deren Opposition zur NS-Jugenderziehung in der gemeinsamen Vorliebe für »anglo-amerikanische« Musik und Jugendmode Ausdruck fand, gab es

---

17 Siehe den Abdruck dieser Denkschrift bei D. Peukert (Anm. 3), S. 220.
18 Näheres bei A. Klönne (Anm. 4), S. 246.

nicht nur in Hamburg. Die Reichsjugendführung konstatierte: »Die Angehörigen der Swing-Jugend stehen dem heutigen Deutschland und seiner Polizei, der Partei und ihren Gliederungen, der HJ, dem Arbeits- und Wehrdienst samt dem Kriegsgeschehen ablehnend oder zumindest uninteressiert gegenüber. Sie empfinden die nationalsozialistischen Einrichtungen als einen ›Massenzwang‹. Das große Geschehen der Zeit rührt sie nicht, im Gegenteil, sie schwärmen für alles, was nicht deutsch, sondern englisch ist . . .«[19]

In manchen Fällen gingen Jugendliche während der Kriegsjahre vom oppositionellen Jugendmilieu dieser oder jener Richtung zum aktiven Widerstand gegen den NS-Staat und gegen die Kriegsführung Hitler-Deutschlands über. Der Kreis um die Münchener »Weiße Rose« der Geschwister Scholl ist nur ein Beispiel dafür. Die Gruppe um den Hamburger Lehrling Helmuth Hübener, der im Oktober 1942 als 17jähriger hingerichtet wurde, und der katholische Lehrlingskreis um Walter Klingenbeck (der, zur »Tatzeit« 17 Jahre alt, im August 1943 in München hingerichtet wurde) sind weitere Exempel.

Für den NS-Staat lag die Gefahr der Jugendopposition dem Hauptgewicht nach nicht in den Fällen unmittelbar politischen Widerstands, sondern in der gruppierten »abweichenden Sozialisation«, die den Erziehungsauftrag der HJ in Frage stellte und im Kriege dann »Wehrkraft zersetzte« oder die rüstungsproduktive »Arbeitsmoral untergrub«. Unter dem Titel »Bekämpfung jugendlicher Cliquen« gab Ernst Kaltenbrunner in Vertretung des Reichsführers SS und Chefs der Deutschen Polizei am 25. Oktober 1944 einen »streng vertraulichen« Runderlaß heraus, der die bedrohlichen Eigenschaften oppositioneller Gruppen von Jugendlichen für das Dritte Reich schilderte und den Staatsorganen ein ganzes Register von Sanktions- und Repressionsmitteln anempfahl. Die »Cliquen«, so heißt es dort, seien zunehmend sich ausbreitende »Zusammenschlüsse Jugendlicher außerhalb der HJ, die nach bestimmten, mit der nationalsozialistischen Weltanschauung nicht zu vereinbarenden Grundsätzen ein Sonderleben führen. Gemeinsam ist ihnen die Ablehnung oder Interessenlosigkeit gegenüber den Pflichten innerhalb der Volksgemeinschaft oder der HJ, insbesondere der mangelnde Wille, sich den Erfordernissen des Krieges anzupassen.«[20]

Dieser Runderlaß ist ein eindrucksvolles Selbstzeugnis totalitärer Herrschaft, zugleich ein beweiskräftiges Dokument dafür, daß gegenüber der Jugend im Dritten Reich das Programm einer restlosen Gleichschaltung sich als Wahnidee erwies, der am Ende nur der massenhafte Terror als Ausweg verblieb. Der dem Wesen des NS-Staates immanente und absolute Kontrollanspruch war es, der aus jugendlicher Nonkonformität ein Politikum machte. Hier ist noch einmal auf die unterschiedlichen, dennoch zusammengehörigen Seiten jugendlicher Sozialisation im Dritten Reich zu verweisen: die anziehungsfähigen und die unterdrückerischen Eigenschaften der Hitler-Jugend-Organisation; die freiwillige Zuordnung und die Unterwerfung; die Eigendynamik einer »selbstgeführten« Jugend und die Funktionalisierung für staatliche Herrschaftszwecke; die »gelungene« und die »mißlungene« Sozialisation; die Systemkonformität der HJ und das Aufbegehren Jugendlicher gegen die HJ.

---

19   Zit. n. A. Klönne (Anm. 4), S. 243f.
20   Abdruck des Erlasses bei M. von Hellfeld/A. Klönne (Anm. 4), S. 332ff.

V. Resümee

Keineswegs bedeutete die Hitler-Jugend als »totale Institution«, daß der damit verbundene Anspruch auf »volle Erfassung« der Jugend sich durchweg hätte realisieren lassen. Es blieben Differenzierungen und Brüche im System der HJ-Sozialisation, es existierten »Reservate«, und es blieb und steigerte sich gar in Gruppen konzentriertes »abweichendes Verhalten«. Die Einflüsse des Elternhauses, des Wohnquartiers und der Peer group konnten auch durch den HJ-Dienst nicht verdrängt werden. Jugendliche aus Familien, die durch die Arbeiterbewegung oder durch eine konfessionell motivierte Ablehnung der NS-Weltanschauung geprägt waren, haben sich im einzelnen Fall sicherlich auch gegen die Herkunftsnormen und damit gegen die Eltern entschieden; ebenso häufig war aber wohl eine jugendliche Verhaltensweise in solchen Milieus, die der HJ nur das zubilligte, was sich nicht vermeiden ließ, sich innerlich aber reserviert verhielt und womöglich eine alternative Form jugendlicher Gesellung suchte, zumal die befreundeten Altersgenossen oft aus demselben Milieu kamen.

Insgesamt kann man davon ausgehen, daß die Wirklichkeit des HJ-Betriebs und der HJ-Erziehung »unten« nicht annähernd dem Anspruch entsprach, den der Staat und die NS-Jugendführung stellten. Gerade nach dem Wandel zur Staatsjugend und zur Jugenddienstpflicht wies die HJ keineswegs die von oben mit allen denkbaren Mitteln angestrebte Effektivität und Sozialisationsdichte auf. Dennoch muß angenommen werden, daß jenes System von Zwängen, Chancen und ideologischen Deutungen, wie es die HJ herausbildete, von einer breiten, typenbildenden und Verhaltensmuster prägenden Wirkung war – dies nicht so sehr durch die direkt vertretenen Erziehungsziele und Programme, sondern vielmehr durch die auf politische Herrschaft hin gerichtete Integration und Normierung jugendlicher Antriebe. Die Auswirkung der HJ-Erziehung lag weniger in der Herausbildung einer breiteren Schicht von fanatisch-aktiven jungen Nationalsozialisten als vielmehr in der Dressur der Jugendlichen zur Systemanpassung, zum Verzicht auf politische und gesellschaftliche Willensbildung und Spontaneität, in der Verhinderung der politischen Erfahrung, auch der gesellschaftlichen Utopiebildung – kurz: in der politisch-gesellschaftlichen Entmündigung der Jugend.

Aufs Ganze hin gesehen wird man feststellen müssen, daß Hitler-Jugend und NS-Jugendsozialisation die Chancen einer »Kultur-Pubertät«, oder anders gesagt: die Möglichkeiten eines gesellschaftlich produktiven Milieus jugendlich-gruppierter Selbstgestaltung, für weite Teile der damaligen Jugendgeneration zerstörten, dabei aber auf gewichtiges Protestpotential stießen und jugendliche Opposition hervorriefen. Der Nationalsozialismus, der verkündet hatte: »Wer die Jugend hat, hat die Zukunft«, erwies sich als unfähig, die Gesamtheit der nachwachsenden Generation zu integrieren.

H.-Elmar Tenorth

Bildung und Wissenschaft im »Dritten Reich«

Über das Programm ihrer Bildungs- und Wissenschaftspolitik haben die NSDAP vor 1933 und das nationalsozialistische Deutschland seit 1933 kaum einen Zweifel aufkommen lassen. Adolf Hitler hat es in einer Rede 1938 noch einmal zynisch offengelegt: »Und wenn nun dieser Knabe und dieses Mädchen mit ihren zehn Jahren in unsere Organisationen hineinkommen ..., dann kommen sie vier Jahre später vom Jungvolk in die Hitlerjugend, und dort behalten wir sie wieder vier Jahre, und dann geben wir sie erst recht nicht zurück ..., sondern ... sofort in die Partei oder in die Arbeitsfront, in die SA oder in die SS, in das NSKK und so weiter. Und wenn sie dort ... noch nicht ganz Nationalsozialisten geworden sein sollten, dann kommen sie in den Arbeitsdienst und werden dort wieder sechs und sieben Monate geschliffen, alle mit einem Symbol, dem deutschen Spaten. Und was dann nach sechs oder sieben Monaten noch an Klassenbewußtsein oder Standesdünkel da oder noch vorhanden sein sollte, das übernimmt dann die Wehrmacht zur weiteren Behandlung auf zwei Jahre. Und wenn sie dann nach zwei oder drei oder vier Jahren zurückkehren, dann nehmen wir sie, damit sie auf keinen Fall rückfällig werden, sofort wieder in die SA, SS und so weiter. Und sie werden nicht mehr frei, ihr ganzes Leben.«[1]

Einige der wesentlichen Merkmale der NS-Bildungspolitik lassen sich hier erkennen:

– der entgrenzende Anspruch, mit dem das gesamte Leben, nicht nur der Heranwachsenden, pädagogisch bestimmt werden soll,
– die kollektive Ordnung des Lebenlaufs, die den Individuen weder eigenen Raum noch eigene Rechte beläßt,
– damit zugleich der Bruch mit der gesamteuropäisch-abendländischen Tradition und mit dem klassischen Bildungsdenken der deutschen Philosophie.

Noch ausgespart waren in dieser Konstruktion eines nationalsozialistischen »Normal«-Lebenslaufs der Rassismus und das völkische Denken als zentrale Ideologie; und es war auch kein Zufall, daß Schule und Universität als Stätten des Lernens nicht erwähnt wurden, gehörte doch ein scharfer Antiintellektualismus ebenfalls zu diesem Programm.

Auf dem gegenwärtigen Stand der Forschung, die inzwischen breit ausgefächert ist[2], weiß man freilich auch, daß diesem Anspruch nicht bruchlos eine Wirklichkeit entsprach, und ebenfalls, daß es für solche Absichten eine Vorgeschichte, Vorläufer

---

1   Abdruck im Rundfunkarchiv, Bd. 59 – U – 330 – 2; ebenfalls in: Völkischer Beobachter vom 3. Dezember 1938, S. 2.
2   Ausführliche Darstellung und Bibliographie bei Dieter Langewiesche/H.-Elmar Tenorth (Hrsg.), Die Weimarer Republik und die nationalsozialistische Diktatur. 1918–1945 (Handbuch der deutschen Bildungsgeschichte, Bd. V), München 1989.

und Vorbilder in der Pädagogik in Deutschland gab. Während die Forschung noch im Konsens beschreibt, daß Widersprüche und Ambivalenzen, Konflikte und Auseinandersetzungen auch für Bildung und Wissenschaft charakteristisch waren, werden die vielfältigen Dimensionen des Kontinuitätsproblems erheblich kontroverser diskutiert.

Für eine Übersichtsdarstellung ergeben sich angesichts der kontroversen Forschungslage und aus der Gleichzeitigkeit von totalitärem Anspruch und ambivalenter Realisierung einige Schwierigkeiten. Der Programmatik entsprechend müßte man die gesamte Erziehungswirklichkeit betrachten und alle Versuche, den Lebenslauf eines Menschen von der Wiege bis zur Bahre als kontrollierten und gelenkten Lernprozeß zu organisieren. Das ist an dieser Stelle selbstverständlich nicht möglich. Mit der folgenden Darstellung sollen zwar die epochentypische Entgrenzung von Bildung und Wissenschaft und die menschenverachtende Praxis in ihrem umfassenden Zugriff gezeigt werden, die Darstellung konzentriert sich aber auf exemplarische Bereiche: Nach einer Skizze der ideologischen Vorgaben und typischen Phasen der Bildungs- und Wissenschaftspolitik (I.) werden zunächst die Veränderungen in Schulen und in der beruflichen Erstausbildung (II.) vorgestellt; deren Praxis wird dann mit der NS-spezifischen Rolle von HJ, Jugendpolitik und Jugendkontrolle (III.) konfrontiert; zwei Abschnitte über die Formierung des Erwachsenenalters in Hochschule und Wissenschaft (IV.) sowie in Volks- und Erwachsenenbildung (V.) schließen sich an; abschließend folgen zusammenfassende Überlegungen zur Eigenart und Wirkung der NS-Bildungs- und Wissenschaftspolitik (VI.).

I. Phasen, ideologische Voraussetzungen und Feindbilder der Bildungs- und Wissenschaftspolitik

Das nationalsozialistische Deutschland hatte zwar nur zwölf Jahre Bestand, trotz dieses kurzen Zeitraums lassen sich aber in der Bildungs- und Wissenschaftspolitik nach Anspruch und Praxis zumindest drei Phasen unterscheiden: Die erste Phase, von 1933 bis etwa 1936, läßt sich als Zeit der »Machtergreifung und Machtsicherung« charakterisieren[3]; die zweite Phase, bis etwa 1940, diente der Konsolidierung des Erreichten, der Sicherung der Macht und der Vorbereitung des Krieges auch im und mit dem Bildungswesen; die dritte Phase umfaßte die Zeit des Zweiten Weltkrieges, den Versuch, die Macht auch bildungspolitisch auf die eroberten Gebiete auszudehnen, und schließlich den »inneren Zerfall«, den auch die Erziehungspolitik nicht aufhalten konnte, dem sie vielmehr selbst unterworfen war.

Sieht man von den Maßnahmen im einzelnen noch ab, dann erkennt man im Ablauf der Phasen schon typische, die gesamte Erziehungswirklichkeit übergreifende Merkmale der Generationspolitik. In der ersten Phase wurde der Zugriff auf Bildung und Wissenschaft überhaupt organisiert, neue Instanzen, z. B. das »Reichsministerium für Erziehung, Wissenschaft und Volksbildung«, gegründet (1934), die traditionellen Träger von Bildungseinrichtungen in Staat und Gesellschaft – Länder und Ge-

---

3 Meine Phaseneinteilung folgt Harald Scholtz, Erziehung und Unterricht unterm Hakenkreuz, Göttingen 1985, S. 50–55.

meinden, die Vielzahl von Parteien, Gewerkschaften, Kirchen und freien Trägern – wurden entmachtet, an ihre Stelle traten die Organisationen der NS-Bewegung. Für den Bildungsbereich und für Studenten waren das vor allem NSLB (Nationalsozialistischer Lehrerbund) und NSDStB (Nationalsozialistischer Deutscher Studentenbund), für die Bildung und Kontrolle der Erwachsenen DAF (Deutsche Arbeitsfront), NSV (Nationalsozialistische Volkswohlfahrt) und die Freizeit-Organisation KdF (Kraft durch Freude), für die Formierung der Jugendzeit HJ und BDM (Hitler-Jugend und Bund Deutscher Mädel).

Diese als »Gleichschaltung« vielfach beschriebene Phase der Machtusurpation führte aber nicht nur zu einer neuen Ordnung der Kompetenzen (und angesichts der Vielzahl der Instanzen zum kontinuierlichen Konflikt der Machtträger). 1933 waren im Bildungsbereich auch die Mechanismen und stillen Voraussetzungen zu erkennen, denen der Nationalsozialismus ebenfalls seinen raschen Erfolg verdankte: Der Ausschluß von Teilen der alten Eliten, mißliebiger Gruppen und Personen aus den Bildungseinrichtungen, der Verwaltung und dem Wissenschaftssystem war zwar ein Akt der Gewalt und der rigiden Durchsetzung eigener Machtansprüche. Die Okkupation des Bildungssystems geschah aber in einem Feld, in dem zugleich Anpassung und Opportunismus regierten, sie war begleitet von Akten freiwilliger Mithilfe, vorauseilenden Gehorsams und der Selbstauflösung traditioneller Organisationen und Einrichtungen. Zuviele Pädagogen und Erzieher, Lehrer und Wissenschaftler, Beamte und Verbandsfunktionäre sahen in der Politik der Nazis den lange ersehnten Abschied von den Konflikten und der Pluralität der Republik und begrüßten den »einheitlichen nationalen Erziehungswillen«.

Schon in der ersten Phase, mehr noch bis 1939 erwies sich aber, daß die eigene Konzeption der Nationalsozialisten jenseits des Machtkalküls verschwommen war und diffus blieb. Sie war vor allem in den traditionellen Bildungseinrichtungen wenig gestaltungskräftig, jedenfalls nicht geeignet, die falschen Hoffnungen von 1933 zu bestätigen. In der Jugenderziehung übernahm der neue Staat mit der Auflösung der alten Organisationen der Jugendbewegung zwar nicht deren Ziele und Programme, aber doch die Erziehungsformen; vergleichbar waren viele Maßnahmen der Frühphase – vom Landjahr bis zum Arbeitsdienst, von der Kontrolle des Zugangs zu den Universitäten bis zur Vorliebe für die Volksbildung – den Konzepten verwandt, die aus Diskussionen der Weimarer Republik bekannt waren. In dieser Kontinuität von Arbeitsformen und pädagogischen Programmen findet sich eine Erklärung für die große Mitwirkungsbereitschaft des »Erzieherkorps« seit 1933. Andererseits stellte sich schon historisch die Frage, ob es jenseits der bürgerlichen Traditionen überhaupt eine eigene Bildungs- und Wissenschaftspolitik des Nationalsozialismus gab – oder nur Kontinuität und die bedenkenlose Instrumentalisierung des Überlieferten.

Für die dritte Phase, für die Zeit des Krieges, stellt sich diese Kontinuitätsfrage nicht. Für die Indienstnahme auch der Jugendlichen für militärische Operationen, für die gewaltsame Unterdrückung der eroberten Gebiete auch durch erziehungspolitische Maßnahmen, für die »Ausmerze« von Behinderten und die Ermordung der als fremd und anders Ausgegrenzten gab und gibt es weder Vorbilder noch Nachahmer. Hier verwirklichte sich die menschenverachtende Ideologie der Formierung, und der Nationalsozialismus offenbarte seine wahre Intention im Bruch mit der Zivilisation.

Aller Eindeutigkeit zum Trotz, die Hitlers Maximen in der Konsequenz kennzeichneten, die Ideologie des Nationalsozialismus war ein Konglomerat von Ideen und Überzeugungen, die sich nicht konsistent zur Einheit bündeln lassen. Im Bildungsbereich fanden sich die allgemein geltenden Elemente dieser Ideologie[4], die starke Fixierung auf Rasse und biologistisches Denken, Führerkult und -anspruch, die Entsubjektivierung des Lebens, die Abwehr von Aufklärung und humanistischer Tradition, die Abwertung der Frau, die Ideologien des Völkischen und der Volksgemeinschaft, die Propagierung einer Wirklichkeit, in der Militanz und die gewalttätige Ausgrenzung des anderen dominierten.

Konkret ergaben sich daraus Formen von Lernen, Ausbildung und Schulung, die epochentypisch alle Bildungseinrichtungen charakterisierten: die Vorliebe für das Lager z. B. als einen Ort, der zur Bildung von Gemeinschaften und kollektiven Überzeugungen geeignet schien, die Fixierung der Inhalte auf das Naturhaft-Biologische, das Deutsche und Völkische und parallel die Ausgrenzung des Fremden und anderen als rassisch oder biologisch-eugenisch minderwertig, die Formierung der Lernenden durch militärische Interaktionsformen und durch Uniformierung, die intensive Kontrolle von Zeit, von sozialen Kontakten, von Themen und Lerngelegenheiten, schließlich die Lernform einer sozialen Bewegung, die auf Identifikation setzte und auf die Rekrutierung von Gläubigen, aber weder Widerspruch duldete noch Eigengeist und Individualität der Lernenden. Mit dieser Pädagogik wurde die gesamte Nation konfrontiert, im einheitlichen Geist der Formierung einer einheitlichen »Volksgemeinschaft«[5].

Vor allem in der Bildungspolitik gegenüber den Juden seit 1933 und gegenüber den Bewohnern der im Osten besetzten Gebiete seit 1939/40 konkretisierten sich diese ideologischen Fixierungen in radikaler Konsequenz. Bereits 1933 wurden (vgl. Abschnitt II. dieses Beitrages) jüdische Abiturienten in ihren Studienmöglichkeiten willkürlich begrenzt, gleichzeitig aus Hochschulen und akademischen Berufen jüdische (und pazifistische, sozialistische und kommunistische) Mitglieder vertrieben; 1938 wurden jüdische Schüler von öffentlichen Schulen ausgeschlossen. 1942 wurde ihnen im Reichsgebiet auch die Lernmöglichkeit in dem – inzwischen entstandenen – jüdischen Schulwesen genommen. Der Weg in die Vernichtungslager begann auch hier.

An der pädagogischen Bedeutung des jüdischen Bildungswesens in Deutschland nach 1933 kann man deshalb zwar nicht vorbeisehen; von den allgemeinbildenden Schulen bis zur Erwachsenenbildung entwickelten sie sich zu Orten der Bestärkung jüdischer Identität und des Widerstands[6]. Aber die Ausgrenzung aus den Institutionen allgemeiner Bildung, in denen in Deutschland die bürgerliche Gesellschaft ihren egalitären Anspruch traditionell auszudrücken suchte, war doch zugleich der erste Schritt auf dem Weg zur physischen Vernichtung. Auch in den besetzten Ländern, in Polen oder in der Sowjetunion, in Frankreich oder Belgien, wurde die Bildungs- und Wissenschaftspolitik zu einem Instrument der Besatzungspolitik und der Unterdrük-

---

4 Eine Sammlung zentraler Dokumente gibt Hans-Jochen Gamm (Hrsg.), Führung und Verführung. Pädagogik des Nationalsozialismus, Frankfurt am Main – New York 1984[2].
5 Dazu u. a. Hans-Uwe Otto/Heinz Sünker (Hrsg.), Soziale Arbeit und Faschismus, Frankfurt am Main 1989.
6 Ernst Simon, Aufbau im Untergang. Jüdische Erwachsenenbildung im nationalsozialistischen Deutschland als geistiger Widerstand, Tübingen 1959; für die Schulen: Zymek, in: H. D. Langewiesche/H.-E. Tenorth (Anm. 1), S. 199/200.

kung. Reichsuniversitäten, u. a. in Polen neu gegründet, sollten die NS-Ideologie verbreiten und durch Rasseforschung absichern. Gleichzeitig reduzierten die Nazis die Bildungsmöglichkeiten der besetzten Völker auf ein Minimum. Der Sklavenstatus, der ihnen im großgermanischen Reich zugedacht war, schloß sie schon früh von Lernmöglichkeiten aus. Die der Bildungspolitik unterliegende Annahme vom höherwertigen Status der Deutschen und vom minderen anderer Rassen oder Nationen entfaltete im Kriege ihre ganze Gewalt.

II. Allgemeinbildende Schulen und Berufsausbildung

Den Versuch einer umfassenden, nach eigener Programmatik geordneten und ausgewiesenen Veränderung des öffentlichen Pflichtschulwesens in Deutschland hat es nach 1933 nicht gegeben. Es gab zwar kontinuierlich eine Fülle an Eingriffen in Schule, Lehrerbildung und berufliche Qualifizierung, aber doch keine konzeptionelle Neuordnung von Institutionen und Lehrplänen, in der beruflichen Situation der Lehrer oder der fachlichen Qualifizierung der Jugendlichen. Was nicht nur Stückwerk blieb, kurzfristige, rein interessengesteuerte Machtpolitik, wurde meist aus älteren bildungspolitischen Plänen entnommen und einem neuen Kontext eingefügt; was wirklich neu war, z. B. die Etablierung der Hitlerjugend (HJ) als konkurrierende Erziehungsinstanz neben Schule und Familie, konnte schließlich auch den eigenen Erwartungen nicht genügen. Staat und Bewegung waren zwar unübersehbar in Schule und Bildungswesen gegenwärtig, aber primär als störende Instanzen, als inkonsequente Gestalter, letztlich als Ursache von Auflösung und Destruktion sinnvollen Lernens.

In der Übergangsphase von 1933/34 erlebten Lehrer, Schulen und Eltern zuerst die Möglichkeiten des rigiden Zugriffs, die einem totalitären Staat offenstehen: Mißliebige Lehrer und Schulverwaltungsbeamte wurden aufgrund des »Gesetzes zur Wiederherstellung des Berufsbeamtentums« vom 7. April 1933 entlassen, der Nationalsozialistische Lehrerbund (NSLB) und seine Fachschaften setzten sich an die Stelle der traditionellen Lehrerverbände, die Lehrerbildung der Volksschullehrer, deren Status in der Weimarer Republik aufgewertet worden war, wurde in »Hochschulen für Lehrerbildung« (HfL) zurückgestuft und erneut aufs Land verlegt. Seit 1934 begannen Schulungslager mit der Indoktrination der Lehrer, und die Theoretiker der Pädagogik definierten den Beruf primär als Erziehungsaufgabe, nicht als intellektuelle Tätigkeit.

In den Schulen veränderte sich früh das alltägliche Bild durch Hitlergruß und Flaggenehrung. Gestützt auf das »Gesetz gegen die Überfüllung deutscher Schulen und Hochschulen« (25. April 1933) wurde der Zugang zur Universität gebremst, die Studienmöglichkeiten für Frauen (auf 15 Prozent) und jüdische Studenten (auf 1,5 Prozent der Studienanfänger) wurden begrenzt. Zwar gab es bis 1937/38 keine neuen Lehrpläne, aber sehr früh geänderte Richtlinien in den ideologisch brisanten Fächern Geschichte und Biologie sowie die Aufnahme von Rasse- und Vererbungslehre in den Lehrplan der Schulen. Gleichzeitig begannen – zuerst mit den evangelischen Kirchen, trotz des Konkordates mit dem Vatikan (1933) bald auch in katholischen Regionen – Auseinandersetzungen über die konfessionelle Ausrichtung des Unterrichts (die sich

Mitte der dreißiger Jahre in den sog. Kruzifix-Kontroversen – Kreuz oder Hitlerbild im Klassenzimmer? – zuspitzten[7]).

Bildungseinrichtungen mit eigener »nationalsozialistischer« Prägung blieben dagegen rar: Die »Nationalpolitischen Erziehungsanstalten« (Napolas), von denen es 1937 dann 15 gab, wurden seit 1933 in Preußen eingerichtet, die »Adolf-Hitler-Schulen« (AHS) seit 1937 zuerst in Bayern, dann im ganzen Reich. Dagegen erlebten die Sonderschulen schon sehr früh die zerstörerische Wirkung der NS-Ideologie: In Konsequenz des »Gesetzes zur Verhütung erbkranken Nachwuchses« (vom 14. Juli 1933) mußten die Sonderschulen und ihre Lehrer auch die »Erziehbarkeit« ihrer Schüler begründen – und sie suchten in opportunistischer Anpassung an die NS-Ideologie und deren Terminologie von »Auslese« und »Ausmerze« sich und ihre Institutionen zu stabilisieren, um sie nur um so sicherer auszuliefern[8].

Die pädagogische Lage veränderte sich auch für alle Eltern. Seit 1933 sahen sie sich nicht nur, und stärker als früher, mit der Schule als konkurrierender Erziehungsinstanz konfrontiert, sondern – wie die Lehrer – auch zusätzlich mit der HJ, was Folgen bis in den Familienalltag hatte. Der »Staatsjugendtag«, zwischen 1934 und 1936 verbindlich, erhob Anspruch auf die freie Zeit der Jugendlichen, die HJ machte sich mit Gewalt zur Nachfolgeeinrichtung aller Jugendverbände und -bewegungen der Republik. Die Errichtung des »Reichsministeriums für Erziehung, Wissenschaft und Volksbildung« sicherte 1934 schließlich die administrativen Möglichkeiten der Kontrolle der traditionell von den Ländern autonom verwalteten Bildungseinrichtungen.

Mit den neuen Lehrplänen seit 1937, vor allem mit dem Erlaß »Erziehung und Unterricht in der Höheren Schule« (1938), wurden dann auch weitergehende schulorganisatorische Veränderungen eingeführt. Die höheren Schulen wurden auf zwei Arten von grundständigen »Oberschulen« reduziert, »für Jungen« bzw. »Mädchen«, begleitet von »Aufbauformen«; das altsprachliche Gymnasium war nur noch als »Sonderform« für Jungen erlaubt. So stark aber manche Zeitgenossen, voran Philologen und die traditionelle Klientel der Gymnasien, diesen Erlaß als Einschnitt verstanden haben mögen, er griff noch auf alte preußische Pläne aus der Weimarer Republik zurück und zeigte mit seiner Typengliederung zugleich, wie man in der Verwaltung Einheit und Vielfalt zugleich möglich machen wollte.

In der Folgezeit wurde im Bereich der höheren Schule der Einfluß der HJ sogar zurückgedrängt, weil die Klagen über den schlechten Leistungsstand der Schüler und Abiturienten zu groß geworden waren. Die Eingriffe in das Bildungswesen nahmen deshalb aber nicht ab. 1940 wurde durch Erlaß sowohl der Typus der österreichischen »Hauptschule« als auch die Ausbildung der Volksschullehrer in »Lehrerbildungsanstalten« (LBA) angeordnet und damit die strikte Trennung von Eliten- und Massenbildung festgeschrieben. Den Alltag der Heranwachsenden bestimmten dagegen weit stärker die Folgen des Krieges, bereits in den Formen des Schulbesuchs. Für einen zunehmend größer werdenden Teil der Kinder war er mit der Trennung vom Elternhaus verbunden: Durch die »Kinderlandverschickung« seit 1940 wurden Millionen

---

7 Aufschlußreich für Oldenburg jetzt Joachim Kuropka (Hrsg.), Zur Sache – Das Kreuz!, Vechta 1987.
8 Andreas Möckel, Behinderte Kinder im Nationalsozialismus, in: Christa Berg/Sieglind Ellger-Rüttgardt (Hrsg.), »Du bist nichts. Dein Volk ist alles«. Forschungen zum Verhältnis von Pädagogik und Nationalsozialismus, Weinheim 1991, S. 74–87.

erfaßt und zugleich der Kontrolle von Schule und HJ unterworfen[9]. Die älteren Schüler mußten seit September 1943 als Luftwaffenhelfer Dienst tun und erlebten das Bildungsideal des »politischen Soldaten« ungeschützt von aller pädagogischen Autonomie.

Die Generation der »Flakhelfer« hat damit einen ebenso nachhaltigen Eindruck von der Jugend- und Bildungspolitik des NS-Staates gewonnen wie die aufs Land verschickten Kinder. Allerdings muß man sagen, daß die langfristige Wirkung solcher Maßnahmen den Intentionen wohl nicht immer entsprach – sie machte eher sensibel für staatliche Machtansprüche. In gleicher Weise war die Wirkung der Schule ambivalent, für Lehrer und Schüler. Schon die zeitgenössischen Beobachter aus der Arbeiterbewegung[10] haben die Effekte nicht sehr hoch eingeschätzt, sondern eher als vorübergehendes Ereignis für »Tertianer«. Auch die biographische Forschung und die zahlreichen Erinnerungen an die Schulzeit im Nationalsozialismus erinnern neben dem großen Gesinnungsdruck und den als sinnlos erlebten Ansprüchen der HJ auch die genuinen Möglichkeiten pädagogischer Arbeit, die Brechung der Intentionen, die in der fachlichen Arbeit stecken konnte, und die Möglichkeit, Kindheit und Jugend als »Abseits und sicheren Ort« (Brückner) zu erleben. Das Aufwachsen hat eigene Realität, die auch nach 1933 durch pädagogisch-politische Planungen nicht zielsicher, vollständig und einfach zu überformen war.

Während die Eingriffe des Staates in das allgemeinbildende Schulwesen seit dem frühen 19. Jahrhundert bekannt waren, ohne daß der totalitäre zeitliche und organisatorische Anspruch der NS-Politik Vorläufer in Deutschland gehabt hätte, war das berufliche Bildungswesen bis ins 20. Jahrhundert ein Feld konfligierender Interessen und Kompetenzen. Innerhalb der Staatsverwaltung kämpften traditionell die Ressorts der Wirtschafts- und Gewerbeförderung mit den Kultusministerien, wobei jene die »indirekte Erziehung«, primär aber Qualifizierungsinteressen verfolgten, diese Erziehungs- und Kontrollabsichten gegenüber der Jugend. Gleichzeitig sahen sich die Vertreter des Staates mit den Ansprüchen der Betriebe und der Selbstverwaltungsorganisationen von Handwerk und Industrie konfrontiert und schließlich durch die Finanznöte der Gemeinden, in der Regel Träger der beruflichen Schulen, gebremst. Die Lehrer und ihre Verbände, wegen ihrer Zurücksetzung gegenüber dem höheren Lehrerstand besorgt, und die Gewerkschaften, kritisch gegen die Betriebe, sorgten zusätzlich für Konfliktstoff.

Man könnte deshalb die Vermutung hegen, die Möglichkeiten eines totalitären Staates, der den »Primat der Politik« beanspruchte[11], seien im Felde der Berufsbildung besonders gut zu studieren[12]. Die politischen und organisatorischen Voraussetzungen waren ja auch singulär: Der Streit der gesellschaftlichen Klassen war seit 1933

---

9   Material bei Gerhard Dabel (Hrsg.), KLV. Die erweiterte Kinderlandverschickung, Freiburg 1981.
10 Die Sopade-Berichte sind deshalb auch bildungsgeschichtlich instruktiv, vgl. Deutschlandberichte der Sozialdemokratischen Partei Deutschlands 1934–1940, 7 Bde., Salzhausen/Frankfurt am Main 1980; für die biographische Forschung Marion Klewitz, Lehrersein im Dritten Reich, Weinheim/München 1987.
11 Timothy Mason, Der Primat der Politik, in: Das Argument, 8 (1966), S. 473–494.
12 Die beste Übersicht gibt G. Pätzold in: D. Langewiesche/H.-E. Tenorth (Anm. 1); für die Forschungsprobleme Martin Kipp, Betriebliche Berufserziehung im Nationalsozialismus, in: C. Berg/S. Ellger-Rüttgart (Anm. 7), S. 132–158.

in der Ideologie der Volksgemeinschaft rhetorisch und in der Vereinigung von Arbeitgebern und Gewerkschaften in der »Deutschen Arbeitsfront« (DAF) organisatorisch still gestellt: Seit 1934 waren die Kompetenzen für die (schulische) Berufsbildung einheitlich bei den Kultusministerien angesiedelt, in der Gestaltung von Ausbildungsordnungen die Vertreter von Industrie und Wissenschaft intensiv einbezogen. Die seit der Republik bestehenden Planungsinstanzen, DATSCH und DINTA (Deutscher Ausschuß für das Technische Schulwesen, Deutsches Institut für Technische Arbeitsschulung) sowie der AfB (Arbeitsausschuß für Berufsausbildung) konnten seit 1936 den Betrieben u. a. neue Pläne zur Ausbildung vorlegen und ihr Ziel, die Ausbildung zu »Soldaten der Arbeit«, relativ ungestört verfolgen; die Nazis stützten auch die vorher beargwöhnten Werkberufsschulen, und sie vereinheitlichten zwischen Handwerk und Industrie das vorher getrennte Ausbildungs- und Prüfungsrecht für Lehrlinge.

Aber die Fülle der beteiligten Instanzen und die Vielfalt der Absichten kollidierten: Ein Berufsbildungsgesetz, bis 1933 nie erreicht, gelang auch nach 1933 nicht. Das »Gesetz zur Ordnung der nationalen Arbeit« (1934) schloß zwar das Lehrlingsrecht mit ein, griff aber in der Kompetenz gegenüber den Betrieben zu kurz: Zwar konnten mit dem Reichserlaß von 1937 neben neuen Bezeichnungen für die Schulen (Berufs-, Fach-, Ingenieurschule) auch die drei hierarchischen Ebenen der beruflichen Bildung (Erstausbildung, Techniker-, Ingenieurstufe) in einer Form verankert werden, die bis weit nach 1945 erhalten blieb, und die Schulpflicht wurde mit dem Reichsschulpflichtgesetz vom 6. Juli 1938 bis zum 18. Lebensjahr ausgedehnt. Die berufliche Bildung blieb aber in Betrieben dem Betriebszweck unterstellt, in den von HJ und DAF organisierten »Reichsberufswettkämpfen« (seit 1934, mit mehr als drei Millionen Teilnehmern 1939) unter Leistungsaspekten funktionalisiert und schließlich, mit Beginn des Vierjahresplans 1937, eindeutig den Zielen der Kriegsvorbereitung unterworfen. Die betriebliche Ordnung der Berufsbildung diente letztlich nicht der Qualifizierung der einzelnen Lernenden, sie wurde vielmehr auf allen Ebenen und Stufen als Teil der Anstrengung verstanden, die Eigenrechte der Arbeitenden den kollektiven Ideen der »Volksgemeinschaft« zu unterwerfen.

III. Jugendpolitik und soziale Kontrolle

In der beruflichen Bildung wurden mit der Idee der Volksgemeinschaft bereits übergreifende Erziehungsideen sichtbar, die auch die Ordnung des Jugendalters bestimmten. An zentraler Stelle regierte hier die »Reichsjugendführung« (RJF), ihr zentrales Instrument war die »Hitlerjugend« (HJ) samt ihrer Teilgliederung »Bund Deutscher Mädel« (BDM). In der Programmatik behielten dabei die RJF und ihr Protagonist bis 1941, Baldur von Schirach, zwar die Maxime bei, mit der die NSDAP schon vor 1933 Jugend und Jugendbewegung zu ködern gesucht hatte: »Jugend muß durch Jugend geführt werden.«[13] Der Anspruch der NSDAP vor 1933, nicht nur für die »junge Generation« zu sprechen, sondern ein Teil von ihr zu sein, wurde freilich schon mit der Machtübernahme faktisch zurückgenommen. Obwohl Schirach die Sammlung

---

13 Michael Wortmann, Baldur von Schirach. Hitlers Jugendführer, Köln 1982.

seiner Vorträge 1938 noch unter dem Titel »Revolution der Erziehung« erscheinen ließ, blieben mit der strikten Einbindung der HJ in die Interessen von Partei und Staat letztlich doch nur die Rhetorik und Symbolik der Jugend, de facto regierten die neuen Alten[14].

Für sie war die Jugend das umworben-attraktive Potential, mit dem man die Zukunft und das künftige Deutschland gestalten wollte, zugleich aber war sie, vor allem mit ihren zahlreichen Bünden und Organisationen, die in der Republik den Jugendalltag bestimmt hatten, auch bedrohlich. Die Politik der RJF und Schirachs versuchte beiden Aspekten Rechnung zu tragen. Gegenüber den alten Organisationen und Bünden setzte sie bereits früh auf Macht und Verbote, so daß die HJ schon im Sommer 1933 der alleinige Herrscher der Jugend war. 1934 zählte sie nach der Zwangsintegration der anderen Verbände schon mehr als drei Millionen Mitglieder, 1939 ca. acht Millionen im »Jungvolk« (für die zehn- bis 14jährigen) und in der »Hitlerjugend« (für die 14- bis 18jährigen). Gegenüber Staat und Partei konnte Schirach seinen Anspruch auf die alleinige Kompetenz für die Ordnung des Jugendalters dagegen zwar artikulieren, aber nie in der strikten Weise durchsetzen, die ihm selbst vorschwebte. Erfolgreich war er aber gegenüber den Erwartungen der Militärs, denn das Gesetz über die HJ (1936) bestätigte Schirach den Erziehungsanspruch gegenüber der Jugend.

Folgt man historischen Untersuchungen und Selbstzeugnissen, dann ging von dieser Jugendpolitik eine ambivalente Wirkung aus. Die HJ besaß von 1933 an zwar faktisch das Monopol als öffentlich anerkannte Organisation der Jugend, sie beanspruchte Gestaltungsmacht in Schule und Betrieb, bei der Arbeit wie in der Freizeit, aber sie war bei den Jugendlichen nicht unbedingt beliebt und barg schon in sich relativ heterogene Interessen. Vor allem einige Führer unorthodoxer Gruppen der Jugendbewegung hatten sie anscheinend in der Hoffnung aufgesucht, hier ihr selbstbestimmtes Jugendleben weiter führen zu können. Solche Überreste der Jugendbewegung, einerseits Indizien für die Verwandtschaft der Lebensformen von Jugendbewegung und HJ und für die Verführbarkeit dieser Gruppen, blieben andererseits als bedrohliches Potential in der HJ immer Anlaß für mißtrauische Kontrolle. Im Alltag vieler Jugendlicher aber war die HJ einfach lästig, sie beanspruchte Zeit mit langweiligen Heimabenden, war in der Lebensplanung als kontrollierende Instanz gegenwärtig, und das Korps der haupt- und nebenamtlichen Führer (zusammen mehr als 700 000) reklamierte unablässig Aktivität und Aufmerksamkeit.

Nach der jüngeren Forschung scheint auch der BDM für zahlreiche junge Mädchen und Frauen von einer irritierenden Attraktivität gewesen zu sein. Während die Frauen noch innerhalb der Jugendbewegung eher am Rande standen, schien ihnen die Nazi-Organisation ein eigenes, selbständiges und anerkanntes Tätigkeitsfeld zu öffnen. In Selbstzeugnissen der Frauen, häufig freilich eher aus BDM-Führungspositionen, wird jedenfalls bis heute sichtbar, wie sehr sie davon gezehrt haben, an gesellschaftlich ernsthaften und bedeutsamen Aufgaben selbständig arbeiten zu können. Die Ideologie des NS, in der für die Frau nur die Rolle der Mutter im Hause und ein

---

14 Aus der Fülle einschlägiger Forschung Arno Klönne, Jugend im Dritten Reich, Köln–
    – Düsseldorf 1982; Dagmar Reese, »Straff, aber nicht stramm – herb, aber nicht derb.«,
    Weinheim–Basel 1989; Überblick bei Jürgen Reulecke (Jugend) und Detlef J. K. Peukert
    (Sozialpädagogik) in: D. Langewiesche/H.-E. Tenorth (Anm. 1)

stark konventionell geprägtes öffentliches Leben vorgesehen war, hatte in der Tat – wider Willen und verstärkt durch die Kriegsfolgen – mit der wirklichen Lebenssituation wenig zu tun. Die Frauen waren intensiv in Beruf und Arbeit eingebunden, hatten allein ihr Leben und das ihrer Kinder zu gestalten und mußten in der Heimat auch die alltägliche Last des Krieges meist allein tragen.

Die faktische Lage der Jugend, ihre Lebens- und Beschäftigungssituation, schon durch die widersprüchliche Politik intensiv belastet, veränderte sich seit und nach 1933 erheblich. Gegen die Beschäftigungsprobleme der Jugend – mehr als ein Drittel von ihnen waren 1933 ohne Arbeit – sollten zunächst die seit 1933 sukzessive verbindlich werdenden Organisationen von Arbeitsdienst (für die Männer) und Landjahr (für die Frauen) Abhilfe schaffen. Förderlich für die Beendigung der Arbeitslosigkeit waren auch der ökonomische Aufschwung und für die männlichen Jugendlichen die Wiedereinführung der Wehrpflicht 1935, letztlich dann aber vor allem die Konsequenzen des Krieges. Schon 1939 herrschte Arbeitskräftemangel und ein Überangebot an Lehrstellen.

Die Jugend blieb aber, trotz aller fürsorglichen Kontrolle, ein unberechenbarer Faktor, wenngleich man die zahlreichen Phänomene unangepaßten Verhaltens und der »Resistenz« nicht einfach beurteilen oder sie gar generell als Indizien für politisch eindeutigen Widerstand verstehen kann. Für Staat und Partei waren die Versuche selbstbestimmten Jugendlebens aber per se bedrohlich; sie reagierten mit intensiver Beobachtung, mit Kriminalisierung und einer Verschärfung des Jugendstrafrechts. Bereits vor dem Kriege, seit 1937, wurde der Jugendstrafvollzug modifiziert, im Mai 1939 wurde eine »Reichszentrale zur Bekämpfung der Jugendkriminalität« eingerichtet, und während des Krieges war die Kontrolle noch intensiver: Seit 1941 gab es »Jugendschutzlager«; 1943 wurde das »Reichsjugendgerichtsgesetz« neugefaßt, damit die Pädagogisierung der Strafpraxis, u. a. im Jugendarrest, zwar ausgeweitet, das Recht gleichzeitig aber auch nach rassischen Kriterien in seiner Geltung eingeschränkt, denn es nahm »Nicht-Arier« ausdrücklich aus. Auch das Jugendrecht erlebte die Justizwillkür, die letztlich in der Verfolgung der Jugendlichen im Nationalsozialismus, 1944 sogar in Jugend-KZs, gipfelte. Die NS-spezifischen Strafformen als Teil des öffentlichen Erziehungssystems legten zugleich dessen wahren Charakter offen.

Das Verhalten Jugendlicher, ihre Handlungen und Interessen, waren für den Nationalsozialismus der Anlaß für diesen Zugriff, die Sorge, daß sich die Einheit der »Volksgemeinschaft« auflösen könnte, gab ihm das Motiv. Dabei war das Handeln der Jugendlichen zwar eindeutig an der Konstruktion jugendspezifischer Lebensformen jenseits von HJ und NS-Staat orientiert, aber dennoch nicht durchgängig politisch gemeint, sondern z. B. häufiger schon religiös veranlaßt. Das politische Motiv galt noch am ehesten für diejenigen Teile der proletarischen Jugend vorwiegend in Westdeutschland, die sich in lockeren Gruppen, »Cliquen«, versammelten, als »Edelweißpiraten« oder »Meuten« (in Leipzig) organisierten und im Kriege, von der Polizei verfolgt, ihre Versuche einer selbstbestimmten Lebensweise mit Verfolgung und Ermordung bezahlen mußten. Die bürgerliche Jugend in den Städten versuchte ebenfalls eine eigene Lebensweise zu praktizieren. Als »Swing-Jugend« suchte sie nach 1940 nach neuen Themen und Inhalten und rezipierte mit der Musik des westlichen Auslands Zeichen einer anderen Kultur. Politisch waren diese Formen eigener Lebensgestaltung dagegen nicht zu verstehen, eher als Resistenz in der Privatheit.

Aber auch die Swing-Gruppen wurden polizeilich verfolgt und öffentlich geächtet; denn schon die Nähe zum Gegner, zum westlichen Lebensstil, machte sie gefährlich.

Die Fülle der resistenten, widerständigen und alternativ lebenden Jugendlichen und Jugendgruppen ließ aber auch schon den NS-Staat erkennen, daß sein umfassendes Programm der Erziehung und Formierung der Jugend den Erfolg nicht hatte, den man sich erhoffte. Große Teile der Jugend blieben auch gegen den energischsten Versuch einer Verstaatlichung ihres Lebens und angesichts schärfster Kontrolle ihrer Ziele und Wünsche der eigenen Lebensplanung stärker verhaftet, als man angesichts der massiven Propaganda und der umfassenden Organisationspolitik hätte vermuten dürfen.

IV. Hochschule, Forschung, Wissenschaft

Wissenschaft und Forschung, die Universitäten und ihre einzelnen Disziplinen unterschieden sich nicht von den übrigen Bildungsbereichen, weder als Opfer des staatlichen Zugriffs noch in den Mustern von Anpassung, Opportunismus und aktiver Zuwendung zum Nationalsozialismus. Für das deutsche Wissenschaftssystem langfristig aber vor allem folgenreich, als unermeßlicher Verlust von intellektueller Kapazität, theoretischem Potential und individuellen Möglichkeiten kaum zu überschätzen, waren zunächt die Folgen des Gesetzes »zur Wiederherstellung des Berufsbeamtentums«. Mehr als 1 200 Gelehrte, Professoren und Assistenten, Mitglieder wissenschaftlicher Akademien und von Forschungseinrichtungen, verloren schon 1933 aus politischen oder rassischen Gründen ihre Arbeit, Tausende mußten zur Rettung des nackten Lebens das Land verlassen. In der Emigration fanden sich die zahlreichen jüdischen Gelehrten, denen die deutsche Universität Anerkennung und Innovation verdankte, mit den Zwängen eines Neuanfangs konfrontiert, bedeutsame Traditionen der Forschung, z. B. der Physik oder der Naturwissenschaften, ganze Schulen und Richtungen der Wissenschaft, z. B. kritische Sozialwissenschaften und Philosophie, Psychoanalyse oder empirische Psychologie, wurden verdrängt[15], die prominenten Gelehrten im deutschen Wissenschaftssystems von Albert Einstein zu Max Born und Ernst Cassirer mußten in die Fremde gehen, begleitet von jüdischen und sozialistischen Intellektuellen und Künstlern. Wissenschaft und Forschung, Kunst und Kultur in Deutschland erlitten eine Verarmung ungekannten Ausmaßes. Die Bücherverbrennungen, in deutschen Universitätsstädten am 10. Mai 1933 inszeniert und mit Reden von Professoren begleitet, gaben das destruktive Fanal.

Das Verhalten der Universitäten und zurückbleibenden Professoren, Studenten und Verbände war nur zu selten vom Geist des Widerstands und Protestes geprägt. Der »Verband der deutschen Hochschulen«, Standesvertretung der Professoren und Hochschulen zugleich, begrüßte in einer Erklärung vom 23. April 1933 die Machtergreifung der Nationalsozialisten als Einlösung eigener Hoffnungen. Die Studenten hatten schon lange vor 1933 dem NSDStB an zahlreichen Hochschulen zur Macht

---

15 Jüngst Herbert A. Strauss u. a. (Hrsg.), Die Emigration der Wissenschaften nach 1933. Disziplingeschichtliche Studien, München u. a. 1991.

verholfen und eiferten im Frühjahr 1933 im rassistischen Geiste der NSDAP[16]. Ein beklagenswertes Verhalten zwischen Mitläufertum, aktiver Anpassung und Opportunismus, aber auch offener Antisemitismus zeigten sich an allen Fakultäten der Universität, unterschiedlos nach Herkunft und Status der Studenten. Pädagogen dementierten ihren Bildungsanspruch, Juristen rechtfertigten das Unrecht, Theologen begründeten ebenso ein deutsches Christentum wie Naturwissenschaftler eine deutsche Physik oder Philosophen einen deutschen Weg der Erkenntnis, Mediziner plädierten für Auslese und Ausmerze und wirkten schließlich am Genozid in den Vernichtungslagern mit.

Die Universität als Institution bezahlte die Zeit des Nationalsozialismus aber nicht nur mit theoretischer Auszehrung, personellen Verlusten und einer Belastung ihres hohen moralischen Anspruchs, sondern auch durch radikale Einschnitte bei den Zahlen von Studenten und Professoren[17]. Von der Höchstzahl der Studierenden von 138 000 im Sommersemester 1931 ging die Anzahl auf knapp über 62 000 im Jahre 1939 zurück (und stieg erst im Kriege wieder leicht an), von den ehemals 20 000 weiblichen Studierenden blieben nur 6 000 (1939), erst im Weltkrieg gab es wieder 25 000 (1943). Die Anzahl der Professoren veränderte sich parallel, die Formen der Rekrutierung für das universitäre Lehramt – bis 1938 galt auch für die Professoren wie für die Lehramtsanwärter Lagererziehung als obligatorische Eintrittsbedingung in die Laufbahn – waren so wenig attraktiv wie die Arbeitsbedingungen, so daß die meisten Fächer über Nachwuchsmangel klagten.

Die Wissenschaftspolitik der Nationalsozialisten blieb dagegen jenseits des destruktiven Zugriffs widersprüchlich und letztlich konturlos, trotz der Einrichtung einer reichseinheitlichen Habilitations- und Besoldungsordnung, trotz ideologischer Beurteilung aller Bewerber und trotz der Etablierung des Rektors als »Führer«. Aber die geplante Kontrolle und Umgestaltung der Wissenschaften im deutschen Geiste gelang nur höchst unvollkommen, die Naturwissenschaften wurden bald wieder den funktionalen Erfordernissen der Forschung und der Kriegsvorbereitung unterworfen. Selbst in den Sozialwissenschaften wurde der ideologische Zugriff dank starker Informationsinteressen zurückgenommen bzw. überformt, wenngleich außerwissenschaftliche Erwartungen, z. B. der Wehrmachts- und Arbeitspsychologie oder der Erziehungsberatung, dominierten. Die Wissenschaften verloren zwar die Autonomie des kritisch-aufklärerischen Denkens, sie lebten aber innerhalb der Grenzen reiner Fachlichkeit bald wieder relativ unbehelligt.

Die theoretischen Protagonisten nationalsozialistischer Bildungs- und Wissenschaftspolitik, die Philosophen und Pädagogen Alfred Baeumler und Ernst Krieck, blieben daher mit ihren Plänen zur radikalen ideologischen und theoretischen Umgestaltung der Wissenschaften und des Wissenschaftssystems erfolglos. Baeumler, der intensiv mit dem NS-Ideologen Alfred Rosenberg kooperierte und die Rassenideologie als »kopernikanische Wende« der Wissenschaft propagierte, gelang es nicht, die geplante »Hohe Schule« als wissenschaftliche Institution des NS-Staates zu gründen. Ernst Krieck resignierte mit seinem Anspruch, »kämpferische Wissenschaft« als

---

16 Exemplarische Darstellungen in: Leonore Siegele-Wenschkewitz/Gerda Stuchlick (Hrsg.), Hochschule und Nationalsozialismus, Frankfurt am Main 1990.

17 Hartmut Titze (in: D. Langewiesche/H.-E. Tenorth (Anm. 1)) liefert einen sorgfältigen Überblick; dort die im folgenden genannten Zahlen.

neues Leitbild der Universitäten durchzusetzen; auch sein Einfluß auf die Volkserziehung war nicht so stark, wie er geträumt hatte und 1933 noch mit guten Gründen hoffen konnte. Fachprinzip und Politisierungsanspruch, die Eigenlogik der Forschung und die soziale Verantwortung der Wissenschaften lebten vielmehr unverbunden, wenn auch konflikthaft nebeneinander. Der klassische Bildungsanspruch der Universität, d. h. ihr Versuch, die sozial verantwortliche Ausbildung akademischer Berufe mit den Erwartungen strikter Forschung zu verbinden, ließ sich aber nicht mehr einlösen, er hatte sich auch schon 1933 im opportunistischen Verhalten der Mehrheit der akademischen Gemeinschaft selbst destruiert.

V. Erwachsenenbildung und Kontrolle des Volkes

Eine nicht nur gesellschaftlich organisierte, sondern wenigstens z. T. auch staatlich geplante und finanzierte Bildung der Erwachsenen hatte es in nennenswertem Umfang in Deutschland erst seit der Weimarer Republik gegeben. Der Bestand an Volkshochschulen und Bibliotheken, Heimvolkshochschulen und Bildungseinrichtungen, der in den Städten und Kommunen, von Parteien, Gewerkschaften und Kirchen sowie von sog. »freien« Trägern bis 1933 eingerichtet worden war, umfaßte dabei (bis 1927) mehrere tausend Einrichtungen[18], samt einem ebenfalls zahlreichen hauptamtlichen Personal von Volksbildnern, Theoretikern und Organisatoren. Es gab zahlreiche Zeitschriften, gemeinsame Organisationen, z. B. den »Reichsverband der deutschen Volkshochschulen«, sowie einflußreiche offene Gesprächskreise wie den »Hohenrodter Bund«.

Seit 1933 wurden die Einrichtungen der Volks- und Erwachsenenbildung den traditionellen Trägern genommen, durch Enteignung, aber auch durch freiwillige Übergabe, und in die NS-Organisationen, vor allem in das »Deutsche Volksbildungswerk«, eingegliedert. Nur strikt konfessionell orientierte katholische und evangelische sowie jüdische Volksbildungseinrichtungen konnten relativ unabhängig, wenn auch nicht unbedrängt, weiter bestehen. Die Volksbildung war wie alle Bildungseinrichtungen seit 1933 dem allgemeinen Kontrollanspruch der NS-Ideologie unterworfen; sie wurde aber auch, so auf dem Lande, von spezifisch nationalsozialistischen Ideologen, z. B. von »Blut-Boden« und »Heimat«, zusätzlich geprägt. Für die Bildungsarbeit der NS-Bewegung wurden auch Formen der Massenbildung übernommen und z. B. in den Thingspielen (das sind völkisch-nationalgeprägte Massenfestspiele) umgeformt, die schon vor 1933, z. B. in der Arbeiterbewegung, entwickelt worden waren. Zur Praxis der Volksbeeinflussung gehörten aber nicht nur solche eher noch traditionellen Formen der Volksbildung, sondern auch neue Versuche, das Leben der Erwachsenen, auch die gesamte Freizeit, durch den Staat zu bestimmen, vor allem durch die der DAF zugehörige Organisation »Kraft durch Freude« (KdF), die jährlich Millionen von Menschen erfaßte.

---

18 Dieter Langewiesche, Erwachsenenbildung, in: D. Langewiesche/H.-E. Tenorth (Anm. 1), S. 340, zählt für 1927 allein 215 Abendvolkshochschulen und Volkshochschulheime, mehr als 2 000 Bibliotheken der Sozialdemokraten, mehr als 200 öffentliche Bibliotheken im Deutschen Reich (usw.).

Die Beteiligung an den klassischen Veranstaltungen der Volks- und Erwachsenenbildung war ebenfalls erstaunlich groß, betrachtet man die Zahl der Teilnehmer an Veranstaltungen des »Deutschen Volksbildungswerkes« zwischen 1937 und 1942[19]: So stieg die Beteiligung an Vorträgen und Vortragsreihen von 2,2 Millionen auf fünf Millionen, an Arbeitsgemeinschaften, Arbeitskreisen und Kursen von 924 030 auf 6,8 Millionen; Kulturfahrten, Führungen und Volksbildungsabende, die Vorführung von Kulturfilmen und Ausstellungen sahen kontinuierlich ca. drei Millionen Interessenten. Insgesamt erfaßte die organisierte Volksbildung 1937 6,3 Millionen, 1942 sogar nahezu 15 Millionen Teilnehmer.

So aufschlußreich diese Zahlen sind (auch wenn sie nicht die Effekte der Teilnahme dokumentieren), sie repräsentieren noch nicht die gesamte Maschinerie der Beeinflussung und Kontrolle der Erwachsenen. Neben den Einrichtungen, die ausdrücklich der Volksbildung gewidmet waren, bemühte sich vor allem das System der medial gestützten Propaganda um die Formung des Volksbewußtseins. Unter Leitung des Reichspropagandaministers Joseph Goebbels wurden seit 1933 nicht nur Zeitungen, Zeitschriften und Buchverlage einer intensiven und weitgehenden Kontrolle unterworfen. Das Propagandaministerium beaufsichtigte auch die Film- und Theaterproduktion, überwachte und plante Kunstausstellungen, z. B. gegen die sog. »Entartete Kunst«, nutzte mit dem »Volksempfänger« den Rundfunk und seit 1935 – wenn auch nur für wenige Empfänger – bereits das Fernsehen.

Die Strategie der Propagandaarbeit war subtil, einfach und raffiniert zugleich, mehr auf indirekte Wirkung aus als der direkten Manipulation verpflichtet. In den Filmen regierte der Primat der Unterhaltung, auch dann, wenn z. B. in Filmen für die Jugend die Absicht unverkennbar war, die Heranwachsenden für Staat und Bewegung zu beeinflussen, wie z. B. bei »Quax der Bruchpilot« aus dem Jahre 1941. Im Rundfunk, z. B. im Wunschkonzert während des Krieges, herrschte das Prinzip der Stiftung von Gemeinschaftserlebnissen; in den Themen dominierten daneben die als gültig reklamierten Traditionen, z. B. in zahlreichen Preußen- und Hohenzollernstreifen. Alle Medien dienten aber auch der Propagierung und Verschärfung des innerstaatlichen Feindbildes und zur Bekräftigung der Kriegsbereitschaft. Antisemitische Machwerke wie die Verfilmung von Lion Feuchtwangers Roman »Jud Süß« (1940) durch Veit Harlan oder der 1945 produzierte Durchhaltefilm »Kolberg« waren exemplarische Beispiele für diese Absicht.

Das Bewußtsein der Nation wurde schließlich auch in den Selbstinszenierungen von Staat und Partei geformt. Bereits die Machtübernahme feierten die Nazis an symbolträchtigen Orten – mit einem Vorbeimarsch an Hitler und Hindenburg im Januar 1933 unter dem Brandenburger Tor, die »Versöhnung« von Bewegung und Staat im sog. »Tag von Potsdam« am 21. März 1933. Vergleichbar wurden die zahlreichen Anlässe der Zwangsvereinigung von gesellschaftlichen Gruppen oder Organisationen begangen, z. B. die Auflösung der Gewerkschaften in die DAF hinein (am 1. Mai) oder die Vereinigung der Jugendorganisationen in der HJ. Die Reichsparteitage der NSDAP wurden schon vor 1933 nicht nur bis in Einzelheiten geplant und gestaltet, mit Aufmärschen, »Lichtdomen« und Ritualen der Feier. Sie wurden auch nach 1933 mit einem eigens gebauten Gelände in Nürnberg institutionalisiert, zugleich in Wochenschauen verbreitet und in eigenen Filmen dokumentiert. Vergleichbar wurden

---

19 Georg Fischer, Erwachsenenbildung im Faschismus, Bensheim 1981, S. 261–263.

die Gedenktage der »Bewegung« inszeniert, z. B. der sog. Marsch auf die Feldherrnhalle von 1923, die Erfolge der Arbeitsbeschaffungsmaßnahmen, z. B. im Autobahnbau, oder, zur Beförderung des internationalen Ansehens des nationalsozialistischen Staates, die Olympischen Spiele in Berlin 1936.

Im Rückblick auf die Herrschaft des Nationalsozialismus und in kontroversen Diskussionen über die Ästhetik des Faschismus und die Ästhetisierung des Politischen sind diese Mechanismen bis heute intensiv diskutiert worden[20]. Bei der Betrachtung der Propagandatechniken, aber auch in der Analyse der Selbstinszenierungen standen vor allem die manipulativen Absichten im Mittelpunkt der Kritik. Nicht selten wird dabei übersehen, daß sich die Wirkung solcher Inszenierungen nicht einfach messen läßt. Daß es Wirkungen gegeben hat, läßt sich kaum bezweifeln, welchen Umfang aber die Kontrolle des öffentlichen Bewußtseins im einzelnen gewinnen konnte, wie dauerhaft sie war und wie stabil, das ist noch relativ wenig erforscht. Die Propaganda scheint z. B. nur so lange glaubwürdig gewesen zu sein, wie sie nicht durch Alltagserfahrungen widerlegt wurde. In Zeiten, als der nationalsozialistische Staat Erfolge, auch militärischer Art, vorweisen konnte, scheint sie Zustimmung gefunden zu haben, sobald diese Erfolge fehlten, ließ auch die Zustimmung nach[21].

Bei der Diskussion der Wirkungen muß man schließlich die Gesamtheit aller Anstrengungen zur Kontrolle des Bewußtseins im Blick behalten – Organisationen von Medien, direkte Kontrolle und indirekte Beeinflussung, das Verhalten der Manipulateure und die Werte und Normen der Rezipienten. Zu den erschreckenden Modernismen des nationalsozialistischen Staates zählt dann vor allem der Versuch, mit Hilfe medial gesteuerter Beeinflussung die kritikbefördernden Formen traditionaler Öffentlichkeit und öffentlicher Kommunikation zugunsten einer »Tyrannei der Intimität« (Richard Sennett) außer Kraft zu setzen, den Rezipienten in die Einsamkeit der Kommunikation mit Film, Rundfunk und Fernsehen zu stoßen. Auch für diese These gilt freilich, daß das Ausmaß von Manipulation und Indoktrination erst noch zu ermitteln ist, das solchen Situationen innezuwohnen scheint.

VI. Zusammenfassung: Eigenart und Wirkung der Bildungs- und Wissenschaftspolitik im Nationalsozialismus

Bereits unmittelbar nach 1945 haben die Versuche eingesetzt, die Bedeutung von Bildung und Wissenschaft für die destruktive Geschichte der Deutschen seit 1933 zu verstehen. Von den siegreichen Alliierten wurden vor allem die Institutionen der Elitenbildung, höhere Schulen und Universitäten, für Untertanengeist und Klassentrennung, für Militarismus und Nationalismus verantwortlich gemacht. Bereits das Potsdamer Abkommen von 1945 forderte denn auch entschiedene Maßnahmen, Nationalismus und Militarismus zugunsten der Demokratisierung aus dem Bildungswe-

---

20 Meist inspiriert durch wenige Bemerkungen bei Walter Benjamin, vgl. jetzt Berthold Hinz (Hrsg.), »Die Dekoration der Gewalt«, Gießen 1979, sowie als Übersicht Peter Reichel, Der schöne Schein des Dritten Reiches, München 1991.

21 Ian Kershaw, Der Hitler-Mythos. Volksmeinung und Propaganda im Dritten Reich, Stuttgart 1980.

sen zu verbannen. Ebenfalls in der frühen Nachkriegszeit sind in deutschen Stellungnahmen die traditionelle Bildungsidee und die von ihr beherrschten Bildungseinrichtungen dagegen verteidigt worden, die akademischen Berufe und die Universität haben sich als Opfer von Gleichschaltung und Machtzugriff dargestellt. Die sich hier
abzeichnenden Kontroversen sind bis heute nicht entschieden.

Irritierender und noch sehr viel kontroverser wird bis heute erörtert, ob man zu
den, freilich nichtbeabsichtigten, Wirkungen sogar die Modernisierung der deutschen
Gesellschaft und auch der Bildungswirklichkeit zu rechnen habe[22]. Als Beispiel für
ungewollt positive, langfristige Effekte ließe sich aus dem Bildungsbereich neben der
Vereinheitlichung z. B. die Entkonfessionalisierung von Lebensverhältnissen nennen
– wie sie in ländlichen Regionen in der HJ-Erziehung schon seit 1933 gegeben war –,
die z. B. Jugendlichen bis dahin ungekannte Lebensmöglichkeiten eröffnen konnte.
Aber sowohl für die pädagogischen Exempel wie für die behauptete sozialstrukturelle
Modernisierung im Ganzen sind nicht nur die Beweisprobleme ungelöst, auch der
Maßstab für Modernität schwankt. Von Modernisierung zu sprechen scheint doch nur
erträglich, wenn man den totalitären Charakter des Gesamtstaates nicht ignoriert, der
die Wirklichkeit bis 1945 bestimmte und deshalb allenfalls reaktionäre Modernisierung erlaubte.

Legitime Maximen für Bildung und Wissenschaft werden bis heute dagegen in der
klassischen Moderne der europäischen Aufklärung und ihren universalistischen Prinzipien gesucht. Vor diesen Maßstäben kann die Bildungswirklichkeit nach 1933 nicht
bestehen, von »Führung und Verführung«, von der »Zerstörung der Vernunft« und
von der »Perversion der politischen Pädagogik« wird daher zu Recht gesprochen.

Diese normativ gestützte Abwehr und Unterscheidung pädagogischer und »un-
pädagogischer« Realität klärt aber weder die Kontinuitäts- noch die Wirkungsproble-
matik in zureichender Weise. Für die Tradition des Bildungsdenkens ist es zunächst
fatal, daß sich in der Verführbarkeit vieler Pädagogen um 1933 und in der Gestalt des
nationalsozialistischen »Erziehungsstaates« zugleich alte Phantasien einer pädagogischen Konstruktion des Lebens wiedererkennen lassen, zwar in totalitärer Nutzung
und Verkehrung, aber doch unverkennbar. Es kann dann kein Trost sein, daß der
NS-Staat letztlich doch erfolglos in seinem usurpatorischem Anspruch war, eine
ganze Nation zum Nationalsozialismus umzuerziehen, die Erziehungspolitik als Instrument eigener Machtsicherung zu nutzen und die Nation bis in den Alltag hinein zu
kontrollieren. Die totalitäre Destruktion der Lebenswelt hat nach 1933 nicht nur die
Autonomie pädagogischer Verhältnisse zerstört, sondern auch demonstriert, daß eine
Pädagogisierung des gesamten Lebens mit den Prinzipien der Aufklärung unvereinbar ist, daß Indoktrination ein gespaltenes Bewußtsein erzeugt und Anpassung und
die Hinnahme von Gewalt befördert. Die Erfahrung der totalitären Erziehung muß
deshalb Bildung und Wissenschaft selbstkritisch an ihre eigene Verführbarkeit erinnern.

---

22 Michael Prinz/Rainer Zitelmann (Hrsg.), Nationalsozialismus und Modernisierung, Darm-
    stadt 1991.

KONRAD DUSSEL

Der NS-Staat und die »deutsche Kunst«

I. »Nationalsozialistische Kunst«?

Am 30. Januar 1933 wurde der Vorsitzende der NSDAP Adolf Hitler von Reichspräsident Paul von Hindenburg zum Kanzler des Deutschen Reiches ernannt. Am 7. und 8. Mai 1945 unterzeichneten Hitlers Generäle Alfred Jodl und Wilhelm Keitel die bedingungslose Kapitulation der deutschen Wehrmacht im Zweiten Weltkrieg. Beide Daten begrenzen einen singulären Abschnitt deutscher Vergangenheit. Ihre Bedeutung als Marksteine politischer Geschichte ist nicht zu bestreiten.

So groß sind die ohne weiteres feststellbaren Abweichungen der zwölfjährigen NS-Diktatur von den Zeiten davor und danach, daß es späterer Betrachtung als berechtigt galt, ihren primär politisch bestimmten Epochencharakter zu verallgemeinern und fast selbstverständlich auf andere Gebiete zu übertragen. Mit der Rede von der Literatur, Malerei, Musik, ja Kunst (oder auch Unkunst) des NS-Staats allgemein wurde in gewisser Weise in den dabei angesprochenen Bereichen das Selbstverständnis der damaligen Machthaber tradiert, etwas Neues geschaffen, einen eigenen Stil geprägt zu haben. Was diese gefeiert hatten, wurde allerdings heftig abgelehnt.

Die Grundlage dieser in die Geschichte der Künste übernommenen Periodisierung war – nur einmal von der Sache und nicht von den späteren Verwertungsabsichten her gesehen – eine doppelte. Zum einen hoben sich die kunst*politischen* Intentionen der nationalsozialistischen Machthaber und ihre daraus abgeleiteten Maßnahmen im großen und ganzen mit wünschenswerter Deutlichkeit von allem Vorausgegangenem und Nachfolgenden ab. Und Kunstpolitik konnte um so leichter mit Kunst gleichgesetzt werden, als – zum anderen – auch in der künstlerischen Produktion selbst ausreichend Beispiele zu finden waren, die der immer differenzierter herausgearbeiteten NS-Stilistik entsprachen.

Die Ergänzungsbedürftigkeit einer diese Fakten verabsolutierenden Argumentation ist unschwer zu erkennen. Nicht nur, daß kunstpolitische Intentionen und Maßnahmen mit den realen Gegebenheiten konfrontiert und in Einklang gebracht werden müßten, es müßte darüber hinaus auch das Wechselspiel von Kunstproduktion und -rezeption insgesamt thematisiert werden, um den avisierten Epochenbegriff umfassend zu sichern. Es fehlt jedoch nicht an Zeichen, daß ein solches Unterfangen nicht zum gewünschten Ziel führt. Die Erklärungskraft pauschaler Begriffsbildung, die ohne Übergänge die Kunst des NS-Staats neben die des Exils und der inneren Emigration stellt, ist fragwürdig geworden. An ihre Stelle müssen die Ergebnisse differenzierender Beschäftigung treten, wenn die Erkenntnisse sozialgeschichtlicher Forschung nicht ignoriert werden sollen. Mit dieser Perspektive kann beim gegenwärtigen Wissensstand ein institutionsgeschichtlich orientierter Abriß nur einen ersten Einstieg ins Thema bilden. Mehr Raum ist der Charakterisierung der Gesamtproduktion traditioneller Kunstdisziplinen zu widmen. Im Zentrum muß dann allerdings die Frage nach der Bedeutung einer Öffentlichkeit stehen, deren Interesse zunehmend neuen Kunstbereichen galt. An die Seite von Malerei und Musik, Literatur und Theater treten Rundfunk, Film und das Design in der Alltagswelt als Gegenstände den Künsten und ihrer Geschichte gewidmeter Forschung[1].

II. Die Kunstpolitik des NS-Staats

Als Wortführer nationalsozialistischer Kunstpolitik hatte sich zunächst Alfred Rosenberg profiliert. In seinem 1930 erschienenen Hauptwerk »Der Mythus des 20. Jahrhunderts« nahm völkische Kunst- und Kulturtheorie breiten Raum ein. Und nahezu gleichzeitig hatte er 1929 eine erste kunstpolitische NS-Organisation gegründet, den »Kampfbund für deutsche Kultur«. Für seine Mitglieder bot sich bereits 1930/31 Gelegenheit zu offiziell geförderter Kunstpolitik. Der erste nationalsozialistische Minister, Innenminister Wilhelm Frick in Thüringen, bot ihrer Aktivität einigen Spielraum. Sein Erlaß »Wider die Negerkultur für deutsches Volkstum« war der Kulminationspunkt einer ersten kulturzerstörerischen Woge.

Doch obwohl dieses »Vorspiel« nicht unterschätzt werden sollte – zeigt es doch, was von den Inhalten nationalsozialistischer Kunstpolitik zu erwarten war, genauso aber auch, daß diese bei den Zeitgenossen keineswegs auf breite Ablehnung stießen –, darf es auch nicht paradigmatisch überbewertet werden. Frick und Rosenberg gelang es trotz aller Versuche nicht, sich ab 1933 als kulturpolitische Protagonisten im NS-Staat zu etablieren.

Während sich Reichsinnenminister Frick sehr schnell mit seiner Niederlage in Sachen Kunstpolitik abfand, kämpfte der »Beauftragte des Führers für die Überwachung der gesamten geistigen und weltanschaulichen Schulung und Erziehung der NSDAP« Rosenberg ausdauernd, ohne sich jedoch nennenswerte Kompetenzen sichern zu können. Unter Leitung seines engsten Mitarbeiters Walter Stang wurde der »Kampfbund« zwar zur »Nationalsozialistischen Kulturgemeinde« umgeformt, blieb aber, was er seit 1933 vor allem gewesen war: eine Theaterbesucherorganisation. Rosenberg und Stang gelang es nicht, sich damit von der mächtigen Konkurrenz der mit ihrer Organisation »Kraft durch Freude« (KdF) stark in den Freizeitbereich drängenden Deutschen Arbeitsfront Robert Leys abzusetzen. 1937 wurde die »Kulturgemeinde« von KdF übernommen. Rosenberg war kunstpolitisch endgültig bedeutungslos geworden[2]. Doch auch Robert Ley schaffte es nicht, kunstpolitisch in den Vordergrund zu treten. Sein Versuch, 1933 alle Kulturschaffenden als achte Säule seiner

---

1 So auch in der bislang umfassendsten Gesamtdarstellung: Peter Reichel, Der schöne Schein des Dritten Reiches. Faszination und Gewalt des Faschismus, München–Wien 1991; vgl. ferner Hildegard Brenner, Die Kunstpolitik des Nationalsozialismus, Reinbek 1963.
2 Reinhard Bollmus, Das Amt Rosenberg und seine Gegner. Studien zum Machtkampf im nationalsozialistischen Herrschaftssystem, Stuttgart 1970.

Arbeitsfront zu organisieren, schlug fehl. Anders als Rosenberg verständigte er sich allerdings mit seinem Gegenspieler Goebbels und konnte für sein KdF-Amt erheblichen Spielraum bewahren.

Der Bürokrat Frick, der Ideologe Rosenberg und der Organisator Ley hatten den Propagandisten Goebbels unterschätzt. Sie alle unterlagen seinen Fähigkeiten im Laufe der Auseinandersetzungen des Jahres 1933. Ohne die verwickelten Verhältnisse zu sehr personalisieren zu wollen, muß doch festgestellt werden, daß Goebbels sein »Reichsministerium für Volksaufklärung und Propaganda« mit der Unterstützung Hitlers geradezu im Alleingang in die Welt setzte und mit atemberaubendem Tempo aufbaute. Die notwendigen Kompetenzen entwand er vor allem Fricks Innenministerium, ohne dabei auf nennenswerten Widerstand zu stoßen. Sehr schnell gelang es ihm dann, fähige Mitarbeiter zu gewinnen, nicht zuletzt aus dem Umkreis Rosenbergs – Hans Hinkel etwa, den späteren Reichskulturwalter, oder Rainer Schlösser, den Reichstheaterdramaturgen. Sie alle nutzten die Gunst der Stunde, übernahmen kurzentschlossen von der parteiinternen Konkurrenz, was ihnen günstig erschien, und stilisierten ihre Maßnahmen zu kaum hinterfragten Erfolgen.

Neben der Etablierung des Propagandaministeriums war es vor allem die Gründung der Reichskulturkammer und ihrer sieben Einzelkammern[3], die schon zeitgenössisch ins Zentrum der Aufmerksamkeit rückte. Als die Reichskulturkammer am 15. November 1933 feierlich begründet wurde, geriet ihre Herkunft völlig in Vergessenheit: daß sie als hastiger Gegenzug zu Leys Arbeitsfrontplänen entstanden war und dafür Entwürfe des »Kampfbunds« und interessenpolitische Ansätze der Weimarer Republik mehr oder minder systematisch weiterentwickelt worden waren[4]. Für die Nachwelt überlebte die Reichskulturkammer einzig als zentrales kulturpolitisches Zwangsinstrument des NS-Staates. Unbestreitbar erfüllte die Reichskulturkammer eine wichtige Funktion als Selektionsinstrument, zumindest in jenen Bereichen, die durch frühere Maßnahmen nicht hatten erfaßt werden können. So waren aus dem Personal öffentlicher Kunstpflege (Theater, Orchester, Museen u. ä.) schon durch das Berufsbeamtengesetz den Nationalsozialisten unliebsame Personen, in der Praxis fast nur Juden, entfernt worden; andere wichtige Bereiche wie die Presse wurden durch eigene Gesetzgebung – in diesem Falle durch das Schriftleitergesetz vom 4. Oktober 1933 – der über alles andere gestellten »Arisierung« unterworfen. Wirklich bedeutsam wurde die für die weitere Berufsausübung notwendige Entscheidung über die Kammerzugehörigkeit nur für die Angehörigen »freier« Künste, Maler und Bildhauer etwa oder Schriftsteller. Sehr schnell stellte sich heraus, daß die Kammern über diese Selektionsfunktion hinaus keine eigene Bedeutung hatten; und selbst dann war ihr

---

3 Reichsmusikkammer, Reichskammer der bildenden Künste, Reichstheaterkammer, Reichsschrifttumskammer, Reichspressekammer, Reichsrundfunkkammer und Reichsfilmkammer. Die – abweichend von den anderen Kammern organisierte – Rundfunkkammer wurde von Goebbels am 28. Oktober 1939 wieder aufgelöst (Ansgar Diller, Rundfunkpolitik im Dritten Reich, München 1980, S. 159).

4 Volker Dahm, Anfänge und Ideologie der Reichskulturkammer. Die »Berufsgemeinschaft« als Instrument kulturpolitischer Steuerung und sozialer Reglementierung, in: Vierteljahrshefte für Zeitgeschichte, 34 (1986), S. 53–84; Martin Thrun, Die Errichtung der Reichsmusikkammer, in: Hanns-Werner Heister/Hans-Günter Klein (Hrsg.), Musik und Musikpolitik im faschistischen Deutschland, Frankfurt am Main 1984, S. 75–82.

Spielraum minimal. Die Entscheidungsbefugnis lag bei den einzelnen Abteilungen des Propagandaministeriums, in vielen Fällen bei Goebbels selbst[5].

Diese Entwicklung scheint nicht von Anfang an festgestanden zu haben. Jenseits aller machttaktischen Erwägungen gab es auch genügend soziale Probleme innerhalb der Künstlerwelt, die ein Eingreifen des Staates vertretbar, wenn nicht sogar als erzwungen scheinen ließen. Ob es die Unterhaltungsmusik war, die nach der Einführung des Tonfilms durch den Wegfall der Kinomusik Tausende nicht mehr ernähren konnte; ob es die miserablen Arbeitsbedingungen im Theaterbereich waren; oder die Unterstützungsbedürftigkeit bildender Künstler, wie ihre Organisationen – etwa der »Reichswirtschaftsverband bildender Künstler Deutschlands« – nicht müde wurden hervorzuheben: Die Nationalsozialisten vermochten mit ihrer Organisation durchaus an verbreitete Forderungen aus der Weimarer Republik anzuknüpfen.

Einzelne Maßnahmen dürften vor allem sozial motiviert gewesen sein[6]. Andere Fälle sind umstritten, das meiste ist jedoch noch gar nicht erforscht[7]. Deshalb muß offen bleiben, inwieweit es mit der vor allem in den ersten zwei, drei Jahren der Kammerexistenz ergangenen Flut an Anweisungen und Verordnungen gelang, dem Anspruch, auch »die wirtschaftlichen und sozialen Angelegenheiten der Kulturberufe« zu regeln[8], gerecht zu werden.

1935/36 zeichnete sich jedenfalls eine Wende ab. Mit der Reorganisation der Kammern seit 1935, die endgültig alle aus der Weimarer Republik übernommenen organisatorischen Strukturen zerschlug, und der Neubesetzung der Führungspositionen war die Reichskulturkammer endgültig zum rein ausführenden Instrument des Propagandaministeriums geworden, das keinerlei eigene ordnungs- und sozialpolitische Funktion mehr besaß.

Trotz aller Querelen und Rücksichtnahmen auf Einzelwünsche anderer NS-Führer war es Goebbels verhältnismäßig rasch gelungen, auf Reichsebene alle Kunst- und Kulturkompetenzen weitgehend in seiner Hand zu vereinigen. Deutliche Einbußen hatte er nur in den Bereichen des Schrifttums und der Presse zu verzeichnen, wo er mit mächtigen Konkurrenten zu rechnen hatte, vor allem mit Max Amann, dem Chef des Zentralverlags der NSDAP[9].

Gewichtigere Risse erhält das Bild des monolithischen Führerstaates und seiner Kulturorganisation erst, wenn man sich der Ausführung der zentralen Direktiven zuwendet. Auseinandersetzungen zwischen lokalen und regionalen Machthabern und dem Berliner Ministerium waren an der Tagesordnung. Schon Goebbels' eigene Ta-

---

5 Glenn R. Cuomo, Hanns Johst und die Reichsschrifttumskammer. Ihr Einfluß auf die Situation des Schriftstellers im Dritten Reich, in: Jörg Thunecke (Hrsg.), Leid der Worte. Panorama des literarischen Nationalsozialismus, Bonn 1987, S. 108–132; Konrad Dussel, Ein neues, ein heroisches Theater? Nationalsozialistische Theaterpolitik und ihre Auswirkungen in der Provinz, Bonn 1988, S. 66–77 und 167–198.

6 So der »Kunst-am-Bau«-Erlaß vom 22. Mai 1934, vgl. Georg Bussmann, Plastik, in: Kunst im 3. Reich. Dokumente der Unterwerfung, Frankfurt am Main 1974, S. 252.

7 Für das Theater: K. Dussel (Anm. 5), S. 78–85.

8 § 3 der Ersten Verordnung zur Durchführung des Reichskulturkammergesetzes vom 1. November 1933 (RGBl. 1933 I, S. 797 f.).

9 Karl-Dietrich Abel, Presselenkung im NS-Staat. Eine Studie zur Publizistik in der nationalsozialistischen Zeit, Berlin 1968; Volker Dahm, Das jüdische Buch im Dritten Reich. Erster Teil: Die Ausschaltung der jüdischen Autoren, Verleger und Buchhändler, Frankfurt am Main 1979.

gebuchaufzeichnungen liefern dazu einiges Material, so z. B. den Fall der Düsseldorfer Theaterintendanz. Am 14. Januar 1937 donnerte er noch: »Oberbürgermeister Wagenführ-Düsseldorf will den Intendanten Iltz abstechen. Ich lehne das ab und werde sehr scharf gegen die Theaterpraktiken der Städte. Er ist sehr kleinlaut.« Die Wirkung scheint jedoch begrenzt geblieben zu sein. Am 5. Februar mußte er erneut notieren: »Generalintendant Iltz-Düsseldorf: er wird von den dortigen Instanzen saumäßig behandelt. Ich rufe gleich Oberbürgermeister Wagenführ an und beschwere mich. Er kommt heute zum Bericht nach Berlin.« Der Düsseldorfer Oberbürgermeister dürfte dann aber doch in der besseren Position gewesen sein, denn bereits am nächsten Tag folgte bei Goebbels die Einsicht: »Iltz scheint nun doch in Düsseldorf nicht zu halten.«[10] Es bedürfte systematischer Aufarbeitung, wie groß die »Reibungsverluste« insgesamt waren und welches Maß an Unabhängigkeit von nachgeordneten Instanzen faktisch bewahrt werden konnte.

Kunstpolitik war im nationalsozialistischen Staat vor allem Personalpolitik. Klar umrissen war dabei nur die Person des Feindes: Die Juden allein waren schuld am Niedergang »deutscher« Kunst und Kultur. Die radikale »Arisierung« der »Kulturschaffenden« und die konsequente Verfolgung aller Juden waren der kleinste gemeinsame Nenner, auf den sich alle Nationalsozialisten einigen konnten. Schwierig wurde es allerdings, wenn zur Entscheidung stand, wer im Einzelfall die freiwerdenden Stellen füllen sollte. Kunsttheoretische Positionen spielten dabei keine bedeutende Rolle.

III. Ideologie und Kunstproduktion

Für die Nationalsozialisten gab es keine Autonomie der Kunst. Kunst war in den Dienst des Staates, des Volkes, der Rasse zu stellen, wie man, mögliche begriffliche Unterschiede überspielend, nicht müde wurde zu beteuern. Zwangsläufig ergab sich daraus ein Doppeltes: der Kampf gegen alles »Artfremde« und die Förderung alles »Artgemäßen«; oder, in den Worten Hitlers von 1925: »Dieses Reinemachen unserer Kultur hat sich auf fast alle Gebiete zu erstrecken. Theater, Kunst, Literatur, Kino, Presse, Plakat und Auslagen sind von den Erscheinungen einer verfaulenden Welt zu säubern und in den Dienst einer sittlichen *Staats*- und Kultur*idee* zu stellen . . . In allen diesen Dingen muß das Ziel und der Weg bestimmt werden von der Sorge für die Erhaltung der Gesundheit unseres *Volkes* an Leib und Seele. Das Recht der persönlichen Freiheit tritt zurück gegenüber der Pflicht der Erhaltung der *Rasse*.«[11]

Obwohl in unendlicher Monotonie in unzähligen Kampfschriften und theoretisierenden Traktaten wiederholt, blieb die inhaltliche Füllung dieser Postulate problematisch. Einigkeit herrschte eigentlich nur dann, wenn das Abgelehnte sich auf die Verfolgung kommunistischer und vor allem jüdischer Künstler reduzieren ließ. Die Hetze gegen alles Jüdische und seine fanatische Bekämpfung sind als Quintessenz nationalsozialistischer Kunstideologie und daraus abgeleiteter Kulturpolitik zu betrachten.

---

10 Die Tagebücher von Joseph Goebbels. Sämtliche Fragmente, hrsg. von Elke Fröhlich. Teil I: Aufzeichnungen 1924–1941, Bd. 3, S. 10 u. 34 f.; Walter Rischer, Die nationalsozialistische Kulturpolitik in Düsseldorf 1933–1945, Diss. Köln 1971, S. 31 ff.
11 Adolf Hitler, Mein Kampf. München 1936[204], S. 279 (meine Hervorhebung; K. D.).

Jüdischen Künstlern blieb nach 1933 nur die Entscheidung zwischen Exil oder Ghetto[12].

Vor größte Probleme sahen sich die Nationalsozialisten dagegen gestellt, wenn inhaltliche Abgrenzungen gefordert waren; wenn es, vor allem bei der fast durchweg verdammten Modernen Kunst, um den Nachweis der »Entartung« »arischer« Künstler ging. Was denn genau Opfer der notwendigen »Säuberungen« werden sollte, war immer wieder umstritten. Den spektakulärsten Fall bildete sicherlich die sogenannte Berliner Expressionismusdebatte von 1933/34. Beinahe wäre das NSDAP-Mitglied Emil Nolde von Goebbels zum Prototyp des »nordischen« Künstlers erklärt worden, wenn dem nicht von »Kampfbund«-Seite erbittert entgegengetreten worden wäre. Hitler selbst mußte den Streit im Herbst 1934 auf dem Parteitag entscheiden: Keiner der Kontrahenten vermochte sich durchzusetzen; sowohl die avantgardistische Moderne als auch die völkische Reaktion wurden verworfen[13].

Andere Beispiele wie das Tauziehen um den Komponisten Paul Hindemith oder die Unsicherheiten bei der Bewertung des bildnerischen und literarischen Werkes Ernst Barlachs verweisen auf dieselbe Schwierigkeit[14]. Als Kardinalproblem erwies sich nämlich, daß das »Artgemäße«, »Deutsche« der Kunst jenseits der geographischen Herkunft nicht zu fassen war. Mehr als Richard Wagners »Deutsch sein heißt klar sein« hatte man nicht zu bieten; und das war wenig genug, auch wenn Hitler zur Eröffnung der ersten Großen Deutschen Kunstausstellung 1937 in München vollmundig verkündete: »Aus diesem Gesetz heraus finden wir dann auch einen allgemein gültigen Maßstab für das richtige, weil dem Lebensgesetz unseres Volkes entsprechende Wesen unserer Kunst.«[15] Ratschläge dieser Art waren die Regel, keineswegs die Ausnahme. Selbst Fachleute wie etwa der Komponist und Musikschriftsteller Walter Abendroth konnten nach dem Kriterium fragen, woran zu erkennen sei, ob ein musikalisches Werk »in einem tieferen Sinne ›deutsch‹ sei oder nicht«, und ohne Scheu antworten: »Es liegt in der einfachen Frage: Kann man sich vorstellen, daß ein nicht deutscher Künstler dieses Werk geschaffen hätte?«[16]

Berücksichtigt man die mehr oder weniger offene Situation bei der theoretischen Beurteilung »deutscher« Kunst sowie die komplexen (kunst-)politischen Rahmenbedingungen jedes konkreten Tuns und am Ende gar die Vielfalt des zu Behandelnden und die Zahl der daran beteiligten Künstler, ist die Trennschärfe des Begriffs »nationalsozialistische Kunst« nur durch rigide Beschränkung des Gegenstandsbereichs zu erkaufen. Dies geschieht gemeinhin entweder durch strikte Konzentration auf das

---

12 Zum Exil: Horst Möller, Exodus der Kultur. Schriftsteller, Wissenschaftler und Künstler in der Emigration nach 1933, München 1984; Zur Geschichte des »Kulturbundes deutscher Juden«: Herbert Freeden, Jüdisches Theater in Nazideutschland, Tübingen 1964; sowie Fred K. Prieberg, Musik im NS-Staat, Frankfurt am Main 1982. S. 78–106.

13 Hildegard Brenner, Die Kunst im politischen Machtkampf 1933/34, in: Vierteljahrshefte für Zeitgeschichte, 10 (1962), S. 17–42.

14 F. K. Prieberg (Anm. 12), S. 61–70; Ernst Piper (Hrsg.), Nationalsozialistische Kunstpolitik. Ernst Barlach und die »entartete Kunst«. Eine Dokumentation, München 1983.

15 Zit. Joseph Wulf, Die bildenden Künste im Dritten Reich. Eine Dokumentation (1966), Frankfurt am Main u. a. 1983, S. 203. Wulfs mehrbändige, der Kunst im Dritten Reich gewidmete Materialsammlung erweist sich gerade in Sachen NS-Kunst-»Theorie« als unerschöpfliche Fundgrube.

16 Walter Abendroth, »Der deutscheste Musiker«. Kleine Untersuchung über einen großen Mißbrauch, in: Deutsches Volkstum, 19 (1937), S. 728.

Werk einzelner, die qualitativ herausgehoben erscheinen, oder als Selektionsvorgang, der mehr Belege für vorgegebene ideologische Theoreme sucht, als die Fülle des empirischen Materials unvoreingenommen zu strukturieren.

Kunst schufen im nationalsozialistischen Staat nicht nur die Breker und Thorak, Pfitzner und Strauss, Carossa und Kolbenheyer, um nur einige Namen der sogenannten »Gottbegnadeten-Liste« zu zitieren, die während des Krieges als völlig unersetzlich galten[17]. Kunst schufen, legt man das Verständnis des nationalsozialistischen Staates zugrunde, nahezu 250 000 in den Einzelkammern der Reichskulturkammer organisierte Personen. In der Reichskammer der bildenden Künste etwa, einer der mitgliedermäßig durchschnittlich großen Kammern, waren »folgende Gruppen von Künstlern zusammengeschlossen: Architekten, Gartengestalter, Maler, Graphiker, Bildhauer, Gebrauchsgraphiker, Kunsthandwerker, Entwerfer, Raumausstatter, Kopisten, Restauratoren, Kunst- und Antiquitätenhändler, Kunstverleger und Kunstblatthändler, Gebrauchs- und Werbekunstmittler, Künstler- und Kunstvereine, Vereine für Kunsthandwerk und Anstalten der bildenden Künste; ... etwa 35 000 Mitglieder.«[18]

Was in dem so umrissenen Tätigkeitsgebiet überhaupt geschaffen wurde, ist weitgehend ebenso unbekannt wie die Arbeitsbedingungen, die vom NS-Staat (mit-)geprägt wurden. Intensive Beachtung schenkte man nur den Sparten der bildenden Kunst im engeren Sinne, der Architektur und der Malerei und vor allem der Bildhauerei. Organisations- und institutionsgeschichtliche Studien fehlen dabei allerdings fast völlig[19], die Forschung dominiert ein personen- und themenzentrierter Zugriff.

Die bisherige Beschäftigung mit der bildenden Kunst der Jahre 1933 bis 1945 läßt sich in zwei Perioden gliedern. Lange Zeit befaßte man sich nur mit der verfolgten, der »entarteten« Kunst. Erst 1974 trat mit der gleichnamigen großen Ausstellung auch die offizielle, die »Kunst im Dritten Reich« ins Blickfeld der Kunsthistoriker. Und bald darauf begann man sich auch um eine allgemeine Bestandsaufnahme zu bemühen, die die Stilisierung von Verfolgung und Widerstand genauso zu meiden versucht wie die von Anbiederung und Vorteilnahme[20].

---

17 Die Liste mit ihrem A-Teil »Sonderliste« (21 Nennungen) und ihrem B-Teil »Alle Übrigen« (mehrere hundert Nennungen) mit unterschiedlichen Auszügen bei Jutta Wardetzky, Theaterpolitik im faschistischen Deutschland. Studien und Dokumente, Berlin (DDR) 1983, S. 272–276; und Oliver Rathkolb, Führertreu und gottbegnadet. Künstlereliten im Dritten Reich, Wien 1991, S. 176–178.

18 Hans Schmidt-Leonhardt (Ministerialrat im Propagandaministerium und bis 1938 Reichskulturwalter, d. h. einer der drei Geschäftsführer der Reichskulturkammer), Die Reichskulturkammer, Berlin 1936, S. 29 f. Die Reichsschrifttumskammer hatte etwa 30 000 Mitglieder, die Reichspressekammer 33 000 und die Reichstheaterkammer 37 500. Deutliche Abweichungen zeigten die Reichsmusikkammer mit 96 000 Mitgliedern und die Reichsfilmkammer mit 5 000. Die Reichsrundfunkkammer kannte kaum unmittelbare Mitgliedschaften (ebd., passim). Vgl. ebenfalls das von Hans Hinkel, einem weiteren »Reichskulturwalter«, herausgegebene »Handbuch der Reichskulturkammer« (Berlin 1937).

19 Einzige Ausnahme: Otto Thomaes Materialsammlung »Die Propaganda-Maschinerie: bildende Kunst und Öffentlichkeitsarbeit im Dritten Reich«, Berlin 1978.

20 Vgl. die wegweisenden Ausstellungen und die dazu erschienenen Kataloge: Kunst im 3. Reich (Anm. 6); Die Dreißiger Jahre. Schauplatz Deutschland, München (Haus der Kunst) 1977; sowie Skulptur und Macht. Figurative Plastik im Deutschland der 30er und 40er Jahre, Berlin (Akademie der Künste) 1983.

Beim Thema figurative Plastik rückte die Forschung eine Gestalt ganz dominierend in den Vordergrund: die Arno Brekers. Seine muskelbepackten, oberflächengeglätteten, entindividualisierten Männerakte wurden zu Wahrzeichen des NS-Staates schlechthin – nicht zu Unrecht, denn vieles war Auftrag und wurde an exponierter Stelle plaziert wie etwa die vielanalysierten Skulpturen »Partei« und »Wehrmacht« im Innenhof der Neuen Reichskanzlei[21]. Breker wäre sicherlich das Paradigma nationalsozialistischer Nachkriegsbildhauerei geworden; jedoch führt dies in spekulative Erwägungen. Festgehalten werden muß statt dessen, daß er nicht von Anfang an im NS-Staat der unumstrittene Heros war, wie es im Rückblick erscheint. Sein Aufstieg vollzog sich zwar kontinuierlich, aber nicht kometenhaft. Noch 1937 konnte er, obwohl von Göring vorgeschlagen, bei der Besetzung einer Berliner Professorenstelle übergangen werden. Zum nationalsozialistischen Superstar mit einzigartigen Arbeitsbedingungen und märchenhaftem Einkommen avancierte er erst in den Kriegsjahren[22].

Die Fixierung auf Brekers Ausnahmestellung läßt einen anderen Befund leicht in den Hintergrund treten: Die Feststellung nämlich, daß die Skulptur unter allen Gattungen der Bildenden Kunst »die überzeugendste Kontinuität« aufweist – »mit dem Resultat, daß der Anteil der ›Entarteten‹ ähnlich gering war wie später der Anteil der Belasteten«[23]. Und selbst die »Belastung« relativierte sich im Laufe der Jahrzehnte. Denn isoliert vom historischen Kontext, der sie anscheinend allein zum Symbol nationalsozialistischer Weltanschauung stempelte, erwiesen sich sogar Brekers Plastiken als weitgehend inhaltsleer und in nichtfaschistische Umgebungen transponierbar. Der Schluß liegt nahe, daß »nicht in der Form als solcher die historische Dimension liegt, sondern in ihrer ideologischen Verwertung«[24].

Anders als in der Plastik fand sich auf dem Felde der Malerei niemand, dem solche Aufmerksamkeit hätte geschenkt werden können wie Breker. Die Forschung, die sich jedoch fast ausschließlich auf die Jahre 1937 bis 1944 beschränkte, als nach den berüchtigten Ausstellungen 1937 von den Nationalsozialisten reinlich zwischen »deutscher« und »entarteter« Kunst geschieden wurde[25], war deshalb weit themenzentrierter und umkreiste vor allem die Darstellungen des Bauern, der Arbeit, der Frau und des Krieges[26]. Die dabei zutage geförderte Verlogenheit in ihren sentimentalen wie

21 Vgl. dazu zuletzt Frank Wagner/Gudrun Linke, Mächtige Körper. Staatsskulptur und Herrschaftsarchitektur, sowie Wolfgang Fritz Haug, Ästhetik der Normalität/Vor-Stellung und Vorbild. Die Faschisierung des männlichen Aktes bei Arno Breker, beides in: Neue Gesellschaft für Bildende Kunst (Hrsg.), Inszenierung der Macht. Ästhetische Faszination im Faschismus, Berlin 1987, S. 63–102.

22 Magdalena Bushart, Arno Breker – Kunstproduzent im Dienst der Macht, in: Skulptur und Macht (Anm. 20), S. 155–158.

23 Berthold Hinz, 1933/45: Ein Kapitel kunstgeschichtliche Forschung seit 1945, in: Kritische Berichte, 14 (1986) 4, S. 23. Ähnlich Joachim Petsch, Kunst im Dritten Reich. Architektur, Plastik, Malerei, Alltagsästhetik, 2. veränd. Aufl., Köln 1987, S. 34.

24 Magdalena Bushart, Überraschende Begegnung mit alten Bekannten. Arno Brekers NS-Plastik in neuer Umgebung, in: Berthold Hinz (Hrsg.), NS-Kunst: 50 Jahre danach. Neue Beiträge, Marburg 1989, S. 46.

25 Peter-Klaus Schuster (Hrsg.), Nationalsozialismus und »Entartete Kunst«. Die »Kunststadt« München 1937, München 1987.

26 Vgl. die gleichnamigen Aufsätze in: Kunst im 3. Reich (Anm. 6).

heroischen, nicht einmal in erster Annäherung als »naturalistisch« zu bezeichnenden Varianten schien sich zum typischen NS-Stil zu runden. Doch dieser »Stil« hatte, wie fast gleichzeitig schon festgestellt wurde, Geschichte. Vor der Machtergreifung der Nationalsozialisten gab es »zweierlei Kunst in Deutschland«, die Moderne und die Tradition mit den Zentren Berlin und München. Die Nationalsozialisten eliminierten die Moderne, und die seit dem 19. Jahrhundert immer mehr in den Hintergrund gedrängte Genremalerei konnte sich neu entfalten[27]. In dieser Perspektive sind selbst die »Großen Deutschen Kunstausstellungen«, die Aushängeschilder des nationalsozialistischen Deutschland in Sachen bildender Kunst, zu sehen. Sie glichen »in jeder Hinsicht den jährlichen Ausstellungen der lokalen Künstlervereine und -genossenschaften: Es waren massenhaft beschickte Verkaufsausstellungen, nach Themen und Genres gegliedert, wie sie seit eh und je im Interesse der Künstler organisiert wurden (und werden), die nicht im Blickfeld des Kunsthandels stehen.«[28]

Immerhin: Moderne bildende Kunst hatte sich, wenn auch unter heftigen Kämpfen, während der Weimarer Republik einen festen Platz in der öffentlichen Wertschätzung gesichert, von dem sie nach 1933 gewaltsam vertrieben werden mußte. Bei der Musik war die Situation anders. Bereits seit der Jahrhundertwende hatte das »Repertoire«, der überlieferte Bestand an ernster Musik, immer stärker das Konzert- und Theaterleben bestimmt. Die experimentierenden Formen neuer, nicht nur atonaler Musik stießen schon in der Weimarer Republik auf breite Ablehnung. Die Nationalsozialisten lieferten ihren Beitrag, indem sie auch hier alles Mißliebige als »jüdisch« brandmarkten und verfolgten. Der von Paul Sixt und Hans Severus Ziegler im Rahmen der Düsseldorfer Reichsmusiktage 1938 organisierten Ausstellung »Entartete Musik« kam jedoch keineswegs eine Bedeutung zu, die der im Jahr zuvor gezeigten Münchener Präsentation »Entartete Kunst« zu vergleichen wäre. Nationalsozialistische Verfolgungen trafen – an den Personenzahlen gemessen – die reproduzierenden Künstler weitaus stärker als die produzierenden, die Komponisten.

Was dagegen unter nationalsozialistischer Herrschaft an Musik neu komponiert und gefördert wurde, ist kaum erforscht; trotz verdienstvoller Vorarbeiten fehlt ein systematischer Überblick genauso wie Detailstudien zu einzelnen Werken[29]. Wegweisendes war jedenfalls nicht darunter, auch nicht nach nationalsozialistischer Ansicht. Keiner der zwischen 1933 und 1945 entstandenen Kompositionen (sieht man von der im Juli 1933 uraufgeführten »Arabella« Richard Strauss' ab) gelang es, sich einen besonderen Platz im deutschen Musikleben zu sichern, weder vor noch nach 1945. Aber auch der in den Jahren der Weimarer Republik entstandenen Musik erging es nach 1945 nicht viel besser (wieder einmal von Strauss abgesehen).

Die deutsche Literaturgeschichte der dreißiger und vierziger Jahre ist vom Fanal des 10. Mai 1933 geprägt. Die Bücherverbrennungen dieses Tages machten unübersehbar deutlich, daß es in Zukunft mindestens zwei deutsche Literaturen geben würde: die Literatur der Verstoßenen und Emigrierten – die Literatur des Exils – und die der im Reich Verbliebenen, mochten sie nun offiziell gerühmt und gefördert oder auch nur geduldet werden.

---

27 Berthold Hinz, Die Malerei im deutschen Faschismus. Kunst und Konterrevolution, München 1974.
28 Ders., Malerei des deutschen Faschismus, in: Kunst im 3. Reich (Anm. 6), S. 264.
29 F. K. Prieberg (Anm. 12); H.-W. Heister/H.-G. Klein (Anm. 4).

Der von den Nationalsozialisten von Anfang an betriebene literaturpolitische, d. h. vor allem Literatur-verfolgende Aufwand war gigantisch. Literatur zensierende Instanzen vermehrten sich explosionsartig. Wurden bis Ende 1933 von nicht weniger als 21 Stellen mehr als 1 000 Verbote ausgesprochen, waren es im Laufe des Jahres 1934 fast 40 Institutionen, die 4 100 Druckschriften verwarfen[30]. Das sich daraus ergebende Chaos setzt den Literaturbereich deutlich von allen anderen Gebieten der künstlerischen Tätigkeit ab. Vor diesem Hintergrund sind auch die verschiedenen, so ungleichzeitigen Säuberungsaktionen 1933 und 1937/38 zu sehen. Waren die berüchtigten, »entarteter« Malerei und Musik gewidmeten Ausstellungen vom Propagandaministerium und den zuständigen Kunstkammern sorgfältig inszeniert worden, sind die Bücherverbrennungen im Kontext der »revolutionären« Phase des Frühjahrs 1933 zu sehen, in der die Aktionen mehr oder minder spontaner Aggressivität nur mühsam staatlich kontrolliert werden konnten[31].

Und so ging die Erforschung der nationalsozialistischen Literaturpolitik der Erforschung der produzierten Literatur voraus[32]. Die nationalsozialistische Literaturklassifikation wurde übernommen, nur die Bewertung umgedreht. Exil- und NS-Literatur entwickelten sich zu eigenständigen, nahezu berührungslosen Forschungsgebieten[33].

Sehr schnell wurde deutlich, daß mit der Machtergreifung der Nationalsozialisten keine irgendwie »neue« Literatur zum Zug gekommen war. Vielmehr setzten sich bis ins Kaiserreich zurückverfolgbare Strömungen mit Hilfe der staatlichen Macht endgültig durch und eliminierten nach Kräften alle Alternativen[34]. Viel Energie wurde darauf verwandt, den Begriff »nationalsozialistische Literatur« zu präzisieren[35]. Das Vorgehen war dabei immer das gleiche: Man wählte als »Materialbasis literarische Werke und Programme, die nach den formalen Kriterien des offiziellen Selbstverständnisses und des individuellen Bekenntnisses als ›nationalsozialistisch‹ gelten können«, und extrahierte daraus die »jeweiligen ideologischen Leitthemen«[36]. Erst allmählich trat an die Seite der Ideologiekritik auch die Analyse weitverbreiteter ästhe-

---

30 Volker Dahm, Die nationalsozialistische Schrifttumspolitik nach dem 10. Mai 1933, in: Ulrich Walberer (Hrsg.), 10. Mai 1933. Bücherverbrennung in Deutschland und die Folgen, Frankfurt am Main 1983, S. 57.
31 Vgl. den bereits 1968 erstveröffentlichten Beitrag von Hans-Wolfgang Strätz, Die geistige SA rückt ein. Die studentische »Aktion wider den undeutschen Geist« im Frühjahr 1933, in: U. Walberer (Anm. 30), S. 84–114, sowie V. Dahm (ebd.).
32 Dietrich Strothmann, Nationalsozialistische Literaturpolitik. Ein Beitrag zur Publizistik im Dritten Reich, Bonn 1960.
33 Konrad Feilchenfeldt, Deutsche Exilliteratur 1933–1945. Kommentar zu einer Epoche, München 1986.
34 Vgl. etwa zur wahrscheinlich am besten erforschten Literaturgattung, dem Drama, die Arbeiten von Uwe-Karsten Ketelsen, Heroisches Theater. Untersuchungen zur Dramentheorie des Dritten Reiches, Bonn 1968; ders., Von heroischem Sein und völkischem Tod. Zur Dramatik des Dritten Reiches, Bonn 1970; Bruno Fischli, Die Deutschen-Dämmerung. Zur Genealogie des völkisch-faschistoiden Dramas und Theaters (1897–1933), Bonn 1976; Erwin Breßlein, Völkisch-faschistoides und nationalsozialistisches Drama. Kontinuitäten und Differenzen, Frankfurt am Main 1980.
35 Zuletzt Ralf Schnell, Was ist »Nationalsozialistische Dichtung«?, in« J. Thunecke (Anm. 5), S. 28–45.
36 Klaus Vondung, Der literarische Nationalsozialismus. Ideologische, politische und sozialhistorische Wirkungszusammenhänge, in: Horst Denkler/Karl Prümm (Hrsg.), Die deutsche Literatur im Dritten Reich. Themen, Traditionen, Wirkungen, Stuttgart 1976, S. 46.

tischer Formen, die politisch bestimmte Unterscheidungen einebnete, indem sie auf-
wies, daß die den Nationalsozialisten »affirmative wie die ihnen im Exil und im Lande
selbst opponierende Literatur – global gesehen – alte Muster reaktivierte«[37]. Es ist
denn auch nicht von der Hand zu weisen, den alten Begriff der »Literatur des Dritten
Reiches« zumindest vorläufig zu suspendieren, um in neuen Zusammenhängen differenziertere Erkenntnisse zu gewinnen[38].

Ob bildende Kunst, Musik oder Malerei – überall ist der Befund gleich: Die »Leistung« des NS-Staats bestand in der Eliminierung fast aller Formen von Modernität; sie
wurde ergänzt durch die Restauration des akademischen Traditionalismus. Bei allem
Bemühen, daraus die Essenz »nationalsozialistischer« Kunst zu destillieren, muß nicht
nur die kaum vorhandene kunsttheoretische Diskussion im »Dritten Reich« berücksichtigt werden, die weit mehr in gemeinsamen Feindbildern als in gemeinsamen Zielen ihren Zusammenhalt fand. Es darf auch nicht übersehen werden, daß man mit den
praktischen Ergebnissen dieser Situation keineswegs völlig zufrieden war. Goebbels
stellte bereits am 1. Mai 1934 vor der Reichskulturkammer fest, daß zwar »viel ehrli-
cher Willen« gezeigt worden sei, »aber im Können und Gestalten vermochte es nicht
auszureichen«. Und dies veränderte sich kaum. Als 1937 das erste Mal als Nobelpreis-
ersatz der Deutsche Nationalpreis für Kunst und Wissenschaft verliehen wurde, war
der Wissenschaftsbereich schnell abgedeckt. In Sachen Kunst kam man über eine
Verlegenheitslösung nicht hinaus: Den Preis erhielten der NS-Theoretiker Alfred Rosenberg sowie der bereits 1934 verstorbene Architekt Paul Ludwig Troost.

IV. Kunst und Öffentlichkeit

So wenig es darum gehen kann, die Berechtigung werkbezogener Analysen der mit den
verschiedenen Künsten beschäftigten Wissenschaften in Abrede zu stellen, so wenig
kann es eine übergreifende Darstellung der Geschichte der Künste im »Dritten Reich«
vermeiden, nach integrierenden Perspektiven zu suchen. Eine solche bildet ohne Zweifel die Untersuchung der Kunstpolitik des NS-Staates. Fragt man dabei jedoch nicht
nur nach Ideologien, Institutionalisierungen und Maßnahmen, sondern auch nach deren Realisierung und Erfolgen, rückt neben dem Interesse am Verhalten einzelner
Künstler auch das ihrer Öffentlichkeit in den Vordergrund. Sehr schnell enthüllt sich
dann das Bild einer komplexen Gesellschaft, deren Politisierung sich mit den Paradigmen Propaganda und Widerstand nicht hinreichend beschreiben läßt.

Als beispielhaftes Untersuchungsfeld kann das Theater dienen, galt es doch als die
Institution gewordene Begegnungsstätte zwischen Literatur und Musik einerseits und
Öffentlichkeit schlechthin andererseits. Mag man auch mit Recht bezweifeln, inwieweit
es real diesem Anspruch gerecht wurde, so war er doch bewußtseinsprägend genug und
auch handlungsleitend, wenn man nur einmal an die Vergabe von Subventionen denkt.

37 Uwe-Karsten Ketelsen, Zur Literatur im Deutschland der dreißiger und vierziger Jahre, in:
   Theo Buck/Dietrich Steinbach (Hrsg.), Tendenzen der deutschen Literatur zwischen 1918
   und 1945. Weimarer Republik. Drittes Reich. Exil, Stuttgart 1985, S. 58 f.
38 Ders., Probleme einer gegenwärtigen Forschung zur »Literatur des Dritten Reiches«, in:
   Deutsche Vierteljahresschrift für Literaturwissenschaft und Geistesgeschichte, 64 (1990),
   S. 707–725.

Bereits einfachste Untersuchungen konnten die Erfolglosigkeit nationalsozialistischer Dramatik feststellen[39]. Genauere Spielplananalysen, die nicht nur Stück-, sondern auch Aufführungszahlen berücksichtigten, sicherten dieses Ergebnis. Sie ergaben, daß der im weitesten Sinne als nationalsozialistisch zu bezeichnenden Dramatik nur zwischen zehn und 20 Prozent Aufführungsanteil am Schauspiel zuzuschreiben sind[40].

Doch man braucht sich nicht auf die Literatur zu beschränken. Die Oper zeigt ein noch deutlicheres Bild. Zum einen: Von den mehr als 150 Uraufführungen, die zwischen 1933 und 1944 zu verzeichnen sind, erreichten gerade zehn mehr als 100 Aufführungen[41]. Zum anderen: Der 1935 vom Reichsdramaturgen offiziell versandte »Deutsche Opernspielplan« empfahl den Bühnen insgesamt 275 Werke. Jenseits der Kategorie I, »Im Repertoire«, war in der Praxis alles bedeutungslos. Die 182 Werke der Kategorien II und III, fast alles Zeitgenössisches ohne den Geruch verfemter musikalischer Modernität, kamen in den Vorkriegsjahren auf nur ungefähr fünf Prozent Aufführungsanteil, während des Krieges auf gerade ein Prozent[42].

In gewisser Weise ist damit ein Scheitern nationalsozialistischer Spielplanpolitik zu konstatieren. Den entscheidenden Widerstand leisteten jedoch nicht die Spielplangestalter von sich aus, sondern nur im Verein mit ihrem Publikum, dessen Wünschen und Vorstellungen wohl oder übel nachzukommen war, wenn nicht vor leerem Haus gespielt werden sollte. Wird vom »Scheitern« nationalsozialistischer Theater-, und man kann verallgemeinern: Kunst–Politik gesprochen, sind zwei Präzisierungen umumgänglich. Die Nationalsozialisten scheiterten darin, eine eigene Kunst, die sie mit Vorliebe nur »deutsche« nannten, zu etablieren. Und sie scheiterten vor allem darin, wenn darunter eine inhaltlich betont politische Kunst verstanden werden soll. Ihren fanatischen Antisemitismus mit seinen radikalen, ins Unmenschliche mündenden Maßnahmen setzten sie dagegen durch. In dieser Zielsetzung nationalsozialistischer Politik ist kein Scheitern festzustellen.

Die Politisierung der Kunst hatte daneben keinen vergleichbaren Stellenwert. Wendet man sich wieder speziell dem Theater zu, wo die konkurrierenden kunstpolitischen Konzepte am genauesten untersucht worden sind[43], so war sie Forderung nur einer Fraktion, des Kreises um Alfred Rosenberg. Trotz aller Beredtheit dieser Gruppierung muß jedoch ihre politische Bedeutung in Frage gestellt werden. Vielmehr ist davon auszugehen, daß man sich im ausschlaggebenden Propagandaministerium nach einigem Experimentieren mit Thingspielformen dafür entschied[44], nicht auf die Politisierung traditioneller Theaterspielpläne zu setzen, sondern ihre Unterhaltungs- und Erbauungsfunktion zu erhalten und auszubauen. Wenn Goebbels während der

39   Ilse Pitsch, Das Theater als politisch-publizistisches Führungsmittel im Dritten Reich, Masch. Diss. Münster 1952, S. 204f.
40   K. Dussel (Anm. 5), S. 304.
41   Hans-Günter Klein, Viel Konformität und wenig Verweigerung. Zur Komposition neuer Opern 1933–1944, in: H.-W. Heister/H.-G. Klein (Anm. 4), S. 149ff.
42   K. Dussel (Anm. 5), S. 252ff.
43   Ebd. S. 106–140; sowie ders., Provinztheater in der NS-Zeit, in: Vierteljahrshefte für Zeitgeschichte, (1990), S. 98–108.
44   Zur Geschichte des Thingspiels als politisiertem, stark deklamatorischen Freilichttheater vgl. Rainer Stommer, Die inszenierte Volksgemeinschaft. Die »Thing-Bewegung« im Dritten Reich, Marburg 1985.

Reichstheaterfestwoche in Wien im Juni 1939 die Spielplangestaltung der vergangenen Spielzeit verteidigte, indem er feststellte, es sei »manchmal notwendig, vor allem in kritischen Zeitläuften, in denen das Volk ohnehin schwer an den Sorgen des Lebens zu tragen hat, ihm in seinen Unterhaltungs- und Erbauungsstätten ein gewisses Äquivalent dafür zu bieten«[45], so formulierte er indirekt das Prinzip, das einer immer stärker expandierenden Organisation den Namen gab: Kraft durch Freude.

An dieser Stelle kann nur auf die erst ansatzweise erforschte Bedeutung von KdF hingewiesen werden[46]. Gerade für das Theater war KdF seit 1937 zur alles dominierenden Besucherorganisation geworden, nachdem Rosenbergs Nationalsozialistische Kulturgemeinde, die Nachfolgeorganisation des Bühnenvolksbundes und der Volksbühnenvereine der Weimarer Republik, vereinnahmt worden war. KdF wollte keine breiten Schichten einem propagandistischen Theater zuführen, sondern aus ihrer Anwesenheit im bürgerlich-traditionellen Theater Kapital für die Propaganda schlagen: Unter dem der Sozialdemokratie entwendeten Motto »Die Kunst dem Volke« glaubte man, ein Stück Volksgemeinschaft formen zu können[47].

1936/37 gab es die nationalsozialistische Führung auf, eine neue »nationalsozialistische Kunst« in traditionellen Formen erzielen zu wollen. Statt dessen ging man dazu über, die Überlieferung zu sichten und alles Verwertbare in großem Stil der Öffentlichkeit zugänglich zu machen. Da man mit keiner überzeugenden Statistik künstlerischer Produktivität aufwarten konnte, mußten wenigstens auf der Rezipientenseite Rekordzahlen gemeldet werden können.

Den Gründen für dieses Scheitern wurde in der Forschung kaum ernsthaft nachgegangen. Schnell genug begnügte man sich mit dem Hinweis auf die immensen Verluste an schöpferischem Potential, die die Verfolgungswellen der Nationalsozialisten verursachten, oder die ästhetische Unfruchtbarkeit der braunen Weltanschauung. In Rechnung zu stellen wäre aber auch die Komplexität des gesamten Unternehmens, den gesellschaftlichen Modernisierungsschub künstlerisch einzufangen und allgemeinverständlich (um das pejorative »massenwirksam« zu vermeiden) zu gestalten – ein kunstpolitischer Anspruch, der nach dem nationalsozialistischen Desaster in der Bundesrepublik nicht mehr vertreten und durchgesetzt werden konnte[48]. Nicht zuletzt war es nationalsozialistische Hybris, trotz aller beschworenen Tausendjährigkeit des Reichs alles in drei, vier Jahren erreichen zu wollen.

Die Instrumentalisierung der Kunst durch die Nationalsozialisten blieb nicht auf inhaltliche Festlegungen und funktionale Indienstnahmen »hoher« Kunst beschränkt. Mindestens ebenso bedeutend waren ihre Bemühungen, die traditionelle Kunsthierarchie zu verändern. Vergleichsweise peripher war dabei noch die hervorgehobenere Wertschätzung der Plastik gegenüber der Malerei. Insgesamt waren diese beiden Künste genauso wie die Literatur, das Theater und die (klassische) Musik einer steten Um- oder sogar Abwertung unterworfen. Rundfunk und Film sollte die Zukunft gehören.

---

45 Die Bühne vom 20. Juni 1939, S. 289.
46 Die Dissertation Wolfhard Buchholz', Die nationalsozialistische Gemeinschaft »Kraft durch Freude«. Freizeitgestaltung und Arbeiterschaft im Dritten Reich, Diss. München 1976, ist nur als erster Einstieg zu benutzen.
47 K. Dussel (Anm. 5), S. 132–140.
48 Jost Hermand, Kultur im Wiederaufbau. Die Bundesrepublik Deutschland 1945–1965, München 1986.

Allerdings stößt dabei der Begriff der Instrumentalisierung an Grenzen. Im Propagandaministerium prägte man weniger neue Trends, als daß man vorhandene erkannte und zu nutzen versuchte. Die Geschichte der dabei erzielten Erfolge, die das Propagandaministerium selbst am eifrigsten schrieb, bedarf allerdings noch einiger Überprüfung. Neuere Untersuchungen zur NS-Propaganda allgemein kommen jedenfalls zum Schluß, daß Erfolge nur dort erzielt werden konnten, wo bereits verbreitete Vorstellungen bestätigt wurden; herrschte Gleichgültigkeit oder gar Mißtrauen, war die öffentliche Meinung kaum zu beeinflussen[49].

Ihre faszinierende Vielfalt hatte die Kunst der Weimarer Republik nicht zuletzt deshalb erhalten, weil sie eine Umbruchphase zu bewältigen suchte. Nicht nur, daß die künstlerischen Leitbilder des Kaiserreichs endgültig obsolet geworden waren; die kunstimmanenten Auseinandersetzungen um neue Paradigmen wurden durch die Konkurrenz der neuen Medien in viel komplexere Zusammenhänge gestellt. Die technischen Möglichkeiten von Photographie, Film, Rundfunk und Schallplatte veränderten Produktion und Rezeption von Kunst tiefgreifend: Die Reaktionen von Künstlern und Publikum reichten von vehementer Ablehnung bis zu jubelnder Begeisterung. Und als ob die Situation nicht schon kompliziert genug gewesen wäre, wurde der tiefgreifende kulturelle Umbruch durch eine Wirtschaftskrise von globalem Ausmaß überschattet. Künstlerische, kunstpolitische und ökonomische Argumentationen verquickten sich aufs engste.

Drei Felder waren es vor allem, wo technische Neuerungen die etablierte Kunst bedrängten und ihre Rezeption qualitativ veränderten: Schallplatte und Rundfunk ermöglichten eine Potenzierung des Musikgenusses; optische Illusion war mit der Verbreitung des Filmes nicht mehr länger Sache der Bühne; schließlich eröffnete die industrielle Massenproduktion von Gebrauchsgütern völlig neue Bereiche der Alltagsästhetik. Design etablierte sich endgültig als bildende Kunst. In jedem dieser Fälle vervielfachten sich die Nutzungsmöglichkeiten. Und an die Stelle soziokulturell relativ festgefügter Rezeptionsmilieus traten inhomogene, in ihren Entscheidungen kaum zu berechnende Nutzermassen. In diesem Prozeß verloren das Original und sein Schöpfer erheblich an Bedeutung. In den Vordergrund traten Stile und Erfolgsmuster sowie ihre Interpreten, die »Stars«. Der Massengeschmack wurde zu einer Größe, auf die nicht nur kapitalistische Produzenten, sondern auch nationalsozialistische Propagandisten Rücksicht nehmen mußten.

Von der Geschichte der sogenannten Unterhaltungsmusik ist die Geschichte eines neuen Mediums nicht zu trennen: Der Siegeszug der Unterhaltungsmusik fand seinen Ausdruck in der Gestaltung der Rundfunkprogramme. Das Medium Rundfunk verbreitete sich nach seiner Einführung 1923 explosionsartig. Zählte man am 1. Januar 1926 bereits eine Million angemeldete Rundfunkteilnehmer, so waren es am 1. Februar 1932 vier, und, mit zusätzlicher Unterstützung der Nationalsozialisten, am 1. April 1939 fast zwölf Millionen[50]. Der Rundfunk war damit ein zentraler Propagan-

---

49 Ian Kershaw, How effective was Nazi-Propaganda?, in: David Welch (Ed.), Nazi-Propaganda: The Power and the Limitations, London 1983, S. 180–205; Jörg Bohse, Inszenierte Kriegsbegeisterung und ohnmächtiger Friedenswille. Meinungslenkung und Propaganda im Nationalsozialismus, Stuttgart 1988.
50 Winfried B. Lerg, Rundfunkpolitik in der Weimarer Republik, München 1980, S. 524ff.; Walter Klingler, Nationalsozialistische Rundfunkpolitik 1942–1945. Organisation, Programm und die Hörer, Diss. Mannheim 1983, S. 55.

dafaktor. Die Rundfunkprogramme boten immer überwiegend Musik, die ermittelbaren Anteile schwanken zwischen 57 (1932/33) und 69 Prozent (1937/38). Genauere statistische Aufschlüsselungen weisen der »reinen« Unterhaltungsmusik (ohne Operetten, Volks- und Blasmusik) für 1938 45 Prozent Programmanteil zu. Im Sommer 1943 wurden sogar annähernd 70 Prozent erreicht[51]. Unterhaltung war kriegswichtig geworden; der wachsenden Kritik der Hörerschaft am Programm sollte begegnet, ihr Abschwenken zu Feindsendern durch attraktive Angebote verhindert werden[52].

In diesem Kontext gewinnt die nationalsozialistische Abneigung gegenüber Swing und vor allem Jazz ihre Bedeutung. Völkische Schriftsteller wurden nicht müde, sich über die »artfremde Niggermusik« zu ereifern. Ihrer Kritik wurde zwar Rechnung getragen, jedoch ohne durchschlagenden Erfolg. Am 12. Oktober 1935 verkündete Reichssendeleiter Hadamovsky eine allgemeine Kontrolle der Tanzmusik, die zur völligen Ausschaltung des Jazz führen sollte[53]. Doch obwohl ein Tanzkapellenwettstreit ausgeschrieben wurde, vermochten sich Alternativen nicht auf breiter Front durchzusetzen. Die Beschränkungen wurden zunehmend, vor allem während des Krieges von den Soldatensendern, unterlaufen. Am Ende war das Jazzverbot auf ein Verbot des Wortes »Jazz« reduziert; man sprach nun von moderner, »stark rhythmischer Musik«. Der Musikgeschmack breiter Hörerschichten war nicht beliebig umzuformen[54].

Dem verbreiteten Unterhaltungsbedürfnis wurde von den Nationalsozialisten auch beim Film bereitwillig Rechnung getragen. Die Produktion galt überwiegend unbeschwerter Unterhaltung, der man keine ausgetüftelten Indoktrinationsabsichten unterstellen sollte. Natürlich gab es neben offenen Propagandafilmen, wobei der Bogen von »Hitlerjunge Quex« (1933) bis »Kolberg« (1945) zu schlagen ist, auch subtilere Varianten wie Wolfgang Liebeneiners Beitrag zum nationalsozialistischen Euthanasieprogramm »Ich klage an« von 1941. Weit häufiger waren dagegen Produktionen, deren politischer Gehalt kaum als nationalsozialistisch zu klassifizieren ist[55]. Ihre Systemkonformität schlug sich nur in der Verbreitung allgemein akzeptierter konservativ-autoritär getönter Normen und Werte nieder, zu deren Kanon es gehörte, »Politik« erst gar nicht zu thematisieren. Bei aller »unpolitischen« Haltung fügten sie sich jedoch politischer Funktionalisierung. Denn der NS-Propaganda ging es um die Verwirklichung eines Gesamtkonzepts, das keine Politisierung um jeden Preis und in jedem Fall erlaubte. Das Ziel hatte Hitler bereits 1933 formuliert: »Es wird darauf ankommen, sein Augenmerk auf die Gesamtfilmproduktion und ihre Absatzfolge in den einzelnen Kinos zu richten, um im geschickten Wechsel von politischen und allge-

51 Nanny Drechsler, Die Funktion der Musik im deutschen Rundfunk 1933–1945, Pfaffenweiler 1988, S. 32 f.
52 W. Klingler (Anm. 50), S. 62 ff. u. 260 ff.
53 N. Drechsler (Anm. 51), S. 41 u. 127.
54 Ebd. S. 130 f.; Horst H. Lange, Jazz in Deutschland. Die deutsche Jazz-Chronik 1900–1960, Berlin 1966; Hans Dieter Schäfer, Das gespaltene Bewußtsein. Über deutsche Kultur und Lebenswirklichkeit 1933–1945, Frankfurt am Main u. a. 1984, S. 170 ff.; Peter Wicke, Das Ende: Populäre Musik im faschistischen Deutschland, in: Sabine Schutte (Hrsg.), Ich will aber gerade vom Leben singen . . . Über populäre Musik vom ausgehenden 19. Jahrhundert bis zum Ende der Weimarer Republik, Reinbek 1987, S. 418–429.
55 Gerd Albrecht, Nationalsozialistische Filmpolitik, Stuttgart 1969; Karsten Witte, Die Filmkomödie im Dritten Reich, in: H. Denkler/K. Prümm (Anm. 36), S. 347–365.

meinen Unterhaltungsfilmen das Publikum kinofreudig und kinowillig zu erhalten«[56]. Im großen und ganzen mußte deshalb den feststellbaren Publikumspräferenzen nachgekommen werden, um die Möglichkeit zu erhalten, die eigentliche Propaganda zu plazieren. Beim Film war dies kaum Sache des Spielfilms; die Indoktrination war Angelegenheit der Wochenschau, deren Herstellung und Verbreitung man größte Aufmerksamkeit widmete[57]. Die Nationalsozialisten erreichten ihr Ziel, die Kinofreudigkeit zu erhalten. Wurden 1933/34 und 1934/35 noch jeweils rund 250 Millionen Kinoeintrittskarten in Deutschland verkauft, so waren es 1939 bereits über 600 Millionen und seit 1942 jeweils mehr als eine Milliarde. 30 Filme erreichten Anfang der vierziger Jahre mehr als zehn Millionen Besucher, der im Juni 1942 uraufgeführte Zarah-Leander-Erfolg »Die große Liebe« (der auch den Schlager »Es wird einmal ein Wunder geschehen« beinhaltete) über 25 Millionen[58].

Die meisten Filme werden genauso wie die Schlagermusik auch bei genauerer Analyse keine verborgenen faschistischen oder gar nationalsozialistischen Gehalte offenbaren. Sie dienten der Unterhaltung und Ablenkung, und dies auch dort, wo sie an Erfahrungen und Nöte der Zeit anknüpften; ihre spezifische Position haben sie nur im historischen Kontext. Davon losgelöst verlieren sie jene Dämonie, die mit der nationalsozialistischen Propaganda verbunden wird. In gewisser Weise sind deshalb die Beteuerungen einstiger Größen des NS-Films, sie hätten nur inhaltlich unpolitische Unterhaltung produziert, zu akzeptieren. Es bleibt der Vorwurf, daß sie sich über die politische Funktion dieses Tuns keine Gedanken machten[58a].

Rundfunk und Film sollten der Alltagsverschönerung dienen, und das war keineswegs von den Nationalsozialisten erdachtes Programm. Auch der damit zusammenhängende Versuch, die Gegenstände des täglichen Konsums zu ästhetisieren, war keine Erfindung des NS-Staats[59]. Programmatisch hatte man dies schon im Jugendstil der Jahrhundertwende gefordert, doch blieb es dem Industrialisierungsschub der zwanziger Jahre vorbehalten, Kosten- und Rationalisierungsdruck nicht zuletzt durch Standardisierung und geschickte Formgebung der Produkte aufzufangen. Nicht mehr in das Belieben einzelner Handwerker gestellt, sondern von Spezialisten für Großserien ausgearbeitet, entwickelte sich das Design zu einer selbständigen Form angewandter Kunst, deren Ergebnisse jeden Haushalt zunehmend prägten.

Die vielfältigen Anwendungsgebiete für industrielles Design während der zwanziger und dreißiger Jahre – vom Geschirr über Elektrogerät und Möbel bis hin zum

56 Nach Hans Traub, Der Film als politisches Machtmittel, München 1933, zit. Hilmar Hoffmann, »Und die Fahne führt uns in die Ewigkeit«. Propaganda im NS-Film, Bd. 1. Frankfurt am Main 1988, S. 183.
57 Ebd., S. 184ff.; Karl Stamm, Das »Erlebnis« des Krieges in der Deutschen Wochenschau. Zur Ästhetisierung der Politik im »Dritten Reich«, in: Berthold Hinz u. a. (Hrsg.), Die Dekoration der Gewalt. Kunst und Medien im Faschismus, Gießen 1979, S. 115f.
58 Gerd Albrecht (Hrsg.), Der Film im Dritten Reich. Eine Dokumentation, Karlsruhe 1979, S. 243 u. 251; Boguslaw Drewniak, Der deutsche Film 1938–1945. Ein Gesamtüberblick, Düsseldorf 1987, S. 397f.
58a Und in der Regel bis heute noch nicht machen: vgl. O. Rathkolb (Anm. 17).
59 Auf die parallel laufenden Bemühungen, die Ästhetisierung der Produktionssphäre zu propagieren, kann hier nur hingewiesen werden. Vgl. Anson G. Rabinbach, Die Ästhetik der Produktion im Dritten Reich, in: Ralf Schnell (Hrsg.), Kunst und Kultur im deutschen Faschismus, Stuttgart 1978, S. 57–85, und Chup Friemert, Produktionsästhetik im Faschismus. Vorbilder und Funktionsbestimmungen, in: B. Hinz u. a. (Anm. 57), S. 17–30.

Automobil – sind bislang nicht umfassend analysiert worden. Trotzdem lassen sich zwei grundlegende Gestaltungskonzepte voneinander unterscheiden, die sich um die Pole funktionsloser Dekorativität und schmuckloser Funktionalität gruppieren lassen. Obwohl die im »Bauhaus« versammelten prominenten Vertreter funktionaler Moderne gleich 1933 von den Nationalsozialisten verfemt wurden, bedeutete dies keine endgültige Niederlage des Funktionalismus. Im Interesse von Industrie und Verbrauchern blieb »ein starkes Element der Kontinuität mit den zwanziger Jahren« erhalten[60] – gleichgültig, ob man dies positiv als »Überlistung« der Diktatur interpretiert oder die »Faschismusnähe« des Designs um 1930 hervorhebt[61].

Die Anfang der dreißiger Jahre erreichten Standards konnten nach 1933 nicht »nazifiziert« werden. Als Alternative zur industriellen Modernität war nur die traditionelle Handwerklichkeit zu restaurieren. Damit konnte es aber nicht nur um die Entscheidung ästhetischer Fragen gehen, die Orientierung der gesamten Wirtschaft stand auf dem Spiel. Man mag es dahingestellt sein lassen, ob jenseits wählerwirksamer Mittelstandsrhetorik überhaupt ernsthafte Überlegungen in dieser Hinsicht angestellt wurden. Mit der Einführung des Vierjahresplans 1936 waren jedenfalls endgültig die Würfel zugunsten der Großindustrie gefallen[62].

Es bleibt am Ende, den Bogen zum Anfang zu schlagen. Wenn hinter den Begriff »nationalsozialistische Kunst« ein Fragezeichen gesetzt wurde, so nicht deshalb, weil die massiven Bemühungen des NS-Staats und der von ihm geförderten Künstler um einen nationalsozialistischen Stil übersehen werden könnten, oder um das Leid der um ihrer künstlerischen Ideale willen Verfolgten herunterzuspielen. Vielmehr geht es darum, zu erkennen, daß ein duales, auf elitäre Formen der Kunst ausgerichtetes Modell – hier staatstragende, faschistische, dort verfolgte (oder zur »inneren Emigration« gezwungene) Kunst – nicht ausreicht, die Vielschichtigkeit der Situation angemessen zu erfassen und damit nicht zuletzt die Etablierung und Sicherung der NS-Herrschaft verständlicher zu machen. Kunstproduzenten im NS-Staat waren eben nicht nur die Breker und Thorak, die Klimsch und Scheibe, die Kasper und Marcks, sondern auch Hunderte andere von oft kaum regionaler Bedeutung, um nur einmal bei der Bildhauerei zu bleiben. Und mit Fug und Recht kann in sozialgeschichtlicher Perspektive deren Bedeutung bezweifelt werden. Sucht man nach massenwirksamen Größen jener Zeit, wird man sich weit mehr an Zarah Leander und Hans Albers oder Heinz Rühmann erinnern müssen. Den Rahmen so geweitet, sind auch die Positionen und Reaktionen einer ausdifferenzierten Massengesellschaft miteinzubeziehen, die nicht nur in ästhetisch unzurechnungsfähige Nazi-Barbaren und der Avantgarde verschriebene Widerstandskämpfer aufzuteilen ist: Überschneidungen und Brüche sowie Nuancen bestimmen das Bild der Künste im NS-Staat mindestens ebenso sehr wie gerade Linien und kontrastreich gegeneinander gesetzte Farben.

---

60 John Heskett, »Modernismus« und »Archaismus« im Design während des Nationalsozialismus, in: ebd., S. 59; J. Petsch (Anm. 23), S. 67ff.

61 Erika Gysling-Billeter, Die angewandte Kunst: Sachlichkeit trotz Diktatur, in: Die Dreißiger Jahre (Anm. 20), S. 171; Gerd Selle, Techno-modernes Design im Vorschein der Macht und der Unterwerfung, in: Inszenierung der Macht (Anm. 21), S. 261–272.

62 Adelheid von Saldern, Mittelstand im »Dritten Reich«. Handwerker – Einzelhändler – Bauern, Frankfurt am Main 1979; Dietmar Petzina, Die deutsche Wirtschaft in der Zwischenkriegszeit, Wiesbaden 1977.

WOLFGANG BENZ

Die Juden im Dritten Reich

I. Die deutschen Juden und der Nationalsozialismus – Selbstverständnis und Bedrohung

Zum Zeitpunkt der nationalsozialistischen Machtübernahme lebten im Deutschen Reich etwas mehr als eine halbe Million Menschen, die sich zum Judentum bekannten und sich als religiöse Minderheit – sie machten 0,76 Prozent der Gesamtbevölkerung aus – verstanden. Zur Besonderheit dieser Minorität gehörte, daß sie in einigen Berufen überproportional häufig vertreten war, vor allem in den Sparten Handel (darunter Makler und Bankiers), in den Berufsgruppen der Ärzte und Rechtsanwälte und in künstlerischen und kulturwissenschaftlichen Berufen. Das hatte lange zurückliegende soziale und politische Gründe, an denen die Juden selbst die geringste Schuld hatten; die daraus erwachsenden Ressentiments heizten den Antisemitismus an. Die traditionelle Judenfeindschaft mit ihren lange über die formelle bürgerliche Gleichstellung der Emanzipationszeit hinaus wirksamen gesellschaftlichen Diskriminierungen scherte sich ja nicht darum, was Ursache, was Wirkung hat. Ebenso war es den Antisemiten wenig wichtig, wie die Juden als kulturelle und religiöse Minderheit in Deutschland tatsächlich lebten; ihnen war nur an der Zeichnung eines Zerrbildes gelegen, das eine allem Deutschen feindlich gesonnene, Wucher und Schacher treibende Schar fremdartiger Schmarotzer zeigte, das sich als politisches Instrument gebrauchen ließ[1].

Schlimmer als die auf bewußter Karikatur oder absichtsvollem Mißverständnis beruhende Konkretisierung des Jüdischen in der nationalsozialistischen Propaganda waren freilich die Verschwörungstheorien, die auf sozialem Neid aufbauten und die die – keineswegs in der Überzahl befindlichen – wohlsituierten Juden zum Ausgangspunkt nahmen, um Machenschaften eines »Weltjudentums« gegen »die Deutschen« zu unterstellen. Das war insbesondere bei Kleinbürgern und verarmten Angehörigen des Mittelstandes wirksam, weil es simple Erklärungsmuster lieferte – z. B. für die kaum zu durchschauenden Ursachen der ökonomischen Katastrophe der Inflation von 1923. Der Jude habe »es gewagt, dem deutschen Volke den Krieg zu erklären. Er betreibt in der ganzen Welt mit Hilfe der in seinen Händen befindlichen Presse einen

---

1 Zum Antisemitismus als Vorgeschichte der nationalsozialistischen Judenpolitik und ihren Wirkungen zusammenfassend am besten: Hermann Graml, Reichskristallnacht. Antisemitismus und Judenverfolgung im Dritten Reich, München 1988; s. a. Herbert A. Strauss/Norbert Kampe (Hrsg.), Antisemitismus. Von der Judenfeindschaft zum Holocaust, Bonn 1985; Hermann Greive, Geschichte des modernen Antisemitismus in Deutschland, Darmstadt 1983. Zur nationalsozialistischen Intention vgl. immer noch das Standardwerk: Uwe Dietrich Adam, Judenpolitik im Dritten Reich, Düsseldorf 1972.

groß angelegten Lügenfeldzug gegen das wieder national gewordene Deutschland«, hieß es im Aufruf zur Massenkundgebung auf dem Münchner Königsplatz am Vorabend des Boykotts der jüdischen Geschäfte und Unternehmungen, die für den 1. April 1933 angesetzt war[2]. Darin waren die wesentlichen Ressentiments zusammengefaßt.

Weniger primitiv, aber nicht weniger falsch war der andere Vorwurf an die Adresse der deutschen Juden, sie lebten in einer doppelten Loyalität, nämlich zuerst als Juden, dann als Deutsche. Genauso unrichtig war die Behauptung, die jüdische Minderheit in Deutschland sei eine soziologisch, kulturell, politisch und geistig geschlossene Gruppe mit gleichartigen Überzeugungen, Verhaltensweisen und Reaktionen auf die Bedrohungen, die in der NS-Propaganda zum Ausdruck kamen.

Mit der »nationalen Erhebung« war Anfang 1933 der Antisemitismus in seiner schlimmsten Spielart die offiziell herrschende Lehre geworden. Der Antisemitismus wurde zur Konsolidierung der neu etablierten Herrschaft benutzt und planmäßig angewendet zur moralischen Diskreditierung, sozialen Diffamierung und rechtlichen Diskriminierung der jüdischen Minderheit in Deutschland.

Für den gebildeten deutschen Juden war es in den ersten Wochen nach der Machtübernahme Hitlers einfach nicht denkbar, daß bürgerliche Rechte und wirtschaftliche Existenz der deutschen Juden durch den Nationalsozialismus zerstört werden könnten, von Schlimmerem ganz zu schweigen. Die von der NSDAP Ende März angekündigte und am 1. April 1933 in Szene gesetzte Boykottaktion brachte für die Juden nach den Wochen bangen Ahnens das erste tiefe Erschrecken und das erste Signal, daß die Nationalsozialisten bei den gewohnten Deklamationen ihres Antisemitismus nicht stehen bleiben würden. Das hatten die Juden zumindest gehofft, bis die NSDAP die »Greuelpropaganda« der ausländischen jüdischen Presse (von der sich jüdische Organisationen in Deutschland verzweifelt distanzierten) zum Vorwand nahmen, um den Juden und gleichzeitig auch den mehrheitlich nicht besonders antisemitisch eingestellten Nichtjuden die Grundlinien der künftigen offiziellen Judenpolitik zu demonstrieren.

Die Proteste und Verwahrungen, die Ende März von jüdischen Offiziellen verfaßt wurden, bestanden aus einer Mischung von feierlicher Zurückweisung der »ungeheuerlichen Anschuldigungen, die gegen uns deutsche Juden erhoben werden«, entschiedener Distanzierung von der ausländischen Presse, die mit ihrer Berichterstattung über die Judenpolitik der Hitlerregierung den Anlaß bot, und Appellen an Anstand und Vernunft. In keinem der Dokumente, die Regierungsstellen auf allen Ebenen bis hinauf zur Reichskanzlei zugestellt oder in der jüdischen Presse veröffentlicht wurden, fehlte der Hinweis auf die 12 000 jüdischen Opfer im Ersten Weltkrieg. Der »Reichsbund jüdischer Frontsoldaten«, nach dem Ersten Weltkrieg gegründet und betont nationalbewußt auftretend, beschwor in einer Sondernummer seiner Verbandszeitschrift »Der Schild« im August 1933 das Recht der deutschen Juden, als

---

2 Abgedruckt in: Wolfgang Benz (Hrsg.), Die Juden in Deutschland 1933–1945. Leben unter nationalsozialistischer Herrschaft, München 1988. Der Band versteht sich als Gesamtdarstellung der sozialen und kulturellen Geschichte der Juden in Deutschland, die nicht aus der Perspektive der Verfolger geschrieben ist. Verwiesen werden muß aber auch auf den Sammelband des Leo Baeck Instituts, der die Ergebnisse einer Konferenz (Berlin 1985) und damit den Stand der Forschung zusammenfaßt: Arnold Paucker/Sylvia Gilchrist/Barbara Suchy (Hrsg.), Die Juden im nationalsozialistischen Deutschland, Tübingen 1986.

gleichberechtigte Bürger des Deutschen Reiches zu leben, und im Oktober 1933 gab es zum Beweis der Gesinnung des Reichsbundes eine patriotische Zustimmungsadresse zum Austritt Deutschlands aus dem Völkerbund.

Die Erkenntnis, daß die Basis jüdischen Lebens in Deutschland verloren ging, war im Frühjahr 1933 noch nicht besonders verbreitet. Der Schock der Boykottaktion stärkte freilich die Autorität der Zionisten, die – je radikaler sich das NS-Regime gab und je bedrohlicher die Situation für die Juden in Deutschland wurde, desto größere Überzeugungskraft wuchs ihnen zu – sich darauf berufen konnten, mit ihrer Propaganda zur Stärkung des jüdischen Selbstbewußtseins und zur Gründung einer eigenen Nation auf palästinensischem Boden auf dem richtigen Wege zu sein, und zwar schon seit langer Zeit. Die Leitartikel in der Jüdischen Rundschau, die zur Erneuerung des Judentums aufriefen, gaben in der Folgezeit auch vielen Nichtzionisten moralischen Halt. Unter dem Titel »Ja-Sagen zum Judentum« wurde konstatiert, das Gemeinschaftsgefühl unter Juden sei stärker geworden. Jüdische Menschen, die vor kurzem noch achtlos und gleichgültig aneinander vorbeigegangen seien, seien einander nähergekommen: »Man empfindet den Juden als Schicksalsgenossen, als Bruder. Jüdische Menschen können wieder miteinander sprechen.« Das darf nicht zur Annahme verleiten, »die Juden« in Deutschland hätten nun eine weltanschaulich und politisch geschlossene Bevölkerungsgruppe gebildet. Im Gegenteil: Den Anhängern der »Zionistischen Vereinigung für Deutschland« – zahlenmäßig waren sie nicht sehr bedeutend – wurde von der Interessenvertretung der auf Assimilation Bedachten, dem mitgliederstarken »Central-Verein deutscher Staatsbürger jüdischen Glaubens«, vorgeworfen, Gruppenisolation und die »Rückkehr ins Ghetto« zu betreiben.

Weitere Gegensätze gab es im religiösen Bereich, zwischen (den wenigen) orthodoxen, den konservativen und den religiös liberalen Juden; die Mehrheit bildeten die Indifferenten, die, ähnlich vielen Christen, zwar an etlichen äußeren Bräuchen festhielten, die hohen Feiertage beachteten, im übrigen aber ihren Alltag nicht mehr von der Religion bestimmen ließen.

Die äußere Bedrohung erzwang dann die Einigung der verschiedenen politischen Richtungen. Das Ziel war ab Frühjahr 1933 die Errichtung eines Dachverbandes, der politisch alle jüdischen Organisationen repräsentieren, kulturell jüdisches Selbstbewußtsein festigen und im sozialen Bereich wirtschaftliche Hilfe allen denen leisten sollte, die sie benötigten, weil sie Juden waren. Mit der Gründung des »Zentralausschusses für Hilfe und Aufbau« im April 1933 wurde auf wirtschaftlichem und sozialem Gebiet der Anfang gemacht. Alle wichtigen jüdischen Organisationen waren vertreten, der Central-Verein, die Zionistische Vereinigung für Deutschland, der Preußische Landesverband jüdischer Gemeinden, die Jüdische Gemeinde Berlin, der Jüdische Frauenbund und die orthodoxe Landesorganisation der Agudas Jisroel. Dem Zentralausschuß präsidierte der prominente Rabbiner Leo Baeck, die Richtung bestimmten Jüngere wie der Generalsekretär Max Kreutzberger, der freilich schon 1935 nach Palästina auswanderte, Salomon Adler-Rudel, der 1936 aus Deutschland ausgewiesen wurde, und Friedrich Brodnitz, der 1937 in die USA emigrierte. Sein Nachfolger Paul Eppstein wurde 1944 in Theresienstadt ermordet. Der Zentralausschuß bildete in den sechs Jahren, die ihm bis 1938/39 blieben, ein eindrucksvolles und alle Lebensbereiche umfassendes Selbsthilfewerk, finanziert von den jüdischen Gemeinden im Deutschen Reich, aber auch großzügig subventioniert von ausländischen Hilfsorganisationen wie dem American Joint Distribution Committee und dem Central British Fund und gespeist aus den Sammlungserträgen der »Jüdischen Winterhilfe«[3].

Arbeit gab es genug in Reaktion auf die fortschreitende ökonomische und soziale Diskriminierung der Juden in Deutschland. So erhielt der Bereich Bildung und Erziehung nach dem Erlaß der Nürnberger Gesetze größere Bedeutung, da mit einem eigenen jüdischen Schulwerk nicht nur jüdische Gemeinschaft und jüdisches Bewußtsein, sondern gleichzeitig die Auswanderungsfähigkeit durch Hinführung zu praktischen Berufen und durch Unterricht in Hebräisch gefördert wurden. Auswanderungsvorbereitungen und die Hilfe für Auswanderungswillige spielten naturgemäß eine große Rolle, aber auch die Maßnahmen zur Berufsumschichtung, das heißt die Vermittlung von meist manuellen Kenntnissen und Fähigkeiten, mit denen sich die aus ihren Berufen Verdrängten – etwa die aus dem öffentlichen Dienst, im Bereich der Presse usw. Entlassenen oder die brotlos gewordenen Freiberufler – die künftige Existenz sichern sollten. Die ganze Skala der Wohlfahrtspflege und Wirtschaftshilfe mußte, da ja die jüdischen Deutschen zunehmend aus dem öffentlichen System der sozialen Sicherung ausgegrenzt wurden, vom »Zentralausschuß für Hilfe und Aufbau« übernommen werden, und das angesichts der rapide zunehmenden Verarmung der deutschen Juden. Darlehenskassen, Arbeitsvermittlung, Wirtschaftshilfe für besondere Berufsgruppen, Gesundheitsfürsorge, Altenpflege, Anstaltswesen, Kriegsopferfürsorge bildeten im Organisationsplan die wichtigsten Positionen. Die Leistungen waren bewundernswert, und sie demonstrierten Selbstbehauptungskraft und Solidarität in einer von Tag zu Tag bedrohlicher werdenden Umgebung[4].

Nicht weniger bewunderungswürdig waren die Anstrengungen im kulturellen und geistigen Leben, die der »Kulturbund Deutscher Juden« ab Mitte Juli 1933 unternahm. Die Kulturorganisation, als deren Protagonisten Kurt Singer (Arzt und Musiker und bis Frühjahr 1933 Intendant der Städtischen Oper Berlin), der junge Regisseur Kurt Baumann, der Musikkritiker Julius Bab und viele andere mit Hingabe wirkten, hatte auch eine soziale Funktion, nämlich die der Künstlerhilfe, um entlassenen jüdischen Musikern, Schauspielern und anderen Künstlern Arbeit und Publikum zu bieten. Dem Selbstverständnis nach war der Kulturbund Deutscher Juden (ab 1935, als sich die Juden nicht mehr deutsch nennen durften, hieß er »Reichsverband der Jüdischen Kulturbünde Deutschlands«, und von 1938 bis 1941 firmierte er noch unter dem Namen »Jüdischer Kulturbund in Deutschland«) aber eine Demonstration selbstbewußten und sich – wenigstens im Geistigen – selbst behauptenden deutschen Judentums. Bei allem programmatischen Streit, der die kurze Geschichte des Kulturbunds durchzog, war diese Organisation auch die wichtigste Bastion deutsch-jüdischer Assimilation[5].

Der Kulturbund war eine Mitgliederorganisation, und die Zugehörigkeit bedeutete für viele deutsche Juden die einzige Möglichkeit, an irgendeiner Form kulturellen Gemeinschaftslebens teilzunehmen, nachdem ihnen Mitwirkung und Teilhabe am

---

3 Günter Plum, Deutsche Juden oder Juden in Deutschland?, in: W. Benz (Anm. 2), S. 35–74; Wolf Gruner, Die Berichte über die Jüdische Winterhilfe von 1938/39 bis 1941/42. Dokumente jüdischer Sozialarbeit zwischen Selbstbehauptung und Fremdbestimmung nach dem Novemberpogrom, in: Jahrbuch für Antisemitismusforschung, 1 (1992), S. 307–341.
4 Clemens Vollnhals, Jüdische Selbsthilfe bis 1938, in: W. Benz (Anm. 2), S. 314–412.
5 Volker Dahm, Kulturelles und geistiges Leben, in: W. Benz (Anm. 2), S. 75–267.

deutschen Kulturbetrieb verwehrt worden war. Die Möglichkeit bot sich freilich vor allem in Berlin und den großen Städten des Deutschen Reiches. Und es war ein kulturelles Ghetto, in dem die Juden Entspannung und Trost suchten[6].

Das schwierigste Problem der Selbstdarstellung des deutschen Judentums bildete der ebenso dringende wie unter dem Druck der Verhältnisse eilig und im letzten Moment vollzogene Bau eines gemeinsamen Daches über den politisch, soziologisch und religiös so verschiedenen Organisationen, Richtungen und Gruppierungen. Dem Zusammenschluß der Verbände und Organisationen, der es der deutschen Judenheit ermöglicht hätte, schon vor Hitlers Machtantritt mit einer Stimme zu sprechen, hatten vielfältige Hindernisse entgegengestanden, nicht nur die religiösen Gegensätze zwischen der Orthodoxie, den liberalen, den konservativen Gemeinden, auch das föderalistische Bewußtsein der süddeutschen Landesverbände, das mit den Organisationsvorstellungen des »Preußischen Landesverbands jüdischer Gemeinden« kollidierte, die unterschiedlichen und stets vehement gegeneinander artikulierten Interessen der großen Verbände, nämlich des Central-Vereins deutscher Staatsbürger jüdischen Glaubens und der Zionistischen Vereinigung für Deutschland, aber auch des besonderen Standpunktes des mitgliederstarken Reichsbundes jüdischer Frontsoldaten, die kleineren Gruppierungen bis hin zu den Sekten gar nicht gerechnet.

Im September 1933 war die Einigung erzielt, und Präsident Baeck veröffentlichte das Programm der »Reichsvertretung der deutschen Juden«. Im wesentlichen sah er drei Aufgaben, nämlich Erziehung im Geiste des Judentums in Schule und Beruf, Sicherung der wirtschaftlichen Existenz und Förderung der Auswanderung aus Deutschland[7].

Bis 1943 hat die »Reichsvertretung der deutschen Juden« (ab 1935 unter der geänderten Bezeichnung »Reichsvertretung der Juden in Deutschland«) die Belange der deutschen Juden vertreten, nach dem Novemberpogrom 1938 nicht mehr als frei gewählte Körperschaft, sondern als vom nationalsozialistischen Herrschaftsapparat verordnete und eingesetzte »Reichsvereinigung der Juden in Deutschland«. Aber auch in dem von der Sicherheitspolizei ernannten Vorstand blieben (mit Leo Baeck als Vorsitzendem) vier Männer der Einigungsstunde von 1933. Durch Auswanderung und Verhaftung dezimiert, durch immer neue Schikanen der Gestapo diskriminiert, arbeitete die Reichsvereinigung bis zum 10. Juni 1943. An diesem Tag wurde sie von der Gestapo geschlossen, und die letzten Mitarbeiter, Leo Baeck unter ihnen, wurden nach Theresienstadt deportiert. Die schlimmste Diskriminierung hatte schließlich darin bestanden, daß die Repräsentanz des deutschen Judentums ab 1935 in fortschreitendem Maße auch dazu mißbraucht wurde, bei der nationalsozialistischen Judenverfolgung erzwungene administrative Hilfsdienste zu leisten. Die Haltung der Juden erschöpfte sich zwar nicht in der Hinnahme der nationalsozialistischen Maßnahmen, aber die Möglichkeiten zur Behauptung und zum Widerstand

---

6 Herbert Freeden, Jüdisches Theater in Nazideutschland, Frankfurt am Main – Berlin – Wien 1985.
7 Otto D. Kulka, Die Reichsvereinigung und jüdisches Schicksal, 1938/9–1943. Kontinuität oder Diskontinuität in deutsch-jüdischer Geschichte im Dritten Reich, in: A. Paucker/ S. Gilchrist/B. Suchy (Anm. 2), S. 353–363; Herbert A. Strauss, Jüdische Selbstverwaltung innerhalb der Schranken nationalsozialistischer Politik – Gemeinden und Reichsvertretung, in: ebenda, S. 125–152.

waren gering, und sie nahmen – auch wegen der schwindenden Bereitschaft zur Solidarität der Nichtjuden – im Laufe der Zeit stetig ab[8].

II. Ausgrenzung und Diskriminierung als erste Phase nationalsozialistischer Politik 1933 bis 1939

Schon zwei Monate nach der Machtübernahme hatte die Hitler-Regierung im April 1933 das »Gesetz zur Wiederherstellung des Berufsbeamtentums« erlassen. Das Gesetz bezweckte genau das Gegenteil von dem, was die Bezeichnung vortäuschte, denn es diente als Handhabe zur Entfernung politischer Gegner aus dem öffentlichen Dienst, und betroffen waren auch alle Beamten jüdischer Herkunft. Hinzu kam, daß der »Arierparagraph« sinngemäß in der Folgezeit auch in berufsständischen Vereinigungen und allen möglichen anderen Organisationen angewendet wurde: Juden wurden damit ausgegrenzt.

Ebenfalls im April 1933 wurde mit einem »Gesetz gegen die Überfüllung der deutschen Schulen und Hochschulen« der jüdische Anteil in den Bildungsanstalten begrenzt, das war die Vorstufe der Ausschaltung. Im Oktober 1933 wurden Juden mit Hilfe des »Schriftleitergesetzes« aus den Presseberufen entfernt. Im Mai 1935 wurden alle Juden vom Wehrdienst ausgeschlossen, und im September 1935 wurden die »Nürnberger Gesetze« erlassen. Das erste von ihnen, das »Reichsbürgergesetz« machte die deutschen Juden zu Bürgern zweiter Klasse, und das andere, das »Gesetz zum Schutz des deutschen Blutes und der deutschen Ehre«, verbot u. a. die Eheschließung zwischen Juden und Nichtjuden (außereheliche sexuelle Beziehungen wurden von nun an als »Rassenschande« geächtet und drakonisch bestraft)[9]. Die Nürnberger Gesetze waren an sich schlimm genug, sie bildeten aber auch die Handhabe zu weiterer Diskriminierung. Vor allem das Reichsbürgergesetz diente mit zahllosen Ausführungsbestimmungen und Durchführungsverordnungen bis zum Ende der NS-Herrschaft immer wieder aufs neue zur Beschränkung der Rechte der jüdischen Minderheit.

Ab März 1936 gab es für kinderreiche jüdische Familien keine Beihilfe mehr, im Oktober 1936 wurde es jüdischen Lehrern verboten, Privatunterricht an Nichtjuden zu erteilen. Damit verloren die Betroffenen meist die letzte Einnahmequelle, die sie nach dem Berufsverbot im Staatsdienst noch gehabt hatten. Ab April 1937 durften Juden an Universitäten nicht mehr den Doktortitel erwerben, im September 1937 verloren alle jüdischen Ärzte die Krankenkassenzulassung, im Juli 1938 auch die Approbation, das heißt die Erlaubnis zur Berufsausübung, das gleiche Schicksal traf wenig später die Rechtsanwälte und andere Berufsgruppen.

---

8 Konrad Kwiet/Helmut Eschwege, Selbstbehauptung und Widerstand. Deutsche Juden im Kampf um Existenz und Menschenwürde 1933–1945, Hamburg 1986².

9 Vgl. Hans Robinsohn, Justiz als politische Verfolgung. Die Rechtsprechung in »Rassenschandefällen« beim Landgericht Hamburg 1936–1943, Stuttgart 1977, dort weitere Literatur zur strafrechtlichen Relevanz der Nürnberger Gesetze sowie die einschlägigen zeitgenössischen juristischen Kommentare; vgl. auch Bernhard Lösener, Als Rassereferent im Reichsministerium des Innern. Dokumentation, in: Vierteljahrshefte für Zeitgeschichte, 9 (1961), S. 262–313.

Ende April 1938 waren alle Juden gezwungen worden, ihr Vermögen zu deklarieren, im Mai wurden Juden von der Vergabe öffentlicher Aufträge ausgeschlossen, im Juli wurde eine besondere Kennkarte für Juden eingeführt, im August erging die Verordnung zur Führung der zusätzlichen Zwangsvornamen Sara bzw. Israel, als weitere Brandmarke wurde Anfang Oktober ein rotes »J« in die Reisepässe der Juden gestempelt, ab Mitte November 1938 war jüdischen Kindern der Besuch deutscher Schulen untersagt. Das waren längst nicht alle Maßnahmen, und hinzu kamen die Schikanen, die man sich auf lokaler Ebene ausgedacht hatte, etwa die Tafeln am Ortseingang, daß Juden hier unerwünscht seien, die Parkbänke mit der Aufschrift »Nur für Arier«, die Verbote, städtische Badeanstalten zu besuchen, und anderes mehr[10].

Im Herbst 1938, nach fünfeinhalb Jahren nationalsozialistischer Herrschaft, hatten sich für die deutschen Juden aufgrund staatlich geplanter und verordneter Diskriminierungen die Existenzbedingungen drastisch verschlechtert. Daß es noch schlimmer kommen würde, mochten viele nicht glauben, andere waren aber auch überzeugt, daß die angekündigte Drohung einer »Lösung der Judenfrage« wahrgemacht würde, durch Evakuierung oder Ausweisung der Juden aus Deutschland oder ähnliche Maßnahmen. Niemand aber glaubte nach allem, was bereits geschehen war, an den spontanen Volkszorn, wie er angeblich am 9. November 1938 zum Ausbruch gekommen war.

Wie häufig in der Geschichte des Dritten Reiches bildete ein marginaler Anlaß, ein ganz peripheres Ereignis, den Anfang der verhängnisvollen Entwicklung. Im März 1938, nach dem »Anschluß« Österreichs, hatte die polnische Regierung die Gültigkeit der Pässe aller Auslandspolen in Frage gestellt, wenn sie mehr als fünf Jahre ohne Unterbrechung im Ausland gelebt und die Verbindung mit dem polnischen Staat verloren hatten. In Warschau fürchtete man im Frühjahr 1938 die Rückkehr der rund 20 000 Juden polnischer Staatsangehörigkeit, die seit langem in Österreich ansässig waren, aber jetzt möglicherweise nicht unter das nationalsozialistische Regime kommen wollten.

Das polnische Gesetz trat am 31. März 1938 in Kraft, aber es wurde noch nicht angewendet. Erst im Herbst, unmittelbar nach dem »Münchner Abkommen«, erging am 15. Oktober eine polnische Verordnung, die die Überprüfung der Pässe der Auslandspolen vorsah. Alle konsularischen Pässe, das heißt alle im Ausland ausgestellten Dokumente, sollten ab dem 31. Oktober 1938 nur noch dann zur Einreise nach Polen berechtigen, wenn sie einen besonderen Vermerk in den polnischen Konsulaten bekommen hatten. Das betraf nun auch die 50 000 polnischen Juden, die (und viele von ihnen seit Jahrzehnten) im Deutschen Reich lebten. Die Mehrzahl von ihnen sollte nach den Intentionen der Regierung in Warschau Ende Oktober, exakt am 30. des Monats, staatenlos werden. Danach hätte auch die deutsche Reichsregierung keine Möglichkeit mehr gehabt, die ihr lästigen Ostjuden über die Ostgrenze abzuschieben, da Polen sie dann nicht mehr als Bürger anerkannte.

Nachdem Verhandlungen zwischen Berlin und Warschau fehlgeschlagen waren – die Polen hatten zweimal abgelehnt, ab 31. Oktober Besitzer polnischer Pässe ohne

---

10 Joseph Walk (Hrsg.), Das Sonderrecht für die Juden im NS-Staat. Eine Sammlung der gesetzlichen Maßnahmen und Richtlinien – Inhalt und Bedeutung, Heidelberg, Karlsruhe 1981.

den Prüfungsvermerk ins Land zu lassen –, übergab das Auswärtige Amt am 26. Oktober die Angelegenheit der Gestapo: Alle polnischen Juden sollten in den nächsten vier Tagen abgeschoben werden. Die Gestapo machte sich unverzüglich und mit aller Brutalität ans Werk. Ca. 17 000 Juden wurden an die polnische Grenze deportiert und nach Polen getrieben. Nachdem Polen die Grenze schloß, irrten die Unglücklichen im Niemandsland zwischen Deutschland und Polen hin und her. Unter diesen Juden mit ungültigem polnischen Paß befand sich die Familie Grünspan. Ein Sohn, der 17jährige Herschel, lebte damals in Paris und entging so der Deportation. Am 3. November erhielt er eine Postkarte von seiner Schwester mit einer Schilderung des Geschehens.

Der Staatenlose, sich illegal in Paris herumtreibende Jüngling löste wenige Tage später Ereignisse aus, deren Dimensionen er nicht entfernt erkennen konnte[11]. Denn der Pogrom, für den sein Revolverattentat auf einen Beamten der deutschen Botschaft in Paris zum auslösenden Moment wurde, markierte die Wende. Mit keinem anderen Ereignis hat das nationalsozialistische Regime so zynisch demonstriert, daß es auch auf den Schein rechtsstaatlicher Tradition nun keinen Wert mehr legte. Antisemitismus und Judenfeindschaft, wie sie als Bestandteil der nationalsozialistischen Ideologie schon immer propagiert worden waren, schlugen jetzt um in die primitiven Formen physischer Gewalt und Verfolgung. Die »Reichskristallnacht« bildete den Scheitelpunkt des Wegs zur »Endlösung«, zum millionenfachen Mord an Juden aus ganz Europa[12].

Der Novemberpogrom 1938 war alles andere als eine spontane Aufwallung, er war inszeniert, und zwar von staatlichen Stellen und auf höchster Ebene. Den Anlaß geboten hatte Herschel Grünspan, der am 7. November den Legationssekretär der Deutschen Botschaft in Paris, Ernst vom Rath, anschoß. Herschel Grünspan hatte mit der Tat protestieren wollen gegen die brutale Austreibung der Juden polnischer Nationalität aus Deutschland. Die Leiden seiner Familie bildeten sein Motiv, nichts anderes. Neu aufgelegte Spekulationen aus jüngster Zeit darüber, daß Grünspan und vom Rath sich gekannt und daß dem Attentat höchst private Motive zugrunde gelegen hätten, sind weder beweisbar noch relevant[13]. Entscheidend für die folgenden Ereignisse waren nicht der Attentäter und sein Opfer, sondern (wie beim Reichstagsbrand 1933) die Möglichkeiten, die sich den Nationalsozialisten nach solch einer Tat boten.

Den Nationalsozialisten war die Tat hochwillkommen, sie wurde zur Verschwörung des »Weltjudentums« gegen das Deutsche Reich emporstilisiert und diente der Einleitung der endgültigen Ausgrenzung der deutschen Juden aus allen sozialen und ökonomischen Zusammenhängen. Joseph Goebbels benutzte das Attentat zunächst zu einer antisemitischen Pressekampagne. Der reichsweit inszenierte Pogrom begann nach der Goebbelsrede vor den »Alten Kämpfern« der NSDAP am Abend des 9. November im Alten Rathaus in München. Die Führer der NSDAP waren wie jedes Jahr

---

11 Walter H. Pehle (Hrsg.), Der Judenpogrom 1938. Von der »Reichskristallnacht« zum Völkermord, Frankfurt am Main 1988; darin zur Vorgeschichte: Trude Maurer, Abschiebung und Attentat. Die Ausweisung der polnischen Juden und der Vorwand für die »Kristallnacht«, S. 52–73.
12 Zum gesamten Kontext vgl. insbes. Hermann Graml, Reichskristallnacht. Antisemitismus und Judenverfolgung im Dritten Reich, München 1988.
13 Das gilt zum Beispiel für die spekulative Darstellung von Hans-Jürgen Döscher, »Reichskristallnacht«. Die November-Pogrome 1938, Frankfurt am Main – Berlin 1988.

an diesem Tag in München versammelt, um des Hitlerputsches von 1923 zu gedenken. Um 21 Uhr war die Nachricht vom Tod Ernst vom Raths gekommen. Gegen 22 Uhr, nachdem Hitler sich entfernt hatte, stimulierte der Reichspropagandaleiter die NSDAP- und SA-Führer, redete von Vergeltung und Rache und vermittelte den Eindruck, sie seien zu Aktionen aufgerufen. Über Gaupropagandaämter und von diesen weiter zu den Kreis- und Ortsgruppenleitungen bzw. zu den SA-Stäben im ganzen Reich gaben die Spitzenfunktionäre der Partei, nun schon in der Form des Befehls, telefonisch die Stimmung weiter. Wenig später brannten die ersten Synagogen, wurden überall jüdische Menschen gedemütigt, verhöhnt, mißhandelt, ausgeplündert[14].

Beim öffentlichen und scheinbar spontanen Vandalismus war es aber nicht geblieben. In den Tagen nach dem 9. November 1938 wurden im ganzen Deutschen Reich etwa 30000 jüdische Männer, und zwar überwiegend besser situierte, verhaftet und in die drei Konzentrationslager Dachau, Buchenwald und Sachsenhausen eingeliefert. Was das für die Betroffenen bedeutete, ist, trotz zahlreicher Augenzeugenberichte, kaum darstellbar. Daß die Aktion auf einige Wochen begrenzt war, daß sie »nur« der Einschüchterung diente und der Pression zur Auswanderung, aber (noch) nicht der Vernichtung der Juden – diese Feststellungen wiegen wenig gegenüber der Katastrophe, die der Aufenthalt im KZ für die bürgerliche Existenz, für die Zerstörung der bisherigen Lebensform und im Bewußtsein der Opfer darstellte.

Die materielle Bilanz des Pogroms vom 9. November 1938, für den sich der so harmlos klingende Begriff »Reichskristallnacht« (wohl wegen der Berge von zerschlagenem Glas) einbürgerte, wurde unmittelbar nach den Ereignissen gezogen, am 12. November in Berlin unter dem Vorsitz von Hermann Göring. 7500 zerstörte jüdische Geschäfte wurden gemeldet, fast alle Synagogen waren abgebrannt oder zerstört (nach amtlichen Angaben waren 191 jüdische Kultstätten durch Feuer, weitere 76 durch menschliche Gewalt vernichtet worden, nach neueren Forschungen sind weit über 1000 Synagogen und Gebetshäuser insgesamt dem Pogrom zum Opfer gefallen), Schaufensterscheiben im Wert von vielen Millionen waren in der Nacht zum 10. November zerschlagen worden. Die Zahl der Todesopfer durch Mord, als Folge von Mißhandlung, Schrecken und Verzweiflung ging – die Selbstmorde nicht gerechnet – in die Hunderte.

Die Vorbereitungen zur definitiven Ausschaltung der Juden aus dem Wirtschaftsleben waren zum Zeitpunkt der Konferenz schon beendet: Im April 1938 war die Anmeldepflicht für jüdisches Vermögen über 5000 Reichsmark verordnet worden, ab Juni mußten jüdische Wirtschaftsbetriebe gekennzeichnet sein, um deren »Arisierung« einzuleiten. Am 14. Oktober 1938 hatte Göring in einer Konferenz über die Produktionsziele im bevorstehenden gigantischen Wirtschafts- und Rüstungsprogramm erklärt, »die Judenfrage müßte jetzt mit allen Mitteln angefaßt werden, denn sie müßten aus der Wirtschaft raus«[15]. In der Sitzung am 12. November wurde der weitere Kurs der nationalsozialistischen Politik gegenüber den Juden festgelegt. Goebbels durfte in den folgenden Tagen und Wochen propagandistisch unterfüttern,

---

14 Zum Ablauf der Ereignisse vgl. Wolfgang Benz, Der Novemberpogrom 1938, in: W. Benz (Anm. 2), S. 499–544.
15 Konrad Kwiet, Nach dem Pogrom: Stufen der Ausgrenzung, in: W. Benz (Anm. 2), S. 545–659; Avraham Barkai, Vom Boykott zur »Entjudung«. Der wirtschaftliche Existenzkampf der Juden im Dritten Reich 1933–1943, Frankfurt am Main 1988.

was als Vollstreckung des Volkswillens deklariert wurde, nämlich zuerst die Enteignung, dann die Ghettoisierung und schließlich die Deportation und Vernichtung der deutschen Juden, die nicht das Glück hatten, dem deutschen Herrschaftsbereich noch zu entkommen. Umstritten war noch, wer den Gewinn einstreichen sollte, der Staat oder die NSDAP. Göring, als Beauftragter für den Vierjahresplan, trug in der Sitzung vom 12. November den Sieg über den Reichspropagandaminister Goebbels davon, der die Kassen der Partei mit dem Geld der Juden hatte füllen wollen. Einig waren sich die Minister und Beamten, daß die Juden nicht nur für Schäden haften sollten, die beim Pogrom angerichtet wurden – wobei durch die Beschlagnahmung der Versicherungssumme sichergestellt war, daß sie auch tatsächlich geschädigt waren –, sondern daß den deutschen Juden darüber hinaus eine »Buße« auferlegt wurde, über deren Höhe nicht lange diskutiert wurde: Eine Milliarde Reichsmark wurde festgesetzt, tatsächlich waren es schließlich 1,12 Milliarden.

Die vollständige »Arisierung« erst aller jüdischen Einzelhandelsgeschäfte, dann der Fabriken und Beteiligungen war an diesem 12. November schon eine beschlossene und von Hitler entschiedene Angelegenheit[16], ehe die Herren über Maßnahmen berieten, wie die Juden endgültig aus der deutschen Gesellschaft ausgegrenzt und isoliert werden sollten. Die Ideen reichten vom Verbot des Betretens des deutschen Waldes über die Beseitigung aller Synagogen zugunsten von Parkplätzen, über Vorschriften vom Benutzen der Eisenbahn bis zum Judenbann in Anlagen und zur äußeren Kennzeichnung der Juden durch eine bestimmte Tracht wie im Mittelalter (Göring hielt Uniformen für zweckmäßig) oder wenigstens durch ein Abzeichen.

Die meisten dieser Vorschläge wurden in der Folgezeit realisiert, als, unmittelbar nach dem Pogrom, die vollständige Entrechtung der Juden durch einen Katarakt von Anordnungen und Erlassen, Befehlen und Verboten eingeleitet wurde. Die physische Vernichtung bildete dann nur noch die letzte Station des Weges, der im November 1938 bewußt und öffentlich eingeschlagen worden war[17].

III. Auswanderung 1933 bis 1941

Warum haben sich die Juden nicht rechtzeitig den Drangsalierungen und Schikanen durch Auswanderung entzogen, lautet eine häufig gestellte Frage. Abgesehen davon, daß sich der Großteil der deutschen Juden nicht weniger als andere Deutsche in Kultur und Heimatgefühl eingebunden wußte und deshalb keine Neigung zur Emigration

---

16 Vgl. die Aussage Hermann Görings im Nürnberger Hauptkriegsverbrecherprozeß am 14. März 1946, in: Der Prozeß gegen die Hauptkriegsverbrecher vor dem Internationalen Militärgerichtshof, Nürnberg 1947, Bd. IX, S. 312 f.

17 Zur Genesis des Entschlusses zur »Endlösung«: Eberhard Jäckel/Jürgen Rohwer, Der Mord an den Juden im Zweiten Weltkrieg. Entschlußbildung und Verwirklichung, Stuttgart 1985; Hermann Graml, Zur Genesis der »Endlösung«, in: Ursula Büttner (Hrsg.), Das Unrechtsregime. Internationale Forschung über den Nationalsozialismus. Bd. 2, Hamburg 1986, S. 2–18; Martin Broszat, Hitler und die Genesis der »Endlösung«. Aus Anlaß der Thesen von David Irving, in: Vierteljahrshefte für Zeitgeschichte, 25 (1977), S. 739–775; Christopher R. Browning, Zur Genesis der »Endlösung«. Eine Antwort an Martin Broszat, in: Vierteljahrshefte für Zeitgeschichte, 29 (1981), S. 97–109.

spürte, standen der Auswanderung erhebliche Schwierigkeiten entgegen. Der NS-Staat forcierte und bremste die Auswanderung der deutschen Juden gleichzeitig. Die Verdrängung aus der Wirtschaft förderte den Emigrationswillen, aber die Vermögenskonfiskation und ruinöse Abgaben hemmten die Auswanderungsmöglichkeiten. Kein Immigrationsland ist an verarmten Einwanderern interessiert, und eine Heimtücke des NS-Regimes bestand darin, daß es den Antisemitismus zu exportieren hoffte, wenn die aus Deutschland vertriebenen Juden zum sozialen Problem in den Aufnahmeländern würden[18].

Im Juli 1938 fand am französischen Ufer des Genfer Sees eine internationale Konferenz statt, die den Problemen der jüdischen Auswanderung aus Deutschland gewidmet war. Eingeladen hatte Präsident Roosevelt, gekommen waren Vertreter von 32 Staaten und vielen jüdischen Organisationen. Außer der Etablierung eines »Intergovernmental Committee for Refugees« mit Sitz in London und der vagen Zusicherung einiger Staaten, die bestehenden Einwanderungsquoten könnten in Zukunft voll ausgeschöpft werden, geschah jedoch nichts, was die Emigrationsmöglichkeiten der Juden aus Hitlers Machtbereich verbessert hätte.

Institutionell zuständig war in Berlin zunächst das Reichswanderungsamt im Reichsministerium des Innern; im Januar 1939 wurde nach einem von Adolf Eichmann in Österreich entwickelten Modell die »Reichszentrale für jüdische Auswanderung« gegründet. Sie unterstand dem Chef der Sicherheitspolizei, Reinhard Heydrich und ressortierte offiziell beim Reichsinnenministerium; de facto war die Geschäftsstelle identisch mit der Abteilung II der Gestapo.

Die Auswanderungspolitik des NS-Regimes war widersprüchlich und undurchsichtig, dem verstärkten Druck zur Emigration Anfang 1939 folgten massive Behinderungen bis zum Auswanderungsverbot im Herbst 1941. Gefördert wurde die Auswanderung nach Palästina, dazu gab es komplizierte Vereinbarungen für einen bescheidenen Kapitaltransfer (Haavara-Abkommen) und die Unterstützung der illegalen Einwanderung nach Palästina[19]. Behindert wurde dagegen die Auswanderung in die europäischen Nachbarländer. Daß sich die jüdischen Flüchtlinge vor Hitler in der ersten Auswanderungswelle zunächst in die unmittelbare Nachbarschaft begaben, lag nahe. Das bis 1935 unter Völkerbundsmandat stehende Saargebiet war ebenso erste Zuflucht für viele wie Österreich und die Tschechoslowakei, die per saldo mehr Menschenfreundlichkeit den Emigranten gegenüber bewies als die Schweiz. Das wichtigste Exilland war 1933/34 Frankreich. Freilich war die wirtschaftliche Lage dort trostlos, und nicht wenige Juden kehrten, der zermürbenden und aussichtslosen Jagd nach einer neuen Existenz müde, nach Deutschland zurück. Ein französisches Gesetz vom November 1934 beschränkte die Erwerbsmöglichkeiten für Ausländer definitiv, ähnlich war es in Belgien, wo der Zuzug im Februar 1935 drastisch erschwert wurde. Das kleine Luxemburg bot bis zum deutschen Überfall im Mai 1940 Zuflucht, in die Niederlande hatten sich 25 000 bis 30 000 deutsche Juden in eine trügerische Sicherheit gerettet. Möglichkeiten bot auch das faschistische Italien, und zwar über den September 1938 hinaus, als Mussolini unter deutschem Druck eine Judengesetzgebung einführte, die sich allmählich mit den Nürnberger Gesetzen vergleichen ließ. In Italien –

---

18   Juliane Wetzel, Auswanderung aus Deutschland, in: W. Benz (Anm. 2), S. 413–498.
19   Vgl. den eindrücklichen Erfahrungsbericht: Alfred Heller, Dr. Seligmanns Auswanderung. Der schwierige Weg nach Israel, hrsg. von Wolfgang Benz, München 1990.

und ähnliches galt auch für das Spanien, in dem der Faschist Franco herrschte – mangelte es jedoch der Bevölkerung an antisemitischer Überzeugung, und die Rassengesetze waren dort nicht unbedingt dazu erlassen, um streng beachtet zu werden, sondern eher, um den Verbündeten in Berlin zu befriedigen.

Weil es nicht wie die meisten Emigrationsländer Europas schließlich unter deutsche Herrschaft geriet, hielt Großbritannien den größten Anteil deutschjüdischer Einwanderer auf Zeit wie auf Dauer. Bis Herbst 1938 hatten sich ca. 11 000 Juden auf die britischen Inseln gerettet, nach der »Reichskristallnacht« durften noch einmal 40 000 kommen. Generös war die rasche, unmittelbar nach dem Novemberpogrom einsetzende Hilfe für jüdische Kinder aus Deutschland, Tausende konnten mit Hilfe der Kindertransporte gerettet werden.

Die wichtigsten und begehrtesten Exilländer waren Palästina und die USA. Aus unterschiedlichen Gründen war es jedoch schwer, dorthin zu gelangen. Palästina war britisches Mandatsgebiet, und die einwanderungswilligen Zionisten, meist junge Juden, die sich gemeinsam auf das Siedlerdasein vorbereiteten[20], wurden nur in geringer Zahl nach einem komplizierten Quotensystem zugelassen. Von der Jewish Agency offiziell betreut, also legal, wanderten 1933 bis 1936 maximal 29 000 Juden aus Deutschland nach Palästina, in den Jahren 1937 bis 1941 waren es noch rund 18 000. Die illegale Einwanderung (Alija Beth) war reich an Risiko und nur für einige tausend Menschen insgesamt erfolgreich.

Einwanderungsquoten bildeten auch die für viele unüberwindbare Barriere vor den Vereinigten Staaten. Aber bis 1939 wurden nicht einmal die Jahresquoten ausgenutzt. Ursachen waren sowohl die Devisenbewirtschaftung in Deutschland als auch die restriktive Politik der amerikanischen Einwanderungsbehörden. Nach dem Novemberpogrom 1938 wurden die Restriktionen zwar gelockert, aber für viele war es zu spät. Hatte zunächst die Sorge geherrscht, von verarmten Juden aus Mitteleuropa belästigt zu werden, so kam nach Kriegsausbruch die Furcht vor Nazi-Spionen hinzu, die mit dem Flüchtlingsstrom einsickern könnten. Auf jeden Fall waren vor der Einwanderungserlaubnis in die USA bürokratische Hürden von beträchtlichem Ausmaß zu überwinden. Trotzdem waren die Vereinigten Staaten das wichtigste Exilland überhaupt: Über 130 000 deutsche und österreichische Juden fanden dort Zuflucht[21]. Die aus Deutschland entkommenen Juden erwartete ein mühsamer Alltag mit beträchtlichen Eingewöhnungsproblemen, mit Sprachbarrieren, beruflichem Abstieg, wirtschaftlicher Not und Gefühlen des Entwurzeltseins – für viele lebenslang[22]. Das Jahr 1939 wurde zum Hauptauswanderungsjahr, in dem 75 000 bis 80 000 Juden die Flucht aus Deutschland gelang. 1940 waren es noch 15 000, 1941 8 000, dann, am 23. Oktober 1941, wurde die Emigration verboten. Zu diesem Zeitpunkt war der Völkermord bereits im Gang.

---

20 Vgl. Werner T. Angress, Generation zwischen Furcht und Hoffnung. Jüdische Jugend im Dritten Reich, Hamburg 1985.
21 Zahlen nach Herbert A. Strauss, Jewish Emigration from Germany, in: Yearbook Leo Baeck Institute, 26 (1981), S. 395; vgl. Kurt R. Grossmann, Emigration. Geschichte der Hitler-Flüchtlinge 1933–1945, Frankfurt am Main 1969.
22 Zur Sozialgeschichte der Emigration: Wolfgang Benz (Hrsg.), Das Exil der kleinen Leute. Alltagserfahrung deutscher Juden in der Emigration, München 1991.

IV. Der Weg zur »Endlösung«: Arisierung, Ghettoisierung, Judenstern

Im Herbst 1938, zur Zeit des Novemberpogroms, befanden sich von ehemals rund 100 000 jüdischen Betrieben noch 40 000 in Händen ihrer rechtmäßigen Besitzer. Am stärksten hatten die »Arisierungen« im Einzelhandel zu Buche geschlagen, von 50 000 Geschäften waren noch 9000 übrig. Die Zahl der jüdischen Arbeitslosen war stetig angestiegen, Berufsverbote und erzwungene Verkäufe hatten zur Verarmung vieler geführt. Die »Verordnung zur Ausschaltung der Juden aus dem deutschen Wirtschaftsleben« vom 12. November 1938[23] vernichtete die noch verbliebenen Existenzen. Ab dem 1. Januar 1938 war Juden das Betreiben von Einzelhandelsgeschäften, ebenso das Anbieten von Waren und gewerblichen Leistungen auf Märkten und Festen, das Führen von Handwerksbetrieben untersagt. Die Betriebe wurden, in der Regel zu einem Bruchteil ihres Wertes, in die Hände von nichtjüdischen Besitzern überführt (»arisiert«) oder aufgelöst. Für den jüdischen Eigentümer bedeutete das in jedem Falle den Ruin, denn auch über den Erlös konnte er nicht verfügen, er wurde auf Sperrkonten eingezahlt und später zugunsten des Deutschen Reiches konfisziert. Schmuck, Juwelen, Antiquitäten mußten Juden zwangsweise verkaufen, die Ankäufe erfolgten zu Preisen, die weit unter dem Wert lagen; auch über Wertpapiere und Aktien durften Juden nicht mehr verfügen, sie mußten ins Zwangsdepot gegeben werden. Jüdischer Immobilienbesitz wurde gleichfalls zwangsarisiert. Jüdische Arbeitnehmer wurden gekündigt, die Selbständigen hatten fast ausnahmslos Berufsverbot. Von 3152 Ärzten hatten 709 noch die widerrufliche Erlaubnis, als »Krankenbehandler« ausschließlich jüdische Patienten zu versorgen.

Nach dem Novemberpogrom kam mit dem Verbot jüdischer Zeitungen und Organisationen das öffentliche Leben der Juden zum Erliegen. Ausgeraubt und verelendet, blieb ihnen die private Existenz unter zunehmend kläglichen Umständen, unter immer neuen Schikanen. Am 30. April begannen mit einem »Gesetz über Mietverhältnisse mit Juden« die Vorbereitungen der Zusammenlegung jüdischer Familien in »Judenhäusern«. Absicht war, und sie wurde rasch verwirklicht, das Zusammendrängen von Juden in Wohnungen, die die Überwachung (und später die Deportationen) erleichterten. »Ariern«, so die Begründung, sei das Zusammenleben mit Juden im selben Haus nicht zuzumuten.

Der Kriegsbeginn am 1. September 1939 brachte eine Ausgangsbeschränkung: Juden durften im Sommer ab 21 Uhr und im Winter ab 20 Uhr ihre Behausung nicht mehr verlassen. Ab 20. September war ihnen der Besitz von Rundfunkempfängern verboten, das wurde als kriegsnotwendig erklärt, ebenso das Verbot, Telefone zu besitzen (19. Juli 1940), weil Juden ja als »Feinde des Reiches« galten.

Seit Anfang Dezember 1938 war ihnen Autofahren und der Besitz von Kraftfahrzeugen verboten, ab September 1939 wurden ihnen besondere Lebensmittelgeschäfte zum Einkauf zugewiesen, ab Juli 1940 durften Juden in Berlin nur noch zwischen 16 Uhr und 17 Uhr Lebensmittel einkaufen (die ihnen zugeteilten Rationen waren außerdem erheblich geringer als die der »Arier«). Immer neue Gemeinheiten dachten sich findige Bürokraten aus, etwa das Verbot, Haustiere zu halten oder Leihbüchereien zu benutzen.

---

23 Bei K. Kwiet (Anm. 15), S. 547.

Von Plänen zur »Lösung der Judenfrage« wurde gemunkelt; da gab es das alte Madagaskarprojekt, nach dem alle Juden aus Deutschland auf diese Insel deportiert werden sollten, und dann schien es, als verfolgte das NS-Regime den Plan, irgendwo in Ostpolen ein großes Judenreservat zu errichten[24]. Dabei schienen die noch in Deutschland lebenden Juden ebenso billige wie unentbehrliche Arbeitskräfte. Sie waren nämlich zur Zwangsarbeit verpflichtet und ersetzten in der Rüstungsindustrie vielfach Facharbeiter, die zur Wehrmacht eingezogen waren.

Am 1. September 1941 erging die Polizeiverordnung über die Kennzeichnung von Juden: Vom 15. September an mußte jeder Jude vom sechsten Lebensjahr an einen gelben Stern auf der Kleidung aufgenäht tragen. Damit war die öffentliche Demütigung und Brandmarkung vollkommen, die Überwachung der verfolgten Minderheit perfekt. Seit dem 1. Juli waren die Juden in Deutschland (durch die 13. Verordnung zum Reichsbürgergesetz) unter Polizeirecht gestellt, das heißt, für sie gab es keine Rechtsinstanzen mehr. Aber zu diesem Zeitpunkt lebten nicht mehr viele Juden in Deutschland. Offiziell war das Deutsche Reich »judenfrei«. Einige wenige hatten sich in die Illegalität geflüchtet, andere lebten im zweifelhaften Schutz, den »Mischehen« mit nichtjüdischen Partnern boten, jederzeit gewärtig, das Schicksal der Mehrheit der deutschen Juden zu teilen.

V. Deportation und Ermordung 1941 bis 1945

Im Herbst 1941 begann mit der systematischen, bürokratisch geregelten und bis ins Detail programmierten Deportation der Juden aus Deutschland die letzte Phase nationalsozialistischer Judenpolitik. Sie war nunmehr zielstrebig und ausschließlich darauf gerichtet, die europäische Judenheit auszurotten.

Seit Sommer 1941 war Gestapochef Reinhard Heydrich im Besitz einer Vollmacht Hermann Görings, dem formal für die »Judenfrage« im Deutschen Reich letztinstanzlich Zuständigen, die zwei Aufträge enthielt, und zwar erstens, »alle erforderlichen Vorbereitungen in organisatorischer, sachlicher und materieller Hinsicht zu treffen für eine Gesamtlösung der Judenfrage im deutschen Einflußgebiet in Europa«, und zweitens sollte Heydrich »in Bälde« einen Gesamtentwurf im Hinblick auf die angestrebte »Endlösung der Judenfrage« vorlegen[25].

Die Vorbereitungen waren mit Gründlichkeit erfolgt und Mitte Oktober 1941 abgeschlossen. Überall erhielten Juden jetzt vervielfältigte Aufforderungen, sich zur »Evakuierung« an Sammelplätzen einzufinden, sie hatten Verhaltensmaßregeln empfangen, was sie »zur Ansiedlung im Osten« mitbringen sollten, in welchem Zustand sie ihre Wohnungen zurücklassen mußten (Licht-, Gas-, Wasserrechnungen waren vor der Abreise zu bezahlen), es war ihnen eröffnet worden – unter gleichzeitiger Erteilung einer »Evakuierungsnummer« –, daß ihr gesamtes Vermögen rückwirkend zum 15. Oktober 1941 staatspolizeilich beschlagnahmt war und daß »die seit dieser

---

24 Grundlegend zum Gesamtzusammenhang Raul Hilberg, Die Vernichtung der Europäischen Juden. Die Gesamtgeschichte des Holocaust, Berlin 1982, durchgesehene und erweiterte Ausgabe Frankfurt am Main 1990.
25 R. Hilberg (Anm. 24, 1990), Bd. 2, S. 419–420.

Zeit getroffenen Verfügungen über Vermögensteile (Schenkungen oder Verkäufe) wirkungslos« seien. Außerdem wurde die Anfertigung einer Vermögenserklärung befohlen, die auch die in der Zwischenzeit verkauften oder verschenkten Gegenstände nebst Namen und Adressen der neuen Besitzer enthalten mußte. Der Vermögensaufstellung beizufügen waren sämtliche relevanten Urkunden wie Schuldscheine, Wertpapiere, Versicherungspolicen, Kaufverträge usw.

Der solchermaßen angekündigte Raub jüdischen Vermögens, bei dem die Beraubten zu bürokratischen Handlangerdiensten gezwungen wurden, war formal legalisiert durch die 11. Verordnung zum »Reichsbürgergesetz«, einem der »Nürnberger Gesetze« von 1935. Mit den Durchführungsverordnungen waren die Rechte der Juden Zug um Zug beschnitten worden, um schließlich alle, die nicht rechtzeitig hatten auswandern können, in Ghettos und Todeslager zu treiben. Die 11. Verordnung, die am 25. November 1941 in Kraft trat, bestimmte, daß und unter welchen Umständen Juden die deutsche Staatsangehörigkeit verloren, und definierte die Einzelheiten; dieser Verlust erfolgte automatisch mit »der Verlegung des gewöhnlichen Aufenthalts ins Ausland«[26]. Der Zweck der Bestimmung war eindeutig, wenn es im Paragraphen drei hieß: »Das Vermögen des Juden verfällt mit dem Verlust der Staatsangehörigkeit dem Reich.« Damit jede Möglichkeit, diese Bestimmung zu umgehen, ausgeschlossen war, hatte das für die Angelegenheiten der Juden zuständige, von Adolf Eichmann geleitete Referat IV B 4 des Reichssicherheitshauptamts eine Verfügungsbeschränkung über das bewegliche jüdische Vermögen erlassen. Auch diese Anordnung[27], datiert vom 27. November 1941, galt rückwirkend ab 15. Oktober 1941. Ihre Absicht war, Vermögensverschiebungen vor der Deportation der Juden zu verhindern.

Waren die juristischen Konstruktionen des rückwirkenden Verlusts von Staatsangehörigkeit und Vermögen schon dubios genug, so kam noch hinzu, daß die Verlegung »des gewöhnlichen Aufenthalts« ins Ausland ja keineswegs mehr im Belieben der Juden stand. Die Auswanderung, die noch 1938/39 von den NS-Behörden forciert worden war, war seit Herbst 1941 förmlich verboten; die »Evakuierung« war, auch wenn die Betroffenen noch nicht wußten, was mit ihnen geschehen würde, keineswegs von ihnen erstrebt. Um die letzte Lücke in dem Netz zu schließen, das dazu diente, die deutschen Juden zu fangen, um schließlich ihre Existenz zu vernichten, definierte das Reichsministerium des Innern Anfang Dezember 1941 in einer geheimen Anordnung zur Durchführung der 11. Verordnung zum Reichsbürgergesetz den Begriff »Ausland« für den Deportationsfall: »Der Verlust der Staatsangehörigkeit und der Vermögensverfall trifft auch diejenigen... Juden, die ihren gewöhnlichen Aufenthalt in den von den deutschen Truppen besetzten oder in deutsche Verwaltung genommenen Gebieten haben oder in Zukunft nehmen, insbesondere auch im Generalgouvernement und in den Reichskommissariaten Ostland und Ukraine.«[28]

Der Rahmen für die Vertreibung der Juden aus Deutschland war mit diesen legislatorischen Akten geschaffen; auch hatte man die Deportation von Juden aus dem Reichsgebiet bereits an verschiedenen Stellen geprobt: Zur Vertreibung jüdischer Be-

---

26   Verordnung zum Reichsbürgergesetz vom 25. November 1941, RGBl. I, 1941, S. 722–724.
27   Bruno Blau (Bearb.), Das Ausnahmerecht für die Juden in Deutschland 1933–1945, Düsseldorf 1954, S. 102.
28   Joseph Walk (Hrsg.), Das Sonderrecht für die Juden im NS-Staat. Eine Sammlung der gesetzlichen Maßnahmen und Richtlinien – Inhalt und Bedeutung, Heidelberg 1981, S. 358.

völkerung im großen Stil war es unmittelbar nach dem Ende des Polenfeldzugs im Herbst 1939 schon anläßlich der Annexion westpolnischer Gebiete gekommen. Die im annektierten »Gau Wartheland« ansässigen polnischen Juden waren in die Gegend von Lublin und in andere Gebiete des »Generalgouvernements« deportiert worden, wo sie in Lagern ein elendes Leben führten[29]. Ein knappes halbes Jahr nach Kriegsbeginn wurden in Pommern erstmals deutsche Juden deportiert: Am 12. Februar 1940 wurden 1000 Juden aus Stettin und Umgebung nachts aus den Wohnungen geholt und in drei Dörfer bei Lublin abgeschoben. 360 Juden aus dem Regierungsbezirk Schneidemühl teilten im März 1940 ihr Schicksal. Die Aktion war damit begründet worden, daß der Wohnraum aus »kriegswirtschaftlichen Gründen dringend benötigt« würde[30]. Überlebt haben diese Deportation nur wenige, die meisten fielen den im Frühjahr 1942 beginnenden Massenmorden zum Opfer.

Eine andere Aktion, Ende Oktober 1940 in Baden und Saarpfalz durchgeführt, entsprang der Initiative der beiden NSDAP-Gauleiter Robert Wagner (Baden) und Josef Bürckel (Saarpfalz). Diese hatten, da sie in Personalunion auch Chefs der Zivilverwaltung von Elsaß und Lothringen waren, besondere Vollmachten, woraus sie die Berechtigung ableiteten, etwa 6500 Juden von der Gestapo verhaften zu lassen. Von Sammelplätzen in größeren Städten wurden sie per Eisenbahn ins unbesetzte Südfrankreich transportiert, wo die Vichyregierung sie internierte. Obwohl viele während des Transports oder bald danach starben, überlebte etwa ein Drittel der bei der »Bürckelaktion« Deportierten. Beide Aktionen, die in Pommern wie die in Südwestdeutschland, waren regional begrenzt und blieben vorerst ohne Nachfolge. Den deutschen Juden blieb noch eine letzte Atempause. Die Aktionen selbst muß man aber, ebenso wie die Deportationen aus Österreich nach dem »Anschluß«, als Probefälle für die generelle Abschiebung aller Juden aus dem Deutschen Reich ansehen[31].

Neben den Planungen Heydrichs zur Deportation der Juden aus Deutschland existierte seit Beginn des Rußlandfeldzugs bereits ein Teil der realen Vernichtungsmaschinerie in Form der »Einsatzgruppen der Sicherheitspolizei und des SD«. Das waren Einheiten, die dem Oberbefehl des Reichsführers SS Heinrich Himmler unterstanden und die, wie es in einem Befehl vom Frühjahr 1941 hieß, berechtigt waren, »im Rahmen ihres Auftrages in eigener Verantwortung gegenüber der Zivilbevölkerung Exekutivmaßnahmen zu treffen«. Das war ganz wörtlich zu verstehen, denn die Einsatzgruppen hatten die Aufgabe, »weltanschauliche Gegner« zu exekutieren, nämlich Funktionäre der kommunistischen Partei der Sowjetunion, »Juden in Partei- und Staatsstellungen« und sonstige »radikale Elemente«[32].

Das war im Polenfeldzug, aber auch schon nach dem Anschluß Österreichs und nach dem Einmarsch in die Tschechoslowakei, erprobt worden, als Einsatzkommandos der Sicherheitspolizei potentielle Gegner wie Intellektuelle, Geistliche, Politiker usw. liquidierten. Ab Sommer 1941, nach Beginn des Rußlandfeldzuges, agierten die

29 Vgl. (auch zu folgenden Deportationen) Martin Gilbert, Endlösung. Die Vertreibung und Vernichtung der Juden. Ein Atlas, Reinbek 1982.
30 Nürnberger Dokumente NO 3522 und NG 2490; vgl. Eichmann-Prozeß, Beweisdokument Nr. 1172, Archiv Institut für Zeitgeschichte, München.
31 Nürnberger Dokument NG 4933, Archiv Institut für Zeitgeschichte.
32 Nürnberger Dokumente PS 447, NOKW 256, NOKW 2080; vgl. Helmut Krausnick, Hitler und die Befehle an die Einsatzgruppen im Sommer 1941, in: E. Jäckel/J. Rohwer (Anm. 17), S. 88 f.

Einsatzgruppen – es gab vier in einer Gesamtstärke von 3000 Mann – als Mordkommandos, die unter der Zivilbevölkerung im Baltikum, in Weißruthenien, in der Ukraine und auf der Krim Massaker in kaum vorstellbarem Ausmaß verübten. Zwischen Juni 1941 und April 1942 wurden von den Einsatzgruppen fast 560000 Menschen ermordet, darunter praktisch die ganze jüdische Zivilbevölkerung der eroberten Gebiete. Männer, Frauen und Kinder wurden in Wälder oder aufs freie Feld getrieben, erschossen und in Massengräbern verscharrt[33].

Während die Einsatzgruppen der SS im Osten und im Baltikum längst Massenmord im großen Stil an polnischen, ukrainischen und russischen Juden begingen, bereitete die Gestapo im Westen die Deportationen vor. Schon vor der Wannseekonferenz, bei der am 20. Januar 1942 die organisatorischen Details der Abschiebung und Ermordung der europäischen Juden besprochen wurden[34], lief die dazu notwendige Maschinerie auf vollen Touren.

Eine Gruppe deutscher Juden schien privilegiert vor denen, die direkt in die Todeslager des Ostens transportiert wurden. In Nordböhmen, in einer Festung aus altösterreichischer Zeit, war ein Ghetto eingerichtet, das als Vorzugslager und Alterssitz für Juden aus der Tschechoslowakei, Österreich, Deutschland (etliche auch aus Dänemark und Holland) deklariert war: Theresienstadt[35]. Aber das Altersghetto für dekorierte Weltkriegsteilnehmer und Prominente, insgesamt schließlich für 40000 deutsche Juden, erwies sich dann nur als KZ mit jüdischer Selbstverwaltung und für die meisten als Zwischenstation auf dem Weg nach Auschwitz, Treblinka, Sobibor, Belzec.

Der Zynismus des Regimes hatte nicht davor zurückgeschreckt, die künftigen Ghettoinsassen durch Kaufverträge, in denen ihnen ein friedvolles Altersdomizil vorgegaukelt wurde, auszuplündern und die Öffentlichkeit durch Inszenierungen sorglos-heiteren urbanen Lebens mit künstlerischen Darbietungen und gesellschaftlichem Treiben anläßlich des Besuchs von internationalen Delegationen zu täuschen.

Für die Juden aus dem deutschsprechenden Raum, für diese hoch assimilierten Träger deutscher Kultur, mußte die Realität von Theresienstadt zum Synonym des Verrats der Deutschen an ihnen werden: Sie hatten sich im Glauben an die Emanzipation auch 1933 noch sicher gefühlt, weil sie sich nicht vorstellen konnten, daß ihre Verdienste um das – wie sie glaubten – gemeinsame Vaterland ignoriert, daß ihr Patriotismus mit Füßen getreten, daß ihr deutsches Kulturbewußtsein verachtet, ihr Bürgertum nicht mehr anerkannt, ja nicht existent sein sollte.

Die äußere Bilanz nationalsozialistischer Verfolgung, nach dem Zusammenbruch des Hitlerstaats gezogen, zeigt folgende Zahlen. Von den rund 500000 deutschen Juden emigrierten etwa 278000, die Emigration bedeutete aber bei weitem nicht für alle die Rettung vor dem Holocaust. Die Zahl der Ermordeten liegt zwischen 160000 und 195000, ungefähr 15000 Juden überlebten als Partner in »Mischehen«, weniger als 6000 überstanden die Lager im Osten (die meisten wurden in Theresienstadt be-

33 Helmut Krausnick/Hans-Heinrich Wilhelm, Die Truppe des Weltanschauungskrieges. Die Einsatzgruppen der Sicherheitspolizei und des SD 1938–1942, Stuttgart 1981.
34 Kurt Pätzold/Erika Schwarz, Tagesordnung Judenmord. Die Wannsee-Konferenz am 20. Januar 1942. Eine Dokumentation zur Organisation der »Endlösung«, Berlin 1992.
35 H. G. Adler, Theresienstadt 1941–1945. Das Antlitz einer Zwangsgemeinschaft, Tübingen 1955.

freit), einige überlebten in der Illegalität, vor allem im Untergrund in Berlin und Wien. Ihre Zahl, in der Literatur meist mit 5000 angegeben, ist noch weniger genau zu bestimmen als die der Ermordeten[36]. Die innere Bilanz zog Leo Baeck, geistiges Oberhaupt und Symbolfigur des deutschen Judentums, nach seiner Befreiung aus Theresienstadt Ende 1945 in New York. Die Epoche der Juden in Deutschland sei ein für allemal vorbei: »Für uns Juden ist eine Geschichtsepoche zu Ende gegangen. Eine solche geht zu Ende, wenn immer eine Hoffnung, ein Glaube, eine Zuversicht endgültig zu Grabe getragen werden muß. Unser Glaube war es, daß deutscher und jüdischer Geist auf deutschem Boden sich treffen und durch ihre Vermählung zum Segen werden könnten.«[37]

Trotzdem leben heute wieder etwa 30000 Juden in Deutschland. Es sind zum großen Teil aber nicht die Nachkommen der deutschen Juden, die dem nationalsozialistischen Regime zum Opfer fielen, und die Juden in der Bundesrepublik tragen schwer an der Erinnerung[38].

---

36 Zur Gesamtproblematik: Wolfgang Benz (Hrsg.), Dimension des Völkermords. Die Zahl der jüdischen Opfer des Nationalsozialismus, München 1991.
37 Zitiert nach Hans Erich Fabian, Die letzte Etappe, in: Festschrift zum 80. Geburtstag von Rabbiner Dr. Leo Baeck am 23. Mai 1953, London 1953, S. 97.
38 Deutsche Juden – Juden in Deutschland, hrsg. von der Bundeszentrale für politische Bildung, Bonn 1991; Wolfgang Benz (Hrsg.), Zwischen Antisemitismus und Philosemitismus. Juden in der Bundesrepublik, Berlin 1991.

PETER LONGERICH

Nationalsozialistische Propaganda

I.

Propaganda ist ein Schlüsselbegriff in der Geschichte der NS-Bewegung. In den Augen der Nationalsozialisten war Propaganda nicht nur das entscheidende Instrument, der Partei neue Anhänger zuzuführen, sondern sie besaß, immer neue Aktivitäten auslösend, auch eine wesentliche Funktion bei der Integration der Parteimitglieder: In der »Kampfzeit« war sie eines der wichtigsten innerparteilichen Betätigungsfelder. Indem die Propaganda alle Aggressionen auf die Gegner der NSDAP lenkte, hinsichtlich der eigenen Ziele aber in utopische Ferne wies, trug sie mit dazu bei, programmatische Unsicherheiten der Partei zu verdecken. Die NSDAP betrieb Propaganda in einem umfassenden Sinn, und sie betrieb sie permanent, auch zwischen den Wahlkämpfen. Die NSDAP der Weimarer Republik war eine Propagandabewegung von Grund auf.

Der wichtigste Propagandist der NSDAP, Adolf Hitler, der kurz nach seinem Eintritt in die Partei im Herbst 1919 für die Propagandaarbeit verantwortlich zeichnete und sich hier die Basis für seine innerparteiliche Machtübernahme im Sommer 1921 schuf, entwickelte früh die Grundregeln der NS-Propaganda[1] und arbeitete sie, während der durch die Landsberger Haft bedingten Zwangspause, in »Mein Kampf« ein[2]. Diese Grundsätze entwickelten die Nationalsozialisten zu einer Propagandadoktrin weiter, die sich in wenigen Hauptpunkten zusammenfassen läßt:[3]

1. Propaganda wurde rein instrumentell, als ein Mittel zur Massenbeeinflussung, gesehen, das nur an einem Kriterium zu messen war: dem des Erfolgs.
2. Propaganda hatte sich auf wenige Punkte zu konzentrieren und diese schlagwortartig und in immer neuen Wiederholungen unter das Publikum zu bringen. Unterschiedliche Bevölkerungskreise mußten mit unterschiedlichen Methoden angesprochen werden. Dabei stand der Appell an die Emotionen immer im Vordergrund.
3. Die Nationalsozialisten sehen erfolgreiche Propaganda stets im engen Zusammenhang mit offener oder latenter Gewaltdrohung. »Was durch Papierkugeln zu ge-

---

1 Denkschrift zum Ausbau der NSDAP v. 22. Oktober 1922, gedruckt in: E. Jäckel/A. Kuhn (Hrsg.), Hitler. Sämtliche Aufzeichnungen, Stuttgart 1980, S. 702–708.
2 Sie finden sich in dem Kapitel »Propaganda und Organisation«.
3 Vgl. etwa die von Goebbels gezeichneten »Richtlinien« der Reichspropagandaleitung, veröffentlicht in dem zentralen Propagandafachblatt: Unser Wille und Weg, 1931, S. 42–58. Im Tenor ähnlich die Broschüren von G. Stark, Moderne politische Propaganda, München 1930; sowie Hadamovsky, Propaganda und nationale Macht, Oldenburg 1933.

winnen ist«, so erläuterte Hitler bereits im Jahre 1922 die komplementären Funktionen von Gewalt und Propaganda, »braucht dereinst nicht durch stählerne gewonnen zu werden.« Die nationalsozialistische Propaganda war demzufolge bis zum Gesinnungsterror mit Gewalt aufgeladen[4].

4. Die Nationalsozialisten vertrauten darauf, daß sich mit Hilfe einer Propaganda, die sich an diesen Grundsätzen orientierte, auf eine mechanische, berechenbare Weise nahezu jede Wirkung erzielen ließ.

Diese Grundsätze, die eine Rahmenfunktion für die NS-Propagandaarbeit besaßen, waren keineswegs originell, sondern sie entsprachen zeitgenössischem Denken. Propaganda, die gezielte Beeinflussung eines anonymen Publikums durch Massenmedien, war in der Zeit unmittelbar nach dem Ersten Weltkrieg ein relativ neues Phänomen, das die Öffentlichkeit fasziniert zur Kenntnis nahm. Das Modewort »Propaganda« stand für eine ausgefeilte, wissenschaftlich zu begreifende Methodik, mit deren Hilfe sich auf kalkulierte Weise kommerzielle oder politische Effekte erzielen ließen. Fünf Aspekte dieser allgemeinen zeitgenössischen Aufgeschlossenheit für Propaganda wird man besonders hervorheben müssen, die für die Entwicklung der NS-Propagandadoktrin von besonderer Bedeutung waren.

1. Hitler selbst betonte vor allem die Vorbildfunktion der britischen Weltkriegspropaganda, der er entscheidende Wirkung für die deutsche Niederlage von 1918 zuschrieb; ein ganzes Kapitel von »Mein Kampf« ist diesem Thema gewidmet. Die Überzeugung von der verheerenden Wirkung der britischen Propaganda war Gemeingut der politischen Rechten; als fester Bestandteil des Dolchstoß-Arguments diente sie dazu, die Verantwortung für die Niederlage von 1918 auf äußere, übermächtige Kräfte abzuwälzen[5].

2. Daneben besaßen Agitation und Propaganda der Arbeiterbewegung eine gewisse Vorbildfunktion für die Nationalsozialisten. Als eine Art politisches Urerlebnis beschreibt Hitler in »Mein Kampf« seine Begegnungen mit der Wiener Arbeiterbewegung: Mit »banger Gedrücktheit«, »von Ekel erfüllt«, aber doch auch »so ergriffen, daß es mir ganz unmöglich gewesen wäre, der ganzen Sache den Rücken zu kehren«, so schildert er, habe er ihre Demonstrationen, ihre Kampfpresse, die auffällige Gestaltung der Plakate und die Integrationskraft ihrer Organisation erlebt[6].

3. Ferner ist vor allem die Vorbildfunktion der modernen Geschäftsreklame für die NS-Propaganda zu betonen[7]. In die Sprache der kommerziellen Werbung übersetzt, war die Propaganda der NSDAP zielgruppenorientiert und aussageredu-

---

4 Dieser Zusammenhang wird von Hitler in »Mein Kampf« (hier zit. nach der Ausgabe München 1938) dargestellt, wenn er den Erfolg der Wiener Arbeiterbewegung mit Propaganda und fortwährendem »Terror« innerhalb der Arbeiterschaft erklärt; dem müsse »ein gleich großer Terror« entgegengestellt werden (S. 46). – Zum Zusammenhang von Propaganda und Gewalt bereits H. Arendt, Elemente und Ursprünge totaler Herrschaft, Frankfurt am Main 1955, S. 544.

5 Hierzu ausführlich die – für die NS-Propaganda der Kampfzeit maßgebliche – Arbeit von G. Paul, Aufstand der Bilder. Die NS-Propaganda vor 1933, Bonn 1990, S. 26ff. mit weiteren Belegen.

6 Mein Kampf (Anm. 4), S. 39ff.; siehe auch Hitlers Aussage vor dem Münchner Gericht, 26. Februar 1924, gedruckt in: E. Jäckel/A. Kuhn (Anm. 1), S. 1064.

7 G. Stark (Anm. 3), S. 4: Propaganda sei zwar »etwas ganz anderes« als die Geschäftsreklame, bediene sich jedoch »zum Teil derselben Mittel, um ihr Ziel zu erreichen.«

ziert, sie verwendete einprägsame Markennamen und Symbole, visualisierte ihr »Produkt« und sprach unterbewußte Wünsche an[8].

4. Beeinflußt war die NS-Propagandadoktrin auch von der zeitgenössischen populären Massenpsychologie, wie sie vor allem von Gustave Le Bon (»Psychologie des Foules«, 1895) und im Anschluß an ihn durch populärwissenschaftliche Autoren vertreten wurde. Diese Richtung betonte – zwischen Verachtung und Faszination gegenüber dem neu entdeckten Phänomen schwankend – das Aufgehen des einzelnen in der Masse, die Triebhaftigkeit des Massenwesens, seine bis zur Suggestion steigerbare Manipulierbarkeit[9].

5. Schließlich entspricht die Überzeugung von der unbegrenzten Wirkung der Propaganda, die sich als einfaches Sender-Empfänger-Modell darstellen läßt, dem zeitgenössischen, frühen Behaviourismus, der in der amerikanischen Psychologie unmittelbar vor dem Ersten Weltkrieg entwickelt und in der Nachkriegszeit in Deutschland rezipiert wurde. Weit über die psychologische Fachliteratur hinaus wirkend, lieferte die Grundidee des Behaviourismus, Verhaltensmodifikationen durch Konditionierung zu erreichen, die wissenschaftliche Begründung für die zeitgenössische Überzeugung von der mechanischen Beherrschbarkeit des in der Masse aufgelösten Individuums[10]. Diese Auffassung ist vor dem Hintergrund des herrschenden Vertrauens in die Macht der Erziehung und die Unbegrenztheit des naturwissenschaftlich »Machbaren« zu sehen, sie entspricht also – unabhängig davon, ob sich eine direkte Rezeption behaviouristischen Denkens bei den führenden Nationalsozialisten nachweisen läßt – dem Zeitgeist.

Hitlers Geschick bestand demnach vor allem darin, das neu entdeckte Instrument Propaganda für die Zwecke einer rechtsgerichteten Massenbewegung zu instrumentalisieren. Die Bezüge, die sich zu anderen Bereichen der Massenkommunikation sowie zu populär-psychologischen Lehren ziehen lassen, zeigen bereits, daß die NS-Propaganda ein wenig originäres Phänomen ist, sondern eher plagiatorischen Charakter besitzt. Diese Nachahmungstendenz der NS-Propaganda geht aber verloren, wenn, wie dies häufig in historischen Untersuchungen geschieht, eine angeblich allmächtige, totalitäre NS-Propaganda beschworen[11] und einer pluralistischen »öffentlichen Meinung« in der demokratisch-parlamentarischen Gesellschaft als Gegenbild gegenübergestellt wird. Dieses Modell folgt einerseits unkritisch der zeitgenössischen Ansicht von der »Allmacht« Propaganda; andererseits reduziert es die Realität der Massenkommunikation moderner westlicher Gesellschaften auf den Idealtypus der öffentlichen Meinung im Sinne der liberalen Ära und übersieht den unter den Bedingungen der modernen hochentwickelten Industriegesellschaft eingetretenen »Strukturwandel der Öffentlichkeit«[12].

---

8 G. Paul (Anm. 5), S. 33 f. Der Autor weist auf die Rezeption von Reklametechniken in »Mein Kampf« hin, so z. B. auf den Vergleich von politischer Propaganda und Seifenreklame (Mein Kampf [Anm. 4], S. 200).

9 G. Paul (Anm. 5), S. 30 ff.

10 J. B. Watson, Psychology as the Behaviorist views it, in: Psychological Review, 20 (1913), 158–178; A. P. Weiss, A Theoretical Basis of Human Behaviour, 1929.

11 Vgl. G. Paul (Anm. 5), S. 14 mit weiteren Belegen; ein Beispiel aus der neueren Literatur ist etwa R. E. Herzstein, The War that Hitler Won, New York 1978.

12 J. Habermas, Strukturwandel der Öffentlichkeit. Untersuchungen zu einer Kategorie der bürgerlichen Gesellschaft, Frankfurt am Main 1962.

Demgegenüber soll hier betont werden, daß die NS-Propagandisten sich lediglich in besonders intensiver Weise der manipulativen Elemente bedienten, die nun einmal zur Realität der modernen Massenkommunikation gehören[13]. Die Auflösung überkommener Sozialbeziehungen schafft neue Bedürfnisse des Konsums und der Kommunikation, verlangt aber auch nach neuen Wegen, politische Willensbildung und Meinungsführerschaft durchzusetzen, und führt unweigerlich zu dem Versuch, über eine Beherrschung der Medien soziale Kontrolle auszuüben. Die Besonderheit nationalsozialistischer Propaganda läge damit nicht in einer besonderen, ausgefeilten Methodik, sondern ihre Wirkung kann nur erklärt werden im Zusammenhang mit den Rezeptionsbedingungen und Sanktionsmöglichkeiten der NS-Diktatur.

II.

Kehren wir zur NS-Propaganda der »Kampfzeit« zurück, da sich hier der spätere NS-Propagandaapparat sowohl doktrinär, organisatorisch wie inhaltlich formierte[14]. Auf die Doktrin sind wir bereits kurz eingegangen. Die Organisation der Propaganda gewann nach der Neugründung der Partei 1925 allmählich Konturen: Nach der Ernennung Gregor Strassers zum Reichspropagandaleiter im Jahre 1926 betrieb sein Stellvertreter, Heinrich Himmler, die Vereinheitlichung und bürokratische Durchorganisation der Parteipropaganda. Nachdem 1928 Strasser die Reichsorganisationsleitung übernommen und die Position eines Reichspropagandaleiters formell an Hitler zurückgefallen war, konnte er weitgehend selbständig handeln. 1930 schließlich wurde die Position eines Reichspropagandaleiters mit dem Berliner Gauleiter Joseph Goebbels neu besetzt. Als »Reichspropagandaleiter II« fungierte daneben Fritz Reinhardt, der seine Erfahrungen als Leiter einer Fernschule für kaufmännische Berufe in die politische Praxis übertrug und einige tausend Parteigenossen in Fernkursen zu Parteirednern ausbildete. Die Pressearbeit der Partei blieb indessen selbständig, weitere Arbeitsbereiche der Propaganda waren in anderen Dienststellen innerhalb der Parteileitung angesiedelt. Alles in allem ergibt sich das Bild einer chaotischen Überorganisation der Propagandabewegung NSDAP.

Dem Reichspropagandaleiter unterstand ein umfangreicher, in einzelne Sparten untergliederter Propagandaapparat, der über die Gaue und Kreise bis in die Ortsgruppen hineinreichte. Neben dem »Völkischen Beobachter«, dem bereits 1920 erworbenen Zentralorgan der Partei, verfügte die NSDAP über eine breit gestreute Gaupresse, daneben über eine umfangreiche Produktion von Propagandabroschüren[15]. Diese Parteipublizistik wandte sich in erster Linie an die Mitglieder der Partei. Massenwirksam hingegen waren andere Werbeträger: Ein Propagandafachmann der NSDAP nennt etwa »Klebezettel, Handzettel, Flugblätter, ... Werbehefte, Häuserblockzeitungen und Betriebszellenzeitungen, Plakate, Stempel, fremde Zeitungen,

13 Vgl. etwa K. Robins/F. Webster/M. Pickering, Propaganda, Information and Social Control, in: J. Hawthorn (Ed.), Propaganda, Persuasion and Polemic, London 1987, S. 1–17.
14 Hierzu grundlegend G. Paul (Anm. 5).
15 P. Stein, Die NS-Gaupresse: 1925–1933, Forschungsbericht, Quellenkritik, neue Bestandsaufnahme, München u. a. 1987.

NS-Briefmarken und Bildkarten, Transparente und Werbetafeln, Lichtreklame und Werbefilme«[16], also vor allem sogenannte »Kleinmittel«. Essentiell für die NS-Propaganda war aber in erster Linie der Kundgebungsstil, der in öffentlichen Veranstaltungen, in Propagandamärschen und Werbefahrten zum Ausdruck kam. Die Propaganda der NSDAP läßt sich nicht auf schriftliche Äußerungen festlegen, sondern sie zeigte sich vor allem im gesprochenen Wort, in der aggressiven Rede, und sie ist nur durch Einbeziehung der Bild- und Symbolwirkung verständlich. Die NS-Propaganda bot ein sorgsam inszeniertes sinnliches Gesamterlebnis. Bei dieser Visualisierung ist nicht nur an die Darstellungen auf Plakaten und in Karikaturen zu denken. Zum Repertoire der Propaganda gehörten ebenso Fahnen, Uniformen und Saaldekorationen, aber auch symbolische Handlungen und Rituale, wie etwa die sorgsam zelebrierten Rednerauftritte des »Führers«. Die SA ihrerseits »verkörperte« im wörtlichen Sinne die NS-Propaganda: Der »Block« der angetretenen Sturmabteilungen sollte in unsicheren Zeiten den Eindruck von Geschlossenheit und Festigkeit vermitteln, die Marschkolonne symbolisierte ein entschlossenes »Vorwärts«[17].

Scharfsichtige Zeitgenossen wiesen eindringlich darauf hin, daß es den Nationalsozialisten gelungen war, in ihrer Selbstdarstellung eine eigenständige Ästhetik zu entwickeln, in der durch sinnliche Bilder ein »schöner Schein« erzeugt, in der gesellschaftlichen Realität der Zeit nicht erfüllbare Sehnsüchte angesprochen wurden[18].

Die Arbeit der NSDAP, so erkannte der Sozialdemokrat Carlo Mierendorff 1930, sei in erster Linie »Klamauk«. Die NSDAP sei darauf eingestellt, »Gefühlswellen zu produzieren«, sie sei »bis zum Exzeß ausgesprochen voluntaristisch eingestellt, wobei namentlich aus letzterem Umstand die starke Suggestivkraft ihres Auftretens herrühren dürfte[19]. Bertolt Brecht[20] verwies auf die »Theatralik« der Nationalsozialisten, auf ihr Vermögen, das öffentliche Leben mit Hilfe von aus dem Theater entlehnten Kunstgriffen einer effektvollen Regie zu unterwerfen. Thomas Mann[21] spricht mit Blick auf das Jahr 1930 von einer »Politik im Groteskstil mit Heilsarmee-Allüren, Massenkrampf, Budengeläut, Halleluja und derwischmäßigem Wiederholen monotoner Schlagworte, bis alles Schaum vor dem Mund hat. Fanatismus wird Heilsprinzip, Begeisterung epileptische Ekstase, Politik wird zum Massenopiat des Dritten Reiches oder einer proletarischen Eschatologie, und die Vernunft verhüllt ihr Antlitz.«

---

16 G. Stark (Anm. 3), S. 7.

17 Hierzu siehe: P. Longerich, Die braunen Bataillone. Geschichte der SA, München 1989.

18 Vgl. E. Bloch, Kritik der Propaganda, in: ders., Vom Hasard zur Katastrophe. Politische Aufsätze aus den Jahren 1934–1939, Frankfurt am Main 1972, S. 195–206. Zum folgenden: W. Emmerich, »Massenfaschismus« und die Rolle des Ästhetischen. Faschismustheorien bei Ernst Bloch, Walter Benjamin und Bertolt Brecht, in: L. Winckler (Hrsg.), Antifaschistische Literatur, Bd. 1, Kronberg i. Ts. 1977, S. 223–290. Der in den siebziger Jahren wieder aufgenommene Ästhetikansatz wird erneut fruchtbar gemacht durch die Arbeit von P. Reichel, Der schöne Schein des Dritten Reiches. Faszination und Gewalt des Faschismus, München – Wien 1991.

19 C. Mierendorff, Gesicht und Charakter der nationalsozialistischen Bewegung, in: Die Gesellschaft, Internationale Revue für Sozialismus und Politik, 7 (1930) 1, S. 489–504.

20 Z. B. in: Der Messingkauf, in: Gesammelte Werke, Bd. 16, Frankfurt a. M. 1967, S. 489–657, bes. S. 559f.

21 T. Mann, Deutsche Ansprache. Ein Appell an die Vernunft, in: ders., Von deutscher Republik. Politische Schriften und Reden in Deutschland. Gesammelte Werke in Einzelbänden, hrsg. v. P. de Mendelssohn, Frankfurt am Main 1984, S. 294–314.

Klar stellte Walter Benjamin[22] das zentrale Motiv des Krieges in der Ästhetik der Nationalsozialisten heraus. Die »Propagandakunst« der Nationalsozialisten werde nicht nur »für Massen«, sondern auch von Massen exekutiert. Die »monumentale Gestaltung« versetze die »Exekutierenden ebenso wie die Rezipierenden in einen Bann, unter dem sie sich selber monumental, das heißt unfähig zu wohlüberlegten und selbständigen Aktionen erscheinen müssen. Die Kunst verstärkt so die suggestiven Energien ihrer Wirkungen auf Kosten der intellektuellen und aufklärenden.«...»Das Material, aus dem der Faschismus seine Monumente, die er für ehern hält, aufführt, ist vor allem das sogenannte Menschenmaterial.« Ihren besonderen Ausdruck finde die faschistische Kunst in der »Kriegskunst«: »Sie verkörpert die faschistische Kunstidee ebenso durch den monumentalen Einsatz an Menschenmaterial wie durch den von banalen Zwecken gänzlich entbundenen Einsatz der ganzen Technik.«

Inhaltlich stand im Zentrum der NS-Propagandastrategie die unbedingte Negation der bestehenden Verhältnisse, die Beschwörung von Untergang und Katastrophe. Munition bezog man vor allem aus der Agitation gegen »Versailles«, Sinnbild deutscher Schmach und ökonomischer Ausbeutung, sowie aus der lebhaften Schilderung des alltäglichen Krisenelends. Die Verantwortung für die katastrophale Lage wurde Kräften zugeordnet, die zu Feindbildern stilisiert wurden: Der »Marxismus« (so die penetrante Sammelbezeichnung für die tatsächlich verfeindeten sozialistischen Parteien) zeigte sich in der Person des machtsüchtigen »Funktionärs« und »Novemberverbrechers«, das »System« wurde durch den »Bonzen« oder den »Reaktionär« vertreten, der »Jude« (wenn er nicht zugleich auch »Funktionär« oder »Bonze« war) stand für das »internationale Kapital«. Diese Typisierung wurde durch die Agitation gegen einzelne Personen des öffentlichen Lebens veranschaulicht, ideal verkörpert etwa in der Person des stellvertretenden Berliner Polizeipräsidenten Bernhard Weiß (Sozialdemokrat, Vertreter der Staatsmacht und Jude), gegen den Goebbels eine jahrelange Schmutzkampagne führte.

Die »positiven« Aussagen der NS-Propaganda sind nicht ohne diese negativen, durch ein Kabinett von Karikaturen vermittelten Aussagen zu verstehen. Dem Schattenreich der verhaßten Republik wurde antithetisch eine leuchtende, nur vage umschriebene Zukunft gegenübergestellt, eine utopische Heilserwartung, die durch Hitler personifiziert wurde.

Der zentralen Bedeutung, die der Propaganda innerhalb der NS-Bewegung zugeschrieben wurde, entsprachen die relativ schnellen und durchgreifenden Maßnahmen auf diesem Gebiet nach der »Machtergreifung«: Gleichschaltung der Medien (soweit diese sich nicht selbst anpaßten), Aufbau eines propagandistischen Lenkungsapparates und schließlich rechtliche Kodifizierung der neuen Machtverhältnisse.

Organisatorisches Kernstück des Medienapparates wurde das am 13. März 1933 eingerichtete Reichsministerium für Volksaufklärung und Propaganda, dessen Konzeption sich in den Goebbelstagebüchern bis in den Anfang 1932 zurückverfolgen läßt. Dem Ministerium wurden die Presseabteilung der Reichsregierung, die bisher im Auswärtigen Amt angesiedelten außenpolitischen Informations- und Nachrichtendienste, die dem Reichsinnenministerium nachgeordnete »innenpolitische Aufklä-

---

22 Pariser Brief I, in: W. Benjamin, Gesammelte Schriften, Bd. III, hrsg. v. H. Tiedemann-Bartels, Frankfurt a. M. 1972, S. 482–495, Zitate S. 489 u. 492.

rung« sowie verschiedene Sachgebiete aus anderen Ministerien zugeschlagen. Hinzu kamen Teile der Reichspropagandaleitung, die im übrigen als Parallelorganisation der Partei, durch ihren Leiter Goebbels in Personalunion mit dem Ministerium verklammert, in München verblieb[23].

Das Reichskulturkammergesetz vom 22. September 1933 machte allen im Kulturbereich Tätigen – über die Mitgliedschaft in einem Fachverband – die Zugehörigkeit zu einer ihrer Berufskammern zur Pflicht[24]. Die Reichskulturkammer gliederte sich in sieben Kammern: für Presse, Schrifttum, Rundfunk, Theater, Musik, Bildende Künste und Film. Die führenden Positionen in diesem Kammersystem waren in Personalunion mit Mächtigen aus dem staatlichen Propagandaapparat besetzt.

III.

Im Bereich der Presse[25] ging man zunächst daran – gestützt auf die Notverordnungen vom Februar 1933 –, die linken Blätter mit Hilfe von Verboten, dann durch Enteignungen vollkommen auszuschalten. Es folgte die Gleichschaltung der Presseverbände: Der »Reichspressechef« der NSDAP, Otto Dietrich, ließ sich im April 1933 zum Vorsitzenden des Reichsverbandes der Deutschen Presse wählen, während der Verlegerverband im Juni von Max Amann, dem »Reichsleiter für die Presse«, übernommen wurde.

Mit dem Schriftleitergesetz[26] vom 4. Oktober 1933 wurde die rechtliche Grundlage für die Kontrolle des Presseinhalts gelegt: »Schriftleiter« konnte nur sein, wer Deutscher und »arischer Abstammung« war. Etwa 1 300, meist jüdische und »marxistische« Journalisten verloren auf diese Weise ihren Beruf. Journalismus wurde im Schriftleitergesetz zu einer öffentlichen Aufgabe erklärt: Die Weisungen der zuständigen staatlichen Organe hatten im Zweifelsfall Priorität vor denen des Verlegers. Da das Gesetz die Ausübung einer journalistischen Tätigkeit von der Mitgliedschaft im Reichsverband der deutschen Presse (also gleichzeitig in der Reichspressekammer) abhängig machte, besaß das Regime ein erhebliches Pressionsmittel. Eine eigene Berufsgerichtsbarkeit entschied über Disziplinarmaßnahmen, letztlich über den Verbleib auf der »Schriftleiterliste«.

Der zweite Ansatz zur totalen Vereinnahmung der Presse lag auf verlegerischem Gebiet[27]. Max Amann, NS-Reichsleiter für die Presse und Direktor des zentralen NS-Verlages Eher, nutzte seine starke Position im Pressebereich, um Schritt für Schritt den weitaus größten Teil der Zeitungsverlage in nationalsozialistischen Besitz zu brin-

---

23 Zur Organisation des Propagandaministeriums grundlegend ist die von W. A. Boelcke verfaßte ausführliche Einleitung zu der Edition: Kriegspropaganda 1939–1941. Geheime Ministerkonferenzen im Reichspropagandaministerium, Stuttgart 1966.

24 Ebenda, S. 182.

25 K.-D. Abel, Presselenkung im NS-Staat. Eine Studie zur Geschichte der Publizistik in der nationalsozialistischen Zeit, Berlin 1968; J. Hagemann, Die Presselenkung im Dritten Reich, Bonn 1970; N. Frei/J. Schmitz, Journalismus im Dritten Reich, München 1989.

26 RGBl I 1933, S. 661, K.-D. Abel (Anm. 25), S. 28f.

27 O.J. Hale, The captive Press in the Third Reich, Princeton 1964 (deutsch: Presse in der Zwangsjacke, 1933–1945, Düsseldorf 1965).

gen. Als Vorsitzender des Verlegerverbandes (und gleichzeitig Präsident der Reichs-pressekammer) konnte Amann die Ausübung des Verlegerberufs kontrollieren und Verlage enteignen lassen. Im April 1935 erließ er mehrere Anordnungen, die zu einer völligen Neuformierung des Pressewesens führen sollten: Während Juden auch aus dem Zeitungsverlagswesen ausscheiden mußten, sollten durch scharfe Reglementierungen die Besitzverhältnisse im Pressebereich (nach dem Grundsatz: pro Verlag eine Zeitung, pro Zeitung nur ein Verlag) »übersichtlich« geordnet, im Sinne einer Branchenbereinigung unwirtschaftliche Unternehmen geschlossen und im Interesse der »Sauberkeit« die »Skandalpresse« beseitigt werden. Tatsächlich verfolgte Amann mit seinen Anordnungen aber das Ziel, die konfessionellen Blätter, die Generalanzeigerpresse sowie den noch verbliebenen Rest der politisch orientierten (aber nicht durch die NSDAP kontrollierten) Blätter in der Provinz zu beseitigen. Durch die weitgefaßten Verbotsgründe konnten die Verleger unter Druck gesetzt werden, ihre Blätter an Strohmänner zu verkaufen, die die Titel unauffällig in ein schwer durchschaubares System von Holdinggesellschaften einbrachten, das vom Eher-Verlag gesteuert wurde. 1939 kontrollierte Amann über mehrere Holdings 150 Verlage. Gegen Ende des »Dritten Reiches« existierten 350 parteieigene Zeitungen mit einem Anteil an der Gesamtauflage von über 80 Prozent.

Neben der »berufsständischen« Kontrolle über die Journalisten und der ökonomischen der Verlage ging das Regime drittens daran, ein System der direkten Presselenkung[28] einzurichten. Zentraler Bestandteil der Presselenkung war die täglich gegen Mittag im Propagandaministerium stattfindende »Pressekonferenz«. Im Gegensatz zu der Praxis in der Weimarer Republik war die »Konferenz« nun nicht mehr eine von den Journalisten selbst organisierte Informationseinrichtung, in der Auskünfte gegeben wurden, sondern sie war eine unter Aufsicht des Goebbelsressorts stattfindende publizistische Befehlsausgabe, in der »Anregungen«, »Sprachregelungen«, Verbote, Lob und Tadel ausgeteilt wurden. Die in Berlin ausgegebenen Anweisungen wurden über die Reichspropagandaämter per Fernschreiben an die Provinzpresse verteilt. Die »Hauptschriftleiter« erhielten außerdem mit den »Vertraulichen Informationen« besonderes Hintergrundmaterial. Verschiedenfarbige Dienste des Deutschen Nachrichtenbüros (im Dezember 1933 waren die beiden bis dahin selbständigen Agenturen unter dem neuen Namen verstaatlicht worden) lieferten das Basismaterial für die Berichterstattung und die nach Bezieherkreis weiter abgestuften vertraulichen Zusatzinformationen. Dieses System der Presselenkung kannte also keine generelle Vorzensur, wenn auch bei bestimmten heiklen Themen die Journalisten aufgefordert wurden, ihre Berichte vor Veröffentlichung mit dem Propagandaministerium »abzustimmen«. Um so genauer war jedoch die im Ministerium durchgeführte Nachzensur, die zu den gefürchteten beruflichen Disziplinierungsmaßnahmen, aber auch zu strafrechtlichen Konsequenzen führen konnte.

So uniform die Presse im Laufe der Zeit durch dieses System auch wurde, so sehr war der Lenkungsapparat selbst durch Spannungen und Differenzen gekennzeichnet. Um diese nicht nach außen dringen zu lassen, war es notwendig, vor der täglichen Pressekonferenz eine sogenannte »Abstimmungskonferenz« im Propagandaministerium abzuhalten. Hier kam es nicht nur zu erheblichen Auseinandersetzungen zwischen den Vertretern des Propagandaministers Goebbels und denen des »Reichspres-

---

28 K.-D. Abel (Anm. 25), S. 30 ff.

sechefs der NSDAP« und »Pressechefs der Reichsregierung«, Dietrich, sondern ebenso häufig auch zu Konflikten mit den Abgesandten des Auswärtigen Amtes, dessen Propagandaapparat nach der Ernennung Joachim von Ribbentrops zum Außenminister im Februar 1938 erheblich ausgebaut wurde und alsbald damit begann, zu Goebbels und Dietrich an allen Fronten der Auslandspropaganda in massive Konkurrenz zu treten[29]. Daneben versuchten andere Zentralinstanzen von Partei und Staat, aber auch die regionalen Machthaber der Partei, die Gau- und Kreisleiter, auf vielfältige Weise Einfluß auf die Presselenkung zu nehmen[30]. Das Ergebnis war aber keineswegs inhaltliche Vielfalt, sondern eine sterile Uniformität der Presse, die von einer »Einheitszeitung« schließlich nicht mehr weit entfernt war. Wenn Goebbels[31] selbst zuweilen Klagen über den geringen Qualitätsstandard der Presse führte, so grenzt dies allerdings an Selbsttäuschung: Die vorherrschende Langeweile der Presselandschaft war die unvermeidliche Konsequenz der totalen Presselenkung.

IV.

Die von der Regierung Papen im Sommer 1932 durchgesetzte volle Verstaatlichung des Weimarer Rundfunks und die gleichzeitige Öffnung für Regierungspropaganda und Wahlkampfwerbung der Parteien – darunter bezeichnenderweise auch die NSDAP, jedoch nicht die KPD – schufen für die Übernahme des Rundfunks durch die Nationalsozialisten günstige Voraussetzungen[32]. Die NSDAP hatte vor 1933 eine eigene Organisation von »Funkwarten« aufgebaut, deren vornehmste Aufgabe es war, gegen den Weimarer Rundfunk zu agitieren und den deutschnationalen Reichsverband Deutscher Rundfunkhörer zu unterwandern, was im Oktober 1932 endgültig gelang[33].

Im März 1933 übernahm das neu gegründete Reichsministerium für Volksaufklärung und Propaganda die Rundfunkkompetenzen des Reichsinnen- sowie des Reichspostministers, dem nur die rein technischen Zuständigkeiten blieben. Bis zum Frühjahr 1934 waren auch die Kompetenzen der Länder im Rundfunkwesen vollständig auf das Reich übertragen. Die regionalen Sendegesellschaften waren nun »Reichssender«, also Filialen der zentralen Dachorganisation, der Reichsrundfunkgesellschaft. Bereits im Zeitraum März bis Juni 1933 fand ein umfangreiches personelles Revirement statt: Zehn der elf Intendanten der deutschen Rundfunksender wurden ausgewechselt, ein erheblicher Teil der Beschäftigten im Rundfunkbereich entlassen[34].

---

29 Vgl. hierzu P. Longerich, Propagandisten im Krieg. Die Presseabteilung des Auswärtigen Amtes unter Ribbentrop, München 1987.
30 Hierzu liegt eine Fallstudie vor: N. Frei, Nationalsozialistische Eroberung der Provinzpresse. Gleichschaltung, Selbstanpassung und Resistenz in Bayern, Stuttgart 1980.
31 Vgl. etwa: W. von Oven, Mit Goebbels bis zum Ende, 2 Bde., Buenos Aires 1949/1950, S. 162; P. Lochner (Hrsg.), Goebbels Tagebücher. Aus den Jahren 1962–43. Mit anderen Dokumenten Zürich 1948, S. 163; W. Stephan, Joseph Goebbels. Dämon einer Diktatur, Stuttgart 1949, S. 160.
32 H. Pohle, Der Rundfunk als Instrument der Politik. Zur Geschichte des deutschen Rundfunks von 1923/38, Hamburg 1955; A. Diller, Rundfunkpolitik im Dritten Reich, München 1980; W. Klingler, Nationalsozialistische Rundfunkpolitik 1942–1945. Organisation, Programm und die Hörer, Mannheim 1983.
33 Zur NS-Rundfunkorganisation vor 1933: A. Diller (Anm. 32), S. 26 ff.
34 Zur Gleichschaltung des Rundfunks: A. Diller (Anm. 32), S. 112 ff.

Innerhalb des Propagandaministeriums wurde eine Rundfunkabteilung – unter der Leitung von Dreßler-Andreß, dem bisherigen Chef-Rundfunkpropagandisten der NSDAP – eingerichtet, die sich die Reichsrundfunkgesellschaft unterstellte, zunächst aber noch keinen dominierenden Einfluß auf das Programm besaß. Von erheblicher Bedeutung bei der Neuregelung der Rundfunkzuständigkeiten war, daß Goebbels sich einen Anteil von 55 Prozent an den Rundfunkgebühren für das Propagandaministerium sicherte. Dieser mit steigender Hörerzahl wachsende Betrag wurde zu einem immer größeren Teil nicht für Rundfunkzwecke verwandt, sondern an die Reichskasse abgeführt[35]. Die Reichsrundfunkkammer blieb demgegenüber relativ bedeutungslos: Sie beschränkte sich im wesentlichen auf die Hörerwerbung. 1939 wurde sie wegen ihrer Funktionslosigkeit von Goebbels aufgelöst[36].

Voraussetzung der NS-Rundfunkpolitik war der technische Ausbau des Mediums: Waren 1933 4,3 Millionen Geräte vorhanden, so waren es 1939 bereits 10,8 und 1943 16,2 Millionen. Sieht man die Teilnehmerdichte im Jahre 1938 im europäischen Vergleich, so lag Deutschland mit 134 Teilnehmern auf 1 000 Einwohner allerdings noch hinter Dänemark (190), Großbritannien (184), Schweden (171), jedoch vor Frankreich (100)[37]. Seit Anfang der dreißiger Jahre wurde innerhalb der Rundfunkindustrie am Projekt eines billigen Einfachradios gearbeitet. Der vom Propagandaministerium angeregte und von der deutschen Rundfunkindustrie hergestellte »Volksempfänger« (seit 1933) sowie der 1938 eingeführte »Deutsche Kleinempfänger« trugen erheblich zur steigenden Hörerzahl bei[38]. Auf der anderen Seite wurde das Netz von Sendeanlagen erheblich ausgebaut, ohne jedoch eine ausreichende flächendeckende Vollversorgung mit einem technischen Standard zu erreichen, der der relativ geringen Empfangsstärke der Billiggeräte angemessen gewesen wäre[39].

Die Nationalsozialisten nutzten das Rundfunkprogramm bereits unmittelbar nach der Machtübernahme massiv für ihre politische Propaganda. Im Wahlkampf 1933 wurden insgesamt 45 Wahlsendungen der Regierungsparteien ausgestrahlt, darunter eine Reihe von Hitlerreden mit vorgeschalteten und eigenmächtig verlängerten »Stimmungsberichten« Goebbels'. Auch im Musikprogramm kam diese Politisierung mit einem starken Anteil von Märschen, NS-Gesängen, Arbeitsliedern usw. zum Ausdruck[40]. Nach einer Phase starker Politisierung des Rundfunks unmittelbar nach der Machtübernahme drosselte Goebbels, um eine Überfütterung des Publikums zu vermeiden, im Spätherbst 1933 die politischen Sendeanteile. Jetzt wurde im Programm verstärkt die kulturpolitische Funktion des Rundfunks betont[41]. 1935 jedoch setzte eine Umorientierung zur verstärkten Unterhaltung unter dem Motto mehr Musik, mehr Auflockerung ein[42].

Nicht nur zum Ausgleich der vor allem in den Anfangsjahren noch nicht erreichten Rundfunkvollversorgung diente der sogenannte »Gemeinschaftsempfang«; er war gleichzeitig besonderer Ausdruck einer typisch nationalsozialistischen »Rundfunkkul-

---

35 H. Pohle (Anm. 32), S. 193 ff.
36 A. Diller (Anm. 32), S. 154 ff.
37 H. Pohle (Anm. 32), S. 333 ff.
38 Ebenda, S. 252 ff.
39 Ebenda, S. 243 ff.
40 A. Diller (Anm. 32), S. 61 ff.
41 H. Pohle (Anm. 32), S. 273 ff.
42 Ebenda, S. 281 ff.

tur«. Bei bestimmten »staatspolitisch« wichtigen Anlässen hatten sich Belegschaften, Parteiformationen usw. zum kollektiven Empfang zu versammeln, während daneben die allgemeine Bevölkerung aufgefordert wurde, »Volksgenossen«, die keinen Radioapparat besaßen, nach Hause einzuladen. Auf diese Weise sollte nicht nur die Zuhörerschaft vergrößert, sondern vor allem eine Hörersituation geschaffen werden, in der das Rezeptionsverhalten der Rundfunkteilnehmer einer gegenseitigen Kontrolle unterworfen wurde und in der sie in das erweiterte Auditorium der übertragenen Veranstaltung einbezogen wurden. Ein weitergehender Plan, in allen deutschen Großstädten ein Netz von Lautsprechersäulen aufzustellen, konnte jedoch nur noch ansatzweise durchgeführt werden[43].

1937 begann ein schrittweiser, nach Kriegsbeginn beschleunigter Prozeß der Zentralisierung des Rundfunks, der nun mehr und mehr direkt von der Rundfunkabteilung des Ministeriums gelenkt wurde. 1940 gingen deutsche Sender dazu über, weitgehend ein Einheitsprogramm zu senden, gleichzeitig verschlechterten sich die rundfunktechnischen Bedingungen[44]: Ein Teil der Sender mußte aus Luftschutzgründen nachts abgeschaltet werden, manche Sender fielen aus, weil sie für die Auslandspropaganda eingesetzt oder zerstört wurden; auch ließ die Ersatzteilbeschaffung für Radioempfänger erheblich zu wünschen übrig. Beschlagnahmeaktionen von Rundfunkgeräten in den besetzten Gebieten sollten diese Lücke schließen helfen.

1941/42 ging die Verantwortung für das Programm in mehreren Schritten von der Reichsrundfunkgesellschaft auf das Propagandaministerium über: Der Kulturkammerreferent des »Promi«, Hans Hinkel, übernahm die Verantwortung für das unterhaltende und künstlerische, der Leiter der Rundfunkabteilung (seit November 1942 Hans Fritzsche) die für das politisch-propagandistische Programm[45].

Der Rundfunk war während des Krieges das eigentliche Propagandamittel des Regimes zur Steuerung der aktuellen Stimmung und Informationslage, wobei der Schwerpunkt des Programms mehr und mehr auf Unterhaltung gelegt wurde. In den verbleibenden politischen Sendungen bemühte man sich darum, durch eine Vielfalt von Sendeformen zumindest etwas von den stereotypen Propagandainhalten abzulenken. Neben den Nachrichtensendungen und dem offiziellen Wehrmachtsbericht bestand das politische Programm insbesondere aus dem täglichen »Bericht zur Lage«, in dem ein prominenter Journalist in populärer Form die Nachrichtenlage kommentierte und erläuterte, aus der in einem »objektiven« Ton gehaltenen »Politischen Zeitungs- und Rundfunkschau« des bekannten Hans Fritzsche sowie aus den von den Propagandakompanien gelieferten, reportageartigen Frontberichten. Besondere militärische Erfolge wurden in »Sondermeldungen«, die durch Fanfaren angekündigt wurden, bekanntgegeben. Je mehr diese Meldungen zurückgingen, desto mehr gewannen die aktuellen Luftlagemeldungen für die Hörer an Bedeutung[46].

Mit der sich verschlechternden Kriegslage wurde seit 1942 im Rundfunkprogramm die seichte Unterhaltung immer dominierender. Selbstverständlich unterlag auch dieses Programm einer rigiden Kontrolle. So durften etwa, um es an einem Beispiel zu illustrieren, wegen der schweren Luftangriffe auf das Rheinland 1942 keine Rheinlie-

43 Ebenda, S. 268 ff.
44 Hierzu W. Klingler (Anm. 32), S. 204 ff.
45 A. Diller (Anm. 32), S. 154 ff.
46 W. Klingler (Anm. 32), S. 170 ff.

der gesendet werden, ebenso hatten Jägerlieder keinen Platz mehr im Programm, da diese exklusive Form der Freizeitbeschäftigung verpönt war. Die Richtlinien des Ministeriums betrafen aber ebenso die Ansagetexte: Anfang 1942 etwa durfte das Wort »Frühjahr« – wegen der befürchteten Assoziation »Frühjahrsoffensive« – nicht erwähnt werden, während es gleichzeitig wegen der angespannten Ernährungslage verboten war, über die Lebensmittelversorgung zu sprechen[47]. Das Rundfunkprogramm wurde von Titeln wie »Musik am Vormittag«, »Musikalische Kurzweil«, »Hafenkonzert«, »Leichte Kost« oder »Kurzweil am Nachmittag« beherrscht, die im bizarren Gegensatz zur Realität des Kriegsalltags standen[48].

Das Prinzip, durch leichte Unterhaltung von den Alltagssorgen abzulenken, wurde allerdings bei besonders negativer Nachrichtenlage, also etwa nach verlustreichen Bombenangriffen oder nach schweren militärischen Niederlagen, zum Bumerang; dies verdeutlichen etwa Beschwerden aus der Bevölkerung über die Ausstrahlung des Schlagers »Ich tanze mit dir in den Himmel hinein« nach einem besonders heftigen Luftangriff. Nur in besonders schwerwiegenden Fällen, wie etwa der Stalingrad-Niederlage, entschloß man sich, für eine Weile das Unterhaltungsprogramm durch »ernste« Musik zu ersetzen. Ein ständiger Stein des Anstoßes war das Abspielen von »moderner« Musik, die von ihren Gegnern häufig in die Nähe des offiziell verbotenen Jazz gerückt wurde. Die Beschwerden, vor allem aus Parteikreisen, über die »Niggermusik schlimmster Art« oder »Überbleibsel amerikanischer Unkultur« sind Legion[49]. Die Programmgestalter bemühten sich, der Kritik an einem zu »lockeren« Unterhaltungsstil durch ein neues Konzept zu begegnen: Man versuchte sich in »maßvoller« Unterhaltung und sendete vor allem mehr volkstümliche Musik, Operettenmelodien oder ähnliche, mehr »besinnliche« Weisen[50]. Insgesamt gesehen war der Rundfunk so weniger ein Instrument gezielter politischer Erziehung und Indoktrination, sondern in erster Linie darauf ausgerichtet, den Durchhaltewillen der Bevölkerung durch eine ablenkende und einlullende Berieselung mit Unterhaltung zu verstärken.

V.

Eine Verordnung des Propagandaministeriums vom 28. Juni 1933 schrieb für jeden beim Film[51] Mitarbeitenden die deutsche Staatsangehörigkeit und die »arische« Ab-

---

47 Ebenda, S. 137 ff.
48 Ebenda, S. 182 ff.
49 Siehe BA (Bundesarchiv), NS 18/334: In der Reichspropagandaleitung angelegte Sammlung von Beschwerden gegen Jazzmusik im Rundfunk (hier: Schreiben der Gauleitungen Niederdonau und Württemberg-Hohenzollern).
50 W. Klingler (Anm. 32), S. 201 ff.
51 G. Albrecht, Nationalsozialistische Filmpolitik. Eine soziologische Untersuchung über die Spielfilme des Dritten Reiches, Stuttgart 1969; W. Becker, Film und Herrschaft. Organisationsprinzipien und Organisationsstrukturen der nationalsozialistischen Filmpropaganda, Berlin 1973; B. Drewniak, Der deutsche Film 1938–1945. Ein Gesamtüberblick, Düsseldorf 1987; H. Hoffmann, »Und die Fahne führt und in die Ewigkeit«. Propaganda im WS-Film, Bd. 1, Frankfurt a. M. 11 1988. Die Arbeit von D. Welch, Propaganda and the German Cinema 1933–1945, Oxford 1983, konzentriert sich im wesentlichen auf die eigentlichen politischen Filme.

stammung vor. Ausländer konnten in deutschen Filmproduktionen nur noch mit einer besonderen Genehmigung mitwirken. Von dem nun einsetzenden Exodus von Filmkünstlern sollte sich der deutsche Film nicht wieder erholen.

Noch im Jahre 1933 wurden alle im Filmbereich Tätigen in Fachverbänden zusammengefaßt, die zusammen die Reichsfilmkammer[52] bildeten. Wie bei den anderen »Kammern« auch, war die Aufnahme in diese »berufsständische« Organisation Voraussetzung für die Berufsausübung im Filmsektor; der Ausschluß bedeutete Berufsverbot.

Die Filmabteilung des Propagandaministeriums besaß eine vergleichbar schwache Position[53]. Das »Promi« kooperierte zunächst mit der Filmindustrie, die in ihrer Struktur im wesentlichen bestehen blieb und sich den politischen Vorgaben des Regimes beugte. Um die desolate Situation der deutschen Filmwirtschaft zu verbessern, wurde bereits im Juni 1933 in einer konzertierten Aktion von Propagandaministerium, Großbanken und Filmwirtschaft die Filmkreditbank[54] gegründet, die sich bis 1942 an der Finanzierung von insgesamt 441 Filmen beteiligte. Trotz aller Bemühungen des NS-Regimes zur wirtschaftlichen Stabilisierung der Filmindustrie geriet die deutsche Filmproduktion Mitte der dreißiger Jahre mehr und mehr in eine schwere Existenzkrise. Schuld an dieser Krise waren insbesondere der weitgehende Boykott deutscher Filme im Ausland, die sich lähmend auswirkende staatliche Gängelung der Filmproduktion und vor allem die erhöhten Produktionskosten. Sie waren nicht zuletzt auf die stark ansteigenden Stargagen zurückzuführen, mit denen die Abwanderung der noch verbleibenden Spitzenkräfte ins Ausland verhindert werden sollte. Diese Krise sollte durch die weitgehende Verstaatlichung der Filmindustrie behoben werden. Schlüsselfigur bei dieser Aktion war der 1937 zum »Reichsbeauftragten für die deutsche Filmwirtschaft« ernannte Max Winkler, der als »Treuhänder des Reiches« bereits im Auftrag Amanns eine entscheidende Rolle bei der Übernahme des Zeitungsverlagswesens durch Staat und Partei gespielt hatte. 1940 kontrollierte Winkler über seine Treuhandgesellschaft 14 Unternehmen aus dem Bereich der Filmwirtschaft, darunter die Tobis, die Ufa, die Terra Filmkunst und die Bavaria. Unter den Namen Wien-Film und Prag-Film wurden die Produktionsstätten im angeschlossenen Österreich und im Protektorat in diesen Konzern eingereiht. Die übernommenen Unternehmen waren allerdings nach wie vor nach privatkapitalistischen Gesichtspunkten organisiert und wurden vom alten Führungspersonal geleitet[55].

1942 schließlich monopolisierte Winkler auf Weisung des Propagandaministeriums die gesamte Filmproduktion in der neu gegründeten »Ufa-Film GmbH«, einer Holdinggesellschaft, der sieben Filmproduktionsfirmen angeschlossen waren. Die Ufa-Film kontrollierte darüber hinaus weite Bereiche der Filmwirtschaft, vor allem den Filmvertrieb, die Filmpresse sowie die Herstellung von Wochenschauen, Kultur-, Industrie- und Werbefilmen[56].

52 W. Becker (Anm. 51), S. 42–63.
53 Ebenda, S. 33 f.
54 Ebenda, S. 35 ff.
55 Ebenda, S. 128 ff.
56 Ebenda, S. 184 ff.

In Deutschland gab es im Oktober 1938 3 446 Kinos. Damit lag die Kinodichte hinter der Großbritanniens und Frankreichs[57]. Durch das Regime wurden erhebliche Anstrengungen unternommen, um den Filmbesuch zu fördern: Seit Oktober 1933 wurden in den Schulen einmal im Monat sogenannte »Staatliche Schulfilmveranstaltungen« eingeführt. Seit 1934 veranstaltete die HJ »Jugendfilmstunden des Deutschen Reiches«, deren Ablauf – geschlossener Einmarsch, Gesang usw. – darauf ausgerichtet war, die Filmvorführung zu einem »Gemeinschaftserlebnis« zu machen[58]. Um die Lücken in der Kinoversorgung auf dem flachen Land zu schließen, besaß die Reichspropagandaleitung der NSDAP bei Kriegsbeginn insgesamt 750 Tonfilmwagen[59].

Im »Dritten Reich« entstanden rund 1 150 abendfüllende Spielfilme, daneben 450 weitere kürzere Spielfilme im Format von 35 mm[60]. Folgt man der Aufteilung des Filmhistorikers Albrecht[61], so ist das Gros der Produktion, insgesamt fast 50 Prozent (pro Jahr stets mehr als ein Drittel), als »heitere Filme« einzustufen. Etwa 14 Prozent der Gesamtproduktion waren Filme mit manifester politischer Funktion, der Rest waren »ernste« (ca. 27 Prozent) bzw. »aktionsgeladene« Filme (ca. elf Prozent). Zwischen diesen Blöcken gab es, wenn man sich die Filmproduktionen innerhalb der einzelnen Jahre näher ansieht, gewisse Verschiebungen: So nahm der Anteil politischer Filme bei Kriegsbeginn stark zu, 1941 erreichte diese Entwicklung mit einem Anteil von 24 an der Gesamtproduktion von 71 Filmen einen Höhepunkt. Dann jedoch drängte wieder die Unterhaltung in den Vordergrund: 1943 waren nur noch sechs von 74 Produktionen primär politische Filme. Auch den aktionsbetonten Filmen war während des Krieges einen starker Rückgang beschieden: In einer Zeit großer Nervenbelastungen sollten Unterhaltungsfilme nicht aufreizend, sondern entspannend wirken.

Auch wenn der Film nicht in erster Linie als politisches Erziehungsmittel fungierte, so stellt die Produktion von insgesamt etwa 150 massiv politischen Filmen doch eine erhebliche Größenordnung dar. Unter diesen eigentlich politischen Filmen sind zunächst die in der Anfangsphase des »Dritten Reiches« entstandenen Produktionen zu nennen, die sich mit der gerade zurückliegenden »Kampfzeit« befaßten, also »SA-Mann Brand«, »Hitlerjunge Quex« und »Hans Westmar«. Von dieser Art Verherrlichung nationalsozialistischer Märtyrer ging man jedoch im sich stabilisierenden »Dritten Reich« relativ schnell wieder ab.

Unter den späteren politischen Filmen sind vor allem hervorzuheben der Euthanasiefilm »Ich klage an« (1941) sowie die antisemitischen Spielfilme »Jud Süss« und »Die Rothschilds«, die im gleichen Jahr wie der Kompilationsfilm »Der ewige Jude« (1940) herausgebracht wurden und die allgemeine Verschärfung der antijüdischen Politik in Richtung auf eine »Endlösung« anzeigten. Während des Krieges wurden antipolnische Filme (»Feinde«, »Heimkehr«, beide 1940), antibritische Streifen (»Ohm Krüger«, »Carl Peters«, 1940 bzw. 1943) und antisowjetische Produktionen

---

57 B. Drewniak (Anm. 51), S. 604 ff.
58 Ebenda, S. 100 ff.
59 Ebenda, S. 617 ff.
60 Ebenda, S. 184.
61 G. Albrecht (Anm. 51), S. 102 ff.

(z. B. »GPU«, 1942) hergestellt[62], aber auch historische Filme, die vor allem den Mythos Preußen pflegen sollten, also etwa »Bismarck« (1940), »Die Entlassung« (1942) und »Der Große König« (1942) sowie der Durchhaltefilm »Kolberg« (1944), der mit seinen Massenszenen Hollywoodgroßproduktionen übertraf[63].

Dabei muß allerdings betont werden, daß auch die vorgeblich »unpolitischen« Filme durchaus latente politische Funktionen erfüllten. Neben der Ablenkung vom Alltag, die sie bieten sollten, enthielten sie unterschwellig politische Aussagen: So ist etwa, um heute noch bekannte Streifen herauszugreifen, das Rühmannlustspiel »Quax der Bruchpilot« durchaus als Sympathiewerbung für die Fliegerei und damit die Luftwaffe zu verstehen, während zahlreiche andere Filme um – bevölkerungspolitisch motiviertes – Verständnis für das Thema »uneheliches Kind« warben, sei es in der Form von temporeichen Komödien (»Hurra! Ich bin Papa«) oder volkstümlichen Schwänken (»Das sündige Dorf«)[64].

Allerdings war der Spielfilm, schon wegen des langen Planungs- und Produktionsvorlaufs, für Propaganda mit tagespolitischen Bezügen weniger geeignet. Er sollte in erster Linie bestimmte grundsätzliche Einstellungen und Werthaltungen stützen, wie etwa Freude an der Arbeit, Aufgeschlossenheit gegenüber Kinderreichtum und Familie, Heimatliebe und Nationalgefühl[65]. In der »Wiederholung der scheinbar gleichen Aussagen in zahlreichen Kinofilmen einer Zeitspanne«, so die überzeugende Argumentation Friedrich Kahlenbergs, »entstand beim Zuschauer eine Summe bildhafter Erinnerungen an Wertvorstellungen, an Orientierungen oder auch nur an Verhaltensweisen, die eine fortdauernde, ständig erneuerte Bekräftigung und Bestätigung erfuhren. Aus diesem Vorgang aber formierten sich die Elemente mittel- und langfristiger Wirkungen einzelner Medien, so auch die Wirkung des Spielfilms.«[66]

Andererseits war in den Unterhaltungsfilmen die Alltagswirklichkeit des NS-Staates sorgfältig ausgeblendet: Es gab keinen Hitlergruß, keine Hakenkreuzflagge, keine NS-Uniformen; die Filme spielten meist in einem zeitlosen Irgendwo. Es wäre falsch, diese Ausblendung der Realität des »Dritten Reiches« als geschickte Ablenkungsstrategie der Propagandisten oder gar als eigenständigen Versuch der Filmemacher zu sehen, sich der Alltagswirklichkeit des NS-Staates zu entziehen. Entscheidend erscheinen vielmehr die Argumente, die der Leiter der Filmabteilung, Fritz Hippler, nannte, als er sich mit der Beschwerde eines Gauleiters auseinanderzusetze, der sich über die mangelnde Anwendung des »Deutschen Grußes« im Film beklagt hatte. Während man bei militärischen oder Dokumentarfilmen, so argumentierte Hippler, sicher den NS-Gruß verwenden könne, sei dies jedoch »bei einem Lustspiel oder einer Groteske kaum angebracht«. Auch bei »reinen Gesellschaftsfilmen dürfte es nur in den seltensten Fällen angebracht sein, sich des deutschen Grußes zu bedienen, zumal durch eine dadurch hervorgerufene Betonung, daß der Film in der heutigen

---

62 B. Drewniak (Anm. 51), S. 319 ff., 330 ff., 344 ff.; K.-L. Rost, Sterilisation und Euthanasie im Film des »Dritten Reiches«. Nationalsozialistische Propaganda in ihrer Beziehung zu rassenhygienischen Maßnahmen des NS-Staates, Husum 1987.

63 B. Drewniak (Anm. 51), S. 184 ff.

64 Ebenda, S. 100.

65 Ebenda, S. 186 ff.

66 F. P. Kahlenberg: »Die vom Niederrhein« – ein Spielfilm aus dem Jahre 1933, in: K. F. Reimers/H. Friedrich (Hrsg.), Zeitgeschichte in Film und Fernsehen, München 1982, S. 263 f.

Zeit spielt, die vielen interessierten Kreise, Organisationen, Fachschaften, deren Interessengebiet in solchen Handlungen berührt würden, dann oft besonders empfindlich sind und mit einer die Produktion erschwerenden Kritik schnell bei der Hand sind. Nicht zu vergessen aber ist, daß der deutsche Film gerade jetzt als vordringliche Aufgabe die Versorgung des gesamten europäischen Marktes hat. Hier aber muß er durch den Stoff, seine künstlerische Gestaltung, die Führung der Schauspieler, eben seine geistige Haltung, überzeugen und nicht durch eine Grußformel, die mißverstanden und mißdeutet und so der propagandistischen Wirkung eines an sich vielleicht wirksamen Filmes nur abträglich ist.«[67]

Eine zentrale Rolle bei der Planung und Lenkung der Filmproduktion besaß die Anfang 1934 geschaffene Position eines »Reichsfilmdramaturgen«, die zunächst mit einem Redakteur des NS-Organs »Der Angriff«, Willi Krause, besetzt wurde[68]. Der Filmdramaturg hatte die Entwürfe und Drehbücher aller Spielfilme vor Produktion zu begutachten. Folgt man Goebbels[69], so war es seine Aufgabe, »auftauchende Fehlermöglichkeiten rechtzeitig schon zu verhindern, damit die Korrektur am Film nicht dann beginnt, wenn er schon fertig ist, sondern dann, wenn er angefangen wird . . .«

Aber auch diese sorgfältige Vorzensur machte aus der Sicht der NS-Filmpolitiker die traditionelle, seit dem Kaiserreich bestehende staatliche Zensur bereits produzierter Filme nicht überflüssig. Durch das Lichtspielgesetz vom 16. Februar 1934 wurde im wesentlichen das Reichslichtspielgesetz von 1920 fortgeschrieben, wobei das Verfahren gestrafft und die schon umfangreiche Liste der Verbotsgründe um die befürchtete »Verletzung des nationalsozialistischen, sittlichen und künstlerischen Empfindens« verlängert wurde.

Eine neuere Untersuchung zur NS-Filmzensur dokumentiert insgesamt 27 Verbotsfälle[70]. In den meisten Fällen ließen sich die genauen Verbotsgründe nicht mehr feststellen, jedoch dürften mangelnde künstlerische Qualität oder die nicht durchgeführte Beachtung von Auflagen ausschlaggebend gewesen sein. In einigen Fällen war maßgebend, daß die gezeigten Sujets nicht der in der Führung offenbar vorhandenen Vorstellung der »Volksgemeinschaft« entsprachen. Ab etwa 1942 spielte der Luftkrieg eine entscheidende Rolle bei der Filmzensur. So konnte der Berlinfilm »Symphonie einer Weltstadt« nicht mehr gezeigt werden, dokumentierte er doch zu eindrucksvoll die mittlerweile in Schutt und Asche zerfallene Großstadtszenerie. Katastrophenfilme wie »Panik« oder »Titanik« wurden wegen ihrer beunruhigenden Wirkung verboten. Generell vermied man auch, Filme mit pessimistischen Anklängen, wie etwa »Der verzauberte Tag«, »Große Freiheit Nr. 7« oder »Via mala«, zu zeigen.

In einer Zeit, in der Fernsehen über Versuchsprogramme noch nicht hinausgekommen war, hatte die »Wochenschau« das aktuelle optische Informationsbedürfnis zu befriedigen[71]. Im Oktober 1938 wurde die Vorführung der Wochenschau den Kinobesitzern als Pflichtprogramm auferlegt. Nach Kriegsbeginn wurden die vier existierenden Wochenschauprogramme zusammengefaßt und der Leitung einer Wo-

---

67   BA Koblenz, NS 18/282, Abschrift am 31. März 1942 an Partei-Kanzlei.
68   H. Becker (Anm. 51), S. 76 ff.
69   Zitiert nach G. Albrecht (Anm. 51), S. 475.
70   K. Wetzel/P. Hagemann, Zensur. Verbotene deutsche Filme 1933–1945, Berlin 1978.
71   D. Welch, Nazi Wartime Newsreel Propaganda, in: K. R. M. Short, Film- and Radio Propaganda in World War II, Knoxville 1983, S. 201–219.

chenschauzentrale im Goebbelsministerium unterstellt. Im Mai 1940 hatte die »Deutsche Wochenschau« eine Länge von 40 Minuten und wurde in 2 000 Kopien verteilt. Die Wochenschau entwickelte während des Krieges einen eigenen Stil: In schneller Schnittfolge aus den Filmberichten der Propagandakompanie zusammengestellt, bot sie vordergründig »realistische« Bilder, die mit entsprechenden Kommentaren und heroischer Musik unterlegt waren, während in Wirklichkeit im Propagandaministerium sorgsam darauf geachtet wurde, daß wesentliche Aspekte der Kriegsrealität, vor allem eigene Verluste und feindlicher Widerstand, ausgespart blieben.

Im Bereich des Dokumentarfilms ist die Begründung einer eigenen NS-Filmästhetik durch Leni Riefenstahls Parteitagsfilme (»Sieg des Glaubens« und »Triumph des Willens«) sowie ihren zweiteiligen Olympiafilm hervorzuheben[72]. Eine häufig unterschätzte Rolle innerhalb der Filmproduktion des »Dritten Reiches« spielte der »Kulturfilm«. Dieses Genre besaß in Deutschland eine vor allem durch die umfangreiche Produktion der 1918 gegründeten Ufa-Kulturabteilung starke Tradition. Der Kulturfilm der NS-Ära profitierte in besonderer Weise von Neuerungen der Aufnahmetechnik, also etwa Zeitlupe, Zeitraffer, Großaufnahme, Trick, Zeichentrick oder Farbfilm. Die Spannweite der Kulturfilmproduktion umfaßte naturwissenschaftliche Filme, vor allem aus Biologie und Medizin, Filme aus dem Bereich der Technik und Industrie, aber auch kulturhistorische Werke, Filme über Landschaften, Brauchtum und anderes mehr. Der Kulturfilm erzeugte – sei es durch verfremdende Aufnahmetechniken, sei es durch Aufnahmen heiler Natur und unzerstörter Kulturbauten – Gegenbilder zu der weitgehend uniformen visuellen Kultur des »Dritten Reiches«. Andererseits erschien der Kulturfilm wegen seines autoritären und belehrenden Charakters, den er in Deutschland traditionell besaß, als vorzügliches Propagandamittel[73].

VI.

Mit der Lenkung der Massenmedien Presse, Rundfunk und Film sind nur Teilbereiche der NS-Propaganda beschrieben. Ein weiteres Kapitel, das in diesem Überblick nur erwähnt werden kann, ist die Durchdringung des traditionellen Kulturbetriebes durch Propaganda, also die Instrumentalisierung von Literatur, Musik, Bildender Kunst und Theater[74].

Gerade angesichts der massenhaft überlieferten Quellen des Propagandaapparates, in Form von Anweisungen, Zeitungen, Filmen, Rundfunkprogrammen, Theaterstücken, Kunstwerken, Literatur usw., muß aber betont werden, daß wesentliche Aspekte der Propaganda in solchen Quellen nur unzureichend dokumentiert sind. NS-Propaganda wirkte vor allem durch das gesprochene Wort und spielte sich zu

---

72 Hoffmann (Anm. 51), S. 143 ff.; M. Loiperdinger, Der Parteitagsfilm »Triumph des Willens« von Leni Riefenstahl. Rituale der Mobilmachung, Opladen 1987.
73 Hoffmann (Anm. 51), S. 113 ff.
74 Die umfangreiche Literatur kann hier nicht im einzelnen nachgewiesen werden; den aktuellsten Überblick bietet P. Reichel (Anm. 18).

einem erheblichen Teil im Kontext des nationalsozialistischen Veranstaltungs- und Feierstils[75] ab.

Die Nationalsozialisten schufen einen Zyklus von Feiertagen, der in Konkurrenz zu den christlichen Feiertagen treten sollte. Der Jahrestag der Machtergreifung, der Heldengedenktag, der Tag der Verpflichtung der Jugend, Führergeburtstag, Erster Mai, Muttertag, Sommersonnenwende, Reichsparteitag, Erntedanktag, die Feiern zum 9. November, mit dem die beim »Marsch auf die Feldherrnhalle«, dem Hitler-putsch von 1923 in München, umgekommenen Nationalsozialisten geehrt wurden, und die Wintersonnenwende bildeten die Höhepunkte dieses »nationalsozialistischen Feierjahres«.

In diesen Feiern sind liturgische Formen nachweisbar. Ein Vergleich einer typischen NS-Feier mit einer katholischen Messe macht dies deutlich: Fanfarenrufe anstelle des Glockenspiels, der Fahneneinmarsch anstelle der Altarbesteigung, das Fahnenlied anstelle des Introitus; chorische Dichtungen traten an die Stelle von Gebeten und Liedern, die Rede ersetzte die Schriftlesung, das nationalsozialistische Bekenntnis das Credo und das »Sieg Heil« das Dominus vobiscum. Der feierliche, rituelle Schritt, mit dem Hitler sich auf dem Höhepunkt eines Nürnberger Parteitags von seiner Tribüne durch die Mittelgasse der riesigen Luitpoldarena, inmitten von 100 000 SA-Männern, zum gegenüberliegenden Ehrenmal bewegte, ist dem Weg des Priesters zum Altar nachempfunden, wobei die in respektvollem Abstand folgenden Stabsführer SA und der Reichsführer SS die Ministranten ersetzen. Das gemeinsame, feierliche Schreiten, die Prozession wird nachgeahmt in dem traditionellen Marsch der alten Kämpfer vom Bürgerbräu zur Feldherrnhalle, als Allerheiligstes wird die »Blutfahne« mitgeführt[76].

Der nationalsozialistische Feier- und Versammlungsstil zeigte sich nicht nur in den großen, bekannten Massenspektakeln; sie sind nur die Spitze breit gestreuter Veranstaltungsaktivitäten, mit denen die Partei an die »Kampfzeit« anknüpfen wollte. Auf der untersten Ebene standen die Versammlungen und »Sprechabende« der Parteimitglieder, daneben gab es in einem erheblichen Umfang öffentliche Propagandaveranstaltungen sowie die feierlichen Veranstaltungen und Gedenktage, die in kleiner Form Elemente der zentralen Großveranstaltungen aufnahmen. Wenn zum Beispiel der Gaupropagandaleiter eines ländlichen Gaues mit etwa einer Million Einwohner in seinem jährlichen Rechenschaftsbericht auf über 13 000 Veranstaltungen mit insgesamt 3,8 Millionen Besuchern verweist, dann dürfte die Dimension etwas klarer werden[77].

Die große Mehrzahl dieser Veranstaltungen erreichte keineswegs jene inszenatorische Perfektion, wie wir sie von den Großveranstaltungen kennen. Häufige Warnungen vor »Dekorationskitsch« und die Abbildung bizarr anmutender Saalgestaltungen aus der Parteiarbeit in der Provinz, die sich in der zeitgenössischen Propagandafachliteratur finden lassen, belegen dies. Auch der Versuch der Anfangsjahre des Dritten Reiches, chorische Feierspiele als dem Gemeinschaftsgefühl adäquate Feierformen

75 K. Vondung, Magie und Manipulation. Ideologischer Kult und politische Religion des Nationalsozialismus, Göttingen 1971.
76 K. Vondung (Anm. 75), S. 140.
77 F. Schmonsees, Die Kriegsarbeit der Propaganda im Gau Ost-Hannover, in: Unser Wille und Weg (1944) 10, S. 112–114.

zu entwickeln und hierfür reichsweit »Thingtheater« anzulegen, wurde nach einigen Jahren aufgegeben, da trotz aller Anstrengungen nationalsozialistischer Dichter das Repertoire an geeigneten Stoffen zu gering blieb und sich herausstellte, daß der Idealismus der mitwirkenden Laien die für Massenszenen notwendige Präzision nicht ersetzen konnte[78].

VII.

Um eine Vorstellung von der Omnipräsenz nationalsozialistischer Propaganda zu erhalten, wird man weitere Bereiche einbeziehen müssen, die wegen der Flüchtigkeit der benutzten Medien noch schwerer zu fassen sind. Zu denken ist dabei etwa an die kaum mehr rekonstruierbare Durchdringung der Alltagskultur mit Propaganda, etwa durch Plakate, Transparente und andere optische Signale, die Penetration der Werbung mit nationalsozialistischen Inhalten, die verordnete Bildästhetik der Pressephotographie, die Graphik, auch außerhalb der eigentlichen politischen Propaganda[79]. Neben diesen visuellen Eindrücken ist auch die Beherrschung der Alltagskommunikation mit Propaganda von nicht zu unterschätzender Bedeutung: Man denke etwa an den »Hitlergruß«, das Eindringen von Sprachregelungen und Propagandabegriffen in die Alltagssprache oder etwa die »Mundpropaganda«, die von der Parteiorganisation zentral gesteuerte Verbreitung von Meinungen, Gerüchten oder auch Witzen[80]. Auch die in der »Kampfzeit« bereits entwickelte Körpersprache der NS-Bewegung, der hochgereckte Arm, der Marsch der »endlosen Kolonnen«, die zum »Block« angetretenen Parteiformationen, gehört zum Gesamtbild eines durch die Propaganda nahezu total erfaßten Alltags.

Versucht man, die Funktion von Propaganda innerhalb des »Dritten Reiches« zu bestimmen, so muß erneut der eingangs betonte enge Zusammenhang von Propaganda und Gewalt hervorgehoben werden. Ein Beispiel soll dies verdeutlichen. Es handelt sich um eine eingehende Schilderung eines Parteifunktionärs über die Durchführung der »Aktion gegen Miesmacher und Kritikaster« im Mai 1934 in Wiesbaden[81]. Diese Aktion diente dazu, der wachsenden Unzufriedenheit innerhalb der Bevölkerung über die ausbleibenden Erfolge der neuen Regierung, vor allem auf wirtschaftlichem Gebiet, entgegenzutreten.

14 Tage vor Beginn der Aktion setzte die Pressepropaganda ein, die unter dem Motto stand: »In allen Zeitungen der Stadt muß jeden Tag etwas von der Aktion zu lesen stehen.« Gleichzeitig wurde mit dem Verkauf von Hakenkreuzabzeichen begonnen, die zum Eintritt in die Veranstaltungen berechtigen sollten. Über die Zeitungen wurde die Bevölkerung aufgefordert, diese Abzeichen öffentlich zu tragen. Acht Tage vor Beginn der Kundgebungen wurden 3 000 Plakate in der Stadt angeschlagen, weitere 1 000 in den öffentlichen Verkehrsmitteln und in Schaufenstern angebracht;

78 K. Vondung (Anm. 75), S. 70 ff.
79 U. Westpahl, Werbung im Dritten Reich, Berlin 1989.
80 F. Dröge, Der zerredete Widerstand. Zur Soziologie und Publizistik des Gerüchts im 2. Weltkrieg, Düsseldorf 1970.
81 K. Pfeil, Wie wir unsere Aktion gegen Miesmacher und Kritikaster organisierten, in: Unser Wille und Weg, 1934, S. 226–230.

die Ladenbesitzer wurden aufgefordert, während dieser Zeit alle anderen Plakate zu entfernen. Am Tag der Veranstaltungen wurden die Plakate mit einem Aufkleber versehen: »Heute Abend bleiben nur Miesmacher zu Hause.« Zwei Tage nach Beginn der Plakatierung wurden Stofftransparente über die Hauptverkehrsstraßen gespannt. Die Aufschriften lauteten u. a.: »Miesmacher sind Landesverräter!«, »Nicht meckern, sondern arbeiten!« Gleichzeitig wurden 20 Malkolonnen aufgestellt, die in einer nächtlichen Aktion die gleichen Parolen auf die Bürgersteige pinselten. Wenige Tage vor Beginn der eigentlichen Aktion wurden 50 000 Flugblätter an alle Haushalte verteilt. 16 Lastwagen mit jeweils 30 bis 40 Uniformierten fuhren Sprechchöre skandierend durch die Straßen, außerdem waren Lautsprecherwagen unterwegs. 13 eigens geschulte Rednertrupps suchten in den Abendstunden nach einem genauen Plan alle Gaststätten in der Stadt auf, um mit Kurzansprachen die Anwesenden zu bearbeiten. In allen Kinos der Stadt wurden vor Beginn der Filmvorführungen entsprechend abgefaßte Diapositive eingeblendet.

Schließlich begann die eigentliche Versammlungsaktion, für die man an einem Abend 24 Säle in der Stadt hergerichtet hatte. Da der Andrang sehr stark war, wurde kurzfristig entschieden, mit Hilfe einer eigens gebildeten »Rednerreserve« weitere 14 Veranstaltungen, teilweise im Freien, aufzuziehen. Zur Auffüllung eventueller Besucherlücken bereitgehaltene HJ brauchte nicht mehr eingesetzt zu werden. Nach Abschluß der Veranstaltungen wurden, wie der Bericht eigens hervorhebt, »schlagartig« alle Plakate, Inschriften usw. wieder aus dem Stadtbild entfernt.

Die Beschreibung zeigt deutlich, daß die vollkommene Beherrschung des Erscheinungsbildes der Stadt durch die Propagandaaktion geradezu terroristische Ausmaße erreichte. Diese Propaganda wollte nicht »verführen«, sondern sie wollte ein bestimmtes Verhalten, das öffentliche Bekenntnis zum nationalsozialistischen Staat, erzwingen, durch das Tragen eines Abzeichens, durch eine auf der Straße deutlich dokumentierte Aufnahmebereitschaft für die Propagandaparolen und schließlich natürlich durch das persönliche Erscheinen in der Versammlung.

VIII.

Bevor abschließend auf die Wirkung der Propaganda eingegangen wird, sollen die Propagandainhalte etwas näher charakterisiert werden. Grob lassen sich in der Propaganda des »Dritten Reiches« eine Reihe von Phasen[82] unterscheiden, in denen unterschiedliche Schwerpunkte erkennbar sind:

1. In den Jahren von 1933 bis 1936 überwogen die – hauptsächlich nach außen adressierte – Friedenspropaganda und die gleichzeitige Tarnung der Aufrüstung, während innerhalb der Bevölkerung der »Wehrwillen« durch Sympathiewerbung für die Wehrmacht allmählich gesteigert wurde.

---

82 Eine solche grobe Phaseneinteilung ergibt sich aus der inhaltlichen Auswertung der Propaganda bei J. Sywottek, Mobilmachung für den totalen Krieg. Die propagandistische Vorbereitung der deutschen Bevölkerung auf den Zweiten Weltkrieg, Opladen 1976; M. G. Steinert, Hitlers Krieg und die Deutschen. Stimmung und Haltung der deutschen Bevölkerung im Zweiten Weltkrieg, Düsseldorf–Wien 1970.

2. In der sich daran anschließenden Konsolidierungsphase stand die offene Wehrpropaganda im Vordergrund, gleichzeitig wurde die antibolschewistische Propaganda forciert und – mit Blick auf die »heim ins Reich« zu führenden Gebiete – eine intensive Volkstumspropaganda betrieben.

3. Seit Ende 1938 dominierte die psychologische Mobilmachung der Bevölkerung für den Krieg die Propaganda. Die bisher vorherrschende Volkstumspropaganda, die die Rechtfertigung für die Annexion Österreichs und die Zerschlagung der Tschechoslowakei geliefert hatte, wurde nun durch die offene Forderung nach »Lebensraum« abgelöst. Hinzu kam seit März 1939 die Behauptung von der »Einkreisung« Deutschlands; die »prophylaktische Abwälzung der Kriegsschuld auf die voraussichtlichen Gegner« hatte begonnen.

4. In der Phase der Blitzkriege von 1939 bis 1941 stand die Propaganda im Zeichen der deutschen Siege, ohne selbst außenpolitische Konzeptionen aufzuzeigen. Entsprechend dem Kriegsverlauf wechselten kurze, dramatische Phasen mit Erholungspausen für die Bevölkerung ab.

5. In den Krisenwintern 1941/42 und 1942/43 wurde die Propaganda mehr und mehr auf eine größere »Härte«, auf die Durchsetzung des »totalen Krieges« auch an der Heimatfront umgestellt. In den Vordergrund traten nun die aus der »Kampfzeit« wohlbekannten Feindbilder: Auf der einen Seite der »Bolschewist«, auf der anderen der kapitalistische »Plutokrat«, beide überschattet von dem im Hintergrund wirkenden Juden. Je schlechter sich die Kriegslage entwickelte, desto mehr mußte diese Angstpropaganda allerdings dysfunktional wirken.

Neben der Betonung solcher Schwerpunktthemen war es aber vor allem Aufgabe der Propaganda, ein Grundvertrauen zwischen Volk und NS-Führung herzustellen. Die Inhalte dieser Propaganda waren höchst simpel und gleichförmig; sie wird deswegen im allgemeinen weniger beachtet als die Propagandaaussagen, die sich bestimmten spektakulären Kampagnen zuordnen lassen. Sie stellte eine ständige Berieselung dar, vergleichbar – um noch einmal das eingangs betonte Vorbild Geschäftsreklame hervorzuheben – mit der alltäglichen Werbung eines führenden Waschmittelkonzerns, der nicht mehr auf spektakuläre Weise auf sein Produkt aufmerksam machen muß, sondern lediglich durch alltägliche Präsenz die Führungsrolle seiner Marke sichern will. Dieses Grundvertrauen sollte sich vor allem durch die Einordnung in die »Volksgemeinschaft«, in einer allgemeinen Zufriedenheit und in der widerspruchslosen Unterordnung unter die nationalsozialistische Führung äußern. Das einmal hergestellte Grundvertrauen bildete die Voraussetzung für die psychologische Kriegsmobilisierung und die Aufrechterhaltung der Kriegsmoral[83].

Eine präzise Erforschung der Rezeption der NS-Propaganda konnte bisher nicht geleistet werden, und es bleibt ein ungelöstes Problem, wie sich die Wirkung der Propaganda auf die Einstellung und Stimmung der Bevölkerung messen ließe. Zwar liegen aus der Zeit des »Dritten Reiches« eine große Anzahl von Stimmungs- und Lageberichten vor, doch es bleiben Zweifel an der Zuverlässigkeit dieser – mit der Methode der »teilnehmenden Beobachtung« erarbeiteten – Vorform moderner Demoskopie, zumal sich nicht ausschließen läßt, daß die Berichterstatter andere Motive

---

83 Vgl. hierzu das Modell bei I. Kershaw, How Effective was Nazi Propaganda, in: D. Welch (Ed.), Nazi Propaganda, The Power and the Limitations, London 1983, S. 180–205, bes. S. 182.

verfolgten, als nach bestem Wissen über die »Stimmung« zu berichten. Denn die Stimmungsberichte hatten auch eine Funktion als Surrogat für die fehlende »öffentliche Meinung«, sie stellten verdeckte Instrumente der internen Kritik und Meinungsbildung dar; es läßt sich auch nicht ausschließen, daß viele Berichte lediglich den Fleiß der Berichterstatter dokumentieren, die Existenz des von oben verordneten Meinungsbildes vor Ort im Detail nachzuweisen[84].

Eine weitere methodische Überlegung sei noch angefügt. Der häufig völlig unkritische Umgang mit Bildmaterialien des Dritten Reiches, etwa in Fernsehdokumentationen, hat den Inszenierungen der Filmpropagandisten eine bis heute spürbare Wirkung verliehen[85].

Unwillkürlich assoziiert man bei dem Begriff »Reichsparteitag« die »endlosen, braunen Kolonnen«, die geometrisch ausgerichteten Menschenblöcke, denkt man bei der Erwähnung einer »Führerkundgebung« an Bilder von einem dem Massenrausch verfallenden Publikum, an die Großaufnahmen emotional vollkommen überwältigter Menschen. Unkontrolliert, so scheint es, gehen solche Bilder zuweilen auch in die wissenschaftliche Literatur ein, etwa wenn in einer Untersuchung zum NS-Feierkult durchgängig die angestrebte Wirkung als tatsächlich erzielt unterstellt wird und zu diesem Zweck etwa Riefenstahls Parteitagsfilm als Beweis für »die Euphorie der Menschen, die nicht gestellt zu werden braucht« herangezogen wird[86]. Hier wird versucht, die Wirkung der NS-Propaganda mit einem Produkt der gleichen Propaganda zu belegen.

Aussagen über die Wirkung der Propaganda erscheinen jedoch möglich, wenn man sich auf das Verhalten der Bevölkerung konzentriert. Generell wird man sagen können, daß die auf die Sicherung bestehender Verhältnisse zielende Alltagspropaganda – im Verbund mit anderen Maßnahmen des Regimes gesehen – insgesamt erfolgreich verlief: Bis zur Besetzung Deutschlands durch die Alliierten kam es zu keiner für das Regime wirklich gefährlichen aktiven oder passiven Oppositionshaltung der Bevölkerung; bis zuletzt überwogen Anpassung und Opportunismus über Renitenz und Resistenz.

Umgekehrt läßt sich jedoch feststellen, daß die Umsetzung der rassistischen und aggressiven Vorstellungen der NS-Ideologie, trotz massiver Propagierung, im Alltagsverhalten nur teilweise gelang und auch auf anderen Gebieten eine massive Verhaltensänderung der Bevölkerung trotz umfassender Propaganda und Strafandrohungen nicht durchgesetzt werden konnte.

So ist offensichtlich, daß es 1938/39 zur großen Enttäuschung der NS-Führer nicht gelang, eine Welle der Kriegsbegeisterung in Deutschland auszulösen, wie dies zu Beginn des Ersten Weltkrieges geschehen war[87]. Trotz massiver antisemitischer Pro-

---

84 Auf dieses grundsätzliche Problem weist auch Ian Kershaw in der Einleitung seiner vor allem auf diesen Stimmungsberichten basierenden Arbeit über den »Hitler-Mythos« hin. Kershaw glaubt allerdings, daß die vertiefte Beschäftigung mit den Materialien beim Historiker »ein sicheres Gefühl ... nicht nur für die Nuancen, sondern auch für die Glaubwürdigkeit der Berichterstattung entstehen« lasse. (Der Hitler-Mythos. Volksmeinung und Propaganda im Dritten Reich, Stuttgart 1980).
85 Zur Kritik an dieser Praxis vgl. die Arbeit von M. Loiperdinger (wie Anm. 72).
86 K. Vondung (Anm. 75), S. 104.
87 M. G. Steinert (Anm. 82), S. 91 ff.

paganda gelang es auch nicht, die Allgemeinheit im November 1938 reichsweit zu »spontanen Aktionen« gegen die jüdische Bevölkerung aufzuhetzen; Plünderungen und körperliche Mißhandlungen bildeten doch eine Schwelle, die nicht sonderlich viele überschritten[88]. Ebensowenig gelang es während des Krieges, ein über das Unumgängliche hinausgehendes Kontaktverbot der deutschen Bevölkerung mit Kriegsgefangenen und Fremdarbeitern durchzusetzen[89]. Die öffentliche Kampagne zur »Euthanasie« erzielte nicht die erwünschte Geringschätzung »unwerten Lebens«[90]. Das »Bonzentum« der Parteifunktionäre bildete, trotz massiver Propagandaanstrengungen einen ständigen Stein des Anstoßes, gleichsam die negative Seite der erfolgreichen »Führerpropaganda«[91]. Auch bestimmte Alltagsphänomene, etwa das trotz jahrelanger Indoktrination während des Krieges unter Jugendlichen verbreitete Interesse an moderner Unterhaltungsmusik und die Bildung unkontrollierter »Cliquen«, entsprach nicht den durch die Propaganda vorgegebenen Leitbildern[92]. Das Verbot, ausländische Rundfunksender abzuhören, mit Freiheitsstrafen oder – im Falle des Weitertragens des Gehörten – sogar mit der Todesstrafe bedroht, hat die in ihrer privaten Sphäre unbeobachtete Bevölkerung nicht abschrecken können, »Feindsender« einzuschalten; ein Verhalten, das deutlich die zunehmend geringer werdende Glaubwürdigkeit der NS-Medien zum Ausdruck bringt[93].

Diese Beispiele zeigen, daß sich die Frage nach der Wirkung der NS-Propaganda methodisch präzisieren läßt, wenn man als Maßstab der Propagandawirkung nicht das – tatsächlich kaum meßbare – Kriterium »Überzeugung« oder »Verführung« wählt, sondern sich auf das eigentliche Ziel der Propaganda beschränkt, nämlich innerhalb der Bevölkerung bestimmte Verhaltensweisen zu erzwingen. Die NS-Propaganda wäre somit nicht in erster Linie als Illusionsfabrik oder großer Verführer zu sehen, sondern als ein – im Zusammenhang mit anderen Maßnahmen wirkendes – Instrument sozialer Kontrolle. Allerdings bleibt auf der »Senderseite« das methodische Problem, den relativen Anteil der Propaganda innerhalb der Gesamtpolitik des Regimes, insbesondere gegenüber dem komplementären Faktor Terror, genauer zu bestimmen. Hier könnte der Vergleich – zwischen Regionen, zwischen bestimmten Themenkomplexen oder zwischen einzelnen Kampagnen – weiterführen.

Konzentriert man sich auf die Propaganda als ein Instrument sozialer Kontrolle, so besteht ihre Funktion primär darin, bestimmte Themen zu besetzen und den Diskurs dieser Themen in vorgegebene Bahnen zu lenken. Auf diese Weise entsteht eine ganz spezifische Art von regulierter Öffentlichkeit. Von der Bevölkerung wird eine Verhal-

88 I. Kershaw (Anm. 83), S. 191f.
89 Ebenda, S. 192f.; U. Herbert, Fremdarbeiter. Politik und Praxis des »Ausländer-Einsatzes« in der Kriegswirtschaft des Dritten Reiches, Bonn 1985, bes. S. 70–73, 122–129.
90 M. G. Steinert (Anm. 82), S. 152ff.
91 J. Bohse, Inszenierte Kriegsbegeisterung und ohnmächtiger Friedenswille. Meinungslenkung und Propaganda im Nationalsozialismus, Stuttgart 1988, S. 45ff.; I. Kershaw (Anm. 84), bes. S. 72ff.
92 A. Klönne, Jugendprotest und Jugendopposition. Von der HJ-Erziehung zum Cliquenwesen der Kriegszeit, in: M. Broszat/E. Fröhlich/A. Grossman, Bayern in der NS-Zeit, Bd. 4: Herrschaft und Gesellschaft im Konflikt, Teil C, München 1981, S. 527/620, bes. S. 589–620.
93 C. F. Latour, Goebbels' außerordentliche Rundfunkmaßnahmen 1939–1942, in: Vierteljahrshefte für Zeitgeschichte, 11 (1963)4, 418–435. – Zur geringen Glaubwürdigkeit der Medien J. Bohse (Anm. 91), S. 48ff.

tensanpassung verlangt, also das jeweilige Thema nicht in anderer Weise, als von der Propaganda vorgesehen, öffentlich zu behandeln und durch bestimmte Gesten (Veranstaltungsbesuch, Spalier stehen, Spenden bei Sammlungen, Tragen von Abzeichen, etc.) sichtbar Zustimmung zu dokumentieren; Nichtbefolgung dieser Verhaltensregeln wurde geahndet. Solche Verhaltensanpassungen genügen, um wiederum in der Propaganda die begeisterte Zustimmung der Bevölkerung zu dokumentieren und dem Regime Legitimation zu verschaffen. In vielen Fällen sollte sich jedoch die Durchsetzung solcher Verhaltensanpassungen als ein schwieriger und mühsamer Prozeß erweisen, der durchaus auch scheitern konnte.

Einer Wirkungsgeschichte der NS-Propaganda, die sich auf das objektiv feststellbare Verhalten der Bevölkerung konzentriert und den Faktor Propaganda nicht isolieren, sondern stets im Zusammenhang mit den anderen Instrumenten der Diktatur sehen müßte, stehen die erwähnten Stimmungs- und Lageberichte[94] als eine bisher nur zum kleinen Teil erschlossene Quelle zur Verfügung. Die hier dokumentierte Skala von Verhaltensformen ist das primär interessierende Basismaterial, nicht die ebenfalls überlieferten Schlußfolgerungen, die die Mitarbeiter von SD und Gestapo aus solchen Verhaltensäußerungen im Hinblick auf die tatsächliche »Stimmung« zogen. Erst die vergleichende, methodisch differenzierte Analyse dieser Quellen, die insbesondere auch regionale Unterschiede zu berücksichtigen hätte, wird über die Wirkungsgeschichte der Propaganda hinaus eine Geschichte des Verhaltens der deutschen Bevölkerung unter der NS-Diktatur ermöglichen.

---

94 H. Boberach (Hrsg.), Meldungen aus dem Reich 1938–1945. Die geheimen Lageberichte des Sicherheitsdienstes der SS, Bd. 1–17, Herrsching 1984/85; M. Broszat/E. Fröhlich/F. Wiesemann (Hrsg.), Soziale Lage und politisches Verhalten der Bevölkerung im Spiegel vertraulicher Berichte, 1977; Deutschland-Berichte der Sozialdemokratischen Partei Deutschlands (Sopade) 1934–1940, 7 Bde., Salzhausen – Frankfurt am Main 1980; weitere Editionen von Lageberichten liegen für Koblenz-Trier, Hessen-Nassau, für Bayern, für Niedersachsen, die Pfalz, Baden, Pommern und den Raum Aachen vor.

MARIE-LUISE RECKER

Vom Revisionismus zur Großmachtstellung
Deutsche Außenpolitik 1933 bis 1939

»Wenn die Sache jetzt gut geht«, so vertraute der Diplomat Ulrich von Hassell am 29. September 1938 seinem Tagebuch seinen Eindruck vom Verlauf und Ergebnis der Münchener Konferenz an, »so bringt Hitler die deutschen Gebiete in die Scheune, erzielt also einen neuen großen Erfolg. Aber die Frage ist, ob dieser Erfolg nicht durch den ganzen Verlauf einen ganz anderen Charakter erhalten hat wie die bisherigen. Hitler muß jetzt fühlen, daß er uns an den Rand des Kriegs gegen die halbe Welt gebracht hat . . . Die Welt . . . wird einen sehr schlechten Geschmack im Munde behalten, und der Haß gegen die Hitlerschen Methoden muß tief gefressen haben.«[1] Mit dieser Einschätzung sprach der ehemalige Botschafter in Italien, der im Februar 1938 wegen seiner kritischen Distanz zu Methoden und Zielen der nationalsozialistischen Außenpolitik aus Rom abberufen und in den Wartestand versetzt worden war, ein grundsätzliches Dilemma deutscher Außenpolitik an: Zwar hatte die politische Führung des Dritten Reiches in den Jahren vor 1938 den Wiederaufstieg Deutschlands zu einer Großmachtposition in Europa erreicht und hierfür auch den Beifall gerade der traditionellen Eliten in Diplomatie, Militär und Wirtschaft gefunden, doch war dieser Erfolg begleitet und erkauft worden durch Aktionsformen, die der Konsolidierung und dem Ausbau der neuen Position entgegenstanden; ja, er schien mehr und mehr in Frage gestellt durch Hitlers forcierten Expansions- und Kriegskurs, der hinter den Revisionsforderungen aus Berlin immer deutlicher zutage trat und den Widerstand der europäischen Nachbarn zu provozieren drohte.

Diese Gemengelage einer sich scheinbar in den vertrauten Bahnen des Weimarer Revisionismus bewegenden Außenpolitik, hinter deren kurzfristigen Erfolgen dann eine rassenideologisch motivierte »Lebensraum«-Politik mehr und mehr zum Durchbruch kam, hat nicht nur Beteiligte wie von Hassell abgestoßen und schließlich dazu bewogen, die »Unsittlichkeit«[2] der neuen Außenpolitik nicht länger zu unterstützen oder nach außen zu vertreten, sondern hat ebenso andere Zeitgenossen wie auch spätere Betrachter irritiert und zu unterschiedlichen Aussagen über Substanz und Charakter der auswärtigen Politik des Dritten Reiches kommen lassen. Dies aufgreifend, soll im folgenden das für diese Jahre typische Neben- und Gegeneinander von traditionell anmutender Außenpolitik, die sich an einer mitteleuropäischen Großmachtstellung des Deutschen Reiches orientierte, und Hitlers Vorstellungen von

---

1 Friedrich Freiherr Hiller von Gaertringen (Hrsg.), Die Hassell-Tagebücher 1938–1944, Berlin 1988, S. 54.
2 Gregor Schöllgen, Ulrich von Hassell 1881–1944. Ein Konservativer in der Opposition, München 1990, S. 93.

einem rassisch fundierten Großreich im Osten, die dahinter sichtbar wurden, näher analysiert werden.

Auf den ersten Blick schien sich die deutsche Außenpolitik nach dem 30. Januar 1933 in den Bahnen zu bewegen, die bereits in den Jahren zuvor ihre Richtung und ihre Zielsetzung bestimmt hatten. Der Vorsatz zur Revision der territorialen Klauseln des Versailler Vertrags wie auch zur Abschüttelung von dessen finanziellen und militärischen Bestimmungen war allen politisch relevanten Kräften des Weimarer Staates gemeinsam gewesen, wenn auch Form, Ausmaß und Stoßrichtung dieses revisionistischen Impulses je nach politischen Umständen und parteipolitischer Ausrichtung unterschiedlich gewesen waren. Hatte er sich unter den Bedingungen eines höchst eingeschränkten außenpolitischen Handlungsspielraums zunächst nur in ohnmächtigen Formen der Verweigerung und des Protestes gegen die alliierten Auflagen äußern können, so war unter dem Vorzeichen von Dawesplan (1924) und Locarnokonferenz (1925) eine planvollere und auf mittlere Sicht offensive Revisionspolitik möglich geworden, die – ausgehend von der Instrumentalisierung der deutschen Wirtschaftskraft – wesentliche Ecksteine des Versailler Systems erschüttern sollte. Ziel war der Wiederaufstieg des Deutschen Reiches zur souveränen und im internationalen System gleichberechtigten Großmacht, wobei der Weg dorthin vor allem über die Rücksichtnahme auf das französische Sicherheitsbedürfnis gehen sollte, das bisher jede Revision der Versailler Vertragsbedingungen entschieden zu verhindern gesucht hatte. Diese die »Locarnoära« bestimmenden (vagen, teils auch widersprüchlichen) Ansätze zu internationaler Kooperation und »Verständigung«, so sehr sie auch machtstaatlichen Zielen dienen sollten, wurden mit der politisch-ökonomischen Doppelkrise des internationalen Systems zu Beginn der dreißiger Jahre jedoch wieder zugeschüttet. Hiermit eröffnete sich der politischen Führung in Berlin die »Chance, unter Rückgriff auf die deutsche Tradition des ›Primats der Außenpolitik‹. . . zu revisionspolitischen Erfolgen ganz anderen Formats zu gelangen«[3] und damit die im Weltkrieg verlorene Großmachtposition baldmöglichst zurückzugewinnen. Aber nicht nur die Tendenz, die Revision der Versailler Klauseln nun stärker als zuvor im Alleingang durchzusetzen, kennzeichnete die späte Weimarer Außenpolitik, nicht weniger bedeutsam war die Verlagerung zugunsten einer stärker militärpolitischen Akzentuierung, mit der die entsprechenden Friedensvertragsbestimmungen abgeschüttelt und die volle außenpolitische Handlungsfreiheit des Deutschen Reiches wiedergewonnen werden sollten. Nicht zu Unrecht haben spätere Betrachter in dieser militärpolitischen Komponente in der deutschen Außenpolitik eine der wichtigsten »Brücken«[4] vom Weimarer Staat zu Hitler gesehen.

Untermauert wurde diese Kontinuitätslinie durch die personelle Konstellation in der am 30. Januar 1933 gebildeten »Regierung der nationalen Konzentration«. Wichtige Befürworter dieser forcierten Revisionspolitik wie Franz von Papen, Konstantin Freiherr von Neurath, Alfred Hugenberg oder auch Werner von Blomberg hatten im neuen Kabinett bedeutende Ministerposten inne, so daß es ihnen möglich zu sein

---

3 Andreas Hillgruber, »Revisionismus« – Kontinuität und Wandel in der Außenpolitik der Weimarer Republik, in: Historische Zeitschrift, 237 (1983), S. 614.
4 Andeas Hillgruber, Kontinuität und Diskontinuität in der deutschen Außenpolitik von Bismarck bis Hitler, in: ders., Großmachtpolitik und Militarismus im 20. Jahrhundert. Drei Beiträge zum Kontinuitätsproblem, Düsseldorf 1974, S. 29.

schien, die Außenpolitik des Dritten Reiches entscheidend zu beeinflussen und mitzugestalten. Bereits vor der Machtübernahme Hitlers waren ihre Versuche, die NSDAP in ein neues Präsidialsystem einzubinden, von der Absicht bestimmt gewesen, hierdurch die Basis für einen forcierten revisions- und machtpolitischen Kurs zu verstärken und ihm so größere Durchschlagskraft zu geben. Diesem Ziel entsprach nun das Konzept der »Zähmung« und »Einrahmung« Hitlers, um so dessen Einfluß und Gewicht (auch) in außenpolitischen Fragen beschränken und kontrollieren zu können. Gerade in dieser personellen Kontinuität[5] liegt ein wesentlicher Grund für die Tatsache, daß die (frühe) Außenpolitik des Dritten Reiches vielfach an Zielsetzungen und Leitbildern der vergangenen Jahre anknüpfte.

Die ersten außenpolitischen Schritte der neuen Regierung[6] bestätigen diese Sicht. Die Forderungen der deutschen Delegation auf der Londoner Weltwirtschaftskonferenz 1933 oder auf der Genfer Abrüstungskonferenz im selben Jahr entsprachen im großen und ganzen denjenigen Vorstellungen, die von seiten Berlins auch zuvor zu diesen Fragen vorgebracht worden waren. Vielmehr schien gerade der neue Reichskanzler der Zögerer und Bremser zu sein, der davor warnte, das deutsche Revisionsbegehren zu stark herauszustreichen, und der Hugenbergs Äußerungen in London hinsichtlich eines deutschen Kolonialreiches und neuer Siedlungsmöglichkeiten im Osten zum Anlaß nahm, sich von diesen Vorstellungen zu distanzieren und seinen Wirtschaftsminister zum Rücktritt zu bewegen. Und auch der spektakuläre Rückzug Deutschlands von der Abrüstungskonferenz, verbunden mit dem Austritt aus dem Völkerbund, entsprach durchaus der Linie einer forcierten Revisionspolitik, die sich aus den militärischen »Fesseln« des Versailler Vertrags und den Bindungen an das Prinzip der kollektiven Sicherheit lösen wollte.

Dennoch greift diese Interpretation zu kurz, da sie Rolle und Gewicht von Hitlers außenpolitischem »Programm« nicht genügend berücksichtigt. Die von seinen konservativen Koalitionspartnern getragenen revisionspolitischen Forderungen gewannen durch Einordnung und Übernahme in die außenpolitischen Zielsetzungen des »Führers« einen neuen, ihre Substanz verändernden Stellenwert. Was für seine Minister Selbstzweck war im Sinne traditioneller deutscher Großmachtpolitik, bildete für den neuen Regierungschef Voraussetzung und Basis für weiterreichende Ziele. Ausgehend von der Vorstellung eines dauernden Kampfes der Völker und »Rassen« um einen ihrer Größe angemessenen Lebensraum, setzte er zunächst auf eine innere und äußere »Wiederwehrhaftmachung« des Deutschen Reiches, der dann die Errichtung der deutschen Vorherrschaft in Mittel- und Osteuropa folgen sollte, um von hier aus den Kampf um neuen Raum im Osten aufzunehmen. In Hitlers Weltbild war die Sowjetunion der ideologisch wie machtpolitisch entscheidende Gegner, ihre Eroberung und Zerschlagung der Fixpunkt seines außenpolitischen »Programms«; als »Hort des Bolschewis-

---

5 Vgl. zum Bereich des Auswärtigen Amtes und des diplomatischen Dienstes jetzt Peter Krüger, »Man läßt sein Land nicht im Stich, weil es eine schlechte Regierung hat«. Die Diplomaten und die Eskalation der Gewalt, in: Martin Broszat/Klaus Schwabe (Hrsg.), Die deutschen Eliten und der Weg in den Zweiten Weltkrieg, München 1989, S. 180–225.
6 Auf detaillierte Literaturnachweise wird im folgenden verzichtet. Die Ausführungen folgen im wesentlichen der Darstellung bei Marie-Luise Recker, Die Außenpolitik des Dritten Reiches, München 1990; dort auch weitere Verweise zur Sekundärliteratur. Vgl. für eine neuere Interpretation auch Hermann Graml, Europas Weg in den Krieg. Hitler und die Mächte 1939, München 1990.

mus und des Judentums« eingestuft, sollte durch ihren Untergang der »Todfeind« des Nationalsozialismus vernichtet und in den Weiten des Ostens dem deutschen Volk der als notwendig erachtete »Lebensraum« gesichert werden. Nicht in der Wiederherstellung der Vorkriegsgrenzen oder der Wiedererlangung einer Großmachtposition, wie sie das Bismarckreich innegehabt hatte, sah der neue Reichskanzler die außenpolitische Zielsetzung der von ihm geführten Regierung, vielmehr gingen seine Absichten, wie er sie in den zwanziger Jahren entwickelt hatte, geographisch, politisch und ideologisch weit über derartige Vorstellungen hinaus. Daß er dieses Leitbild auch in seinem neuen Amt nicht aufgegeben hatte, zeigten seine Ausführungen vor der Spitze der Reichswehr Anfang Februar 1933, in denen er den Aufbau der Wehrmacht als die wichtigste Voraussetzung zur Wiedererringung außenpolitischer Stärke bezeichnete, um von dieser Basis aus die »Eroberung neuen Lebensraums im Osten und dessen rücksichtslose Germanisierung«[7] in Angriff nehmen zu können.

Für die Öffentlichkeit im In- und Ausland war dies jedoch zunächst nicht erkennbar. Um die Machtpositionen der NSDAP zu konsolidieren und seine konservativen Koalitionspartner zu beruhigen, aber auch um die europäischen Nachbarn nicht zu irritieren, war Hitler bemüht, seine außenpolitische Zielsetzung nicht allzu offenkundig werden zu lassen. Gerade der äußeren Abschirmung des Reiches während der Risikophase der inneren »Wiederwehrhaftmachung« dienten seine mehrfachen Friedensbeteuerungen und seine Versicherungen, daß das Dritte Reich keine territorialen Revisionsforderungen zu erheben beabsichtige. Angesichts der Beunruhigung im Ausland über die bald einsetzende Verfolgungswelle gegenüber Kommunisten und Sozialdemokraten und über die ersten antijüdischen Maßnahmen schien die Furcht des neuen Reichskanzlers nicht unbegründet, dies könne zu einer (Bündnis-)Konstellation führen, die die deutschen Aktionsmöglichkeiten einschränken würde. Und auch der abrupte Austritt aus dem Völkerbund hatte das Deutsche Reich zumindest für den Augenblick außenpolitisch isoliert. Dies gebot Vorsicht und Zurückhaltung im diplomatischen Alltag.

Entscheidender noch für den Charakter der nationalsozialistischen Außenpolitik war, daß in kurzfristiger Perspektive die Zielsetzungen Hitlers und die seiner konservativen Kabinettsmitglieder im wesentlichen identisch waren und somit die Divergenz im Grundsatz zunächst verschleiert wurde. Die Wiedererlangung der vollen außenpolitischen Handlungsfreiheit, d. h. die Abschüttelung der finanziellen und militärischen Restriktionen des Versailler Vertrages und der Aufbau einer schlagkräftigen Armee, war für beide Teile die Voraussetzung, um die langfristigen außenpolitischen Ziele verwirklichen zu können, so daß die Kongruenz der ersten Schritte die spätere Trennung der Wege noch nicht sichtbar werden ließ. Trotz mancher Unterschiede im Detail war es den Koalitionspartnern der NSDAP kaum bewußt, daß Hitlers Zielsetzung der ihren widersprach und daß die Hoffnung, den Kanzler »zähmen« und auf die eigene außenpolitische Linie einschwören zu können, sich als Trugschluß zu erweisen drohte.

In der Praxis ergab sich aus dieser Konstellation ein vielschichtiges Bild. Die Revisionsforderungen der Vergangenheit, nun mit neuer Vehemenz vorgetragen und teils auch erreicht, bildeten den Schirm, hinter dem sich Hitlers eigentliche Zielsetzung zunächst noch verbergen, aber auch weiter entfalten konnte. Dieses Nebeneinander

---

7 Thilo Vogelsang, Neue Dokumente zur Geschichte der Reichswehr 1930–1933, in: Vierteljahrshefte für Zeitgeschichte, 2 (1954), S. 435.

von traditioneller Großmachtpolitik und »Lebensraum«-Konzept prägte die national-sozialistische Außenpolitik seit ihren Anfängen und machte ihre spezifische Widersprüchlichkeit und Dynamik aus. Hinzu kam, daß Hitler, auch wenn er im Grundsatz an seinen eigentlichen Zielen festhielt, im jeweiligen außenpolitischen Entscheidungsprozeß durchaus taktische Abweichungen, Improvisationen und Umwege vollzog, wenn dies die Situation erforderte. Auch dies trug dazu bei, daß Zeitgenossen – und teils auch spätere Interpreten – das Gewicht und die Tragweite seines rassenideologisch begründeten »Lebensraum«-Konzepts unterschätzten und die (frühe) Außenpolitik des Dritten Reiches allein als traditionelle Großmachtpolitik mißdeuteten. Die Handschrift des neuen Kanzlers wurde dann auch bald in einigen spektakulären außenpolitischen Kursänderungen sichtbar, die als Erfolge der neuen Regierung angesehen werden konnten und ihre internationale Position aufwerteten. Hierzu zählte zunächst einmal das Konkordat mit dem Vatikan vom 20. Juli 1933, mit dem das nationalsozialistische Regime dessen Ansehen und moralische Autorität für sich zu nutzen trachtete. Hierzu gehörte ebenso der Abschluß eines Nichtangriffspaktes mit Polen am 26. Januar 1934, mit dem die Linie der Weimarer Außenpolitik verlassen und den Beziehungen zu diesem Grenznachbarn eine neue Ausrichtung gegeben wurde. Auch dies war ein geschickter Schachzug Hitlers. Nicht nur waren die französische Klammer im Osten durchstoßen und der wichtigste Stein aus dem »Cordon sanitaire« herausgebrochen, sondern der Vertrag konnte auch helfen, die außenpolitische Isolierung des Reiches nach dem Austritt aus dem Völkerbund zu durchbrechen und dem neuen Prinzip bilateraler Abkommen Geltung zu verschaffen, das die Reichsregierung in Zukunft an die Stelle multilateraler Bindungen zu setzen suchte. Vor allem aber war dieser Vertrag dazu angetan, im Ausland die »friedlichen« Absichten Hitlers zu unterstreichen, war es ihm doch offenbar gelungen, das bisher sehr gespannte, von massiven deutschen Revisionsforderungen geprägte Verhältnis zu Polen zu bereinigen und eine Periode des gutnachbarlichen Nebeneinanders einzuleiten.

Aber auch in revisionspolitischen Fragen konnte das neue Regime Erfolge verbuchen, die seinen Vorgängern verwehrt geblieben waren. Dem Rückzug von der Genfer Abrüstungskonferenz Mitte Oktober 1933 waren schon bald deutliche Maßnahmen zur Wiederaufrüstung des Reiches gefolgt: Bereits der Anfang 1934 veröffentlichte Reichshaushalt wies eine erhebliche Steigerung der militärischen Ausgaben aus, die nun auch Mittel für die noch immer strikt untersagte Luftrüstung umfaßten, und mit der Wiedereinführung der allgemeinen Wehrpflicht am 16. März 1935 hob die Reichsregierung einseitig die wichtigste der militärischen Bestimmungen des Versailler Vertrags, die Begrenzung der Armee auf 100000 Mann, auf und legte die künftige Friedenspräsenzstärke der neuen Wehrmacht auf 550000 Mann fest. Durch das deutsch-englische Flottenabkommen vom 18. Juni 1935 konnte sie sogar die Zustimmung einer der Signatarmächte des Friedensvertrags zur Streichung seiner maritimen Klauseln und zum Aufbau einer deutschen Hochseeflotte erlangen. Damit war die vertragswidrige deutsche Aufrüstung de facto sanktioniert und ein wesentliches Stück außenpolitischer Handlungsfreiheit erreicht.

Hinsichtlich der territorialen Revisionsbegehren war das Resultat eher ambivalent. Fiel die »Heimkehr« des Saarlandes nach einer Volksabstimmung im Januar 1935 der Reichsregierung gleichsam wie eine reife Frucht in den Schoß, so mußte Hitler in seiner Österreichpolitik einen herben Rückschlag hinnehmen. Der Versuch, über die innere Gleichschaltung des Landes den äußeren »Anschluß« an das Deutsche Reich gleichsam vorwegzunehmen, scheiterte sowohl an innerösterreichischen Widerständen gegen eine Machtbeteiligung der Nationalsozialisten als auch an der Intervention anderer europäischer Mächte, insbesondere Italiens, das sich dem deutschen Drang donauabwärts in den Weg zu stellen suchte: Nach einem – allerdings fehlgeschlagenen – Putschversuch der österreichischen NSDAP am 25. Juli 1934, bei dem Bundeskanzler Engelbert Dollfuß ermordet wurde, ließ Mussolini Truppen am Brenner aufmarschieren und betonte damit sein Interesse an der Unabhängigkeit der Alpenrepublik. Damit waren dem deutschen Diktator die Begrenztheit seines Handlungsspielraums in dieser Frage drastisch vor Augen geführt und auch die Unwägbarkeiten demonstriert, die mit dem Einsatz der NSDAP für außenpolitische Zwecke verbunden waren. Dies bewog ihn, von ähnlichen Operationen bis auf weiteres abzusehen.

Die revisionspolitischen Erfolge, die für die Anfangsphase der nationalsozialistischen Außenpolitik charakteristisch waren, wurden nicht zuletzt dadurch möglich, daß die internationalen Rahmenbedingungen sich seit den frühen dreißiger Jahren verändert hatten und damit der Handlungsspielraum Berlins deutlich erweitert worden war. Die politisch-ökonomische Doppelkrise zu Beginn des Jahrzehnts verstärkte die Tendenz der Großmächte, sich aus Formen und Institutionen internationaler Kooperation zurückzuziehen und dem Prinzip der kollektiven Sicherheit eine Absage zu erteilen. Dies bedeutete, daß nun Hemmnisse und Schranken beseitigt wurden, die bisher die auf eine Veränderung des Status quo drängenden Mächte von dem vollen Ausspielen ihres revisionspolitischen Potentials abgehalten hatten. Vor allem aber verlor in diesen Jahren die Versailler Ordnung durch den Machtverlust Frankreichs, das von wirtschaftlicher Rezession und innenpolitischen Krisen geschüttelt wurde, ihren wichtigsten Stützpfeiler. Zwar hatte sich auch schon Ende der zwanziger Jahre die Brüchigkeit der Nachkriegsordnung in Europa angedeutet, doch die zunehmenden Desintegrationstendenzen im politischen System der Dritten Republik machten nun ein entschlossenes Auftreten gegenüber dem forcierten deutschen Revisionismus immer weniger möglich. Und auch das Ende der Reparationen, bereits von Brüning zur Erweiterung des außenpolitischen Handlungsspielraums Berlins angestrebt, hatte Paris wie London eines entscheidenden Mittels beraubt, mit dem sie die Regierungen der Weimarer Republik zu außenpolitischer Mäßigung und zu Rücksichtnahme auf die Stabilität des europäischen Staatensystems hatten veranlassen können. Damit stand dieses wichtige Faustpfand[8] für revisionspolitische Zurückhaltung nun gegenüber dem Kabinett Hitler-Papen nicht mehr zur Verfügung.

Wie wenig es den europäischen Staaten gelang, eine Antwort auf die nationalsozialistische Herausforderung zu finden, zeigt der Fehlschlag aller Versuche des französischen Außenministers Jean Louis Barthou[9], eine engere Kooperation derjenigen Staaten zu erreichen, die sich von dem verschärften Revisionskurs Berlins bedroht fühlen mußten. Seinen Bemühungen um Festigung des französischen Allianzsystems in Ost-

---

8 Auch die Rücksichtnahme auf die USA und die Hoffnung auf weitere amerikanische Kredite, die für Stresemann und seine Nachfolger ein wesentlicher Faktor ihrer Außenpolitik gewesen war, war für Hitler nicht mehr maßgebend: Transfermoratorium, Kündigung des Handelsvertrags wie generelle Autarkietendenzen durchschnitten diese Bindungen, ließen die deutsche Seite weitgehend immun werden gegen Einwirkungen aus oder Konflikte mit Washington.

9 Vgl. zur französischen Außenpolitik dieser Jahre Jean Baptiste Duroselle, La Décadence 1932–1939, Paris 1985³.

mitteleuropa und um dessen Erweiterung um neue Partner war wenig Erfolg beschieden, da die Interessen der Beteiligten zu unterschiedlich waren und die Heranziehung stärkerer Partner mißlang. Die Sowjetunion, nach der japanischen Aggression im Fernen Osten um eine Entlastung ihrer Westgrenzen bemüht und von der militant antisowjetischen Rhetorik der Nationalsozialisten erschreckt, suchte zwar die Kooperation mit der Status-quo-Macht Frankreich, doch wehrten sich deren Klientelstaaten in Zwischeneuropa, ihre Sicherheit dem mächtigen Grenznachbarn im Osten anzuvertrauen. Was blieb, war eine französisch-sowjetische Allianz, die jedoch machtpolitisch wenig Substanz hatte und zudem in Frankreich selbst höchst umstritten war. Auch die Heranziehung Italiens an einen von Frankreich patronisierten Balkanpakt mißlang, zumal Rom selbst politische Ambitionen jenseits der Adria anmeldete.

Erfolgversprechender war da schon ein Schulterschluß der europäischen Großmächte, durch den allein dem deutschen Expansionismus Einhalt geboten werden konnte. Eine solche Konstellation bahnte sich im Frühjahr 1935 an: Auf die Wiedereinführung der allgemeinen Wehrpflicht antworteten Frankreich, Italien und Großbritannien mit einer am 14. April 1935 in Stresa formulierten Entschließung, sich in Zukunft »mit allen geeigneten Mitteln jeder einseitigen Aufkündigung von Verträgen zu widersetzen«[10]. Dies drohte den Handlungsspielraum Berlins ganz entscheidend einzuengen und damit eine Fortsetzung der deutschen Überraschungscoups zunichte zu machen. Allerdings erwies sich die »Stresafront« nicht als das Bollwerk, das stark genug gewesen wäre, weitere deutsche Revisionsschritte zu verhindern, im Gegenteil, sie war von Anfang an brüchig und fiel schon bald angesichts der divergierenden Interessen der Partner auseinander. Zum einen wurde Mussolinis Abessinienkrieg, der im Oktober 1935 begann, zu einer Klippe, an der die Solidarität der Stresapartner zerbrach, zum anderen scherte Großbritannien schon bald aus dieser Front aus, als es im Juni 1935 mit der deutschen Seite ein bilaterales Flottenabkommen abschloß.

Die Bedeutung dieses Flottenabkommens lag nicht allein in der bereits angesprochenen Sanktionierung einer gewissen deutschen Seerüstung und damit der Aufhebung der entsprechenden Versailler Vertragsklauseln, vielmehr ging sein Stellenwert – zumindest aus deutscher Sicht – weit darüber hinaus. Schon das Auswärtige Amt hatte in der Vergangenheit den Schlüssel für Erfolg oder Mißerfolg der deutschen Revisionspolitik an der Themse vermutet und sich um ein Einvernehmen mit London bemüht, um französische Widerstände gegen die deutschen Forderungen zu umgehen. Dem entsprach nun die Hoffnung, das Flottenabkommen zum Ausgangspunkt weiterer Revisionsbegehren zu machen. Vor allem aber war dieser Vertragsabschluß in Hitlers Augen ein entscheidender Schritt für den Erfolg seiner Englandpolitik, bildete ein Bündnis mit Großbritannien doch den Eckpfeiler seines außenpolitischen »Programms«: Durch das Angebot der Teilung der Interessensphären hoffte er, selbst »freie Hand« für die Verwirklichung seines »Lebensraum«-Konzepts im Osten des Kontinents zu erhalten, wobei Deutschland im Gegenzug auf Flotten- und Kolonialforderungen verzichtete und damit London den Weg zur Wahrung und zum Ausbau seines überseeischen Empires ebnen sollte. Vor dem Hintergrund dieser Erwartung mußte der positive Ausgang der bilateralen Verhandlungen, von Hitlers Sonderbotschafter

---

10 Herbert Michaelis/Ernst Schraepler (Hrsg.), Ursachen und Folgen. Vom deutschen Zusammenbruch 1918 und 1945 bis zur Staatlichen Neuordnung Deutschlands in der Gegenwart, Berlin 1958ff., Bd. X, S. 334.

Joachim von Ribbentrop an Auswärtigem Amt und diplomatischem Dienst vorbei rasch zu einem Vertragsabschluß gebracht, den deutschen Diktator in der Hoffnung bestärken, daß sich sein Bündniswerben um Großbritannien auszahlen und es die Rolle eines Juniorpartners der deutschen Politik übernehmen würde. Gerade in diesem Kontext kam dem Abkommen vom 18. Juni 1935 eine herausragende Bedeutung zu.

Neben dem Ausscheren Englands aus der Front der Stresapartner waren es dann vor allem der Abessinienkrieg (1935/36) und der Spanische Bürgerkrieg (1936–1939), die eine Blockbildung der europäischen Staaten gegen weitere Veränderungen des Status quo seitens Berlins unterminierten: Beide Ereignisse sprengten die Front der Westmächte, führten zu nachhaltigen Verstimmungen zwischen London, Paris und Rom und ließen den »Duce« nach neuen Bundesgenossen Ausschau halten. Der unentschlossene Kurs der englischen und französischen Regierungen in der Frage, ob sie das imperiale Ausgreifen des Stresapartners nach Afrika tolerieren oder ihm im Namen der kollektiven Sicherheit Einhalt gebieten sollten, führte zu einer deutlichen Veränderung der politischen Konstellationen auf dem europäischen Kontinent: Er schwächte die politische Solidarität zwischen London und Paris, begünstigte eine Annäherung Italiens an das Deutsche Reich und bedeutete (nach 1931) eine weitere empfindliche Niederlage für den Völkerbund und die hinter ihm stehenden internationalen Ordnungsprinzipien. Die Waffe wirtschaftlicher oder gar militärischer Sanktionen gegen einen Aggressor hatte sich als stumpf erwiesen und brauchte Berlin nicht länger zu schrecken. Somit konnte Hitler glauben, aus der (in seinen Augen schwächlichen) Haltung der Westmächte in diesem Konflikt Folgerungen für deren Politik gegenüber weiteren Expansionsschritten des Dritten Reiches ziehen zu können.

Die Vorteile, die sich für die deutsche Seite aus dem Abessinienkrieg und seinen Begleiterscheinungen ergaben, bezogen sich zunächst einmal auf Österreich. Zwar hatte der »Duce« erkennen lassen, daß die staatliche Unabhängigkeit der Alpenrepublik für Italien nach wie vor unverzichtbar sei, daß er sich aber einer inneren und äußeren Anlehnung des Landes an Deutschland nicht entgegenzustellen beabsichtigte. Damit war der Weg geebnet zum deutsch-österreichischen Abkommen vom 11. Juli 1936, mit dem der »Anschluß« im Sinne der weitgehenden innen- und außenpolitischen »Gleichschaltung« des Landes zu einem guten Teil verwirklicht wurde.

Darüber hinaus konnte Hitler das Engagement der anderen europäischen Mächte in den Abessinienkonflikt dazu nutzen, eine weitere wichtige »Fessel« des Versailler Vertrags abzuschütteln, nämlich die Entmilitarisierungsklauseln für das Rheinland einseitig aufzuheben. Der gesamten politischen Führung in Berlin galten diese Bestimmungen, im Locarnovertrag noch einmal bekräftigt, als größtes Hindernis für die erstrebte außenpolitische Handlungsfreiheit, gaben sie doch Frankreich (und England) jederzeit die Möglichkeit, etwaige Revisions- oder Expansionsschritte der deutschen Seite mit der Besetzung von Brückenköpfen jenseits des Rheins oder mit anderen militärischen Maßnahmen zu begegnen. Als Mussolini, durch die Lage auf dem afrikanischen Kriegsschauplatz bedrängt, erkennen ließ, daß Italien als Garantiemacht der Locarnoverträge sich einem deutschen Einmarsch ins Rheinland nicht widersetzen würde, ergriff Hitler die Gelegenheit schnell und ließ am 7. März 1936 in einem weiteren »Wochenendcoup« ca. 30 000 Mann in die entmilitarisierte Zone einmarschieren.

Dies bedeutete eine wesentliche Veränderung der strategischen und politischen Gewichte auf dem Kontinent, hatte Frankreich doch seine wichtigste, noch verbliebene materielle Garantie des Versailler Vertragswerks verloren. Mit diesem Schritt war Paris eines entscheidenden Faustpfandes beraubt, wenn Berlin sich anschicken sollte, konkrete Expansionsschritte an seinen östlichen oder südöstlichen Grenzen ins Auge zu fassen. Das ostmitteleuropäische Bündnissystem Frankreichs war deutlich entwertet worden, und nicht von ungefähr begannen die Staaten dieser Region, sich auf den erstarkten Grenznachbarn hin umzuorientieren.

Waren durch den Abessinienkrieg und seine Folgen die Gefahr eines Zusammengehens der Status-quo-Mächte abgewendet und der außenpolitische Spielraum des Deutschen Reiches erweitert worden, so wurde dies durch den Spanischen Bürgerkrieg noch weiter vorangetrieben. Auch hier eröffnete sich aus deutscher Sicht die Möglichkeit, die Aufmerksamkeit der europäischen Staaten auf einen Konfliktherd an der Peripherie des Kontinents abzulenken, die Gegensätze zwischen ihnen zu schüren und die Annäherung Italiéns an das Reich zu vertiefen. Im Ergebnis führten die Ereignisse auf der iberischen Halbinsel zu einer weitgehenden Paralysierung der englischen und französischen Außenpolitik und zu wachsendem Mißtrauen zwischen den Westmächten und der Sowjetunion. Zudem begünstigte die gemeinsame Unterstützung der Aufständischen in Spanien die weitere Annäherung Italiens an Deutschland und mündete in die Bildung der »Achse Berlin-Rom«, mit der die ideologische und politische Solidarität der »faschistischen« Partner demonstriert und ihre Interessenkongruenz bekräftigt werden sollte.

Die sich im Spanischen Bürgerkrieg bereits abzeichnende Zusammenarbeit zwischen den internationalen »Störenfrieden« wurde dann wenig später um das fernöstliche Japan erweitert. Insbesondere von Ribbentrop, der seit dem Flottenabkommen mit England Hitlers besonderes Vertrauen in außenpolitischen Fragen genoß, setzte auf die Konstruktion eines solchen »weltpolitischen Dreiecks« Berlin-Rom-Tokio. In zwei Schritten, nämlich mit dem Abschluß eines deutsch-japanischen Bündnisses am 25. November 1936 und dem Beitritt Italiens zu diesem Paktsystem am 6. November 1937, konnte er dies schließlich erreichen. Mit diesem »Antikominternpakt«, benannt nach den Vertragsklauseln, die die Bündnispartner zur politisch-ideologischen Bekämpfung der Kommunistischen Internationalen verpflichtete, schien sich der Weg zu ebnen für eine Koordination zwischen den drei großen internationalen Konfliktarenen, nämlich dem europäischen Kontinent, dem Mittelmeerraum und dem Fernen Osten. Die politische Initiative war offensichtlich auf die Seite der revisionistischen Mächte übergegangen, während die an der Bewahrung des Status quo orientierten Staaten keine gemeinsame Strategie gegen die von dort ausgehende Bedrohung zu entwickeln vermochten.

Dieses Problem traf insbesondere die britische Politik, die sich durch das Bündnis zwischen Berlin, Rom und Tokio an nahezu allen Problemzonen des Empires herausgefordert fühlen mußte. Die Möglichkeit, daß internationale Konflikte nun in örtlicher und zeitlicher Koordination auftraten, stellte die überforderte Weltmacht[11] vor schwierige und innenpolitisch kontroverse Entscheidungen. Trotz der japanischen Herausforderung im Fernen Osten, trotz der unverhüllten Ambitionen Mussolinis in Nord- und Ostafrika blieb aus britischer Sicht jedoch der wachsende Expansionsdruck des Dritten Reiches, der die europäische Ordnung zu unterminieren drohte, der größte Störfaktor.

---

11 Vgl. zum Topos der Überforderung Gottfried Niedhart, Appeasement: Die britische Antwort auf die Krise des Weltreichs und des internationalen Systems vor dem Zweiten Weltkrieg, in: Historische Zeitschrift, 226 (1978), S. 67–88.

Der französische Partner, durch innere Probleme in seiner Außenpolitik noch immer weitgehend gelähmt, tendierte, wenn auch zögernd, mehr und mehr dazu, sich an die »englische Gouvernante«[12] anzulehnen und Downing Street in diesen Fragen den Vortritt zu lassen. Damit war es der britischen Appeasementpolitik überlassen, eine Antwort auf die Frage zu finden, wie der vom nationalsozialistischen Deutschland ausgehenden Dynamik Einhalt geboten werden konnte. Hierbei war man durchaus bereit, dem deutschen Diktator in begrenzter Weise entgegenzukommen und auch territoriale Zugeständnisse zu machen, sofern dies die Machtstrukturen in Europa nicht grundsätzlich veränderte. Im Sinne des »peaceful change« sollten das noch auf der Versailler Ordnung basierende europäische Mächtesystem an die neuen Kräfteverhältnisse der dreißiger Jahre angepaßt und seine Gewichte neu austariert werden. Falls ein solches »general settlement« angesichts der deutschen Intransigenz nicht gelingen würde, wollte London aber die Option größerer Härte und auch militärischer Abschreckung nicht grundsätzlich ausschließen. Dies sollte sich in den Krisen der Jahre 1938 und 1939 deutlich zeigen.

In Hitlers Augen war diese Haltung Londons nicht dazu angetan, seine Hoffnungen auf einen globalen Interessenausgleich und eine Juniorpartnerschaft mit dem britischen Empire zu bestärken. Zwar konnte die Passivität der Westmächte, die eine so entscheidende Veränderung wie die Remilitarisierung des Rheinlandes nur mit verbalen Protesten beantwortet hatten, in dem Sinne ausgelegt werden, daß sie ihre Sicherheitsinteressen als nicht über die Rheingrenze hinausgehend definieren würden, doch war das erhoffte korrespondierende Signal zu »freier Hand im Osten« ausgeblieben. Andererseits ließ die (für ihn) schwächliche Politik Londons und Paris' im Abessinienkonflikt und im Spanischen Bürgerkrieg die Einschätzung reifen, auch ohne das britische Bündnis im Rücken den Weg zu einem deutschen Großreich im Osten beschreiten und für weitere Expansionsschritte ein Abseitsstehen, gegebenenfalls sogar eine passive Gegnerschaft des Inselstaats einkalkulieren zu können. Je mehr der deutsche Diktator angesichts der erreichten Erfolge geneigt schien, seinen außenpolitischen Kurs zu forcieren und hierbei auch den Einsatz militärischer Mittel nicht zu scheuen, desto deutlicher wurde, daß er seine bisherige Haltung gegenüber London[13] grundsätzlich überdachte.

Diese Neuakzentuierung in der Englandpolitik sowie die zunehmende militärische und politische Stärke des Dritten Reiches veranlaßten Hitler dann auch, die zeitliche Dimension seiner Überlegungen zur »Lösung der deutschen Raumfrage«[14] zu überdenken und schon in naher Zukunft erste Schritte zur Vergrößerung des deutschen Herrschaftsraums auch mit militärischen Mitteln ins Auge zu fassen. Wie er in einer Besprechung in der Reichskanzlei am 5. November 1937 den Spitzen der Wehrmacht und des Auswärtigen Amtes eröffnete, beabsichtigte er, als nächste Objekte seiner »Raumpolitik« Österreich und die Tschechoslowakei dem Deutschen Reich einzuverleiben, wo-

---

12 François Bedarida, La Gouvernante anglaise, in: René Remond/Jean Bourdin (Hrsg.), Edouard Daladier. Chef de gouvernement, Paris 1980, S. 228.

13 Vgl. zu den verschiedenen Phasen von Hitlers Englandpolitik noch immer Josef Henke, England in Hitlers politischem Kalkül. Vom Scheitern der Bündniskonzeption bis zum Kriegsbeginn (1935–1938), Boppard 1973.

14 Niederschrift des Obersten Hoßbach über die Besprechung in der Reichskanzlei am 5. November 1937, in: Akten zur Deutschen Auswärtigen Politik 1918–1945, Serie D, Bd. I, Nr. 19, S. 26.

bei – wie er seinen Zuhörern versicherte – mit einem Eingreifen der Westmächte nicht gerechnet zu werden brauchte. Damit war eindeutig der Schritt zu territorialer Expansion eingeschlagen, bei der auch ein Krieg zur Durchsetzung dieser Ziele nicht mehr gescheut wurde.

Hitlers Ausführungen vom 5. November 1937 und die skeptisch-distanzierten Bemerkungen seiner Zuhörer in der anschließenden Diskussion hatten die unterschiedlichen außenpolitischen Konzeptionen des »Führers« und der eher »traditionellen« Kräfte an der Spitze des Auswärtigen Amtes und der Wehrmacht offenkundig werden lassen. Sahen sie in der Wiederherstellung und Konsolidierung der Großmachtposition des Reiches in Europa Sinn und Endzweck deutscher Außenpolitik, so ging Hitlers Zielsetzung nicht nur geographisch, sondern auch politisch-ideologisch deutlich darüber hinaus. Nur folgerichtig war es deshalb, angesichts dieser kritischen Stimmen in der Besprechung vom November 1937 die Realisierung dieser Expansionsschritte mit einer neuen Führung in Wehrmacht und Auswärtigem Amt zu beginnen: Im Zuge der sogenannten Blomberg-Fritsch-Krise – der Reichskriegsminister und der Oberbefehlshaber des Heeres hatten sich kritisch zu Hitlers Expansionsplänen geäußert und mußten ihre Posten räumen – übernahm Hitler am 4. Februar 1938 nicht nur selbst den Oberbefehl über die Wehrmacht und besetzte führende Positionen der Generalität mit ihm ergebenen Männern, am gleichen Tage wurde auch der bisherige Außenminister, von Neurath, durch Joachim von Ribbentrop ersetzt. Dem folgten weitere personelle Veränderungen im Auswärtigen Amt und im diplomatischen Dienst.

Dieses Revirement bedeutete die machtpolitische Ausschaltung der letzten konservativen Bündnispartner Hitlers, die bisher noch eine relative Eigenständigkeit und ein gewisses machtpolitisches Gewicht gehabt hatten. Statt dessen hatte der »Führer« nun Männer an die Spitze der entsprechenden Ressorts berufen, die seine Zielvorstellungen und Anweisungen eher unterstützen und billigen würden als die bisherigen Amtsinhaber. Sowohl die umorganisierte Wehrmachtführung wie der neue Außenminister schienen Garanten dafür, daß der deutsche Diktator seinen Kurs ohne Einsprüche und Widerstände von dieser Seite her würde durchführen können.

Darüber hinaus ließen Hitlers Äußerungen vom November 1937 und die personellen Veränderungen drei Monate später einen Methoden- und Tempowandel der deutschen Außenpolitik erkennen. In der Sicht aller Teile der politischen Führung in Berlin hatte das Deutsche Reich mittlerweile die »Risikophase« der Aufrüstung durchmessen und eine Großmachtposition auf dem europäischen Kontinent (wieder-)erlangt. Die Konsequenzen, die sie daraus für die Zukunft zogen, waren jedoch unterschiedlich. Für Hitler war nun die Zeitspanne einer vorgeblichen Revisionspolitik beendet, die Voraussetzung und Abschirmung zugleich für die Realisierung seines außenpolitischen »Programms« gewesen war. Damit konnte er nun die weiteren Etappen auf dem Weg zu diesem Ziel offener angehen und glaubte, auch das Risiko eines Krieges mit den Westmächten zur Durchsetzung der nächsten Expansionsschritte nicht mehr scheuen zu müssen. Demgegenüber blieb für die eher »traditionellen« Kräfte, die bisher Diplomatie, Militär und Wirtschaft dominiert hatten, weiterhin die Maxime gültig, diese Großmachtposition zu wahren und auszubauen, hierbei aber den Kurs einer mit nichtmilitärischen Mitteln betriebenen Außenpolitik nicht zu verlassen. In diesem Sinne bedeutete das personelle Revirement zu Beginn des Jahres 1938, dem ja auch der eingangs zitierte Ulrich von Hassell zum Opfer gefallen war, die Ausschaltung eines Alternativkurses, der bisher die deutsche Außenpolitik mitbestimmt und mitgetragen hatte, der nun aber seine führenden Repräsentanten in der politischen Spitze des Dritten Reiches verlor. Somit gewann Hitler neuen Bewegungsspielraum, um die in seinen Ausführungen vom November 1937 bereits genannten Etappen seines außenpolitischen Kurses anzugehen.

Das erste Ziel war die direkte oder indirekte Angliederung Österreichs an das Deutsche Reich. Wie bereits 1934 sollte hier über die »Machtergreifung« der österreichischen Nationalsozialisten die »Gleichschaltung« mit dem Dritten Reich durchgesetzt werden. Als die Wiener Regierung dies zwar im Prinzip zusagte, über eine Volksabstimmung aber eine Bekräftigung der staatlichen Unabhängigkeit ihres Landes zu erreichen suchte, entschloß sich Hitler, dies zu unterbinden und sofort den territorialen »Anschluß« der Alpenrepublik zu erreichen. Mit diesem am 12. März 1938 vollzogenen Schritt konnte Berlin einen bedeutenden machtpolitischen Erfolg verbuchen. Territorial, militärstrategisch und wirtschaftlich war die Angliederung Österreichs ein großer Gewinn, sie schob die Grenzen des Reiches weit nach Südosten vor und verstärkte die wirtschaftliche und politische Dominanz Deutschlands im Donau- und Balkanraum.

Hinsichtlich der Tschechoslowakei, in Hitlers Ausführungen vom November 1937 als nächstes Opfer deutscher Expansionspolitik genannt, kam es – ähnlich wie zuvor in Österreich – zu einem Zusammenspiel zwischen einheimischen Kräften und der deutschen politischen Spitze, durch die der tschechoslowakische Staat paralysiert und schließlich in seine ethnischen Bestandteile aufgelöst werden sollte. Das hierbei benutzte Instrumentarium war die Sudetendeutsche Partei, deren Forderung nach Selbstbestimmung zum Sprengsatz innerhalb der Tschechoslowakei gemacht werden sollte. Dieses Kalkül schien auch aufzugehen. Selbst die Westmächte rieten schließlich der Prager Regierung, den Forderungen der Sudetendeutschen nachzukommen; insbesondere Großbritannien suchte durch aktive Vermittlung und diplomatischen Druck eine Verhandlungslösung zu erreichen, um der deutschen Seite jeden Vorwand zu nehmen, die europäischen Mächte erneut vor vollendete Tatsachen zu stellen. Dennoch ließ das diplomatische Engagement Londons und Paris' deutlich werden, daß beide Regierungen eine einseitige Veränderung des Status quo in Ostmitteleuropa möglicherweise nicht hinnehmen und einem Fait accompli nicht tatenlos zusehen würden.

Das Risiko einer militärischen Auseinandersetzung mit England und Frankreich als Folge der Sudetenkrise mobilisierte nun aber auch im Deutschen Reich diejenigen, die einen solchen Kurs ablehnten bzw. als zu risikoreich und die deutschen Kräfte übersteigend ansahen. Zwar befürworteten sie durchaus eine deutsche Vorherrschaft in Ostmittel- und Südosteuropa, fürchteten aber, daß die Durchsetzung dieses Ziels mit militärischen Mitteln den »großen Krieg«[15] nach sich ziehen und damit die Option einer deutschen Großmachtpolitik zerstören würde. In dieser Einschätzung trafen sich der ehemalige Außenminister von Neurath, Militärs wie Generalstabschef Ludwig Beck und sein Nachfolger Franz Halder, eine Gruppe von Beamten des Auswärtigen Amtes um Staatssekretär Ernst Freiherr von Weizsäcker und nicht zuletzt Hermann Göring, der ebenfalls den Aufbau einer starken Stellung des Reiches im ostmitteleuropäischen Bereich befürwortete. Sie fürchteten, daß Hitlers militärischer Risikokurs die Westmächte auf den Plan rufen und daß ein solcher europäischer Krieg »nicht nur das Ende

---

15 Rainer A. Blasius, Für Großdeutschland – gegen den großen Krieg. Ernst von Weizsäcker in den Krisen um die Tschechoslowakei und Polen, Köln – Wien 1981, S. 21.

des Dritten Reiches, sondern Finis Germaniae wäre«[16]. Die Gegenstrategie der sich formierenden nationalkonservativen Opposition, über Mittelsmänner London und Paris zu einer harten Haltung zu drängen und so Hitler die Undurchführbarkeit seiner außenpolitischen Ziele vor Augen zu führen, scheiterte aber an fehlender Resonanz nach innen wie nach außen: Weder sah man an Themse und Seine Anlaß, auf diese höchst diffuse Signale einzugehen, noch fanden sie über ihren eigenen Kreis hinaus Zustimmung oder Verständnis für ihre Haltung.

Dennoch konnte die Sudetenkrise friedlich beigelegt werden. Nachdem der britische Premierminister sich bereit gezeigt hatte, direkten Kontakt mit dem deutschen Diktator aufzunehmen und die Möglichkeit zu einer nicht-militärischen, einvernehmlichen Lösung auszuloten, konnte Hitler schließlich dazu bewogen werden, auf einer Konferenz der vier europäischen Großmächte am 29. und 30. September 1938 in München eine Lösung des Problems zu suchen. Hier einigten sich die Regierungschefs Englands, Frankreichs, Italiens und Deutschlands darauf, die sudetendeutschen Gebiete dem Deutschen Reich anzugliedern. Nach einer Regelung für die polnische und ungarische Minderheit in der Tschechoslowakei sollten dann die neuen Grenzen des Staates von den Großmächten garantiert werden.

Mit dieser Regelung hatte das Deutsche Reich einen bedeutenden Erfolg errungen. Die anderen europäischen Mächte hatten den deutschen Forderungen nachgegeben und die deutsche Großmachtposition eindrucksvoll unterstrichen. Die wesentlichen Beschränkungen des Versailler Vertrags waren gefallen, ja, mit dem »Anschluß« Österreichs und dem Gewinn der Sudetengebiete hatte Berlin unter Berufung auf das Selbstbestimmungsrecht die deutschen Vorkriegsgrenzen überschreiten und seine Position auf dem europäischen Kontinent ausbauen können. Die Verwirklichung der Mitteleuropakonzeption, im Ersten Weltkrieg als Anspruch und Programm formuliert, schien zum Greifen nahe, zumal der alte Rivale im ostmitteleuropäischen Raum, Rußland, in München von jeder Mitsprache ausgeschlossen worden war und die anderen europäischen Mächte die deutsche Vormachtstellung in Zwischeneuropa de facto anerkannt hatten. Diesen neuen Gegebenheiten Rechnung tragend, suchten die Staaten dieser Region in der Folgezeit auch eine weitere Annäherung an den mächtigen westlichen Nachbarn.

Aus der Sicht der »traditionellen« politischen Kräfte um Weizsäcker, Beck oder Halder waren diese Erfolge zwiespältig. Zwar entsprach das Ergebnis der Münchener Konferenz durchaus ihren Vorstellungen von einer deutschen Großmachtposition in Europa, doch hatten die Begleitumstände dieses machtpolitischen Aufstiegs und insbesondere der Ablauf der Sudetenkrise doch einen schalen Beigeschmack hinterlassen. »»München‹ sei Anfang und Ende zugleich«[17], so hatte der Staatssekretär im Auswärtigen Amt seine zwiespältigen Empfindungen in dieser Frage zu Protokoll gegeben. Die Diskrepanz zwischen den eigenen außenpolitischen Leitvorstellungen und der Zielsetzung Hitlers und seiner engeren Umgebung, der die sich formierende konservative Opposition sich in zunehmendem Maße bewußt wurde, mußte sie zu dem Eingeständ-

---

16 Leonidas E. Hill (Hrsg.), Die Weizsäcker-Papiere 1933–1950, Frankfurt am Main u. a. 1974, S. 122.
17 Weizsäcker an Mackensen am 3. November 1938, in: Akten zur Deutschen Auswärtigen Politik 1918–1945, Serie D, Bd. IV, Nr. 401, S. 456. Ähnlich auch das eingangs zitierte Urteil von Hassells.

nis bringen, daß sie sich über die außenpolitischen Absichten des »Führers« getäuscht oder aber die Chancen zu dessen »Zähmung« überschätzt, ja, daß sie selbst in den vergangenen Jahren die außenpolitischen Erfolge mitgeschaffen hatte, die ihm nun zur Grundlage seiner weiteren Expansionsschritte wurden.

In der Tat schätzte Hitler die Münchener Konferenz als einen Rückschlag ein. Nicht im Alleingang, unter Beiseitestehen der übrigen europäischen Mächte, war die Annexion der Sudetengebiete erfolgt, sondern durch ein multilaterales Abkommen, das sogar eine Garantie der Großmächte für die (verkleinerte) Tschechoslowakei vorsah. Insbesondere aber hatte die Krisendiplomatie Chamberlains seine Hoffnung widerlegt, England würde ihm »freie Hand« im Osten gewähren. Statt dessen sah er sich zu einem Abkommen genötigt, das seine Handlungsfreiheit einschränkte und seinen Aktionskurs verzögerte. Bereits vier Wochen nach Abschluß der Konferenz gab er die Weisung zur militärischen »Erledigung der Rest-Tschechei«[18], zur Annexion des Memellandes und zu vorbereitenden Maßnahmen für die Besetzung Danzigs. Mit der Verwirklichung dieser Schritte mußte auch für die ausländischen Regierungen zur Gewißheit werden, daß die deutschen Ambitionen deutlich über die ethnischen Grenzen im Osten hinausgingen, daß Hitler vielmehr dort »Lebensraum« zu erobern suchte und – wie er am 30. Januar 1939 im Reichstag zu erkennen gab – ein solcher Schritt »die Vernichtung der jüdischen Rasse in Europa«[19] zur Folge haben würde.

Der »Griff nach Prag« am 15. März 1939 besiegelte dann bereits nach sechs Monaten das Ende der in München verabredeten Ordnung. Durch ultimativen Druck aus Berlin zunächst auf die slowakische Regierung, dann auf den tschechischen Staatspräsidenten, war die »Rest-Tschechei« »erledigt« worden; die Bildung des Protektorats Böhmen und Mähren und die Verwandlung der Slowakei in einen deutschen Satellitenstaat schoben die Position des Reiches weit nach Osten vor. Auch die Abtretung des Memellandes durch Litauen verstärkte die deutsche Hegemonie im ostmitteleuropäischen Raum. Strategisch verbesserten diese territorialen Veränderungen die Aufmarschposition der Wehrmacht gegen Polen oder die Sowjetunion, wenn sich die politische Führung in Berlin entschließen sollte, einen Krieg gegen einen der östlichen Nachbarn vom Zaun zu brechen.

Wichtiger als diese Vorteile waren aber die Wirkungen des »Griffs nach Prag« auf die anderen europäischen Staaten. Mit dem deutschen Vorgehen war endgültig deutlich geworden, daß die bisherigen Revisionsforderungen der deutschen Seite und deren Berufung auf das Selbstbestimmungsrecht nur vorgeschoben waren, daß sie für Hitler den Schirm bildeten, hinter dem er seine Expansionsabsichten verborgen gehalten hatte, bis der in seinen Augen richtige Zeitpunkt zur Realisierung dieser Intentionen gekommen war. Offenkundig war auch geworden, daß die zahlreichen Beteuerungen des »Führers«, friedliche Absichten zu hegen und nur den legitimen politischen Wünschen der deutschen Volksgruppen jenseits der deutschen Grenzen nachzukommen, falsch waren, daß er im Gegenteil gegebene Zusagen und Abkommen ohne Skrupel brechen würde, wenn ihm dies opportun schien. Gerade in dieser Hinsicht waren die Vorgänge des März 1939 ein Akt der Ernüchterung.

---

18 H. Michaelis/E. Schraepler (Anm. 10), Bd. XII, S. 534.
19 Max Domarus, Hitler. Reden und Proklamationen 1932–1945. Bd. II, Würzburg 1963, S. 1057.

Dies wirkte sich insbesondere auf die Haltung der Westmächte gegenüber dem Dritten Reich aus. Hatten schon in der Vergangenheit Zweifel an der Verläßlichkeit und Friedfertigkeit des nationalsozialistischen Deutschland bestanden, so wurden sie durch das deutsche Vorgehen gegenüber der Tschechoslowakei noch verstärkt. Innerhalb der Regierung wie in der Öffentlichkeit wurde der Spielraum der Appeaser deutlich geringer, und auch sie selbst stellten sich vermehrt die Frage, ob mit »München« wirklich »peace in our time« erreicht, ob hier nicht dem deutschen Diktator ein außenpolitischer Erfolg beschert worden sei, der ihm einen billigen Triumph über seine Verhandlungspartner ermöglicht habe. Die als Antwort auf »Prag« gedachten englisch-französischen Garantieerklärungen für die Unabhängigkeit Polens, Rumäniens und Griechenlands sowie die Beistandsgarantie für die Türkei sollten denn auch Hitler die Warnung vermitteln, daß London und Paris weiteren militärischen Schritten des Reiches nicht tatenlos zusehen würden. Damit war der Handlungsspielraum Berlins sehr viel enger geworden als zuvor.

Die in den internationalen Krisen der Jahre 1938 und 1939 sich abzeichnende Verhärtung in der Haltung der Westmächte und die sich hieraus ergebende Einengung der deutschen Aktionsmöglichkeiten konnte Hitler dann durch einen außenpolitischen Coup durchbrechen, der noch einmal seine taktische Wendigkeit deutlich werden ließ, nämlich den Pakt mit dem bisherigen machtpolitischen und ideologischen Hauptgegner des Dritten Reiches, der Sowjetunion. Mit diesem Schachzug wollte er verhindern, daß im Fall einer weiteren deutschen Expansion das Reich in eine Zweifrontenkriegssituation geraten würde. Statt dessen bot der Vertrag mit Moskau, geschlossen am 23. August 1939, die Möglichkeit, das nächste Opfer der deutschen Aggression, Polen, in einem Blitzfeldzug zu überrennen und sich die Beute mit Stalin zu teilen. Hierbei hoffte Hitler darauf, daß angesichts des Bündnisses mit Moskau die Westmächte ihre Zusagen an Warschau nicht einlösen, sondern die deutsche Ostexpansion letztlich hinnehmen würden. Sollte dies nicht der Fall sein, so setzte er darauf, auch Frankreich in einem weiteren Blitzfeldzug zu schlagen und mit England zu einem Arrangement zu gelangen, das dem Deutschen Reich die Hegemonie auf dem Kontinent, den Briten dafür die Vorherrschaft im überseeischen Bereich zuerkennen würde. Vor diesem Hintergrund hoffte er, dann als nächsten Schritt den lange erwogenen »Lebensraum«-Krieg gegen die Sowjetunion führen zu können.

Damit war die Konstellation des 3. September 1939 umschrieben. Mit der Entfesselung des Zweiten Weltkriegs hatte Hitler einen entscheidenden Schritt auf dem Weg zur Realisierung seines »Lebensraum«-Konzepts getan. Zwar stand zunächst die Niederringung der Nachbarstaaten des Reiches im Vordergrund, wo die deutschen Truppen nach ihrem schnellen Sieg über Polen in einem spektakulären Feldzug die skandinavischen, westeuropäischen und südosteuropäischen Länder überrannten und damit den deutschen Machtbereich vom Nordkap bis ans Mittelmeer ausdehnten. Dennoch standen die Zerschlagung der Sowjetunion und die rassische Umgestaltung des deutschen Herrschaftsraums nach wie vor im Zentrum der politischen und militärischen Überlegungen des deutschen Diktators.

Waren unter den Bedingungen des »europäischen Krieges«[20] politisch-strategisches Kalkül und weltanschaulich-rassisches Dogma noch für eine gewisse Zeit miteinander

---

20 John Lukacs, Der letzte europäische Krieg 1939–1941. Die Entmachtung Europas, München 1980.

vereinbar gewesen, so schlossen sie sich nach dem Angriff auf die Sowjetunion mehr und mehr aus. Mit dem Beginn des Rußlandfeldzuges erreichte die deutsche Kriegführung eine neue Qualität, die sich im Begriff vom »rassischen Vernichtungskrieg« niederschlug. »Mit der Unmenschlichkeit des Krieges und der Herrschaft im Osten, der Ausbeutung, Versklavung und millionenfachen Ermordung von Slaven und Juden«, so ist dies jüngst noch einmal unterstrichen worden, »war die furchtbarste Konsequenz dieser Politik erreicht.«[21] In der Verschränkung von Ostimperium und (euphemistisch so bezeichneter) »Endlösung der Judenfrage« hatte die nationalsozialistische Außen- und Kriegspolitik ihre charakteristische Ausprägung gefunden. Im Deutschen Reich selbst, in den besetzten Gebieten wie in Diplomatie und Kriegführung wurden die hierauf gründenden Entscheidungen und Maßnahmen mehr und mehr zum Movens der deutschen Politik. Der vereinte Kampf der Alliierten gegen das Dritte Reich sollte dann das bewirken, was von Weizsäcker schon 1938 als Konsequenz eines »großen Krieges« mit den Westmächten vorausgesagt hatte, nämlich »Finis Germaniae«, also die Zerstörung der deutschen Großmachtposition, ja, mit der bedingungslosen Kapitulation der Wehrmacht am 9. Mai 1945 sogar die Zerschlagung des Deutschen Reiches. Angetreten, ein rassisch fundiertes Großreich im Osten zu verwirklichen, hatte das Dritte Reich sich selbst zugrunde gerichtet.

---

21 Karl Dietrich Bracher, Der historische Ort des Zweiten Weltkrieges, in: Klaus Hildebrand/
    Jürgen Schmädeke/Klaus Zernack (Hrsg.), 1939. An der Schwelle zum Krieg. Die Entfes-
    selung des Zweiten Weltkrieges und das internationale System, Berlin – New York 1990,
    S. 367. Hiermit soll die Realität deutscher Kriegs- und Besatzungspolitik in Polen oder in
    anderen europäischen Ländern keineswegs verharmlost werden.

Zweite Abteilung

NS-Herrschaft
im Zweiten Weltkrieg

GERHARD SCHREIBER

Deutsche Politik und Kriegführung 1939 bis 1945

Die »Geschichte eines zweiten Dreißigjährigen Krieges« wollte Winston Churchill schreiben, als er gegen Ende der vierziger Jahre seine memoirenhafte Darstellung des Zweiten Weltkrieges begann[1]. Nicht wenige Historiker, die sich mit der Epoche der Weltkriege auseinandersetzten, stimmten mit dieser geschichtlichen Einordnung der Jahre von 1939 bis 1945 überein[2]. Ihrer Meinung nach charakterisierte den historischen Prozeß in der ersten Hälfte des 20. Jahrhunderts eine innere Kohärenz, die sowohl mit strukturellen Elementen nationaler und internationaler Zuordnung als auch mit personengebundenen Faktoren zu erklären war. Gleichzeitig manifestierte sich in jenem Zusammenhalt eine – partiell weit in die Geschichte zurückreichende – Kontinuität politischen Wollens, die nicht allein, aber besonders deutlich im Planen und Handeln des Mannes zutage trat, der seit dem Januar 1933 als Reichskanzler amtierte. Sollte doch für Adolf Hitler der programmatisch angestrebte neue Weltbrand unter anderem die »weltpolitische Korrektur der deutschen Niederlage von 1918 – und überdies noch der großdeutschen und imperialistischen Defizite des Kaiserreichs – sein«[3].

I. Die Entfesselung des Krieges

Obwohl Hitler die Zentralfigur der Entwicklung nach 1933 war, läßt sich diese nicht hitlerzentrisch interpretieren. Die Vorgeschichte des Zweiten Weltkrieges[4] entspricht

---

1 Winston S. Churchill, Der Zweite Weltkrieg, Bd. 1: Der Sturm zieht auf, Stuttgart-Hamburg 1949, S. 13.
2 Gerhard Schreiber, Hitler – Interpretationen 1923–1983. Ergebnisse, Methoden und Probleme der Forschung, 2., verb. u. durch eine annotierte Bibliographie für die Jahre 1984–1987 ergänzte Auflage, Darmstadt 1988, S. 223–247.
3 Karl Dietrich Bracher, Der historische Ort des Zweiten Weltkrieges, in: Klaus Hildebrand/ Jürgen Schmädeke/Klaus Zernack (Hrsg.), 1939. An der Schwelle zum Weltkrieg. Die Entfesselung des Zweiten Weltkrieges und das internationale System, Berlin – New York 1990, S. 347–374, Zitat S. 350.
4 Vgl. als knappe Auswahl: Das Deutsche Reich und der Zweite Weltkrieg, Bd. 1: Wilhelm Deist/Manfred Messerschmidt/Hans-Erich Volkmann/Wolfram Wette, Ursachen und Voraussetzungen der deutschen Kriegspolitik, Stuttgart 1979; Hermann Graml, Europas Weg in den Krieg. Hitler und die Mächte 1939, München 1990; Andreas Hillgruber, Deutschlands Rolle in der Vorgeschichte der beiden Weltkriege, 2., erg. Auflage, Göttingen 1979; Walther Hofer, Die Entfesselung des Zweiten Weltkrieges. Darstellung und Dokumente, Düsseldorf 1984; Wolfgang Michalka (Hrsg.), Der Zweite Weltkrieg. Analysen, Grundzüge, Forschungsbilanz, München–Zürich 1990[2]; Gottfried Niedhart (Hrsg.), Kriegsbeginn 1939. Ent-

vielmehr einem globalen, unterschiedlich eng verflochtenen, multifaktoriell ausgelösten und vorangetriebenen Veränderungsprozeß des weltpolitischen Status quo, den man durch die für Europa in Versailles (1919/20) und für Ostasien in Washington (1921/22) festgelegten Nachkriegsordnungen geschaffen hatte. Uneingeschränkt zufrieden zeigte sich freilich kaum jemand mit den Ergebnissen jener Friedensregelungen, deren Revision in erster Linie die drei »Habenichtse« unter den Großmächten betrieben. Mittlerweile steht fest, daß es hierbei zwischen Deutschland, Italien und Japan weder vor noch nach dem Ende der Weimarer Republik[5] eine Verschwörung gegen den Frieden gab. Gleichwohl demonstrierten sie – im Rahmen der Konfrontation mit den anderen Großmächten, zu der es bei der Wahrung beziehungsweise Durchsetzung von Interessen in der ostasiatischen, mittelmeerischen und zentraleuropäischen Spannungszone der Weltpolitik kam – seit Anfang der dreißiger Jahre eine gefährliche Militanz[6]. Offenbar blieb die offensive Verwirklichung nationaler Anliegen durch militärische Gewaltanwendung – ohne Rücksicht auf den Briand-Kellogg-Pakt (27. August 1928), der den Krieg ächtete und bis 1938 immerhin 68 Signatarstaaten zählte – eine ungeniert einkalkulierte Möglichkeit internationaler Politik[7]. Dies galt auch für Deutschland, wo Hitler – keineswegs einzelgängerisch, aber als letztlich autonome und nicht zu übergehende Entscheidungsinstanz – sehr bald die auf gewaltsame Expansion ausgerichtete Gesamtpolitik bestimmte[8]. Zu einem mitunter angenommenen qualitativen Sprung, der die revisionistische Zeit von derjenigen des expansiven Vorgehens trennte, kam es hierbei nicht. Zielperspektivisch betrachtet, war Hitlers Politik, die sich schrittweise und taktisch anpassungsfähig entfaltete, aus einem Guß: beseelt vom Willen zum Krieg[9].

Daß dem so gewesen ist, daran ließ der neue Regierungschef keine Zweifel aufkommen. Schon am 3. Februar 1933 machte er gegenüber den Spitzen der Reichs-

fesselung oder Ausbruch des Zweiten Weltkriegs?, Darmstadt 1976; und Bernd-Jürgen Wendt, Großdeutschland. Außenpolitik und Kriegsvorbereitung des Hitler-Regimes, München 1987.

5   Vgl. Karl Dietrich Bracher/Manfred Funke/Hans-Adolf Jacobsen (Hrsg.), Die Weimarer Republik 1918–1933. Politik, Wirtschaft, Gesellschaft, Bonn 1987 (Schriftenreihe der Bundeszentrale für politische Bildung, Bd. 251).

6   Vgl. Andreas Hillgruber, Der Zweite Weltkrieg 1939–1945. Kriegsziele und Strategie der großen Mächte, Stuttgart u. a. 1982, S. 9–25.

7   Vgl. Wolfram Wette, Von Kellogg bis Hitler (1928–1933). Die öffentliche Meinung zwischen Kriegsächtung und Kriegsverherrlichung, in: Hessische Stiftung Friedens- und Konfliktforschung (Hrsg.), Der gerechte Krieg: Christentum, Islam, Marxismus, Frankfurt am Main 1980, S. 233–268.

8   Grundlegend hierzu: Manfred Funke, Starker oder schwacher Diktator? Hitlers Herrschaft und die Deutschen. Ein Essay, Düsseldorf 1989; und Hermann Graml, Wer bestimmte die Außenpolitik des Dritten Reiches? Ein Beitrag zur Kontroverse um Polykratie und Monokratie im NS-Herrschaftssystem, in: Manfred Funke/Hans-Adolf Jacobsen/Hans-Helmuth Knütter/Hans-Peter Schwarz (Hrsg.), Demokratie und Diktatur. Geist und Gestalt politischer Herrschaft in Deutschland und Europa, Bonn 1987 (Schriftenreihe der Bundeszentrale für politische Bildung, Bd. 250), S. 223–236.

9   Vgl. Gerhard L. Weinberg, Deutschlands Wille zum Krieg. Die internationalen Beziehungen 1937–1939, in: Karl Dietrich Bracher/Manfred Funke/Hans-Adolf Jacobsen (Hrsg.), Nationalsozialistische Diktatur 1933–1945. Eine Bilanz, Bonn 1983 (Schriftenreihe der Bundeszentrale für politische Bildung, Bd. 192), S. 223–236.

wehr klar, was ihm langfristig vorschwebte: die »Eroberung neuen Lebensraums im Osten und dessen rücksichtslose Germanisierung«[10]. Unbeschadet einiger – damals verständlicher – rhetorischer Einschränkungen, Hitler befand sich gerade fünf Tage im Amt, wurde seine Äußerung zu Recht als »klipp und klar« eingestuft[11]. Ziemlich genau sechseinhalb Jahre später, am 22. August 1939, hörten die Vertreter der militärischen Führung, daß er – an der Schwelle zu einem europäischen Krieg – einzig davor Angst habe, ihm könne »noch im letzten Moment irgendein Schweinehund einen Vermittlungsplan« vorlegen[12]. Man unternahm tatsächlich derartige Anstrengungen[13], aber ein zweiter September 1938, als Hitler wegen des Münchener Abkommens darauf verzichten mußte, den beabsichtigten Krieg »vom Zaune zu brechen«[14], blieb ihm erspart.

Damit war er im August 1939 am Ziel, wenn auch nicht in der an sich gewünschten Mächtekonstellation und bündnispolitischen Ausgangslage. Denn London, das selbst nach der Zerschlagung der Resttschechei (15. März) und der Garantieerklärung für die polnische Unabhängigkeit (31. März) mit der deutschen Seite Gespräche führte, lehnte es ab, für einen bloßen Scheinerfolg seiner Politik des »world appeasement« jeden Preis zu zahlen[15]. Die sich somit abzeichnende Frontstellung gegen Großbritannien widersprach zwar Hitlers Grundmuster für den Griff nach der europäischen Hegemonie, doch schreckte ihn all das nicht mehr ab. Seit dem Mai 1939 scheint er – obwohl nur mit Italien, nicht aber mit Japan ein Militärbündnis zustande kam – grundsätzlich bereit gewesen zu sein, Polen, das sich seinem antisowjetischen Allianzwerben verschlossen hatte, in jedem Fall anzugreifen, egal ob die Westmächte dem Konflikt fernblieben oder nicht[16]. Was ihn andererseits nicht daran hinderte, sich bis in die letzten Tage des August hinein um ein Stillhalten von London und Paris zu bemühen.

Im Zusammenhang mit dem Wunsch, Briten und Franzosen vom Krieg fernzuhalten, ist auch der deutsch-sowjetische Nichtangriffsvertrag (23. August) zu sehen. Grundsätzlich stellte er lediglich ein Arrangement auf Zeit dar, das keinen Verzicht

10 Wolfgang Michalka (Hrsg.), Das Dritte Reich. Dokumente zur Innen- und Außenpolitik, Bd. 1: »Volksgemeinschaft« und Großmachtpolitik 1933–1939, München 1985, S. 23 f.
11 Klaus-Jürgen Müller, Revision, Aufrüstung und nationale Sicherheit. Der Grundsatzkonflikt zwischen Militär und Diplomatie in Deutschland 1933–1935, in: Karl Dietrich Bracher/ Manfred Funke/Hans-Peter Schwarz (Hrsg.), Deutschland zwischen Krieg und Frieden. Beiträge zur Politik und Kultur im 20. Jahrhundert, Bonn 1990 (Schriftenreihe der Bundeszentrale für politische Bildung, Bd. 295), S. 19–30, Zitat S. 19.
12 Der Prozeß gegen die Hauptkriegsverbrecher vor dem Internationalen Militärgerichtshof Nürnberg 14. November 1945 – 1. Oktober 1946, Bd. 26: Urkunden und anderes Beweismaterial Nummer 405-PS bis Nummer 1063 (d)-PS, Nürnberg 1947, Dok. 798-PS, S. 343.
13 Vgl. Bernd Martin, Friedensinitiativen und Machtpolitik im Zweiten Weltkrieg 1939–1942, Düsseldorf 1974, S. 34–48.
14 Hitlers politisches Testament. Die Bormann-Diktate vom Februar und April 1945. Mit einem Essay von Hugh R. Trevor-Roper und einem Nachwort von André François-Poncet, Hamburg 1981, S. 100 f.
15 Vgl. Gottfried Niedhart, Sitzkrieg versus Blitzkrieg. Das attentistische Konfliktverhalten Großbritanniens in der Krise des internationalen Systems am Vorabend und bei Beginn des Zweiten Weltkrieges, in: W. Michalka (Anm. 4), S. 49–56.
16 Vgl. die Schmundt-Aufzeichnung zur Ansprache am 23. Mai 1939, publiziert bei W. Hofer (Anm. 4), S. 104–110.

auf Hitlers Lebensraumprogramm bedeutete. Der Abschluß des Hitler-Stalin-Paktes vertagte allenfalls dessen Realisation[17]. Hingegen versetzte das Abkommen Berlin gegenüber den Westmächten politisch, militärisch und wirtschaftlich in eine starke Position, da Moskau, sofern die Wehrmacht in Polen einmarschierte, mehr als nur wohlwollende Neutralität zugesagt hatte.

So gesehen mußte Hitler am 25. August, das heißt am Vorabend des bis dahin verbindlichen Termins für den Angriff, seinen Befehl nicht zurücknehmen. Dennoch leistete er sich diesen Schritt. Nachrichten über das Militärbündnis zwischen London und Warschau sowie die Erkenntnis, daß das verbündete Italien nicht in den Konflikt eingreifen konnte, regten ihn dazu an, doch zwangen sie ihn nicht im entferntesten zur Aufgabe seiner Absichten. Ganz pragmatisch den letztmöglichen Zeitpunkt für die Aggression gegen Polen berechnend, aber ohne irgendwelche begleitende Entspannungsmaßnahmen auf militärischem Gebiet, verlegte er sich lediglich noch einmal aufs diplomatische Taktieren. Hierbei inszenierte Hitler ein Verwirrspiel, bei dem die deutsche Seite in bezug auf ihre Forderungen an Polen eine Konzessionsbereitschaft signalisierte, die effektiv nicht vorhanden war. Auf solche Weise wollte man die Entschlossenheit der Westmächte, sich für die polnische Sache zu engagieren, ins Wanken bringen und zugleich die eigene Bevölkerung über die wahren Kriegstreiber täuschen.

Als es jedoch nicht glückte, London, Paris und Warschau auseinanderzubringen, setzte Hitler »alles auf eine Karte«: wissend, was er wagte! Der Krieg, so wird er zitiert, würde »schwer, möglicherweise sogar aussichtslos« werden[18]. Und ihm war natürlich bekannt, daß die Wehrmacht sich ausschließlich auf einen Feldzug gegen Polen vorbereitet hatte. Für die Zeit danach gab es keine operativen Planungen. Trotzdem entschied sich Hitler bereits am 29. August, eventuelle polnische Offerten am letzten Tag des Monats abzulehnen. Am 1. September sollte die »Gewaltanwendung« erfolgen[19]. Angesichts einer derartigen Einstellung ist es bezeichnend, aber nicht überraschend, daß er den Nichtangriffsvertrag mit Stalin politisch gar nicht voll ausreizte[20] und den definitiven Angriffsbefehl einige Stunden eher als unbedingt nötig erteilte[21]. Solange dieser Reichskanzler entscheiden durfte, gab es in der Tat »keine wirkliche Möglichkeit, den Krieg zu verhindern«[22].

17 Dazu Rolf Ahmann, Nichtangriffspakte: Entwicklung und operative Nutzung in Europa 1922–1939. Mit einem Ausblick auf die Renaissance des Nichtangriffsvertrages nach dem Zweiten Weltkrieg, Baden-Baden 1988, S. 641.
18 Helmuth Groscurth, Tagebücher eines Abwehroffiziers 1938–1940. Mit weiteren Dokumenten zur Militäropposition gegen Hitler, hrsg. von Helmut Krausnick und Harold C. Deutsch unter Mitarbeit von Hildegard von Kotze, Stuttgart 1970, S. 190, 28. August 1939.
19 Franz Halder, Generaloberst Halder, Kriegstagebuch. Tägliche Aufzeichnungen des Chefs des Generalstabes des Heeres, hrsg. vom Arbeitskreis für Wehrforschung Stuttgart, bearb. von Hans-Adolf Jacobsen in Verb. mit Alfred Philippi, Bd. 1: Vom Polenfeldzug bis zum Ende der Westoffensive (14. 8. 1939–20. 6. 1940), Stuttgart 1962, S. 42; vgl. Die Weizsäker-Papiere 1933–1950, hrsg. von Leonidas E. Hill, Frankfurt am Main u. a. 1974, S. 163.
20 Vgl. A. Hillgruber (Anm. 6), S. 19.
21 Gerhard L. Weinberg, Hitlers Entschluß zum Krieg, in: K. Hildebrand/J. Schmädeke/K. Zernack (Anm. 3), S. 31–36.
22 K. D. Bracher (Anm. 3), S. 358 f.

Daß Hitler sich durchzusetzen vermochte, verdankte er nicht zuletzt der Desorganisation des internationalen Systems[23] und dem Verhalten Stalins, das sich durchaus als »Einladung zum Angriff auf Polen« qualifizieren läßt[24]. Freilich ist andererseits hervorzuheben, daß, gleichgültig wie sich die einzelnen Regierungen verhielten, keine von ihnen in der Lage war, Hitler gegen seinen Willen in den Krieg zu treiben oder arglistig in diesen zu verwickeln[25]. Nein, er wollte den Krieg, er brauchte ihn, um sein zunächst auf die Hegemonie in Europa und sodann auf die Weltherrschaft zielendes Programm zu verwirklichen. Zu fragen ist jedoch, weshalb es ihn gerade 1939 drängte, den militärischen Konflikt herbeizuführen.

Manches spricht dafür, daß eine »innere Krise und die durch das Wettrüsten gekennzeichnete internationale Situation« bei seinen Überlegungen Gewicht besaßen[26]. Beide Erscheinungen waren miteinander verbunden. Zweifellos drohte Deutschland, das ursprünglich erst ab 1942 für den großen Krieg gerüstet sein wollte, sich aber 1939 gegenüber den potentiellen Gegnern in einer relativ vorteilhaften Position befand, auf längere Sicht Gefahr, das Tempo und Ausmaß des allgemeinen Wettrüstens nicht mehr mithalten zu können. Hinzu kam, daß Hitler, der von seinem frühen Tod überzeugt zu sein schien, sich persönlich unter Zeitdruck fühlte, da er keinem der möglichen Nachfolger die Verwirklichung des Lebensraumkonzepts zutraute[27]. Auf der Basis eines überwiegend subjektivistischen Kalküls, in jedem Fall ohne objektive Notwendigkeit, entfesselte er deshalb 1939 einen Konflikt, der im Idealfall isoliert bleiben sollte, dessen sich frühzeitig ankündigende Ausweitung jedoch bewußt hingenommen wurde. Weil dem so war, kam es unter Historikern zwar zu interessanten und gegensätzlichen Diskussionen über die Mitverantwortung anderer Mächte an der Ermöglichung des Zweiten Weltkrieges, aber nie zu einer seriösen Kontroverse über die Kriegsschuldfrage[28].

II. Polen als Modellfall deutscher Kriegspraxis

Für den Charakter Hitlerscher Politik und Kriegführung erscheint es bezeichnend, daß die Wehrmacht am 1. September 1939 ohne Kriegserklärung in polnisches Gebiet eindrang[29]. Berlin hatte vorher Grenzzwischenfälle inszenieren lassen, die zeigten,

---

23 Vgl. Klaus Hildebrand, Die Entfesselung des Zweiten Weltkrieges und das internationale System: Probleme und Perspektiven der Forschung, in: K. Hildebrand/J. Schmädeke/K. Zernack (Anm. 3), S. 3–20.
24 Die Deutschen und ihre Nation, Bd. 5: Hans-Ulrich Thamer, Verführung und Gewalt. Deutschland 1933–1945, Berlin 1986, S. 618.
25 Gerhard Schreiber, Der Zweite Weltkrieg in der internationalen Forschung. Konzeptionen, Thesen und Kontroversen, in: W. Michalka (Anm. 4), S. 10–18.
26 Grundlegend dazu Jost Dülffer, Der Beginn des Krieges 1939: Hitler, die innere Krise und das Mächtesystem, in: K. D. Bracher/M. Funke/H.-A. Jacobsen (Anm. 9), S. 317–344, hier S. 343 f.
27 A. Hillgruber (Anm. 8), S. 19 f.
28 Zu den Versuchen, dies dennoch zu tun, vgl. G. Schreiber (Anm. 2), S. 362 ff.
29 Vgl. Das Deutsche Reich und der Zweite Weltkrieg, Bd. 2: Klaus A. Maier/Horst Rohde/Bernd Stegemann/Hans Umbreit, Die Errichtung der Hegemonie auf dem europäischen Kontinent, Stuttgart 1979.

daß in der »Innenpolitik erprobte verbrecherische Methoden auch auf dem Gebiet der Kriegführung« anzuwenden wären[30]. Auch deshalb wurde der Fall Polen in vielfacher Hinsicht beispielhaft für die Kriegspraxis im Zeichen des Nationalsozialismus.

Das zu Erwartende kündigte sich a priori in der hemmungslosen Gewalttätigkeit an, zu der Hitler seine militärische Führung schon am 22. August verpflichtete. Wenige Tage vor dem Überfall erklärte er den in seinem Privatwohnsitz auf dem Obersalzberg versammelten Offizieren, das »Ziel« des Feldzuges sei die »Beseitigung der lebendigen Kräfte, nicht die Erreichung einer bestimmten Linie«. Was nicht hieß, daß die Truppen keine festgelegten Operationsziele besessen hätten. Nur, Hitler ging es eben im wesentlichen um die »Vernichtung Polens«[31] – ein Wort, das er häufig gebrauchte. Doch nicht allein der polnische Casus dokumentiert, daß es von ihm so gemeint wie gesagt war. Jedenfalls wurden die Soldaten – und Himmlers Leute, die den Einheiten der Wehrmacht im beiderseitigen Einvernehmen folgten[32] – zu brutalem Vorgehen, größter Härte und Mitleidlosigkeit angehalten. All das hatte nichts mit polnischen Ausschreitungen zu tun, zu denen es nach der Aggression kam[33]. Hitler reagierte nicht, als er seine Richtlinien für das rücksichtslose Vorgehen erteilte. Vielmehr handelte es sich hierbei um ein Prinzip, dem er bis 1945 treu blieb. Skrupel erübrigten sich, denn der »Stärkere hat das Recht«[34]. Im Hinblick auf das Wesen nationalsozialistischer Kriegführung[35], von der auch als Folge des – im großen und ganzen selbstverschuldeten – Absinkens der Wehrmacht zum komplizenhaften Erfüllungsgehilfen der politischen Führung gesprochen werden darf[36], war diese Formulierung Hitlers ein Schlüsselsatz. Gedanklich implizierte sie nämlich einerseits die Überzeugung, daß Rechtsnormen nicht grundsätzlich anerkannt werden müßten, sondern voluntaristisch berücksichtigt werden könnten; und andererseits besagte das Diktum Hitlers, daß für ihn außer dem totalen Sieg oder der Selbstzerstörung keine Alterna-

30 Lothar Gruchmann, Totaler Krieg. Vom Blitzkrieg zur bedingungslosen Kapitulation, München 1991, S. 13.
31 Der Prozeß (Anm. 12), S. 523f., Dok. 1014-PS. Zweite Ansprache Hitlers am 22. August 1939 vor den Oberbefehlshabern. Zur historischen Einordnung der verschiedenen Dokumente vgl. Wolfgang Jacobmeyer, Der Überfall auf Polen und der neue Charakter des Krieges, in: Christoph Kleßmann (Hrsg.), September 1939. Krieg, Besatzung, Widerstand in Polen. Acht Beiträge, Göttingen 1989, S. 16–37.
32 Vgl. Helmut Krausnick/Hans-Heinrich Wilhelm, Die Truppe des Weltanschauungskrieges. Die Einsatzgruppen der Sicherheitspolizei und des SD 1938–1942, Stuttgart 1981, S. 32–51.
33 Vgl. Günter Schubert, Das Unternehmen »Bromberger Blutsonntag«. Tod einer Legende, Köln 1989, hier S. 191–201.
34 Der Prozeß (Anm. 12), S. 523, Dok. 1014-PS.
35 Zur Begründbarkeit des Begriffs vgl. Hans-Adolf Jacobsen, Krieg in Weltanschauung und Praxis des Nationalsozialismus (1919–1945), in: K. D. Bracher/M. Funke/H.-A. Jacobsen (Anm. 9), S. 427–439.
36 Vgl. hierzu die ausgezeichneten Analysen – mit Hinweisen auf ältere Standardwerke – von Jürgen Förster, Vom Führerheer der Republik zur nationalsozialistischen Volksarmee. Zum Strukturwandel der Wehrmacht 1935–1945, in: Jost Dülffer/Bernd Martin/Günter Wollstein (Hrsg.), Deutschland in Europa. Kontinuität und Bruch, Frankfurt am Main u. a. 1990, S. 311–328; Jost Dülffer, Vom Bündnispartner zum Erfüllungsgehilfen im totalen Krieg. Militär und Gesellschaft in Deutschland 1933–1945, in: W. Michalka (Anm. 4), S. 286–300; und Manfred Funke, Hitler und die Wehrmacht. Eine Profilskizze ihrer Beziehungen, in: W. Michalka (Anm. 4), S. 301–313.

tive hinsichtlich des Kriegsendes existierte. Solange er lebe, werde von »Kapitulation nicht gesprochen«, denn im äußersten Fall ziehe er einen »Untergang in Ehren« vor[37]. Für Hitler waren das keine leeren Worte. Er lebte und bewegte sich mit seiner Politik zwischen diesen beiden Extremen. Daher erscheint es unzulässig, den bei ihm vorhandenen Hang zur Destruktion zu verabsolutieren oder gar als finales Ziel hinzustellen. Die Selbstzerstörung stand nicht im Mittelpunkt seines Wollens, sondern bildete die Ultima ratio, falls man scheitern sollte. Ganz klar erhellt das etwa eine Bemerkung vom 27. Januar 1942, als er meinte:[38] »Erst wenn der letzte Mann daran (gemeint ist die nationalsozialistische Idee, d. Verf.) verzweifelt, ist es aus. Ist noch ein Mann da, der gläubigen Herzens die Fahne hochhält, so ist nichts verloren. Ich bin auch hier eiskalt: Wenn das deutsche Volk nicht bereit ist, für seine Selbsterhaltung sich einzusetzen, gut: dann soll es verschwinden!« Dafür schien ihm 1945 der Zeitpunkt gekommen zu sein, denn am 19. März sagte er zu Albert Speer: »Wenn der Krieg verlorengeht, wird auch das Volk verloren sein. Es ist nicht notwendig, auf die Grundlagen, die das deutsche Volk zu seinem primitivsten Weiterleben braucht, Rücksicht zu nehmen. Im Gegenteil ist es besser, selbst diese Dinge zu zerstören. Denn das Volk hat sich als das schwächere erwiesen, und dem stärkeren Ostvolk gehört ausschließlich die Zukunft.«[39] Dennoch ist in dem damals für die »Zerstörungsmaßnahmen im Reichsgebiet« erlassenen Befehl, dessen Konsequenz – so Speer – ein ins »Mittelalter zurückversetztes Land« gewesen wäre[40], zwischen den Zeilen die weiterhin bei Hitler vorhandene Hoffnung auf eine wundersame Änderung der Lage zu erkennen[41]. Und als dann am 12. April der amerikanische Präsident Roosevelt starb, glaubte nicht nur der »Führer« kurzzeitig noch einmal an eine rettende Wendung des Krieges[42].

Wie immer dem gewesen sein mag, Polen war – militärisch betrachtet – am 6. Oktober 1939, als die letzten Feldtruppen die Waffen streckten, besiegt. Für den schnellen Erfolg der zahlenmäßig nur unerheblich stärkeren Angreifer (es standen 1 500 000 deutsche gegen 1 300 000 polnische Militärangehörige), spielten mehrere Faktoren eine Rolle: Die Wehrmacht besaß bei den motorisierten und Panzer-Divisionen, bei den Panzerfahrzeugen und Flugzeugen eine erdrückende Überlegenheit. Zweifellos fiel die bessere berufliche Qualifikation des deutschen Führungspersonals ebenfalls ins Gewicht. Zu bedenken wäre außerdem, daß Hitlers Verbände aus einer ungemein günstigen Ausgangsstellung antreten konnten. Sie vermochten von Norden, Westen und Süden (Slowakei) konzentrisch gegen die – wehrgeographisch gesehen – deutlich benachteiligten polnischen Verteidiger vorzurücken. Als schließlich am 17. September auch noch die Rote Armee in Polen einfiel, fochten dessen Truppen an vier Fronten. Großbritannien und Frankreich, die dem Deutschen Reich am 3. September den Krieg erklärt hatten, zeigten sich in jener Situation außerstande, ihrem Verbündeten zu helfen. Insgesamt ist festzustellen, daß die Wehrmacht beim Polenfeldzug, trotz gewisser technischer und personeller Unzulänglichkeiten, erstmals und erfolgreich

---

37 H. Groscurth (Anm. 18), S. 190, Äußerung Hitlers am 27. August 1939.
38 Henry Picker, Hitlers Tischgespräche im Führerhauptquartier, Stuttgart 1976, S. 98.
39 Albert Speer, Erinnerungen, Frankfurt am Main – Berlin 1969, S. 446.
40 Ebd., S. 448.
41 Walther Hubatsch, Hitlers Weisungen für die Kriegführung 1939–1945. Dokumente des Oberkommandos der Wehrmacht, Koblenz 1983², S. 303 f.
42 Vgl. Joachim C. Fest, Hitler. Eine Biographie, Frankfurt am Main u. a. 1973, S. 1000–1003.

jene Blitzkriegskonzeption erprobte, die zum Markenzeichen deutscher Operationen ersten Hälfte des Zweiten Weltkrieges geworden ist[43].

Da über die Bewertung des Blitzkrieges und die ihn leitende strategische Idee eine ausgesprochen kontroverse Diskussion entstand[44], ist auf diese zentrale Komponente deutscher Kriegführung etwas ausführlicher einzugehen. Schon im Ersten Weltkrieg hatte sich herausgestellt, daß das Deutsche Reich einen langen Krieg nicht erfolgreich durchstehen konnte. Seine Führung mußte – um Schwierigkeiten bei der Ernährung und Rohstoffversorgung zu vermeiden – den blitzartigen Sieg anstreben. Andererseits durfte sie sich nicht darauf verlassen, daß ihr die schnelle Entscheidung tatsächlich gelingen würde. Zumindest bis zum Ende des Westfeldzuges gab es daher unter den Militärs gegensätzliche Auffassungen, herrschte Unsicherheit. Skeptische Realisten befürworteten zum Beispiel nach dem Erfolg in Polen den Übergang zur Defensive und die einer eventuell unvermeidbaren langen Kriegsdauer adäquate totale Mobilmachung. Ihnen stand eine Gruppe von Offizieren und Politikern gegenüber, die – eher politisch-ideologisch argumentierend – so taten, als ob die Beendigung des Krieges primär oder gar ausschließlich vom siegreichen Verlauf der deutschen Operationen abhing. Dabei sei darauf aufmerksam gemacht, daß jene optimistische Ansicht just in dem Augenblick widerlegt wurde, als Berlin das am wenigsten erwartete: beim triumphalen Sieg im Westen. Erklärte sich die britische Regierung doch entschlossen, allein weiterzukämpfen.

Ansonsten aber waren die Feldzüge gegen Polen (1. September–6. Oktober 1939), Dänemark und Norwegen (9. April–10. Juni 1940), Frankreich und die Beneluxstaaten (10. Mai–22. Juni 1940) sowie Griechenland und Jugoslawien (6. April–1. Juni 1941) zweifelsfrei Blitzkriege, sofern die Gesamtdauer und die Schnelligkeit der militärischen Bewegungen als Beurteilungsmaßstab gewählt werden.

Sobald sich die Perspektive jedoch ins Strategische erweitert, also danach gefragt wird, ob sich die operative Kriegführung der Wehrmacht innerhalb einer funktionierenden gesamtstrategischen Blitzkriegskonzeption entwickelte, fällt die Antwort erheblich schwerer. Eine solche Strategie des Blitzkrieges, deren operativ-taktische Komponente der kurze, räumlich begrenzte, mit äußerst beweglichen Verbänden und massiver Luftunterstützung geführte Feldzug repräsentierte, hätte neben der militärfachlichen Planung vor allem einen hinsichtlich der Zielsetzung und der verfügbaren Zeit hinreichend genau festgelegten – notwendigerweise limitierten – Kräfteansatz für Personal, Material und Gerät beinhalten müssen. In all dem deutet sich bereits an, daß die Blitzkriegsstrategie ein von verhältnismäßig vielen Faktoren beeinflußtes System des dosierten Mitteleinsatzes darstellte. Seine Funktionsfähigkeit drohte immer dann in Gefahr zu geraten, wenn die ursprünglich vorhandene ausgeglichene Wechselbeziehung zwischen Anfangsausstattung, vorausberechneten Einbußen aller Art, einkalkulierter Ersatzgestellung und allgemeinem Bedarf der Kriegswirtschaft gestört wurde. Dazu mußte es in erster Linie kommen, falls sich die Operationsphase unvorhergesehen lange ausdehnte oder es den gegnerischen Kräften gelang, den eingegrenzten Konflikt in einen Abnutzungskrieg großen Stils zu erweitern.

In jedem Fall war die Strategie des Blitzkrieges, mit der man den sozioökonomischen strukturellen Gegebenheiten Deutschlands zu entsprechen versuchte, eine ex-

---

43 Vgl. Das Deutsche Reich und der Zweite Weltkrieg, Bd. 2 (Anm. 29), S. 111–135 (Rohde).
44 G. Schreiber (Anm. 25), S. 15f.

trem anfällige Konzeption. Die Berücksichtigung ihrer spezifischen Problematik ist für eine angemessene Interpretation der deutschen Kriegspolitik unverzichtbar.

Als Gesamtsystem wurde diese Strategie vor dem Entschluß zum Unternehmen »Barbarossa«, dem Angriff auf die Sowjetunion, nie auf die Probe gestellt. Bezeichnenderweise schlug sie bereits wenige Wochen nach der mit größter Erfolgszuversicht begonnenen Offensive im Osten fehl. Das heißt, gerade in dem Krieg, den die deutsche Führung – im strategischen Verständnis – konsequent als Blitzkrieg geplant und vorbereitet hatte, blieb der Erfolg aus. Dafür lassen sich zahlreiche Gründe anführen. Entscheidend war aber vermutlich der sich aus einer irrationalen Unterschätzung Rußlands und seiner Menschen ergebende – im Kontext einer unglaublich illusionären Zeitplanung zu sehende – unzureichende oder falsch berechnete Kräfteansatz[45].

Charakteristisch für die nationalsozialistische Politik war die Willkür, die bei der territorialen Veränderung Polens zutage trat. Ausgehend von der (vierten) Teilung des polnischen Staates, die Berlin und Moskau am 23. August 1939 im Geheimen Zusatzprotokoll des Nichtangriffsvertrages und am 28. September im Grenz- und Freundschaftsvertrag vereinbart hatten[46], machte sich die deutsche Seite daran, von 188 000 Quadratkilometern, die ihr – mit 22 000 000 Menschen, darunter 17 300 000 Polen und 675 000 Deutsche – zugefallen waren, circa 90 000 Quadratkilometer als neue Reichsgaue einzugliedern oder an preußische Regierungsbezirke anzuschließen. Diese Gebiete, deren 9 800 000 Bewohner sich zu 80 Prozent aus Polen zusammensetzten, gehörten nun offiziell zum Reich, selbst wenn verwaltungsrechtlich manches unabgeklärt wirkte. Das restliche polnische Territorium bis zur – ungefähr westlich des Flusses Bug verlaufenden – deutsch-sowjetischen Demarkationslinie hieß »Generalgouvernement«. Sein völkerrechtlicher Status blieb undefiniert, die Einwohner galten als staatenlos. Man sprach deutscherseits von einem »Nebenland«, das auf lange Sicht eingedeutscht werden sollte. Effektiv diente das Gebiet vorerst der ungehinderten wirtschaftlichen Ausbeutung und als Reservoir für billige Arbeitskräfte. Außerdem nahm es die aus den annektierten Landesteilen deportierten Menschen auf, insbesondere auch Juden[47].

In Polen wurde erstmals praktisch, was Hitler in seinen programmatischen Schriften als politische Absicht angekündigt hatte. Das heißt, es ging nicht um die revisionistische Wiederherstellung der Reichsgrenzen von 1914, sondern um die hegemoniale Expansion, deren erstes Gewaltopfer der polnische Staat und seine nichtdeutschen Menschen verkörperten und an deren Ende »Hitlers Europa« stehen sollte. Jenes Europa – als Folge der Verwirklichung rassenideologischer Maximen substantiell zer-

---

45 Vgl. Das Deutsche Reich und der Zweite Weltkrieg, Bd. 5: Bernhard R. Kroener/Rolf-Dieter Müller/Hans Umbreit, Organisation und Mobilisierung des deutschen Machtbereichs. Erster Halbband: Kriegsverwaltung, Wirtschaft und personelle Ressourcen 1939–1941, Stuttgart 1988, S. 990–1001 (Kroener).

46 Die Verträge sind vollständig publiziert bei Hans-Adolf Jacobsen, Der Weg zur Teilung der Welt. Politik und Strategie 1939–1945, Koblenz–Bonn 1979², S. 26 f. und S. 31 f.

47 Vgl. Das Deutsche Reich und der Zweite Weltkrieg, Bd. 5 (Anm. 45), S. 28–46 (Umbreit); Peter Habel/Helmut Kistler, Deutsche und Polen, Teil 2: Vom Zweiten Weltkrieg bis zum deutsch-polnischen Vertrag, Bonn 1970, S. 4–7. Zur NS-Bevölkerungspolitik in Osteuropa vgl. Rolf-Dieter Müller, Hitlers Ostkrieg und die deutsche Siedlungspolitik. Die Zusammenarbeit von Wehrmacht, Wirtschaft und SS, Frankfurt am Main 1991, zu Polen S. 11–23.

stört – hätte die deutsche Vorherrschaft vom Nordkap bis in den Mittelmeerraum und vom Atlantik bis zur Linie Archangelsk-Wolga-Schwarzes Meer zu erdulden gehabt. Sicherlich, im Detail gab es hierzu bei den nationalsozialistischen Imperialisten – zu denen auch ungezählte Mitglieder der traditionellen Führungseliten gehörten – recht unterschiedliche Vorstellungen. Aber kein europäischer Staat wäre bei einer Realisierung der angestrebten Neuordnung von Eingriffen verschont geblieben. Selbst das verbündete Italien sollte – nach dem 8. September 1943, als die königliche Regierung aus dem Krieg ausschied – das Gros seiner nördlichen Provinzen an das »Dritte Reich« abtreten[48]. Wenn die deutsche Führung, die in Polen ungeniert Tabula rasa machte, in bezug auf die anderen besiegten und besetzten Länder Zurückhaltung wahrte, wenn sie Friedensverträge auf die Zeit nach dem allgemeinen Kriegsende verschob, so waren dafür pragmatische Überlegungen maßgebend. Solange nämlich zunächst Großbritannien und ab 1941 die Anti-Hitler-Koalition weiterkämpfte, empfahl es sich für Hitler nicht, die Ausnutzung der unterworfenen Völker durch das Offenlegen seiner eigentlichen Zielsetzungen zu erschweren oder gar die verschiedentlich existente Kollaboration zu gefährden. Das bedeutet, daß nicht etwa – wie zuweilen angenommen – der Gedanke an einen Friedensschluß fehlte[49]. Vielmehr war es so, daß die zum Teil sehr konkreten Ideen, die Hitler und seine Umgebung von der machtpolitischen Umgestaltung Europas besaßen, Friedensverhandlungen schlicht ausschlossen. Denn das, was Berlin den okkupierten Staaten zumuten wollte, ließ sich nur als Diktat durchsetzen[50].

Am radikalsten wären die Veränderungen in der Sowjetunion ausgefallen, zu deren Lasten man den deutschen Lebensraum bis zum Ural auszudehnen gedachte: eine Idee fixe, die Hitler seit den zwanziger Jahren beherrschte. Gemeinsam mit einem totalen Antisemitismus verlieh sie seinem politischen Programm Gestalt. Materiell verfolgte er mit der Eroberung des europäischen Rußland eine doppelte Zielsetzung. Zum einen sollte dadurch dem eigenen Volk auf unabsehbare Zeit die Existenz garantiert werden, und zum anderen beabsichtigte die deutsche Führung, damit das – nach dem Sieg – von ihr dominierte Europa autark zu machen. Der Griff nach der Weltherrschaft oder der Kampf der Kontinente wäre anschließend möglich erschienen.

Hitlers Lebensraumkonzeption würde gründlich mißverstanden, deutete man sie primär oder sogar ausschließlich als agrarpolitisch motivierten Bestandteil seines Herrschaftsentwurfs. Jenes Konzept ist tatsächlich nur im Rahmen der gesamtwirtschaftlichen Bedarfsdeckung einer hochindustrialisierten Weltmacht angemessen zu interpretieren. In einem derartigen Verständnis begann für den Ideologen Hitler am

---

48 Vgl. Gerhard Schreiber, Die italienischen Militärinternierten im deutschen Machtbereich 1943 bis 1945. Verraten – Verachtet – Vergessen, München 1990, S. 33–36; zu den Vorstellungen über das Schicksal der übrigen besiegten Staaten: Das Deutsche Reich und der Zweite Weltkrieg, Bd. 5 (Anm. 45), S. 12–95 (Umbreit).

49 Vgl. Sebastian Haffner, Anmerkungen zu Hitler, München 1978, S. 138–143. Das Lamento des Autors über den versäumten Frieden mit Frankreich ist zwar eindrucksvoll, aber »would have been history«.

50 Zu den deutschen Absichten: Das Deutsche Reich und der Zweite Weltkrieg, Bd. 5 (Anm. 45), S. 121–135 (Umbreit).

1. September 1939 ein »Rassenkampf«, in dem es für den Machtpolitiker Hitler unter anderem um »Ölfelder, Gummi, Erdschätze« ging[51].

Was nun die praktische und verwaltungstechnische Ausformung des Lebensraumes anbelangt, so war vorgesehen, den »Großteil des eroberten sowjetischen Raumes« in Teilgebiete zu zerlegen, verkehrsmäßig zu erschließen und »allmählich mit deutschen und in beschränktem Umfange auch ›germanischen Siedlern‹ zu überziehen«[52]. Ende 1941, das Unternehmen »Barbarossa« galt inzwischen als mißlungen, gab es zwar bereits die sogenannten Reichskommissariate Ostland und Ukraine, aber als Gesamteindruck ist festzuhalten, daß die lebensraumpolitischen Aktivitäten im Stadium des Experimentierens steckenblieben. Freilich, für die davon betroffenen polnischen und russischen Menschen wurde schon der Auftakt zu dem vorgesehenen »Germanenzug« nach Osten zur Apokalypse.

Die hiermit thematisierten nationalsozialistischen Siedlungsideen, deren Verwirklichung – vor allem in Ost- und Südosteuropa – eine rigorose Neuordnung der ethnographischen Verhältnisse mit sich gebracht hätte, bildeten eine zentrale Komponente der NS-Volkstumspolitik, die wiederum untrennbar mit der deutschen Kriegspolitik verbunden war. In ihren Auswirkungen lassen sich die volkstumspolitischen Maßnahmen als Versklavung, Vertreibung und Vernichtung großer Teile der alteingesessenen Bevölkerung charakterisieren. Es handelte sich um eine Eliminierungsstrategie, die sich gegen alle diejenigen richtete, die man als rassisch minderwertig betrachtete, also in erster Linie Juden und Slawen[53].

Nicht allein bei den Massendeportationen entwickelte sich Polen in solchem Kontext zum Musterfall. Und es genügt, hierzu den deutschen Oberbefehlshaber Ost zu zitieren, der im Februar 1940 zu Papier brachte, daß es »abwegig« sei, »einige 10 000 Juden und Polen, so wie es augenblicklich geschieht, abzuschlachten; denn damit werden angesichts der Masse der Bevölkerung weder die polnische Staatsidee totgeschlagen noch die Juden beseitigt«[54]. Diese Ausrottungspolitik setzte schon im September 1939 ein, doch sie kulminierte erst im Vernichtungskrieg in der Sowjetunion. Wie Hitler am 8. Juli 1941 sagte, plante er dort eine »Volkskatastrophe«. Noch vor dem Einmarsch der Wehrmacht führte eine interne Analyse zu dem Ergebnis, daß die deutschen Truppen ab September 1941 aus dem russischen Raum ernährt werden müßten, was »zweifellos« den Hungertod von »zig Millionen Menschen« bedeuten würde[55]. Und der Reichsführer SS Heinrich Himmler sprach bereits Anfang 1941 offen aus, daß der »Zweck des Rußlandfeldzugs die Dezimierung der slawischen Be-

---

51 Zitiert nach Max Domarus, Hitler. Reden und Proklamationen 1932–1945. Kommentiert von einem deutschen Zeitgenossen, Bd. 2: Untergang, Wiesbaden 1973, S. 1422, Ansprache Hitlers vor allen Oberbefehlshabern am 23. November 1939 (S. 1421–1427). Die wirtschaftlichen Motive werden nachdrücklich betont bei Rainer Zitelmann, Zur Begründung des »Lebensraum«-Motivs in Hitlers Weltanschauung, in: W. Michalka (Anm. 4), S. 551–567. Zur Gestaltung des Lebensraums vgl. Das Deutsche Reich und der Zweite Weltkrieg, Bd. 4: Horst Boog/Jürgen Förster/Joachim Hoffmann/Ernst Klink/Rolf-Dieter Müller/ Gerd R. Ueberschär, Der Angriff auf die Sowjetunion, Stuttgart 1983, S. 1070–1078 (Förster). Im Hinblick auf die Weltmachtplanungen vgl. Jochen Thies, Architekt der Weltherrschaft. Die »Endziele« Hitlers, Düsseldorf 1976².
52 Das Deutsche Reich und der Zweite Weltkrieg, Bd. 5 (Anm. 45), S. 134 (Umbreit).
53 W. Jacobmeyer (Anm. 31), S. 23–29.
54 H.-A. Jacobsen (Anm. 46), S. 33.
55 H. Krausnick/H.-H. Wilhelm (Anm. 32), S. 114f.

völkerung um 30 Millionen« sei[56]. Von »mindestens 80 Millionen« überflüssigen Essern gingen im selben Jahr Richtlinien für die Agrarpolitik in den noch in Besitz zu nehmenden Gebieten aus[57]. Als Himmler sodann am 12. Juni 1942 den »Generalplan Ost« billigte, war für 85 Prozent der Polen, 65 Prozent der Ukrainer, 75 Prozent der Weißruthenen und 50 Prozent der Tschechen die Deportation nach Sibirien vorgesehen[58]. Maximal hätte die gigantische Bevölkerungsverschiebung, bei der millionenfacher Tod einkalkuliert wurde, 90 000 000 Menschen erfaßt, nach anderen Entwürfen mindestens 30 000 000[59]. Das militärische Scheitern der Deutschen verhinderte die praktische Umsetzung derartiger Planungen.

Ein Paradigma ist Polen außerdem für die – zunehmend gewaltsame – Beschaffung von Fremdarbeitern und für wirtschaftliche Ausbeutung[60]. Zu letzterem Themenkomplex hieß es zutreffend: »Nur die rücksichtslose Besatzungs- und Ausbeutungspolitik, die besiegte Völker notfalls dem Hunger preisgab, sicherte dem Deutschen Reich und seiner Bevölkerung so lange eine ausreichende Versorgung mit Rohstoffen und Nahrungsmitteln.«[61] Bis 1944 kamen, teilweise als Opfer regelrechter »Sklavenjagden«, über sieben Millionen Fremdarbeiter in deutsche Betriebe. Zusammen mit dem riesigen Heer der Kriegsgefangenen garantierten sie die Funktionsfähigkeit der nationalsozialistischen Kriegswirtschaft und machten zugleich »deutsche Kämpfer« für die Front frei. Die Länder, aus denen sie stammten, ernährten die dort stationierten Wehrmachtangehörigen und lieferten – Importe aus neutralen Staaten ergänzend – diejenigen Rohstoffe und Nahrungsmittel, die es dem Reich erlaubten, bis 1944 ohne wirklich gefährliche Engpässe Krieg zu führen[62].

III. Das perpetuierte strategische Dilemma – Hitlers Kriegspolitik nach dem Polenfeldzug

»Alles was ich unternehme, ist gegen Rußland gerichtet; wenn der Westen zu dumm und zu blind ist, um dies zu begreifen, werde ich gezwungen sein, mich mit den Russen zu verständigen, den Westen zu schlagen und dann nach seiner Niederlage mich mit meinen versammelten Kräften gegen die Sowjetunion zu wenden. Ich brauche die Ukraine, damit man uns nicht wieder wie im letzten Krieg aushungern kann.« Was Hitler Carl Jacob Burckhardt, dem Hohen Kommissar des Völkerbundes in Danzig,

---

56 Der Prozeß (Anm. 12), Bd. 4: Verhandlungsniederschriften 17. 12. 1945–8. 1. 1946, Nürnberg 1947, S. 536.
57 Rolf-Dieter Müller, Die Konsequenzen der »Volksgemeinschaft«: Ernährung, Ausbeutung und Vernichtung, in: W. Michalka (Anm. 4), S. 240–248, hier S. 244.
58 H.-A. Jacobsen (Anm. 46), S. 558.
59 Vgl. Christoph Kleßmann, Das Beispiel Polen, in: Norbert Frei/Hermann Kling (Hrsg.), unter Mitarbeit von Margit Brandt, Der nationalsozialistische Krieg, Frankfurt am Main – New York 1990, S. 181–187, hier S. 183f.
60 Vgl. W. Jacobmeyer (Anm. 31), S. 29ff.
61 H.-H. Thamer (Anm. 24), S. 713.
62 Vgl. insgesamt Ulrich Herbert, Fremdarbeiter. Politik und Praxis des »Ausländer-Einsatzes« in der Kriegswirtschaft des Dritten Reiches, Berlin – Bonn 1986²; und Ludolf Herbst, Der Totale Krieg und die Ordnung der Wirtschaft. Die Kriegswirtschaft im Spannungsfeld von Politik, Ideologie und Propaganda 1939–1945, Stuttgart 1982.

am 11. August 1939 – angeblich – mitteilte[63], paßt gedanklich sehr gut zu seinem dargelegten politischen Taktieren in den letzten Augusttagen.

Im übrigen ist die umstrittene Äußerung keineswegs so sensationell wie hin und wieder angenommen. Denn schon seit 1934 erfuhren britische[64] und amerikanische Diplomaten sowie Militärs von ihren deutschen Kollegen Einzelheiten über Hitlers Kriegsabsichten in bezug auf die Sowjetunion. So soll der Chef des Generalstabes des Heeres, General Franz Halder, im Dezember 1938 gegenüber dem damaligen Ersten Sekretär der amerikanischen Botschaft in Berlin, Raymond H. Geist, bemerkt haben: »Sie müssen das nationalsozialistische Programm im Osten berücksichtigen. Falls Sie, die Westmächte, sich unserem Programm im Osten widersetzen, werden wir gegen Sie Krieg führen.«[65] Das war dem, was Hitler – nach Burckhardt – 1939 sagte, sehr ähnlich. Die deutsche Seite warnte die Demokratien, machte jedoch zugleich ein Angebot: Antikommunismus hatte schließlich eine gewisse Konjunktur. In jedem Fall wußten die potentiellen Gegner, was Hitler eigentlich wollte. Sie konnten sich daran erinnern, wenn er ihnen – nach vollbrachter Tat – eine neue Offerte unterbreitete. Zum ersten Mal geschah das unmittelbar nach der polnischen Niederlage.

Hitler hoffte damals ziemlich zuversichtlich, Großbritannien doch noch zu neutralem Verhalten oder gar zum Bündnis bewegen zu können. Anschließend, was nicht *sofort* bedeuten mußte, hätte er seine Idee vom Lebensraum im Osten verwirklichen können[66]. Unter diesem Gesichtspunkt ist die Reichstagsrede vom 6. Oktober 1939 einzuordnen. Hitler benutzte sie taktisch. Die Ansprache darf daher nicht als Schritt hin zu einer dauerhaften europäischen Friedensregelung mißverstanden werden[67]. Erstaunlicherweise schätzte der »Führer« seine Chancen, den »Traum der Zusammenarbeit mit England« über Friedensvereinbarungen zu realisieren, auf 50 Prozent ein, obwohl er weder mit London noch mit Paris das Schicksal Polens erörtern wollte[68]. Das wohl auch deshalb nicht, weil der von Deutschland besetzte Teil des Landes als »vorgeschobenes Glacis für einen weiteren Aufmarsch« dienen sollte[69]. Da gab es keinen Ansatz für Kompromisse, weshalb Berlin die »gewisse Geneigtheit zum Einlenken«, die sich in den westlichen Hauptstädten anzudeuten schien, nicht einmal auslotete[70].

Ganze drei Tage nach jener vermeintlichen »Friedensrede« datiert die Weisung Nr. 6, mit der Hitler die Vorbereitung einer – schon im September ins Gespräch gebrachten – Offensive im Westen anordnete[71]. All das präjudizierte noch keine Ent-

63 Carl Jacob Burckhardt, Meine Danziger Mission 1937–1939, München 1960, S. 348.
64 Vgl. Frederick William Winterbotham, The Ultra Secret, London 1974, S. 5; demnach teilte General Walter von Reichenau dem Autor bereits 1934 Einzelheiten über deutsche Pläne gegen Rußland mit.
65 Vgl. Der Prozeß (Anm. 12), Bd. 28: Urkunden und anderes Beweismaterial Nummer 1742-PS bis Nummer 1849-PS, Nürnberg 1948, S. 234–254, Dok. 1759-PS, Zitat S. 238f.
66 Vgl. hierzu die unübertroffene Darstellung von Klaus Hildebrand, Deutsche Außenpolitik 1933–1945. Kalkül oder Dogma? Vierte Auflage mit einem Nachwort: Die Geschichte der deutschen Außenpolitik (1933–1945) im Urteil der neueren Forschung: Ergebnisse, Kontroversen, Perspektiven, Stuttgart u. a. 1980, S. 94–106.
67 Grundlegend dazu B. Martin (Anm. 13), S. 57–131.
68 Vgl. Die Weizsäcker-Papiere (Anm. 19), S. 179.
69 Vgl. K. Hildebrand (Anm. 66), S. 96.
70 Vgl. Die Weizsäcker-Papiere (Anm. 19), S. 179f.
71 Das Deutsche Reich und der Zweite Weltkrieg, Bd. 2 (Anm. 29), S. 238ff. (Umbreit).

scheidung, deutete aber zumindest an, daß der Diktator mittlerweile gegenüber den Westmächten die Alternative zur Diplomatie bevorzugte. Das heißt, Großbritannien sollte durch das Ausschalten von Frankreich zum Nachgeben gezwungen werden. Hitler kehrte hiermit zu seiner ursprünglichen Planung zurück. Eröffnete er doch den Oberbefehlshabern am 23. November, daß es stets seine Absicht gewesen sei, im Westen und Osten zu »schlagen«. Zweifel habe er lediglich hinsichtlich der Reihenfolge gehegt. Darüber hinaus ist bemerkenswert, daß er von einer »Ostfront« sprach und davon, daß man Rußland »nur entgegentreten« könne, wenn Deutschland »im Westen frei« sei[72]. Zu jenem Zeitpunkt galt dieses Prinzip noch.

Rein faktisch prägten zunächst der russisch-finnische Krieg (30. November 1939–12. März 1940)[73] und das Unternehmen »Weserübung« – das bereits erwähnte Vorgehen gegen Dänemark und Norwegen, das zur Besetzung der akut gefährdeten europäischen Nordflanke führte und dem Deutschen Reich seine Erzversorgung aus Schweden sicherte[74] – die Entwicklung nach dem Oktober 1939. Beide Ereignisse wirkten auf das Beziehungsgeflecht im Mächte-Pentagramm London-Paris-Moskau-Berlin-Rom ein. Doch veränderten die Nebenaktionen nicht die strategische Kräftekonstellation, die allerdings zeitweise in Frage gestellt zu sein schien. Daß die Hauptaktion, der Angriff im Westen, den Hitler gern schon 1939 ausgeführt hätte, erst am 10. Mai 1940 begann, lag gewiß nicht an ihm, auch nicht an seinen Generälen (obwohl einige von ihnen wegen militärfachlicher Vorbehalte, die Erinnerung an den Ersten Weltkrieg wirkte bremsend, und andere aufgrund politischer oder moralischer Bedenken – vorübergehend – eine gewisse oppositionelle Haltung zum Regime einnahmen[75]). Maßgeblich dafür, daß das Anlaufen der Westoffensive 29mal verschoben werden mußte, waren andere Gründe. An erster Stelle wären hierbei die schlechten Wetterverhältnisse und logistische Schwierigkeiten zu nennen[76].

Der Sieg fiel glänzend aus. Die Schnelligkeit der Operationen überraschte selbst die deutsche Führung, deren Truppen einzig bei den Luftstreitkräften eine zahlenmäßige Überlegenheit besaßen[77]. Das »Dritte Reich« war nach dem Erfolg – cum grano salis – Hegemonialmacht im europäischen Raum westlich der Demarkationslinie zur UdSSR, während sein *verbündeter* Rivale, Mussolinis Italien, als Resultat einer unglücklichen Kriegführung und des opportunistisch vorgenommenen Kriegseintritts vom 10. Juni 1940, machtpolitisch geschwächt dastand. Am folgenschwersten wirkte sich für die weitere deutsche Kriegspolitik jedoch das Faktum aus, daß Hitler, der beim Westfeldzug intern über alle militärischen und zivilen Skeptiker triumphierte, danach so gut wie ausnahmslos als genialer Staatsmann

---

72 Vgl. Hitlers Ansprache vom 23. November 1939, M. Domarus (Anm. 51), S. 1422f.

73 Dazu Gerd R. Ueberschär, Hitler und Finnland 1939–1941. Die Deutsch-Finnischen Beziehungen während des Hitler-Stalin-Paktes, Wiesbaden 1978, S. 92–165.

74 Vgl. Das Deutsche Reich und der Zweite Weltkrieg, Bd. 2 (Anm. 29), S. 212–225 (Stegemann).

75 Vgl. Klaus-Jürgen Müller, Das Heer und Hitler. Armee und nationalsozialistisches Regime 1933–1940, Stuttgart 1969, S. 471–573.

76 Vgl. L. Gruchmann (Anm. 30), S. 62–65.

77 Vgl. Das Deutsche Reich und der Zweite Weltkrieg, Bd. 2 (Anm. 29), S. 282–307 (Umbreit).

und Feldherr anerkannt wurde. Seine Bewunderung in der Bevölkerung erreichte ihren Zenit. Als Konsequenz von alldem ist zu konstatieren, daß seit dem Juni 1940 die strategischen Entschlüsse der deutschen Führung ausschließlich Hitlers Intentionen reflektierten[78].

Was nicht hieß, daß alternative Vorstellungen zu seinen programmatischen Grundgedanken völlig fehlten. Es gab sie durchaus, zum Beispiel als Projektierung eines antibritischen Kontinentalblocks oder in Form der im mittelmeerischen Raum anzuwendenden Peripheriestrategie. Hitler lehnte derartige Überlegungen nicht sofort ab, vielmehr ließ er eine Zeitlang die jeweiligen Realisierungschancen sondieren. Zu fragen ist freilich, warum er dies tat. In beiden Fällen scheint es so gewesen zu sein, daß er die Konzeptionen nicht als konkurrierende Alternativen zu seinen Fernzielen verstand, sondern als eventuell vorteilhafte oder notwendige Zwischenschritte beziehungsweise Interimslösungen auf dem Weg zum Lebensraum im Osten.

Der sogenannte Kontinentalblock, die Lieblingsidee von Reichsaußenminister Joachim von Ribbentrop[79], sollte sich in seiner Idealform – unter Einbeziehung der Sowjetunion – von Tokio bis Madrid erstrecken. Doch hätte er sich bestenfalls im Rahmen eines gewaltigen Betrugsmanövers aufbauen lassen. Denn es existierten beispielsweise Interessengegensätze zwischen Frankreich, Italien und Spanien, die verhandlungspolitisch nicht zu überwinden waren. Zu erinnern wäre zudem an die deutschen Friedensbedingungen, die Berlin vor dem totalen Sieg nicht aufdecken konnte. Dennoch kam es wenigstens zum Dreimächtepakt, den Deutschland, Italien und Japan am 27. September 1940 abschlossen. Nur, und das erscheint im Hinblick auf seine Gesamtperspektive signifikant, Hitler beurteilte jenes »präventive Defensivbündnis« vor allem unter dem Aspekt, daß er mit seiner Hilfe die Vereinigten Staaten von Großbritannien zu trennen vermöge[80]. Und mit der Hoffnung, Washington von einem militärischen Engagement abzuhalten, verband sich die Erwartung, London würde sich in dieser Situation zum Übereinkommen mit Berlin bereit zeigen. Im Zusammenhang mit dem Kontinentalblock erwies sich einmal mehr, daß Hitler zwar programmatisch, aber mitnichten dogmatisch handelte. Das ist ein Kriterium seiner Politik, das bei deren Interpretation nicht immer berücksichtigt wird. Andererseits ist zu bedenken, daß parallel zu den politischen Sondierungsgesprächen militärische Vorbereitungen auf den Krieg gegen die UdSSR stattfanden. Ende Oktober sprach man wieder vom grundsätzlichen »Primat der Ostpolitik«[81] und tat alles, um zur »großen Abrechnung« mit Moskau schreiten zu können. Von den Unterredungen, die der sowjetische Außenminister Molotov am 12. und 13. November

78 Vgl. A. Hillgruber (Anm. 6), S. 41 f.; und Ian Kershaw, Der Hitler-Mythos. Volksmeinung und Propaganda im Dritten Reich. Mit einer Einführung von Martin Broszat, Stuttgart 1980, S. 136 f.
79 Grundlegend dazu Wolfgang Michalka, Ribbentrop und die deutsche Weltpolitik 1933–1940. Außenpolitische Konzeptionen und Entscheidungsprozesse im Dritten Reich, München 1980, S. 286–294.
80 Vgl. Jost Dülffer, The Tripartite Pact of 27th September 1940: Fascist Alliance or Propaganda Trick?, in: International Studies, (1984) 3, S. 1–24, hier S. 19; und Bernd Martin, Weltmacht oder Niedergang? Deutsche Großmachtpolitik im 20. Jahrhundert, Darmstadt 1989, S. 233 ff.
81 Vgl. K. Hildebrand (Anm. 66), S. 104.

1940 in der Reichshauptstadt führte, versprach sich Hitler also auch deswegen nichts, weil er sich bereits entschieden hatte[82].

Was die zweite strategische Option im Sommer 1940 – eine Kriegführung an der Peripherie – angeht, die einigen ihrer Protagonisten geeignet erschien, einen europäisch-afrikanischen Großwirtschaftsraum unter deutscher Führung zu erkämpfen, so war sie aus Hitlers Sicht ebenfalls ein Instrument, um London gefügig zu machen. Es kam jedoch nicht einmal zur Probe aufs Exempel. Denn bis Ende 1940 verhinderten der spanische Staatschef Franco und der italienische Regierungschef Mussolini den Einsatz deutscher Divisionen im Mittelmeerraum, obwohl Berlin seine Truppen geradezu aufdrängte. Als die Wehrmacht dann seit dem 11. Februar 1941 in Nordafrika marschierte und am 6. April Griechenland sowie Jugoslawien angriff, wobei der Balkanfeldzug mitnichten zu einer oft behaupteten entscheidenden Verzögerung der Aggression im Osten führte[83], unterstützte sie vor allem den italienischen Verbündeten, der in der Cyrenaika und in Albanien mit dem Rücken zur Wand stand. Außerdem – aus deutscher Sicht war das entscheidend – sicherten diese Operationen die europäische Südflanke für das Unternehmen »Barbarossa«. Von Pressionen, die London neutralisieren konnten, sprach niemand mehr. Und die endgültige Entscheidung im mittelmeerischen Gebiet – so die Absichten an der Jahreswende 1940/41 – wollte Berlin nun erst nach dem Sieg über Stalin suchen[84].

Jene Alternativen des Sommers 1940 drückten auch aus, daß verschiedene Friedensbemühungen, zu denen es beim Ende des Westfeldzugs kam, ergebnislos verliefen. Das hatte mehrere Ursachen. Ausschlaggebend dürfte vermutlich die Ideologisierung des Krieges gewesen sein. Eine Annahme, für die unter anderem die prompte und schroffe Zurückweisung von Hitlers arrogantem »Appell an die Vernunft auch in England« spricht, den er am 19. Juli an die Briten richtete[85]. Nicht zu vergessen sind ferner die sehr deutlichen Äußerungen des amerikanischen Präsidenten Roosevelt, der sich noch nicht im Kriegszustand befand, aber herausgefordert fühlte. Im Grunde besaß der Kampf 1940 bereits den Charakter einer Auseinandersetzung zwischen politischen Systemen, bei der die liberaldemokratischen Staaten den Fehdehandschuh aufnahmen, den ihnen die totalitären Regime hinwarfen. Zwischenlösungen wurden mit der Fortdauer des Konflikts, seiner stetigen Ausdehnung und Verschärfung immer unwahrscheinlicher[86]. De facto war jedenfalls Hitlers strategisches Kalkül im Juli 1940 gescheitert. Er konnte Großbritannien weder auf indirekte Weise zum Einlenken zwingen, noch besaß er die Möglichkeit, es im direkten Angriff zu besie-

---

82 Vgl. Jürgen Förster, Hitlers Wendung nach Osten. Die deutsche Kriegspolitik 1940–1941, in: Bernd Wegner (Hrsg.), Zwei Wege nach Moskau. Vom Hitler-Stalin-Pakt bis zum Unternehmen »Barbarossa«, München–Zürich 1991, S. 113–132, hier S. 122 f.; und Andreas Hillgruber, Hitlers Strategie, Politik und Kriegführung 1940–1941, München 1982[2], S. 354–358.

83 Vgl. Das Deutsche Reich und der Zweite Weltkrieg, Bd. 3: Gerhard Schreiber/Bernd Stegemann/Detlef Vogel, Der Mittelmeerraum und Südosteuropa. Von der »non belligeranza« Italiens bis zum Kriegseintritt der Vereinigten Staaten, Stuttgart 1984, S. 483 (Vogel); und A. Hillgruber (Anm. 82), S. 504–508.

84 Vgl. zur Peripheriestrategie Das Deutsche Reich und der Zweite Weltkrieg, Bd. 3 (Anm. 83), S. 162–222 und S. 528–587 (Schreiber).

85 Vgl. M. Domarus (Anm. 51), S. 1540–1559, hier S. 1558.

86 Vgl. B. Martin (Anm. 80), S. 245–252; und ders. (Anm. 13), S. 224–392.

gen[87]. Über den sich daraufhin anbahnenden Entscheidungsablauf und dessen Bezüge zu Hitlers programmatischen Absichten liegt eine umfangreiche Literatur vor. Wenn hier darauf verzichtet wird, die in ihr vorgetragenen Argumente und kontroversen Auffassungen zusammenzustellen und kritisch zu würdigen, dann nur deshalb, weil dies den Rahmen des Beitrags sprengen würde[88].

Resümierend ist festzuhalten, daß Hitler das nach seinem Machtantritt wiederholt formulierte Ziel, dem deutschen Volk Lebensraum im Osten zu erobern, nach der Entfesselung des Krieges im Jahr 1939 zu keinem Zeitpunkt aufgab. Aus den Quellen ist ganz unzweideutig ersichtlich, daß ihn die bis zur Niederlage Frankreichs durchgeführten Operationen letzten Endes in die Lage versetzen sollten, sich mit Rückenfreiheit im Westen der Verwirklichung seines Ostkonzepts zu widmen. Die Zeitfrage blieb zunächst noch offen, doch scheint er an einen frühen Termin gedacht zu haben. Evident ist außerdem die Tatsache, daß Hitler spätestens seit Ende Mai 1940, auf jeden Fall noch vor dem Waffenstillstand mit Frankreich, in der optimistischen Erwartung, sich mit London friedlich einigen zu können, seinen Blick zielstrebig nach Osten lenkte. Was bedeutet, daß seine gegen Ende Juli genannte Begründung für den Ostfeldzug, es gelte den Briten ihren Festlandsdegen zu nehmen, als Hauptmotiv nicht zu akzeptieren ist. Schließlich ging er bis zum 19. Juli nachweislich davon aus, daß sich die ersehnte Rückenfreiheit herstellen lassen würde. Und unter dieser Voraussetzung aktualisierte er in jenen Wochen die Wende nach Osten. Gewiß, Hitler machte keine exakten Angaben zum Zeitpunkt für den beabsichtigten Krieg. Aber hatte er nicht in seiner schon zitierten Ansprache am 23. November 1939 – etwas verklausuliert – einen Zeitrahmen von zwei Jahren angedeutet? Wie immer man dazu stehen mag, ein Blick auf die Meinungsbildung im Auswärtigen Amt, im Oberkommando der Wehrmacht, im Oberkommando des Heeres und im Oberkommando der Kriegsmarine läßt erkennen, daß dort sowohl über die Möglichkeit einer frühen Offensive als auch über die Notwendigkeit einer längeren Pause in der Kriegführung nachgedacht wurde. Was jedoch fehlt, das sind irgendwelche Anzeichen dafür, daß Hitler seine programmatischen Zielsetzungen und seine Überzeugung, diese allein mit freiem Rücken im Westen erreichen zu können, vor dem englischen Nein auf seinen »Appell an die Vernunft« aufgab.

Erst nach dem 19. Juli kam es diesbezüglich zu einer fundamentalen qualitativen Veränderung. Denn Hitler zeigte sich jetzt willens, das Ostprogramm im Zweifron-

---

87 Hierzu Das Deutsche Reich und der Zweite Weltkrieg, Bd. 2 (Anm. 29), S. 368–374 (Umbreit), zu den Vorbereitungen für die nicht zu realisierende Landung in England; und ebd. S. 375–408 (Maier), zur verlorenen »Luftschlacht« über der Insel.

88 Zu den wesentlichen Argumenten und verfügbaren Quellen sowie zur Forschungsdiskussion vgl. als Auswahl: J. Förster (Anm. 82), S. 113–132; Andreas Hillgruber, Noch einmal: Hitlers Wendung gegen die Sowjetunion 1940. Nicht (Militär-)»Strategie oder Ideologie«, sondern »Programm« und »Weltkriegsstrategie«, in: Geschichte in Wissenschaft und Unterricht, 33 (1982), S. 214–226; Bernhard R. Kroener, Der »erfrorene Blitzkrieg«. Strategische Planungen der deutschen Führung gegen die Sowjetunion und die Ursachen ihres Scheiterns, in: B. Wegner (Anm. 82), S. 133–148, insbesondere S. 137f.; Gerhard Schreiber, Der Mittelmeerraum in Hitlers Strategie 1940. »Programm« und militärische Planung, in: Militärgeschichtliche Mitteilungen, Bd. 28 (1980), S. 69–99, insbesondere S. 69–79; und Gerd R. Ueberschär, »Der Pakt mit dem Satan, um den Teufel auszutreiben«. Der deutsch-sowjetische Nichtangriffsvertrag und Hitlers Kriegsabsicht gegen die UdSSR, in: W. Michalka (Anm. 4), S. 568–585.

tenkrieg zu verwirklichen. Erneut setzte er alles auf eine Karte. Die entscheidenden Besprechungen fanden zwischen dem 21. und dem 31. Juli statt, als auch einige zentrale Weisungen ergingen, darunter diejenigen für den Aufbau eines Angriffsheeres in Stärke von 180 Divisionen und für den »Aufbau Ost«[89]. Am letzten Tag des Monats fällte Hitler seinen »Entschluß«, die Sowjetunion im Mai 1941 zu »zerschlagen«. Neben dem Zeitpunkt bestimmte er das Ziel: die »Vernichtung der Lebenskraft Rußlands«. Fünf Monate werde das erfordern[90].

An jenem 31. Juli trat die Entwicklung, die Deutschland zum »Herrn Europas und des Balkans« machen sollte, in ihre entscheidende Phase. Ursächlich war hierfür der Hitlersche Wille, das zentrale Anliegen seiner Politik, die Eroberung von Lebensraum in Rußland, zu erfüllen. Als situativer Anlaß diente das militärstrategische Patt im Sommer 1940, das der Ostkrieg ebenfalls beseitigen konnte. Das heißt, man erwartete als Nebenwirkung der Vernichtung der UdSSR, daß London mit dem letzten noch denkbaren kontinentalen Verbündeten auch die Hoffnung auf eine direkte Hilfe der USA verlieren würde. Jedenfalls nahm die deutsche Seite an, daß das Ende der Sowjetunion eine machtpolitische Aufwertung Japans mit sich brächte, die es für Washington ausschloß, sich in Europa militärisch einzuschalten[91]. Was die Heeresführung sodann als Operationsplan erarbeitete, billigte Hitler am 5. Dezember 1940[92], vom 18. datiert seine Weisung Nr. 21 für den »Fall Barbarossa«[93].

Ende Juli hatte der Krieg somit in Hitlers machtpolitischem Kalkül eine globale Dimension gewonnen. Und in der Rückschau zeigt sich, daß das Niederwerfen von Rußland lediglich den »Kern« einer Strategie darstellte, die sich bereits an einem »Weltblitzkrieg« orientierte. Gemäß dieser Planung hätten die Staaten des Dreimächtepaktes innerhalb von circa sechs Monaten die »östliche Hemisphäre« – Europa-Asien-Afrika umfassend – in Besitz genommen: Die Vereinigten Staaten wären isoliert gewesen[94]. Was sich abzeichnete, war die Frontstellung gegen die USA in der Zeit nach »Barbarossa«[95].

Der Angriff gegen die UdSSR begann am 22. Juni 1941. Versammelt hatte die Wehrmacht dazu 3 050 000 Mann, die über 3 350 Panzer, 600 000 Kraftfahrzeuge und Panzerspähwagen, 7 146 Geschütze sowie 625 000 Pferde verfügten[96]. Hinzu kamen 3 904 Flugzeuge, von denen am Angriffstag 2 549 für Kampfaufgaben zur Verfügung standen[97]. Zwar waren von der Roten Armee gleichfalls sehr starke Kräfte zusam-

---

89 Vgl. J. Förster (Anm. 82), S. 120; B. R. Kroener (Anm. 88), S. 138; und G. Schreiber (Anm. 88), S. 74 f.

90 F. Halder (Anm. 19), Bd. 2: Von der geplanten Landung in England bis zum Beginn des Ostfeldzuges (1. 7. 1940–21. 6. 1941), Stuttgart 1963, S. 46–50.

91 Ebd., S. 49.

92 Kriegstagebuch des Oberkommandos der Wehrmacht (Wehrmachtführungsstab), Bd. 1: 1. August 1940–31. Dezember 1941, zusammengestellt und erläutert von Hans-Adolf Jacobsen, Frankfurt am Main 1965, S. 208 f.

93 W. Hubatsch (Anm. 41), S. 84–88.

94 A. Hillgruber (Anm. 6), S. 48 ff.

95 Vgl. Das Deutsche Reich und der Zweite Weltkrieg, Bd. 3 (Anm. 83), S. 572–587 (Schreiber).

96 Vgl. Das Deutsche Reich und der Zweite Weltkrieg, Bd. 4 (Anm. 51), S. 270 (Klink); und ebd., S. 168–189 (Müller), zur materiellen Ausrüstung des Ostheeres.

97 Ebd., S. 312 (Boog).

mengezogen worden, aber das beweist mitnichten, daß Stalin offensiv zu werden beabsichtigte. Was er tatsächlich wollte, darüber läßt sich – solange die Archive in Moskau nicht vollständig zugänglich sind – lediglich spekulieren.

Hingegen steht fest, daß die deutsche Führung 1941 keinen Präventivkrieg führte. Man fühlte sich nämlich, was in den Quellen eindeutig nachzuvollziehen ist, in keiner Weise bedroht. Die russischen Truppenkonzentrationen beunruhigten weder Hitler noch die Generale, erleichterten sie doch Umfassungsmanöver. Außerdem lieferten sie eine propagandistische Rechtfertigung des Überfalls. Kurzum, Hitler inszenierte am 22. Juni eine eigenständige Aktion, die selbstverständlich im Rahmen der gesamtstrategischen Lage zu sehen ist, mit der er jedoch nicht auf eine Bedrohung durch Stalin reagierte. Daß sich der deutsche Diktator sorgte, sein sowjetischer Kollege könnte ihm mit einer »Geste des Entgegenkommens noch das Konzept verderben«[98], sagt alles. Sämtliche Verständigungssignale wurden daher ignoriert.

So nahm denn der »ungeheuerlichste Eroberungs-, Versklavungs- und Vernichtungskrieg, den die moderne Geschichte kennt«, seinen Anfang[99]. Im Verlauf desselben verstießen Teile der Wehrmacht und die SS massiv gegen internationales Rechts. Hierbei handelte es sich nicht um unkontrollierbare Übergriffe, sondern um systematischen Rechtsbruch. Wie war derartiges möglich? Gewiß auch, weil die militärische Kriegführung sich hier zum weltanschaulichen Kampf entwickelte: was sich nicht zuletzt damit erklärt, daß Offizire und Juristen die »ideologischen Intentionen« ihres »Führers« als Befehle formulierten[100]. Zu nennen wären dabei die »Regelung des Einsatzes der Sicherheitspolizei und des SD im Verbande des Heeres« (28. April 1941), der »Erlaß über die Ausübung der Kriegsgerichtsbarkeit im Gebiet ›Barbarossa‹ und über besondere Maßnahmen der Truppe« (13. Mai 1941), die »Richtlinien für das Verhalten der Truppe in Rußland« (4. Juni 1941) und die »Richtlinien für die Behandlung politischer Kommissare« (6. Juni 1941)[101]. Nur, der Hitlersche Vernichtungswille wirkte nicht allein wegen jener Weisungen auf die Kriegführung ein. Vielmehr ist in solchem Kontext an die Bereitschaft der »Heeresführung« zu erinnern, die »Truppe auch den ›weltanschaulichen Kampf mit durchfechten‹ zu lassen«[102].

Diese Fakten verliehen der Kriegspraxis in der Sowjetunion – das ist offenkundig – eine neue Qualität. Allerdings ist anzumerken, daß das rassenideologischen Maximen verpflichtete Verhalten von Militärangehörigen keinesfalls – ausschließlich – mit einer spezifischen Einstellung zum russischen Menschen, den man als rassisch minderwertig ansah, oder mit dem Gegensatz zum bolschewistischen System verständlich

---

98 Zu den Argumenten für das Zurückweisen der Präventivkriegsthese vgl. J. Förster (Anm. 82), S. 124 f.; und das Vorwort des Herausgebers, ebd., S. XIII f. (Wegner).
99 Ernst Nolte, Der Faschismus in seiner Epoche. Die Action française. Der italienische Faschismus. Der Nationalsozialismus, München – Zürich 1979⁵, S. 436.
100 J. Förster (Anm. 82), S. 126 f.; Das Deutsche Reich und der Zweite Weltkrieg, Bd. 4 (Anm. 51), S. 413–447 (Förster); und Manfred Messerschmidt, Die Wehrmacht im NS-Staat. Zeit der Indoktrination. Mit einer Einführung von General a. D. Johann Adolf Graf Kielmannsegg, Hamburg 1969, S. 390–422.
101 Die Befehle sind u. a. veröffentlicht bei Hans-Adolf Jacobsen, Kommissarbefehl und Massenexekutionen sowjetischer Kriegsgefangener, in: Hans Buchheim/Martin Broszat/Hans-Adolf Jacobsen/Helmut Krausnick, Anatomie des SS-Staates, Bd. 2, München 1979², S. 171 ff., S. 182 ff. und S. 187–191.
102 Vgl. J. Förster (Anm. 82), S. 127.

zu machen ist. Denn der verbrecherische Umgang mit Kriegsgegnern, das beweist zum Beispiel der tausendfache Tod italienischer Soldaten nach dem Kriegsaustritt ihres Landes 1943, beschränkte sich eben nicht auf Russen oder Slawen[103].

Rein militärisch verzeichneten die Deutschen in der UdSSR überwältigende Anfangserfolge. Zuversichtlich meinte Hitler am 4. Juli: »Praktisch« habe Stalin »diesen Krieg schon verloren«[104]. Bereits am Vortage notierte General Halder[105], der Ostfeldzug sei »innerhalb (von) 14 Tagen gewonnen« worden. Der Generalstabschef rechnete zwar damit, daß bis zum Erlöschen des letzten Widerstandes »noch viele Wochen« vergehen würden, aber er dachte trotzdem frühzeitig an die »weiteren Aufgaben der Kriegführung gegen England«. Seine Gedanken kreisten um die »Vorbereitung der Offensive gegen die Landbrücke zwischen Nil und Euphrat«, die als Zangenoperation aus dem nordafrikanischen und sowjetischen Raum begonnen werden könnte. Hitler seinerseits hatte noch mehr im Sinn.

In jenen Tagen, als die Beendigung der kontinentalen Phase seines Programms bevorzustehen schien, hielt er selbst ein Vorgehen gegen die Vereinigten Staaten für möglich. Über den situationsbedingten Anlaß für solche Überlegungen mögen die Ansichten auseinandergehen. Aber die eigentlichen Ursachen dafür, daß Hitler seine bis dahin gegenüber Washington demonstrierte taktische Zurückhaltung aufgeben wollte, müssen programmatischer Art gewesen sein[106]. Darauf verweist unter anderem seine Überzeugung, daß die USA den Finalgegner Deutschlands im Kampf um die Weltherrschaft darstellten. Die eigene – ursprüngliche – Terminplanung überholend, brachte er deshalb am 14. Juli – bei einem Treffen mit dem japanischen Botschafter Hiroshi Oshima – außer einer militärischen Arbeitsteilung in der UdSSR auch ein globales Offensivbündnis ins Gespräch. Deutschland und Japan, so Hitler, kämen um eine »Auseinandersetzung mit Amerika« nicht herum. Gemeinsam sollten sie deswegen »Rußland den Lebensfaden« abschneiden und die USA »vernichten«. Nun dachte er – in bezug auf das amerikanische Problem – zwar noch immer an die Zeit nach »Barbarossa«, aber das konnte bald sein; betonte Hitler doch, der »russische Krieg sei gewonnen«[107]. Für die Ehrlichkeit seiner Überzeugung spricht im übrigen die Tatsache, daß sich einige der Richtlinien für die »personelle und materielle Rüstung«, die er ebenfalls an jenem 14. Juli erließ, bereits auf die »Kriegsführung gegen England und eintretendenfalls gegen Amerika« bezogen[108].

Es hieß, Hitler habe nicht mehr als »zwei wirkliche Ziele« gehabt[109]: ein »außenpolitisches« – im Hinblick darauf zeigte sich nicht nur in der Unterredung mit Oshima

---

103 Vgl. G. Schreiber (Anm. 48), S. 109–207 und S. 225–230.

104 Kriegstagebuch des Oberkommandos der Wehrmacht (Anm. 92), S. 1020.

105 F. Halder (Anm. 19), Bd. 3: Der Rußlandfeldzug bis zum Marsch auf Stalingrad (22. 6. 1941–14. 9. 1942), Stuttgart 1964, S. 38.

106 Vgl. Andreas Hillgruber, Der Zenit des Zweiten Weltkrieges Juli 1941, Wiesbaden, S. 16–19.

107 Staatsmänner und Diplomaten bei Hitler. Zweiter Teil: Vertrauliche Aufzeichnungen über Unterredungen mit Vertretern des Auslandes 1942–1944, hrsg. und erläutert von Andreas Hillgruber, Frankfurt am Main 1970, S. 541–557, Zitate S. 547 und S. 549f.

108 W. Hubatsch (Anm. 41), S. 136–139, Zitat S. 137.

109 Eberhard Jäckel, Hitlers Weltanschauung. Entwurf einer Herrschaft. Erweiterte und überarbeitete Neuausgabe, Stuttgart 1981, S. 93. Zu innen- und sozialpolitischen Aspekten vgl. Marie-Luise Recker, Nationalsozialistische Sozialpolitik im Zweiten Weltkrieg, München 1985; und Rainer Zitelmann, Hitler. Selbstverständnis eines Revolutionärs, 2., überarb. u. erg. Auflage, Stuttgart 1989.

eine weltweite Hegemonialambition[110] – und ein »rassenpolitisches«. In seinem mörderischen Kernpunkt, nicht jedoch in seiner monströsen Totalität, ist dieses als »Endlösung der Judenfrage« in Europa zu beschreiben.

Vor dem 1. September 1939 mußte die »Judenfrage«, so Göring, den »Zeitverhältnissen entsprechend« gelöst werden[111]. Man konnte also nicht ohne Rücksichtnahmen handeln. Deshalb stellt sich – und das insbesondere für den Sommer 1941, als mit dem erwarteten Sieg über die Rote Armee alle Hemmungen zu entfallen schienen – die Frage nach der Wechselbeziehung zwischen Kriegsverlauf und Realisierung der »Endlösung«.

Zu dem in solchem Zusammenhang kontrovers erörterten Problem des Vorhandenseins oder Fehlens eines – bisher nicht gefundenen – Führerbefehls[112], sei lediglich soviel bemerkt: Es erscheint realitätsfern, anzunehmen, Hitler, der mit einer »Führerweisung« darüber entschied, ob 8 000 italienische Juden »liquidiert« oder als »Geiseln nach Mauthausen« gebracht wurden, habe die Verwirklichung der »Endlösung« nicht persönlich angeordnet[113]. Ob er es schriftlich oder mündlich tat, ist eine Cura posterior.

Die hier einzig interessierende Frage ist, ob es sich bei der Ermordung der europäischen Juden um eine Improvisation handelte, zu der es kam, als Anfang Dezember 1941 das Scheitern des Rußlandfeldzuges zutage trat und zugleich in den Ostgebieten der Raum für die aus dem Westen deportierten jüdischen Menschen knapp wurde[114], oder ob man es mit einer Aktion zu tun hat, die aus der »Siegeseuphorie im Sommer 1941« resultierte[115].

Ohne auf die massenmörderische Tätigkeit der Einsatzgruppen eingehen zu wollen, die sich keineswegs – wie bei vordergründiger Betrachtung vermutet werden könnte – ausschließlich gegen die »Ostjuden« richtete[116], ist zur Chronologie der Entscheidung über die totale Vernichtung der europäischen Juden festzuhalten, daß sich Reinhard Heydrich, Chef der Sicherheitspolizei und des SD, am 31. Juli von Hermann Göring beauftragen ließ, eine »Gesamtlösung der Judenfrage im deutschen Einflußgebiet in Europa« vorzubereiten. Zudem bestätigen Angaben von Rudolf Höß, dem Kommandanten des Vernichtungslagers Auschwitz, und von Adolf Eichmann, dem Leiter des sogenannten Judenreferats im Reichssicherheitshauptamt, daß man den Genozid im Sommer 1941 befahl. Wenn sich die Durchführung verzögerte, so lag das an techni-

---

110 Vgl. zur Forschungsdiskussion G. Schreiber (Anm. 2), S. 279–282 und S. 362–366.

111 Vgl. Der Prozeß (Anm. 12), S. 266 f., Dok. 710-PS.

112 Den besten Überblick bieten Eberhard Jäckel/Jürgen Rohwer (Hrsg.), Der Mord an den Juden im Zweiten Weltkrieg. Entschlußbildung und Verwirklichung, Stuttgart 1985.

113 Akten zur deutschen auswärtigen Politik 1918–1945, Serie E: 1941–1945, Bd. 7: 1. Oktober 1943 bis 30. April 1944, Göttingen 1979, S. 31, Dok. 18, 6. 10. 1943; vgl. außerdem die Unterredung Hitler, Ribbentrop und Horthy (ungarischer Reichsverweser) am 18. April 1943, in: Staatsmänner (Anm. 107), S. 255–259, hier S. 258 f. Das Dokument ist in bezug auf Hitlers Engagement bei der systematischen Ermordung der Juden eindeutig.

114 Zu den von einzelnen Historikern vertretenen Forschungspositionen vgl. Klaus Hildebrand, Das Dritte Reich, München–Wien 1979, S. 174–179.

115 So Christopher R. Browning in einem Diskussionsbeitrag, vgl. E. Jäckel/J. Rohwer (Anm. 112), S. 185 f.

116 Vgl. H. Krausnick/H.-H. Wilhelm (Anm. 32), S. 107–636, S. 627.

schen und verwaltungsmäßigen Problemen[117]. Auf jeden Fall steht fest, daß der Entschluß, die »europäische Judenheit« auszurotten, gefaßt wurde, als Hitler wahrhaftig nicht an das Fehlschlagen des Unternehmens »Barbarossa« glaubte[118]. Nicht von irgendwelchen Sachzwängen sollte daher beim Beginn der »Endlösung« die Rede sein, sondern von der Absicht, auf dem Höhepunkt der militärischen Erfolge auch das eigentliche ideologische Kriegsziel zu erreichen. Und daran hielt man selbst dann fest, als die Durchführung des Massenmordes die Kriegführung erheblich belastete.

Die Auseinandersetzung mit dem Verhältnis zwischen Völkermord und Ostfeldzug impliziert die Frage, wann Hitler den Krieg für verloren hielt. Nach einer Äußerung von General Alfred Jodl, seinem engsten militärischen Berater, kamen er und Hitler angesichts der »Katastrophe des Winters 1941/42« zu der Einsicht, daß von jenem »Kulminationspunkt des beginnenden Jahres 1942 an kein Sieg mehr errungen werden konnte«[119].

Wäre dem tatsächlich so gewesen, dann hätte sich die Kriegserklärung an die USA, die am 11. Dezember – vier Tage nach dem japanischen Überfall auf Pearl Harbor – erfolgte und das Blatt noch einmal zu Hitlers Gunsten wenden sollte, bereits wenig später als nutzlos herausgestellt. Zweifelsfrei steckte das deutsche Heer an der Jahreswende 1941/42 in der gefährlichsten Krise seit Beginn des Ostfeldzugs. Aber Hitler vermittelte, trotz depressiver Momente, nicht den Eindruck, daß er den Krieg als verloren ansah. Kaum war das Schlimmste überstanden, beabsichtigte er, die den »Sowjets noch verbliebene lebendige Wehrkraft endgültig zu vernichten und ihnen die wichtigsten kriegswirtschaftlichen Kraftquellen so weit als möglich zu entziehen«[120]. Die sich anschließende Sommeroffensive der Wehrmacht ist im direkten Zusammenhang mit der Kriegserklärung an die Vereinigten Staaten zu sehen: Es handelt sich um die beiden Seiten einer Medaille. Das heißt, Japan, das sich im Kontext der deutschen Kriegserklärung verpflichtete, keinen Separatfrieden abzuschließen, sollte Amerika daran hindern, sich – wie im Ersten Weltkrieg, als seine Truppen die Entscheidung brachten – auf dem europäischen Kriegsschauplatz zu engagieren. Berlin erhielt aus seiner Sicht zumindest eine Atempause, die es für den schnellen und

117 Vgl. Peter Longerich, Vom Massenmord zur »Endlösung«. Die Erschießungen von jüdischen Zivilisten in den ersten Monaten des Ostfeldzuges im Kontext des nationalsozialistischen Judenmords, in: B. Wegner (Anm. 82), S. 251–274, S. 266 ff.; und: Die Ermordung der europäischen Juden. Eine umfassende Dokumentation des Holocaust 1941–1945, hrsg. von Peter Longerich unter Mitarbeit von Dieter Pohl, München – Zürich 1989, S. 65–102.
118 So Hermann Graml in einem Diskussionsbeitrag: N. Frei/H. Kling (Anm. 58), S. 164.
119 Vgl. Percy Ernst Schramm, Hitler als militärischer Führer. Erkenntnisse und Erfahrungen aus dem Kriegstagebuch des Oberkommandos der Wehrmacht, Frankfurt am Main – Bonn 1965², S. 67; vgl. auch A. Hillgruber (Anm. 82), S. 551–557.
120 W. Hubatsch (Anm. 41), S. 183–188, Weisung 41, 5. April 1942, S. 184; vgl. Kriegstagebuch des Oberkommandos der Wehrmacht (Wehrmachtführungsstab), Bd. 2: 1. Januar 1942–31. Dezember 1942. Zusammengestellt und erläutert von Andreas Hillgruber, Frankfurt am Main 1963, S. 46–50; und zum Kriegsverlauf bis Stalingrad: Das Deutsche Reich und der Zweite Weltkrieg, Bd. 6: Horst Boog/Werner Rahn/Reinhard Stumpf/ Bernd Wegner, Der globale Krieg. Die Ausweitung zum Weltkrieg und der Wechsel der Initiative 1941–1943, Stuttgart 1990, S. 761–1093 (Wegner).

totalen Vernichtungssieg über die UdSSR nutzen wollte[121]. Den Glauben daran, daß dies gelingen würde, hatte Hitler in der Winterkrise offenbar nicht aufgegeben.

Bis zum Spätsommer sah es in der Tat so aus, als habe sich die Flucht in den Weltkrieg ausgezahlt. Im Fernen Osten, in Nordafrika und in der Sowjetunion marschierten die Aggressoren auf der Siegerstraße. Das macht verständlich, daß die Wende des Krieges, die – gemessen an den Kriterien der ökonomischen Potenz und der personellen Ressourcen der Kontrahenten – effektiv schon Ende 1941 eintrat, als der Blitzkrieg zum Abnutzungskrieg wurde und sich eine übermächtige Anti-Hitler-Koalition ausformte, für Zeitgenossen erst 1943 zutage trat. Die Stichworte – bezogen auf den europäisch-afrikanischen Raum – lauten: El Alamein (Oktober 1942), Französisch-Nordafrika (November 1942), Stalingrad (Februar 1943), Tunesien (Mai 1943), Sizilien (Juli 1943) und Verlust des atlantischen U-Boot-Krieges im gleichen Zeitraum. Als die Seekriegsleitung in einer Denkschrift vom 28. August 1943 feststellte, in der »großen Strategie ist seit dem vorigen Jahr aus Deutschland statt dem Hammer der Amboß geworden«, brachte sie die eigene Lage auf den Punkt[122]. Daß es dennoch gelang, die deutsche kriegswirtschaftliche Produktion zu steigern und die allgemeinen Reserven im Zeichen des totalen Krieges voll auszuschöpfen, war eine erstaunliche organisatorische Leistung. Aber was bedeutete sie angesichts der Tatsache, daß das nationalsozialistische Deutschland gegen eine Allianz kämpfte, die über 75 Prozent der personellen und materiellen Reserven der Welt verfügte?[123]

Der Frieden blieb zwar zwischen 1941 und 1943 im Gespräch, doch ohne Chance. Das vor allem deshalb, weil Hitler, trotz der sowjetischen Friedensfühler und des japanischen sowie italienischen Drängens auf einen Sonderfrieden mit Stalin, unbeirrt an seinem Ostprogramm festhielt. Im Westen wäre er hingegen für ein Arrangement bis 1945 stets offen gewesen[124]. Wochen vor der Bekanntgabe der »Unconditional Surrender«-Formel vom 24. Januar 1943 bemerkte Staatssekretär Ernst von Weizsäcker hierzu: Mit den Amerikanern und Briten könnten die Deutschen nicht sprechen, mit den Russen wollten sie es nicht[125].

Spätestens seit dem Herbst 1942 agierte Hitler nur noch als »Kriegsverlängerer«[126]. In den letzten zweieinhalb Kriegsjahren fällte er eine einzige – aus der Ohnmacht geborene – strategische Entscheidung. Von der Angst vor einer alliierten Landung in Frankreich umgetrieben, verlegte er den Schwerpunkt der Kriegführung nach Westen. Zu mehr war man nicht mehr fähig. Die »Gefahr im Osten«, die fortbestand, wurde durchaus gesehen. Aber nun hieß es, die »Größe des Raumes« erlaube dort

121 Vgl. Eberhard Jäckel, Die deutsche Kriegserklärung an die Vereinigten Staaten von 1941, in: Friedrich J. Kroneck/Thomas Oppermann (Hrsg.), Im Dienste Deutschlands und des Rechts. Festschrift für Wilhelm G. Grewe zum 70. Geburtstag, Baden-Baden 1981, S. 117–137; A. Hillgruber (Anm. 82), S. 732ff.; und Das Deutsche Reich und der Zweite Weltkrieg (Anm. 120), S. 97–100 (Wegner).

122 Michael Salewski, Die deutsche Seekriegsleitung 1935–1945, Bd. 3: Denkschriften und Lagebetrachtungen 1938–1944, Frankfurt am Main 1973, Dok. 19, S. 364–371, S. 371.

123 Vgl. H.-A. Jacobsen (Anm. 35), S. 437.

124 Vgl. den konzisen Überblick von B. Martin (Anm. 80), S. 252–265; ders. (Anm. 13), S. 425–504; Ingeborg Fleischhauer, Die Chance des Sonderfriedens. Deutsch-sowjetische Geheimgespräche 1941–1945, Berlin 1986; und Josef Schröder, Bestrebungen zur Eliminierung der Ostfront 1941–1943, Göttingen – Zürich 1985.

125 Vgl. Die Weizsäcker-Papiere (Anm. 19), 19. Dezember 1942, S. 313.

126 Vgl. P. E. Schramm (Anm. 119), S. 67–86.

»äußersten Falles einen Bodenverlust auch größeren Ausmaßes«. Anders als im Westen würde dadurch der deutsche Lebensnerv nicht »tödlich« getroffen[127]. Der Kampf werde in Westeuropa »entschieden«. Bei einer erfolgreichen Abwehr sei »alles vorbei«. Danach könnten »wieder Truppen aus dem Westen in den Osten verlegt werden«[128]. Hitler blieb sich selbst treu, von Kapitulation sprach er nicht. Selbst dann nicht, als die Invasion in der Normandie geglückt war. Vielmehr ließ er im Winter 1944 die letzten Reserven des Heeres zusammenziehen, um in einem weiteren Vabanquespiel, der Ardennenoffensive, erneut zu verlieren. Wie die oben erwähnte Reaktion auf den Tod von Präsident Roosevelt zeigte, scheint er dennoch bis zuletzt auf eine Wende gehofft zu haben. Vergeblich, folgte doch der gescheiterten Offensive die »von einem wirren und ohnmächtigen Widerstand verzögerte Besetzung« Deutschlands[129].

Schließlich kam die Zeit der Legendenbildung. So behaupteten verschiedene Angeklagte in Nürnberg, Hitler habe die Fortsetzung des Krieges über den Winter 1944/45 hinaus nur befohlen, »um den Flüchtlingen aus dem Osten das Leben zu retten und möglichst wenige Soldaten der russischen Kriegsgefangenschaft auszusetzen«. Seine Entscheidungen, so widersprach einer, der es wissen mußte, bezeugten in Wahrheit »durchweg das Gegenteil«[130]. In der Tat, das Schicksal der Deutschen berührte Hitler herzlich wenig. »Das deutsche Volk«, so äußerte er sich am 22. April 1945, »verdient, wenn es so feige und schwach ist, nichts anderes als einen schmählichen Untergang.«[131] Daß dieser Untergang die Konsequenz seiner Politik und Kriegführung war, kam ihm nie in den Sinn.

---

127 W. Hubatsch (Anm. 41), Weisung 51, 3. November 1943, S. 233–238, S. 233.
128 Vgl. P. E. Schramm (Anm. 119), S. 70.
129 Vgl. A. Speer (Anm. 39), S. 427.
130 Ebd., S. 421.
131 Vgl. P. E. Schramm (Anm. 119), S. 137 f.

ROLF-DIETER MÜLLER

Grundzüge der deutschen Kriegswirtschaft 1939 bis 1945

In vier Jahren solle die Wirtschaft kriegsbereit sein – diese Forderung hatte Hitler in seiner geheimen Denkschrift zum Vierjahresplan im Jahre 1936 erhoben[1]. Als drei Jahre später der Zweite Weltkrieg begann, war dieser Zeitplan zwar nicht eingehalten worden, der Diktator aber dennoch zuversichtlich, daß Deutschland – anders als 1914 – mit einer wohlvorbereiteten Wirtschaft den Krieg um die Weltherrschaft beginnen konnte.

I. Die wirtschaftliche Mobilmachung

In seiner Reichstagsrede am 1. September 1939 brüstete Hitler sich damit, die beste und modernste Armee der Welt geschaffen und dafür die damals unglaubliche Summe von 90 Milliarden Reichsmark ausgegeben zu haben[2]. Das war reine Propaganda nach außen, um die Welt zu erschrecken und gefügig zu machen gegenüber der deutschen Kriegspolitik; nach innen, um die zahlreichen Zweifel in der Bevölkerung und in den Führungskreisen zu beschwichtigen.

Tatsächlich befand sich die deutsche Wirtschaft am Vorabend des Zweiten Weltkrieges in einer tiefen Krise. Hitler hatte mit seiner Denkschrift für eine Beschleunigung der Aufrüstung gesorgt, und so war die überhitzte Rüstungskonjunktur im Frühjahr 1939 deutlich an ihre Grenzen gestoßen. Es gab wenig Aussichten, dieses Tempo länger durchhalten und die Priorität der Rüstung gegenüber anderen volkswirtschaftlichen Bereichen gewährleisten zu können[3].

Hitlers Entscheidung, den Krieg in Europa zu eröffnen, ist deshalb nicht ganz unberechtigt auch als Flucht aus den zunehmenden wirtschaftlichen Engpässen verstanden worden[4]. Bei seinen internen Besprechungen betonte er jedenfalls wiederholt

---

1 Wilhelm Treue, Hitlers Denkschrift zum Vierjahresplan 1936, in: Vierteljahreshefte für Zeitgeschichte, 3 (1955), S. 175–191.
2 Reichstagsrede vom 1. September 1939, abgedruckt in: Max Domarus, Hitler – Reden und Proklamationen 1932–1945, Bd. II, Würzburg 1963, S. 1315.
3 Siehe Wilhelm Deist u. a., Ursachen und Voraussetzungen des Zweiten Weltkriegs, Frankfurt am Main 1991, S. 412ff. (Original: Das Deutsche Reich und der Zweite Weltkrieg, Bd. 1, Stuttgart 1979).
4 Timothy W. Mason, Innere Krise und Angriffskrieg 1938/39, in: Friedrich Forstmeier/Hans-Erich Volkmann (Hrsg.), Wirtschaft und Rüstung am Vorabend des Zweiten Weltkrieges,

die Notwendigkeit, die ökonomischen Probleme durch kriegerische Aktionen lösen zu müssen. Er vertraute darauf, daß die deutsche Wirtschaft auch unter Kriegsbedingungen ihre Leistungsfähigkeit behalten würde, hatte er doch durch den Pakt mit Stalin vom August 1939 dafür gesorgt, daß ausreichende Möglichkeiten zur Beschaffung knapper strategischer Rohstoffe zur Verfügung standen.

Wenn auch das Problem auswärtiger Versorgungsbasen im Augenblick als gelöst erscheinen mochte, so konnte aus dem inneren Zustand der deutschen Wirtschaft keineswegs eine optimistische Prognose abgeleitet werden. Dabei hatten sich die Verantwortlichen alle Mühe gegeben, Hitlers Auftrag zu erfüllen. Kein anderer Staat war so gründlich auf eine Kriegswirtschaft vorbereitet worden wie das Deutsche Reich. Man konnte 1938/39 sogar davon sprechen, daß bereits eine kriegsähnliche Friedenswirtschaft erreicht worden war. Die organisatorischen und planerischen Vorarbeiten für eine Umstellung der Wirtschaft auf den Krieg liefen schon seit mehr als 15 Jahren[5].

Ab 1924 hatte eine Gruppe von Offizieren im Heereswaffenamt die Grundlagen für eine wirtschaftliche Mobilmachung geschaffen. Sie waren davon überzeugt, daß Deutschland den Ersten Weltkrieg vor allem deshalb verloren hatte, weil es seine wirtschaftlichen Möglichkeiten nicht hinreichend ausgeschöpft hatte. Die Militärs, die sich mit dieser Frage beschäftigten, nahmen an, daß die Leistungsgrenze der Wirtschaft im Hinblick auf die verlangte Kriegsproduktion eine feste Größe war. Es galt, sie zu errechnen und mit einem geeigneten Instrumentarium in der Praxis an sie heranzukommen. Die Umstellung der Wirtschaft, so nahmen die Militärs ferner an, mußte bereits in Friedenszeiten gründlich und generalstabsmäßig vorbereitet werden. Als Ergebnis würde man dann über einen Mobilmachungsplan für die Wirtschaft verfügen, der bei Kriegsbeginn wie ein »Räderwerk« in Gang zu setzen wäre.

Abgesehen von den etwa 4000 Rüstungsbetrieben war, wie sich bald herausstellte, die Neigung in der Industrie, sich von den Militärs für den Kriegsfall »verplanen« zu lassen, gering. Ungern erinnerten sich die Unternehmer an staatssozialistische Ideen im Offizierkorps während des Ersten Weltkrieges. Ihre Betriebe bereits in Friedenszeiten von den Militärs überprüfen und für den Kriegseinsatz vorbereiten zu lassen bedeutete die Preisgabe eigener Handlungsspielräume. Die meisten zogen es daher vor, hinhaltend zu taktieren, so daß General Georg Thomas, der spätere Chef des Wehrwirtschafts- und Rüstungsamtes im Oberkommando der Wehrmacht, sogar von einer »defaitistischen« Haltung der Unternehmer sprach[6].

Düsseldorf 1975, S. 158–188; vgl. dagegen Ludolf Herbst, Die Krise des Nationalsozialistischen Regimes am Vorabend des Zweiten Weltkrieges und die forcierte Aufrüstung. Eine Kritik, in: Vierteljahrshefte für Zeitgeschichte, 26 (1978), S. 347–392; und ders., Die Mobilmachung der Wirtschaft 1938/39 als Problem des nationalsozialistischen Herrschaftssystems, in: Wolfgang Benz/Hermann Graml (Hrsg.), Sommer 1939, Stuttgart 1979, S. 62–106.

5 Siehe Rolf-Dieter Müller, Die Mobilisierung der deutschen Wirtschaft für Hitlers Kriegführung, in: Das Deutsche Reich und der Zweite Weltkrieg, Bd. 5/1: Kriegsverwaltung, Wirtschaft und personelle Ressourcen 1939–1941, Stuttgart 1988, S. 349ff., auch zum folgenden Abschnitt.

6 Georg Thomas, Geschichte der deutschen Wehr- und Rüstungswirtschaft (1918–1943/45), hrsg. von Wolfgang Birkenfeld, Boppard 1966, S. 89; zum Hintergrund siehe Rolf-Dieter Müller, Die Mobilisierung der Wirtschaft für den Krieg – eine Aufgabe der Armee? Wehr-

Im Zuge der hektischen Aufrüstung der dreißiger Jahre gelang es General Thomas, einen umfangreichen militärischen Behördenapparat aufzubauen, dessen Aufgabe es im Kriegsfalle sein sollte, die Rüstungsbetriebe auf regionaler Ebene zu »betreuen« und dafür zu sorgen, daß sie ausreichend mit Produktionsmitteln ausgestattet wurden.

Zur Unterstützung von Wehrmacht und Rüstung sowie zur Aufrechterhaltung eines minimalen Lebensstandards in der deutschen Bevölkerung sollten rund 30 000 Betriebe, also etwa zehn Prozent von allen (Stand 1936), als sogenannte Konzentrationslager-Betriebe im Kriegsfalle weitergeführt werden. Die Auswahl dieser Betriebe und die Aufstellung eines entsprechenden Produktionsprogramms sollten in zivilen Händen liegen, da hierfür der militärische Apparat bei weitem nicht ausreichte. Gleichwohl beanspruchten die Militärs natürlich die Gesamtführung der Wirtschaft, um die Priorität des Rüstungsbedarfs durchsetzen zu können.

Der Einfluß der Militärs auf die zivile Wirtschaftsadministration blieb freilich in engen Grenzen. Bereits 1933 war eine Zweiteilung der Zuständigkeiten für die wirtschaftliche Mobilmachung festgeschrieben worden. Obwohl damit in der Praxis heftige Kompetenzstreitigkeiten und Reibungsverluste verbunden waren, blieb es bis 1939 bei dieser Aufteilung der Aufgabe. Es gelang nicht, die Mobilmachungsplanungen des zivilen und des militärischen Sektors der Volkswirtschaft aufeinander abzustimmen. Das führte dazu, daß die Waffenämter sich daran gewöhnten, Rüstungsforderungen ohne Rücksicht auf die gesamtwirtschaftliche Lage zu stellen, während die Wirtschaftsverwaltung sich darauf konzentrierte, Einschränkungen der zivilen Bedürfnisse möglichst zu verhindern, um das instabile volkswirtschaftliche Gleichgewicht nicht weiter zu gefährden[7].

Ohne die Zuarbeit der zivilen Behörden war aber für die Rüstungsbetriebe keine ausreichende Versorgung mit Arbeitskräften, Rohstoffen und Maschinen zur Einrichtung von Schichtarbeit und zum Übergang zur Massenproduktion gesichert. Auch die Vorbereitungen für eine umfassende Stillegung bzw. Umstellung von nicht kriegswichtigen Betrieben kamen nicht voran.

Mit dem Vierjahresplan und der Expansion der kriegswichtigen Grundstoffindustrien, vor allem Treibstoff, Leichtmetalle, Buna sowie andere chemische Erzeugnisse, trat seit 1937 eine dritte Macht auf, die eigenständige Interessen verfolgte und bereits knapp werdende Ressourcen an sich band. Unter dem Beauftragten für den Vierjahresplan Hermann Göring übernahmen einige Offiziere darüber hinaus wirtschaftliche Schlüsselpositionen, etwa die Eisen- und Stahlbewirtschaftung, das Kraftfahrwesen und die Bereitstellung von Nachrichtenmitteln. Mit ihren bürokratischen Reglementierungen erzielten sie aber nicht den gewünschten Erfolg, so daß sie während des Krieges abgelöst und durch zivile Gremien ersetzt wurden[8].

Es gab also bei Kriegsbeginn in der Wehrmacht weder eine einheitliche und schlagkräftige Organisation zur Bündelung und Wahrnehmung der militärischen

---

macht und Wirtschaft 1933–1942, in: Wolfgang Michalka (Hrsg.), Der Zweite Weltkrieg. Analysen. Grundzüge. Forschungsbilanz, München – Zürich 1989, S. 349–362.

7 Willi A. Boelcke, Die deutsche Wirtschaft 1930–1945. Interna des Reichswirtschaftsministeriums, Düsseldorf 1983.

8 Dietmar Petzina, Autarkiepolitik im Dritten Reich, Stuttgart 1968, W. Deist u. a. (Anm. 3), S. 329 ff.

Wirtschaftsinteressen noch eine klare Auffassung über die Rolle der Armee in der Kriegswirtschaft. Wohl aber war allgemein die Erwartung verbreitet, daß es im Zuge einer totalen Mobilmachung zwangsläufig zu einer Ausrichtung von Wirtschaft und Gesellschaft auf die Bedürfnisse der Rüstung kommen würde[9].

Die Pläne für eine solche Umstellung der Wirtschaft lagen, wenngleich unvollständig und lückenhaft, bei Kriegsbeginn in den Schubladen. Sie basierten auf der Annahme, daß es gelingen würde, den Lebensstandard der Bevölkerung auf das Existenzminimum zu senken, um so die Mittel freizubekommen, das bereits erreichte Niveau der Rüstungsproduktion noch einmal schlagartig zu erhöhen und dann über einen Zeitraum von mindestens drei Jahren halten zu können.

Diese Pläne blieben freilich in den Schubladen, denn die politische Führung scheute vor den möglichen innenpolitischen Folgen einer solchen rigiden Umwandlung der Volkswirtschaft zurück. Auch in der Wirtschaft selbst formierten sich sofort nach Kriegsbeginn die Kräfte, die vor den unerwünschten Folgen einer Drosselung der Friedensfertigung warnten. Man dachte dabei – was völlig übertrieben war – vor allem an die Gefahr einer Massenarbeitslosigkeit.

Bereits Mitte Oktober 1939 konnte der Reichswirtschaftsminister verkünden, daß eine totale Umstellung der Wirtschaft nicht erforderlich sei[10]. Die zivilen Aufträge liefen unbeeinträchtigt weiter, denn auch die Nachfrage etwa im Konsumgüter- und Baubereich war trotz Rationierungen und trotz Festlegung von Dringlichkeitslisten ungebremst. Da die Aufrechterhaltung einer möglichst hohen Exportquote als kriegswichtig angesehen wurde, um notwendige Einfuhren bezahlen zu können, blieben auch hier erhebliche Kapazitäten dem Zugriff der militärischen Rüstungsplaner versperrt.

Das Ergebnis war eine weitere Ausdehnung der Lieferfristen bei den Rüstungsbetrieben. Die im Auftrag der Wehrmacht arbeitenden Unternehmen vergrößerten zwar nach Kriegsbeginn ihre Kapazitäten noch einmal, etwa durch die Aktivierung sogenannter Schattenanlagen, vor allem aber durch neue Bauvorhaben; doch es fehlte ihnen an ausreichenden Produktionsmitteln, um diese Kapazitäten voll ausnutzen zu können. Damit wurde es der Wehrmacht zusätzlich erschwert, einen realistischen Produktionsplan für die Rüstungsindustrie aufzustellen; die Koordinierung der Bedarfsplanungen für die einzelnen Wehrmachtteile erwies sich ohnehin als ein kaum zu lösendes Problem.

II. Die »friedensmäßige Kriegswirtschaft«

Das Modell einer bei Kriegsbeginn schlagartig einsetzenden Umstellung der Gesamtwirtschaft auf die als vorrangig betrachteten militärischen Bedürfnisse war im September/Oktober 1939 gescheitert. Die Widerstände in Staatsapparat, im politischen Raum und in der Bevölkerung selbst gegen eine Militarisierung der Wirtschaft erwiesen sich als so stark, daß die politische Führung, ermutigt durch eine günstig erscheinende Kriegslage, der Rüstungsexpansion nur begrenzt Raum gab und eine Balance,

---

9   Zur Durchführung der Mobilmachung siehe R.-D. Müller (Anm. 5), S. 364 ff.
10   Völkischer Beobachter vom 16. Oktober 1939.

sowohl ökonomisch wie politisch, zwischen militärischen und zivilen Bedürfnissen zu halten suchte[11].

Es entstand eine improvisierte »friedensähnliche Kriegswirtschaft«, die die Folgen einer notwendigen Erhöhung der Rüstung weitgehend eindämmte. Um die Belastungen der deutschen Bevölkerung möglichst gering zu halten, wurden die Maßnahmen einer soliden Kriegsfinanzierung, insbesondere die rigide Besteuerung von Löhnen und Gewinnen, schrittweise zurückgenommen. Es blieb bei der »geräuschlosen« Finanzierung des staatlichen Defizits. Das bedeutete einen Vorgriff auf künftige Kriegsbeute, unter Inkaufnahme einer schleichenden Zerrüttung der eigenen Währung[12]. Da die Partei ihre Politik der »sozialen Bestechung« gegenüber Arbeiterschaft und Mittelstand fortsetzte[13], entstand ein wachsender Kaufkraftüberhang, der das Rationierungssystem in Gefahr brachte und weitere Einschränkungen erschwerte.

Ein Ausweg, der im Verlauf des Krieges eine immer größere Bedeutung erhielt, war die rigorose Ausbeutung besetzter Gebiete. Hier brauchte man auf die Interessen der Bevölkerung keine Rücksicht zu nehmen und konnte nach Belieben Unternehmen ausschlachten, stillegen oder für die eigenen Zwecke ausbeuten. So wurde es möglich, die zwangsläufig verschärften Verteilungskämpfe in der wenig effizient organisierten Mangelwirtschaft des Reiches zumindest für kurze Phasen zu entspannen[14].

Die improvisierte Balance der Interessen nach Kriegsbeginn erwies sich als wenig stabil. Die Militärs erwarteten im Hinblick auf die bevorstehende Westoffensive langwierige und verlustreiche Kämpfe. Sie vertrauten darauf, daß spätestens der Beginn dieser erwarteten Massenschlachten genügend äußeren Druck erzeugen würde, um die abgebremste Mobilisierung wieder zugunsten der Rüstung in Gang zu setzen.

Im Winter 1939/40 bereits steckte die Wehrmachtrüstung in einer tiefen Krise. Der ständig steigende Bedarf war von den Betrieben der Rüstungsindustrie nicht mehr zu decken, dort wurde zumeist im Einschichtbetrieb gearbeitet. Es mangelte an den wichtigsten Produktionsmitteln, deren Beschaffung die Wehrmacht in der Konkurrenz zu den zivilen Bedarfsträgern nicht gewährleisten konnte. Erste Produktionsausfälle wurden als ernstzunehmende Zeichen gedeutet, an denen auch die politische Führung nicht länger vorbeisehen konnte.

Hermann Göring, der zweite Mann im Staate und selbsternannter Wirtschaftsdiktator, nahm sich im Februar 1940 selbst der Sache an und brachte eine erste Umstellungs- und Stillegungsaktion im zivilen Bereich zugunsten der Rüstung auf den Weg. Mit der Durchführung war die regionale Wirtschaftsverwaltung beauftragt worden, die in einem umständlichen Verfahren die notwendige Abstimmung mit den Wirtschaftsverbänden vornehmen mußte. Betroffene Unternehmer hatten ausreichend Gelegenheit, ihren Widerspruch gegen eine Stillegung geltend zu machen und örtliche Parteistellen für sich einzuspannen. Da die zivile Administration kein Interesse

---

11 Richard James Overy, Hitler's War and the German Economy: A Reinterpretation, in: The Economic History Review, 35 (1982), S. 272–291; vgl. einschränkend Bernhard R. Kroener, Der Kampf um den »Sparstoff Mensch«. Forschungskontroversen über die Mobilisierung der deutschen Kriegswirtschaft 1939–1942, in: W. Michalka (Anm. 6), S. 402–417.

12 Willi A. Boelcke, Die Kosten von Hitlers Krieg, Paderborn 1985.

13 Marie-Luise Recker, Nationalsozialistische Sozialpolitik im Zweiten Weltkrieg, München 1985.

14 Siehe Hans Umbreit, Auf dem Weg zur Kontinentalherrschaft, in: Das Deutsche Reich und der Zweite Weltkrieg, Bd. 5/1 (Anm. 5), S. 210ff.

daran haben konnte, ihren Bereich allzu scharf nach kriegswichtigen Aufgaben zu durchforsten, verlief die gesamte Aktion praktisch schon nach wenigen Wochen im Sande.

Auch die Bemühungen, z. B. durch Auftragsbörsen zivile Betriebe zur Übernahme von Wehrmachtaufträgen zu animieren, brachten keinen größeren Erfolg. Da die politische Führung aus propagandistischen Gründen die Hoffnung auf ein baldiges Kriegsende schürte, waren viele Unternehmen nicht daran interessiert, sich auf das unsichere Rüstungsgeschäft einzustellen und dafür zukunftsträchtige zivile Absatz- und Exportmärkte preiszugeben. Die strikte Gewinn- und Preiskontrolle der Militärs bot außerdem wenig finanzielle Anreize. So hatten Rüstungsbetriebe große Mühe, den Kreis ihrer Zulieferbetriebe auszuweiten und damit ihre Produktionsmöglichkeiten zu vergrößern. Der Anteil der Wehrmachtaufträge blieb in den einzelnen Branchen und auch innerhalb größerer Unternehmen relativ konstant. Oft besorgten sich Betriebe nur deshalb einen kleineren »W-Auftrag«, um ihre Zivilproduktion besser sichern zu können und dennoch von der Wehrmacht, z. B. durch Freistellung von Facharbeitern vom Wehrdienst, Zuteilung von Mangelrohstoffen etc., profitieren zu können.

Die Einsetzung eines zivilen Munitionsministers im März 1940 brachte für die deutsche Kriegswirtschaft einen bedeutsamen Einschnitt. Dem Ingenieur und Parteimann Fritz Todt[15] gelang es in kurzer Zeit, den militärischen Führungsanspruch in einem der wichtigsten Rüstungsbereiche zurückzudrängen und die Industriellen stärker in die Verantwortung einzubeziehen. Er bemühte sich, Ordnung in die militärische Auftragsplanung zu bringen und mit Hilfe seiner Ingenieurorganisation Leistungsreserven in den Rüstungsbetrieben aufzuspüren.

III. Siegeseuphorie und wirtschaftliche »Blitzkriegstrategie«

Der überraschende Erfolg der Westoffensive schuf schon im Juni 1940 eine neue Lage. Hitler legte großen Wert darauf, die zivile Versorgung wieder anzukurbeln und so die Bevölkerung an den Früchten des Sieges teilhaben zu lassen. Zugleich aber machte er sich an die Vorbereitung eines Feldzuges gegen die UdSSR und kam deshalb rasch zu der Einsicht, daß es notwendig war, das erreichte Rüstungsniveau im wesentlichen zu erhalten. Die Wehrmacht entwarf ein neues Rüstungsprogramm, in dem durch Umverteilungen und Dringlichkeiten Steigerungen in den Engpaßgebieten ermöglicht wurden, ohne den zivilen Bereich der Wirtschaft weiter bedrängen zu müssen[16].

Das Hauptthema dort war eine hektisch betriebene Friedensplanung. Da man mit einem baldigen Kriegsende rechnete, bereiteten sich Unternehmen und Wirtschaftsverbände darauf vor, die Chancen einer künftigen europäischen »Großraumwirt-

---

15 Siehe Franz W. Seidler, Fritz Todt, München – Berlin 1986; grundlegend Karl-Heinz Ludwig, Technik und Ingenieure im Dritten Reich, Düsseldorf 1974.

16 Rolf-Dieter Müller, Von der Wirtschaftsallianz zum kolonialen Ausbeutungskrieg, in: Horst Boog u. a., Der Angriff gegen die Sowjetunion, Frankfurt am Main 1991, S. 209 ff. (Original: Das Deutsche Reich und der Zweite Weltkrieg, Bd. 4, Stuttgart 1983).

schaft« unter deutscher Führung zu nutzen. Man dachte dabei an ein Imperium, das vom Nordkap bis zum Mittelmeer, von der Biskaya bis zum Ural reichen sollte. Dazu rechnete man auch ein künftiges deutsches Kolonialreich in Afrika und einen sicheren wirtschaftlichen Zugriff auf lebensnotwendige Rohstoffe und Nahrungsmittel des europäischen Rußland. Auswärtiges Amt und Reichswirtschaftsministerium arbeiteten fieberhaft daran, entsprechend vorteilhafte Wirtschaftsverträge abzuschließen. In den besetzten und abhängigen Gebieten wurden Unternehmen »arisiert« oder auf andere Weise unterworfen. Deutsche Konzerne und Wirtschaftsverbände bauten ihren Einfluß in Europa zielstrebig aus, um sich für den späteren Kampf um den Weltmarkt zu rüsten[17].

Andere Institutionen entwarfen unter der Schirmherrschaft Himmlers weitreichende Pläne für die künftige Ostsiedlung und animierten insbesondere Handel, Handwerk und mittelständisches Gewerbe dazu, sich auf ein Betätigungsfeld einzustellen, »wie es größer und reizvoller in der deutschen Geschichte noch nicht gewesen« sei – so Heinrich Himmler[18]. Trotz Steuerhilfen und des Ausverkaufs polnischer Betriebe hielt sich die Ansiedlung in Grenzen[19]. Sie betraf zunächst vor allem die Versorgung der aus dem Baltikum und Weißrußland umgesiedelten Volksdeutschen. Die reichsdeutsche Großindustrie hielt sich merklich zurück, da die Expansionschancen in den industriell entwickelten Gebieten Westeuropas größere und berechenbarere Aussichten versprachen[20]. Das traditionelle West-Ost-Gefälle in Prosperität und Infrastruktur konnte unter den Bedingungen der Kriegswirtschaft selbst innerhalb der Reichsgrenzen[21] nicht beseitigt werden.

Doch die Planungen für eine neue Raumordnung und Wirtschaftsstruktur in den künftigen Ostkolonien machten rasch Fortschritte, ebenso die Vertreibung und Dezimierung der slawischen Bevölkerung. Der Völkermord an den Juden vollzog sich in diesem Rahmen einer rassenideologisch ausgerichteten »wirtschaftlichen Neuordnung« Europas[22]. Die Wehrmacht zeigte sich besonders daran interessiert, Rittergüter für verdiente Generale zu reservieren[23].

Das alles waren politische Signale, die nicht zu Einschnitten und einer weitergehenden Umstellung in Richtung Kriegsbedürfnisse ermutigten. Der Wehrmacht, die selbst bereits an einer Planung der Demobilmachung nach Kriegsende arbeitete, blieb deshalb nichts anderes übrig, als Aufträge, die im Reich nicht untergebracht werden konnte, trotz aller Sicherheitsbedenken ins Ausland zu verlagern. Die dort brachlie-

17 R.-D. Müller (Anm. 5), S. 491 ff.; und zum Hintergrund Eckart Teichert, Autarkie und Großraumwirtschaft in Deutschland 1930–1939, München 1984.

18 Zit. nach L. Herbst (Anm. 4), S. 96.

19 Rolf-Dieter Müller, Hitlers Ostkrieg und die deutsche Siedlungspolitik. Die Zusammenarbeit von Wehrmacht, Wirtschaft und SS, Frankfurt am Main 1991.

20 Memorandum der Haupttreuhandstelle Ost vom März 1942, abgedruckt in: Rolf-Dieter Müller, Industrielle Interessenpolitik im Rahmen des »Generalplans Ost«, in: Militärgeschichtliche Mitteilungen, (1981) 1, S. 130 f.

21 Friedrich Richter, Industriepolitik im agrarischen Osten, Wiesbaden 1984.

22 Götz Aly/Susanne Heim, Vordenker der Vernichtung, Hamburg 1990; kritische Aspekte dazu Wolfgang Schneider (Hrsg.), »Vernichtungspolitik«. Eine Debatte über den Zusammenhang von Sozialpolitik und Genozid im nationalsozialistischen Deutschland, Hamburg 1991.

23 Olaf Groehler, Die Güter der Generale, in: Zeitschrift für Geschichtswissenschaft, 19 (1971), S. 655 ff.; und R.-D. Müller (Anm. 19), S. 127.

genden Kapazitäten wurden jedoch bei weitem nicht ausgenutzt. Konkurrenzgesichtspunkte der Industrie spielten dabei keine unerhebliche Rolle[24].

Mehrere hunderttausend Soldaten wurden beurlaubt, um in der Rüstungsindustrie die neuen Waffen für den nächsten Feldzug zu schaffen. Das war notwendig, weil die administrativen Bemühungen zur Umsetzung von Arbeitskräften aus dem Zivilbereich nicht so recht vorankamen. Keiner war freiwillig bereit, wertvolle Facharbeiter an die Rüstung abzugeben, denn aller Voraussicht nach würden diese begehrten Arbeitskräfte auch später nicht wieder in die Abgabebetriebe zurückkehren. So mußten im Frühjahr 1941 Engpaßkommissionen eingesetzt werden, um angesichts der Einberufungswelle der Wehrmacht die dringlichsten Arbeitskräfteforderungen der Rüstungsindustrie befriedigen zu können[25].

In allen Bereichen der Wirtschaft und des öffentlichen Lebens wurde ein verschwenderischer Umgang mit der knapp begrenzten Anzahl von Arbeitskräften betrieben. Durch die zahlenmäßge Ausdehnung der Wehrmacht war schon bei Kriegsbeginn ein gravierender Einbruch in das Arbeitskräftepotential erfolgt, der durch Aushilfsmaßnahmen nicht ausgeglichen werden konnte. Die Entscheidung für eine dezentralisierte, bürokratisch reglementierte Rüstungsproduktion bedeutete die aufwendigste Form der Produktion, bei der die Betriebe reichlich mit Arbeitskräften ausgestattet wurden, aber dennoch ständig weiteren »unabweisbaren« Bedarf anmeldeten. Überall wurden Arbeitskräfte gehortet, in Betrieben ebenso wie in Behörden. Die Zahl der unabkömmlich-gestellten Beschäftigten stieg von 1,7 Millionen bei Kriegsbeginn auf 5,6 Millionen bis September 1941[26].

Das größte Hindernis zur Entspannung des Arbeitsmarktes blieb Hitlers ideologische Abneigung gegen eine Arbeitspflicht der Frauen. Rund fünf Millionen deutsche Frauen, so die ursprüngliche Planung, hätten eigentlich bei Kriegsbeginn die zur Wehrmacht abrückenden Männer in den Fabriken ersetzen sollen. Vor dem Hintergrund der Erfahrungen des Ersten Weltkrieges fürchtete Hitler aber einen gefährlichen Stimmungseinbruch an der »Heimatfront«. Obwohl von seiten der Wehrmacht und anderer Stellen immer wieder Vorstöße gemacht wurden, zu einer Dienstverpflichtung der Frauen zu kommen, blieb Hitler bei seiner Ablehnung der Frauenarbeit[27]. Die großzügige Versorgung der Soldatenfrauen führte sogar dazu, daß Hunderttausende von Frauen ihre Beschäftigung aufgaben. Appelle zum freiwilligen Arbeitseinsatz stießen nur auf geringeren Widerhall. So wuchs bei den Verantwortlichen die Neigung, auf den Einsatz von Fremd- und Zwangsarbeitern auszuweichen, auch wenn hier zunächst ideologische und sicherheitspolitische Hemmungen ausgeräumt werden mußten.

Die Illusion eines kurzen Feldzuges im Osten schürte die Erwartung, daß die leidigen Verteilungskämpfe und Einschränkungen in der Kriegswirtschaft bald beendet sein würden. Der Diktator, hin und her gerissen zwischen den Klagen der Gauleiter über die Belastungen des zivilen Bereichs und den drängenden Forderungen der Mili-

---

24 H. Umbreit (Anm. 14), S. 233f.
25 Bernhard R. Kroener, Die personellen Ressourcen des Dritten Reiches im Spannungsfeld zwischen Wehrmacht, Bürokratie und Kriegswirtschaft 1939–1942, in: Das Deutsche Reich und der Zweite Weltkrieg, Bd. 5/1 (Anm. 5), S. 805f.
26 B.R. Kroener (Anm. 11), S. 409.
27 Dazu u.a. Stefan Bajohr. Die Hälfte der Fabrik. Geschichte der Frauenarbeit in Deutschland 1914–1945, Marburg 1979.

tärs, brachte den Sinn des größten militärischen Unternehmens der Kriegsgeschichte auf die schlichte Formel: Man muß das, was man für die Rüstung braucht und im eigenen Lande nicht oder nur unter Mühen mobilisieren kann, durch Eroberung in die Hand bekommen[28].

IV. Der größte Raub- und Vernichtungsfeldzug

Der Überfall auf die Sowjetunion begann am 22. Juni 1941 nicht nur mit einer schwer nachvollziehbaren Fehleinschätzung des Kräfteverhältnisses. Größere Rüstungsanstrengungen waren nicht unternommen worden, die Produktion lief schon seit Jahresbeginn mit Vorrang auf dem Sektor der Marine- und Luftrüstung. Utopische Pläne für eine gigantische Rüstung zum Kampf gegen den ökonomisch überlegenen angelsächsischen Block wurden bereits entworfen, als die Wehrmacht zum Kampf gegen das größte Militärpotential der damaligen Zeit, die Rote Armee, antrat[29].

Bei keinem anderen Feldzug spielten ökonomische Erwägungen von Anfang an eine derartig zentrale Rolle. In enger Zusammenarbeit von Wehrmacht und Wirtschaft wurde eine neuartige Organisation geschaffen, die den eroberten Raum für die Zwecke der deutschen Kriegswirtschaft »ausschlachten« und die künftige Ostkolonisation vorbereiten sollte. Man rechnete mit einer riesigen Beute an Rohstoffen und Nahrungsmitteln, die Deutschland und die von ihm beherrschte »Großraumwirtschaft« autark machen würde. Die Menschen im europäischen Teil der Sowjetunion waren in dieser Perspektive nur »unnütze Esser«, die ruhig verhungern konnten. Selbst auf ihre Arbeitskraft glaubte man weitgehend verzichten zu können[30].

Die Hybris dieser Raub- und Vernichtungsstrategie wurde schon kurz nach Beginn des Feldzuges sichtbar. Zu Hunderttausenden verhungerten sowjetische Kriegsgefangene, ermordeten Einsatzgruppen der SS rassisch und politisch »unerwünschte« Bevölkerungsgruppen im besetzten Gebiet, während in Deutschland die innere Spannungen in der Kriegswirtschaft jetzt, am Ende des zweiten Kriegsjahres, einen ersten Höhepunkt erreichten[31]. Der Feldzug war nicht nach sechs Wochen am Ende, die Verluste stiegen von Tag zu Tag. Die Wehrmacht war in einen Zweifrontenkrieg geraten, der ihre Kräfte sichtbar überforderte. Der erhoffte Strom von Rohstoffen und Nahrungsmitteln aus dem Osten erwies sich nur als Rinnsal, und von der Rückkehr der Soldaten an die Werkbänke konnte keine Rede mehr sein.

Vor allem mittelständische Betriebe und das Handwerk, die vorwiegend den zivilen Bedarf befriedigten, gerieten, je länger der Krieg dauerte, unter Druck. Die Einberufung des Inhabers oder der wenigen Fachkräfte zwang häufig zur Stillegung des

---

28 G. Thomas (Anm. 6), S. 300f. (20. Juni 1941).
29 Zum Rüstungsstand siehe R.-D. Müller (Anm. 16), S. 223ff.
30 Rolf-Dieter Müller (Hrsg.), Die deutsche Wirtschaftspolitik in den besetzten sowjetischen Gebieten 1941–1943. Der Abschlußbericht des Wirtschaftsstabes Ost und Aufzeichnungen eines Angehörigen des Wirtschaftskommandos Kiew, Boppard 1991; ders., Das »Unternehmen Barbarossa« als wirtschaftlicher Raubkrieg, in: Gerd. R. Ueberschär/Wolfram Wette (Hrsg.), Der deutsche Überfall auf die Sowjetunion, Frankfurt am Main 1991, S. 124ff.
31 Im einzelnen R.-D. Müller (Anm. 5), S. 580ff.

Betriebes, ohne daß Gewißheit bestand, ob nach Kriegsende eine Wiedereröffnung möglich sein würde. Die Verknappung der Rohstoffzuteilung und die Erschöpfung der Vorräte machten Einschränkungen in der Produktion notwendig. Viele Betriebe z. B. der Textilbranche waren nur noch zu 50 Prozent ausgelastet. Heftige Proteste des betroffenen Mittelstandes und der unter Versorgungsmängeln leidenden Bevölkerung waren die Folge und beunruhigten die politische Führung[32].

Es kam hinzu, daß die bei der Kriegsfinanzierung eingeschlagenen, verdeckten Wege, mit denen der Bevölkerung und dem Ausland friedensähnliche Währungsstabilität suggeriert werden sollte, kaum noch weiterführten. Die schleichende Inflation, durch den Warenmangel verschärft, ließ sich – wie Aktienspekulation und Schwarzmarktgeschäfte anzeigten – nur schwer verbergen. Hitler aber wies alle Vorschläge des besorgten Reichswirtschaftsministers Walther Funk zurück. Die Kriegskosten wollte der »Führer« später aus den »Schleusengewinnen« bezahlen, die aus den eroberten Ostgebieten gezogen werden sollten[33].

Die kriegsbedingten Deformationen der Volkswirtschaft hatten bereits erhebliche Ausmaße angenommen, als im Herbst 1941 erkennbar wurde, daß die Hoffnung auf ein schnelles Kriegsende aufgegeben werden mußte, im Gegenteil mit dem absehbaren Kriegseintritt der USA das Kräfteringen unabsehbare Ausmaße annehmen würde. Die Rüstungsplanung der Wehrmacht war völlig aus den Fugen geraten und behinderte die Betriebe, deren Ausstoß kaum noch dazu ausreichte, die steigenden Verluste auszugleichen. Teilweise war sogar ein dramatischer Rückgang der Produktion zu verzeichnen[34].

Ziehen wir eine Zwischenbilanz: Der erstaunliche Befund, daß in der Phase deutscher Blitzkriege eine – entgegen den propagandistischen Parolen – vergleichsweise geringe Umstellung der Wirtschaft auf die Kriegsbedürfnisse erfolgt ist, hat in den vergangenen Jahrzehnten in der Forschung zu kontroversen Interpretationen geführt. Lange dominierte die Auffassung des britischen Historikers Alan S. Milward, wonach es Hitler gelungen sei, in einer exzellent geplanten und erfolgreich durchgeführten wirtschaftlichen Blitzkriegsstrategie die Belastungen der eigenen Bevölkerung den kurzen und schlagartigen Kriegszügen anzupassen, d. h. die Wirtschaft durch kurzfristige Lenkungsimpulse zu steuern und zusätzliche Bedürfnisse der Rüstung durch die Ausbeutung der besetzten Gebiete zu befriedigen. Dies erscheint aber im Lichte neuerer Forschungen als ein untauglicher Systematisierungsversuch, der eine einheitliche Blitzkriegsphase suggeriert, die es in dieser Form von 1939 bis 1942 nicht gegeben hat. Lediglich der Ostfeldzug zeigt Ansätze einer kriegswirtschaftlichen Blitzkriegsplanung, die aber kläglich gescheitert sind[35].

---

32 Siehe die Fülle der Hinweise in Heinz Boberach (Hrsg.), Meldungen aus dem Reich 1938–1945, Herrsching 1984f.
33 R.-D. Müller (Anm. 5), S. 588 ff.
34 Ebenda, S. 596 ff.
35 Alan S. Milward, Die deutsche Kriegswirtschaft 1939–1945, Stuttgart 1966; ders., Der Zweite Weltkrieg. Krieg, Wirtschaft und Gesellschaft 1939–1945, München 1977; vgl. jetzt auch Uwe Bitzel, Die Konzeption des Blitzkrieges bei der deutschen Wehrmacht, Frankfurt am Main u. a. 1991.

V. Die Neuorganisation der Kriegswirtschaft

Die tiefgreifende Krise der Kriegswirtschaft brach im Winter 1941/42 offen aus. Die Notwendigkeit, sich auf einen langen Abnutzungskrieg einzustellen, schuf allerdings zum ersten Male bei allen Verantwortlichen auch die Bereitschaft zu einer einschneidenden Umstellung der Wirtschaft. Aber noch fehlte es an einer gründlichen Reorganisation der kriegswirtschaftlichen Lenkung und Leitung.

Albert Speer, Hitlers Lieblingsarchitekt, übernahm im Februar 1942, nach dem mysteriösen Unfalltod von Fritz Todt, als neuer Rüstungsminister die wirtschaftliche Gesamtführung[36]. Es gelang ihm, bereits im ersten Anlauf die militärische Kommandowirtschaft zurückzudrängen und den Militärs im Rüstungsprozeß weitgehend die Macht zu nehmen. Die Rüstungswirtschaft wurde durch die stärkere Einbeziehung der Unternehmer in die Mitverantwortung neu organisiert. Selbstverwaltung der Wirtschaft hieß die Zauberformel Albert Speers, die sich in rasch wachsenden Produktionszahlen auszahlte. Die Leiter von Ausschüssen und Ringen erhielten hoheitliche Funktionen und zugleich einen stärkeren Zugriff auf die von ihnen gelenkten Betriebe[37].

Durch umfassende Rationalisierung der Produktion, die Verbesserung von Planung und Steuerung der Fertigung, den Austausch von technischem Know-how, die Konzentration der Fertigung auf die jeweiligen Höchstleistungsbetriebe, vor allem aber durch einen stärkeren finanziellen Anreiz für die Massenproduktion brachten Speer und seine Wirtschaftsmanager den Rüstungsausstoß in kurzer Zeit wieder auf eine höhere Leistung[38].

Ebenso wurde seit Anfang des Jahres 1942 auch die zivile Wirtschaft neu organisiert. Damit war eine weitere Runde der Umstellungs- und Stillegungsbemühungen verbunden, die von der Aufstellung von Kriegsproduktionsprogrammen begleitet wurde. Die zivilen Betriebe gerieten stärker denn je in den Sog der Rüstung – ein Prozeß, der immerhin fast eineinhalb Jahre dauerte, bis die gesamte Produktion des zivilen Sektors, die bisher das Reichswirtschaftsministerium gesteuert hatte, in die Kompetenz des Speerministeriums fiel. Das »Reichsministerium für Rüstung und Kriegsproduktion«, wie es nun hieß, dirigierte jetzt die gesamte industrielle Erzeugung und kontrollierte über die »Zentrale Planung« alle wichtigen Bereiche der Kriegswirtschaft[39].

Das war die Voraussetzung dafür, im Rüstungswettlauf mit dem überlegenen Potential der Feindmächte zumindest mithalten zu können. Das Dritte Reich hatte, wie alle Statistiken und Berechnungen ausweisen, nicht die geringste Chance, den »Krieg der Fabriken« zu gewinnen. Nur der relativ günstige Kriegsverlauf bis 1942 hatte den Deutschen einen gewissen Spielraum verschafft. Solange keine massiven Angriffe gegen die deutsche Kriegswirtschaft unternommen wurden, konnte trotz zu-

---

36 Siehe Albert Speer, Erinnerungen, Frankfurt am Main 1969; und kritisch dazu Matthias Schmidt, Albert Speer: Das Ende eines Mythos, Bern – München 1982.

37 Gregor Janssen, Das Ministerium Speer, Deutschlands Rüstung im Krieg, Berlin 1968.

38 Hans-Joachim Weyres-von Levetzow, Die deutsche Rüstungswirtschaft von 1942 bis zum Ende des Krieges, Diss. masch. München 1975.

39 Siehe W. A. Boelcke (Anm. 7), S. 280ff.; Ludolf Herbst, Der Totale Krieg und die Ordnung der Wirtschaft, Stuttgart 1982, S. 253ff.; und Dietrich Eichholtz, Geschichte der deutschen Kriegswirtschaft 1939–1945, Bd. II: 1941–1943, Berlin (DDR) 1985, S. 146ff.

nehmender Engpässe mit weiter steigenden Produktionszahlen im Rüstungsbereich gerechnet werden.

VI. Hungerstrategie und »Vernichtung durch Arbeit«

In der lebenswichtigen Agrarproduktion hingegen hatte man seit Beginn des Krieges mit einem kontinuierlichen Rückgang zu kämpfen. Nur durch den Einsatz einer steigenden Zahl von »Fremdarbeitern« und Kriegsgefangenen war es möglich, die notwendigsten Arbeiten durchzuführen. Es fehlte an Düngemitteln, Landmaschinen und anderen Betriebsmitteln. So entwickelten sich die Erträge rückläufig und reichten – nach dem Aufbrauchen der Kriegsvorräte – seit dem Herbst 1941 nicht mehr aus, die eigene Bevölkerung zu ernähren[40].

Trotz strenger Rationierung und Bewirtschaft von Nahrungsmitteln mußte in steigendem Maße auf die Ressourcen der besetzten Länder zurückgegriffen werden. Hunger breitete sich in Europa aus, und die NS-Führung war entschlossen, die eigene Bevölkerung um jeden Preis davor zu bewahren. Sie setzte auf eine Versorgungshierarchie, bei der in Deutschland der Leistungsgedanke den Ausschlag gab, die jedoch bei der Einbeziehung fremder Völker und Arbeitskräfte nach primär rassenideologischen Gesichtspunkten geordnet war.

Am unteren Ende rangierten Bevölkerungsgruppen, die zur Vernichtung vorgesehen waren: Juden, KZ-Häftlinge, sowjetische Kriegsgefangene und andere rassisch oder politisch mißliebige Menschen. Als Anfang 1942 das Imperium Heinrich Himmlers und seine Lager in die Kriegsproduktion einbezogen wurde, wandelte sich das Verhältnis zu diesen Millionen Ausgestoßenen zum Prinzip »Vernichtung durch Arbeit«. Die Selektion nach Arbeitsfähigkeit und die partielle Anwendung des Prinzips »Arbeit statt Vernichtung« stoppten nicht den Massenmord, gaben den geschundenen Sklavenarbeitern nur eine geringfügige Überlebenschance[41].

Was Technokraten hin und wieder als »unrationell« kritisierten und die Rivalitäten zwischen Speer und Himmler anheizte, blieb ein Wesensmerkmal der deutschen Kriegswirtschaft seit 1942. Die Sklavenarbeit von Millionen »Fremdarbeitern«, Häftlingen und Kriegsgefangenen wurde auch von der Industrie genutzt, um die Produktionsziele der politischen Führung erreichen zu können[42].

Als neuernannter »Generalbevollmächtigter für den Arbeitseinsatz« sorgte seit April 1942 der thüringische Gauleiter Fritz Sauckel dafür, daß der unersättliche Bedarf der Kriegswirtschaft weitgehend gedeckt werden konnte. Neben den Maßnahmen zur Umsetzung und Qualifizierung deutscher Arbeitskräfte für die Rüstung spielten seine Sklavenjagden in den besetzten Gebieten eine große Rolle. In vielen Rüstungsfabriken erreichte der Anteil ausländischer Arbeitskräfte schließlich zwi-

---

40 Hans-Erich Volkmann, Landwirtschaft und Ernährung in Hitlers Europa 1939–1945, in: Militärgeschichtliche Mitteilungen, 35 (1984), S. 9–74; Rolf-Dieter Müller, Die Konsequenzen der »Volksgemeinschaft«: Ernährung, Ausbeutung und Vernichtung, in: W. Michalka (Anm. 6), S. 240–248.

41 Hermann Kaienburg, »Vernichtung durch Arbeit«. Der Fall Neuengamme, Bonn 1990.

42 Ulrich Herbert, Fremdarbeiter, Berlin – Bonn 1985.

schen 70 und 90 Prozent[43]. Die größte Gruppe bildeten sogenannte Ostarbeiter, Zwangsarbeiter – vorwiegend jüngere Frauen – aus den besetzten Gebieten der UdSSR, meist nicht viel besser gestellt als die Sklaven der SS[44].

VII. Der Beginn des Totalen Krieges

Erst nach der spektakulären Niederlage von Stalingrad zeigte sich die politische Führung angesichts ihres näherrückenden Untergangs entschlossen, auch die eigene Bevölkerung und Arbeiterschaft im stärksten Maße für den Krieg zu mobilisieren. Dennoch regten sich immer noch starke Widerstände. Die Arbeitspflicht für Frauen und ihr Einsatz in der Rüstungsindustrie wurden vielfach behindert und unterlaufen[45].

So mußte der Fortgang männlicher Arbeitskräfte zur Wehrmacht hauptsächlich durch den massiven Einsatz von »Fremdarbeitern« ausgeglichen werden. Daß sich Betriebe und Behörden gegen den Abzug ihres bislang geschützten Personals mit allen Mitteln zur Wehr setzten, war verständlich. Um die Umsetzung von Arbeitskräften aus Handel, Handwerk, Gewerbe und freien Berufen in kriegswichtige Tätigkeiten zu unterstützen, sollte das Reichswirtschaftsministerium noch einmal versuchen, zivile Betriebe und Unternehmen in größerer Zahl stillzulegen. Die Durchführung übernahmen die Reichsstellen, jene halbstaatlichen Aufsichts- und Planungsbehörden für bestimmte Produktionsbereiche wie etwa Textilien und Metalle, denen die gesamte zivile Rohstoff- und Warenbewirtschaftung oblag. Sie konnten jetzt auch Erzeugungsverbote gegenüber den Firmen durchsetzen, vor denen man in den ersten Kriegsjahren zurückgeschreckt war[46].

Das Ergebnis war, wie nicht anders zu erwarten: Man liquidierte zahllose kleine Existenzen, vor allem in Handel und Handwerk, während nur wenige größere Unternehmen, die bei Behörden und Verbänden über Einfluß verfügten, erfaßt wurden. Das lag natürlich auch daran, daß größere Betriebe schon längst in kriegswichtige Produktionen eingestiegen waren und darauf verweisen konnten, daß sie im Gegensatz zu anderen mit größerer Effizienz arbeiteten. Bis Mitte Juni 1943 wurden insgesamt 21 000 Betriebe der Lebensmittelversorgung, Bäckereien, Fleischereien usw., stillgelegt, was erhebliche Unruhe unter der Bevölkerung auslöste.

Die politischen Schwierigkeiten des Regimes verstärkten sich noch durch den Druck des Mittelstandes, der wichtigsten sozialen Basis der NSDAP. Viele Betriebsinhaber und Gewerbetreibende hatten die Sorge, daß die kriegsbedingte Einstellung ihrer Tätigkeit nur ein erster Schritt sein könnte zu einer für sie nachteiligen Neustrukturierung nach dem Kriege. Tatsächlich gab es in der Deutschen Arbeitsfront

---

43 Siehe z.B. Klaus-Jörg Siegfried, Rüstungsproduktion und Zwangsarbeit im Volkswagenwerk 1939–1945, Frankfurt – New York 1987; Hans Pohl u.a., Die Daimler-Benz AG in den Jahren 1933 bis 1945, Stuttgart 1986.
44 Rolf-Dieter Müller, Die Rekrutierung sowjetischer Zwangsarbeiter für die deutsche Kriegswirtschaft, in: Ulrich Herbert (Hrsg.), Europa und der »Reichseinsatz«, Essen 1991, S. 234–250.
45 Ute Frevert, Frauen an der »Heimatfront«, in: Christoph Kleßmann (Hrsg.), Nicht nur Hitlers Krieg, Düsseldorf 1989, S. 51–70.
46 Dazu D. Eichholtz (Anm. 39), S. 226ff.

z. B. entsprechende Bestrebungen für den Handel. Die Gauleiter steuerten deshalb die Stillegungen auf regionaler Ebene so, daß Proteste der Bevölkerung möglichst gering blieben.

Die gesamte Aktion wurde nach einem halben Jahr stillschweigend abgebrochen. Das Ergebnis blieb – wie stets – weit hinter den Erwartungen zurück. Nur knapp 150 000 Arbeitskräfte konnten aus dem zivilen Bereich umgesetzt werden. In der Industrie hatte man lediglich 3 000 Betriebe stillgelegt. Selbst die Wehrmacht hatte Schwierigkeiten, sich von gewohnten Strukturen und Denkhaltungen zu lösen. Bei den Auskämmaktionen zur Freimachung von fronttauglichen Soldaten und bei der befohlenen Rücksendung von nichtfronttauglichen Soldaten in die Wirtschaft zeigten Einheiten und Ämter ein bemerkenswertes Beharrungsvermögen. Die erwarteten Zahlen wurden jedenfalls auch hier nicht erreicht[47].

Es war insgesamt offenbar eine Grenze der Umstellung auf den Krieg erreicht worden. Erkennbar war das etwa bei den Versuchen, durch weitere Einschränkungen des zivilen Verbrauchs Entlastungen zu Gunsten von Wehrmacht und Rüstung herbeizuführen. Als Ergebnis blühte der Schwarzmarkt weiter auf, Tauschgeschäfte, die der staatlichen Warenbewirtschaftung widersprachen, wurden selbst zwischen Betrieben üblich. Der Staat, durch die Kriegseinwirkungen geschwächt, sah sich außerstande, diese Deformationen wirksam zu bekämpfen, er duldete sie schließlich teilweise, und in den besetzten Gebieten suchten die deutschen Behörden sogar selbst vom Schwarzmarkt zu profitieren[48].

Betrachten wir nun den Erfolg der Umstellung auf dem Höhepunkt des Krieges am Beispiel der Konsumgüterindustrie. Die Produktion war, nimmt man einen Index von 100 für das Jahr 1939, bis 1941 auf lediglich 95,7 gefallen, brach 1942, als die Friedenserwartungen schwanden, auf 86,1 ein, stieg aber im nächsten Jahr bereits wieder auf 90,8 und fiel erst im letzten Kriegsjahr im Zeichen des allgemeinen Zusammenbruchs auf 85,4. Im Rahmen dieser rückläufigen Produktion ging freilich der Absatz an die Zivilbevölkerung bis 1944 um ein Drittel zurück. Der Anteil der Wehrmachtaufträge im Bereich der Konsumgüterindustrie lag 1943 teilweise zwischen 30 und 60 Prozent[49]. Der bemerkenswerte Anstieg auf dem Höhepunkt des Krieges 1943/44 war durch die Notwendigkeit bedingt, die rapide zunehmende Zahl von Luftkriegsopfern zu versorgen und so die Arbeitsfähigkeit der Bevölkerung zu erhalten. Nach vier Jahren Krieg und Rationierung waren die Reserven z. B. an Bekleidung in den einzelnen Haushalten aufgezehrt. Monatlich wurden fast 25 000 Wohngebäude total zerstört. In Teilen der Bevölkerung näherte man sich jetzt jenem (Elends-)Niveau, das bereits 1939 als einer völlig auf die Kriegsbedürfnisse umgestellten Wirtschaft entsprechend gesehen worden war[50].

47 Deutschland im zweiten Weltkrieg. Von einem Autorenkollektiv unter Leitung von Wolfgang Schumann und Gerhart Hass, Akademie der Wissenschaften der DDR, Zentralinstitut für Geschichte, Bd. 4, Berlin (DDR) 1981, S. 40ff.
48 Willi A. Boelcke, Der Schwarzmarkt 1945–1948: Vom Überleben nach dem Kriege, Braunschweig 1986, S. 9ff.
49 D. Eichholtz (Anm. 39), S. 384.
50 Earl Ray Beck, Under the Bombs. The German Home Front 1942–1945, Lexington 1986.

VIII. »Rüstungswunder« und »Wunderwaffen«

Die Verschärfung der Kriegslage führte seit dem Frühjahr 1944 zu einem weiteren Schub. In der Rüstungsindustrie selbst bemühte man sich, die Fertigung auf die vordringlichsten Rüstungsgüter zu konzentrieren und endlich in größerem Maße zur Serienproduktion überzugehen. Die Investition in die Kapazitätserweiterung der Rüstungsindustrie wurde zugunsten der unmittelbaren Produktion reduziert. Die Grundstoffindustrien, die in den vergangenen Kriegsjahren im Hinblick auf die politischen Autarkieziele erheblich gefördert worden waren, mußten nun zurückstehen, und auch die Investitionsgüterindustrie erlebte 1944 einen drastischen Rückgang[51]. Dem Rüstungsministerium war es gelungen, praktisch die gesamte Volkswirtschaft in seinen Bann zu ziehen und auf den von der politischen Führung geforderten Massenausstoß von Rüstungsmaterial auszurichten.

Das »Rüstungswunder« Speers reichte aber kaum dazu aus, die enormen Verluste an den bedrängten Fronten zu ersetzen. Um so größere Hoffnungen setzte man im »Führerhauptquartier« auf eine technische Überlegenheit, auf neue »Wunderwaffen«. Deutsche Ingenieurkunst sollte vollbringen helfen, was die Führungskunst der Wehrmacht schon längst nicht mehr zu leisten vermochte. Hitler, dem die wachsenden Zweifel seiner Umgebung, aber auch in der Wirtschaft und Bevölkerung, an dem beschworenen »Endsieg« nicht verborgen blieben, klammerte sich an die Hoffnung, noch einmal den Feind – wenn auch nicht vernichtend – schlagen zu können, sich eine Atempause im Abnutzungskrieg zu verschaffen.

Eine wirtschaftliche Strategie für den »Sieg« gab es nicht mehr, nur den Mythos technischen Genies. Dabei übersah Hitler, daß in dem Dschungel von Kompetenzkämpfen, Ignoranz und ideologischer Verblendung die deutsche Wissenschaft und Technik, von einzelnen Spitzenleistungen einmal abgesehen, längst hinter ihrer früheren Weltgeltung zurückgefallen waren[52]. Entwicklung und Erprobung von Fernraketen – bekanntgeworden unter der Bezeichnung V1 und V2 –, bislang eher stiefmütterlich behandelt, sollten ihm schnellstens die ersehnte Vergeltungswaffe verschaffen, um dem zermürbenden Bombenhagel entgegenwirken zu können[53].

Eine Vielzahl obskurer Erfindungen und Ideen, denen vor allem Heinrich Himmler nachhing, verstellte den Blick dafür, daß die Deutschen keine »Wunderwaffe« zu schaffen vermochten. Lediglich bei der Weiterentwicklung der chemischen Kampfstoffe war ein Durchbruch erreicht worden. Doch Hitler hatte allen Grund, seine einzige Massenvernichtungswaffe nicht zum Einsatz zu bringen, denn der Gegner konnte mit neuen biologischen und atomaren Waffen eine glaubwürdige Abschreckung androhen[54].

---

51 Die deutsche Industrie im Kriege 1939–1945, Berlin 1954, S. 52ff.
52 Deutschland im zweiten Weltkrieg (Anm. 47), Bd. 5, Berlin (DDR) 1984, S. 456ff.
53 Heinz Dieter Hoelsken. Die V-Waffen. Entstehung, Propaganda, Kriegseinsatz, Stuttgart 1984.
54 Rolf-Dieter Müller, Die deutschen Gaskriegsvorbereitungen 1919–1945, in: Militärgeschichtliche Mitteilungen, (1980) 1, S. 25–54; Robert Harris/Jeremy Paxman, Eine höhere Form des Tötens, Düsseldorf – Wien 1983; Mark Walker, Die Uranmaschine. Mythos und Wirklichkeit der deutschen Atombombe, Berlin 1990; Rudibert Kunz/Rolf-Dieter Müller, »Wer mit Gift kämpft...« Wie Hitler das ABC der Massenvernichtungswaffen buchstabierte, in: Die Zeit vom 20. Oktober 1989, S. 57–59.

IX. Die Wirtschaft bereitet sich auf das Überleben vor

Die näherrückende Niederlage hatte schon längst zu einem allgemeinen Vertrauensverlust in die politische Führung und zur Destabilisierung der Heimatfront geführt. Auch in der Wirtschaft zeichnete sich eine Gegenbewegung ab, ein Abrücken vom politischen System und dessen Forderung nach der Totalisierung des Krieges. Über diese stille Umorientierung vom Krieg auf den Frieden zu einem Zeitpunkt, als die Rüstungsproduktion einen ungeahnten Höhepunkt erlebte, gibt es bislang nur wenige Untersuchungen[55].

So lebten 1943/44 in den wirtschaftlichen Gremien die Friedensplanungen langsam wieder auf, Fragen einer künftigen Wirtschaftsordnung wurden diskutiert, die Rückkehr zur gelenkten Marktwirtschaft und die Währungssanierung anvisiert, kurz: Man bereitete die Wirtschaft auf den Frieden vor. Die maßlosen Expansions- und Herrschaftsziele der ersten Kriegsphase spielten nun keine Rolle mehr. Man richtete sich auf das Überleben nach der Niederlage ein. Deshalb kreisten die Denkschriften und Stellungnahmen um die Sanierung der deutschen Volkswirtschaft. Der Begriff der »Großraumwirtschaft unter deutscher Führung« wurde ersetzt durch die schillernde Propagandaparole einer künftigen »europäischen Wirtschaftsgemeinschaft«[56].

Der Frage nach der künftigen Stellung Deutschlands konnte auf diese Weise ausgewichen werden. Osteuropa, soviel war sicher, mußte verloren gegeben werden. Um so mehr kam es darauf an, im Zusammenwirken mit den westlichen Staaten eine gemeinsame Front gegen den Bolschewismus zu bilden und die Rückkehr zum Weltmarkt zu finden. Das bedeutete allerdings kein uneingeschränktes Bekenntnis zum Wirtschaftsliberalismus, auch wenn der Dirigismus des NS-Systems und der Kriegswirtschaft schon längst keine Anhänger mehr in den Konzernetagen hatte. Das Konzept einer »sozialen« Marktwirtschaft gewann bei den internen Diskussionen erste Konturen[57].

Die führenden Männer der Wirtschaft konnten sich offenbar nicht vorstellen, daß man sie für die Verbrechen des NS-Regimes mitverantwortlich machen würde. Sie verstanden sich als »Wirtschaft unter Zwang«, als im wesentlichen unpolitische Technokraten und Kaufleute, auf die in einem Nachkriegsdeutschland niemand verzichten konnte. Es kam nur darauf an, in der Phase des staatlichen Zusammenbruchs sozialrevolutionäre Eruptionen – wie sie in Deutschland am Ende des Ersten Weltkrieges zu einer Gefährdung der kapitalistischen Wirtschaftsordnung geführt hatten – zu verhindern. Deshalb brauchte man bis zum letzten Kriegstag das harte Zwangsregime der Nazis gegenüber der Arbeiterschaft, vor allem gegenüber den Millionen »Fremdarbeitern«, und die Propaganda der »Volksgemeinschaft«[58]. Nach der Besetzung wür-

55 L. Herbst (Anm. 39), S. 341 ff.
56 W. A. Boelcke (Anm. 7), S. 291 ff.
57 Ludwig Erhard, Kriegsfinanzierung und Schuldenkonsolidierung. Denkschrift vom März 1944. Berlin 1977.
58 Marie-Luise Recker, Zwischen sozialer Befriedung und materieller Ausbeutung. Lohn- und Arbeitsbedingungen im Zweiten Weltkrieg, in: W. Michalka (Anm. 6), S. 430–444; Ronald Smelser, Eine »braune Revolution«?, in: ebenda, S. 418–429; Matthias Frese, Vom »NS-Musterbetrieb« zum »Kriegs-Musterbetrieb«. Zum Verhältnis von Deutscher Arbeitsfront und Großindustrie 1936–1944, in: ebenda, S. 382–401; Wolfgang Franz Werner, »Bleib übrig!« Deutsche Arbeiter in der nationalsozialistischen Kriegswirtschaft, Düsseldorf 1983.

den dann sicher die westlichen Siegermächte »bolschewistische Experimente« zu verhindern wissen.

So leicht allerdings wollten die Alliierten zumindest Großindustrie und Banken nicht aus ihrer politisch-moralischen Mitverantwortung für das »Dritte Reich« entlassen[59]. Die späteren Kriegsverbrecherprozesse in Nürnberg haben bewiesen, daß die Industriellen zwar nicht die eigentlichen Drahtzieher der Nazis gewesen sind, wie die kommunistische Propaganda behauptete, dennoch aber eine tragende Säule des NS-Regimes repräsentierten[60].

Die Zusammenarbeit mit der politischen Führung war bei allen Spannungen und Widersprüchen stets eng und nicht zuletzt auch profitabel für beide Seiten gewesen[61]. Das galt vor allem in der ersten Kriegsphase. Die von Historikern später immer wieder diskutierte These vom »Primat der Wirtschaft« findet freilich in der NS-Kriegswirtschaft keine Bestätigung. Auch wenn sich Hitler in seiner Kriegspolitik zunehmend von ökonomischen Erwägungen leiten ließ und den Unternehmern einen bemerkenswert großen Handlungsspielraum einräumte, war der »Primat der Politik« stets unangefochten gewesen. Auf der anderen Seite hatte die Herausbildung von politisch gelenkten Wirtschaftsimperien der SS und der Partei die Privatwirtschaft zwar bedrängt, aber nicht unterlegen gemacht[62]. Die erfolgreiche Politisierung der Arbeiterschaft im Sinne des Regimes, bei rücksichtsloser Ausschaltung jeglicher oppositioneller Regungen, stellte das private Unternehmertum ebenfalls nicht in Frage.

X. Höchstleistung und Zusammenbruch

Der passive Widerstand der Privatwirtschaft gegen den totalen Krieg und den verordneten Untergang offenbarte noch einmal den Handlungsspielraum der Unternehmer selbst unter den extremen Bedingungen des Krieges. So konnte die angeordnete Untertageverlagerung der wichtigsten Rüstungsanlagen, obwohl die Aktion in enger Zusammenarbeit mit der SS erfolgte, beispielsweise von der Industrie dazu genutzt werden, den wertvollen Maschinenpark zu vergrößern und über den Krieg zu retten[63]. Den Preis dafür hatten Hunderttausende von KZ-Häftlingen zu zahlen, die unter mörderischen Arbeitsbedingungen die Bauwerke errichten mußten.

Der Zusammenbruch des Verkehrssystems bot schließlich die Möglichkeit, bei den Betrieben Reserven an Rohstoffen und Produktionsmitteln anzulegen, die – soweit absehbar – im Krieg nicht mehr zur Anwendung kommen würden. Die Dezen-

59 John M. Blum, Deutschland ein Ackerland? Morgenthau und die amerikanische Kriegspolitik 1941–1945, Düsseldorf 1968.
60 Gerhard Hetzer, Unternehmer und leitende Angestellte zwischen Rüstungseinsatz und politischer Säuberung, in: Martin Broszat u. a. (Hrsg.), Von Stalingrad zur Währungsreform, München 1988, S. 551–592.
61 Hans-Erich Volkmann, Zum Verhältnis von Großwirtschaft und NS-Regime im Zweiten Weltkrieg, in: Waclaw Dlugoborski (Hrsg.), Zweiter Weltkrieg und sozialer Wandel, Göttingen 1981, S. 87–116.
62 Siehe Gerhard Mollin, Montankonzerne und »Drittes Reich«, Göttingen 1988.
63 Rainer Fröbe, KZ-Häftlinge und die unterirdische Rüstungsproduktion, in: U. Herbert (Anm. 44), S. 351–383.

tralisierung der Kriegswirtschaft im Herbst 1944, eine Folge der fortschreitenden Zerstörung von Infrastruktur und Kommunikation, erhöhte unternehmerische Spielräume und sicherte sie gegen die Einwirkung von Partei, Staat und Wehrmacht. Unternehmer übernahmen Verantwortung für ganze Wirtschaftsregionen[64].

Speer, der die Unternehmerwirtschaft innerhalb des politischen Systems abschirmte, war im Frühjahr 1944 gegenüber seinen Konkurrenten in Bedrängnis geraten. Er mußte um seine Kronprinzenrolle innerhalb des engsten Kreises um Hitler kämpfen[65]. Durch die Übernahme der Luftrüstung, bislang Domäne von Hermann Göring, der sich in der Phase der Aufrüstung als Wirtschaftsdiktator verstanden hatte, konnte Speer aber seinen Einflußbereich sogar noch ausweiten. Die größten Anstrengungen wurden unternommen, um durch die Steigerung der Herstellung von Jagdflugzeugen eine Wende im Luftkrieg herbeizuführen[66]. Durch die Einführung der 72-Stunden-Woche und weitere Rationalisierungsmaßnahmen konnten noch einmal Produktionsrekorde erreicht werden. Dennoch intensivierten die Alliierten den Bombenkrieg gegen Industrieanlagen, Hydrierwerke und andere Schlüsselstellen der Kriegswirtschaft. Der Wettlauf zwischen Reparatur und Zerstörung überforderte die Kräfte Speers[67].

Im Sommer 1944 hatte der deutsche Rüstungsausstoß den Gipfelpunkt erreicht. Er lag jetzt dreimal so hoch wie zur Zeit der Blitzkriege und war das Ergebnis von weitgehender Rationalisierung und Konzentration, zu Lasten allerdings weiter Bereiche der Wirtschaft, die regelrecht verödet waren. Auch ausländische Arbeiter kamen nicht mehr in dem Maße, wie die besetzten Gebiete verlorengingen. Eine rigorose Politik der »verbrannten Erde« schaffte aber noch einmal riesige Mengen an Beutegut ins Reich[68].

Das Arbeitskräfteproblem konnte nicht mehr gelöst werden und schränkte die Produktionsmöglichkeiten stärker ein als die Bombenangriffe. Um die ungeheuren personellen Verluste der Wehrmacht aufzufangen, mußten selbst ältere und erfahrene Facharbeiter aus der Industrie herausgezogen werden. Propagandaminister Joseph Goebbels stürzte sich als »Reichsbevollmächtigter für den totalen Kriegseinsatz« mit Unterstützung der Partei in den Konflikt mit Speer und der Industrie. In dem Streit um die »Menschenverteilung« zwischen Produktion, »Volkssturm« oder Schanzeinsatz hatte Speer Mühe, sein Imperium zusammenzuhalten[69].

Gezielte Luftangriffe gegen das deutsche Transportsystem im Herbst 1944 beschleunigten den wirtschaftlichen Zusammenbruch. Die Alliierten hatten erkannt, daß Transport und Verteilung von Kohle, dem Schlüsselrohstoff der deutschen Kriegswirtschaft, die Achillesferse in dem komplizierten System Speers darstellten[70].

---

64 A. Speer (Anm. 36), S. 420 ff.
65 Ebenda, S. 339 ff.
66 David Irving, Die Tragödie der Luftwaffe, Frankfurt am Main u. a. 1970.
67 Werner Girbig, ... mit Kurs auf Leuna. Die Luftoffensive gegen die Treibstoffindustrie und der deutsche Abwehreinsatz 1944–1945, Stuttgart 1980; Hans Kehrl, Krisenmanager im Dritten Reich, Düsseldorf 1973, S. 366 ff.
68 R.-D. Müller (Anm. 30), S. 372 ff.
69 Dieter Rebentisch, Führerstaat und Verwaltung im Zweiten Weltkrieg 1939–1945, Stuttgart 1989.
70 Siehe Alfred C. Mierzejewski, The Collapse of the German War Economy. 1944–1945, Chapel Hill – London 1988.

Trotz drakonischer Maßnahmen war es während des Krieges nicht gelungen, die Kohleförderung ausreichend zu steigern. Ständige Engpässe bei der Versorgung von Bevölkerung und Industrie, Einschränkungen der Stromerzeugung, nicht zuletzt auch unzureichende Herstellung von synthetischem Treibstoff und anderen chemischen Grundprodukten kennzeichneten die Lage[71]. Betroffen davon war auch die Eisen- und Stahlerzeugung, wichtigste Grundlage für die Rüstung. Erst ab 1942 war eine Ausdehnung der Produktion erreicht worden, ohne freilich an die Kapazitäten der USA auch nur entfernt heranzureichen. Durch den Wegfall wichtiger ausländischer Erzlager zeichnete sich seit Frühjahr 1944 ohnehin ein baldiger Einbruch der Stahlerzeugung des Reiches ab[72].

Die Reichsbahn hatte den Verbund der vielfach ausgelagerten Zulieferbetriebe für die Rüstung zu gewährleisten. Die gezielten Angriffe auf das Kohletransportsystem ab September 1944 stießen das notdürftig zusammengeflickte System Speers in den Kollaps. Ein letztes »Notprogramm« sollte für Volkssturm und Wehrmacht zumindest eine primitive Bewaffnung und Ausrüstung ermöglichen[73]. Die Aufträge wurden auf kleine und kleinste Betriebe verteilt. Statt Betten produzierte die Möbelindustrie Munitionspackgefäße, statt Haushaltsgeräten stellten andere Betriebe Panzerfäuste her. Es wurde Heimarbeit organisiert, und selbst die Lazarettinsassen wurden eingespannt. In unterirdischen Anlagen konnte noch immer Kriegsmaterial montiert werden.

Im Februar und März 1945 befand sich die deutsche Kriegswirtschaft nach dem Verlust des oberschlesischen Reviers und des Saarlandes bereits in tiefer Agonie. Das Millionenheer der Flüchtlinge aus dem Osten brachte neues Elend. Während im »Führerhauptquartier« noch immer fiktive Rüstungspläne für den »Endkampf« geschmiedet wurden, kämpften die Arbeiter in den Betrieben, die Landbevölkerung, die Opfer des Bombenkrieges und die Flüchtlinge einen verzweifelten Kampf ums Überleben. Da sprach Hitler am 30. März 1945 mit seinem »Nero«-Befehl das Todesurteil über die deutsche Industrie[74]. Rücksichtslos sollten demnach alle wichtigen wirtschaftlichen Anlagen vor dem heranrückenden Feind zerstört werden. Speer warnte Hitler vergeblich vor den Folgen für die eigene Bevölkerung; die Betriebsführer hatte er jedoch auf seiner Seite. Es gelang Speer, u. a. durch die Bewaffnung der Arbeiter und eigene einschränkende Anordnungen, die Durchführung des Vernichtungsbefehls größtenteils zu verhindern[75].

Das NS-Regime hatte endgültig abgewirtschaftet, das Deutsche Reich Bismarckscher Prägung beendete am 8. Mai 1945 seine kurzlebige Existenz. Das Volksvermögen war praktisch vollständig für Hitlers Größenwahn verschleudert worden, der materielle Schaden enorm, das menschliche Leid unermeßlich. Bei allem, was auf die deutsche Wirtschaft durch Besatzung, Demontage und weitere Kriegsfolgen noch zu-

---

71 Matthias Riedel, Eisen und Kohle für das Dritte Reich, Göttingen u. a. 1973, S. 338ff.; John Gillingham, Industry and Politics in the Third Reich. Ruhr Coal, Hitler and Europe, London 1985.
72 G. Mollin (Anm. 62); Die deutsche Industrie (Anm. 51), S. 98ff.
73 Die deutsche Industrie (Anm. 51), S. 115ff.
74 Abgedruckt in: Gerd R. Ueberschär/Rolf-Dieter Müller, Deutschland am Abgrund. Zusammenbruch und Untergang des Dritten Reiches 1945, Konstanz 1986, S. 61f.
75 Willi A. Boelcke, Hitlers Befehle zur Zerstörung oder Lähmung des deutschen Industriepotentials 1944/45, in: Tradition, 13 (1968), S. 301–316; A. Speer (Anm. 36), S. 450ff.

kam, waren ihre Aussichten auf eine baldige Erholung zumindest im westlichen Teil nicht gering einzuschätzen. Der Rüstungsboom hatte in den vergangenen Jahren einen beträchtlichen Modernisierungs- und Konzentrationsschub bewirkt. Zukunftsorientierte Branchen wie Elektrotechnik und Chemie hatten sich stark entwickeln können. Die traditionelle Wirtschaftslandschaft war durchgreifend verändert worden, nicht immer nur zum Nachteil ganzer Regionen und Branchen[76]. Das Facharbeiterpotential war erheblich gestiegen, rationelle Fertigungsmethoden wie die Fließbandproduktion hatten sich in breitem Umfange durchgesetzt.

Der Schaden, den der Bombenkrieg der Alliierten anrichtete, wurde durch die Erweiterung der Produktionsanlagen während des Krieges wettgemacht. Es ist der deutschen Wirtschaft gelungen, ihren Produktionsapparat in einem Meer von Verwüstungen auf der Höhe des Friedensniveaus[77] zu halten und nach der Niederlage in kürzester Zeit ein langanhaltendes »Wirtschaftswunder« zu inszenieren, das – anders als in den dreißiger Jahren – nicht von der Rüstung getragen wurde. Den Preis für diese gelungene Operation hatten nicht zuletzt Millionen von Zwangsarbeitern zu zahlen, die während des Krieges mit ihrer Gesundheit und ihrem Leben die Grundlage für diesen Wiederaufstieg zu schaffen hatten.

---

76 Siehe z. B. Jeffrey Fear, Die Rüstungsindustrie im Gau Schwaben 1939–1945, in: Vierteljahrshefte für Zeitgeschichte, 35 (1987), S. 193 ff.
77 Werner Abelshauser, Arm, aber nicht unterentwickelt: Eine wirtschaftliche Bilanz der Stunde »Null«, in: Ulrich Albrecht u. a. (Hrsg.), Zusammenbruch oder Befreiung?, Berlin 1986, S. 84–98.

Manfred Messerschmidt

Die Wehrmacht im NS-Staat

I.

Wehrmacht und NS-Staat durchliefen zwischen 1933 und 1945 erhebliche Wandlungen. Dies gilt auch für ihr Verhältnis zueinander. Dieser Prozeß läßt sich auf wichtigen politischen Feldern nachzeichnen, am aufschlußreichsten in der Außen-, Innen- und Rüstungspolitik, die für die Wehrmacht von vorrangigem Interesse gewesen sind. Noch wichtiger ist indessen für die militärische Elite das Verhältnis zu Hitler geworden, insbesondere während des Krieges. Es war gekennzeichnet von ständig wachsender Einflußlosigkeit der militärischen Führung selbst in militärpolitischen und strategischen Fragen, der Anpassung an den Willen des »Führers« und der Kooperation bis in die Katastrophe.

Eine derartige Katastrophe läßt sich nicht von ihrem Ende her verstehen. Aus der Perspektive des Jahres 1933 stellten sich für die Reichswehrführung die kommenden Chancen der bewaffneten Macht und damit der politischen Aussichten des Deutschen Reiches durchaus positiv dar. Ihre politischen Anstrengungen liefen schon seit Jahren darauf hinaus, die Rüstungsbeschränkungen aufgrund des Versailler Friedensvertrages abzuschütteln und damit die Gleichberechtigung auf dem Rüstungsgebiet zu gewinnen und die »Lehren des Weltkrieges« zu realisieren. Daß dies unter Hitler zielstrebiger und energischer vorangetrieben werden konnte, war eine das Bündnis von Militär und Nationalsozialismus tragende und festigende Voraussetzung, die Hitler nicht enttäuschen sollte.

Im Begriff des »Bündnisses« ist die Bündnisfähigkeit der Partner mitgedacht. Tatsächlich konnte die Reichswehrführung von der Möglichkeit ausgehen, im Rahmen dieses Bündnisses eigene Ziele anstreben und verwirklichen zu können: Ziele, die zwar der Stärkung gemeinsamer Anliegen dienen, aber zugleich das Eigengewicht der bewaffneten Macht bewahren, ja ausbauen sollten auch im Hinblick auf konkurrierende Parteiorganisationen, speziell die SA.

Der neuen Reichswehrführung – unter Minister Werner von Blomberg und seinem Chef des Ministeramtes Walter von Reichenau – schwebte hierfür eine Strategie vor, die für Hitler Überzeugungskraft vermitteln sollte: In der Vielfalt nationalsozialistischer Organisationen steckte ein eminentes latentes »Wehrpotential«, das auch für die personellen Rüstungspläne der Reichswehr interessant war. Schon im Jahre 1919 hatte der Erste Generalquartiermeister und Nachfolger des Generals Erich Ludendorff, General Wilhelm Groener, vor Generalstabsoffizieren den Gedanken entwickelt, die Revision des Friedensvertrages militärorganisatorisch mit einer Kombination des kleinen Kaderheeres und der Heranziehung »der Massen des Volkes von

Jugend an«[1] vorzubereiten. Solche Ideen sind in der Weimarer Zeit weiterentwickelt worden, nicht nur mit dem begrenzten Ziel des Aufbaus von Grenzsicherungsverbänden oder der Schaffung von Reserven – Schwarze Reichswehr, Grenzschutz –, sondern im umfassenderen Sinn einer Militarisierung der Nation. Solche Pläne blieben Stückwerk. Weder die Zusammenarbeit mit »Vaterländischen Verbänden« und der Deutschen Turnerschaft noch die Ausbildung von Freiwilligen auf Truppenübungsplätzen konnte das gewünschte Ergebnis bringen. Die Zusammenarbeit mit »Stahlhelm« und SA warf besondere Probleme wegen des Verbandsegoismus dieser Organisationen auf. Für eine gesamtgesellschaftliche Nutzung des personellen Wehrpotentials sah sich die Reichswehrführung dennoch auch im Rahmen ihres Zweiten Rüstungsprogramms von 1930 auf die Einbeziehung dieser Verbände angewiesen, die ihrerseits den »Wehrwillen« zu mobilisieren suchten. Bekanntlich visierte das Zweite Rüstungsprogramm ein 21-Divisionen-Heer an, um das sich eine starke Milizarmee gruppieren sollte.

Seit dem 30. Januar 1933 vollzog sich wie in den anderen Bereichen des politischen und gesellschaftlichen Lebens auch bei den sogenannten Wehrverbänden der Prozeß von Auflösungen und Gleichschaltungen. Die gesamte Entwicklung lief auf die Partei, vor allem die SA, zu und damit auf eine von der bewaffneten Macht als bedrohlich empfundene Konkurrenzsituation. Institutionell verkörperte sich der wehrpolitische Konkurrent in der SA und im Wehrpolitischen Amt der NSDAP. Damit war für die Reichswehrführung der Ansatzpunkt ihrer Wehr- und Rüstungspolitik gegeben: Er lag bei Hitler, dem Kanzler und Parteiführer. In Blombergs und Reichenaus Kalkül führte der Weg zur Gewinnung einer gesicherten Position im NS-Staat über den Führer. Wegen der überwiegend positiv beurteilten, ja eigene Zielvorstellungen noch überbietenden Inhalte der Weltanschauung des Nationalsozialismus schien sich dafür eine Doppelstrategie anzubieten: nämlich durch Akzeptanz der Führerrolle Hitlers und offensive Instrumentalisierung der Kerninhalte der NS-Ideologie für die Erziehung und Binnenpropaganda der Wehrmacht die entscheidende Kraft im Führerstaat neben der Partei zu werden bei einer für die Zwecke der bewaffneten Macht vorteilhaften Aufgabenteilung: Rüstung, Waffenträgermonopol und Einfluß auf Militär- und Außenpolitik bei der Wehrmacht, politische Erziehung, innere Sicherheit, politische Führung und Propaganda bei der Partei mit ihren Organisationen und angeschlossenen Verbänden. Dieses Modell bot aus der Perspektive der Anfangsjahre der NS-Herrschaft die Chance, die Partei in gewisser Weise für die Zwecke der bewaffneten Macht zu instrumentalisieren: Sie besorgte das Geschäft der Wehrhaftmachung des breiten Volkes durch Propaganda, Schulung, vormilitärische Erziehung und durch Ausschaltung jener Kräfte, die sich schon immer als Gegenpole einer Gesamtmilitarisierung erwiesen hatten, nicht zuletzt auch als Gegner des »Burgfriedens« im Ersten Weltkrieg.

Die Teilidentität der politischen Ziele von Wehrmacht und Nationalsozialismus fand in der skizzierten »Arbeitsteilung« besonderen Ausdruck. Die Konstruktion der auf Gewalt gegen demokratische, sozialistische, linksliberale, kommunistische Parteien und »rassische« Minderheiten gegründeten »Volksgemeinschaft« entsprach

---

1 Heinz Hürten, Zwischen Revolution und Kapp-Putsch. Militär- und Innenpolitik 1918–1920, Düsseldorf 1977, Dok. 75, S. 193 ff. Vortrag vom 18. August 1919 in Kolberg, Bundesarchiv-Militärarchiv Freiburg, (BA-MA), W 01-2/15.

einem gemeinsamen Interesse. Als Hitler dieses Programm schon am 3. Februar 1933 vor den führenden Männern der Reichswehr vorstellte, konnte er ihre Zustimmung voraussetzen und finden.

Nach den Erfahrungen der zwanziger Jahre hörte die Generalität gern, daß der Kampf im Inneren Sache der Partei sei. Blomberg, der neue Kriegsminister und Oberbefehlshaber, verzichtete offensichtlich erleichtert auf die Notstandsbefugnisse des Artikels 48 Absatz 2 der Weimarer Verfassung und dankte Hitler schon in der Kabinettssitzung am 30. Januar 1933 dafür, daß die Reichswehr künftig bei einem Generalstreik nicht eingesetzt werden sollte. Der Soldat, so Blomberg, sei gewohnt, nur einen äußeren Feind als Gegner anzusehen. Mindestens seit den Revolutionsjahren 1848/49 war diese Ansicht unzutreffend. Jahrzehntelang hatten führende Militärs den »inneren Feind« im Visier und sogar Pläne für Bürgerkriegssituationen vorbereitet. Aber ein Ideal blieb doch, die Arbeiterschaft zu integrieren und die Armee »aus der Politik herauszuhalten«. Hitler schaffte hierfür dankbar akzeptierte Voraussetzungen, und zwar so gründlich, daß die Wehrmacht im anlaufenden nationalen Militarisierungsprozeß den Sektor »Volkserziehung« der Partei überließ, eine Aufgabe, die sie unter dem Stichwort, die Armee sei »Erziehungsschule der Nation«, jahrzehntelang kultiviert hatte, aber während der Weimarer Republik nur unvollkommen praktizieren konnte.

Ob diese Strategie erfolgreich sein konnte, blieb allerdings ungewiß. Alles kam auf Hitler an. Er mußte überzeugt werden von der Loyalität der Armee. Blomberg und Reichenau widmeten sich dieser Überzeugungsarbeit mit größtem Nachdruck. Wer ein aus der SA hervorgehendes NS-Volksheer verhindern wollte, mußte dem Führer die Alternative einer zuverlässigen nationalsozialistischen Wehrmacht bieten. Dies geschah mit dem sorgfältig geplanten Programm eines »Solidaritätswettlaufs« mit der SA einerseits und einer auf dem Zweiten Rüstungsprogramm der Reichswehr aufbauenden Rüstungsplanung andererseits.

Für den weltanschaulichen »Solidaritätswettlauf«[2] griff die militärische Führung auf das Arsenal der NS-Ideologie zurück, insbesondere auf Hitlerworte und Parteischulungsmaterial. Hierauf baute die bald eingeführte »Nationalpolitische Schulung« auf, die nach der vorläufigen Zusammenstellung des Unterrichtsstoffes im September 1933 schon im Winter 1933/34 an den Heeresfachschulen einsetzte[3] und bald in die Unterrichtsfächer der anderen militärischen Schulen eingebaut wurde. Ab April 1934 setzte der systematisch betriebene »Unterricht in politischen Tagesfragen« ein, für den monatlich Richtlinien des Reichswehrministeriums ausgegeben wurden[4]. Der Erlaß Blombergs vom 4. April 1934 gehört in den Zusammenhang der Strategie des

---

2 Manfred Messerschmidt, Die Wehrmacht im NS-Staat. Zeit der Indoktrination, Hamburg 1969, S. 34 ff.
3 Diese Programmkompilation wurde immer wieder auf den neuesten Stand gebracht. Sie erlebte 1935 die 6. Auflage unter dem Titel: »Das neue Deutschland im Werden. Bausteine für den Nationalpolitischen Unterricht an den Wehrmacht-Fachschulen, hrsg. im Auftrag des Reichskriegsministeriums v. Valentin Beyer, Berlin 1935.
4 Erlaß des Reichswehrministeriums vom 4. April 1934, BA-MA II W 22, Wichtige Politische Verfügungen des Reichskriegsministeriums und Oberbefehlshabers der Wehrmacht, Berlin 1935, s. a. Manfred Messerschmidt/Ursula v. Gersdorff, Offiziere im Bild von Dokumenten aus drei Jahrhunderten, Beiträge zur Militär- und Kriegsgeschichte, Bd. 6, Stuttgart 1964, Dok. Nr. 96, S. 254.

Solidaritätswettlaufs. Er dokumentierte den Willen der Reichswehrführung, über die militärischen Aufgaben hinaus die Heranführung der Soldaten an die Weltanschauung als wichtiges Anliegen zu fördern. Blomberg begründete diese Selbstgleichschaltung wie folgt: »Das erste Jahr der nationalsozialistischen Staatsführung hat die Grundlagen für den politischen und wirtschaftlichen Neubau der Nation gelegt. Das zweite Jahr stellt die Notwendigkeit der geistigen Durchdringung der Nation mit den Leitgedanken des nationalsozialistischen Staates in den Vordergrund. Eine entsprechende Schulung ist darum auch eine wichtige Aufgabe aller den neuen Staat mit ihrem Willen tragenden Organisationen. Dies gilt im besonderen Maße für die Wehrmacht, die der Hüter und Schützer des nationalsozialistischen Deutschland und seines Lebensraumes nach außen ist . . .«

In Stil und Sprache dokumentiert der Erlaß eine schon weit über taktische Ziele hinausgehende Identifizierung mit Hitlers Führerstaat, der nach Eliminierung der Parteien, Gewerkschaften und zahlreicher Organisationen und Verbände bereits fest etabliert war. Wer sich mit politischer Erziehungsarbeit befaßte, konnte nicht mehr viel anderes tun, als Parteischrifttum zu verbreiten und »Leitgedanken« des Nationalsozialismus zu benutzen. Das »Gesetz zur Sicherung der Einheit von Partei und Staat« vom 1. Dezember 1933[5] hatte der Partei als »Trägerin des Staatsgedankens« das Monopol für politische Erziehungsarbeit in die Hand gegeben und damit andere Institutionen auf mittelbare Vermittlung beschränkt. Distanz zum politischen System ließ sich nicht mehr wie während der Weimarer Zeit programmatisch artikulieren, sondern bestenfalls durch Schweigen. Wenn auch die Wirkung dieser akklamatorischen Linie der Reichswehr auf die Verflechtung von bewaffneter Macht und NS-System nur schwer zu gewichten ist, so läßt sich trotz der vielen noch vorhandenen Nischen für kritischere Auffassungen doch sagen, daß es Hitlers Fernzielen zustatten kam, daß die Reichswehrführung sich bereit fand, neben der waffentechnischen und organisatorischen auch die weltanschauliche »Rüstung« zu betreiben. Langfristig sollte Hitler der Profiteur bleiben.

Kurzfristig zog die Reichswehr Vorteile aus der Anpassungsstrategie, die sie mit beträchtlichem Optimismus in Gang setzte, zugleich aber auch mit der Tendenz der Idealisierung der brutalen Wirklichkeit des »Maßnahmenstaates«, der mit SA-Willkür, Gestapomethoden, mit Schutzhaftpraxis, Konzentrationslagern und Judenboykotts den Rechtsstaat partiell außer Kraft setzte. Diese Tendenz ließ Blomberg in seinen Ansprachen vor Offizieren immer wieder erkennen. Aber die taktische Absicht sollte nicht verkannt werden. Vor dem 30. Juni 1934, dem Tag der Ausschaltung der SA als Konkurrenten in der Militärpolitik, spielte sie eine wichtige Rolle. In dem von Reichenau geleiteten Wehrmachtamt wurde eine speziell an die Adresse Hitlers gerichtete Reichswehrpropaganda entwickelt. Man hat offenbar geglaubt, eine Zeit der relativen Schwäche bis zum Greifen des Zweiten Rüstungsprogramms überbrücken zu müssen. Ende 1933 war der Aufbau eines 300 000-Mann-Heeres festgelegt worden. Daran knüpfte die Reichswehrführung große innenpolitische Erwartungen. Der Chef der Abteilung Inland im Wehrmachtamt, Hermann Foertsch, erklärte auf einer Dienstbesprechung vor den für politische und Feindnachrichten zuständigen IC-Offizieren Mitte April 1934, wenn dieses Heer aufgestellt sei, sei der Kampf »zu

---

5 RGBl I, 1933, S. 1015.

unseren Gunsten« entschieden[6]. Gemeint war: gegen die SA. Wenige Tage später, am 21. April, erging der Erlaß über Wehrmachtpropaganda[7], der den Zusammenhang zwischen dem politischen Erziehungsprogramm und dem Ziel der Absicherung des Waffenträgermonopols deutlich macht. Foertsch hatte hierzu bemerkt: Die beste Arbeit sei umsonst, »wenn uns andere von unserem Platz verdrängen«. Der Erlaß vom 21. April war ein Kernstück im Loyalitätswettlauf. Blomberg erwartete um diese Zeit eine Zuspitzung des SA-Problems. Für diesen Fall sollte sich die Reichswehr als treuer Paladin des Führers präsentieren und sich als ein Instrument darstellen, das die militärischen Ambitionen der SA überflüssig machte. Diese Zielsetzung kann nicht besser als mit den Formulierungen des Erlasses deutlich gemacht werden: Die Wehrmacht müsse im öffentlichen Leben mehr als bisher in Erscheinung treten als alleiniger Waffenträger der Nation, als im Sinne der Regierung Hitler absolut zuverlässig, als im nationalsozialistischen Denken planmäßig erzogen.

Dieses Konzept, von dem die Wehrmacht bis in die Endphase des NS-Regimes nicht mehr abgehen sollte, macht den Abschied von der sog. »unpolitischen Haltung« während der Weimarer Republik besonders anschaulich. Vor 1933 war es leicht, in Distanz zu den Grundentscheidungen der demokratischen Verfassung zu verharren und die »Überparteilichkeit der Reichswehr« herauszustellen. Blomberg bezeichnete diese Position der Reichswehr am 29. Juni 1934, einen Tag vor dem Schlag gegen die SA-Führung, geradezu als Voraussetzung der neuen Rolle im NS-Staat: Sie sei ein notwendiges Mittel in einer »kranken Zeit« gewesen. Heute, so argumentierte er in dem im »Völkischen Beobachter« publizierten Artikel, stehe der Soldat bewußt mitten im politischen Leben. Kurzfristig führte der Kotau zum Ziel. Es ist zwar nicht mit Sicherheit zu sagen, ob Hitler durch die Loyalitätsstrategie der Reichswehrführung maßgeblich in seiner Entscheidung gegen die SA beeinflußt worden ist, aber erleichtert wurde sie jedenfalls hierdurch. Die Heeresführung war sogar entschlossen, militärische Gewalt gegen den Konkurrenten einzusetzen, auch aus der Überlegung heraus, damit die Position der bewaffneten Macht neben der Partei zu festigen[8]. Es zeigte sich jedoch, daß die auf Hitler und die Weltanschauung bauende, eigene Interessen mitverfolgende Politik ihre Gefahren besaß und in eine Verstrickung hineinführte, die für das Verhältnis Hitler, Wehrmacht, Partei bis zuletzt konstitutiv blieb, so daß spätere Oppositionsstrategien sich von dieser Hypothek nur sehr schwer zu lösen und jedenfalls nur schwache Breitenwirkung zu erreichen vermochten.

Diese Verstrickung hatte weitere und tiefere Gründe, die erst ihre Dauerwirkung verständlich machen können. Sie hängen zusammen mit dem eigentümlichen Verhältnis zwischen Staat, Militär und Gesellschaft in Preußen-Deutschland. Es hatte sich, insbesondere seit der Revolution von 1848, dahin ausgeprägt, daß die Armee, speziell das Offizierskorps, sich zum Hüter »des Staates«, verkörpert in der Monarchie, berufen fühlte, mit entsprechend starken Vorbehalten gegen demokratische, besonders sozialistische und linksliberale, Parteien und das Parlament überhaupt. Demokratie

---

6 Ausführungen auf einer Besprechung über Propagandafragen am 17. April 1934, BA-MA, W 01-5/156 = OKW 888, Akten Reichswehrministerium-Wehrmachtabteilung.

7 BA-MA, H 24/6.

8 Näher dazu Klaus-Jürgen Müller, Reichswehr- und Röhm-Affaire. Aus den Akten des Wehrkreiskommandos (Bayer.) VII, in: Militärgeschichtliche Mitteilungen, 3 (1968), S. 107–144, u. ders.: Armee, Politik und Gesellschaft in Deutschland 1933–1945, Paderborn 1979, S. 71.

und Parlament wurden als militärfeindlich betrachtet, jedenfalls als Hindernisse für eine adäquate Kraftentfaltung des Staates. Diese Einstellung ist als im Wesen »unpolitisch« mißverstanden worden, ebenso die überdimensionierte Position der militärischen Führung in der preußisch-deutschen Militärmonarchie, in welcher unter dem Kaiser eine Doppelspitze existierte: Kanzler–Generalstab. Häufig genug standen die Militärs näher beim Kaiser, und schließlich brachte der Erste Weltkrieg mit den nahezu unumschränkten Befugnissen der dritten Obersten Heeresleitung das Wesen des Militärstaates auf den Höhepunkt seiner Entwicklungskurve. Die Weimarer Republik, die erste parlamentarische Demokratie auf deutschen Boden, bot für eine ähnliche Rolle des Militärs kein geeignetes Koordinatensystem. Aus Verlauf und Ergebnis des Ersten Weltkrieges wurden politische Lehren gezogen, die eher an der Vorkriegszeit als an der Zukunft orientiert waren. Die wahren Ursachen der Niederlage wurden verdrängt und daher der erfolgversprechendste Weg zur Wiedergewinnung einer hegemonialen Rolle in Europa in alten Rezepten gesehen: Militarisierung der Nation, Mitsprache in der Innen- und Außenpolitik, forcierte Aufrüstung, Revision der Bestimmungen des Friedensvertrages. Dieses Programm war von vornherein auf die Hinterlassenschaft des Militarisierungsprozesses in der Monarchie angewiesen. Besonders aufschlußreich war in dieser Hinsicht Schleichers Idee einer »Förderung der Wehrmacht und der Wehrhaftigkeit, damit Wehr und Volk eines Tages bereit« seien[9]. Aber das militarisierte Potential neben der Reichswehr entwickelte in der Weimarer Zeit eigenen politischen Willen und war nicht so zu lenken wie die einstigen Kriegervereine und andere Organisationen. Daher war Schleichers Konzept einer um die Reichswehr herum aufzubauenden Miliz, deren Mannschaften zuvor in den »Wehrverbänden« unter Kontrolle des »Reichskuratoriums für Jugendertüchtigung« vormilitärisch trainiert werden sollten, auf den guten Willen dieser Verbände angewiesen.

Es zeigte sich, daß Ernst Röhm, seit 1931 SA-Stabschef, unter diesem Vorzeichen nicht bereit war mitzuwirken. Er wollte die SA zum Kern der Miliz machen, mit der Konsequenz, daraus eines Tages die NS-Volksarmee entstehen zu lassen. Und eine weitere Problematik zeichnete sich ab: Die Reichswehr war damit auch auf die Ideologie der Verbände und der hinter ihnen stehenden politischen Kräfte verwiesen. Es offenbarte sich nun das entscheidende Manko der »unpolitischen« Armee. Nach 1933 blieb eine abstrakte Verpflichtung auf »den Staat« ohne Zugkraft. So wurden Blomberg und Reichenau geradezu genötigt, auf den »politischen« Soldaten zu setzen, der sich ideologisch nicht von rechts überholen lassen durfte, auch nicht von der SA – eine »Überholung«, die sich in der Weimarer Republik ereignet hatte, und zwar als Massenereignis. Insofern konnte man ohne Übertreibung von einer Überflügelung der politischen Ideologie der Armee durch teilweise von ihr selbst induzierte organisierte politische Interessen sprechen[10]. Diese Situation lag der Psychologie des Loyalitätswettlaufs zugrunde und hat in besonderer Weise das Angewiesensein auf Hitler

---

9 Thilo Vogelsang, Neue Dokumente zur Geschichte der Reichswehr 1930–1933, in: Vierteljahrshefte für Zeitgeschichte, 6 (1954), S. 408.

10 Vgl. zum Umfang und Inhalt der militärischen Ideologie u. a. Wolfram Wette, Ideologien, Propaganda und Innenpolitik als Voraussetzungen der Kriegspolitik des Dritten Reiches, in: Das Deutsche Reich und der Zweite Weltkrieg, Bd. 1: Wilhelm Deist/Manfred Messerschmidt/Hans-Erich Volkmann/Wolfram Wette, Ursachen und Voraussetzungen der deutschen Kriegspolitik, Stuttgart 1979, S. 25–173.

produziert und befestigt, und zwar so ausschließlich, daß die Reichswehrführung selbst zu der mörderischen Beseitigung des Konkurrenten Röhm keine Distanz fand und auch nicht zur Ermordung der Generale Kurt von Schleicher und Ferdinand von Bredow, die am 30. Juni 1934 ebenfalls umgebracht wurden. Der »politische Soldat« betrat damit die abschüssige Bahn einer zunächst indirekten Teilhaberschaft am politischen Verbrechen. Bezeichnend hierfür ist Blombergs Tagesbefehl vom 1. Juli 1934[11], der Hitlers Maßnahmen mit der Feststellung zu rechtfertigen suchte, der Führer habe mit soldatischer Entschlossenheit »die Verräter und Meuterer« niedergeschmettert. Die Wehrmacht werde durch »Hingabe und Treue« danken. Was eine Wende in den Beziehungen hätte werden müssen, wurde zum Beginn stärkerer Verflechtung und muß daher als signifikantes Ereignis in der Geschichte der Kooperation von Armee und Nationalsozialismus bewertet werden. Gerüchten und Protesten einzelner begegnete Blomberg auf einer Befehlshaberbesprechung am 5. Juli mit dem Hinweis, das Ganze sei für die Wehrmacht eine unumgänglich nötige Aktion gewesen. Die Ermordung der Generale sah er als gerechtfertigt an: Schleicher habe landesverräterische Verbindungen zu Röhm und zum Ausland unterhalten – von einer kriegsgerichtlichen Untersuchung wollte er nichts wissen. Reichenau beteiligte sich mit falschen Behauptungen an der Verschleierung der wahren Vorgänge und Hintergründe, und der Chef der Heeresleitung, Werner von Fritsch, entzog sich allen Appellen zum Handeln, obwohl er von dem Charakter der Aktion wußte. Er konnte sich nicht einmal zu einem energischen Protest bei Blomberg aufraffen. Hitler gegenüber blieb er, wie meist auch bei anderen Gelegenheiten, passiv.

Man beruhigte sich bald. Der »Führerstaat« lieferte dazu die geeignete Handhabe mit dem berüchtigten Gesetz vom 3. Juli, dessen einziger Artikel die am 30. Juni, 1. und 2. Juli »vollzogenen Maßnahmen« als »Staatsnotwehr« für rechtens erklärte[12]. Ein kurzes Nachspiel hatten die Ereignisse anläßlich der Vorbereitung und Durchführung des sog. »Schlieffen-Tages« am 28. Februar 1935, an dem der Generalstabsverein zusammenkam, dessen Mitglieder die ermordeten Generale gewesen waren. Hier sollte ein Gedenkwort gesprochen werden, das in seiner Formulierung vorab festgelegt und der Adjutantur Hitlers zur Kenntnis gebracht wurde[13]. Die Abgabe der Erklärung im Schlieffen-Verein war Sache des Vorsitzenden, des Feldmarschalls August von Mackensen. Nach dem Krieg wurde er scharf kritisiert[14] wegen der Verharmlosung des Geschehenen.

Immerhin machte Mackensen einige spontane Zusätze, die Blomberg und Hitler wenig ins Konzept passen konnten und Blomberg zur sofortigen Reaktion veranlaß-

---

11 Heeres-Verordnungsblatt (HVBl), 16 (1934) 325, vom 2. Juli. Weitere Literatur zum 30. Juni 1934: Helmut Krausnick, Der 30. Juni 1934. Bedeutung – Hintergründe – Verlauf, in: Aus Politik und Zeitgeschichte vom 30. Juni 1954, S. 317–324; Wolfgang Sauer, Die Mobilmachung der Gewalt, in: Karl Dietrich Bracher/Wolfgang Sauer/Gerhard Schulz, Die nationalsozialistische Machtergreifung. Studien zur Errichtung des totalitären Herrschaftssystems in Deutschland, 1933–1934, Köln 1962², S. 897 ff.

12 RGBl I, 1934, S. 529.

13 So Edgar Röhricht, Pflicht und Gewissen. Erinnerungen eines deutschen Generals 1932–1944, Stuttgart 1965, S. 90 f. Röhricht war 1934 unter Reichenau im Wehrmachtamt tätig.

14 U. a. von Hans Rothfels, Die deutsche Opposition gegen Hitler. Eine Würdigung 1958, S. 188, Anmerkung 19, u. neue erweiterte Ausgabe, Frankfurt am Main 1969, S. 194, Anmerkung 19.

ten: Es sei der Eindruck erweckt worden, als sei eine Rehabilitierung der Generale beabsichtigt. Dies sei ein Mißverständnis[15]. Für interne Vereinszwecke war dem Schlieffen-Verein die Bekanntgabe eines spitzfindigen Wortlauts gestattet. Hiernach hatten die Generale zwar regierungsfeindliche Wege beschritten, aber ihre Ehre sei dadurch nicht berührt. Eine weitere Diskussion sei unzulässig, da die Reichsregierung durch Gesetz erklärt habe, daß ihr Tod »als im Interesse des Staates erfolgt zu betrachten sei«.

Ein anderes Kapitel früher Komplizenschaft im angeblichen Interesse des Staates stellt die Haltung der Wehrmacht zur Rassenpolitik des Nationalsozialismus dar. Auch hier waren nicht nur Gefälligkeit und Anbiederung im Spiel, sondern ältere Motivationen und Überzeugungen beteiligt[16]. Ihren Höhepunkt hatten sie während des Ersten Weltkrieges, so in der berüchtigten »Judenzählung« im Heer im Jahre 1916 oder der Schuldzuweisung für die Niederlage von 1918 mit der »Dolchstoßlegende«, bei welcher Marxismus und Judentum als Hauptagenten gebrandmarkt worden sind. Es kann von einer fixierten Grundhaltung im Offizierskorps gesprochen werden. Diese Kombination von Vorwürfen und Verdächtigungen gehörte zum Kern der politischen Philosophie Erich Ludendorffs. Von Fritsch sind beispielhafte Äußerungen ähnlicher Art überliefert, die zugleich charakteristisch für Auffassungen im rechten Spektrum – Alldeutscher Verband, völkische Gruppierungen, Stahlhelm, Deutschnationale und Nationalsozialisten – waren. Der Antisemitismus im Offizierskorps war eingebettet in ein breites Umfeld sozialer und politischer Feindschaft und Ausgrenzungsbereitschaft. Die Zahlen sprechen für sich: In der preußischen Armee stand um 1910 kein einziger jüdischer Offizier – von einigen Konvertiten abgesehen. Die österreichisch-ungarische Armee zählte 2 179 jüdische Offiziere, darunter einen Feldmarschall, Italien 500 und Frankreich trotz Dreyfus-Affaire 720. Die Gegnerschaft gegen jüdische Offiziere war im deutschen Heer nicht nur konfessionell bedingt, sondern im Syndrom rassisch-völkischer und soziologischer Überzeugungen angesiedelt. Wenn dies auch nicht einheitlich und individuell durchweg zutreffend gesagt werden kann, so ist doch in der Reichswehr eine sich steigernde antisemitische Vehemenz feststellbar, die Reichswehrminister Gustav Noske als gefährlich angesehen hat. Die relativ hohe Beteiligung jüdischer Soldaten in den Soldatenräten und die Verunglimpfung der Soldatenratsbewegung überhaupt haben sicherlich eine mitursächliche Bedeutung dabei gehabt. Jüdische Soldaten fanden keine Aufnahme im »Stahlhelm«, dem Bund der Frontsoldaten. Sie sahen sich mit dem »Arierparagraphen« konfrontiert.

Als die Wehrmachtführung ihr Bündnis mit Hitler unter vermeintlich zuverlässigen Voraussetzungen schloß, konnte ihre offizielle Haltung zur »Judenfrage«, zum »internationalen Judentum« und zur Behandlung der wenigen in der Reichswehr stehenden jüdischen Offiziere und Soldaten nur eine Frage der Zeit sein. Die feindselig-verbissene Agitation der NSDAP gegen die Juden, die Ankündigung der Partei, sie aus dem öffentlichen Leben zu entfernen, waren der Reichswehr bewußt. Hohe militärische Persönlichkeiten wie General von Fritsch, 1934 bis 1938 Chef der Heereslei-

---

15 Blombergs Erklärung vom 2. April 1935 ist wiedergegeben bei Klaus-Jürgen Müller: Armee und Drittes Reich 1933–1939, Paderborn 1987, S. 207, Dok. 71.
16 Manfred Messerschmidt, Juden im preußisch-deutschen Heer, in: Deutsche Jüdische Soldaten 1914–1945, Herford (1982), S. 96–127.

tung und schließlich Oberbefehlshaber des Heeres, gehörten selbst zu den entschiedenen Antisemiten, etwa auf der Linie des Generals Erich Ludendorff. Dieser Name kann als Symbol für den Übergang vom traditionellen zum modernen, rassisch motivierten Antisemitismus im Militär gelten.

Betrachten wir die frühen Jahre der Kooperation von Wehrmacht und NSDAP, so müssen wir uns trotz der zahlreichen Momente politischer Konvergenz – die nicht damit wegdiskutiert werden können, daß dem Offizierskorps die rüden Sitten und die Sprache von NS-Funktionären wenig zusagten – klarmachen, daß der Weg zum Holocaust damit weder frei noch erkennbar war. Diese frühen Jahre sagen aber schon etwas aus über die Unfähigkeit der bewaffneten Macht, den politischen Willen Hitlers zu beeinflussen oder gar zu ändern. Ihre politisch-gesellschaftlichen Wertmaßstäbe lieferten dazu keine Perspektiven, und die Strategie der Einflußgewinnung durch Partizipation entwickelte Schubkraft im Sinne des Nationalsozialismus. Es gibt zahlreiche einschlägige Bekundungen der Wehrmachtführung in Befehlen und Erlassen, die diesen Sachverhalt bestätigen, wie etwa ein Erlaß Blombergs an das Offizierskorps vom 24. Mai 1934[17], der in den Zusammenhang der Ausgrenzung der jüdischen Soldaten gehört. Dort heißt es: »Der Nationalsozialismus leitet das Gesetz seines Handelns aus den Lebensnotwendigkeiten des ganzen Volkes und aus der Pflicht zu gemeinsamer Arbeit für die Gesamtheit der Nation ab. Er beruht auf der Idee der Blut- und Schicksalsgemeinschaft aller deutschen Menschen. Daß dieses Gesetz auch die Grundlage der dienstlichen Arbeit des deutschen Soldaten ist und bleiben muß, ist unbestritten . . .«

Es lief im erzieherischen Bereich nun alles auf den politischen Soldaten zu. Dazu gehörte auch die militärische Publizistik. Im »Militär-Wochenblatt« erschien bereits im Sommer 1933 ein Artikel »Der Soldat und die nationale Revolution«[18], in welchem vom »unlöslichen Zusammenhang von Volk-Rasse-Staat, somit der Notwendigkeit edler Menschenzucht und deshalb der Bekämpfung alles Rassefremden und -schädigenden« gesprochen wurde. Das Ziel erblickte der Autor, der wohl in der Nähe des Wehrmachtamtes vermutet werden darf, im »totalen Staat« als Höchstform rasse- und damit weltanschaulich verwandter Menschen[19]. Der Chef dieses Amtes von Reichenau hatte schon bei seinem Amtsantritt erklärt, die Wehrmacht sei niemals »identischer mit dem Staat« gewesen als heute[20]. Was dieser Staat auch in Gang setzte, den Judenboykott, die Nürnberger Gesetzgebung[21], den Pogrom vom 9. November 1938, nichts hat die Wehrmacht in ihrer politischen Haltung nachdenklich gemacht. Im Gegenteil, im nationalpolitischen Unterricht waren antisemitische und rassebiologische Themen vorgesehen. Im Jahre 1937 widmeten sich zwei Hefte der »Richtlinien für den Unterricht in politischen Tagesfragen« der Rassenpolitik und der

17 BA-MA, II L 51/7, Blatt 122 f.; u. M. Messerschmidt/U. v. Gersdorff (Anm. 4), Dok. 97, S. 255 f.
18 Militär-Wochenblatt vom 18. August 1933. Das Informationsblatt der Marine-Offizier-Vereinigung (MOV) übernahm diesen ihr besonders wichtig erscheinenden Aufsatz, s. (1933) 17, S. 234 f.
19 M. Messerschmidt (Anm. 2), S. 38 f.
20 W. Sauer (Anm. 11), S. 717.
21 Reichsbürgergesetz und Gesetz zum Schutze des deutschen Blutes und der deutschen Ehre, beide vom 15. September 1935, RGBl I, S. 1146 f., sowie die dazu ergangenen Verordnungen vom 14. November und folgende.

»Judenfrage«[22]. Sie gaben die offizielle Haltung des Wehrmachtamtes und damit des Oberbefehlshabers der Wehrmacht wieder, lassen sich mithin nicht als Schreibübungen einzelner Offiziere abtun. Sie gehören in den Zusammenhang der Einstellung der Wehrmacht zur »Judenfrage«, bei deren »Lösung« sie später in Rußland und Serbien mit grausamen Konsequenzen kooperativ beteiligt war. Zur »Judenfrage« wurde in dieser wehrmachtamtlichen Unterrichtsgrundlage ausgeführt: »Es gab in der Kampfzeit viele Volksgenossen – und es gibt auch heute noch solche –, welche die Meinung vertraten, daß die Behandlung dieser Frage eine Ungerechtigkeit gegen eine gewisse Menschenklasse sei, die davon sprachen, daß die Juden doch auch Menschen seien, daß es genau wie unter den Ariern auch gute, anständige und schlechte, unanständige Juden gäbe ... Die Aufklärungsarbeit im vergangenen Jahrzehnt hat die Verfechter solcher Meinungen zusammenschrumpfen lassen ...« Ziel der Aufklärungsarbeit über die nationalsozialistische Rassepolitik sei, »die Voraussetzung zu schaffen für das ewige Leben Deutschlands«.

Daß die Wehrmacht aus diesen Auffassungen personelle Konsequenzen ziehen werde, lag im Rahmen ihrer Traditionen wie ihrer politischen Strategie. Maßnahmen gegen jüdische Wehrmachtbeamte und -angestellte, Arbeiter und Soldaten setzten bald nach Erlaß des »Gesetzes zur Wiederherstellung des Berufsbeamtentums« vom 7. April 1933 ein. Nach diesem Gesetz wurden »Beamte nichtarischer Abstammung« in den Ruhestand versetzt. Ausnahmen galten für »Frontkämpfer«. Aber im Reichswehrministerium ging man davon aus, daß der Frontkämpferbegriff »nicht zu weit gespannt« werden dürfe[23]. Die Marineführung wollte ihn auf den Ersten Weltkrieg beschränkt sehen[24]. In der Reichswehr setzte die Überprüfung der »arischen« Abstammung ein. Im Juni lagen die Zahlen im Wehrmachtamt vor[25]. Entlassen wurden:

	Offiziere	Offiziersanwärter	Unteroffiziere	Mannschaften
Heer	7	8	13	28
Marine	3	4	3	4

Damit war ein erster Eingriff in die Wehrmacht im Verfolg nationalsozialistischer Maßnahmen erzielt. Dazu paßte die Fortsetzung der Pressekampagne gegen die angeblich zu geringen jüdischen Blutopfer im Ersten Weltkrieg in den Spalten des Militär-Wochenblattes[26]. Und es ging weiter auf diesem Weg. Schon im Juni 1933 kündigte Blomberg auch eine Änderung der Heiratsbestimmungen an. Besonders demaskierend war die Vorgeschichte der Entlassung der jüdischen Soldaten. Weil das Ge-

22 Heft Nr. 16 und Heft Nr. 18.
23 Schreiben Reichenaus an den Reichsinnenminister vom 14. Juni 1933, BA-MA, W 01-5/173; s. auch M. Messerschmidt (Anm. 2), S. 49.
24 Chef der Marineleitung am Wehrmachtamt, 16. Mai 1934, BA-MA, W 01-5/173.
25 Nach einer Foertsch-Notiz, BA-MA W 01-5/173.
26 Der Präsident des Reichsarchivs, von Haeften, entzog sich der Bitte des Vorsitzenden des Jüdischen Frontkämpferbundes, Löwenstein, die genaueren Angaben im Werk seiner Organisation »Die jüdischen Gefallenen« (1932) zu bestätigen, mit fadenscheinigen Gründen. Vgl. M. Messerschmidt (Anm. 2), S. 44.

setz zur Wiederherstellung des Berufsbeamtentums keine unmittelbare Handhabe gegen Soldaten bot, schlug das Heerespersonalamt im Entwurf einer Verfügung kurzerhand die Entlassung wegen mangelnder Befähigung vor[27]. Der Chef der Heeresleitung, General von Fritsch, wies in seinem Erlaß vom 21. Dezember 1934 darauf hin, es müsse »eine Selbstverständlichkeit sein, daß der Offizier sich seine Frau nur in den arischen Schichten des Volkes« suche[28]. All diese Maßnahmen sind zwar vom Geist des »Führerstaates« induziert worden, sie stellten aber zugleich den Höhepunkt eines lange währenden Abstoßungsprozesses dar. Wenige Offiziere protestierten, darunter Erich von Manstein: singuläre Zeugnisse einer politischen Moral, die insgesamt nicht mehr anzutreffen war. Im Juni 1936 wurde das Wehrgesetz an das Reichsbürgergesetz vom 15. September 1935 angepaßt. Danach konnten Juden keinen aktiven Wehrdienst leisten und »jüdische Mischlinge« nicht Vorgesetzte sein.

Die Wehrmachtführung sah sich schließlich vor dem Krieg noch veranlaßt, Hitlers Ankündigung vom 30. Januar 1939[29], die als Ergebnis eines neuen Weltkrieges »die Vernichtung der jüdischen Rasse in Europa« bezeichnete, durch eine eigene Betrachtung zu ergänzen. In der neuen Reihe »Schulungshefte für den Unterricht über nationalsozialistische Weltanschauung und nationalpolitische Zielsetzung«[30] erschien 1939 der Aufsatz »Der Jude in der deutschen Geschichte«, wo es hieß, der Abwehrkampf gegen das Judentum gehe auch dann weiter, wenn der letzte Jude Deutschland verlassen habe: »Denn es bleiben zwei große und wichtige Aufgaben: 1. Die Ausmerzung aller Nachwirkungen des jüdischen Einflusses, vor allem in der Wirtschaft und im Geistesleben, 2. der Kampf gegen das Weltjudentum, das alle Völker der Welt gegen Deutschland aufzuhetzen trachtet.« Der Schulterschluß mit den extremsten rassistischen Hetzparolen der Partei wird sichtbar in den Sätzen: »Wir Deutschen kämpfen heute einen doppelten Kampf. Den nichtjüdischen Völkern gegenüber wollen wir nur unsere Lebensinteressen durchsetzen. Wir achten sie und führen eine ritterliche Auseinandersetzung mit ihnen. Das Weltjudentum aber bekämpfen wir, wie man einen giftigen Parasiten bekämpfen muß; wir treffen in ihm nicht nur einen Feind unseres Volkes, sondern eine Plage aller Völker. Der Kampf gegen das Judentum ist ein sittlicher Kampf für die Reinheit und Gesundheit des gottgeschaffenen Volkstums und für eine neue gerechtere Ordnung in der Welt.«

Mit einer solche politische Erziehungsarbeit betreibenden Wehrmachtführung konnte es für Hitler kein Problem sein, wenig später seinen Weltanschauungs- und Vernichtungskrieg zu planen und durchzuführen. Am Beginn der Anpassung und Selbstgleichschaltung standen taktische Überlegungen, getragen von Zustimmung zu Kernelementen der nationalsozialistischen Weltanschauung. Die Folge war der Verlust von Distanz zur politischen Unmoral des Systems. Zu fragen ist, ob sich diese Haltung für die Position der Wehrmacht neben der Partei ausgezahlt hat. Kam sie aus der Konkurrenzsituation heraus? Manches schien dafür zu sprechen. So hatte Hitler

---

27 Vortragsnotiz und Verfügungsentwurf in: BA-MA W 01-5/173. Der Entwurf ging am 13. Februar 1934 bei der Abt. Inland des Wehrmachtamtes ein.
28 M. Messerschmidt/U. v. Gersdorff (Anm. 4), Dok. 100, S. 259. Am 20. Juli 1933 bestimmte eine Ergänzung der Heiratsverordnung, daß künftig Bräute von Soldaten »arischer Abstammung« sein müßten: HVBl, (1933), S. 109.
29 Max Domarus, Hitler. Reden und Proklamationen 1932–1945, Bd. 2,1, München 1965, S. 1058.
30 (1939) 5, Hrsg. OKW, Abt. Inland.

am 30. Januar 1934 erklärt, der neue Staat ruhe auf zwei Säulen, auf der Partei und auf der Wehrmacht[31]. Wäre das der erklärte Wille Hitlers gewesen, so hätte die Wehrmacht damit nach eigener Einschätzung ein Übergewicht bekommen. Als einziger Waffenträger hätte sie den entscheidenden Machtfaktor dargestellt, sie organisierte und plante die Rüstung und bereitete die Mobilmachung der Nation für den Kriegsfall langfristig vor, und zwar mit weitgehenden Kompetenzen des Chefs des Generalstabes des Heeres als Vorsitzenden des Arbeitsausschusses des Reichsverteidigungsrates[32]. Die Idealvorstellung der Heeresführung, insbesondere des Chefs des Generalstabes, General Ludwig Beck, war eine Art Bündnis von politischer und militärischer Führung, das – wie vor 1918 – in traditioneller Weise ein Mitspracherecht der militärischen Führung in wichtigen Politikbereichen, namentlich der Außenpolitik, garantieren sollte. Hier und in strategischen Fragen forderte er ein Mitentscheidungsrecht[33]. Er setzte sich damit nicht durch. Nicht zuletzt auch wegen der entgegenstehenden Auffassung der Generale des Oberkommandos der Wehrmacht (OKW) Wilhelm Keitel und Alfred Jodl, die den Vorrang der politischen Führung, Hitlers, betonten und sich selbst als dessen wichtigste Berater sahen.

Was die Heeresführung als definitive Bestätigung des »Zwei-Säulen-Prinzips« betrachtete – die Ausschaltung der SA – war offensichtlich für Hitler ein bloßes Rechenexempel im Hinblick auf seine außenpolitischen Pläne: Die Armee arbeitete zuverlässiger im Aufrüstungsgeschäft. Man konnte sie gewähren lassen. Sie spielte damit in seine Karten. Das hieß aber für Hitler nicht, daß er der Heeresführung eine Sonderrolle im Führerstaat einzuräumen gedachte. Das Zwei-Säulen-Prinzip war wahrscheinlich nicht mehr als eine auf das Heer in der Anfangsphase der NS-Herrschaft berechnete psychologische Formel, mit der Hitler eine ihm genehme Entwicklung fördern und das beim Offizierkorps vorhandene Vertrauenskapital stärken wollte.

Der SA folgte die SS als Konkurrent in der Frage des Waffenträgermonopols. Systematisch, wenn auch zunächst behutsam, wurde die Vorläuferin der Waffen-SS, die SS-Verfügungstruppe, ausgebaut. Und die Wehrmacht folgte in der Phase der geheimen Aufrüstung willfährig den personellen Forderungen der Partei. Anfang Juli 1935 teilte der Reichskriegsminister von Blomberg dem »Stellvertreter des Führers«, Rudolf Heß, mit, von den im Jahre 1934 in das Heer eingestellten Offizieren a. D. hätten vor ihrer Übernahme angehört:[34]
– der NSDAP einschließlich SA, SS, HJ und Arbeitsdienst 341 = 65,8 Prozent;
– dem Stahlhelm einschließlich SA-Reserve I und II 177 = 34,2 Prozent.
Langfristig mußte die Entwicklung ideologisch und personell auf die zuverlässige NS-

---

31 Vgl. Max Domarus (Anm. 29), Bd. 1, S. 355, und Rede vom 9. November 1933, ebda., S. 328. Zur »Zwei-Säulen«-Theorie auch Klaus-Jürgen Müller, Das Heer und Hitler. Armee und nationalsozialistisches Regime 1933–1940, Stuttgart 1969, S. 67 ff.; auch M. Messerschmidt (Anm. 2), S. 27 ff. u. passim.
32 Dazu K.-J. Müller (Anm. 8), S. 65.
33 Umfassend zu den einschlägigen Denkschriften Becks K.-J. Müller (Anm. 31), Kapitel 5 und 6.
34 Vertrauliche Mitteilung des Stellvertreters des Führers an alle Reichs- und Gauleiter vom 5. Juli 1935, s. Rudolf Absolon, Die Wehrmacht im Dritten Reich, Bd. 3, Boppard 1975, S. 382 f.; Zahlen des Allgemeinen Heeresamtes für die Zeit vom 1. Oktober 1933 bis 15. Dezember 1934 für Heer und Marine bei Kern, Die innere Funktion der Wehrmacht 1933–1939, Berlin 1979, S. 113.

Wehrmacht zulaufen. Der vielfach in Schule, HJ, Arbeitsdienst und Parteiorganisationen nationalsozialistisch »vorgebildete« junge Soldat konnte in der Wehrmacht die innere Einstimmung dieser Organisation auf die Weltanschauung erleben: ein Erlebnis, das seit August 1934 mit dem im Wehrmachtamt formulierten persönlichen Eid auf Hitler einsetzte, der nach dem Tode Hindenburgs die Funktionen des Reichspräsidenten an sich gezogen hatte und damit »Oberster« Befehlshaber der Wehrmacht geworden war. Eine Verpflichtung auf die Verfassung, die ohnehin keine Verbindlichkeit mehr besaß und faktisch außer Kraft gesetzt war, existierte nicht mehr, genausowenig wie eine Verpflichtung auf sonstige normative Inhalte[35], wie sie, wenn auch wenig konkret, noch in der ersten nach dem 30. Januar 1933 geänderten Formel angesprochen waren[36]. Charakteristischerweise wurde in dieser am 2. Dezember 1933 vom Reichspräsidenten verordneten Formel vom Text des für Beamte vorgesehenen Eides abgewichen, der auf Gesetz und Verfassung verpflichtete, während die Eidesformel vom 14. August 1919[37] gelautet hatte: »Ich schwöre Treue der Reichsverfassung und gelobe, daß ich als tapferer Soldat das Deutsche Reich und seine gesetzmäßigen Einrichtungen jederzeit schützen, dem Reichspräsidenten und meinen Vorgesetzten Gehorsam leisten will.« Blomberg und Reichenau banden mit dem neuen Eid den Soldaten in »unbedingtem Gehorsam« an die Person Hitler und verpflichteten ihn, »jederzeit für diesen Eid« sein Leben einzusetzen. Hitler selbst erlegte sich keinerlei Gegenbindung auf. In seinem Dankwort benutzte er geschickt die Formel des »Zwei-Säulen-Prinzips«: Er werde »in Erfüllung des Testaments des verewigten Generalfeldmarschalls und getreu meinem eigenen Willen, die Wehrmacht als einzigen Waffenträger in der Nation« verankern[38]: War dies ein Tauschgeschäft, Bestandsgarantie der Wehrmacht als Säule im System gegen Ausverkauf der Gewissen? Jedenfalls mußte dieser Schritt zur weiteren Verringerung der Distanz auch in der politischen Moral führen.

II.

Blieben also hauptsächlich Aufrüstung und Organisation der bewaffneten Macht als Faustpfänder für die Bewahrung der eigenen Position? Eine derartige Spekulation der Heeresführung kann nur als äußerst fragwürdig bezeichnet werden. Die Aufrüstung erfolgte nicht auf der Basis einer mit der politischen Führung langfristig abgestimmten Militärpolitik und Strategie. Es handelte sich, summa summarum, um eine Rüstung, um Angriffskriege mit schnellen Entscheidungen führbar zu machen. Während aber die Wehrmacht von revisionistischen und älteren imperialistischen Zielvorstellungen der Eliten vor und im Ersten Weltkrieg ausging, mit langfristigen Zeitkalkulationen, sah Hitler vor allem im Osten andere Lösungen vor und gedachte sie mit anderen Mitteln als die wilhelminische Politik zu erreichen[39].

---

35 Die Eidformel in: HVBl, (1934), S. 116.
36 Diese Formel sah eine Verpflichtung auf »Volk und Vaterland« vor: RGBl I, 1933, S. 1017.
37 RGBl I, 1919, S. 1419.
38 Hitler nach Inkraftsetzung des neuen Eides vom 20. August 1934, HVBl (1934), S. 133.
39 Siehe näher: Wilhelm Deist/Manfred Messerschmidt/Hans-Erich Volkmann/Wolfram Wette, Ursachen und Voraussetzungen des Zweiten Weltkrieges, Frankfurt 1989 (Original-

Ein Zielkonflikt ergab sich hieraus allerdings nicht. Auf dem Rüstungssektor erfolgte schnell der Übergang von der defensiven Planung zur Projektion einer zur Offensive befähigten Wehrmacht. Der Krieg der Zukunft sollte mit einer hochmotorisierten Truppe und einer operativen Luftwaffe geführt werden. Sie galten als wichtigste Voraussetzung für die Vermeidung eines zweiten Ermattungskrieges. Dennoch läßt sich nicht sagen, daß hiermit schon die Strategie des Blitzkrieges geboren war. Zu den »Lehren des Weltkrieges« gehörte auch der Gedanke der »Tiefenrüstung«. Voraussehbar war ein Materialkrieg großen Stils. Schnelle Erfolge waren um so wünschenswerter, ebenso die Vermeidung eines Mehrfrontenkrieges. Der Vierjahresplan von 1936, mit dem die gesamte Volkswirtschaft für den Krieg organisiert werden sollte, legte zwar als wichtigstes Ziel die Erreichung schneller Kriegsbereitschaft fest, stellte aber kein bloßes Blitzkriegswirtschaftskonzept dar. In einen solchen Zusammenhang lassen sich auch die Flottenrüstungspläne von 1938 nicht einordnen. Künftige Gegner wie die UdSSR und die USA standen überhaupt jenseits der Rüstungsziele vor 1938. Die deutschen Rüstungsanstrengungen richteten sich auf Etappenziele ein, deren Realisierung zugleich eine weitere Intensivierung des Rüstungsprozesses ermöglichen konnte. Hitler visierte zunächst Österreich und die Tschechoslowakei an.

Aber die Konsumtion der ökonomischen Ressourcen durch die Aufrüstung wurde zur Dauererscheinung und machte schnell klar, daß die kriegswirtschaftlichen »Lehren« des Ersten Weltkrieges nur sehr unvollkommen in die Tat umgesetzt werden konnten. Lediglich Teilresultate waren erreichbar. Dazu gehörte die Erzielung einer relativ hohen Mobilität des Heeres. Trotz Meinungsverschiedenheiten in Detailfragen setzte der Generalstab auf die Panzerdivision und den Typ der motorisierten »Leichten Division«. Erste Erfahrungen während der Manöver des Jahres 1935 beschleunigten den Übergang zum Konzept der »offensiven Defensive«. Von nun an wurde die »Stärkung der Angriffskraft des Heeres« zum Hauptthema der Rüstungsplanung der Heeresführung – und damit ein Vorhaben, das vorzüglich in Hitlers Vorstellungen hineinpaßte. Der Chef des Generalstabs, Generaloberst Beck, der bald zu den entschiedensten Warnern vor einem zu frühen Krieg gehören sollte, zählte zu den eifrigsten Verfechtern der Idee, deren Verwirklichung das Scheitern seiner politischen Einsichten maßgeblich verursachen sollte. Beck forderte schon im Dezember 1935 zusätzlich zu den drei geplanten Panzerdivisionen die Aufstellung von Panzerbrigaden. Sein Aufbauplan sah bis 1938 48 dieser Brigaden sowie vier Leichte Divisionen vor[40]. Diesen Verbänden wurde die Aufgabe zugedacht, weitreichende selbständige Operationen durchzuführen – was nach Lage der Dinge nur heißen konnte, daß nach dem Einbruch in die gegnerischen Festungssysteme ein weiträumiger Bewegungskrieg ins Auge gefaßt wurde.

ausgabe vgl. Anm. 10); Andreas Hillgruber, Hitlers Strategie. Politik und Kriegführung 1940–41, Frankfurt am Main 1965; ders., Deutschlands Rolle in der Vorgeschichte der beiden Weltkriege, Göttingen 1967; Hans-Adolf Jacobsen, Die nationalsozialistische Außenpolitik 1933–1938, Frankfurt am Main, 1968; Eberhard Jäckel, Hitlers Weltanschauung. Entwurf einer Herrschaft, Tübingen 1969; D. C. Watt, How War Came. The Immediate Origins of the Second World War 1938–1939, London 1989, u. a.

40 Denkschrift über die Erhöhung der Angriffskraft des Heeres vom 20. Dezember 1935, BA-MA, II H 662; wiedergegeben bei Klaus-Jürgen Müller, General Ludwig Beck. Studien und Dokumente zur politisch-militärischen Vorstellungswelt des Generalstabschefs des deutschen Heeres 1933–1938, Boppard 1980, Dok. Nr. 37, S. 469–477.

Mit diesen Überlegungen ging das Heer entscheidend über das Zweite Rüstungsprogramm hinaus, mit Konsequenzen nicht nur für die operative Planung, sondern – entscheidender noch – für den militärischen Rückhalt der Außenpolitik Hitlers. In dieselbe Richtung führte die 1935 verkündete Wiedereinführung der allgemeinen Wehrpflicht. Jetzt standen die personellen Voraussetzungen für das Heer der großen Zahlen zur Verfügung. Der Rüstungsplan vom August 1936 sah schon eine Feldarmee von nahezu zweieinhalb Millionen Mann und 44 Divisionen vor, und die Remilitarisierung des Rheinlandes, die im gleichen Jahr erfolgte, verbesserte die operativen Optionen, wenn auch der Chef des Generalstabes einen Krieg gegen die Westmächte noch längst nicht als im Bereich der Möglichkeiten liegend ansah: Aber bald zeigte sich, daß die Wehrmacht in der Frage des Zeitpunktes für einen Angriffskrieg nichts zu sagen hatte. Ihr Aufrüstungseifer hat hierzu maßgeblich beigetragen. In der Luftrüstung wirkte sich die Entscheidung gegen den strategischen Bomber ebenfalls in diesem Sinne beschleunigend aus: Die Heeresunterstützungsluftwaffe wurde mit ihren relativ kleinen Flugzeugmustern so schnell schlagfertig wie die motorisierten Divisionen. Hitler verfügte 1938/39 über das Instrument für Kriege auf dem europäischen Kontinent. Für 1940 berechnete man im Jahre 1936 bereits einen Personalbestand des Feldheeres von über 3,6 Millionen Mann. Im Herbst 1939 sollte die Aufstellung abgeschlossen sein. Damit sollte das Kriegsheer 102 Divisionen zählen und somit die Kriegsstärke von 1914 übertreffen. All dies geschah, wie man sich selbst einredete, aus der »Not der Zeit«[41] heraus, obwohl es keine politisch-militärische Bedrohung des Reiches gab, weder nach der Remilitarisierung des Rheinlandes, noch später beim »Anschluß« Österreichs. In Wirklichkeit handelte es sich um eine von den selbstgesetzten Planungszielen produzierte Zeitnot. Und Hitler wollte nicht warten: In seiner Vierjahresplandenkschrift vom August 1936[42] hatte er gefordert, daß die deutsche Armee in vier Jahren einsatzfähig und die deutsche Wirtschaft in derselben Zeit kriegsfähig sein müsse.

Aber die Unterordnung der Wirtschaft unter das Diktat der schnellen Aufrüstung war nur in der Erwartung der Kompensation der Krisenerscheinungen durch Kriegsgewinne zeitweise machbar, wenn ein die »Volksgemeinschaft« bei Laune haltender Lebensstandard garantiert werden sollte, woran Hitler mehr gelegen war als seinen Generalen. Schon 1936 erkannte die militärische Führung, daß diese Politik keine Alternative zum Krieg zuließ. Der Chef des Allgemeinen Heeresamtes, General Friedrich Fromm, gab entsprechend bei Vorlage des Aufrüstungsplans vom 1. August 1936 an den Oberbefehlshaber des Heeres Werner von Fritsch zu bedenken, es müsse »anschließend an die Aufrüstungsperiode bald der Einsatz der Wehrmacht erfolgen oder eine Milderung des Zustandes dadurch erreicht werden, daß die Forderungen an die Höhe der Kriegsbereitschaft gesenkt werden«[43]. Der Oberbefehlshaber des Heeres war nicht der Mann, auf eine Drosselung des Prozesses zu drängen, und so sah sich die Wehrmacht in aussichtsloser Lage, als ihr Hitler seine Kriegsabsichten im November 1937 eröffnete. Obwohl den führenden Militärs 1937/38 das Kriegsrisiko

---

41 Vgl. Wilhelm Deist, Die Aufrüstung der Wehrmacht, in: W. Deist/M. Messerschmidt/H.-E. Volkmann/W. Welte (Anm. 39), S. 534.

42 Wilhelm Treue, Hitlers Denkschrift zum Vierjahresplan 1936, in: Vierteljahrshefte für Zeitgeschichte, 3 (1955), S. 184–210.

43 AHA Nr. 1780/36 vom 1. August 1936, BA-MA RH 15/70; W. Deist (Anm. 41), S. 517.

zu hoch schien, fanden sie kein Mittel, diese Erkenntnis gegen Hitler politisch durchzusetzen. Sie gehorchten ihrem Oberbefehlshaber – Hitler hatte diese Funktion nach der Ablösung Blombergs im Februar 1938 an sich gezogen. Charakteristisch war General von Fritschs Bemerkung, als er Blomberg im Oktober 1936 den Aufbauplan vorlegte: »Nach den Worten des Führers soll ein schlagkräftiges Heer in möglichst kurzer Zeit geschaffen werden.«[44] Exakt dies geschah, wenn auch die von Hitler gewünschte Schlagfertigkeit nach Auffassung des Generalstabschefs bis zum Winter 1938/39 nicht erreichbar war[45]. Und noch im Mai 1938 ging Beck für die nahe Zukunft von der mangelnden Kriegstüchtigkeit des Heeres aus[46]. Aber der Chef des Generalstabes fand während der Zuspitzung der Krise zwischen Berlin und Prag im Mai 1938 und danach trotz der Skepsis in der Generalität keine entschlossene Unterstützung.

Sie alle waren durch die von ihnen selbst forcierte Entwicklung überholt worden und parierten als Vollzugsgehilfen der Politik Hitlers. Bezeichnend ist ihre Haltung nach den Ausführungen Hitlers vom November 1937. Ihre Warnung vor voreiligen Schritten reduzierte sich auf die Erwartung, daß man doch längerfristig kalkulieren könne. Nur so erklären sich wohl die Formulierungen in der vom Oberkommando der Wehrmacht (OKW) und Generalstab erarbeiteten Neufassung des »Falles Grün«, des Kriegsplans gegen die Tschechoslowakei, vom 21. Dezember 1937[47]. Dieses Dokument belegt zugleich, daß sich das Gespann Keitel-Jodl als maßgeblicher Berater Hitlers gegen Fritsch-Beck durchgesetzt hatte[48]. Es heißt hier: »Hat Deutschland seine volle Kriegsbereitschaft auf allen Gebieten erreicht, so wird die militärische Voraussetzung geschaffen sein, einen Angriffskrieg gegen die Tschechoslowakei und damit die Lösung des deutschen Raumproblems auch dann zu einem siegreichen Ende zu führen, wenn die eine oder andere Großmacht gegen uns eingreift.«[49] Dies hieß nichts anderes als die Inkaufnahme eines Zweifrontenkrieges bei vager Hoffnung auf schnelle Entscheidung gegen den angegriffenen Staat. Die Begründung stand völlig unter dem Eindruck Hitlerschen Sprachgebrauchs: »Lösung des deutschen Raumproblems« – das bekanntlich nicht existierte. Aber noch gravierender, weil auch Hitlers Zeitvorstellungen nunmehr einbeziehend, war die Feststellung, daß auch bei nicht erreichter voller Kriegsbereitschaft ein Krieg gegen die Tschechoslowakei selbst dann durchführbar sei, wenn nur die Sowjetunion an der Seite des ausersehenen Opfers auftreten sollte. Damit waren die »nur« revisionistischen Zielsetzungen zugunsten einer Eroberungspolitik mit höchstem Risiko verlassen und Hitlers Vorstellung, daß die Aufrüstung nie abgeschlossen und die Wehrmacht im Grunde niemals fertig sei, Rechnung getragen. Hieraus folgten die operativen Überlegungen für Überraschungsschläge gegen die Tschechoslowakei, Polen und Frankreich. Obwohl ein »Blitzkriegsinstrument« 1938 noch nicht zur Verfügung stand, ging Hitler davon aus,

---

44 BA-MA, RH 15/70.
45 OKH 14. Dezember 1937, BA-MA, III H 98/2.
46 »Betrachtungen zur gegenwärtigen militärpolitischen Lage Deutschlands« vom 5. Mai 1938, BA-MA, N 28/3 (Nachlaß Beck).
47 International Military Tribunal (IMT), 34, 754, Doc. 175-C, First Supplement – Anlage 1; u. Akten zur Deutschen Auswärtigen Politik (ADAP), Serie D, 7. App. 3, S. 547 ff.
48 Siehe dazu K.-J. Müller (Anm. 31), S. 246.
49 Zur Frage des Mißverständnisses der »Raum«-Ideen Hitlers in diesem Dokument siehe Manfred Messerschmidt, Außenpolitik und Kriegsvorbereitung, in: Das Deutsche Reich und der Zweite Weltkrieg (Anm. 10), S. 534–701 (625).

daß Überraschungsangriffe mit Luftwaffen- und Panzerkräften politische Entscheidungen erzwingen könnten zur Lösung der »vitalen Probleme des Reiches«. »Blitzartiges Handeln« galt ihm als Rezept gegen ein zu frühes Eingreifen der Westmächte[50].
Unter dieser Voraussetzung war die Wehrmacht nunmehr für Hitlers Ziele disponibel. Sie war die stärkste Kraft im NS-System, aber politisch so gut wie handlungsunfähig geworden. Selbst als die genannte Voraussetzung fraglich wurde vor dem Angriff gegen Polen, rührte sich keine durchschlagende Opposition – und die Denkschriftenopposition im Herbst/Winter 1939/40, als der Angriff gegen Frankreich vorbereitet wurde, brach vor dem energisch auftretenden Hitler schnell zusammen. Der Oberbefehlshaber des Heeres, seit 1938 Walther von Brauchitsch, und Franz Halder, Nachfolger Ludwig Becks als Generalstabschef, ließen ab November 1939 geschockt alle Oppositionspläne fallen. Mit dem Mansteinplan stellte das Heer dem Führer dann selbst das erfolgversprechende operative Konzept gegen Frankreich zur Verfügung. Was zählte, war der militärische Erfolg, während politische Rahmenbedingungen vor allem im Blick auf die angelsächsischen Mächte vernachlässigt wurden. So führten die forcierten ideologischen und rüstungsmäßigen Anstrengungen die Wehrmacht ohne Gewinn an Eigengewicht und politischem Mitspracherecht in den Krieg hinein, der zwar bis 1942 große operative Erfolge brachte, aber keine militärische Entscheidung.

III.

Methode und Bilanz der Kriegführung der Wehrmacht, insbesondere in der Sowjetunion und auf dem Balkan, lassen sich retrospektiv unter den Prämissen System- und Ideologiepartizipation, Erfolgsglaube und mangelnde Verantwortungsbereitschaft gegenüber der eigenen Nation angesichts der sich seit 1943 auch für Deutschland abzeichnenden Katastrophe interpretieren.
Erste Schritte auf diesem Wege, gegen fremde Völker gerichtet, ging die Wehrmacht, insbesondere das Heer, schon in Polen. Die Kooperation mit den Einsatzkommandos, die passive und aktive Ermöglichung des Vernichtungswerkes im Osten, wie sie dann ab 1941 einsetzte, basierte auf der schon vor Kriegsbeginn geübten ideologischen Einstimmung, die zum Schwinden der moralischen Distanz zu den Forderungen Hitlers und zur Akzeptanz eines gemeinsamen Feindbildes geführt hatte.
Zu übersehen ist aber auch nicht die sich seit 1870 abzeichnende Denkweise in Deutschland, welche das Kriegsvölkerrecht den sog. »militärischen Notwendigkeiten« unterordnete. Staatsrechtslehrer und Militärs vertraten derartige Auffassungen, die schließlich in der Kriegsvölkerrechtsschrift des Großen Generalstabes von 1902[51] für die Frontoffiziere zur Belehrung über die »in Deutschland gültigen Auffassungen« zusammengefaßt worden sind[52]. Hier war u. a. zu lesen: »Humanitäre Ansprüche,

50 Notiz des Wehrmachtadjutanten Hitlers, Schmundt, vom 21. April 1938, ADAP, Serie D, 2, Dok. 133.
51 Kriegsbrauch im Landkriege. Kriegsgeschichtliche Einzelschriften, Heft 31, hrsg. v. Großen Generalstab, Kriegsgeschichtliche Abteilung I, Berlin 1902.
52 So der Verfasser, der spätere General von Friedrich, vor dem Untersuchungsausschuß des Reichstages 1921, vgl. das Werk des Untersuchungsausschusses der Verfassunggebenden

d. h. Schonung von Menschen und Gütern, können nur insoweit in Frage kommen, als es die Natur und die Zwecke des Krieges gestatten.«[53] Ein Resultat dieser Sichtweise war die Exekution von mehr als 6 000 belgischen Zivilisten. Im Osten mischten sich auch schon rassische und bevölkerungspolitische Gesichtspunkte in die Umsiedlungspläne der dritten Obersten Heeresleitung.

Der Erste Weltkrieg hat den politisch-kulturellen Gegensatz zwischen den bürgerlichen und konservativen Eliten Westeuropas und der militarisierten Gesellschaft Deutschlands eher noch verschärft. Dies zeigte sich in der Fortexistenz alter Feindbilder und im deutschen Streben nach Rückgängigmachung der Geschichte. Seit 1933 ist dieser Gegensatz geradezu ein Leitmotiv für die Ausrichtung der Gesellschaft auf den zweiten Anlauf zur Gewinnung der Hegemonie in Europa geworden. In den Eliten des NS-Staates waren zahlreiche Elitenvertreter der wilhelminischen Ära repräsentiert. »Natur und Zweck des Krieges« sind im Sinne der Völkerrechtsdoktrin des Generalstabes gegen Polen und die Sowjetunion von Hitler vorab festgelegt worden. Humanitäre Rücksichten spielten für ihn keine Rolle. Seine Aufgabenbeschreibung ging noch weit über die traditionelle Abwertung des Völkerrechts hinaus. Sie forderte zur Vernichtung ganzer Bevölkerungsgruppen auf. Dieser qualitative Sprung bewirkte in der Generalität und weiter unten während des Polenkrieges noch einzelne Proteste, führte aber zu keiner Änderung der Methoden. Entscheidend wurde, daß der Oberbefehlshaber des Heeres Zustimmung zur politischen Flurbereinigung signalisierte. Generaloberst von Brauchitsch schlug diese Linie mit seinem Befehl »Heer und SS« vom 7. Februar 1940 ein. Entscheidende politische Anordnungen und Vernichtungsmethoden müssen als Hintergrund hierfür ins Auge gefaßt werden. Schon am 9. September 1939 hatte Halder von einem Gespräch zwischen dem Abwehrchef Admiral Wilhelm Canaris und Reinhard Heydrich erfahren, bei welchem der SD-Chef geäußert hatte: »Die kleinen Leute wollen wir schonen, der Adel, die Popen und Juden müssen aber umgebracht werden«[54]. Der Chef des Generalstabes selbst teilte mit, es sei Absicht des Führers, »das polnische Volk zu vernichten und auszurotten«[55].

Die Abwehrversuche des Generalstabes waren bedeutungslos. Canaris und sein Mitarbeiter Oberleutnant Hans Oster sahen voller Verzweiflung den Optimismus der Heeresführung. Halder, so ihr Fazit, sei auch nicht mehr zu gebrauchen. Gegen die Bombardierung Warschaus setzte sich das Heer so wenig energisch zur Wehr wie gegen die Mordaktionen von Polizei- und SS-Einheiten. Vor diesem Hintergrund ist der erwähnte Brauchitsch-Befehl vom 7. Februar 1940 zu sehen[56]. Er definierte die von Hitler angeordneten und von SS und Polizei durchgeführten »volkstumspolitischen Aufgaben« als einen für die »Sicherung des deutschen Lebensraumes« notwendigen Volkstumskampf. Das Heer zeigte sich vor allem an der Sicherstellung der

Deutschen Nationalversammlung und des Deutschen Reichstages 1919–1928. Dritte Reihe: Völkerrecht im Weltkrieg, Berlin 1927, Bd. 4.
53 Kriegsbrauch im Landkriege (Anm. 51), S. 74.
54 Helmuth Groscurth, Tagebücher eines Abwehroffiziers 1938–1940, hrsg. v. Helmut Krausnick/Harold C. Deutsch, Stuttgart 1970, S. 201.
55 Am 9. September 1939 gegenüber H. Groscurth (Anm. 54), S. 202.
56 »Heer und SS«. NOKW-1799. Dazu Manfred Messerschmidt, Völkerrecht und ›Kriegsnotwendigkeit‹ in der deutschen militärischen Tradition seit den Einigungskriegen, in: German Studies Review, 6 (1983), S. 237–269 (251 f.).

Disziplin der Truppe interessiert. Brauchitsch betrachtete es daher als Erfolg, daß seine Forderung anerkannt worden sei, »zum mindesten die im Zusammenhang mit diesem Volkstumskampf zu erwartenden, dem Geist und der Manneszucht des Heeres schädlichen Vorgänge von der Truppe fernzuhalten«. Diese Formel entsprach dem langjährig eingeübten Nebeneinander von Wehrmacht und Partei und zudem der seit Beginn des Krieges geübten Praxis. Schon am 11. September 1939 hatte der Generalquartiermeister des Generalstabes weitergegeben, »daß die Organe des Reichsführers SS . . . nicht zu behindern seien«[57]. Im Sieg liege das Recht, hatte Hitler den höheren Befehlshabern am 22. August 1939 erklärt. Und daß im Osten völkerrechtliche Maßstäbe keine Geltung besäßen, war die Ansicht von Staatsrechtlern und Völkerrechtlern. Die krasseste Formel hierfür hat der SS-Jurist Werner Best erfunden, der kurz vor dem deutschen Angriff auf Polen feststellte, Völkerrecht sei überhaupt undenkbar. Völkisches Leben könne sich nicht internationalen Regeln unterwerfen. Jedes Volk habe nur »den Zweck der Selbsterhaltung und Selbstentfaltung und kennt nur Maßstäbe des Handelns, die auf diesen Zweck ausgerichtet sind«[58].

Das Heer verzichtete erleichtert auf die vollziehende Gewalt und begrüßte die Ablösung der Militärverwaltung im Oktober 1939 durch »zivile« Organe. Der Befehlshaber Ost, Generaloberst Gerd von Rundstedt, beruhigte sich damit, daß man nichts mit den bevölkerungspolitischen Maßnahmen der SS zu tun zu haben brauchte. So lief vor den Augen des Heeres das Vernichtungsprogramm »Tannenberg« der Einsatzkommandos ab: Ausschaltung der Intelligenz, Beseitigung der Juden, Internierungen und Ghettoisierung.

Es gab keinen Zweifel daran, was unter den Sonderaufgaben der SS im Osten zu verstehen sei. In diesem ideologischen Klima bereitete sich die Wehrmacht auf den Krieg im Westen vor. Kämpfen und Siegen wofür? Diese Frage beunruhigte die Heeresführung nicht, allein die Sorge vor dem Mißerfolg, vor dem Festlaufen der Operationen wie 1914, sorgte für Oppositionsstimmung, die in der Heeresführung aber schon im November 1939 verebbte. Der halbe Triumph im Westen, aber auch weitere militärische Erfolge 1941 haben das Gewicht der Wehrmacht – des Heeres – nicht erhöht. Im Gegenteil, sie fügte sich Hitlers weiteren Plänen und ließ sich tiefer in Planung und Durchführung des »Weltanschauungskrieges« hineinziehen.

Als der erste Großverband des Heeres, die 18. Armee, nach dem Sieg über Frankreich nach Polen verlegt wurde, erteilte der Armeeoberbefehlshaber, Generaloberst Georg von Küchler, seinen Kommandeuren im Juli 1940 die Weisung[59]: »Ich bitte ferner dahin zu wirken, daß sich jeder Soldat, besonders der Offizier, der Kritik an dem im Generalgouvernement durchgeführten Volkstumskampf, z.B. Behandlung der polnischen Minderheiten, der Juden und kirchlichen Dingen, enthält. Der an der Ostgrenze seit Jahrhunderten tobende Volkstumskampf bedarf zur endgültigen völkischen Lösung einmaliger, scharf durchgreifender Maßnahmen . . .«

Im September 1939 hatte er sich noch gegen Judenerschießungen gewandt und versuchte, die Militärgerichte dagegen einzusetzen. Der Sieg im Westen zeitigte, wie

---

57 BA-MA, W 6969/5.
58 Werner Best, Rechtsbegriff und »Völkerrecht«, in: Deutsches Recht, 9 (1939), S. 1345–1348.
59 Dok. NOKW-1531. Dazu Helmut Krausnick/Hans-Heinrich Wilhelm, Die Truppe des Weltanschauungskrieges, Stuttgart 1981, S. 112.

bei anderen Befehlshabern, eine weitere Einstimmung auf Hitler. So erklärt sich das völlige Fehlen von Bedenken in der Vorbereitungsphase des Angriffs auf die Sowjetunion, die schon im Juli 1940 mit operativen Überlegungen einsetzte. Welchen Krieg Hitler hier zu führen gedachte, erläuterte er am 30. März 1941 vor Hunderten von Stabsoffizieren und Generalen: Es sollte ein Vernichtungskrieg sein. Diesmal sollte das Heer nicht in der Zuschauerrolle bleiben. Die Praxis der gegenseitigen Respektierung der Rollen von Heer und SS und die Akzeptanz der sog. Volkstumspolitik machte den Fall Polen zum Eingangstor für die nächste Stufe der »notwendigen« Kooperation, die jedenfalls eine Teilerklärung findet in der seit sieben Jahrzehnten schwebenden Abwertung des Völkerrechts durch juristisch-politische Denkweisen, die auf dem Boden des militärisch begründeten Nationalstaates virulent geworden waren.

Hier sollen nicht die oft behandelten verbrecherischen Befehle im einzelnen beleuchtet werden[60]. Kommissarbefehl, Gerichtsbarkeitserlaß »Barbarossa«, die Vernichtung der Juden unter teilweiser Kooperation von Heeresverbänden und -dienststellen, die zum Tod von Millionen führende Behandlung der sowjetischen Kriegsgefangenen[61] und der einkalkulierte Hungertod großer Teile der Zivilbevölkerung: vieles war in den Führungsstäben von Oberkommando des Heeres (OKH) und OKW vor Angriffsbeginn in Befehlsform gebracht oder in Denkschriften niedergelegt worden[62].

Im Verlauf der Sommer- und Herbstoffensive 1941 stellten sich verschiedene Armeeoberbefehlshaber ausdrücklich hinter das ideologische Konzept des Krieges. Feldmarschall Walter von Reichenau erklärte in einem Tagesbefehl an die 6. Armee im Oktober 1941 betr. »Verhalten der Truppe im Ostraum«[63], das wesentlichste Ziel des Feldzuges gegen das »jüdisch-bolschewistische System« sei die »völlige Zerschlagung der Machtmittel und die Ausrottung des asiatischen Einflusses im europäischen Kulturkreis«. Der Soldat müsse Verständnis haben »für die Notwendigkeit der harten, aber gerechten Sühne am jüdischen Untermenschentum«. Nicht nur Hitler beurteilte diesen Befehl als vorbildlich, auch der Oberbefehlshaber des Heeres sah ihn entsprechend und legte deshalb den Befehlshabern im Osten nahe, »soweit nicht be-

---

60 Die wichtigsten Dokumente sind publiziert in: Gerd R. Ueberschär/Wolfram Wette, Unternehmen Barbarossa. Der deutsche Überfall auf die Sowjetunion 1941. Berichte, Analysen, Dokumente, Paderborn 1984, überarbeitete Neuausgabe unter dem Titel: Der deutsche Überfall auf die Sowjetunion. »Unternehmen Barbarossa« 1941, Frankfurt am Main 1991. Siehe näher auch Jürgen Förster, Das Unternehmen »Barbarossa« als Eroberungs- und Vernichtungskrieg, in: Das Deutsche Reich und der Zweite Weltkrieg, Bd. 4: Horst Boog/Jürgen Förster/Joachim Hoffmann/Ernst Klink/Rolf-Dieter Müller/Gerd R. Ueberschär, Der Angriff auf die Sowjetunion, Stuttgart 1983, S. 413–447.

61 Dazu Christian Streit, Keine Kameraden. Die Wehrmacht und die sowjetischen Kriegsgefangenen 1941–1945, Stuttgart 1978; Alfred Streim, Die Behandlung sowjetischer Kriegsgefangener im »Fall Barbarossa«. Eine Dokumentation. Unter Berücksichtigung der Unterlagen deutscher Strafvollzugsbehörden und der Materialien der Zentralen Stelle der Landesjustizverwaltungen zur Aufklärung von NS-Verbrechen, Heidelberg, Karlsruhe 1981.

62 Zur Hungerpolitik vgl. Rolf-Dieter Müller, Das Scheitern der wirtschaftlichen »Blitzkriegsstrategie«, in: Das Deutsche Reich und der Zweite Weltkrieg, Bd. 4 (Anm. 60), S. 936–1029, insbes. 1002–1021.

63 Befehl vom 10. Oktober 1941, BA-MA, RH 20-6/493; zitiert bei G. R. Ueberschär/W. Wette (Anm. 60), S. 285 f.

reits geschehen«, entsprechende Anordnungen zu erlassen[64]. Der Oberbefehlshaber der Heeresgruppe Süd, Generalfeldmarschall Gerd von Rundstedt, erklärte sich mit dem Befehl voll einverstanden. Andere Armeeoberbefehlshaber stimmten mit ähnlichen Befehlen ein, so Generaloberst Ernst Busch (16. Armee), Erich von Manstein (11. Armee) und Hermann Hoth (17. Armee). Für letzteren handelte es sich bei diesem Krieg um die Auseinandersetzung zwischen »deutschem Ehr- und Rassegefühl, jahrhundertealtem deutschem Soldatentum und asiatischer Denkungsart und von meist jüdischen Intellektuellen aufgepeitschten primitiven Instinkten«[65]. Mansteins Befehl wies am stärksten auf die Gefährlichkeit des »Judentums« hin, das die Klammer zwischen Roter Armee und den Partisanen bilde. Er forderte: »Das jüdisch-bolschewistische System muß ein für allemal ausgerottet werden«. Der Soldat trete »als Träger einer völkischen Idee und Rächer für alle Grausamkeiten, die ihm und dem deutschen Volk zugefügt wurden, auf«[66].

Die Erfinder derartiger Formulierungen begründeten die Forderung, daß der Soldat den weltanschaulichen Kampf »mit durchfechten müsse«[67], mit der Behauptung, daß das sowjetische System jede europäische Kultur, Zivilisation, Verfassung und Ordnung ablehne. Keiner von ihnen handelte bei der Planung und Durchführung dieses aus allen europäischen Traditionen herausfallenden deutschen Programms in der Vorstellung, einen Krieg zur Verteidigung des Vaterlandes oder gar einen Präventivkrieg führen zu müssen. Vielmehr schien die strategische Situation 1940/41 die Gelegenheit zu bieten, den Lebensraumkrieg führen und beenden zu können, bevor die angelsächsischen Mächte eine zweite Front eröffnen konnten.

Dieser Krieg stand in direkter Beziehung zur Vernichtung des europäischen Judentums. Bis Ende 1941, bis zum Scheitern des »Barbarossa«-Plans, wurden unter den Augen des Heeres, z. T. mit seiner Unterstützung, ca. eine Million Juden im Osten liquidiert, Männer, Frauen und Kinder. Nur ein General hat meines Wissens die Mitwisser- und Täterschaft des Heeres eingeräumt, der erste Heeresinpekteur der Bundeswehr, General Hans Röttiger, 1942 bis 1943 Chef des Generalstabes der 4. Armee. In einer frühen, später zurückgezogenen Stellungnahme, wohl im November 1945, schrieb er, ihm sei die Erkenntnis gekommen, »daß die Bandenbekämpfung, die wir führten, im Endziel den Zweck hatte, das Heer dazu zu benützen, um die rücksichtslose Liquidierung des Judentums und anderer unerwünschter Elemente zu ermöglichen«[68]. Zu bemerken ist hierzu nur, daß das Heer sich nicht nur »benutzen« ließ, sondern selbst aktiv vorging, wie die Befehle Reichenaus und Mansteins u. a. belegen.

---

64 IMT, Bd. 35, S. 84.
65 Befehl vom 17. November 1941, BA-MA, RH 20-17/44.
66 Befehl vom 20. November 1941, IMT, Bd. 34, S. 129.
67 Franz Halder, Generaloberst Halder. Kriegstagebuch. Tägliche Aufzeichnungen des Chefs des Generalstabes des Heeres 1939–1942, hrsg. v. Arbeitskreis für Wehrforschung Stuttgart, Bd. 2: Von der geplanten Landung in England bis zum Beginn des Ostfeldzuges (1. 7. 1940–21. 6. 1941), Stuttgart 1963, S. 399, Eintrag vom 6. Mai 1941.
68 Nachlaß Röttiger, BA-MA, N 422/11, Blatt 4.

IV.

Diese und andere Beispiele besagen etwas, was in der militärischen Memoirenliteratur nahezu ausnahmslos übergangen worden ist: Der Krieg im Osten war nicht nur Hitlers Krieg in Anlage, Zielsetzung und Durchführung. Es war zugleich der Krieg der Wehrmacht. In ihm erreichte die »Teilidentität der Ziele« ihre praktische Verwirklichung. Aus diesem Grund konnte die militärische Opposition der Offiziere um Henning von Tresckow und Claus Graf Schenk von Stauffenberg nicht zum Erfolg führen. Die ideologische und kriminelle Teilhaberschaft verdrängte das militärische Kalkül so vollständig, daß selbst die Einsicht in die unabwendbare Niederlage zu keinem Signal wurde wie 1918. Die militärische Führung sieht zu, wie der Krieg auf die eigenen Grenzen zuläuft, wie Stadt um Stadt bombardiert, das eigene Land zerstört wird, und vermag sich nicht zu einem Entschluß gegen ihren »Führer« durchzuringen. Partei und SS gewinnen immer größeren Einfluß in der zweiten Säule des Systems. Dafür stehen vor allem die Namen Heinrich Himmler und Martin Bormann.

Wann war der Krieg für die Wehrmacht und die Deutschen verloren? Albert Speer, Hitlers Minister für Rüstung und Kriegsproduktion, hielt schon im Herbst 1943 die industriellen Reserven für annähernd erschöpft. Zehn Monate nach dem Verlust des Balkans, so will er vorausgesagt haben, werde das Ende des Krieges kommen. Wie dieses Ende dann aussehen würde, hat ihn noch nicht beunruhigt[69]. Noch nüchterner sah Generaloberst Friedrich Fromm, der am 20. Juli 1944 eine so zwielichtige Rolle spielen sollte, die Realitäten. Schon im April 1942 hielt er ein siegreiches Ende nur dann für denkbar, wenn »wir eine Waffe mit völlig neuen Wirkungen entwickeln«[70]. Er dachte an die Atombombe, die Deutschland jedoch, wie sich um diese Zeit herausstellen sollte, nicht »rechtzeitig« produzieren konnte.

Auch der technische Krieg war laut Speer seit Mai 1944 gegen das Reich entschieden. Gegen die Massenbombardements der Royal Air Force und 8. US Air Force nahmen sich die bald eingesetzten deutschen »Wunderwaffen« – V 1 und V 2 – wie Nadelstiche aus. Zu der Zeit, als auf deutscher Seite die modernste Waffe eingesetzt wurde, kam auch der technische K. o. in Sicht: ein offenbarer Befund, dem die Perzeption der Handelnden auf deutscher Seite nicht folgte. Dabei handelte es sich nicht um einen eher schleichenden Kräfteverfall wie im Ersten Weltkrieg, als sich bei noch fixierten Fronten im Westen und großen Teilerfolgen im Osten und Südosten das materielle Übergewicht der Westalliierten für die Heimat kaum wahrnehmbar aufbaute.

Das Ende des Zweiten Weltkrieges kündigte sich dagegen in gewaltigen Katastrophen im Süden, Osten und seit Mitte 1944 auch im Westen an. Die wichtigsten Signale stellten der Zusammenbruch der Heeresgruppe Mitte und die Invasion in Frankreich zusammen mit der nicht wettzumachenden Luftüberlegenheit der Alliierten dar. Für diese Phase wurde in Deutschland eine Mischung aus Hoffnung, Angst und wachsender Resignation konstitutiv, der mit einer immer unglaubwürdiger werdenden Endsiegpropaganda und rigorosem Vorgehen von Polizei, Gestapo und Gerichten begegnet wurde. Auch in diesem Prozeß spielte die Wehrmacht ihren Part im Rahmen der »Teilhaberschaft«.

---

69   Albert Speer, Erinnerungen, Frankfurt am Main 1969, S. 322 u. 329.
70   A. Speer (Anm. 69), S. 239.

Menschen und Sachwerte bedeuteten für die ziellose Durchhaltementalität nicht mehr als Rohstoff. Was setzte die deutsche Führung der progressiven Balanceverschiebung zugunsten der Anti-Hitler-Koalition entgegen? Die Einführung des NS-Führungsoffiziers (NSFO) im Dezember 1943 – ein weiteres Einfallstor für die Partei, die hier personelle Befugnisse erhielt – war gedacht zur Erzeugung von Haß und Endsiegfanatismus. Mit dem Aufgebot des Volkssturms suchte die Goebbelspropaganda neue Siegeszuversicht zu verbinden. All dies konnte den einsetzenden Erosionsprozeß in der Wehrmacht nicht mehr stoppen. Das gleiche gilt für die drakonischen Strafandrohungen und die hochschnellende Zahl der Exekutionen. Auf diesem Gebiet zeigte die »Teilhaberschaft« dem deutschen Soldaten jene grausame Konsequenz, die bisher vor allem dem Feind im Osten gegolten hatte. Alle denkbaren Formen des Zweifels und des Defaitismus, der politischen Hellsichtigkeit oder der Resignation wurden mit der Todesstrafe bedroht. Einen Katalog hierüber stellte der Chef NSFO der Luftwaffe mit Erlaß vom 1. November 1944 zusammen[71]. Danach waren mit der Todesstrafe bedroht:

– Zweifel am Führer und am Endsieg,
– Äußerungen gegen die nationalsozialistische Weltanschauung,
– Zweifel an der Berechtigung des den Deutschen aufgezwungenen Lebenskampfes,
– Äußerungen mangelnden Vertrauens in die deutsche Kraft, den Angriffsgeist der Truppe oder die Schlagkraft der deutschen Waffen,
– Verbreitung von Nachrichten über Kampfmüdigkeit,
– Erörterung der Möglichkeiten bei Verlust des Krieges,
– Behauptungen, daß der Bolschewismus »so schlimm« nicht sei oder daß die Demokratie der westlichen Gegner in Erwägung gezogen werden könne.

Dennoch schwollen die Zahlen der bekanntgewordenen »Wehrkraftzersetzungsfälle« an. 30 000 bis 40 000 kamen vor die Feldkriegsgerichte. Die Dunkelziffer muß Legion gewesen sein. Weder ein massiver Einsatz von NSFO oder von Auffangorganisationen im Osten, wo Heeresstreifengruppen, Feldgendarmerie, SS-Einsatzkommandos und Offiziere der Kriegsakademie gemeinsam Auflösungstendenzen bremsen sollten[72], noch der Einsatz von Hitlerjungen oder die Zuweisung von Luftwaffenhelfern des Jahrgangs 1928 zur Luftwaffe lassen sich als sinnvolle Entscheidungen jenseits des Weitermachens um jeden Preis werten. Die Partei wurde zur Erfassung versprengter Soldaten im Heimatkriegsgebiet eingesetzt und nahm diese Aufgabe voller Eifer wahr. Befehlshaber und Gauleiter wirkten zusammen zur Verlängerung der Agoniephase. Bis in die letzten Tage in Berlin schleppte sich der Planungswirrwarr im Chaos hin mit immer radikaleren Konsequenzen für Bevölkerung und Soldaten. Aber auch hierfür fanden hohe Befehlshaber noch Formeln, die Sinn und Werthaftigkeit suggerieren sollten. So Generaloberst Alexander Löhr, der die Heeresgruppe E aus dem Balkan herausführte. Sein Tagesbefehl vom 29. April 1945[73] veranschaulicht die Bereitschaft hoher Befehlshaber, den Weg in die Selbstzerstörung mit Hitler und der Partei zusammen zu gehen. Das deutsche Volk, so Löhr, erringe sich jetzt im Kampf

---

71 Rudolf Absolon, Das Wehrmachtsstrafrecht im Zweiten Weltkrieg, Kornelimünster 1958, S. 90ff.
72 Wehrmachtführungstab (WFSt), Org., Vortragsnotiz vom 1. Februar 1945, BA-MA, RW 4 v. 493.
73 BA-MA, RH 22/297.

um Berlin unter dem Befehl »unseres« Führers »das Anrecht auf seine Zukunft. Hier wird sichergestellt, daß unsere 2000 Jahre alte Kultur am Leben bleibt«.

Seit Jahren bewegten sich die Kalkulationen der führenden Militärs in illusionären Bahnen. Die Appelle an die Soldaten während der Endphase stellen nur besonders drastische Beispiele des Realitätsverlustes dar, wie u. a. an einem Tagesbefehl des Feldmarschalls Walter Model vom 29. März 1945 deutlich wird. Die Einkesselung seiner Heeresgruppe im sog.»Ruhrkessel« zeichnete sich bereits ab. Model: »In unserem Kampf für die Ideenwelt des nationalen Sozialismus gegen die Seelenöde des materialistischen Bolschewismus müssen wir mit mathematischer Sicherheit siegen, wenn wir im Willen und Glauben unerschüttert bleiben.«[74] Er selbst war weit weniger »unerschüttert«, als er seinen Soldaten zugemutet hatte. Drei Wochen nach diesem Befehl beging er Selbstmord. Die Kapitulationsaufforderung des Generals Ridgway, der ihm nahelegte, Menschen und Städte zu bewahren, hatte er abgelehnt. Seine »militärische Ehre« war ihm wichtiger.

Bis heute ist die Psychologie des Weitermachens um jeden Preis nicht zureichend zu erklären. Die sog. Ehre, Rücksichtslosigkeit gegenüber der eigenen Bevölkerung, ideologische Verblendung und wohl auch Furcht vor Hitler und der SS verschlangen sich unauflösbar mit dem Bewußtsein, Repräsentanten einer gnadenlosen Kriegführung zu sein. Mancher dieser Generale stand unter der zwanghaften Vorstellung geschichtlicher Notwendigkeiten, die gerade den Weg in den Untergang an Hitlers Seite als »Sinn der Geschichte« erscheinen ließen. Hitlers wichtigster militärischer Berater, Generaloberst Jodl, Chef des Wehrmachtführungsstabes, hat diese Einstellung formuliert, als er nach dem 20. Juli 1944 die Offiziere und Beamten seines Stabes um sich versammelte: »Ich bin überzeugt, daß wir diese Lage durchstehen werden, aber selbst, wenn uns das Glück nicht hold sein sollte, dann müßten wir entschlossen sein, uns als die Letzten mit der Waffe um den Führer zu scharen, damit wir vor der Nachwelt gerechtfertigt sind.«[75] Die Verschwörer hatten nach seiner Ansicht eine einmalige »Ungeheuerlichkeit« begangen, »eine ungeheuerliche Dummheit und den kleinsten Gesichtskreis« bewiesen, denn: Wie wollten sie ihrem Volk nützen? Mit Hitler unterzugehen, darin lag der Sinn der Geschichte und für ihn offensichtlich auch der Nutzen »für das Volk«.

Dieses Volk war, soweit es nicht von der Propaganda völlig umgarnt war, allerdings nur noch mit Zwang und Angst bei der Stange zu halten. Dafür sprechen zahlreiche Befehle und Maßnahmen von Partei und Wehrmacht, die im Endszenarium immer enger als Zwangsapparat zusammenwirkten. So hat die Wehrmacht mit der Partei kooperiert beim Vollzug des »Verbrannte-Erde-Befehls« Hitlers vom 19. März 1945, der die Zerstörung aller Verkehrs-, Nachrichten-, Industrie- und Versorgungsanlagen sowie aller Sachwerte innerhalb des Reichsgebietes durch Wehrmacht, Gauleiter und Reichsverteidigungskommissare angeordnet hatte. Selbst Speer, einer der treuesten Paladine Hitlers, bezeichnete dieses Vorhaben in einem Schreiben an Hitler als »Zerstörung der Grundlagen unseres Volkslebens«[76].

---

74 BA-MA, III H 219, Blatt 105 f.
75 Ansprache des Chefs WFSt Generaloberst Jodl, an die Offiziere und Beamten des WFSt im Offizierheim des Sperrkreises II am 24. Juli 1944, BA-MA, RW 4/v. 57, Dok. Nr. 5.
76 Kriegstagebuch des Oberkommandos der Wehrmacht (Wehrmachtführungsstab), Bd. IV, 1. Januar 1944–22. Mai 1945, Frankfurt am Main 1961, S. 1583.

Zivilbevölkerung und Soldaten wurden ohnmächtige Opfer dieser im Verein von Partei und Wehrmacht praktizierten Zwangsmethoden, die mit gewissenloser Haßpropaganda kombiniert worden sind. Der NSFO-Stab im Ersatzheer gab am 2. Februar 1945 eine »Sprachregelung« mit folgenden Parolen heraus, die auf Handzetteln an die Soldaten herangebracht wurden: »Nie hat Asien Europa besiegt. Wir werden asiatische Flutwelle auch diesmal brechen. Herrschaft asiatischer Untermenschen über Abendland ist Unnatur und nicht Sinn der Geschichte. Hinter Flut roten Mobs grinst Fratze des Juden. Sein Herrschaftsgelüste wird zerbrochen, wie einst seine Macht in Deutschland.«[77]

Eine raffinierte Spekulation mit der Angst im Osten des Reiches glaubte so noch Durchhaltewillen mobilisieren zu können. Im Westen arbeiteten die hohen Befehlshaber genauso rigoros und realitätsfern mit der Partei gegen die Interessen der Bevölkerung, die vom Bombenkrieg zermürbt war, zusammen. Der Oberbefehlshaber West, Feldmarschall Albert Kesselring, gab am 21. März 1945 bekannt, gegen die Sippe eines zum Tode verurteilten Hauptmanns sei die Sippenhaft wirksam geworden[78]. »Es soll eine Warnung für alle sein. Wer nicht in Ehren lebt, stirbt in Schande.« Diese »Sippenhaft« hatte das OKW bereits im November 1944 eingeführt. Hitler ordnete darüber hinaus im März 1945 »Sippenhaft« gegen Angehörige von Soldaten an, die unverwundet oder ohne nachweisbar bis zum äußersten gekämpft zu haben in Gefangenschaft gerieten. Hätte die Militärbürokratie noch zuverlässig funktioniert, wären Zigtausende der SS zum Vollzug der Sippenhaft in Konzentrationslager überstellt worden, denn Zehntausende Soldaten hatten sich davongemacht, hatten die Propagandaparolen abgeschüttelt und suchten dem Widersinn zu entkommen, während die Befehlshaber mit schärfsten Drohungen weitermachten. Die Feldmarschälle Model und Rundstedt setzten am 6. März 1945 einen OKH-Befehl um und ordneten an, daß alle, die »noch abseits ihrer Einheit auf Straßen, in Ortschaften, in Trossen oder Ziviltrecks, auf Verbandsplätzen, ohne verwundet zu sein, grundlos angetroffen werden und angeben, noch versprengt zu sein und ihre Einheit zu suchen, standrechtlich abzuurteilen und zu erschießen« seien[79]. Schon im September 1944 hatte Jodl einen Hitlerbefehl unterzeichnet, der fanatische Kampfführung verlangte. Jeder Häuserblock, jedes deutsche Dorf müsse zur Festung werden, »an der sich der Feind entweder verblutet oder die ihre Besatzung im Kampf Mann gegen Mann unter sich begräbt«[80]. Wo weiße Fahnen in Dörfern und Städten von der an das Weiterleben nach dem Krieg denkenden Bevölkerung gezeigt wurden, sollten laut Himmlerbefehl alle männlichen Einwohner erschossen werden, und zwar vom 14. Lebensjahr an aufwärts. Das OKW gab Ende März 1945 an die Armeeoberkommandos durch: »Reichsführer SS wird als die zur Wahrnehmung der Exekutive im Inneren berufene oberste Dienststelle gebeten, im unmittelbaren Einvernehmen mit dem Leiter der Parteikanzlei die polizeilichen Maßnahmen zu treffen, die die versagenden Teile der Be-

77 Stellv. Generalkommando VII. AK (Wehrkreiskommando VII) I NSF vom 2. Februar 1945, BA-MA, RH 53-7/v. 878.
78 Erlaß Oberbefehlshaber West vom 21. März 1945, BA-MA, RH 19 IV/226 Blatt 19.
79 Zitiert in der Rundverfügung Nr. 16 des Chefrichters und Rechtsberaters beim Luftwaffenkommando West vom 9. März 1945, Bundesarchiv-Zentralnachweisstelle Kornelimünster, Rundverfügungen des Chefrichters beim Chef der Luftflotte 3, Blatt 19.
80 OKW/WFSt/Op. vom 16. September 1944, BA-MA, RW 4/v. 494, Blatt 108.

völkerung am Zeigen weißer Tücher und an Sabotage von Befestigungsanlagen hindern.«[81]

Trotz zahlreicher enttäuschter Offiziere und Soldaten und angesichts der Oppositionsgruppen im Heer, trotz Zehntausender Deserteure, Verweigerer und Zersetzer ist die Feststellung zutreffend, daß »die Wehrmacht« vom Beginn der Herrschaft Hitlers bis in die Agoniephase des NS-Systems hinein als »zweite Säule« des Führerstaates dessen Politik, Krieg, Besatzungsherrschaft und Zwangsmethoden ermöglicht und mitpraktiziert hat. Es war nicht die Ausschaltung der Oberbefehlshaber von Wehrmacht und Heer – Blomberg, Fritsch und Brauchitsch –, die dahin geführt hat. Im Grunde hat jeder von ihnen am Ergebnis partiell mitgewirkt. Jeder war durch andere Generale ersetzbar. Die militärischen Führer der Endphase stammten sämtlich noch aus der Reichswehr, mancher noch aus der Armee der Monarchie.

Während des »Historikerstreits« ist von Andreas Hillgruber zu bedenken gegeben worden, daß doch das Ostheer »mit seinem verzweifelten Abwehrkampf um die Bewahrung der Eigenständigkeit der Großmachtstellung des Deutschen Reiches«[82] gekämpft habe – also, wie damit angedeutet, um eine historische und nicht-nationalsozialistische Lösung. War es nicht aber so, daß nach der »Unconditional Surrender«-Forderung der angelsächsischen Mächte vom Januar 1943 und angesichts des Machtgefälles zwischen Anti-Hitler-Koalition und Reich eine solche Lösung illusionär war? Für die Bewahrung eines Restes deutscher staatlicher Substanz traten vielmehr die Männer des 20. Juli ein. Die Fortsetzung des Krieges mit und für Hitler verzehrte eben diese Substanz, lieferte Stadt um Stadt dem Ruin aus. Diese Politik hat die Katastrophe Dresdens ebenso ermöglicht wie das Elend der Bevölkerung der Ostprovinzen. Das Heer hätte dies wohl nur auf dem Wege verhindern können, den Stauffenberg und Tresckow als richtig erkannt hatten. Weil diese Option mißlang, hat der 20. Juli 1944 seine Schatten auf das Endszenario geworfen. Mit dem Scheitern des Umsturzversuchs versiegte nicht nur die Kraft zur Opposition: Ihr Ziel und Anliegen wurden diskreditiert und verteufelt. Bei der Kapitulation standen Nation und Wehrmacht vor dem Nichts. Einen deutlicheren Beweis der Sinnlosigkeit des Kampfes für Hitler konnte es nicht geben. Aber diese Sinnlosigkeit hatte Konsequenzen für die Nachkriegszeit. Wer war bereit, seine Teilhaberschaft einzuräumen? War es nicht besser, in der Deckung des Mannes zu bleiben, der angeblich für alles und jedes die Alleinverantwortung trug? Daß er sich davonstahl, enthob seine Gehilfen der Notwendigkeit, für ihren Anteil an der Katastrophe einzustehen. Es blieb der Rückzug auf die militärische Leistung an sich, der Verweis auf die »verlorenen Siege« und damit die Möglichkeit, die militärischen »Sekundärtugenden« aus dem politisch-ideologischen Hintergrund herauszulösen und traditionsfähig zu machen. Hitlers Generale haben bei der historischen Aufarbeitung ein zweites Mal einen falschen Weg beschritten. Keiner von ihnen hat dies deutlicher gemacht als Hitlers Generalstabschef und Nachfolger Halders, der Generaloberst a. D. Kurt Zeitzler, der – wohl 1950 – niederschrieb: »Wir dürfen uns unserer Pflicht gegenüber Europa und der westlichen Welt zur Erhaltung der abendländischen Kultur und Zivilisation auf die Dauer nicht entziehen, weil wir aufgrund unserer engen Berührung mit dem Bolsche-

---

81 AOK 19, Ia, Befehlsbekanntgabe vom 29. März 1945, BA-MA, RH 20-19/196.
82 Andreas Hillgruber, Zweierlei Untergang. Die Zerschlagung des Deutschen Reiches und das Ende des europäischen Judentums, Berlin 1986, S. 64.

wismus heute wahrscheinlich von allen europäischen Völkern noch oder wieder die stärkste Kampfmoral haben...«[83].

Die Fortexistenz des Feindbildes »Bolschewismus« in der Zeit des »Kalten Krieges« hat für manchen Zeitgenossen dem Krieg nachträglich noch einen Sinn verliehen und vergessen gemacht, daß es ein Krieg auch gegen die Traditionen des Abendlandes gewesen ist, das man retten zu wollen vorgab. Freiheit, Demokratie und Menschenrechte existierten nicht im Katalog der Ziele, für die gekämpft wurde. Wer hierfür einzutreten gewagt hätte, wäre mindestens als »Zersetzer« verurteilt worden.

Welchen Offizier die Wehrmacht haben wollte, hat der Chef des Heerespersonalamtes in einem Erlaß vom 5. Januar 1944 ausgesprochen: »Ein Offizier, der die entscheidenden Werte unseres völkischen und politischen Lebens nicht erkennt und mit überzeugender Kraft bejaht, hat seine Eignung als Offizier verwirkt.«[84]

Für viele ehemalige Soldaten hat die nicht gelungene Verarbeitung der Wehrmachtgeschichte die Konsequenz des Mißlingens der Würdigung des militärischen Widerstandes gehabt. Dieses Resultat reflektieren anschaulich die Erinnerungen des Präsidenten des Reichskriegsgerichts, des Admirals Bastian. Der Widerstand, so seine Feststellung nach dem Krieg, rüttelte »an den Grundfesten von Treu und Glauben in unserer Wehrgemeinschaft, ein Delikt, für das es in einem gesund empfindenden Volk wohl niemals eine anzuerkennende Erklärung, geschweige denn eine Entschuldigung gegeben hat und wohl auch nie geben dürfte«[85].

Die Beschäftigung mit der Geschichte der Wehrmacht führt, wie auch dieses Beispiel zeigt, in unsere historische nationale Psychologie hinein. Ihre Auswirkungen auf unsere politischen Denkweisen und Wertmaßstäbe sind bis heute spürbar. Sichtbar ist dieser Sachverhalt nicht nur an manchen Kasernennamen oder an der Glorifizierung von Heldentaten oder bei Stammtischgesprächen. Seine eigentliche Dimension liegt in der Abweisung der Erkenntnis, daß Wehrmachtgeschichte und NS-Geschichte seit 1933 *eine* Geschichte gewesen ist.

---

83   Nachlaß Zeitzler, BA-MA, N 63/118, Blatt 62.
84   BA-MA, H 37/222.
85   Nachlaß Bastian, BA-MA, N 192/1, S. 225. S. dazu Manfred Messerschmidt, Zur Rechtsprechung des Reichskriegsgerichts, 2. Teil, in: Berliner Anwaltsblatt, (1990) 9, S. 250–259 (256).

HANS WERNER NEULEN

Deutsche Besatzungspolitik in Westeuropa – zwischen Unterdrückung und Kollaboration

Am 3. April 1943 veröffentlichte der deutsche Staatsrechtler Professor Dr. Hans Peter Ipsen in der »Brüsseler Zeitung« einen Artikel über die Reichsaußenverwaltung[1], die Verwaltung der Räume jenseits der inneren Reichsgrenzen, »in denen die Reichshoheit auf verschiedenartigen Rechtsgrundlagen und in verschiedenen Rechtsformen gegenüber Land und Leuten fremder Staatlichkeit und (staatlich oder völkisch) fremden Volkstums wirksam ist«. Der Reichsaußenverwaltung unterlagen auf rund 2 865 000 Quadratkilometern mit ca. 154 Millionen Einwohnern etwa 30 Prozent des nichtdeutschen europäischen Raums. Der deutsche Professor mußte konzedieren, daß es eine deutsche Zentrale der Reichsaußenverwaltung, wie sie etwa Japan im Großostasienministerium[2] geschaffen hatte, nicht gab, daß vielmehr verschiedene Besatzungs- und Rechtsmodelle existierten, deren Einrichtungen von unterschiedlichen Zentralstellen ressortierten. Daher, so Ipsen, sei staatsrechtlich und verwaltungsorganisatorisch ein »Rundblick gegenwärtig allerdings noch nicht zu gewinnen«.

Ipsen lieferte eine elegante Umschreibung für die Tatsache, daß die deutsche Okkupationsverwaltung fragmentarisch, behelfsmäßig und ohne einheitliches Konzept handelte. Dies war nicht zuletzt auf den Umstand zurückzuführen, »daß die nationalsozialistische Expansion nur teilweise nach einem vorbedachten Kriegsplan und auch nach Augenblicksentscheidungen abgelaufen war«[3]. Zudem legte Hitler nicht den geringsten Wert auf eine einheitliche Verwaltungsorganisation[4], so daß die mangelnde Sorgfalt, mit der das nationalsozialistische Regime in den okkupierten Gebieten häufig vorbereitet worden war, sich in improvisierten Verwaltungsstrukturen fortsetzte.

---

1 Der Artikel ist auch abgedruckt bei Hans Werner Neulen, Europa und das 3. Reich. Einigungsbestrebungen im deutschen Machtbereich 1939–45, München 1987, S. 111–115.
2 Das Großostasienministerium wurde im September 1942 gegründet, vgl. Shigenori Togo, Japan im Zweiten Weltkrieg. Erinnerungen des japanischen Außenministers 1941–42 und 1945, Bonn 1958, S. 214 ff.; zur japanischen Besatzungspolitik in Asien vgl. im übrigen Friedrich Bernhardt, Die »Kollaboration« asiatischer Völker mit der japanischen Besatzungsmacht im Zweiten Weltkrieg als Glied im Dekolonisationsprozeß, Hamburg 1971; Ian Nish, The Greater East Asian Co-Prosperity Sphere, in: Keith Neilson/Roy A. Prete (Hrsg.), Coalition Warfare. An Uneasy Accord, Waterloo 1983, S. 125–142.
3 Hans Umbreit, Auf dem Weg zur Kontinentalherrschaft, in: Das Deutsche Reich und der Zweite Weltkrieg, Bd. 5: Bernhard R. Kroener/Rolf-Dieter Müller/Hans Umbreit, Organisation und Mobilisierung des deutschen Machtbereichs. Erster Halbband: Kriegsverwaltung, Wirtschaft und personelle Ressourcen 1939–1941, Stuttgart 1988, S. 95.
4 Czesław Madajczyk, Die Besatzungssysteme der Achsenmächte, in: Studia Historiae Oeconomicae, 14 (1979), Posen 1980, S. 116–117.

Auch stritten sich verschiedene Besatzungs- und Reichsorgane untereinander derart um Einfluß und Kompetenzen, daß die Binnenstruktur im Einzelfall einem »bellum omnium contra omnes« glich. Wie uneinheitlich die nationalsozialistische Besatzungsherrschaft sich in Westeuropa[5] präsentierte, verdeutlicht ein summarischer Überblick:

Norwegen[6], ca. drei Millionen Einwohner. Das Land erhielt eine deutsche Zivilverwaltung unter dem Reichskommissar Josef Terboven. Ab 1. Februar 1942 konnte Vidkun Quisling – er hatte 1933 die faschistische Splitterpartei »Nasjonal Samling« gegründet – eine eigene Nationalregierung einrichten, die völlig vom Reich abhängig war.

Dänemark[7], ca. 3,9 Millionen Einwohner. Die Vorkriegsregierung wurde beibehalten. Zur Sicherung der deutschen Interessen wurde ein Reichsbevollmächtigter (Cécil von Renthe-Fink, später abgelöst durch Dr. Werner Best) eingesetzt. Die Kopenhagener Regierung demissionierte am 29. August 1943.

Holland[8], ca. neun Millionen Einwohner. Das Land erhielt eine deutsche Zivilverwaltung unter Reichskommissar Arthur Seyß-Inquart.

Belgien[9], ca. 8,3 Millionen Einwohner. Die Gebiete von Eupen, Malmedy und Moresnet wurden im Mai 1940 dem Reich angegliedert. Der restliche Teil Belgiens kam zusammen mit nordfranzösischen Départements unter deutsche Militärverwaltung. Als Militärbefehlshaber fungierte Alexander Freiherr von Falkenhausen. Am 18. Juli 1944 wurde der Militärbefehlshaber abgelöst und eine deutsche Zivilverwaltung unter Reichskommissar Josef Grohé eingesetzt.

Luxemburg[10], da. 300 000 Einwohner. Das Großherzogtum wurde nach kurzer Militärverwaltung der deutschen Zivilverwaltung überantwortet und im August 1940 de facto annektiert; es bildete zusammen mit dem angrenzenden Gau Koblenz–Trier den Moselgau.

---

5   Westeuropa wird hier politisch, nicht geographisch verstanden.

6   Grundlegend zu den Anfängen nationalsozialistischer Besatzungspolitik in Norwegen: Hans-Dietrich Loock, Quisling, Rosenberg und Terboven. Zur Vorgeschichte und Geschichte der nationalsozialistischen Revolution in Norwegen, Stuttgart 1970.

7   Zur Besatzungspolitik in Dänemark vgl. Siegfried Matlok (Hrsg.), Dänemark in Hitlers Hand. Der Bericht des Reichsbevollmächtigten Werner Best über seine Besatzungspolitik in Dänemark ..., Husum 1988; Gustav Meissner, Dänemark unterm Hakenkreuz. Die Nord-Invasion und die Besetzung Dänemarks 1940–1945, Berlin–Frankfurt am Main 1990; Erich Thomsen, Deutsche Besatzungspolitik in Dänemark 1940–1945, Gütersloh 1971.

8   Zur Besatzungspolitik in Holland vgl. Gerhard Hirschfeld, Fremdherrschaft und Kollaboration. Die Niederlande unter deutscher Besetzung 1940–1945, Stuttgart 1984; Konrad Kwiet, Reichskommissariat Niederlande. Versuch und Scheitern nationalsozialistischer Neuordnung, Stuttgart 1968.

9   Zur Besatzungspolitik in Belgien vgl. Wilfried Wagner, Belgien in der deutschen Politik während des Zweiten Weltkrieges, Boppard 1974; Wolfram Weber, Die innere Sicherheit im besetzten Belgien und Nordfrankreich 1940–44, Düsseldorf 1978; Alexander von Falkenhausen, Mémoires d'outre-guerre (extraits). Comment j'ai gouverné la Belgique de 1940 à 1944, Bruxelles 1974.

10   Vgl. Ludwig Nestler u. a. (Hrsg.), Die faschistische Okkupationspolitik in Belgien, Luxemburg und den Niederlanden (1940–1945), Berlin 1990.

Frankreich[11], ca. 41,4 Millionen Einwohner.
– Nordfrankreich fiel unter deutsche Militärverwaltung. Militärbefehlshaber wurden Johannes von Blaskowitz (bis Ende Juni 1940), Otto von Stülpnagel (25. Oktober 1940 bis 16. Februar 1942) und schließlich, bis 21. Juli 1944, Karl-Heinrich von Stülpnagel (wegen Beteiligung am Aufstand vom 20. Juli 1944 im August hingerichtet).
– Die Departements Nord und Pas de Calais (ca. 3,2 Millionen Einwohner) wurden dem Militärbefehlshaber in Brüssel unterstellt.
– Elsaß-Lothringen (die Departements Moselle, Bas-Rhin und Haut-Rhin) wurde im August 1940 de facto dem Reich angegliedert.
– Das Gebiet von Nizza und Bereiche der Alpengrenze unterstanden italienischer Militärverwaltung.
– Über den Rest von Frankreich erstreckte sich die Herrschaft der Vichyregierung[12] unter Marschall Pétain. Auch dieses Territorium wurde im November 1942 von deutschen und italienischen Truppen besetzt.

Kanalinseln[13] (englisch), ca. 70 000 Einwohner. Die Militärverwaltung wurde durch die Feldkommandantur 515 ausgeübt.

Italien[14] (Repubblica Sociale Italiana = RSI), ca. 30 Millionen Einwohner. Ab September 1943 wurden die Provinzen Bozen, Trient und Belluno als Operationszone Alpenvorland Gauleiter Franz Hofer unterstellt, die Provinzen Friaul, Görz, Triest, Istrien, Fiume und Laibach als Operationszone Adriatisches Küstenland Gauleiter Friedrich Rainer[15]. In Norditalien übte eine Regierung unter Benito Mussolini ihre stark eingeschränkten Hoheitsrechte aus (»Republik von Salò«)[16].

---

11 Die Besatzungspolitik in Frankreich behandeln: Eberhard Jäckel, Frankreich in Hitlers Europa. Die deutsche Frankreichpolitik im Zweiten Weltkrieg, Stuttgart 1966; Ludwig Nestler u. a. (Hrsg.), Die faschistische Okkupationspolitik in Frankreich (1940–1944), Berlin 1990; Hans Umbreit, Der Militärbefehlshaber in Frankreich 1940–1944, Boppard 1968.
12 Vgl. Robert Aron, Histoire de Vichy 1940–1944, Paris 1954; François-Georges Dreyfus, Histoire de Vichy, Paris 1990.
13 Vgl. Charles Cruickshank, The German Occupation of the Channel Islands, Guernsey 1975.
14 Zur Besatzungspolitik in Italien vgl. Enzo Collotti, L'amministrazione tedesca dell'Italia occupata 1943–1945, Milano 1963.
15 Zu den Operationszonen vgl. Enzo Collotti, Il Litorale Adriatico nel Nuovo Ordine Europeo 1943–45, Milano 1974; Karl Stuhlpfarrer, Die Operationszonen »Alpenvorland« und »Adriatisches Küstenland« 1943–1945, Wien 1969; ders., Operationszonen »Alpenvorland« und »Adriatisches Küstenland« 1943–1945, in: Österreichische Militärische Zeitschrift, 1971, S. 298–303; Mario Toscano, La controversia tra Salò e Berlino per l'occupazione nazista e per le decisioni annessionistiche di Hitler dell'Alto Adige e del Trentino nei documenti diplomatici della Repubblica Sociale Italiana, in: Storia e Politica, 6 (1967), S. 1–59.
16 Als beste Gesamtdarstellung der RSI kann heute noch gelten: F. W. Deakin, Die brutale Freundschaft. Hitler, Mussolini und der Untergang des italienischen Faschismus, Köln – Berlin 1962; vgl. a. Pier Paolo Poggio (Hrsg.), La Repubblica Sociale Italiana 1943–45, Brescia 1986; im übrigen haben Nicola Cospito und Hans Werner Neulen einen Dokumentenband zur RSI und zu den deutsch-italienischen Beziehungen 1943–45 zusammengestellt, der im Herbst 1992 unter dem Titel »Salò – Berlino. L'alleanza difficile« in Mailand erscheinen wird.

In den okkupierten Ländern standen den Besatzungsverwaltungen landeseigene Zentralbehörden gegenüber, deren Zuständigkeit sich teils aus dem nationalen Verfassungsrecht, teils aus der Ermächtigung durch die Besatzungsinstanzen ableitete (die oktroyierten Organe sind mit * gekennzeichnet).

Norwegen: (erste) Regierung Quisling (bis 15. April 1940); Administrationsrat (bis 25. September 1940); kommissarische Staatsräte* (ab 26. September 1940); umbenannt in Minister* (ab 25. September 1941); Einsetzung einer formalen Regierung* (ab 1. Februar 1942).

Dänemark: Nationale Regierung (bis 29. August 1943); Generalsekretäre und Departementchefs der einzelnen Ministerien.

Holland: Generalsekretäre der einzelnen Ministerien*.

Belgien: Generalsekretäre der einzelnen Ministerien.

Frankreich: Französische Staatsorgane (mit Ausnahme von Elsaß und Lothringen, die aus der französischen Verwaltungsorganisation herausgebrochen wurden).

Kanalinseln: Bailiff of Jersey und Bailiff of Guernsey.

Italien: Regierung der RSI (mit Ausnahme der Operationszonen).

Operationszonen Alpenvorland und Adriatisches Küstenland: Präfekten*, denen deutsche »Berater« beigegeben wurden. In der Provinz Laibach wurde ein Provinzialverwaltungschef* mit dem Titel eines Präsidenten geschaffen.

Nach der Art der Administration kann man unterscheiden zwischen der herkömmlichen Militärverwaltung (Belgien, Frankreich mit Kanalinseln), die der klassischen Militärverwaltung des Ersten Weltkrieges angenähert war, sowie der Zivilverwaltung (Norwegen und Niederlande, norditalienische Operationszonen), den zivilen Aufsichtsorganen (Dänemark und Italien) und der Ausdehnung der Reichsverwaltung (Elsaß Lothringen und Luxemburg) auf bisher ausländische Gebiete. Die zivilen Institutionen Reichsbevollmächtigter (auch der spätere deutsche Botschafter bei der RSI trug bis zum 5. November 1943 diesen Titel), Reichskommissare und Chefs der Zivilverwaltung kennzeichnete eine unterschiedlich starke Einflußnahme auf die einheimische Verwaltung, wobei der Reichsbevollmächtigte die mildeste Form bedeutete, der Chef der Zivilverwaltung die einschneidendste und stärkste Form der Lenkung. Was die Anbindung der Okkupationsorgane anbetrifft, so unterstanden die Militärbefehlshaber (in Frankreich bis Oktober 1940 unter der Bezeichnung Chef der Militärverwaltung) dem Oberbefehlshaber des Heeres, die Chefs der Zivilverwaltung (in Luxemburg Gauleiter Gustav Simon, im Elsaß Gauleiter Robert Wagner, in Lothringen Gauleiter Josef Bürckel) ebenso wie die Reichskommissare Terboven, Seyß-Inquart und Grohé unmittelbar Hitler. Auch die Obersten Kommissare in den im September 1943 eingerichteten Operationszonen erhielten ihre grundsätzlichen Weisungen direkt von Hitler[17]. Demgegenüber unterstand der Reichsbevollmächtigte

---

17 Vgl. die Anordnung Hitlers über die Bestellung eines Bevollmächtigten des Großdeutschen Reiches in Italien und die Gliederung des besetzten italienischen Gebietes vom 10. September 1943, Akten zur Deutschen Auswärtigen Politik (ADAP), Serie E, Bd. VI, Dok. Nr. 311, S. 535.

in Kopenhagen dem Reichsaußenministerium. Es überrascht, daß das Auswärtige Amt auf dem gesamten Feld der Reichsaußenverwaltung nur in Dänemark sowie – in bescheidenem Umfang – in Paris durch Botschafter Otto Abetz und in Fasano (RSI) durch den Botschafter Rudolf Rahn Einflußmöglichkeiten und Kompetenzen besaß. Aber zum einen schätzte Hitler das Auswärtige Amt nicht besonders[18], zum anderen waren deutsche Diplomaten in Gebieten, die sowieso in irgendeiner Form an das Reich angegliedert werden sollten (wie Belgien und Holland), schlicht überflüssig.

Das Heer wiederum hatte sich anfänglich durchaus größere Hoffnungen auf die Einrichtung einer Militärverwaltung im Westen machen können. Im Winter 1939/40 hatte das Oberkommando des Heeres (OKH) mit Billigung Hitlers sehr detaillierte Pläne für eine reine Militärverwaltung in Holland, Belgien und Luxemburg ausgearbeitet[19]. Exzesse wie in Polen sollten vermieden werden, das zu erobernde Gebiet dem Zugriff der Partei entzogen und die Machtposition des Heeres vergrößert werden. Die Pläne des OKH waren so ausgearbeitet und fundiert wie in keinem anderen Fall vor einer kriegerischen Besetzung eines fremden Landes durch das Reich. Am 9. Mai 1940 unterzeichnete Hitler schließlich den Erlaß über die Verwaltung der besetzten Gebiete Frankreichs, Luxemburgs, Belgiens und Hollands, der dem Heer weitgehende Exekutivbefugnisse einräumte[20]. Tatsächlich hielt sich Hitler nur in den Fällen Belgien (bis 1944) und Frankreich an seine Unterschrift. Nach den großen Erfolgen im Westen glaubte er, Rücksicht auf die Generalität nicht mehr nehmen zu müssen. Er setzte nunmehr in Holland wie in Norwegen auf eine typisch nationalsozialistische Institution, den Reichskommissar.

Während die Chefs der Zivilverwaltung nur in Gebieten installiert wurden, deren Inkorporation in das Reich verbindlich geplant war (Luxemburg, Elsaß-Lothringen, Südkärnten, Untersteiermark) und die Militärverwaltung die neutralste und am wenigsten politische Form einer Besatzungsverwaltung darstellte, die keinen unmittelbaren Anspruch auf Annexion erhob, handelte es sich bei den Reichskommissariaten um eine Mischform. In der Bezeichnung kam zum Ausdruck, daß das unterworfene Gebiet in eine wie auch immer geartete »engere Bindung zum Reich gebracht werden sollte«[21], wobei das Wort »kommissarisch« den Übergangscharakter des Besatzungsregimes deutlich machte. Die den Reichskommissaren überantworteten Länder Niederlande, Norwegen und Belgien (ab 1944) waren daher Objekt für eine politische und territoriale Neuordnung, an deren Ende ein Aufgehen im Deutschen Reich als Gau, eine Assoziation als Reichsland oder – im günstigsten Fall – eine Lösung innerhalb der Konstruktion eines Staatenbundes stehen konnte. Auch nach der Besetzung Österreichs war kurzfristig ein Reichskommissar eingesetzt worden, der die Angliederung politisch durchsetzen sollte. Der Funktion des Reichskommissars war daher von intensivierter Aggressivität[22]; dies Organ der neuen Ordnung, das sich weder

---

18 Ein Beispiel für Hitlers Einstellung gegenüber dem Auswärtigen Amt: Als Terboven Hitler am 19. April 1944 mitteilte, das Auswärtige Amt wünsche seinen Einfluß bei den Reichskommissariaten zu verstärken, sprach der deutsche Diktator von »Wichtigtuerei« und erklärte, das Auswärtige Amt »habe wohl zuviel Personal«, ADAP, Serie E, Bd. VII, Dok. Nr. 346, S. 648–649.
19 Vgl. W. Wagner (Anm. 9), S. 86ff.
20 ADAP, Serie D, Bd. IX, Dok. Nr. 213, S. 244.
21 Vgl. K. Kwiet (Anm. 8), S. 62.
22 C. Madajczyk (Anm. 4), S. 114.

eindeutig Instanzen der Partei noch des Staates zuordnen ließ, besaß die Aufgabe, das unterworfene Territorium auf den Kurs der Gleichschaltung und Nazifizierung zu bringen.

Es war daher aus nationalsozialistischer Sicht durchaus folgerichtig, wenn die Reichskommissare in den germanischen Ländern installiert wurden, waren die germanischen Nationen doch durch »blutsnahe« Bande mit dem deutschen Volk verbunden und hatten daher das »Privileg«, Anwärter auf einen künftigen Platz im angestrebten Großgermanischen Reich zu sein. Zwar existierte insoweit kein verbindlicher nationalsozialistischer Neuordnungsplan, keine gesamteuropäische Planung, die langfristigen Zielsetzungen wurden nicht konkret formuliert, weil man Reaktionen fürchtete, sowohl im In- als auch im Ausland[23]. Erst nach dem Endsieg wollte Hitler aus einer Position der Stärke heraus sein megalomanes Programm einer Neuordnung des Kontinents auf rassischer Grundlage diktieren, wobei großzügig über Völker und Grenzen Europas verfügt werden sollte[24]. Die angestrebte Schaffung eines Großgermanischen Reiches und Hitlers Verachtung für eigenständige und souveräne Klein- und Mittelstaaten lassen sich in zahlreichen seiner Äußerungen nachweisen. Bereits auf einer Parteiveranstaltung in Nürnberg im Jahre 1928 verneinte er die Souveränität der Kleinstaaten[25]. Über sie wollte er »mit kurzen, knappen Deklarationen« disponieren[26]. Noch am 8. Mai 1943 sprach er den Klein- und Mittelstaaten ihre Existenzberechtigung ab, wie Goebbels in seinem Tagebuch vermerkte: »Aus alledem aber hat der Führer die Konsequenzen gezogen, daß das Kleinstaatengerümpel, das heute noch in Europa vorhanden ist, so schnell wie möglich liquidiert werden muß.«[27]

Hatte man die kleineren Völker ihres staatlichen Schutzes beraubt, so konnte man sie, soweit es sich um »wertvolles Blut« handelte, in das Großgermanische Reich zwangskorporieren. Von diesem Großgermanischen Reich hatte Hitler bereits in seiner Geheimrede vom 23. November 1937 auf der Ordensburg Sonthofen gesprochen[28]. Aber bis 1939/40 war mit dem Schlagwort noch keine expansive außenpolitische Zielvorstellung verbunden[29]. Erst mit dem Angriff auf Dänemark und Norwegen wurde es aus der konkreten Situation heraus zu einem Kernbestandteil des nationalsozialistischen Neuordnungsprogramms. Hitler erklärte am 9. April 1940: »So, wie aus dem Jahre 1866 das Reich Bismarcks entstand, so wird aus dem heutigen Tage das Großgermanische Reich entstehen.«[30] Im übrigen konnte man »germanisch« auch mit deutsch oder nationalsozialistisch gleichsetzen, denn der Leitgedanke in Hitlers Kon-

---

23 Hans-Adolf Jacobsen, Formen nationalsozialistischer Bündnispolitik, in: Norbert Frei/Hermann Kling (Hrsg.), Der nationalsozialistische Krieg, Frankfurt am Main 1990, S. 232f.

24 Hans Umbreit, Kommentar, in: N. Frei/H. Kling (Anm. 23), S. 269.

25 Friedrich Zipfel, Hitlers Konzept einer »Neuordnung« Europas, in: Aus Theorie und Praxis der Geschichtswissenschaft. Festschrift für Hans Herzfeld, Berlin 1972, S. 163.

26 Henry Picker, Hitlers Tischgespräche im Führerhauptquartier, Stuttgart 1977, S. 391 (Eintragung vom 27. Juni 1942).

27 Louis P. Lochner (Hrsg.), Goebbels Tagebücher aus den Jahren 1942–43 mit anderen Dokumenten, Zürich 1948, S. 325; Wolfgang Michalka (Hrsg.), Das Dritte Reich. Bd. 2: Weltmachtanspruch und nationaler Zusammenbruch 1939–1945, München 1985, S. 154.

28 H. Picker (Anm. 26), S. 485.

29 H. D. Loock (Anm. 6), S. 266; Hans-Dietrich Loock, Zur »Großgermanischen Politik« des Dritten Reiches, in: Vierteljahrshefte für Zeitgeschichte, 8 (1960), S. 58.

30 H. D. Loock (Anm. 6), S. 263; H. D. Loock (Anm. 29), S. 59.

zept bestand darin, einen nationalsozialistischen Großstaat zu errichten, der deutsch geprägt und dominiert sein sollte, ohne den eingegliederten Völkern echte nationale Partizipationschancen zu eröffnen. Vorbild für die Reichsschöpfung war der Anschluß Österreichs 1938. So eröffnete Hitler dem holländischen Faschistenführer Anton Mussert, der für die Selbständigkeit seiner Heimat eintrat, das Großgermanische Reich könne nicht als Staatenbund errichtet werden, vielmehr werde er, Hitler, die Niederlande ebenso wie Österreich in den Reichsverband einordnen[31]. »Glieder des Reiches«[32] sollten sie werden, die Norweger, Dänen, Schweden und Niederländer, ohne Rücksicht auf die Wünsche der Betroffenen wollte Hitler über die unterworfenen Völker disponieren: »Die Frage ist: Kann ich die absorbieren? Gehören sie zu unserem Blut? Ja! Aber dann muß man auch die Konsequenzen ziehen. Nach zwei Jahrhunderten ist es mit dem Widerstand vollständig vorbei.«[33]

An Radikalität, wenn es darum ging, »germanisches Blut in der ganzen Welt zu holen, zu rauben und zu stehlen«[34], wurde der Meister Hitler womöglich noch von seinem Jünger Himmler übertroffen. Ein Großgermanisches Imperium bis zum Ural wollte der Reichsführer SS gründen, wobei der SS neben ihrer Aufgabe als Staatstruppenpolizei und Frontverband die Aufgabe zukam, für dieses Konzept zu werben und es in den germanischen Ländern dynamisch umzusetzen. In seiner Rede vom 9. Juni 1942 führte Heinrich Himmler aus: »Die nächste große Aufgabe der Schutzstaffel ist vor allem, die germanischen Völker zu gewinnen. Deutschland hat eine Basis von 85 bis 90 Millionen Menschen. Wenn wir in dieses Reich die germanischen Völker hereinholen – und das will der Führer –, so bedeutet das einen Zuwachs von 30 Millionen Menschen germanischen Blutes, bedeutet das den Kern für Europa – genauso wie der Kern dieses germanischen Reiches die 90 Millionen Deutsche sind – bedeutet das für die Zukunft im nördlichen Teil Europas die Organisation von rund 250, 300, 400 Millionen Menschen, bedeutet das die Ordnung des Kontinents, die Vertretung der Rechte der weißen, der nordischen Rasse auf dieser Erde.«[35] Auch für Himmler gab es in dieser Frage keine Kompromisse, noch im August 1944 hielt er »unverrückbar« daran fest, 30 Millionen Germanen in sein Imperium einzuordnen[36].

Die Einsetzung von Höheren SS- und Polizeiführern[37] in den besetzten Gebieten kann daher nicht nur unter sicherheitspolizeilichen und repressiven Aspekten gesehen werden, sondern muß gleichzeitig als Mittel zur Durchsetzung der rassenideologischen Forderungen betrachtet werden. Hierzu zählte auch die Anwerbung von Front-

---

31 Gespräch Hitlers mit Mussert am 10. Dezember 1942, ADAP, Serie E, Bd. IV, Dok. Nr. 284, S. 510–511.
32 Werner Jochmann (Hrsg.), Adolf Hitler. Monologe im Führerhauptquartier 1941–1944. Die Aufzeichnungen Heinrich Heims, Hamburg 1980, S. 55.
33 W. Jochmann (Anm. 32), S. 374.
34 Rede Himmlers vom 8. November 1938, Bradley F. Smith/Agnes F. Peterson (Hrsg.), Heinrich Himmler Geheimreden 1933 bis 1945 und andere Ansprachen, Berlin – Wien 1974, S. 38.
35 B. F. Smith/A. F. Peterson (Anm. 34), S. 157.
36 S. A. Kaehler, Geschichtsbild und Europapolitik des Nationalsozialismus, in: Die Sammlung (1954), S. 353.
37 Am 9. September 1943 wurde in Italien ein Höchster SS- und Polizeiführer (Karl Wolff) installiert.

freiwilligen[38], wobei ab 1943 selbst die Wallonen und Franzosen in den »Genuß« kamen, sich zu Waffen-SS melden zu dürfen. Weiter hoffte Himmler, mit der Aufstellung von Germanischen SS-Verbänden[39], die als Äquivalent zur Allgemeinen SS im Reich gedacht waren, einen Hebel zur Realisierung seiner überspannten Ziele gefunden zu haben. Aber der großgermanische Extremismus stieß in den betreffenden Ländern auf wenig Widerhall, wie die Gesamtzahl von nur 13 500 Mitgliedern der Germanischen SS in Holland, Flandern, Norwegen und Dänemark beweist.

Himmlers Position wurde entscheidend gestärkt, als ihm durch Erlaß Martin Bormanns vom 12. August 1942 das ausschließliche Recht für Verhandlungen mit germanisch-völkischen Gruppen über gemeinsame germanisch-völkische Belange eingeräumt wurde[40]. Diese Befugnis blieb zwar vorerst umstritten, insbesondere ihre Gültigkeit in den besetzten Gebieten[41], aber spätestens durch einen Erlaß des Chefs der Reichskanzlei vom 6. Februar 1943 erhielt der Reichsführer SS die gewünschte Bevollmächtigung für das okkupierte Ausland[42].

Bei ihren expansiv-imperialistischen Plänen ließen sich weder Hitler noch Himmler oder die Reichskommissare von herkömmlichen juristischen Vorstellungen beeinflussen oder gar leiten. Hitler waren Juristen ein Greuel, auch störten die Normen des Staats- und Völkerrechts mit ihren Minderheitenrechten die nationalsozialistischen Neuordner. Zudem hatte die NS-Völkerrechtswissenschaft, die dogmatisch hinter der nationalsozialistischen Außenpolitik und Expansion hinterherhinkte, schon ein »neues«, recht willkürliches Völkerrecht konstruiert, das biologistisch und rassentheoretisch begründet war[43]. Das Konzept des Territorialstaates wurde durch einen diffusen Reichsbegriff ersetzt. An die Stelle von anerkannten Vertragsprinzipien trat der germanische Treuebegriff. Der Gedanke der Gleichheit der Staaten wich einer an rassischer Wertigkeit orientierten vertikalen Hierarchie, an deren Spitze die nordisch-germanischen Länder traten. Der universalen Einheit der Staaten wurde der entweder geo- oder rassenpolitisch begründete Großraumbegriff gegenübergestellt. Für die innerhalb des Großraums befindlichen Gemeinwesen – von Staaten konnte man kaum noch sprechen, da sie ihrer Souveränität, Unabhängigkeit und territorialen Integrität verlustig gingen – sollte ein »inneres Völkerrecht« gelten, das den unterworfenen Ländern nur noch eingeschränkte autonome Rechte zubilligte, ihnen aber Gebiets- und Personalhoheit vorenthielt. Intellektuelle SS- und SD-Rechtstheoretiker wie Werner Best leugneten die Existenz eines Völkerrechts überhaupt, so daß sich dem NS-Expansionismus ein rechtsfreier internationaler Raum zur Entfaltung und Ausbreitung darbot.

---

38 Vgl. Hans Werner Neulen, An deutscher Seite. Internationale Freiwillige von Wehrmacht und Waffen-SS, München 1992².

39 Vgl. Jan Vincx, Vlaanderen in Uniform 1940–1945, Bd. 5, Antwerpen 1982, S. 302.

40 H. D. Loock (Anm. 29), S. 59.

41 Vgl. den Bericht des Vertreters des Auswärtigen Amtes beim Reichskommissar für die besetzten niederländischen Gebiete an das Auswärtige Amt vom 6. Oktober 1942, ADAP, Serie E, Bd. IV, Dok. Nr. 17, S. 32.

42 ADAP, Serie E, Bd. V, Dok. Nr. 103, S. 181–182.

43 Vgl. Dan Diner, Rassistisches Völkerrecht, in: Vierteljahrshefte für Zeitgeschichte, 37 (1989), S. 23–56; Manfred Messerschmidt, Revision, Neue Ordnung, Krieg. Akzente der Völkerrechtswissenschaft in Deutschland 1933–1945, in: Militärgeschichtliche Mitteilungen (1971), S. 61–95; H. W. Neulen (Anm. 1), S. 46f.

Werner Best war es auch, der versuchte, die verschiedenen deutschen Besatzungs-
modelle in Europa rechtssystematisch zu erfassen[44]. Best unterschied zwischen
– der *Bündnisverwaltung* als der am wenigsten gravierenden und belastenden Ver-
waltungsform. Der vom Führungsstaat zu der Regierung des verbündeten Staates
entsandte Bevollmächtigte beriet und regte an, ohne irgendwelche unmittelbaren
Verwaltungsmaßnahmen durchzuführen;
– der *Aufsichtsverwaltung*. Sie griff stärker in die grundsätzlich beibehaltene landeseigene Verwaltung ein. Es dominierten die Überwachungs- und Kontrollrechte.
Gewisse oberste Verwaltungsmaßnahmen und Rechtsetzungsakte waren allerdings allein der Aufsichtsverwaltung vorbehalten;
– die *Regierungsverwaltung*. Der Führungsstaat, der die gesamte Lenkung des
Staatswesens in die Hand nahm, setzte eine eigene Regierung ein. Dem unterworfenen System, das unter ständiger Kontrolle und Leitung stand, verblieben nur
Restbestände an bestimmten Selbstverwaltungsaufgaben auf der untersten Ver-
waltungsstufe;
– der *Kolonialverwaltung*. Sie war die personalaufwendigste, da die gesamte Verwaltung von der Spitze bis zur untersten Ebene durch Angehörige des Führungs-
staates ausgeübt wurde.
Überträgt man die Einteilung von Best auf Westeuropa, so hat der Nationalsozialismus dort weder die Regierungsverwaltung (wie im Generalgouvernement) noch die
Kolonialverwaltung (wie in den besetzten Gebieten der Sowjetunion) eingeführt.
Vielmehr dominierte die Aufsichtsverwaltung (Norwegen, Holland, Belgien, Frankreich, Kanalinseln), während die Bündnisverwaltung auf Dänemark und Italien (RSI)
beschränkt blieb. Die Bündnis- bzw. Aufsichtsverwaltung brachte für das Reich
durchaus große Vorteile mit sich. So ließ sich die Personalstärke des eingesetzten
deutschen Personals vernünftig beschränken, wie ein Blick auf die einzelnen Länder
deutlich macht[45]:

Dänemark	89 (1941)	
Norwegen	239 (1940)	260 (1941)
Belgien	1 166 (1941)	
Holland	1 596 (1941)	
Frankreich	22 000 (1941)	
Italien	950 (nur Militärverwaltungsbeamte)	

Auch übernahm nach innen die einheimische Verwaltung die Verantwortung für un-
populäre, belastende und auch repressive Maßnahmen und zog damit einen Teil des

---

44 Vgl. K. Kwiet (Anm. 8), S. 70; Bests vergleichende Übersicht »Die deutschen Aufsichtsver-
    waltungen in Frankreich, Belgien, den Niederlanden, Norwegen, Dänemark und im Pro-
    tektorat Böhmen-Mähren« (»Nur für den Dienstgebrauch!«) aus dem Herbst 1941 befindet
    sich im Archiv des Instituts für Zeitgeschichte unter Signatur 3788/67.
45 Die in der Literatur angegebenen Zahlen über die Höhe des Besatzungspersonals in den
    einzelnen Ländern variieren erheblich. Der Verfasser folgt hier den Angaben von: Walter
    Herweg, Grundzüge der deutschen Besatzungsverwaltung in den west- und nordeuropäi-
    schen Ländern während des zweiten Weltkrieges, Tübingen 1953, S. 35–36; H. D. Loock
    (Anm. 6), S. 366; W. Weber (Anm. 9), S. 25; G. Hirschfeld (Anm. 8), S. 18; L. Nestler
    (Anm. 11), S. 31; Hans Umbreit, Die Kriegsverwaltung 1940–1945, in: Militärgeschichtli-
    che Mitteilungen, 2 (1968), S. 128.

Unwillens und des Hasses der Bevölkerung auf sich, Unzufriedenheit, die sich sonst gegen die Besatzungsmacht gewandt hätte.

Können wir somit feststellen, daß trotz der mangelnden Einheit der Verwaltung in Westeuropa Grundstrukturen der angestrebten NS-Neuordnung in den Besatzungssystemen bereits vorhanden waren – wie das Beispiel der Reichskommissare zeigt –, so gab es durchaus noch andere Faktoren, die in allen Ländern einheitlich waren und einheitlich gehandhabt wurden. Dies betrifft zum einen die Besatzungskosten, die in allen Ländern erhoben wurden, was jedenfalls insoweit Artikel 49 der Haager Landkriegsordnung vom 18. Oktober 1907 entsprach, als Abgaben »zur Deckung der Bedürfnisse des Heeres oder der Verwaltung dieses Gebietes« von der Besatzungsmacht eingefordert werden konnten. Zumindest für Frankreich ist nachgewiesen, daß die tatsächlich erhobenen Abgaben die Unterhaltskosten der deutschen Besatzungstruppen bei weitem überstiegen. Mit den erhobenen Beiträgen, so rechnete die französische Delegation bei der Waffenstillstandskommission vor, hätte man den Unterhalt einer Besatzungsarmee von 18 Millionen Mann finanzieren können. Frankreich mußte anfänglich 20 Millionen Reichsmark (RM) täglich zahlen, dann wurde die tägliche Quote auf 15 Millionen RM reduziert, um nach der Besetzung Südfrankreichs auf 25 Millionen RM anzusteigen. Die Besatzungskosten machten schließlich die größte Belastung für den französischen Staatshaushalt aus. Zählt man alle von den verbündeten und besetzten Ländern geleisteten Besatzungskosten und Kriegsbeiträge zusammen, so war Frankreich daran mit nicht weniger als 40 Prozent beteiligt[46]. Auch das immer noch verbündete Norditalien unter Mussolini mußte sich verpflichten, »Kriegslastenbeiträge« zu zahlen. Diese betrugen allein für den Zeitraum von Oktober bis Dezember 1943 21 Milliarden Lire[47]. Insgesamt lassen sich die von den einzelnen Ländern gezahlten Besatzungskosten wie folgt aufschlüsseln[48]:

Kanalinseln	4,6 Millionen RM
Dänemark	1 500 Millionen RM
Belgien	5 576 Millionen RM
Holland	14 886 Millionen RM
Frankreich	34 012 Millionen RM
Italien	174 750 Milliarden Lire

Es waren nicht allein die Besatzungskosten, die die Staatshaushalte der westeuropäischen Länder belasteten und den Charakter einer Ausplünderung annahmen. Insbesondere das Clearingsystem trug zur Zerrüttung der Staatsfinanzen der besetzten Länder bei. Nach diesem System wurden die holländischen, französischen, dänischen oder auch belgischen Produzenten und Unternehmer für ihre Lieferungen ins Reich sofort durch die staatlichen Kreditinstitute (National- bzw. Staatsbanken) bezahlt. Die Rechnungen zwischen den einzelnen Staaten und Deutschland wurden jedoch

---

46 H. Umbreit (Anm. 11), S. 206.
47 Telegramm von Botschafter Rahn an das Auswärtige Amt vom 14. Oktober 1943, ADAP, Serie E, Bd. VII, Dok. Nr. 41, S. 75–78.
48 H. Umbreit (Anm. 11), S. 57; E. Thomsen (Anm. 7), S. 58; L. Nestler (Anm. 10), S. 278; L. Nestler (Anm. 11), S. 64, 336; Giorgio Bocca, La repubblica di Mussolini, Roma–Bari 1977, S. 247.

nicht ausgeglichen, sondern auf dem zentralen Konto bei der Deutschen Verrechnungskasse gutgeschrieben. Da das Reich in die besetzten Staaten grundsätzlich weniger lieferte als umgekehrt, wuchs das Saldo zugunsten der okkupierten Länder lawinenartig an. Eine Ausnahme machte insoweit nur Norwegen, das erst 1944 auf dem Clearingkonto gegenüber Deutschland einen Exportüberschuß erzielte[49]. Weil ein Finanzausgleich zwischen den besetzten Ländern und Deutschland erst nach dem Krieg erfolgen sollte, nahm das Clearingsystem den Charakter eines Auslandskredites an, so daß die westeuropäischen Steuerzahler den nationalsozialistischen Krieg finanzierten. Allein in Belgien machten die Zahlungen an Deutschland im Haushaltsjahr 1942 67 Prozent der Staatsausgaben aus[50], dem kein entsprechendes Steueraufkommen gegenüberstand. Insgesamt erreichte die deutsche Clearingschuld folgende Beträge:[51]

Dänemark	1 100 Millionen RM (bis Oktober 1944)
Belgien	5 395 Millionen RM (bis Juli 1944)
Holland	6 045 Millionen RM (bis September 1944)
Frankreich	8 532 Millionen RM

Ohne die Mobilisierung der finanziellen, industriellen und personellen Ressourcen der besiegten Staaten wäre es dem Reich kaum möglich gewesen, den Krieg bis zum Mai 1945 fortzusetzen. Von entscheidender Bedeutung war insoweit die Einbindung des europäischen Industriepotentials in die deutsche Kriegswirtschaft. Die Ausbeutung der besetzten Gebiete folgte anfänglich der Strategie des kurzen Krieges und konzentrierte sich auf Beschlagnahmungen wichtiger Produkte und die Sicherstellung und Benutzung von Gütern und Fabriken, die einen unmittelbaren Nutzen für die deutschen Kriegsanstrengungen abwarfen[52]. Dafür boten sich zwei Wege an: Man konnte die fremden Volkswirtschaften rücksichtslos ausbeuten und damit mittelfristig zerstören oder »die Kuh melken, ohne sie zu schlachten«. Zumindest für die Länder, deren Integration in das Großgermanische Reich angestrebt wurde, verbot sich die erste Alternative. Im Auswärtigen Amt fand am 24. Mai 1940 ein Gespräch über holländische Wirtschaftsfragen statt, in dem die beiden Möglichkeiten diskutiert wurden, wobei sich alle Teilnehmer darin einig waren, den holländischen Wirtschaftskörper intakt zu halten[53]. Zum gleichen Zeitpunkt begannen, beflügelt von der Euphorie des raschen Sieges über Frankreich, die Diskussionen über einen Großwirtschaftsraum mit 200 Millionen Menschen und die Organisation der europäischen Industrien und Volkswirtschaften unter deutscher Führung[54]. Besonders rührig war der Gesandte Werner Daitz, der auch deutlich machte, daß die nun in Gang gekommene Diskussion über eine »europäische« Großraumordnung nicht viel mehr war als eine

---

49 Alan S. Milward, Geschichte der Weltwirtschaft im 20. Jahrhundert, Bd. 5: Der Zweite Weltkrieg, München 1977, S. 147.
50 L. Nestler (Anm. 10), S. 40.
51 E. Thomsen (Anm. 7), S. 58; L. Nestler (Anm. 10), S. 40, 278; L. Nestler (Anm. 11), S. 64, 336; vgl. auch H. Umbreit (Anm. 11), S. 219.
52 A. S. Milward (Anm. 49), S. 134.
53 ADAP, Serie D, Bd. IX, Dok. Nr. 313, S. 352.
54 Vgl. die Aufzeichnungen der Gesandten Clodius und Ritter in: ADAP, Serie D, Bd. IX, Dok. Nr. 354, S. 390–395, und Dok. Nr. 367, S. 407–411.

Camouflage nationalsozialistischer Expansionsziele[55]: »Grundsätzlich muß jedoch bemerkt werden, daß es aus außenpolitischen Gründen notwendig erscheint, diese kontinentaleuropäische Großraumwirtschaft unter deutscher Führung *nicht* als eine *deutsche* Großraumwirtschaft zu bezeichnen ... Wir müssen grundsätzlich immer nur von Europa sprechen, denn die deutsche Führung ergibt sich ganz von selbst aus dem politischen, wirtschaftlichen, kulturellen, technischen Schwergewicht Deutschlands und seiner geographischen Lage.« Die theoretische und propagandistische Auseinandersetzung um die wirtschaftliche Neuordnung nahm schließlich einen derartigen Umfang an, daß der Handelspolitische Ausschuß am 9. August 1940 feststellte, es solle darauf hingewirkt werden, »die öffentlichen Erörterungen über die deutschen Pläne für die wirtschaftliche Neugestaltung Europas nach Möglichkeit zu beschränken«[56]. An der Diskussion beteiligte sich auch Reichswirtschaftsminister Walther Funk, der für die wirtschaftspolitische Zusammenarbeit eintrat, wobei sich die besetzten Länder nach Deutschland ausrichten und sich den Bedürfnissen des Reiches anpassen sollten[57]. Aber bei dem Konflikt zwischen kurzfristigem ökonomischen Nutzen und längerfristiger konzeptioneller Zielsetzung blieb letztere auf der Strecke. Funks europäische Gesamtorganisation entpuppte sich wie ähnlich gelagerte Pläne anderer Wirtschaftsexperten und Diplomaten als eine »ideologische Seifenblase«[58].

Im August/September 1940 erhielt die deutsche Wirtschaftspolitik eine neue Zielrichtung. Im Hinblick darauf, daß die Invasion Englands nicht mehr auf der aktuellen Tagesordnung stand und der Angriff auf Rußland das konkrete Planungsstadium erreicht hatte, begann die Ausnutzung der westeuropäischen Wirtschaft auf systematischer Basis. Durch vielfache Auftragsverlagerung ins Ausland wurde die deutsche Kriegswirtschaft entlastet. Ausländische Firmen produzierten nun Flugzeuge, Munition und Lastkraftwagen, Schiffe, optische Geräte und Maschinen. Dies war für Länder wie Belgien, Holland und Norwegen, deren Regierungen den Krieg von England aus fortsetzten, völkerrechtlich zumindest zweifelhaft[59]. Bis Januar 1944 produzierte die französische Luftfahrtindustrie insgesamt 3 704 Flugzeuge und 9 619 Flugzeugmotoren für Deutschland[60]. In den Jahren 1942 und 1943 fabrizierten französische Automobilwerke 51 954 Lastkraftwagen für die Wehrmacht. Der gesamte französische Lokomotivenbau arbeitete exklusiv für das Reich, ebenso 95 Prozent der Werkzeugmaschinenindustrie. In Holland war im Jahr 1943 ein Drittel und 1944 fast die Hälfte der gesamten produzierten Güter für die Wirtschaft im Deutschen Reich bestimmt. Dänemark fiel demgegenüber die Rolle eines wichtigen Nahrungsmittellieferanten zu. Es lieferte Ende 1943 10 Prozent des Jahresbedarfs der deutschen Zivilbevölkerung an Butter und 90 Prozent des deutschen Frischfischbedarfs[61], im Herbst 1944 deckte

---

55 Denkschrift von Werner Daitz betr. die Errichtung eines Reichskommissariats für Großraumwirtschaft, 31. Mai 1940, W. Michalka (Anm. 27), S. 128; H. W. Neulen (Anm. 1), S. 73 f.
56 ADAP, Serie D, Bd. X, Dok. Nr. 320, S. 374.
57 H. W. Neulen (Anm. 1), S. 26.
58 G. Hirschfeld (Anm. 8), S. 153.
59 Im Hinblick auf Art. 52 der Haager Landkriegsordnung.
60 L. Nestler (Anm. 11), S. 70.
61 Aufzeichnung des Gesandten Schnurre vom 26. Dezember 1943, ADAP, Serie E, Bd. VII, Dok. Nr. 146, S. 282.

das kleine Land ein Fünftel des deutschen Fleischbedarfs[62]. Neben dieser Indienststellung der europäischen Industrie für die deutschen Kriegsziele verfolgte der Nationalsozialismus gleichzeitig das Ziel, den deutschen Einfluß bei den ausländischen Unternehmen zu steigern. Noch während des Krieges sollte jede Gelegenheit ausgenutzt werden, um der deutschen Wirtschaft »Eingang in die interessanten Objekte der Wirtschaft der besetzten Länder« zu verschaffen[63]. Reichsmarschall Hermann Göring, zugleich Beauftragter für den Vierjahresplan, wollte die holländische und belgische sowie auch die norwegische und dänische Wirtschaft in großem Umfang mit deutschem Kapital durchdringen, um die wechselnden Wirtschaftsverflechtungen zu stärken und eine Interessenverbindung zwischen diesen Ländern und dem Reich zu schaffen.

Wie dies im einzelnen aussah, mag das Beispiel Norwegen verdeutlichen[64]. Hier sicherte sich der IG-Farben-Konzern die Aktienmehrheit des größten norwegischen Industriekonzerns, der Chemiefirma Norsk Hydro. Auch sollte die rüstungswirtschaftlich wichtige Leichtmetallindustrie[65] unter deutsche Kontrolle gebracht werden, um den forcierten Ausbau der deutschen Luftwaffe voranzutreiben. Quisling opponierte gegen diesen Ausverkauf der norwegischen Industrie, besaß aber keine reale Macht, um zu verhindern, daß die Nationalsozialisten ihre Hand auf die norwegischen Energieressourcen legten. Als Terboven am 11. August 1942 im Führerhauptquartier Hitler vortrug, daß Quisling nur einer Verpachtung bestimmter Energiequellen zustimmen wolle, entschied der deutsche Diktator apodiktisch: »Die Frage der Ausnutzung der norwegischen Energiequellen wird einseitig durch Entscheidung von deutscher Seite geregelt.«[66]

Als 1942 erkennbar wurde, daß das Blitzkriegskonzept endgültig gescheitert war, modifizierte sich die bisherige deutsche Einstellung zur Ausnutzung der besetzten Gebiete[67]. Das Reichsministerium für Bewaffnung und Produktion versuchte, die kurzfristige Ausnutzung der unterworfenen Territorien abzustellen und die einzelnen Volkswirtschaften in einen kontinuierlichen und koordinierten Produktionsprozeß zu integrieren. Der neue Rüstungsminister Albert Speer erhielt 1943 Hitlers Genehmigung, eine »europäische Produktionsplanung« durchzuführen. In Speers Ministerium entstand ein Planungsamt, das langfristige Perspektiven entwickeln sollte. Oberregierungsrat Arnold Köster vom Planungsamt entwarf im September 1943 eine Denkschrift betreffend Europäische Wirtschaftsplanung, in der er forderte, an dieser Planung die gutwilligen ausländischen Kräfte loyal mitwirken zu lassen und vom Prinzip des bloßen Zwangs abzugehen[68]. Aber für derartige Revisionen war es nun zu spät.

---

62 Fernschreiben des Gesandten Schnurre vom 11. Oktober 1944, ADAP, Serie E, Bd. VIII, Dok. Nr. 265, S. 493.
63 Schreiben Görings vom 2. August 1940, ADAP, Serie D, Bd. X, Dok. Nr. 278, S. 329.
64 Vgl. Dietrich Eichholtz, Expansionsrichtung Nordeuropa, in: Zeitschrift für Geschichtswissenschaft, 27 (1979), S. 17–31.
65 Vgl. auch H. D. Loock (Anm. 6), S. 470–478.
66 Aufzeichnung des Reichsministers Lammers vom 12. August 1942, ADAP, Serie E, Bd. III, Dok. Nr. 182, S. 308.
67 A. S. Milward (Anm. 49), S. 134.
68 H. W. Neulen (Anm. 1), S. 45 f.; vgl. auch Wolfgang Schumann, Probleme der deutschen Außenwirtschaft und einer »Europäischen Wirtschaftsplanung« 1943/44, in: Studia Historiae Oeconomicae, 14 (1979), S. 141–160.

Zwar gaben sich Speer und sein französischer Kollege Bichelonne im September 1943 schönen Vorstellungen von einem gemeinsam produzierenden Europa hin, aber dieser unrealistische Traum zerschellte an der brutalen Alltagswirklichkeit des Dritten Reiches.

Speer und Bichelonne hatten bei ihrem Zusammentreffen vereinbart, französische Betriebe, die für deutsche Zwecke arbeiteten, vor den Arbeiterdeportationen im Rahmen des Sauckelprogramms zu schützen[69]. Tatsächlich hat kaum eine Aktion der Besatzungsmacht den Haß der unterdrückten Bevölkerung so herausgefordert wie die Zwangsverschickung einheimischer Arbeitskräfte ins Reich. Nur Norwegen und Dänemark wurden von diesen Aktionen verschont. Noch 1940/41 war die Arbeitsaufnahme von westeuropäischen Ausländern in Deutschland durchaus freiwillig gewesen, und den entsprechenden Werbekampagnen waren wegen der Arbeitslosigkeit in einzelnen Ländern anfangs auch durchaus Erfolge beschieden. So konnten in Holland bis Februar 1942 227 000 Arbeitskräfte angeworben werden, in Belgien/Nordfrankreich 261 000[70], in Dänemark bis August 1942 95 000 Arbeitskräfte[71], in Frankreich bis Mitte Januar 1942 rund 120 000 und in Norwegen bis September 1941 rund 1 000. Diese ausländischen Arbeiter, unter ihnen zahlreiche Spezialisten, hatten die Vakanzen auszufüllen, die durch die Einberufung deutscher Arbeitnehmer zur Wehrmacht entstanden waren. Auch die französischen, wallonischen und – ab Herbst 1943 – italienischen Kriegsgefangenen arbeiteten in der deutschen Industrie oder Landwirtschaft. Die holländischen, flämischen und norwegischen Kriegsgefangenen waren demgegenüber schon 1940 entlassen worden – ein Hinweis auf die Rassenpolitik der Nationalsozialisten, die diese Gebiete für das Großgermanische Reich reklamierten. Aber mit den freiwilligen Arbeitskräften ließ sich der Menschenhunger der deutschen Kriegsindustrie nicht stillen. Die Ernennung Gauleiter Fritz Sauckels zum Generalbevollmächtigten für den Arbeitseinsatz im März 1942 kennzeichnete den Beginn von Deportationen, Razzien und Zwang. In den Niederlanden wurden im ersten Jahr nach Sauckels Berufung etwa 163 000 Arbeiter nach Deutschland dienstverpflichtet[72]. In Belgien eröffnete eine Verordnung des Militärbefehlshabers vom 6. Oktober 1942 die Möglichkeit des Zwangseinsatzes im Reich[73]. In Frankreich mußte sich Ministerpräsident Pierre Laval am 16. Juni 1942 verpflichten, »so rasch wie möglich« 150 000 Facharbeiter nach Deutschland zu entsenden, und erhielt dafür die Zusicherung, im Gegenzug würden 50 000 französische Kriegsgefangene »beurlaubt«[74]. Bis Ende 1942 konnten im Rahmen des ersten Sauckelprogramms fast 240 000 Arbeiter ins Reich überführt werden. Auf deutschen Druck hin sah sich das Vichyregime gezwungen, die Arbeitsdienstpflicht gesetzlich einzuführen. Im Rahmen der zweiten und dritten Sauckelaktion wurden noch einmal 410 000 französische Arbeiter nach Deutschland deportiert. Damit hatten die Nationalsozialisten den Bogen eindeutig überspannt, und die weiteren Aktionen zeitigten nur noch mäßige »Er-

---

69 Aufzeichnung des Gesandten Schnurre vom 22. September 1943, ADAP, Serie E, Bd. VI, Dok. Nr. 338, S. 573–575.
70 L. Nestler (Anm. 10), S. 54.
71 E. Thomsen (Anm. 7), S. 56.
72 G. Hirschfeld (Anm. 8), S. 264 Anm. 179.
73 L. Nestler (Anm. 10), S. 55, 189f.
74 Telegramm von Botschafter Abetz an das Auswärtige Amt vom 16. Juni 1942, ADAP, Serie E, Bd. III, Dok. Nr. 3, S. 3–6.

folge«, auch wenn ab Januar 1944 Kopfprämien für erfaßte Zwangsarbeiter gezahlt wurden.

Ab Herbst 1943 wurde auch Norditalien ein Betätigungsfeld von Sauckels Menschenfängern. Der Generalbevollmächtigte für den Arbeitseinsatz stieß damit bei der faschistischen Regierung auf wenig Gegenliebe. Der Bevollmächtigte General der Deutschen Wehrmacht in Italien berichtete am 11. Mai 1944 in diesem Zusammenhang von »passivem Widerstand« des Verbündeten[75].

Im August 1944 befanden sich schließlich über siebeneinhalb Millionen ausländischer Zivilarbeiter und Kriegsgefangene im Reich. Was die hier interessierenden westeuropäischen Staaten anbetrifft, so bietet sich folgendes Bild[76]:

Nationalität	Zivilarbeiter	Kriegsgefangene	Insgesamt
Belgier	203 262	50 386	253 648
Franzosen	654 782	599 967	1 254 749
Italiener	158 099	427 238	585 337
Niederländer	270 304	–	270 304

Arbeitsverweigerer und entflohene Zwangsarbeiter verstärkten insbesondere in Frankreich und Italien das Netz der Widerstandsorganisationen. Auch bei der Bekämpfung des Widerstandes lassen sich in allen deutsch besetzten Staaten durchaus Übereinstimmungen feststellen und Parallelen ziehen.

Hitlers berühmte Bemerkung zu Terboven aus dem Jahre 1940, er solle ihm die Norweger als Freunde gewinnen[77], sollte sich als eine Augenblicksentscheidung darstellen und nicht die Leitlinie für die Behandlung der unterworfenen Völker abgeben. Im Gegenteil: Deportationen – allein in Frankreich wurden 63 000 Personen aus nichtrassischen Gründen deportiert, darunter 41 000 Widerstandskämpfer –, Konzentrationslager, Kriegsgerichte und sogenannte »Clearingmorde« warteten auf die »Feinde des Reiches«. Welches Ausmaß der Terror erreichte, hing entscheidend auch von dem Funktionsträger ab, der der Besatzungsverwaltung vorstand. Mit Einschränkungen kann man davon ausgehen, daß der Reichsbevollmächtigte in Kopenhagen und der Militärbefehlshaber in Brüssel versuchten, die Repression auf einem Mindestmaß zu halten. General von Falkenhausen war bestrebt, nach klassischen Rechtsgrundsätzen zu handeln, konnte dies aber nicht in allen Fällen tun, etwa wenn es darum ging, Morde der Widerstandsbewegung an Kollaborateuren (von Januar 1943 bis März 1944 wurden allein 740 sog. Rexisten getötet) durch Geiselerschießungen, die nicht von der Haager Landkriegsordnung gedeckt waren, zu ahnden.

Die Besatzungsbehörden waren aber durchaus nicht frei in der Wahl ihrer Maßnahmen bei der Bekämpfung des Widerstandes. Ständig eskalierende Weisungen aus Berlin verschärften die anzuwendenden Mittel. Den Anfang machte ein Erlaß Generalfeldmarschall Wilhelm Keitels, Chef des Oberkommandos der Wehrmacht, vom 16. September 1941, mit dem auf die nach Beginn des Rußlandfeldzuges sprunghaft

75 E. Collotti (Anm. 14), S. 509.
76 Ulrich Herbert, Fremdarbeiter. Politik und Praxis des »Ausländer-Einsatzes« in der Kriegswirtschaft des Dritten Reiches, Berlin – Bonn 1985, S. 271.
77 H. D. Loock (Anm. 6), S. 269–270.

angestiegene Zahl von Sabotagen und Anschlägen reagiert werden sollte. Keitel verlangte als Sühne für ein deutsches Soldatenleben grundsätzlich die Todesstrafe für 50 bis 100 Kommunisten[78]. Am 7. Dezember 1941 bestimmte ein Erlaß Hitlers: »In den besetzten Gebieten ist bei Straftaten von nichtdeutschen Zivilpersonen, die sich gegen das Reich oder die Besatzungsmacht richten und deren Schlagfertigkeit gefährden, grundsätzlich die Todesstrafe angebracht.«[79] Keitel erließ zu dieser auch als »Nacht-und-Nebel-Erlaß« bekannt gewordenen Weisung Hitlers einen Begleiterlaß, der konkretisierte, wann Häftlinge bei Nacht und Nebel über die Grenze geschafft und in Deutschland völlig von der Außenwelt isoliert werden konnten[80]. Diese Anordnung galt in allen besetzten Gebieten mit Ausnahme Dänemarks. Gemäß »Führerbefehl« vom 30. Juli 1944 schließlich waren nichtdeutsche Terroristen und Saboteure unverzüglich vor Ort niederzumachen.

In den besetzten Gebieten entstanden Konzentrationslager, Polizei- und Durchgangslager. In Luxemburg wurde das SS-Sonderlager Hinzert eingerichtet, in Belgien die Lager Breendonck und Mecheln, in Holland Vught, Westerbork und Amersfoort. In Italien, bei Triest, ließ Odilo Globocnik das berüchtigte Lager San Sabba errichten. Die genaue Zahl der Opfer ist im Einzelfall nur schwer zu ermitteln. In Belgien/ Nordfrankreich etwa wurden 450 Personen erschossen, davon 240 als Geiseln[81]. Aufgrund des Nacht-und-Nebel-Erlasses wurden 3500 Menschen heimlich deportiert. Wesentlich höher lagen die Zahlen in Frankreich. Nach französischen Nachkriegsaussagen sollen allein 29 660 Geiseln erschossen worden sein. Darüber hinaus wurden mindestens 3000 Todesurteile vollstreckt. In Dänemark wurden 102 Landeseinwohner nach Urteilen deutscher Kriegsgerichte exekutiert[82].

Das nationalsozialistische Regime praktizierte aber noch eine weitere Form des Terrors: die »Clearingmorde«, auch als Gegenterror bezeichnet. Als Vergeltung für Attentate überfielen SD-Kommandos oder Stoßtrupps einheimischer Sicherheitskräfte präsumptive Widerständler oder bekannte Deutschenfeinde und töteten sie. Dieser Krieg im Dunkeln lief in den Niederlanden unter dem Tarnnamen »Aktion Silbertanne« und wurde von einem Kommando der Germanischen SS durchgeführt. Mindestens 45 Holländer wurden ermordet[83]. In Dänemark setzte der deutsche Reichsbevollmächtigte Werner Best, der während seiner Tätigkeit versuchte, »ohne ideologische Bedenken seine Mission auf einer sachlichen und vernünftigen Basis durchzuführen«[84], dem Befehl Hitlers zum Gegenterror Widerstand entgegen, mußte schließlich aber nachgeben. Reichsaußenminister Joachim von Ribbentrop telegraphierte ihm am 3. Juli 1944 als »Geheime Reichssache« die Auffassung Hitlers[85], das »richtige Verfahren sei, bei einem Sabotageakt sofort einen Gegenterror zu organisieren, so z. B. daß ein Auto vorfahre und die Saboteure einfach umlege«. Den »Clea-

78 ADAP, Serie D, Bd. XIII.2, Dok. Nr. 344, S. 443.
79 W. Michalka (Anm. 27), S. 195.
80 L. Nestler (Anm. 11), S. 191–1192.
81 W. Weber (Anm. 9), S. 86.
82 M. Matlok (Anm. 7), S. 311; nach E. Thomsen (Anm. 7), S. 208 belief sich die Zahl der Hinrichtungen auf 113.
83 Sytze van der Zee, Voor Führer, Volk en Vaderland sneuvelde ... De SS in Nederland, Nederland in de SS, Den Haag 1975, S. 174ff.
84 E. Thomsen (Anm. 7), S. 225.
85 ADAP, Serie E, Bd. VIII, Dok. Nr. 93, S. 160.

ringmorden« in Dänemark fielen insgesamt 127 Dänen zum Opfer[86]. Unter den Schüssen der Widerständler wiederum starben 139 Deutsche und 375 Kollaborateure. Seinen Höhepunkt aber erfuhr der Terror der nationalsozialistischen Besatzungsmacht nicht im Kampf mit dem politischen Gegner, sondern bei der Vernichtung des rassischen Feindes. Zuerst wurden die Juden diskriminiert, aus dem Wirtschaftsleben ausgeschlossen, enteignet, entrechtet, um schließlich in die Vernichtungslager deportiert zu werden. Die Besatzungsmacht wandte – wenn auch nicht in allen Ländern einheitlich – folgende Maßnahmen an[87]:

– Diskriminierung in Form einer Melde- und Registrierungspflicht, von Aufenthaltsbeschränkungen und -verboten;
– Berufsbeschränkungen und Berufsverbote, Entfernung von Lehranstalten und Schulen, Ausschaltung aus dem öffentlichen Dienst, von der Rechtspflege, dem Gesundheitswesen und der Publizistik;
– Verbot geschlechtlicher Verbindung mit Nichtjuden;
– Kennzeichnung durch Judenstern und jüdische Vornamen;
– Unterstellung unter ein Sonderstrafrecht;
– in der Beschlagnahme und »Arisierung« jüdischen Besitzes gipfelnde wirtschaftliche Schlechterstellung;
– sicherheitspolizeiliche Erfassung, Deportierung und Vernichtung.

In den Niederlanden fand die erste Deportationswelle von Juden am 22. und 23. Februar 1941 statt, nachdem ein Angehöriger der Wehrabteilung der holländischen Nationalsozialisten im Amsterdamer Judenviertel ums Leben gekommen war. Himmler ließ 425 Juden ins KZ Mauthausen überführen, wo sie sämtlich umkamen. Der organisierte Massenmord begann im Sommer 1942. Erst am 12. September 1944 verließ der letzte Zug mit zwangsverschickten Juden die Niederlande. Insgesamt wurden 112 000 Personen deportiert, rund 105 000 starben[88]. Von den Luxemburger Juden wurden mindestens 650 ermordet. In Belgien setzte der Genozid Anfang August 1942 ein. Von nahezu 25 000 deportierten Juden überlebten keine 1 200. In Frankreich hatte das Vichyregime durch eigene antijüdische Gesetze dem nationalsozialistischen Vernichtungskonzept Vorschub geleistet, wenn auch wohl unwissentlich, denn der französische Antisemitismus war primär Ausdruck einer exzessiven Fremdenfeindlichkeit und nicht Ausfluß eines rassisch-biologischen Denkens[89]. Mit Gesetz vom 4. Oktober 1940 verfügte Vichy die Internierung sämtlicher ausländischer Juden. Im gleichen Monat schoben die Nationalsozialisten 6 500 Juden aus Baden und der Rheinpfalz in die unbesetzte französische Zone ab. Nach der Wannseekonferenz wurde auch Frankreich zum Objekt des nationalsozialistischen Völkermordes. Die erste Deportation erfolgte im März 1942, als 1 100 Juden nach Auschwitz deportiert wurden. Die französische Regierung überließ alle ausländischen und staatenlosen Ju-

86 S. Matlok (Anm. 7), S. 61, 102; E. Thomsen (Anm. 7), S. 208, nimmt eine Zahl von 102 Opfern an. Ebenso G. Meissner (Anm. 7), S. 348.
87 W. Herdeg (Anm. 45), S. 106–114.
88 Zu den Zahlen der jüdischen Opfer in Holland, Luxemburg und Belgien vgl. L. Nestler (Anm. 10), S. 63–65; Lucy S. Dawidowicz, Der Krieg gegen die Juden 1933–1945, München 1979, S. 352–358.
89 E. Jäckel (Anm. 11), S. 226; F. G. Dreyfus (Anm. 12), S. 288ff.; Barbara Vormeier, Die Deportierungen deutscher und österreichischer Juden aus Frankreich, Paris 1980, S. 10.

den[90] der Besatzungsmacht, wobei die vergebliche Hoffnung eine Rolle spielte, dadurch die Juden eigener Staatsangehörigkeit retten zu können. Bei einer Razzia in Paris trieb die französische Polizei im Juli 1942 fast 13 000 ausländische und staatenlose Juden zusammen. Bis zum Bruch der Achse im September 1943 bot die italienische Besatzungszone die letzte Flucht- und Schutzmöglichkeit für die verfolgten Juden. Insgesamt wurden bis Ende Juli 1944 75 000 Juden deportiert, darunter 52 000 Ausländer und Staatenlose und 23 000 Franzosen. Nur drei Prozent von ihnen überlebten den Holocaust[91].

Im September 1943 konnte Himmler sein Schreckensregiment auch auf Italien ausweiten. Bereits am 12. September erging der Befehl, die 8 000 in Rom lebenden Juden zu deportieren. Trotz Protesten sowohl von militärischer Seite als auch durch die Deutsche Botschaft[92] wurden am 16. Oktober 1 007 römische Juden nach Auschwitz geschickt. Zwar ordnete der italienische Innenminister am 30. November 1943 die Internierung aller Juden an, aber die deutsch-italienischen Divergenzen in der Rassenfrage[93] blieben bestehen. Sie führten zu Reibungen zwischen den ungleichen Partnern, so daß das Auswärtige Amt Anfang Dezember 1943 konstatieren mußte, die vom Reichsführer SS befohlenen Schritte zur Erfassung der italienischen Juden hätten »bisher zu keinem nennenswerten Erfolg geführt«[94]. Am 20. Januar 1944 verbot der italienische Innenminister sogar, einheimische Juden der SS auszuliefern. In mehreren Großaktionen gelang es den Nationalsozialisten schließlich, rund 8 300 Juden zu deportieren. Ungefähr 8 000 starben[95], aber rund vier Fünftel der in Italien lebenden Juden hatten sich dem Holocaust entziehen können.

Auch in Norwegen und Dänemark gelang es den Nationalsozialisten nicht, ihr Ziel, die Länder »judenrein« zu machen, mit letzter, tödlicher Konsequenz zu vollenden. Von rund 1 800 in Norwegen lebenden Juden entging rund die Hälfte der Verhaftung, Internierung und der tödlichen Einweisung in ein Konzentrationslager. Komplizierter stellte sich die Situation in Dänemark dar, wo sich etwa 6 000 bis 7 000 Juden aufhielten, denn der Reichsbevollmächtigte Dr. Werner Best war ein entschiedener Gegner jeder »Judenaktion«, die die politische Lage in dem kleinen Land erheblich verschärfen mußte. Best ließ es zu, daß der Schiffahrtssachverständige an der deutschen Gesandtschaft, Georg Ferdinand Duckwitz, die dänischen Sozialdemokraten über den Deportationstermin informierte, die wiederum die jüdischen Gemeinde-

---

90 Die im Ausland lebenden deutschen Juden hatten ihre Staatsangehörigkeit im Oktober 1941 verloren.

91 F. G. Dreyfus (Anm. 12), S. 300; B. Vormeier (Anm. 89), S. 7.

92 Telegramm von Botschaftsrat Moellhausen an das Auswärtige Amt vom 6. Oktober 1943; ADAP, Serie E, Bd. VII, Dok. Nr. 178, S. 31; vgl. auch Eitel Friedrich Moellhausen, Die gebrochene Achse, Alfeld/Leine 1949, S. 81–90.

93 Vgl. Reiner Pommerin, Rassenpolitische Differenzen im Verhältnis der Achse Berlin–Rom 1938–1943, in: Vierteljahrshefte für Zeitgeschichte, 27 (1979), S. 646–660; zur Judenpolitik des italienischen Faschismus vgl. auch Renzo De Felice, Storia degli ebrei sotto il fascismo, 2 Bde., Torino 1977³.

94 Aufzeichnung des Legationsrats Wagner vom 4. Dezember 1943, ADAP, Serie E, Bd. VII, Dok. Nr. 111, S. 218.

95 Verschiedene Zahlenangaben finden sich bei R. De Felice (Anm. 93), S. 551; L. S. Dawidowicz (Anm. 88), S. 361; Meir Michaelis, La persecuzione degli ebrei, in: P. P. Poggio (Anm. 16), S. 383.

leiter unterrichteten[96]. So wurde die am 1. und 2. Oktober 1943 durchgeführte Aktion ein Schlag ins Wasser, nur 477 Juden konnten »erfaßt« werden; sie wurden in das »Vorzugslager« Theresienstadt überführt. 51 von ihnen starben bis Kriegsende.

Die von der Besatzungsmacht eingeleiteten Zwangsmaßnahmen ließen in den meisten okkupierten Ländern zumindest ab 1942 kaum mehr Raum für politische Initiativen. Aber auch in den Jahren 1940 und 1941, als das unterworfene Kontinentaleuropa außenpolitisch ins Spiel hätte gebracht werden können, gab es keine Initiative Berlins, die ein positives Zukunftsbild und akzeptables Leitziel vermittelt hätte. Im politischen Bereich konnte die deutsche Besatzungsmacht die Vorteile, die ihr durch die Siege über Norwegen, Holland, Belgien, Luxemburg und Frankreich zugefallen waren, nicht nutzen und umsetzen. Weder zog Berlin politische Vorteile aus der Tatsache, daß nach den überwältigenden deutschen Erfolgen die einheimische Bevölkerung in Paris, Oslo, Kopenhagen, Den Haag und Brüssel bei dem anfangs sehr korrekten Auftreten der Wehrmacht durchaus nicht mit Haß auf die Okkupanten reagierte, sondern vorsichtig zu erkennen gab, sich unter deutscher Vorherrschaft arrangieren zu wollen, und Verständigungsbereitschaft signalisierte. Wut und Enttäuschung entluden sich vorerst nicht auf die Besatzungsmacht, sondern wandten sich gegen die geflohenen Regierungen, so in Belgien und Holland. Aber Versuche renommierter Politiker – in Belgien der Sozialist Hendrik de Man, in Holland der fünfmalige Ministerpräsident Hendrik Colijn –, zu einem Arrangement mit den Nationalsozialisten zu gelangen und ihre Länder bei Beibehaltung der Eigenständigkeit in das autoritäre Achseneuropa einzubringen, stießen bei den Nationalsozialisten nicht auf Interesse.

Im Schatten des Hakenkreuzes, mit einem deutschen Diktator, der Völkerrecht primär als »Außenstrafrecht«[97] ansah, ließ sich keine traditionelle Politik betreiben. Ebensowenig griff Berlin entsprechende französische Vorschläge auf. Dabei hätte eine maßvolle Besatzungspolitik, die den Besiegten eine Chance bot und sie in einen multinationalen Staatenbund einfügte, ohne ihre Souveränität zu zerstören, und die ihnen eine Perspektive eröffnete, auch außenpolitische Vorteile gebracht. Gerade in London fürchtete man sowohl im Sommer 1940 als auch im Herbst 1941, nach den ersten Erfolgen der Wehrmacht gegen die Rote Armee, eine europäische Initiative Berlins, die Kontinentaleuropa mit großartigen Zukunftsvisionen zu beeindrucken versuchte. Ein enger Mitarbeiter Churchills schrieb am 10. Juli 1940: »Ein solches Vorhaben, attraktiv formuliert, könnte die Zustimmung einer kriegsmüden Welt finden, obwohl es natürlich die wirtschaftliche und damit auch die politische Vorherrschaft Deutschlands impliziert.«[98] Aber Hitler, in dessen Denkschema kein Platz war für Kompromisse und Partizipationsrechte und der immer weniger Gefallen an der traditionellen Diplomatie fand, verstand die Furcht der Briten vor einer europäischen Einigung nicht[99], er hielt eine europäische Friedensdemarche für den Ausdruck von Schwäche. Hätte Hitler den Vorschlag Mussolinis aufgegriffen, den dieser auf dem

---

96 Vgl. E. Thomsen (Anm. 7), S. 178–190; S. Matlok (Anm. 7), S. 46–48; 113–119; G. Meissner (Anm. 7), S. 334–345.
97 M. Messerschmidt (Anm. 43), S. 92.
98 John Colville, Downing Street Tagebücher 1939–1945, München 1991, S. 141.
99 Bernd Martin, Weltmacht oder Niedergang. Deutsche Großmachtpolitik im 20. Jahrhundert, Darmstadt 1989, S. 257; H. W. Neulen (Anm. 1), S. 28 f.

Treffen am Brenner am 4. Oktober 1940 unterbreitete, wonach als Vorbedingung für Frankreichs »Teilnahme an der kontinentalen Koalition« ein Friedensvertrag mit diesem Land notwendig war[100], so hätte er nicht nur die Position der Achse gestärkt, sondern auch England isoliert[101]. Für Hitler war 1940/41 die Möglichkeit der Schaffung einer europäischen Konföderation in greifbarer Nähe, gingen doch die unterworfenen Völker in ihrer Mehrheit davon aus, der deutsche Sieg sei unausweichlich und dauerhaft und werde irgendeine neuartige Konstruktion hervorbringen, in der man sich einzurichten habe. Aber der deutsche Diktator hielt nichts von europäischen Lösungsansätzen. So verschenkte Hitler nach dem Sieg über Frankreich »die nie wiederkehrende Chance . . ., Europa zu einigen und ihm durch solche Einigung Deutschlands Vorherrschaft annehmbar zu machen . . .«[102]

Erst als 1943 nach der Niederlage von Stalingrad deutlich wurde, daß der Weg der absoluten Gewalt, der Verzicht auf konstruktive politische Inhalte, ins Verderben führen mußte, wurden besonders im Auswärtigen Amt Europakonzeptionen erarbeitet, und es entstand ein Europaausschuß, der Leitsätze für eine Einigung Europas auf föderativer Grundlage vorlegte[103]. Vorausgegangen waren fast schon flehentliche Appelle befreundeter ausländischer Politiker, die nachdrücklich eine europäische Initiative der Reichsregierung einforderten. Der Rumäne Marschall Ion Antonescu und der Franzose Pierre Laval (der einem deutschen Diplomaten mitteilte: »Ich verdiene es nicht, daß man mich ständig in den Hintern tritt. Man sollte mich – ein halbes Jahr würde genügen – mit Ribbentrop austauschen. Ich würde Politik machen«[104]) waren zwei der engagiertesten Mahner. Auch Mussolini und sein Unterstaatssekretär Bastianini brachten mehrfach die Notwendigkeit einer europäischen Option ins Gespräch, so auf dem Treffen mit der Reichsspitze auf Schloß Klessheim im April 1943[105]. Ribbentrop hatte schon im März 1943 einen Entwurf für einen aus 14 Ländern bestehenden europäischen Staatenbund präsentiert[106] – halbherzig, wie er selbst einräumte –, der von Hitler nicht gebilligt wurde. Hitlers »Europa«, das er nach dem endgültigen Sieg den Unterworfenen diktieren wollte, würde kein Bund sein, keine Gemeinschaft, sondern ein rigides, zentralistisches Zwangssystem der rassischen Hierarchie[107]. Alle besetzten und verbündeten Staaten blieben im Ungewissen über ihr künftiges Schicksal, der Nationalsozialismus vermochte es nicht, ein positives Zukunftsziel zu vermitteln. Resignierend schrieb der deutsche Diplomat

---

100 Andreas Hillgruber (Hrsg.), Staatsmänner und Diplomaten bei Hitler. Vertrauliche Aufzeichnungen über die Unterredungen mit Vertretern des Auslandes 1939–1941, München 1969, S. 117.

101 Robert Cecil, Hitlers Griff nach Rußland, Graz u. a. 1977 S. 92–93.

102 Sebastian Haffner, Anmerkungen zu Hitler, München 1978², S. 140.

103 H. W. Neulen (Anm. 1), S. 37 ff.; 125 ff.

104 Gustav Adolf Sonnenhol, Untergang oder Übergang? Wider die deutsche Angst, Stuttgart – Herford 1984, S. 86.

105 H. W. Neulen (Anm. 1), S. 191 ff.; Renzo De Felice, Mussolini l'alleato 1940–1945. I. L'Italia in guerra 1940–1943, Bd. 1: della guerra »breve« alla guerra lunga, Torino 1990, S. 464 ff.

106 ADAP, Serie E, Bd. V, Dok. Nr. 229, S. 437–441; H. W. Neulen (Anm. 1), S. 106–110.

107 Völlig abwegig ist demgegenüber die Einschätzung des ehemaligen Diplomaten Franz von Sonnleithner, Als Diplomat im »Führerhauptquartier«, München–Wien 1989, S. 138, Hitler habe deshalb keine Europaerklärung abgegeben, weil es »ihm einfach ein zu ernstes Thema (war), um eine nichtssagende, oberflächliche Antwort zu geben«.

Gustav Adolf Sonnenhol: »Wir haben Europa in der Tasche, aber nicht die Herzen der Menschen.«[108]

Man kann darüber streiten, ob die Nationalsozialisten in Westeuropa (mit Ausnahme Dänemarks) überhaupt »Politik« betrieben haben oder ob nicht die Gewalt so dominierte, daß Ordnungsleitbilder für eine Gesellschaft dahinter völlig zurücktraten. In Frankreich reduzierte sich die deutsche Politik der Kollaboration, die mit dem Treffen von Montoire vom 22. Oktober 1940 einen starken Impuls bekommen zu haben schien, schließlich darauf, die Franzosen so zu »anästhetisieren«, daß sie die deutsche Besatzung mit all ihren Nebenerscheinungen passiv und willenlos hinnahmen[109]. Das Bündnisangebot von Hitler nach der alliierten Landung in Nordafrika im November 1942, »mit der französischen Regierung durch dick und dünn zu gehen«[110], wenn Frankreich den USA und England den Krieg erklärte, blieb eine Augenblicksentscheidung ohne irgendwelche Folgen. Was die rassisch privilegierten Länder wie Norwegen und Holland anbetraf, so schwand die Verwirklichungschance für das nationalsozialistische Ziel der Selbstnazifizierung und Germanisierung in dem Maße, je rücksichtsloser und totaler der Krieg mit seiner Judenverfolgung und Ausbeutung betrieben wurde. Traditionelle Politik hat es in Norwegen und Holland in Ansätzen 1940 gegeben, als Terboven das Konzept der Selbstentmachtung des parlamentarischen Systems verfolgte, bis am 25. September 1940 auf die forcierte Umgestaltung des norwegischen Kräftefeldes durch die Besatzungsmacht umgeschaltet wurde[111]. In Holland hatte Seyß-Inquart anfänglich ebenfalls versucht, eine politische Willensbildung in der Bevölkerung herbeizuführen, die für die Bindung an das Deutsche Reich eintrat. Er ließ die Sammlungsbewegung Niederländische Union zu, die im Februar 1941 über 800 000 Mitglieder verfügte. Aber das Konzept einer Zusammenarbeit mit bürgerlich-nationalen Kräften scheiterte und führte im Dezember 1941 schließlich zum Verbot der Union.

Übrig blieben die ideologischen Kollaborateure wie Quisling in Norwegen, Mussert[112] in Holland, Degrelle und Elias in Belgien, Déat[113], Bucard[114], Doriot[115] in Frankreich, Clausen in Dänemark. Aber ihre Bewegungen waren zum einen zahlenmäßig äußerst schwach. In Norwegen verfügte Quisling 1940 kaum über 3 000 Parteimitglieder, die dänischen Nationalsozialisten zählten zum gleichen Zeitpunkt etwa 6 000 Mitglieder, die holländische »Nationaal-Socialistische Beweging« ca. 31 500.

108 G. A. Sonnenhol (Anm. 104), S. 95.
109 F. G. Dreyfus (Anm. 12), S. 232.
110 Fernschreiben des Staatssekretärs von Weizsäcker vom 8. November 1942, ADAP, Serie E, Bd. IV, Dok. Nr. 151, S. 262.
111 Vgl. H. D. Loock (Anm. 6).
112 Vgl. Jan Meyers, Mussert, een politiek leven, Amsterdam 1984²; Konrad Kwiet, Zur Geschichte der Mussert-Bewegung, in: Vierteljahrshefte für Zeitgeschichte, 18 (1970), S. 164–195, Lawrence D. Stokes, Anton Mussert and the N.S.B.: 1931–1945, in: History, 56 (1971), S. 387–407.
113 Vgl. Marcel Déat, Mémoires politiques, Paris 1989; Philippe Burrin, La dérive fasciste. Doriot, Déat, Bergery 1933–1945, Paris 1986; Reinhard Schwarzer, Vom Sozialisten zum Kollaborateur. Idee und politische Wirklichkeit bei Marcel Déat, Pfaffenweiler 1987.
114 Vgl. Alain Deniel, Bucard et le Francisme, Paris 1979.
115 Vgl. Dieter Wolf, Die Doriot-Bewegung. Ein Beitrag zur Geschichte des französischen Faschismus, Stuttgart 1967; Jean-Paul Brunet, Jacques Doriot. Du communisme au fascisme, Paris 1986.

Zum anderen hatte die Besatzungsmacht diese Kräfte bald so verschlissen und in Verruf gebracht, daß die Adepten des Faschismus im besetzten Ausland völlig isoliert blieben. Die Nationalsozialisten hatten die verwandten ausländischen Gruppierungen nie als Partner akzeptiert. Nichts lag ihnen ferner, als den faschistischen und national-sozialistischen Parteien in Westeuropa zu einer starken und dominierenden Stellung zu verhelfen, denn dies mußte wiederum eine Schwächung der Berliner Position mit sich bringen[116]. Viel lieber hätte man statt dessen mit den traditionellen Eliten zusammengearbeitet, was in Norwegen und Holland scheiterte, in Frankreich aber und in Dänemark zum Teil gelang. Ziel Hitlers war es, die Kollaborateure so stark zu kompromittieren, daß sie aus dem »Bündnis« mit dem Reich nicht mehr ausscheren konnten und völlig von Berlin abhängig wurden. Erst dann würden sie als gefügige Werkzeuge die gewünschte Rolle als bedingungslos parierende Befehlsempfänger einnehmen. Der deutsche Diktator suchte ». . . Leute, die so stark gesündigt haben, daß sie mit uns durch dick und dünn gehen«[117] Aber die Kollaborateure hatten durchaus eigene politische Zukunftsvorstellungen und sahen sich primär in der Rolle der Führer ihrer Länder und nicht als Marionetten des Reiches. Quisling und Mussert ließen sich während des ganzen Krieges nicht von der Idee einer Nachkriegsstaatlichkeit ihrer Heimatländer und von einer föderalistischen europäischen Konzeption abbringen, Degrelles großburgundisches Konzept paßte nicht in das nationalsozialistische Gauschema, und selbst Clausen wollte Nordschleswig nicht an das Reich abtreten. So bauten die Nationalsozialisten Gegenkandidaten der unbotmäßigen Parteichefs auf: Lie in Norwegen, Feldmeijer und Rost van Tonningen in den Niederlanden, van de Wiele in Flandern. Die damit verbundene weitere Zersplitterung und Schwächung der Kollaborationskräfte nahm das Reich gern in Kauf, sollte doch in jedem Fall vermieden werden, daß sich in den einzelnen Ländern eine aktivistische faschistische Einheitspartei bildete, weil diese sich, wie Botschafter Otto Abetz beispielhaft über Jacques Doriots Französische Volkspartei ausführte[118], »zu stark durchsetzen und später vielleicht eine nationale Mystik und eine Erneuerung Frankreichs im nationalsozialistischen Sinne hervorrufen könnte«.

Die Alternative für die westeuropäischen Staaten nach einem deutschen Sieg war somit vorgegeben: entweder dauernde Schwächung – wie im Fall Frankreichs – oder Absorption in das nebulöse Großgermanische Reich, wie im Fall Hollands. Man mag darüber spekulieren, welche Form und welche Gestalt dieses Reich im einzelnen angenommen hätte[119], eines jedenfalls ist sicher: »Anders als das nationalsozialistische Deutschland hätte auch Hitlers Europa nicht aussehen können.«[120]

---

116 Albert Speer, Erinnerungen, Frankfurt am Main–Berlin 1970[8], S. 136.
117 W. Jochmann (Anm. 32), S. 304.
118 H. W. Neulen (Anm. 1), S. 250.
119 Vgl. H. W. Neulen (Anm. 1) S. 397; Jörg K. Hoensch, Hitlers »Neue Ordnung Europas«. Grenzveränderungen, Staatsneugründungen, nationale Diskriminierung, in: N. Frei/ H. Kling (Anm. 23), S. 250.
120 H. D. Loock (Anm. 29), S. 266.

CZESŁAW MADAJCZYK

Deutsche Besatzungspolitik in Polen, in der UdSSR und in den Ländern Südosteuropas

Nach dem Überfall auf Polen im Jahre 1939 geriet die Hälfte des polnischen Staatsgebietes mit über 22 Millionen Menschen, das heißt zwei Dritteln der Bevölkerung, unter deutsche Herrschaft. Zehn Millionen Bewohner lebten in den annektierten Gebieten und fast zwölf Millionen in dem als vorläufige polnische Heimstätte gegründeten Generalgouvernement (weiter: GG). Die andere Hälfte des Territoriums mit einer Bevölkerung von 13 Millionen Menschen kam unter sowjetische und litauische Besatzung. Nach dem deutschen Angriff auf die UdSSR wurden diese Gebiete in die Reichskommissariate (weiter: RK) Ukraine und Ostland eingegliedert. Aus den übrigen Territorien wurden der dem Oberpräsidenten von Ostpreußen, Erich Koch, unterstellte Bezirk Bialystok und der dem GG zugehörige Distrikt Galizien gebildet. Die Besetzung der polnischen Territorien endete schrittweise mit dem Zurückweichen der Wehrmacht im Winter 1944/45[1].

Die Ausdehnung der Besetzung sowjetischer Territorien wurde bestimmt durch den Kriegsverlauf. Die 1941 besetzten Gebiete umfaßten über eine Million Quadratkilometer, die vor dem Krieg von 60 bis 70 Millionen Menschen bewohnt waren; ein Viertel dieser Bevölkerung wurde evakuiert. Im Winter 1941/42, infolge des sowjetischen Gegenangriffs bei Moskau, wurde ein Gebiet von 150 000 Quadratkilometern befreit. Im Herbst 1942 hatten sich jedoch die besetzten Gebiete durch die deutsche Eroberung weiterer ukrainischer Territorien fast verdoppelt. Vor dem Krieg lebten dort insgesamt 85 Millionen Menschen, nach der Evakuierung ins Innere des Landes blieben ca. 70 Millionen.

Unter ziviler Verwaltung, das heißt unter der Herrschaft der Reichskommissare für die Ukraine und Ostland, befanden sich 50 Millionen Menschen, 20 Millionen wurden der Militärverwaltung unterstellt. In den besetzten Gebieten der UdSSR be-

---

1 Grundlage des Aufsatzes ist meine vergleichende Studie: Faszyzm i okupacje 1938–1945, Wykonywanie okupacji przez państwa Osi w Europie (Faschismus und Okkupationen. Okkupationsausübung durch die Achsenmächte in Europa). Bd. 1. Ukształtowanie sie zarządów okupacyjnych (Die Gestaltung der Besatzungsverwaltungen), Poznań 1983, 792 S.; Bd. 2: Mechanizmy realizowania okupacji (Die Okkupationsmechanismen), Poznań 1984, 733 S. Am schwierigsten ist es, die Besatzungspolitik Deutschlands im besetzten Teil der UdSSR darzustellen, da dazu nur die Quellen von deutscher Seite zugänglich sind. Wegen fehlenden Zugangs zu den sowjetischen Quellen läßt sich nicht darstellen, wie die Besetzung von den sowjetischen Behörden beurteilt wurde oder was die Okkupierten empfanden.

fanden sich fast ein Drittel der Industrie und 47 Prozent der landwirtschaftlichen Anbauflächen. Von den Verbündeten des Deutschen Reiches bekamen die Rumänen die Nord-Bukowina (10 000 Quadratkilometer mit einer Bevölkerung von 280 000 Menschen) und Moldawien (45 000 Quadratkilometer mit 2,85 Millionen Menschen). Unter die rumänische Verwaltung geriet außerdem das Gebiet zwischen Dnjestr und Bug (Boh), das heißt Transnistrien mit Odessa (40 000 Quadratkilometer mit 1,85 Millionen Menschen). Finnland besetzte dagegen ein Gebiet, das es aufgrund des Moskauer Friedensvertrages vom März 1940 an die UdSSR abgetreten hatte; dieses Gebiet wurde als wiedergewonnen betrachtet. Unter die finnische Kontrolle gelangte außerdem Ost-Karelien mit einer Bevölkerung von 400 000 bis 500 000 Menschen.

Der Umfang der durch Deutschland und seine Verbündeten besetzten Gebiete schrumpfte mit dem Rückzug der Wehrmacht nach dem Prinzip der »verbrannten Erde« zusammen. Bis Ende 1943 wurde die Hälfte des besetzten Sowjetterritoriums befreit; die letzten Gebietsstreifen wurden gegen Ende des Krieges zurückgewonnen.

In Südosteuropa hielten Deutschland, Italien und ihre Satelliten von April 1941 bis September 1943 Jugoslawien und Griechenland besetzt. Das restliche Jugoslawien (61 000 Quadratkilometer mit 4,2 Millionen Menschen) kam unter deutsche Militärverwaltung. Ein Teil Sloweniens (10 000 Quadratkilometer mit einer Bevölkerung von 800 000) wurde annektiert. Im gleichen Zeitraum besetzten Deutsche und Italiener gemeinsam mit bulgarischer Beteiligung Griechenland (sieben Millionen Einwohner).

Nach der Kapitulation Italiens vor den Alliierten übernahmen die Deutschen, gemeinsam mit Bulgaren und Kroaten sowie slowenischen und montenegrinischen Autonomisten, die Kontrolle über die Teile der jugoslawischen und griechischen Territorien, die bis dahin Italien besetzt gehalten hatte, sowie über Albanien.

Auf dem Gebiet des am 10. April 1941 proklamierten »Unabhängigen Staates Kroatien« hingegen vollzog sich ein Übergang von relativer Selbständigkeit zu besatzungsähnlicher Abhängigkeit vom Deutschen Reich. Im März 1944, nach dem Einmarsch der Wehrmacht in Ungarn, hatte sich in den von Ungarn okkupierten jugoslawischen Territorien Baranje, Prekumurje und Medjimurje, die einst aufgrund des Trianon-Vertrages abgetreten worden waren (12 000 Quadratkilometer mit 1,1 Millionen Menschen), eine quasi zweistufige Besatzungsverwaltung gebildet: Die aufsichtführende war die deutsche, die ausführende hingegen die ungarische Verwaltung. Die Deutschen verließen Griechenland im Oktober 1944 und fast zum gleichen Zeitpunkt Albanien. Der Abzug und die Beendigung der Besatzung in Jugoslawien zögerten sich bis gegen Kriegsende hinaus.

Der Beschreibung der Besatzungspolitik in den vorgenannten Gebieten möge eine allgemeine Bemerkung vorangehen. Wenn die deutschen Besatzungen in West- und Nordeuropa das Völkerrecht normalerweise oder auch nur zum Teil respektierten, so hatte die deutsche Herrschaft in Mittel- und Osteuropa eine ganz andere Qualität. Der Erobererwille zur Schaffung »germanischen« Lebensraumes war von solcher Radikalität, daß nur schwerlich von Besatzungspolitik im üblichen Sinne gesprochen werden kann.

Noch anders zeigte sich die Politik im Südosten, wo zunächst für etwa zwei Jahre ein deutsch-italienisches Kondominium sui generis bestand. Es war geprägt von einer Rivalität um die Behauptung der jeweiligen Ziele in den gemeinsamen Einflußzonen.

Ab Herbst 1943 setzten sich die Deutschen durch, begleitet von den Parolen einer Befreiung dieser Territorien von italienischer Unterdrückung.

I. Polen

Die Niederringung Polens war mit brutalen Aktionen der Einsatzgruppen Himmlers im Rückraum der militärischen Front verbunden. Der Teil des besetzten Polens, der die eingegliederten Ostgebiete bildete, wurde strukturell, wirtschaftlich und politisch mit dem Deutschen Reich vereint[2]. Die Polen wurden als »Untermenschen« behandelt, in das GG ausgesiedelt oder nach Deutschland zur Zwangsarbeit verschleppt. Ab 1942 wurden einige von ihnen »germanisiert«. Überaus roh behandelte sie der Gauleiter Wartheland, Arthur Greiser; hier wurde auch rücksichtslos die römisch-katholische Kirche angegriffen. Nicht so brutal ging Fritz Bracht in Oberschlesien vor[3].

Das übrige durch das Reich besetzte polnische Territorium unterstand bis zum 26. Oktober 1939 der Militärverwaltung. Danach hatte im GG Hans Frank die Gewalt als Generalgouverneur inne, seit 1934 Reichsminister ohne Portefeuille. Unter ihm wurde das Programm der wirtschaftlichen Ausbeutung dieses Gebietes in Gang gesetzt[4]. Später (1942 bis 1943) wurden hier Himmlers Schergen aus der SS aktiv: der Höhere SS- und Polizeiführer Wilhelm Krüger und der SS- und Polizeiführer im Distrikt Lublin, Odilo Globocnic.

Das Besatzungssystem in diesem Teil Polens zeigt einen auffälligen Mangel an Koordination. Hervorstechend war vielmehr ein Wirrwarr der Kompetenzen unter den einzelnen Ämtern und Institutionen, die untereinander wetteiferten bzw. ständig Streit mit den Berliner Zentralbehörden hatten. Meinungsverschiedenheiten und Reibungen entstanden insbesondere zwischen dem Generalgouverneur und dem Reichsführer SS (weiter: RFSS) Heinrich Himmler über das zu praktizierende Modell der Kolonialverwaltung. Himmler wollte keinen Ausbau der Verwaltung, sondern Ordnung durch Versklavung, Knechtung und harte Bestrafung zwecks Ausschaltung jeglichen Widerstands. Frank hingegen vertrat eine »weichere« Linie, um so Berlins Erwartung an Lieferungen und Leistungen aus dem GG eher erfüllen zu können. Diese Rivalität gestaltete sich zwischen Frühjahr 1942 und Frühjahr 1943 zu einer Art Doppelherrschaft zwischen Franks Administration und Himmlers SS- sowie Polizeiapparat. Zu Zwistigkeiten kam es auch zwischen dem Gauleiter von Danzig-Westpreußen, Albert Forster, und dem Reichsführer SS nach anfänglich guter Zusammenarbeit.

Doch wuchsen die Spannungen mit der Zunahme der deutschen Rückschläge auf militärischem Sektor und dem Anwachsen des Verwaltungsdschungels im Generalgouvernement. Vor allem sorgte die Aussiedlung von Polen aus dem Gebiet von Za-

---

2 Dieser Abschnitt stützt sich auf die Veröffentlichung: Czesław Madajczyk, Die Okkupationspolitik Nazideutschlands in Polen 1939 – 1945, Berlin–Köln 1988.
3 Oberschlesien gelangte anfangs unter die Verwaltung von Joseph Wagner, dem Oberpräsidenten Schlesiens in Breslau. Wagners Stellvertreter war Fritz Bracht, der im Februar 1941 zum Oberpräsidenten des eigenständigen Bezirks Oberschlesien ernannt wurde.
4 Hitler soll angeblich die Aufgabe Hans Franks im GG als »Teufelswerk« bezeichnet haben.

mość[5] durch die SS für Streit, denn Frank war weiterhin um einen gemäßigteren Weg bemüht. Indessen blieb er dabei ohne Erfolg mit Ausnahme der Distrikte Galizien und Krakau, wo es zu gewissen Zugeständnissen im Bereich des polnischen Kulturlebens kam. In allen anderen Teilen des GG steigerte sich ab Herbst 1943 der Terror. Gegen Ende der Besatzungszeit kam es deutscherseits zu einigen minimalen Versprechungen, die Lage für Polen zu erleichtern und das GG in ein Protektorat umzuwandeln. Auch gab es punktuelle Erleichterungen (Kapitulationsabkommen nach dem Warschauer Aufstand, Freilassung von polnischen Antikommunisten).

Damit sei angedeutet, daß die Vernichtung der polnischen Nation als Hauptziel der NS-Okkupation auf unterschiedlichen, jedoch einander komplementären Wegen erfolgte: Es gab den Versuch, die führenden Repräsentanten des Polentums ebenso auszurotten wie die sogenannten potentiellen Reichsfeinde (Personen in Vorbeuge- und Schutzhaft). Rassistische Vernichtungsaktionen richteten sich ferner gegen Juden, gegen Polen jüdischer Herkunft, gegen Zigeuner, Kranke und »Asoziale«. Weiter standen auf den Liquidierungslisten des RFSS jene sogenannten Renegaten, die im Teil IV der Deutschen Volksliste (DVL) aufgeführt waren. Erbarmungslose Rache traf jene, die den deutschen Besatzern Widerstand leisteten. Die Versorgung mit Lebensmitteln sollte nur soweit erfolgen, als dies zur Erhaltung der Arbeitsfähigkeit der Polen notwendig war. Zusätzlich waren die deutschen Behörden bemüht, die Geburtenziffern der polnischen Bevölkerung zu senken. Die Gesamtbilanz dieser Maßnahmen wies am Ende unter der Zivilbevölkerung höhere Verluste auf als bei den Streitkräften infolge der Kampfhandlungen.

Dauer und Härte der Bedrohung zeigt nicht zuletzt das Schicksal Warschaus. Als hier der Druck der deutschen Besatzung unerträglich wurde und der polnische Widerstand auf Entlastung durch die Sowjets hoffte, wurde der Aufstand gewagt. Bekanntlich verhielt die Rote Armee östlich der Weichsel, und die Rebellion brach zusammen. Warschau wurde zerstört.

Noch heute liefert die Forschung keine befriedigende Analyse für die Motive des deutschen Hasses gegen das okkupierte Polen. Gewiß gab es traditionelle deutsche Antipathien gegen den östlichen Nachbarn, aber andererseits hatte Deutschland zwischen 1934 und 1938 eine offiziöse Verständigungspolitik gegenüber Polen betrieben. War der spontane Haß Ausfluß erfolgreicher antipolnischer Kampagnen? Jedenfalls funktionierte die Reichspropaganda vom »Bromberger Blutsonntag« und der Legende, daß während des Kriegsgeschehens im September 1939 die Polen 56000 Volksdeutsche umgebracht hätten[6]. Das Gesicht Polens wurde zur Fratze verzerrt. Dies bildete wohl einen entscheidenden Grund mit für die brutalen Verhaltensweisen der deutschen Besatzungskräfte, die damit ihrerseits zu Haßobjekten der unterdrückten Polen wurden. Denn zu den seit dem 19. Jahrhundert in Preußisch-Polen bekannten Formen der rechtlichen und kulturellen Unterdrückung durch Lehrer, Beamte und Militärs traten nun der Polizeiterror und eine systematische Rassendiskriminierung. Zur Schwächung und Zerstörung der polnischen Bevölkerungssubstanz von innen her sollte auch die Separation gewisser Regionalgruppen (Kaschuben, Masuren, Goralen, Rusnaki [Lemkowie]) dienen, die als nicht-polnisch angesehen wurden, so-

---

5 Vgl. Zamojszczyzna-Sonderlaboratorium SS. Zbiór dokumentów polskich i niemieckich z okresu okupacji hitlerowskiej, hrsg. v. Czesław Madajczyk, 2 Bde, Warszawa 1979.
6 Nach polnischen Angaben wurden ca. 2000 Volksdeutsche, nach deutschen 5000 getötet.

wie deren Abtrennung von der Bevölkerung in den sogenannten Vorkriegsgebieten (insbesondere Pommern und Oberschlesien) bei grundsätzlicher Ausfilterung der »rassisch wertvollen« und der jüdischen Bevölkerungselemente. Eine besondere Rolle spielten dabei die Eintragungen in die DVL, weil vom Bekenntnis zum Deutschtum Vergünstigungen erwartet wurden. Im Warthegau versuchte man ferner, unter Polen Feindschaft durch die Bildung von Gruppen zu säen, die materiell privilegiert wurden (die sogenannten Leistungspolen). Weitere Schritte zur Schwächung des Polentums waren die Zwangsaussiedlungen von Polen und Angriffe auf ihr Kulturgut. Die Aussiedlungen, die nach der Besetzung Polens begonnen hatten und in der Zeit 1942/43 das Gebiet östlich der Weichsel umfaßten (Zamosc-Gebiet), galten dem Zweck, die geschlossene ethnische Einheit zu zerstören. Zudem sollte das nationale Geschichtsbewußtsein durch Vernichtung oder Raub der Kulturdenkmäler des Landes zersetzt werden. Die Zerstörung der geistigen Grundlagen hatte eine Art Vorboten in der Sonderaktion gegen die Professoren der Universität Krakau. Sie wurden verhaftet und im November 1939 ins KZ Sachsenhausen eingewiesen[7]. Das okkupierte Polen wurde von einem deutschen Lagersystem überzogen (Vernichtungs-, Konzentrations-, Straf-, Übersiedlungslager etc.). Insgesamt gab es in Polen 2 000 solcher Lager mit Nebenanlagen und Außenkommandos. Inbegriff dieser Lager- und Vernichtungspolitik wurde Auschwitz-Birkenau.

Die Zahlen über die Menschenverluste Polens schwanken zwischen 4,5 Millionen und sechs Millionen Menschen[8], darunter 2,8 Millionen polnische Bürger jüdischer Abstammung. Ein großer Teil der Bevölkerung erlitt außerdem schwere gesundheitliche Schäden infolge von Haft, Verfolgung und Entbehrungen. Die Aussiedlungen umfaßten 1,2 Millionen Polen. Aus dem aufständischen Warschau wurden etwa 500 000 Bewohner vertrieben. 2,5 Millionen Menschen wurden ins Deutsche Reich zur Zwangsarbeit verschleppt (nur selten gingen Polen freiwillig). In die DVL wurden über zwei Millionen eingetragen, die meisten in Schlesien und Pommern. Schwer wogen die Verluste besonders unter der geistigen Elite Polens sowie unter seiner Jugend. Hinzu kamen materielle Schäden in Höhe etlicher Milliarden Dollar[9]. Die Verluste an unbeweglichem Nationalvermögen auf dem polnischen Territorium werden auf zwölf Milliarden Dollar geschätzt. Eigener Stolz und die Brutalität der Besatzungspolitik versagten Kollaboration mit den Deutschen. Dazu kam es auch nicht 1943/1944, als die Entdeckung der Massengräber polnischer Offiziere den Versuch nahelegte, die Polen zum Kampf gegen die Rote Armee anzustacheln[10]. Allerdings gab es eine wohl für alle besetzten Länder typische Zusammenarbeit asozialer und

---

7 Vgl. Stanislaw Gawęda, Die Jagiellonische Universität in der Zeit der faschistischen Okkupation 1939–1945, Jena 1981. Als Weiterführung der Sonderaktion kann der Mord an den Lemberger Professoren gelten, der nach der Besetzung Lembergs durch die Wehrmacht – unter schwer festzustellender Teilnahme ukrainischer Nationalisten – verübt wurde.

8 Nach offiziellen polnischen Angaben gab es sechs Millionen Opfer.

9 Vgl. Czesław Luczak, Polityka ekonomiczna Trzeciej Rzeszy w latach Drugiej Wojny Światowey, Poznań 1982, SD. S. 456–457.

10 Vgl. Czesław Madajczyk, Das Drama von Katyń, Berlin 1991. Die Goebbelsche Propaganda über Katyń im Jahre 1943 betrachte ich als den zweiten Akt des Katyń-Dramas. Sie hatte Komplikationen hervorgerufen, die Stalin den Vorwand zum Abbruch diplomatischer Beziehungen zur polnischen Exilregierung lieferte. Dies wiederum hatte schwerwiegende politische Konsequenzen für das spätere Schicksal Polens.

krimineller Elemente mit Dienststellen deutscher Polizei und Sicherheitsbehörden (Agenten, Spitzel und Juden-Erpresser »Szmalcownicy«[11]). Angesichts der Gefährdung der nationalen Existenz wurde vielmehr ein polnischer Untergrundstaat aufgebaut, der die Gegenaktivitäten zur Abwehr der Unterjochung koordinierte und weit verzweigte Informationskanäle und Kontakte bis in die KZ-Lager hinein unterhielt. Der Untergrundstaat trug keinen primär militärischen Charakter, sondern wollte einer wirkungsvollen Selbstverteidigung der polnischen Gesellschaft dienen. Die Besatzungsbehörden kannten diese verdeckten Organisationen nur ungenau.

Der deutsche Überfall auf Polen und die hier am weitesten betriebene Umsetzung der »Lebensraum«-Politik wirkten wohl tiefer als in allen anderen von Hitler besetzten Ländern. Deutsche hatten nicht nur die polnische Verwaltung abgeschafft, sondern auch die politischen Strukturen vernichtet. Fast alle gesellschaftlichen Grundlagen wurden zerstört. Polnische Politiker und Verwaltungsexperten wurden ebenso vernichtet wie Geistliche und große Teile der Intelligenz. In den Jahren von 1939 bis 1941 hatte sich daran die UdSSR beteiligt. Man verursachte enorme ökonomische Verluste, legte die Wirtschaft lahm, ruinierte Verwaltung und Versorgung in den Städten und auf dem Lande – die polnische Gesellschaft trieb ins Elend. Korruption wurde zur Technik des Überlebens, Trunksucht brachte kein Vergessen.

II. Die Sowjetunion

Für die deutsche Besatzungspolitik in der UdSSR war man zunächst von der Schaffung vieler, von Deutschland abhängiger Vasallen-Staaten ausgegangen. Diese Konzeption des Russenfeindes Alfred Rosenbergs schien nicht aussichtslos, denn anfänglich war in den sowjetischen Westterritorien die Bereitschaft zur Zusammenarbeit mit den Deutschen groß, um das lastende Joch der stalinistischen Diktatur loszuwerden. Hitler selbst war der Meinung: »Weltanschauliche Bande halten das russische Volk noch nicht fest genug zusammen. Es wird mit dem Beseitigen der Funktionäre zerrissen.«[12] Von Anbeginn sollte auch der Wehrmacht deutlich sein, daß dieser Krieg ein Vernichtungskrieg war. Im Krieg gegen Polen hatte man diese Absicht noch verdeckt gehalten[13]. So erklärte Hitler den Militärbefehlshabern und Stabchefs, die an der Vorbereitung des »Barbarossa«-Plans teilnahmen, am 30. März 1941, daß der Krieg gegen die UdSSR ein Krieg zweier Weltanschauungen, ein Vernichtungskampf sein werde; nicht die Tolerierung des Feindes, sondern seine Ausrottung sei das Ziel, damit er in der Zukunft nicht zur Gefahr werden könne. Offensichtlich stand ein

---

11 »Szmalcownicy« waren Leute am Rande der Gesellschaft, die die sich versteckenden Juden erpreßten bzw. an die Deutschen auslieferten. Manche von ihnen wurden durch das Untergrundgericht bestraft.

12 Zit. nach: Fall Barbarossa. Dokumente zur Vorbereitung der faschistischen Wehrmacht auf die Aggression gegen die Sowjetunion 1940/1941, Berlin 1970, S. 291; Norbert Müller, Wehrmacht und Okkupation 1941–1944, Berlin 1970, S. 84.

13 Vgl. Manfred Messerschmidt, Die Wehrmacht im NS-Staat. Zeit der Indoktrination, Hamburg 1969.

Krieg bevor, der das polnische Beispiel rasch verblassen lassen würde[14]. Der Blitzkrieg, so glaubte man, würde einige Wochen dauern, im schlimmsten Falle einige Monate. Anders als die Feldzüge im Westen und Süden sollte er nach Art der Einsatzgruppen in Polen abrollen mit dem Ziel der erbarmungslosen Vernichtung eines Staates samt seiner feindlichen Ideologie. Während des Überfalls auf die UdSSR strebte man nicht nur die Zerschlagung und physische Vernichtung der aktiven wie auch der potentiellen politischen Gegner an, sondern auch die Beseitigung der aus rassischen und politischen Gründen »unerwünschten« Bevölkerungsgruppen. Wichtigste Vollstrecker wurden die Einsatzgruppen der Sicherheitspolizei und des SD (weiter EGr)[15]. Aufgeteilt in vier Polizeigruppen mit 800 bis 1 200 Mann, fielen diese EGr dicht hinter der Wehrmacht in die besetzten Gebiete ein. Zu ihren größten Verbrechen gehört die Ermordung von 33 000 Juden in der Schlucht Babi Jar nahe Kiew.

Hitlers Pläne sahen die Besetzung der UdSSR bis zum Ural vor. Hinter dieser Linie sollten dann die Gegner so bekämpft werden wie einst die Barbaren durch das Imperium Romanum. Bis zum Ural sollten die Reichskommissariate reichen. Die Operationsabteilung des Heeresoberkommandos (OKH) bereitete Mitte Juli 1941 die Abstellung der zur Militärkontrolle des besiegten Landes unentbehrlichen Truppen vor, da man ein schnelles Zusammenbrechen des Gegners nach der Zerschlagung der Hauptkräfte der Roten Armee östlich der Linie Dnjepr-West-Dźwina erwartete. Zur Sicherung und Kontrolle der eroberten Gebiete sollten insgesamt 56 Divisionen, darunter zwölf Panzer-, sechs Panzergrenadier-, 34 Infanterie-, drei Gebirgsdivisionen und eine Kavalleriedivision dienen[16]. Die Wehrmacht war jedoch nicht imstande, die Blitzkriegspläne zu verwirklichen und den Gegner zur Kapitulation zu zwingen. Die Truppen Stalins, der zum Großen Vaterländischen Krieg aufgerufen hatte, verhinderten dies mit Unterstützung eines für Hitlers Truppen verlustreichen Partisanenkampfes.

Die Struktur der deutschen Militärverwaltung der besetzten Gebiete der UdSSR ergab sich gemäß Anordnung des Oberkommandos der Wehrmacht (OKW) vom 3. April 1941[17]. Danach sollte das Operationsgebiet in drei Zonen aufgeteilt werden: 1. unmittelbares Kampfgebiet, in dem die Divisions- und Korpsbefehlshaber die Gewalt ausübten; 2. rückwärtiges Armeegebiet, das sich 20 bis 50 Kilometer hinter dem unmittelbaren Kampfgebiet erstreckte und besonderen Kommandanten unterstand; 3. rückwärtiges Heeresgebiet mit einem Hauptbefehlshaber. Den Erlaß über die Zivilverwaltung in den besetzten Gebieten der UdSSR verkündete Hitler am 17. Juli 1941. Danach stand an der Spitze des Reichsministeriums für die besetzten Ostgebiete, des einzigen Territorialministeriums im Deutschen Reich, Alfred Rosenberg, was allerdings offiziell erst Mitte November bestätigt wurde[18]. Die Rosenberg unterstellten Reichskommissariate wurden durch folgende Amtsträger geführt: Heinrich

---

14 Vgl. Franz Halder, Kriegstagebuch, hrsg. v. Hans-Adolf Jacobsen in Verbindung mit Alfred Philippi, Stuttgart 1962–1964, Bd. 2., S. 336–337.
15 Vgl. Helmut Krausnick/Hans-Heinrich Wilhelm, Die Truppe des Weltanschauungskrieges. Die Einsatzgruppen der Sicherheitspolizei und des SD 1938–1942, Stuttgart 1981.
16 Vgl. Fall Barbarossa (Anm. 12), S. 325–330 und 335–336.
17 Vgl. Fall Barbarossa (Anm. 12), Dok. 91.
18 Eine feierliche Bekanntgabe der Nachricht über die Bildung des Rosenberg-Ministeriums sollte mit der Eroberung von Leningrad oder Moskau verbunden werden, die nicht erreicht wurde. Am 17. November erfolgte lediglich eine dienstliche Bekanntgabe.

Lohse, Gauleiter von Schleswig-Holstein – RK Ostland; Erich Koch, Gauleiter von Ostpreußen – RK Ukraine. Das Krimgebiet als Generalkommissariat sollte in Zukunft ein Teil des RK Ukraine, Reichsgau Krim oder Gotenland werden. Zur Besetzung des RK Moskau kam es infolge des entschiedenen Widerstands der Sowjets nicht. Auch im wegen seines Erdöls wichtigen Kaukasus konnte nur der nördliche Teil für einige Monate von den Deutschen besetzt werden.

Hitlers Willen zufolge sollte die Macht bei den Reichs-, General- und Gebietskommissaren liegen, wahrgenommen durch harte, rücksichtslose Männer, während die Zentralgewalt, das Reichsministerium Rosenbergs selbst, vornehmlich Koordinationsaufgaben wahrzunehmen hatte. Die in die besetzten UdSSR-Gebiete beorderten Polizei- und SS-Truppen wurden dem RFSS unterstellt, dem dazu noch die Polizeiverwaltung im weitesten Sinne oblag. Den Einheimischen war einzig gestattet, lokal eine sogenannte Nebenverwaltung unter deutscher Aufsicht und zu deren Gebrauch zu bilden. Das höchste ihnen zugängliche Amt war das des Bürgermeisters bzw. des Dorfvorstehers, manchmal des Kreisvorstehers. Ein solches Amt in ihrem besetzten Land auszuüben, war den Polen verwehrt[19].

Hitler glaubte auf diese Weise den Kommunismus ausrotten und die Versklavung der Unterjochten vorbereiten zu können, denen die deutschen Besatzer als rücksichtslose Herrenmenschen in den neuen Kolonien gegenübertreten wollten. So wurde vor allem in der zweiten Hälfte 1941 im Zuge des deutschen Vormarsches eine Besatzungspolitik betrieben, die auf Zerschlagung kommunistischen Widerstands, Ausrottung ihrer feindlichen Führungskader, Dezimierung der Bevölkerung und der Kriegsgefangenen sowie auf die Vernichtung von Juden und Angehörigen der Intelligenz ausgerichtet war.

Mit Ausnahme von Volksdeutschen und der wenigen Volksgruppen, die als »germanisierungswürdig« anerkannt wurden (Esten, teilweise Letten), wurden besetzte Gebiete als Reservate zur Beschaffung von Arbeitskräften ausgepreßt, die oft auf niedrigstem Niveau dahinvegetierten. Die sogenannte Befestigung des Deutschtums im Osten wollte Berlin mittels einer abgestuften Rassenselektion der Einheimischen und einer Germanisierung riesiger Siedlungsgebiete herbeiführen. Systematisch ausgebeutet wurden die wirtschaftlichen Ressourcen der UdSSR zur Befriedigung des Reichsbedarfs nicht, da ja den Deutschen noch das eroberte Potential der westeuropäischen Industrie zur Verfügung stand. In breitem Ausmaß wurde hingegen geplündert. Für die Zukunft waren für diese Areale indessen germanische Großwirtschaftsräume geplant, in denen die Besiegten als Sklaven bei der Anlage riesiger Landwirtschaftsbetriebe, bei der Ausbeutung der Rohstoffe, bei der Anlage von Bahn- und Straßenverbindungen arbeiten sollten.

Die Goebbelssche Propaganda hielt diese Ziele des Dritten Reichs geheim. Man tarnte die vorbereitenden Maßnahmen mit Berufung auf Kriegsnotwendigkeiten oder den aufgezwungenen Partisanenkampf. Auch wenn hier und da bestimmte Formen der künstlerischen oder wissenschaftlichen Aktivitäten toleriert wurden, blieb auf kulturellem Gebiet eindeutiges Ziel die totale Vernichtung aller ethnischen Traditionen und Identitäten. Im breiten Ausmaß wurden Kunstwerke und Archive nach Deutschland verbracht.

---

19 In Polen war das Amt des Kreisvorstehers für Einheimische nicht zugänglich.

So wie im okkupierten Polen mehrten sich auch in den besetzten Territorien der UdSSR die Reibungen zwischen den einzelnen deutschen Behörden (Rosenberg-Ministerium versus Kommissariate, Verwaltung versus SS) als Folge der Auseinandersetzungen über die Gestaltung der Besatzungspolitik und der dabei anzuwendenden Taktik. Die Reibungen fingen mit den deutschen militärischen Mißerfolgen vor Moskau im Winter 1941/42 an und verstärkten sich mit der Zunahme der Kriegsniederlagen. Sollte man, so lautete die Streitfrage, die Besatzungspolitik umstellen, um die Einheimischen auf die deutsche Seite zu ziehen, oder sollte man mit der brutalen Behandlung der Bevölkerung als »Untermenschen« im Namen der »Rassenüberlegenheit« fortfahren? Für die zweite Version traten am entschiedensten Himmler und Koch ein. Ihre Auffassung wurde konsequent durch die Einsatzgruppen im Hinterland der Front sowie durch die Dienststellen der SS und der Polizei verwirklicht. Es waren auch diese Einsatzgruppen, die die Selektion der Bevölkerung nach den Kriterien der Rasse und der politischen Zuverlässigkeit betrieben und sie dem Massenmord überantworteten. Nur wenige Mitarbeiter in den Institutionen der Besatzungsverwaltung versuchten, vorsichtig politische bzw. moralische Bedenken gegenüber der brutalen Behandlung der sowjetischen Völker geltend zu machen. Ihre Stimmen zählten nicht[20].

Was im Falle eines deutschen Sieges in Osteuropa zu erwarten gewesen wäre, offenbart der sogenannte »Generalplan Ost« (weiter: GPO)[21]. Er bezog sich auf ein Gebiet, bewohnt von ca. 50 Millionen Menschen (polnische Gebiete, teilweise ukrainische, RK Ostland), von denen in 20 bis 30 Jahren nach dem Krieg ein Bevölkerungsanteil von über 30 Millionen nach Sibirien ausgesiedelt werden sollte. Der GPO war eine der beiden Unternehmungen des Dritten Reiches, die Hitlers Herrschaft in Europa befestigen sollten. Die andere war die »Endlösung der Judenfrage«, verwirklicht durch die SS in den Vernichtungslagern im besetzten Polen[22]. Letzteres wurde beinahe vollständig realisiert, Polen zum großen Friedhof für die ermordeten Juden gemacht. Der GPO jedoch blieb praktisch in der Phase detaillierter Planungen und experimenteller Umsiedlungen (Aussiedlung der örtlichen Bevölkerung aus dem Zamość-Gebiet, Nordlitauen sowie Winnica-Gebiet, Ansiedlung der germanischen Bevölkerung) infolge der militärischen Entwicklung stecken.

Der mit der Ausrufung des »totalen Krieges« verbundene Anstieg des Bedarfs an Ostarbeitern im Reichsgebiet sowie der Druck des Partisanenkriegs legte eine »weichere« Behandlung der okkupierten Völker nahe, aus denen nach Vorstellungen von Rosenberg, Goebbels, Speer, von Krosigk und dem OKH Kräfte zum gemeinsamen Kampf gegen den »jüdischen Bolschewismus« gewonnen werden sollten. Doch blieb dieses Modell der begrenzten Kollaboration mittels Versprechungen und Bestechungen, das zum Teil die Japaner als Okkupationsmacht erfolgreich angewendet hatten, ohne Erfolg[23]. Hitler lehnte eine solche Taktik ab; wohl nicht zuletzt aufgrund der zu

20 Vgl. N. Müller (Anm. 12), S. 145.
21 Generalny Plan Wschodni. Zbiór dokumentów pod redakcją C. Madajczyka, Warszawa 1990, 442 S. Die deutsche Version dieses Buches erscheint 1992 beim Colloquium Verlag Berlin.
22 Vgl. Czesław Madajczyk, Besteht ein Synchronismus zwischen dem »Generalplan-Ost« und der Endlösung der Judenfrage?, in: Wolfgang Michalka (Hrsg.), Der Zweite Weltkrieg – Analysen, Grundzüge, Forschungsbilanz, München 1989.
23 Vgl. Faszyzm i okupacje (Anm. 1), Bd. 2, S. 34–42.

vermutenden Aussichtslosigkeit[24], die ihren Grund allein in der furchtbaren Behandlung von Millionen sowjetischer Kriegsgefangener haben mußte[25]. Berlin lehnte auch den italienischen Vorschlag der Proklamierung einer Europäischen Charta ab, die den okkupierten Ländern einen Hoffnungsstrahl senden sollte.

In Teilen der Bevölkerung, besonders in den durch die Sowjetunion 1939/40 in Besitz genommenen Territorien, hatte zur Zeit des Einmarsches durchaus Kollaborationsbereitschaft bestanden[26]. Damals jedoch hatten die Reichsbehörden eine solche Zusammenarbeit als überflüssig erachtet, den aus den westlichen Ländern eintreffenden Emigranten nur Zusatz- bzw. Hilfsfunktionen zugewiesen. Ausnahmen bildeten Republiken, wo unter dem Schutz und mit Unterstützung der Wehrmacht, später auch mit Hilfe der Generalkommissare, eine eigenartige Phase der Konterrevolution durchlaufen wurde. In diesen Republiken gab es eigene Selbstverwaltungen bzw. Ersatzregierungen: Generaldirektoren in Litauen, Landesdirektoren in Estland sowie Generalräte in Lettland. Ihre Tätigkeit vollzog sich unter der rigorosen Aufsicht der Behörden des RK Ostland. Dieses Besatzungssystem bestimmte sich trotz Verbrechen und Gewalt eher nach dem Muster der im Westen geübten Praxis und zeigte nicht das Ausmaß von Völkermord und Plünderung wie im Osten. Die Zusammenarbeit mit den ukrainischen Nationalisten (Banderamänner) wurde allerdings in Berlin abgelehnt, denn die Bildung eines eigenen ukrainischen Staates war unvereinbar mit den grundlegenden Reichsinteressen[27].

Später dann, Ende 1942, Anfang 1943 »warb« die Wehrmacht unter den sowjetischen Kriegsgefangenen Männer, die zu Hilfsdiensten, später als Hilfstruppen verwendet wurden (ca. 700 000 bis 800 000 Mann). Bis heute bleibt die Qualifizierung dieses Übertritts als Kollaboration kontrovers, wurde ein solcher Schritt doch vielfach erzwungen und bildete für viele eine Entscheidung über Leben und Tod. Im OKH plante man auch den Aufbau einer Armee unter General Andrej Wlassow, der 1942 in deutsche Gefangenschaft geraten und zur Zusammenarbeit bereit war. Er wurde vom OKH für die Funktion eines prodeutschen »de Gaulle« vorgeschlagen, was Hitler jedoch kategorisch ablehnte. Anstatt sich der möglichen Verbündeten, die aus verschiedenen Nationalisten-, Separatisten- sowie Konterrevolutionärsgruppen rekrutiert wurden, zu bedienen, befahl Hitler vielmehr eine möglichst extensive Nutzung der unterjochten Bevölkerung als Arbeitskräfte für Deutschland. Sie sollten die Arbeitsplätze der zum Militärdienst einberufenen Deutschen einnehmen.

Im besetzten Teil der UdSSR gab es politische Kollaboration vor allem infolge neuentstandener bzw. bestehender Hoffnungen auf Autonomie (Nationalisten, Separatisten) und aus Feindschaft gegenüber dem Stalinismus. In der Regel waren oder wurden die Kollaborateure zum Werkzeug in den Händen der Wehrmacht, der Besat-

---

24 Vgl. Faszyzm i okupacje (Anm. 1), Bd. 1, S. 597.
25 Vgl. Christian Streit, Keine Kameraden. Die Wehrmacht und die sowjetischen Kriegsgefangenen 1941–1945, Stuttgart 1980².
26 Der Streit über die potentielle Möglichkeit der Gewinnung der Unterstützung der antistalinistisch eingestellten Bevölkerungsgruppen seitens der Wehrmacht läßt sich aufgrund des heutigen Forschungsstandes nicht entscheiden.
27 Der fanatische Nationalist Stefan Bandera, der im KZ-Sachsenhausen interniert war, haßte gegen Ende des Krieges sowohl die UdSSR als auch Deutschland. Anfang 1944 hatten die deutschen Behörden auch das Vertrauen zu Andrej Melnyk, kompromißbereiter Anführer ukrainischer Nationalisten, verloren; er wurde im selben KZ gefangengehalten.

zungsverwaltung oder der SS. Wirkliche Bedeutung bekam die Kollaboration, ausgehend von den Besatzungsbehörden, im Jahre 1943 – eine Folge der militärischen Lage. Entgegen eigener innerer Überzeugung genehmigte Hitler die Anwerbung »Freiwilliger« aus bestimmten Nationalitäten des okkupierten sowjetischen Territoriums, verfügte aber die Unterstellung dieser neugebildeten Verbände unter die SS. Die Macht der SS verstärkte sich 1943/44, als wichtige Funktionen in den Besatzungsverwaltungen durch Vertraute des RFSS (Gottlob Berger im Rosenberg-Ministerium, Carl von Gottberg im Kommissariat Weißrußland, Friedrich Jeckeln in den baltischen Ländern) wahrgenommen wurden. Bezeichnend ist, daß sich der RFSS in Fragen der Anwerbung und des Ausbaus begrenzter Selbstverwaltung in den baltischen Ländern erfolgreicher als früher Rosenberg durchsetzen konnte. Nicht weniger bezeichnend ist auch, daß Himmler jetzt Versprechungen machte, die mit seiner bekannten Haltung gegenüber den »Untermenschen« und der Unterdrückungspraxis der eigenen Untergebenen des RFSS kollidierten, aber gleichwohl Erfolge brachten. So kam es zur Aufstellung zweier lettischer Divisionen, einer estnischen Division sowie eines osttürkischen Korps. Ein Ergebnis der RFSS-Initiative war auch der Aufbau der Division »SS-Galizien«. Zur Bildung militärischer Formationen unter SS-Aufsicht kam es durch General A. Wlassow in der zweiten Hälfte 1944. Propagandistisch wurde verkündet, dies sei der erste Schritt zum Aufbau einer antibolschewistischen russischen Armee. In den Jahren 1943/44 übernahm die SS außerdem von der Wehrmacht einige Truppen, darunter das Kosakenkorps des Generals Helmuth von Pannwitz mit 30 000 Soldaten. Hinzu kam die Brigade Russkaja Oswoboditielnaja Narodnaja Armija (RONA) unter dem Kommando von Bronisław Kaminski.

Die Menschenverluste der UdSSR während des Krieges überschritten insgesamt 20 Millionen, die Verluste der Zivilbevölkerung werden auf ca. sieben Millionen geschätzt. Darunter befinden sich 2,2 Millionen sowjetischer Bürger jüdischer Abstammung[28] und ca. eine Million ermordeter polnischer und rumänischer Juden aus den 1939 bis 1940 in die UdSSR eingegliederten Gebieten. Die materiellen Verluste erreichten insgesamt nach den offiziellen – und wahrscheinlich, ähnlich wie in anderen Ländern, zu hoch angesetzten Schätzungen – die schwindelerregende Gesamtsumme von 500 Milliarden Dollar. Unabhängig von der Glaubwürdigkeit solcher Schätzungen kommt Czesław Luczak zur Schlußfolgerung, daß die Nazi-Behörden die finanzielle Last der Kriegsführung in hohem Maße den eroberten Nationen aufbürdeten; am stärksten bekamen das die Bevölkerung Polens und die der unterjochten sowjetischen Gebiete zu spüren[29].

Ähnlich wie in Polen zeigte sich in den besetzten Territorien der UdSSR die deutsche Besatzungspolitik in erbarmungsloser Konsequenz bei der Umsetzung ihres rassistischen Lebensraumprogramms.

---

28 Vgl. Hans-Heinrich Wilhelm, Die Einsatzgruppen und die »Endlösung der Judenfrage«, in: K. D. Bracher/M. Funke/H.-A. Jacobsen (Hrsg.), Nationalsozialistische Diktatur 1933–1945. Eine Bilanz (Schriftenreihe der Bundeszentrale für politische Bildung, Bd. 192), Bonn 1983, S. 595.
29 Vgl. C. Łuczak (Anm. 9), S. 281.

III. Das besetzte Südosteuropa

Der deutsch-jugoslawische und der italienisch-jugoslawische Feldzug hatten Blitzkriegcharakter. In beiden Fällen kam es zur Kapitulation der Militärbefehlshaber in den angegriffenen Gebieten.

Zwischen Frühjahr 1941 und Sommer 1943 war die deutsche Besatzungspolitik in Jugoslawien sowie in Griechenland auf maximale Ausbeutung der dortigen Wirtschaft ausgerichtet. So entstanden schnell Konkurrenzen mit Italien, obwohl die Verbindungskanäle der Achsenmächte funktionierten und eine Zusammenarbeit zwischen der Confederazione Generale dell' Industria und der Reichsgruppe Industrie eingeleitet wurde. Die Italiener mußten indessen bald einsehen, daß im allgemeinen die Deutschen schneller als sie waren und durch ihre Vertreter der Wirtschaftskreise und Konzerne vor Ort vollendete Tatsachen schufen. In Serbien schrumpfte der vor dem Krieg ohnehin schon geringe italienische Einflußbereich zusammen[30]. Den Handel in Griechenland beherrschten die Deutschen, eine scharfe Rivalität im Montanbereich trat ein. In Kroatien entfielen zwei Drittel des Handelsaustausches auf Deutschland. Als seit Herbst 1942 die deutsch-italienische Zusammenarbeit durch solche einseitige Vorteilssicherung zunehmend belastet wurde, rang sich Berlin aus taktischen Gründen mehr Zurückhaltung ab.

Die Tätigkeit der deutschen Militärverwaltung in Serbien (Restserbien) läßt sich in zwei Phasen aufteilen: Während der ersten, bis Herbst 1941, geriet die deutsche Herrschaft aufgrund des Partisanenkrieges in Bedrängnis. Die zweite Zeitspanne währte bis zum Sturz Mussolinis im Jahr 1943. Eine labile Stabilität wurde durch umfassende Einschüchterungs- und Terrormaßnahmen gesichert. Mit Hilfe der Kollaborateure hatte man anfangs die rasche Niederkämpfung der Partisanenbewegung erhofft, die unmittelbar nach der Kapitulation entstanden war und von dem Kommunisten Josif Broz-Tito und dem Tschetnik-General Drago Mihajlović geführt wurde. Die Berufung von General Milan Nedić, entschiedener Antikommunist und als Kriegsgefangener beurlaubt, an die Spitze der serbischen Behörden führte nicht zur Liquidierung der Aufständischen. Auch gewann er für seine Regierung weder Anerkennung noch Handlungsfreiheit. So geriet das Banat, als Bestandteil des ihm unterstellten Territoriums, unter die Verwaltung örtlicher Volksdeutscher[31].

Der Fehlschlag der Kollaboration führte vielmehr zur Übertragung von Besatzungsaufgaben an die in Serbien verhaßten Bulgaren, weil die deutsche Wehrmacht allein nicht mehr Herr der Lage wurde, besonders nicht im Bereich des Partisanenkampfes. Anfang 1942 übernahm der deutsche Polizeiapparat hier die Hauptaufgabe. Dabei traten Fälle von Kompetenzkonflikten auf, die jedoch von anderer Dimension als im besetzten Polen oder in den okkupierten Territorien der UdSSR waren[32].

Im annektierten Slowenien (Niedersteiermark und Oberkärnten) betrieben die Gauleiter aus den benachbarten Reichsgauen eine Politik, die jener in den zuvor polnischen, danach eingegliederten Ostgebieten ähnelte. Als Werkzeuge der Germa-

---

30 Vgl. Enzo Collotti/Teodoro Sala, La Potenza dell' Asse e la Jugoslavia. Saggi e documenti 1941–1943, Milano 1979.
31 In Banat entstand 1942 die freiwillige Gebirgsdivision der SS »Prinz Eugen«, welche dem SS- und Polizeiapparat Hilfe leistete.
32 Vgl. C. Madajczyk (Anm. 1), Bd. 1, S. 504.

nisierung wurden zwei deutsche Organisationen tätig: Steierischer Heimatbund und Kärntner Volksbund[33].

In Kroatien, durch das die Demarkationslinie mit Italien verlief, übten die Deutschen einen wachsenden indirekten Einfluß auf den Ustascha-Staat aus[34]. Schließlich wurden die kroatische Polizei sowie Armee-Einheiten deutschem Kommando unterstellt.

Der deutsche Einfluß im besetzten Griechenland wurde durch den Bevollmächtigten des Reiches für Griechenland, Günther von Altenburg, gesichert, der zur Kontaktpflege mit den italienischen Besatzungsbehörden verpflichtet war. Außerdem wurden drei Militärkommandanturen niedrigerer Stufe eingerichtet. Für die Italiener bildete diese Region einen Annexionsbereich, während die Deutschen das Gebiet als strategische Stütze zur Verdrängung der Engländer vom Kontinent und als Schleuse zur ökonomisch-kulturellen Beherrschung des Balkans zu nutzen suchten. Die kondominiumsähnliche Verwaltung stützte sich auf die Kollaborationsregierung, in der höhere Befehlshaber mit General Georgios Tsolakoglou an der Spitze dominierten. Sie waren von dem Sieg der Achsenmächte überzeugt und sympathisierten stark mit den Deutschen. Die Italiener hingegen, die hier das Sagen hatten, wurden gehaßt. Die Verwaltung konnte die hoffnungslose Wirtschaftslage in dem durch die Eroberer zerstückelten Land nicht verbessern. In Athen hungerte man besonders während des Winters 1941/42. Die Verwaltung war auch nicht imstande, die Ausweitung des Widerstands zu verhindern. Die enorm schwierige Wirtschaftslage Griechenlands erzwang immer wieder von Berlin und Rom die Entsendung besonderer Wirtschafts- und Finanzbevollmächtigter nach Athen.

Die Kollaboration in Jugoslawien und Griechenland verdient aus verschiedenen Gründen Aufmerksamkeit, einer davon aber scheint besonders bedeutsam. Sympathisanten und aktive Kollaborateure mußten die Anwesenheit von zwei Besatzern berücksichtigen; dabei rechnete man vor allem mit dem Stärkeren, d.h. mit den Deutschen. Nach der Kapitulation von General Pietro Badoglio vor den Alliierten entstand auf dem Balkan eine für die übrigen besetzten europäischen Gebiete beispiellose Lage. Einer von zwei Besatzern hatte kapituliert. Damit entstand kurzfristig ein Vakuum. Diese Unterbrechung der Besatzung in Teilen der eroberten Gebiete und die spätere Wiederherstellung der Besatzungsregime durch den bisherigen Kondominium-Partner war ein eigentümlicher Umstand, der im bisherigen Schrifttum unterschätzt worden ist. Die Absicht der Badoglio-Regierung, die inneren Angelegenheiten auf dem bisher besetzten Territorium gemäß den Wünschen der Alliierten zu regulieren, ließ sich nicht verwirklichen. Sie wurde durch die deutschen Militäroperationen zunichte gemacht, welche auf keinen nennenswerten Widerstand der Alliierten stießen.

Nur die durch die Partisanen verursachten Schwierigkeiten hatten zur Folge gehabt, daß ein wesentlicher Gebietsteil der italienischen Besatzung nicht unter deutsche Kontrolle geriet. Nach Absetzung der Kollaborateure wurde in diesen Gebieten Freizonen gebildet.

---

33 Vgl. T. Ferenc, Nacisticna raznarodovalna politika v Sloveniji v letih 1941–1945, Maribor 1968.
34 Vgl. Ladislaus Hory/Martin Broszat, Der kroatische Ustascha-Staat 1941–1945, Stuttgart 1965.

In Griechenland und Jugoslawien gestalteten sich Okkupation und Kollaboration sehr facettenreich. Dies nicht zuletzt, weil man es mit deutschen und italienischen Truppen zu tun hatte, von denen die Deutschen als die stärkeren eingeschätzt wurden. Als nach der Kapitulation Italiens 1943 ein Machtvakuum auf dem Balkan entstand, schlossen es die Deutschen sofort. Doch sorgten die Partisanen dafür, daß nicht alle Italiener von den Deutschen als Militärinternierte gefangen genommen werden konnten.

Eine allgemeine politische Konzeption für den Balkan wurde von deutscher Seite Ende Oktober 1943 ausgearbeitet. Ihr Verfasser, Hermann Neubacher, der diesen Teil Europas gut kannte und große Erfahrung in der Kriegszeit gesammelt hatte, war zwei Monate vorher zum Sonderbevollmächtigten des Auswärtigen Amtes für den Südosten ernannt worden. Er bekam weitgehende Befugnisse für den Aufbau einer antikommunistischen Front – unter der Losung der Befreiung von der italienischen Besatzung und der Vernichtung des Kommunismus. Zudem sollte er eine schnelle Stabilisierung auf dem Balkan erreichen, die durch die drohende Invasion der Alliierten höchst gefährdet war. Wesentliche Bedeutung wurde auch der Sicherung der weiteren wirtschaftlichen Ausbeutung beigemessen, insbesondere der Lieferung wichtiger Rohstoffe für das Reich[35]. Die Mission Neubachers, der so umfassende Befugnisse bekam, wie sie auf dem Balkan keinem der Ribbentrop- oder SS-Leute bisher erteilt worden waren, endete mit einem Teilerfolg. In Griechenland konnte er Links- und Rechtskräfte aufeinanderhetzen. In den übrigen, einst besetzten Gebieten mobilisierte er separatistische Kräfte und Kollaborateure zur Unterstützung der deutschen Polizei und der Wehrmacht. U.a. konnte eine bosnische SS-Gebirgsdivision gebildet werden, worin ein Annäherungsversuch Berlins an die mohammedanischen Kreise im Nahen und Mittleren Osten zu sehen ist. Die Festigung der Kollaborationsregime gelang jedoch nicht – vor allem nicht in Serbien, das die Funktion eines antikommunistischen Bollwerks erfüllen sollte. Deutschland konnte auch nicht die Stärkung des Widerstands auf dem Balkan verhindern. Die im November 1943 befreiten jugoslawischen Territorien umfaßten ca. 130 000 Quadratkilometer. Die Menschenverluste Jugoslawiens, offizielle Schätzungen gehen von 1,7 Millionen Opfern aus, sind auf den Terror, den Kampf gegen die Besatzer wie auch gegen die heimischen Gegner, die wiederum einen nationalen sowie religiösen Hintergrund hatten, zurückzuführen. Die griechischen Verluste werden – wohl übertrieben – auf fast 400 000 Menschen geschätzt, 300 000 davon verhungerten.

---

35 Bundesarchiv – Militärarchiv RW 40/v. 38.

Hermann Graml

Rassismus und Lebensraum

Völkermord im Zweiten Weltkrieg

Die Historiographie über das Dritte Reich kennt gerade für die zentralen Vorgänge und Fragen jener zwölf Jahre höchst unterschiedliche, ja gegensätzliche Interpretationen. Das trifft nicht zuletzt auch auf Hitlers Eroberungspolitik zu und auf die Versuche des NS-Regimes, bestimmte Großgruppen der europäischen Bevölkerung furchtbar zu dezimieren, wie die Polen und die Bewohner der damals sowjetischen Territorien, oder sogar auszurotten, wie die in Europa lebenden Juden. Da haben wir z. B. eine Schule, deren Vertreter den Nationalsozialismus und die Nationalsozialisten als im Grunde überzeugungs- und programmfrei ansehen; die gepredigte »Weltanschauung« und die propagierten politischen Ziele seien lediglich, wie sich Martin Broszat ausgedrückt hat, »Metaphern« und »Chiffren« zur Begründung von sozial bedingter Aktivität gewesen[1]. Folglich werden die Führer und Funktionäre des NS-Regimes als praktisch planungsunfähig behandelt, und das unter nationalsozialistischer Herrschaft stehende Deutschland wird als bloßer Tummelplatz chaotischer Streitereien zwischen zahllosen konkurrierenden Ämtern, Institutionen und Organisationen beschrieben, eigentlich keiner gemeinsamen Räson und keinen gemeinsamen Zwecken mehr unterworfen.

In solcher Sicht kann der Beginn des europäischen Krieges im September 1939 nur mit einem fehlerhaften diplomatischen Kalkül Hitlers und mit deutsch-britischen Mißverständnissen erklärt werden, oder es muß, wenn tiefer gelotet werden soll, in den nationalsozialistischen Führern, die in den anderthalb Jahren davor mit dem triumphalen Einzug in Wien, dem Anschluß der Sudetengebiete und der totalen Unterwerfung der Tschechoslowakei einen ungeheuren Machtzuwachs erlebt hatten, ein düsteres Krisenbewußtsein entdeckt werden, das ihnen einen Krieg als letztes und einziges Heilmittel vorgaukelte[2]. Der Überfall auf die Sowjetunion im Juni 1941 erscheint als das Ergebnis einer – trotz des inzwischen eingestrichenen Gewinns der Herrschaft nun auch über Nord- und Westeuropa – völlig verfahrenen strategischen Lage, in der Hitler keine andere Aushilfe mehr einfiel, und die ständige Verschärfung der nationalsozialistischen Judenverfolgung, von der Aufhebung der Emanzipation

---

1 Martin Broszat, Soziale Motivation und Führer-Bindung des Nationalsozialismus, in: Vierteljahrshefte für Zeitgeschichte, 18 (1970), S. 392–409.
2 Tim Mason, Innere Krise und Angriffskrieg 1938/39, in: Friedrich Forstmeier/Hans-Erich Volkmann (Hrsg.), Wirtschaft und Rüstung am Vorabend des Zweiten Weltkrieges, Düsseldorf 1975, S. 158–188. Ferner Jost Dülffer, Der Beginn des Krieges 1939. Hitler, die innere Krise und das Mächtesystem, in: Geschichte und Gesellschaft, 2 (1976), S. 443–470.

über die totale Isolierung und Entrechtung bis zur Enteignung, als das Resultat eines ursprünglich nicht gewollten, jedoch von den Antagonismen in der Struktur des NS-Systems bewirkten Radikalisierungsprozesses[3]; der Übergang zur Ausrottung der europäischen Juden wird als improvisierte Lösung von administrativen Problemen verstanden, die ein ebenfalls improvisiertes Programm zur Deportation der Juden ins eroberte Osteuropa beschert hatte[4]. Kurzum: Ausgerechnet die bedeutenderen Unternehmen der NS-Führung müssen entweder als absichtslos entstandene Produkte struktureller Entwicklungen oder aber – und das noch häufiger – jeweils als »Ausweg« aus irgenwelchen Nöten und Krisen begriffen werden.

Neuerdings sagen uns jedoch Götz Aly und Susanne Heim in ihrem Buch »Vordenker der Vernichtung. Auschwitz und die deutschen Pläne für eine neue europäische Ordnung«, daß wir das Dritte Reich ganz im Gegenteil als den Schauplatz geradezu idealtypischer Fälle von rational geplanter Politik zu verstehen hätten, als ein Herrschaftssystem, in dem politische Aktivität größerer und vielfach auch geringerer Bedeutung auf engster Zusammenarbeit zwischen Politikern und wissenschaftlichen Experten beruht habe, und zwar sei diese »Expertokratie« bewußt geschaffen worden, um große Konzeptionen zur Neuordnung von Wirtschaft und Gesellschaft in Europa zu verwirklichen[5].

Hier gewinnt der deutsche Einfall in Polen die Qualität eines Unternehmens, das »deutscher Energie« dazu verhelfen sollte, der berüchtigten »polnischen Wirtschaft« zu Leibe zu rücken, und dem Balkanfeldzug wie dem Krieg in der Sowjetunion wird die Absicht zuerkannt, das Grundproblem Süd- und Osteuropas zu lösen, nämlich mit der dort herrschenden »Überbevölkerung« Schluß zu machen, danach einen ebenso stabilen wie kaufkräftigen Mittelstand zu schaffen und auf solche Weise der Industrie – namentlich der deutschen Industrie – einen neuen Markt zu besorgen. Die Verfolgung der Juden in Deutschland sei keineswegs das Werk radikaler Antisemiten gewesen, auch nicht das Resultat einer von »inneren Antagonismen« erzwungenen Radikalisierung, vielmehr hätten kühl und sachlich kalkulierende Fachleute darin, vor allem in der Enteignung der Juden, ganz einfach chirurgische und mit der antisemitischen Staatsreligion des politischen Systems eben bequem zu begründende Eingriffe zur »Rationalisierung« der Wirtschaft gesehen. Die Besetzung Westeuropas und die Verfolgung der dort lebenden Juden soll in erster Linie den Zweck verfolgt haben, auch in diese Region die Segnungen jener Art von Rationalisierung zu exportieren und deutschem Kapital bessere Möglichkeiten zur Beteiligung an holländischen Firmen zu eröffnen, während die Ermordung der polnischen Juden wiederum eindeutig mit dem Bestreben erklärt wird, die übersetzte polnische Gesellschaft wohltätig zur Ader zu lassen und damit einer »arisch-polnischen« Bevölkerung endlich den Lebensraum zu geben, den sie zu ihrer Entfaltung und namentlich zur Ausbildung einer vom »mittelständischen Ethos« getragenen »Kleinbourgeoisie« gebraucht habe. Kurzum: Hitler, Göring, Himmler und die Scharen ihrer juristisch, volkswirtschaftlich oder

---

3 Hans Mommsen, Die Realisierung des Utopischen. Die »Endlösung der Judenfrage« im Dritten Reich, in: Geschichte und Gesellschaft, 9 (1983), S. 381–420.
4 Martin Broszat, Hitler und die Genesis der »Endlösung«. Aus Anlaß der Thesen von David Irving, in: Vierteljahrshefte für Zeitgeschichte, 25 (1977), S. 739–775.
5 Götz Aly/Susanne Heim, Vordenker der Vernichtung. Auschwitz und die deutschen Pläne für eine neue europäische Ordnung, Hamburg 1991.

medizinisch ausgebildeten Gehilfen werden als nüchterne Arbeiter an einem neuen europäischen Gesellschaftsgefüge vorgestellt, als kalte, amoralische und inhumane Baumeister, doch als stets rational konzipierende, rational planende und rational handelnde Baumeister. Ob es sich hier um einen – recht spät kommenden – Versuch handelt, den alten Vorwurf zu entkräften, in den Koordinatensystemen jeder marxistischen Ableitung des Nationalsozialismus aus dem Kapitalismus sei kein Platz für eine rationale Erklärung von Auschwitz?

Nun sind die nationalsozialistischen Politiker in der Tat, wie von der zuerst genannten Schule mit Recht konstatiert wird, oft in Nöte und Krisen geraten, die Aushilfen und Auswege erforderten, d. h. die zwölf Jahre der nationalsozialistischen Herrschaft stellten, genauer gesagt, eine Dauerkrise dar, die von Zeit zu Zeit – auf den unterschiedlichsten Feldern des politischen oder militärischen Handelns – so gefährliche Zuspitzungen erfuhr, daß sich die Führung zu besonderen Reaktionen genötigt sah. Das war aber keineswegs die Folge einer Politik des ideologiefreien Opportunismus, sondern lag im Gegenteil gerade daran, daß Hitler und seine Gefolgsleute, namentlich der als unangefochtener Despot alle wichtigeren Entscheidungen allein treffende »Führer« selbst, an bestimmten ideologischen Orientierungspunkten ihrer Politik mit unbeirrbarer und in der Geschichte höchst selten anzutreffender Konsequenz festhielten. Diese Feststellung wird nicht dadurch entkräftet, daß die Nationalsozialisten in manchen Fällen gegen ihre Schwierigkeiten Rezepte anwandten, die tatsächlich den Eindruck völliger Prinzipienlosigkeit erwecken; ein klassisches Beispiel ist der deutsch-sowjetische Pakt vom August 1939, der sowohl das antikommunistische wie das antisowjetische Credo der NS-Bewegung, seit 1919 unentwegt von allen nationalsozialistischen Podesten herab gepredigt und in der innen- wie in der außenpolitischen Arena auch praktiziert, fast aufzuheben schien[6]. Solch bedenkenlose taktische Wendigkeit erklärt sich vielmehr einfach daraus, daß die Nationalsozialisten eben nicht, wie Götz Aly und Susanne Heim annehmen, eine rationale Konzeption zur Neuordnung von Wirtschaft und Gesellschaft in Europa besaßen, schon gar nicht eine wissenschaftlicher Beratung zu verdankende Konzeption, sondern als Handlungsantrieb etwas ganz anderes, nämlich eine »Weltanschauung«, die sie dazu brachte, wahrhaft »deutscher« Politik ein paar Grundtendenzen zuzuschreiben und dann aufzudrängen, die durchaus auch in verschlungeneren Bahnen verfolgt werden konnten, und die sie der deutschen Nation ein paar Ziele weisen ließ, die durchaus auch im Zickzackkurs angesteuert werden durften.

Hitler und die Kerngruppen der NS-Bewegung leitete eine simpel und krud sozialdarwinistische Anschauung von den Bedingungen menschlicher Existenz und damit von den Gesetzen der Politik. Ihr einer Schlüsselbegriff für die deutsche Nation und deren politisches Geschick hieß folglich »Expansion«. In einem immerwährenden Kampf der Völker hatte in nationalsozialistischen Augen eine Nation nur die Wahl, stärker zu sein als die anderen und zu expandieren oder aber schwächlich zu werden, auf Expansion verzichten zu müssen und kräftigeren, den Gesetzen des Daseinskampfes getreueren Nachbarn zum Opfer zu fallen. Bevor er Reichskanzler wurde, hat Hitler aus dieser »Friß-oder-Stirb«-Ideologie auch in der Öffentlichkeit nie ein Hehl gemacht. Noch im November 1930, als nach dem sensationellen Erfolg der

---

6 Vgl. Bernd-Jürgen Wendt, Großdeutschland. Außenpolitik und Kriegsvorbereitung des Hitler-Regimes, München 1987, S. 178 ff.

NSDAP in den Reichstagswahlen jenes Jahres sein Kampf um die Macht in Deutschland bereits im Ernst begonnen hatte, sagte er vor Professoren und Studenten in Erlangen: »Jedes Wesen strebt nach Expansion, und jedes Volk strebt nach der Weltherrschaft. Nur wer dieses letzte Ziel im Auge behält, gerät auf den richtigen Weg.«[7]

Neben solch »ehernem« Lebensgesetz sahen die Nationalsozialisten indes noch einen zweiten Grund, der die Nation auf die Bahn zur Expansion verwies. Sie gehörten zu jener Mehrheit der Deutschen, die sich gegen viele Erscheinungen und Folgen der Industrialisierung Deutschlands auflehnte, die im Prozeß der Modernisierung einen Verfallsprozeß zu erkennen glaubte, der zu physischem, sittlichem, geistigem und politischem Siechtum der Nation führen müsse, und so zimmerten sie sich – radikaler Flügel der Front gegen die Moderne – ein extrem antiurbanes und agrarromantisches Gesellschaftsbild zusammen[8]. Um die Nation »gesund« und damit natürlich auch für den internationalen Daseinskampf tauglich zu machen, wollten die Nationalsozialisten aus der deutschen Bevölkerung eigentlich ein Volk von Grundbesitzern und Kriegern machen, zumindest aber sollte allen Deutschen – auch den nach ihrer Meinung in den Mietskasernen der Industriestädte verkommenden Arbeitern – soviel Boden gegeben werden, daß jeder den Schädigungen einer wurzellosen Asphaltexistenz entging. Dafür war Deutschland evidentermaßen zu klein, woraus sich unmittelbar eine weitere Notwendigkeit für eine Politik der Eroberungen ergab. Ebenso schlicht wie klar hat das Rudolf Jung, der sudetendeutsche Lehrmeister Hitlers, in seinem 1919 geschriebenen und veröffentlichten Buch »Der nationale Sozialismus« formuliert: »Ihm (dem Zeitalter des nationalen Sozialismus, d. Verf.) gehört die Zukunft. Er baut das neue, wirklich Deutsche Reich auf, dessen erste Tat in der Lösung der Boden- und mit ihr der Heimstättenfrage bestehen muß, denn der Deutsche soll wieder als Freier auf freiem Grunde stehen! Hier regen sich die Zweifel. Woher das Land nehmen, so hören wir fragen. Nun, soweit es möglich ist, wird es innerhalb der heutigen Reichsgrenzen beschafft. Wird aber unserem Volke dort der Lebensraum zu eng, nun, dann wird es durch die Not getrieben, wieder dorthin fahren müssen, wohin einst die Ahnen zogen: Gen Osten!«[9]

Wie dieser zum Aufbruch rufende Fanfarenstoß beweist, haben etliche Nationalsozialisten über die Grundrichtung der als notwendig erkannten Expansion bereits frühzeitig Klarheit gehabt. Zwischen 1919 und 1922/23 hat sich auch Hitler der Meinung Jungs angeschlossen, daß der erforderliche »Lebensraum« in Osteuropa bzw., genauer gesagt, in den baltischen Ländern und in Rußland erobert werden müsse. Vermutlich zeichnete dafür die in Deutschland ja weit verbreitete Vorstellung verantwortlich, die östlichen Räume seien amorpher, der Eroberung, der sozusagen bevölkerungspolitischen Rodung und dann der Besiedlung leichter zugänglich als die gegliederten, widerstandsfähigen und dicht besiedelten Staaten West- und Nordeuro-

7 Heinz Preis (Hrsg.), Adolf Hitler in Franken. Reden aus der Kampfzeit, München 1939, S. 171.
8 George L. Mosse, Crisis of German Ideology, New York 1964; Fritz Stern, Kulturpessimismus als politische Gefahr. Eine Analyse nationaler Ideologie in Deutschland, Bern – Stuttgart 1963; Henry A. Turner, Faschismus und Anti-Modernismus, in: Wolfgang Michalka (Hrsg.), Nationalsozialistische Außenpolitik, Darmstadt 1978, S. 148–174.
9 Rudolf Jung, Der nationale Sozialismus, Aussig 1919, S. 74.

pas. Sowohl Jung wie Hitler haben außerdem ernsthaft ins Kalkül gezogen, daß Rußland gerade eine erhebliche Schwächung erlitt, weil dort die Bolschewiki – in nationalsozialistischer Sicht unfähig zu positiver Leistung – die Macht an sich gerissen hatten. Hier wird deutlich, daß der nationalsozialistische Expansionismus mitnichten zu einer mitteleuropäisch-bürgerlichen Abwehrreaktion gegen Kommunismus und Bolschewismus gehörte; so echt und tiefsitzend der Antibolschewismus der NSDAP auch war, der Expansionismus existierte ganz unabhängig davon und verzeichnete die Errichtung kommunistischer Herrschaft vor wie nach 1933 in erster Linie als willkommene Destabilisierung von ohnehin anvisierten Zielobjekten, auffallende kommunistische Tätigkeit in irgendwelchen europäischen Ländern vornehmlich als plausiblen Vorwand für eigene außenpolitische Manöver, so in den dreißiger Jahren für den Antikominternpakt mit Japan oder für die unter deutscher und italienischer Ägide angestrebte Reduzierung der Staaten Ost- und Südosteuropas zu Satelliten Berlins und Roms[10].

Jungs und Hitlers Schriften machen aber ferner klar, daß der nationalsozialistische Expansionismus auch nichts mehr mit den Imperialismen alten Stils gemein hatte, die im 18. und 19. Jahrhundert europäische Staaten zum Erwerb überseeischer Kolonien veranlaßt hatten. Den nationalsozialistischen Imperialisten ging es nicht um die Errichtung von Herrschaft zum Schutz von Handelswegen, zur Inbesitznahme von Rohstoffvorkommen, zur zwangsweisen Öffnung und Sicherung von Märkten, gar zur Christianisierung oder Europäisierung irgendwelcher »Eingeborener«. Vielmehr betrachteten die Nationalsozialisten die Errichtung deutscher Herrschaft im Baltikum und in Rußland, grundsätzlich gesehen, nur als temporäres Mittel zum Zweck, und der Zweck war von Anfang bis zum Ende die biologische Expansion der deutschen Nation. Wo Nationalsozialisten deutsche Herrschaft begründeten, drohte also den Beherrschten, wiederum grundsätzlich gesehen, nach dem Verlust der Selbständigkeit und nach der Versklavung stets der Tod. Als Hitler sich 1938 anschickte, die Tschechoslowakei zu unterwerfen, sagte er einmal: »Wir dürfen diese Völker, vor allem die Tschechen und ähnliches Gelichter, nicht hochpäppeln, wir werden sie vielmehr einmal herausdrücken. Wir wollen nicht diese Völker, wir wollen ihr Land.«[11] Das bringt den nationalsozialistischen Imperialismus in der Tat auf den Punkt und belegt im übrigen, daß die Grundtendenz dieses Imperialismus nicht nur auf die baltischen und russischen Räume zielte, sondern sehr wohl auch auf jene Regionen, in denen sich Hitler, weil er die Bevölkerung noch brauchte oder aus sonstigen taktischen Gründen noch nicht zu eliminieren vermochte, für längere Zeit mit der Etablierung deutscher Herrschaft und mit Ausbeutung oder sogar mit bloßer Satellitisierung begnügen mußte. Ein Beispiel für die Gefährdung ist Polen. Noch in den ersten Monaten des Jahres 1939 um ein Bündnis mit Warschau bemüht, weil er den Rücken für einen Krieg gegen die Westmächte frei haben wollte, eröffnete Hitler, nachdem die Dinge anders gekommen waren und er Polen niedergeworfen hatte, seinem Statthalter in Krakau, Generalgouverneur Hans Frank, am 17. März 1941, daß das General-

10 Hermann Graml, Europas Weg in den Krieg. Hitler und die Mächte 1939, München 1990, S. 86ff.
11 Elke Fröhlich (Hrsg.), Die Tagebücher von Joseph Goebbels. Sämtliche Fragmente. Bd. 3, München 1987, S. 515.

gouvernement nicht nur demnächst »judenfrei« gemacht werde, sondern in 15 bis 20 Jahren auch »polenfrei«[12].

Dieses Programm der Erweiterung des deutschen »Lebensraums« nach Osten hat Hitler, von anderen unterstützt, zwischen 1924 und 1933 zum Dogma der NS-Bewegung gemacht. Die Durchsetzung bedurfte schriftlicher und mündlicher Überzeugungsarbeit. Da gab es Anhänger, die zunächst mehr Nationalisten als Nationalsozialisten im strengen Sinne des Begriffs waren und weder auf die Rache an den für Versailles verantwortlichen Westmächten verzichten noch sofort einsehen wollten, daß Deutschland Südtirol preisgeben müsse, weil für den Zug nach Osten ein Bündnis mit Italien gebraucht werde. Und da gab es jene »linken« Nationalsozialisten wie Joseph Goebbels, die jahrelang davon träumten, der Expansion eine westliche Stoßrichtung zu geben und im Bunde mit dem revolutionierten Rußland die verhaßten Westmächte anzugehen, die so verabscheuenswürdige »bürgerliche« Werte repräsentierten wie Liberalismus, Parlamentarismus, Demokratie. Hitler bekehrte sie alle zum »wahren« Nationalsozialismus. Im Tagebuch des Berliner Gauleiters Goebbels ist die Bekehrung zur größeren, kälteren, staatsmännischeren Vision des »Führers« gut zu verfolgen. Und so sangen später die in den Reihen der Formationen von NS-Bewegung und NS-Staat Marschierenden frohgemut und in aller Öffentlichkeit: »In den Ostwind hebt die Fahnen« und: »Nach Ostland geht unser Ritt«.

Sein missionarisches Werk fiel Hitler freilich auch deshalb relativ leicht, weil er zwar die Konzentration auf die Expansion nach Osten predigte und forderte, aber andere Stoßrichtungen nie ausschloß. Er selbst und viele sonstige Gläubige der Ostraumideologie blieben stets bereit, auch ein Ausgreifen nach Westen, Norden oder Süden ins Augen zu fassen, wenn dafür eine günstige Konstellation entstand oder eine taktische Notwendigkeit sprach. Doch abgesehen davon, daß »Lebensraum im Osten« das unverrückbare und grundsätzlich Priorität genießende Ziel darstellte, unterschieden sich die übrigen imperialistischen Tendenzen ihrer Natur nach von den östlichen Träumen. Im Westen und Norden dachten auch die Nationalsozialisten nicht an eine biologische Expansion der deutschen Nation, sondern ganz simpel an den Anschluß von Territorien und Ländern, die, weil »germanisch« oder sonst »artverwandt« besiedelt und vor Jahrhunderten zum Heiligen Römischen Reich Deutscher Nation gehörig, nach ihrer Meinung mit dem gleichen Recht für das neue Reich der Deutschen beansprucht werden durften wie Österreich und die Sudetengebiete. Es handelte sich hier um einen pangermanisch begründeten und vielfach historisierend argumentierenden Imperialismus.

Als Hitler 1937 und 1938 die Überzeugung gewann, daß ihm, anders als er bislang angenommen hatte, die Westmächte keine »freie Hand« im Osten geben würden und er folglich gezwungen sei, vor der Eroberung östlichen Lebensraums Westeuropa zu unterwerfen und den politischen Einfluß Großbritanniens auf dem europäischen Kontinent zu eliminieren, bedachte er, daß dieses an sich noch nicht programmgemäße Unternehmen doch auch eine historische Chance darstelle. Mehr und mehr setzte sich in ihm die Absicht fest, die notwendig gewordene Kampagne im Westen zur »Liquidierung des Westfälischen Friedens« zu nutzen, wie er das des öfteren nannte, d.h. zur möglichst weitgehenden Realisierung sozusagen »reichischer« An-

---

12 Werner Präg/Wolfgang Jacobmeyer (Hrsg.), Das Diensttagebuch des deutschen Generalgouverneurs in Polen 1939–1945, München 1975, S. 335.

sprüche auf Holland, Belgien, Luxemburg, große Teile Frankreichs und die Schweiz[13]. Als er dann mit den Westmächten tatsächlich im Kriege stand, hat er seinen Propagandachef Goebbels Anfang 1940 wirklich angewiesen, die Inszenierung eines großen Spektakels vorzubereiten, auf dem, nach einem siegreichen Feldzug im Westen, der Westfälische Frieden öffentlich und zeremoniell »ausradiert« werden sollte, und zwar in Münster, wo er 1648 unterzeichnet worden war und wo nun, so Hitler am 2. März 1940 vor den Reichs- und Gauleitern, »der neue Frieden diktiert werden wird«[14]. Der Kriegsverlauf hat derartige Absurditäten, da der militärische Triumph über Frankreich im Mai und Juni 1940 weder die überseeischen französischen Besitzungen in deutsche Hand brachte noch gar Großbritannien in die Knie zwang, rasch wieder erstickt. Doch hat Hitler in dieser Periode sehr klargemacht, wie fest er und die NS-Bewegung zumindest partiell auch in der Tradition der Alldeutschen standen, die ja im Westfälischen Frieden die große Katastrophe der deutschen Geschichte sahen. Im übrigen hat Hitler nie einen Zweifel daran gelassen, daß sich Deutschland nach der Eroberung von Lebensraum in Europa, die viel wichtiger sei und absoluten Vorrang habe, auch wieder ein großes überseeisches Kolonialreich erfechten werde; auf solcher Basis konnte er eine Brücke selbst zu den vorwiegend in wirtschaftlichen Kategorien denkenden Kolonialimperialisten wilhelminischer Prägung schlagen[15].

Am 10. April 1940, nachdem deutsche Truppen am Vortag in Dänemark und Norwegen eingefallen waren, weil das die Kriegführung gegen die Westmächte zu erfordern schien, sagte Hitler triumphierend: »Am Ende des 70er Krieges stand das Deutsche, am Ende dieses Krieges wird das Germanische Reich stehen.«[16] Die Leichtigkeit, ja die Selbstverständlichkeit des Übergangs vom Begriff »deutsch« zum Begriff »germanisch« zeigt – wie ja auch der auf Westeuropa gerichtete pangermanische Imperialismus – deutlich, daß der zweite Schlüsselbegriff, der neben »Expansion« das Denken und Handeln Hitlers und der NS-Bewegung bestimmte, nicht eigentlich »Nation«, sondern »Rasse« hieß. Sie hingen jenem rassistischen Manichäismus an, der in der zweiten Hälfte des 19. und im ersten Jahrzehnt des 20. Jahrhunderts in den deutschen Teilen der Donaumonarchie und in der Gesellschaft des wilhelminischen Deutschland heimisch geworden war, verbreitet von Propheten wie Eugen Dühring, Houston Stewart Chamberlain, George Ritter von Schönerer oder Heinrich Claß, dem Vorsitzenden des Alldeutschen Verbands[17]. Hatten Sozialisten der unterschiedlichsten Spielarten den Klassenkampf zum bestimmenden Faktor der geschichtlichen Entwicklung erklärt, so verstanden die Nationalsozialisten, belehrt von Dühring, Schönerer oder Claß, Geschichte als einen fortwährenden Kampf zwischen Rassen, namentlich zwischen der allein edlen, tüchtigen und schöpferischen »germanischen« (oder »arischen« oder »nordischen«) Rasse – mit der deutschen Nation als Kern – und der rein parasitären, ja zerstörerischen jüdischen Gegenrasse. Rassismus und Antisemitismus gingen eine unauflösliche Verbindung ein, und so glaubten Hitler und seine

---

13 Vgl. H. Graml (Anm. 10), S. 67.
14 E. Fröhlich (Anm. 11), Bd. 3, S. 55, 132, Bd. 4, S. 57.
15 Vgl. Klaus Hildebrand, Vom Reich zum Weltreich. Hitler, NSDAP und koloniale Frage 1919–1945, München 1969.
16 E. Fröhlich (Anm. 11), Bd. 4, S. 105.
17 Hermann Graml, Reichskristallnacht. Antisemitismus und Judenverfolgung im Dritten Reich, München 1988, S. 38–108.

Anhänger allen Ernstes, die Germanen oder Arier verkörperten das »Gute«, die Juden hingegen das »Böse« in der Geschichte, und da das »Böse« seiner Natur nach nicht anders kann, als das »Gute« mit tödlichem Haß zu verfolgen, waren die Nationalsozialisten aufrichtig davon überzeugt, daß die Juden in Deutschland und in aller Welt – das »Weltjudentum« – Tag und Nacht an der Versklavung, ja am Untergang der deutschen Nation arbeiteten, was wiederum die Deutschen bzw. die »Arier« zu unerbittlicher Abwehr zwinge. Bedrohte der nationalsozialistische Expansionismus grundsätzlich jedes unterworfene Volk mit dem Tod, so der nationalsozialistische Rassismus speziell die europäische Judenheit. In der Logik des rassistischen Manichäismus war kein Platz für irgendeine vorstellbare Form der friedlichen Koexistenz mit den Juden, in dieser Logik lag vielmehr der endliche Triumph über die Gegenrasse durch die physische Vernichtung ihrer auf Erden lebenden Angehörigen.

Daß Handlungsimpulse wie der nationalsozialistische Expansionismus und Rassismus entstehen und sich ausbreiten können, ist gewiß das Ergebnis komplizierter geistiger und gesellschaftlicher Prozesse. Aber einmal in die Welt gekommen, werden sie in den davon Besessenen zu selbständigen Antriebselementen und damit ihrerseits zu mächtigen eigenständigen Faktoren der Entwicklung. Die Nationalsozialisten verbanden ihren Rassismus und Antisemitismus mit ihrer sozialdarwinistischen Weltanschauung und ihrer antimodernistischen Gesellschaftsvorstellung jedenfalls nicht zu einem unverbindlichen Theoremegemisch, sondern zu einer Lehre, der sie für ihr politisches Handeln kursbestimmenden Rang einräumten und sogar – da ein derartiges Konglomerat von Abstrusitäten naturgemäß nur dann in irgendeiner Weise ernster genommen werden konnte, wenn man sich zum Besessenen machte – einräumen mußten.

Besonders gefährlich war dabei, daß sich Expansionismus und Rassismus in der Verbindung gegenseitig kräftigten und steigerten. Sah man allein die Deutschen oder die »Arier« als »kulturfähig« an, wie sich schon die Alldeutschen ausdrückten[18], so folgte daraus nicht nur das Recht, sondern eigentlich sogar die Pflicht zur Expansion der schöpferischen Rasse bzw. zunächst ihrer Kernnation. Die von den Rassisten entdeckte Hierarchie der Rassen lieferte also dem Expansionismus die bestmögliche Rechtfertigung, das gute Gewissen. Umgekehrt wirkte der Expansionismus intensivierend und ebenfalls legitimierend auf den Rassismus ein. Hing die Tauglichkeit der Deutschen für die Expansion an ihrer rassischen Qualität und deren ständiger Verbesserung, so mußten die Vorbereitung und die erfolgreiche Führung von Eroberungskriegen, erst recht dann die Behauptung der Beute in engster Abhängigkeit von der Ausmerzung »rassefremder« und für die Rasse schädlicher Elemente gewähnt werden, namentlich in engster Abhängigkeit von der gnadenlosen Bekämpfung und schließlich Ausrottung der Juden, der Vertreter der Gegenrasse. Diesem Wahn haben Hitler und seine Gefolgsleute in der Tat gehuldigt.

Bis 1933 waren das Zusammenhänge, die lediglich in den Schriften, Reden und Diskussionen der Nationalsozialisten Ausdruck finden konnten. Nachdem Hitler Reichskanzler geworden war, zeigte sich aber, daß die ideologischen Zusammenhänge auch die politische Praxis des NS-Regimes nachhaltig beeinflußten. Hitlers Außenpolitik und die Verfolgung der Juden verzahnten sich tatsächlich auf bezeich-

---

18 Roger Chickering, We Men Who Feel Most German. A Cultural Study of the Pan-German League 1886–1914, Boston – London – Sidney 1984, S. 243.

nende Weise, d.h. den Stationen auf dem Wege zum Krieg waren die einzelnen Etappen der Judenverfolgung zugeordnet. Da die außenpolitischen Stationen eine Kette von Erfolgen darstellten, ist ihre Verbindung mit den Übergängen und Durchbrüchen der Judenverfolgung naturgemäß auch auf eine Zunahme von Selbstgefühl und Sicherheitsbewußtsein zurückzuführen; mit jedem Erfolg konnte die Radikalität des nationalsozialistischen Antisemitismus deutlicher gezeigt werden, brach der Drang zu judenfeindlicher Aktivität ungescheuter durch. Es ist charakteristisch, daß in den ersten Jahren des Regimes, als Hitler die Anfangsphase der Aufrüstung vor ernstlichen außenpolitischen Störungen oder gar Interventionen der Nachbarmächte schützen und daher den Eindruck eines vernünftigen, friedfertigen Politikers erwecken wollte, auch in der Judenpolitik, von unsystematischem Terror regionaler und lokaler Funktionäre abgesehen, noch Bremsen angelegt blieben, sich die offiziellen Maßnahmen auf die Verdrängung der Juden aus der Politik, dem öffentlichen Dienst und einigen freien Berufen beschränkten. Als sich das dann änderte, war für die Verschärfung und Ausweitung der judenfeindlichen Praxis jedoch nicht allein die gewachsene Zuversicht und Arroganz des »Führers« und seiner Gehilfen ursächlich, sondern zugleich die Überzeugung, daß die Nation besser in Form gebracht werden müsse, je realer die Aussicht auf Eroberungskriege werde.

Typisches Beispiel für die Verflechtung beider Motive sind die »Nürnberger Gesetze« vom 15. September 1935, mit denen die politische Entrechtung der deutschen Juden vollendet und ihre totale Isolierung in der deutschen Gesellschaft eingeleitet wurde. Auf der einen Seite dürfen sie als das unmittelbare Produkt einer politischen Erfolgsserie gelten, die vom nationalsozialistischen Triumph in der Saarabstimmung über die Verkündung der allgemeinen Wehrpflicht bis zum Flottenabkommen mit Großbritannien reichte – das Hitler als den Beginn einer bündnisartigen Partnerschaft zwischen Berlin und London mißverstand. Zum ersten Mal seit dem 30. Januar 1933 fühlte sich Hitler nicht mehr von präventiven Interventionen des Versailler Staatensystems bedroht. Hitlers große Rede auf dem Parteitag vom September 1935 stand unter dem Satz: »Das Reich ist gesichert!«[19] Andererseits schlug sich in den »Nürnberger Gesetzen« – bei denen lediglich die Verkündung improvisiert, die Vorbereitung hingegen systematisch gewesen war[20] – offensichtlich die Auffassung nieder, daß es nun, da der außenpolitische Aufbruch immerhin näher rücke, an der Zeit sei, das gefährlichste Gift im Volkskörper zu isolieren.

Vermutlich wäre dieser Prozeß sogleich fortgesetzt worden und hätte noch 1936 mit einem umfassenden Angriff auf ihren Besitz auch die Vollendung der Isolierung der deutschen Juden gebracht; mit der Remilitarisierung des Rheinlands, mit der deutsch-italienischen Annäherung und mit der Verwandlung Österreichs in einen Satellitenstaat Deutschlands heimste das Regime erneut große außenpolitische Gewinne ein, kam es dem Krieg wieder ein Stückchen näher. Jedoch blieb Hitler in jenem Jahr, in dem er der prestigeträchtigen Selbstdarstellung des NS-Regimes während der Olympischen Spiele für einige Zeit absolute Priorität einräumte, darauf bedacht, dem Ausland größtmögliche Normalität vorzuspielen. Bezeichnenderweise

---

19 H. Graml (Anm. 17), S. 149.
20 Lothar Gruchmann, »Blutschutzgesetz« und Justiz. Entstehung und Auswirkung des Nürnberger Gesetzes vom 15. September 1935, in: Vierteljahrshefte für Zeitgeschichte, 31 (1983), S. 418–442.

ging die Pause in den letzten Monaten des Jahres 1937 zu Ende. Als Hitler die ersten grenzüberschreitenden Aktionen ins Auge faßte, schickte sich die NS-Führung zugleich an, mit der Parole »Juden raus aus der Wirtschaft« Ernst zu machen und so die totale Isolierung der deutschen Juden zu realisieren. Auf internationalem Felde vollzog Hitler nun den Übergang von einer Außenpolitik opportunistischer Ausbeutung der Chancen, die andere geliefert hatten, namentlich Frankreich und Italien, zu einer Außenpolitik der im Dienste klar definierter eigener Absichten selbstgeschaffenen Chancen. Seit der Jahreswende 1937/38 lief die politische und propagandistische – bald auch die militärische – Vorbereitung der Eroberung der Tschechoslowakei. Die Sudetenkrise des Jahres 1938, vom Anschluß Österreichs nicht eingeleitet, sondern zeitweilig unterbrochen, war die erste europäische Krise, die von der NS-Führung zielbewußt und planmäßig inszeniert wurde. Mit ihr verließ die nationalsozialistische Außenpolitik das Stadium der Improvisation und erreichte ein Stadium zumindest mittelfristiger Pläne[21]. Seit der Jahreswende 1937/38 kamen aber auch in rascher Folge Gesetze und Verordnungen heraus, die, neben weiteren Einschränkungen der jüdischen Berufstätigkeit, den Zweck hatten, eine Gesetzgebung zur vollständigen Enteignung der deutschen Judenheit gründlich vorzubereiten. Das gilt vor allem für die im April 1938 verfügte umfassende Bestandsaufnahme der jüdischen Vermögen. Ende September oder Anfang Oktober 1938 sollte ein lokalisierter Feldzug gegen die Tschechoslowakei geführt werden und mit dem Einmarsch in Prag enden, andererseits drängte Mitte August 1938 das Reichswirtschaftsministerium alle mit der Anmeldung jüdischen Vermögens befaßten Stellen, ihre Arbeit ja bis zum 30. September abzuschließen. Offensichtlich gedachte Hitler die militärische Aktion und den außenpolitischen Triumph mit der Verkündung der Enteignungsgesetze zu verbinden. Die von erfolgreicher Außenpolitik erzeugte Hybris und der von dieser Hybris mobilisierte judenfeindliche Aktionsdrang wurden also gar nicht mehr abgewartet, sondern vorhergesehen und gleichsam zu Elementen von Planung gemacht. Zugleich sollte aber der in den Augen der NS-Führer jetzt gegebenen Notwendigkeit zu einer weiteren Verschärfung des Kampfes gegen den jüdischen Erzfeind gehorcht werden.

Chamberlains Appeasementpolitik hat 1938 Hitlers Pläne freilich durchkreuzt und den Einmarsch in Prag aufgeschoben. Hitler mußte sich mit dem ärgerlich unvollständigen und unangenehm friedlichen Triumph begnügen, den ihm das Münchner Abkommen und der Anschluß lediglich der Sudetengebiete verschafften. Das brachte zugleich den an die Außenpolitik gehefteten Zeitplan der Judenpolitik durcheinander, zumal die Enteignung der Juden, also eine Aktion, die eine ernste Verletzung der Heiligkeit des Privateigentums darstellte, in einer immer noch bürgerlichen Gesellschaft der Begründung und der Abschirmung durch ein möglichst spektakuläres Ereignis bedurfte. Als Ersatz wurde schließlich der Pogrom vom November 1938, die »Reichskristallnacht«, inszeniert, nachdem die Ermordung eines in Paris stationierten deutschen Diplomaten durch einen jüdischen Attentäter so etwas wie einen Vorwand geliefert hatte. Immerhin standen Hitler auch nach dem nur halben Erfolg von München die nächsten Schritte so klar vor Augen, daß eine Abschwächung der Judenverfolgung nicht mehr in Frage kam, daß sogar die nächste Steigerung, die Steigerung zur endgültigen Abrechnung mit der Gegenrasse, in Sicht kam. Zwar proklamierte das Regime in den Monaten nach der »Kristallnacht« als sogenannte »Lösung der

---

21 H. Graml (Anm. 10), S. 100 ff.

Judenfrage« die Auswanderung. In Wahrheit eröffneten die »Kristallnacht« und die Aussicht auf den nun sehr nahe herangerückten Krieg eine Etappe, in der sich eine ganz andere Vorstellung von der »Lösung der Judenfrage« Bahn zu brechen begann. Als eigentliches Ziel der Judenverfolgung wurde jetzt die Ausrottung der Juden denkbar und wünschbar. Hermann Göring, der zweite Mann im Staat, hat das am 12. November 1938 während einer internen Sitzung vage angedeutet[22], Hitler selbst am 30. Januar 1939 Görings Ankündigung öffentlich und präzise wiederholt. Im Reichstag sagte der »Führer«, wenn es zum Kriege komme, werde das Ergebnis nicht der Sieg des Judentums sein, »sondern die Vernichtung der jüdischen Rasse in Europa«. Den Ausdruck »vernichten« hatte er einige Tage zuvor, am 21. Januar, sogar in einer Unterredung mit einem ausländischen Politiker, dem tschechoslowakischen Außenminister Chvalkovsky, gebraucht[23].

Als die ersten Feldzüge dann kamen, in Polen, in Nord- und Westeuropa, fielen sie allerdings noch nicht weit genug aus den gewohnten europäischen Maßstäben, um schon die Verwirklichung der Vernichtungsabsicht zu erlauben. Zwar nahm die Drangsalierung der Juden namentlich im annektierten und besetzten Polen erneut zu. Zahlreiche kleinere Massaker bestätigten gewissermaßen die Absicht, und die Ausdehnung des deutschen Machtbereichs gab der Judenverfolgung nun eine europäische Dimension. Aber die für eine »Endlösung« gebrauchte Verbindung von Gelegenheit und Notwendigkeit sah Hitler erst in den Monaten nach dem Triumph in Frankreich kommen, als er zu dem Schluß kam, er könne es riskieren, die Sowjetunion anzugreifen. In seinem Entschluß ließ sich Hitler gewiß auch von den Umständen der Kriegslage bewegen, wie sie sich ihm nach den Feldzügen in Nord- und Westeuropa darbot, also vornehmlich von der deutschen Unfähigkeit zur Eroberung der britischen Inseln und, daraus abgeleitet, von dem vermeintlichen Zwang zur Ausschaltung des letzten potentiellen Festlandsdegens der Briten. Davon abgesehen, entschloß er sich jedoch vor allem deshalb zum Marsch nach Osten, weil er sich, obwohl England noch nicht die Waffen gestreckt hatte, mittlerweile stark genug fühlte, seinen eigentlichen Krieg zu führen, den Krieg um »Lebensraum«, jenen Krieg also, für den er die NS-Bewegung zur Macht geführt hatte und für den das dienstbar gemachte Deutsche Reich jetzt, nach den bisherigen Erfolgen, tatsächlich in der angestrebten Ausgangsstellung stand[24].

Zwischen 30 und 40 Millionen Bewohner der anvisierten sowjetischen Territorien gedachten Hitler und seine Planungsstäbe der biologischen Expansion der deutschen Nation und der arischen Rasse fürs erste zu opfern. Für einen Geist wie Hitler war es wohl zwingend, diesen einen genuin nationalsozialistischen Krieg mit dem zweiten genuin nationalsozialistischen Krieg, dem rassistischen Kreuzzug gegen die Juden, aufs engste zu verbinden und die Endsiege beider Kampagnen in eins fallen zu lassen. So folgten den deutschen Stoßarmeen im Sommer 1941 Einsatzgruppen genannte Sonderformationen, deren Aufgabe die Ausrottung der in der Sowjetunion lebenden Juden war, und zwischen Frühherbst 1941 und Anfang 1942 begannen Planung und

---

22 International Military Tribunal, XXVIII, S. 538 f.
23 Akten zur deutschen Auswärtigen Politik, Serie D, IV, S. 170.
24 Andreas Hillgruber, Die »Endlösung« und das deutsche Ostimperium als Kernstück des rassenideologischen Programms des Nationalsozialismus, in: Vierteljahrshefte für Zeitgeschichte, 20 (1972), S. 133–153.

Bau von Lagern, in die alle europäischen Juden deportiert werden sollten, um dort ermordet zu werden[25]. Die Stäbe veranschlagten die Zahl der Opfer dieses Krieges auf rund zehn Millionen.

Dank der fanatischen Konsequenz ihres beredtesten Propheten hatte also nun tatsächlich der Versuch zur Realisierung dieser Wahnideen begonnen. Und Hitler kam seinen Zielen gefährlich nahe, unterstützt von vielen, die seine »Weltanschauung« teilten oder halbwegs an sie glaubten, und gestützt auf zahllose, die dem Diktator ganz unabhängig von den nationalsozialistischen Doktrinen gehorchten. Die Sowjetunion geriet an den Rand der Niederlage, und während die oft schlecht, stets aber ungewöhnlich rücksichtslos geführte Rote Armee Verluste in Höhe von rund zehn Millionen – davon allerdings etwa drei Millionen in deutschen Gefangenenlagern – erlitt, hatte die Zivilbevölkerung, als Folge der Kampfhandlungen, durch deutsche Repressalien, durch Hunger und Krankheit, ebenfalls etwa zehn Millionen Tote zu beklagen[26]. Dem rassistischen Vernichtungsfeldzug wiederum fielen sechs Millionen europäische Juden zum Opfer[27]. In Polen ist die Ausrottung beinahe erreicht worden. Doch kamen in den besetzten polnischen Gebieten auch mindestens 2,5 Millionen Polen christlicher Konfession ums Leben, durch Mordaktionen gegen die polnische »Intelligenz«, bei Vertreibung und »Umsiedlung«, durch eine Terrorjustiz übelster Art, durch Hunger und Krankheit, im Widerstand. Expansionismus und Rassismus – nicht etwa die »inneren Antagonismen« des NS-Systems – brachten Europa einen furchtbaren Aderlaß, von dem sich Osteuropa bis heute noch nicht erholt hat.

---

25 Ino Arndt/Wolfgang Scheffler, Organisierter Massenmord an Juden in nationalsozialistischen Vernichtungslagern. Ein Beitrag zur Richtigstellung apologetischer Literatur, in: Vierteljahrshefte für Zeitgeschichte, 24 (1976), S. 105–135; Wolfgang Scheffler, Chelmno, Sobibor, Belzec und Majdanek, in: Eberhard Jäckel/Jürgen Rohwer (Hrsg.), Der Mord an den Juden im Zweiten Weltkrieg. Entschlußbildung und Verwirklichung, Stuttgart 1985, S. 125 ff.; Christopher R. Browning, Fateful Months. Essays on the Emergence of the Final Solution, New York – London 1985. Allein schon an der Terminfrage scheitert der Versuch, die »Endlösung« aus Hitlerscher Frustration nach dem Scheitern des Blitzkriegs in Rußland während der Winterkrise 1941/42 zu erklären, wie z. B. bei Arno J. Mayer, Der Krieg als Kreuzzug. Das Deutsche Reich, Hitlers Wehrmacht und die »Endlösung«, Reinbek 1989.
26 Vgl. Rüdiger Overmans, 55 Millionen Opfer des Zweiten Weltkrieges? Zum Stand der Forschung nach mehr als 40 Jahren, in: Militärgeschichtliche Mitteilungen, (1990) 2, S. 103–121.
27 Wolfgang Benz (Hrsg.), Dimension des Völkermords. Die Zahl der jüdischen Opfer des Nationalsozialismus, München 1991.

PETER STEINBACH

Der Widerstand gegen die Diktatur

Hauptgruppen und Grundzüge
der Systemopposition[1]

Der Widerstand gegen den Nationalsozialismus zählt heute zu den zeitgeschichtlichen Traditionslinien, die in besonderer Weise mit unserer Gegenwart verbunden sind und in der Regel zur Vorgeschichte der deutschen Nachkriegsdemokratie gerechnet werden[2]. Dieses Interesse hat dazu beigetragen, daß die Beschäftigung mit dem Widerstand im Dritten Reich in der politischen Kultur und in der politischen Bildung der Bundesrepublik Deutschland einen festen Platz einnimmt[3]. Dies bedeutete allerdings auch, daß vielfach, keineswegs jedoch immer[4], die Würdigung des Widerstands aus einer gegenwartsorientierten Perspektive erfolgte. Derartige Verengungen der Widerstandsgeschichte sind in den vergangenen Jahren weitgehend überwunden worden. Immer stärker rückte nämlich in das Bewußtsein, daß die entscheidenden Kriterien einer angemessenen moralischen Würdigung des Widerstands nicht die Fragen des »Landesverrats«, des »Eidbruchs« oder einer Verpflichtung zur Abwehr eines Sieges der Roten Armee sein konnten, wie man noch in den fünfziger Jahren betont hatte,

---

1 Die folgenden Überlegungen können nur einen ersten, sehr groben Überblick bieten. Dabei kommt es mir primär nicht auf eine faktologisch umfassende Skizzierung, sondern auf die Akzentuierung einiger grundsätzlicher Probleme der Widerstandsgeschichte an. Ich stütze mich dabei in einigen Passagen auf Überlegungen, die ich zuerst in meinem Beitrag für den von Rudolf Lill und Heinrich Oberreuter herausgegebenen Aufsatzband »20. Juli: Portraits des Widerstands«, Düsseldorf 1984, S. 29–46, niedergeschrieben habe. In Vorbereitung befindet sich ein Sammelband über den Gesamtwiderstand, der einzelne Dimensionen und Probleme des Widerstands ausführlicher behandeln soll, die ich hier nur knapp ansprechen kann und nicht selten ganz aussparen muß. Er wird Ende nächsten Jahres in der Schriftenreihe der Bundeszentrale für politische Bildung erscheinen.
2 Vgl. das Gutachten zur Planung des Bonner Hauses zur Geschichte, in dem die Geschichte des Widerstands neben der Auseinandersetzung mit den nationalsozialistischen Gewaltverbrechen schwerpunktmäßig dargestellt werden soll. Vgl. auch Thorsten-Dietrich Schramm, Der deutsche Widerstand gegen den Nationalsozialismus. Seine Bedeutung für die Bundesrepublik Deutschland in der Wirkung auf Institutionen und Schulbücher, Berlin 1980.
3 Gedenkstätte Deutscher Widerstand (Hrsg.), Der 20. Juli 1944: Reden zu einem Tag der deutschen Geschichte, Bd. 1 (mit den in Berlin gehaltenen Reden), Berlin 1984; Bd. 2 (mit den in Bonn gehaltenen Reden), Berlin 1986.
4 In diesem Zusammenhang ist insbesondere auf die vielfältigen Arbeiten von Karl Dietrich Bracher zu verweisen, der sehr früh in seiner Geschichte des Nationalsozialismus ein Gesamtbild zeichnete, das sich das historische Urteil nicht durch politische Prämissen verstellen ließ.

sondern eine Handlungsorientierung, die ihre Rechtfertigung aus der »Vollmacht des Gewissens«[5] im Kampf gegen die nationalsozialistische Diktatur und aus der Bereitschaft zum persönlichen Risiko zog. Die zunehmend akzeptierte Deutung des NS-Regimes als Unrechtsstaat – mithin als Gegenbild des Rechtsstaates – und als Unrechtsordnung, die die Ausgrenzung ganzer Bevölkerungsgruppen zum Ziel hatte und im Zusammenhang mit dem entfesselten Rassen- und Weltanschauungskrieg die »Endlösung« der »Judenfrage« anstrebte, rechtfertigte zunehmend den Widerstand, der seit den fünfziger Jahren mit den Attentätern des 20. Juli geehrt wurde. Die nationalsozialistische Diktatur rechtfertigte so bereits durch ihre Existenz, vor allem aber durch die in ihrem Namen begangenen Verbrechen, jeden Versuch, sich diesem Regime zu entziehen oder sich ihm durch aktiven Widerstand entgegenzustellen. Im Widerstand, so lautet heute das nahezu einhellige Urteil, verkörperte sich eine politische, nicht zuletzt aber auch moralische und ethische Alternative deutscher Politik, die nach der Befreiung vom Nationalsozialismus den Weg Deutschlands in die Nachkriegsordnung erleichterte.

Deshalb wurde der Widerstand vielfach als Teil einer universalen Menschenrechtsbewegung gedeutet. Hans Rothfels identifizierte in diesem Sinn am 20. Jahrestag des Anschlags auf Hitler als »Grund des Widerstands« dessen Bereitschaft und Befähigung, zum »Prinzipiellen« vorzustoßen, »zu den Kräften moralischer Selbstbehauptung, die über die Erwägung des bloß politisch Notwendigen hinausgehen«[6]. In den sechziger und siebziger Jahren führte diese Öffnung des Blicks zur Erschließung bis dahin oftmals vernachlässigter Widerstandsbereiche, etwa von Jugendlichen, religiösen Kleingruppen, Frauen, Juden und Häftlingen[7]. Dies hatte eine inhaltliche Differenzierung des Widerstandsbegriffs zur Folge, der nun Elemente des Protestes, des Konfliktes, der Widerstandsfähigkeit im Sinne gruppen- und regionalspezifischer Resistenz, überdies der Dissidenz enthielt[8]. Damit rückte auch der alltägliche, d. h. im Alltag bewiesene, Widerstand in den Blick und leitete eine weit über die Erschließung eines neuen Feldes der Geschichte von individueller Selbstbehauptung und Widerstand von 1933 bis 1945 hinausgehende begriffliche Inflationierung ein, die Widerstand zum geschichtspolitisch legitimierten Schlagwort und Kampfbegriff zu machen drohte. Vor dieser Entwicklung haben Historiker wie Karl Dietrich Bracher[9],

---

5 Diese Kategorie wurde erstmals ganz unmißverständlich in zwei biographischen Sammelbänden angesprochen, die Annedore Leber und Karl Dietrich Bracher in der Mitte der fünfziger Jahre herausgegeben haben: »Das Gewissen steht auf« und »Das Gewissen entscheidet«, jetzt in einem Band neu herausgegeben von Karl Dietrich Bracher, Das Gewissen steht auf, Mainz 1984. In den sechziger Jahren erschien dann Europäische Publikation e. V. (Hrsg.), Vollmacht des Gewissens, 2 Bde., Berlin 1960 und 1965.

6 Hier zitiert nach: Hermann Graml (Hrsg.), Deutsche Opposition gegen Hitler, Frankfurt am Main 1969, erweitert 1977.

7 Vgl. als umfassende Deutung die entsprechenden Abschnitte in: Karl Dietrich Bracher, Die deutsche Diktatur. Entstehung, Struktur, Folgen des Nationalsozialismus, Köln – Berlin 1969 u. ö.

8 Einen Überblick bietet Peter Steinbach, Widerstand als Thema der politischen Zeitgeschichte. Ordnungsversuche vergangener Wirklichkeit und politischer Reflexion, in: Gerhard Besier/Gerhard Ringshausen (Hrsg.), Bekenntnis, Widerstand, Martyrium, Göttingen 1986, S. 11–75.

9 Karl Dietrich Bracher, Verwirrung um Widerstand, in: Rheinischer Merkur vom 8. Januar 1982.

Theologen wie Eberhard Bethge[10] und Juristen wie Arthur Kaufmann[11] frühzeitig gewarnt.

Widerstandsgeschichtliche Forschungen der sechziger Jahre korrigierten allerdings auch das vor allem in politischen Gedenkreden stark verbreitete Bild von einem freiheitlich-westlichen, verfassungsstaatlich orientierten Ziel, das die Regimegegner gleichsam in die Vorgeschichte des Grundgesetzes zu rücken suchte. Diese Revision führte vielfach zu groben Verzeichnungen, die schließlich die Folgerung zu begründen schienen, daß sich im Widerstand keine entscheidende Alternative zum NS-Staat finden lasse, sondern nur eine Fortsetzung alter antiparteienstaatlicher und obrigkeitsstaatlicher Ressentiments, die für das Scheitern der Weimarer Republik verantwortlich gewesen seien. Dagegen machte Andreas Hillgruber darauf aufmerksam, daß der militärische und bürgerliche Widerstand häufig das Ergebnis eines Prozesses war und nicht selten die Überwindung von politischen Positionen voraussetzte, die manche der Regimegegner vor allem aus dem militärischen Widerstand zunächst mit den Nationalsozialisten – zumindest partiell – geteilt hatten[12]. Andreas Hillgruber sah deshalb im Widerstand nicht nur den Ausdruck einer graduellen Steigerung prinzipieller Positionen, sondern durchaus eine spezifische Zeitprägung, die im Kampf gegen das NS-Regime sowohl den »Gegensatz« als auch das »Produkt« seiner Zeit erblickte.

Der totale Herrschaftsanspruch der Nationalsozialisten wurde vielen Zeitgenossen erst allmählich deutlich, so sehr sie auch befürchtet hatten, daß die nationalsozialistische Machtergreifung die »Legalisierung der Rache«[13] bedeutete. Im Zuge der Gleichschaltung von Staat und Gesellschaft richtete sich die nationalsozialistische Politik immer offener gegen angebliche »Feinde« im Innern, gegen die Anhänger oppositioneller Bestrebungen, die als Ausdruck des verhaßten Weimarer Systems diffamiert und nach kurzer Zeit bereits durch neue strafrechtliche Tatbestände und ein rasch wachsendes System von Konzentrationslagern[14] bedroht wurden. Innerhalb weniger Monate wurde Verfolgung zum Kollektivschicksal – und zugleich sahen Regimegegner im Widerstand zunehmend eine Aufgabe des einzelnen, der Verbindung zu wenigen seiner Gesinnungsfreunde halten wollte und somit vor allem den Zusammenhalt, weniger aber die Gelegenheit zum Umsturz des Regimes suchen konnte. Ausdruck dieser Gesinnungspflege aus dem Geist der Opposition und der Bemühung um Selbstbehauptung war eine spezifische Gruppenbildung, die Hans Rothfels einmal treffend als »Kreiselei« oder gar als »Vereinsmeierei« bezeichnet hat[15]. Die Na-

---

10 Eberhard Bethge, Widerstand – damals und heute, in: Süddeutsche Zeitung vom 25./ 26. Juli 1981.
11 Arthur Kaufmann, Das Widerstandsrecht der kleinen Münze, in: Süddeutsche Zeitung vom 31. Dezember 1982, Beilage.
12 Andreas Hillgruber, Endlich genug über Nationalsozialismus und Zweiten Weltkrieg? Forschungsstand und Literatur, Düsseldorf 1982, S. 47; eine vorzügliche Präsentation und Diskussion des Forschungsstandes findet sich bei Klaus Hildebrand, Das Dritte Reich, München 1987³, S. 209 ff., mit einer sehr ausgewogenen Urteilsbildung.
13 Theodor Wolff, Berliner Tageblatt vom 31. Juli 1932.
14 Vgl. jetzt Johannes Tuchel, Konzentrationslager: Organisationsgeschichte und Funktion der »Inspektion der Konzentrationslager« 1934–1938, Boppard 1991.
15 Hans Rothfels, Deutsche Opposition gegen Hitler. Eine Würdigung, neue erw. Ausgabe, hrsg. v. Hermann Graml, Frankfurt am Main 1986, S. 42.

tionalsozialisten verfolgten derartige Bestrebungen als Versuch, den weltanschaulichen Führungsanspruch des Regimes nachdrücklich und unbeirrbar in Frage zu stellen. Dennoch richtete sich der Wille zum Widerstehen niemals allein gegen die Träger der NS-Herrschaft, sondern stets auch gegen diejenigen, die durch ihre Anpassung bessere Voraussetzungen des eigenen Überlebens schaffen wollten. Diese Tendenz wurde erleichtert, weil die Weimarer Republik auch vielfach von jenen Kräften abgelehnt oder zumindest gleichgültig oder ohne ein tieferes republikanisches Engagement betrachtet wurde, die sich gegen den Nationalsozialismus stellten.

I. Kommunisten im Widerstand

Anhänger der KPD zählten zu der ersten großen Gruppe von Verfolgten und Regimegegnern, die bereits durch die Februarverordnung vom 28. Februar 1933, die sogenannte »Reichstagsbrandverordnung«, kriminalisiert und zielstrebig aus der Rechtsordnung ausgeschlossen wurden. Ihr Schicksal macht deutlich, daß mit der Zerstörung des Weimarer Rechtsstaates auch das Recht zum politischen Herrschaftsinstrument geworden war und seinen Charakter als »Schutz der Schwachen« verloren hatte. Für die Nationalsozialisten waren die Grenzen zwischen Kommunisten, Sozialisten, Sozialdemokraten und Gewerkschaftsmitgliedern fließend: Alle »marxistischen« Zeitungen wurden verboten, deren Verteilung als »Widerstand« unter Strafe gestellt. Damit begann die NS-Führung, »Widerstand« zu definieren und jeden Akt der Opposition oder der geistigen und politischen Eigenständigkeit als Auflehnung gegen die Staatsgewalt und Verletzung gesetzlicher Bestimmungen zu kriminalisieren. Hingegen benutzten die Regimegegner den Widerstandsbegriff höchst selten. Die Kommunisten erkannten zunächst nicht die Besonderheit des frühen nationalsozialistischen Terrors, der mögliche Gegner ausgrenzen und lähmen, aber auch die Öffentlichkeit durch die Konfrontation mit den Schrecken der Gewaltherrschaft beeindrucken und so wehrlos machen wollte. Sie erblickten vielmehr in der Regel im »Hitlerfaschismus« nicht wesentlich mehr als eine Fortsetzung des »Papen-« und »Schleicherfaschismus«. Dadurch hielten sie Hitlers Regierungsübernahme nur für eine Zeiterscheinung und warteten vor allem auf die grundlegende Krise des kapitalistischen Systems, aus der sie gestärkt hervorgehen wollten[16]. Erst die Massenverhaftungen nach dem Brandanschlag auf den Reichstag und die unmittelbare Konfrontation mit einem rasch expandierenden und zunehmend wirksameren Unterdrückungsapparat ließen die KPD von der Vorstellung eines massenhaften oder gar »legalen« Protestes und eines demonstrativen Widerstands Abstand nehmen. Obwohl die kommunistische Parteiführung später immer wieder die angebliche Führungsrolle der KPD im Widerstand herausarbeiten ließ[17], müssen der tatsächliche Erfolg und insbesondere auch der Einfluß von Kommunisten auf den Gesamtwiderstand trotz außerordentlich hoher Verfolgten-

---

16   Vgl. insgesamt Horst Duhnke, Die KPD von 1933 bis 1945, Köln 1972, ferner Detlev Peukert, Die KPD im Widerstand. Verfolgung und Untergrundarbeit an Rhein und Ruhr 1933–1945, Wuppertal 1980.

17   Vgl. Klaus Mammach, Widerstand 1933–1939, Köln 1984; ders., Widerstand 1939–1945, Berlin (DDR) 1987.

und Opferzahlen relativiert werden. Die entscheidenden politischen Frontstellungen der Weimarer KPD waren auch nach 1933 lange Zeit festzustellen. Die Sozialfaschismusthese[18], derzufolge Sozialdemokraten als ebenso gefährlich, wenn nicht sogar als gefährlicher denn die Nationalsozialisten galten, wurde erst 1935 korrigiert, ohne die politischen Wunden heilen zu können, die die nun als »Bruderkampf« gedeutete Auseinandersetzung zwischen Sozialdemokraten und Gewerkschaftern auf der einen, Kommunisten auf der anderen Seite geschlagen hatte. Der KPD-Führung, die mit wenigen entscheidenden Ausnahmen inhaftiert oder emigriert war, kam es zunächst vor allem darauf an, den nationalsozialistischen Herrschaftsanspruch und vor allem auch die nationalsozialistische Gemeinschaftsideologie demonstrativ unglaubwürdig zu machen. Deshalb war ihr die öffentliche Demonstration von Protest und Verweigerung so wichtig – mit dem Ergebnis, daß die Gestapo rasch zugreifen und die kommunistischen Widerstandsgruppen bis 1935/36 weitgehend zerschlagen konnte. Deshalb blutete das kommunistische Widerstandspotential weitgehend aus und mußte immer wieder in zunehmend konspirativer agierenden Gruppen, die sich auch relativ unabhängig von den kommunistischen Auslandsleitungen machen konnten, neu organisiert werden. Die Unflexibilität der illegalen und emigrierten KPD-Führung, die unter dem Einfluß des Stalin besonders ergebenen Walter Ulbricht stand und beweglichere Kommunisten wie Willi Münzenberg auszuschalten wußte, verhinderte letztlich jedoch eine selbstkritische Beurteilung der »sozialfaschistischen Generallinie« und rechtfertigte so jene Kritiker in sozialistischen Kleingruppen und in der SPD, die Demokratie und Sozialismus als Ausdruck eines westlich orientierten Freiheitswillens verbinden wollten und deshalb in Stalin niemals einen politischen Rückhalt suchten, sondern sich in Prag, später in Paris, Stockholm, London oder den USA auf seiten der westlichen Demokratie am Kampf gegen den Nationalsozialismus beteiligten.

II. Sozialdemokraten im Widerstand

Auch der sozialdemokratische Widerstand war von Anbeginn ohne Macht, denn seit Reichskanzler Franz von Papens »Preußenschlag« vom 20. Juli 1932, der verfassungswidrigen Beseitigung der sozialdemokratisch geführten Minderheitsregierung, hatte die sozialdemokratische Bereitschaft, die Republik gegen einen Staatsstreich zu verteidigen, den entscheidenden Todesstoß erhalten[19]. Hinzu kam, daß die Gewerkschaften einen Ausgleich mit den faktischen Inhabern der Macht anstrebten und sich deshalb für politisch neutral erklärten. Sozialdemokratischer und gewerkschaftlicher Massenwiderstand hätte deshalb nach dem 30. Januar 1933 kaum eine Chance gehabt und möglicherweise dasselbe Schicksal erlitten wie ein gutes Jahr später die österreichischen Sozialisten, die gegen das autoritäre Regime von Engelbert Dollfuß, das

18 Vgl. Wolfgang Wippermann, Zur Analyse des Faschismus: Die sozialistischen und kommunistischen Faschismustheorien 1921–1945, Frankfurt am Main 1981.
19 Erich Matthias, Die Sozialdemokratische Partei Deutschlands, in: Erich Matthias/Rudolf Morsey (Hrsg.), Das Ende der Parteien 1933. Darstellungen und Dokumente, Düsseldorf 1960, S. 101 ff.

sie als »Austrofaschismus« bezeichneten, einen Aufstand riskierten und in blutigem Kampf unterlagen[20]. Lähmend wirkte sich auch die Orientierung vieler Sozialdemokraten an einer Legalitätsstrategie aus, die der Verteidigung der Republik dienen sollte. Sie bekannten sich zum Prinzip des Rechtsstaats und des Parlamentarismus, wie die mutige Rede des sozialdemokratischen Parteivorsitzenden Otto Wels im Reichstag bei der Ablehnung des »Ermächtigungsgesetzes« belegen sollte, hatten aber kaum die »Phantasie«, sich die Folgen der nationalsozialistischen Gewaltpolitik konkret vorzustellen, wie im Rückblick Wilhelm Hoegner, seinerzeit junger Reichstagsabgeordneter, selbstkritisch beklagte[21]. Die Sozialdemokratie war zudem im Frühjahr 1933 einer schweren Zerreißprobe ausgesetzt. Einige führende Funktionäre suchten nach außenpolitischen Gemeinsamkeiten mit dem neuen Regime, um so weitere Verfolgungen abzuwehren. Andere, unter ihnen auch der bereits seit Ende Januar 1933 inhaftierte und erst infolge einer Massendemonstration wieder aus der Haft entlassene junge Reichstagsabgeordnete Julius Leber, kritisierten die Parteiführung und bereiteten sich auf die Illegalität vor. Andere, wie die Reichstagsabgeordnete Toni Pfülf, resignierten angesichts der Haltung der Parteiführung und begingen Selbstmord. Leber, der später mit Freunden wie Carlo Mierendorff und Theodor Haubach zum Kreisauer Kreis stieß, kritisierte an der Weimarer Sozialdemokratie, daß neben politischem Realismus und Rationalität keine Zukunftsvisionen entwickelt worden seien. Er wurde lange Jahre gefangengehalten und gefoltert, ohne daß die Nationalsozialisten seinen Widerstandswillen brechen konnten (kurz vor Kriegsende wurde er hingerichtet).

Der sozialdemokratische Widerstand war im Unterschied zum eher nach außen gerichteten kommunistischen Widerstand vor allem durch den Versuch der Gesinnungspflege und Gesinnungsbildung geprägt. Sozialdemokraten fanden sich in Diskussionskreisen zusammen und versuchten zunächst, vor allem die Frage nach den Gründen für das Scheitern der Republik von Weimar zu beantworten, danach aber auch, die Entwicklungslinien einer neuen politischen Kooperation sozialdemokratischer und sozialistischer Gruppen zu erörtern, Elemente sozialdemokratischer Programmatik zu prüfen und die Konturen einer Neuordnung abzustecken. Exemplarisch werden diese Ziele und Verhaltensweisen in Widerstandsgruppen wie »Neu Beginnen«, »Roter Stoßtrupp« und »Sozialistische Aktion« deutlich. Daneben ging es auch um die Schaffung einer neuen, von den Nationalsozialisten nicht kontrollierten Kommunikationsstruktur und um die Vorbereitung des Kampfes gegen das Regime aus der Illegalität. Besonders wichtig für die weitere Entwicklung wurden Zirkel, die vielfach von Mitgliedern kleiner sozialistischer »Brückenparteien« wie der »Sozialistischen Arbeiterpartei« (SAP), dem »Internationalen Sozialistischen Kampfbund (ISK)« oder der »KPD (Opposition)« gebildet wurden. Die Wirkung dieser Gruppen lag in der gelungenen Beeinflussung der emigrierten SPD-Führung unter Erich Ollenhauer, in ihrem Einfluß, den sie auf alliierte Nachkriegsplanungen nehmen konnten, nicht zuletzt aber auch in der wirksamen Prägung der weiteren sozialdemokratischen Programmdiskussionen, die nach dem Krieg den politischen Entwicklungsweg der

---

20 Vgl. Helene Maimann/Siegfried Mattl (Hrsg.), Die Kälte des Februar. Österreich 1933–1938, Wien 1984.
21 Wilhelm Hoegner, Flucht vor Hitler. Erinnerungen an die Kapitulation der ersten deutschen Republik 1933, Frankfurt am Main 1979, S. 85.

SPD begleiteten. Im sozialdemokratischen Widerstand hatte sich die Möglichkeit eines antitotalitären Widerstands von links abgezeichnet: Das bedeutete die Alternative zum antidemokratischen Widerstand der Kommunisten und die Relativierung des Anspruchs aller »Antifaschisten«, die sich dem westlich-liberalen Demokratiegebot verweigerten und sich auch im Widerstand und vor allem im Exil weiterhin an den Interessen und Positionen der Sowjetunion orientierten und so die in Frankreich und im Spanischen Bürgerkrieg proklamierte »Volksfront« aller Gegner des Faschismus und Nationalsozialismus scheitern ließen. Weil sich sozialdemokratische Regimegegner auf engere Freundeskreise konzentrierten und somit auch zurückhaltender agierten, gelang es den nationalsozialistischen Verfolgern im Vergleich zum kommunistischen Widerstand nicht, allzu tief in dieses Beziehungsgeflecht einzudringen. Deshalb war die Zahl inhaftierter Sozialdemokraten wesentlich geringer als die der verhafteten Kommunisten. In die sich später herausbildenden Kreise der Regimegegner um Carl Friedrich Goerdeler und Ludwig Beck konnten sich Sozialdemokraten vergleichsweise problemlos einbinden, weil sie von den Mitgliedern der militärischen Opposition, die zum nationalkonservativ gesonnenen Widerstand enge Verbindungen hatten, als wichtige Verbindung zur Arbeiterschaft angesehen wurden, die einen möglichen Umsturzversuch wegen des ihren Wortführern unterstellten Zugangs zur breiteren Bevölkerung auch zum Erfolg machen sollte.

III. Widerstand aus der Katholischen Arbeiterbewegung (KAB)

Nur selten finden sich in Gesamtdarstellungen des Widerstands aus der Arbeiterbewegung Hinweise auf Mitglieder katholischer Gesellen- und Arbeitervereine, die sich bereits im 19. Jahrhundert zusammengefunden hatten und eine überkonfessionelle Interessenvertretung der Arbeiter auf christlicher Grundlage anstrebten[22]. Bereits Ende der zwanziger Jahre ließen Verbandszeitschriften der Katholischen Arbeiterbewegung keinen Zweifel an ihrer Ablehnung des »Faszismus«, den sie als »widergöttlich, widersinnig und unorganisch« bezeichneten. Nach den großen nationalsozialistischen Wahlerfolgen von 1930 und 1932 bereitete die KAB-Führung ihre Mitglieder auf die Auseinandersetzung mit den Nationalsozialisten vor und erklärte nach Hitlers »Machtergreifung«, die Ausschaltung des Reichstags bedeute »zugleich die Ausschaltung der sozialen Ideen« und das »Geschwätz vom Staatsnotstand« sei »nichts anderes als die Aufforderung zu Hochverrat und Revolution«. Wortführer der Opposition der KAB wurden die Kölner Bernhard Letterhaus, Nikolaus Groß, Joseph Joos und Otto Müller. Für sie war die Auseinandersetzung mit dem NS-Regime aber nicht nur Ausdruck einer eigenständigen Vertretung von Arbeiterinteressen, sondern zugleich Ausdruck eines Kampfes für den Glauben und die »Treue zur Kirche«. So wurden sie Teil einer kirchlichen Oppositionsströmung katholischer Gläubiger. Politische Gegensätze zum Regime entstanden aus dem Wunsch, die KAB nicht in die »Deutsche Arbeitsfront« einzugliedern. Immer mehr rückte Letterhaus in die Rolle eines Wort-

---

22 Vgl. Jürgen Aretz, Katholische Arbeiterbewegung und Nationalsozialismus, Mainz 1978; Heinz-Albert Raem, Katholischer Gesellenverein und Deutsche Kolpingfamilie in der Ära des Nationalsozialismus, Mainz 1982.

führers dieser Opposition und hatte bald Kontakt zu anderen katholischen Regimegegnern wie Josef Wirmer, zu Vertretern des Gedankens einer eigenständigen Einheitsgewerkschaft wie Jakob Kaiser, Adam Stegerwald und Ernst Hadermann, vor
allem auch zu Wilhelm Leuschner. Letterhaus gehörte mit zu den schärfsten Kritikern
der Bischöfe, die dem Reichskonkordat vom 20. Juli 1933 zugestimmt hatten. Dabei
berief er sich sogar auf den Papst, der sich bereits Mitte Oktober 1933 protestierend
gegen die »mit allen Mitteln betriebene Niederhaltung und Erdrückung katholischer
Vereine und Organisationen« gewandt hatte.

Politisches Zentrum des KAB-Widerstands war das Kölner Ketteler-Haus[23].
Einige Mitglieder dieses Kreises hatten bald sehr enge Beziehungen zu den Berliner Widerstandsgruppen, aber auch zu dem Münchener Jesuitenpater Alfred Delp,
der zum Kreisauer Freundeskreis um die Grafen Helmuth James von Moltke und
Peter Graf Yorck von Wartenburg gehörte. Im Mittelpunkt vieler Gespräche stand
die Frage nach einer Einheitsgewerkschaft. Bald führte der Weg aber einige Mitglieder in die aktive Unterstützung von Umsturzbestrebungen, die schließlich im
20. Juli 1944 kulminierten. Die Manifestationen des Protestes aus der KAB lassen
sich in ihrer Form, die vielfach auch an den offenen Protest gläubiger Katholiken
wie etwa die »Glaubensfahrten« anknüpfte, nicht mit den offenen Demonstrationen des kommunistischen Widerstandswillens oder den Versuchen der Gesinnungspflege in sozialdemokratischen Zirkeln vergleichen. Denn der Widerstand von Anhängern christlicher Gewerkschaften, katholischer Gesellenvereine, der KAB und
katholischer Jugendbünde verschmolz vielfach mit dem Willen katholischer Christen, gegenüber dem NS-Regime durch eine offene Glaubensbekundung zu widerstehen. So verbanden sich hier Motivationen und Ziele, und gerade dieses erleichterte die Kontakte mit Regimegegnern, die sich auf die christliche Substanz ihres
Widerstands besinnen konnten.

IV. Gewerkschaftsmitglieder im Widerstand

Neben den Kommunisten und Sozialdemokraten waren auch einige Führer und Mitglieder der Gewerkschaften in besonderer Weise bedroht[24], denn auch sie galten den
Nationalsozialisten als Marxisten. Allerdings war in der Gewerkschaftsbewegung
stets das Bewußtsein vorhanden, auch unter sich wandelnden politischen Bedingungen Kompromisse mit den Tarifpartnern zu suchen und sich nicht prinzipiell gegen
staatliche Institutionen zu stellen, die als Garanten der Tariffreiheit und Sozialstaat-
lichkeit galten. Es war das besondere Verhängnis mancher Gewerkschaftsführer, diesen für den sozialen Pluralismus unverzichtbaren Kompromiß- und Kooperationswil-
len auch gegenüber der Regierung Hitlers beweisen zu wollen. Gerade die Gewerk-
schaftsführung hat schwer unter dieser verhängnisvollen Fehleinschätzung gelitten –
in den Lagern und Gefängnissen der Nationalsozialisten, aber auch durch das Gefühl

---

23 Vgl. Günter Buchstab u. a., Verfolgung und Widerstand 1933–1945: Christliche Demokra-
    ten gegen Hitler, Düsseldorf 1986, S. 218 ff.
24 Vgl. Michael Schneider, Kleine Geschichten der Gewerkschaften. Ihre Entwicklung in
    Deutschland von den Anfängen bis heute, Bonn 1989, S. 228 ff.

der politischen Ohnmacht und den gravierenden Zeitverlust in den gewerkschaftlichen Neuordnungsdiskussionen. Dennoch gab es in manchen Betrieben trotz einer sich dem Nationalsozialismus doch überraschend gefügig erweisenden Arbeiterschaft eine gewerkschaftlich geprägte innerbetriebliche Opposition, die durchaus auf einzelne Betriebsangehörige und Funktionäre zurückgreifen konnte, ohne ihnen ein geistiges Dach zu bieten. Deshalb sind die Grenzen des gewerkschaftlichen Widerstands zum politischen Widerstand aus den politischen Arbeiterbewegungen stets fließend gewesen. Lediglich der Wille einiger führender Gewerkschafter, in der Opposition zum Regime und in der Auseinandersetzung mit dem Zusammenschluß der meisten Arbeiter in der »Deutschen Arbeitsfront« die Konturen einer neuen Einheitsgewerkschaft zu entwickeln und damit einen Beitrag zur Überwindung politischer Differenzen zwischen den ehemaligen Richtungsgewerkschaften zu leisten, mündete dann in die politische Zusammenarbeit mit anderen Gruppen.

Aus diesen Diskussionen gingen neue Kontakte zwischen führenden Gewerkschaftern hervor, die verschiedene Kreise zusammenführten und insbesondere Wilhelm Leuschner zur führenden Persönlichkeit der Gewerkschaftsbewegung im Untergrund werden ließen. Er hatte bald enge Verbindung zu den Berliner Widerstandskreisen um Goerdeler, Beck und später auch Stauffenberg und sollte im Falle eines gelungenen Umsturzes wenn nicht die Aufgaben eines Reichskanzlers, so doch die eines Vizekanzlers wahrnehmen. Leuschner bildete so eine wichtige Verbindung des militärischen Widerstands in Berlin zu den Personen und Gruppen, die als Vertreter der Arbeiterbewegungen empfunden wurden. Zu ihnen gehörten neben Leber, Haubach, Mierendorff und Reichwein als Vertretern der Sozialdemokratie auch Jakob Kaiser, Ernst Hadermann und Bernhard Letterhaus, um nur einige zu erwähnen. Sie hatten, wie Leber, sogar Kontakt zum kommunistischen Widerstand gesucht und auf diese Weise die »Massenbasis« des Widerstands erweitern wollen, der sich als Bestrebung ohne ausreichenden Rückhalt in der Bevölkerung – als »Widerstandsbewegung ohne Volk« – verstand.

V. Widerstand trotz partieller Übereinstimmung

Die besondere Tragik und Schwierigkeit des Widerstands, der in den Traditionen des bürgerlichen Denkens und des christlichen Glaubens stand, lag darin, daß seine Anhänger vielfach aus einer Position teilweiser Übereinstimmung mit den Zielen nationalsozialistischer Außenpolitik heraus handeln mußten. Eine ihrer wichtigsten und folgenschwersten Forderungen, die im Bereich der Innen-, Wirtschafts-, Kultur- und Sozialpolitik viele Unterschiede und Gegensätze überwinden half, konzentrierte sich auf die Revision der Versailler Friedensordnung. Die Feststellung einer partiellen Übereinstimmung zwischen NS-Regime und Teilen des Widerstands bedeutet aber nicht, daß er zweitrangig gewesen wäre, sondern daß sein Kennzeichen die Überwindung von Verhaltensweisen und Überzeugungen war, die nicht allein aus Angst und Passivität, Anpassung und Bequemlichkeit oder dem Willen zu Verfolgung und Terror erklärt werden können. In diesem Sinne charakterisierte Rüdiger von Voss den Widerstand von Offizieren und Angehörigen des Bürgertums durch die »Überwindung« von Positionen, die ursprünglich sogar mit den Nationalsozialisten geteilt wurden[25]. Antrieb dieser Gegnerschaft waren häufig die moralische Empörung über nationalsozialistische Verfolgungs- und Entrechtungsmaßnahmen, die Kritik an der Vorbereitung des Krieges durch Rüstung, riskante außenpolitische Entscheidungen, eine verantwortungslose Wirtschaftspolitik oder die Berufung auf Wertvorstellungen, die im Gegensatz zur nationalsozialistischen Ideologie standen und deshalb den weltanschaulichen Führungsanspruch der Nationalsozialisten bestritten. Diese einen Widerstand in vielen Schattierungen ermöglichenden Werte und Traditionen begründeten eine Distanz gegenüber Zeiterscheinungen, erleichterten Resistenz und Dissidenz und konnten sich zum risikobereiten Handeln als Konsequenz aktiver Konspiration steigern. Deshalb liegt die wesentliche Bedeutung des Widerstands im Umfeld des 20. Juli 1944 darin, »daß eine Führungselite die Ordnung, die sie miterdacht, mitermöglicht und mitverwirklicht hatte«[26], im Bewußtsein der Lebensgefahr überwand, die mit der Wendung gegen die NS-Führung verbunden war.

Viele dieser Widerstandsgruppen, die ständig wegen ihrer engen Einbindung in staatliche Funktionen ein Maß zwischen Kooperation und Konfrontation finden mußten, bewegten sich auf dem schmalen Grat zwischen Anpassung und Widerstand, zwischen Unterliegen und Selbstbehauptung. Kaum ein Regimegegner blieb in dieser Verstrickung ohne jenen Schatten, den das Erliegen gegenüber Zumutungen des Regimes aus gleichgültigem Schweigen oder Schwäche, aus Vorsicht oder Kalkül bedeutete. Kaum jemand fand zu den Prinzipien, die Widerstehen rechtfertigten und so Widerstand ermöglichten, ohne innere Auseinandersetzungen und Zerreißproben, ohne das Gefühl, Freunde und Familienangehörige zu gefährden, und ohne die Vereinsamung der »Gerechten«, die Zeugnisse ihres Glaubens, ihrer Überzeugungen und ihres Wollens ablegten.

VI. Christen im Widerstand

Weil die NS-Führung ihre Herrschaft bis auf die Weltanschauung des einzelnen und damit auf sein Verständnis von sich und seinen Mitmenschen, ja von Gott, auszudehnen versuchte, forderte sie den Widerstand vieler Gläubiger und ihrer Kirchen heraus. Sie wollten um ihres Glaubens willen widerstehen und mußten dabei nicht nur Konflikte zwischen Gemeinde und Partei, Staat und Kirche sowie Christen und Nationalsozialisten aushalten, sondern auch innerhalb ihrer Kirchen Auseinandersetzungen überstehen[27]. Die Kirche stand mit den Worten Eberhard Bethges vielfach im Kampf zwischen Gemeindemitgliedern, die dem Nationalsozialismus relativ positiv gegenüberstanden, und jenen, die die Autonomie ihres allein durch die Heilige

---

25 Rüdiger von Voss, Vorwort, in: Ernst-Otto Schüddekopf, Der deutsche Widerstand gegen den Nationalsozialismus, Frankfurt am Main u. a. 1977, S. XII: »Eine wesentliche Bedeutung des 20. Juli 1944 liegt darin, daß eine Führungselite die Ordnung, die sie miterdacht, mitermöglicht und mitverwirklicht hatte, in sich selbst überwunden und selbst den Versuch unternommen hat, dieses System zu beseitigen.«
26 Ebenda.
27 Von grundsätzlicher Bedeutung ist in diesem Zusammenhang Heinz Hürten, Verfolgung, Widerstand und Zeugnis. Kirche im Nationalsozialismus – Fragen eines Historikers, Mainz 1987.

Schrift autorisierten Glaubens gegen Ansprüche des Staates und »Deutscher Christen« verteidigten. Bethge hat fünf Stufen des aus der Unbedingtheit des Glaubens folgenden Widerstands definiert: Dem »einfachen passiven Widerstand« folgte der »offene ideologische Gegensatz, bei dem die Kirchen bzw. Männer wie Graf Galen, Niemöller und Wurm ihre Aufgabe erfüllten«. Die »Mitwisserschaft« an Umsturzvorbereitungen stellte eine weitere, die dritte Stufe dar. Gesteigert wurde diese durch »aktive Vorbereitungen für das Danach«, wie sie etwa das Denken und Handeln der Mitglieder des Kreisauer Kreises prägten. Die fünfte Stufe des Widerstandes war die »aktive Konspiration« – ohne Deckung durch Institutionen war der einzelne in Einsamkeit auf sich gestellt, um das zu tun, »was sich jedem Regelfall entzog«[28].

Die Ausgangslage des kirchlichen und christlich motivierten Widerstands wurde durch die Traditionen des Obrigkeitsstaates, durch den Wunsch zur Verteidigung und Sicherung der Institution Kirche und die aus der Weimarer Republik stammenden Konfliktlinien bestimmt. Sowohl die evangelische als auch die katholische Kirche hatten nur schwer und keineswegs ein entschieden positives Verhältnis zur Weimarer Republik gefunden. Politisch konservativ, in außenpolitischer Hinsicht entschiedene Gegner des Versailler Vertrags, erlagen vor allem Protestanten zunächst der Faszination außenpolitischer Erfolge Hitlers. Kirche und Republik, Glauben und Demokratie bildeten so lange keine feste Verbindung, wie Toleranz und Pluralismus als Voraussetzungen und Substrate der Nächstenliebe nicht akzeptiert waren. Gerade innerhalb der evangelischen Kirche spannte deshalb ein vielfältig gebrochener Richtungsstreit viele Kräfte an – bereits während der Weimarer Republik wurden so jene Fronten sichtbar, die nach 1933 den Konflikt zwischen »Deutschen Christen« und »Bekennender Kirche« bestimmten[29]. Die »Deutschen Christen« wollten Evangelium und nationalsozialistische Ideologie miteinander verbinden und so die Kirche im Sinne der NS-Führung gleichschalten. Diesen Bestrebungen widersetzten sich Geistliche und Gemeindemitglieder, die sich zur alleinigen Autorität der Bibel – und zwar des Alten wie des Neuen Testaments – bekannten und zugleich die Verfolgung von Juden aufgrund eines kirchlichen »Arierparagraphen« ablehnten. Sie schlossen sich zum »Pfarrernotbund« und zur »Bekennenden Kirche« zusammen. So begann bereits im Mai der Kirchenkampf[30] zwischen »Deutschen« und »Bekennenden Christen«. Im Zentrum stand dabei die Auseinandersetzung um das Gebot des Glaubens an Christus ohne jeglichen politisch motivierten Abstrich oder in einem völkisch verfälschten Sinn. Heute ist bekannt, wie schwierig der Kampf der Vertreter eines kompromißlosen Bekenntnisses und wie wirksam der Einfluß autoritärer Politikvorstellungen blieben. Vor allem die Gruppierung um Dietrich Bonhoeffer[31], der nach Kriegsbeginn in der Abwehr Dienst tat und so bis zu seiner Verhaftung im Kreis der Verschwörer um Hans Oster und des 20. Juli 1944 arbeitete, blieb

28 Eberhard Bethge, Adam von Trott und der deutsche Widerstand, in: Vierteljahrshefte für Zeitgeschichte, 11 (1963), S. 221 f.
29 Vgl. Klaus Scholder, Die Kirchen und das Dritte Reich, Bd. 1: Vorgeschichte und Zeit der Illusionen 1918–1934, Frankfurt am Main u. a. 1977; ders., Die Kirchen und das Dritte Reich, Bd. 2: Das Jahr der Ernüchterung 1934, Barmen und Rom, Berlin 1985.
30 Umfassend dazu das dreibändige Werk von Kurt Meier, Der evangelische Kirchenkampf. Gesamtdarstellung in drei Bänden, Göttingen 1976 bis 1984.
31 Vgl. Eberhard Bethge, Dietrich Bonhoeffer. Eine Biographie, München 1978 u. ö.

kompromißlos, während viele Mitglieder der »Bekennenden Kirche« im Laufe der Jahre doch den vermittelnden Positionen einer »Bekenntnisgemeinschaft« erlagen.

Kompromittierend und in jedem Fall entscheidend war die Diskussion der »Judenfrage«: Für die einen stellte sie die wesentliche Herausforderung dar, sich vor die »Judenchristen« zu stellen, für andere wurde die »Judenfrage« vor allem als eine Frage der Juden an die Christen gedeutet, ob der gemeinsame Gott von Christen und Juden nicht als ein entscheidender Hinweis auf die gemeinsame Heilsgeschichte und die enge Verbindung zwischen Juden und Christen gedeutet werden müsse. Die »Judenfrage« wurde so zum zentralen Prüfstein der evangelischen Opposition – wer sich in der Konsolidierungsphase des NS-Regimes für die Juden entschied, mußte bis zum Ende der NS-Herrschaft kompromißlos oppositionell bleiben. Dabei wurde das Barmer Bekenntnis aus dem Jahre 1934 zur wichtigen Rechtfertigung christlicher Selbstbehauptung im »totalen Staat«. Sehr früh stellte sich deshalb in den Gesprächskreisen oppositioneller Christen die Frage, ob Kirche nicht mehr als die Verteidigung des Evangeliums bewirken müsse. So bereitete sich kirchlicher Widerstand als Bemühung um die Verteidigung von Recht und Menschlichkeit vor. Aus diesen Ansätzen entwickelte sich eine praktische Hilfe, die stellvertretendes Handeln für Verfolgte und Unterdrückte sein wollte und sich nicht nur um Glaubensfragen, sondern auch um praktische Nächstenliebe und mithin um jene bemühte, die »unter die Räder des Staates« geraten waren und die durch den Griff »in die Speichen« (Bonhoeffer) verteidigt werden sollten. In dieser Hinsicht trafen sich Protestanten und Katholiken, unter denen sich auch viele entschiedene Gegner des NS-Regimes finden ließen.

Denn nicht nur die Besinnung evangelischer Christen auf die Heilige Schrift, sondern auch die Festigkeit des katholischen Bekenntnisses forderte die NS-Führung heraus[32]. Sie hatten sich bereits vor 1933 vielfach in der Auseinandersetzung mit der rassistischen und völkischen Weltanschauung der NSDAP bewährt. Erleichtert wurde eine grundlegende Opposition durch die katholische Naturrechtsvorstellung. Während sich Protestanten noch bemühten, die beiden Reiche zu scheiden, verfügten die Katholiken bereits über Kriterien für die Bestimmung von Zielen und Grenzen des Staates. Allerdings gab es im politischen Katholizismus auch Strömungen, die keineswegs entschieden republikanisch oder demokratisch waren. Sie unterstützten die Bemühungen hoher geistlicher Würdenträger, kirchliche Institutionen durch ein Konkordat zwischen dem Vatikan und dem Reich zu festigen. Hitler nutzte diesen Wunsch der Amtskirche, die Glaubensfreiheit und die Freiheit der religiösen Erziehung durch ein Konkordat zu sichern. Durch das Reichskonkordat konnte er zunächst weite Teile des Katholizismus lähmen und die Selbstauflösung des Zentrums und damit auch die Entmachtung des politischen Katholizismus, nicht zuletzt jedoch die Lähmung des katholischen Verbandslebens vorbereiten. Die kirchlichen Würdenträger hatten sich damit, wie sie später erkannten und zuweilen auch zugaben, einer groben Täuschung hingegeben.

Ein Hauptproblem des frühen Widerstands von Katholiken wurde es deshalb, einerseits die Kirche gegen Bedrohung ihrer Autonomie als Institution zu sichern und so den Gläubigen einen festen Halt zu geben, andererseits aber mit ganz unterschiedlichen Mitteln gegen die aggressiv antikirchliche Weltanschauung der NS-Führung,

---

32 Vgl. Geschichtsverein der Diözese Rottenburg – Stuttgart (Hrsg.), Kirche im Nationalsozialismus, Sigmaringen 1984.

nicht zuletzt auch gegen die seit 1935 zunehmenden Priesterverfolgungen und gegen die Bedrohung des Gemeindelebens einzuschreiten. Viele Geistliche setzten sich entschieden für die Ziele des Katholizismus und Christentums ein, haderten mit einigen Bischöfen, denen sie ihr Entgegenkommen gegenüber der NS-Führung vorwarfen, lehnten innerlich das Konkordat ab und versuchten, den organisatorischen Zusammenhalt des katholischen Vereins- und Verbandslebens zu sichern. Zunehmend schienen die Grenzen zwischen den Konfessionen unschärfer zu werden, vor allem in der Jugendarbeit.

Die Zahl der deutschen katholischen Priester, die oftmals unmittelbar mit dem NS-Regime konfrontiert wurden, betrug mehr als 10 000, mehrere hundert wurden inhaftiert, etwa 100 ermordet[33]. Wie in der evangelischen Kirche, so ist auch im katholischen Lager Widerstand nur als breites Verhaltensspektrum denkbar. Konrad Repgen hat die Bandbreite dieses Spektrums als Steigerung von der Nonkonformität über den Protest – etwa in der Auseinandersetzung nach der Beseitigung der Kruzifixe aus Schulen und Kindergärten – bis zur Beteiligung am Umsturz beschrieben. Der »Loyalitätsentzug«, den Katholiken gegen das NS-Regime als Drohung und Waffe gebrauchten und der von einer punktuellen über eine partielle bis zu einer generellen Dimension gesteigert werden konnte, wird so als politische Konsequenz eines glaubensbedingten Widerstands sichtbar[34]. Zum Widerstand mußte der Loyalitätsentzug vor allem durch den Anspruch des »totalen Staates« werden, alle Lebensbereiche zu politisieren und den vor- oder unpolitischen Lebensraum in den umfassenden nationalsozialistischen Gestaltungsanspruch einzubeziehen.

Seit 1935 verstärkte die NS-Führung den Kirchenkampf gegen den Katholizismus. Viele Priester wurden nun wegen angeblicher Devisenvergehen oder »sittlicher Verfehlungen« vor Gericht gestellt[35]. Dabei nutzte das Regime einen weitverbreiteten Antiklerikalismus aus, der in Deutschland eine lange Tradition hatte. Als die NS-Führung immer unerbittlicher ihre rassenpolitischen Vorstellungen verfolgte und schließlich sogar die Ermordung Geisteskranker anordnete, fühlten sich hohe kirchliche Würdenträger, an ihrer Spitze der Bischof von Münster, Clemens August Graf von Galen, herausgefordert. Sie griffen in Gottesdiensten, aber auch durch Hirtenbriefe die Regierung Hitlers an und konnten sich dabei auf die päpstliche Enzyklika »Mit brennender Sorge« (1937), die von den Bischöfen Michael von Faulhaber (München) und Konrad Graf von Preysing (Berlin) beeinflußt war, stützen. Ihr Protest wurde auch von evangelischen Geistlichen wie dem Freiburger Bischof Theophil Wurm unterstützt, der sich in einem offenen Brief gegen die Vernichtung des »menschlichen Lebens« wandte. Durch ihren entschlossenen Widerstand verstärkte sich die Unruhe in der Bevölkerung und veranlaßte Hitler, den Abbruch dieser Mordaktion anzuordnen. Sie wurde allerdings insgeheim, wenngleich mit anderen Mitteln, fortgesetzt.

---

33 Vgl. Ulrich von Hehl, Priester unter Hitlers Terror. Eine biographische und statistische Erhebung, Mainz 1984, Einleitung.

34 Vgl. Konrad Repgen, Katholizismus und Nationalsozialismus: Zeitgeschichtliche Interpretationen und Probleme, Köln 1983, S. 10f.

35 Vgl. Hans Günther Hockerts, Die Sittlichkeitsprozesse gegen katholische Ordensangehörige und Priester 1936/37. Eine Studie zur nationalsozialistischen Herrschaftstechnik und zum Kirchenkampf, Mainz 1971.

Hohe geistliche Würdenträger beteiligten sich zwar nicht an den Diskussionen über einen Umsturz, hatten aber doch zuweilen Verbindungen zu den militärischen und zivilen Widerstandsgruppen um Goerdeler und Beck. Vor allem der Kreisauer Kreis konnte mit dem Jesuitenpater Alfred Delp eine wichtige Verbindung zum Katholizismus herstellen[36]. Er arbeitete mit den Jesuitenpatres Augustin Rösch und Lothar König im Ordensausschuß zusammen, der sich gegen die Entrechtung und Enteignung von Ordensbesitz wandte und entscheidend die Beratung oppositioneller Hirtenbriefe, vor allem zur Verteidigung der Menschenrechte, beeinflussen konnte. Delp schließlich konnte die sozialpolitischen Vorstellungen des Widerstands beeinflussen und zur Annäherung der Sozialdemokraten und Katholiken im Kreisauer Kreis entscheidend beitragen.

VII. Widerstand von einzelnen

Der christlich oder auch humanitär orientierte Widerstand wurde nicht nur von Institutionen oder Kreisen, sondern immer wieder auch von einzelnen getragen. Die Verletzung der Menschenwürde und die Verfolgung des Andersdenkenden, vor allem aber auch die Bedrohung des Mitmenschen aus rassischen Gründen aktivierten vielfach solidarisches Verhalten und christliche Nächstenliebe. Immer wieder fanden sich Menschen, die bedrohten Juden beistanden, Verfolgten Unterschlupf gewährten oder ihnen bei der Flucht halfen. Manche dieser Helfer waren in Gruppen eingebunden, andere halfen als Einzelgänger. Sie gehören bis heute zu den bekanntesten Regimegegnern, so der Berliner Dompropst Bernhard Lichtenberg, der bereits in der Mitte der dreißiger Jahre gegen die Ermordung von KZ-Häftlingen protestiert und seit dem antisemitischen Novemberpogrom wiederholt für das Leben von Juden gebetet hatte. Er wurde aufgrund einer Denunziation verhaftet, starb auf dem Weg in das Konzentrationslager Dachau, gab so ein besonders beeindruckendes Beispiel individueller Verweigerung und zeigte die Grenzen der ideologischen Gleichschaltung auf. In München gelang dem Einzelgänger Georg Elser, einem Schreiner, am 9. November 1939 fast ein Bombenanschlag auf Hitler.

Hier wurden die Grundlinien einer »Volksopposition« sichtbar, die sich bis zur Fluchthilfe, Gefangenenfürsorge und die Betreuung von Angehörigen oder Hinterbliebenen der Regimegegner steigern konnte. Im Urteil vieler Regimegegner, die wegen ihrer herrschaftsfernen Positionen niemals unmittelbar einen Umsturzversuch hätten unterstützen können, verkörperte das NS-Regime die Herrschaft des Bösen, des »Antichristen« – eine derartige Vorstellung bedurfte aber des Glaubens an Gott und Christus und führte zu einer christlichen Fundierung des Widerstandswillens[37]. So erwuchs aus dem Gefühl der Verfolgung und Bedrohung die Kraft, aber auch der Wille zum Martyrium. Es kam nicht mehr allein auf die Wirksamkeit des Widerstandes an, sondern auf seine symbolische Dimension. In diesem Sinne konnte der Widerstandskämpfer Henning von Tresckow schließlich die auflehnende Tat um ihrer selbst

---

36 Vgl. Roman Bleistein (Hrsg.), Dossier: Kreisauer Kreis. Dokumente aus dem Widerstand gegen den Nationalsozialismus, Frankfurt am Main 1987.
37 Vgl. Gotthard Fuchs (Hrsg.), Glaube als Widerstandskraft, Frankfurt am Main 1986.

willen fordern. Martyrium bedeutete aber nicht nur die Kraft zum Ablegen eines Zeugnisses, sondern auch zum Leben in Vereinzelung und Einsamkeit, wie sie uns aus den Moabiter Sonetten von Albrecht Haushofer, dem Tagebuch von Jochen Klepper, den Gefängnisschriften von Bonhoeffer und Delp oder den letzten Briefen der zum Tode verurteilten Regimegegner entgegentritt.

VIII. Widerstand aus der Tradition des Bürgertums

Gemeinhin wird auch der sogenannte »bürgerliche Widerstand« als soziologisch abgrenzbarer Bereich des Gesamtwiderstands begriffen[38]. Dies ist problematisch, weil es sich beim »bürgerlichen Widerstand« niemals allein um die Manifestation der Widerständigkeit einer scharf abgrenzbaren sozialen Gruppe gehandelt hat, sondern um die Demonstration eines Prinzips, welches aus der Tradition eines politisch-bürgerlichen Denkens resultierte. Dieser Widerstand zeigte sich äußerlich in den neu auflebenden Organisationsformen des bürgerlichen Zeitalters: in Vereinen, Zirkeln und Kreisen, gruppendynamisch im Versuch, durch Diskussionen Klarheit zu schaffen, inhaltlich dann in einer Radikalität des Denkens, das Kritiker des angeblich »bürgerlichen Widerstands« bis heute vielfach nicht akzeptieren können und wollen. Dolf Sternberger hat früh betont, daß der Begriff »bürgerlich« auch eine philosophische Dimension hat, welche die Freiheit der Erkenntnis in »Unbestechlichkeit« voraussetzt. Einige »bürgerliche« Kritiker des Regimes verharrten in der Distanz einer »inneren Emigration«, andere festigten die Voraussetzungen ihrer Nonkonformität, indem sie sich um die Begründung autonomer Maßstäbe und antinationalsozialistischer Gegenentwürfe bemühten. Ein kleiner Kreis von Regimegegnern ließ es auch damit nicht genug sein, sondern berief sich auf »Pflicht« und »Gesetz« als verpflichtende Normen, die – in den Worten Sternbergers – einen »Eifer« für das »höhere Ganze« begründeten. So konnte ein derartiges »bürgerliches Denken« sich prinzipiell zuspitzen und schließlich sogar rücksichtslos gegen sich selbst, ja gegen die eigenen Angehörigen werden. Um seinen Grundsätzen treu zu bleiben, verbündete sich dieses Denken und Handeln »mit der Idee des Ganzen, mit der Idee des Staates, um gegen die Mächtigen und Glänzenden, gegen die Autoritäten eine stärkere Stellung zu haben«[39].

Dieser Rigorismus drückte sich in Zirkeln und Kreisen aus, die sich im Hause der Solfs, in der Mittwochsgesellschaft, in Freiburg um Adolf Lampe und Gerhard Ritter, in Restsprengeln bündischer Jugendlicher, in München um Sperr, in vielen Städten, aber auch im Zirkel um Arvid Harnack und schließlich in wohl idealtypischer Weise im Freundeskreis um die Grafen Moltke und Yorck von Wartenburg, dem Kreisauer Kreis, trafen. Hier wurde politischer Rigorismus ebenso deutlich wie das Bewußtsein einer Funktionselite hoher Beamter, Hochschullehrer, auch Militärs – darunter viele »Ziviloffiziere« –, in ihren Tätigkeitsbereichen eine höhere Verantwortung als nur den sklavischen Gehorsam gegenüber dem Regime übernehmen zu müssen. Mochten

---

38 Dagegen wandte sich schon sehr früh Hans Rothfels, Die deutsche Opposition gegen Hitler (1948), deutlich etwa in der ersten Neuausgabe seiner Studie, Frankfurt am Main 1969.

39 Dolf Sternberger, Aspekte des bürgerlichen Charakters, in: ders., »Ich wünschte, ein Bürger zu sein«: Neun Versuche über den Staat, Frankfurt am Main 1967, S. 24 f.

zunächst nur Unbehagen und Unzufriedenheit über die Politik des NS-Staates oder das Verhalten seiner Repräsentanten empfunden worden sein, so forderte bald manche die Einsicht in den verbrecherischen Charakter der NS-Politik und des Krieges heraus. Kritische Distanz steigerte sich so zum Wunsch, die politische Entwicklung zu beeinflussen und so die Realitäten zu verändern. Nicht alle Gruppen und Zirkel des Widerstands strebten dabei den gewaltsamen Umsturz an. Am Beginn ihrer Bemühungen stand oftmals die Absicht, den Charakter des Regimes durch eine Beeinflussung der Willensbildung und gesamtstaatlichen Zielbestimmung zu verändern[40]. Dies erklärt die Vielzahl von Eingaben und Denkschriften, den ausgedehnten Briefwechsel und die kaum überschaubaren Reiseaktivitäten und Kontakte der Regimegegner. Viele Verbindungen waren das Ergebnis von beruflichen, kameradschaftlichen, persönlichen und nicht zuletzt von verwandtschaftlichen Beziehungen.

Dies unterschied den Kern der »bürgerlichen« Opposition von den Widerstands- und Selbstbehauptungsanstrengungen der politischen und kirchlichen Gegner der Nationalsozialisten und weckte später, nicht zuletzt auch unter dem Eindruck der nationalsozialistischen Deutung des Widerstands im Umkreis des 20. Juli 1944, den Eindruck, eine »kleine Clique« ehrgeiziger Adeliger und zum Putsch entschlossener Offiziere habe sich, gleichsam in letzter Stunde unmittelbar vor dem Ende des Krieges, zum Komplott zusammengefunden. Diese Deutung war falsch, denn die ersten Attentats- und Umsturzpläne wurden bereits vor dem Beginn des Zweiten Weltkriegs entwickelt und zeugen so von prinzipieller, nicht aber bloß situativer Gegnerschaft. Gerade unter den Lebensverhältnissen des »totalen Staates« kam zwischenmenschlichem Vertrauen, Kameradschaft und Freundschaft eine große Bedeutung zu, denn sie waren die Voraussetzung jener Zuverlässigkeit, ohne die Widerstand nicht möglich war. So entsteht zuweilen sogar der Eindruck, daß freundschaftliche Verbindungen durch neu geknüpfte oder auf andere Weise zusätzlich intensivierte verwandtschaftliche Beziehungen noch enger werden sollten. Gerade diese Verbindungen, die auf vielfältige Weise gefestigt worden waren und sich bewährten, hielten vielfach auch nach dem 20. Juli 1944. Ohne sie war Widerstand kaum vorstellbar. Um so tragischer war für viele Widerstandskämpfer die Verfolgung und Entrechtung ihrer Angehörigen, selbst von kleinen Kindern, aufgrund der willkürlichen »Sippenhaftung«. Die Ehefrauen der meisten Attentäter wurden nach dem 20. Juli 1944 inhaftiert oder in ein Konzentrationslager eingewiesen. Die jüngeren Kinder kamen in der Regel in ein Kinderheim, das die SS kontrollierte. Offensichtlich sollten alle Familienbindungen zerstört und den Kindern eine neue Identität aufgezwungen werden[41].

40 Vgl. dazu Klaus-Jürgen Müller, Die national-konservative Opposition vor dem Zweiten Weltkrieg: Zum Problem ihrer begrifflichen Erfassung, in: Manfred Messerschmidt u. a. (Hrsg.), Militärgeschichte. Probleme – Thesen – Wege, Stuttgart 1982, S. 215 ff.
41 Vgl. jetzt Dorothee von Meding, Mit dem Mut des Herzens. Die Frauen des 20. Juli, Berlin 1991.

IX. Widerstand im Krieg

Der Beginn des Zweiten Weltkriegs schuf neue Rahmenbedingungen für den Widerstand gegen Hitler. Die NS-Herrschaft wurde während des Krieges immer drückender, und als sich der Terror an der »Heimatfront« seit 1942/43 nach den militärischen Niederlagen bei Stalingrad und in Nordafrika zunehmend verschärfte, verschlechterte sich gleichzeitig die Aussicht auf einen erfolgreichen Umsturz. Die Motivationen und Praktiken des Widerstands wurden noch einmal vielfältiger: Während der eine oder andere im Alltag versuchte, politisch und rassisch Verfolgten zu helfen, verstärkten einzelne Offiziere und »Zivilisten« ihre verzweifelten und lebensgefährlichen Anstrengungen, die Herrschaft der Nationalsozialisten gewaltsam zu beseitigen[42]. Auch der Widerstand aus der Arbeiterbewegung lebte nach Kriegsbeginn und besonders nach dem Angriff auf die Sowjetunion neu auf. Vor allem der Abschluß des Hitler-Stalin-Paktes im August 1939 hatte die Kommunisten gelähmt, aber auch ihre Unabhängigkeit von der Sowjetunion gestärkt. Da sie nun nicht mehr von außen gesteuert wurden, entwickelten sie jetzt vielfach erste Ansätze eines eigenständigen »nationalen Kommunismus«. Die radikale Ablehnung des NS-Regimes und die spürbare Distanz gegenüber Stalin führten 1944 schließlich sogar zu Kontakten zwischen Kommunisten und den Gruppen um Leber und Stauffenberg. Besonders erfolgreich war die in Berlin wirkende Widerstandsgruppe um Arvid Harnack und Harro Schulze-Boysen, die »Rote Kapelle«[43]. Sie bestand aus weit über 100 Mitgliedern, die Flugblätter vervielfältigten und verteilten, Verfolgten halfen, aber auch für die Sowjetunion spionierten. Es lag deshalb in den fünfziger Jahren nahe, die Mitglieder dieser Gruppe als »Landesverräter« zu bezeichnen und ihren Widerstand aus »moralischen Gründen« herabzusetzen, weil sie angeblich nur eine Diktatur durch eine andere hatten ersetzen wollen. Dagegen wandte sich schon früh Hans Rothfels, als er zu bedenken gab: »Mochten ihre Ziele und Mittel von denen der übrigen Gruppen abweichen, Gesinnung und Haltung taten es nicht.«[44]

Während des Krieges verstärkte sich auch der Widerstand von Jugendlichen und Studenten, wenngleich unbestreitbar ist, daß sich nur wenige der Jüngeren entschieden dem Zwang und der Gleichschaltung widersetzten, indem sie sich der Staatsjugendbewegung der Hitlerjugend entzogen. In manchen Orten bildeten sich Jugendgruppen, die sich als »Banden«, »Horden« oder »Blasen« bezeichneten und an Abzeichen oder Kleidungsmerkmalen erkennbar waren. Sie suchten, wie Gruppen von »Edelweißpiraten«, bewußt die Auseinandersetzung mit der Hitlerjugend, begingen aber auch Eigentumsdelikte oder verübten sogar Überfälle auf Parteimitglieder und Polizisten, die bis heute umstritten sind[45]. Eine zunächst unpolitische Freude an Jazzmusik verband die Mitglieder der Swing-Jugend, die wegen ihrer angeblichen Vorliebe für »Negermusik« von Himmler der Verfolgung und Straferziehung preisgegeben wurden. Diese Beispiele zeigen, daß Widerstehen im Alltag nicht notwendiger-

---

42 Vgl. Peter Hoffmann, Widerstand, Staatsstreich, Attentat. Der Kampf der Opposition gegen Hitler, München 1969 u. ö.

43 Vgl. Peter Steinbach, Die Widerstandsorganisation Harnack/Schulze-Boysen, in: Geschichte in Wissenschaft und Unterricht, 42 (1991), S. 133 ff.

44 Vgl. H. Rothfels (Anm. 38), S. 23.

45 Vgl. Bernd A. Rusinek, Gesellschaft in der Katastrophe. Terror, Illegalität, Widerstand – Köln 1944/45, Essen 1989.

weise aus einer prinzipiellen Ablehnung des gesamten NS-Systems resultieren mußte, sondern sich auch als Reaktion auf Einschränkungen persönlicher Freiheit entwickeln konnte.

Demgegenüber leistete eine Gruppe junger Münchener Studenten seit 1941 einen vor allem ethisch-moralisch motivierten Widerstand. Mitglieder der »Weißen Rose«, die zum Freundeskreis der Geschwister Sophie und Hans Scholl gehörten, riefen nicht zuletzt unter dem Eindruck von Massenerschießungen, von denen sie als Angehörige von Studentenkompanien erfahren hatten, zum Widerstand auf. Sie hatten Kontakt zu südwestdeutschen und Hamburger Studenten- und Schülergruppen und verbreiteten so ihre Flugblätter. Nach der Niederlage der deutschen Wehrmacht bei Stalingrad erwarteten sie offensichtlich einen Stimmungsumschwung in der deutschen Bevölkerung und verteilten vielleicht deshalb ihr letztes Flugblatt nahezu ohne jegliche Vorsicht im Lichthof der Münchener Universität. Vier Tage nach ihrer Verhaftung wurden die Geschwister Scholl zum Tode verurteilt und hingerichtet; viele Freunde, unter ihnen Professor Kurt Huber, folgten ihnen nach[46]. Die Nachricht von ihrem Tun erregte auch im Ausland rasch Aufsehen. Nun wurde zunehmend anerkannt, daß sich im Inneren Deutschlands eine Opposition gebildet hatte, die das »andere Deutschland« (Ulrich von Hassell) verkörperte. Allerdings wollten die Alliierten nicht mit dem Widerstand zusammenarbeiten, sondern forderten die bedingungslose Kapitulation. Immer wieder versuchten die Berliner Widerstandsgruppen um Goerdeler, Moltke und Beck, Verbindung zu den westalliierten Regierungen zu bekommen. Dabei konnten sie sich auf Gesinnungsfreunde in der Abwehr, aber auch im Auswärtigen Amt – Adam von Trott zu Solz und Hans-Bernd von Haeften – stützen. Die unterschiedlichen Traditionen und Ziele dieser Gruppen wurden im Gedanken des Rechtsstaates und in dem Gefühl gebündelt, den Bestand des durch den Krieg gefährdeten Nationalstaates zu sichern[47].

X. Militärischer Widerstand

Nach der Ausschaltung der SA und der Vereidigung der Soldaten auf die Person Hitlers war die Reichswehr seit 1934 weitgehend zum loyalen Partner der NS-Führung geworden. Die erfolgreiche Revision des Versailler Vertrages, die Aufrüstung und auch die öffentliche Aufwertung alles Militärischen machten hohe Offiziere vielfach zu Anhängern Hitlers. Nicht alle ließen sich jedoch beeindrucken, sondern erkannten seit 1937 mit wachsender Besorgnis, daß die deutsche Regierung zielstrebig einen neuen Krieg vorbereitete. 1938 löste Hitler ihm gegenüber zurückhaltende und unbequeme hohe Militärs ab und ersetzte sie durch ihm ergebene oder korrumpierbare Offiziere. Dennoch konnte er nicht alle warnenden Stimmen innerhalb des Offizierskorps zum Schweigen bringen. So weigerte sich der Chef des Generalstabs Ludwig Beck, den Einfall deutscher Truppen in die Tschechoslowakei vorzubereiten. Am

---

46 Vgl. Franz Josef Müller u.a., Die Weiße Rose. Der Widerstand von Studenten gegen Hitler, München 1942/43, München 1991.
47 Vgl. Jürgen Schmädeke/Peter Steinbach (Hrsg.), Der Widerstand gegen den Nationalsozialismus. Die deutsche Gesellschaft und der Widerstand gegen Hitler, München 1986.

16. Juli 1938 schrieb er, damit stünden »letzte Entscheidungen über den Bestand der Nation auf dem Spiel«, die die Verantwortlichen »mit einer Blutschuld belasten« müßten, »wenn sie nicht nach ihrem staatspolitischen Wissen und Gewissen handeln«. Beck schloß seinen Appell mit den Worten, ihr »soldatischer Gehorsam (habe) dort eine Grenze, wo ihr Gewissen und ihre Verantwortung die Ausführung eines Befehls verbieten«. Durch einen geschlossenen Rücktritt der Wehrmachtsführung sollte der Krieg und so die nationale Katastrophe verhindert werden. Beck fühlte sich nicht mehr an seinen Eid gebunden, sondern bekannte sich zu einer »höchsten Verantwortung«, die weit über den »begrenzten Rahmen« seiner »militärischen Aufträge« hinausging – zu seiner »Verantwortung vor dem gesamten Volk«[48].

Nach seiner Demission, die Beck jedoch nicht als öffentlichen Protest gestaltete, wurde er bald zum Mittelpunkt einer Widerstandsgruppe von Offizieren, die engen Kontakt zu zivilen Widerstandskreisen hielten und durch ihre Bestrebungen keine Militärregierung, sondern eine neue zivile Regierung etablieren wollten[49]. Viele der Sympathisanten, die in ihren Umkreis gelangten, reagierten ablehnend auf die Kriegspläne oder, nach 1939, auf die Prinzipien deutscher Besatzungsherrschaft. Die Zusammensetzung der Militäropposition schwankte – manche wurden versetzt, resignierten, ließen sich korrumpieren oder gaben vor, sich durch Eid und Befehlsgehorsam gebunden oder gelähmt zu fühlen. So blieb letztlich nur ein sehr kleiner Kreis zusammen, der die tiefe Unzufriedenheit mit der nationalsozialistischen Politik und soldatische Kritik mit der Verantwortung des militärischen Führers für den Bestand der Nation bündelte und den prinzipiell motivierten Anschlag auf die verbrecherische Führung befürwortete. Ein besonderer Glücksfall war, daß entschiedene Regimegegner wichtige Schaltstellen in der Abwehr oder im Ersatzheer erlangen konnten. Sie hatten einen realistischen Einblick in die Kriegslage und kamen aufgrund einer schonungslosen Analyse zu dem Entschluß, Hitler ermorden zu müssen, um die Truppe »eidfrei« zu machen.

Die Handlungsmöglichkeiten der Militäropposition waren ebenso vielfältig wie diejenigen der anderen zivilen Widerstandsgruppen, die den Kirchen nahestanden oder sich auf die Prinzipien des »bürgerlichen Denkens« bezogen. Unterscheidbar sind Versuche, staatliche Zielvorstellungen zu beeinflussen oder Wege zur Realisierung der Politik zu korrigieren, ferner Bestrebungen, innerhalb der konservativer gesonnenen Eliten, die dem Regime gegenüber kritische Distanz bewahrten, Unterstützung zu finden, auch die Regierungen anderer Mächte vor deutschen Plänen zu warnen und so politische Gegenreaktionen zu bewirken, die der deutschen Seite das volle Kriegsrisiko bewußt machen sollten. Deshalb finden wir neben der »Denkschriftenopposition« von Beck die »Reiseopposition« von Goerdeler[50], die »Besprechungsopposition« von Eugen Gerstenmaier und die »Informationsopposition« des Staatsse-

---

48 Vgl. Klaus-Jürgen Müller, General Ludwig Beck. Studien und Dokumente zur politisch-militärischen Vorstellungswelt und Tätigkeit des Generalstabschefs des deutschen Heeres 1933–1938, Boppard 1980, vor allem S. 537 ff.

49 Vgl. Peter Steinbach, Der militärische Widerstand und seine Beziehungen zu den zivilen Gruppierungen des Widerstandes, in: Militärgeschichtliches Forschungsamt (Hrsg.), Aufstand des Gewissens. Militärischer Widerstand gegen Hitler und das NS-Regime 1933–1945, Bonn – Herford 1987, S. 219 ff.

50 Über ihn immer noch grundlegend Gerhard Ritter, Carl Goerdeler und die deutsche Widerstandsbewegung, Stuttgart 1954.

kretärs im Auswärtigen Amt Ernst von Weizsäcker. Allmählich reifte aber innerhalb von Gruppen jüngerer Offiziere[51] der Entschluß, Hitler zu verhaften oder – und sei es »wie einen tollen Hund« – zu töten. Erste Versuche dieser Art lassen sich bereits im Jahr vor dem Beginn des Zweiten Weltkrieges feststellen. Nach Kriegsbeginn und vollends seit dem Überfall auf die Sowjetunion planten die Verschwörer immer wieder Anschläge, doch verhinderten die Unentschiedenheit mancher der Beteiligten, überraschende Versetzungen oder die Ungunst der Stunde bis zum Sommer 1944 die Verwirklichung dieser Pläne. Goerdeler war oftmals verzweifelt:»Der eine will handeln, wenn er Befehl erhält, der andere befehlen, wenn gehandelt wird.«

Seit 1941/42 erhielten die Verschwörer mit Henning von Tresckow und Claus Schenk Graf von Stauffenberg nicht nur entscheidenden Zuwachs, sondern auch Offiziere, die Zugang zur nächsten Umgebung Hitlers hatten. Henning von Tresckow hatte nationalsozialistische Zielvorstellungen zunächst unterstützt, weil er die »Zerstörung aller Klassenschranken« und den Aufbau einer neuen »Volksgemeinschaft« erwartete[52]. Die Verfolgung Andersdenkender, der Kirchenkampf und vor allem die Judenverfolgung öffneten ihm jedoch rasch die Augen, so daß er feststellte, »Recht und Unrecht haben die Plätze gewechselt«. Seit 1938 trat er wie Beck gegen die nationalsozialistische »Wildwestpolitik« ein und ließ sich auch durch Hitlers politische und militärische Erfolge nicht mehr beirren. Sein Ziel, den »Tyrannen« Hitler auszuschalten, verlor er auch als Stabschef der in der Sowjetunion kämpfenden »Armeegruppe Mitte« niemals aus den Augen.

Nachdem Tresckow 1943 von Berlin aus an die deutsche Ostfront versetzt worden war, übernahm der sechs Jahre jüngere und durch schwere Kriegsverletzungen behinderte Stauffenberg[53] die Führung des militärischen Widerstands. Der 1907 in Schwaben Geborene entstammte einer katholischen Adelsfamilie und zeichnete sich schon früh durch ein vor allem sozialethisch begründetes Verantwortungsbewußtsein aus. Der Weimarer Republik stand er zwar nicht grundsätzlich ablehnend gegenüber, konnte ihr aber auch keine entscheidenden positiven Seiten abgewinnen. Hitlers Machtergreifung hatte er zunächst wie andere seiner Kameraden begrüßt. Erst im Verlauf des Krieges wurde ihm vollends der verbrecherische Charakter nationalsozialistischer Politik bewußt. Nur allmählich und langsamer als viele seiner späteren Mitverschwörer konnte er sich von den faszinierenden Wirkungen nationalsozialistischer Erfolge befreien. Stauffenberg zählte zu den begabtesten deutschen Offizieren und galt bei einigen Vorgesetzten als der »einzig geniale« Generalstabsoffizier, den seine Kameraden sogar als den »neuen Schlieffen« bezeichneten. Bis 1943 nahm Stauffenberg an vielen militärischen Operationen der deutschen Wehrmacht teil, wurde 1943 schwerverwundet aus Nordafrika ausgeflogen und im Oktober 1943 als Stabschef in das Allgemeine Heeresamt versetzt, wo er zunächst unter General Friedrich Olbricht arbeitete. Olbricht war seit 1938 eine treibende Kraft der militärischen Opposition und hatte enge Verbindungen zu anderen oppositionellen Militärs in Berlin. Auf ihn

---

51   Vgl. Detlef Graf von Schwerin, Die Jungen des 20. Juli 1944, Berlin 1991; ders., »Dann sind's die besten Köpfe, die man henkt«. Die junge Generation im deutschen Widerstand, München 1991.

52   Vgl. Bodo Scheurig, Henning von Tresckow. Eine Biographie, Frankfurt am Main u. a. 1980.

53   Vgl. Christian Müller, Oberst i. G. Stauffenberg. Eine Biographie, Düsseldorf 1971.

gingen die Pläne zur Widerstandsoperation »Walküre« zur Übernahme und ersten Sicherung der Regierungsgewalt durch die »Militäropposition« zurück, die nach dem Anschlag auf Hitler realisiert werden sollten und in die Stauffenberg bald eingeweiht wurde. Schon nach kurzer Zeit akzeptierte Olbricht seinen jüngeren Untergebenen als führenden Kopf und neue treibende Kraft der auch angesichts der mit Sicherheit erwarteten militärischen Niederlage auf die Tat drängenden Militäropposition.

Anfang Juli 1944 wurde Stauffenberg zum Stabschef beim Befehlshaber des Ersatzheeres General Friedrich Fromm ernannt. Durch diese Funktion erlangte er unmittelbaren Zugang zu Hitler, ohne dadurch – wie Tresckow – den unmittelbaren Kontakt zu seinen Mitverschwörern im Allgemeinen Heeresamt zu verlieren, das sich auf einer Etage mit den Räumen des Befehlshabers des Ersatzheeres in der Berliner Bendlerstraße befand. Als sich wiederholt Attentatspläne zerschlugen und die Gestapo enge Vertrauensleute der Militäropposition wie Julius Leber verhaftete, entschloß sich Stauffenberg, so rasch wie möglich zu handeln. Am 20. Juli 1944 gelang es ihm, während einer Besprechung Hitlers im ostpreußischen »Führerhauptquartier Wolfsschanze« bei Rastenburg eine Bombe zu zünden. Da Stauffenberg in Berlin dringend benötigt wurde, um die Operation »Walküre« zu unterstützen, mußte er Wolfsschanze eigentlich noch vor der Explosion verlassen. Dies bedeutete ein hohes persönliches Risiko, aber auch eine Belastung des Umsturzplans. Später konnte man immer wieder hören, der Anschlag sei dilettantisch ausgeführt worden. Dieses Urteil ist unzutreffend. Nicht persönliches Versagen, sondern eine Verkettung von Zufällen, die Hitler als Vorsehung deutete, verhinderte den Erfolg. Stauffenberg konnte den hochgradig gesicherten Sperrbezirk unmittelbar nach der Explosion überwinden und so nach Berlin entkommen, wo er den Nachrichten vom Überleben Hitlers zunächst keinen Glauben schenkte. Daher versuchte er weiterhin geradezu verzweifelt, hohe Offiziere in den Wehrkreiskommandos auf die Seite der Attentäter zu ziehen. In Berlin gelang es überdies auch nicht, die wichtigen Ziele der Operation »Walküre« zu erreichen. Bald war der Bendlerblock von SS-Einheiten umstellt. Als Hitler schließlich am Abend im Rundfunk sprach und damit zweifelsfrei feststand, daß er den Anschlag überlebt hatte, brach der Umsturzversuch in sich zusammen. Noch in der Nacht wurde Stauffenberg auf Befehl von Fromm mit seinen unmittelbaren Mitverschwörern Olbricht, Albrecht Ritter Mertz von Quirnheim und Werner von Haeften ermordet; Beck, der zum Selbstmord gezwungen worden war, erhielt, nachdem der Suizidversuch gescheitert war, von einem Feldwebel den Todesschuß.

Unmittelbar nach dem Anschlag setzte eine breite Verfolgung der Verschwörer durch Sicherheitsdienst und Gestapo ein[54], die sich schließlich mit der »Aktion Gewitter« zu einer offenbar längst vorbereiteten Aktion ausweitete, durch die die Nationalsozialisten ihre gesamte potentielle Gegenelite ausschalten wollten. Mehrere tausend Personen wurden in den folgenden Wochen verhaftet. Die Attentäter und ihr engerer Kreis von Helfern wurden bis auf ganz wenige Ausnahmen vom Volksgerichtshof unter Roland Freisler zum Tode verurteilt und – teilweise bis in die letzten Kriegswochen hinein – ermordet. Die konspirierenden Offiziere hatten sich stets bewußt als »Schwert des Widerstandes« begriffen – d. h. sie wollten vor allem dem Gesamtwider-

54 Vgl. Hans-Adolf Jacobsen (Hrsg.), »Spiegelbild einer Verschwörung«. Die Opposition gegen Hitler und der Staatsstreich vom 20. Juli 1944 in der SD-Berichterstattung, 2 Bde., Stuttgart 1984.

stand neue Spielräume und damit politische Handlungsmöglichkeiten schaffen. Dies fiel ihnen um so leichter, als sie viele weltanschauliche, politische und religiöse Gemeinsamkeiten mit den »bürgerlichen« Widerstandskreisen hatten. Unterschieden sie sich auch in Einzelfragen einer politischen Neuordnung, der außenpolitischen Prioritäten und der Übergangslösung, so überwog doch der gemeinsame Wunsch, die NS-Herrschaft zu beenden. Die drohende militärische Niederlage, die politische Isolation des Deutschen Reiches, der Wunsch, den deutschen Nationalstaat zu retten, nicht zuletzt aber auch der Wille, die nationalsozialistischen Gewaltverbrechen zu beenden, waren für viele Widerstandskämpfer ein wichtiger Anstoß für ihre Haltung.

Im NS-Regime erblickten sie den Ausdruck einer Unrechtsherrschaft, die Prinzipien des Christentums ebenso wie jene des Humanismus, der Solidarität und der Aufklärung verraten hatte. Dieser gemeinsame Bezugspunkt ihrer Kritik und Auflehnung einte sie, mochten sie auch weiterhin ihr Verhalten aus ganz unterschiedlichen Denkvoraussetzungen motivieren und in ihren zeit- und gruppenspezifischen Vorstellungen befangen sein. In der Gemeinsamkeit gab es so immer eine Vielfalt, die sich nicht homogenisieren oder synchronisieren ließ. Diese Vielfalt war Ausdruck eines politischen Selbstverständnisses, das nicht auf eine Einebnung des Pluralismus innerhalb des Widerstands abzielte, sondern die Vielfältigkeit von Motivationen und Absichten in einen neuen Konsens bündeln zu können glaubte. In diesem Anspruch verkörperte sich ein grundlegender Neuansatz politischen Denkens und konkreter Zukunftsgestaltung, der in den zehn Jahren nach dem Ende des NS-Regimes die Konflikte der Weimarer Zeit endgültig überwand und einen neuen Weg politischer Kooperation aus dem Geist eines Kompromisses suchte, der die Grundentscheidungen über die Gestaltung politischer Ordnung nicht einer beliebigen Mehrheit auslieferte, sondern unaufhebbaren Verfassungsprinzipien unterstellte.

MARLIS G. STEINERT

Deutsche im Krieg: Kollektivmeinungen, Verhaltensmuster und Mentalitäten

Angesichts der anschwellenden Literatur über alle Bereiche des Dritten Reiches wird eine gültige Aussage über so komplexe Phänomene wie Kollektivmeinungen, Verhaltensmuster und Mentalitäten immer problematischer. Bereits mit der ersten umfassenden Untersuchung über die »Stimmung und Haltung« der Deutschen während des Zweiten Weltkrieges[1] entstand Klarheit darüber, daß das Dritte Reich trotz massiver Propagandaeinwirkung kein uniformes, gleichgeschaltetes Gebilde war. Eine Reihe späterer Untersuchungen haben diesen Sachverhalt weiter verdeutlicht und unterstrichen[2].

Die Publikumsmeinungen und Ansichten in den verschiedensten Regionen, Bevölkerungsschichten und Phasen des Dritten Reiches, wie sie in zahlreichen Berichten unterschiedlichster Provenienz festgehalten wurden, zeigen erhebliche Differenzen und Variationen auf. Sie waren im wesentlichen durch Erziehung und Beruf, sowie gesellschafts- und geschlechtsspezifisch bedingt. Trotzdem lassen sich Grundstimmungen und Meinungsströme herauskristallisieren. Sie sind Ausdruck gemeinsamer historischer Erfahrungen und kultureller Einflüsse, angereichert durch Generationserlebnisse. Auf dieser Grundsubstanz baut sich die Handlungs- und Orientierungsfähigkeit sozialer Systeme auf. Die geistig-seelischen Dispositionen bestimmen ebenfalls die Inhalte des kollektiven Gedächtnisses einer Nation; aus ihm erwächst seine politische Kultur[3], auf welcher gemeinsame Mentalitäten, Denk- und Verhaltensmuster beruhen. Sie werden durch punktuelle Reaktionen auf aktuelle Ereignisse und

---

1 Marlis G. Steinert, Hitlers Krieg und die Deutschen. Stimmung und Haltung der deutschen Bevölkerung im Zweiten Weltkrieg, Düsseldorf – Wien 1970.

2 Martin Broszat/Elke Fröhlich (Hrsg.), Bayern in der NS-Zeit, Bde. 2–4: Herrschaft und Gesellschaft im Konflikt, München – Wien 1979–81; Ian Kershaw, Der Hitler-Mythos. Volksmeinung und Propaganda im Dritten Reich, Stuttgart 1980, id., Popular Opinion und Political Dissent in the Third Reich: Bavaria 1933–1945, Oxford 1983; Marlis G. Steinert, Hitlers Krieg und die Deutschen, in: Gerhard Schulz (Hrsg.), Die Große Krise der dreißiger Jahre. Vom Niedergang der Weltwirtschaft zum Zweiten Weltkrieg, Göttingen 1985, S. 137–153; Christoph Kleßmann (Hrsg.), Nicht nur Hitlers Krieg. Der Zweite Weltkrieg und die Deutschen, Düsseldorf 1989; Detlev Peukert, Volksgenossen und Gemeinschaftsfremde. Anpassung, Ausmerze und Aufbegehren unter dem Nationalsozialismus, Köln 1982; Hans-Jürgen Eitner, Hitlers Deutsche. Das Ende eines Tabus, Gernsbach 1991[2]. – Die zahlreichen Veröffentlichungen zur Alltagsgeschichte können hier nicht aufgeführt werden.

3 Martin und Silvia Greiffenhagen, Ein schwieriges Vaterland. Zur politischen Kultur Deutschlands, Frankfurt am Main 1981.

das Alltagsgeschehen ergänzt und überlagert, schließen jedoch keineswegs individuell abweichende Bewußtseinsinhalte und Reaktionen aus.

In diesen Zusammenhang muß auch die Debatte über einen deutschen Sonderweg oder ein deutsches Sonderbewußtsein, über Obrigkeitsstaat und Untertanengeist gestellt werden, auf die einzugehen hier nicht der Ort ist. Festzuhalten bleibt, daß Hitler und sein Regime nicht aus dem Nichts kamen und nicht allein die Verantwortung für die von Deutschen und in Deutschlands Namen begangenen Untaten und Verbrechen tragen. Das NS-System konnte zwölf Jahre nur mit Hilfe und Duldung der Masse von Handlangern, Mitläufern und Indifferenten funktionieren. Selbst einige seiner späteren Opfer haben ungewollt zum Zustandekommen der Hitlerdiktatur beigetragen[4].

In diesem kurzen Überblick soll versucht werden, die hervorstechendsten Züge deutscher Kollektivmeinungen, Verhaltensmuster und Mentalitäten während des Zweiten Weltkrieges herauszustellen und sie mit konjunkturbedingten Haltungen in Verbindung zu bringen. Dabei muß daran erinnert werden, daß sich bereits während der Friedensjahre eine Tendenz zur Doppelgesichtigkeit, zum gespaltenen Bewußtsein[5], zu strukturellem Opportunismus herausgebildet hatte, gekoppelt mit wachsender Apolitisierung und dem Rückzug ins Private. In dieses Kapitel gehören auch die vielerörterte »innere Emigration« und das »Nischendasein«. Ein äußerlich häufig zur Schau getragenes diffuses Bekenntnis zu den herrschenden Verhältnissen ermöglichte die Artikulation von Mißbehagen und Dissens in der Privatsphäre. Trotz weitverbreiteter Kriegsfurcht waren Kriegsablehnung und Pazifismus kein Thema. Zu tief saß bei einem Großteil der Weltkriegsteilnehmer das Trauma der Niederlage im Ersten Weltkrieg[6]. Es bestand jedoch eine auffällige Diskrepanz zwischen einer in der Bevölkerung weitverbreiteten Friedenssehnsucht und den militant-heroischen Aspirationen der NS-Bewegung, der vielfach indoktrinierten Hitlerjugend, Teilen der wirtschaftlichen und intellektuellen Eliten, denen ein Krieg Aussichten auf Durchsetzung ökonomischer und bevölkerungspolitischer Pläne und Umstrukturierungen zu versprechen schien. Es muß ebenfalls daran erinnert werden, daß sich in führenden Militärkreisen ein kleiner oppositioneller Kreis gegen frühzeitige und nicht genügend vorbereitete Kriegsabsichten Hitlers herausbildete, obwohl man schon aus Berufsgründen nicht gegen einen Krieg *per se* war. Hier entstanden erste Widerstandsregungen, die sich später mit zivilen Kreisen zusammenfanden und schließlich zum Attentat im Sommer 1944 führen sollten.

Äußerlich bot sich somit das Bild einer von Akklamation und Konformismus geprägten Gesellschaft, das sich wenig von dem anderer totalitärer Systeme unterschied und das eine gewisse »Normalität« des Alltagslebens zuzulassen schien.

---

4 Das betrifft sowohl die marxistischen Parteien wie auch spätere Oppositionelle. Über die Zusammenhänge zwischen Gesellschaft und Hitler: Marlis G. Steinert, Hitler, Paris 1991.
5 Hans-Dieter Schäfer, Das gespaltene Bewußtsein: über deutsche Kultur und Lebenswirklichkeit, 1933–1945, München 1981.
6 Wolfram Wette, Ideologien, Propaganda und Innenpolitik als Voraussetzung der Kriegspolitik des Dritten Reiches, in: Das Deutsche Reich und der Zweite Weltkrieg, Bd. 1: Wilhelm Deist/Manfred Messerschmidt/Hans-Erich Volkmann/Wolfram Wette, Ursachen und Voraussetzungen der deutschen Kriegspolitik, Stuttgart 1979, S. 23–173. Marlis G. Steinert, Die Einstellung der deutschen Bevölkerung zum Krieg in den Dreißiger Jahren, in: Klaus Hildebrand/Jürgen Schmädeke/Klaus Zernack (Hrsg.), 1939. An der Schwelle zum Weltkrieg, Berlin – New York 1990, S. 55–59.

I. Zeit der Siege

Dieser für die Bevölkerung entweder als beglückend oder bedrückend empfundene Zustand wurde beendet durch Hitlers Angriff gegen Polen am 1. September 1939. Wenn auch viele längst befürchtet hatten, es werde über kurz oder lang zu einem Kriege kommen, hoffte man wider alle Vernunft, es werde Hitlers »Staatskunst« gelingen, ihn zu vermeiden. Selbst als der Krieg bereits Wirklichkeit war, nahmen die meisten Menschen ihn immer noch nicht recht ernst, weil sie »angesichts der Erfahrungen mit der Tschechoslowakei nicht daran glauben wollten, daß das Vorgehen gegen Polen zwangsläufig die Auseinandersetzung mit den Westmächten zur Folge haben würde«[7]. Diese Fehlleistung ist nicht nur einem psychologischen Verdrängungsmechanismus zur Vermeidung kognitiver Dissonanzen zuzuschreiben. Die auf einem tiefsitzenden Wunschdenken beruhende Realitätsverkennung zeigte sich auch bei Hitler, und die von Goebbels entsprechend gesteuerte Propaganda verkannte den in den westlichen Demokratien inzwischen vollzogenen Sinneswandel vom bedingungslosen Appeasement zum Widerstand gegen einen immer maßloseren Diktator.

Von Kriegsbegeisterung konnte jedenfalls in Deutschland nicht die Rede sein. Trotz zur Schau getragenen Mutes war manchem Soldaten eher »flau« zumute[8]. Doch gab es keine Auflehnung. Wie in einem Bericht der Exil-SPD zum Ausdruck kam, war der Nationalismus stärker ausgeprägt als die Abneigung gegen das Regime. Hinzu kam, daß »das Vorgehen in Polen – im Gegensatz zu einem Krieg gegen England und Frankreich – in weiten Kreisen des deutschen Volkes gutgeheißen« wurde; offen bekannten ihre Unzufriedenheit nur gelegentlich die Frauen[9].

Die Kriegserklärungen Englands und Frankreichs am 3. September ließen dann aber keinen Zweifel mehr am Ernst der Lage, und damit fühlte sich »ein großer Teil... vorläufig doch noch zuerst als Deutscher« und wollte nicht »als Vaterlandsverräter geächtet werden«[10].

Der September 1939 markiert somit eine Zäsur im Empfinden der meisten Deutschen. Das britische Diktum »right or wrong, my country« dürfte auch die deutsche Gemütslage am besten kennzeichnen. Der Kriegsbeginn schuf mentalitätsmäßig weitere Unterschiede zwischen »Front« und »Heimat«. Der Reichsführer SS und Chef der deutschen Polizei, Heinrich Himmler, hatte bereits 1937 in einem Vortrag unterschieden[11] zwischen den Fronten »der Armee auf dem Lande..., der Marine zu Wasser,... der Luftwaffe in der Luftglocke über Deutschland« und einem »vierten Kriegsschauplatz: Innerdeutschland«, welcher nun zur »inneren Front« erklärt wurde. Dieser Beitrag befaßt sich vorwiegend mit der Bevölkerung im Inland.

Der rasche Sieg über Polen brachte eine psychologische Entspannung und nährte den Stolz über deutsche Tüchtigkeit und Leistung. Sehr schnell stellten sich jedoch Unmutsäußerungen über schlechte Ernährung, unzulängliche Versorgung und mangelnde Kohlezuteilung ein. Alltagssorgen verdrängten die Tatsache des Kriegszustan-

---

7 Deutschland-Berichte der Sozialdemokratischen Partei Deutschlands (Sopade), Sechster Jahrgang, 1939, Salzhausen – Frankfurt am Main 1980, S. 980.
8 Ebenda, S. 983.
9 Ebenda, S. 558, 565, 579.
10 Deutschland-Berichte (Anm. 7), Siebter Jahrgang, 1940, S. 25.
11 Ebenda, S. 93.

des. Die überkommenen Berichte enthalten kaum Meinungsäußerungen über die in Polen begangenen Brutalitäten. Dieses Schweigen ist schwer zu interpretieren, da es auf vielen Ursachen beruhen kann: auf ungenügender Information und Berichterstattung, auf der Trennung zwischen öffentlich und privat geäußerten Ansichten, auf einer »äußeren Schale der Loyalität«[12], auf Indifferenz oder auf massiver Propagandabeeinflussung. Jeder Hinweis auf brutale Vergehen wurde als feindliche Greuelpropaganda abgetan und mit den alliierten Meldungen aus dem Ersten Weltkrieg über von Deutschen abgehackte Kinderhände verglichen. Erneut müssen auch bestimmte Verdrängungsmechanismen verantwortlich gemacht werden, die alle Informationen, die nicht dem Bild des »untadeligen Deutschen« entsprachen, ignorierten oder negierten.

Seit Ende des 19. Jahrhunderts war die Überzeugung weitverbreitet, daß die Welt »am deutschen Wesen genesen« sollte. Berichte ausländischer Sender, die trotz Androhung härtester Strafen weiter abgehört wurden, widersprachen der verinnerlichten Vorstellung von deutscher Ritterlichkeit. Falls Untaten und Bestialitäten begangen worden waren, konnte es sich – selbst für Gegner des Regimes – nur um Ausnahmen handeln, um eine »Minderheit, die durch Morden, Plündern und Sengen den deutschen Namen besudelt« hatte und der es das Handwerk zu legen galt[13]. Für »die Mehrzahl der politisch denkenden, einigermaßen unterrichteten Leute, die ihr Vaterland lieben und leidenschaftlich national *und* sozial denken..., (ist die Lage) geradezu tragisch. Sie können einen großen Sieg nicht wünschen und noch weniger eine schwere Niederlage. Sie müssen einen langen Krieg fürchten, und sie sehen keinen wirklich realen Ausweg«. In dieser Tagebucheintragung[14] vom Herbst 1939 spiegelt sich der seelische Konflikt vieler patriotisch gesinnter Gegner des Regimes. Die deutschen Wochenschauen trugen inzwischen dazu bei, das Bild eines sauberen, ritterlichen Blitzkrieges zu suggerieren. Was den Deutschen zu Hause vorgeführt wurde, war eine konstruierte Scheinwirklichkeit, dem die photographische und filmische Abbildung Authentizität verlieh. Unmenschlichkeiten wurden ausgeklammert. Tote sah man selten, schon gar nicht deutsche Soldaten, höchstens geschmückte Soldatengräber. Vertreibungen Nichtdeutscher wurden als wohlorganisierte Umsiedlungen präsentiert. Falls doch etwas durchsickerte, erklärte man es mit im Krieg unvermeidlichen Härten und Opfern.

Der finnisch-russische Krieg scheint nur wenig Spuren im deutschen Meinungsgefüge hinterlassen zu haben. Die Einquartierung deutscher Soldaten im Saar- und Rheingebiet und die vorübergehende Evakuierung der Bevölkerung ins Innere des Reiches hingegen wurden vielfach kommentiert und verstärkten den Trend, sich vorwiegend mit eigenen Sorgen und alltäglichen Belangen zu beschäftigen[15]. Es waren vor allem die Frauen, die »täglich zwei Schlachten (schlugen): die erste mit ihren Lebensmittelkarten und die zweite mit dem Kochtopf, um aus den rationierten

---

12 Ebenda, S. 157.
13 Generalmajor Helmuth Stieff, zitiert von Hermann Graml, Die deutsche Militäropposition von Sommer 1940 bis zum Frühjahr 1943, in: Vollmacht des Gewissens, Bd. II, Frankfurt am Main 1965, S. 428.
14 Die Hassell-Tagebücher 1938–1944. Ulrich von Hassell. Aufzeichnungen vom Anderen Deutschland. Nach der Handschrift revidierte und erweiterte Ausgabe, Berlin 1989², S. 131.
15 Deutschland-Berichte (Anm. 7), Siebter Jahrgang, 1940, S. 223 ff.

Lebensmitteln und deren Ersatz etwas Eßbares und Sättigendes herauszubringen«[16]. Im übrigen machte sich die Bevölkerung relativ wenig Gedanken über die weitere Zukunft und erging sich in vagen Friedenswünschen. Kaum jemand schien wirklich mit einem Krieg gegen Frankreich zu rechnen, eine Ansicht, welcher »la drôle de guerre«, in dem zwischen Deutschen und Franzosen nur wenige Schüsse gewechselt wurden, nur Vorschub leisten konnte. »Krieg in Schlaf und Schatten« nannte ihn der Schriftsteller Jochen Klepper in seinem Tagebuch[17].

Der Überfall auf Dänemark und Norwegen erregte wenig moralische Bedenken. War man den Engländern nicht einfach zuvorgekommen? Eine wirkliche »Kriegsstimmung« zeigte sich erst allmählich mit den wachsenden Erfolgen im Westfeldzug, gepaart mit der Hoffnung auf ein baldiges Kriegsende. Wer nicht in den Jubel miteinstimmte, galt als Staatsfeind[18].

Der Sieg über Frankreich kann im Bewußtsein der Deutschen als Heilung eines verletzten Nationalstolzes nicht hoch genug eingestuft werden. Der »Makel der Niederlage« und die »Schmach von Versailles« waren nicht bloße politische Propagandaslogans, auch wenn sie als solche weidlich ausgeschlachtet worden waren. Sie hatten ein tiefes Trauma ausgelöst, das nun geheilt werden konnte. Es gibt viele Anzeichen, daß die Mehrheit der Deutschen zu einem großzügigen und »ritterlichen« Verständigungsfrieden mit Frankreich nicht nur bereit war, sondern ihn wünschte. Hitler aber und die Seinen wollten mehr: Sie wollten, wie Goebbels notierte, die Erben sein[19], Frankreich für immer aus seiner Großmachtstellung in Europa vertreiben und eine deutsche Hegemonie errichten. Bis zum Westfälischen Frieden sollte die europäische Geschichte rückgängig gemacht, der Traum vom großen germanischen Reich endlich verwirklicht werden. Und mit diesen megalomanen Wunschvorstellungen rührten die Nationalsozialisten an ein weit tiefersitzendes Syndrom als das durch den Verlust des Ersten Weltkrieges gesetzte Trauma: die Mythen vom verlorenen Stauferreich, vom verwunschenen Kaiser Barbarossa und der Auferstehung des Ersten Reiches. Sie wurden vom NS-Regime instrumentalisiert zur Realisierung von Phantasmen, inspiriert durch pseudowissenschaftliche Erkenntnisse geopolitischer, ökonomischer und bevölkerungshygienischer Art. Planungen über wirtschaftliche und strategische Großräume, oft subsumiert unter dem Schlagwort des Lebensraumes, beflügelten seit Sommer 1940 staatliche Verwaltungen, nationalsozialistische Sonderbehörden, wissenschaftliche Institute und Fakultäten. Der Neuordnung Europas[20] unter deutschem Vorzeichen stellte sich nur die englische Weigerung eines Friedensschlus-

---

16 Ebenda, S. 250.
17 Jochen Klepper, Unter dem Schatten Deiner Flügel. Aus den Tagebüchern der Jahre 1932–942, Stuttgart 1965, S. 870.
18 Generalstaatsanwalt Naumburg, zitiert nach: M. G. Steinert (Anm. 1), S. 130.
19 Die Tagebücher von Joseph Goebbels. Sämtliche Fragmente, hrsg. v. Elke Fröhlich im Auftrag des Instituts für Zeitgeschichte und in Verbindung mit dem Bundesarchiv, Bd. 4, München 1987, S. 232.
20 Jean Freymond, Le IIIe Reich et la réorganisation de l'Europe 1940–1943. Origines et projets, Leiden 1974; Ludolf Herbst, Der totale Krieg und die Ordnung der Kriegswirtschaft im Spannungsfeld von Politik, Ideologie und Propaganda 1939–1945, Stuttgart 1982; Michel Korinman, Quand l'Allemagne pensait le monde, Paris 1990; Mechthild Rößler, Wissenschaft und Lebensraum. Geographische Ostforschung im Nationalsozialismus, (Hamburger Beiträge zur Wissenschaftsgeschichte, Bd. 8), Berlin 1990.

ses entgegen. In der breiten Masse des deutschen Volkes zeigte sich wenig Begeisterung für die hochfliegenden Pläne der politischen, wirtschaftlichen und wissenschaftlichen Eliten zur »Sicherung des Lebensraumes«. Sie lösten vielmehr Beunruhigung aus[21]. Jede Verbesserung der Ernährungslage aufgrund der Ausbeutung der eroberten Länder wurde allerdings mit Freuden begrüßt. Die vorwiegend materielle Einstellung der Bevölkerung ist ein Wesenszug, der sich vom Anfang bis zum Ende des Dritten Reiches verfolgen läßt. Ansonsten schwankte die deutsche Meinungslage zwischen dem Ende des Frankreichfeldzuges und dem Frühjahr 1941, während Hitler eine Interimsstrategie verfolgte, zwischen der Furcht vor einem neuen Kriegswinter und der Hoffnung – entsprechend der Parole Hitlers, das Jahr 1941 werde die »Vollendung des größten Sieges« der deutschen Geschichte bringen[22] – auf den Frieden.

Die Erfolge des Afrikakorps und die Balkankriege erregten gewiß Bewunderung, aber man sah die Notwendigkeit weiterer Feldzüge nicht ein, sie schienen ausschließlich bestimmt, die Mißerfolge des italienischen Verbündeten auszubügeln. Dementsprechend verstärkte sich eine bereits verbreitete Abneigung gegen den Partner. Gerüchte über die Möglichkeit einer kriegerischen Auseinandersetzung mit Rußland sowie die Schockwirkung, die von Rudolf Heß' Englandflug im Mai 1941 ausging (Heß hatte Großbritannien für Friedensverhandlungen zu gewinnen gehofft), lösten Ängste und tiefe Bestürzung aus[23].

II. Ende der Blitzkriege und globale Ausweitung

Am 22. Juni 1941 war der »deutsch-russische Schwebezustand zu Ende«[24]. Es begann ein brutaler Rassen- und Ausbeutungskrieg, den die NS-Propaganda als notwendige Präventivmaßnahme gegen bolschewistische Angriffsabsichten hinstellte. Bilder vom sowjetischen Angriff auf Finnland wurden in der Wochenschau gezeigt, um eine Analogie aufzudrängen. Dic Truppen wurden instruiert, daß es sich nicht um einen »Normalkrieg« handelte[25]. Mit ihm wurden die Meinungs- und Mentalitätsunterschiede zwischen Front und Heimat erheblich verstärkt. Die tägliche Konfrontation mit brutalem Kampf und Tod unterschied sich existentiell von den Lebenserfahrungen in Industrie- und Agrarbereichen des Inlands. Die Teilnehmer des Ostfeldzuges, vielfach Augenzeugen oder gar passive oder aktive Helfer der von den SS-Einsatzkommandos begangenen Erschießungen, formten eine Welt für sich. Oft ging es nur um das nackte Überleben, und das Gemetzel mußte rationalisiert und legitimiert werden durch die Berufung auf Soldateneid, Gehorsam und die »verdammte Pflicht«[26]. In gewisser Weise wurden die Werte der Arbeitswelt der Friedenszeit übernommen, nur

---

21 Deutschland-Berichte (Anm. 7), Sechster Jahrgang, 1939, S. 583.
22 Einzelheiten über diese Periode: M. G. Steinert (Anm. 1), S. 138–184.
23 Ebenda, S. 188–195.
24 Streng vertraulicher Bericht eines Teilnehmers der Pressekonferenz vom 19. Mai 1941. Bundesarchiv Koblenz (BAK) Zsg 101/20, fol. 130.
25 Jürgen Förster, Das Unternehmen Barbarossa als Eroberungs- und Vernichtungskrieg, in: Das Deutsche Reich und der Zweite Weltkrieg, Bd. 4: Horst Boog/Jürgen Förster/Joachim Hoffmann/Ernst Klink/Rolf-Dieter Müller/Gerd R. Ueberschär, Der Angriff auf die Sowjetunion, Stuttgart 1983, S. 413–447.
26 Alexander Stahlberg, Die Verdammte Pflicht. Erinnerungen 1932–1945, Berlin 1988.

die Inhalte änderten sich. Der Soldat wurde zum »Kriegsarbeiter«, wie Ernst Jünger dies in seinem Buch »Der Arbeiter« (1932) vorweggenommen hatte. Auch wurde der Mensch immer auswechselbarer, ersetzbarer, wie ein Maschinenteil[27].

Der psychologische Ausnahmezustand, in dem sich Männer im Kampf gegenüberstehen, diese Welt streng bewußter Disziplin und elementarer Entfesselung, ist nicht nachvollziehbar für alle, die sie nie erlebt haben – vor allem für die zu Hause Gebliebenen und die Frauen. In Rußland glaubte die Wehrmacht bis in die mittlere Generalität, für »eine große Sache« zu kämpfen[28]. Ein anfänglich vorhandenes Gefühl der Überlegenheit schwand bald dahin vor dem »hervorragenden Kampfwert« der Roten Armee[29]. Mit seinem Durchhaltebefehl vom 16. Dezember 1941 (». . . ist die Truppe zum fanatischen Widerstand in ihren Stellungen zu zwingen . . .«), der Übernahme des Oberbefehls des Heeres und der Auswechslung einer Reihe von Generälen am 19. Dezember erzwang Hitler ein Halten der Front – unter unsäglichen Leiden und Opfern.

Eine Alltagsgeschichte der deutschen Soldaten im Zweiten Weltkrieg steht noch aus[30], aber Veröffentlichungen von Feldpostbriefen geben erste Auskünfte über die Verarbeitung von Fronterlebnissen[31]. Sie wurden den Angehörigen zu Hause nur »in dosierter Form« und »zur Aufrechterhaltung der innerfamiliären Kommunikation« übermittelt[32]. Trotz aller Zurückhaltung riefen sie Besorgnis hervor, wenn sie von Schwierigkeiten in der Verpflegung, den unvorstellbaren Reserven der sowjetischen Armee an Menschen und Material und der Aussichtslosigkeit, eine Entscheidung in absehbarer Zeit herbeizuführen, berichteten. Die Mehrzahl der Deutschen wurde immer pessimistischer seit dem Winter 1941, in dem Hitler auch noch den Vereinigten Staaten von Amerika den Krieg erklärt hatte. Die globale Ausweitung des Krieges, gesteigerte Luftangriffe, Ernährungsschwierigkeiten, die Angst um das Leben der Angehörigen förderten Desillusionierung und Fatalismus. Der einzelne sah sich überfordert und dem Geschehen hilflos ausgeliefert. Oft blieb als einziger Trost nur der Glaube an Gott. Die Kirchen, die sich vielfach demselben Dualismus zwischen Patriotismus und Opposition ausgesetzt sahen wie die Gegner des Regimes, erlebten wachsenden Zulauf. Obwohl – oder weil – sie nicht den Krieg verurteilten und den Kampf gegen den Bolschewismus unterstützten, wurden sie zum Sammelbecken aller Verzweifelten und Trostbedürftigen und gerieten damit zwangsläufig in einen Gegensatz zum NS-Staat[33]. Ende 1942 wurde eine Umbruchsituation im deutschen Mei-

---

27 S. Ernst Jüngers Tagebücher, veröffentlicht in: Strahlungen I, »Gärten und Straßen«, München 1988, S. 54.

28 Walter Lammers, Zur Mentalität deutscher Generäle bei Beginn des Krieges gegen die Sowjetunion (Juni bis Dezember 1941), in: Sitzungsberichte der wissenschaftlichen Gesellschaft an der Johann-Wolfgang-Goethe-Universität, Frankfurt am Main – Stuttgart 1990, S. 45, 46.

29 Ebenda, S. 50.

30 Vorwort von Wilhelm Deist in: Das Deutsche Reich und der Zweite Weltkrieg, Bd. 6: Horst Boog/Werner Rahn/Reinhard Stumpf/Bernd Wegner, Der globale Krieg. Die Ausweitung zum Weltkrieg und der Wechsel der Initiative 1941–1943, Stuttgart 1990.

31 »Ich will raus aus diesem Wahnsinn«. Deutsche Briefe von der Ostfront 1941–1945. Aus sowjetischen Archiven, Wuppertal 1990.

32 Ebenda, S. 308, 309.

33 Berichte des SD und der Gestapo über Kirchen und Kirchenvolk in Deutschland, bearbeitet von Heinz Boberach (Veröffentlichungen der Kommission für Zeitgeschichte bei der Ka-

nungsgefüge deutlich, die den Leiter der Parteikanzlei, Martin Bormann, veranlaßte, alle Gauleiter aufzufordern, sich auf ihre Führungsaufgaben zu besinnen, statt zu verwalten und zu regieren, da sich die alten Gegner wiedergefunden hätten und die alten Mittel gegen die Partei anwendeten[34].

Eine der aufschlußreichsten Analysen des deutschen Verhaltens im Zweiten Weltkrieg wurde in Großbritannien im September 1945 verfaßt. Sie betrifft die deutsche politische Szene, die Kontrolle der Zivilbevölkerung und ihre Kosten und basiert weitgehend auf SD-Berichten, deren Wahrheitsgehalt von den Autoren der Studie als sehr hoch eingestuft wird[35]. Es ist bereits beachtlich, daß die Existenz einer öffentlichen Meinung und die Tatsache bestätigt wird, daß der Krieg nicht allgemein begrüßt worden war, daß es keinen »Hurra-Patriotismus« gegeben und daß zu keinem Zeitpunkt eine Begeisterung für die Ausdehnung oder Verlängerung des Krieges bestanden hatte. Weiter heißt es, daß der Angriff auf Rußland eine beträchtliche Depression und schließlich die Einsicht in die Unmöglichkeit verursachte, den Feldzug bis Ende des Jahres abzuschließen. Die Leiden der Truppe und die Kälte des russischen Winters brachten den Umschlag der Kollektivmeinung von Hoffnung in dumpfe Resignation. In der darauffolgenden Phase, die allmählich in die Endphase überging, ließen jedoch Erinnerungen an 1918 und den Versailler Vertrag ein Weiterkämpfen sinnvoller erscheinen als eine Kapitulation; so bestand noch Hoffnung auf einen Sieg oder einen Kompromißfrieden. Der englische Bericht unterstreicht, daß der Kriegseintritt der USA zunächst wenig Einfluß auf diese Ansichten hatte – Amerika war weit. Die etwaigen Besorgnisse über amerikanische Produktionskapazitäten wurden mit dem Argument heruntergespielt, es handele sich um typische »Yankee-Brüstungen« (hier hatte die Goebbelssche Propaganda Erfolge aufzuweisen). Weiter wird bestätigt, daß es die Landung der Alliierten im November 1942 in Afrika und vor allem die Katastrophe von Stalingrad waren, welche zum ersten Male die Vorstellung aufkommen ließen, daß ein Sieg unmöglich sei. Die unmittelbare Folge war ein weitverbreiteter Abfall von Parteimitgliedern, der von der NSDAP brutal gekontert wurde mit dem Zwang, die Parteizeichen offen zu tragen und den Hitlergruß anzuwenden. Damit wurde es aber immer schwieriger, in der offiziellen Sprachregelung die Fiktion aufrechtzuerhalten, der Nationalsozialismus werde freiwillig vom Volk hochgehalten. Es ergab sich vielmehr das Bild einer kleinen Führungsgruppe, die entschlossen war, die Deutschen selbst gegen ihren Willen vor dem Verderben zu retten, in welches sie unweigerlich fallen würden, falls sie »ihren eigenen feigen Neigungen« folgten.

Der hervorstechendste Zug nach dem Winter 1941/42 war die Furcht vor einer Besetzung durch russische Truppen. Vom Winter 1942/43 an und besonders seit der Landung der Alliierten in der Normandie im Juni 1944 war es Hauptaufgabe des Propagandaministeriums, die Bevölkerung zu überzeugen, daß eine Besetzung durch die Westmächte nicht weniger verheerend sein würde als diejenige der Russen. Die-

tholischen Akademie in Bayern, Reihe A: Quelle, Bd. 12), Mainz 1971. Eine gute Übersicht in Kirchliche Zeitgeschichte, (1988) 1, Der Widerstand von Kirchen und Christen gegen den Nationalsozialismus.

34 BAK NS 6/vorl. 338, zitiert nach: M. G. Steinert (Anm. 1), S. 321.
35 P. J. D. German and Austrian Intelligence, The German Political Scene During the Second World War. II: Control of the Civilian Population, No. 8, 6th September 1945. Public Record Office (PRO) FO 371/46749 81611 – auch für den Rest dieses Abschnitts.

ser Propaganda war ein gewisser Erfolg beschieden. Obwohl viele hofften, von den Briten oder den Amerikanern besetzt zu werden, trugen »deutsche Disziplin« und erhebliche Zwangsmaßnahmen dazu bei, daß die Wehrmacht im Westen den Kampf nicht aufgab.

Der nach Stalingrad von Goebbels ausgerufene »totale Krieg« schaffte die letzten Annehmlichkeiten des Zivillebens ab. Übrig blieb Arbeit bis zur Erschöpfung, die kaum Zeit oder Energie übrig ließ für irgendwelche Gedanken. Hinzu kamen erhebliche Nahrungsmittelkürzungen und alliierte Luftangriffe, die verheerende Zerstörungen anrichteten. Neutrale Beobachter berichteten von Apathie gegenüber allem, was Krieg oder öffentliche Angelegenheiten betraf. Mussolinis Sturz im Juli 1943 und die Übernahme der Regierung durch Marschall Pietro Badoglio, der schon bald einen separaten Waffenstillstand abschloß, ließen die Frage nach einem deutschen Badoglio aufkommen. Trotz all dieser Fehlschläge entstand keine eigentliche Oppositionsbewegung. Die britische Evaluierung der deutschen Publikumsmeinung führt die Gründe für dies Verhalten auf zwei Faktoren zurück. Obwohl es dem NS-Regime nicht gelungen war, die traditionellen Denkweisen in gewissen gesellschaftlichen Bereichen wie der Armee, der Beamtenschaft und der Kirche zu brechen, gelang es keiner dieser gesellschaftlichen Großgruppen, ihre potentielle Gegnerschaft über ihre Grenzen hinaus auszudehnen. Pflichtbewußtsein gegenüber dem Staat und eine begrenzte Sicht der Dinge, die selten über den eigenen Fachbereich und seine Interessen hinausreichte, waren die wesentlichsten Ursachen. Die zweite bedeutende Komponente für das Nichtzustandekommen einer breiteren Opposition war die Effizienz von Himmlers Kontrollmaschinerie, die in der britischen Untersuchung als ein »soziologisches Jiu-Jitsu« bezeichnet wird. Durch ein Minimum von Gewalt, an sorgfältig ausgeklügelten Orten angewandt, wurde eine weitreichende Lähmung erreicht. Primär ging es nicht so sehr um die Auslöschung jeglichen Widerstandes, als um die rechtzeitige Verhinderung seiner Entwicklung. Die Unzufriedenheit mochte noch so groß sein – fast allgemein –, sie stellte keine Gefahr für das totalitäre Regime dar, solange sie unorganisiert war. Das NS-Sicherheitssystem beruhte auf der Identifizierung aller potentiellen oppositionellen Kristallisationszentren im voraus. Bei ersten Zeichen von Aktivität konnten sie ausgelöscht werden. Sein wichtigstes Instrument war nicht so sehr das Konzentrationslager (obwohl es oft und brutal eingesetzt wurde und die Drohung damit mindestens so wirksam war wie seine Realität), sondern das über jede Person, Gruppe oder Klasse, die potentiell gefährlich werden konnte, angelegte Aktenstück. Die Effizienz des Systems beruhte weiterhin auf seiner Fähigkeit, Furcht zu verbreiten durch mitternächtliche oder frühmorgendliche Verhaftungen, durch die Allgegenwart der Spitzel in allen Bevölkerungsgruppen oder gar Familien. Spätestens seit Winter 1942/43 war aus »einem Regime der Überzeugung ein Regime der Einschüchterung geworden«.

Die britische Analyse der Hintergründe und des Scheiterns des Attentats vom 20. Juli 1944 berücksichtigt all diese Bedingungen und erwähnt auch die ambivalenten Beziehungen zwischen Hitler und einem Teil der führenden Militärs. Die wachsende Distanz zwischen ihnen wird auf militärische und politische Erwägungen zurückgeführt. Die zweifellos bei den aktiven Widerständlern vorhandene moralische Dimension wird nicht wahrgenommen, wie dies auch der Fall bei der Mehrheit der deutschen Bevölkerung war, welche das Attentat ablehnte –, nicht so sehr, weil die Menschen den Nationalsozialismus bevorzugten, sondern weil ihnen der Wille oder die

Macht fehlte, gegen ihn anzutreten. Vielen erschien es auch als Verrat, die Pferde im Strom zu wechseln[36].

Die letzten Kriegsmonate waren gekennzeichnet durch physische und psychische Erschöpfung; die alliierten Truppen wurden vielerorts als »Befreier« begrüßt. Die britische Evaluierung kommt zu dem Schluß, daß vom Standpunkt des NS-Systems die Kontrolle der Zivilbevölkerung ein Erfolg war. Ein demokratisch regiertes Deutschland hätte ein bis zwei Jahre früher kapituliert. Vom Standpunkt des deutschen Volkes aus, welches die Niederlage überlebte, »war es ein immenses Desaster, denn der Krieg, der im Leben eines Staates ein Instrument sein sollte, wurde verlängert, bis sich der Staat im Chaos auflöste«.

III. Rassenhygiene und Völkermord

Das unmenschlichste und schrecklichste Kapitel deutschen Verhaltens betrifft die Behandlung von geistig und körperlich Geschädigten, von Alten und Schwachen sowie von Zigeunern und Juden. Nirgendwo in der Welt sind von einem als hochzivilisiert eingestuften Land Menschen derart massenweise in bestialischer und technisch ausgeklügelter Weise umgebracht worden. Unzählige Studien haben diese Tatbestände bis ins kleinste Detail untersucht und sind ihren sozialdarwinistischen und eugenischen Ursprüngen nachgegangen[37]. Letztere reichen bis in die Mitte des 19. Jahrhunderts zurück und fanden ihre furchtbarste und konsequenteste Ausformung im Dritten Reich, insbesondere in seiner »Judenpolitik«. Sie ist das Paradigma aller rassenhygienischen und bevölkerungspolitischen Bestrebungen, und daher soll der Antisemitismus hier in den Mittelpunkt der Betrachtungen über das Verhalten der Deutschen gegenüber »Gemeinschaftsfremden« und »Fremdrassigen« gestellt werden.

Die Reaktionen der deutschen Bevölkerung auf die Behandlung der »Judenfrage« durch das NS-Regime waren, wie die allgemeine Meinungslage, unterschiedlich je nach Region, Beruf und Zeitabschnitt. Das Geschlecht scheint weniger eine Rolle gespielt zu haben[38]. Als Kollektivverhalten kann man gegenüber gesetzlichen Rege-

---

36 Für eine Übersicht über den Forschungsstand s. Jürgen Schmädeke/Peter Steinbach (Hrsg.), Der Widerstand gegen den Nationalsozialismus. Die deutsche Gesellschaft und der Widerstand gegen Hitler. Mit einem Vorwort von Wolfgang Treue, München – Zürich 1985.

37 Paul Hilberg, Die Vernichtung der europäischen Juden, Frankfurt am Main 1990, 3 Bde., stellt die detaillierteste Untersuchung dar. Bibliographische Hinweise: Saul Friedländer, Vom Antisemitismus zur Judenvernichtung. Eine historiographische Studie zur nationalsozialistischen Judenpolitik und Versuch einer Interpretation, in: Eberhard Jäckel/Jürgen Rohwer (Hrsg.), Der Mord an den Juden im Zweiten Weltkrieg, Frankfurt am Main 1987; Detlev Claußen, Vom Judenhaß zum Antisemitismus. Materialien einer verleugneten Geschichte, Darmstadt – Neuwied 1987; Shulamit Volkov, Jüdisches Leben und Antisemitismus im 19. und 20. Jahrhundert, München 1990; Benno Müller-Hill, Tödliche Wissenschaft. Die Aussonderung von Juden, Zigeunern und Geisteskranken. 1933–1945, Hamburg 1984; Jörg Wollenberg (Hrsg.), »Niemand war dabei und keiner hat's gewußt«. Die deutsche Öffentlichkeit und die Judenverfolgung 1933–1945, München 1989.

38 Über die Haltung und Rolle der Frauen im Dritten Reich: Claudia Koonz, Mothers in the Fatherland. Women, the Family and Nazi Politics, New York 1987, Rita Thalmann, Etre Femme sous le IIIe Reich, Paris 1982.

lungen wie Berufsverboten oder Nürnberger Gesetzen eher Zustimmung als Ablehnung feststellen; Brutalitäten und Mißhandlungen stießen hingegen weitgehend auf Abscheu und Unwillen und wirkten sich für das Regime abträglich aus. Öffentliche Proteste und konkrete Hilfsmaßnahmen für bedrohte Juden blieben Einzelfälle. Die hervorstechendsten Merkmale sind Indifferenz, ein Mangel an Empathie und der Rückzug auf die eigene Sphäre.

Die Gründe dieses Defizits an mitmenschlicher Teilnahme lassen sich verkürzt in fünf Punkten zusammenfassen:

1. Die Abschirmung und Selbstbezogenheit der verschiedenen gesellschaftlichen Bereiche und Schichten, welche der britische Bericht als einen der Gründe für das Nichtzustandekommen einer breiteren Widerstandsbewegung angeführt hatte, war eine Folge der Zerrissenheit und mangelnden Geschlossenheit der deutschen Gesellschaft. Seit Ende des 19. Jahrhunderts bedienten sich völkische Bewegungen, nationale Verbände und schließlich der Nationalsozialismus nationalistischer und antisemitischer Parolen, wie auch der Abwehr und Ausgrenzung von Minderheiten, als Integrationsmittel. Ihr Ausschluß war sowohl Symptom wie Werkzeug, die Verwerfungen der deutschen Gesellschaft zu überwinden.

2. Die politische Kultur in Deutschland war seit dem 19. Jahrhundert gekennzeichnet durch das Bemühen, Einheit, Modernisierung, bürgerliche Rechte und Freiheiten in Einklang zu bringen und zu realisieren. Die Erringung der staatlichen Einheit gelang schließlich 1871 unter der Ägide eines starken Staates, dessen Aufrechterhaltung und rapide Modernisierung Vorrang vor der Umstrukturierung und Liberalisierung der Gesellschaft erhielten.

Die nach dem verlorenen Krieg geschaffene Weimarer Republik versuchte das Versäumte mit Hilfe einer modernen, demokratischen Verfassung nachzuholen, scheiterte aber an der Aufgabe einer wirklichen Neugestaltung der gesellschaftlichen Verhältnisse. Ein Großteil der deutschen Bevölkerung schob die Schuld an den durch Inflation und internationale Wirtschaftskrise hervorgerufenen Mißständen auf die Unfähigkeit des demokratischen Staates, sie zu beseitigen, und rief erneut nach einem starken Staat und »Führer« der Nation. Juden verkörperten das Feindbild aller antimodernistischen Bewegungen. Für konservative und radikale Kreise wurden sie als Vertreter von marxistischen und demokratischen Parteien zum Symbol der ungeliebten Republik.

3. Die Lebensbedingungen in einem totalitären Staat mögen für diejenigen, die ihnen niemals unterworfen waren, schwer vorstellbar sein. Gegen das System vorzugehen, nachdem es installiert war – und dieser Vorgang vollzog sich im Dritten Reich sehr rasch –, war schwierig und erschien existentiell immer gefährlicher. Es wurde zudem in den Augen vieler legitimiert durch unbestreitbare Erfolge auf wirtschaftlichem und bald auch außenpolitischem Gebiet. Als die Deutschen anfingen – teilweise und graduell –, sich über die wahre Natur dieses Staates klar zu werden, war es bereits zu spät. Der Krieg ermöglichte ihm die Verschärfung der Repression und der Kontrollmaßnahmen. Er ermöglichte auch eine weitere Mobilisierung nationaler Emotionen gegen alles Fremde.

4. Als weiterer Faktor müssen die Gegebenheiten des technischen Zeitalters berücksichtigt werden, unter denen alles »machbar« erschien und der Mensch selbst als Teil einer Maschine auswechselbar und verfügbar wurde. Raum, Wirtschaft und Bevölkerung wurden zueinander in Beziehung gesetzt und jede einzelne Größe rational opti-

miert. So gesehen ist die nationalsozialistische Revolution als ein Versuch des »social engineering«, ein Versuch, gesellschaftliche Strukturen optimal zu formen, interpretiert worden[39]. Der Massenmord an Juden und Zigeunern – wie schon zuvor die Ermordung von Alten und Kranken, euphemistisch Euthanasie genannt – wurde mittels rationaler, bürokratischer und wissenschaftlicher Versachlichung in einen »unpersönlichen« Berufsvorgang verwandelt. Auschwitz war die Folge »einer gnadenlos instrumentalisierten Vernunft«[40].

5. Das genaue »Wissen« um dieses mörderische Geschehen beschränkte sich vorerst auf die obersten politischen, zum Teil auch militärischen Führungsorgane sowie auf die beteiligten Verwaltungen und die Ausführenden. Es gelangte in breitere Wehrmachtskreise durch unmittelbare Beobachtung – manchmal auch Teilnahme – in den hinteren Heeresgebieten im Osten. Von dort wurden Wehrmachtsangehörige auf anderen Kriegsschauplätzen nach und nach informiert über das, was Jünger in seinen Tagebüchern die »Schinderhütten« und »Lemurentätigkeit« nennt[41].

In den breiten Bevölkerungsschichten in der Heimat *wußte* man nichts über dieses Morden, das jede menschliche Vorstellungskraft überstieg. Gerüchte und Geraune, Meldungen ausländischer Sender wurden lange als unglaubwürdig zurückgewiesen. Festeingewurzelte Überzeugungen, »ein Deutscher tut so etwas nicht«, hielten sich teilweise weit über den Krieg hinaus. Vor allem für Frauen waren solche Horrorvisionen schwer vorstellbar – hier war die mentale Kluft zwischen männlichen Kriegsteilnehmern und der »Heimatfront« am stärksten ausgeprägt. Sie wurden auch bewußt – und nicht nur seitens des Regimes – von jeder Unterrichtung ausgeschlossen.

Die Heimlichkeit und Verschleierung der »Endlösung« beweist mehr als alles andere, daß sich die NS-Führung bewußt war, »daß sie sich nicht auf einen Rückhalt in der Bevölkerung für ihre Exterminationspolitik stützen konnte«. Diese war jedoch ermöglicht worden »durch den fortschreitenden Ausschluß der Juden aus der deutschen Gesellschaft. Und dieser hatte in der breiten Öffentlichkeit stattgefunden«[42]. Auch das Schweigen der kirchlichen Würdenträger, die Komplizenschaft prominenter Vertreter der Eliten aus Beamtenschaft, Wehrmacht und Industrie im Hinblick auf die nationalsozialistische Rassenpolitik hatten dazu beigetragen, die Endlösung zu ermöglichen.

IV. Die Deutschen und Hitler

Die Haltung der Deutschen gegenüber Hitler bewegte sich in einem Meinungsspektrum von totaler Ablehnung über passive Hinnahme bis zu gläubiger Bewunderung. Auch hier wieder waren regionale, gesellschaftliche, berufliche und nur in beschränktem Maße geschlechtliche Faktoren von Bedeutung[43]. Eine nicht zu unterschätzende

---

39 Zygmunt Baumann, Modernity and the Holocaust, Ithaca/New York 1989, S. 66.
40 Götz Aly/Susanne Heim, Vordenker der Vernichtung. Auschwitz und die deutschen Pläne für eine neue europäische Ordnung, Hamburg 1991, S. 485.
41 E. Jünger, Strahlungen I und II, »Das erste Pariser Tagebuch« und »Das zweite Pariser Tagebuch« (Anm. 27), passim.
42 I. Kershaw, Popular Opinion (Anm. 2), S. 371, 372.
43 Vgl. Anm. 38.

Rolle für Verhaltensmuster, von Zustimmung über Konformität bis zu Verweigerung und Widerstand, spielte die Zugehörigkeit zu politischen Familien und »Subkulturen«, wie sie sich beispielsweise in der Sozialdemokratie herausgebildet hatten. Es muß auch immer wieder auf den Faktor Zeit in der sich ändernden Meinungsentwicklung hingewiesen werden. Ursprüngliche Bewunderung konnte in Verachtung und Haß umschlagen, einstige Ablehnung in wachsende Identifizierung und Treue. Letzterer ist in der deutschen Werteskala, neben Pflichtbewußtsein und Disziplin, ein hoher Stellenwert einzuräumen, der oft unterschätzt und mißdeutet wird. Die sprichwörtliche Nibelungentreue war personal- und nicht sachbezogen-, zum Teil auch institutionell verankert. Dieser im Grunde feudale Treuebegriff war auch im Dritten Reich noch sehr verbreitet. In gewisser Weise ist ihm auch der 1934 für die Wehrmacht eingeführte persönliche Treueeid auf Hitler zuzuordnen[44].

Auch die Betrachtung der ab 1930 in steigendem Maße in Hitler gesetzten Hoffnungen – quer durch alle Bevölkerungsschichten – muß dem Faktor Zeit Rechnung tragen. Waren diese Hoffnungen nicht Ausdruck einer langgenährten Heilserwartung, die durch konjunkturbedingte Krisen noch verstärkt worden war? Selbst viele Skeptiker wollten dem Führer der NSDAP eine Chance geben[45]. Und dies galt besonders für die Jugend, die sich Hoffnung auf ein besseres Leben machte und die von Hitler und seiner »Partei der Jungen« als Potential der Zukunft besonders umworben wurde. Ab 1933 wurde dann mancher, der bis dahin abseits gestanden hatte, durch Hitlers Erfolge verführt: »Der Deutsche wurde nach seinem großen Fasten von Kniébolo (Jüngers Bezeichnung für Hitler, St.) auf den Berg geführt, und ihm wurde die Macht der Welt gezeigt. Er ließ sich nicht lange nötigen, bis er den Versucher anbetete.«[46]

Beruhten die Beziehungen zwischen den Deutschen und Hitler auf einer bewußten Täuschung seinerseits und einer Illusion ihrerseits oder gar auf einem Mythos?[47] Es wäre wohl zutreffender zu sagen, daß Hitler sich jahrelang von deutschen Mythen, Phantasmen und Hoffnungen genährt und sie dergestalt interiorisiert hatte, daß er sie für viele glaubhaft verkörpern und durchsetzen konnte. Höhepunkte des Einverständnisses zwischen »Führer und Volk« waren demnach auch der Anschluß Österreichs 1938 als Verwirklichung Großdeutschlands und vor allem der Sieg über Frankreich 1940 als Tilgung der Schmach von 1918. Letzterer war wohl der einzige Augenblick, in dem die von Hitler vielbeschworene Volksgemeinschaft bestand. Aber seine Popularität, quer durch alle Bevölkerungsschichten, blieb lange unangetastet. Erst als er, unterstützt von Teilen der Eliten, seine Pläne megaloman und imperial in die Tat umzusetzen begann und sie mit den verfügbaren Mitteln nicht mehr in Einklang zu bringen wußte, als er alle sittlichen Werte allzu offensichtlich außer Kraft setzte, als das mit Gewalt Errungene seinem Zugriff zu entgleiten drohte, erst dann tat sich zunehmend eine Kluft zwischen immer weiteren Kreisen der Nation und ihm auf. Die einzigen, die schließlich in seinem Staate noch begrenzt handlungsfähig wa-

44 Typisch für den Treuekult: Werner Jansen, Das Buch Treue, Braunschweig – Berlin – Hamburg 1920, das im Dritten Reich hohe Auflagen erzielte.
45 Marlis G. Steinert, L'opinion allemande face à Hitler, in: Revue des Sciences morales et politiques, (1986), S. 182.
46 E. Jünger, Strahlungen II (Anm. 27), S. 309.
47 Eberhard Jäckel, Hitler in History, Hannover 1984, (Series from the Tauber Institute for the Study of European Jewry, Vol. 3) S. 90. I. Kershaw, Der Hitler-Mythos (Anm. 2).

ren, um sich seiner zu entledigen, waren Angehörige der Militärelite – die anderen oppositionellen Kräfte waren nach und nach eliminiert oder lahmgelegt worden. Die Militärverschwörer mit Verbindungen zu Vertretern aus diplomatischen, Verwaltungs- und Gewerkschaftskreisen hatten keinen Rückhalt in breiten Bevölkerungskreisen, konnten ihn unter den Umständen eines totalitären Staates auch gar nicht suchen[48].

Die Masse der Deutschen war, wie erwähnt, in Apathie versunken und erhoffte das Ende des Krieges. Ein relativ bedeutender Prozentsatz der Soldaten hatte jedoch den Glauben an Hitler noch nicht verloren – und sei es nur, weil sie nicht umsonst oder für eine »schlechte Sache« gekämpft haben wollten. Die Einsicht in eigene Verfehlungen und Verstrickungen wurde weithin unterdrückt. In der Bevölkerung flüchtete man sich in die Abwehrstellung des Belogenen und Betrogenen[49]. Das Eingeständnis, daß Millionen Deutsche jahrelang einem verbrecherischen Regime geglaubt, gefolgt und gedient, für Hitler als Verkörperung des Vaterlandes gekämpft, millionenfaches Sterben ermöglicht, verursacht und hingenommen hatten, fällt manchem auch heute noch schwer. Solange diese schreckliche deutsche Vergangenheit nicht angenommen wird, bleibt eine Wunde, die sich nicht schließen will.

---

48   J. Schmädeke/P. Steinbach (Anm. 36), S. 779.
49   Saul K. Padova/Paul R. Sweet/Louis F. Gritter/Supreme Allied Expeditionary Force. Psychological Warfare Division, An impression of Germans in Germany (PRO FO 371/46729-77151), zitiert nach: Marlis G. Steinert, Les Allemands vus de Londres. 1944–1945, in: Relations Internationales, (1987) 51, S. 261/262.

Dritte Abteilung

Das Dritte Reich im Spiegel der Forschung: Positionen und Perspektiven

Rainer Zitelmann

Hitler-Bild im Wandel[1]

I. Hitler als Inkarnation des Bösen

Der Freiburger Historiker Wolfgang Michalka hat die Dämonisierung der Person Adolf Hitlers als ein Hauptproblem vieler früher Biographien über den »Führer« bezeichnet: »Sie ergehen sich in moralisierenden oder polemisch-politischen Kategorien und lösen damit Hitler aus dem historischen Kontext.«[2] Hitler gelte als »verabscheuungswürdiges Monstrum«[3]. Und selbst in anerkannten Hitler-Biographien wie der von Joachim Fest werde noch eine frappierende Unsicherheit deutlich, so wenn der Biograph den Begriff der »negativen Größe« zur Charakterisierung des Diktators verwende: »Resultiert nicht dieser gespreizt anmutende Gegensatzbegriff aus dem schwer rationalisierbaren Bedürfnis, einerseits Hitler als historisch wirksam, aber andererseits als moralisch verwerflich zu bezeichnen?«[4]

Mehr noch als in der wissenschaftlichen Forschung dominiert in der Öffentlichkeit ein Hitler-Bild, das den deutschen Diktator als *Inkarnation des Bösen,* als schaudererregende Mischung aus Dracula und Frankenstein erscheinen läßt. Die Dämonisierung Hitlers wird auch nicht dadurch relativiert, daß sich dieses Bild merkwürdig vermengt mit jenen witzelnd-spöttischen Karikaturen, die doch nur Ausdruck einer Kontinuität der *Unterschätzung* des deutschen Diktators sind. Der polnische Historiker Franciszek Ryszka hat dazu treffend bemerkt: »Triviale Darstellungen, von der chaplinesken Diktator-Figur bis zur Arturo-Ui-Metapher, gehören, ob wir es wollen oder nicht, zur kulturellen Ausstattung von Millionen Menschen in der Welt. Auch kommt es zur ständigen Nachahmung des karikierten Hitler-Bildes in mehr oder weniger abweichenden Varianten.« Für den seriösen Vergangenheitsforscher habe dies vielleicht keine Bedeutung. Dennoch sei die Tendenz, Hitler als *Verkörperung des Bösen* generell diminutiv darzustellen, auch den akademischen Historikern und den ernsthaften Bestsellerautoren nicht fremd. »Akzentuiert wurde nicht nur das Böse in menschlichen Dimensionen, sondern wurden auch kleinliche Charakterschwächen, wo sie – wenn durch Quellen nachgewiesen – spürbar gewesen sind. Selbst in bedeu-

---

1 Für die kritische Lektüre dieses Beitrages danke ich folgenden Freunden und Kollegen: Dr. Uwe Backes (Universität Bayreuth), PD Dr. Eckhard Jesse (Universität Trier), Prof. Dr. Peter Krüger (Universität Marburg), Prof. Dr. Klaus-Jürgen Müller (Universität der Bundeswehr Hamburg), Enrico Syring (Erlangen); Renate Warttmann (Stuttgart); Prof. Dr. Bernd-Jürgen Wendt (Universität Hamburg).
2 Wolfgang Michalka, Wege der Hitler-Forschung: Problemkreise, Methoden und Ergebnisse. Eine Zwischenbilanz, in: Quaderni di storia, (1978) 8, S. 170.
3 Ebenda, S. 169.
4 Ebenda, S. 173 f.

tenden Hitler-Biographien, von Alan Bullock bis Joachim Fest, tritt diese nicht ganz reflektierte Tendenz manchmal in Erscheinung: der grausame Menschenverächter, doch mit spießbürgerlichen Attitüden, ungebildet, verkrampft, von außen gesehen genauso lächerlich im zerknitterten Hemd wie im Frack.«[5]

Der Hang zur Dämonisierung Hitlers war verständlicherweise unmittelbar nach dem Zusammenbruch des Dritten Reiches besonders ausgeprägt, reflektierte sich darin doch die Hilflosigkeit, das Geschehene zu erklären. Beispielhaft für viele andere Darstellungen sei Hans Windischs Studie von 1946 zitiert, in der es zu Hitler heißt: »Menschlich ohne jede versöhnliche Note, meist übellaunig, meist beleidigt, stets mehr oder weniger tobend, Vielwisser und Besserwisser ohne jedes ernsthafte Wissen auf irgendeinem Gebiete, besessen von pathologischer Redesucht und ohne Auditorium eine runde Null, ohne jede Kenntnis und ohne jedes Verständnis für das Wesen anderer Völker, ausgestattet mit der Suggestionskraft des hartnäckigen Weltverbesserers, geborener Lärmmacher aus Geltungstrieb, Amokläufer durch eine Katastrophenpolitik ohnegleichen, verhinderter Heros und Herostrat zugleich, Meister der volltönenden Phrase, des hohlen Komödiantenpathos und in allem mit dem Hang des Emporkömmlings zur Massenhaftigkeit, zur Gigantomanie.«[6] Die Ansicht, auch in einem Verbrecher wie Hitler müsse vielleicht »ein Rest von Gutem« stecken, sei unrichtig. »Man steht einfach vor der Tatsache, daß hier landläufige menschliche Maßstäbe nicht mehr gültig sind, sondern daß man es mit Ausbrüchen zu tun hat, die wie Naturereignisse hereinbrechen, abseits alles menschlich Versöhnlichen.«[7]

Konventionelle, moralische oder gar politische Maßstäbe seien zur Erklärung des Phänomens nicht mehr tauglich, denn Hitler sei ein »Genie der seelischen Entartung«. »Erst in die konventionelle Begriffssphäre projiziert kann man ein Wesen dieser Art als einen überlebensgroßen Menschenverächter, als die Inkarnation des Bösen, als einen Giganten des Verbrechens an ganzen Völkern, kurz als das böse Prinzip bezeichnen. Selbst eine verwilderte und verwahrloste Seele hat noch etwas Menschliches. Zwischen uns aber lebte der Träger eines Wahns von außermenschlichen Dimensionen, letzten Endes *doch* ein Vollstrecker des Schicksals.«[8]

Wie aber konnte ein solcher Unmensch Überzeugungskraft gewinnen, im persönlichen Gespräch und auch in seinen Reden? Darauf müssen Interpreten wie Windisch die Antwort schuldig bleiben: »Der fast magische Vorgang der Willensübertragung auf die Masse entzieht sich der genauen rationalen Erklärung.«[9] Auch ernsthafte Hitler-Biographen haben immer wieder mystische, irrationale und dämonisierende Kategorien und Deutungsmuster bemüht, um Hitlers Wirkung zu erklären. Alan Bullock, Verfasser der ersten wissenschaftlichen Hitler-Biographie (1952), meinte etwas hilflos: »Hitlers Fähigkeit, seine Zuhörer in Bann zu schlagen, ist mit den okkulten Kräften eines afrikanischen Medizinmannes oder eines asiatischen Schamanen verglichen worden; andere haben sie verglichen mit der Sensibilität eines Mediums und der Sug-

---

5 Franciszek Ryszka (Rezension verschiedener Bücher zum Nationalsozialismus), in: Vierteljahrshefte für Zeitgeschichte, 36 (1988) 1, S. 787.
6 Hans Windisch, Führer und Verführte. Eine Analyse deutschen Schicksals, Seebruck am Chiemsee 1946, S. 125.
7 Ebenda, S. 129.
8 Ebenda, S. 143 f. Hervorhebung im Original.
9 Ebenda, S. 135.

gestivkraft eines Hypnotiseurs.«[10] Hitlers persönliche Anziehungskraft hänge mit der »merkwürdigen Macht seiner Augen (zusammen), von denen immer wieder gesagt worden ist, daß ihnen eine Art hypnotischer Kraft innegewohnt habe«[11].

In der Hitler-Biographie von Walter Görlitz und Herbert A. Quint (1952) ist von der »suggestiven Kraft Hitlers« die Rede, »die weder rekonstruierbar noch rational erklärbar« sei[12]. »Von den blaßblauen, oft in der Färbung und Tönung schwer definierbaren Augen schien etwas Magisches auszugehen.«[13] Hitlers Wurzeln, so meinten die Verfasser, lagen in seiner »dämonischen Natur«:[14] »Er war der Dämon geworden, der alle und alles beherrschte.« Deshalb sei auch jeder Gedanke an Auflehnung gegen ihn absurd erschienen[15].

Jahre später schrieb der amerikanische Historiker John Toland in seiner Hitler-Biographie, der Erfolg bei den Massen sei »zum großen Teil der magnetischen Persönlichkeit und dem fanatischen Willen Hitlers zuzuschreiben«[16]. Goebbels habe recht gehabt – »jeder Widerstand breche vor der magischen Wirkung der Worte Hitlers«[17]. Hitlers »magnetische Ausstrahlungskraft«[18] war demnach der entscheidende Schlüssel zum Erfolg bei den Massen.

Die Hilflosigkeit solcher Erklärungen, die für die historische Deutung Hitlers in hohem Maße unbefriedigend bleiben, verdeutlicht die Problematik einer Dämonisierung. Dabei ist ihre sozialpsychologische Funktion offenkundig: Sie entlastete die gläubigen Anhänger von der Verantwortung, weil es schließlich nicht ihre Schuld war, daß sie in den Bann des bösen Dämonen mit den »hypnotischen Augen« geraten waren. Es ist kein Zufall, daß sich die Legende vom wahnsinnigen »Teppichbeißer« Hitler so lange hielt – zwar nicht in der wissenschaftlichen Literatur, aber in den Mythenbildungen eines populären Geschichtsbildes.

Die Verlagerung des historischen Phänomens Hitler in den Bereich der Psychopathologie leistet der Verdrängung Vorschub und ist auch deshalb unbefriedigend, weil alle Abhandlungen über Hitlers psychische Struktur in hohem Maße spekulativ bleiben[19]. Es ist interessant zu beobachten, wie sich ähnliche Verdrängungsmechanismen in der ehemaligen Sowjetunion wiederholen. Seit dem Machtantritt Michail Gorba-

---

10 Alan Bullock, Hitler. Eine Studie über Tyrannei, Kronberg/Ts. 1977, S. 356.
11 Ebenda, S. 359.
12 Walter Görlitz/Herbert A. Quint, Adolf Hitler. Eine Biographie, Stuttgart 1952, S. 234.
13 Ebenda, S. 303.
14 Ebenda, S. 287.
15 Ebenda., S. 486. In seiner 1960 erschienenen kleinen Hitlerbiographie bezeichnete Görlitz Hitler wiederum als einen »dämonischen Menschen«: Walter Görlitz, Adolf Hitler, Göttingen u. a. 1960, S. 52.
16 John Toland, Adolf Hitler, Bergisch-Gladbach 1977, S. 152.
17 Ebenda, S. 316.
18 Ebenda, S. 317.
19 Die Frage, an welchen psychischen Defekten Hitler gelitten habe, wird von der sogenannten »Psycho-Historie« untersucht. Höchst problematisch ist: Rudolph Binion, ». . . daß ihr mich gefunden habt«. Hitler und die Deutschen: eine Psychohistorie, Stuttgart 1978. Zur Kritik an Binion: William Carr, Adolf Hitler. Persönlichkeit und politisches Handeln, Stuttgart u. a. 1980, S. 164 ff. Ein besonders ärgerliches und absurdes Buch ist: Hans-Jürgen Eitner, Der Führer. Hitlers Persönlichkeit und Charakter, München – Wien 1981. Zahlreiche Spekulationen enthält auch das folgende Werk, das daneben jedoch einige nützliche Informationen und Überlegungen vermittelt: Robert G. L. Waite, The Psychopathic God Adolf Hitler, New York 1977. Vgl. auch den Forschungsüberblick von Wolfgang Michalka,

tschows ist eine intensive Geschichtsdebatte um die sowjetische Vergangenheit entbrannt. Dabei konzentriert sich die Aufmerksamkeit auf die Person Stalins, der jetzt – ähnlich wie Hitler – als geistesgestörter und vollkommen irrationaler Verbrecher firmiert. Selbst die Zwangskollektivierungen und die Moskauer Prozesse werden als Ergebnis psychotischer Schübe Josef Stalins gedeutet[20].

Die Dämonisierung der Diktatoren erscheint letztlich als spiegelbildliche Entsprechung des zu ihren Lebzeiten entfesselten Führerkultes. Der britische Historiker Ian Kershaw hat den Aufbau des »Hitler-Mythos« eindringlich beschrieben[21]. Charakteristisch für diesen Mythos war, daß viele Deutsche dazu neigten, alle positiven Resultate der nationalsozialistischen Politik (z. B. die Beseitigung der Arbeitslosigkeit oder die außenpolitischen Erfolge) Hitler ganz persönlich zuzuschreiben, während sie zugleich der Überzeugung waren, für die negativen Erscheinungen sei nicht er, sondern seien die »Unterführer« verantwortlich[22]. Das geflügelte Wort »Wenn das der Führer wüßte« verdeutlicht diese Wahrnehmungsspaltung. Nach dem Krieg verkehrte sich dieses Deutungsmuster, wurde aber nicht wirklich überwunden. Es hatten sich nur die Vorzeichen geändert. Jetzt war Hitler ganz persönlich (oder auch: allein mit einer kleinen Clique anderer Verbrecher) für die Untaten des Nationalsozialismus verantwortlich.

Zu Recht haben zahlreiche Autoren die pseudoreligiöse Komponente des Führerkultes im Dritten Reich herausgearbeitet. Demnach stellt die Führersehnsucht auch eine säkularisierte Form christlicher Heils- und Erlösungserwartungen dar. Wenn politische Ideologien als Religionsersatz oder als säkularisierte Formen religiöser Weltdeutungen verstanden werden können, dann liegt es nahe, auch die Dämonisierung politischer Führer in diesem Kontext zu deuten: Offenbar sehnen sich die Menschen nicht nur nach neuen Göttern und Messias-Gestalten, sondern auch nach Teufeln und Dämonen. Diktatoren wie Adolf Hitler, Josef Stalin oder in unseren Tagen Saddam Hussein nehmen jenen Platz ein, der früher dem Satan vorbehalten war: nämlich Inkarnation des absolut Bösen zu sein. Solche Deutungen haben auch in die seriöse Historiographie Eingang gefunden. Ludwig Dehio etwa schrieb in seinem Werk »Deutschland und die Weltpolitik im 20. Jahrhundert«: »Die ›Bewegung‹ der hegemonialen Dämonie eroberte alle Kommandohöhen. Aber die ›Machtergreifung‹ ernüchterte sie nicht, wie so viele unter denen erwarteten, die ihr zujubelten. Sie steigerte vielmehr jene Dämonie bis in den dritten Grad hinauf und trieb sie gewaltsam durch die gesamte Blutbahn der fiebernden Nation. In Hitler konzentriert, wurde sie durch ihn erst recht ausgebreitet: er ist der leibliche Dämon des extremen Hegemonialkampfes; ja, nach menschlichem Ermessen, die Voraussetzung seines letzten Aufflammens. Ist es doch nicht vorstellbar, wie ohne ein satanisches Genie Deutschland sich noch einmal zu so schwindelnder Höhe hätte erheben sollen ...

Hitler im Spiegel der Psycho-History. Zu neueren interdisziplinären Deutungsversuchen der Hitler-Forschung, in: Francia. Forschungen zur westeuropäischen Geschichte, 8 (1980).

20 Vgl. Robert W. Davies, Soviet History in the Gorbachev Revolution, Houndmills u. a. 1989, S. 61.

21 Ian Kershaw, Der Hitler-Mythos. Volksmeinung und Propaganda im Dritten Reich, Stuttgart 1980.

22 Das Negativimage der nationalsozialistischen Partei kontrastierte mit dem positiven Image Hitlers. Vgl. ebenda, S. 72–110, 142 ff.

Nachtwandlerisch stieg er auf zwischen Abgründen und Pfaden, die kein anderer zu finden wußte . . .«[23]

II. Opportunist oder Programmatiker?

Es paßte in das Bild von dem irrationalen Diktator, daß die Existenz eines geschlossenen Weltbildes oder ernstzunehmender politischer Zielvorstellungen Hitlers lange schlichtweg geleugnet wurden, sowohl von der kritischen Publizistik wie auch von der Forschung. Die These von Hitler als nihilistischem Machtpolitiker und prinzipienlosem Opportunisten geht vor allem auf Hermann Rauschning zurück. In seinem Buch »Die Revolution des Nihilismus« (1938) schrieb er: »Diese Bewegung ist in ihren eigentlich treibenden und leitenden Kreisen völlig voraussetzungslos, programmlos, aktionsbereit, in ihren besten Kerntruppen instinktiv, in ihrer leitenden Elite höchst überlegt, kalt und raffiniert. Es gab und gibt kein Ziel, das nicht der Nationalsozialismus um der Bewegung willen jederzeit preiszugeben oder aufzustellen bereit wäre.«[24] Die offizielle Weltanschauung und das Programm des Nationalsozialismus seien nur für die Masse bestimmt, während die Elite durch nichts gebunden sei[25]. Es gebe weder außenpolitische noch wirtschafts- oder innenpolitische Ziele[26]. Der Nationalsozialismus sei »Bewegung schlechthin, Dynamik absolut gesetzt, Revolution mit wechselndem Nenner, jederzeit bereit, ihn zu vertauschen. Eines ist der Nationalsozialismus jedoch nicht: Weltanschauung und Doktrin.«[27]

In seinen 1940 veröffentlichten »Gesprächen mit Hitler«[28] wiederholte Rauschning diese Einschätzung. Hitler habe »überhaupt keine festen politischen Ziele«, sondern lasse sich von günstigen Gelegenheiten hochschaukeln, »bereit, alles preiszugeben, was er bisher verfochten hatte, nur um seine Macht zu vergrößern . . . Die Hitlersche Politik ist eine rücksichtslose Gelegenheitspolitik, die mit ungeheurer Leichtigkeit alles über Bord wirft, was ihr noch soeben als fester Grundsatz galt . . . So ist gerade der Mann, von dem es hieß, seine Politik sei von starren Weltanschauungen abhängig, der Politiker geworden, der mit einem Zynismus ohnegleichen seine ganze Vergangenheit verleugnet, wenn er nur an der Macht bleiben kann.«[29]

Auch anderen zeitgenössischen Hitler-Biographen erschien Hitler als ausschließlich nach der Macht um der Macht willen strebender Opportunist. So formulierte Rudolf Olden in seiner frühen Hitler-Biographie (1936): »He really cared only for the fabric

---

23   Ludwig Dehio, Deutschland und die Weltpolitik im 20. Jahrhundert, Frankfurt am Main 1961, S. 27f.
24   Hermann Rauschning, Die Revolution des Nihilismus, Zürich 1938, S. 52.
25   Ebenda, S. 52.
26   Ebenda, S. 54.
27   Ebenda, S. 56.
28   Hermann Rauschning, Gespräche mit Hitler, Zürich 1940. Zum Streit um den Quellenwert dieser »Gespräche« vgl.: Theodor Schieder, Hermann Rauschnings »Gespräche mit Hitler« als Geschichtsquelle, Opladen 1972; Fritz Tobias, Auch Fälschungen haben lange Beine. Des Senatspräsidenten Rauschnings »Gespräche mit Hitler«, in: Karl Corino (Hrsg.), Gefälscht! Betrug in Politik, Literatur, Wissenschaft, Kunst und Musik, Nördlingen 1988.
29   H. Rauschning (Anm. 28), S. 127f.

of power, and not in the least for what it contained.«[30] Der Hitler-Biograph Konrad Heiden schrieb im Jahre 1937, zwar habe Hitler »einem guten Teil der Welt ... die Meinung beigebracht, daß er seinen Überzeugungen treu bleibe; tatsächlich hält er nur an seinen Methoden fest, solange sie zweckmäßig sind. Als vollkommener Vertreter einer politischen Richtung, die keine Doktrin, sondern eine Praxis der Herrschaft ist und es sich zum einzigen Grundsatz macht, auf alle Situationen eine Antwort zu haben, wechselt er selbst Grundanschauungen nach Bedarf.« Hitlers Ideen seien nur »Mittel zum Zweck«, der Zweck aber wechsle mit den Umständen. Der scheinbare Fanatismus seiner Überzeugungen sei nur übermächtig triebhaftes Bekenntnis zu der jeweils gewählten Methode[31].

Diesem Hitler-Bild blieb auch Alan Bullocks Biographie verpflichtet. Unter ausdrücklicher Berufung auf Rauschnings »Revolution des Nihilismus« nannte er Hitler einen »völlig prinzipienlosen Opportunisten«. Was Hitler antrieb, war »der Wille zur Macht in seiner rohesten und reinsten Form, der sich nicht wie bei Lenin oder Robespierre mit dem Triumph eines Prinzips deckte – denn das einzige Prinzip des Nazismus war Macht und Herrschaft um ihrer selbst willen«[32].

Der britische Historiker Hugh Trevor-Roper widersprach dieser Deutung in einem 1960 erschienenen Beitrag über »Hitlers Kriegsziele«. Er konstatierte eine »ausnahmslos absolute Übereinstimmung und Folgerichtigkeit in Denken und Handeln« Adolf Hitlers[33]. Man habe den Fehler gemacht, von der »Primitivität und Herzlosigkeit« Hitlers auf seine angeblich nicht vorhandene Denkschärfe zu schließen. In »Mein Kampf« spiegele sich aber eine »völlig durchkonstruierte politische Philoso-

---

30   Rudolf Olden, Hitler the Pawn, London 1937, S. 87.
31   Konrad Heiden, Adolf Hitler. Eine Biographie, Bd. 2: Ein Mann gegen Europa, Zürich 1937, S. 210f. Allerdings ist Heidens Hitler-Bild nicht widerspruchsfrei, worauf Wolfgang Michalka (Anm. 2), S. 126, hingewiesen hat. So gibt es Passagen in Heidens Buch, in denen er die Existenz eines in sich geschlossenen Programms Hitlers einräumt. Vgl. ebenda, S. 240, 259f.
32   Alan Bullock (1952), hier zitiert nach: Eberhard Jäckel, Hitlers Weltanschauung. Entwurf einer Herrschaft. Erweiterte und überarbeitete Neuausgabe, Stuttgart 1981, S. 15. Zwar wird meist behauptet, Bullock habe in den späteren Ausgaben seiner Studie dieses Hitler-Bild revidiert, jedoch finden sich auch in der überarbeiteten Auflage von 1962 immer noch zahlreiche Stellen, in denen er Hitler als prinzipienlosen Machtpolitiker bezeichnet. Es heißt, daß »Hitler nur ein Programm hatte: Macht! An erster Stelle stand seine eigene Macht innerhalb Deutschlands, an zweiter die Vergrößerung der deutschen Macht in Europa. Der Rest war nur äußerer Schein«. (A. Bullock, Anm. 10, S. 472) »Seine zwölfjährige Diktatur war bar jeder Idee, außer der einen – seine eigene und die Macht der Nation, mit der er sich identifizierte, immer weiter auszudehnen.« (ebenda, S. 794, ähnlich S. 57, 157, 294, 338, 364, 373) Richtig ist, daß Bullock in seinem 1967 erschienenen Aufsatz über »Hitler und die Ursprünge des Zweiten Weltkrieges« diese Sichtweise modifiziert hat. Hier erklärt er, daß Hitler, »obwohl er in seiner Taktik Opportunist war, von Anfang an ein klares Ziel vor Augen hatte«. Eine einseitige Betonung des programmatischen oder des opportunistischen Elements in Hitlers Politik verkenne deren Wesen: »Eliminiert man eine dieser beiden Seiten, die irrationale oder die berechnende, dann begreift man die Kombination, die Hitler von allen seinen Nachahmern unterscheidet, nicht.« Alan Bullock, Hitler und die Ursprünge des Zweiten Weltkrieges, in: Gottfried Niedhart (Hrsg.), Kriegsbeginn 1939. Entfesselung oder Ausbruch des Zweiten Weltkrieges?, Darmstadt 1976, S. 151, 129.
33   Hugh Redwald Trevor-Roper, Hitlers Kriegsziele, in: Wolfgang Michalka (Hrsg.), Nationalsozialistische Außenpolitik, Darmstadt 1978, S. 32.

phie« wider[34]. Deren zentrales Kernstück und Hitlers unbeirrt verfolgtes Ziel sei die Eroberung von Lebensraum im Osten und die Errichtung eines Kontinentalimperiums gewesen. Auch Ernst Nolte gelangte in seinem Werk »Der Faschismus in seiner Epoche« (1963) zu einer Neubewertung der Hitlerschen Ideen, die dem bisherigen Bild vom nihilistischen Opportunisten widersprach: »Zur Ganzheit zusammengefaßt, bilden sie gleichwohl ein Ideengebäude, dessen Folgerichtigkeit und Konsistenz den Atem verschlägt.«[35]

Eine eingehende Analyse dieses Hitlerschen Ideengebäudes unternahm 1969 Eberhard Jäckel in seinem Buch »Hitlers Weltanschauung«[36]. Ausgehend von einer Untersuchung der Reden, Aufsätze und Schriften Hitlers kam Jäckel zu dem Ergebnis, Hitler habe eine in sich durchaus konsistente Weltanschauung herausgebildet, deren zwei Kernpunkte die »Entfernung der Juden« und die »Eroberung von neuem Lebensraum im Osten« gewesen seien.

Es fällt auf, daß fast alle Historiker, die sich wirklich intensiv mit der NS-Außenpolitik befaßten, zu dem Schluß gelangten, Hitler sei eben kein prinzipienloser Opportunist gewesen, sondern habe sich in seinem Handeln von einem schon in den zwanziger Jahren entwickelten »Programm« leiten lassen. Andreas Hillgruber hat dabei den Begriff des »Stufenplans« geprägt, mit dem die innere Systematik und Folgerichtigkeit der Hitlerschen Außenpolitik beschrieben werden sollte[37]. Zwar wurde den sogenannten »Programmologen«, also jenen Historikern, die von der Existenz in sich konsistenter Zielsetzungen Hitlers ausgehen, immer wieder nachgesagt, sie wollten einen exakten »Fahrplan zur Weltherrschaft« konstruieren[38], doch nach Klaus Hildebrand soll eben dies mit dem Begriff des »Programms« keineswegs suggeriert werden: »Dieser Terminus möchte nun keineswegs nahelegen, Hitler einen politischen Fahrplan zu unterstellen oder eine ins Detail gehende Planung anzunehmen, d. h. einer neuen Dämonisierung des Diktators – etwa unter negativen Vorzeichen – zu erliegen. Der heuristisch benutzte ›Programm‹-Begriff will vielmehr die für Hitlers (außen-)politische Gedankenbildung bei aller taktischen Wendigkeit seiner bis zu einem gewissen ... Grad rational kalkulierten Machtpolitik stets dominanten Konstanten seines dogmatisch festliegenden ›Grund-Plans‹ freilegen und vor allem der für ihn typischen, auf machtpolitischem Feld besonders deutlich sichtbaren Denkfigur gerecht werden, stets in Stufen zu planen.«[39]

---

34 Ebenda, S. 33.
35 Ernst Nolte, Der Faschismus in seiner Epoche. Die Action française, der italienische Faschismus, der Nationalsozialismus, München-Zürich 1979⁵, S. 55.
36 E. Jäckel (Anm. 32). Vgl. auch ders., Hitlers Herrschaft. Vollzug einer Weltanschauung, Stuttgart 1986.
37 Vgl. Andreas Hillgruber, Hitlers Strategie. Politik und Kriegführung 1940–1941, Frankfurt am Main 1965. Vgl. auch die grundlegenden Arbeiten von Klaus Hildebrand: Deutsche Außenpolitik 1933–1945. Kalkül oder Dogma, Stuttgart u. a. 1980⁴; Das Dritte Reich, München 1987³.
38 So zuletzt wieder die Kritik von Heinz Höhne, Die Zeit der Illusionen. Hitler und die Anfänge des Dritten Reiches 1933–1936, Düsseldorf u. a. 1991, S. 148.
39 Klaus Hildebrand, Hitlers »Programm« und seine Realisierung 1939–1942, in: Manfred Funke (Hrsg.), Hitler, Deutschland und die Mächte, Düsseldorf 1978, S. 65.

III. Hitlers Rolle im NS-System

Dieser Befund blieb nicht unwidersprochen. So zog Hans Mommsen generell in Zweifel, »daß Hitler ein bestimmtes außenpolitisches System gehabt habe«, und meinte, »daß er ein Mann der Improvisation, des Experimentierens und der Augenblickseingebung gewesen sei«[40]. Es ist allerdings charakteristisch, daß sich diese inzwischen häufig zitierte Wendung Mommsens in einer Buchbesprechung fand und nicht etwa als Resümee eines Aufsatzes oder einer Monographie, die sich eingehender mit der nationalsozialistischen Außenpolitik befaßt. Denn gründliche Analysen der nationalsozialistischen Außenpolitik wurden von den »Funktionalisten« bislang nicht vorgelegt[41]. So bleibt ihre Sichtweise, jedenfalls für das Gebiet der NS-Außenpolitik, eine Denkfigur, die nicht durch quellengestützte Untersuchungen belegt wurde[42].

Komplizierter verhält es sich hingegen mit der nationalsozialistischen Rassenpolitik, die letztlich im Massenmord an den europäischen Juden endete. Historiker wie Eberhard Jäckel interpretieren den Judenmassenmord als Realisierung der schon in den zwanziger Jahren entwickelten Zielsetzungen Hitlers. In der Tat gelang Jäckel der Nachweis, daß das Ziel der *Entfernung der Juden* vom Beginn bis zum Ende der politischen Karriere Hitlers einen entscheidenden Fixpunkt in dessen Denken bildete[43]. Daß damit allerdings von vornherein die Ermordung der Juden gemeint war, kann nicht mit Sicherheit belegt werden[44]. Umstritten sei darüber hinaus, ob Hitler überhaupt der entscheidende Antreiber und Befehlsgeber der »Endlösung« war oder ob sich das Geschehen relativ unabhängig von der Person des Diktators abspielte.

Ausgelöst wurde diese Kontroverse durch die Thesen eines Außenseiters, des britischen Historikers David Irving. Dieser vertrat in seiner Hitler-Biographie die Ansicht, Hitler habe keineswegs den Befehl zum Massenmord an den Juden gegeben, ja, der Diktator habe – zumindest bis zum Oktober 1943 – nichts davon ge-

---

40 Hans Mommsen, Rezension von H. A. Jacobsen: Nationalsozialistische Außenpolitik 1933–1938, in: Militärgeschichtliche Mitteilungen, 4 (1970) 1, S. 183.

41 Eine Ausnahme, die diese Regel bestätigt, ist: Wolfgang Schieder, Spanischer Bürgerkrieg und Vierjahresplan. Zur Struktur nationalsozialistischer Außenpolitik, in: Wolfgang Schieder/Christof Dipper (Hrsg.), Der Spanische Bürgerkrieg in der internationalen Politik (1936–1939), München 1976. Zur Kritik: Hans-Henning Abendroth, Die deutsche Intervention im Spanischen Bürgerkrieg. Ein Diskussionsbeitrag, in: Vierteljahrshefte für Zeitgeschichte, 30 (1982). Zur »funktionalistischen« Deutung der NS-Außenpolitik vgl. auch: Martin Broszat, Soziale Motivation und Führer-Bindung des Nationalsozialismus, in: W. Michalka (Anm. 33). M. Broszat meinte (ebenda, S. 115), das Ziel der Lebensraumgewinnung im Osten habe bis 1939/40 »weitgehend die Funktion einer ideologischen Metapher (gehabt), eines Symbols zur Begründung immer neuer außenpolitischer Aktivität«.

42 Als Versuch einer »Gesamtdarstellung des Dritten Reiches aus dieser (funktionalistischen, R. Z.) Perspektive« wertet Enrico Syring allerdings das Buch von H. Höhne (Anm. 38). Vgl. die Besprechung dieses Werkes in: Neue Zürcher Zeitung vom 6. Mai 1991, S. 37.

43 Vgl. E. Jäckel (Anm. 32), S. 55–78.

44 Auch E. Jäckel (ebenda, S. 68) räumt ein, Hitler habe »nicht jedesmal, wenn er von Ausrottung sprach, die Tötung von Menschen« gemeint. »Hitlers brutale Kraftausdrücke dürfen, mit anderen Worten, nicht vorschnell interpretiert oder stets wörtlich genommen werden.«

wußt[45]. Martin Broszat setzte sich in einem 1977 veröffentlichten Aufsatz kritisch mit dieser These auseinander und wies sie zurück. Allerdings räumte Broszat ein »Verdienst« Irvings ein, denn »bei aller Fehldeutung hat er doch auch aufmerksam gemacht auf bisher unzulängliche Kenntnisse oder Interpretationen«[46]. Man wisse bisher nur »wenig Genaues« über das Zustandekommen der mörderischen letzten Stufe der Radikalisierung nationalsozialistischer Judenpolitik, über die an der Entscheidungsbildung Beteiligten und über den präzisen Inhalt der Entscheidung[47].

Broszat meinte jedoch, daß die Judenvernichtung eher »improvisiert« worden sei, »nicht von langer Hand her geplant und durch einen einmaligen Geheimbefehl in die Wege geleitet« wurde[48]. Wahrscheinlich sei der Massenmord an den Juden als »Ausweg« aus einer Sackgasse entstanden, in die man sich selbst manövriert hatte[49]. Auch Hans Mommsen setzte sich mit den Thesen Irvings auseinander und kam dabei zu dem Ergebnis, es sei »grundsätzlich auszuschließen, daß Hitler die Genozidpolitik in Form einer direkten ›Führerweisung‹ in Gang gesetzt« habe. Die verbreitete Annahme, die systematische Genozidpolitik gegen das europäische Judentum habe auf einer klaren Anweisung des Diktators beruht, gehe an der Wirklichkeit der Entscheidungsbildung im Führerhauptquartier vorbei[50].

Ein Kongreß über den »Mord an den europäischen Juden im Zweiten Weltkrieg«, der vom 3. bis 5. Mai 1984 in Stuttgart stattfand, konnte keine Klärung über die Rolle Hitlers bringen. Die »Intentionalisten« kritisierten, daß bei den Vertretern einer »funktionalistischen« Deutung »die Rolle Hitlers beinahe getilgt« werde[51]. Ange-

---

45 David Irving, Hitler's War, London u. a. 1977, S. XII, 12, 71 ff., 123 f., 136, 271, 290 f., 326 f., 329 ff., 391 ff., 503 f., 575 f., 630 ff., 718. In jüngster Zeit hat Irving seine Thesen weiter zugespitzt und bestreitet nun generell die Existenz von Vernichtungslagern. So hat er einige Passagen in seinem Buch modifiziert: David Irving, Führer und Reichskanzler. Adolf Hitler 1933 – 1945, München – Berlin 1989. Vgl. Rainer Zitelmann, Irvings Thesen über Hitler, in: Die Zeit vom 6. Oktober 1989, S. 52.

46 Martin Broszat, Hitler und die Genesis der »Endlösung«. Aus Anlaß der Thesen von David Irving, in: Hermann Graml/Klaus-Dietmar Henke (Hrsg.), Nach Hitler. Der schwierige Umgang mit unserer Geschichte. Beiträge von Martin Broszat, München 1986, S. 229. Zu einem sehr kritischen Urteil über die Holocaust-Forschung kommt Hans-Heinrich Wilhelm, Offene Fragen der Holocaustforschung. Das Beispiel des Baltikums, in: Uwe Backes/Eckhard Jesse/Rainer Zitelmann (Hrsg.), Die Schatten der Vergangenheit. Impulse zur Historisierung des Nationalsozialismus, Frankfurt am Main – Berlin 1990, S. 403: »Die Geschichte des Holocaust gilt heute weithin als eines der besterforschten Kapitel der neueren Geschichte. Bei näherer Prüfung pflegt sich jedoch auch auf diesem Gebiet meist sehr rasch herauszustellen, daß wir uns noch immer auf sehr schwankendem Boden bewegen. Oft ist der Konsens der Forschung nur dadurch zu erklären, daß kritiklos voneinander abgeschrieben wurde . . .«

47 M. Broszat (Anm. 46), S. 195.

48 Ebenda, S. 207.

49 Ebenda, S. 203.

50 Hans Mommsen, Die Realisierung des Utopischen: Die »Endlösung der Judenfrage« im »Dritten Reich«, in: ders., Der Nationalsozialismus und die deutsche Gesellschaft. Ausgewählte Aufsätze. Zum 60. Geburtstag hrsg. von Lutz Niethammer und Bernd Weisbrod, Reinbek 1991, S. 214.

51 Saul Friedländer, Vom Antisemitismus zur Judenvernichtung: Eine historiographische Studie zur nationalsozialistischen Judenpolitik und Versuch einer Interpretation, in: Eberhard Jäckel/Jürgen Rohwer, Der Mord an den Juden im Zweiten Weltkrieg. Entschlußbildung und Verwirklichung, Stuttgart 1985, S. 35.

sichts der Herrschaftsstruktur des Hitlerstaates sei es einfach »unvorstellbar, daß ein Akt von solchem Gewicht und von so weitreichenden Folgen von untergeordneten Behörden eingeleitet worden sein soll«[52].

Martin Broszat hingegen bezweifelte, daß Hitler der Initiator des Geschehens gewesen sei, und widersprach auch der Vorstellung, die Politik der Nationalsozialisten sei von vornherein auf die physische Vernichtung der Juden ausgerichtet gewesen[53].

Angesichts der unbefriedigenden Quellenlage kann weder die eine noch die andere These wirklich bewiesen werden. Dies räumten die Kontrahenten auch ein. Broszat erklärte, »mit absoluter Sicherheit« lasse sich seine Interpretation nicht belegen, wenngleich sie weit mehr Wahrscheinlichkeit für sich habe als die Annahme eines umfassenden Geheimbefehls zur Judenvernichtung im Sommer 1941[54]. Auch Saul Friedländer, der an einen mündlichen Geheimbefehl Hitlers glaubt, konzedierte, die Existenz eines solches Befehls sei »höchstwahrscheinlich, kann aber aus existierenden Quellen nicht mit absoluter Sicherheit nachgewiesen werden«[55]. So ist der abgewogenen Beurteilung des Freiburger Historikers Gerhard Schreiber zuzustimmen, daß die Diskussion über Hitlers Rolle in der »Endlösung« »insgesamt als offen bezeichnet werden« muß[56]. Sowohl die »Intentionalisten« als auch die »Funktionalisten« hätten »Ergebnisse erarbeitet, die es ausschließen, als wissenschaftliche Verirrungen abgetan zu werden«[57]. Die »Funktionalisten« können gewichtige Argumente gegen die These von der Befehlsgebung Hitlers ins Feld führen, aber ihre eigene Deutung bleibt ebenfalls nur eine Hypothese.

Der Streit um Hitlers Rolle in der Genesis der »Endlösung« ist jedoch nur Teil einer umfassenderen Kontroverse über Hitlers Stellung im nationalsozialistischen Herrschaftssystem[58]. Hans Mommsen hat die »funktionalistische« Sichtweise mit der Bemerkung zugespitzt, Hitler sei ein »in mancher Hinsicht schwacher Diktator« gewesen[59]. Dabei bleibt allerdings unklar, was der *Maßstab* für die vermeintliche »Schwäche« Hitlers ist. Es drängt sich der Verdacht auf, daß die Deutung Hitlers als »in mancher Hinsicht schwacher Diktator« implizit »von einer völlig idealistischen Vorstellung von ›totaler Macht‹ ausgeht«[60]. Bevor über »Schwäche« und »Stärke«

---

52 Diskussionsbeitrag von Eberhard Jäckel, in: ebenda, S. 189.
53 Diskussionsbeitrag von Martin Broszat, in: ebenda, S. 179.
54 M. Broszat (Anm. 46), S. 203.
55 S. Friedländer (Anm. 51), S. 47.
56 Gerhard Schreiber, Hitler. Interpretationen 1923–1983. Ergebnisse, Methoden und Probleme der Forschung, Darmstadt 1988², S. 300.
57 Ebenda, S. 301.
58 Die beiden konträren Positionen werden markiert von: Hans Mommsen, Hitlers Stellung im nationalsozialistischen Herrschaftssystem; Klaus Hildebrand, Monokratie oder Polykratie? Hitlers Herrschaft und das Dritte Reich, in: Gerhard Hirschfeld/Lothar Kettenacker (Hrsg.), Der »Führerstaat«: Mythos und Realität. Studien zur Struktur und Politik des Dritten Reiches, Stuttgart 1981.
59 Hans Mommsen, Beitrag »Nationalsozialismus«, in: Sowjetsystem und demokratische Gesellschaft. Eine vergleichende Enzyklopädie, Bd. 4, Freiburg 1971, Spalte 702. Bereits in seinem Buch: Beamtentum im Dritten Reich, Stuttgart 1966, hatte Mommsen erklärt, Hitler sei »in allen Fragen, die einer grundsätzlichen und definitiven Stellungnahme bedurften, ein schwacher Diktator« gewesen (S. 98, Anmerkung 26).
60 Ian Kershaw, Der NS-Staat. Geschichtsinterpretationen und Kontroversen im Überblick, Reinbek 1988, S. 156. Zur Kritik an der These vom »schwachen Diktator« vgl. auch: Man-

Hitlers befunden wird, sollte man also die Maßstäbe offenlegen und dabei Hitlers Macht und ihre Grenzen auch mit der anderer Diktatoren vergleichen. Dann würde sich vermutlich herausstellen, daß sich mit gleichem Recht beispielsweise auch Stalin als »schwacher Diktator« bezeichnen ließe. Denn die neuere, »revisionistische« Schule der Sowjetunionforschung hat für das stalinistische System ganz ähnliche Ergebnisse zutage gefördert wie die »Revisionisten« der NS-Forschung, so z. B. »that the regime had less actual control over society than it claimed, that its actions were often improvised rather than part of a grand design, that implementation of its radical policies often diverged from the policy-makers' intentions, and that the policies had many unplanned and unanticipated social consequences«[61]. Neuere Untersuchungen über die Zwangskollektivierungen 1929/30, denen Millionen Menschen zum Opfer fielen, kamen beispielsweise zu dem Ergebnis, »that local improvisation of various kinds abounded, and radical initiatives often came from lower-level officials *before* they were sanctioned by top-level party decisions«[62]. Diese Befunde beweisen aber zunächst nur, daß Vorstellungen einer »absoluten« und »totalen« Machtstellung eines Alleinherrschers der Komplexität moderner diktatorischer Systeme nicht gerecht werden. Will die These vom »in mancher Hinsicht schwachen Diktator« *darauf* aufmerksam machen, so kann sie als sinnvolle Korrektur einer Tendenz verstanden werden, die den Diktator allein für alles Geschehen verantwortlich macht.

Die Kontroverse zwischen »Intentionalisten« und »Strukturalisten«[63] war also in vieler Hinsicht für die Forschung fruchtbar, wie ja nicht zuletzt die Debatte um den Massenmord an den Juden belegt. Der Streit zwischen den beiden »Schulen« hat zur Klärung des Problemfeldes und der Problemstruktur beigetragen, ging es doch letztlich um die grundlegende Frage des Verhältnisses von Persönlichkeit und Struktur in der Geschichte. Zunehmend besteht jedoch die Gefahr eines *Deduktionismus:* Vertreter der »funktionalistischen« Richtung wollen *generell* die Rolle Hitlers relativieren – für praktisch sämtliche Politikbereiche. Und die »Intentionalisten« betonen die entscheidende Bedeutung Hitlers und seiner Weltanschauung ebenso für alle Politikbereiche. Im Extremfall wird der Verlauf konkreter geschichtlicher Ereignisse aus den Grundthesen über Hitlers Rolle im Dritten Reich quasi deduktiv »abgeleitet«. Die Debatte hat damit teilweise groteske und absurde Züge angenommen, so, wenn beispielsweise selbst das Detailproblem, ob der Reichstagsbrand am 27. Februar 1933[64] das Werk eines Einzeltäters war oder auf die Nationalsozialisten zurückgeht, als Glaubensfrage diskutiert wird, die über die Richtigkeit des einen oder anderen An-

---

fred Funke, Starker oder schwacher Diktator? Hitlers Herrschaft und die Deutschen. Ein Essay, Düsseldorf 1989.

61   Sheila Fitzpatrick, New Perspectives on Stalinism, in: The Russian Review, 45 (1986), S. 368.

62   Ebenda, S. 369. Hervorhebung im Original.

63   Vgl. den Überblick von Enrico Syring, Intentionalisten und Strukturalisten. Von einem noch immer ausstehenden Dialog, in: U. Backes/E. Jesse/R. Zitelmann (Anm. 46).

64   Vgl. Eckhard Jesse, Die Kontroverse um den Reichstagsbrand – ein nicht endender Wissenschaftsskandal, in: Geschichte und Gesellschaft, 14 (1988) 4, S. 526. Grundsätzlich zur Reichstagsbrandkontroverse: Uwe Backes/Karl-Heinz Janßen/Eckhard Jesse/Henning Köhler/Hans Mommsen/Fritz Tobias, Reichstagsbrand. Aufklärung einer historischen Legende, München – Zürich 1986. Das Schlußwort zu dieser Kontroverse wurde hoffentlich gesprochen von: Josef Henke, Archivfachliche Bemerkungen zur Kontroverse um den Reichstagsbrand, in: Geschichte und Gesellschaft, 16 (1990) 2.

satzes Aufschluß geben könnte. Demgegenüber wird die weitere Forschung sehr differenziert für die verschiedenen Politikbereiche die Rolle Hitlers zu bestimmen haben, wobei natürlich vor allem auch die *zeitliche Ebene* zu berücksichtigen ist. Nach dem gegenwärtigen Stand der Diskussion ist es durchaus denkbar, daß die *Intentionalisten* für die Deutung der nationalsozialistischen Außenpolitik recht behalten, während sich der *funktionalistische* Ansatz als plausibles Modell erweist, das einen Beitrag zur Erklärung des Judenmassenmordes leisten kann. Allerdings hat sich die Debatte zwischen den beiden »Schulen« in gewisser Hinsicht totgelaufen, und der wissenschaftliche Ertrag weiterer Diskussionen, die sich an diesen Fragestellungen entzünden, ist vermutlich nur noch von sehr begrenztem Wert.

IV. Hitler als Revolutionär

Eberhard Jäckels Rekonstruktionsversuch der Hitlerschen Weltanschauung hatte eine entscheidende Schwäche: Er reduzierte Hitlers »Programm« ausschließlich auf die außen- und rassenpolitischen Ziele »Eroberung von Lebensraum im Osten« und »Entfernung der Juden«. Dabei leugnete Jäckel die Existenz von ernstzunehmenden sozial-, wirtschafts- und innenpolitischen Vorstellungen Hitlers: »Hitler hatte nur zwei wirkliche Ziele, ein außenpolitisches und ein rassenpolitisches ... Der Staat und seine Verfassung, die Innen-, Wirtschafts- und Sozialpolitik, die Partei, ihr Programm und ihre Ideologie – alles war nur Mittel zu diesem doppelten Zweck. Hitler war also in der Tat auf weite Strecken hin ein Opportunist ...«[65]

Diese Auffassung muß heute revidiert werden. So haben sich inzwischen zahlreiche Historiker mit den wirtschaftspolitischen Vorstellungen Hitlers beschäftigt, ein Thema, das Jäckel in seiner Studie ausgeklammert hatte. Bereits 1973 erklärte der amerikanische Historiker John D. Heyl, daß Hitlers »economic views ... deserve more attention than they have thus far received«[66]. Der bislang vorherrschenden These, Hitler habe sich für wirtschaftliche Fragen nicht interessiert bzw. nichts von Ökonomie verstanden, wurde von Heyl widersprochen, der zu dem Ergebnis gelangte, »that Hitler acquired a certain familiarity with economic issues and that, along with other ideas, his economic thought played a role in the German response to the depression«[67].

Auch der israelische Historiker Avraham Barkai kritisierte die These von Hitlers Desinteresse an wirtschaftlichen Fragen: »Hitler war sich der Bedeutung der Wirtschaft durchaus bewußt und unterschätzte sie keineswegs.«[68] Peter Krüger gelangte in einem brillanten Aufsatz über Hitlers Wirtschaftsauffassungen zu dem Ergebnis, daß diese »in sich zusammenhängend und weder von Unverständnis noch von Verachtung

65 E. Jäckel (Anm. 32), S. 93.
66 John D. Heyl, Hitler's Economic Thought: A Reappraisal, in: Central European History, 6 (1973), S. 83.
67 Ebenda, S. 84.
68 Avraham Barkai, Sozialdarwinismus und Antiliberalismus in Hitlers Wirtschaftskonzept. Zu Henry A. Turner Jr. »Hitlers Einstellung zu Wirtschaft und Gesellschaft vor 1933«, in: Geschichte und Gesellschaft, 3 (1977), S. 407. Vgl. auch ders., Das Wirtschaftssystem des Nationalsozialismus. Ideologie, Theorie, Politik 1933–1945, Frankfurt am Main 1988.

der Wirtschaft geprägt« waren[69]. Eckart Teichert bestätigte und präzisierte diese Befunde:»Dem Parteichef waren elementare wirtschaftliche Kategorien wie Grenzertragsüberlegungen, Opportunitätskosten und besonders Produktivitätsvorstellungen nicht fremd. Kriegs- und Nachkriegsphase, Weltwirtschaftskrise und Aufrüstungspolitik führten Hitler die Bedeutung der Außenwirtschaft nachhaltig vor Augen. Er erkannte aus seiner weltanschaulich bestimmten Sicht die daraus resultierende ökonomische Problematik in ihren Grundzügen.«[70] Der Münchner Wirtschaftshistoriker Albrecht Ritschl kam zu dem Resultat, Hitlers wirtschaftspolitisches Gedankengut habe ein»in sich geschlossenes System« dargestellt; der Charakter von Hitlers Weltbild sei»durch und durch ökonomistisch« gewesen[71].

Zu ähnlichen Ergebnissen gelangte der Verfasser in seiner Studie»Hitler. Selbstverständnis eines Revolutionärs«[72]. Die Analyse der von Jäckel vernachlässigten sozial-, wirtschafts- und innenpolitischen Vorstellungen Hitlers führte zu dem Resultat, daß Hitler auch auf diesen Gebieten konsistente Zielvorstellungen entwickelt hatte, die insgesamt als *revolutionäres* Programm zur Umgestaltung der deutschen Gesellschaft gewertet werden müssen[73]. Das Bild von Hitler als *Rassenideologen* wird damit nicht revidiert, jedoch eingeschränkt und modifiziert. Denn neben rassenideologischen Überzeugungen spielten ökonomische Überlegungen eine ganz entscheidende Rolle in Hitlers Denken. So kann beispielsweise Hitlers Ziel,»neuen Lebensraum im Osten« zu erobern, nicht primär aus seinen rassenpolitischen Ideen abgeleitet, sondern muß im Kontext der ökonomischen Vorstellungen Hitlers gedeutet werden[74].

Das Widerstreben gegen die Erkenntnis, daß ökonomische Fragen einen zentralen Stellenwert in Hitlers Denken einnahmen, hat vermutlich zwei Ursachen: Erstens paßt die These vom einseitig rassenideologisch argumentierenden Hitler besser in das Bild des *irrationalen* Diktators. Wir haben uns angewöhnt, ökonomisches Denken als Ausdruck von *Rationalität* zu werten, Rassentheorien hingegen als *irrational* zu qualifizieren. Zwar könnte man dies in Frage stellen, zumal dabei vielleicht eine naive positive Besetzung des Rationalitätsbegriffs mitschwingt, aber zumindest erklärt dieses Wertungsschema wohl einen Gutteil der Vorbehalte gegen die Revision des Hit-

---

69 Peter Krüger, Zu Hitlers »nationalsozialistischen Wirtschaftserkenntnissen«, in: Geschichte und Gesellschaft, 6 (1980), S. 282.

70 Eckart Teichert, Autarkie und Großraumwirtschaft in Deutschland 1930–1939. Außenwirtschaftspolitische Konzeptionen zwischen Wirtschaftskrise und Zweitem Weltkrieg, München 1984, S. 206f.

71 Albrecht Ritschl, Zum Verhältnis von Markt und Staat in Hitlers Weltbild. Überlegungen zu einer Forschungskontroverse, in: U. Backes/E. Jesse/R. Zitelmann (Anm. 46), S. 244.

72 Rainer Zitelmann, Hitler. Selbstverständnis eines Revolutionärs, Stuttgart 1990³.

73 Zu der Kontroverse, ob Hitler und der Nationalsozialismus als »revolutionär« qualifiziert werden können, vgl.: G. Schreiber (Anm. 56), S. 247–263; Eugen Weber, Revolution? Counterrevolution? What revolution?, in: Walter Laqueur (Hrsg.), Fascism. A Reader's Guide. Analyses, Interpretations, Bibliography, Berkeley – Los Angeles 1978; Karl-Dietrich Bracher, Tradition und Revolution im Nationalsozialismus, in: ders., Zeitgeschichtliche Kontroversen. Um Faschismus, Totalitarismus, Demokratie, München 1976; Horst Möller, Die nationalsozialistische Machtergreifung – Konterrevolution oder Revolution?, in: Vierteljahrshefte für Zeitgeschichte, 31 (1988) 1.

74 Vgl. Rainer Zitelmann, Zur Begründung des »Lebensraum«-Motivs in Hitlers Weltanschauung, in: Wolfgang Michalka (Hrsg.), Der Zweite Weltkrieg. Analysen – Grundzüge – Forschungsbilanz, München 1989.

ler-Bildes in dieser Hinsicht. Zweitens wollten sich »bürgerliche« Historiker dezidiert von dem Ökonomismus marxistischer Faschismustheorien abgrenzen und begegneten auch deshalb Interpretationen mit Skepsis, die die Bedeutung wirtschaftlicher Komponenten akzentuierten[75].

Nicht nur ökonomischen Vorstellungen, sondern auch den *sozialpolitischen* Ideen kam im Rahmen der Hitlerschen Weltanschauung eine weitaus entscheidendere Bedeutung zu, als bislang angenommen wurde[76]. Hitler war ein überzeugter Anhänger einer »Chancengleichheit«, die allerdings nur für Angehörige der »deutschen Volksgemeinschaft« gelten sollte. Er plädierte vehement für die Verbesserung der Aufstiegsmöglichkeiten von bislang sozial benachteiligten Gruppen der Gesellschaft, vor allem der Arbeiter. Sein Ziel war letztlich die Ablösung der bislang herrschenden Klasse des *Bürgertums,* das er als verfault und dekadent betrachtete. An die Stelle des Bürgertums sollte eine neue Elite treten, die sich vornehmlich aus der Arbeiterschaft rekrutieren sollte.

Hitlers Vorstellungen müssen, so ein anderer zentraler Befund meiner Untersuchungen, insgesamt als durchaus »modern«[77] qualifiziert werden. Die verbreitete Annahme, Hitler sei ein Gegner der modernen Industriegesellschaft gewesen und er habe Deutschland langfristig reagrarisieren wollen[78], kann nicht aufrechterhalten werden. Sein Vorbild war keineswegs eine antimoderne, mittelalterliche Agrargesellschaft, sondern vielmehr die moderne, hochtechnisierte Industriegesellschaft der Vereinigten Staaten.

Dabei lehnte er das demokratische Gesellschaftssystem der USA natürlich ebenso strikt ab wie die kapitalistische Organisation der amerikanischen Wirtschaft. In dieser Hinsicht bewunderte er vielmehr die Sowjetunion, deren Wirtschaftssystem er – so wie viele seiner Zeitgenossen – als dem der kapitalistischen Länder überlegen betrachtete. Deshalb ist auch die These unrichtig, Hitler habe die bestehende bürgerliche Gesellschaftsordnung »retten« wollen. Dies muß der marxistischen Faschismustheorie entgegengehalten werden, ist jedoch auch kritisch gegen den Erklärungsversuch Ernst Noltes einzuwenden, der Hitler und den Nationalsozialismus in seinem

---

75 So ist auch erklärlich, daß erst in letzter Zeit die Frage nach der Bedeutung ökonomischer Überlegungen für Hitlers Kriegsentscheidung diskutiert wird. Vgl. dazu: Bernd-Jürgen Wendt, Großdeutschland. Außenpolitik und Kriegsvorbereitung des Hitler-Regimes, München 1987; ders., Durch das »strategische Fenster« in den Zweiten Weltkrieg. Die Motive Hitlers, in: U. Backes/E. Jesse/R. Zitelmann (Anm. 46).

76 Zu den folgenden Ausführungen vgl. ausführlicher R. Zitelmann (Anm. 72).

77 Vgl. zur Problematik dieses Begriffes und zur Forschungsdiskussion über die Modernität des Nationalsozialismus: Michael Prinz/Rainer Zitelmann, Nationalsozialismus und Modernisierung, Darmstadt 1991; Rainer Zitelmann, Nationalsozialismus und Moderne. Eine Zwischenbilanz, in: Werner Süß (Hrsg.), Übergänge. Zeitgeschichte zwischen Utopie und Machbarkeit. Beiträge zu Philosophie, Gesellschaft und Politik. Hellmuth G. Bütow zum 65. Geburtstag, Berlin 1989. Zur Kritik der Modernisierungsthese: Jens Alber, Nationalsozialismus und Modernisierung, in: Kölner Zeitschrift für Soziologie und Sozialpsychologie, 41 (1989); Hans Mommsen, Nationalsozialismus als vorgetäuschte Modernisierung, in: Walter H. Pehle (Hrsg.), Der historische Ort des Nationalsozialismus. Annäherungen, Frankfurt am Main 1990.

78 Diese These geht vor allem auf den Beitrag von Henry Turner zurück: Faschismus und Anti-Modernismus, in: ders., Faschismus und Kapitalismus in Deutschland. Studien zum Verhältnis zwischen Nationalsozialismus und Wirtschaft, Göttingen 1980².

Werk »Der europäische Bürgerkrieg« ebenfalls primär unter dem Aspekt der *bürger-lichen* Reaktion auf die bolschewistische Revolutionsdrohung deutet[79].

Hitlers Revolution war nicht in erster Linie eine *Konterrevolution* gegen eine be-fürchtete Machtübernahme des Kommunismus, sondern sie stellte eine *alternative Revolution* dar, deren Ziel gleichfalls die Zerstörung der demokratischen, bürgerlich-kapitalistischen Gesellschaftsordnung war. Dabei ist die Verbindung von antidemo-kratischen und modernen Elementen sowie von elitären und egalitären Komponenten charakteristisch für Hitlers Vorstellungswelt. Die antidemokratischen und die moder-nen Elemente, die verbrecherischen und die progressiven Komponenten seiner Welt-anschauung sind nicht im Sinne von unversöhnlichen Antagonismen zu begreifen, sondern bestenfalls als dialektische Gegensätze, die in einem konsistenten weltan-schaulichen System aufgehoben sind.

Wer sich ausschließlich auf die kriegerischen und die rassenpolitischen Ziele Hit-lers konzentriert, versteht schwerlich seine Massenwirksamkeit. Neuere Untersu-chungen über die nationalsozialistische Propaganda bestätigen, daß weder der Anti-semitismus noch die Lebensraumthematik in der Phase des Massenaufstiegs der NSDAP eine nennenswerte Rolle spielten[80]. Vielmehr stellte sich die NSDAP »in allen Wahlkämpfen primär als *radikale Systemalternative mit proletarisch-sozialisti-schem Anstrich* dar. Ihr Hauptadressat war die Arbeiterschaft, ihr Hauptgegner die Sozialdemokratie, die die Mehrheit der Arbeiter organisierte und für den ›Verrat‹ von 1918 und die Republik verantwortlich gemacht wurde. In der Symboltradition der linken Arbeiterbewegung dominierten im visuellen Alphabet daher ikonische Zei-chen wie der starke Arm, der zerschmetternde Hammer, die zuschlagende Faust, der Arbeiterriese und ehedem sozialistisch besetzte Parolen.« Die NSDAP präsentierte sich so als die »eigentliche Verkörperung des Sozialismus«[81]. Daher ist es nicht ver-wunderlich, daß die NSDAP einen beträchtlichen Anteil ihrer Wähler und Mitglieder (weit mehr, als man bislang glaubte[82]) aus den Reihen der Arbeiterschaft rekrutierte.

Es wäre falsch, den sozialistisch-revolutionären Anspruch der NSDAP als bloßen »Propagandatrick« zu werten. Hitlers Verachtung des Bürgertums war keineswegs gespielt, ebenso wie seine Bewunderung für Sozialisten und Kommunisten im Rah-men seiner weltanschaulichen Fixierungen konsequent erscheint[83]. Und die sozialpo-litischen Visionen Hitlers wurden von Mitstreitern wie Robert Ley[84] und Joseph Goebbels durchaus geteilt. Es gab in den Jahren 1933 bis 1945 auch Ansätze zur praktischen Realisierung der sozialen Zielvorstellungen des Nationalsozialismus[85],

---

79 Ernst Nolte, Der europäische Bürgerkrieg 1917–1945. Nationalsozialismus und Bolschewis-mus, Frankfurt am Main – Berlin 1987. Zur Kritik: Rainer Zitelmann, Nationalsozialismus und Antikommunismus. Aus Anlaß der Thesen von Ernst Nolte, in: U. Backes/E. Jesse/ R. Zitelmann (Anm. 46).

80 Vgl. Gerhard Paul, Aufstand der Bilder. Die NS-Propaganda vor 1933, Bonn 1990.

81 Ebenda, S. 221 f., Hervorhebungen im Original.

82 Vgl. Jürgen W. Falter, Hitlers Wähler, München 1991, S. 198–230. Zum Forschungsstand: Peter Manstein, Die Mitglieder und Wähler der NSDAP 1919–1933. Untersuchungen zu ihrer schichtmäßigen Zusammensetzung, Frankfurt am Main u. a. 1989².

83 Vgl. dazu R. Zitelmann (Anm. 72), S. 462–482.

84 Zu Robert Ley vgl.: Ronald Smelser, Hitlers Mann an der »Arbeitsfront«. Robert Ley. Eine Biographie, Paderborn 1989.

85 Vgl. etwa Michael Prinz, Vom neuen Mittelstand zum Volksgenossen. Die Entwicklung des sozialen Status der Angestellten von der Weimarer Republik bis zum Ende der NS-Zeit,

und die Nachkriegsplanungen der »Deutschen Arbeitsfront«[86] zeigen, daß wichtige Kräfte in der NSDAP nach einem »Endsieg« darangehen wollten, das sozialpolitische Programm radikal umzusetzen.

Dies alles spricht dafür, daß man Hitlers sozial- und wirtschaftspolitische Vorstellungen ernst nehmen sollte und es verfehlt ist, seine Weltanschauung ausschließlich auf die beiden rassen- und außenpolitischen Ziele zu reduzieren. Ein Hitler-Bild, das verstärkt auch solche Aspekte erfaßt, die vielen Zeitgenossen als »vernünftig« oder »progressiv« erschienen, soll weder einer »Verharmlosung« noch gar einer »Apologie« Vorschub leisten. Aber eine teilweise revidierte und modifizierte Sicht des »Führers« ermöglicht es vielleicht, besser als bislang die Massenwirksamkeit Hitlers zu verstehen. Die *Ent-Dämonisierung* Hitlers kann damit einen Beitrag zu der notwendigen *Historisierung* des Nationalsozialismus[87] leisten.

München 1986; David Schoenbaum, Die braune Revolution. Eine Sozialgeschichte des Dritten Reiches, Köln 1968.

86 Vgl. dazu Marie-Luise Recker, Nationalsozialistische Sozialpolitik im Zweiten Weltkrieg, München 1985, S. 82–154; Ronald Smelser, Die Sozialplanung der Deutschen Arbeitsfront, in: M. Prinz/R. Zitelmann (Anm. 77).

87 Vgl. Martin Broszat, Plädoyer für eine Historisierung des Nationalsozialismus, in: H. Graml/K.-D. Henke (Anm. 46); Uwe Backes/Eckhard Jesse/Rainer Zitelmann, Was heißt: »Historisierung« des Nationalsozialismus?, in: U. Backes/E. Jesse/R. Zitelmann (Anm. 46).

Hans-Ulrich Thamer

Das Dritte Reich

Interpretationen, Kontroversen und Probleme des aktuellen Forschungsstandes

Die historisch-politischen Interpretationen des Nationalsozialismus sind fast so alt wie dieser selbst. Die zeitgenössischen Reflexionen der dreißiger und vierziger Jahre über Ursache, Struktur und Funktion der nationalsozialistischen Diktatur bestimmten auch die Grundmuster der wissenschaftlichen Erklärungen und Kontroversen der Nachkriegszeit, auch wenn eine mittlerweile 40jährige intensive Forschungstradition auf breiter empirischer Grundlage zur stetigen Vertiefung und Differenzierung des historischen Urteils geführt hat. Immer haben die Vieldeutigkeit und Widersprüchlichkeit des Nationalsozialismus und seiner Herrschaft zu Fehleinschätzungen und kontroversen Deutungen geführt, machte das Neben- und Ineinander von Tradition und Revolution, von Terror und Konsens, von politisch-ökonomischen Erfolgen und ideologisch motivierter Massenvernichtung die Zeit des Nationalsozialismus für Öffentlichkeit und Geschichtswissenschaft zu einer besonderen politisch-moralischen wie wissenschaftlichen Herausforderung.

Der Nationalsozialismus und seine Herrschaft waren und sind darum kein »normaler Gegenstand historischen Fragens« (Martin Broszat), auch wenn die Fragestellungen und Methoden der Forschung zur NS-Zeit sich immer weniger von denen zu anderen Epochen unterscheiden. Die Singularität des Gegenstandes und die negative Faszination, die von ihm ausgeht, schlagen sich in dem unverändert hohen Anteil nieder, den die Erforschung des Dritten Reichs und seiner Vorbedingungen in der deutschen und internationalen Geschichtswissenschaft hat, und in dem besonderen Interesse, auf das die Ergebnisse und Kontroversen dieser Forschung in der Öffentlichkeit nach wie vor stoßen. Mehr noch, die Intensität der Beschäftigung mit dem Nationalsozialismus hat in dem Maße zugenommen, in dem wir uns von dieser Vergangenheit entfernt haben. Es gibt keine Epoche der deutschen Geschichte, die so intensiv erforscht wurde wie die NS-Zeit. Trotz aller wissenschaftlichen Kontroversen, die meist auch von politischen Einstellungen und Stellungnahmen begleitet sind, hat die NS-Forschung ein beachtliches wissenschaftliches Niveau und einen weitgehenden Konsens über die Ereignisabläufe und deren Zusammenhänge wie teilweise auch über deren historische Einordnung und Bewertung erreicht.

Es sind vor allem politisch-ideologische, moralische und historisch-methodologische Aspekte[1], die die wissenschaftliche Beschäftigung mit der NS-Zeit in besonderer

---

1 Vgl. dazu Ian Kershaw, Der NS-Staat. Geschichtsinterpretationen und Kontroversen im Überblick, Reinbek 1988, S. 12.

Weise prägen und die Heftigkeit mancher wissenschaftlicher Kontroverse erklären. Das Dritte Reich belastet bis in die Gegenwart die kollektive Erinnerung der Zeitgenossen wie der Nachgeborenen und besitzt für die politische Kultur im Nachkriegsdeutschland eine besondere politisch-legitimatorische Bedeutung. Beide deutsche Staaten suchten, wenn auch auf sehr unterschiedliche Weise, ihre politische Identität durch eine Abgrenzung von der nationalsozialistischen Diktatur und umgekehrt durch die Identifikation mit unbeschädigten Traditionslinien zu gewinnen.

Die frühen Deutungen des Nationalsozialismus argumentierten vorrangig moralisch: Das Dritte Reich erschien als beinahe zwangsläufiger Zusammenfluß aller Fehlentwicklungen deutscher Geschichte, als das Böse schlechthin. Damit wurde zugleich die frühere Geschichte zur bloßen Vorgeschichte des Dritten Reiches degradiert. Auch wenn solche Urteile in der Geschichtswissenschaft längst von einer differenzierten und historisierenden Betrachtungsweise korrigiert wurden, besitzt das moralische Element für die Erforschung des Nationalsozialismus doch immer eine besondere Bedeutung. So drückt sich bereits unterschwellig in der Sprache des Historikers, wenn er sich der Epoche des Nationalsozialismus nähert, ein Bedürfnis nach Distanzierung aus. Noch drängender wird der moralische Aspekt dann, wenn durch das Bemühen um Differenzierung und Historisierung die einst so einfachen Grenzen zwischen Tätern und Opfern verwischt werden, wenn aus der Sicht einer Gesellschaftsgeschichte des politischen und sozialen Verhaltens nicht mehr alles, was in den zwölf Jahren geschah, unter einem moralischen Verdikt zu sehen, sondern im Kontext der gesellschaftlichen Entwicklung anderer westlicher Nachbarn als durchaus normal anzusehen ist, freilich immer mit der Einschränkung, daß dies in einen Zusammenhang mit der menschenverachtenden Weltanschauungspolitik geraten konnte oder mußte.

Das führt zu den historisch-methodologischen Problemen der Nationalsozialismusforschung. Die deutsche Geschichtsschreibung verlor 1945 nicht nur den vertrauten nationalhistorischen Maßstab für ihre historische Urteilsbildung, sie stand überdies vor dem Problem, die zwölf Jahre nationalsozialistischer Diktatur mit den Kategorien des Verstehens zu interpretieren, die die klassische Geschichtswissenschaft entwickelt hatte. Ein Staat, der mit einem »Staatsverbrechen in unvorstellbarem Ausmaß« (Manfred Schlenke) belastet war, bot nicht die Möglichkeit, sich mit seinen Maximen zu identifizieren, sondern zwang zur kritischen Distanz. Das führte die Geschichtswissenschaft nach einer Phase der Orientierungslosigkeit und Traditionsbewahrung zur Suche nach neuen Ansätzen und Methoden, die den engen Rahmen nationalgeschichtlicher Betrachtung überwinden halfen und sich politik- und sozialwissenschaftlichen Methoden öffneten. Die Verbreiterung und Verfeinerung der wissenschaftlichen Fragen und Ergebnisse hat ein immer vielschichtigeres und widersprüchlicheres Bild vom Dritten Reich entstehen lassen, das zusammen mit der wachsenden zeitlichen Distanz zum historischen Gegenstand die Möglichkeit eines doppelten Zuganges bzw. Einsicht eröffnet: einerseits die »distanzierende, analytisch zu gewinnende Erklärung und Objektivierung, andererseits aber auch (die) begreifende subjektive Aneignung und (der) Nachvollzug vergangener Handlungen, Betroffenheiten und Verfehlungen«[2]. Ein solches Abwägen zwischen Verstehen und Verurteilen im Sinne einer Historisierung des Nationalsozialismus führt keineswegs zu einer

---

2 Martin Broszat, Was heißt Historisierung des Nationalsozialismus?, in: Historische Zeitschrift, 247 (1988), S. 2.

Relativierung oder Verharmlosung des Bösen, sondern zeigt auf bestürzende Weise, wie unter den Bedingungen eines totalitären Systems auch das scheinbar Normale und Moderne mit der Barbarei verstrickt sein oder diese mit ins Werk setzen kann.

I. Entwicklung der Nationalsozialismusforschung

Differenzierung und Historisierung haben mittlerweile zu einem Gesamtbild des Nationalsozialismus geführt, das sich beträchtlich von den anfänglichen Darstellungen und moralischen Pauschaldistanzierungen der unmittelbaren Nachkriegszeit unterscheidet, auch wenn die Themen und Probleme teilweise dieselben geblieben sind. Die Entwicklung der wissenschaftlichen Auseinandersetzung mit dem Nationalsozialismus vollzog sich im Kontext des westdeutschen Geschichtsbewußtseins nach 1945 und prägte dieses teilweise mit. Eine Skizze der historiographischen Entwicklung der Zeitgeschichtsforschung wäre darum unvollständig, wenn sie die Veränderungen im Zeitklima und die Wahrnehmung des Nationalsozialismus im öffentlichen Geschichtsbewußtsein nicht mitbedächte[3].

Freilich ist die Forschung sehr viel breiter und differenzierter, als dies zumeist in Forschungskontroversen dargestellt wird und an eine breitere Öffentlichkeit dringt. Auch sind die Fronten in der wissenschaftlichen Auseinandersetzung in der Regel sehr viel komplexer, als die einfachen Etikettierungen dieser Debatten und Kontroversen vermuten lassen. Schließlich darf nicht übersehen werden, daß es neben den Haupttendenzen der Forschung immer wieder abweichende Ansätze und Interpretationen mit fast zeitloser Gültigkeit sowie wissenschaftliche Einzelgänger gab und gibt, deren Fragestellungen und Thesen quer zum Zeitgeist standen, aber mitunter provozierend und nützlich waren. Denn so wenig es eine politisch-institutionelle Bestimmung bzw. Planung der zeitgeschichtlichen Forschung gibt, so wenig verläuft sie systematisch und geradlinig. Diese Pluralität der Forschungsansätze entspricht dem politisch-gesellschaftlichen Selbstverständnis der Bundesrepublik und der westlichen Welt, in der Wissenschaft und Politik tendenziell immer voneinander getrennt sind. Darin liegt zugleich ein fundamentaler Unterschied zu den Bedingungen und Ausrichtungen der Geschichtswissenschaft der ehemaligen DDR, in der die Forschungen zum Nationalsozialismus unter dem Etikett der »Faschismusforschung« quantitativ einen großen Anteil hatten, aber in das dogmatische Korsett der marxistisch-leninistischen Faschismusdefinition eingezwängt waren und politisch als »Teil des Kampfes gegen den Imperialismus«[4] verstanden bzw. instrumentalisiert wurden[5].

Die Nationalsozialismusforschung war und ist kein Monopol der Deutschen. Das Dritte Reich war Ausgangs- und zeitweise Brennpunkt des welthistorischen Krisenbzw. Kriegsgeschehens; überdies wurden das Scheitern der Weimarer Republik und die Machtergreifung des Nationalsozialismus überall zum Paradigma für die Krisen

---

3 Vgl. dazu Bernd Faulenbach, NS-Interpretation und Zeitklima, in: Aus Politik und Zeitgeschichte, B 22/87, S. 19 ff.
4 Dietrich Eichholtz/Kurt Gossweiler (Hrsg.), Faschismusforschung. Positionen, Probleme, Polemik, Berlin (DDR) 1980, S. 18.
5 Vgl. dazu Hans-Ulrich Thamer, Faschismus und Nationalsozialismus in der DDR-Historiographie, in: Aus Politik und Zeitgeschichte, B 13/87, S. 27–37.

der Zwischenkriegszeit und die Gefährdungen moderner Demokratien. Die Erforschung der nationalsozialistischen Herrschaftsstrukturen und der Eroberungs- und Vernichtungspolitik des Nationalsozialismus bekommt darum für die internationale Wissenschaft eine exemplarische Bedeutung. Auch wenn die methodologischen und interpretatorischen Kontroversen meist Angelegenheit der westdeutschen Historiker allein waren, hat gerade die angloamerikanische Geschichtsforschung zu allen Themenfeldern des Dritten Reiches wichtige Beiträge geleistet und »frei von der Last der ›Vergangenheitsbewältigung‹ und unabhängig von den intellektuellen Strömungen der westdeutschen Gesellschaft«[6] der Forschung neue Impulse verliehen.

1. Die Ursachen der »deutschen Katastrophe« – Nationalsozialismusforschung in der Nachkriegszeit

In der unmittelbaren Nachkriegszeit bestimmten vorwiegend moralische Kriterien und Tendenzen zur Verinnerlichung und Selbstbesinnung die historisch-politische Auseinandersetzung mit der nationalsozialistischen Vergangenheit. Grundimpuls war dabei die tiefe Betroffenheit über die Verstrickungen und den Verlust des Nationalstaates, dessen Entwicklung Bezugspunkt für alle Überlegungen blieb. Die Frage nach den Ursachen der »deutschen Katastrophe« (Friedrich Meinecke) war verbunden mit der Rückbesinnung auf bessere deutsche Traditionen. Dabei wurden der Nationalsozialismus und seine Diktatur meist als ein Bruch mit der deutschen Geschichte bzw. als eine »Entartung deutschen Menschentums«[7] und als Resultat von unterschwelligen gesamteuropäischen Gefährdungen bzw. negativen, parasitären Begleiterscheinungen der Moderne verstanden, die schließlich durch die Katastrophe des Ersten Weltkriegs die positive Entwicklung des deutschen Staatswesens fehlgeleitet hätten. Doch gerade Friedrich Meinecke, dessen vielgelesenes Buch »Die deutsche Katastrophe« oft als Beleg für eine »verbale Dämonisierung« des Dritten Reiches zitiert wird, entging dieser Gefahr und auch der Versuchung, durch Analogien mit autoritären Verwerfungen in Nachbarländern den Nationalsozialismus zu entlasten. Er sah in Hitler die »ärgste und verhängnisvollste Steigerung« des »deutschen Machtstaatsgedankens«, dessen »Geschichte mit Hegel« begonnen habe, und er verhehlte nicht, daß es bereits im wilhelminischen Deutschland Formen eines »unsozialen Herrengeistes« und politische Radikalisierungen gab, die als Vorstufe zum Nationalsozialismus anzusprechen seien. Demgegenüber meinte Gerhard Ritter im Nationalsozialismus »keine spezifisch deutsche Erscheinung« sehen zu müssen, sondern sah das Umschlagen in eine Diktatur in den totalitären Gefährdungen moderner Demokratien begründet, »wo nach Zerbrechen aller historischen Autoritäten die unmittelbare Volksherrschaft vom ›Aufstand der Massen‹ her versucht wird, ohne Aufgliederung dieser Massen durch die föderativen und korporativen Organe oder durch die Tradition alter politischer Eliteschichten«[8]. Rezipiert wurde davon vor allem die Aussage, der Nationalsozialismus sei eine Art Unfall in einer sonst positiven Entwicklung

---

6 I. Kershaw (Anm. 1), S. 12f.
7 Friedrich Meinecke, Die deutsche Katastrophe, Wiesbaden 1946, S. 28.
8 Gerhard Ritter, Europa und die deutsche Frage. Betrachtungen über die geschichtliche Eigenart des deutschen Staatsdenkens, München 1958, S. 140.

und habe seine Ursachen vor allem in dem »Dämon« Hitler[9], dessen negativer Persönlichkeit auch Meinecke eine verhängnisvolle Bedeutung zuwies.

Mit ihren Reflexionen gaben die prominenten Historiker, die beide mit den Nationalsozialisten in Konflikt geraten waren, gewiß einer verbreiteten Stimmung Ausdruck, die bald in einer Vielzahl von metaphernreichen und dämonisierenden Schriften mündete. Sie waren Ausdruck einer »eigentümlichen Verinnerlichungskultur, in der sich kollektive Erschöpfung, nationales Selbstmitleid und Melancholie verbanden«[10].

2. Der Nationalsozialismus als Gegenstand der neuen Zeitgeschichtsforschung

Daß die Geschichtswissenschaft in der Bundesrepublik Deutschland sich dennoch nicht wie 1918 in das nationale Ressentiment zurückzog, hatte viele Gründe. Einer davon lag in der Bereitschaft dieser nationalgeschichtlich orientierten Zeitgeschichte, wie sie etwa von Hans Rothfels vertreten wurde, den Weg zur Selbstkritik und zur Öffnung für Fragen und Methoden namhafter Vertreter der Politik- und Sozialwissenschaften zu beschreiten, die teilweise anderen politisch-kulturellen Traditionen entstammten und andere Erfahrungen mit dem Dritten Reich hinter sich hatten. Hinzu kam seit den fünfziger Jahren die Möglichkeit, angefangen mit den Dokumenten im Zusammenhang mit den Nürnberger Prozessen auch über archivalische Quellen zu verfügen, was es einer jüngeren Historikergeneration nun erlaubte, die wichtigsten Ereignisabläufe und Institutionen des NS-Regimes empirisch gesichert zu rekonstruieren, um die Fassade aus Propagandaformeln und Legenden einzureißen, die den Blick auf die historische Wirklichkeit verstellte. Aufklärung bedeutete darum zunächst einmal »Aufräumung, hieß: ans Licht zu holen, was die Nazis verborgen oder nur verschleiert öffentlich zur Kenntnis gebracht hatten«[11]. Darum konzentrierte sich die Forschung auf die Weltanschauungspolitik und -verbrechen des Regimes: auf die Massenverbrechen an den Juden, in den Konzentrationslagern, in den besetzten Gebieten, auf die Verfolgung der politischen Gegner und die Vorbereitung des Krieges, ferner auf die Zusammenhänge und Ursachen der nationalsozialistischen Machtergreifung, die Rolle Hitlers im Dritten Reich und die weltanschaulichen Hintergründe seines Handelns.

Dieser Ansatz bedeutete nicht immer auch schon Erklärung und konnte vermutlich auch gar nicht mehr als Aufklärung sein. Interpretationsangebote kamen von anderer Seite, von den Nachbardisziplinen, der Politik- und Sozialwissenschaft vor allem. Mit dem Totalitarismuskonzept, das die Anfangsphase prägte, drangen zunehmend Ansätze eines normativen, systematischen und strukturgeschichtlich angelegten Wissenschaftsverständnisses in die deutsche Geschichtswissenschaft ein, ganz im Unterschied zur Dominanz eines traditionellen, späthistoristischen Geschichtsverständnisses in den übrigen Disziplinen und Bereichen der Geschichtsforschung.

---

9   G. Ritter (Anm. 8).
10 Norbert Frei, Der Führerstaat. Nationalsozialistische Herrschaft 1933 bis 1945, München 1987, S. 232.
11 Martin Broszat, Grenzen der Wertneutralität in der Zeitgeschichtsforschung: der Historiker und der Nationalsozialismus, in: ders., Nach Hitler. Der schwierige Umgang mit unserer Geschichte. Hrsg. von Hermann Graml und K. D. Henke, München 1986, S. 99.

Die Totalitarismustheorie[12] war mehr als eine bloße Ideologie des kalten Krieges. Einmal reichte sie in ihren Ansätzen in den liberalen »Antifaschismus« der Zwischenkriegszeit zurück, zum anderen bot sie nach dem unmittelbaren Eindruck der nationalsozialistischen Diktatur und ihrer Massenverbrechen »eine rationale und konkret nachvollziehbare Erklärung für die sonst unverständliche Perversion der Politik«[13]. Schließlich entsprach sie dem antitotalitären Grundkonsens der jungen Bundesrepublik und ihrem Bemühen um die Befestigung einer parlamentarisch-demokratischen Verfassungsordnung nach westlichem Muster.

Es wird meist übersehen, daß sich hinter dem Erklärungsmodell des Totalitarismus recht unterschiedliche Fragestellungen und Arbeitsansätze verbergen. Während Hannah Arendt[14] mit ihrem großen Versuch, die ideengeschichtlichen Wurzeln und Elemente totalitärer Herrschaft in der politischen Theoriegeschichte und in früheren autoritär-plebiszitären Regimen aufzudecken, eine »mehr historisch beschreibende, realtypische Definition des Totalitarismus gab, haben Carl J. Friedrich und Zbigniew Brzezinski[15] versucht, ein idealtypisches Modell des Totalitarismus zu konstruieren«[16]. Es stützte sich auf eine vergleichende Betrachtung des nationalsozialistischen und stalinistischen Regimes und entwickelte sechs Merkmale, deren Zusammentreffen totalitäre Herrschaft begründet. Dies sind die Existenz einer monopolistischen Massenpartei, eine absolut gesetzte Ideologie, die Errichtung einer terroristischen Geheimpolizei, das Monopol über alle Nachrichtenmedien, das Waffenmonopol und schließlich die zentrale Lenkung der Wirtschaft. Während der ideengeschichtliche Ansatz von Hannah Arendt in der Forschung kaum aufgegriffen und weiterverfolgt wurde, beeinflußte das Totalitarismusmodell von Friedrich und Brzezinski die Nationalsozialismusforschung und -deutung in den fünfziger und sechziger Jahren um so stärker. Demgegenüber wurde die kritische Auseinandersetzung mit diesem Strukturmodell in Ernst Fraenkels »Dual State« und Franz Neumanns »Behemoth«, die bereits während des Krieges im amerikanischen Exil verfaßt worden waren, in der Bundesrepublik erst mit erheblicher Verzögerung rezipiert[17].

Einer Schematisierung des tendenziell ahistorischen Totalitarismuskonzepts wirkten, zumindest für die Geschichtswissenschaft, die bahnbrechenden Arbeiten von Karl Dietrich Bracher, zusammen mit Gerhard Schulz und Wolfgang Sauer, entgegen, die im Dritten Reich zwar auch den Typ einer totalitären Diktatur sahen, doch durch einen historisch-genetischen Ansatz und auf einer breiten empirischen Grundlage in Anlehnung an Fraenkel und Neumann zu einer modifizierten Analyse der Machterprobungs und -monopolisierungstechniken des Nationalsozialismus kamen, in der auch das »Neben- und Gegeneinander der Machtgruppen« innerhalb des Re-

---

12 Vgl. dazu Manfred Funke (Hrsg.), Totalitarismus. Ein Studien-Reader zur Herrschaftsanalyse moderner Diktaturen, Düsseldorf 1978.
13 Dieter Rebentisch, Führerstaat und Verwaltung im Zweiten Weltkrieg. Verfassungsentwicklung und Verwaltungspolitik 1939–1945, Wiesbaden – Stuttgart 1989, S. 4.
14 Hannah Arendt, Elemente und Ursprünge totaler Herrschaft, Frankfurt am Main 1955.
15 Carl J. Friedrich, Totalitäre Diktatur, Stuttgart 1957.
16 Wolfgang Wippermann, Forschungsgeschichte und Forschungsprobleme, in: ders. (Hrsg.), Kontroversen um Hitler, Frankfurt am Main 1986, S. 58.
17 Dies setzte auf breiter Front erst mit den deutschen Ausgaben ein: Ernst Fraenkel, Der Doppelstaat, Frankfurt am Main – Köln 1974; Franz Neumann, Behemoth. Struktur und Praxis des Nationalsozialismus, Frankfurt am Main – Köln 1977.

gimes und hinter seiner Propagandafassade herausgestellt wurde, das in dem 1946 erschienenen, aber kaum beachteten Buch von Walter Petwaidic mit dem Begriff der »autoritären Anarchie« charakterisiert worden war. Bracher sah in diesem »Antagonismus der Machtfunktionen« jedoch keine Schwächung der Führergewalt, sondern die Bedingung von Hitlers »omnipotenter Schlüsselstellung«, der diese Rivalitäten nach dem Grundsatz des divide et impera geschaffen und ausgenutzt habe[18].

3. Neue Ansätze in den sechziger Jahren

Mit dem Beginn der sechziger Jahre setzte eine neue Phase intensiver Nationalsozialismusforschung ein, die gekennzeichnet ist durch einen Wandel der Methoden, Perspektiven und auch Bewertungen. Sie wurde begleitet und bald auch teilweise überlagert von einer verstärkten öffentlichen Auseinandersetzung mit der nationalsozialistischen Vergangenheit. Mit dem 1963 eröffneten Frankfurter Auschwitzprozeß und anderen Strafverfahren gegen NS-Verbrecher sowie den Fragen der Studenten nach dem Verhalten der Hochschullehrer im »Dritten Reich« und der daran anschließenden kulturrevolutionären Studentenbewegung holte die Geschichte des »Dritten Reiches« die Bundesrepublik erst richtig ein[19] und bestimmte seither in starkem Maße das politische Gegenwartsbewußtsein und auch die politische Auseinandersetzung in der Bundesrepublik. So wurde der wiederentdeckte Begriff Faschismus sehr bald zum Kampfbegriff einer Fundamentalopposition gegen die politische und gesellschaftliche Ordnung der Bundesrepublik, die als strukturell faschistoid oder als eine mit dem Faschismus wesensverwandte Form bürgerlich-kapitalistischer Herrschaft attackiert wurde.

Die formelhafte Erstarrung der neomarxistischen Faschismustheorie und der zunehmend inflationäre Gebrauch des Faschismusbegriffs[20] belasteten nicht nur die empirische Verwendung und Weiterentwicklung des grundsätzlich vergleichend angelegten Faschismuskonzeptes, das durch die Arbeiten von Ernst Nolte[21] für die Geschichtswissenschaft nutzbar gemacht werden sollte. Die zunehmende Dogmatisierung und Instrumentalisierung der Faschismustheoriediskussion steht auch stellvertretend für die temporäre Übermacht politischer Optionen und Einflüsse auf die geschichtswissenschaftliche Diskussion, in der seit den siebziger Jahren die eben neu entwickelten methodischen und interpretatorischen Ansätze zum Gegenstand heftiger Auseinandersetzungen zwischen einzelnen Denkschulen wurden. Der Methodenstreit zwischen den Exponenten einer modernen Politikgeschichte und den Anhängern einer primär gesellschaftsgeschichtlich ausgerichteten Strukturgeschichte mündete in eine heftige Kontroverse um die wissenschaftliche Erklärungskraft von Totali-

---

18 Karl Dietrich Bracher, Stufen totalitärer Gleichschaltung. Die Befestigung der nationalsozialistischen Herrschaft 1933/34, in: Vierteljahrshefte für Zeitgeschichte, 4 (1956), S. 42.

19 So das Urteil von Klaus Hildebrand, Von Erhard zur Großen Koalition 1963–1969, Stuttgart – Wiesbaden 1984 (Geschichte der Bundesrepublik, Bd. 4), S. 422.

20 Vgl. dazu Wolfgang Wippermann, Faschismustheorien, Darmstadt 1980[4].

21 Ernst Nolte, Der Faschismus in seiner Epoche. Die Action Française. Der italienische Faschismus. Der Nationalsozialismus, München 1963; ferner ders., Die Krise des liberalen Systems und die faschistischen Bewegungen, München 1968.

tarismus- bzw. Faschismustheorien[22] sowie in einen Streit darüber, ob das »Dritte Reich« durch monokratische oder durch polykratische Herrschaftsstrukturen geprägt war. Dies führte dazu, daß der Erkenntnisgewinn dieser Fragen temporär hinter dem Widerstreit von Positionspapieren und Forschungskontroversen, die mitunter von persönlicher Polemik begleitet waren, zurücktrat. Erst seit den achtziger Jahren wuchs die Einsicht, daß viele dieser Gegensätze übersteigert und künstlich sind und durchaus zu einer Synthese zusammengeführt werden können[23].

Insgesamt blieb der Beitrag der vorwiegend linken, primär sozialökonomisch argumentierenden Faschismustheorien zur Zeitgeschichtsforschung gering. Der starre Blick auf die soziale Funktion des Faschismus hat den Blick verstellt sowohl für die Dynamik und Motivation der nationalsozialistischen Massenbewegung wie für die innere Mechanik und die politischen Triebkräfte des Regimes. Gleichzeitig entfalteten sich im Schatten der sich bald im Kreise drehenden Theoriediskussion eine Vielzahl von methodischen Ansätzen, von Forschungskonzepten und von Bewertungen, die die wissenschaftliche Diskussion bis heute bestimmen und unser Bild vom Dritten Reich erheblich differenziert haben.

Diese Untersuchungen hatten ihren Ausgang nicht in einem theoretischen Bezugsrahmen, sondern in der Frage nach dem Verhältnis von ideologisch-propagandistischem Anspruch und politisch-sozialer Wirklichkeit, in der Frage nach der Durchsetzung der Herrschaftsziele. Dabei knüpfte man an die von Ernst Fraenkel und Franz Neumann vorgelegten Analysen der Regimestruktur an und entwickelte Begriffe und Erklärungen »mittlerer Reichweite«[24], d. h. Erklärungen mit einem allenfalls sektoralen, aber keineswegs umfassenden Deutungsanspruch, die flexibel genug sein müssen, um den Härtetest der Empirie auszuhalten.

In das Blickfeld rückten verstärkt vor allem die innere Struktur und die Funktionsweise sowie die außen- und rassenpolitischen Entscheidungsprozesse des Regimes, aber auch die Motive und Interessen der einzelnen Machtträger und der gesellschaftlichen Großgruppen sowie die Veränderung ihrer sozialen Situation. Mit der Ausweitung des Fragemusters veränderte sich auch die Beurteilung des Herrschaftssystems. Es wuchs die Einsicht in dessen Improvisationscharakter, in die Diskrepanz zwischen Ideologie und Praxis des Nationalsozialismus sowie in das Prozeßhafte der Entfaltung der nationalsozialistischen Herrschaft in all ihren Ausprägungen, bis hin zur Judenpolitik. Damit stellte sich um so dringlicher die Frage nach den politischen Triebkräften und den Ursachen der politischen Radikalisierung und Vernichtungspolitik des Regimes sowie nach der Rolle Hitlers im nationalsozialistischen Führerstaat.

Die Auseinandersetzung über den Faktor Hitler, der allein schon aus methodologischen und analytischen Gründen eine herausragende wissenschaftliche Bedeutung zukommt, nahm ihren Ausgang mit der Rekonstruktion von Hitlers Weltanschauung, der als »Entwurf einer Herrschaft«[25] eine zentrale Bedeutung für die Zielbestimmung

---

22 Vgl. dazu den Tagungsband: Totalitarismus und Faschismus. Eine wissenschaftliche und politische Begriffskontroverse, München 1980.
23 Als Versuch einer solchen Synthese Hans-Ulrich Thamer, Verführung und Gewalt. Deutschland 1933–1945, Berlin 1986 (Die Deutschen und ihre Nation, Bd. 5).
24 M. Broszat (Anm. 11), S. 104.
25 Eberhard Jäckel, Hitlers Weltanschauung. Entwurf einer Herrschaft, Tübingen 1969.

und Verwirklichung der Außen-, Kriegs- und Rassenpolitik des Regimes und für den singulären historischen Ort des Nationalsozialismus in der Geschichte des preußisch-deutschen Nationalstaates zuerkannt wurde[26]. Auch wenn zwischen dem Entwurf eines außenpolitischen Programms und dessen Realisierung eine Reihe von sehr komplexen Vermittlungsschritten und -ebenen bestehen und zu erklären sind, so kommt nach diesem »intentionalistischen« Verständnis dem Herrschaftswillen und den Herrschaftszielen des Diktators zentrale Erklärungskraft für die politischen Entscheidungen und Handlungen des Regimes zu. Die ideologischen und machtpolitischen Antriebskräfte des Diktators und die Behauptung seiner Entscheidungskompetenz machen das Singuläre des »Dritten Reiches« aus.

Das bedeutete nicht nur die Abkehr von dem bis dahin gültigen Bild eines nihilistischen Regimes mit einem machiavellistischen Parteiführer an der Spitze und einer anderen Diktaturen vergleichbaren, weil mit beliebigen Zielen ausgestatteten Gewaltherrschaft. Dieser Ansatz hatte erhebliche Konsequenzen für die Charakterisierung und historische Einordnung des NS-Regimes sowie für grundsätzliche Fragen nach dem Verhältnis von Ideologie und Machtpolitik, von Individuum und politischen Herrschaftsstrukturen.

Es war kein Wunder, daß sich vor dem Hintergrund eines strukturgeschichtlichen Paradigmenwechsels in der Geschichtswissenschaft bald Gegenpositionen auftaten[27], die ausgehend von der persönlichen und intellektuellen Dürftigkeit Hitlers und seiner vielfach zu beobachtenden Entscheidungsunwilligkeit den »Führer« als »einen ausschließlich auf die Wahrung seines Prestiges und seiner persönlichen Autorität bedachten, aufs stärkste von der jeweiligen Umgebung beeinflußten, in mancher Hinsicht schwachen Diktator«[28] charakterisierten. Sie erklärten die Kriegs- und Vernichtungspolitik des Regimes nicht aus dem Herrschaftswillen des Diktators, sondern aus der Eigengesetzlichkeit des polykratischen Herrschaftssystems, das auf permanente Mobilisierung und Dynamisierung der Politik drängte und damit einen Prozeß der »kumulativen Radikalisierung« (Hans Mommsen) auslöste. Damit war auch die Frage nach der Rolle der übrigen Machtgruppen im Regime, einschließlich der für dessen Stabilität und Funktionsfähigkeit unverzichtbaren traditionellen Machteliten aus Bürokratie, Armee und Großwirtschaft gestellt. Eine der Konsequenzen dieses Erklärungsmusters war die Analyse der »Ungleichmäßigkeit und wechselnden Bünd-

---

26 Vgl. dazu Andreas Hillgruber, Hitlers Strategie. Politik und Kriegführung 1940–1941, Frankfurt am Main 1965, und ders., Deutsche Großmacht und Weltpolitik im 19. und 20. Jahrhundert, Düsseldorf 1979; ferner Klaus Hildebrand, Hitlers Ort in der Geschichte des preußisch-deutschen Nationalstaates, in: Historische Zeitschrift, 217 (1973), S. 584–632.

27 Diese wurde vor allem von Hans Mommsen vorgetragen. In zugespitzter Form sind die Argumente gegenübergestellt in den Beiträgen von Klaus Hildebrand und Hans Mommsen zur Frage »Nationalsozialismus oder Hitlerismus«, in: Michael Bosch (Hrsg.), Persönlichkeit und Struktur in der Geschichte, Düsseldorf 1977, S. 55 ff. und S. 62 ff. Eine Fortsetzung und vorläufig letzte Zuspitzung fand diese Kontroverse mit den Aufsätzen von Klaus Hildebrand, Monokratie oder Polykratie. Hitlers Herrschaft und das Dritte Reich, und von Hans Mommsen, Hitlers Stellung im nationalsozialistischen Herrschaftssystem, beide in: Gerhard Hirschfeld/Lothar Kettenacker (Hrsg.), Der »Führerstaat«: Mythos und Realität, Stuttgart 1981, S. 43 ff. und S. 73 ff.

28 Hans Mommsen, Nationalsozialismus, in: Sowjetsystem und demokratische Gesellschaft, Bd. 4, Freiburg 1971, Sp. 702.

nisstruktur«[29] des NS-Regimes. Das lenkte den Blick auf die Wirkungsweise des Regimes und die Betroffenheit der einzelnen gesellschaftlichen Gruppen von seinem totalitären Herrschaftsanspruch. Diese These ergänzte sich zugleich mit einer Neubewertung des Widerstands[30].

Auch in der Widerstandsforschung haben sich seit den sechziger Jahren die Perspektiven und Bewertungen erweitert und verändert. Nicht nur wurde das Spektrum der zu untersuchenden Widerstandsgruppen vor allem um den Bereich des Widerstandes aus der Arbeiterbewegung bereichert, es wurde zugleich deutlich, daß sich die verschiedenen Widerstandsgruppen, die sich in der Bewegung des 20. Juli zusammenfanden, in ihrem Willen zur politischen Opposition und ihren politisch-sozialen Zielen für eine Neuordnung zu einem großen Teil an unverbrauchten Traditionslinien orientierten und teilweise noch weit entfernt waren von den politischen Verfassungsmaximen, nach denen die parlamentarische Demokratie der Bundesrepublik später begründet werden sollte. Die Bemühungen um eine Sozialgeschichte des politischen Verhaltens haben seit den späten siebziger Jahren der Widerstandsforschung einen erneuten Perspektivenwechsel eingebracht, indem nun die Erkenntnis der vielfältigen Formen gesellschaftlicher Verweigerung (bei partieller Zustimmung vor allem zu den nationalpolitischen Aspekten und Erfolgen des Regimes) den Blick auf die Ebene unterhalb der politischen Fundamentalopposition lenkte und sich damit überkommene Schwarz-Weiß-Bilder um realistischere Zwischentöne verfeinerten.

4. Nationalsozialismus und Alltagsgeschichte

Die Ausweitung der Widerstandsforschung zu einer Sozialgeschichte des politischen Verhaltens stützte sich auf Anregungen und Ergebnisse von Regional- und Lokalstudien[31] und auf neue Impulse aus der Alltagsgeschichte, die seit dem Ende der siebziger Jahre Konjunktur hat, und zwar sowohl in der Geschichtswissenschaft wie in der interessierten Öffentlichkeit[32]. Waren die regional- und lokalgeschichtlichen Studien seit dem Klassiker von William S. Allen[33] und anderen Arbeiten gerade von amerikanischen Historikern auf die politischen Vorgänge der Machtergreifung und -monopo-

---

29 M. Broszat (Anm. 11), S. 105. Dies war das Ergebnis von Martin Broszats umfassendem Versuch einer »Verfassungs- und Strukturgeschichte des nationalsozialistischen Regimes«, der unter dem Titel »Der Staat Hitlers«, München 1969, erschien.

30 Den besten Überblick über den kontroversen Forschungsstand bietet der Sammelband von Jürgen Schmädecke/Peter Steinbach (Hrsg.), Der Widerstand gegen den Nationalsozialismus. Die deutsche Gesellschaft und der Widerstand gegen Hitler, München – Zürich 1985.

31 Vgl. dazu Kurt Düwell, Die regionale Geschichte des NS-Staates zwischen Mikro- und Makroanalyse. Forschungsaufgaben zur »Praxis im kleinen Bereich«, in: Jahrbuch für westdeutsche Landesgeschichte, 8 (1982), S. 287–343; Peter Steinbach, Beiträge zur Geschichte der Stadt unter dem Nationalsozialismus, in: Archiv für Kommunalwissenschaft, 22 (1983), S. 1–27.

32 Vgl. Alltagsgeschichte der NS-Zeit. Neue Perspektive oder Trivialisierung, München 1984 (mit weiterführender Literatur).

33 William S. Allen, »Das haben wir nicht gewollt!« Die nationalsozialistische Machtergreifung in einer Kleinstadt 1930–1935, Gütersloh 1966; dazu mittlerweile die erheblich erweiterte amerikanische Neuauflage New York 1984; ferner Edward N. Peterson, The Limits of Hitler's Power, Princeton 1969.

lisierung bzw. deren Grenzen gerichtet, so lenkte die Alltagsgeschichte noch entschiedener den Blick auf eine Geschichte von unten. Neben den institutionellen Faktoren wurden damit auch sozialpsychologische und kulturelle Bedingungen wie subjektive Wahrnehmungen und Verhaltensformen in die Betrachtung mit einbezogen. Nach anfänglichen euphorischen Erwartungen der Verfechter und scharfer Kritik der meist gesellschaftsgeschichtlich orientierten Gegner einer Alltagsgeschichte wird die Fruchtbarkeit dieses Ansatzes, der aus dem Bereich einer empirischen Sozialgeschichte und historischen Anthropologie stammt und weder eine Erfindung noch ein Monopol der Nationalsozialismusforschung ist, allgemein anerkannt; wenn auch mit der Einschränkung, daß die Alltagsgeschichte nicht das Moment des Politischen verfehlen und sich nicht bloß auf subjektive Wahrnehmungen einzelner Individuen bzw. den lokalen Rahmen beschränken dürfe. Alltagsgeschichte muß in eine politische Strukturgeschichte eingebettet bleiben und den individuellen Befund in die allgemeinen politisch-gesellschaftlichen Entscheidungen und Entwicklungen einordnen.

Einen großen Durchbruch in methodischer wie forschungsgeschichtlicher und interpretatorisch-analytischer Hinsicht bedeutete das »Bayern-Projekt«[34] des Münchener Instituts für Zeitgeschichte. Die lokal-, regional- und gruppenspezifischen Untersuchungen geben zusätzliche und vor allem differenziertere Auskünfte über das Zustimmungs- und Verweigerungspotential spezifischer sozialmoralischer Milieus, über die Penetration dieser Lager durch den Nationalsozialismus wie über seine Mobilitäts- und Aufstiegsangebote und auch über die Zumutungen des Systems. Es entsteht eine Sozialgeschichte des Alltags, die die Banalität des Bösen ebenso wie die verschiedenen Formen der Anpassung und Verweigerung aufzuzeigen vermag, aber auch Auskünfte über die Mechanik des Regimes gibt. Sind nicht wenige der Regionalstudien zur politischen Strukturgeschichte des Regimes unter einem totalitarismuskritischen Aspekt entstanden, so haben einige der alltagsgeschichtlichen Resistenzforschungen indirekt einem modifizierten Totalitarismusbegriff neue Validität verliehen, indem sie den totalitären Zumutungen und Zugriffen des Regimes und seiner Machtträger die Funktion eines Parameters für die Analyse von Anpassung und Verweigerung einzelner Gruppen zugewiesen und zahlreiche Beispiele für die totalitären Intentionen und Handlungen des Regimes erbracht haben[35].

Die Bedeutung des Politischen, sowohl der politischen Rahmenbedingungen wie der politischen Ideologie, der Herrschaftsziele und -techniken, haben auch die zahlreichen Beiträge zur Sozial- und politischen Verhaltensgeschichte einzelner gesellschaftlicher Großgruppen oder Berufsgruppen bestätigt; vor allem dann, wenn sie im Sinne einer Historisierung des Nationalsozialismus[36] die sozialen Bedingungen und Entwicklungen in den Kontext der langen Dauer gesellschaftlichen Wandels und auch europäischer Entwicklungen von Industriegesellschaften stellen. Denn die Einsicht einer kontinuierlichen Weiterentwicklung (von einigen ausgegrenzten Gruppen abgesehen) und eines gewissen Gleichklangs mit allgemeineuropäischen Entwicklungs-

---

34 Martin Broszat u. a. (Hrsg.), Bayern in der NS-Zeit, 6 Bde., München 1977–1983; Ausschnitte und Ergebnisse zusammengefaßt von Martin Broszat/Elke Fröhlich, Alltag und Widerstand. Bayern im Nationalsozialismus, München – Zürich 1987.

35 Zu einer ähnlichen Beobachtung kommt Michael Prinz, Der Nationalsozialismus – eine »braune Revolution«?, in: Manfred Hettling (Hrsg.), Revolution in Deutschland? 1789–1989, Göttingen 1991, S. 80.

36 Vgl. M. Broszat (Anm. 2).

trends führt zu der Schlußfolgerung, daß das trotz dieser gemeinsamen Hintergründe abweichende politische Verhalten, d.h. die Verstrickung vieler Berufsgruppen (so z.B. Ärzten, Psychiatern, Ingenieuren und Juristen) in die Massenverbrechen, nur mit den Verlockungen und Zwängen des politischen Systems zu erklären sind.

5. Zur Sozialgeschichte des Dritten Reiches

Die Frage nach den Auswirkungen des Nationalsozialismus auf die deutsche Gesellschaft hat nach der Pionierstudie von David Schoenbaum[37] aus den sechziger Jahren erst mit einiger Verzögerung eine breitere Forschung ausgelöst, die sich nach wie vor einigermaßen einseitig auf bestimmte Gruppen, wie vor allem die Arbeiterschaft und die Frauen, konzentriert, aber zu beachtlichen Revisionen überkommener (Wunsch-) Deutungen geführt hat[38] und selbst als Teilbereich der Forschung kaum noch übersehbar, geschweige denn klassifizierbar ist. Als zentrale Problemkreise, die immer wieder und teilweise kontrovers diskutiert werden, kristallisieren sich die Fragen nach den sozialen Trägerschichten des Nationalsozialismus bei seinem Aufstieg zur Massenbewegung und zur Monopolpartei heraus, nach der Grundlegung und Veränderung der Sozialverfassung nach der Machtübernahme wie nach deren Auswirkung auf die sozialen Schichten und Klassen, nach der Sozial- und Arbeitspolitik des Regimes und deren Akzeptanz durch die Gesellschaft wie schließlich die Frage nach der sich radikalisierenden Ausgrenzung und Ausmerzung von als »gemeinschaftsfremd« deklarierten Minderheiten und Randgruppen.

Erkenntnisleitende Frage aller sozialgeschichtlicher Untersuchungen ist seit David Schoenbaum das Verhältnis des Nationalsozialismus zum Prozeß der Modernisierung[39]. Ausgehend von der These Ralf Dahrendorfs[40], nach der der Nationalsozialismus durch die Auflösung traditioneller sozialer Strukturen einen Stoß in die Moderne, eine Modernisierung wider Willen bedeutet habe, hat sich in letzter Zeit eine Neubewertung von Ideologie und gesellschaftlicher Funktion bzw. Wirkung des Nationalsozialismus vollzogen. Die Frage, ob die modernisierende Wirkung des NS-Regimes gewollt oder ungewollt herbeigeführt wurde, bleibt nach wie vor umstritten und hängt nicht zuletzt von den Modernisierungsparametern ab, die jeweils herangezogen werden. Eine Einsicht hat sich dabei herausgeschält, daß näm-

---

37 David Schoenbaum, Die braune Revolution. Eine Sozialgeschichte des Dritten Reichs, Köln – Berlin 1968.

38 Vgl. dazu als jüngste Forschungsberichte Michael Schneider, Nationalsozialistische Durchdringung von Staat, Wirtschaft und Gesellschaft. Zur Sozialgeschichte des »Dritten Reiches«, in: Archiv für Sozialgeschichte, 31 (1991), S. 514–557; ferner Ulrich Herbert, Arbeiterschaft im »Dritten Reich«. Zwischenbilanz und offene Fragen, in: Geschichte und Gesellschaft, 15 (1989), S. 320–360; Gisela Bock, Rassenpolitik, Medizin und Massenmord im Nationalsozialismus, in: Archiv für Sozialgeschichte, 30 (1990), S. 423–453.

39 Vgl. Michael Prinz/Rainer Zitelmann (Hrsg.), Nationalsozialismus und Modernisierung, Darmstadt 1991.

40 Ralf Dahrendorf, Gesellschaft und Demokratie in Deutschland, München 1968, bes. S. 431 ff.

lich die nationalsozialistische Barbarei nicht bloßer Ausfluß eines Rückfalls in vorauf-
klärerische Epochen und Vorstellungen ist, sondern radikaler Ausdruck einer Dialektik bzw. Krise der Moderne, die ihrerseits das Potential für die Unmenschlichkeit
bereitstellt; daß mithin technische Zivilisation und Barbarei eng beieinanderliegen
und sich keineswegs ausschließen.

Die Ausweitung sozialgeschichtlichen Fragens auf sozialpolitische Entwicklungen
und das Schicksal von Minderheiten reflektiert sicherlich aktuelle gesellschaftliche
Erfahrungen und Probleme, sie gehört forschungsgeschichtlich zugleich in den größeren Zusammenhang von Untersuchungen zur Geschichte des Sozial- und Wohlfahrts-
staates und von industriewirtschaftlichen und -gesellschaftlichen Langzeituntersu-
chungen. Damit stellt sich für eine Sozialgeschichte des Dritten Reiches die Aufgabe,
säkulare längerfristige Entwicklungstendenzen und spezifisch nationalsozialistische
Maßnahmen und Wirkungen zumindest tendenziell voneinander zu unterscheiden –
ein methodisches Problem, vor dem sich sozialgeschichtliche Untersuchungen, die
sich auf einen Zeitraum von zwölf (wenn auch sehr ereignisreichen und grundumstür-
zenden) Jahren beziehen, stets sehen und dessen Lösung von Kritikern immer wieder
angemahnt wurde.

Das Interesse an verfassungs-, sozial- und wirtschaftsgeschichtlichen Wandlungs-
vorgängen hat auch ein neues Interesse an der Geschichte der Kriegszeit geweckt, die
bislang vorwiegend unter militärischen, außenpolitischen und rassenpolitischen Perspektiven untersucht worden war[41]. Nun wurden die Entwicklungen im Bereich der
Arbeitsverfassung und Sozialpolitik ebenso untersucht wie die materielle Lage der
Bevölkerung, die Kriegswirtschaft und die Nachkriegsplanungen bis hin zu den all-
tags- und kulturgeschichtlichen Auswirkungen des Krieges[42]. Dabei tritt der innere
Zusammenhang zwischen der Phase des Blitzkrieges und der des »Totalen Kriegs«
deutlicher hervor, während umgekehrt die Konturen einer sich 1943 entfaltenden
»Zusammenbruchgesellschaft« (Christoph Kleßmann) und deren fließende Über-
gänge in die Nachkriegszeit erstmals erkennbar werden.

Ein solcher Ansatz bedeutet eine Überwölbung bislang statischer Zäsuren, wie sie
durch die (welt-)politischen Ereignisse der beiden Jahre 1933 und 1945 markiert werden. Denn gerade auf dem Feld der Sozial- und Wohlfahrtspolitik wie auch allgemeiner sozial- und kulturgeschichtlicher Wandlungsvorgänge haben sich wichtige Veränderungen schon vor 1933, meist mit Einbruch der Weltwirtschaftskrise angekündigt
bzw. umgesetzt, wie sich die Radikalität des Jahres 1945, die durch die politischen
Bruchlinien konstituiert wird, in sozialgeschichtlicher Hinsicht weniger dramatisch
darstellt. Denn die Bedingungen und Veränderungen in der »Zusammenbruchgesellschaft« kündigten sich seit der Wende des Krieges 1943 an und reichten weit hinein in
die Konstituierungsphase der Bundesrepublik, mindestens aber bis zur Währungsreform. Das bestätigen erste Untersuchungen zur »Lebensgeschichte und Sozialkul-

41 Als Zusammenfassung des Forschungsstands Wolfgang Michalka (Hrsg.), Der Zweite
    Weltkrieg. Analysen, Grundzüge, Forschungsbilanz, München – Zürich 1989.
42 Vgl. vor allem Marie-Luise Recker, Nationalsozialistische Sozialpolitik im Zweiten Welt-
    krieg, München 1985; Ludolf Herbst, Der Totale Krieg und die Ordnung der Wirtschaft.
    Die Kriegswirtschaft im Spannungsfeld von Politik, Ideologie und Propaganda 1939 bis
    1945, Stuttgart 1982; Hans Dieter Schäfer, Das gespaltene Bewußtsein. Über deutsche Kul-
    tur und Lebenswirklichkeit 1933–1945, München – Wien 1981; ders., Berlin im Zweiten
    Weltkrieg, München – Zürich 1985.

tur«[43] und zur »Gesellschaftsgeschichte des Umbruchs«[44]. Auf methodisch unterschiedlichen Wegen, durch das Verfahren einer Oral History wie durch herkömmliche sozial- und politikgeschichtliche Quellenanalyse, wurde aus der Wahrnehmung der Bevölkerung und aus strukturgeschichtlicher Perspektive der innere Zusammenhang dieser Umbruchsphase von 1943 bis 1948/49 rekonstruiert. Das ändert nichts an der weltgeschichtlichen Zäsur des Jahres 1945 im Blick auf die politischen Systeme und die internationalen Beziehungen in Europa und darüber hinaus. Es stellt jedoch unsere gewohnten Periodisierungen in Frage und trägt dazu bei, die Geschichte des Dritten Reiches in die Geschichte der deutschen wie vielleicht auch der europäischen Politik und Gesellschaft mit einzuordnen, ohne daß damit die Singularität des Regimes, seiner Herrschaftsform und Vernichtungspraxis relativiert wird. Erst dann werden die gesellschaftlichen, wirtschaftlichen und kulturellen Entwicklungstrends, die durch die zwölf Jahre der NS-Herrschaft hindurchlaufen und vom Regime teilweise aufgenommen, verstärkt oder auch umgebogen wurden, deutlich, die neben der totalitären Diktatur zu der Lebenswirklichkeit der Zeitgenossen wie zur komplexen Wirkungsgeschichte des Dritten Reiches gehörten. Eine solche Historisierung des Nationalsozialismus wird vor dem Hintergrund gesamtzivilisatorischer und langfristiger Entwicklungen das Spezifische des Regimes und vor allem seiner politischen Ideologie und Praxis deutlich hervortreten lassen, und dies vermutlich auch auf eine Weise, die der Ambivalenz des Nationalsozialismus ebenso gerecht wird wie dem gespaltenen Bewußtsein der Zeitgenossen. Wie groß ihre Irritationen und Fehleinschätzungen bezüglich des Charakters des Nationalsozialismus waren, kann man erahnen, wenn man sich die wechselvollen und widersprüchlichen Deutungen des Nationalsozialismus durch die Überlebenden und Nachgeborenen vergegenwärtigt, denen trotz eines wachsenden zeitlichen Abstandes die Erklärung der nationalsozialistischen Politik, sowohl der Zustimmung, die sie zu einem großen Teil gefunden hat, als auch der Massenverbrechen, die von ihr ausgingen, noch immer große Schwierigkeiten bereitet und die darüber immer wieder in Kontroversen geraten.

Die immer intensiveren und differenzierteren Bemühungen um eine Berücksichtigung der mittlerweile unzähligen Einzeluntersuchungen und -ergebnisse wie um eine angemessene Deutung der äußerst komplexen Wirklichkeit und Wirkungsgeschichte des Nationalsozialismus stoßen seit mehr als einem Jahrzehnt auf eine gespaltene Reaktion der Öffentlichkeit: auf ein von der politischen Pädagogik immer wieder verstärktes, aber auch in der politischen Kultur der Bundesrepublik verankertes Bedürfnis nach geschichtlicher Erinnerung und Aufklärung einerseits, auf ein weniger deutlich artikuliertes Bedürfnis andererseits nach einem Schlußstrich unter die Vergangenheit, die nicht vergehen will. Das war der Hintergrund für den »Historikerstreit«, der im Sommer 1986 ausbrach und die Medien bzw. eine interessierte Öffentlichkeit erreichte. Wissenschaftlich gesehen brachte er keine neue Er-

---

43 Lutz Niethammer (Hrsg.), »Die Jahre weiß man nicht, wo man die heute hinsetzen soll«. Faschismuserfahrungen im Ruhrgebiet, Berlin – Bonn 1983; ders. (Hrsg.), »Hinterher merkt man, daß es richtig war, daß es schiefgegangen ist.« Nachkriegserfahrungen im Ruhrgebiet, Berlin – Bonn 1983.
44 Martin Broszat/Klaus Dietmar Henke/Hans Woller (Hrsg.), Von Stalingrad zur Währungsreform. Zur Sozialgeschichte des Umbruchs in Deutschland, München 1987.

kenntnis, zeigte aber die Spannungen und Wandlungen im öffentlichen Umgang mit der Geschichte der deutschen Diktatur an[45].

II. Ausgewählte Probleme der Nationalsozialismusforschung

Trotz der großen Fortschritte in der Historiographie zum Nationalsozialismus haben die Historiker auch 45 Jahre nach der Zerstörung des Dritten Reiches über einige der grundlegenden Erklärungs- und Interpretationsfragen noch keine Einigung erzielt, auch wenn sich nach den erbitterten Debatten des vergangenen Jahrzehnts die Standpunkte einander annähern und nicht wenige der Streitpunkte mittlerweile als überzogen oder gar als »hohl«[46] gelten. Im Mittelpunkt aller modernen Untersuchungen und Erklärungen steht die Frage nach dem historischen Standort des Nationalsozialismus in der deutschen und europäischen Geschichte. Diese Frage gilt für alle zentralen Problemfelder der Forschung: für Struktur und Ideologie der nationalsozialistischen Bewegung vor 1933, für die Herrschaftsstruktur des Regimes und die Rolle Hitlers, für die Außen- und Rassenpolitik des Regimes wie für das Verhältnis von Politik und Ökonomie und für die Frage nach der »braunen Revolution«, d. h. für die Auswirkungen des Nationalsozialismus auf die deutsche Gesellschaft.

Darüber hinaus stellt sich die Frage, ob es neben der deutschen Kontinuität auch europäische Zusammenhänge und Bedingungen für das Jahr 1933 gab[47]. Dadurch soll nicht von den deutschen Zusammenhängen abgelenkt werden. Vielmehr kann die komparatistische Betrachtungsweise gerade die spezifischen nationalen Ursachen und Kontinuitäten schärfer herausarbeiten und die singulären Faktoren bestimmen, die zu den epochalen Entwicklungen und Ursachen hinzukamen bzw. über sie hinauswiesen. Warum hat sich unter der Voraussetzung einer allgemeinen politischen, wirtschaftlichen und gesellschaftlichen Krise in den bürgerlich-liberalen Systemen der Zwischenkriegszeit nur in Deutschland und in Italien eine faschistische Diktatur durchsetzen können, nicht aber in den Demokratien Nord- und Westeuropas und den autoritären Staaten Ostmittel- und Südosteuropas, wo es auch faschistische Gruppen gab, die aber Minderheiten blieben? Warum hat sich gerade der deutsche Nationalsozialismus zu der radikalsten Erscheinungsform der europäischen Faschismen entwickelt? Jede vergleichende Betrachtung, die diesen Fragen nachgehen will, bedarf eines übergreifenden Strukturbegriffs. Dafür haben sich das Totalitarismus- bzw. das Faschismuskonzept angeboten, ohne daß es je einen Konsens über die Tragfähigkeit solcher Gattungsbegriffe, vor allem des Faschismusbegriffs, gegeben hätte.

---

45 Vgl. »Historikerstreit«. Die Dokumentation der Kontroverse um die Einzigartigkeit der nationalsozialistischen Judenvernichtung, München – Zürich 1987; Charles S. Maier, The Unmasterable Past. History, Holocaust and German National Identity, Cambridge/ Mass. 1988 (demnächst auch in deutscher Übersetzung).
46 N. Frei (Anm. 10), S. 235, Anm. 50.
47 Vgl. Thomas Nipperdey, 1933 und die Kontinuität der deutschen Geschichte, in: Historische Zeitschrift, 227 (1978), S. 86–111.

1. Totalitarismus, Faschismus oder Nationalsozialismus

Die lange Kontroverse über die Verwendung der Begriffe Faschismus bzw. Totalitarismus zeigt, wie eng Geschichtswissenschaft, Politik und Sprache miteinander verwoben sein können. Das hat nicht wenige Historiker zum Verzicht auf beide Schlüsselworte bewogen, zumal sie mit guten Gründen den singulären Charakter des Nationalsozialismus herausstellten und diesen durch einen Gattungsbegriff lediglich nivelliert sahen[48]. Tatsächlich haben die politischen Implikationen und Verwilderungen des Faschismusbegriffs zur Vorsicht gemahnt, und auch die wachsenden Einsichten in die nationalen Verschiedenheiten der in Betracht kommenden Bewegungen und Regime verstärkten den Zweifel an der Tragfähigkeit eines allgemeinen Faschismusbegriffs[49], der in der öffentlichen Diskussion freilich unvermindert undifferenziert gebraucht wird.

Trotz dieser Bedenken sollte man den heuristischen Wert des Faschismusbegriffs als Systembegriff nutzen, allerdings bei einer präzisen Begrenzung auf konkrete Untersuchungsgebiete. Dies hindert auch nicht an der gleichzeitigen Verwendung eines Totalitarismuskonzeptes, denn beide Begriffe müssen sich nicht ausschließen, sondern können einander ergänzen. Während sich die Faschismustheorien in der Regel auf die Bewegungsphase konzentrieren – auf ihre Entstehungsbedingungen, Ziele, Strukturen und Funktionen –, konzentriert sich die Totalitarismuskonzeption auf die Regimephase, d.h. auf die Herrschaftsformen und -techniken[50]. Ein vergleichendes Faschismuskonzept hat den Vorteil einer größeren Historisierung und Differenzierung. Es wird den unterschiedlichen ideologischen und sozialpsychologischen Motivationen, den sozialen Trägergruppen wie den Machtergreifungs- und -stabilisierungsformen gerecht. Das Totalitarismuskonzept erlaubt demgegenüber eine vergleichende Analyse der politischen Strukturen eines faschistischen Regimes. Es öffnet zudem den Blick auf vergleichbare politische Herrschaftsstrukturen in anderen Diktaturen des 20. Jahrhunderts und macht die Bedrohung und Zerstörung individueller Freiheitsrechte zum Kriterium der Analyse. Damit bietet sich zugleich die Chance eines Systembegriffs, der über die Epoche des Faschismus hinausreicht und zur Signatur des 20. Jahrhunderts wird.

Beide Begriffe, Faschismus und Totalitarismus, gehen als Systembegriffe über einzelne Herrschaftssysteme hinaus und erfordern eine streng komparatistische Methode. Auch der Faschismusbegriff sollte nur in vergleichender Perspektive verwandt werden und nur dann, wenn sich genügend strukturelle Gemeinsamkeiten zwischen den zu vergleichenden Erscheinungen herausgestellt haben. Dies ist mit der gebotenen methodischen Sorgfalt bislang nur für den Vergleich zwischen dem italienischen

---

48 Es ist bemerkenswert, daß sich während des Historikerstreites von 1986/87 die Fronten teilweise verkehrten. Diejenigen, die bislang eher dem allgemeinen Gattungsbegriff Faschismus zuneigten, meinten nun die Singularität der nationalsozialistischen Massenverbrechen gegen diejenigen behaupten zu müssen, die auf die Existenz von strukturell verwandten ideologisch motivierten Massenverbrechen im 20. Jahrhundert verwiesen.

49 Vgl. Bernd Martin, Zur Tauglichkeit eines übergreifenden Faschismusbegriffs, in: Vierteljahrshefte für Zeitgeschichte, 29 (1981), S. 48–73.

50 Vgl. Hans-Ulrich Thamer, Faschismus, Nationalsozialismus und Totalitarismus, in: Politische Bildung, 18 (1985) 2, S. 27–42.

und deutschen Beispiel geschehen, die zudem als einzige eine vollständige Bewegungs- und Regimephase aufweisen[51].

Die bislang von einer vergleichenden Faschismusforschung herausgestellten Gemeinsamkeiten liegen im sozialen Profil der faschistischen Bewegungen als Sammlungsbewegungen ohne feste soziale Basis, die umgekehrt durch ihren jugendlichen Charakter und ihre Antihaltung ausgezeichnet ist. Ferner in der politischen Ideologie und in dem politischen Stil eines militanten Aktivismus sowie in ihrem Charakter als charismatischer Führerpartei und der propagandistischen Doppelstrategie ihrer Führerfiguren, die sich als Traditionalisten und Revolutionäre, als Retter und Erneuerer zugleich darstellten. Unübersehbare Gemeinsamkeiten liegen auch in den historisch-politischen Voraussetzungen der beiden erfolgreichen Faschismen, die jeweils in politisch-sozialen Systemen von hoher Ungleichzeitigkeit entstanden, wobei diese strukturellen Belastungen der politischen und sozialen Verfassung zusätzlich durch die Sonderbelastung nationaler Identitätskrisen und sozialer Bedrohungen durch die bolschewistische Revolutionsdrohung am Ende des Ersten Weltkrieges verschärft wurden. Gemeinsamkeiten sind schließlich auch in den politisch-gesellschaftlichen Bedingungen der Machtübernahme bzw. Machtübertragung zu sehen: im Zweckbündnis der dynamischen Massenbewegung mit Teilen der alten Machteliten. Gemeinsamkeiten finden sich schließlich auch in der Technik der Machteroberung und -monopolisierung, der Umwandlung des konservativ-faschistischen Machtbündnisses in ein totalitäres faschistisches Regime, wobei die Herrschaft Mussolinis nur ein unvollendetes totalitäres Regime darstellte, da sich Mussolini nie von seinen konservativen Bündnispartnern befreien konnte, sein Regime dadurch aber einen stärker statischen Charakter behielt und weniger in eine institutionelle Anarchie rivalisierender Parteiapparate und Staatsämter mündete. Gravierende Unterschiede bestehen in der Radikalität der Verfolgungs- und Vernichtungspolitik, vor allem im Bereich der Rassenpolitik, die im italienischen Faschismus eher eine marginale Rolle spielte und erst vergleichsweise spät entfaltet wurde.

2. Intentionalisten und Funktionalisten

Die bisweilen heftige, heute eher abgeflaute Debatte über die Tragfähigkeit eines allgemeinen Faschismusbegriffs mündete in einen fast noch unversöhnlicheren Streit über die Rolle Hitlers im nationalsozialistischen Herrschaftssystem und seiner Politik. Es geht in dieser Debatte darum, ob sich aus der Existenz dogmatisch festgelegter Herrschaftsziele und der uneingeschränkten Machtstellung Hitlers die Entwicklung der Politik nach außen und nach innen ergibt oder ob nicht umgekehrt eine solche klare Planung fehlt und es vielmehr die besonderen Herrschaftsstrukturen, d.h. vor allem die Existenz konkurrierender Machtgruppen, chaotischer innerer Strukturen

---

51 Vgl. dazu Wolfgang Schieder, Das Deutschland Hitlers und das Italien Mussolinis. Zum Problem faschistischer Regimebildung, in: Gerhard Schulz (Hrsg.), Die Große Krise der Dreissiger Jahre, Göttingen 1985, S. 44 ff.; ders., Faschismus, in: Richard van Dülmen (Hrsg.), Fischer Lexikon Geschichte, Frankfurt am Main 1990, S. 177–196; ferner Hans-Ulrich Thamer, Nationalsozialismus – Faschismus, Tübingen 1983 (Nationalsozialismus im Unterricht, Bd. 12, hrsg. vom Deutschen Institut für Fernstudien an der Universität Tübingen).

und die sich daraus für Hitler ergebenden Zwänge zum Kompromiß bzw. zur Radikalisierung waren, die den Charakter des NS-Regimes ausmachen und seine Dynamik erklären. Die Auseinandersetzung »verbiß sich schließlich in die Frage, ob das Dritte Reich durch eine monokratische oder eine polykratische Herrschaftsstruktur gekennzeichnet war«[52].

Zur Charakterisierung dieser Forschungskontroversen ist es üblich geworden, zwischen zwei methodischen Richtungen oder historiographischen Schulen zu unterscheiden, die man zunächst als »Traditionalisten« bzw. »Revisionisten«, bald als »Intentionalisten« bzw. »Funktionalisten« bezeichnet hat. Als »Traditionalisten« galten die Historiker, die sich vor allem den Methoden und Interpretationen einer politischen Geschichtsschreibung verpflichtet fühlten, als »Revisionisten« diejenigen, die von Ansätzen einer sozialgeschichtlichen Strukturforschung aus die herkömmliche Urteilsbildung einer kritischen Überprüfung unterziehen und zu neuen Deutungsmustern kommen wollten. Aus anderem Blickwinkel stellt sich diese Kontroverse als Gegensatz zwischen einer »Hitlerzentrik« bzw. einer »Strukturgeschichte«. Dabei handelt es sich »zwar um entgegengesetzte und doch aufeinander angewiesene Interpretationsmodelle«[53], denn so wenig, wie eine Untersuchung zu Hitlers Politik und Herrschaft ohne die Analyse von Herrschafts- und Entscheidungsstrukturen auskommen kann, darf umgekehrt eine Studie über Grundlegung und Wandel des Verfassungs- und Gesellschaftssystems nicht den Faktor der individuellen Herrschaftsziele und Handlungsspielräume bzw. Entscheidungskompetenzen vernachlässigen. Dies gilt um so mehr, wenn es sich um eine historische Erscheinung wie Hitler handelt, der, noch dazu in kürzester Zeit, eine ungeheure Machtfülle auf sich vereinigen konnte. Auch wenn solche Ansätze zu einer Vermittlung bzw. Synthese die Forschungskontroverse schon früh begleiteten, fand diese noch längst kein Ende und wurde unter der neuen, sicherlich ebenso schematischen Gegenüberstellung von »Intentionalisten« bzw. »Funktionalisten« weitergeführt[54]. Wieder ging es um die Frage, ob die programmatischen Zielsetzungen und Willenserklärungen Hitlers den Gang der Politik bestimmten oder ob der Staat Hitlers und die Dynamik seiner Herrschaft im wesentlichen Konsequenz von politisch-gesellschaftlichen Strukturveränderungen waren. Diese kontroversen Positionen wurden entwickelt bzw. bezogen auf das Feld der inneren Strukturen des Regimes und auf den Bereich der Entschlußbildung bei der Vorbereitung und Durchführung der »Endlösung der Judenfrage«, gelegentlich auch auf das Feld außenpolitischer Planungen und Entscheidungen.

Ganz sicher hat diese Kontroverse unser Problembewußtsein gerade für den Charakter des NS-Regimes und die Antriebskräfte der nationalsozialistischen Politik geschärft und zu differenzierteren Aussagen darüber geführt. So besteht unter den Historikern mittlerweile weitgehend Einigkeit darüber, die Herrschaftswirklichkeit des

---

52 N. Frei (Anm. 10), S. 235.
53 Klaus Hildebrand, Das Dritte Reich, München 1987[3] (Oldenbourg Grundriß der Geschichte, Bd. 17), S. 135.
54 Höhepunkt dieser Kontroverse war eine Tagung des Deutschen Historischen Instituts London im Mai 1979. Dort formulierte Tim Mason die o. g. Gegensatzpaare. Vgl. Tim Mason, Intention and Explanation. A Current Controversy about the Interpretation of National Socialism, in: G. Hirschfeld/L. Kettenacker (Anm. 27), S. 23–40. Vgl. dazu Gerhard Schulz, Neue Kontroversen in der Zeitgeschichte: Führerstaat und »Führermythos«, in: Der Staat, 28 (1983), S. 262–280.

Dritten Reiches als »organisiertes Chaos« zu bezeichnen und den unablässigen Konkurrenzkämpfen rivalisierender politischer und sozialer Gruppen, der Ausbildung sektoraler und regionaler Teilherrschaften sowie paralleler Zuständigkeiten und schließlich den Tendenzen einer fortschreitenden Auflösung des Normen- und Verwaltungsstaates durch den Maßnahmestaat wie durch ein Geflecht personaler Gefolgschaften eine andere Qualität zuzuschreiben als den allen Regierungs- und Verwaltungssystemen immanenten Macht- und Profilierungskämpfen. Es besteht Einigkeit darüber, daß das NS-Herrschaftssystem keineswegs ein monolithischer Block war, wie es die nationalsozialistische Propaganda behauptete und wie es die Beherrschten zumeist auch wahrnahmen. Nach wie vor gravierende Meinungsunterschiede bestehen, wenn die Bedeutung des Ämterchaos und der Rolle Hitlers in diesem Herrschaftsgefüge und seine unbestreitbare Radikalisierung bewertet werden sollen.

Nach der einen Deutung führten die polykratischen Strukturen und Rivalitäten konkurrierender Machtgruppen zu einem dynamischen politischen Prozeß, in dem sich die verschiedenen Personen und Organisationen weitgehend von einer zentralen Entscheidungsmacht verselbständigten und in ihrem Streben nach Einfluß und Macht ohne Gesamtkonzept regellos nur nach ihrer Gruppenlogik handelten. Entscheidungen wurden ad hoc getroffen, und der einzige Zusammenhalt bestand in der Tendenz, sich in einem Prozeß kumulativer Radikalisierung, in dem sich nur die radikalste Position durchsetzen kann, zu behaupten. Dieser Prozeß der Atomisierung und der gleichzeitigen Radikalisierung war am Ende selbstzerstörerisch, indem er rationale Entscheidungs- und Verwaltungsstrukturen bzw. Normen auflöste. Damit war zwar kurzfristig eine gewaltige Steigerung von politischen und vor allem verbrecherischen Energien möglich, letztlich unterminierte dies auch die Realisierung der eigenen Herrschaftsziele.

In diesem Konzept ist die Rolle Hitlers im wesentlichen reduziert auf eine bloße Repräsentationsfigur, deren Mythos als »Führer« Bezugspunkt der Propaganda und Mittel der politisch-sozialen Integration war. Die unbestrittenen ideologischen Positionen des »Führers«, die allesamt nicht neu waren, sondern aus dem Arsenal der Jahrhundertwende stammten, waren bloße symbolische Bezugspunkte für den internen Machtkampf, »ideologische Metaphern« (Martin Broszat) zur Rechtfertigung partikularer Machtgruppen und ihrer Interessen. Hitler erscheint in diesem Konzept als eher passiv, als jemand, der den Institutionendarwinismus allenfalls anheizte und Entscheidungen vermied bzw. solange verschob, bis sich eine Fraktion durchgesetzt hatte oder er zur Bekräftigung der eigenen Schiedsrichterrolle einen Kompromiß stiften konnte. Hitler erscheint damit mehr als Exponent oder Notar eines dynamischen Prozesses der Herrschaftsdurchdringung und Ausdifferenzierung immer neuer Herrschaftsträger[55].

Die Gegenthese geht teilweise davon aus, daß es gerade das institutionelle Chaos war, das es Adolf Hitler ermöglichte, seine Macht zu behaupten und mit großer Flexibilität, aber dennoch zielgerichtet sein ideologisches, in einigen Globalzielen fixiertes Programm zu verwirklichen, das er in den Jahren vor 1933 aus den unterschiedlich-

---

55 In der Dynamik und Herrschaftspenetration bzw. Ausdifferenzierung immer neuer Herrschaftsträger sah Peter Hüttenberger in einem programmatischen Aufsatz das Wesen der Polykratie: Peter Hüttenberger, Die nationalsozialistische Polykratie, in: Geschichte und Gesellschaft, 2 (1976), S. 417–442.

sten Versatzstücken zusammengefügt hatte und dessen Vollzug ihn zum Herren des Dritten Reiches machte.

Läßt sich also die Dynamik der nationalsozialistischen Eroberungs- und Vernichtungsmaschinerie primär mit Hitlers Ideologie und Herrschaftswillen erklären, oder war der Diktator »zumindest teilweise ein (williger) ›Gefangener‹ von Kräften, die er nicht geschaffen hatte, sondern deren Instrument er war und deren Eigendynamik ihn mitriß«?[56]

Die Beobachtung der Ämterrivalitäten ist nicht neu. Während anfangs die Ambivalenz von zentralistischer Staatsdiktatur und Ämteranarchie als Ausdruck einer Differenz zwischen Ideologie und politischer Wirklichkeit verstanden wurde, hatte Karl Dietrich Bracher schon 1956 das Neben- und Gegeneinander rivalisierender Ämter und Machtgruppen als ein von Hitler bewußt eingesetztes Instrument zur Absicherung seiner persönlichen Diktatur gedeutet[57]. Der Unterschied zu den späteren Positionen der »Funktionalisten« oder »Strukturalisten« liegt in der These von der politischen Omnipotenz des »Führers« und der Planmäßigkeit in seinem Handeln. Die Frage, ob die polykratischen Macht- und Entscheidungsstrukturen einer bewußten Absicht Hitlers entsprangen oder eher Folge instinktiven, letztlich ideologisch geprägten Verhaltens waren, hat immer neue Fragen und Lösungsversuche provoziert. Gegen die Annahme einer bewußten Divide-et-impera-Taktik wurde auf die faktische Unüberschaubarkeit der Vielzahl der Ämter, Institutionen und Parteiapparate hingewiesen und statt dessen eine irrationale psychische Disposition Hitlers ins Spiel gebracht, der möglichst nicht in Konflikte eingriff und zu einer geregelten Amtsführung ohnehin nicht fähig war. Wichtiger dürfte noch der Hinweis auf die Übertragung sozialdarwinistischer Ideologeme auf die politische Praxis der Partei und von dort auf den Staat sein, nach der sachliche und personelle Entscheidungen nach dem Prinzip der größtmöglichen Durchsetzungskraft getroffen wurden.

Im Ergebnis kam Bracher durch seine Strukturanalyse zu einer ähnlichen Bewertung der Rolle Hitlers wie die auf das außen- und rassenpolitische Programm bezogenen Untersuchungen bzw. die Hitlerbiographien. Sie konstatierten entweder eine Alleinherrschaft Hitlers, da von ihm alle wesentlichen Entscheidungen – vor allem im Bereich der Außen- und Rassenpolitik – getroffen wurden, oder betonten die zentrale Rolle Hitlers in einem Geflecht von politischen Konzeptionen und Entscheidungsträgern.

Von strukturalistischer Seite wurde dagegen vor allem eingewandt, daß damit eine Überbetonung der persönlichen Rolle Hitlers und umgekehrt eine Vernachlässigung bzw. eine Entlastung der verschiedenen Machtträger und vor allem der traditionellen Machteliten in Bürokratie, Armee und Großwirtschaft verbunden sei. Zugleich vermißten »Strukturalisten« wie etwa Hans Mommsen in der »Hitlerzentrik« der »Programmologen« eine Erklärung dafür, daß weite Kreise der Funktionsträger im Dritten Reich zur massenhaften Umsetzung des angeblich ideologisch determinierten Vernichtungswillens des Diktators bereit waren, ohne daß erkennbar wäre, daß diese Gruppen ursprünglich zu einer besonderen kriminellen Energie neigten. Eine Erklärung für diesen Radikalisierungsvorgang meinte er umgekehrt nicht im Willen Hitlers, sondern aus der spezifischen Mechanik des Regimes ableiten zu können, das sich

56 I. Kershaw (Anm. 1), S. 126.
57 K. D. Bracher (Anm. 18), S. 42.

selbst in Handlungszwänge manövriert hatte. Ob sich massenhafte Vorgänge wie die Judenvernichtung oder auch die Ausmerzung von »gemeinschaftsfremden« Randgruppen »allein auf ein Ineinandergreifen von Charisma und Chaos – also auf ›Strukturelemente‹, die dem *Inhalt* jener Pläne, sowohl bezüglich der Euthanasie wie bezüglich der Judenvernichtung, prinzipiell äußerlich sind – und nicht so sehr auf menschliches Wollen, Denken, Planen und Handeln«[58] reduzieren lassen, ist vielfach in seinem Erklärungswert bezweifelt worden.

Hatten sich die strukturanalytischen Studien zunächst auf den Bereich der inneren Verfassung des Dritten Reichs konzentriert, so wurde dieser Ansatz auch auf die Frage nach der Genesis der »Endlösung der Judenfrage« übertragen, nachdem David Irving mit dem Hinweis auf das Fehlen eines schriftlichen Befehls Hitlers zur Vorbereitung und Durchführung des Massenmordes an den europäischen Juden die provozierende These aufgestellt hatte, Hitler habe von alledem möglicherweise gar nichts gewußt. Mit der Zurückweisung dieser Behauptung, die von apologetischen Kreisen begierig aufgenommen wurde, hat Martin Broszat zugleich eine Erklärung verbunden, die die Entscheidung zur »Endlösung« nicht allein auf Hitler und einen möglichen mündlichen Befehl zurückführt, sondern auf die »komplexe Struktur des Entscheidungsprozesses im Dritten Reich, die zu einer fortschreitenden kumulativen Radikalisierung führte«[59]. Zu den zahlreichen Differenzen und Kontroversen war nun die politisch-moralisch besonders brisante Frage gekommen, ob es »des Willens und des Befehls eines verbrecherischen Monomanen, eben Hitlers, bedurft hatte, um den in der Geschichte einzig dastehenden, institutionalisierten und industriell betriebenen Massenmord an den europäischen Juden in Gang zu setzen, oder ob das in der deutschen Gesellschaft vorhandene Antisemitismus-Potential ausgereicht hat, um sich unter bestimmten Bedingungen gleichsam von selbst zu entladen«[60].

Mittlerweile haben neue Untersuchungen zur verstärkten Einsicht in die Doppelgesichtigkeit des Dritten Reiches und seiner Herrschaft geführt. Sie haben noch einmal deutlich gemacht, daß Monokratie und Polykratie, daß »Verwaltung und Menschenführung«[61], daß Lockung und Zwang im Dritten Reich eng zusammengehörten und sich in ihrer Herrschaftswirkung und der Durchsetzung von Hitlers »Führerabsolutismus« ergänzten. Auch Polykratie und Monokratie müssen darum keine Gegensätze sein, sondern sind als einander ergänzende Elemente einer spezifischen Herrschaftstechnik zu verstehen. Ebenso muß das Führungschaos kein Beleg für Führungsschwäche und wachsende Auflösung bzw. Selbstzerstörung sein, sondern ist möglicherweise Vorbedingung für die Führerherrschaft und Durchsetzung des Führerwillens. Das Chaos kann auf diese Weise die Grundlage für die Durchsetzung

---

58 G. Bock (Anm. 38), S. 444.
59 Martin Broszat, Hitler und die Genesis der »Endlösung«. Aus Anlaß der Thesen von David Irving, in: Vierteljahrshefte für Zeitgeschichte, 25 (1977), S. 737–775, S. 759. Ähnlich Hans Mommsen, Die Realisierung des Utopischen. Die »Endlösung der Judenfrage« im Dritten Reich, in: Geschichte und Gesellschaft, 9 (1983), S. 381–420.
60 Enrico Syring, Intentionalisten und Strukturalisten. Von einem noch immer ausstehenden Dialog, in: Uwe Backes/Eckhard Jesse/Rainer Zitelmann (Hrsg.), Schatten der Vergangenheit. Impulse zu einer Historisierung des Nationalsozialismus, Frankfurt am Main – Berlin 1990, S. 176.
61 Dieter Rebentisch/Karl Teppe (Hrsg.), Verwaltung contra Menschenführung im Staat Hitlers, Göttingen 1986.

neuer Machtgebilde sein[62]. Ansätze dazu werden in der neueren Forschung in der Verfassungspraxis der Reichsgaue als neue eigenständige Herrschafts- und Verwaltungseinheiten gesehen[63]. Ähnlich zeigt sich bei der Entscheidungsbildung hinsichtlich des Ausbaus der Konzentrationslager und der Ausweitung der Häftlingskategorien ab 1935, daß diese Radikalisierung nicht nur auf Himmlers Herrschaftswillen basierte, sondern auch auf »ideologische(n) und machtpolitische(n) Dispositionen Hitlers, aus denen heraus er Himmlers Konzept massiv unterstützte«[64].

Die intensivere Untersuchung der historischen Realität hat mithin die pointiert formulierten antagonistischen Denkmuster aufgelöst und nicht mehr in dem Status von wirklichen Alternativen belassen. So wird einerseits zugestanden und empirisch bestätigt, daß der »Führerwille in dem weit verzweigten Verwaltungssystem keine ungehemmte Durchschlagskraft besaß und Hitlers Macht in dem Regelwerk bürokratischer Apparate und in der Eigenmächtigkeit seiner Komplizen und Parteifunktionäre auf Grenzen, auf interessengebundene Ausdeutungen, taktische Wendungen, gegenläufige Tendenzen und offene Obstruktionen stieß«[65]. Umgekehrt mehren sich die Einsichten, daß auch die Intentionen vor allem Hitlers ernst genommen werden müssen, sei es, weil sie das politisch-propagandistische Klima für die Radikalisierung der Herrschafts- und Vernichtungspraxis geschaffen haben[66], sei es, weil sie als Triebkraft eines unbedingten Herrschaftswillens angesehen werden. Sicherlich hat es keinen systematischen politischen Plan und auch keine Konzeption einer gezielten Abfolge der verschiedenen Maßnahmen gegeben. Wohl aber war eine »ideologisch motivierte Zielstrebigkeit zur Vermehrung und Vollendung der Führerherrschaft und eine generelle, von radikalisierenden Schüben zeitweise verschärfte Tendenz zur Durchsetzung und Verwirklichung weltanschaulicher Programmpunkte des Nationalsozialismus vorhanden«[67].

So diffus diese Ideologeme waren, so sehr sie zu Ungereimtheiten und Widersprüchen führten, sie besaßen nicht nur für Hitler, sondern auch für seine Unterführer eine gewisse Verbindlichkeit. Das erlaubte es Hitler, seine Weisungen mit ihren teilweise tiefgreifenden und verbrecherischen Konsequenzen in sehr pauschaler Form abzugeben, da er aufgrund des personalen Gefolgschaftssystems davon ausgehen konnte, daß auch bei seinen Unterführern ein ähnliches ideologisches Koordinatensystem vorhanden war. Das aber bedeutet, daß der nationalsozialistische Führerstaat ein auf »Hitlers Willkürherrschaft zentrierter atavistischer Personenverband... und in jedem Falle aber Hitlers eigene Schöpfung war und insofern mehr als nur ein Fall totalitärer Herrschaft«[68].

---

62 In Anlehnung an Sebastian Haffner interpretiert auch Manfred Funke, Starker oder schwacher Diktator? Hitlers Herrschaft und die Deutschen, Düsseldorf 1989, S. 84, das Chaos als »Verpuppungsphase zum Eigentlichen«.

63 D. Rebentisch (Anm. 13), S. 163 ff.

64 Johannes Tuchel, Konzentrationslager. Organisationsgeschichte und Funktion der »Inspektion der Konzentrationslager« 1934–1938, Boppard 1991, S. 355.

65 D. Rebentisch (Anm. 13), S. 11.

66 So das Argument von I. Kershaw (Anm. 1), S. 163.

67 D. Rebentisch (Anm. 13), S. 535.

68 D. Rebentisch (Anm. 13), S. 536.

Auch im Bereich der Außenpolitik begegnen wir der Kontroverse zwischen Intentionalisten und Strukturalisten[69]: Folgte die nationalsozialistische Außenpolitik Hitlers Stufenplan, und wenn ja, zielte dieser auf eine kontinentale Lebensraumeroberung oder auf einen weiteren Ausgriff in Richtung Weltherrschaft?[70] Oder, so lautet die radikale Gegenposition, war die Außenpolitik zwischen 1933 und 1945 eine Expansion ohne festgelegtes Ziel, war sie mehr Konsequenz einer sozialimperialistischen Strategie, der Ablenkung von inneren Problemen durch Expansion nach außen, wobei die außenpolitischen Forderungen lediglich als »ideologische Metaphern« zur Begründung der Expansion gedient haben?[71] Der Nachweis von polykratischen Strukturen im Bereich der außenpolitischen Entschlußbildung ist bislang jedoch noch nicht gelungen und »dürfte auch nur schwer zu führen sein«[72]. So war trotz aller abweichenden Konzeptionen der außenpolitischen Entscheidungsträger und Parteizirkel und trotz aller innen- und außenpolitischen taktischen Konzessionen bzw. Rücksichtnahmen Hitler der Motor der deutschen Außenpolitik. Die Zwänge, in die er geriet, resultierten ausschließlich aus seiner eigenen Programmatik und Handlungsweise.

»Allein Hitler hat bewirkt, daß die Gesamtpolitik des Deutschen Reiches an der imperialen Lebensraum-Utopie orientiert blieb, – d. h. die Innenpolitik trotz aller Schwierigkeiten nahezu ausschließlich in den Dienst rücksichtsloser Kriegsvorbereitung gestellt und die Außenpolitik trotz aller Gefahren zum Vehikel für die Ostexpansion umgeschmiedet wurde.«[73]

3. Die braune Revolution – Nationalsozialismus und Modernisierung

Die Frage, ob der Nationalsozialismus auch eine soziale Revolution bedeutete, wurde nach der Pionierstudie von David Schoenbaum in jüngster Zeit neu aufgeworfen. Dies ist eine Folge der verstärkten Bemühungen um eine Historisierung des Nationalsozialismus. Hatte Schoenbaum noch die Ambivalenz von rückwärtsgewandten Zielen und revolutionären Mitteln hervorgehoben und damit in der Modernisierung durch die NS-Herrschaft eher einen unbeabsichtigten Nebeneffekt erblickt, so wird nun die Frage insofern weitergetrieben, als in den modernisierenden Wirkungen des

---

69 Zum Forschungsstand zur NS-Außenpolitik allgemein jetzt: Marie-Luise Recker, Die Außenpolitik des Dritten Reiches, München 1990, S. 51–102.
70 So vor allem die zahlreichen Arbeiten von Andreas Hillgruber und Klaus Hildebrand. Vgl. dazu zusammenfassend Klaus Hildebrand, Die Geschichte der deutschen Außenpolitik 1933–1945 im Urteil der neueren Forschung: Ergebnisse, Kontroversen, Perspektiven, in: ders., Deutsche Außenpolitik 1933–1945, Kalkül oder Dogma? Nachwort der 4. Auflage, Stuttgart 1980.
71 So u. a. die These von Martin Broszat, Soziale Motivation und Führerbindung des Nationalsozialismus, in: Vierteljahreshefte für Zeitgeschichte, 18 (1970), S. 392–409.
72 Bernd-Jürgen Wendt, Großdeutschland. Außenpolitik und Kriegsvorbereitung des Hitler-Regimes, München 1987, S. 230.
73 Hermann Graml, Wer bestimmte die Außenpolitik des Dritten Reiches?, in: Manfred Funke/Hans-Adolf Jacobsen/Hans-Helmuth Knütter/Hans-Peter Schwarz (Hrsg.), Demokratie und Diktatur. Geist und Gestalt politischer Herrschaft in Deutschland und Europa, Düsseldorf/Bonn 1987 (Schriftenreihe der Bundeszentrale für politische Bildung, Bd. 250), S. 232.

NS-Regimes die Spiegelung von »genuin ›modernen‹ Intentionen der Nationalsozialisten vermutet wird«[74].

Eine Antwort auf diese provozierende Frage hängt zunächst von dem Modernisierungs- bzw. Revolutionsbegriff ab, der der Analyse zugrunde liegt. Dabei wird man sich sicherlich von der normativen Besetzung beider Begriffe lösen und sie als bloße heuristische Instrumente verstehen müssen. Außerdem wird man die Zielvorstellungen der Nationalsozialisten differenzierter betrachten und zwischen ideologischen Kernbereichen und mehr akzidentellen Elementen unterscheiden, die oft aus propagandistischer Wirksamkeit Aufnahme in die Parteirhetorik fanden. Erst dann läßt sich das Verhältnis von Ideologie und gesellschaftlich-politischer Wirklichkeit neu diskutieren.

Sicherlich hatten die nichtbeabsichtigten Wirkungen der nationalsozialistischen Herrschaft, vor allem durch ihre hemmungslose Rüstungs- und Kriegspolitik, eine stärkere modernisierende Wirkung als die egalitären Verheißungen der Volksgemeinschaftspropaganda. Überdies ist mittlerweile erwiesen, daß sich unterhalb der Ebene der Weltanschauungspolitik viele Tendenzen der Moderne fortsetzten und durch die Sozial- und Wirtschaftspolitik des Regimes sogar noch gefördert wurden. Dazu gehörten die Aushöhlung des Großgrundbesitzes und der Abbau leistungsschwacher Kleinbetriebe, auch die horizontale und vertikale soziale Mobilität wurde erheblich gestärkt. Doch blieben die Grundmuster der sozialen Beziehungen erhalten, auch wenn sie durch die Egalitätspropaganda und die Scheinaktivitäten der nationalsozialistischen Massenorganisationen zeitweise verhüllt waren. Überdies gab es im Bereich der Sozialpolitik modernisierende Effekte, die keineswegs unbeabsichtigt waren[75], und auch der Prozeß der Gleichschaltung und Machtdurchdringung setzte soziale Energien frei, »die sich mit den Anordnungen ›von oben‹ zu einem unwiderstehlichen dynamischen Prozeß verbanden«[76] und zum Abbau traditioneller Autoritätsstrukturen gerade im ländlichen Milieu, aber auch anderswo beitrugen. Doch darf bei diesen Beobachtungen nicht aus dem Blick geraten, daß alle sozialpolitischen Modelle der Nationalsozialisten, alle Adaptionen moderner zivilisatorischer Entwicklungen immer nur für die Angehörigen der deutschen Volksgemeinschaft galten, daß hingegen »Gemeinschaftsfremde« ausgegrenzt blieben und nicht wenige der technisch-wissenschaftlichen Fortschritte zugleich der Ausgrenzung und Ausmerzung dienten. Dies ist die »totalitäre Seite der Moderne« (Rainer Zitelmann). Dazu gehört auch die Beobachtung, daß erst durch den Krieg und seine politisch-gesellschaftlichen Folgen Hitler zum eigentlichen Revolutionär wider Willen wurde. Erst der militärische Zusammenbruch brachte größere soziale Veränderungen als die Jahre von 1933 bis 1939.

---

74 Vgl. Rainer Zitelmann, Nationalsozialismus und Moderne. Eine Zwischenbilanz, in: Übergänge. Zeitgeschichte zwischen Utopie und Machbarkeit, Berlin 1989, S. 195–223, S. 195; ferner Michael Prinz/Rainer Zitelmann (Hrsg.), Nationalsozialismus und Modernisierung, Darmstadt 1991. Skeptisch bzw. ablehnend demgegenüber Jens Alber, Nationalsozialismus und Modernisierung, in: Kölner Zeitschrift für Soziologie und Sozialpsychologie, 41 (1989), S. 346–365; ferner Hans Mommsen, Der Nationalsozialismus als vorgetäuschte Modernisierung, in: ders., Der Nationalsozialismus und die deutsche Gesellschaft. Ausgewählte Aufsätze. Hrsg. von Lutz Niethammer und Bernd Weißbrod, Reinbek 1991, S. 405–427.

75 Dazu Michael Prinz, Vom neuen Mittelstand zum Volksgenossen. Die Entwicklung des sozialen Status der Angestellten von der Weimarer Republik bis zum Ende der NS-Zeit, München 1986.

76 M. Prinz (Anm. 35), S. 86.

Immerhin öffnet die erneute Diskussion um den Zusammenhang von Nationalsozialismus und Modernisierung Forschungsperspektiven, die auch über das Jahr 1945 hinaus nach der Funktion der NS-Zeit in der Geschichte der deutschen Gesellschaft und Politik fragen und damit den historischen Ort Hitlers und des Nationalsozialismus noch vielschichtiger und ambivalenter bestimmen, als dies bislang geschehen ist. Das wird vermutlich nichts an der offenkundigen Ambivalenz des Nationalsozialismus ändern, der zur überkommenen Gesellschaft in einem Verhältnis von Tradition und Revolution, von Kontinuität und Bruch stand. Doch es werden vermutlich die Gewichte und Aspekte innerhalb dieser Ambivalenzen verschoben und zwischen den in sich widersprüchlichen Entwicklungslinien in Politik, Gesellschaft, Wirtschaft und Kultur unterschieden. Zu jeder einzelnen Entwicklung stand das Dritte Reich vermutlich in einem ambivalenten Verhältnis, denn es war nicht nur Ausdruck einer Krise der Moderne, sondern auch Teil dieses vielgestaltigen Prozesses selbst.

MANFRED FUNKE

Spurensicherung

Kriegsende 1945: Davor und Danach

>>*Unser arbeitsames, tüchtiges,
ordnungsliebendes, leider politisch zu oft
irregeführtes Volk wird es schaffen.*<<
*(Alterspräsident Paul Löbe bei der
Konstituierung des Ersten Deutschen
Bundestages am 7. 9. 1949).*

I.

Nach der bedingungslosen Kapitulation blieb die letzte deutsche Reichsregierung unter Großadmiral Dönitz noch 23 Tage im Amt. Dann wurde sie auf Befehl Eisenhowers abgesetzt und verhaftet. Am 5. Juni übernahmen die Alliierten die oberste Regierungsgewalt in Deutschland[1].

Die Aufteilung in vier Besatzungszonen brachte unterschiedliche Formen der Verwaltung, Wirtschaftsordnung, Lizenzierungspraktiken bei der Zulassung von Parteien und Medien mit sich. Die Einbindung der Sowjetisch Besetzten Zone (SBZ) in den sozialistischen Machtblock zeigte in den neuen ökonomischen, politischen sowie personellen Strukturen die schärfste Zäsur[2]. Im Gegenzug zur Stalinisierung der SBZ steckten die Briten, Amerikaner und Franzosen ihre Claims im Westen ab. Mit der Stuttgarter Rede von US-Außenminister Byrnes (6. September 1946), dann offen mit der Truman-Doktrin und der Marshallplan-Hilfe für die Völker der freien Welt kam es 1947 zur entscheidenden Wende. Aus den Besatzern und den Männern in den deutschen Selbstverwaltungen, welche eine Notgemeinschaft gegen Verkehrswüste, Hungertod und Flüchtlingschaos zusammengeführt hatte, wurde eine Art Kondominium auf immer höheren Ebenen innerhalb der Länderverwaltungen. Es bestätigte sich, was Adenauer schon am 31. Oktober 1945 als Analyse formuliert hatte: »Es liegt im eigentlichen Interesse nicht nur des nicht von Rußland besetzten Teils Deutschlands, sondern auch von England und Frankreich, Westeuropa unter ihrer Führung zusammenzuschließen, den nicht russisch besetzten Teil Deutschlands politisch und

---

1 Vgl. Walter Lüdde-Neurath, Regierung Dönitz. Die letzten Tage des Dritten Reiches, Göttingen 1964; Marlis G. Steinert, Die 23 Tage der Regierung Dönitz, Düsseldorf 1967.
2 Vgl. Otto Heinrich von der Gablentz, Die kulturelle Einheit Deutschlands, in: Außenpolitik. Zeitschrift für internationale Fragen, 8 (1957), H. 5, S. 304 ff.

wirtschaftlich zu beruhigen und wieder gesund zu machen.«[3] Die Deutschen packten dabei um so effektiver mit an, als sich im Dritten Reich eine klassensprengende Leistungselite ausgeformt hatte[4].

Der Ost-West-Konflikt beschleunigte diesen Prozeß der Annäherung bis 1949 zu einer Doppel-Entwicklung. Zunehmend bewilligten die Besatzungsmächte in ihren drei Zonen den Deutschen größere Entscheidungsrechte, während Westdeutschland seine Nachkriegsordnung auf die Partnerschaft mit den Alliierten abstellte. Dabei kam es zu eigentümlichen Verrechnungen zwischen alter und neuer Zuverlässigkeit, Tüchtigkeit und Unentbehrlichkeit der »Fachleute«. Mehr als die Vergangenheit verlangten die Nöte des Tages ihren Tribut, der von manchen allzugern entrichtet wurde. Hannah Arendt sah frühe Tendenzen für eine solche Verwischung der Trennlinien, »daß morgen niemand in Deutschland wissen wird, ob er es mit einem heimlichen Helden oder einem ehemaligen Massenmörder zu tun hat«[5].

Mit der Gründung der Bundesrepublik und ihrer Einbindung in neue supranationale Institutionen (Ruhrstatut, Montanunion, EGKS, GATT) vollzog sich die schrittweise Erringung nationaler Entscheidungshoheit. Daß die Bundesrepublik am 5. Mai 1955 souverän und einen Tag später Vollmitglied der NATO wurde, unterstrich die enge Verzahnung zweier Prinzipien: Sicherheit *vor* Deutschland und Sicherheit *für* Deutschland. Obgleich sich die Bundesrepublik nun im vollen Besitz ihrer Hoheitsgewalt nach außen darstellte, die bis dahin treuhänderisch von den Siegermächten ausgeübt wurde, blieb diese Souveränität überwölbt vom Vorbehalt der Alliierten, für »Deutschland als Ganzes« verantwortlich zu sein[6]. Faktisch erlosch dieses Recht »oberhalb deutscher Souveränität« erst mit dem 2+4-Vertrag vom 12. September 1990.

Die Staatsqualität der Bundesrepublik als Rechtsnachfolger des Deutschen Reiches ließ es konsequenterweise nicht zu, die DDR als zweiten Staat auf deutschem Boden nach deren Selbstverständnis als Ausland anzuerkennen (BVG-Urteil vom 31. Juli 1973), obwohl die DDR eine solche geschichtsbestimmte Rechtsbindung wie tote Materie abstoßen wollte. Solche Spannungslagen und fragmentierten Auffassungen über die äußere Gestalt des Hauses der gespaltenen Nation spiegelten geradezu den Tumultcharakter der Versuche, zur inneren Ordnung und Ruhe dadurch zu finden, daß man sich von der Distanzierung zur drückenden Vergangenheit ein besseres Selbstgefühl erhoffte. Das Provisorium, das Strittige und Unabgeschlossene der neuen Staatlichkeit, die Offenheit der Deutschen Frage mußten jedenfalls als Chiffre einer Zeit gelten, in welcher Deutschland auf der Suche nach sich selber war zwischen den alten Schlacken der Diktatur und dem Saatgrund für die neue Zeit.

---

3 Zit. nach Peter Longerich (Hrsg.), Was ist des Deutschen Vaterland? Dokumente zur deutschen Einheit 1800–1990, München 1990², S. 150; vgl. auch Werner Abelshauser, Probleme des Wiederaufbaus der westdeutschen Wirtschaft 1945–1953, in: Heinrich August Winkler (Hrsg.), Politische Weichenstellung im Nachkriegsdeutschland 1945–1953, Göttingen 1979; Dieter Henke/Klaus Woller (Hrsg.), Politische Säuberung in Europa. Die Abrechnung mit Faschismus und Kollaboration nach dem Zweiten Weltkrieg, München 1991.
4 Vgl. Michael Prinz/Rainer Zitelmann (Hrsg.), Nationalsozialismus und Modernisierung, Darmstadt 1991.
5 Zit. nach Wilfried Röhrich, Die verspätete Demokratie. Zur politischen Kultur der Bundesrepublik, Köln 1983, S. 96.
6 Vgl. Martin Kriele, Legitimationsprobleme der Bundesrepublik, München 1977, S. 221 f.

II.

Die physische und geistige Gegenwart des Krieges war nach dem 9. Mai 1945 in der Stille schweigender Waffen unmittelbarer denn je. Aus den Preßschlägen von Überlebensfreude und Brotsuche, von Besatzerarroganz und Selbstdemütigung wuchs gierige Vitalität: Musik, Tanz, Boxsport und Radrennen bedienten die Sinne, die auf Hamsterfahrten, Schwarzmärkten und in den Hinterzimmern der Schattenwirtschaft feinste Witterung aufnahmen für alles, was eßbar oder eintauschbar schien. »Kalorie« wurde zur Signatur der Zeit. Auf ihre Bühne schob sich eine neue Epoche, ohne daß die alte abgeräumt war. Ihre letzten Monate hatten »etwas unsagbar Überqueres«[7], das sich fortsetzte in den Trümmerbrüchen der Wiederbegegnung von Remigranten und Gebliebenen, von Bußfertigkeit, Trotz und Aufrechnungen[8]. Die Haupttendenzen deutscher Reaktionen auf die Diktatur – der man als Mittäter, Tatzeuge oder Mitläufer nicht entrann – zeigten sich in den Verhaltensweisen der Angeklagten beim Nürnberger Prozeß: »Die einen gaben die Grausamkeiten wohl zu, stellten sie jedoch als von der Anklage übertrieben hin und behaupteten, die Sieger hätten gleich schwere Greueltaten begangen, besonders die Russen; die anderen dagegen brachten ihren Abscheu angesichts dieser Enthüllungen zum Ausdruck, schoben aber die Alleinschuld auf Hitler und verneinten oder verkleinerten ihre eigene Schuld.«[9] Die in Nürnberg aufgezeigten Dimensionen des Schreckens wurden nicht zum Appell kollektiver Reue und Scham, sondern sie versandeten in Apathie und Erschöpfung[10]. »Man war überwach und betrachtete alles mit einer Schärfe und Abgehobenheit, als stünde man neben sich selber, dann nickte man ein.«[11]

Was den »Heilschlaf« (Carl Friedrich von Weizsäcker)[12] indessen zum quälenden Dämmern machte, waren Beschämung und Trotz. Die Wucht der Weltanklage provozierte Widerspruch, weil man bewußt oder unbewußt das Dritte Reich als Abgrund der Barbarei so nicht erlebt hatte, wie es jetzt aus der Fülle erdrückender Tatsachen und Dokumente zur Darstellung kam und im Fokus der demokratischen Umerziehung volkspädagogisch verdichtet wurde. Was mochte jene Menschen geprägt haben, von denen 1951 gut 40 Prozent bei einer Umfrage meinten, daß die Jahre 1933–1938 Deutschlands beste Zeit gewesen seien? Nur sieben Prozent erklärten sich für die Weimarer Republik, 45 Prozent für das Kaiserreich[13]. Wie sind solche Beurteilungen annähernd verstehbar zu machen?

Die Akkumulierung materieller und geistiger Notlagen am Ende der Weimarer Republik hatte die Verachtung für Pluralismus und Parlamentarismus gesteigert.

---

7 Golo Mann, Kein Triumph und keine Trauer, in: Wolfgang Malanowski (Hrsg.), 1945. Deutschland in der Stunde Null, Hamburg 1985.

8 Vgl. Peter Mertz, Und es wurde nicht ihr Staat. Erfahrungen emigrierter Schriftsteller mit Westdeutschland, München 1985, S. 108 ff.

9 Paul Sérant, Die politischen Säuberungen in Westeuropa, Hamburg o. J., S. 46.

10 Vgl. Theodor Eschenburg, Jahre der Besatzung 1945–1949, Stuttgart 1983, S. 53 (Geschichte der Bundesrepublik Deutschland, Bd. I).

11 Friedrich Luft, Berlin 1945, in: Hans Rauschning (Hrsg.), Das Jahr 1945 in Dichtung und Bericht. Protokoll deutscher Autoren, München 1985, S. 13.

12 Vgl. Richard von Weizsäcker im Gespräch mit Günter Hofmann und Werner A. Perger, Frankfurt am Main 1992, S. 48.

13 Vgl. Martin und Sylvia Greiffenhagen, Ein schwieriges Vaterland. Zur politischen Kultur Deutschlands, München 1979, S. 34.

Die Sehnsucht nach Ganzheit und Einheit, welche von allen Spaltungen und Zweifeln wegstrebt[14], schien sich in Hitler als Symbiose des nationalen Aufstiegs, völkischer Versöhnung und emotionaler Imperialität zu erfüllen. Die durch die Gunst der internationalen politischen Lage geförderte Stärkung des Reiches, oftmals unter dem Beifall des Auslands (Olympiade 1936), gab dem Regime eine ungeahnte Erfolgswucht. »Der Fluch des Glücks«, wie Heinrich Mann die frühen Jahre der Deutschen mit Hitler nannte, machte zumindestens zeitweilig die meisten Deutschen zu »Gläubigen des Irrationalsozialismus«[15], wenngleich mit unterschiedlichen Schwankungen der Bindungsintensität zwischen Volk und Führer. So vermochte er mit Drohung, verschlagener Friedfertigkeit und patriotischen Appellen die Gewerkschaften und Linksparteien eher zu lähmen, zu isolieren und zu parzellieren, als ihren Widerstand insgesamt zu brechen[16]. Das Bürgertum rieb sich am Brutalismus der Rabauken und Bonzen, sah aber im Dritten Reiche eine mächtige dynamische Kraft[17]. Lange war der Diktator für viele nicht durchschaubar als Vorbereiter eines Weltkrieges um den »Wanderpokal der Weltherrschaft« (Adolf Hitler). Vielmehr bildete er den Inbegriff einer »Mischung aus Aufstiegs-, Wiedergesundungs- und Erneuerungsparolen, in ihnen instinktiv sozial-konservative Legitimation und dynamische Evokation verbindend«[18]. Deutschtümelei und Coca-Cola, Heimat und neue Welthorizonte, Bodenständigkeit und Mobilität gab es dicht beieinander. 1937 vermittelten deutsche Verkehrsbüros mehr als zehn Millionen Reisen[19]. Als der junge Willy Brandt von Oslo 1936 illegal nach Berlin kam, bemerkte er, »daß die Menschen wieder Arbeit hatten und die Stimmung nicht überschwenglich, auch nicht betont regimefreundlich war, doch erst recht nicht regimefeindlich«[20].

In solcher Ambivalenz verharrte auch tendenziell die Mißbilligung der Judenpolitik, ohne gegen ihre Verschärfung über die Phasen des bürgerlichen Todes bis hin zum Vernichtungskrieg gegen ein ganzes Volk lauter zu werden. Man machte mit und war gleichzeitig dagegen. Heinrich Himmler tadelte am 6. Oktober 1943 in seiner Posener Geheimrede, daß er viele Briefe erhielte, wonach natürlich alle Juden Schweine seien, aber man kenne Herrn Soundso, dem man, weil anständig, nichts tun dürfe. Einen solchen Zwiespalt antisemitischer Haltung erfuhr auch der nachmals

---

14 Vgl. Armin Mohler, Die konservative Revolution in Deutschland 1918–1932, Stuttgart 1950, S. 18 f.
15 Karl Kraus, Die Dritte Walpurgisnacht, München 1955, S. 159.
16 Vgl. Heinrich August Winkler, Der Weg in die Katastrophe. Arbeiter und Arbeiterbewegung in der Weimarer Republik 1930–1933, Bonn 1989, S. 931 ff.
17 Repräsentativ Felix Gilbert, Lehrjahre im alten Europa, Erinnerungen 1905–1945, Berlin 1989, S. 84.
18 Martin Broszat, Nach Hitler. Der schwere Umgang mit unserer Geschichte, München 1988, S. 276 (dtv 4474).
19 Vgl. Hans Dietrich Schäfer, Das gespaltene Bewußtsein. Deutsche Kultur und Lebenswirklichkeit 1933–1945, Frankfurt 1981, S. 155 (Ullstein TB 34178).
20 Willy Brandt, Erinnerungen, Berlin 1989, S. 110. Ein weiteres Beispiel für die flirrende Ambivalenz liefert Erwin Wickert in seinem Werk »Mut und Übermut«. Geschichten aus meinem Leben« (Stuttgart 1991²): »Ja, man hat dem Ehepaar Jaspers übel mitgespielt und sie widerlich schikaniert; aber Ernst Krieck, der Philosoph der Nationalsozialisten, wie auch Paul Schmitthenner haben sich tatkräftig und nicht nur beiläufig für beide eingesetzt« (S. 261).

bedeutende Zeithistoriker Walter Grab aus Wien: »Die Juden sind Ungeziefer, ausgenommen mein Schulkamerad Grab.«[21]

Ohne die Begeisterung von 1914 ging man mit Ernst und Gefaßtheit in den Krieg, den außer Hitler selbst so recht keiner wollte. Die militärischen Triumphe aber (mit der französischen Niederlage nach nur wenigen Wochen hatte Hitler nachträglich den Ersten Weltkrieg für Deutschland gewonnen) ließen dann jedoch selbst kritische Geister argwöhnen, »ob man nicht den Wind eines übermächtigen historischen Prinzips gegen sich habe«[22]. Als mit der Katastrophe von Stalingrad Hitler jedoch in die Gravitation der Realitäten zurückgeholt wurde, stiegen furchtbare Ahnungen auf. Der Glaube an die Wunderwaffen wurde zur stammelnden Hoffnung, während der Rückzug deutscher Truppen, die alliierte Luftherrschaft über dem Reichsgebiet, dann die Invasion am 6. Juni 1944 das Ende anzeigten. Dennoch kam es nicht zu einer deutschen Selbstbefreiung von Hitler. Der Staatsstreich des 20. Juli 1944 wurde als Attentat auf den Führer in so schwerer Stunde mehrheitlich vom Volk verurteilt. Es verharrte in einem unausgetragenen Umbruch.

Bei aller Vielfalt von Resistenz und Renitenz blieb Opposition ein »Widerstand ohne Volk«. Während Eugen Kogon den 20. Juli 1944 als »Revolution« feierte, beklagte noch 1991 Clarita von Trott zu Solz, die Witwe des hingerichteten Adam von Trott zu Solz, die Sphäre der Fremdheit, in welcher bis heute die Tat ihres Mannes und seiner Mitstreiter verblieben sei[23]. Und gleichwohl konstatiert Raymond Aron: »Die deutschen Massen ließen ihren Führer niemals im Stich, aber in den führenden Schichten fand die Verschwörung des 20. Juli weite Verzweigung: das nationalsozialistische Deutschland war in der Tiefe viel weniger einheitlich als die britische oder amerikanische Demokratie.«[24] Auch in der Bewertung des 8. Mai 1945 als Tag der Befreiung hier und der Katastrophe dort veranschaulichte sich eine eigentümliche Lebendigkeit des »taciteischen Grundzuges«, d. h. der »germanischen Hartnäckigkeit selbst in schlechter Sache«[25].

Und zeigte diese sich nicht überaus präsent in der Polarisierung des »Historikerstreits« mit seiner Hysterie im Kampf zwischen Verstehen und Bewerten der Vernichtungsdoktrin Hitlers gegen das Judentum, der Ermöglichung des Dritten Reiches und der Singularität deutscher Schuld? Es hat wohl keinen Zweck, daß Ernst Nolte immer wieder auf sein wissenschaftliches Desinteresse an offener oder verdeckter Exkulpation verweist, wenn er den Klassenkampf des Blutes mit dem Bolschewismus als totalitärem Sinngebungsmonopol objektiver Gesetzmäßigkeit gemeinsam in die politische Dialektik Europas seit der Französischen Revolution hineinstellt[26]. Noltens Verweis

---

21 Vgl. Heinrich Himmler, Geheimreden 1933–1945, hrsg. von Bradley F. Smith/Agnes Peterson, Berlin 1974, S. 169; Jörg Wollenberg (Hrsg.), Niemand hat's gewußt, keiner hat es gesehen. Die deutsche Öffentlichkeit und die Judenverfolgung 1933–1945, München 1989, S. 49.

22 Joachim Fest, Im Gegenlicht. Eine italienische Reise, Berlin 1988, S. 27.

23 Dorothee von Meding (Hrsg.), Mit dem Mut des Herzens. Die Frauen des 20. Juli, Berlin 1992, S. 187 f.

24 Raymond Aron, Frieden und Krieg, Frankfurt am Main 1962, S. 86.

25 Viktor Klemperer, LTI. Notizbuch eines Philologen, Köln 1987, S. 143.

26 Vgl. im Zusammenhang Hans Mommsen, Aufarbeitung und Verdrängung. Das Dritte Reich im westdeutschen Geschichtsbewußtsein, in: Dan Diner (Hrsg.), Ist der Nationalsozialismus Geschichte? Zu Historisierung und Historikerstreit, Frankfurt am Main, S. 74 ff.

auf ein mögliches »prius« als Radikalisierungsmotiv des Nationalsozialismus hat doch den Ort seiner Anschaulichkeit u. a. in den Kämpfen zwischen Faschisten und Sozialisten in Oberitalien gehabt. Die Schrecken der stalinistischen Herrschaftsbefestigung verhielten auch nicht an den sowjetischen Grenzen. So berichtete Rudolf Heß über Systeme der Massenhinrichtung der Tscheka schon in einem Brief vom 15. April 1927 an seine Kusine und endet, daß er ihr weitere Schilderungen ersparen möchte, bei denen er »ins unendliche gehen könnte. Wenn ich Dir davon schrieb, so nur aus einem Grund: Nur wer sich obiges lebendig vor Augen hält, darf über uns und unsere Methoden urteilen.«[27] Die spätere mechanistische Erbarmungslosigkeit im Rassen- und Lebensraumkrieg wiederum hat im Ersten Weltkrieg ihr »prius«, wo all die Philosophien des Nationalismus, Imperialismus und Biologismus zu den Massengräbern führten[28]. Für ein paar Quadratkilometer wertlosen, schlammigen Bodens wurden im Juli 1916 480000 Briten und 236000 Deutsche hingeschlachtet. Im Oktober 1916 kostete der Gewinn eines winzigen Geländes 26000 Mann das Leben[29]. Stählerner Gigantismus wurde zum Begriff des Politischen.

Noch bevor Hitler seinen rassistischen Weltanschauungskrieg nach Rußland trug, rüstete der Westen zu einem Weltkreuzzug gegen die deutsche Barbarei, indem Churchill im April 1941 verkündete: »Es gibt weniger als 70 Millionen bösartiger Hunnen – einige davon sind zu heilen, die anderen umzubringen.«[30] Eine Totalisierung der System-Duelle hatte sich aus der Siedehitze der Dreyfus-Affäre seit der Jahrhundertwende ergeben und den Ideologien die Selbstermächtigung zu künftigen Kriegen als »guerre à outrance« gebracht. In ihnen ist der Judenmord im Rahmen des Rassen- und Lebensraumkrieges von düsterer Singularität deswegen, weil ein klassisches machtpolitisches Feindmotiv zumal zwischen Deutschen und deutschen Juden fehlte. Zwar waren vereinzelt Juden als Träger des Bolschewismus 1919 aktiv, doch mit dem Zusammenbruch der Münchener Räteregierung verschwanden sie aus jeder politischen Bedeutung. Anfang 1940 koppelte Hitler aus dem Antibolschewismus den Antisemitismus selber aus, nach außen aber die Identität von Slawen, Bolschewisten und Juden weiterhin beschwörend. Nicht mehr für das Judentum, sondern für das Slawentum sei der Bolschewismus die angemessene Staatsorganisation, meinte Hitler gegenüber Goebbels, der am 13. Januar 1941 in sein Tagebuch die Meinung des Führers eintrug: »Stalin steht da als der Mann, welcher der bolschewistischen Idee zum Sieg zu verhelfen gedachte. In Wirklichkeit ist er nur Rußland, die Fortsetzung des zaristischen Panslawismus!« Stalin habe auch gegenüber Ribbentrop nicht verschwiegen, mit den Juden Schluß zu machen, wenn er sie nicht mehr brauche. Da demnach Stalin für Hitler der Herr des Bolschewismus war, aber dieser nicht mehr als Emanation jüdischer Weltverschwörung galt, muß Hitler nicht durch einen Dauerimpuls der Wirklichkeit, d. h. nicht durch einen ausmachbaren jüdischen Gegner zum Ausrot-

27 Rudolf Heß, Briefe 1908–1933, hrsg. von Wolf Rüdiger Heß, München 1987, S. 377. Vgl. dazu im Kontext Veit Valentin, Geschichte der Deutschen, Köln 1979 (1946), S. 622f.
28 Vgl. Ernst Nolte, Der Faschismus in seiner Epoche. Die Action Française. Der Italienische Faschismus. Der Nationalsozialismus, München 1965[2].
29 Vgl. William Manchester, Winston Churchill. Der Traum vom Ruhm (1874–1932), München 1989, S. 753 und S. 781.
30 Zit. nach Ernst Nolte, Der europäische Bürgerkrieg 1917–1945. Nationalsozialismus und Bolschewismus, Berlin 1987, S. 503.

tungskrieg bestimmt worden sein. Vielleicht doch »lediglich« durch eine idée fixe, durch den Phantasiereflex eines im Kern transpolitischen Dogmas?[31]

Bei allen bis dahin bekannten Verfolgungen, Pogromen, Ausrottungen gab es ein konkretes oder vermutetes Feindmotiv aus Machtkonkurrenz. Zwischen Hitler, den Deutschen und den Juden fehlten Verbindungen durch ein solches Feindmotiv. Will man sich mit der Judenvernichtung als bloße Variante einer »Banalität des Bösen« (Hannah Ahrendt) nicht abfinden, muß weiter gefragt werden, ohne Entrüstung zum Maulkorb zu machen. Im November 1945 hatte Karl Jaspers gefordert, geistige Bereitschaft zu entwickeln für die rückhaltlose Aufklärung der nationalsozialistischen Untaten: »Wir müssen lernen untereinander zu reden. Das dogmatische Behaupten, das Anbrüllen, das trotzige Empörtsein, die Ehre, die bei jeder Gelegenheit gekränkt die Unterhaltung abbricht – all das darf es nicht mehr geben.«[32] Dabei muß gerade der forschende Geist den »Mut zum Mangel« bekennen, zum Unfertigen und Stückwerk[33]. Nur so findet man die Kraft zum Eingeständnis, daß eine Fährtenlese dauernd auf Konkordanzen des Widersprüchlichen stößt. In den Nachkriegsjahren wirkten Altes und Neues weniger läuternd für einander, als man dies wahrhaben will. Vieles stand nebeneinander, unverbunden und dennoch dicht gestaucht in Brüchen und Kontinuitäten. Der Raum für wirklich Neues blieb eng. Er wurde vor allem gebraucht und genutzt, damit sich industrielle Herrschaft und sozialer Rechtsstaat bürgerfreundlich entwickeln konnten. Im Morgenrot des Wirtschaftswunders erschien selbst das Atomzeitalter als »panisches Idyll« (Hermann Glaser). Das Bikini-Atoll als nuklearer Testplatz im Pazifik trat seinen Namen an den zweiteiligen Badeanzug ab.

III.

Diese Tollkühnheit einer Lebensfreude auf Widerruf schiebt durch die Repetition einer angeblich verpaßten Stunde Null, durch all den Poesie-Pessimismus über jene Jahre eine Frage. Es ist die Frage an den Abgeordneten Keetenheuve in Wolfgang Koeppens Schlüsselroman für die ersten Jahre der Bonner Republik »Das Treibhaus« (1953), ob er nicht mit der Überwindung des Gewesenen in deutscher Unbedingtheit etwas Neues, Anderes wollte, was aber über die Kräfte der Menschen ging und in der Forderungshöhe vielleicht im Wortsinne un-menschlich war? »Er wollte Jugendträume verwirklichen«, heißt es nämlich bei Koeppen, »er glaubte damals an eine Wandlung, doch bald sah er, wie töricht dieser Glaube war, die Menschen waren natürlich dieselben geblieben, sie dachten ja nicht daran, andere zu werden, weil die Regierungsform wechselte, weil statt braunen, schwarzen und feldgrauen jetzt olivfarbene Uniformen durch die Straßen gingen und den Mädchen Kinder machten, und alles scheiterte wieder mal an Kleinigkeiten, an dem zähen Schlick des Untergrundes, der den Strom des frischen Wassers hemmte und alles im alten stecken ließ, in einer

31 Vgl. Manfred Funke, Starker oder schwacher Diktator? Hitlers Herrschaft und die Deutschen, Düsseldorf 1989, S. 126.
32 Zit. nach Hermann Glaser, Kulturgeschichte der Bundesrepublik Deutschland. Zwischen Kapitulation und Währungsreform 1945–1948, München 1985, S. 94 ff.
33 Adolf Arndt, Gesellschaft, Politik und schöpferische Notwendigkeit, in: Akzente 1962–1965, Bd. III, S. 327 (Sonderausgabe München 1974).

überlieferten Lebensform, von der jeder wußte, daß sie eine Lüge war.«[34] Oder nur eine Form der Lebenswahrheiten, wäre fragend einzuwenden, zu der sich neue gesellten, ausformten zu einer alt-neuen Gesellschaft, vom Ausland bestaunt als wirtschaftswunderlich und den Deutschen selbst nicht ganz geheuer?

Bildeten Taubheit, Verstocktheit, wohlfeile Zerknirschtheit, ins Ewige stilisiertes Büßertum neben demütiger Reue und besserer Einsicht nicht auch Notsicherungen, um am eigenen Verzweiflungsschrei nicht zu ersticken? All die psychoanalytischen Klugheiten über die affektive Bindungsarmut in der modernen Massengesellschaft als Mitverantwortung für die »Unfähigkeit zu trauern« (Alexander und Margarete Mitscherlich) – vernachlässigen sie nicht als Motiv für die obstruktive Kälte die anhaltende Dauer-Beschämung durch eigene Kleinmütigkeit, durch den Großmut derer, die bei Todesstrafe aus der Reihe tanzten und durch das subjektive Unvermögen, unter den Mittätern und Tatzeugen berufene Richter aufzufinden und gegen sich zuzulassen? Die wissenschaftliche Dekonstruktion menschlichen Verhaltens unter den Bedingungen der Diktatur enttarnt geheime Liegenschaften, aus denen sich unsere drei Lebenstriebe nach Nahrung, Fortpflanzung und Selbstbehauptung auch mittels Bestialität und Animalismus versorgen.

Doch können die tiefen, so beschämenden Einsichten mehr leisten als Warnung zu sein vor allen Herrschaftssystemen, in denen Schweigen, Mitmachen, Wegschauen die einzigen Fluchtchancen des Überlebens bilden? Bei solcher Sorge ist die gesinnungsethische Gnadenlosigkeit eines Jürgen Habermas wenig hilfreich, wenn er Peter Sloterdijk bemüht: »Wer nach 1945 in Deutschland geboren wurde, sollte sich darüber im klaren sein, daß Nachgeborene, um selbst zur Welt zu kommen, noch im nachhinein das Schweigen ihrer Vorfahren an den entscheidenden Stellen brechen müssen.«[35] Was sind die »entscheidenden Stellen«, »um zur Welt zu kommen«? Was soll diese moralisierende Inbrunst gegen ein Volk, von dessen Kritik man heute gut lebt, indem man dauernd Wände hochzieht, die längst niedergelegt sind im Brechen des Schweigens; allerdings in leiser Weise, weil die laute, richtende Anmaßung ohne Gerechtigkeit bliebe und das erbarmungslose Streben nach letzten Wahrheiten der Grund für geistige Bürgerkriege wäre? Nicht nur den Tätern, auch ihren Richtern und Kritikern gilt Karl Löwiths These: »Die Deutschen haben keinen Sinn für die vernünftige Verwendung der Freiheit in den Grenzen des Menschlichen.«[36] Schafft nicht Annäherung Hermann Hesses Satz: »Wir, wir sind die eigentlichen Sünder, wir Wissenden und Denkenden, die wir vom Baum der Erkenntnis gegessen haben, und wir sollten einander also nicht wie Kinder behandeln, die man mit der Rute streicht und wieder laufen läßt ... Die Verzweiflung schickt uns Gott nicht, um uns zu töten, er schickt sie uns, um neues Leben in uns zu wecken.«[37]

34 Wolfgang Koeppen, Das Treibhaus, Frankfurt am Main 1972, S. 17–18.
35 Jürgen Habermas, Zur Identität der Deutschen. Ein einzig Volk von aufgebrachten Wirtschaftsbürgern?, in: ders.: Die nachholende Revolution, Frankfurt am Main 1990, S. 223.
36 Karl Löwith, Mein Leben in Deutschland vor und nach 1933. Ein Bericht, Frankfurt 1989, S. 41 (Fischer TB 5677).
37 Hermann Hesse, Das Glasperlenspiel, Zürich 1973, S. 567, S. 572.

IV.

»Die Bundesrepublik wurde 1949 als eine Zwillingsschwester des Atlantikpaktes geboren. Vater war der kalte Krieg.«[38] Der entschiedene Antikommunismus bildete die geistige Klammer ebenso wie die spätere Zurückweisung des Rechts- und Linksextremismus durch eine »Streitbare Demokratie« gegen alle Monopolansprüche totalitärer Irrlehren[39]. Die alten Schrecken des NS-Terrors waren noch präsent, die neuen des SED-Regimes unmittelbar. Sichtbar am Strom der DDR-Flüchtlinge, spürbar aus ihren Erfahrungen der »antifaschistischen« Diktatur, die es ihren Wissenschaftlern verbot, die Hitler-Epoche anders als aus der prima causa des bedrängten staatsmonopolistischen Kapitalismus zu begründen und für den Mord an Millionen Juden nur ein ökonomisches Generalmotiv gelten ließ[40].

Ein Burgfrieden zwischen den Forderungen gegen die Vergangenheit und den Nöten der Gegenwart befreite zunächst von der Fortgeltung falscher Illusionen. Mit harter patriarchaler Strenge führte Konrad Adenauer Westdeutschland über die Weichenstellung der Aussöhnung mit Frankreich, der EVG-Projektion und des Deutschland-Vertrags an die Seite des Westens. Mit der Ablehnung der Stalin-Note (10. März 1952) entschied sich die Bundesrepublik gegen Neutralismus, Schaukelpolitik und dritte Wege. Im selben Jahr kamen Vereinbarungen über materielle Wiedergutmachungen mit Israel und dem Jüdischen Weltkongreß zum Abschluß. Innere Spannungen der Kanzlerdemokratie dämpfte Adenauer nach außen geschickt ab mit Verweis auf die Wechselbäder deutscher Geschichte in nur wenigen Jahrzehnten: »Und wenn Sie das alles einmal überlegen, dann glaube ich, wird man verstehen können, daß wir Deutsche etwas unruhig sind, nicht in dem Sinne unruhig, als wenn eine neue Inflation ausbräche, aber etwas ungeklärt unruhig, möchte ich sagen.«[41]

Die Last der Erkenntnis tragen zu lernen, hin zu Lichtungen der Hoffnung, mühten sich am Anfang vor allem die Kirchen mit der Adresse der Fuldaer Bischofskonferenz vom 23. August 1945 und der Stuttgarter Erklärung des Rats der Evangelischen Kirche in Deutschland am 19. Oktober desselben Jahres. Die Selbstanklage, »nicht mutiger bekannt, nicht treuer gebetet, nicht fröhlicher geglaubt und nicht brennender geliebt zu haben«[42], hat sich bis heute als Dauertribut, als Teil unseres Lebens, als die große Sehnsucht nach Genesung ohne Vergessen erhalten. Die Ereignisse von 1989 und das Mirakel der deutschen Einheit verweisen auf die Offenheit der Ge-

---

38 Alfred Grosser, Die Bundesrepublik Deutschland. Bilanz einer Entwicklung. Tübingen 1967, S. 12; vgl. Ludolf Herbst, Option für den Westen. Vom Marshallplan bis zum deutsch-französischen Vertrag, München 1989, S. 113ff.; Alexander Fischer (Hrsg.), Wiederbewaffnung in Deutschland nach 1945, Berlin 1986.

39 Vgl. Anselm Doering-Manteuffel, Die Bundesrepublik in der Ära Adenauer. Außenpolitik und innere Entwicklung 1949–1963, Darmstadt 1988², S. 126ff.

40 Vgl. stellvertretend Wolfgang Ruge, Das Ende von Weimar. Monopolkapital und Hitler, Berlin 1989, S. 12f.; Kurt Pätzold, Von der Vertreibung zum Genozid. Zu den Ursachen, Triebkräften und Bedingungen der antijüdischen Politik des faschistischen deutschen Imperialismus, in: Dietrich Eichholtz/Kurt Gossweiler, Faschismusforschung. Positionen, Probleme, Polemik, Köln 1980.

41 Rudolf Pörtner (Hrsg.), Kinderjahre der Bundesrepublik. Von der Trümmerzeit zum Wirtschaftswunder, Düsseldorf 1989, S. 191.

42 Vgl. die Texte in Hermann Giesecke (Hrsg.), Die Nachkriegsentwicklung in Westdeutschland 1945–1949, Stuttgart 1980, S. 121–126.

schichte, in der wir 1949 unsere erste und 1990 unsere »zweite Chance« (Fritz Stern) bekommen haben. Schicksalsketten von Luther, Friedrich dem Großen, Wagner und Nietzsche hin zu Hitler taugen selbst als Hypothesen nicht mehr. Ob und in welcher Weise die Geschichte des Dritten Reiches als Waffe gegen Deutschland gerichtet bleibt – das liegt bei uns, aber nicht nur bei uns allein.

Hans-Adolf Jacobsen

Historisches Erbe und deutsche Außenpolitik 1945 bis 1991

45 Jahre nach der totalen Niederlage 1945 und 41 nach der Teilung ihres Landes haben die Deutschen am 3. Oktober 1990 ihre Einheit in Frieden und Freiheit einvernehmlich mit Partnern und Nachbarn vollendet. Europa hatte sich jahrzehntelang mit dem geteilten Deutschland als Garantie für Stabilität und einen Modus vivendi zwischen Ost und West abgefunden, ungeachtet zahlreicher Beteuerungen der Westmächte, das Einheitsstreben der Deutschen unterstützen zu wollen. Als nach den fundamentalen Umwälzungen in Osteuropa und in der DDR dieses brisante Thema überraschend auf die Tagesordnung der Weltpolitik kam, mehrten sich plötzlich wieder die Stimmen, die der Vereinigung der beiden Staaten mit unverhohlener Skepsis gegenüberstanden. Immer noch mahnten die Erinnerungen; längst nicht waren alle alten Wunden derjenigen geheilt, die unter der NS-Gewalt- und Vernichtungsstrategie gelitten hatten. Wie würden die Deutschen ihr künftiges machtpolitisches Gewicht nutzen? Hegemonie oder Integration, wirtschaftliche Dominanz oder Förderung des Ausgleichs zwischen Ökonomie und Ökologie, »Germanisierung« Europas oder Europäisierung Deutschlands schienen denkbare Alternativen zu sein, die besorgte Gemüter erneut zu reflektieren begannen.

Wenige Monate später, am 22. Juni 1991 jährte sich zum 50. Mal der Überfall der Wehrmacht auf die Sowjetunion. Aus diesem Anlaß richtete Bundespräsident Richard von Weizsäcker ein Schreiben an den Präsidenten der zu diesem Zeitpunkt noch existierenden UdSSR, Michail Gorbatschow, Bundeskanzler Helmut Kohl sprach im sowjetischen Fernsehen, und Außenminister Hans-Dietrich Genscher hielt vor deutschen und russischen Soldaten in Potsdam eine eindrucksvolle Ansprache. Die deutschen Politiker ließen keinen Zweifel an der Verantwortung der Deutschen für begangenes Unrecht, Unmenschlichkeit und Mißachtung des Völkerrechts, aber ebensowenig an ihrer festen Entschlossenheit, als wichtigste Lehre aus der Geschichte eine neue politische Kultur des Zusammenlebens in Europa anstreben zu wollen, zu deren Fundament Freiheit, Demokratie und Menschenwürde zählten; nie wieder dürften Diktatur und Krieg geduldet werden.

Als im Sommer 1991 im Vielvölkerstaat Jugoslawien die ethnischen Konflikte eskalierten, sah sich die Bundesregierung serbischen Vorwürfen ausgesetzt, weil sie mit den kroatischen Unabhängigkeitsbestrebungen zu sympathisieren begann. Die ältere Bevölkerung in Serbien, für die die Vergangenheit immer noch eine große Rolle spielt, hatte nicht vergessen, daß die faschistische Ustascha-Regierung des Marionettenstaates Kroatien in den Kriegsjahren unter der Protektion der deutschen Führung Tausende von Serben hatte ermorden lassen. Die Belgrader »Abendnachrichten« forderten, »elementare geschichtliche Überlegungen sollten Deutschland zur Zurückhaltung veranlassen«. Fast zur gleichen Zeit ergab eine gemeinsame Umfrage deutscher und polnischer Institute bemerkenswerte Aufschlüsse über die Einstellung von Polen und Deutschen zueinander. Rund 60 Prozent der Befragten in beiden Ländern vertraten die Ansicht, daß die Vergangenheit immer noch »sehr stark« bzw. »ziemlich stark« die bilateralen Beziehungen belaste (Ostdeutsche: 48 Prozent); 68 Prozent der Polen und 80 Prozent der Deutschen hielten aber eine Versöhnung für »sicher möglich bzw. für möglich«.

Diesen Beispielen – auch aus jüngster Zeit – ließen sich beliebig viele hinzufügen. Sie alle verdeutlichen, in welch hohem Maße die Politik der Bundesrepublik Deutschland seit 1949 von der Vergangenheit des NS-Regimes überschattet blieb, mögen die Bilder von einst auch verblassen und die jüngere Generation weniger von der Notwendigkeit der Versöhnung zwischen den früheren Feinden sprechen als eher von Verständigung, Empathie und Zusammenarbeit im gegenseitigen Interesse. Ganz fraglos haben viele ausländische Politiker, Funktionäre und Medienberichterstatter das Tun und Lassen der deutschen Führung aus den angedeuteten Gründen an dem ihrer Vorgänger gemessen. Die Außenpolitik der Bundesrepublik Deutschland, deren wichtigste Prinzipien, Ziele und Mittel vor dem Hintergrund der NS-Periode im nachfolgenden skizziert werden, ist nicht zuletzt auch als eine bewußte und demonstrative Antwort auf die Unrechtspolitik der Machthaber im Dritten Reich zu verstehen[1].

I. Teilung Deutschlands

Entgegen der schier unausrottbaren Legendenbildung ist die Teilung Deutschlands und Europas nicht die Konsequenz der Erklärungen von Jalta (1945), sondern in erster Linie die des wahnwitzigen Versuchs, den europäischen Kontinent nach den rassischen Prinzipien des Nationalsozialismus gewaltsam zu »ordnen«. Der von den NS-Machthabern 1939 entfesselte Krieg führte 1941 zur Bildung jener »fremdartigen Allianz«, die dank ihrer personellen und materiellen Überlegenheit den militärischen Sieg über den Aggressor erringen konnte. Das Treffen von sowjetischen und amerikanischen Soldaten an der Elbe am 25. April 1945 symbolisierte nicht nur den totalen Zusammenbruch des »Tausendjährigen Reiches«, sondern auch den beginnenden »Kalten Krieg«. Die Deutschen selbst aber hatten die Einheit ihres Reiches in den Grenzen von 1937 verspielt.

Die Aufteilung Deutschlands war darüber hinaus die Folge von Entscheidungen, die im Auftrag der »Großen Drei« (Roosevelt, Churchill und Stalin) die Europäische

---

1 Vgl. allgemein: R. Poidevin, Die unruhige Großmacht. Deutschland und die Welt im 20. Jahrhundert, Würzburg 1985; Ch. Hacke, Weltmacht wider Willen. Die Außenpolitik der Bundesrepublik Deutschland, Stuttgart 1988; D. P. Calleo, Legende und Wirklichkeit der deutschen Gefahr, Bonn 1980; D. Goldschmidt, Frieden mit der Sowjetunion – eine unerledigte Aufgabe, Gütersloh 1989; D. L. Bark/D. R. Gress, A history of West Germany, 2 Bde., Oxford 1989.

Beratende Kommission 1944 durch die Festlegung verschiedener Okkupationszonen und der gemeinsamen Verwaltung von Berlin getroffen hatten. Deutschland sollte für die Zeit der militärischen Besetzung von einem Alliierten Kontrollrat regiert werden (bestehend aus den drei, später vier militärischen Oberbefehlshabern). Dies war als temporär begrenzte Übergangslösung gedacht. Auf der Konferenz von Jalta im Februar 1945 wurde diese durch die Schaffung einer weiteren Zone für Frankreich (aus den geplanten zwei Westzonen herausgetrennt) ergänzt. Aber infolge des Auseinanderbrechens der Siegerkoalition kam es schließlich zu einer definitiven Aufteilung des ehemaligen Reiches in den deutschen Grenzen von 1937. Die während des Zweiten Weltkrieges auf den Gipfelkonferenzen erörterten Teilungspläne (Teheran, Jalta) haben dabei keine Rolle gespielt.

Noch auf der Konferenz von Potsdam, die vom 30. Juli bis zum 15. August stattfand und auf der die Siegermächte bestimmte Grundsätze zur Entmilitarisierung, Wiedergutmachung, Entnazifizierung, Dekartellisierung und Demokratisierung festlegten, wurde Deutschland als wirtschaftliche Einheit betrachtet (Anerkennung zweier ökonomischer Sphären in den West- und Ostzonen). Zwar wurde keine Einigung in der Reparationsfrage erzielt, jedoch wurden wichtige, vorläufige territoriale Regelungen getroffen: U.a. sollten Österreich als unabhängige Republik wiederhergestellt, vorbehaltlich endgültiger Bestimmungen die Stadt Königsberg und das anliegende Gebiet an die Sowjetunion übergeben werden. Die deutschen Ostgebiete östlich von Oder und Neiße sollten bis zur endgültigen Festlegung der Westgrenze Polens auf einer Friedenskonferenz unter polnische Verwaltung gestellt werden. Zudem wurde vereinbart, die in Polen, der ČSR und Ungarn lebende deutsche Bevölkerung in »ordnungsgemäßer und humaner« Weise nach Deutschland zu überführen. Letzteres blieb allerdings mehr eine Absichtserklärung, denn Flucht, Tod und Vertreibung, später Aussiedlung kennzeichneten das tragische Schicksal von Millionen Deutschen.

Die De-facto-Teilung Deutschlands war schließlich die Konsequenz der alliierten und sowjetischen Deutschlandpolitik von 1945 bis 1949. An die Stelle gemeinsamer Kontrolle und Neutralisierung Deutschlands trat die schrittweise Assimilierung des jeweiligen Herrschaftsbereiches nach den politischen, ökonomischen und ideologischen Prinzipien der Besatzungsmächte. Die letzte entscheidende Ursache für die Teilung Deutschlands lag somit in den unüberbrückbaren machtpolitischen und ideologischen Meinungsverschiedenheiten der ehemaligen Verbündeten sowie in deren wirtschaftspolitischen Gegensätzen und der kontroversen Auslegung der Potsdamer Vereinbarungen begründet. Der sich in diesem Zeitraum steigernde »Kalte Krieg« war ein Akt der Gewalt, bei dem eine Wechselwirkung entstand, die dem Begriff nach zum Äußersten führte.

Letzteres aber war 1949 die Spaltung Deutschlands und die Einbeziehung der jeweils souverän gewordenen Teile in den Bereich der Machtblöcke von Ost und West. Seitdem zählten die Frage nach der Einheit der deutschen Nation und die Regelung der damit verbundenen Probleme zu einem der Grundkonflikte der Europa- und Weltpolitik. Dieser wurde zunächst in den siebziger Jahren durch einen vertraglich vereinbarten Modus vivendi zwischen den beiden deutschen Staaten entschärft und schließlich nach den Umwälzungen in Osteuropa durch die Wiederherstellung der Einheit Deutschlands in den Grenzen der beiden deutschen Staaten 1990 friedlich gelöst. Damit entfiel zugleich die Verantwortung der ehemaligen Siegermächte für

Deutschland und Berlin als Ganzes. Deutschland aber war wieder ein voll souveräner Rechtsstaat[2].

II. Anfänge deutscher Außenpolitik

Zu einem der vorrangigen Ziele des ersten Bundeskanzlers, Konrad Adenauer, zählte es, verlorengegangenes Vertrauen in die deutsche Politik, in ihre Zuverlässigkeit und Wertgebundenheit, wiederzugewinnen und Deutschland in die Gemeinschaft der freien Völker einzugliedern. Dies zeigte sich u. a. bei der Frage nach der Wiedergutmachung des von Deutschen und im Namen des Dritten Reiches begangenen Unrechts gegenüber rassisch, religiös, weltanschaulich oder politisch Verfolgten und anderen Völkern. Die pünktliche Erfüllung des im Jahre 1952 unterzeichneten Londoner Schuldenabkommens zwischen der Bundesrepublik Deutschland, den drei Westmächten und 30 anderen Staaten (ohne Ostblock), durch das die Bundesregierung auch die Vorkriegsschulden aus Auslandsanleihen des Reiches und Preußens sowie die privaten Kredite und Handelsschulden aus den Jahren 1933 bis 1945 anerkannte (rund 13,5 Milliarden DM), festigte das internationale Ansehen der Bundesrepublik und förderte ihre Glaubwürdigkeit.

Dasselbe traf für das Abkommen zwischen Adenauer und dem israelischen Ministerpräsidenten Moshe Sharett (1952) zu, in dem sich die Bundesrepublik Deutschland verpflichtete, innerhalb von zwölf bis 14 Jahren an den Staat Israel drei Milliarden DM und an die Jewish Claims Conference, die Interessenvertretung der außerhalb Israels lebenden Flüchtlinge, 450 Millionen DM zu zahlen. Bis zum März 1966 wurden diese Bedingungen erfüllt.

Die Aussöhnung zwischen Frankreich und der Bundesrepublik Deutschland hat vor allem der deutsch-französische Vertrag von 1963 als einer der Grundlagen der Westintegration gefördert, was nicht ausschloß, daß bestimmte Kreise in Frankreich Deutschland, seiner wachsenden Rolle in Europa und damit seiner neuerlichen Machtstellung immer noch etwas mißtrauisch gegenüberstanden.

Moralische Appelle an die Einsicht der Deutschen, Entscheidungen der Bundesregierung auch vor dem Hintergrund der NS-Politik zu sehen und daher zu akzeptieren, waren keine Seltenheit. Der sozialdemokratische Abgeordnete Carlo Schmid hat in diesem Zusammenhang einmal betont:»Nationale Würde besteht auch darin, sich zu seiner Geschichte zu bekennen.« Nicht einmal die Beziehungen der Bundesrepublik Deutschland zu jenen Staaten des Westens, die im Kriege der NS-Gewaltherrschaft ausgeliefert waren und heute zu ihren Bündnispartnern zählen, haben sich – ungeachtet eines bemerkenswerten Wandels in der gegenseitigen Ein- und Wertschätzung bis in die Gegenwart hinein – von den Erfahrungen der Vergangenheit lösen lassen. Kursschwankungen in der Außenpolitik, einzelne innenpolitische Ereignisse,

---

2 Vgl. H. Graml, Die Alliierten und die Teilung Deutschlands. Konflikte und Entscheidungen 1941–1948, Frankfurt am Main 1985; W. Benz, Potsdam 1945, München 1986; W. Loth, Die Teilung der Welt 1941–1955, München 1980; A. Frohn, Neutralisierung als Alternative zur Westintegration. Die Deutschlandpolitik der Vereinigten Staaten von Amerika 1945–1949, Frankfurt am Main 1985; W. Link, Der Ost-Westkonflikt. Die Organisation der internationalen Beziehungen im 20. Jahrhundert, Stuttgart 1980.

die möglicherweise mit gewissen Denk- und Verhaltenskategorien der Deutschen aus der Vergangenheit in Zusammenhang gebracht werden konnten, und historische Gedenktage gaben immer von neuem Anlaß zu unverhohlener Kritik, in deren Mittelpunkt häufig Vergleiche mit den Praktiken des NS-Regimes standen. Im ganzen gesehen haben jedoch die ehrlichen Bemühungen um Wiedergutmachung, Aussöhnung, die Politik der Verflechtung, gemeinsame Interessen und Werte zum Abbau derartiger Ressentiments beigetragen.

Am schwierigsten blieb dies nach wie vor bei jüdischen Vertretern in den USA, zumal die furchtbaren Erfahrungen des Holocausts an die zweite und dritte Generation weiter vermittelt wurden. Viele unter ihnen wollten die Veränderungen in Deutschland einfach nicht zur Kenntnis nehmen. Ihre prinzipielle Ablehnung Deutschlands und der Deutschen war tief verwurzelt. Erst schrittweise und durch bestimmte sichtbare Beweise deutscher Politik, darunter vor allem Begegnungen, Austauschprogramme und Reden des Bundespräsidenten Richard von Weizsäcker (z. B. am 8. Mai 1985) wuchs unter ihnen langsam die Bereitschaft, das »andere« Deutschland, wie es sich seit 1945 entwickelt hat, zu respektieren und den guten Willen anzuerkennen. Jede Regung rechtsextremistischer Kräfte in Deutschland wurde freilich in den USA und Israel besonders argwöhnisch beobachtet und kommentiert. Die Besorgnis blieb, daß Deutschland möglicherweise wieder vom demokratischen Kurs abweichen und erneut Unheil über Europa bringen könne.

Weitaus größere Hindernisse galt es bei dem angestrebten Normalisierungsprozeß mit den osteuropäischen Staaten zu überwinden. Das war schon bei der Aufnahme der diplomatischen Beziehungen mit der UdSSR 1955 deutlich geworden. Zum einen hatten die Völker dort – vor allem Polen und Russen – unter der NS-Herrschaft am meisten leiden und die wohl schwersten Opfer bringen müssen. Zum anderen stieß die angestrebte Aussöhnung auf systemspezifische Schranken. Der Antagonismus von Ost und West setzte hier enge Grenzen. Hinzu kamen die deutschlandpolitischen Zielvorstellungen der Bundesrepublik Deutschland, die als »Revanchismus« bzw. »Revisionismus« verurteilt wurden. Ein erster Durchbruch wurde in den siebziger Jahren durch die neue Ostpolitik erzielt. Symbolisch kam dies in dem Kniefall des damaligen Bundeskanzlers Willy Brandt vor dem Mahnmal des Warschauer Ghettos 1970 und dessen Resonanz in Osteuropa zum Ausdruck. Jedoch bedurfte es der KSZE-Politik und vor allem der Michail Gorbatschows, um die deutsch-sowjetischen Beziehungen zu einem gutnachbarlichen Verhältnis weiterzuentwickeln, bei dem die historische Erblast zwar nicht vergessen, doch in ihrer Bedeutung reduziert wurde. Nach der Vereinigung Deutschlands wurden allerdings auch wieder Stimmen laut, aus denen Mißtrauen gegenüber dem Wiederaufstieg Deutschlands zu einer der führenden Mächte Europas sprach. Daß Deutschland 45 Jahre nach dem Zusammenbruch – gewissermaßen wie ein »Phönix aus der Asche« – wieder ein solch großes politisches Gewicht besitzt, war für viele Bürger der Sowjetunion, vor allem der älteren Generation, kaum faßbar. Sie, die ehemaligen Sieger, verstanden die Welt nicht mehr, und so mancher von ihnen warnte vor einer Wiederholung vergangener verhängnisvoller Entscheidungen von Deutschen[3].

---

3 Vgl. P. Noack, Deutsche Außenpolitik seit 1945, Stuttgart 1972; H. Piontkowitz, Anfänge
   westdeutscher Außenpolitik 1946–1949, Stuttgart 1978; H.-P. Schwarz, Adenauer. Der Auf-

III. Erweiterter Handlungsspielraum

Wer die Rolle der Bundesrepublik Deutschland in Europa und der Welt verstehen will, muß darüber hinaus den sich seit 1949 stetig erweiternden geographischen, politischen, ökonomischen und kulturellen Handlungsspielraum sowie die wesentlichen Bestimmungsfaktoren für außenpolitische Entscheidungen erkennen. Hierzu zählen die nationalen Interessen und die jeweilige Ausgangslage in den Regionalbereichen, das internationale Umfeld, die Bündniskonstellationen, Abhängigkeiten, Verflechtungen, die Waffensysteme, der soziale Konsens im Inneren und die mannigfachen ideologischen Faktoren in ihren Wechselwirkungen. Die Außenpolitik der Bundesrepublik Deutschland war stets zugleich Resultante der internationalen Politik. Sie hat sich angepaßt, aber auch versucht, auf das internationale System einzuwirken. Aus dieser Konstellation – in Verbindung mit innenpolitischen Faktoren – ergab sich meist die Summe ihrer Handlungsmöglichkeiten. Die europäische Mittellage Deutschlands mit all ihren Konsequenzen hatte demgegenüber einen geringeren Stellenwert als in der Vergangenheit.

Für selbständiges außenpolitisches Handeln wurden in den Jahren von 1949 bis 1955 die ersten notwendigen Voraussetzungen geschaffen. Allerdings wahrten die ehemaligen Siegermächte nach wie vor ihre Sonderrechte, die sie erst im Rahmen der Zwei-plus-Vier-Verhandlungen mit dem Abschluß des »Vertrags über die abschließende Regelung in bezug auf Deutschland« am 12. September 1990 aufgegeben haben. Über Besatzungsstatut, Petersberger Abkommen, Deutschland- und Pariser Verträge vollzog sich in diesen Jahren das Ringen um Gleichberechtigung der neuen deutschen Republik, an dessen Ende am 5. Mai 1955 die Wiedergewinnung der (Teil-) Souveränität und die Rückkehr in die Staatengemeinschaft standen. Das Petersberger Abkommen räumte der Bundesrepublik die Möglichkeit ein, konsularische Beziehungen zu ausländischen Mächten aufzunehmen. Die organisatorischen Vorbereitungen hierzu übernahm die im Juni 1950 gebildete und dem Bundeskanzleramt unterstellte Dienststelle für Auswärtige Angelegenheiten. Erste Generalkonsulate entstanden daraufhin in London, New York und Paris. Erweiterte Befugnisse in den auswärtigen Angelegenheiten garantierte die Revision des Besatzungsstatus von 1951. Durch sie wurde auch zugleich die deutsche Devisenhoheit teilweise hergestellt, während die Bundesrepublik Deutschland die deutschen Auslandsschulden anerkannte.

Am 15. März 1951 übernahm Bundeskanzler Adenauer das neugeschaffene Amt des Bundesaußenministers. Am selben Tag wurde das Auswärtige Amt gegründet. Bis zum Jahre 1955 wurden zu zahlreichen westeuropäischen, afrikanischen, asiatischen und lateinamerikanischen Staaten sowie zu Kanada, den USA, Australien und Neuseeland diplomatische Beziehungen aufgenommen; 1952 zu Jugoslawien und in der zweiten Hälfte des Jahres 1955 zur Sowjetunion. Auf diese Weise wurde die deutsche Präsenz in 41 Staaten der Welt hergestellt. In den darauffolgenden 15 Jahren konnte der Handlungsspielraum auf weitere Länder Afrikas, Lateinamerikas, Asiens, und, was besondere Bedeutung hatte, auf Israel (1965) ausgedehnt werden. Letzteres nahmen mehrere arabische Staaten allerdings zum Anlaß, ihre Beziehungen zur Bundesrepublik Deutschland abzubrechen. 1967 wurden die Beziehungen zu Rumänien,

---

stieg 1876–1952, Stuttgart 1986; ders., Adenauer. Der Staatsmann 1952–1967, Stuttgart 1991; H. Haftendorn u. a., Die Außenpolitik der Bundesrepublik Deutschland, Berlin 1982.

ein Jahr später zu Jugoslawien, zu dem die Bundesrepublik Deutschland 1957 ihrerseits die diplomatischen Beziehungen als Konsequenz der sogenannten »Hallsteindoktrin« abgebrochen hatte, wiederaufgenommen.

Die dritte Phase, in der die Bundesrepublik Deutschland ihren außenpolitischen Handlungsspielraum erheblich erweitern konnte, wurde in den siebziger Jahren eingeleitet. Als Folge der neuen Deutschland- und Ostpolitik der sozialliberalen Koalition unter Willy Brandt und Walter Scheel wurde die Bundesrepublik Deutschland nicht nur Mitglied in den Vereinten Nationen (1973 – zugleich mit der DDR), sondern sie stellte auch die Beziehungen zu den übrigen sozialistischen Staaten her, darunter 1972 zur Volksrepublik China, während die sieben arabischen Staaten ihre diplomatischen Beziehungen mit Bonn wieder normalisierten. Erst seit den siebziger Jahren war die Bundesrepublik Deutschland also weltweit vertreten (in 156 Staaten), so daß sie ihr Gewicht – überwiegend im Rahmen ihrer Bündnisse – global zur Geltung bringen konnte. Inzwischen hatte sie auch ihre Mitgliedschaft in den zahlreichen internationalen Organisationen erhöht[4].

IV. Innenpolitische Bestimmungsfaktoren

Seit Gründung der Bundesrepublik Deutschland hat das Grundgesetz das gesamte Regelsystem des neuen, freiheitlich demokratischen Rechtsstaates bestimmt, mit dem an die Traditionen des westlichen Konstitutionalismus und der Grundrechte angeknüpft wurde. Auch dieses war eine Antwort auf die verheerenden Auswüchse des totalitären Systems, aber zugleich auf die unverkennbaren Schwächen der Weimarer Verfassung. Das galt auch für die Außenpolitik.

Nach den historischen Erfahrungen und unter dem Eindruck der westalliierten/sowjetischen Besatzungsherrschaft haben die »Väter« des Grundgesetzes von 1949 bestimmte Ziele und Leitlinien (Gebote und Verbote) für die deutsche Außenpolitik festgelegt. An der Spitze stand die Forderung nach der Einheit Deutschlands »in freier Selbstbestimmung«. Damit sollte zum Ausdruck gebracht werden, daß der deutsche Staat nicht untergegangen sei. Mit der entschiedenen Absage an Gewaltpolitik, die noch einmal im Artikel 26 (Verfassungswidrigkeit des Angriffskrieges) besonders unterstrichen worden ist, und der Verpflichtung, »dem Frieden der Welt zu dienen« (Präambel), war zugleich der Gedanke an ein vereintes Europa verbunden. Allerdings ist der Verfassungsgeber der Entscheidung ausgewichen, ob dem Gebot zur Wiedervereinigung oder dem Zusammenschluß Europas Vorrang gebühre.

Die deutsche Außenpolitik ist, wie die vieler anderer Staaten, von zahlreichen Willensbildungs- und Entscheidungsabläufen auf nationaler und multinationaler Ebene mitbestimmt worden, die in Quantität und Qualität mit denen vergangener Epochen kaum noch zu vergleichen sind. Überdies unterscheiden sich die neuen Eliten trotz anfänglicher partieller personeller Kontinuität dank ihrer Erziehung, Aus-

---

4 Vgl. Ch. Hacke (Anm. 1); W.F. Hanrieder/H. Rühle (Hrsg.), Im Spannungsfeld der Weltpolitik: 30 Jahre deutsche Außenpolitik (1949–1979), Stuttgart 1981; F.R. Pfetsch, Die Außenpolitik der Bundesrepublik 1949–1980, München 1981; G. Schällgen, Die Macht in der Mitte Europas, München 1992.

bildung, ihrer Wertvorstellungen und ihrer realistischeren Einschätzung des internationalen Umfeldes in hohem Maße von ihren Vorgängern – insbesondere im Dritten Reich.

Schon frühzeitig haben die Repräsentanten der Bundesrepublik Deutschland grundlegende, am Grundgesetz orientierte nationale Interessen artikuliert, die sich in der Rangfolge und Terminierung gewandelt haben. Zu diesen bis in die Gegenwart hinein gültigen Leitlinien deutscher Außenpolitik zählten insbesondere Werte und unveräußerliche Prinzipien wie Frieden, Freiheit, Wiedergutmachung, Wiedervereinigungsgebot, Gewaltverzicht, Sicherung der eigenen Lebensweise, Selbstbestimmungsrecht und Verwirklichung der Menschenrechte. Zugleich muß die Politik der Westintegration hierzu gerechnet werden. Denn alle Bundesregierungen haben seit 1949 keinen Zweifel daran gelassen, daß diese für sie das Fundament westdeutscher Außenpolitik ist und bleibt, zumal ihre Verwirklichung die neuen Formen des politischen Zusammenlebens und Zusammenwirkens der Deutschen in Europa und in der Welt demonstrieren soll. Die Neutralisierung der Bundesrepublik Deutschland – etwa entsprechend dem österreichischen Beispiel – war zu keiner Zeit eine Option westdeutscher Außenpolitik.

Vergleicht man die Prioritätenskala von Zielen der Bundesregierungen unter Konrad Adenauer, Kurt Georg Kiesinger, Willy Brandt, Helmut Schmidt und Helmut Kohl, so fällt die Veränderung der Reihenfolge auf. Zu Beginn der westdeutschen Außenpolitik standen Wiedergewinnung von Souveränität und Errichtung der europäischen Union, militärische Sicherheit, atlantisches Bündnis, Aufrüstung, wirtschaftlicher Wiederaufbau und Wiedervereinigung im Vordergrund. 1969 bis 1974 waren dies Entspannungspolitik und Ausgleich mit dem Osten unter gleichzeitiger Festigung des westlichen Bündnisses, ein geregeltes Nebeneinander mit der DDR und die Intensivierung der multilateralen Zusammenarbeit in Europa. In der zweiten Hälfte der siebziger Jahre wurden insbesondere das Nord-Süd-Verhältnis und die internationale Koordination bei den mannigfachen weltwirtschaftlichen Problemen zunehmend bedeutsamer. Dieser Wandel verdeutlicht auch etwas von der Fähigkeit und den Bemühungen deutscher Politiker, sich den neuen Herausforderungen des internationalen Systems anzupassen. Die Regierung Kohl/Genscher hat – von Akzentverschiebungen abgesehen – wohl an der Kontinuität deutscher Außenpolitik der siebziger Jahre festgehalten, aber die Veränderungen des internationalen Systems, darunter die zunehmende Bedeutung der Europäischen Gemeinschaft und der NATO, neue Kooperationsstrukturen mit den Ländern Osteuropas und insbesondere der Wandel in der Sowjetunion, der in dem Zusammenbruch des sowjetischen Imperiums und dem Zerfall des Kommunismus kulminierte, haben die Gewichte verlagert. Aus der politisch mittleren – aber ökonomisch größeren – Macht hat sich Deutschland zu einer der führenden Mächte in Europa mit weltpolitischem Status entwickelt, deren erklärtes Ziel der friedliche Interessenausgleich und – nach der Vereinigung Deutschlands 1990 – die Gestaltung und Sicherung einer gesamteuropäischen Friedensordnung bleibt. Ob, wie jüngst diskutiert bzw. vorgeschlagen, Deutschland in Zukunft eine »Schlüsselrolle« in Europa spielen oder eine »Führungspartnerschaft« mit den USA eingehen wird, ist eine offene Frage[5].

---

5 H.D. Treviranus, Außenpolitik im demokratischen Rechtsstaat, Tübingen 1966; Th. Ellwein, Das Regierungssystem der Bundesrepublik Deutschland, Opladen 1977; R. Roth,

V. Integration als Voraussetzung des friedlichen Wandels

Der oben angedeutete Aufstieg Deutschlands ist ohne den Prozeß der westeuropäischen Integration kaum denkbar. Dieser war fraglos eine der bedeutsamsten Konsequenzen aus den Erfahrungen der beiden Weltkriege. Nur durch Verständigung und gemeinsames Handeln war es möglich, den tödlichen Kreislauf von Krieg und Frieden, Siegern und Besiegten zu beenden und die verschiedenen Interessen auszugleichen. Allerdings mußte die Frage beantwortet werden, wie sich die europäischen Staaten am besten gegen künftige Konflikte, vor allem im Schatten des »Kalten Krieges«, schützen könnten.

Erste Formen der Zusammenarbeit wurden mit Blick auf den notwendigen Wiederaufbau des kriegszerstörten Europas und die Sicherung gemeinsamer rechtsstaatlicher Werte und Normen vereinbart. Der Europäische Wirtschaftsrat (1948) diente als Instrument für die Abschaffung von Einfuhrbeschränkungen und die Herstellung monetärer Konvertibilität; er war eine wesentliche Voraussetzung für die amerikanische Wiederaufbauhilfe (Marshallplan). Der Europarat wurde zum politischen Forum der westeuropäischen Staaten und zum Mittel zur Herstellung von Rechtsbeziehungen (z. B. gegenseitige Anerkennung von Diplomen aller Art) sowie der Beachtung menschenrechtlicher Normen (Menschenrechtskonvention und Europäischer Gerichtshof der Menschenrechte, dessen Entscheidungen von allen Mitgliedern als bindend anerkannt werden). Die praktischen Maßnahmen, vor allem des Marshallplans, kamen den drei westlichen Besatzungszonen zugute, und damit der späteren Bundesrepublik.

Ob aber und in welcher Weise diese an den europäischen zwischenstaatlichen Organisationen beteiligt werden konnte, war erst noch zu klären. Es lag nahe und im Interesse der anderen westeuropäischen Staaten, vor allem Frankreichs, das trotz Kriegszerstörung und erheblichen Reparationsleistungen unmittelbar nach der Kapitulation nach wie vor starke und im Wiederaufbau befindliche westdeutsche Industrie- und Wirtschaftspotential für den gemeinsamen Aufbau und die sich immer dringlicher abzeichnende Friedenssicherung gegenüber der Sowjetunion zu nutzen und einzubeziehen. Auch war man sich in den westlichen Hauptstädten im klaren, daß ähnlich harte Bestimmungen wie die des Versailler Friedensvertrages von 1919, die aus dem im Ersten Weltkrieg besiegten Deutschen Reich einen politischen und wirtschaftlichen Unruheherd gemacht hatten (einer der Gründe, die schließlich zum Ausbruch des Zweiten Weltkrieges führten), vermieden werden mußten. Überwiegend war man sich bewußt, daß die politische Teilung Europas und Deutschlands in sich eine neue politische Gefahr ganz anderer Art darstellte.

Es war in erster Linie das Verdienst Frankreichs, speziell das seines damaligen Außenministers Robert Schuman und dessen Beraters Jean Monnet, eine Quadratur des Kreises gefunden zu haben, nämlich eine Formel, wie der besiegte Gegner gleichzeitig unter Kontrolle und doch am gemeinsamen Aufbau sowie an der kollektiven Sicherung des Friedens beteiligt werden konnte. Wie ernst dies gemeint war, und zwar ohne Hintergedanken, bewies die historische und unumstrittene Tatsache, daß nach Jahrzehnten deutsch-französischer »Erbfeindschaft« ein Versöhnungsprozeß zwischen Deutschen und Franzosen, also nicht nur zwischen den Regierungen, son-

---

Außenpolitische Innovation und politische Herrschaftssicherung, Meisenheim 1976; ders., Parteiensystem und Außenpolitik, Meisenheim 1973.

dern auch zwischen den Menschen eingeleitet werden konnte, der in der Geschichte der internationalen Beziehungen seinesgleichen sucht. Dieser zählte zu einem der wesentlichen Fundamente europäischer Einigungspolitik.

Schuman und Monnet gingen von der Einsicht aus, daß das westdeutsche Wirtschafts- und Industriepotential, das trotz vorangegangener Zerstörung und hoher Entnahmen in Form von Reparationsleistungen nach wie vor als ein möglicher Bedrohungsfaktor betrachtet wurde, nur dann wirksam kontrolliert werden könne, wenn auch die entsprechenden Potentiale Frankreichs und anderer westeuropäischer Staaten der gleichen Kontrolle unterliegen würden.

Das war die Grundformel der 1951 gegründeten Europäischen Gemeinschaft für Kohle und Stahl (EGKS) – auch Montanunion genannt. Bei dem nunmehr einsetzenden europäischen Integrationsprozeß ließ sich die Bundesregierung von dem Gedanken leiten, die Souveränität durch die Bereitschaft zur Aufgabe von Souveränitätsrechten wiederzuerlangen und zugleich die politische und völkerrechtliche Isolierung der Nachkriegszeit zu überwinden. Im Gegenzug waren die westlichen Siegermächte bereit, schrittweise alle wirtschaftlichen Beschränkungen für die Bundesrepublik Deutschland aufzuheben und auf Reparationsleistungen zu verzichten. Die Gemeinschaft umfaßte sechs Länder: Belgien, Deutschland (Bundesrepublik), Frankreich, Italien, Luxemburg und die Niederlande. Für den Bereich der Kohle- und Stahlwirtschaft verzichteten alle diese Staaten auf ihre eigene Souveränität und übertrugen diese auf eine überstaatliche Gemeinschaft mit einer eigenen Exekutivgewalt (Hohe Behörde), die einem Kontrollorgan (Ministerrat) verantwortlich war. Eine gemeinsame Versammlung aus Vertretern der nationalen Parlamente erhielt beratende Befugnisse. Damit war – wenn auch nur auf einem Teilgebiet – ein autonomes Völkerrechtssubjekt entstanden.

Ein Mangel, der den weiteren Integrationsprozeß fast zwei Jahrzehnte belastete, war darin zu sehen, daß sich Großbritannien anfangs nicht entschließen konnte, der Gemeinschaft beizutreten. Es begrüßte zwar das Zustandekommen der Montanunion, glaubte aber, eine autonome Rolle in den internationalen Beziehungen spielen zu müssen.

Seither ist die europäische Integration das tragende Fundament der Wirtschafts-, Handels-, Währungs- und zugleich Außenpolitik der Bundesrepublik Deutschland. Keine Bundesregierung hat diese jemals in Frage gestellt.

Der nächste – allerdings gescheiterte – Schritt war der Versuch, für die Verteidigung eine ähnliche Lösung (die Europäische Verteidigungsgemeinschaft) zu finden. Beide Gemeinschaften – EGKS und EVG – sollten durch ein gemeinsames politisches Dach – die Europäische Politische Gemeinschaft – verbunden werden. Das bis ins Detail ausgearbeitete und bereits unterzeichnete Vertragswerk scheiterte jedoch 1954 an Frankreich, wo die öffentliche Meinung für einen so weitgehenden Verzicht auf Souveränität und gemeinsame Ausübung neuer politischer Souveränität mit den Deutschen nicht oder noch nicht bereit war. Eine Rolle dürfte dabei erneut die britische Haltung gespielt haben. London begrüßte zwar die Verteidigungsgemeinschaft, wollte ihr aber nicht beitreten. Die Chance, in kurzer Zeit zu einer europäischen Föderation im Sinne eines handlungsfähigen Völkerrechtssubjekts zu kommen, war damit vertan.

Statt dessen wurde die Bundesrepublik Deutschland binnen kürzester Zeit in das westliche Verteidigungsbündnis – die NATO – aufgenommen. Um möglichen politischen Sorgen bei den anderen westeuropäischen Partnern vorzubeugen, wurde eine zusätzliche militärpolitische Organisation – bestehend aus den sechs Mitgliedstaaten der Montanunion und Großbritannien – gegründet, die Westeuropäische Union, die praktisch jedoch nie nennenswerte Bedeutung erlangt hat. Auch das zeigte, wie weit inzwischen der Prozeß der Vertrauensbildung zwischen ehemaligen Siegern und Besiegten fortgeschritten war.

Dessen ungeachtet stellte sich für die Mitglieder der Montanunion die Frage, wie der Integrationsprozeß auf die Gesamtheit der Wirtschaft ausgeweitet werden konnte. Die Antwort darauf war die Unterzeichnung der Römischen Verträge (1957), mit denen die Europäische Wirtschaftsgemeinschaft (EWG) und – aus Sicht der damaligen Zeit im Hinblick auf die beginnende Nutzung der Atomkraft von besonderem Interesse – die Europäische Atomgemeinschaft gegründet wurden. Die Struktur [der EWG?] ähnelte der der Montanunion: Es gab ein exekutives Organ (die Kommission), einen Ministerrat und ein – allerdings nur beratendes – Parlament. Einige Jahre später wurden die drei bestehenden Gemeinschaften – EGKS, EWG und EAG – zu einer einzigen Europäischen Gemeinschaft (EG) zusammengefaßt. Hierdurch veränderten sich die Beziehungen der sechs Mitgliedstaaten zueinander. Sie blieben zwar völkerrechtlich Einzelstaaten, wurden aber nunmehr durch staatsrechtlich-supranationale Prinzipien im Wirtschaftsbereich eingebunden.

Tragendes Prinzip der Gemeinschaft war die volle Freizügigkeit von Personen, Waren, Dienstleistungen und Kapital. Nur ein Bereich wurde im Detail ausgeführt: der gemeinsame Agrarmarkt mit stark interventionistischem Charakter zum Schutz der europäischen Landwirte. Vor allem Frankreich mit seinem hohen Anteil an landwirtschaftlicher Bevölkerung war daran interessiert. Der industriewirtschaftliche und geographische Vorteil (die sog. »Rheinschiene«) der Bundesrepublik Deutschland sollte auf diese Weise zugunsten der anderen, mehr landwirtschaftlich orientierten Partner ausgeglichen werden. Als Schwäche der Gemeinschaft stellte sich allerdings heraus, daß infolge der fast 15 Jahre bis Mitte der sechziger Jahre anhaltenden Hochkonjunktur die Freizügigkeit ausgebaut wurde, aber andere, auch im Vertrag vorgesehene Maßnahmen der regionalwirtschaftlichen Gegensteuerung unbeachtet blieben. Eine Folge dieser einseitigen Entwicklung war die unterschiedliche Industrialisierung in den Mitgliedstaaten und der hohe Anteil von Wanderarbeitern in den Industriezentren.

Trotz fehlender politischer Gemeinschaft, zahlreicher Rückschläge und vereinzelter politischer Krisen konnte diese Form westeuropäischer Integration im Laufe der Jahre weiter gefestigt werden. Inzwischen sind Großbritannien, Irland und Dänemark (1972/73) sowie Griechenland, Spanien und Portugal (1981/86) der Europäischen Gemeinschaft beigetreten.

Lange Zeit sind alle Versuche, auch die Außenpolitik zu »vergemeinschaften«, fehlgeschlagen. Zwar kamen 1979 zum ersten Mal direkte Wahlen zum Europäischen Parlament zustande, doch verfügte dieses Parlament nur über marginale Befugnisse. Statt dessen entwickelte sich recht erfolgreich die informelle Zusammenarbeit der Mitgliedsregierungen, zum einen in Form regelmäßig stattfindender Gipfeltreffen der Staats- und Regierungschefs, zum anderen in Form der Europäischen Politischen Zusammenarbeit (EPZ, seit 1970), die inzwischen zu einem festen und permanenten Kommunikationsnetz der beteiligten Außenministerien geführt und sich während der KSZE-Verhandlungen überaus bewährt hat, ebenso bei heiklen Fragen wie der Nahostkrise und den Beziehungen zur Sowjetunion und Polen. Gescheitert sind jedoch bisher alle Versuche, die Gemeinschaft durch eine Währungsunion zu ergänzen.

Gegenwärtig befindet sich der europäische Einigungsprozeß in einer neuen, entscheidenden Phase der Modernisierung. Zum einen soll ab 1993 der europäische Binnenmarkt vereinheitlicht werden (Abschaffung der Grenzkontrolle; Freizügigkeit; Beseitigung der Steuerschranken und Gewährleistung eines freien Warenverkehrs), zum anderen sind die Fragen künftiger Assoziierungsabkommen mit den Demokratien Osteuropas zu klären, während Sonderabkommen mit 66 Staaten Afrikas, der Karibik und des Pazifik die wirtschaftlichen Beziehungen zu Staaten der Dritten Welt regeln. Neue entscheidende Impulse für die Verwirklichung einer immer engeren Union der Völker Europas werden von dem am 7. Februar 1992 unterzeichneten Vertrag über die Europäische Union erwartet[6].

VI. Aspekte der Deutschland- und Ostpolitik

Wohl mit Recht ist behauptet worden, daß die deutsche Außenpolitik bis in die Mitte der sechziger Jahre zunächst und vor allem Wiedervereinigungspolitik gewesen ist. Daraus resultierte eine jahrelange Einengung des außenpolitischen Handelns. Regierung und Parlament haben seit 1949 unablässig ihre Bemühungen darauf konzentriert, nach Mitteln und Wegen zu suchen, mit deren Hilfe die als unnatürlich und gefährlich empfundene Spaltung Deutschlands und damit Europas im Interesse der Nation und künftiger Friedenssicherung überwunden werden konnte. In zum Teil leidenschaftlichen und kontrovers geführten Debatten, in bilateralen und multilateralen Konferenzen sowie Gesprächen, begleitet von Aktivitäten aller Art, wurde das Für und Wider einzelner Vorschläge und Alternativen erörtert, kritisiert, verworfen, abgeändert und neu konzipiert, ohne daß man dem erstrebten Ziel näher gekommen wäre. Im Gegenteil: Die Verfestigung der unterschiedlichen Positionen in Ost und West in der deutschen Frage (Einheit, Grenzen im Osten, Sicherung Berlins) wurde immer offensichtlicher, ebenso der westdeutsche Prinzipienkatalog »Freiheit vor Einheit«. Erst im Zuge der Entspannungspolitik auf der Grundlage der Verträge von Moskau, Warschau und Prag und der DDR bahnten sich erste Wandlungen an, die durch die politische Akzeptanz des Status quo gekennzeichnet waren.

Allerdings haben die Bundesregierungen – im Einvernehmen mit ihren westlichen Verbündeten – lange Zeit die Hoffnung auf eine Revision der durch den Ausgang des Zweiten Weltkrieges geschaffenen politischen Realitäten genährt, wenn auch unter Wahrung eines entscheidenden Grundprinzips: unter Absage an Gewaltpolitik. Somit kann in diesem Zusammenhang nicht von »Revanchismus« im Geiste vergangener Epochen gesprochen werden. Das Bekenntnis zu einer friedlichen Politik, das auch

---

6 Vgl. G. Schweigler, Grundlagen der außenpolitischen Orientierung der Bundesrepublik Deutschland, Baden-Baden 1985; H. Müller-Roschach, Die deutsche Europapolitik, Baden-Baden 1974; M. Funke, Entscheidung für den Westen, Bonn 1988; W. Weidenfeld/W. Wessels (Hrsg.), Jahrbuch der Europäischen Integration 1980–1989/90, Bonn 1981ff.; s. auch: Bulletin des Presse- und Informationsamtes der Bundesregierung vom 12. Februar 1992.

die Heimatvertriebenen in ihrer Charta aus dem Jahre 1950 hervorgehoben hatten, war nicht allein Resultat politischer Ohnmacht, sondern nach den gemachten Erfahrungen primär das der prinzipiell gewonnenen Einsicht, daß Krieg nicht mehr als Fortsetzung der Politik unter Einmischung anderer Mittel verstanden werden konnte, sondern nur noch als Bankrotterklärung einer Politik, die mit der Auslösung eines Angriffs ihren eigenen Untergang heraufbeschwor. Freie Wahlen als Ausdruck des Rechts auf Selbstbestimmung waren vielmehr das von allen Parteien in der Bundesrepublik Deutschland bejahte Mittel. Beispielhafte Grundlage für eine solche friedliche Konfliktregelung unter Wahrung der nationalen Interessen war die nach freier Meinungsäußerung der Wähler erfolgte Eingliederung der Saar in die Bundesrepublik Deutschland zum 1. Januar 1957.

Während sich mit Hilfe der sozialen Marktwirtschaft der Wiederaufbau und die Einbindung der Bundesrepublik Deutschland in die Weltwirtschaft vollzogen, waren Westintegration und Wiedervereinigung in Frieden und Freiheit das erklärte Leitmotiv der Außenpolitik Adenauers. Dies bedeutete zugleich, den Anspruch auf Alleinvertretung und eine friedensvertragliche Regelung der territorialen Fragen im Osten (Oder-Neiße-Grenze) aufrechtzuerhalten. Wichtigstes diplomatisches Instrument hierfür war die sog. »Hallsteindoktrin«, nach der die Aufnahme diplomatischer Beziehungen von Drittstaaten zur DDR als »unfreundlicher Akt« bewertet und durch bestimmte Maßnahmen (bis zum Abbruch der diplomatischen Beziehungen, wie dies erstmals im Falle Jugoslawiens 1957 geschah) beantwortet werden sollte. Alles zielte darauf ab, die faktische Spaltung Deutschlands nicht zu sanktionieren.

Die Beziehungen der Bundesrepublik Deutschland zu den osteuropäischen Staaten waren seit 1949 von einer Reihe von Bestimmungsfaktoren geprägt, deren Gewicht sich im Laufe der Jahrzehnte allerdings gewandelt hat. Neben den historischen Hypotheken waren es vor allem der Ost-West-Konflikt, die Teilung Deutschlands und der Systemantagonismus, die einen Interessenausgleich erschwerten. Angesichts der machtpolitischen und ideologischen Bedrohung durch den Sowjetkommunismus konnten nach Meinung Adenauers nur »Einheit und Geschlossenheit der freien Völker der Welt« sowie eine atlantische Bündnispolitik die Sicherheit und Freiheit der westlichen Nationen garantieren. Zwar nahm die Bundesrepublik Deutschland im September 1955 diplomatische Beziehungen zur Sowjetunion auf, um den direkten Dialog mit der vierten Siegermacht in der deutschen Frage mitbeeinflussen zu können, aber im Hinblick auf die anderen sozialistischen Staaten wurde dieses Ziel nicht angestrebt.

Adenauer, der aufgrund seines »Potsdamkomplexes« befürchtete, daß Deutschland wieder zwischen die »Mühlsteine« geraten und erneut isoliert werden könne, und der unter dem Alptraum antideutscher Koalitionen litt, mußte indessen bald einsehen, daß Moskau eine Wiedervereinigung weder um den Preis einer Neutralisierung der DDR noch eines künftigen Gesamtdeutschlands akzeptieren würde. Eine Zeitlang hoffte er wohl, die sowjetische Führung zu einem Kurs der Liberalisierung in der DDR veranlassen und für eine befristete Zeit für ein Stillhalteabkommen in der deutschen Frage gewinnen zu können. Jedoch war dies für die Sowjetunion keine wirkliche Alternative, zumal sie seit Mitte der fünfziger Jahre die Existenz zweier deutscher Staaten mit unterschiedlichen Gesellschaftssystemen als eine politische Realität betrachtete. Auch eine Politik der »westlichen Stärke« im Zeichen des Antikommunismus konnte an dieser Einstellung nichts ändern. So blieben denn die Beziehungen Bonns zu Osteuropa, insbesondere vor dem Hintergrund des deutsch-deutschen Sonderkonfliktes, mehr als ambivalent.

Das betraf auch das deutsch-polnische Verhältnis, das durch die strittige Frage der polnischen Westgrenze belastet blieb. Während die westdeutschen Führungseliten aufgrund ihrer Interpretationen des Potsdamer Abkommens die Auffassung vertraten, daß Polen die ehemaligen deutschen Ostgebiete noch nicht endgültig erworben hätte und die Oder-Neiße-Linie nicht völkerrechtlich wirksam als Staatsgrenze anerkannt worden sei, hat die polnische Regierung an ihrer grundsätzlichen Einstellung niemals einen Zweifel gelassen. Für sie war die Grenzfrage aufgrund der Entscheidungen und Maßnahmen von 1945 ein für allemal gelöst. Als Warschau 1955 Interesse bekundete, diplomatische Beziehungen zur Bundesrepublik Deutschland ohne Vorbehalte aufzunehmen, wurde dies in Bonn, nicht zuletzt auch unter dem Druck der Vertriebenenorganisationen, abgelehnt.

Das eigentliche Dilemma der deutschen Politik unter Adenauer bestand jedoch darin, daß sie keinen realistischen Weg weisen konnte – ebensowenig die damalige sozialdemokratische Opposition mit ihren Konzeptionen –, auf dem Westintegration und Wiedervereinigung gleichzeitig oder zumindest in einer sich nicht ausschließenden Weise verfolgt werden konnten. Vielleicht hat Adenauer damals gehofft, maßgebend unterstützt von seinen amerikanischen Freunden, die Einheit Deutschlands erzwingen zu können. Aber dies erwies sich als eine große Illusion und eine fundamentale Fehleinschätzung der damaligen sowjetkommunistischen Interessen. Spätestens mit dem Bau der Mauer (1961) und der Errichtung von Stacheldraht mit Minenfeldern entlang der innerdeutschen Grenze, ein untrügliches Symbol der Spaltung Deutschlands, war die »Politik der Stärke« gescheitert.

Mit der »Politik der Bewegung« von Außenminister Schröder 1961 vollzog sich eine schrittweise Neuorientierung deutscher Außenpolitik. Dies war einmal auf die Wandlungen des internationalen Systems zurückzuführen, zum anderen auf die Bewußtseinsveränderungen in der Gesellschaft der Bundesrepublik. Monolithische Antihaltungen begannen aufzuweichen. Grundsätzliche Fragen der Deutschlandpolitik und der europäischen Sicherheit wurden auch außerhalb von Regierung und Parlament kontrovers diskutiert. Es war die Zeit der Appelle und Denkschriften, die ein langsames Umdenken bewirkten und erkennen ließen, daß derjenige Opfer bringen muß, der den Frieden ernsthaft wünscht.

Weitere bemerkenswerte Akzente wurden durch die große Koalition in der Mitte der sechziger Jahre gesetzt. Die Regierung Kiesinger/Brandt (1966/69) suchte den direkten Kontakt mit den osteuropäischen Staaten. Als Signal wurde die Aufnahme der diplomatischen Beziehungen zu Rumänien (1967) und erneut zu Jugoslawien (1968) gewertet.

Im Gegensatz zur Politik der Regierung Erhard (Oktober 1963 bis November 1966), die ebenfalls noch durch eine Strategie der Isolierung der DDR gekennzeichnet war, bezogen die oben genannten Staatsmänner die DDR in ihre Entspannungsbemühungen ein. So erneuerte Bundeskanzler Kiesinger in seiner Regierungserklärung vom 13. Dezember 1966 das bereits in der »Friedensnote« vom März 1966 enthaltene Angebot, Erklärungen über einen Gewaltverzicht mit allen sozialistischen Staaten auszutauschen. Zudem ging er von der bis dahin geübten Praxis ab, die DDR als Staat offiziell überhaupt nicht zur Kenntnis zu nehmen und von ihrem Anschluß an die Bundesrepublik Deutschland zu sprechen. Er legte Wert darauf, zu einem geregelten Miteinander der beiden deutschen Staaten zu kommen, jedoch ohne den zweiten deutschen Staat völkerrechtlich anzuerkennen. Indessen ließ er keinen Zweifel daran, daß die Grenzen eines wiedervereinigten Deutschlands nur in einer frei vereinbarten Regelung mit einer gesamtdeutschen Regierung festgelegt werden könnten, die die Voraussetzungen eines dauerhaften und friedlichen Verhältnisses guter Nachbarschaft schaffen würde.

Die Regierungsübernahme durch die sozialliberale Koalition 1969 (Brandt/ Scheel) bedeutete eine entscheidende Zäsur. Ihre Politik gegenüber der DDR und dann gegenüber dem internationalen Umfeld ging von der gewachsenen Einsicht aus, daß die Teilung Deutschlands vorerst andauern werde, was keineswegs hieß, auf das längerfristige Ziel, d. h. auf die Gewährleistung des Selbstbestimmungsrechts für alle Deutsche zu verzichten. Nahziel mußte es sein, den Zusammenhang der Nation durch einen Modus vivendi mit der DDR und eine Strategie der sich gegenseitig bedingenden Zugeständnisse zu wahren, die zwischenmenschlichen Beziehungen zu verbessern und damit die Teilung erträglicher zu machen. Wohl ging Bonn nunmehr von den politischen Realitäten eines zweiten deutschen Staates aus, aber eine völkerrechtliche Anerkennung lehnte es aus verfassungsrechtlichen Gründen ab. Nach wie vor mußte es bei den besonderen Beziehungen bleiben, die DDR konnte kein Ausland sein. Unlösbar verbunden war damit die Sicherheit West-Berlins. Die internationale Vertretung dieses Teils der ehemaligen Reichshauptstadt, Pfahl im Fleische der DDR, der in den vierziger und fünfziger Jahren wiederholt im Mittelpunkt internationaler Krisen gestanden hatte, durch die Bundesrepublik Deutschland sollte gewährleistet sein. Mit dem am 3. September 1971 unterzeichneten Rahmenabkommen der vier Siegermächte wurden die strittigsten Fragen geregelt, mochte die Auslegung des Vertragswerks in der Praxis auf beiden Seiten auch wiederholt zu Spannungen und gegenseitigen Vorwürfen führen. Der schließlich am 21. Dezember 1972 unterzeichnete Grundlagenvertrag regelte gutnachbarliche Beziehungen zwischen den beiden deutschen Staaten auf der Grundlage der Gleichberechtigung. Im »Brief zur deutschen Einheit« an UdSSR und DDR stellte die Bundesregierung allerdings erneut fest, daß dieser Vertrag nicht im Widerspruch zu dem politischen Ziel der Bundesrepublik Deutschland stehe, »auf einen Zustand des Friedens in Europa hinzuwirken, in dem das deutsche Volk in freier Selbstbestimmung seine Einheit wiedererlangt«.

Der erste bahnbrechende Schritt der neuen Ostpolitik war indessen die Unterzeichnung des Vertrages mit der Sowjetunion am 12. August 1970, in dessen Mittelpunkt ein Gewaltverzicht und das Bekenntnis zur Unverletzlichkeit der Grenzen standen. Mit diesem Formulierungskompromiß wurden die Grundlagen für eine Normalisierung der bilateralen Beziehungen gelegt. Er bedeutete allerdings keineswegs ein neues Rapallo, d. h. eine Politik der Mittlerrolle oder des Brückenschlages zwischen Ost und West, denn an der festen Verankerung im westlichen Bündnis als Voraussetzung eines erweiterten deutschen Handlungsspielraumes in Osteuropa haben die Regierungsvertreter in Bonn ebensowenig Zweifel gelassen wie an dem Recht des deutschen Volkes auf Selbstbestimmung. Die in diesem Vertragswerk zum Ausdruck kommende Politik des Interessenausgleichs wurde auch gegenüber Polen verfolgt. Das am 7. Dezember 1970 in Warschau unterzeichnete Abkommen bedeutete einen entscheidenden Wendepunkt in den deutsch-polnischen Beziehungen.

Die sozialliberale Koalition hat diese beiden Vereinbarungen als einen gewichtigen Beitrag zur Friedenspolitik der siebziger Jahre, als Katalysator zur Verbesserung der innerdeutschen Beziehungen und als reale Möglichkeit zur Erweiterung des eigenen außenpolitischen Handlungsspielraumes verstanden. Mit den Nachfolgeverträgen, durch die neben der Berlin- und DDR-Frage auch die Differenzen mit der ČSSR über den Münchener Vertrag von 1938 bereinigt werden konnten, wurden weitere Voraussetzungen geschaffen, auch mit den anderen sozialistischen Staaten diplomatische Beziehungen aufzunehmen. Seit Mitte der siebziger Jahre hatte sich die Bedeutung der Bundesrepublik Deutschland für Osteuropa somit gewandelt. Mehr und mehr wurde Bonn zu einem unentbehrlichen, in seiner europäischen Bedeutung hochgeschätzten Dialogpartner, dessen erklärter Wille zur Entspannungspolitik das Bild der Deutschen auch in diesem Teil des Kontinents zu verändern begann.

Dieser damals eingeleitete Prozeß der Aussöhnung mit den Völkern Osteuropas hat jedoch längst nicht alle Hoffnungen und Erwartungen erfüllen können. Das lag einmal an den nach wie vor vorhandenen Gegensätzen, dem Eingebundensein in die antagonistischen Blöcke und an den Schwierigkeiten bei der Regelung der politischen und wirtschaftlichen Fragen, zum anderen an den globalen Bedingungen. Die weltpolitischen Krisen haben sich immer nachhaltiger auf das Ost-West-Verhältnis ausgewirkt. Dennoch hat sich in diesem Zeitraum das Netz der multinationalen Beziehungen verdichtet, konnten bestimmte Spannungen reduziert und beiderseitige Vorurteile langsam abgebaut werden[7].

VII. Verteidigung im Bündnis

Die Rolle Deutschlands im 19. und 20. Jahrhundert ist aus verständlichen Gründen stets mit derjenigen seiner Streitkräfte verbunden gewesen oder mit dem, was unter der spezifischen Ausprägung des deutschen Militarismus verstanden worden ist. Waren es doch die Armeen des preußisch-deutschen Staates, die durch ihre Waffentaten die Einigung des Reiches erzwungen, auf den Schlachtfeldern Europas und Afrikas, zur See und in der Luft Angst und Schrecken verbreitet, aber auch unverhohlene Bewunderung wegen ihrer Effizienz hervorgerufen hatten. Mit ihrer Hilfe haben die deutschen Führungseliten zweimal versucht, Deutschland die Weltstellung zu erkämpfen.

1939 zählte die deutsche Wehrmacht zu den wohl schlagkräftigsten Heeren der Welt. Aufgrund von Tradition, Erziehung, Manipulation und des Prinzips »unbedingter Gehorsam« gegenüber Hitler entwickelte sie sich zu einem der aktivsten Erfüllungsgehilfen der NS-Machthaber, die den Krieg als ein legitimes Mittel ihrer Politik

---

7 W. Weidenfeld,/H. Zimmermann (Hrsg.), Deutschlandhandbuch. Eine doppelte Bilanz 1949–1989, München – Bonn 1989 (Schriftenreihe der Bundeszentrale für politische Bildung, Bd. 275); W. Weidenfeld, Der deutsche Weg, Berlin 1990; E. Schulz, Die deutsche Nation in Europa, Bonn 1982; W. E. Griffith, Die Ostpolitik der Bundesrepublik Deutschland, Stuttgart 1981; H. Ehmke/K. H. Koppe, Zwanzig Jahre Ostpolitik. Bilanz und Perspektiven, Bonn 1986; K. Hornung/W. Mschwenieradse (Hrsg.), Zur gegenseitigen Kenntnisnahme. Bausteine für den deutsch-sowjetischen Dialog, Erlangen – Bonn 1990; J. Löser/D. Proektor, Revolution der Sicherheit. Dialog über die deutsch-sowjetische Annäherung, München 1991; H. A. Jacobsen/M. Tomala (Hrsg.), Bonn – Warschau. Die deutsch-polnischen Beziehungen 1945–1991, Köln 1991.

betrachteten und den europäischen Kontinent dominieren wollten. Mit Recht mußte eine solche Zielsetzung als eine der entscheidenden Ursachen für den permanenten Unfrieden im internationalen System angesehen werden.

Nach der bedingungslosen Kapitulation der deutschen Wehrmacht und der Vernichtung des militärischen Potentials in Deutschland haben zahlreiche Kriegsverbrecherprozesse Schuld und Verhängnis des deutschen Soldatentums enthüllt, wenngleich das ganze Ausmaß von Verstrickung, Beteiligung an Mordaktionen in den besetzten Gebieten und oppositionellem Verhalten einzelner Offiziersgruppen auch erst durch die internationale Forschung im Laufe der Jahre aufgedeckt worden ist. Was blieb, war eine schwere historische Bürde, die immer von neuem Anlaß gab, sich unmißverständlich von Programm und Methoden des Nationalsozialismus zu distanzieren und das gewandelte Selbstverständnis deutscher Sodaten glaubhaft zu machen, in dessen Mittelpunkt die Pflicht zur Erhaltung des Friedens stand.

Als mit dem sich verschärfenden Ost-West-Konflikt die Westmächte in ihrem Streben nach Sicherheit – zunächst noch ganz aus Sorge vor dem möglichen Wiederaufleben einer deutschen militärischen Großmachtstellung, schließlich immer mehr vor einer sowjetischen Expansion –, auch die Deutschen aufforderten, ihren Beitrag zur Verteidigung der freien Welt zu leisten, zeigte sich, daß angesichts der historischen Erfahrungen, der Lage des geteilten Deutschland und der bipolaren Welt die Bevölkerung in der Bundesrepublik in der existentiellen Frage eines Wehrbeitrages tief gespalten war. Erst im Verlaufe der Jahre 1950 bis 1955 vollzog sich unter dem Eindruck der wirtschaftlichen Aufbauleistungen, erfolgreicher Westpolitik und gewachsener Bedrohungsvorstellungen langsam ein Prozeß der Einstellungsveränderungen.

Zu Beginn der öffentlich geführten Debatte überwog die Ablehnung, zumindest eine weitgehende Distanzierung gegenüber allem Soldatsein. Nur allmählich setzte sich die Tolerierung einer Sicherheitspolitik durch, zu der es unter den gegebenen Umständen offenbar keine realistische Alternative gab. Die mangelnde Popularität der Aufrüstung war allerdings nicht allein darauf zurückzuführen, daß KPD, SPD und viele Medien im Lande opponiert hätten, sondern daß sie vor allem einer weitverbreiteten Grundstimmung der Deutschen und echter Gewissensnot entsprach.

Die Entscheidung, die Bundesrepublik Deutschland aufzurüsten, war fraglos Konsequenz des »kalten Krieges«. Erst im Zuge der Entwicklung begann sich die Mehrheit der Bevölkerung zusehends mit diesem Ziel, aber auch mit den Leistungen Adenauers zu identifizieren. Dies haben nicht zuletzt die Wahlergebnisse von 1957 bestätigt, als CDU/CSU erstmals über 50 Prozent aller Stimmen im Bundestag erringen konnten. Mit Recht hat Adenauer später auf die Prinzipien des Erfolgs und der Stetigkeit als Grundlage des Vertrauens hingewiesen. Gerechterweise wird man jedoch hinzufügen müssen, daß dieser Prozeß auch auf das »Kartell der Angst« vor dem Kommunismus zurückzuführen gewesen sein dürfte.

Die Entstehungsgeschichte der Bundeswehr ist in den letzten Jahren sehr subtil untersucht worden. Bedingungsfaktoren, Initiativen, Verhandlungen und Gründe, die zur Aufnahme der Bundesrepublik Deutschland in die NATO geführt haben, sind weithin geklärt, ebenso die Wehrgesetzgebung, mit deren Hilfe die neuen Streitkräfte organisch in die Verfassungswirklichkeit des demokratischen Staates eingebunden wurden. Die bewaffnete Macht erhielt den Namen »Bundeswehr« als Ausdruck dafür, daß sie die Schöpfung der Bundesrepublik Deutschland und nur zur Verteidigung (Verbot des Angriffskrieges) bestimmt ist.

Der Imperativ deutscher Politik lautete: Verzicht auf Anwendung und Androhung von Gewalt, begleitet von dem Wunsch nach Verwirklichung des Selbstbestimmungsrechts und der Menschenrechte. Klar umrissen war daher auch der Auftrag der Bundeswehr: Unversehrtheit des Territoriums (äußerer Schutz) und Freiheit der Eigenentwicklung der Bundesrepublik Deutschland im Rahmen des westlichen Bündnisses zu gewährleisten. In Zeiten relativer Ruhe sollte sie durch ihr effektives Sanktionspotential den Frieden in Europa (mittels glaubwürdiger Abschreckung) bewahren, in Spannungszeiten zur Krisenbeherrschung beitragen und im Falle einer feindlichen Aggression den Willen zur Selbstbehauptung durch militärische Verteidigung beweisen.

Die Militärmacht Deutschland ist Teil des NATO-Bündnisses (wie auch der Westeuropäischen Union). Fundament und Garantie der Sicherheit war und bleibt das Eingebundensein in die westliche Sicherheitsgemeinschaft. Nur als Mitglied derselben hat die Bundesrepublik ihren Einfluß regional und weltweit ausdehnen können. In der Zeit des Ost-West-Konfliktes hat sie sich zu dem wohl wichtigsten europäischen Pfeiler amerikanischer Politik und einem der entscheidenden Bestimmungsfaktoren der konventionellen Ausgewogenheit der Kräfte zwischen den Blöcken entwickelt.

Vor dem Hintergrund des erweiterten Handlungsspielraumes deutscher Politik, der gewachsenen Verantwortung und des zu sichernden territorialen Umfeldes werden in den neunziger Jahren die Aufgaben deutscher Streitkräfte im Lichte von Kontinuität und Wandel zu begreifen sein. Dabei dürfen Sozial- und Verfassungsverträglichkeiten allerdings nicht außer acht gelassen werden[8].

VIII. Europäische Sicherheit

Die Wandlungen des internationalen Systems in den sechziger und siebziger Jahren, Rahmenbedingungen westdeutscher Außenpolitik, waren in Europa vor allem durch das Bestreben gekennzeichnet, die Periode permanenter Konfrontation zu überwinden und einen Prozeß partieller Kooperation einzuleiten. Ziel war es, die Spannungen zwischen Ost und West unter Kontrolle zu bringen, die vorhandenen Rivalitäten zu zügeln und Felder gemeinsamer Interessen abzustecken. Angesichts der Konsequenzen eines denkbaren thermonuklearen Krieges und der immer schwieriger werdenden Aufgaben der Weltwirtschaft mußte eine solche Politik der Friedenssicherung, verbunden mit der Forderung, Gewalt als Mittel zwischenstaatlicher Beziehungen auszuschalten, allererste Prioritäten beanspruchen.

Zwar hatte es nach dem Zweiten Weltkrieg neben den traditionellen Mitteln der Diplomatie und kollektiver Verteidigung nicht an den verschiedensten Versuchen gefehlt, durch Maßnahmen der Abrüstung und Rüstungskontrolle die Sicherheit zu er-

---

8 K. D. Bracher/M. Funke/H.-P. Schwarz (Hrsg.), Deutschland zwischen Krieg und Frieden. Beiträge zur Politik und Kultur im 20. Jahrhundert, Bonn 1990 (Schriftenreihe der Bundeszentrale für politische Bildung, Bd. 295); H. A. Jacobsen u. a. (Hrsg.), Friedenssicherung durch Verteidigungsbereitschaft. Deutsche Sicherheitspolitik 1949–1989, Mainz 1990; S. F. Szabo, The Bundeswehr and Western Security, New York 1990.

höhen. Dabei sind alle Varianten von der allgemeinen vollständigen Abrüstung über einseitige Schritte und Stufenpläne bis zu reziprokem Vorgehen auf zahlreichen internationalen Konferenzen zunächst ohne nennenswerten Erfolg erörtert worden. Die Beurteilung der vielfältigen Disengagementvorschläge, des eigenen und gegnerischen Wehrpotentials, der Kontroll- und Sanktionsmechanismen und der Kosten-Nutzen-Rechnung war zu konträr.

Bundeskanzler Adenauer stand den zahlreichen Vorschlägen zur Rüstungskontrolle allerdings skeptisch gegenüber. Diese waren für ihn nur dann annehmbar, wenn sie die Westbindung nicht behinderten, keine Diskriminierung der Bundesrepublik Deutschland bedeuteten, die Stationierung der US-Truppen in Westeuropa nicht in Frage stellten und nicht die Anerkennung des Status quo zum Ziel hatten.

Für ihn und seine Gesinnungsfreunde war die deutsche Spaltung, oder wie es später einmal genannt wurde: der deutsch-deutsche Sonderkonflikt, eine der Hauptursachen für die Spannungen in Europa. Sie hielten daher Verhandlungen über Abrüstung und Rüstungskontrolle als Element europäischer Sicherheitspolitik erst dann für sinnvoll, wenn sichtbare Fortschritte in der Wiedervereinigungsfrage erzielt waren. Somit ergab sich von Anfang an eine Wechselwirkung zwischen den Problemen der Einheit Deutschlands und der europäischen Sicherheit. Als sich die Westmächte seit Mitte der fünfziger Jahre dem Zwang zur wenn auch nur losen, aber vermehrten Kooperation mit den Staaten Osteuropas immer weniger entziehen konnten und beide Seiten ihre Interessen- und Einflußsphäre zu respektieren begannen, mußte die Regierung Adenauer ihr Deutschlandkonzept nicht nur modifizieren, sondern schließlich auch durch eine neue Prioritätensetzung ändern. Mehrere Jahre lang versuchte sie, die beiden Probleme im Rahmen der Ost-West-Entspannung gleichzeitig zu regeln, bis sich dann zu Beginn der sechziger Jahre die Erkenntnis durchsetzte, daß erst Erfolge auf dem Gebiet der europäischen Sicherheit günstigere Voraussetzungen für eine langfristige Lösung der deutschen Frage schaffen konnten.

Immerhin haben die in den sechziger Jahren getroffenen Vereinbarungen, die von der Bundesrepublik Deutschland nachhaltig gefördert worden sind, den Prozeß kooperativer Rüstungssteuerung zwischen den Mächten eingeleitet. Die Staaten begannen über die sie trennenden Gegensätze hinweg, endlich mehr und mehr ihre gemeinsamen Interessen zu erkennen, in den Dialog mit einzubeziehen und ihr jeweiliges Verhalten besser einzuschätzen. Vor diesem Hintergrund müssen auch die meisten bilateralen und multilateralen Bemühungen gesehen werden, Voraussetzungen für eine euorpäische Sicherheitskonferenz zu schaffen, die erst 1975 erfolgreich abgeschlossen werden konnte.

Für die deutsche Haltung zur »Konferenz über Sicherheit und Zusammenarbeit in Europa« (KSZE) waren die bereits 1969 formulierten Grundsätze ausschlaggebend: Gewaltverzicht, friedliche Streitbeilegung, einvernehmliche, friedliche Grenzänderung, Ausklammerung der deutschen Frage, kein Ersatz für einen Friedensvertrag, Koppelung mit den Verhandlungen über die Reduzierung von Streitkräften und Rüstungen (Mutual Balanced Forces Reduction, seit 30. Oktober 1973), Freizügigkeit und praktische Ergebnisse. Zwar konnte es nicht das Ziel sein, Machtstrukturen aufzulockern, wohl aber sah die Bundesregierung in der Intensivierung der menschlichen Kontakte und der Verbesserung des Informationsaustausches zwischen Ost und West Schwerpunkte ihrer Politik, da ein Entspannungsprozeß Bestand haben sollte, die Menschen verantwortlich einbeziehen und ihnen zugute kommen müsse.

Nach einer Vorbereitungs- und Hauptkonferenz in den Jahren von 1972 bis 1975 wurde am 1. August 1975 in Helsinki von 35 Staaten Europas, den USA und Kanadas die KSZE-Schlußakte unterzeichnet. Diese hat zwar weder die politische Landkarte des Kontinents verändert noch neues Völkerrecht geschaffen, doch war sie eine von einem bis dahin wohl beispiellosen Konsens getragene Willenserklärung, in deren Mittelpunkt ein Verhaltenskodex für die zwischenstaatlichen Beziehungen stand. Dieser hat bis in die Gegenwart die internationale Politik maßgebend geprägt. Besonders in Krisenzeiten ist die strikte Einhaltung desselben als Maßstab für ein angemessenes Verhalten gefordert worden. Dabei sind die Verhandlungspartner sowohl von der Realität unterschiedlicher Gesellschaftssysteme als auch von gegenseitigen Zugeständnissen im außenpolitischen Bereich ausgegangen und von dem Recht eines jeden Staates auf die eigene Philosophie, die eigenen Gesetze und die eigene Lebensweise. Diese neue Qualität der Entspannung mit Verzicht auf Gewalt und Gewaltandrohung, Zusammenarbeit in Wirtschaft und humanitären Bereichen wurde als ein Fortschreiten vom Gleichgewicht des Schreckens zum stabileren Gleichgewicht der Interessen bezeichnet. Aber es vergingen noch Jahre, bis die Sicherheit zwischen Ost und West völlig neu gestaltet wurde.

Zweifellos haben die Globalisierung des Ost-West-Konfliktes in den siebziger Jahren, der Rüstungswettlauf, der Einmarsch sowjetischer Streitkräfte in Afghanistan (1979/80) und die Lage in Polen Anfang der achtziger Jahre die Spannungen zwischen den beiden Weltmächten erneut verschärft und die Politik der Entspannung aufs äußerste gefährdet, vor allem das westliche Bündnis vor eine harte Bewährungsprobe gestellt. Die Krise der Entspannungspolitik hatte sich überdies durch innergesellschaftliche Konflikte und wirtschaftliche Schwierigkeiten im Zeichen weltweiter Abhängigkeiten und Interdependenzen zugespitzt.

Die Bundesrepublik Deutschland war sich dieser schwierigen internationalen Lage voll bewußt. Ihre Führungskräfte wußten, daß die Fortsetzung des von ihr gewünschten und für notwendig erachteten Entspannungskurses nur dann überhaupt Aussicht auf Erfolg versprach, wenn sie einerseits ihr ganzes Gewicht in diesem zur Geltung brachte, um übereilte einseitige Entschlüsse zu verhindern und realistische gemeinsame Maßnahmen durchzusetzen. Andererseits mußte sie sich gleichzeitig weiterhin als dialogfähig gegenüber ihren Partnern im Osten erweisen[9].

IX. Das Bündnis als Friedensfaktor

So wie das Jahr 1969 eine Zäsur in der Geschichte der Bundesrepublik Deutschland bedeutet hat, als die sozialliberale Koalition eine neue Regierung bildete, so kann auch die Jahreswende 1982/83 als ein wichtiger Einschnitt deutscher Nachkriegsdemokratie betrachtet werden. Zum ersten Mal gelang es, durch ein konstruktives Miß-

---

9 Vgl. D. Mahncke, Amerikaner in Deutschland. Grundlagen und Bedingungen der transatlantischen Sicherheit, Bonn – Berlin 1991; W.H. Heisenberg/D.S. Lutz (Hrsg.), Sicherheitspolitik kontrovers. Auf dem Weg in die neunziger Jahre, Bonn 1987 (Schriftenreihe der Bundeszentrale für politische Bildung, Bd. 247); D. Wellershoff (Hrsg.), Frieden ohne Macht. Sicherheitspolitik und Streitkräfte im Wandel, Bonn 1991.

trauensvotum – der CDU/CSU und FDP – im Bundestag (1. Oktober 1982) einen Bundeskanzler (Helmut Schmidt) zu stürzen und einen neuen (Helmut Kohl) zu wählen. Wachsende Spannungen in wirtschafts- und finanzpolitischen Fragen zwischen den alten Koalitionspartnern (SPD und FDP) hatten den Bruch des Regierungsbündnisses verursacht und die FDP-Führung veranlaßt, die Fronten zu wechseln. Dieser überraschende, in der Welt aufmerksam verfolgte »Machtwechsel« in Bonn wurde einige Monate später durch vorgezogene Bundestagswahlen (6. März 1983) von den deutschen Wählern sanktioniert.

Ein Schwerpunkt des neuen Regierungsprogramms betraf die Innen- und Wirtschaftspolitik, insbesondere den Abbau der wachsenden Arbeitslosigkeit. Ein anderer galt der Außenpolitik, bei der zwar die Kontinuität in der Substanz betont wurde, aber auch Hinweise auf neue Akzente, vor allem in Fragen der Methoden und des Mitteleinsatzes, unüberhörbar waren. Bundeskanzler Kohl und Außenminister Genscher ließen keinen Zweifel daran, daß für sie das feste Bündnis der freien Staaten und die Europäische Gemeinschaft das Fundament ihrer Politik bleiben würden, d. h. echte Partnerschaften, die auf gemeinsamer Überzeugung vom Vorrang der Menschenwürde und der Menschenrechte, von Freiheit und Rechtsstaatlichkeit beruhen. Als unverrückbares Ziel postulierten sie eine gerechte, gesamteuropäische Friedensordnung; nur eine solche garantierte ihrer Meinung nach einen friedlichen Wandel, die Ausübung des Selbstbestimmungsrechtes durch das ganze deutsche Volk und damit die Einheit Deutschlands.

Damit verbunden war eine Politik, die auch die strikte Einhaltung und volle Anwendung des Viermächteabkommens über Berlin (1971) sicherte, was zugleich hieß, die Bindungen Berlins an den Bund zu stärken und die Außenvertretung dieser Stadt durch die Bundesrepublik Deutschland zu wahren.

In diesen und ähnlichen Äußerungen von Regierungsmitgliedern klang schon etwas von der Akzentverschiebung an, die u. a. in der von der SPD verschiedenen Einschätzung des Bedrohungsfaktors Sowjetunion und der deutschen Frage zum Ausdruck kam. Zwar ließ die CDU/CSU-FDP-Koalition die sich wandelnden politischen Rahmenbedingungen und die realen Machtverhältnisse nicht außer acht, überdies bekannte sie sich unmißverständlich zu einer Politik des »pacta sunt servanda«, aber ungeachtet der ernsthaften Absicht, die eingeleitete Modus-vivendi-Politik mit der DDR fortzusetzen, ja möglicherweise verbessern zu wollen, sah sie gerade in den das ganze Deutschland betreffenden Vereinbarungen keine endgültige Regelungen, sondern (gestützt auf die Rechtspositionen des Grundgesetzes und die gemeinsame Erklärung der Fraktionen des Deutschen Bundestages vom Mai 1972) einen vorläufigen Zustand, den sie – langfristig gesehen – im Interesse der Wiedervereinigung friedlich überwinden zu können hoffte.

Die Rolle der Bundesrepublik Deutschland interpretierten die neuen Führungseliten in Bonn ebenso anspruchsvoll wie verpflichtend als: weltoffen, verständigungsbereit, solidarisch mit den Freunden, zuverlässig, vertragstreu und berechenbar, bereit zur verbesserten Zusammenarbeit und zum Interessenausgleich mit den Staaten des Warschauer Paktes sowie bemüht um größere Gerechtigkeit in der Dritten Welt. Einen breiten Raum in den allgemeinen Leitgedanken künftiger Politik nahm die Sicherheitspolitik ein. Für die Regierung waren starke militärische Mittel zur Friedenssicherung solange erforderlich, bis eine umfassende Abrüstung vereinbart und kontrolliert verwirklicht werden konnte. Unter den gegebenen Umständen blieb allerdings das Konzept der Abschreckung und Verteidigung auf der Grundlage des Gleichgewichts unverzichtbar. Konsequenz desselben war die strikte Durchführung des NATO-Doppelbeschlusses von 1979. Im übrigen unterstrich Bundeskanzler Kohl bei seinen Gesprächen in Moskau Anfang Juli 1983 noch einmal mit allem Nachdruck den »Imperativ deutscher Politik«, daß nie wieder ein Krieg von deutschem Boden ausgehen dürfe. Gewaltverzicht und Verzicht auf Androhung von Gewalt zählten also nach wie vor zum Kernstück deutscher Friedenspolitik. Die Koalition der Mitte wollte sich nachhaltig dafür einsetzen, Frieden in Freiheit mit immer weniger Waffen zu schaffen, ein Ziel, das in der Praxis jedoch schwierig zu verwirklichen war[10].

X. Gemeinsame Sicherheit

Im Verlaufe der Entspannungspolitik und einer wachsenden Multipolarität der internationalen Beziehungen sahen NATO und Warschauer Pakt ein, daß sie voneinander abhängig waren und nur das Konzept »gemeinsamer Sicherheit« mit einer neuen Militärdoktrin zur Absicherung der eigenen Ordnungen, defensiver Strukturen und vertrauensbildender Maßnahmen aus der Sackgasse antiquitierter Vorstellungen herausführen könnte. Das erforderte eine Offenlegung der Daten über Streitkräfte und Rüstung, einvernehmliche Bemühungen und wirkliche Abrüstungsschritte – so wie diese durch das Mittelstreckenwaffenabkommen (INF, Intermediate Range Nuclear Forces) (1987) und START II (1990), das Abkommen über die Reduzierung strategischer Waffenpotentiale (Strategic Arms Reduction Talks), deutlicher geworden sind – und eine radikalere, in mehreren Phasen durchzuführende Reduzierung der konventionellen Streitkräfte mit festgelegten Obergrenzen.

Da sich die sicherheitspolitischen Parameter außergewöhnlich gewandelt haben, mußten Ost und West umdenken und Reformen einleiten. Dabei werden die größten Schwierigkeiten in der Übergangsphase von den bisherigen multilateralen Verteidigungsbündnissen zu (langfristig gesehen) einem gesamteuropäischen Sicherheitssystem zu bewältigen sein. In diesem müssen die Gemeinschaft Unabhängiger Staaten (GUS) ebenso wie die USA und Kanada fest verankert sein. Darüber hinaus werden die Staaten bestrebt bleiben, ihre nationale Verteidigungsfähigkeit zu gewährleisten, um für alle Fälle rückversichert zu sein. Vieles spricht dafür, daß die KSZE – der Charta der Vereinten Nationen verpflichtet – einen überwölbenden Rahmen für die angestrebte neue kooperative Sicherheitsstruktur mit Verifikations-, Schlichtungs-, Kontroll-, Krisenmanagement- und Konsultationsmechanismen in Verbindung mit später einsatzbereiten integrierten Friedenstruppen bilden kann.

Die neue Lage, d.h. nach der Auflösung des Warschauer Paktes, zwang indessen auch die NATO zum Nachdenken über einen Funktionswandel. Wie wollten ihre Repräsentanten deren Existenzberechtigung (in jeder Hinsicht) einleuchtend begründen, wenn das Ende des »kalten Krieges« deklariert wurde und eine Bedrohung aus

---

10 Vgl. Auswärtiges Amt (Hrsg.), 40 Jahre Außenpolitik der Bundesrepublik Deutschland. Eine Dokumentation, Bonn 1989; H.-D. Genscher, Deutsche Außenpolitik. Ausgewählte Reden und Aufsätze 1974–1985, Bonn 1985; T.G. Ash, Ein Jahrhundert wird abgewählt, München 1990.

dem Osten so gut wie entfiel? Geboten waren der Abschied von einem antiquierten Blockdenken, der Abschreckungsdoktrin und eine Verlagerung des Schwerpunktes auf politische Aufgaben.

Das größte Dilemma hinsichtlich der Einheit Deutschlands bestand in der Frage der Vollmitgliedschaft eines Vereinten Deutschland in der NATO, denn dabei galt es die sicherheitspolitischen Interessen der Sowjetunion – auch vor dem Hintergrund der historischen Erfahrungen und der Opfer des Zweiten Weltkrieges – hinreichend zu berücksichtigen. Nachdem NATO und Warschauer Pakt sich gegenseitig zugesichert hatten, das Gegenüber nicht mehr als Gegner zu betrachten, und Gorbatschow seine Machtposition gegenüber bestimmten konservativen Kreisen in der Sowjetunion auf dem 28. Parteitag der KPdSU Anfang Juli 1990 festigen konnte, kam es überraschenderweise zu einer Einigung zwischen dem sowjetischen Präsidenten und Bundeskanzler Kohl bei deren Treffen in Seleznovodsk Mitte Juli 1990.

Das vereinte Deutschland gehört der NATO an. Als Kompensation dafür wurden Vorschläge zur Abrüstung, insbesondere deutscher Streitkräfte (Reduzierung auf 370 000 Mann), materielle Hilfe für die »Perestroika« und eine Einbindung Deutschlands in das künftige kollektive Sicherheitssystem akzeptiert. Außerdem wurde vereinbart, daß das frühere DDR-Territorium für eine Übergangszeit von westlichen Truppen freigehalten wird und sowjetischen Verbänden ein befristeter Aufenthalt (bis Ende 1994) gestattet ist.

XI. Zur Rolle des vereinten Deutschland in Europa

Mit der vor allem durch die KSZE (1975) bedingten systemöffnende Kooperation, die durch flankierende Maßnahmen zur Gewährleistung der Sicherheit abgestützt wurde, hatte sich ein grundlegender Wandel in dem friedlichen Wettbewerb der antagonistischen Systeme angebahnt. Jetzt konnten die Völker die unterschiedlichen politischen Ordnungen objektiver miteinander vergleichen und ihre Vor- bzw. Nachteile besser beurteilen. Viele begriffen, wie wenig der »real existierende« Sozialismus seinem selbstpropagierten Anspruch vor allem in der Wirtschaft gerecht geworden war. Entsprechend begehrten sie auf und kritisierten das eigene Regime. Aber es bedurfte eines Michail Gorbatschow, um aus der vertieften Einsicht in die »Deformation« und Krisenlage der UdSSR die notwendigen politischen Konsequenzen ziehen zu können. Dieser verkündete den Verzicht auf längst überholte Dogmen und formulierte unter Hinweis auf die gemeinsamen Werte der Menschheit beispiellose Erkenntnisse und neue Aufgaben sowjetischer Politik, die in dem »Neuen Denken« und der »Glasnost« – neben der »Perestroika« – zum Ausdruck kamen. Der fundamentale Umbruch in Osteuropa war ohne den »Mann des Jahrzehntes« und seine Politik nicht vorstellbar; das gleiche traf für das Aufbegehren der Bürger in der DDR (»Wir sind das Volk«) zu. Allerdings garantierte der Zusammenbruch alter Systemstrukturen noch lange nicht automatisch eine politisch stabile und ökonomisch leistungsfähige Neuordnung der osteuropäischen Staaten. Dies hat in besonders dramatischer Weise der Putsch radikalkonservativer Kräfte in Moskau im August 1991 bewiesen, der dank des tatkräftig-mutigen Handelns des russischen Präsidenten Jelzin und von Teilen der demokratisch gesinnten Bevölkerung in der sowjetischen Hauptstadt und in St. Petersburg (Leningrad) scheiterte.

Vor diesem Hintergrund muß die Außenpolitik der Bundesrepublik Deutschland in den neunziger Jahren betrachtet werden. Diese steht nach wie vor im Zeichen von Kontinuität und Wandel. Unabdingbar wie in der Vergangenheit so auch in der Gegenwart sind Westintegration, atlantische Partnerschaft und eine europäische Friedenspolitik, die diesen Namen verdient. Die grundlegenden Verträge mit der Sowjetunion (9. November 1990) und Polen (17. Juni 1991) haben diese Absicht der deutschen Regierung nachdrücklich und überzeugend unterstrichen.

Mit Recht ist auf die Ironie der Weltgeschichte hingewiesen worden, daß die Deutschen zweimal in diesem Jahrhundert versucht haben, sich einen Platz unter den Weltmächten zu erkämpfen, um die Geschichte dieser Erde maßgebend mitbestimmen zu können. Zweimal sind sie gescheitert. Nach 1949 wollte sich die Bundesrepublik Deutschland mit der Rolle einer mittleren Macht bescheiden, aber ihr wurden immer neue Verpflichtungen aufgebürdet.

Die Deutschen, die im 20. Jahrhundert durch ihr vorwiegend militantes Vorgehen die Völker Europas und sich selbst in tiefes Unglück gestürzt haben, stehen an einem Wendepunkt ihrer an Höhen und Tiefen so reichen historischen Entwicklung. Werden sie durch ihr künftiges Denken und Handeln beweisen können, wie sehr sie aus der Geschichte gelernt haben? Wenn sie – von der Wahrung innenpolitischer Stabilität und dem Streben nach größerer sozialer Gerechtigkeit einmal abgesehen –, den Großteil ihrer Energien auf das gesamteuropäische Einigungswerk konzentrieren, Osteuropa nach besten Kräften nachhaltig (finanziell und ideell) unterstützen und zugleich einer der zuverlässigsten Garanten wahrhaftiger Friedenspolitik werden würden, könnten sie den wohl bedeutsamsten Beitrag zur »Wiedergutmachung« vergangenen Unrechts leisten.

Aber gegenwärtig gibt es mehr Fragen als Antworten. Alle modernen Industriestaaten sind herausgefordert, ihre Potentiale stärker zugunsten der schwächeren Staaten und deren Stabilität einzusetzen, auch in ihrem eigenen Interesse. Das bedeutet: Auch für die Deutschen wird die weltweite Verantwortung um ein Vielfaches zunehmen. Aus dieser vertieften Einsicht die notwendigen Schlußfolgerungen zu ziehen wird zu einer der schwierigsten Aufgaben deutscher Politik gehören. Gelingen kann dies nur, wenn eine europäische Friedensordnung im Geiste der Charta von Paris (1990) entsteht, gegründet auf Rechtsstaatlichkeit, pluralistische Demokratie, Verteilungsgerechtigkeit und vertrauensvolle Kooperation. Es liegt nicht zuletzt auch an den Deutschen, ob die Völker Europas mit ihren Verbündeten künftig diesen Weg beschreiten und beispielhaft demonstrieren können, welche Verhaltensweisen in den zwischenstaatlichen Beziehungen am ehesten geeignet sind, das friedliche Überleben der Menschheit in Freiheit und mit verbesserter Lebensqualität für alle zu sichern[11].

---

11 Vgl. R. Fritsch-Bournazel, Europa und die deutsche Einheit, Bonn 1990; K. Kaiser, Deutschlands Vereinigung. Die internationalen Aspekte, Bergisch-Gladbach 1991; M. Ludwig, Polen und die deutsche Frage, Bonn 1990; E. S. Campbell, Germany's Past and Europe's Future. The Challenges of Western German Foreign Policy, Washington – New York 1989.

Karl Dietrich Bracher

Nationalsozialismus, Faschismus, Totalitarismus – Die deutsche Diktatur im Macht- und Ideologienfeld des 20. Jahrhunderts

I.

Die verhängnisvolle Entwicklung Deutschlands, die zu den Ereignissen von 1933 und 1945 geführt hat, steht in einem doppelten Zusammenhang: Sie war ganz wesentlich eine Folge der machtpolitischen Verirrungen und zugleich ideologischen Verwirrungen, die der ungelösten Problematik eines gesamtdeutschen Nationalstaats mit überstaatlichem Reichsanspruch entsprangen. Nach den »kleindeutschen« Entscheidungen von 1866 und 1870 ist die deutsche Frage mit der Niederlage der Mittelmächte 1918 erneut und verschärft aufgebrochen. Aber die nationalgeschichtliche Problematik bildet nur die eine Seite des historisch-politischen Zusammenhangs. Ebenso wichtig erscheint die europäische Dimension des Geschehens, und hier kommt dem Konflikt der politischen Ordnungen und Systeme, zumal der Auseinandersetzung um demokratische oder diktatorische Herrschaftsformen eine Bedeutung zu, die von einer traditionell staatshistorischen Betrachtungsweise eher unterschätzt wird – damals wie heute[1].

In der Tat ist unser Jahrhundert in seinen politischen wie ideellen Hauptzügen ganz wesentlich durch die Erfahrungen und Folgen des Ersten Weltkrieges geprägt worden. Was es zum Jahrhundert der Verfolger und Unterdrückten machen sollte, ist damals 1918/19 schon hervorgetreten: die Konfrontation von Rechtsstaat und Diktatur, die Epoche der politisch-ökonomischen Krisen und Zusammenbrüche, das Zeitalter der Ideologien mit Anspruch auf totale Durchsetzung, ja »des Wettstreits zwischen totalitärem Nationalismus und totalitärem Marxismus«[2], die Zeit der rechts- und linkstotalitären Verführungen und der unerhörten Massenverbrechen, die sie ermöglichten oder gar legalisierten.

Der Ausgang des Ersten Weltkriegs galt weithin als endgültiger weltpolitischer Durchbruch der modernen Demokratie. Aber nach wenigen Jahren überschattete das

---

1 Zum folgenden ausführlicher meine Bücher: Europa in der Krise, Frankfurt am Main – Berlin – Wien 1979; Die deutsche Diktatur, Köln 1984[6]; Zeit der Ideologien, Stuttgart 1985[2]; Die totalitäre Erfahrung, München 1987; Zeitgeschichtliche Kontroversen um Faschismus, Totalitarismus, Demokratie, München 1984[5]; Faschismus und Nationalsozialismus (Hrsg. mit Leo Valiani), Berlin 1991.
2 Hugh Seton-Watson, The Age of Fascism and its Legacy, in: International Fascism. New Thoughts and New Approaches, hrsg. von George L. Mosse, London 1979, S. 368 f.

Vordringen diktatorischer Bewegungen die neuformierte Staatenwelt Europas. Während die russische Doppelrevolution von 1917 rasch in die linke Einparteidiktatur des Kommunismus führte, trat zumal den neuen parlamentarischen Demokratien gleichzeitig die Kampfansage von rechts entgegen, die mit der Machtergreifung des Faschismus in Italien schon 1922 ihren ersten Triumph feierte. In der Folge, und vollends für die Entwicklung der dreißiger Jahre, rückte das Diktaturproblem ins Zentrum der politischen und ideologischen Auseinandersetzung. Und hier verdient dann auch die umstrittene Frage nach der Rolle und dem Verhältnis von Nationalsozialismus, Faschismus und Totalitarismus eine stärkere Beachtung als in der Geschichtsschreibung weithin üblich.

So wie damals die Beurteilung der rasch vordringenden diktatorischen Regime in Europa, die vor allem in den Krisen der nach dem Krieg gegründeten Nationalstaaten entstanden, die Geister getrennt und verwirrt hat, so ist auch heute noch deren Einordnung im Kreis der politischen Formen und Systeme durchaus kontrovers. Das gilt für die Ereigniszusammenhänge selbst wie für ihre Deutung und Erklärung, es gilt für deren Wirkungen und Folgen und nicht zuletzt für die politisch-moralischen Bewertungen, denen diese Geschichte unvermeidlich unterliegt: als eine Vergangenheit, die keineswegs einfach vergeht, sondern höchst gegenwärtig ist, weil ihre weiteren Konsequenzen, ihre Erfahrungen und Lehren nicht zu verdrängen sind, indem man sie für historisch erklärt, ja ihre »Historisierung« geradewegs fordert.

Das beginnt bei der politischen Sprache und ihrer Beziehung zur wissenschaftlichen Terminologie. Historisch politische Begriffsbildung kann, wie der Streit um Faschismus- und Totalitarismusbegriffe in den letzten zwei Jahrzehnten gezeigt hat, von erstrangiger Bedeutung nicht nur für die politische Bewußtseinsbildung sein, sie ist es auch für die Erforschung und Darstellung historischer Zusammenhänge selbst, die ja stets auf Auswahl und Einordnung des Geschehenen, seiner Überlieferung und Vergegenwärtigung beruht.

Der Nationalsozialismus war wie der Faschismus nach seinem Selbstverständnis eine Erscheinungsform totalitären Herrschaftsanspruchs, bestimmt sowohl durch einen militanten Antikommunismus wie durch den prinzipiellen Gegensatz zur rechtsstaatlich-pluralistischen, zur liberalen und parlamentarischen Demokratie. Wissenschaftlich fragwürdig bleibt jedoch die weitverbreitete Tendenz, ihn mit allen antikommunistisch-autoritären Bewegungen und Systemen unter den Begriff des Faschismus zu fassen. Diese Ausweitung zum Gattungsbegriff verwischt den Eigencharakter national-antidemokratischer Regime in Spanien (Franco), Portugal (Salazar), Ungarn (Horthy), Polen (Piłsudski) Rumänien (Antonescu), Österreich (Dollfuß-Schuschnigg) und Südamerika (Peron). Vor allem aber sind italienischer Faschismus und deutscher Nationalsozialismus trotz Ähnlichkeiten und Wechselbeziehungen nach Ursprung, Erscheinungsform und Zielen primär nationalgebunden und gerade in ihrer Eigenart und Verschiedenheit erst voll zu erfassen. Wie alle totalitären Bewegungen ein Produkt des 20. Jahrhunderts und konkret des Ersten Weltkrieges, ist der Nationalsozialismus aus spezifischen politischen, sozioökonomischen und geistigen Bedingungen der deutschen Modernisierungsgeschichte entstanden; seine herrschaftspolitische Verwirklichung vollzog sich in dem Faschismus vergleichbaren, doch graduell und qualitativ verschiedenartigen Formen; die politisch-ideologischen Ziele divergierten ebenfalls weitgehend. Der italienische Faschismus erstrebte eine Totalisierung des Staates und die (eher traditionalistische) Wiedergewinnung des »Impero Romano«. Es war die Mobilisierung von Bedürfnissen und Sehnsüchten nach etwas, was man nicht hatte: das Ziel, einen seit dem Ende des Römischen Reiches schwachen Staat stark zu machen, um wieder »Rom« zu sein. Im Nationalsozialismus hingegen dominierte der geopolitisch und biologisch begründete Drang zur völkischen Einheit, um nach der Reichsgründung von 1871 und dem Rückschlag von 1918 einen betont starken Staat einzusetzen als Instrument einer überstaatlichen, revolutionär verstandenen rassistischen Expansions- und Lebensraumidee, die über alle traditionellen Staats- und Herrschaftsgrenzen hinausging.

Der Aufstieg des Nationalsozialismus war durch die Probleme der demokratischen Entwicklung in einem starken Obrigkeitsstaat, durch die Empörung gegen die Niederlage von 1918 und den Versailler Friedensvertrag sowie durch den zur Lebensraumidee gesteigerten großdeutschen Reichsgedanken geprägt. Die politisch-sozialen Krisen der Weimarer Republik ermöglichten den charismatisch stilisierten Aufstieg eines »Führers«, des vom österreichischen Antisemitismus und Antislawismus, zugleich von Bewunderung gegenüber der preußisch-deutschen Machtpolitik geprägten Kriegsveteranen Adolf Hitler (1889–1945), der das rassistische Herrschaftsprinzip über einen autoritären Staatsbegriff hinaus zum totalitären Ziel erhob. Ganz anders als im Falle des italienischen Faschismus oder verwandter Regime geschah dies in einem hochindustrialisierten, zwar sozial und konfessionell zerklüfteten, doch ökonomisch und militärisch potenten Land, in dem die Furcht eines breiten Bürgertums vor dem Absinken ins Proletariat, die antibolschewistische Bollwerkspropaganda und das politisch-soziale Ordnungsdenken besondere Wirkung entfalten konnten.

Das Programm des »nationalen Sozialismus« (1920) bot schon im Begriff, der die Synthese der beiden stärksten Tendenzen der Epoche verhieß, eine große integrierende Weltanschauung – im Unterschied zum Faschismusbegriff, dessen Anwendung auf den Nationalsozialismus eher bagatellisierend wirkt und jedenfalls dessen »substantiellen« Anspruch, die revolutionäre Anziehungskraft und die von der Linken heftig bestrittene antibürgerliche, sozialistische Komponente nicht zum Ausdruck bringt. Die Bezeichnung des Nationalsozialismus als »deutscher Faschismus« wird denn auch vor allem von marxistischen Agitatoren und Theoretikern, freilich mit erheblichem Einfluß auf die weitere wissenschaftliche Diskussion zumal der letzten 20 Jahre, mit geradezu fanatischem Nachdruck propagiert; sie dient der Verfemung des Totalitarismusbegriffs und soll den unliebsamen Blick auf revolutionäre oder sozialistische Komponenten verhindern: entsprechend dem Monopolanspruch der Linken auf die Revolutions- und Sozialismusparole, den der Nationalsozialismus so empfindlich durchkreuzt.

Die Ideologie des Nationalsozialismus – wie der Bolschewismus eine Form politischer Religion – suchte den Aufstieg einer klassenlosen, antiparteilichen Sammelbewegung durch ebenso umfassende wie radikale Kampf- und Ordnungsvorstellungen zu begründen, die verschiedensten Interessen und Bedürfnissen Erfüllung versprachen: die Versöhnung der Arbeitermassen mit dem modernen Nationalismus; durch sozial-imperiale Verheißungen die totale Einigung in einer »Volksgemeinschaft« anstelle des demokratischen Pluralismus und des Klassenkampfes als Lösung der politisch-sozialen Probleme des Massenzeitalters; die ambivalente Verbindung von romantisch-rückwärtsgewandten und technisch-modernistischen Motiven; militärisches und rassisches Denken zur Mobilisierung und zum Zusammenschweißen der »Blutsnation« gegen alle fremden, »minderwertigen« Elemente; der populäre Kampf gegen Versailles, gesteigert vom Revisionismus zum Expansionismus, zur Forderung nach größerem »Lebensraum« für die angeblich rassisch überlegenen Deutschen, Germanen, Arier, der globalen Endvision des Nationalsozialismus; schließlich Führungsprinzip und Führerkult als zentrales Strukturprinzip sowie der biologische Antisemitismus als die vom Religiösen ins Politische und Soziale übersetzte absolute Feindvorstellung, wie sie totalitäre Bewegungen zur Lenkung und Ablenkung der mobilisierten Aggressivität brauchen: Rassenfeind statt Klassenfeind.

Die Machteroberung des Nationalsozialismus und der Aufbau des »Dritten Reiches« haben sich als pseudodemokratische Machtergreifung, die im paradoxen Begriff der »legalen Revolution« Traditionelles und Revolutionäres verband, ungleich schneller vollzogen als im Faschismus. Schon nach fünf Monaten (Juli 1933) war das Einparteisystem, ein Jahr später die Omnipotenz des Führerstaates mit der Unterwerfung aller Bereiche des sozialen und geistigen Lebens besiegelt. Zwar blieb ein Dualismus zwischen Partei und Staat, zahlreiche Rivalitäten und Kompetenzkonflikte dauerten fort. Aber deshalb von bloßer Improvisation oder anarchischer »Polykratie« zu sprechen und die totalitäre Grundstruktur zu leugnen verkennt die zentrale Rolle Hitlers, dessen Stellung als oberste Instanz und Abgott des Systems dadurch noch gestärkt wurde. An die Stelle jeder staatlich-rechtlichen Ordnung trat schließlich der Führerbefehl, der überstaatliche SS-Staat, und im Unterschied zum Faschismus stand auch eine friedliche Ablösung Hitlers nie zur Debatte, blieben allein das (nach mehreren Versuchen am 20. Juli 1944 gescheiterte) Attentat und die totale militärische Niederlage.

Von den einflußreichen Organisationen haben sich nur die Kirchen zeitweilig der vollen Gleichschaltung entzogen. Neben der fast lückenlosen »Erfassung« der Bevölkerung durch NS-, Partei- und Berufsgliederungen entstand im Eliteverband der SS ein Machtapparat, der in der perfektionistischen Verfolgungs- und Vernichtungspraxis (SS-Staat) der Konzentrationslager wie in expansiver Germanisierungspolitik die totale Verwirklichung des nationalsozialistischen Idealreiches nach dem »Endsieg« sicherstellen sollte. Dem entsprach der kriegerische Angriff, der seit 1938 zuerst revisionistische, dann imperial-rassistische Ziele verfolgte, mit dem Höhepunkt der Herrschaft über den Großteil von Europa (1942) und der brutalen »Endlösung der Judenfrage«. Vorhandene Widerstandsbewegungen wurden erst wirksam, als das totalitäre System militärisch von außen zerbrochen wurde.

II.

Was 1918 in verhängnisvollen Ansätzen als Gedanke und Ferment, als technische Möglichkeit oder extreme Konsequenz bereits vorhanden war, brachten dieses totalitäre Herrschaftssystem und sein Zweiter Weltkrieg zur »Durchführung« im brutalen Sinne der NS-Sprache. Dabei liegen die historischen Unterschiede gewiß auf der Hand. 1914–18 bezeichnete eine tiefe Krise für die Fortschrittswelt des 19. Jahrhunderts, und dies nicht nur wegen der Beharrungskraft noch monarchisch-feudal bestimmter alter Regime[3] oder eines eher Sich-Treiben-Lassens im Strom der Bewegungen[4], sondern durchaus auch schon als »Krise des bürgerlichen Zeitalters«, wie bereits seit der Jahrhundertwende Parolen von links und rechts kündeten[5]. Aber die zeitgenössischen Prognosen des neuen Jahrhunderts sprachen zugleich ebenso emphatisch von einer künftigen Welt entweder der allgemeinen Demokratie oder des unaufhaltsamen Sozialismus oder aber eines neuen Cäsarismus im Zeichen des nun radikal zu verwirklichenden Nationalismus. Hinter dem vielzitierten Aufbruchsgeist der »Ideen von 1914«[6], mit dem der Krieg begonnen hatte, stand beides: der Sturz der Staaten Europas von der Selbstvergötterung in die Selbstzerstörung des Bisherigen, aber auch der Antrieb zu immer neuen Wellen der Modernisierung und zu revolutionären Veränderungen der materiellen wie der geistigen Welt.

Aber Kommunismus, Nationalismus, Rassismus und schließlich die Möglichkeiten nicht nur autoritärer, sondern totalitärer Diktaturen von bislang ungekannter Intensität sind nicht zu denken ohne jene »Brutalisierung der Politik« im Ersten Weltkrieg, die George Mosse im Blick auf die deutsche Entwicklung der zwanziger und dreißiger Jahre hervorgehoben hat[7]. Wenn im Hinblick auf diesen Zusammenhang der beiden Weltkriege sogar von einer bloßen »Zwischenkriegszeit«, ja von einer modernen Version des Dreißigjährigen Krieges 1914 bis 1945 gesprochen wurde, so ist daran richtig, daß der Zweite Weltkrieg vor allem im Kopf seines Entfesselers Adolf Hitler mindestens die weltpolitische Korrektur der deutschen Niederlage von 1918 – und überdies noch der großdeutschen imperialistischen Defizite des Kaiserreichs – sein sollte.

Auch wurde bereits der Erste Weltkrieg mit einem großen Aufwand an innenpolitischen und geistigen Mitteln bestritten; mit einer psychologischen Kriegführung, deren Bedeutung den jungen Hitler nachhaltig inspiriert hat. So bildete schon 1914 in seiner Zuspitzung zu ökonomischen, gesellschaftlichen und ideologischen Konfrontationen eine »Wasserscheide« für die großen gegensätzlichen Strömungen des Jahrhunderts, und ihr höchster Punkt war im weltgeschichtlichen Auftreten der beiden so unterschiedlichen Visionäre und Utopisten von 1917/18, Wilson und Lenin, erreicht. Unmittelbar daran knüpfte aber zugleich das Auftreten der beiden Ideologen des Zweiten Weltkrieges, Mussolini und Hitler, an; es vollendete den Auf-

3 So Arno J. Mayer, The Persistence of the Old Regime. Europe to the Great War, New York 1981.
4 Vgl. Andreas Hillgruber, Der historische Ort des Ersten Weltkrieges, in: Manfred Funke/ Hans-Adolf Jacobsen/Hans-Helmuth Knütter/Hans-Peter Schwarz (Hrsg.), Demokratie und Diktatur, Düsseldorf und Bonn 1987 (Schriftenreihe der Bundeszentrale für politische Bildung, Bd. 250), S. 109 ff.
5 Vgl. Karl Dietrich Bracher, Geschichte und Gewalt, Berlin 1981, S. 151 ff. (»Ende des bürgerlichen Zeitalters?«). Zum weiteren auch meine Aufsätze: Der historische Ort des Zweiten Weltkrieges, in: Klaus Hildebrand/Jürgen Schmädeke/Klaus Zernack (Hrsg.), 1939. An der Schwelle zum Weltkrieg, Berlin – New York 1990, S. 347 ff.; Nationalsozialismus, Faschismus und autoritäre Regime, in: Gerald Stourzh/Birgitta Zaar (Hrsg.), Österreich, Deutschland und die Mächte, Wien 1991, S. 1 ff.
6 Dazu jetzt besonders Hans Maier, Ideen von 1914 – Ideen von 1939? Zweierlei Kriegsanfänge, in: Vierteljahrshefte für Zeitgeschichte, 38 (1990), S. 525 ff.
7 George L. Mosse, Der Erste Weltkrieg und die Brutalisierung der Politik, in: M. Funke/ H.-A. Jacobsen/H.-H. Knütter/H.-P. Schwarz (Anm. 4), S. 127 ff. Zur Bedeutung von 1918/19 vgl. Francis L. Carsten, Revolution in Mitteleuropa 1918–1919, Köln 1973.

marsch der großen, konträren politischen Lager in den zwanziger Jahren: Kommunismus, Demokratie, Faschismus und Nationalsozialismus.

Mit dem ideologisch zugespitzten, sozio-ökonomischen und massenpolitisch begründeten Dauerkonflikt zwischen demokratischen, autoritären und totalitären Tendenzen und Regimen, zwischen liberalem, konservativem und revolutionärem Politikverständnis ist eine schon ältere Problematik, die auf die Glaubens- und Revolutionskriege der früheren Neuzeit zurückweist, in ein neues Stadium getreten. Denn seit den bevölkerungs- und wirtschaftspolitischen Umwälzungen im Gefolge der industriellen Revolution stehen sich nicht mehr einzelne Regierungen und Herrscher, sondern ganze Völker gegenüber. Es sind nun Staaten, deren Außenpolitik im Zeichen der Tendenz zu allgemeiner Demokratisierung und des zunehmenden Gewichts der »öffentlichen Meinung«, der Parlamente, Parteien und Interessengruppen, sehr wesentlich von der Innenpolitik bestimmt oder beeinflußt ist.

Diese neue Situation hat auch den Charakter der internationalen Politik grundlegend verändert: Innere Bewegungen, Stimmungen, Ideologien gewinnen an Gewicht auch für die zwischenstaatlichen Beziehungen. Und gerade die diktatorisch regierten Systeme können und wollen sich, mag ihre innere Struktur noch so autoritär oder totalitär sein, diesen neuen, massen-»demokratischen« Bedingungen politischer Motivation und politischen Handelns nicht entziehen. Im Gegenteil, sie legen um der inneren Festigung der Diktatur willen sogar besonderen Nachdruck auf die unlöslich gewordene Verflechtung von Innen- und Außenpolitik: Sei es, daß sie die innere Gleichschaltung und Mobilisierung der Bevölkerung ganz im Hinblick auf eine letztlich uferlose, utopische Expansion betreiben wie der Nationalsozialismus, sei es, daß sie eine zunächst »defensive« Außenpolitik im Namen »friedlicher Koexistenz« zur Infiltration und Zersetzung der Politik anderer Staaten benützen wie etwa die Sowjetunion mit ihrer Kombination von Klassenkampf- und Friedenspropaganda.

Auch die zentrale Frage, warum sich gerade in Deutschland die nationalsozialistische Diktatur durchgesetzt hat, muß einen dichten Zusammenhang verschiedenartiger, auf keine einzige Ursache reduzierbarer Faktoren berücksichtigen, den jede monokausale Betrachtungsweise verfehlt, sei sie noch so suggestiv auf gängige Kapitalismus-, Faschismus- oder Sozialismustheorien gegründet und noch so verführerisch bereit, definitive Erklärungen zu liefern.

Zwar stand die Politik noch immer im Zeichen des Ringens um europäische Hegemonie, nun aber zudem um ideologische Revolutionierung. Die moderne Wirtschaft hatte mit der Technisierung gerade auch des Krieges Massenkräfte entfesselt und dem Staat Mittel zu ihrer Mobilisierung und Lenkung verfügbar gemacht, die von diktatorischen Regimen mißbraucht werden konnten. In der kolonialen Konkurrenz der Mächte, im imperialen Anspruch der »zu spät« gekommenen Nationen Deutschland, Italien und Japan steckten Bewegungskräfte, die nach der ersten Explosion von 1914 und den Krisen der Nachkriegszeit verschärft wurden durch das Auftreten radikaler, pseudoreligiös fanatisierter Bewegungen mit diktatorischem Anspruch. Sie standen im Zeichen einer noch gesteigerten Entfaltung technischer wie numerischer Potenzen und eines Höchstaufwandes an innenpolitischen, wirtschaftlichen und geistig-psychologischen Mitteln, schließlich einer ideologischen Radikalisierung des Vernichtungswillens, die auch den Ersten Weltkrieg weit hinter sich ließ.

Verhängnisvoll war, daß die geistige und moralische Bewältigung der neuen Bedingungen nicht Schritt zu halten vermochte mit der Ausdehnung der Politik nach innen und außen. Trotz eines Aufschwungs des Demokratie- und Friedensgedankens stellten Nationalismus und Imperialismus weiterhin die wirkungsmächtigen Maßstäbe und Leitbilder, so sehr sich Umstände und Formen der Politik wandelten. Die Diskrepanz zwischen der neuen Weltlage und dem alten machtstaatlichen Denken wurde noch gesteigert in dem Maße, in dem die demokratische Parole vom Selbstbestimmungsrecht der Völker in ein Argument der Intoleranz, in ein Mittel zur Unterdrückung von Minderheiten verkehrt wurde. Das war schon in den fragwürdigen Friedensschlüssen von 1919 geschehen, und so verlor der Selbstbestimmungsgedanke im Augenblick der Verwirklichung unter dem anhaltenden Druck der Kriegspsychose seinen ursprünglichen geistig-moralischen und demokratischen Wert.

Die äußerste Konsequenz dieser Spannung zwischen gewandelter Welt und ungebrochenem Machtdenken war jene Übersteigerung eines ideologisierten Nationalimperialismus, die im Faschismus und Nationalsozialismus gipfelte. Ihr Ursprung lag, wie die Entwicklungsgeschichte ihrer Führer, in den Vorkriegs- und Kriegsjahren um 1914: in der Überhitzung und Machiavellisierung der Machtpolitik, einer radikalen Freund-Feind-Ideologie nach innen und außen, einer naturalistischen Anschauung vom Wesen der Politik, mit dem Glauben an die notwendige Ausdehnung und Abrundung eines autonomen »Lebensraumes«. Solche Ideen, ausgebrütet wie der moderne Antisemitismus in den siebziger und achtziger Jahren des 19. Jahrhunderts, waren der Nährboden, aus dem besonders Hitler seine »Weltanschauung« mit monomaner Konsequenz gezogen hat.

III.

Schon seit den frühen zwanziger Jahren hatte sich im veränderten Staatensystem Europas jene Konfrontation herausgebildet, die charakteristischer erscheint als die 1918 beschworene Alternative von Revolution und Gegenrevolution: die Konfrontation von Demokratie und Antidemokratie. In ihr treten zugleich die Unterschiede zwischen alten und neuen Demokratien hervor: zwischen den Staaten West- und Nordeuropas einerseits, Mittel-, Ost- und Südeuropas andererseits – und nicht zuletzt zwischen den Siegermächten und den Besiegten oder den mit dem Sieg Unzufriedenen wie auch Italien und Japan. Diese Tendenzen haben dann zumal nach der Weltwirtschaftskrise in den dreißiger Jahren eine entscheidende Rolle bei der Frontbildung gespielt, in der sich der innenpolitische Sog autoritärer und totalitärer Bewegungen zur außenpolitischen Vorgeschichte des Zweiten Weltkriegs verdichtete.

In Italien wurde nach dem linken Signal der Oktoberrevolution zuerst das Signal einer ebenso emphatischen rechten »Machtergreifung« manifest. Freilich kam auch Mussolini aus dem revolutionären Sozialismus: Sein »Faschismus« war nach Struktur und Wirkung sehr viel komplexer, als es das linke Schlagwort »Konterrevolution« nahelegt. Im Schoß der antidemokratischen Bewegung wurden hier vielmehr *gleichzeitig* jene zwei bedeutungsgeladenen, von Verführung und Terror geprägten Begriffe entwickelt, die in den Auseinandersetzungen des Jahrhunderts so umstritten wurden: Faschismus und Totalitarismus[8]. In der Nachkriegspolitik Italiens, die vom Durcheinander revolutionärer und nationalistischer, pro- und antikommunistischer Parolen und Aspirationen erschüttert wurde, setzte sich erstmals eine jener neuen Massenbewegungen durch, die mit einer an alle Klassen apellierenden Kombination konservativer und progressiver, antikommunistischer und staatssozialistischer Ziele zumal die liberale Demokratie bekämpften: Sie waren das eigentlich neue Phänomen der Zwischenkriegszeit, aus dem eine neue Form der Diktatur, die totalitäre, erwachsen sollte. Die Bedeutung dieser hochideologisierten Massenbewegungen und »absolutistischen Integrationsparteien«[9] liegt aber auch darin, daß sie eine neuerliche letzte Übersteigerung nationalimperialer Machtpolitik in Europa ermöglichten – und dann ihren tiefsten Fall bewirkten. Der besondere Beitrag des Faschismus zur modernen Geschichte war in der Tat die zumal für die Linke unerwartete Entdeckung, daß Antimarxismus und Antiliberalismus zugleich, ja gerade als Mixtur große Anziehungskraft auf die Massen ausüben konnten. Das setzte aber die Zauberformel des »nationalen Sozialismus« voraus, die eine Alternative zu Marxismus und Kapitalismus, Liberalismus und Kommunismus gleichermaßen (gegen »Rotfront und Reaktion«), jenen »Massen« nationale *und* soziale Erfüllungen im nationalrevolutionären Gewand anzubieten hatte.

Der Nationalsozialismus in Deutschland brachte diesen Anspruch schon in seiner Selbstbezeichnung klarer und radikaler zum Ausdruck und ist keineswegs einfach als »deutscher Faschismus« zu verstehen. Seine »Revolution von rechts« (Hans Freyer)[10] bedeutete mehr als jene simple Konterrevolution, von der die linken Gegner so verhängnisvoll unterschätzend sprachen; ihr Urteil war geprägt und besetzt durch den Mythos von der »guten« Revolution, entsprechend dem französischen Modell oder gar dem leninistischen Totalanspruch, seltener dem gemäßigten amerikanischen Ideal. Liberale Interpreten wiederum zögerten aus moralischen und intellektuellen Gründen, den Revolutionsbegriff auf den Typus der NS-Machtergreifung anzuwenden, auch wenn sie den marxistischen und kommunistischen Alleinanspruch auf die gute oder echte Revolution ablehnten, der noch heute simplifizierend zwischen rechtem Putsch und linker Revolution unterscheidet. Gewiß haben die Nationalsozialisten selbst sich als den großen Gegenschlag gegen die Französische Revolution gesehen, und bei der Machtergreifung 1933 verkündete Goebbels emphatisch: »Damit wird das

---

8 Vgl. Jens Petersen, Die Enstehung des Tolitarismusbegriffs in Italien, in: Manfred Funke (Hrsg.), Totalitarismus (Bonner Schriften zur Politik und Zeitgeschichte 14), Düsseldorf 1978, S. 105 ff.; K.D. Bracher, Zeitgeschichtliche Kontroversen (Anm. 1), S. 13 ff.; ders., Schlüsselwörter in der Geschichte, Düsseldorf 1978, S. 103 ff.

9 So schon 1932 Sigmund Neumann, Die Parteien der Weimarer Republik (Berlin 1932), Neuaufl. Stuttgart 1965, S. 107. Zum (italienischen) Faschismus vor allem die Werke von Renzo De Felice. Vgl. auch meinen Artikel »Faschismus«, in: Staatslexikon, Bd. 2, Neuaufl. Freiburg – Basel – Wien 1986, Sp. 549 ff.

10 Die gleichnamige Schrift Freyers erschien 1931. Dazu jetzt besonders Jerry Z. Muller, The Other God That Failed, Princeton 1987, S. 193 ff. Zur historischen Faschismus-Nationalsozialismus-Diskussion auch Gerhard Schulz, Faschismus – Nationalsozialismus. Versionen und theoretische Kontroversen 1922–1972, Frankfurt am Main – Berlin – Wien 1974. Zur Revolutionsfrage Leo Valiani, Il fascismo: controrivoluzione e rivoluzione, in: Karl Dietrich Bracher/Leo Valiani (Hrsg.), Fascismo e nazionalsocialismo, Bologna 1986, S. 11 ff.

Jahr 1789 aus der Geschichte gestrichen.«[11] Doch sie sprachen gleichzeitig nicht ohne Grund von ihrer »legalen« wie »nationalen Revolution«. Dies zu verkennen oder unterschätzen bedeutete einen ähnlichen Denkfehler wie jene Kritik am Totalitarismusbegriff, die sich auf die Verschiedenheiten linker und rechter Diktaturen beruft. Auch qualitative Unterschiede in geistiger oder gar moralischer Hinsicht bedeuten keinen entscheidenden Einwand, sofern die Form der ideologisierten Einparteienherrschaft und ihre brutalen Auswirkungen auf die Beherrschten und Verfolgten vergleichbar sind. Dabei erwies sich in Deutschland der Nationalsozialismus mit seinen revolutionären und zugleich pseudodemokratischen Stoßkräften als überlegen sowohl im Kampf mit der Republik wie auch gegenüber der Diktaturkonkurrenz der Kommunisten – und schließlich seit 1938 auch der des Faschismus.

Wir sehen uns also in den dreißiger Jahren drei verschiedenen Formen antidemokratischer Bewegung und Herrschaft gegenüber. Da war der faschistische Nationalimperialismus italienischer Prägung, in der Realität freilich nur ein »totalitarismo imperfetto«[12], von anderen, imitierenden »Faschismen« abgehoben durch die starke Betonung des möglichst totalen Staates und der römisch-imperialen Tradition. Da waren sodann die zwei ausgeprägten Totalitarismen in der Sowjetunion und im »Dritten Reich«, die nicht nur auf ein ungleich radikaleres Unterdrückungsregime zielten, sondern auf einer klassen- und weltrevolutionären oder auf einer sozialdarwinistisch- und rassenrevolutionären Totalideologie pseudoreligiöser Art beruhten. Und da war schließlich das weite Feld autoritärer Diktaturen, zu denen sich im Schatten sowohl des italienischen Faschismus wie des deutschen Nationalsozialismus seit 1933/34 auch Österreich gesellte[13]. Dabei stammten nicht nur Hitler und sein Antisemitismus, sondern auch die frühesten Anfänge des Nationalsozialismus aus dem alten Österreich, was eine ambivalente Spannungslage ergab.

Der österreichische Ständestaat von 1934 bis 1938 in seiner bürgerkriegsnahen, zwangspolitischen Zwischenstellung zwischen Faschismus und Nationalsozialismus war bewußt demokratiewidrig, aber er war auch betont antitotalitär, verstand sich als ein Abwehrregime, das der autoritären Struktur bedurfte – ob diese nun (im Sinne Othmar Spanns) als Staatsideal oder nur als verlängertes Notstandsregime betrachtet wurde, in dem sich auch Kritiker des Nationalsozialismus, politisch und rassisch Verfolgte aus Deutschland aufhielten, bis sie 1938 erneut flüchten mußten oder – wie

---

11 Revolution der Deutschen, Oldenborg 1933, S. 155 (Rundfunkrede am 1. April 1933). Vgl. Karl Dietrich Bracher u. a., Die Nationalsozialistische Machtergreifung, Opladen 1962, S. 7 ff.; ders., Zeitgeschichtliche Kontroversen (Anm. 1), S. 68 ff. (zur Ambivalenz Tradition und Revolution); David Schoenbaum, Hitler's Social Revolution, New York 1966; auch Renzo De Felice, Mussolini il Rivoluzionario, Turin 1965; sowie Eugen Weber, Revolution? Counterrevolution? What Revolution?, in: Journal of Contemporary History, 9 (1974), S. 3 ff.

12 Vgl. Emilio Gentile, Partito, Stato e Duce nella mitologia e nella organizzazione del fascismo, in: K.D. Bracher/L. Valiani (Anm. 10) S. 293 f.; Konrad Repgen, Artikel »Faschismus«, in: Katholisches Sozialexikon, Innsbruck – Graz 1980, Sp. 699 ff.

13 Vgl. Juan J. Linz, Totalitarian and Authoritarian Regimes, in: Fred I. Greenstein/Nelson W. Polsby (Hrsg.), Handbook of Political Science, Vol. 3, Reading, Mass., 1975, S. 175–411; Juan J. Linz/Alfred Stepan (Hrsg.), The Breakdown of Democratic Regimes, Vol. 2: Europe, Baltimore – London 1978, S. VII ff.; sowie besonders der Beitrag von Walter B. Simon über Österreich, ebenda, S. 80 ff.; Alfred Ableitinger, Artikel »Autoritäres Regime«, in: Katholisches Sozialexikon (Anm. 12), Sp. 209 ff.

etwa Eugen Kogon, einst Doktorand Spanns – ins großdeutsche KZ verschleppt wurden[14].

Näher dem Faschismus als dem Nationalsozialismus stehend, wie diese aber antikommunistisch und auch antiliberal, suchten alle autoritären Regime der Zwischenkriegszeit vor allem den Staat zu stärken und zu stabilisieren im Dienste einer nationalen Integration: angesichts der Drohung des Kommunismus oder Nationalsozialismus, aber auch nationalistisch-revisionistischer Spannungen mit den Nachbarstaaten sowie des Drucks und Gewichts der Großmächte, die man zu fürchten hatte – eine Furchtvorstellung der »kleinen Staaten«, die sich autoritäre Politik zunutze machte, damals in Europa, heute in Lateinamerika (nun mit dem Schreckgespenst des »US-Imperialismus«).

Aus der doppelten Antistellung gegen liberale Demokratie und totalitäre Diktatur samt dem Anspruch auf einen autoritär gesteuerten »dritten Weg« resultiert denn auch die Vagheit, Unklarheit, Verschwommenheit der Verfassungsprogramme, die über das Notstandregime hinauszuweisen suchten: so in Deutschland Papens gescheitertes Konzept des »Neuen Staates« von 1932, so auch die Mai-Verfassung des Dollfuß-Regimes von 1934[15].

Daß das Dollfuß-Schuschnigg-Regime überdies keine Massenloyalität mittels einer mobilisierenden und integrierenden nationalen Ideologie zu gewinnen vermochte, lag aber vor allem an der trotz Furcht vor dem »Dritten Reich« andauernden Stärke des großdeutschen Gedankens, der in allen politischen Lagern virulent blieb: viel populärer als die künstliche Affinität, die der Ständestaat und in ihm besonders die Heimwehr Starhembergs zum italienischen Faschismus pflegte – ohnehin belastet durch Erinnerung an die Kriegsgegnerschaft und das Südtirolproblem. Und doch war das Regime Mussolinis als Gegengewicht zur Macht NS-Deutschlands zumal nach der Ermordung von Engelbert Dollfuß 1934 durchaus wirksam, bevor die prekäre Balance, durch das deutsche Übergewicht in der »Achse Berlin–Rom« abgelöst, dann seit 1936 zunehmend verlorenging.

Auch der Ausbau des Francoregimes während des Bürgerkriegs und in den Jahrzehnten danach ist so wenig wie die Diktatur Salazars und andere Varianten der autoritären Welle mit dem Begriff des Faschismus zu erfassen[16]. Nur die Falange, deren sich Franco gelegentlich bediente, war eine faschistische Bewegung; aber sie ver-

14 Vgl. Othmar Spann, Der wahre Staat, Wien 1921. Vgl. aus seiner Schule etwa Walter Heinrich, Ständische Ordnung und Diktatur, in: Jahrbücher für Nationalökonomie und Statistik, 136, 3. F. 81 (1932), S. 868 ff. Eine frühe deutsche Parallele: Heinrich Herrfahrdt, Das Problem der Berufsständischen Vertretung von der Französischen Revolution bis zur Gegenwart, Stuttgart – Berlin 1921, S. 181 ff. Vgl. K.D. Bracher, Zeit der Ideologien (Anm. 1), S. 253–262.
15 Karl Dietrich Bracher, Die Auflösung der Weimarer Republik. Eine Studie zum Problem des Machtverfalls in der Demokratie, Neuauflage Düsseldorf 1984[7], S. 471 ff. Zu den ideellen und ökonomischen Bedingungen die Darstellung von Ulrich Kluge, Der österreichische Ständestaat 1934–1938, München 1984; A. Ableitinger (Anm. 13), S. 214.
16 Vgl. die Darstellungen von Stanley Payne, A History of Spain and Portugal, 2 Bde., Madison, Wisconsin 1973; Raymond Carr (Hrsg.), The Republic and the Civil War in Spain, New York 1971; Hugh Thomas, Der spanische Bürgerkrieg, Stuttgart 1962; sowie Richard Konetzke, Die iberischen Staaten vom Ende des I. Weltkriegs bis zur Ära der autoritären Regime 1917–1960, in: Theodor Schieder (Hrsg.), Handbuch der europäischen Geschichte, Bd. 7/I, Stuttgart 1979, S. 663/698.

mochte nie einen größeren Anhang, geschweige denn die Kontrolle über das System zu erringen. Dazu fehlte ihr nicht nur, nach dem Tode des jüngeren Primo de Rivera (1936), der unentbehrliche charismatische Führer. Außerdem waren die Entstehungsverhältnisse des spanischen Regimes dazu wenig geeignet: Der antidemokratische Militärputsch hatte keine faschistische Massenbewegung, und die konservativen Mächte behielten weitgehend Kontrolle über die autoritäre Diktatur, die sie errichteten. Gerade dieser Fall (wie auch der Österreichs) zeigt aufs deutlichste, wie falsch eine Erklärung ist, die den Faschismus nur als das ausführende Organ reaktionärer oder kapitalistischer Mächte sieht: Faschistisch oder nationalsozialistisch waren die entsprechenden Bewegungen und Regime gerade und erst dadurch, daß sie sich von diesen »reaktionären« Mächten abzuheben und als Parteidiktatur eigene Ziele durchzusetzen vermochten.

In Spanien war die Lage in dieser Hinsicht grundlegend verschieden von der Italiens oder Deutschlands. Es ging nicht um große ideologische Ziele, sondern vorwiegend um die Wiederherstellung und Sicherung des vordemokratischen, vorrepublikanischen Systems, um das konservative Establishment. Und auch die Person des Diktators war fast ein Zufall. Unter den verschiedenen konspirierenden Politikern und Generalen kam Franco erst in Frage, als die Führer erster Wahl umgekommen waren. Es war die spanisch-lateinamerikanische Tradition des Caudillo, des erfolgreichen Generals, an die hier angeknüpft wurde, und auch die Einbeziehung und Umformierung der Falange im Rahmen einer nationalen Sammelbewegung, für die Franco im April 1937 sorgte, machte diese eigene Prägung der spanischen Diktatur deutlich. Als international eher vorsichtiger Politiker unterschied sich ihr Staatschef diametral von den ideologisch-revolutionär agierenden Massendemagogen in Rom und Berlin. Die Haltung im Zweiten Weltkrieg ließ dies noch deutlicher hervortreten, während Franco natürlich im Bürgerkrieg jede Hilfe aus Italien und Deutschland akzeptierte.

Die spanische Version der Antidemokratie, die Diktatur Francos, hat ihre Wirkung auf die lateinamerikanischen Länder gewiß nicht verfehlt: vom Peronismus bis zu den lateinamerikanischen Militärregimen von heute. Im Rahmen Europas aber blieb sie ein Sonderfall. Ihre Bedeutung liegt darin, daß der spanische Bürgerkrieg als *Vor*spiel zum Zweiten Weltkrieg, als Generalprobe der ideologischen Fronten betrachtet werden konnte, die mit dem *Triumph* der neuen Diktatoren endete. Als Diktatur aber blieb das Francoregime weit entfernt vom ideologisch-revolutionären Rechtsradikalismus, fast so weit wie das Regime Salazars. Der Rückweg in die Monarchie war dann auch Francos letzte Antwort auf die Frage nach Ziel und Richtung dieses Systems. Was schließlich das Salazarregime angeht, bleibt es ein interessantes Unikum, daß gerade diese Altvariante der autoritären Welle, die im Jahr ihres Erscheinens 1932 durchaus mit anderen Ständestaatsversuchen vergleichbar erscheinen mochte, bis in die siebziger Jahre überdauerte: wie eine Versteinerung der antidemokratischen Ära, ja der vordemokratischen Ordnungsidee. Daß sie freilich nicht nur einer fernen Vergangenheit angehörte, zeigten die alt-neuen Diktatoren Lateinamerikas – und auch die autoritären Strukturen im kommunistischen Osteuropa.

Die Agonie der Demokratie in den dreißiger Jahren erwies sich als schwerer Schlag für die Hoffnungen, die an die Verwirklichung der nationalen Selbstbestimmung geknüpft waren. Es zeigte sich, daß diese nicht zwingend oder auch nur wahrscheinlich zur Ausbildung und Festigung demokratischer Systeme führte. Das Verhältnis von Nationalismus, Nationalstaat und Demokratie war komplizierter, als man in einem noch dem Liberalismus des 19. Jahrhunderts zugehörigen Optimismus angenommen hatte. Überall führten die schweren Strukturprobleme – Minderheitenkonflikte, ökonomische Krisen, Fragen der Agrarreform und einer industriellen Mittelstandspolitik, dazu Revolutions- und Kommunismusfurcht – spätestens Mitte der dreißiger Jahre zu autoritär-diktatorischen Systemen, die allerdings zur Lösung jener Probleme auch nicht imstande waren. Mehr noch, die Illusion vom »dritten Weg« diskreditierte die Idee der Demokratie selbst, indem sie implizierte, diese sei überhaupt nur unter den exzeptionellen Bedingungen der entwickelten, westlichen Staaten lebensfähig. Zugleich boten die chaotischen Verhältnisse den Großmächten die Möglichkeit zu Interventionen und Machtverschiebungen, die eine Gefährdung des europäischen Friedens- und Ordnungssystems insgesamt mit sich bringen konnten.

Das Beispiel der neuen Demokratien nach dem Ersten Weltkrieg beweist aber auch, daß aus dem Stand der sozioökonomischen Entwicklung nicht einfach auf eine politische Anfälligkeit für die Diktatur geschlossen werden kann. Es gab durchaus zwei verschiedene Formen der Anfälligkeit. Da waren die unter- und halbentwickelten Länder des Balkans und teilweise auch Italiens, Polens und des Baltikums, in denen autoritäre oder gar faschistische Regime als Entwicklungsdiktaturen auftreten konnten, gerade weil auch eine tragfähige politisch-staatliche Infrastruktur fehlte; solche Diktaturen erreichten aber nie die politisch-ideologische Perfektion der totalitären Regime. Anfällig waren aber auch Länder mit höherem Entwicklungs- und Lebensstandard, denen ein Absinken oder tiefgreifende Strukturkrisen als Folge des Krieges und der weiteren Modernisierung drohten. Das traf auf Deutschland und besonders auf Österreich zu, das mit seiner großen Staats- und Kulturtradition sich nun gleichsam als »Resultat einer Subtraktion« (Robert Musil) auf der Suche nach der verlorenen Rolle fand. Hier gab es zwar bessere Voraussetzungen für die Entwicklung parlamentarischer Demokratien, aber zugleich auch radikalere, perfektionistische Neigungen und totalitär organisierbare Strömungen zur reaktionären und revolutionären Veränderung der damaligen Nachkriegslage.

IV.

Wie war es möglich, daß auf Jahrzehnte der zunehmenden Friedenssicherung, der scheinbar definitiven Fortschritte in der humanitären Abschaffung der Sklaverei und der Zähmung des Krieges die ungeheuerlichsten Rückfälle in die Barbarei folgten: auf den Ersten der Zweite Weltkrieg, Völkermord und innere Unterdrückung, Arbeits- und Konzentrationslager, Totalisierung des Krieges durch Einbeziehung der Zivilbevölkerung, Exilierung, Deportation und Massenvertreibung?

Auch dies hatte sich schon in den siebziger und achtziger Jahren des 19. Jahrhunderts vorbereitet. Ideengeschichtlich kommt dabei aufwühlenden Ereignissen wie der Pariser Kommune von 1871 und den großen Wirtschaftskrisen der Gründerzeit mit der Folge einer radikalen Kapitalismuskritik fortwirkende Bedeutung zu. Denn sie führen einerseits zur Verschärfung des Sozialismus im antiliberalen Sinn der marxistischen Doktrin, mit der Parole von der Diktatur des Proletariats; andererseits zur rassistischen Zuspitzung des Nationalismus und Antisemitismus, mit der Folge extrem biologisch-darwinistischer Gesellschaftstheorien, die anstelle des Klassenkampfes den Völkerkampf, das Freund-Feind-Verhältnis und das »Recht des Stärkeren« zum Grundprinzip des Politischen erheben. Beide Extremideologien berufen sich auf die umstürzenden Erkenntnisse und Theorien der modernen Wissenschaft, ja sie treten selbst mit dem Anspruch wissenschaftlicher Unfehlbarkeit auf.

Diese Front des Antiliberalismus sowohl von rechts wie von links war es, die sich in der Kulturkritik und im Zivilisationspessimismus zu einer explosiven Mischung verdichtete und die Gedanken liberalen Fortschritts und demokratischer Kompromißformen radikal in Frage stellte, ihnen den Kampf ansagte. Die intellektuellen Geburtshelfer der totalitären Ideologien wirkten nach links und rechts: so der radikale Ex-Sozialist Mussolini, der im Krieg dann zum Begründer des Faschismus wurde, wobei Marx wie Nietzsche als Ideenspender dienten. Auf der anderen Seite war es der Streit um ein reformerisches oder revolutionäres Verständnis des Sozialismus, der in derselben Zeit eine radikale, gewaltbejahende Version hervorbrachte, mit der schon der französische Gewaltphilosph Georges Sorel (1908) zugleich auch den russischen Vorkämpfer eines diktatorischen Einparteiensozialismus, Lenin, mit weltgeschichtlichen Folgen beeinflußte. Es hatte nur des ersten modernen Massenkrieges bedurft, um bisherige Strukturen, Maßstäbe und Hemmungen noch rascher zu beseitigen oder sie umkehrbar, moralisch pervertierbar zu machen. Vor allem Lenin und Hitler haben diese innere, geistig-psychologische Bedeutung des Krieges, nicht nur die äußere Wirkung, erkannt. Es war ein geistig-politisches Vakuum entstanden, in dem es ungleich erfolgreicher möglich war, die Mobilisierung von sozialideologischen »Bewegungen« jenseits der bisherigen Parteien und Organisationen zu betreiben und sie als verführerische Alternativen zu den bisherigen halbabsoluten Monarchien wie zu den nur halbgelungenen neuen bürgerlichen Demokratien 1917 in Rußland, 1922 in Italien, 1933 in Deutschland an die Macht zu bringen.

Die nach der Oktoberrevolution 1917 folgenschwerste totalitäre Machtergreifung Hitlers von 1933 bildete den Kulminationspunkt einer autoritären Welle, die in den meisten neugegründeten Staaten der Nachkriegszeit die noch schwachen, krisengeschüttelten Demokratien »übermannte« – eben mittels eines Kults des starken Mannes: von Ungarn (Horthy) und Polen (Piłsudski) über Portugal (Salazar) und Spanien (Franco), den Staaten des Baltikums und des Balkans bis zu Österreich und Griechenland (Metaxas). Der Nationalsozialismus freilich war unter all diesen antiliberalen und antidemokratischen Ideen- und Machtströmungen in Theorie und Praxis die weitaus radikalste, war nicht minder konsequent und umfassend totalitär wie die kommunistische. Er stand wohl dem italienischen Faschismus nahe, entlehnte ihm auch manche Formen und Parolen, unterschied sich aber durch die extrem rassistische Zielsetzung und rückte mit seiner menschenverachtenden Volkskollektivideologie näher an die Herrschaftsweise des Stalinismus heran, als dies die so betont »antifaschistischen« Sympathisanten des Kommunismus wahrhaben wollten.

Während die zwanziger Jahre noch offen schienen und erfüllt von den Möglichkeiten geistiger wie politischer Vielfalt, wurden nun die dreißiger Jahre überschattet und bedrängt von den zwei großen Lagern, die trotz aller gegenseitigen Konfrontation doch beide vor allem entschiedene Feinde der pluralistischen Demokratie und ihrer Werte waren, indem sie der Errungenschaft freiheitlicher und menschenrechtlicher Politik die Verführungskraft sozialistischer und/oder nationalistischer Gemeinschaftsmystik entgegenstellten. Dazwischen schwankten und fielen die meist jungen europäischen Demokratien unter dem Druck der wirtschaftlichen und nationalen Krisen. Zunehmend schien sich zu beweisen, daß diese Staatsform nur in Ausnahmefällen lebensfähig war und daß die Staats- und Gesellschaftsform der Zukunft von jenen cäsaristischen Führergestalten geprägt werden sollte, die nicht nur Oswald Spengler, sondern auch Max Weber erwartet hatte.

Im Zusammenhang der vorwärtsdrängenden und zerstörenden Kräfte der Epoche beginnt die eigentliche Vorgeschichte des Zweiten Weltkrieges doch vor allem mit dem Jahre 1933, dem wirklichen Anfang der »deutschen Katastrophe«, die nicht nur eine politische und militärische, sondern auch eine moralische war. Nach der durch Fehleinschätzung des Nationalsozialismus von rechts wie links erleichterten »Machtergreifung« beschritt Hitler gleichzeitig zwei Wege: den der Abschirmung und Beschwichtigung durch scheinbare Verhandlungsbereitschaft und Werben um internationale Anerkennung sowie andererseits den Kurs wechselnder Drohungen, überraschender Sonderaktionen und schließlich vollzogener Tatsachen. Im Zusammenspiel beider Methoden hat das »Dritte Reich« eine gefährdete Anfangsperiode erfolgreich zu überstehen vermocht, um dann seit 1935, im Besitz einer gefestigten Machtstellung nach innen und eines demonstrativ vergrößerten militärischen und kriegswirtschaftlichen Potentials, die gewaltsame Wendung nach außen bündnis- und wehrpolitisch vorzubereiten.

Die zeitgeschichtliche Forschung hat mit der kritischen Durchleuchtung dieses Zusammenhangs die in den Memoiren und Apologien Beteiligter verfochtene Behauptung widerlegt, Hitler habe erst im Laufe der folgenden Jahre eine ursprünglich berechtigte Revisionspolitik zum Zerstörerischen hin entwickelt und bis 1938 einen durchaus vernünftigen Kurs gesteuert. Wie die Beurteilung der pseudolegalen »Machtergreifung« durch die scheinbar positiven Leistungen der Sozial- und Wirtschaftspolitik verzerrt wurde, so haben auch die scheinbare Anknüpfung an eine friedliche Revisionspolitik, die trügerische, weil vorläufige Zurückstellung der unveränderten Eroberungspläne und die laute Proklamierung eines Friedenskurses in Hitlers offiziellen Bekundungen die Beurteilung der nationalsozialistischen Außenpolitik erschwert und verwirrt. In Deutschland wie auch im Ausland hielt die Illusion an, Hitler werde in der Regierungsverantwortung vernünftig werden und nicht auf die ebenso dilettantischen wie maßlosen Entwürfe zurückfallen, die das nationalsozialistische Zukunftsprogramm enthielt. Die Politik der Beschwichtigung (»appeasement«), die das Verhalten der Westmächte bis an die Schwelle des neuen Krieges bestimmt hat, entstand denn auch aus dem Glauben an die Möglichkeit einer friedlichen Eindämmung der Hitlerschen Außenpolitik durch Kontakte und Konzessionen – ganz ähnlich der Illusion einer Zähmung Hitlers, die schon der Innenpolitik der Weimarer Republik zum Verhängnis geworden war.

Demgegenüber hat Hitler elastisch, aber zäh den Weg beschritten, der trotz scheinbar »polykratischer« Verhältnisse und Widersprüche seine Diktatur Stufe für Stufe zur unumschränkten Handlungsfreiheit, zur totalen Revision von Versailles und schließlich zum hemmungslosen Griff nach europäischer Hegemonie und zu Weltmachtplänen führte. Seine ersten Ziele, vor allem die Auflösung des kollektiven Völkerbundsystems durch Einzelpakte, die Isolierung Frankreichs durch eine Bündnisfront mit dem faschistischen Italien und möglichst auch mit dem »germanischen« Großbritannien, zugleich eine großdeutsche Ausweitung der Herrschaft durch Druck auf Österreich, zeichneten sich schon seit 1934/35 ab. Hitler hat keinen Zweifel daran gelassen, daß seine totalitär konzipierte Innenpolitik nach ihrer endgültigen Zweckbestimmung Funktion der neuen, expansionistischen Außenpolitik zu sein hatte. In »Mein Kampf« wie in der berühmten Rede vor dem Düsseldorfer Industrieklub im Januar 1932, in Vorträgen vor Generalen und Beamten, Parteifunktionären und Wirtschaftsführern vor und nach 1933 hatte er unmißverständlich betont, daß die nationalsozialistische Herrschaftspolitik dafür erst die Voraussetzung geistiger, organisatorischer und militärischer Bereitschaft schaffen werde. Von den entscheidenen Akteuren der internationalen Politik nicht ernstgenommen, begann schon unmittelbar nach der »Machtergreifung« diese neue Außenpolitik neben der alten, die zum bloßen Instrument wurde, in alle politischen Lebensbereiche einzugreifen; auf dem Weg zum Krieg wurde sie zugleich wiederum Mittel totaler, auf unbegrenzte Dynamik und militärische Schlagkraft gegründeter Herrschaft nach innen.

Wenn hier immer wieder vor allem von *Hitler* zu sprechen ist, so nicht im Sinne eines beliebten Theorienstreits etwa der Art: »Männer machen Geschichte« versus »das Dritte Reich als Polykratie«. Das sind übertreibende Zuspitzungen. Die vernünftige Forschung hat immer schon beide Faktoren in ihrer Wechselbeziehung betont: Struktur *und* Person. Den tatsächlichen oder auch gekünstelten Streit um Hitler als allein bestimmenden oder als angeblich »schwachen« Diktator hat neuerdings neben Manfred Funke am besten Hermann Graml geklärt, der nach sorgfältiger Überprüfung der Debatte und der Tatsachen zu dem Schluß kommt: »Wenn man von dem einzigen Sonderfall Österreich absieht, gehen also die bedeutenderen außenpolitischen Aktionen des Dritten Reiches sämtlich auf Entschlüsse Hitlers zurück, die weder von Personen oder Gruppen noch von Situationen oder Entwicklungen unmittelbar und entscheidend beeinflußt waren. Der Diktator handelte allein und frei, nur jenen Zwängen ausgesetzt, die er sich mit der nationalsozialistischen Programmatik und mit seiner Fixierung auf diese Programmatik selbst geschaffen hatte.«[17] So wichtig auch mir schon seit meinen frühen Weimarstudien die struktur- und systemgeschichtliche Betrachtung gewesen ist, so muß in der Darstellung der Entwicklung zum Zweiten Weltkrieg doch vor allem von Hitler, seinen ideologischen Fixierungen, seinem politischen Willen und seinen Entscheidungen die Rede sein, wie dies bei Historikern von Alan Bullock bis Eberhard Jäckel und Norman Rich geschieht.

Und bei allen gelehrten Diskussionen über versäumte Möglichkeiten und Alternativen bleibt eines bestehen: Es gab keine wirkliche Möglichkeit, den Krieg zu verhindern, wenn und solange Hitler entscheiden konnte. Seine Ziele und seine Herrschaftsweise ließen keinen anderen Weg zu – ob er ihn nun gerade so und zu diesem Zeitpunkt wollte. Auch die außereuropäische Kriegsentwicklung hängt damit zusammen, wie Japans Ausnutzung der Situationen von 1931 bis 1941 zeigen sollte.

Hitler kam die fast unaufhaltsam scheinende Krise der Demokratie in den dreißiger Jahren entgegen. Eine »autoritäre Welle«, ein Zug zu nationalen Diktaturen bestimmte zunehmend das Bild Europas. Ihre Versprechungen und Ambitionen übten einen wachsenden Sog aus, störten die zwischenstaatliche Politik und verschärften die allgemeine Unsicherheit und Labilität. Zunehmend auch schien sich die parlamentarische Demokratie als funktionsuntüchtig zu erweisen. Fast nirgends war sie offenbar

---

17 Hermann Graml, Wer bestimmte die Außenpolitik des Dritten Reiches? Ein Beitrag zur Kontroverse um Polykratie und Monokratie im NS-Herrschaftssystem, in: M. Funke/H.-A. Jacobsen/H.-H. Knütter/H.-P. Schwarz (Anm. 4), S. 234; Manfred Funke, Starker oder schwacher Diktator? Hitlers Herrschaft und die Deutschen, Düsseldorf 1989, S. 72 ff.

fähig, die politischen und sozialen Spannungen des »Massenzeitalters« in einer stabilen, zugleich anpassungsfähigen Ordnung aufzunehmen. Selbst in den traditionsgefestigten Demokratien Großbritanniens und besonders Frankreichs kam es zu Störungen, langen Regierungskrisen, Spaltungen. Auf der anderen Seite übten die Konsolidierung des kommunistischen Systems in der Sowjetunion und mehr noch der lärmende Aufstieg des »Dritten Reiches« einen wachsenden Einfluß auf die schwankenden Nachbarn aus: Äußere Machtentfaltung, Infiltration und scheinbare Erfolge innerer Einigung wirkten lähmend oder auch verführend auf Freund und Feind.

V.

Die Sowjetunion hatte die Passivität des Westens mit Unwillen und Verdacht verfolgt. Doch sie war im Zeichen der Stalinschen Zwangs- und Terrorpolitik fast ganz der eigenen Innenpolitik zugewandt und beschränkte sich auf Kritik und Deklarationen. Eine Ost-West-Front gegen die »Achse« wurde durch gegenseitiges Mißtrauen verhindert.

Vor diesem Hintergrund entwickelten sich die beiden entscheidenden Zusammenhänge, die die Entfesselung des Krieges schließlich ermöglichten: die Zugeständnisse der westlichen Appeasementpolitik auf der einen, die machiavellistische Schwenkung Stalins auf der anderen Seite. Sie haben der raschen weiteren Entfaltung der nationalsozialistischen Machtpolitik freie Bahn geschaffen. Ziele und Taktik Hitlers haben sich demgegenüber kaum geändert. Ihre erprobte Reihenfolge blieb: weitgehende Forderungen, zunächst der Revision, dann der geopolitischen Abrundung, schließlich des imperialen Herrschaftsanspruchs; geheime Planung und erfolgreicher Überraschungsschlag; anschließend emphatische Versicherung, daß dies der letzte Akt zur Verwirklichung deutschen Lebensrechts sei und daß man nach der jeweiligen Seite hin keine weiteren Forderungen habe. Dieser Vorgang wiederholte sich immer von neuem.

Mit dem Spanischen Bürgerkrieg war – wie ihn die Diktatoren verstanden – bereits eine Generalprobe des großen *ideologischen Bürgerkrieges* im Gange, der die entscheidenden Weichenstellungen der künftigen Weltpolitik vorbereiten sollte. Es war aber auch die Zeit, in der für scharfsinnige Beobachter sichtbar wurde, welche unmenschliche Drohung der Totalitarismus von rechts wie von links bedeutete. So entstanden aus dieser damaligen Anschauung zwei der eindringlichsten Analysen der totalitären Drohung: die Schreckensvision »1984« von George Orwell und die vergleichende Ideologiekritik von Jakob Talmon. Der englische Schriftsteller Orwell (1903–1950) war selbst am Spanischen Bürgerkrieg beteiligt und erlebte dort 1937 sein Damaskus; der israelische Historiker Talmon (1916–1980), dem wir die geschichtlich umfassende dreibändige Darstellung der geistigen Ursprünge und Folgen der »totalitären Demokratie« verdanken, wurde damals als polnischer Student erklärtermaßen zuerst und entscheidend geprägt durch jene dreifache Erfahrung, die ihn an die terroristische Phase der Französischen Revolution erinnerte: den Spanischen Bürgerkrieg, die stalinistischen Schauprozesse und die nationalsozialistische Judenverfolgung. Orwells Selbstkritik aus dem Jahre 1944 ist bis heute gültig: Die linken Intellektuellen zumal machten den Fehler oder erlägen dem Irrtum, daß sie »antifaschistisch sein wollten, ohne antitotalitär zu sein«[18]. Und Talmon hat bis zu seinem allzu frühen Tod immer wieder betont, daß gerade die grundlegende Einsicht in den pseudodemokratischen Charakter totalitären Denkens und Handelns auf seine bestürzenden Erfahrungen am Ende der dreißiger Jahre zurückgehe[19].

Tatsächlich wurde dieser historische Zusammenhang in der Folge dramatisch bestätigt. Der so überraschende und doch durchaus charakteristische Vertrag Hitlers und Stalins 1939 ließ die Unterscheidung von Rechts- und Linksdiktatur zurücktreten hinter dem negativ-gemeinsamen Willen der Diktatoren zu einem zeitweiligen Beutepakt und zur totalitären Veränderung der Staatenwelt.

So wurde die Tür zum Zweiten Weltkrieg aufgestoßen. Der wahre Charakter des Hitlerregimes trat nun hervor: Nicht Abwehr des Kommunismus, wie der Nationalsozialismus mit so großem Erfolg verkündet hatte, sondern Rassismus und Eroberungspolitik um jeden Preis waren seine Hauptziele. Der deutsche Außenminister Ribbentrop erklärte Stalin, auch der Antikominternpakt sei »im Grunde nicht gegen die Sowjetunion, sondern gegen die westlichen Demokratien gerichtet«[20]. Der damalige Dolmetscher Molotows, Bereškow, hat uns kürzlich erklärt, Moskau habe gar einen Beitritt zu dem Dreimächtepakt mit der »Achse« und Japan noch im November 1940 durchaus für möglich gehalten[21]. Eine völlige Umkehrung von der Freund- zur Feindpropaganda auf beiden Seiten, wie sie nur in totalitären Regimen möglich ist, hat den Über-Machiavellismus des Hitler-Stalin-Paktes begleitet.

Gerade hier zeigt sich also, daß entgegen der Meinung von Faschismushistorikern und -deutern der Nationalsozialismus keineswegs in erster Linie als (populärer) Antibolschewismus zu bestimmen ist, sondern im ideologischen Kern (wohl weniger populär und darum unterschätzt) als Rassismus und Antisemitismus. Ein totaler Schwenk, wie der Hitler-Stalin-Pakt samt dem folgenden Freundschaftsabkommen, war für Hitlers Judenpolitik ganz undenkbar – sie hielt über alle taktischen und interessenbedingten Erwägungen hinweg fanatisch und mörderisch an dem Ziel der biologistischen Bekämpfung und schließlichen Vernichtung fest.

Aber schon mit dem »Anschluß« Österreichs 1938 zeichnete sich die Katastrophe des Zweiten Weltkriegs ab, und auch schon die Unmenschlichkeit seiner nationalsozialistischen Urheber: Mit dem Übergang von autoritären zu totalitären Formen der Politik gingen zugleich die Radikalisierung der Judenverfolgung und die Konkretisierung des geopolitischen und rassistisch begründeten Ostimperialismus des »Dritten Reiches« einher.

Die Ereignisse von 1938/39 manifestieren das Zusammentreffen der beiden mächtigen Zeitströmungen, der autoritär-nationalistischen und der totalitär-diktatorischen. Eine umfassende Ideologisierung der Politik, gepaart mit Freund-Feind-Den-

---

18 Essay über Arthur Koestler, in: Bernard Crick, George Orwell. A Life, London 1980, S. 340; vgl. K.D. Bracher, Die totalitäre Erfahrung (Anm. 1), S. 50 f.

19 Zuletzt: Jakob Talmon, The Myth of the Nation and the Vision of Revolution, London 1981, S. 535.

20 Alfred Seidl, Die Beziehungen zwischen Deutschland und der Sowjetunion 1939–1941, Tübingen 1949, S. 84 ff. Weitere Nachweise bei K.D. Bracher, Die deutsche Diktatur (Anm. 1), S. 345 ff. Jetzt: Erwin Oberländer (Hrsg.), Hitler-Stalin-Pakt 1939, Frankfurt am Main 1989.

21 In einer Fernsehsendung des Westdeutschen Rundfunks (WDR/ARD Aktuell) am 15. Mai 1989, 23 Uhr: »Hitler und Stalin – Mordgesellen«.

ken und Sündenbock-Antisemitismus, bahnte im Laufe der dreißiger Jahre der verhängnisvollen Zuspitzung im Herzen Europas den Weg. Deren gewaltsam machtpolitische »Lösung« wurde von den einen als Erfüllung gerechter Ansprüche auf Selbstbestimmung glorifiziert, von den anderen als Unglück und Unterdrückung erlitten, von allzu vielen als offenbar unumgängliches, historisches Schicksal hingenommen und mitgetragen. Die Entwicklung ist gewiß nicht isoliert als ein deutsches und österreichisches Phänomen zu verstehen; sie zwingt immer wieder zum Blick auf die europäische Krisen- und Diktaturlandschaft der zwanziger und dreißiger Jahre. Aber die historische Einordnung in die autoritäre und die totalitäre Diktaturwelle kann nicht eine im Rückblick bequeme Relativierung bedeuten – weder politisch noch moralisch. Es bleibt die antreibende, führende Rolle, die der Nationalsozialismus mit seiner Verbindung von Reichs- und Nationalgedanken bei der Radikalisierung über die Staatsgrenzen hinweg spielte, wodurch jene unmenschliche Steigerung der autoritären und faschistischen Diktaturform zu einem totalitären Herrschaftssystem bewirkt wurde, das alles Bisherige hinter sich ließ – auch den Faschismus, den sich der Nationalsozialismus ebenfalls seit 1938 machtpolitisch-militärisch und ideologisch-rassistisch zunehmend unterordnete. Und in einem entscheidenden Punkt ging er auch über den Stalinismus der menschenfeindlichen Kollektivierung und Schauprozesse hinaus: eben in der rassistisch begründeten Feind- und Vernichtungspolitik.

Schon in den Pogromen von 1938 und nur wenige Monate später in der Besetzung Polens traten jene wahren Züge des Regimes hervor, die es von anderen Tyranneien unterschieden – und die zeigten, daß es weit mehr war als antibolschewistisch (und antidemokratisch) im Sinne etwa der Faschismustheorie (Ernst Nolte) oder auch der damaligen Apologie autoritärer Notstandsregime (Carl Schmitt).

Eine vergleichende Betrachtung der allgemeineuropäischen und systempolitischen Umstände, unter denen eine solche Diktatur gerade in Deutschland zur Macht gelangen und sich dann zuerst auf Österreich ausdehnen konnte, obwohl seit der Jahrhundertwende in vielen Ländern ähnliche geistige, soziale und politische Strömungen existierten – Nationalismus, Antisemitismus, Sozialimperialismus –, wird vor allem zwei Komplexe hervorheben:

1. Der Nationalsozialismus selbst war ein primär deutsches Phänomen – und nicht ein »faschistisches«, das ebenso genuin italienisch war, so inspirierend es zeitweilig wirken mochte. Er beruhte in besonderem Maße auf einer Verrohung und Brutalisierung des politischen Denkens und Verhaltens, einem gestörten Politikverständnis, das man als Pervertierung des deutschen Idealismus und Ordnungswillens durch den Ersten Weltkrieg und die ihm folgenden Krisen bezeichnen kann. Dabei trifft die umstrittene Sonderwegthese[22] freilich nur so weit zu, als sie jenes deutsche *Sonderbewußtsein* meint, das durch die überspannten »Ideen von 1914« und dann die tiefe Enttäuschung von 1918 bestimmt war. Nichtbewältigung der Niederlage, Gefühl des von der Geschichte ungerecht Behandelten, Dolchstoßlegende: aus diesem Syndrom der nationalen Verkrampfung nährte sich all das, was dann Hitler »Mein Kampf« nennt und womit er am fundamentalsten schon seine frühe Agitation im Nachkriegs-München bestreitet.

---

22 Zur Sonderwegsdebatte vgl. unseren Band: Deutscher Sonderweg – Mythos oder Realität, München – Wien 1982, S. 46 ff.; sowie Klaus Hildebrand, Der deutsche Eigenweg, in: M. Funke/H.-A- Jacobsen/H.-H. Knütter/H.-P. Schwarz (Anm. 4), S. 15 ff.

2. Diese deutsche Ideologie vom nichtverlorenen Krieg, mit welcher der Nationalsozialismus dann bis zum Ende von 1945 steht und fällt, lebte aber nicht nur von der »negativen« Stoßrichtung, dem Antimarxismus und Antibolschewismus, die ja keine deutsche Besonderheit waren, sondern vielmehr von einer Koppelung betont »positiver«, programmatisch-progressiver Ideologeme: über den extrem »völkischen« Nationalsozialismus hinaus von einem Rassismus, der sich vom kolonialen Apartheidsrassismus anderer Länder (auch des Faschismus) durch seine pseudowissenschaftlich-biologistische Begründung im Sinne eines »arischen«, naturnotwendig gegen andere Völker und Rassen gerichteten Herrschafts- und Vernichtungsanspruchs unterschied. Vom Antisemitismus ausgedehnt auch auf einen Antislawismus, wird dies alles nun bezogen auf jene expansive Lebensraumtheorie, die nicht mehr nur geopolitisch, sondern ebenfalls naturgesetzlich rassistisch definiert wird. Mit dieser – im NS-Vokabular – »unverrückbaren« Ideologie und ihrer unerbittlichen »Durchführung«, die (anders als der Antibolschewismus im Hitler-Stalin-Pakt 1939 bis 1941!) keine Kompromisse kannte, war Hitler nicht nur eine Art Anti-Lenin (Nolte) und der Nationalsozialismus weit mehr als das negative Abbild des Bolschewismus, so propagandistisch wirkungsvoll die Bekämpfung und gleichzeitige Imitation kommunistischer Herrschafts- und Unterdrückungspolitik sein mochte.

Was schließlich in Deutschland und dann auch in Österreich mehr fehlte als andernorts, waren politische und menschlich-moralische Abwehrkräfte, die offenbar aus Geschichte, Religion und Kultur nicht hinreichend gestützt wurden, um gegen totalitären Zwang und Verführung einen wirksamen Widerstand zu tragen. Es sind jene innersten Triebkräfte des Nationalsozialismus, zumal Sozialdarwinismus, Lebensraumideologie und biologischer Rassismus, die allzu viele Zeitgenossen nicht rechtzeitig ernst genommen, als bloße ideologische Verstiegenheiten oder Verbrämungen unterschätzt und bagatellisiert hatten und die doch erst die totalitäre Energie entbanden und quasi wissenschaftlich, ja »moralisch« sanktionierten: durchaus im Sinne einer »höheren Moral« und eines totalitären Glaubens, ohne den schließlich die Verbrechen des »Dritten Reiches« nicht zu erklären sind. Daher bleibt die wesentliche Unterscheidung gerade auch der Begriffe geboten, die dem Diktaturproblem in der modernen Geschichte und Politik beizukommen suchen. Sie sollten besser erkennbar machen, auf welche Weise das Zusammentreffen von Tradition und Revolution, von Kommunismusfurcht und Sendungsglaube, von Autoritarismus, Faschismus und Nationalsozialismus die deutschen und österreichischen Irrwege von 1933 und 1938 ermöglicht und dann zur Katastrophe des Zweiten Weltkriegs geführt haben.

VI.

Was ergibt sich nun für die historische Einordnung des Nationalsozialismus aus der ihm folgenden Entwicklung?[23]

1. Das unwiderrufliche Scheitern des nationalsozialistischen Griffs nach unbeschränkter Weltmacht ließ keine Politik der Selbsttäuschung wie 1918 mehr zu, und

---

23 Zum folgenden auch K.D. Bracher, Zeit der Ideologien (Anm. 1), S. 271 ff., über Nachkriegserfahrung und Denkstrukturen des Wiederaufbaus.

mit der wechselseitigen Abschreckung im atomaren Zeitalter, das ja ebenfalls 1945 mit dem ersten und bislang einzigen Abwurf zweier Atombomben über Japan begann, war ein weiterer Fortsetzungskrieg im Grunde undenkbar geworden: freilich mit der Konsequenz eines langgestreckten »Kalten Krieges« im geteilten Europa. In seinem Verlauf konnte wenig Zweifel mehr bestehen, daß das lange verdeckte Ende des europäischen Zeitalters gekommen war. Noch blieb Europa im Zentrum des Geschehens, doch es war vom Subjekt zum Objekt des Weltgeschehens geworden. Nach 1918 noch einmal verschleiert, in der Fortdauer der Kolonialherrschaft und im Ausgriff der Diktatoren noch einmal geleugnet, mußte dieser Wandel der weltpolitischen Konstellation nun endgültig erscheinen. Aber die Tatsache, daß es zwei politisch, gesellschaftlich und ideologisch so konträre Weltmächte waren, die über das Schicksal Europas entschieden, enthielt zugleich mit seiner künftigen Teilung den neuen Ansatz einer westeuropäischen Zusammenarbeit und demokratischen Integration.

2. Die »Stunde Null« von 1945, besonders in der erschütterten Welt deutscher Intellektueller und auch Historiker ein bestimmender Bezugspunkt (Friedrich Meinecke, »Die deutsche Katastrophe«; Alfred Weber, »Abschied von der bisherigen Geschichte«), existierte allerdings mehr als moralische Idee denn als politische Realität. Gravierende Vorkriegs- und Kriegsprobleme bestanden fort. Drei Beispiele mögen dies verdeutlichen:

Die (groß-)deutsche *Nationalstaatsfrage,* ein Problem der europäischen Politik seit dem 19. Jahrhundert und im Nationalsozialismus zur explosiven Steigerung gebracht, wurde durch die Aufteilung Deutschlands auf die politisch-ideologischen Weltblöcke sistiert: mit der Folge, daß die Frage seiner Einheit von der Forderung nach freiheitlicher Demokratie überlagert, der Systemfrage untergeordnet wurde und auch machtpolitisch nur noch eine europäische Überwindung der Teilung realistisch erschien.

Der *Ost-West-Konflikt,* seit Lenins Machtergreifung 1917 bis 1920 Teil der Geschichte der Sowjetunion und der westlichen Antworten auf die revolutionäre und totalitäre Herausforderung, erweiterte sich ins Globale mit der dauernden Beteiligung der USA an der Weltpolitik nach 1945; mit der Folge einer Bipolarität der internationalen Politik überhaupt, die bis zu den großen Veränderungen von 1989/90 vorherrschte.

Auch das *Imperialismus- und Kolonialproblem* geht auf einen jahrzehntelangen Prozeß des Übergangs seit Anfechtung der europäischen Suprematie mit dem Ersten Weltkrieg zurück. Die nun definitive Emanzipation der neuen Nationen als Folge des Zweiten Weltkrieges führte freilich zugleich weltweit zur konfliktreichen Übertragung westlicher Konzepte des Nationalstaats und der Industrialisierung, der Demokratie und zunächst leider mehr noch der Diktatur.

3. Die großen Entscheidungen der zweiten Nachkriegszeit fielen nicht auf Friedenskonferenzen wie 1919/20, waren vielmehr Ergebnis eines Prozesses der internationalen Politik, der sich in Europa über fünf Jahre bis zum Koreakrieg (1950) hinzog und nach weiteren fünf Jahren zur vollen Konsolidierung der Blöcke in Ost und West führte. Das hieß aber nicht einseitiger Primat der Außenpolitik: im Gegenteil! Die Verschränkung innen- und außenpolitischer, ideologischer und sozioökonomischer Motive trat gerade in der Spaltung Europas hervor. Doch keiner seiner Staaten kann sich mittlerweile der Illusion hingeben, seine Geschichte allein zu bestimmen: Die Interdependenz ist das Schicksal und zugleich die Chance der zweiten Nachkriegszeit.

4. Im Unterschied zu der Krisengeschichte nach dem Ersten Weltkrieg waren es

drei große Erfahrungen, die nach 1945 den Wiederaufbau und das politische Verständnis der veränderten Welt bestimmten: das Erlebnis der totalitären Diktatur und der Anfälligkeiten der Demokratie; das Erleiden des modernen Krieges auch gegenüber der Zivilbevölkerung und der ideologisch begründeten Menschenvernichtung; die ernüchternde Enttäuschung über das Verhalten der Sowjetunion 1939 und erneut nach 1945 bei der Spaltung Europas. Der Kriegskommunismus erschien immer weniger als interessantes Experiment oder neue Utopie denn als Bedrohung jener Freiheit, deren existentiellen Wert die Europäer soeben aus der Erfahrung mit dem Hitlerregime unmittelbarer als je zuvor kennengelernt hatten.

Fast zwingend ergab sich daraus eine Rangordnung der Werte, an der es in der Zwischenkriegszeit so weithin gefehlt hatte. Der Begriff der »freien Welt«, später oft als Schlagwort oder als bloße Leerformel abgetan, bezeichnete damals etwas sehr Reales, und zwar in doppeltem Sinne: sowohl die Befreiung vom Joch der NS-Herrschaft als auch die Verteidigung gegen neue diktatorische Gefahren.

5. Erstmals in der Geschichte Europas begann sich eine einheitliche Meinung über den Wert der freiheitlichen Demokratie und die Gemeinsamkeit europäischer Interessen zu bilden. Dies konnte vorläufig nur im Westen geschehen – und vor dem Hintergrund einer tiefen Erschöpfung und Krisenstimmung, die vielen Analysen und Deutungen der Literaten, Philosophen und Theologen das Gepräge gab. Aber die Erfahrungen mit Diktatur und Krieg schufen zugleich Voraussetzungen für eine demokratische Europapolitik, die von den Denkmöglichkeiten der ersten Nachkriegszeit gänzlich verschieden waren. Das geschah nicht über Nacht: Die zähen Denktraditionen der nationalen und ideologischen Politik wirkten als mächtige Petrefakte des politischen Lebens und Glaubens fort. Die geistigen und normativen Entscheidungen, die an den Verfassungen, Büchern und Diskussionen jener Jahre und nicht zuletzt an der jähen Abkehr westlicher Intellektueller vom Kommunismus ablesbar sind, bewirkten aber die Entstehung eines gemeineuropäischen und gemeindemokratischen Politikverständnisses, das ungleich stärker und allgemeiner als das bisherige politische Denken überzeugt war vom Primat der Freiheit und Menschenwürde, von der Bedeutung eines Ausgleichs zwischen individuellen und sozialen Rechten, vom unverbrüchlichen Wert der pluralistischen Demokratie vor allen monolithischen Ideologien und Systemen. Ein solches Denken vermochte sich bei jeweiliger Lockerung der Diktatur auch im weiteren, östlichen Europa zu artikulieren, vom Prager Frühling zu Solidarność und zur freilich eher noch unklaren Idee eines »gesamteuropäischen Hauses« im Zeichen der Befreiung von kommunistisch-totalitärer Vorherrschaft.

6. Unter dem Druck der großen Ereignisse und angesichts der zwingenden Bipolarisierung der Welt durch die Supermächte hatten die Staaten Europas nur noch eine politisch reduzierte Bedeutung. Aber das zwang sie auch zu einer tieferen politischen Besinnung, an der es vor und nach 1918 gefehlt hatte: Besinnung der Völker Europas auf die Grenzen nationalstaatlicher Machtpolitik und Besinnung der Intellektuellen auf den grundlegenden Unterschied zwischen Demokratie und Diktatur anstelle des Räsonnements über »schlechte« Demokratien und »gute« Diktaturen – und des Liebäugelns mit letzteren, ihrer ideologisch-perfektionistischen Zukunftsvisionen wegen.

So bedeutete 1945 auch eine große Widerlegung jener politischen Illusionen und Fiktionen, die im Gefolge der Modernisierung und des revolutionären Fortschrittsglaubens herangewachsen waren. Mehr denn je zuvor war der Glaube an eine unaufhaltsame und automatische Verbesserung des Menschen in moralischer und kultureller Hinsicht fragwürdig geworden; ihm stand die Erfahrung von Auschwitz gegenüber. Doch ebensowenig genügte der Kommunismus als Inbegriff des Antifaschismus, wenn entgegen seinem moralisch-ideologischen Anspruch in der Sowjetunion die menschenfeindlichen Zwangslager fortbestanden. Andererseits konnten Kulturkritik und Pessimismus nun, da sich ihre Untergangsbefürchtungen anders als erwartet erfüllt hatten, nicht mehr wie ehedem mit starken Männern oder ideologischen Erlösungen rechnen, sondern trafen auf eine ungeheure Erschöpfung und Ernüchterung, auf ein Bedürfnis nach Entideologisierung. Eine »skeptische Generation« suchte nun ihren Halt diesseits oder jenseits der traditionellen Ideologien, um statt der großen Revolution die mögliche Reform, vor allem aber das physische und moralische Überleben zu sichern.

7. Doch die apokalyptischen Perspektiven des vergangenen und eines so bald wieder möglichen Krieges konnten zugleich ein starker Antrieb sein, die Fortsetzung oder Wiederholung jener großen Irrungen des Denkens und Handelns zu vermeiden, die der ersten Häfte des Jahrhunderts den Stempel aufgedrückt hatten. Ihre große Widerlegung, ein realeres Verständnis der politischen Freiheit, der menschlichen Würde und der moralischen Werte der Demokratie: das waren positive Aspekte der Katastrophe, die auch über die nationalen Unterschiede hinweg eine Art Grundkonsens der freien Welt ermöglichten, in den unerwartet rasch sogar die Besiegten, Deutsche und Japaner, voll einbezogen wurden – auch dies ganz anders als nach dem Ersten Weltkrieg, freilich nur dort, wo auch Selbstbestimmung gewährt wurde.

Der Aufbau eines freien Europa in enger Verbindung zu Amerika: das war die politische Idee, an der es nach 1918 gefehlt hatte. Sie enthielt ganz konkrete Wertsetzungen, die Europa gegenüber dem erlittenen und überstandenen, doch von neuem drohenden Despotismus stärken und vereinen, die vor Hitler geretteten demokratischen Freiheiten schützen konnten. Ein Glücksfall kam zu Hilfe: der selbst von den Akteuren des 1947 entwickelten Marshallplans nicht erwartete ökonomische Aufschwung des westlichen Europa, das binnen weniger Jahre aus tiefer Verelendung zu neuer Wirtschaftsblüte gelangte. Das stand in scharfem Kontrast nicht nur zu den sozioökonomischen Krisenerfahrungen der zwanziger und dreißiger Jahre, die soviel zur Zerrüttung der Demokratie beigetragen hatten, sondern auch zu dem offensichtlichen Unvermögen der kommunistischen Systeme, den verheißenen sozialen und wirtschaftlichen Fortschritt zu verwirklichen. Die Rückwirkungen und Wechselwirkungen von ökonomisch-sozialem und politischem Denken sind wohl selten in der Geschichte eindrucksvoller hervorgetreten.

8. Die unermeßlichen Konsequenzen von Krieg, Mord und Unterdrückung seit 1939, Folgen totalitärer Machtpolitik und menschenfeindlicher Ideologie, doch vor allem die Schuld der deutschen Diktatur, übertreffen alles Bisherige in der Geschichte der Menscheit. Gerade auch der Historiker, der sich der genauen Erinnerung besonders verpflichtet fühlt, wird darauf bedacht sein, daß die totalitäre Erfahrung unseres Jahrhunderts niemals vergessen werde. Aber er konstatiert auch, daß es freiheitliche Demokratien erstmals in der Geschichte vermocht haben, den Teufelskreis wechselseitiger Kriegsdrohung und Besetzung in Europa zu durchbrechen und auf freiwilliger Basis überstaatliche Ordnungen zu begründen, die der Bewahrung und Verwirklichung der Menschenrechte dienen.

Kriege wurden und werden in unserem Jahrhundert fast durchweg von Diktaturen begonnen. Wie immer man über den umstrittenen Primat der Außenpolitik denken mag: Nicht nur der internationalen Politik und den Ideologien, sondern vor allem der *inneren* Struktur des Staaten und Gesellschaften, ihrer Sicherung gegen diktatorische Herrschaft wie gegen Rückfälle in engen Nationalismus kommt bei der Wahrung des Friedens erste Bedeutung zu. Auch diese Erfahrung gehört zu einer historischen Ortsbestimmung unseres Jahrhunderts. Zu seinen politisch verpflichtenden Mahnungen und Lehren zählt jene Einsicht in die Notwendigkeit eines föderativ vereinten, demokratischen Europas, die seit 1941 schon in den Widerstandsbewegungen gegen Hitlers totalitäres Europa lebendig war: zumal in Frankreich und Italien, aber auch im deutschen Widerstand, so in den Entwürfen des Kreisauer Kreises.

In einer Zeit, in der die Europaidee befreiend vordringt und während unsere Erkenntnisse über die totalitäre Struktur kommunistischer Regime[24] durch die umwälzenden Ereignisse von 1989/90 nachhaltig bestätigt werden, und in einer Welt, in der noch immer – blicken wir nach Peking – totalitäre Gewalt am Werke ist, bleibt gewiß jenes Vermächtnis aktuell: Zur Absage an den Krieg muß untrennbar die Absage an Diktatur und Totalitarismus gehören.

VII.

Der »Aufstand gegen Zwang und Lüge«[25], 1989 aufgebrochen angesichts der tiefen Diskrepanz zwischen Ideologie und Wirklichkeit auch in der »zweiten deutschen Diktatur«[26], hat zum Umbruch scheinbar perfekt gesicherter politischer Systeme, Gesellschafts- und Denkformen, zum Zusammenbruch totalitär begründeter Diktaturen, zum Verfall des marxistisch-leninistischen Wahrheitsmonopols mit seiner Endgültigkeit beanspruchenden Geschichtsgewißheit der kommunistisch-sozialistischen Utopie geführt. Und auch »die Einheit der Deutschen« kam nicht einfach aus einer deutschen Nationalbewegung, sondern als Teil einer größeren internationalen Bewegung ganz Osteuropas zustande. Sie wurde, anders als 1870/71, ohne Blut und Eisen, mit der raschen Entschlossenheit des Bundeskanzlers Helmut Kohl, dem Beistand Amerikas und der Sowjetunion sowie der Zustimmung der europäischen Nachbarn vollbracht.

Der Wandel von pseudodemokratischen Diktaturen zu freiheitlich-rechtsstaatlichen, pluralistischen Demokratien entbindet freilich zugleich wieder jene Ambivalenz des modernen Nationalismus, die auch der nationalen Komponente der Befreiung vom kommunistischen Universalismus inhärent ist. Die Gefahr einer Wiederkehr

---

24 Im Gegensatz zu großen Teilen unserer neueren DDR-Forschung, die dies – anders als die ältere DDR-Forschung – unter dem Eindruck der Entspannungspolitik bis zuletzt geleugnet hat, wurde der totalitäre Anspruchscharakter des Systems schon *vor* der »Wende« in der vergleichenden Arbeit von Otmar Schneider, Rechtsgedanken und Rechtstechniken totalitärer Herrschaft, aufgezeigt am Recht des öffentlichen Dienstes im Dritten Reich und der DDR (Berlin 1988), noch einmal nachdrücklich herausgearbeitet.
25 So Helmut Schmidts Leitartikel in der »Zeit« vom 8. November 1989.
26 So damals viel kritisiert meine Überschrift über das DDR-Kapitel in: Europa in der Krise (Anm. 1), S. 377 ff.

nationalstaatlicher Konflikte auf Kosten funktionsfähiger Demokratien, einer Störung demokratischer Rekonstruktion durch nationalistische Bewegungen, also eines Rückfalls in die Konflikte der Zwischenkriegszeit mit dem Vorrang nationalistischer vor demokratischer Politik, ist kaum zu bannen bei eifersüchtiger Rivalität völlige »Identität« suchender und verheißender Nationalstaaten. Der weitverbreitete Modebegriff der Identität besitzt eine Berechtigung nur, wenn der Tatsache Rechnung getragen wird, daß die Absolutsetzung kollektiver Identität eine Gefahr darstellt, die wir in unserem Jahrhundert des Zwangs, der Verführung und Gleichschaltung mehrfach bitter erlebt haben.

Diesen alt-neuen Problemen des Nationalstaates kann auf Dauer nur durch eine Föderalisierung Europas mit abgestuften Formen der Integration begegnet werden. Dafür bieten das Vorbild der EG, der Europarat sowie der KSZE-Prozeß auch institutionell bessere Voraussetzungen denn je: zu einer Modifikation sowohl des Nationalstaats- wie auch des Souveränitätsprinzips. Nur auf diese Weise kann es auch zu einer Entschärfung der historischen Minderheiten- und Regionalprobleme kommen, sowohl in menschenrechtlicher wie in ökonomisch-sozialer Hinsicht. Diese geschichtliche Aufgabe, an der das 20. Jahrhundert bislang gescheitert war, ist auch mit den Umbruchjahren 1989/90 nicht gelöst, vielmehr erneut bewußt und aktuell geworden. Auch der plötzliche Übergang von totalitärer Plan- zu sozialer Marktwirtschaft ist allenfalls europäisch zu verkraften.

Aber nur dann, wenn es auch zu einer intensiven Aufarbeitung der Vergangenheit in den jüngst gestürzten Diktaturstaaten kommt. Besonders kompliziert ist dies in der ehemaligen Sowjetunion mit ihren zur Zeit auseinanderstrebenden Völkern, aber auch in jenen Ländern mit einer »doppelten Zeitgeschichte«, die wie die frühere DDR unter zweifacher, 57jähriger Diktaturerfahrung stehen, nationalsozialistischer wie kommunistischer. Es wird erneut bittere, längerdauernde Auseinandersetzungen über das Verhalten unter und gegenüber Diktaturen, zwischen Kollaboration, Distanz oder Widerstand geben; denn bislang war diese für unser Verständnis deutscher Geschichte und menschlicher Grundrechte so entscheidende Frage dort einseitig vom Slogan des »Antifaschismus« überdeckt.

So geht es in Wahrheit nicht nur um ein Ende der seit den sechziger Jahren schon öfters für beendet erklärten »Nachkriegszeit«. Es geht vielmehr um einen Wendepunkt in der über 70jährigen Geschichte antidemokratischer und totalitärer Systeme seit dem Ersten Weltkrieg, den Machtergreifungen Lenins und Mussolinis, des Kommunismus und des Faschismus. Das gilt übrigens auch für die viel mißbrauchten Gegenkräfte und Gegenbegriffe des Antikommunismus und des Antifaschismus. Von den Illusionen und Verwirrungen, die sich damit bis heute verbunden haben, zeugte das fragwürdige Wort Thomas Manns von 1942: Der Antikommunismus sei »die Grundtorheit unserer Epoche«. Doch derselbe Thomas Mann schrieb dann auch bereits 1951 an Walter Ulbricht im Blick auf die drakonische Justiz des SED-Regimes: »Der Kommunismus möge vermeiden, mit dem Faschismus verwechselt zu werden«.

Es ist dieser Zusammenhang, auf den sich die zu Unrecht verfemte Totalitarismusdebatte vor wie nach dem Zweiten Weltkrieg bezieht. Sie betraf ja nicht zuletzt die »antifaschistische« Unterschätzung des Kommunismus auch im Westen. Dessen totalitäre Natur ist entgegen den Bagatellisierungen und Konvergenzprognosen falscher Entspannungsideologen schließlich im Zusammenbruch der kommunistischen Systeme noch einmal bestätigt worden: nicht zuletzt in den Ähnlichkeiten und Entwicklungen vom Gestapo- zum Stasistaat behält diese totalitäre Erfahrung durchaus aktuelle Bedeutung. Die Epoche totalitärer Bewegungen ist nicht zu Ende, so wenig wie die Möglichkeit ideologischer, fundamentalistischer Verführung durch »politische Religionen« im Dienste monopolistischer Macht. Es bleiben Potenzen und Tendenzen alter und neuer Radikalisierung und Utopisierung auch im nun – hoffentlich endgültig – postfaschistischen und postkommunistischen Zeitalter.

Literatur in Auswahl

Bibliographische Hinweise

ANNOTIERTE BIBLIOGRAPHIE FÜR DIE POLITISCHE BILDUNG (erscheint dreimal pro Jahr), Bundeszentrale für politische Bildung Bonn

BIBLIOGRAPHIE ZUR ZEITGESCHICHTE. Beilage der Vierteljahrshefte für Zeitgeschichte, Jg. 1 (1953) ff.

BIBLIOGRAPHIE ZUR ZEITGESCHICHTE 1955–1980. Institut für Zeitgeschichte, Thilo Vogelsang u. Hellmuth Auerbach unter Mitarbeit von Ursula van Laak. 3 Bde, Bd. 2: Geschichte des 20. Jahrhunderts bis 1945 (1982); Bd. 4: Bibliographie zur Zeitgeschichte 1953–1989. Supplement 1981–1989, München 1991

BOBERACH, HEINZ u. a., Inventar archivalischer Quellen des NS-Staates. Die Überlieferung von Behörden und Einrichtungen des Reichs, der Länder und der NSDAP. Teil I: Reichszentralbehörden, regionale Behörden und wissenschaftliche Hochschulen für die zehn westdeutschen Länder sowie Berlin, München 1991

HILDEBRAND, KLAUS, Das Dritte Reich, München 1991[4] (Oldenburg Grundriß der Geschichte 17). Darin 1 126 Einzeltitel

JAHRESBIBLIOGRAPHIE. Bibliothek für Zeitgeschichte. Weltkriegsbücherei. Neue Folge der Bücherschau der Weltkriegsbücherei, München Jg. 1 (1928) ff.

RUCK, MICHAEL, Der Nationalsozialismus. Aufstieg, Herrschaft, Folgen. Eine Bibliographie, Köln, erscheint Anfang 1993 (Bund Verlag; ca. 15 000 Titel)

Die NS-Epoche in Chronik, Darstellung und Überblick

BRACHER, KARL DIETRICH, Die deutsche Diktatur. Entstehung, Struktur, Folgen des Nationalsozialismus, Köln 1983[7]

DERS., Die Krise Europas 1917–1975, Frankfurt/M. – Berlin 1976 (Propyläen-Geschichte Europas 6, TB Frankfurt/M. 1982)

DERS., Zeit der Ideologien. Eine Geschichte politischen Denkens im 20. Jahrhundert, Stuttgart 1982

DERS., FUNKE, MANFRED/JACOBSEN, HANS-ADOLF (Hrsg.), Nationalsozialistische Diktatur. Eine Bilanz, Bonn–Düsseldorf 1986

BROSZAT, MARTIN/FREI, NORBERT (Hrsg.), Das Dritte Reich im Überblick. Chronik, Ereignisse, Zusammenhänge, München 1990[2] (Serie Piper 1091)

DERS./MÖLLER, HORST, Das Dritte Reich. Herrschaftsstruktur und Geschichte, München 1983

FISCHER, FRITZ, Hitler war kein Betriebsunfall. Aufsätze, München 1992

FRAENKEL, ERNST, Der Doppelstaat, Frankfurt/M. 1984 (engl. 1941)

FREI, NORBERT, Der Führerstaat. Nationalsozialistische Herrschaft 1933 bis 1945, München 1987 (dtv 4517)

FUNKE, MANFRED, Starker oder schwacher Diktator? Hitlers Herrschaft und die Deutschen, Düsseldorf 1989

HILDEBRAND, KLAUS, Das Dritte Reich, München 1991[4] (Oldenburg Grundriß der Geschichte 17)

HILLGRUBER, ANDREAS, Die Zerstörung Europas. Beiträge zur Weltkriegsepoche 1914 bis 1945, Frankfurt/M. 1988

JÄCKEL, EBERHARD, Hitlers Herrschaft. Vollzug einer Weltanschauung, Stuttgart 1991[3]

KROCKOW, CHRISTIAN GRAF VON, Die Deutschen in ihrem Jahrhundert 1890–1990, Reinbek 1990

MICHALKA, WOLFGANG (Hrsg.), Das Dritte Reich. Dokumente zur Innen- und Außenpolitik, 2 Bde, München 1985

DERS., Das Dritte Reich, in: Deutsche Geschichte, begründet von Peter Rassow, Martin Vogt (Hrsg.), Stuttgart 1987

MOMMSEN, HANS, Der Nationalsozialismus und die deutsche Gesellschaft. Ausgewählte Aufsätze, Reinbek 1991

DERS., Die verspielte Freiheit. Der Weg der Republik von Weimar in den Untergang 1918 bis 1933, Berlin 1989 (Propyläen Geschichte Deutschlands 8)

NOLTE, ERNST, Der europäische Bürgerkrieg 1917–1945. Nationalsozialismus und Bolschewismus, Frankfurt/M. 1987

DERS., Der Faschismus in seiner Epoche. Die Action Française. Der italienische Faschismus. Der Nationalsozialismus, München 1990[8]

OVERESCH, MANFRED/SAAL, FRIEDRICH-WILHELM, Chronik deutscher Zeitgeschichte. Politik, Wirtschaft, Kultur, Bd. II/1: Das Dritte Reich 1933–1939, Bd. II/2: 1939–1945, Düsseldorf 1982–1983

THAMER, HANS-ULRICH, Verführung und Gewalt. Deutschland 1933–1945, Berlin 1986

Adolf Hitler

BULLOCK, ALAN, Hitler und Stalin. Parallele Leben, Berlin 1991

DOMARUS, MAX, Hitler. Reden und Proklamationen 1932–1945. Kommentiert von einem deutschen Zeitgenossen, 4 Bde, Leonberg 1988

FEST, JOACHIM C., Hitler. Eine Biographie, Berlin (1973) 1987 (Ullstein TB 33087)

HITLER, Reden, Schriften, Anordnungen, Bd. I: Die Wiedergründung der NSDAP Februar 1925 – Juni 1926, Clemens Vollnhals (Hrsg.); Bd. 2: Vom Weimarer Parteitag bis zur Reichstagswahl Juli 1926 – Mai 1928, Bärbel Dusik (Hrsg.); München 1992

JÄCKEL, EBERHARD/AXEL KUHN (Hrsg.), Hitler. Sämtliche Aufzeichnungen 1905–1924, Stuttgart 1980

JOCHMANN, WERNER (Hrsg.), Adolf Hitler. Monologe im Führerhauptquartier. Die Aufzeichnungen Heinrich Heims, Hamburg 1980 (Bindlach 1988)

KERSHAW, IAN, Hitler, London 1991 (Profiles in Power)

KLEPSCH, THOMAS, Nationalsozialistische Ideologie. Eine Beschreibung ihrer Struktur vor 1933, Münster 1990
KOTZE, HILDEGARD VON/KRAUSNICK, HELMUT (Hrsg.), »Es spricht der Führer.« Sieben exemplarische Hitler-Reden, Gütersloh 1966
MASER, WERNER, Adolf Hitler, München 1989[12] (überarb.)
STERN, J. P., Hitler. Der Führer und das Volk, München 1981
ZITELMANN, RAINER, Adolf Hitler. Eine politische Biographie, Göttingen 1989 (Persönlichkeit und Geschichte 21/22)
DERS., Hitler. Selbstverständnis eines Revolutionärs, Stuttgart 1991[2]

Herrschaftssystem

AKTEN DER REICHSKANZLEI. Regierung Hitler 1933–1938. Bisher 2 Bde: 30. Januar 1933–27. August 1934. Bearbeitet von Karl Minuth, Boppard 1983
ANGERMUND, RALPH, Deutsche Richterschaft 1919–1945. Krisenerfahrung, Illusion, politische Rechtsprechung, Frankfurt/M. 1990 (Fischer TB 10238)
BACKES, UWE U. A., Reichstagsbrand. Aufklärung einer historischen Legende, München 1986
BÄRSCH, CLAUS, Religiöse Dimensionen der nationalsozialistischen Ideologie, Frankfurt/M. 1991 (es 1670)
BECKER, PETER E., Wege ins Dritte Reich. Teil 2: Sozialdarwinismus, Rassismus, Antisemitismus und völkischer Gedanke, Stuttgart 1990
BENZ, WOLFGANG, Herrschaft und Gesellschaft im nationalsozialistischen Staat, Frankfurt/M. 1990
BIRN, RUTH BETTINA, Die höheren SS- und Polizeiführer. Himmlers Vertreter im Dritten Reich und in den besetzten Gebieten, Düsseldorf 1986
BLACK, PETER, Ernst Kaltenbrunner. Vasall Himmlers: Eine SS-Karriere, Paderborn 1991
BOBERACH, HEINZ (Hrsg.), Meldungen aus dem Reich. Die geheimen Lageberichte des Sicherheitsdienstes der SS 1938–1945, 17 Bde, Herrsching 1984
BÖCKENFÖRDE, ERNST-WOLFGANG (Hrsg.), Staatsrecht und Staatsrechtslehre im Dritten Reich, Heidelberg 1985
BOHSE, JÖRG, Inszenierte Kriegsbegeisterung und ohnmächtiger Friedenswille. Meinungslenkung und Propaganda im Nationalsozialismus, Stuttgart 1988
BRACHER, KARL DIETRICH, Die Auflösung der Weimarer Republik. Eine Studie zum Problem des Machtverfalls in der Demokratie, Düsseldorf 1984 (TB Ausgabe Droste Geschichte 908)
DERS./SAUER, WOLFGANG/SCHULZ, GERHARD, Die nationalsozialistische Machtergreifung. Studien zur Errichtung des totalitären Herrschaftssystems in Deutschland, TB-Ausgabe Frankfurt/M. 1973 (3 Bde)
BROSZAT, MARTIN, Die Machtergreifung. Der Aufstieg der NSDAP und die Zerstörung der Weimarer Republik, München 1984 (dtv 4516)
DERS., Der Staat Hitlers. Grundlegung und Entwicklung seiner inneren Verfassung, München 1989[11]

DERS./SCHWABE, KLAUS (Hrsg.), Die deutschen Eliten und der Weg in den Zweiten Weltkrieg, München 1989 (BsR 401)

CORINO, KARL (Hrsg.), Intellektuelle im Bann des Nationalsozialismus, Hamburg 1980

DENZLER, GEORG/FABRICIUS, VOLKER, Die Kirchen im Dritten Reich. Christen und Nazis Hand in Hand?, Bd. 1: Darstellung; Bd. 2: Dokumente, Frankfurt/M. 1988 (Fischer TB 4320/4321)

DESSNER, MICHAEL, Zwischen Skylla und Charybdis. Die »Scientific Community« der Physiker 1919–1939, Wien 1991

DREWNIAK, BOGUSLAW, Das Theater im NS-Staat. Szenarium deutscher Zeitgeschichte, Düsseldorf 1983

DROBISCH, KLAUS/WIELAND, G., Konzentrationslager in Deutschland 1933–1939, Berlin 1990

EISFELD, RAINER, Ausgebürgert und doch Angebräunt. Deutsche Politikwissenschaft 1920–1945, Baden-Baden 1991

EITNER, HANS-JÜRGEN, Hitlers Deutsche. Das Ende eines Tabus, Gernsbach 1991[2]

FALTER, JÜRGEN W., Hitlers Wähler, München 1991

FEHL, GERHARD VON/HORLANDER, TILMAN (Hrsg.), Hitlers sozialer Wohnungsbau 1940–1945, Hamburg 1986

FEST, JOACHIM C., Das Gesicht des Dritten Reiches. Profile einer totalitären Herrschaft, München 1977[6]

FREI, NORBERT, Medizin und Gesundheitspolitik in der NS-Zeit, München 1991

DERS./SCHMITZ, JOHANNES, Journalismus im Dritten Reich, München 1989 (BsR 376)

FRÖHLICH, ELKE (Hrsg.), Joseph Goebbels. Die Tagebücher. Sämtliche Fragmente, 4 Bde, München 1987

GELLERMANN, GÜNTHER W., . . . und lauschten für Deutschland. Geheime Reichssache! Die Abhörzentralen des Dritten Reiches, Bonn 1991

HEIBER, HELMUT, Universität unterm Hakenkreuz, Teil I: Der Professor im Dritten Reich. Bilder aus der Akademischen Provinz, München 1991

HIRSCHFELD, GERHARD/KETTENACKER, LOTHAR (Hrsg.), Der »Führerstaat«: Mythos und Realität. Studien zur Struktur und Politik des Dritten Reichs, Stuttgart 1981

HÖHNE, HEINZ, Die Zeit der Illusionen. Hitler und die Anfänge des 3. Reichs (1933–1936), Düsseldorf 1991

HÖVER, ULRICH, Joseph Goebbels als nationaler Sozialist, Bonn 1992

HOFFMANN, HILMAR, »Und die Fahne führt uns in die Ewigkeit«. Propaganda im NS-Film, Frankfurt/M. 1988 (Fischer TB 4404)

HUBERT, PETER, Uniformierter Reichstag. Die Geschichte der Pseudo-Volksvertretung 1933–1945, (Beiträge zur Geschichte des Parlamentarismus und der politischen Parteien 97), Düsseldorf 1992

JAHNKE, KARL HEINZ/BUDDRUS, MICHAEL, Deutsche Jugend 1933–1945. Eine Dokumentation, Hamburg 1989

KLEE, ERNST, Persilscheine und falsche Pässe. Wie die Kirchen den Nazis halfen, Frankfurt/M. 1991 (Fischer TB 10956)

KLÖNNE, ARNO, Jugend im Dritten Reich. Die Hitler-Jugend und ihre Gegner, München 1990 (dtv 11173)

KUBE, ALFRED, Pour le Mérite und Hakenkreuz. Hermann Göring im Dritten Reich, München 1986

LICHTENSTEIN, HEINER, Himmlers grüne Helfer. Die Schutz- und Ordnungspolizei im »Dritten Reich«, Köln 1990

LONGERICH, PETER, Die braunen Bataillone. Geschichte der SA, München 1989

DERS., Hitlers Stellvertreter. Führung der Partei und Kontrolle des Staatsapparates durch den Stab Hess und die Parteikanzlei Bormann, München 1992

LUNDGREN, PETER (Hrsg.), Wissenschaft im Dritten Reich, Frankfurt/M. 1985 (es 1306)

MAC DONALD, CALLUM, Heydrich – Anatomie eines Attentates, München 1990

MAJER, DIEMUT, Grundlagen des nationalsozialistischen Rechtssystems. Führerprinzip, Sonderrecht, Einheitspartei, Stuttgart 1987

MARTENS, STEFAN, Hermann Göring, »Erster Paladin des Führers« und »Zweiter Mann im Dritten Reich«, Paderborn 1985

MERKER, REINHARD, Die bildenden Künste im Nationalsozialismus. Kulturideologie, Kulturpolitik, Kulturproduktion, Köln 1983

MOMMSEN, HANS/WILLEMS, SUSANNE (Hrsg.), Herrschaftsalltag im Dritten Reich, Düsseldorf 1988

MORSEY, RUDOLF (Hrsg. u. Bearb.), Das »Ermächtigungsgesetz« vom 24. März 1933, Quellen zur Geschichte und Interpretation des »Gesetzes zur Behebung der Not von Volk und Reich«, Düsseldorf 1992 (Dokumente und Texte 1, hrsg. v. der Kommission für die Geschichte des Parlamentarismus und der politischen Parteien)

MÜLLER, KLAUS-JÜRGEN, Armee, Politik und Gesellschaft in Deutschland 1933–1945. Studien zum Verhältnis von Armee und NS-System, Paderborn 1986

DERS., Armee und Drittes Reich 1933–1939. Darstellung und Dokumentation, Paderborn 1987

NELIBA, GÜNTER, Wilhelm Frick. Der Legalist des Unrechtsstaates. Eine politische Biographie, Paderborn 1992

NORDEN, GÜNTHER VAN/WITTMÜTZ, VOLKMAR (Hrsg.), Evangelische Kirche im Zweiten Weltkrieg, Köln 1991

OTTO, HANS-UWE/SÜNKER, HEINZ (Hrsg.), Politische Formierung und soziale Erziehung im Nationalsozialismus, Frankfurt/M. 1991 (STW 927)

POHLMANN, FRIEDRICH, Ideologie und Terrorismus im Nationalsozialismus, Pfaffenweiler 1992

REBENTISCH, DIETER, Innere Verwaltung. Die Zeit des Nationalsozialismus 1933–1945, in: Deutsche Verwaltungsgeschichte, Bd. 4: Das Reich als Republik und in der Zeit des Nationalsozialismus, Kurt G. A. Jeserich, Hans Pohl, Georg Christoph von Unruh (Hrsg.), Stuttgart 1985

DERS./TEPPE, KARL (Hrsg.), Verwaltung contra Menschenführung im Staate Hitlers. Studien zum politisch-administrativen System, Göttingen 1986

REICHELT, WERNER, Das braune Evangelium. Hitler und die NS-Liturgie, Wuppertal 1991

REICHHOLD, ANSELM, Die deutsche katholische Kirche zur Zeit des Nationalsozialismus (1933–1945) unter besonderer Berücksichtigung der Hirtenbriefe, Predigten und sonstigen Kundgebungen der deutschen katholischen Bischöfe, St. Ottilien 1992

REICHEL, PETER, Der schöne Schein des Dritten Reiches. Faszination und Gewalt des Faschismus, München 1991

REUTH, RALF GEORG, Goebbels, München 1990

ROSSMEISSL, DIETER, »Ganz Deutschland wird zum Führer halten. . .« Zur politischen Erziehung in den Schulen des Dritten Reiches, Frankfurt/M. 1985 (Fischer TB 6781)

RÜTHERS, BERND, Carl Schmitt im Dritten Reich, München 1989

DERS., Entartetes Recht: Rechtslehren und Kronjuristen im Dritten Reich, München 1989²

SCHÄFER, HANS DIETER, Das gespaltene Bewußtsein. Über deutsche Kultur und Lebenswirklichkeit 1933–1945, München 1984 (Ullstein TB 34178)

SCHOEPS, JULIUS H./HILLERMANN, HORST (Hrsg.), Justiz und Nationalsozialismus. Bewältigt. Verdrängt. Vergessen, Stuttgart 1987

SCHOLDER, KLAUS, Die Kirchen und das Dritte Reich, Bd. 1: Vorgeschichte und Zeit der Illusionen 1918–1934; Bd. 2: Das Jahr der Ernüchterung 1934. Barmen und Rom, Frankfurt/M. 1977/1985

DERS. (Hrsg.), Die Mittwochs-Gesellschaft. Protokolle aus dem geistigen Leben Deutschlands 1932–1944, Berlin 1982

SMELSER, RONALD/ZITELMANN, RAINER (Hrsg.), Die braune Elite. 22 biographische Skizzen, Darmstadt 1990²

STRAUSS, HERBERT A. u. a. (Hrsg.), Die Emigration der Wissenschaften nach 1933. Disziplingeschichtliche Studien, München 1991

TEICHLER, HANS J., Internationale Sportpolitik im Dritten Reich. (Wissenschaftliche Schriftenreihe des Deutschen Sportbundes 23), Schorndorf 1991

THALMANN, RITA, Frausein im Dritten Reich, München 1984

TUCHEL, JOHANNES, Konzentrationslager. Organisationsgeschichte und Funktion der »Inspektion der Konzentrationslager« 1934–1938, (Schriften des Bundesarchivs 39), Boppard/Rh. 1991

WEINMANN, MARTIN (Hrsg.), Das nationalsozialistische Lagersystem, Frankfurt/M. 1990

WULF, JOSEF/POLIAKOV, LÉON, Das Dritte Reich und seine Diener. Auswärtiges Amt, Justiz und Wehrmacht, Wiesbaden 1989 (Sonderausgabe)

DERS., Kultur im Dritten Reich. Presse und Funk, Literatur und Dichtung, Theater und Film, Musik, 5 Bde, Frankfurt/M. 1989 (Sonderausgabe)

ZIEGLER, HERBERT F., Nazi Germany's new aristocracy. The SS leadership 1925–1939, Lawrenceville–New York 1990

Wirtschafts- und Sozialpolitik

BARKAI, AVRAHAM, Nazi Economics. Ideology, Theory and Policy, New York 1990

DERS., Vom Boykott zur »Entjudung«. Der wirtschaftliche Existenzkampf der Juden im Dritten Reich 1933–1943, Frankfurt/M. 1988

BLAICH, FRITZ, Wirtschaft und Rüstung im »Dritten Reich«, Düsseldorf 1987

»DEUTSCHE WIRTSCHAFT«. Zwangsarbeit von KZ-Häftlingen für Industrie und Behörden, Hamburger Stiftung zur Förderung von Wissenschaft und Kultur (Hrsg.), Hamburg 1991

FRESE, MATTHIAS, Betriebspolitik im »Dritten Reich«, Deutsche Arbeitsfront, Unternehmer und Staatsbürokratie in der westdeutschen Großindustrie 1933–1939, Paderborn 1991

HACHTMANN, RÜDIGER, Industriearbeit im »Dritten Reich«. Untersuchungen zu den Lohn- und Arbeitsbedingungen in Deutschland 1933–1945, (Kritische Studien zur Geschichtswissenschaft 82), Göttingen 1989

HANSEN, ECKHARD, Wohlfahrtspolitik im NS-Staat. Motivationen, Konflikte und Machtstrukturen im »Sozialismus der Tat« des Dritten Reiches, Augsburg 1990

HENNING, FRIEDRICH-WILHELM, Deutschland von 1914 bis zur Gegenwart, in: Handbuch der Europäischen Wirtschafts- und Sozialgeschichte, Bd. 6, Stuttgart 1987

HERBERT, ULRICH (Hrsg.), Europa und der »Reichseinsatz«. Ausländische Zivilarbeiter, Kriegsgefangene und KZ-Häftlinge in Deutschland 1938–1945, Essen 1991

KRATZENBERG, VOLKER, Arbeiter auf dem Weg zu Hitler? Die Nationalsozialistische Betriebszellenorganisation. Ihre Entstehung, ihre Pragmatik, ihr Scheitern 1927–1934, Bern 1987

MASON, TIM, Social Policy in the Third Reich. The Working Class and the »National Community« 1918–1939, New York 1990

PLUMPE, GOTTFRIED, Die I.G. Farbenindustrie. Wirtschaft, Technik und Politik 1904–1945, Berlin 1990

SIEGEL, TILLA, Leistung und Lohn in der nationalsozialistischen »Ordnung der Arbeit«, Opladen 1989

SMELSER, RONALD, Hitlers Mann an der »Arbeitsfront«. Robert Ley. Eine Biographie, Paderborn 1989

ZOLLITSCH, WOLFGANG, Arbeiter zwischen Weltwirtschaftskrise und Nationalsozialismus. Ein Beitrag zur Sozialgeschichte der Jahre 1928 bis 1936, (Kritische Studien zur Geschichtswissenschaft 88), Göttingen 1990

Rassismus und Verfolgung

BECK, CHRISTOPH, Sozialdarwinismus, Rassenhygiene, Zwangssterilisation und Vernichtung »lebensunwerten« Lebens, Bonn 1992

BENZ, WOLFGANG (Hrsg.), Die Juden in Deutschland 1933–1945. Leben unter nationalsozialistischer Herrschaft, München 1989[2]

DERS. (Hrsg.), Dimension des Völkermordes. Die Zahl der jüdischen Opfer des Nationalsozialismus, (Quellen und Darstellungen der Zeitgeschichte 33), München 1991

CZECH, DANUTA, Kalendarium der Ereignisse im Konzentrationslager Auschwitz-Birkenau 1939–45, Reinbek 1989

GÖPPINGER, HORST, Juristen jüdischer Abstammung im »Dritten Reich«. Entrechtung und Verfolgung, München 1990[2]

GRAML, HERMANN, Reichskristallnacht. Antisemitismus und Judenverfolgung im Dritten Reich, München 1988 (dtv 4519)

GROSSER, ALFRED, Ermordung der Menschheit. Der Genozid im Gedächtnis der Völker, München 1990

HILBERG, RAUL, Die Vernichtung der europäischen Juden, 3 Bde, erw. Sonderausgabe Frankfurt/M. 1990 (Fischer TB 10611–10613)

JÄCKEL, EBERHARD/ROHWER, JÜRGEN (Hrsg.), Der Mord an den Juden im Zweiten Weltkrieg. Entschlußbildung und Verwirklichung, Frankfurt/M. 1987

KOGON, EUGEN U.A. (Hrsg.), Nationalsozialistische Massentötungen durch Giftgas. Eine Dokumentation, Frankfurt/M. 1989 (Fischer TB 4353)

KWIET, KONRAD/ESCHWEGE, HELMUT, Selbstbehauptung und Widerstand. Deutsche Juden im Kampf um Existenz und Menschenwürde 1933–1945, Hamburg 1984

LIMBERG, MARGARETE/RÜBSAAT, HUBERT (Hrsg.), Sie durften nicht mehr Deutsche sein. Jüdischer Alltag in Selbstzeugnissen 1933–1938, Frankfurt/M. 1990

LONGERICH, PETER (Hrsg.), Die Ermordung der europäischen Juden, München 1990[2] (Serie Piper 1060)

MÜLLER-HILL, BENNO, Tödliche Wissenschaft. Die Aussonderung von Juden, Zigeunern und Geisteskranken 1933–1945, Reinbek 1985

PÄTZOLD, KURT/SCHWARZ, ERIKA, Tagesordnung Judenmord. Die Wannsee-Konferenz am 20. Januar 1942. Eine Dokumentation der Endlösung, Berlin 1992[2]

PEHLE, WALTER (Hrsg.), Der Judenpogrom 1938. Von der »Reichskristallnacht« zum Völkermord, Frankfurt/M. 1988 (Fischer TB 4386)

POLLAK, MICHAEL, Rassenwahn und Wissenschaft. Anthropologie, Biologie, Justiz und die nationalsozialistische Bevölkerungspolitik, Frankfurt/M. 1990

ROSE, ROMANI/WALTER WEISS, Sinti und Roma im »Dritten Reich«. Das Programm der Vernichtung durch Arbeit, Göttingen 1991

ROSH, LEA/JÄCKEL, EBERHARD, »Der Tod ist ein Meister aus Deutschland«. Deportation und Ermordung der Juden, Kollaboration und Verweigerung in Europa, Hamburg 1991

SCHMUHL, HANS-WALTER, Rassenhygiene, Nationalsozialismus, Euthanasie, Göttingen 1987

SCHNEIDER, WOLFGANG (Hrsg.), »Vernichtungspolitik«. Eine Debatte über den Zusammenhang von Sozialpolitik und Genozid im nationalsozialistischen Deutschland, Darmstadt 1991

WILHELM, HANS-HEINRICH, Rassenpolitik und Kriegsführung. Sicherheitspolizei und Wehrmacht in Polen und der Sowjetunion, Passau 1991

WOLLENBERG, JÖRG (Hrsg.), »Niemand war dabei, und keiner hat's gewußt«. Die deutsche Öffentlichkeit und die Judenverfolgung 1933–1945, München 1989 (Serie Piper 1066)

Außenpolitik

AKTEN ZUR DEUTSCHEN AUSWÄRTIGEN POLITIK 1918–1945. Serie C: 1933–1937; Serie D: 1937–1941; Serie E: 1941–1945, Baden-Baden 1950 ff. bzw. Göttingen 1971 ff.

BLOCH, CHARLES, Das Dritte Reich und die Welt, Paderborn 1992

DÖSCHER, HANS-JÜRGEN, Das Auswärtige Amt im Dritten Reich. Diplomatie im Schatten der »Endlösung«, Berlin 1987

FÖRSTER, JÜRGEN/NICLAUSS, KARLHEINZ U.A., Deutschland und das bolschewistische Rußland von Brest-Litowsk bis 1941, Berlin 1991

FORNDRAN, ERHARD, Die Vereinigten Staaten von Amerika und Europa. Erfahrungen und Perspektiven transatlantischer Beziehungen seit dem Ersten Weltkrieg, Baden-Baden 1991

HILDEBRAND, KLAUS, Deutsche Außenpolitik 1933–1945. Kalkül oder Dogma?, Stuttgart 1990[5]

HIRSCHFELD, GERHARD/MARSH, PATRICK (Hrsg.), Kollaboration in Frankreich. Politik, Wirtschaft und Kultur während der nationalsozialistischen Besatzung 1940–44, Frankfurt/M. 1991

JACOBSEN, HANS-ADOLF, Nationalsozialistische Außenpolitik 1933–1938, Frankfurt/M. 1968

KETTENACKER, LOTHAR, Krieg zur Friedenssicherung. Die Deutschlandplanung der britischen Regierung während des Zweiten Weltkrieges, (Veröffentlichungen des Deutschen Historischen Instituts London), Göttingen 1989

RECKER, MARIE-LUISE, Die Außenpolitik des Dritten Reiches, (Enzyklopädie Deutscher Geschichte 8), München 1990

ROHE, KARL (Hrsg.), Die Westmächte und das Dritte Reich 1933–1939. Klassische Großmachtrivalität zwischen Demokratie und Diktatur?, Paderborn 1982

SCHÖLLGEN, GREGOR, Die Macht in der Mitte Europas. Stationen deutscher Außenpolitik von Friedrich dem Großen bis zur Gegenwart, München 1991

SCHWOK, RENÉ, Interprétations de la politique étrangère de Hitler, Paris 1987

STOURZH, GERHARD/ZAAR, BRIGITTA (Hrsg.), Österreich, Deutschland und die Mächte. Internationale und österreichische Aspekte des »Anschlusses« vom März 1938, Wien 1991

WENDT, BERND-JÜRGEN, Großdeutschland. Außenpolitik und Kriegsvorbereitung des Hitler-Regimes, München 1987 (dtv 4518)

Zweiter Weltkrieg

BITZEL, UWE, Die Konzeption des Blitzkrieges bei der deutschen Wehrmacht, (Europäische Hochschulschriften, R. 3: Geschichte und ihre Hilfswissenschaften 477), Frankfurt/M. 1991

BOHN, ROBERT (Hrsg.), Neutralität und totalitäre Aggressionen. Nordeuropa und die Großmächte im Zweiten Weltkrieg, Stuttgart 1991

DAS DEUTSCHE REICH UND DER ZWEITE WELTKRIEG. 10 Bde, Militärgeschichtliches Forschungsamt (Hrsg.), Stuttgart 1979ff. (bislang 6 Bde ersch.)

DOKUMENTE ZUR DEUTSCHLANDPOLITIK. I. Reihe: 3. September 1939 bis 8. Mai 1945. Bisher erschienen: Bd. 1, bearb. von Rainer A. Blasius (1984); Bd. 2, bearb. von Marie-Luise Goldbach (1986); Bd. 3, bearb. von Rainer A. Blasius (1988/1989); Bd. 4, bearb. von Marie-Luise Goldbach (1991), Bundesministerium für Innerdeutsche Beziehungen (Hrsg.), ab Bd. 4 vom Bundesministerium des Innern, Frankfurt/M. II. Reihe/Bd. 1, bearb. v. Gisela Biewer, Die Konferenz von Potsdam, Neuwied/Frankfurt/M. 1992

FREI, NORBERT/KLING, HERMANN (Hrsg.), Der nationalsozialistische Krieg, Frankfurt/M. 1990

GILBERT, MARTIN, Der Zweite Weltkrieg. Eine chronologische Gesamtdarstellung, München 1991

GRAML, HERMANN, Europas Weg in den Krieg. Hitler und die Mächte 1939, (Quellen und Darstellungen zur Zeitgeschichte 29), München 1990

GRUCHMANN, LOTHAR, Totaler Krieg. Vom Blitzkrieg zur bedingungslosen Kapitulation, München 1991 (dtv 4521)

HILDEBRAND, KLAUS/SCHMÄDEKE, JÜRGEN/ZERNACK, KLAUS (Hrsg.), 1939. An der Schwelle zum Weltkrieg. Die Entfesselung des Zweiten Weltkrieges und das Internationale System, Berlin 1990

HILLGRUBER, ANDREAS, Hitlers Strategie. Politik und Kriegführung 1940–1941, München 1982²

DERS./DÜLFFER, JOST (Hrsg.), Ploetz-Geschichte der Weltkriege. Mächte, Ereignisse, Entwicklungen 1900–1945, Würzburg 1981

DERS./HÜMMELCHEN, GERHARD, Chronik des Zweiten Weltkrieges. Kalendarium militärischer und politischer Ereignisse 1939–1945, Bindlach 1989 (Sonderausgabe)

HARTMANN, CHRISTIAN, Halder. Generalstabschef Hitlers 1938–1942, Paderborn 1992

HOFER, WALTHER, Die Entfesselung des Zweiten Weltkrieges. Darstellung und Dokumente, Düsseldorf 1984 (Droste TB 907)

KLESSMANN, CHRISTOPH (Hrsg.), Nicht nur Hitlers Krieg. Der Zweite Weltkrieg und die Deutschen, Düsseldorf 1989

KOEBNER, THOMAS/SAUTERMEISTER, GERD/SCHNEIDER, SIEGRID (Hrsg.), Deutschland nach Hitler. Zukunftspläne im Exil und aus der Besatzungszeit 1939–1949, Opladen 1987

KRAUSNICK, HELMUTH/WILHELM, HANS-HEINRICH, Die Truppe des Weltanschauungskrieges. Die Einsatzgruppen der Sicherheitspolizei und des SD 1938–1942, Stuttgart 1981

LUKACS, JOHN, The Duel – Hitler versus Churchill: 10 May–31 July 1940, London 1990

MADAJCZIK, CESłAW, Die Okkupationspolitik Nazideutschlands in Polen 1939–1945, Köln 1988

MAYER, ARNO J., Der Krieg als Kreuzzug. Das Deutsche Reich, Hitlers Wehrmacht und die »Endlösung«, Reinbek 1988

MESSERSCHMIDT, MANFRED/WÜLLNER, FRITZ, Die Wehrmacht im Dienste des Nationalsozialismus. Zerstörung einer Legende, Frankfurt/M. 1987

MEYER, KLAUS/WIPPERMANN, WOLFGANG (Hrsg.), Gegen das Vergessen. Deutschsowjetische Historikerkonferenz im Juni 1991 in Berlin über Ursachen, Opfer, Folgen des deutschen Angriffs auf die Sowjetunion, Frankfurt/M. 1992

MICHALKA, WOLFGANG (Hrsg.), Der Zweite Weltkrieg. Analysen, Grundzüge, Forschungsbilanz, München 1989 (Serie Piper 811)

MÜLLER, ROLF-DIETER, Hitlers Ostkrieg und die deutsche Siedlungspolitik, Frankfurt/M. 1991

NEULEN, HANS WERNER, Europa und das Dritte Reich. Einigungsbestrebungen im deutschen Machtbereich 1939–1945, München 1987

PARKER, R. A. C., Struggle for Survival. The History of the Second World War, Oxford 1989

REBENTISCH, DIETER, Führerstaat und Verwaltung im Zweiten Weltkrieg. Verfassungsentwicklung und Verwaltungspolitik 1939–1945, Stuttgart 1989

ROHWER, JÜRGEN/MÜLLER, HILDEGARD (Hrsg.), Neue Forschungen zum Zweiten Weltkrieg, Koblenz 1990

SCHEURIG, BODO, Alfred Jodl. Gehorsam und Verhängnis, Berlin 1991

SCHRAMM, PERCY E. (Hrsg.), Kriegstagebuch des Oberkommandos der Wehrmacht (Wehrmachtsführungsstab) 1940–1945, Sonderausgabe in 8 Bänden, München 1982

TREUE, WILHELM/MÖLLER, EBERHARD/RAHN, WERNER, Deutsche Marinerüstung 1919–1942. Die Gefahren der Tirpitz-Tradition, Herford 1992

ÜBERSCHÄR, GERD, Generaloberst Franz Halder. Generalstabschef, Gegner und Gefangener Hitlers, (Persönlichkeit und Geschichte 137/138), Göttingen 1991

DERS./WETTE, WOLFRAM (Hrsg.), Der deutsche Überfall auf die Sowjetunion. »Unternehmen Barbarossa« 1941, Frankfurt/M. 1991 (Fischer TB 4437)

WEGNER, BERND (Hrsg.), Zwei Wege nach Moskau. Vom Hitler-Stalin-Pakt zum »Unternehmen Barbarossa«, München 1991 (Serie Piper 1346)

WILLMOTT, H. P., The great Crusade. A new complete History of the Second World War, New York 1990

WOLLER, HANS (Hrsg.), Italien und die Großmächte 1943 bis 1949, (Schriftenreihe der Vierteljahrshefte für Zeitgeschichte 57), München 1988

Widerstand

BRACHER, KARL DIETRICH (Hrsg.), Das Gewissen steht auf. Lebensbilder aus dem deutschen Widerstand 1933–1945, Mainz 1984

CARTARIUS, ULRICH, Bibliographie »Widerstand«, München 1984

CHOWANIEC, ELISABETH, Der »Fall Dohnanyi« 1933–1945. Widerstand, Militärjustiz, SS-Willkür, (Schriftenreihe der Vierteljahrshefte für Zeitgeschichte 62), München 1991

ENGEL, HUBERTA (Hrsg.), Deutscher Widerstand – Demokratie heute. Kirche, Kreisauer Kreis, Ethik, Militär und Gewerkschaften, Bonn 1992

GRAML, HERMANN (Hrsg.), Widerstand im Dritten Reich. Probleme, Ereignisse, Gestalten, Frankfurt/M. 1984 (Fischer TB 4319)

HILLER VON GAERTRINGEN, FRIEDRICH FREIHERR (Hrsg.), Ulrich von Hassell. Die Hassell-Tagebücher 1938–1944. Aufzeichnungen vom Anderen Deutschland, Berlin 1988

HOFFMANN, PETER, Claus Schenk Graf von Stauffenberg und seine Brüder. Das Geheime Deutschland, Stuttgart 1992

JACOBSEN, HANS-ADOLF (Hrsg.), »Spiegelbild einer Verschwörung«. Die Opposition gegen Hitler und der Staatsstreich vom 20. Juli in der SD-Berichterstattung, 2 Bde, Stuttgart 1984

KESSEL, ALBRECHT VON, Verborgene Saat. Aufzeichnungen aus dem Widerstand 1933 bis 1945, Peter Steinbach (Hrsg.), Berlin 1992

MEDING, DOROTHEE VON (Hrsg.), Mit dem Mut des Herzens. Die Frauen des 20. Juli, Berlin 1992

MEEHAN, PATRICIA, The Unnecessary war. Whitehall and the German Resistance to Hitler, London 1992

MORSEY, RUDOLF/SCHWARZ, HANS-PETER (Hrsg.), Adenauer im Dritten Reich, Berlin 1991

MÜLLER, KLAUS-JÜRGEN (Hrsg.), Der deutsche Widerstand 1933–1945, Paderborn 1986[2] (UTB 1398)

PAGE, HELENA, General Friedrich Olbricht. Der Generalstabschef der Verschwörung gegen Hitler, Bonn 1992

ROON, GER VAN (Hrsg.), Europäischer Widerstand im Vergleich, Berlin 1985

SCHMÄDEKE, JÜRGEN/STEINBACH, PETER, Der deutsche Widerstand gegen den Nationalsozialismus. Die deutsche Gesellschaft und der Widerstand gegen Hitler, München 1986 (Piper 685)

SCHWERIN, DETLEF GRAF VON, »Dann sind's die besten Köpfe, die man henkt«. Die junge Generation im deutschen Widerstand, München 1991

STEINBACH, PETER (Hrsg.), Widerstand. Ein Problem zwischen Theorie und Geschichte, Köln 1987

YOUNG, A. P, Die X-Dokumente. Die geheimen Kontakte Carl Goerdelers mit der britischen Regierung 1938/39, München–Zürich 1989

ZENNER, MARIA, Der Widerstand gegen den Nationalsozialismus. Eine interdisziplinäre Konzeption zu seiner Erschließung (Regensburger Beiträge zur Fachdidaktik 1), Bochum 1989

Deutungen, Kontroversen, Ausblick

AUGSTEIN, RUDOLF (Hrsg.), 100 Jahre Hitler, Hamburg 1989

BACKES, UWE/JESSE, ECKHARD/ZITELMANN, RAINER (Hrsg.), Die Schatten der Vergangenheit. Impulse zur Historisierung des Nationalsozialismus, Berlin 1990

BENZ, WOLFGANG, Zwischen Hitler und Adenauer. Studien zur deutschen Nachkriegsgesellschaft, Frankfurt/M. 1991 (FischerTB 10718)

BRACHER, KARL DIETRICH/VALIANI, LEO (Hrsg.), Faschismus und Nationalsozialismus, Berlin 1991

BRACHER, KARL DIETRICH/FUNKE, MANFRED/SCHWARZ, HANS-PETER, Deutschland zwischen Krieg und Frieden. Beiträge zur Politik und Kultur im 20. Jahrhundert, Düsseldorf 1991

BROSZAT, MARTIN, Nach Hitler. Der schwierige Umgang mit unserer Geschichte, München 1988 (dtv 4474)

DINER, DAN (Hrsg.), Ist der Nationalsozialismus Geschichte? Zu Historisierung und Historikerstreit, Frankfurt/M. 1988 (Fischer TB 4391)

DERS. (Hrsg.), Zivilisationsbruch. Denken nach Auschwitz, Frankfurt/M. 1988 (Fischer TB 4398)

ESCHENBURG, THEODOR, Jahre der Besatzung 1945–1949 (Geschichte der Bundesrepublik Deutschland Bd. I), Stuttgart 1983

GAULY, THOMAS M., Die Last der Geschichte. Kontroversen zur deutschen Identität, Köln 1988

GEISS, IMANUEL, Der Hysteriker-Streit. Ein unpolemischer Essay, Bonn 1992

HENKE, KLAUS-DIETER/WOLLER, HANS (Hrsg.), Politische Säuberung in Europa. Die Abrechnung mit Faschismus und Kollaboration nach dem Zweiten Weltkrieg, München 1991 (dtv 4561)

»HISTORIKER-STREIT«. Die Dokumentation der Kontroverse um die Einzigartigkeit der nationalsozialistischen Judenvernichtung, München 1991 (Serie Piper 816)

HOFFMANN, CHRISTA, Die Stunde Null? Vergangenheitsbewältigung in Deutschland 1945 und 1989, Bonn 1992

KERSHAW, IAN, Der NS-Staat. Geschichtsinterpretationen und Kontroversen im Überblick, Reinbek 1988

NIEDHART, GOTTFRIED/RIESENBERGER, DIETER (Hrsg.), Lernen aus dem Krieg? Deutsche Nachkriegszeiten 1918 und 1945, München 1992 (BsR 446)

NOLTE, ERNST, Lehrstück oder Tragödie? Beiträge zur Interpretation der Geschichte des 20. Jahrhunderts, Köln 1991

POIDEVIN, RAYMOND, Die unruhige Großmacht. Deutschland und die Welt im 20. Jahrhundert, Freiburg 1985

PRINZ, MICHAEL/ZITELMANN, RAINER (Hrsg.), Nationalsozialismus und Modernisierung, Darmstadt 1991

RAUSCHNING, HANS (Hrsg.), Das Jahr '45. Dichtung, Bericht, Protokoll deutscher Autoren, München 1985 (Heyne AR Nr. 01/6590)

RÖHR, WERNER (Hrsg.), Faschismus und Rassismus. Kontroversen um Ideologie und Opfer, Berlin 1992

SCHMIDT, ROLAND, Nationalsozialismus – ein deutscher Faschismus? Die Kontroverse um einen Schlüsselbegriff, Münster 1991

SCHÖLLGEN, GREGOR, Die Macht in der Mitte Europas. Stationen deutscher Außenpolitik von Friedrich dem Großen bis zur Gegenwart, München 1992

SCHREIBER, GERHARD, Hitler-Interpretationen 1923–1983. Ergebnisse, Methoden und Probleme der Forschung. Zweite verbesserte und durch eine annotierte Bibliographie für die Jahre 1984–1987 erg. Aufl., Darmstadt 1988[2]

TURNER, HENRY A., Geißel des Jahrhunderts. Hitler und seine Hinterlassenschaft, Berlin 1989 (corso)

WINKLER, HEINRICH AUGUST, Politische Weichenstellungen im Nachkriegsdeutschland 1945–1953, (Geschichte und Gesellschaft, Sonderheft 5), Göttingen 1979

WIPPERMANN, WOLFGANG, Faschismustheorien. Zum Stand der gegenwärtigen Diskussion, Darmstadt 1985[5]

Daten zur Geschichte des Dritten Reiches*

Zusammengestellt von Ferdinand Gröger

1933

28. 1.	Schleicher tritt als Reichskanzler zurück
30. 1.	Regierungsbildung unter Hitler
1. 2.	Auflösung des Reichstages
2. 2.	*Zweite Abrüstungskonferenz*
3. 2.	Hitler unterbreitet der Reichswehrführung sein Lebensraumprogramm
27. 2.	Reichstagsbrand
28. 2.	Verordnung des Reichspräsidenten »Zum Schutz von Volk und Staat«
5. 3.	Reichstagswahlen: NSDAP 44 %; Gleichschaltung der Länder beginnt
13. 3.	Ernennung Goebbels zum Reichsminister für Volksaufklärung und Propaganda
21. 3.	Tag von Potsdam
24. 3.	Ermächtigungsgesetz
27. 3.	*Austritt Japans aus dem Völkerbund*
31. 3.	»Vorläufiges Gesetz zur Gleichschaltung der Länder mit dem Reich«
1. 4.	Boykott jüdischer Geschäfte
7. 4.	»Gesetz zur Gleichschaltung der Länder mit dem Reich«, Gesetz »zur Wiederherstellung des Berufsbeamtentums«, Zulassungsbeschränkung für jüdische Anwälte
25. 4.	Zurückdrängung der Juden von den Hochschulen
2. 5.	Aufhebung der Gewerkschaften
5. 5.	*Berliner Vertrag mit der UdSSR verlängert*
7. 5.	Börsenverein Deutscher Buchhändler gibt ›schwarze Listen‹ aus
10. 5.	Bildung der »Deutschen Arbeitsfront«, Bücherverbrennungen
17. 5.	Friedensrede Hitlers; sie wird von allen Fraktionen im Reichstag gebilligt
26. 5.	Pastor Bodelschwingh zum Reichsbischof gewählt; Emigrationswelle deutscher Künstler
1. 6.	Arbeitsbeschaffungsprogramm
2. 6.	Vorstand der SPD in Prag im Exil
	Internationales Währungsabkommen scheitert an den USA
22. 6.	Beginn der Verbote bzw. Selbstauflösung der Parteien
7. 7.	Gründung der NS-Rundfunkkammer
12. 7.	291 Druckschriften aus 21 Staaten verboten
14. 7.	Gesetz gegen die Neubildung von Parteien
	Gesetz gegen erbkranken Nachwuchs

---

* Daten zur Internationalen Politik von besonderer Bedeutung sind durch Kursivsatz hervorgehoben

15.	7.	Errichtung der Filmkammer
		Paraphierung des Viererpakts
20.	7.	Unterzeichnung des Konkordats zwischen Vatikan und Reich
25.	8.	Ausbürgerungsliste veröffentlicht
13.	9.	Reichsnährstandsgesetz; Winterhilfswerk
22.	9.	Reichskulturkammergesetz
27.	9.	Wehrkreispfarrer L. Müller (NS-Glaubensbewegung) wird Reichsbischof
		Beginn des Kirchenkampfes, Bodelschwingh tritt zurück
29.	9.	Reichserbhofgesetz
1.	10.	Gründung der Akademie für deutsches Recht
4.	10.	Schriftleitergesetz
14.	10.	Deutschland verläßt den Völkerbund und die Abrüstungskonferenz
		Zunehmende Behinderung der Wissenschaft
12.	11.	(Manipulierte) Reichstagswahl
16.	*11.*	*USA nehmen diplomatische Beziehungen zur UdSSR auf*
18.	11.	Deutsches Memorandum zur Rüstungsfrage
1.	12.	Gesetz zur Sicherung der Einheit von Partei und Staat
		(Dez.) ›Benzinvertrag‹ zwischen Reich und IG-Farben

1934

20.	1.	Gesetz zur Ordnung der nationalen Arbeit
24.	1.	Amt für Überwachung geistiger und weltanschaulicher Schulung
26.	1.	Nichtangriffspakt mit Polen
30.	1.	Gesetz über den Neuaufbau des Reiches
7.	2.	Reichsverteidigungsrat beschließt wirtschaftliche Kriegsvorbereitung
9.	*2.*	*Abschluß des Balkan-Paktes*
14.	2.	Aufhebung des Reichsrates
17.	*3.*	*Unterzeichnung der römischen Wirtschaftsprotokolle*
17.	*4.*	*Note Frankreichs an England wegen Bruch des Versailler Vertrages durch Deutschland*
20.	4.	Himmler Gestapo-Chef
24.	4.	Errichtung des Volksgerichtshofes
30.	5.	Barmer Bekenntnissynode (Bekennende Kirche)
14.	6.	Treffen Hitler-Mussolini in Venedig
30.	6.	Mordaktion »Röhm-Putsch«
20.	7.	SS wird selbständig und Hitler unterstellt
25.	7.	NS-Putsch in Wien mißlingt, Bundeskanzler Dollfuß wird ermordet
30.	7.	Schacht führt die Wirtschaftspolitik
2.	8.	Tod Hindenburgs, Hitler wird »Führer und Reichskanzler«
		Vereidigung der Reichswehr auf Hitler
19.	8.	»Volksbefragung« zum 2. 8. (89,9 %)
18.	9.	UdSSR tritt dem Völkerbund bei
19.	10.	Synode der Bekennenden Kirche in Dahlem: Kirchliches Notrecht
24.	10.	Deutsche Arbeitsfront
5.	12.	Gesetz über das Kreditwesen
20.	12.	»Heimtücke«-Gesetz zum Schutz der Partei

1. 8.	Beginn der Olympiade in Berlin
9. 9.	Verkündung des Vierjahresplanes
1. 10.	NS-Zeichen für Richter Pflicht
18. 10.	Göring Vierjahresplan-Beauftragter
25. 10.	Deutsch-italienisches Geheim-Protokoll
1. 11.	Mussolini erklärt Achse Rom–Berlin
25. 11.	Antikominternpakt Berlin–Tokio
26. 11.	Verbot der Kunstkritik
1. 12.	Hitlerjugend wird Staatsjugend

1937

26. 1.	Beamtengesetz
15. 2.	Hitler fordert Wahl einer evangelischen Generalsynode
16. 2.	Göring wirbt um Polen
14. 3.	*Papst-Enzyklika »Mit brennender Sorge« (gegen NS-Kirchenpolitik)*
25. 3.	Nichtangriffspakt Italien–Jugoslawien
24. 6.	Weisung für Kriegsvorbereitung der Wehrmacht
7. 7.	*Beginn des japanisch-chinesischen Krieges*
18. 7.	Große Deutsche Kunstausstellung in München, Zweite Ausstellung ›Entartete Kunst‹
21. 8.	*Nichtangriffspakt UdSSR–China*
	Herbst: Beginn der systematischen Arisierung jüdischer Vermögen
5. 10.	Antideutsche ›Quarantäne-Rede‹ Roosevelts
6. 11.	*Italien tritt dem Antikominternpakt bei*
17. 11.	Halifax bei Hitler: Englische Unterstützung friedlicher Revisionspolitik
26. 11.	Schacht tritt als Wirtschaftsminister zurück
11. 12	*Italien verläßt den Völkerbund*

1938

3. 1.	Gesetz zur entschädigungslosen Enteignung von Werken ›entarteter Kunst‹
5. 2.	Ribbentrop zum Außenminister ernannt
	Entlassung des Reichskriegsministers v. Blomberg
	Entlassung des Oberbefehlshabers des Heeres v. Fritsch
	OKW gebildet, Hitler Oberbefehlshaber
2. 3.	Pastor Niemöller (Bekennende Kirche) ins KZ eingeliefert
12. 3.	Wehrmacht marschiert in Österreich ein
13. 3.	Anschluß Österreichs
16. 3.	*Polnisch-litauischer Konflikt*
28. 3.	Sudetendeutsche Partei von Hitler zur Sabotage eines inneren Ausgleichs angewiesen
10. 4.	Wahl zum Großdeutschen Reichstag (Ostmark 99,7 %, Altreich 99,2 %)
24. 4.	Karlsbader Beschlüsse der Sudetendeutschen Partei (Autonomieforderung)
26. 4.	Meldepflicht für jüdische Vermögen
3. 5.	Besuch Hitlers in Rom bei Mussolini

28. 3.	*Spanien tritt dem Antikominternpakt bei*
31. 3.	*Französisch-britische Garantieerklärung für Polen*
3. 4.	Führerweisung: Angriffskrieg gegen Polen
7. 4.	*Italiens Einmarsch in Albanien*
20. 4.	Große Truppenparade zu Hitlers 50. Geburtstag
26. 4.	Allgemeine Wehrpflicht in England eingeführt
28. 4.	Hitler kündigt Verständigungsvertrag mit Polen und Flottenabkommen mit England
22. 5.	Deutsch-italienischer ›Stahlpakt‹
23. 5.	Hitler erklärt der Generalität seine Angriffspläne
7. 6.	Zweckverbandsgesetz
20. 6.	Erstflug der HE 176 (Raketenflugzeug)
23. 8.	Nichtangriffspakt Deutschland–UdSSR
25. 8.	*Britisch-polnischer Militärpakt*
26. 8.	Deutsche Mobilmachung
27. 8.	Bezugsscheinpflicht
1. 9.	Angriff auf Polen, Anschluß Danzigs
	Hören ausländischer Sender verboten
3. 9.	Kriegserklärung Englands und Frankreichs
17. 9.	*Einmarsch der sowjetischen Armee in Ostpolen*
18. 9.	Schlacht im großen Weichselbogen
27. 9.	Kapitulation von Warschau
	Reichssicherheitshauptamt
28. 9.	Deutsch-russischer Grenzvertrag
	(Sept.) Kriegsverordnungen, Einsatzgruppen-Morde, Massenvertreibungen in Polen
6. 10.	Letzte Gefechte in Polen, Friedensangebot Hitlers an Westmächte
7. 10.	Himmler Reichskommissar für die Festigung des deutschen Volkstums
9. 10.	Führerweisung: Angriff im Westen
12. 10.	Erste Judendeportation aus Österreich und Tschechoslowakei
25. 10.	»Generalgouvernement« (aus den nicht ins Reich eingegliederten Teilen Polens)
26. 10.	Zwangsarbeit für Juden im Generalgouvernement, Arbeitspflicht für Polen (Okt.) Euthanasie-Verordnung
3. 11.	*US-Hilfe für England (Cash and Carry)*
8. 11.	Attentat auf Hitler in München (durch Einzelgänger Elser)
14. 11.	Reichskleiderkarten
17. 11.	Studentenproteste in Prag
18. 11.	Militär protestiert gegen SS-Morde in Polen, wiederholt am 15. 2. 1940
23. 11.	Judenstern im Generalgouvernement
30. 11.	*Beginn des sowjetisch-finnischen Winterkrieges*
1940	
11. 2.	Deutsch-sowjetischer Wirtschaftsvertrag
1. 3.	Erste operative Weisung zur Besetzung Dänemarks und Norwegens: ›Weserübung‹
15. 3.	Wochenzeitung ›Das Reich‹

17.	3.	Todt Rüstungsminister
18.	3.	Treffen Hitler–Mussolini am Brenner
20.	*3.*	*Sturz der französischen Regierung*
9.	4.	Deutscher Angriff auf Dänemark und Norwegen
14.	*4.*	*Alliierter Landungsversuch in Narvik*
30.	4.	Erstes Judenghetto in Lodz
10.	5.	Deutscher Angriff im Westen
15.	5.	Kapitulation der Niederlande
28.	5.	Kapitulation Belgiens
18.	5.	Rückgliederung von Eupen und Malmedy
4.	6.	Evakuierung britischer und französischer Truppen aus Dünkirchen
10.	6.	Kapitulation Norwegens
13.	*6.*	*Roosevelt lehnt von Frankreich geforderten Eintritt in den Krieg ab*
15.	*6.*	*UdSSR beginnt baltische Staaten zu besetzen*
17.	6.	Pétain französischer Staatschef
18.	*6.*	*Nationalkomitee der freien Franzosen in London*
		Treffen Hitler–Mussolini in München
22.	6.	Deutsch-französischer Waffenstillstand
16.	7.	Führerweisung ›Unternehmen Seelöwe‹
19.	7.	Friedensappell Hitlers an England
31.	7.	Hitler-Entschluß zu Angriff auf die UdSSR dem OKW und dem OKH unterbreitet
7.	8.	Elsaß-Lothringen unter Zivilverwaltung
13.	8.	Deutsche Luftoffensive gegen England
27.	9.	Dreimächtepakt Deutschland–Italien–Japan
4.	10.	Treffen Hitler–Mussolini am Brenner
22.	10.	Treffen Hitlers mit Franco und Pétain
		Judendeportationen aus Baden, Saarland und Elsaß-Lothringen
28.	*10.*	*Angriff Italiens in Griechenland*
12.	11.	Molotow in Berlin
15.	11.	Warschauer Ghetto geschlossen
18.	12.	Führerweisung Nr. 21. ›Unternehmen Barbarossa‹ (Angriff auf die UdSSR) unterzeichnet
29.	*12.*	*Roosevelt vor dem Kongreß: USA sind Arsenal der Demokratie*

1941

6.	1.	Roosevelt verkündet ›Vier Freiheiten‹
19.	1.	Treffen Hitler–Mussolini auf dem Berghof
11.	2.	Deutsche Truppen in Afrika
25.	*2.*	*Streiks in den Niederlanden gegen die Judenverfolgung*
2.	3.	Einmarsch deutscher Truppen in Bulgarien
4.	3.	›Volksliste‹ in Polen
11.	*3.*	*US-Pacht und Leih-Gesetz*
31.	3.	Deutscher Angriff in der Cyrenaika (Nordafrika)
6.	4.	Deutscher Angriff auf Griechenland und Jugoslawien
13.	*4.*	*Nichtangriffspakt Japan–UdSSR*
17.	4.	Kapitulation Jugoslawiens

21.	4.	Kapitulation Griechenlands
10.	5.	Heß fliegt nach England
12.	5.	Bormann wird Leiter der Reichskanzlei
13.	5.	›Barbarossa‹-Gerichtsbarkeit-Erlaß
20.	5.	Deutscher Angriff auf Kreta
2.	6.	Treffen Hitler–Mussolini am Brenner
6.	6.	Kommissarbefehl
22.	6.	Deutscher Angriff auf die UdSSR
		Beginn der Massenmorde der SS-Einsatzgruppen in der UdSSR
12.	*7.*	*Britisch-sowjetischer Militärpakt*
17.	7.	Rosenberg Ostminister
31.	7.	›Endlösung‹ der Judenfrage konzipiert
14.	*8.*	*Atlantik-Charta*
8.	9.	Beginn der Belagerung Leningrads
19.	9.	Judenstern im Reich
26.	9.	Ende der Kesselschlacht von Kiew
29.	9.	Kiewer Judenmassaker
2.	10.	Deutsche Offensive gegen Moskau
3.	10.	Zwangsarbeit für Juden im Reich
16.	10.	Judendeportationen im Reich
4.	12.	Polen-Sonderstrafrecht
5.	12.	Sowjetische Gegenoffensive
7.	*12.*	*Japan greift Pearl Harbor an*
8.	*12.*	*USA erklären Japan den Krieg*
11.	12.	Deutschland und Italien erklären den USA den Krieg
19.	12.	Hitler Oberbefehlshaber des Heeres

1942

1.	*1.*	*Pakt der Vereinten Nationen*
11.	1.	Intensivierung des U-Boot-Krieges
18.	1.	Militärpakt Deutschland–Italien–Japan
20.	1.	Wannsee-Konferenz (Judendeportation und -ausrottung)
26.	*1.*	*US-Truppen landen in Nordirland*
8.	2.	Speer Rüstungsminister
14.	*2.*	*Arcadia-Konferenz*
21.	3.	Sauckel Arbeitseinsatz-Generalbevollmächtigter
22.	4.	Zentrale Planung eingeführt
26.	4.	Hitler oberster Gerichtsherr
29.	4.	Treffen Hitler–Mussolini bei Salzburg
26.	5.	Attentat auf Heydrich
		Deutsche Offensive in Nordafrika
30.	5.	Luftangriff auf Köln
3.	6.	Japan verliert die Schlacht um die Midway-Inseln
10.	6.	Massaker von Lidice
12.	6.	Generalplan Ost gebilligt
28.	6.	Deutsche Offensive an der Süd-Ost-Front
30.	6.	Deutsche Armee vor El Alamein

21. 7.		Beginn der systematischen Deportation der Juden Warschaus nach Treblinka
8. 8.		*Allindischer Kongreß (Gandhi)*
12. 8.		*Konferenz in Moskau (Stalin–Churchill–Harriman)*
13. 8.		*Montgomery Oberbefehlshaber der britischen Armee*
19. 8.		Deutscher Angriff auf Stalingrad
20. 8.		Freisler Präsident des Volksgerichtshofes
25. 8.		Hitlers Befehl zum Atlantikwall
9. 9.		Führungskrise im OKW
18. 10.		Kommandobefehl
23. 10.		Britische Offensive bei El Alamein
7. 11.		*Alliierte Landung in Nordafrika*
		Kriegswende im Pazifik durch US-Landung auf Salomon-Inseln
19. 11.		Sowjetische Offensive bei Stalingrad, Initiative geht auf die sowjetische Armee über
18. 12.		Ciano-Mission (Deutsch-sowjetische Friedensmöglichkeiten)

1943

1. 1.		HJ-Luftwaffenhelfer
24. 1.		*Casablanca-Konferenz fordert bedingungslose Kapitulation Deutschlands*
27. 1.		Arbeitskräfte-Mobilisierung für Kriegseinsatz
		Erster US-Tagesluftangriff
2. 2.		Ringen um Stalingrad beendet
18. 2.		Goebbels: »totaler Krieg«
		Letztes Flugblatt der Gruppe ›Weiße Rose‹ (Geschwister Scholl)
		Verbot der ›Frankfurter Zeitung‹
13. 3.		Bombenanschlag auf Hitler mißlingt
26. 3.		Goerdelers Staatsstreichdenkschrift an Generale
13. 4.		Katyn-Massengräber entdeckt
19. 4.		Beginn des Aufstandes im Warschauer Ghetto
13. 5.		Kapitulation der deutschen Afrika-Armee
15. 5.		*Auflösung der Komintern*
19. 5.		Berlin für ›judenfrei‹ erklärt
11. 6.		Himmler befiehlt Liquidierung polnischer und sowjetischer Ghettos
1. 7.		Juden im Reich unter Polizeirecht
5. 7.		Unternehmen Zitadelle – bei Kursk die letzte große Offensive an der Ostfront
10. 7.		*Mit britischen Einheiten beginnt die alliierte Offensive in Sizilien*
12. 7.		Nationalkomitee Freies Deutschland in Moskau gegründet
17. 7.		*Sowjetische Generaloffensive*
19. 7.		Treffen Hitler–Mussolini in Feltre
25. 7.		Sturz und Verhaftung Mussolinis
30. 7.		*de Gaulle bildet regierungsähnliches Komitee*
9. 8.		Kreisauer Kreis: Grundsätze für Neuordnung
14. 8.		*Quebec-Treffen Roosevelt–Churchill*
24. 8.		Himmler Innenminister
3. 9.		*Alliierte Landung in Italien*

8.	9.	*Waffenstillstand in Italien verkündet*
12.	9.	Deutsche befreien Mussolini
13.	10.	Italien erklärt Deutschland den Krieg
19.	*10.*	*Moskauer Konferenz*
9.	11.	Friedenssondierungen Himmlers über Schweden zu USA
18.	11.	Beginn der britischen Luftoffensive auf Berlin
22.	*11.*	*Konferenz von Kairo (Asien-Pazifik-Krieg)*
28.	*11.*	*Beginn der Teheraner Konferenz*

<u>1944</u>

15.	*1.*	*Londoner Konferenz*
29.	1.	Bormann-Denkschrift über Zweitehe nach dem Endsieg
4.	*3.*	*Sowjetische Offensive gegen Heeresgruppe Süd*
18.	3.	Deutsche Truppen besetzen Ungarn
		(April) Beginn der Judendeportationen aus Griechenland und Ungarn
6.	*6.*	*Alliierte Invasion in der Normandie*
9.	*6.*	*Sowjetische Offensive gegen Finnland*
10.	6.	Massaker von Oradour
12.	6.	V-1-Beschuß auf London beginnt
22.	6.	Sowjetische Offensive gegen Heeresgruppe Mitte
1.	7.	Beginn der Konferenz von Bretton Woods
3.	7.	Zusammenbruch der Heeresgruppe Mitte im Osten
20.	7.	Attentatsversuch Stauffenbergs auf Hitler
25.	7.	Goebbels Bevollmächtigter für totalen Kriegseinsatz
30.	*7.*	*Alliierter Durchbruch in Frankreich*
		(Juli) ›Lubliner Komitee‹ gegründet
1.	*8.*	*Beginn des Warschauer Aufstandes*
		Hitler verfügt Sippenhaftung
7.	8.	Beginn des Prozesses gegen die Verschworer des 20. Juli vor dem Volksgerichtshof
15.	*8.*	*Alliierte Landung in Südfrankreich*
19.	8.	Beginn des Pariser Aufstandes
25.	8.	Rumänien erklärt Deutschland den Krieg
29.	8.	Beginn des slowakischen Aufstandes
4.	9.	Finnland stellt den Kampf ein
8.	9.	Bulgarien erklärt Deutschland den Krieg
11.	9.	US-Truppen an der deutschen Grenze
		Beginn der Konferenz von Quebec
12.	9.	Rumänien scheidet aus dem Krieg aus
16.	9.	Beginn der Streiks in Dänemark
17.	9.	Beginn der Streiks der niederländischen Eisenbahner bis Kriegsende
25.	9.	Volkssturm
3.	10.	Führerbefehl: Räumung des Südbalkans
14.	10.	Selbstmord Rommels
16.	*10.*	*Pfeilkreuzer-Regime in Ungarn*
		Ungarn verkündet Waffenstillstand – Horthy abgesetzt
20.	*10.*	*Tito bildet jugoslawische Regierung*

26. 11.	Himmler befiehlt die Zerstörung der KZ-Krematorien
16. 12.	Deutsche Ardennenoffensive beginnt
23. 12.	*Ungarische Gegenregierung*

<u>1945</u>

1. 1.	*Lubliner Komitee provisorische Regierung in Polen*
12. 1.	Sowjetische Offensive von Weichsel bis Oder
14. 1.	Sowjetische Offensive zur Eroberung Ostpreußens
30. 1.	Letzte Rundfunkrede Hitlers
4. 2.	*Beginn der Konferenz von Jalta*
12. 2.	Aufruf von Frauen zum Volkssturm
13. 2.	Bombardierung Dresdens
13. 2.	Budapest von den Sowjets erobert
15. 2.	Standgerichte
19. 2.	Erneute Friedenssondierung Himmlers über Schweden
7. 3.	Alliierter Rheinübergang bei Remagen
15. 3.	Friedenssondierungen Ribbentrops über Schweden
19. 3.	Hitlers ›Nero-Befehl‹ (verbrannte Erde)
1. 4.	Ruhrgebiet eingekesselt
2. 4.	Aufruf zum Werwolf
11. 4.	Selbstbefreiung des KZ-Buchenwald
12. 4.	*Tod Roosevelts, Nachfolger Truman*
13. 4.	Sowjets erobern Wien
15. 4.	Alliierte befreien KZ Bergen-Belsen
16. 4.	Sowjetische Offensive gegen Berlin
23. 4.	Hitler setzt Göring ab
25. 4.	*Truppen der USA und der UdSSR treffen sich an der Elbe bei Torgau*
27. 4.	Österreich wird unabhängig
29. 4.	Kapitulation der deutschen Italienarmee
	Mussolini von Partisanen erschossen
30. 4.	SPD-Versammlung in Hannover
	Gruppe Ulbricht landet in Berlin
	Selbstmord Hitlers; Nachfolger Großadmiral Dönitz
2. 5.	Kapitulation Berlins
5. 5.	Bildung einer geschäftsführenden Regierung unter Schwerin von Krosigk
7. 5.	Unterzeichnung der bedingungslosen Kapitulation in Reims
8. 5.	Wiederholung der Kapitulation in Berlin-Karlshorst
23. 5.	Verhaftung der Regierung Dönitz
5. 6.	Alliierte übernehmen die Oberste Regierungsgewalt in Deutschland
26. 6.	*Unterzeichnung der Gründungsurkunde der Vereinten Nationen*
17. 7.	*Potsdamer Konferenz (bis 2. 8.)*
6. 8.	Atombombe auf Hiroshima
8. 8.	UdSSR erklärt Japan den Krieg
9. 8.	Atombombe auf Nagasaki
2. 9.	Bedingungslose Kapitulation Japans

Personenregister

Verzeichnis der Autoren

ANGERMUND, RALPH, Dr., Referent in der Landeszentrale für politische Bildung Düsseldorf, Lehrbeauftragter für Politikwissenschaft an der Universität Bochum

BENZ, WOLFGANG, Dr., o. Professor, Leiter des Zentrums für Antisemitismusforschung an der Technischen Universität Berlin

BOELCKE, WILLI A., Dr., Universitätsprofessor, Institut für Sozialwissenschaften an der Universität Hohenheim

BRACHER, KARL DIETRICH, Dr., Dr. h. c. mult., emer. o. Professor für Politikwissenschaft an der Universität Bonn

DUSSEL, KONRAD, Dr., Zeithistoriker, Forst b. Karlsruhe

FUNKE, MANFRED, Dr., Studiendirektor, Privatdozent am Seminar für Politische Wissenschaft der Universität Bonn

GRAML, HERMANN, Chefredakteur der Vierteljahrshefte für Zeitgeschichte, Institut für Zeitgeschichte, München

HEHL, ULRICH VON, Dr., Professor für Neuere und Neueste Geschichte an der Universität Leipzig

JACOBSEN, HANS-ADOLF, Dr., Dr. h. c., emer. o. Professor für Politikwissenschaft an der Universität Bonn

KLÖNNE, ARNO, Dr., Professor für Soziologie an der Universität-Gesamthochschule Paderborn

KRANIG, ANDREAS, DR., Dozent an der Berufsgenossenschaftlichen Akademie Hennef, Lehrbeauftragter an der Fern-Universität Hagen

LONGERICH, PETER, Dr., Historiker, Habilitand an der Universität München

MADAJCZYK, CZESLAW, Dr., Professor, Wissenschaftlicher Mitarbeiter des Instituts für Geschichte der polnischen Akademie der Wissenschaften Warschau

MESSERSCHMIDT, MANFRED, Dr., Professor, ehemaliger Leitender Historiker des Militärgeschichtlichen Forschungsamtes Freiburg i. Br.

MÜLLER, ROLF-DIETER, Dr., Wissenschaftlicher Oberrat am Militärgeschichtlichen Forschungsamt Freiburg i. Br.

NEULEN, HANS-WERNER, Jurist, Stadtverwaltungsdirektor bei der Stadtverwaltung Köln

PETTER, WOLFGANG, Dr., Wissenschaftlicher Oberrat am Militärgeschichtlichen Forschungsamt Freiburg i. Br.

RECKER, MARIE-LUISE, Dr., Professorin für Neueste Geschichte an der Universität Frankfurt/M.

RITSCHL, ALBRECHT, Dr., Wirtschaftshistoriker an der Universität München

RUCK, MICHAEL, Dr., Wissenschaftlicher Mitarbeiter an der Lehreinheit für Politische Wissenschaft und Zeitgeschichte der Universität Mannheim

SCHMUHL, HANS-WERNER, Dr., Habilitand an der Fakultät für Geschichtswissenschaft und Philosophie der Universität Bielefeld

SCHREIBER, GERHARD, Dr., Fregattenkapitän, Historiker am Militärgeschichtlichen Forschungsamt Freiburg i. B.r.

STEINBACH, PETER, Dr., Professor für Historische Grundlagen der Politik an der Freien Universität Berlin

STEINERT, MARLIS G., Dr., emer. o. Professorin für Zeitgeschichte und Geschichte der Internationalen Beziehungen am Institut Universitaire de Hautes Etudes Internationales Genf

TENORTH, HEINZ-ELMAR, Dr., Professor, Institut für Allgemeine Pädagogik, Abteilung Historische Erziehungswissenschaft, Humboldt-Universität zu Berlin

THALMANN, RITA R., Dr., a. o. Professorin für Sozial- und Kulturgeschichte an der Universität Paris

THAMER, HANS-ULRICH, Dr., o. Professor für Neuere und Neueste Geschichte an der Universität Münster

TYRELL, ALBRECHT, Dr., Leiter der Bibliothek und des Archivs im Haus Schlesien, Königswinter

ZITELMANN, RAINER, Dr., Zeithistoriker und Cheflektor, Berlin